西城区街巷胡同文化丛书（第一辑）

朗月清风

月坛街道街巷胡同史话

政协北京市西城区委员会
《西城区街巷胡同文化丛书》编委会 编

中国文史出版社

月坛街道办事处辖区要览

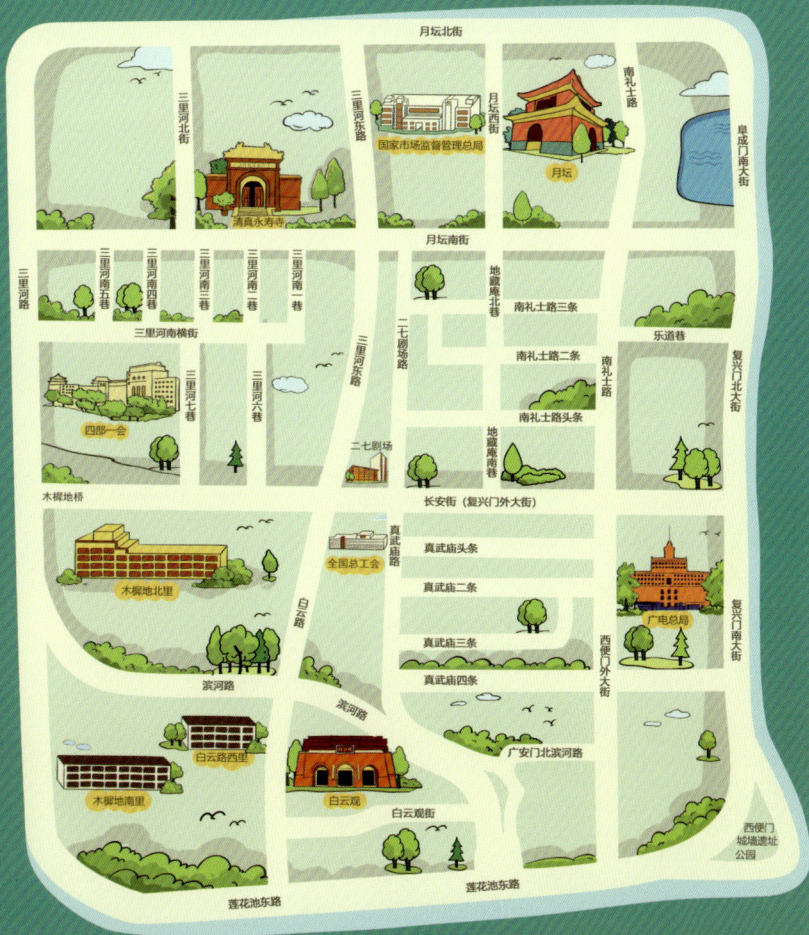

月坛北街
三里河北街
三里河东路
三里河西街
南礼士路
国家市场监督管理总局
月坛西街
月坛
阜成门南大街
清真永寿寺
月坛南街
三里河路
三里河南三巷
三里河南二巷
三里河南一巷
三里河南头条
地藏庵北巷
南礼士路三条
三里河南横街
乐道巷
南礼士路二条
二七剧场路
三里河东路
南礼士路
复兴门北大街
三里河七巷
三里河六巷
南礼士路头条
四部一会
二七剧场
地藏庵南巷
木樨地桥
长安街（复兴门外大街）
真武庙头条
全国总工会
真武庙二条
广电总局
木樨地北里
真武庙三条
复兴门南大街
白云路
真武庙四条
西便门外大街
滨河路
滨河路
广安门北滨河路
白云路西里
木樨地南里
白云观
白云观街
西便门城墙遗址公园
莲花池东路
莲花池东路

月坛街道办事处辖区要览

《西城区街巷胡同文化丛书》
征编出版说明

  西城区作为北京三千多年的建城地和八百多年的建都地，拥有众多古老的街巷故同和丰富的历史文化资源，是皇城文化、士子文化、民俗文化、宗教文化等各种文化共存的区域。西四北一至八条至今基本保留了元大都建城时的规制，胡同中的四合院也大都具有明清的风格。随着城市建设的发展，为了满足市政道路改造及公用设施建设需要，一些胡同被拆除，建起了楼群，组成连片的居民区，形成了新的街巷。一些胡同被合并，原有的名称消失。街巷胡同不仅是城市脉络、交通道路，也是人们世代生息之所。为了满足各种需要，街巷胡同不会永远不变，所以记录街巷胡同、留存珍贵的历史成为一件十分重要和迫切的事情。我们既要保护好古都风貌，也要利用好古都资源，传播传统文化，传承历史文脉，讲述好西城自己的故事。

  2019 年既是中华人民共和国成立 70 周年，也是人民政协成立 70 周年，我们深感有责任也有义务对西城区的街巷胡同进行全面梳理，深刻挖掘每个街巷胡同的文化底蕴，呈现西城区街巷胡同的历史沿革、发展变迁的脉络及中华人民共和国成立以来展现的新面貌。

  西城区行政区划内共设 15 个街道办事处，办事处辖区街巷胡同各具特色、历史悠久、底蕴深厚，如璀璨的明珠闪耀西城。《西城区街巷

胡同文化丛书》以一街道一分册的形式呈现，记录辖区内街巷胡同中的院落格局、王公府第、单位机构、市井百业、今昔人物、今日呈现等，将街巷胡同历史脉络、当下风貌和文化特色进行梳理挖掘。这是2010年原西城区和宣武区合并后，首次从建筑、人文等方面全方位立体式地对街巷胡同进行详细调研，以丛书的形式编辑出版，既是对过去和现有街巷胡同文化资源的挖掘、研究，也期望能对未来街巷胡同资源的开发和利用提供借鉴。

　　本书的编写充分发挥了西城区政协委员的作用，由区政协学习指导和文史资料委员会牵头策划组织，各街道政协委员联组具体承办。区政协和各街道政协委员联组的同志以及聘请的专家学者进行了大量实地调研，跑遍了西城区的大街小巷，参阅了以往的街巷胡同史志记载，寻找和听取一些老居民或其他亲历、亲见、亲闻者的口述，与档案资料对比核实，详细整理，倾注了很多心血。丛书以图文并茂的形式，向读者展示了西城区街巷胡同的往昔神韵、现今风貌和深厚的历史文化内涵。希望发挥区政协文史工作"存史、资政、团结、育人"的功能，服务首都"四个中心"建设。

政协北京市西城区委员会

2019 年 10 月

目　　录

前　言

"小白兔，白又白，两只耳朵竖起来……""铃铃铃！借过，借过！"……提起街巷胡同，记忆里的声音仿佛回荡在耳边，那些往日的"胡同之声"，还有那些泛黄的胡同画面，勾起了我们记忆中的街巷故事。

每一条街巷胡同，都有着自己的故事；而每一位住在街巷胡同里的人，也都有着自己的胡同记忆。这些记忆伴随着中华人民共和国改革开放 40 年来的发展变化，也伴随着一代又一代人成长，在岁月的沉淀中，成为地区独特的街巷文化。

"小巷虽小，却与百姓生活息息相关。"从 2017 年开始，西城区计划用三年的时间，对已整治过的街巷胡同进行巩固提升，并结合"疏解整治促提升"、老旧小区综合整治以及创建文明街巷，按照 2017 年、2018 年两个阶段全面实现"十有十无"，2019 年全面检查验收和持续巩固提升的思路，对西城区区域内的街巷胡同实施全面整治提升，打造"环境优美、文明有序"的街巷环境。

月坛街道地处北京中心城区，辖区面积 4.13 平方公里，划分为 26 个社区。辖区内有 16 条主次干路、66 条背街小巷，有白云观、月坛、清真永寿寺和明北京城墙遗址等 4 处文物古迹，是北京城建城源地。辖区内常住人口 10.25 万人，户籍人口 15.14 万人，流动人口 1.27 万人。

1

辖区内是中央国家机关政务办公集中区，副部级以上的中央单位有国家发改委、国家财政部、国家信访局、中华全国总工会等22家。深厚的历史文化底蕴，赋予了月坛地区街巷丰富的文化内涵，蕴藏在其中的还有着一代代月坛人精神血脉的传承。

因此，记录街巷文化，留存街巷记忆，展现祖国发展，就是《朗月清风——月坛街道街巷胡同史话》一书出版的重要意义。

在月坛的街巷，有抗战老兵为新中国浴血奋战的爱国精神，有中国核工业发展的艰辛历程，有白云观道教文化的精髓延续，有二七剧场艺术文化的发展变迁，还有那些平凡生活中无私奉献的"月坛榜样"、为城市基层建设添砖加瓦的新时代"弄潮儿"……

我们感谢那些书写月坛街巷故事的主人公，这里的街巷因你们而美丽；

我们感谢那些记录月坛街巷故事的作者，这里的故事因你们而传承；

我们感谢那些月坛街巷文化的创造者，这里的风景因你们而亮丽；

最后，我们要感谢关注月坛街巷发展的每一位居民，这里的蜕变因你们而精彩！

见证祖国发展，期待美好蜕变，让我们一起用时代发展书写街巷之美！

三里河路
原为金口河故道

月坛街道三里河路，以西城区三里河得名。三里河，即金口河故道。所说的三里，并非是距今北京城垣三里，而是指距金北京城垣三里而言。金中都的北垣在今西便门附近。三里河路之东为沙沟，旧时为南沙沟村。再东为三里河村，旧时小河自西北向东南流淌。路西为钓鱼台和玉渊潭公园，秋天有一片金黄的银杏一条街。

【街巷名片】

三里河路，北起阜成门外大街，南至复兴门外大街，是南沙沟社区、三里河一区所在地，是中国科学院、中国兵器工业集团有限公司、机械工业总公司、中国信息中心及中国科学技术交流中心等所在地。

中国科学院：用科学推动祖国发展

中国科学院成立于 1949 年 11 月，是中国自然科学最高学术机构、科学技术最高咨询机构、自然科学与高技术综合研究发展中心。

2018 年 5 月，中国科学院官网显示，全院共拥有 12 个分院、100

多家科研院所、3 所大学（中国科学院大学、中国科学技术大学、上海科技大学）、130 多个国家级重点实验室和工程中心、210 多个野外观测台站；承担 20 余项国家重大科技基础设施的建设与运行，正式职工 6.8 万余人，在学研究生 5.2 万余人；建成了完整的自然科学学科体系，物理、化学、材料科学、数学、环境与生态学、地球科学等学科整体水平已进入世界先进行列，一些领域方向也具备了进入世界第一方阵的良好态势。在解决关系国家全局和长远发展的重大问题上，已成为不可替代的国家战略科技力量。一批科学家在国家重大科技任务中发挥了关键和中坚作用，并作为我国科技界的代表活跃在国际科技前沿。

国家信息中心：邓小平同志亲笔题名

国家信息中心（国家电子政务外网管理中心）是国家发展和改革委员会直属事业单位。1986 年，为迎接世界信息技术革命挑战，适应我国改革发展形势需要，国务院批准建设国家经济信息系统并组建国家经济信息中心。1987 年 1 月 24 日，国家经济信息中心正式成立。1988 年 1 月 22 日，邓小平同志亲笔题名"国家信息中心"。2010 年，经中编办批准同意，国家信息中心加挂"国家电子政务外网管理中心"牌子。

作为以经济分析预测、信息化建设和大数据应用为特色的国家级决策咨询机构和国家电子政务公共服务平台，国家信息中心始终坚持以先进信息技术为手段，以信息资源开发为核心，以服务科学决策为使命，在围绕党中央、国务院和国家发展改革委以及各级政府部门提供宏观决策支持，推进国民经济和社会信息化发展方面发挥了重要的思想库和主力军作用，形成了政策研究咨询、发展战略规划、数据汇聚分析、信息技术平台、专业人才队伍等综合优势。同时，带动全国经济信息系统和电子政务外网系统业务发展，为各地区、各部门经济和信息化建设提供了重要支撑。

中国兵器工业集团有限公司：国防力量"智库"

中国兵器工业集团有限公司，简称兵器工业集团、中国兵器，又名中国北方工业集团有限公司，属于一个公司两块牌子，总部位于北京市西城区三里河路46号。

1999年7月1日，根据党中央、国务院、中央军委关于深化国防科技工业体制改革的重大决策，在原中国兵器工业总公司的基础上改组设立（另一家为中国兵器装备集团公司），现为中央直接管理的特大型国有重要骨干企业，中央企业、国家计划单位企业。2018年《财富》世界500强排行榜第140名。

中国兵器工业集团有限公司是国家安全和三军装备发展的基础，是陆军装备研制生产的主体，是三军毁伤打击和信息化装备发展的骨干，是国家实施"走出去"和"一带一路"倡议的支撑，是国家推进军民融合深度发展的主力。

中国兵器工业集团有限公司现有子集团和直管单位51家，主要分布在北京、陕西、甘肃、山西、河北、内蒙古、辽宁、吉林、黑龙江、山东、河南、湖南、湖北等20个省、市、自治区，并在全球建立了数十家海外分支机构。

【街巷人文】

三里河路居住着很多抗战老兵和退休老干部，他们经历过时代变迁，见证了时代发展，也身体力行地传承着时代正能量。

陈罗华：抗日九死一生 上演"血色浪漫"

陈罗华，1955年被授大校军衔，任职公安部队后勤部长和卫生部副部长。在他一生当中，历任卫生员、军医、休养所长、卫生队长、处长、部长、后勤部副部长、顾问等职。1969年当选为九大代表，曾当选北京市第七次人大代表。1980年离职休养。1985年1月25日因病逝于北京。

陈罗华参加过长征、抗日战争、解放战争和抗美援朝，他的一生是革命的一生、战斗的一生，在他的战争生涯中曾获得过八一勋章、独立自由勋章和解放勋章。和平年代，陈罗华也是个工作严谨认真的人，为中国公安部队和第二炮兵的发展做出了贡献。

在抗日战争时，陈罗华所在的部队为八路军115师，在晋察冀革命根据地对日作战。他先后参加了血战平型关、反"九路围攻"、青口战役、血战甲子山、梁山战斗等知名战役。他们的部队是最先从陕北出发、渡过黄河并第一个进行对日作战的部队，是八路军名副其实的第一师。他当时任晋察冀一分区伤病所所长。

解放战争时，陈罗华所在的部队番号变为中国人民解放军第四野战军第三纵队，在此期间他参加过山海关、九门口、锦州、沙岭、四平、拉法、新站、新开岭、解放海南岛等战役，任四野三纵卫生部长。

抗美援朝时期，这支部队改番号为四十军，赴朝参加了云山阻击战、四保临汀等战役，陈罗华时任四十军后勤部长。战后他参与组建了中国人民解放军公安部队，任公安部队后勤部副部长和卫生部部长，随后参与组建了清河医校和公安部队总医院（现为总后304医院）。20世纪60年代初期，公安部队一部分干部改编为中国人民解放军第二炮兵，陈罗华任第二炮兵后勤部副部长。

战友卫希武老人回忆说："和平年代，他办事情很认真，经常下部队检查工作，对卫生工作抓得很紧。"据卫希武老人讲，当时陈罗华经常下了班回家后，还坚持工作，看资料，审阅文件。他说话不多，但说的都离不开工作，而且时常带病工作，比较严重的病起码不下三种。

随着二炮部队的迅速发展，先后组建了一批中远程洲际导弹部队和工程建筑部队，并陆续组建了相应的作战保障、后勤保障和技术保障部队，以及院校、科研单位。

随着分工的明确，部队的各项职能也更加细化了，在这种情况下，他的工作内容也增加了。不仅仅要从二炮后勤保障工作的大局出发安排部署，而且还要负责监督搞好各项具体工作的贯彻实施。

陈罗华的爱人孙晏谈起他从长征到后来参加的历次战斗，特别是平型关战斗时常会说出四个字：九死一生。还经常提到陈罗华差点在朝鲜牺牲的事。每到这一刻，仿佛能感受到同样身为军人的她从骨子里透出的坚强。

在生活中，陈罗华是一个好父亲、好丈夫。作为外科医生的他有一双灵巧的手，淮海战役期间曾亲自主刀做了上百例外科手术，动手能力很强，经常会自己制作一些劳动用的工具。他对同志也很关心，有一次一个同志得了传染病，在别人都害怕被传染的时候，他去看望了那个的同志，并叮嘱他好好养病。

陈罗华曾留给家人一封信，准确地说是不完整的一封信，年深日久，本来三页纸的信只剩下了两页。这是一封关于家史的信，从信中可以了解到，他的老家在江西省于都县梓山乡，当时是共产党于赣南和闽西的革命根据地。自从陈罗华参加红军之后，家里的人除了弟弟陈昌瑞以外，皆被国民党反动派杀害。

许庆发：做社区"集邮追梦人"

"我这一辈子只有这一个爱好，那就是集邮，从业余爱好集邮变成了专职工作者，我的精力都在这儿，别的我也不想了。"这是三区三社区老年集邮协会会长许庆发经常说的一句话。

许庆发出生在日军铁蹄统治下的旅大市（现大连市）一个贫农家庭，年幼的时候，许庆发总是看到姐夫手捧上面贴着花花绿绿贴画的册子爱不释手，问过姐夫才知道，上面那些贴画叫作邮票。这小小的邮票有着各种花色和图案，它们带着年少的许庆发进入了一个色彩斑斓的邮票世界，让他越看越喜欢。

"1949年9月，旅大解放区举办大连工业展览会，旅大邮电管理局为了庆祝旅大解放区首次举办大规模的工业展览会和纪念抗日战争胜利四周年，发行了一套一枚纪念邮票，当时邮政局还为这次展会刻制了可换日期的纪念戳。我在参观这次展会时，花了十元旅大币（苏联控制旅大时使用的货币）购买了一枚纪念邮票，当时可是不少钱呢。后来，我把它贴在白纸上，盖上了纪念戳留作纪念，一直留到现在，这是我收藏的第一枚邮票，我还在1981年第4期《集邮》杂志上写文介绍过这枚邮品。"许庆发手指着自己的小册子，自豪地说道。

1954年，许庆发调入北京中央国家机关工作。在整理当时全国各地寄给中央国家机关的信封时，各式各样的邮票让他大开眼界，于是，他将集邮目标发展至全国。

"我当时在档案馆中发现一本阿尔巴尼亚共和国的邮票册，里边的邮票都是异域风情，让我目不暇接，于是我又有了收集外国邮票的想法。当时东华门有个集邮公司的门市部，一有空，我就去那儿转转，看看有没有新的外国邮票卖，从其他集邮爱好者手里买了不少。"

20 世纪 60 年代，许庆发开始集中收集世界各国发行的有关人造卫星和宇航的邮票，几年之后，足足集满了一大本邮册，其中属苏联1961 年发行的大型铝箔宇航邮票、蒙古国 1972 年发行的宇航和十二生肖图案整版纪念邮票最为珍贵。

1959 年，《集邮》杂志开办"迎接国庆十周年"专栏，当时有《集邮》杂志的编辑找到许庆发，希望他为专栏写一篇纪念文章，这可让许庆发受宠若惊。同时，因为许庆发自己从未写过类似的文章，心里十分没底，但又不好推辞，只得到处查阅资料，寻找写作思路。

最后，许庆发以新中国邮票反映我国十年政治生活的重大事件为题材，写了一篇足足 4000 字的文章，题目是《从胜利走向胜利》。从此，他与《集邮》杂志结下了不解之缘。

1974 年，许庆发调入中国历史博物馆工作，每天都能接触到中国历史资料和文物，这些都为日后他的邮票研究工作提供了便利。从此，许庆发开始在《集邮》杂志上发表与历史、文物有关的邮票文章，发掘了大量中国邮驿、邮政、邮票的史料和文物。

"在历史博物馆工作这几年，我的历史、文物知识增长了不少，为集邮学术研究打下了基础，这是我从一名普通集邮爱好者发展成集邮研究者的转折点。后来我撰写了长篇文章《中国邮驿史略》，在《集邮研究》和《中国集邮》上连载，仅有关解放区邮票的学术文章，我就总共发表了几十万字。"

那时，许庆发在看完每一期杂志后都给编辑部写信，给他们一些意见或者建议，成了杂志的"义务审读员"。《集邮》杂志还曾经把许庆发的意见收集起来，做了一期杂志内部简报，以供编辑部工作人员学习。

"可能是《集邮》杂志觉得我的水平和能力还不错吧，1984 年他们把我调进了《集邮》杂志社，担任杂志编辑，我从业余的邮票研究爱好者变成了专职的集邮媒体工作人员。"

在此之后，许庆发还担任过《集邮研究》和其他集邮图书的编辑工作，出版了很多在集邮界有影响力的书籍。许庆发还将全部解放区邮票做成图录，以供集邮爱好者查询、学习。同时，通过在《集邮》杂志的关系，许庆发掌握了更多集邮信息和资料，拓宽了集邮领域知识，开阔了视野，也为他收集邮票提供了更多便利。

1995年，许庆发退休后，集邮研究和写作成为他生活的主要内容，成天琢磨的就是和邮票有关的事儿，最近还发表过一篇文章。许庆发还参加了北京市老年集邮协会，并被推选为会长。

前不久，许庆发将自己收集的有关天安门的明信片、邮资片、首日封等做成邮集，在三区三社区老年集邮协会的展览上展出。

如果不说，看不出来许老已然到了耄耋之年。采访过程中，许老不时拿出自己的收藏品和研究作品，谈起这些时，老人一脸骄傲，毕竟这是他一辈子的心血。突然想起许老对我说的，这一辈子只有这一个爱好，这点好像很简单，但绝大多数人却做不到。

正是这样有梦想的平凡人物，让月坛地区的街巷充满欣欣向荣的活力。

文/靳春迎

三里河北街
融合多民族文化的和谐街巷

月坛街道三里河北街，以西城区三里河北为三里河北街，是 7 个少数民族的居住地。每年开斋节，三里河社区居委会都会组织各项活动，促进民族团结，打造多民族共融的社区。

【街巷名片】

三里河北街为南北走向，南起月坛南街，北到月坛北街，是三里河社区、月坛社区和三里河一区社区所在地，是清真永寿寺、国务院港澳办、中国医学科学院阜外心血管病医院三里河北街院区、红塔礼堂、北京中古友谊小学、北京市 124 中学和月坛第一幼儿园所在地。

【街巷历史】

三里河北街多民族融合的特点，让这里的文化也变得更加多元化，更加具有包容性。

三里河清真永寿寺：历史传承　促多民族融合

清真永寿寺，又称清真礼拜永寿寺，坐落在西城区三里河中巷，清真寺有 400 多年历史，是北京市内主要的清真寺之一。

明万历三十三年（1605）始建，天启四年（1624）重修。现寺内仍保存着明天启四年所立的一尊石碑，碑文上刻有明朝进士石三畏所撰写的《重修清真寺碑记》，详细记载了重修清真永寿寺的情况。从碑文中可以得知，三里河清真寺始建于明万历三十三年，经过万历三十六年（1608）、万历四十八年（1620）增拓，到天启三年（1623）进行重修，三里河清真永寿寺已有相当的规模。

到了清代，三里河清真寺的地位仍然非常重要，清乾隆皇帝为清真寺题写了"清真礼拜永寿寺"的门楣。清真寺现占地面积 2.5 亩，建筑面积 2837 平方米。清真寺为殿堂结构，由寺门、外院、照壁、大殿、南北讲堂、办公室、男女浴室等组成。寺门为石砌，石门匾额上书"清真礼拜永寿寺"。寺内宽敞明静、雕梁画栋、花草繁茂、古树参天，使古寺更加显得庄严肃穆。大殿坐西朝东，为中国传统起脊式建筑，大殿由前棚、前身、后窑殿三部分组成，大殿内部宽敞明亮，采用中西合璧、丰富多彩的装饰艺术，把阿拉伯的装饰风格与中国传统的建筑手法有机地结合在一起，更加突出了伊斯兰教的宗教内涵。大殿南北建有厢房，南为讲堂，北为学堂。殿后有六角亭一座。寺内有阿拉伯文碑、王岱舆先生碑、重修清真寺碑等七块石碑，其中在寺西北部的两块石碑分别是马福祥及其夫人的墓碑，碑文由清朝末代皇帝溥仪的老师陈宝琛撰写。这些石碑饱经了岁月的沧桑，现碑刻上的图案已有些模糊，部分文字也难以辨认，但它是珍贵的历史文物，是古清真寺历史的见证，是考证我国伊斯兰教发展和三里河清真寺历史的重要依据。据史料记载，在清真寺大门外原先还有石桥一座。寺界内原有一座颇具规模的回民墓地（现国家信息中心以北），墓地占地方圆 17 里，俗称三里河回民墓地，当年京西一带的回民去世后大多葬在此处。

1982 年，在北京市各级政府的支持下，三里河清真寺进行了全面的整修，寺内所藏文物也得到很好的维护与保养。由于三里河清真寺历史悠久，建筑风格独特，文化内涵丰富，被北京市文物局列为北京市西城区文物保护单位。

红塔礼堂：乐声悠扬　记录舞台辉煌

红塔礼堂位于北京月坛北街国家发改委家属住宅区北侧，建于20世纪50年代，为计委礼堂，是国家计委作为内部礼堂刚刚翻盖的，各种设施在北京是最先进的。当时为了对外报道的需要，将这次演出用的计委礼堂更名为红塔礼堂。

20世纪六七十年代，艺术家梅兰芳和音乐指挥家小泽征尔都曾在这里演出过。尤其是因经常对外放映内部影片而名噪一时。

1979年3月，中美建交8个月前，邓小平邀请美国波士顿交响乐团访华。小泽征尔带着波士顿交响乐团来到了北京。二度访华的小泽征尔提出，希望能找到一个更好的剧场。文化部的工作人员把他带到了位于月坛北街的红塔礼堂。

此后，许多外国乐团纷至沓来，红塔礼堂由此一度成为爱乐者的圣地。此后活跃在中国乐坛里的一批主力，当时正是红塔礼堂的忠实观众。

【街巷人文】

三里河北街多民族融合的特点，让这里的居民也是各有所长，共同打造一个丰富多彩的街巷生活。

赵程久：寻找塔王的足迹

在这条街巷，有一位被称作"塔王"的居民赵程久，走遍全国34

个省级行政区，拍摄 4000 多张古塔照片，精选 250 座古塔作品汇编成册，在社区举办了摄影展，向居民讲述他的古塔情缘。

赵程久，三里河一区居民，离休干部。从事建筑业 40 余年，原西城三建公司经理，现为中国文物保护学会会员、中国民俗摄影协会博学会士、中国收藏家协会等组织成员。离休后，赵程久把所有热情及精力都奉献给了中国古塔艺术。

赵程久不仅是三里河一区的名人，在全国都是有名的"塔王"。他与古塔结缘，要从 20 世纪六七十年代说起。那段期间由于建设需要，他拆毁了一些老北京古城墙。"当时的城墙真结实啊，过去没有水泥，那都是用江米砌起来的，如今怎样翻修都复原不到过去那种效果了。"赵程久略带遗憾地回忆道。

后来赵程久担任三建公司总经理，一直对拆毁古建筑的事儿耿耿于怀。1988 年，三建中标，整修西便门角楼。"当时三建并没有赚多少钱，为了弥补之前的遗憾吧。"赵程久告诉记者，从 1990 年退休后，他觉得搞了一辈子建筑，退休了也要找点事儿做，不能闲着。他发现古塔历史悠久，又是研究的冷门，每座古塔又有自己的故事，于是赵程久潜心研究，开始对全国的古塔进行寻访。

从最初的门外汉，到如今获封"塔王"称号，他努力了二十几年。为了拍照古塔，赵程久购置大批资料，如《地名词典》《中国名胜词典》《北京名胜词典》以及多本地方志等，只要见了有关塔的资料他就买，还曾经去潘家园市场淘货。

每次出行前，他都会与妻子翻阅大量相关资料，确定寻访对象，有些古塔连地方文物局工作人员都不太了解。

参观过程中，赵老也会记录寻访笔记。他的寻访笔记并不仅仅记录当天游历历程，还包括古塔速写，由此估计古塔大小。同时他也按照自己的建筑学思维观察古塔，观察不同朝代背景下古塔的变化。"中国的塔不同于国外的塔，缅甸的万塔林，塔形相似，而中国古塔各有特色，每座塔都有自己的故事。"赵程久骄傲地说道。

1998年8月，赵程久听说房山有一座辽代古塔叫照塔，就让孙子陪着自己跑一趟。赵程久和孙子爬到山顶时，已临近黄昏。

突然，孙子拽拽他的衣角说："爷爷，那是什么？"赵程久回身一看，只见一只狼站在十几米远的山脊上向他俩张望。赵程久惊得退了一步，与狼对视良久，开闪光灯闪了下，野狼扭头跑了，赵程久也惊出一身冷汗。

2005年3月，赵程久到河北涞水的山上拍塔，结束后刚下山拦了辆面包车准备回京，从田边蹿出3个声称是联防队的年轻人，说赵程久违反了有关规定，要罚款，让他把身上所有的钱拿出来。

赵程久知道遇上了歹徒，便冷静地表示，自己身上只有200元钱和一部相机，都可以拿走，但胶卷得留下来。

随后，赵程久还把自己走遍全国探访古塔的经历都说了出来，没想到的是，歹徒最后居然什么都没要就让赵程久走了。

海淀凤凰岭仿古石亭又称北京四门塔，位于北京市海淀区车耳营村。1995年，赵程久曾到此为古塔拍摄。此塔为石结构，是专为保藏一尊北京地区最古老的鲜卑族北魏孝文帝石雕佛像而建造的石室，建筑风格简练明快、整洁大方，在古塔中很少见。

塔中供奉的石佛像距今1500多年，是北京地区仅存的最古造像。佛像身高1.65米，由一整块花岗岩雕刻而成，佛像身后雕饰背光，雕有12排124尊小佛，雕工精美，并用天然颜料上色，历千年颜色仍清晰可见。

1998年3月25日，一伙惯犯偷走了石佛，他们将石佛碎成五块，以"粉身碎骨"的方式偷运出去。同年9月30日，历经劫难的佛像重回故里，由专家修复，但原貌却无人知晓。赵程久便将佛像偷盗前自己拍摄的照片交给文物保护部门，这对佛像的修复起到重要作用。但遗憾的是，佛像由于部分边角缺损严重，已无法弥补。

如今，这座佛像坐落于北京首都博物馆供游客参观。赵程久的摄影作品也献给首都博物馆收藏，为中国的古塔文化提供影像依据。

赵程久用 25 年时间全国寻访，用两年时间精心挑选出 250 座古塔，将之编辑出版制作《华夏神州古塔》图片集，记录下古塔的风貌，为国人留下一笔宝贵财富。

三里河一区活动室展出过赵程久的作品，他的作品制成了 31 个挂袋，每挂 8 张图片，包括朋友赠言、配有篆刻的古塔图片简介、25 年来寻访旅程的推荐信、寻访途中收集的与古塔有关的站台票等收藏作品，向居民介绍中国的古塔文化，获得了居民的赞赏。

赵程久每年都在社区举办一次摄影展，每次主题都会不同，目前已举办过篆刻、缅甸塔、北京塔、邮票、百岁老人等多种主题展览。每次展出，赵老都采用图文并茂的方式，照片配上文字说明，再加盖印章，最后进行塑封，再穿成挂链式展品供居民欣赏。

除了办摄影展外，赵程久还会在寒暑假为孩子们开设摄影课，在教授摄影知识的同时普及古塔文化，增强孩子们的文化保护意识。他说，这是他的兴趣，也是一种责任。

赵程久寻塔 25 年，走过全国各个省市，这单靠个人力量是行不通的，家人的支持是鼓励他不断前行的不竭动力。

起初，赵程久也仅仅是探索，没事儿玩一玩，但这一兴趣得到政府、朋友的大力支持。著名古建筑专家罗哲文曾为他指点迷津，老干部局为他提供资金支持，同时结交佛学大师演觉了解古塔与佛学的渊源。

研究过程中，赵程久越发被古塔的魅力所吸引，家人也给了赵老最大的支持。孙子自小就跟赵老一同寻访采风，拍摄古塔风情，如今儿子、孙子事业有成，几个孙子帮爷爷策划出书，有的负责设计，有的负责校对，有的负责策划。"多亏了我这群孩子们。"说起这些，赵老兴高采烈，自己就像个孩子。

赵老说他目前最大的愿望就是找人把自己 25 年来寻访古塔的过程记录下来，整理成游记，讲述每座塔背后的故事。寻访古塔是赵程久的爱好，他不用担心日后古塔文化被人遗忘了。"即使我日后身体状况不好了，我的大孙子也会继续我的梦想，到各地拍摄古塔，收集古塔资料，传承古塔文化。"

李素兴：垃圾运输员夜行记

在月坛街道，人们都感到街巷社区整洁干净，环境良好。这里居住着的共产党员、北京市环卫二厂车队队长、三里河社区李素兴最有体会。

他在职时就认真负责，清理垃圾一丝不苟。退休后也成了一位社区里的治安志愿者，党员各种活动也少不了他。

李素兴 1944 年出生在北京。"我是正经的'老宣武'，小时候就住湖广会馆对面的胡同里，之后在虎坊桥小学念书。"李素兴说道。上学的时候，他的学习成绩非常好，初中三年获得了优秀奖状，他也凭借着优异的成绩，保送到了北京市第三十一中学。"可惜当时因为一些原因，我没考上大学。"1964 年，他高中毕业，正好那年北京环卫二厂来学校招人，他就被分配到厂子里了。

在大多数人眼里，环卫工作每天面对的就是各种各样的垃圾，用自己的"不干净"，换来市容环境的"干净"。

"谁不爱干净啊？但是我们那一代人，都是奉行着'党让去哪，我们就去哪'的精神，所以也就安心地参加工作了。"

来到了环卫二厂，李素兴的工作是开垃圾车，负责将垃圾装车，再运到规定的地点。垃圾车每天夜里才能工作，"因为胡同里人多车多，白天开车会造成拥堵，还容易别到行人"。

当时要求是做到垃圾"日产日清"，也就是每天产生的垃圾都是不能在垃圾堆过夜的。"这样才能保证市民的身体健康。当年还流行冬天储存大白菜，每天晚上都能收走不少白菜帮子，夏天也有好多西瓜皮，这要是在垃圾站放了一宿，都流汤儿了。"李素兴说，当时厂里的垃圾车司机都是分片，每天的定额是七车垃圾，但一般情况下七车根本拉不完。"就像冬天，基本上每天晚上都要拉十几车。"李素兴介绍道，那时，他每天睡觉前的"晚餐"都是别人的"早餐"。

"现在我洗澡特别勤，就是开垃圾车的时候养成的习惯，每天洗完了再去吃'晚餐'，然后回家睡觉。"李素兴笑道。

2004 年，李素兴退休了，身为党员的他把党关系转到了月坛街道，参加三里河社区的学习和各种活动。

因为职业原因，他一直都对垃圾的分类非常注意，在社区里，他也经常向大家宣传垃圾的分类方法。"垃圾分类并不是把垃圾分开放就完了，而是在储存、投放和运输等过程中，都要分类处理。"李素兴介绍道。

1985 年凭借着开车 50 万公里无事故的出色成绩，他担任了垃圾车队的队长。"当了队长，每天不用出去开车了，只要坐镇后方，指挥工作就行。"但他没想到的是，就在他退休之前的两年，一件让全世界都关注的事情又把他推到了第一线。

2003 年夏天，一场与"非典"的战斗在北京打响，如果说把医务工作者比作冲锋在一线的战士，那么李素兴所在的环卫二厂就是后勤保障部队中重要的一支。

"我们厂子一直也要负责医院的垃圾的，'非典'之前，医院的垃圾都被分为医疗垃圾和其他垃圾，包括装车等工作都是由医院的清洁人员完成的。但是'非典'一来，之前在医院的清洁工都吓跑了，只有专职的医生护士还在。"他所在的车队，只能由自己的工人去搬运垃圾。"这些垃圾如果放在那不管，很可能会成为'非典'的传播途径，所以我们每天必须按时清走。我们专门负责医院垃圾清运的工人都是不能回家的，因为怕传染给别人，每天只能住在单位。"

王亚辉：历时一年半　制作200余件瓷器

在三里河社区，有一位年近七旬的老人，从第一次上陶艺课时的手忙脚乱，到如今的游刃有余，他只用了一年半的时间。他就是王亚辉，他通过学习陶瓷知识、制作陶瓷作品，为生活增添了不少乐趣。

去年6月，王亚辉加入社区陶瓷班，向德馨瓷语的老师学习陶瓷知识。"当时，我没有接触过陶瓷，特别好奇是怎么做的，所以便满怀期待地来社区参加学习。"王亚辉说道。

老师一开始向居民们讲解了最基本的陶瓷知识，慢慢地让大家对陶瓷有了更加专业的了解。

随着老师讲解的内容难度在不断加大，参加陶瓷班活动的人数已经不足十位了，而王亚辉却一直在坚持。"这可能是因为我有一些基础吧，虽然后面的学习对我来说也有一定的难度，但总体还是能够跟得上老师的讲课节奏。"王亚辉说道。

王亚辉从小就学习过美术和书法，在这两方面有着较为扎实的功底，而这也使得他能够在陶瓷制作方面发挥自己的创造力和想象力，在自己制作的陶瓷上亲自写下故事、绘下图案。

在王亚辉制作的陶瓷作品中，猫的数量占据大多数。而他创作很多陶瓷猫的原因很简单，就是因为自己的儿子喜欢猫。在学会制作陶瓷之前，王亚辉和儿子的关系比较疏远，两个人之间几乎没有共同话题，相互之间的交流少之又少。考虑到儿子对猫特别感兴趣，王亚辉便想到，如果多制作一些猫的瓷器，说不定可以借此和儿子进行更多的交流。

但是，王亚辉自己并没有养猫，所以他只能在网上找一些有关猫的图片。通过看图来仔细研究猫的神态和动作，总结一些制作陶瓷猫时需要注意的地方。刚开始的时候，王亚辉做的瓷器比较粗糙，随着经验一点一点积累，他就掌握了制作的技巧。"制作陶瓷，一定要讲究细节，要用细节打动人。眼睛是心灵的窗户，猫也不例外，做好猫的眼睛至关重要。"

为了使猫的眼睛更加传神和生动，王亚辉专门做了一个模子，用来刻画猫的眼睛。慢慢地，王亚辉的技艺得到了提升，他制作出来的猫也更加栩栩如生。一个个活灵活现的陶瓷猫成功吸引了儿子的注意力。从此，王亚辉和儿子之间可以交流的话题也越来越多，他们之间的关系得到了改善。

除了猫之外，王亚辉制作的还有狗、乌龟、青蛙、笔筒和水壶等各种各样的陶瓷作品。从去年6月至今，一共制作了200余件作品。"自己做一件陶瓷，心里总是惦记着，时不时地就想看一下它有没有变形，是否裂开了，要是不看的话心里总觉得不踏实。"王亚辉说道。

虽然社区的陶瓷班只在每周一的下午开展活动，但王亚辉利用在活动中学习到的知识，经常在家中动手做。制作陶瓷的泥、水彩以及其他材料都是王亚辉自己买的。为了不麻烦老师，王亚辉利用专业知识，亲自做了一个低温烘烤箱，用来烤自己做出来的一些小摆件。

据王亚辉介绍，他在参加活动的同时，还带动了自己的爱人一起加入陶瓷班中学习陶瓷知识。因为自己有一些基础，所以他就在后期帮自己的爱人在瓷器上上色、写字，通过合作，一起完成一件作品。

此外，王亚辉经常会做一些小瓷器送给自己的亲戚朋友。偶尔有人找王亚辉帮忙做一个自己家宠物狗的陶瓷，王亚辉也会非常热情地帮忙做。"发挥自己兴趣爱好的同时，也能够帮助别人，一举两得！"王亚辉说道。自从接触了陶瓷，王亚辉便结识了很多良师益友，老年生活也变得更加丰富多彩。

三里河北街的生活是丰富多彩的，因为这里有一群热爱生活的人，他们用自己的双手构筑美好生活，也构筑起街巷的美丽风景。

文/靳春迎

月坛南街
一条讲述国家发展与美好生活的悠悠小巷

在月坛街道，有一条主干道。两旁有中央国家机关、中央企业、中小学校及金融机构、商场等，逐年改造扩建，改革开放 40 年来，这里已经成为月坛人共同的回忆，它就是月坛南街。

【街巷名片】

月坛南街，位于古建筑月坛以南，为东西走向，东起阜成门南大街，西到三里河路，是南沙沟社区、三里河三区和社会路等社区所在地，是国家发展和改革委员会等部分中央国家机关所在地，是中国科学院、中国信息中心及中国科学技术交流中心等所在地。以月坛南街为主干道的月坛街道，人称"人文月坛"。在这里工作和居住的人员，文化层次较高，文化内涵丰富，形成了和谐融洽的区域环境。

【街巷历史】

在月坛人的脑海中，这里有散发着熟悉味道的老餐馆，有庄严的国家部委单位，还有熙熙攘攘的便民超市。这里将国家发展与美好生活进行融合，展现月坛小街巷、大故事的特色。

国家发展和改革委员会：用改革发展推动时代步伐

中华人民共和国国家发展和改革委员会的前身是中华人民共和国国家计划委员会，简称"国家计委"，是中华人民共和国国务院原有组成部门之一。国家计委曾长期承担着中国政府对综合经济规划的职能，但随着中国由计划经济体制向社会主义市场经济体制逐步转变，国家计委的功能不断发生转变。中国共产党十四大，确定我国经济体制改革的目标是社会主义市场经济体制，国家计委的名称也随着有了相应的更改。

1952 年 11 月 15 日，中央人民政府委员会第 19 次会议通过决议，增设独立于中央人民政府政务院、直属中共中央、掌管全国经济工作的中央人民政府国家计划委员会，简称"大计委"，也称"国家计委"。国家计委成立后，原由政务院财政经济委员会领导的中央人民政府重工业部、中央人民政府第一机械工业部等 13 个部划归"大计委"领导。1952 年 12 月 5 日，国家计委正式开始办公。成立之初，办公地点是在北京市西城区北河沿大街 54 号（原北大三院）。1953 年，在西城区三里河路采用苏联的图纸，设计建设国家计委大院。楼高三层，共建有216 栋。

国家计委成立之初，由当时的国家副主席高岗兼任计委主任；1954年 2 月，中共七届四中全会后，改由政务院副总理李富春兼任国家计委主任。1954 年 9 月，第一届全国人民代表大会第一次会议通过《中华人民共和国宪法》，成立中华人民共和国国务院后，国家计委改为隶属于国务院的组成部门中华人民共和国国家计划委员会。

1955 年，国家计委办公大楼启用。主楼与东西两侧楼作为一个整体设计，被称作"四部一会"——当时的一机部、二机部、重工业部、财政部和国家计划委员会。

随着经济体制改革的深化，中共十四大以后，我国计划经济体制向社会主义市场经济体制转变。1998 年 3 月，第九届全国人民代表大会第一次会议通过《关于国务院机构改革方案的决定》，将国家计划委员会改组为国家发展计划委员会，作为国务院的组成部门，是综合研究拟定经济和社会发展政策、进行总量平衡、指导总体经济体制改革的宏观调控部门。2003 年，国务院将原国务院体改办和国家经贸委部分职能并入国家发展计划委员会，并改组为国家发展和改革委员会。

国家发改委不断推进改革，能更新观念，转变职能，充分发挥国家宏观调控和市场配置资源的基础性作用，有力推进国民经济持续快速健康发展。

2018 年第十三届全国人民代表大会第一次会议又对国家发改委原有职能做了调整。新组建的国家粮食和物资储备局隶属国家发改委管理。

可以说，国家发展和改革委员会在推动国家发展方面起到了重要作用，月坛南街这条小巷也因为国家发改委的坐落而变得庄重而沉稳。

北京万方西单商场：打造综合性生活超市

北京万方西单商场有限责任公司成立于 1998 年 6 月，是由北京首商集团股份有限公司与北京华天饮食集团公司共同出资组建的股份制企业。公司坐落于西城区月坛南街 30 号，是三里河大街繁华商业区的黄金地段，营业面积近 10000 平方米，是集购物、餐饮、娱乐于一体的社区型综合性商业企业。商场以超市经营为主要业态，以"生鲜加强型社区生活超市"为经营定位，以"为千家万户创造高品质生活"为经营理念，在为顾客营造放心购物环境的同时，努力为顾客提供优质的商品和服务。

在注重经济效益的同时，公司还取得了显著的社会效益和诸多荣誉：曾荣获北京市技术监督局授予的"北京市购物放心单位"，北京市工商行政管理局授予的"守信企业"，北京市知识产权局、北京市商务局授予的"北京市无冒充专利示范单位"，首都精神文明办公室授予的"首都精神文明单位"，北京市商务局授予的"北京市科普示范店"，北京市残疾人联合会以及北京市人力资源和社会保障局授予的"北京市扶残、助残先进单位"。

万方西单商场扎根社区，与周边顾客携手走过了 20 年的时光，为社区百姓养成了固定的购物习惯，更与他们结下了深厚的感情。万方西单商场将继续努力，坚持不懈地以顾客为中心，不断丰富商品，完善服务，着力打造成老百姓信得过、喜欢来的优质服务商店，为首都商业添砖加瓦。

周边的百姓提起万方西单商场，最津津乐道的是"爱心直通车"。这个举措是万方西单商场和月坛街道残联一起设计并实施的。当时在社区里生活着一批孤寡老人和残疾人，他们有的行动不方便，有的因为收入比较低，导致生活拮据，这些人都存在着"吃菜难"的问题，为了帮助这些有困难的居民，成立了"爱心直通车"。

据万方西单原党委书记张京平介绍，"爱心直通车"项目在成立以来，商场每天都会由志愿者免费将 10 份新鲜的蔬菜送到社区活动中心，再由居委会的工作人员送到居民家中。"最早的时候是由我们的党员负责每天为社区送菜，这么多年过去了，我们商场所有员工都慢慢参与进来，到现在我们的员工已经养成习惯了，早上上班第一件事，就是把蔬菜给社区送过去。"张京平说道，在这 12 年里，万方西单累计为居民送菜已经达到了 3.5 吨，为社区的 20 多户居民提供了服务。"在这里，诚信就是一种坚持，我们信守承诺，不论刮风下雨都把蔬菜送到社区。2012 年的时候，咱们月坛街道还送给我们一副对联，上面写着'助残兴国，播撒宏慈八年；扶基立业，奉献大爱无边'。有一位残困人士也为我们送了一面写着'万绿浓情系东西，方心意暖化孤单'的锦旗。"员工的坚持，与整个企业的文化是分不开的，"诚实是我们的立身之本，务实是我们的治家之风，求实是我们的兴业之道"。张京平说，这是万方西单的企业理念，他自己在平时培训员工时，也把"实铸商魂"作为经营理念，传达给员工。"'实'其实就是诚实，不光是我要求我们的员工要诚实，提供给顾客的商品也是如此，明码实价，货真价实。我一直和员工说，对待客人我们要做到'三知三如'，'三知'就是'知你''知我''知心'，'三如'就是'如亲''如故''如家'，了解顾客想要什么，同时给顾客亲人一样的待遇。我们出售的商品也是要对顾客负责，假冒商品绝对不能出现在货架上，一分钱一分货，给顾客提供最好的商品。"

【街巷人文】

在月坛南街，很多人与中华人民共和国一起成长，这里一草一木的变化，都展现着改革开放 40 年来的发展，而月坛南街的人也对如今的美好生活倍加珍惜。

于蓝：树立一座永远的丰碑

今天，人们过着幸福生活，但不会忘记那些为了祖国解放抛头颅洒热血献出自己宝贵生命的革命先烈，不会忘记影片《烈火中永生》中英勇顽强、机智勇敢的江姐的伟大形象。成功塑造江姐形象的是一位经历过战争岁月、受人尊敬的电影表演艺术家于蓝，她住在月坛南街。

于蓝，1921 年出生，与建党日同年。她曾回忆，在她 10 岁那年爆发了"九一八"事变，一家人从辽宁逃难到关内，勉强立足北平。

在新街口，她亲眼看见日本侵略者杀害中国老百姓。1938年，17岁的于蓝同几名好友一起寻找革命队伍。走路搭车乘船，用了50多天，找到了延安，于蓝进入了延安鲁迅艺术学院。

为了抗日，她发挥自己的特长，选择电影表演。在延安曾拍摄了几部电影，怀着对日本侵略者的仇恨，饰演了热血青年，在延安演出，受到好评。

1961年，于蓝在电影《烈火中永生》中成功地饰演江姐。为了这部电影，她用了近一年的时间，去重庆、成都、贵州等地体验生活。她塑造的江姐，没有用豪言壮语的方式去表现英雄，而是注重挖掘生活细节，更多地去展现人物的精神气质，全身心地刻画人物的细微情感。她说："忘了我是演员，记住了江姐。"

于蓝注重体验生活，她成功的表演使这个悲壮的故事充满了人性的光辉，感动了几代人。她说，一部作品，首先要感动演员自己，才能感动观众，江姐牺牲了，我似乎成了她。

如今，于蓝已经年近百岁了，她总挂在嘴边的话就是：人要保持乐观的生活态度，不要留太多的烦恼在心里，学会排解，保持好的心情对健康很重要。

我们敬仰于蓝饰演的江姐，怀念江姐等老一辈革命先驱。影片《烈火中永生》，表达一种振奋、一种信仰，为中华民族树立了一座永远的丰碑！

魏东：身体力行　打造"孝星家庭"

有一位"孝星"，照顾父母任劳任怨，细心得像贴心小棉袄，帮助邻居真心付出，组织活动热心奉献。他是铁三社区居民魏东。

魏东和父母同住铁三社区，老母亲晚年体弱多病，行动不便，魏东就买了一辆轮椅，经常推着她去医院看病；带着她去小区院里和老姐妹们聊天；陪着她去公园散心，晒太阳，呼吸新鲜空气。有时他还让孩子们开车带着老父母去大公园赏花、观景。

魏东的父母都是北方人，喜欢吃带馅儿的面食，魏东夫妇经常包饺子、蒸包子、烙馅饼送给父母吃。老母亲牙口不好，行动不便，导致经常便秘，魏东就把苹果、香蕉、鸭梨等时令水果削成小块给母亲吃。魏东在孝敬母亲的同时也很孝敬父亲，老父亲爱喝酒，魏东就经常买些酒菜给老父亲下酒，夏天经常煮些鲜花生、毛豆给老父亲送去。

魏东家目前已是有着 28 口人的大家庭，全家人在每年的传统节日都要聚会、聚餐。每年正月十一前后的聚会要求大家庭中的每个成员都不能缺席，因为老太太、老爷子的生日都在正月，全家老少都要为二老祝寿，这个传统从 1998 年延续至今，而且是五个子女轮流做东，16 年来从未间断。

2012 年 5 月，魏东的大家庭被月坛街道评为"和谐家庭的典范"，应邀参加了在西城区文化中心召开的表彰大会，全家近 20 口人登上舞台，接受了北京电视台的采访。

魏东 2002 年退休到社区后，当过居委会委员、党委委员和支部书记，2009 年后又被选为居民代表和楼门长。自担任楼门长以来，他热心为居民服务，老人们有什么大事小情、急事难事，如暖气不热了、水管堵了、屋顶漏水等只要找到他，都能协助物业有关部门认真地帮助解决。

"空巢老人"徐先生是魏东一帮一的帮扶对象，徐先生 10 年前离了婚，心情一直不太好，还得了脑瘤动了手术，留下了后遗症，脾气不太好，经常和同层的邻居发生矛盾。有一天，不知因为什么事，徐先生的情绪不太稳定，把水倒入其他住户放在楼道装菜的纸箱子里，又把别人门外的东西扔得到处都是，而且还把烂西红柿、烂茄子往别人防盗门上扔。两家住户找到魏东，魏东赶忙去看徐先生。当魏东来到徐先生家的时候，恰巧老人不在。他便拿起扫把把两位住户的门前打扫干净，又把防盗门擦拭干净，同时还劝两家邻居不要和老人计较。老人回来后，魏东找他聊天，当他得知是魏东清扫了垃圾、擦净了防盗门时心里也感到有些愧疚，表示今后再不那样做了，从此三家再也没有发生过矛盾。

徐先生手术后，大夫让他继续到医院进行化疗放疗，但是他说什么也不去，而是自己用艾灸，熏得脸上青一块紫一块，让人看了都有点害怕，楼里的人很少和他说话。但是魏东认为他身边没有亲人，需要他人的关心和爱护，就主动和他打招呼，问寒问暖。徐先生的儿子有时来看他，魏东有心问了他儿子的电话，以便有事跟他联系。有一次魏东几天没见到徐先生，以为他出什么问题了，就给他儿子打电话，原来是外出旅游了，魏东这才放心。

2012 年 4 月，魏东夫妇发现徐先生有些不正常，一天比一天出门晚，出门走路歪歪斜斜的，过往的司机都躲着他走。走路时扶着小区的铁栏杆，走几步停几步，半天也走不了多远，魏东夫妇就向居委会打了招呼，希望密切关注他。

一天上午 9 点多，徐先生才打开门，魏东马上下楼去看，只见徐先生满脸是血，话也说不清楚，但老人自己还没有意识到，还要出去买早点。魏东说你不要去了，回屋里坐会儿。但徐先生还坚持要去，魏东让爱人马上通知居委会，居委会主任张靖和另一名委员很快就来了，把徐先生劝回家，并帮他买回了早点，可是他已经不能吃饭了。见此情形，张主任想要立刻通知他家人，魏东把他儿子的电话告诉张主任，他儿子很快就到了，一见他爸爸快不行了，马上联系了急救车，经半个小时的抢救，徐先生还是没能救过来，在这期间，魏东一直在旁边等着。事后，徐先生的儿子激动地对魏东夫妇和张主任说："谢谢你们这样关心我的父亲，我真的不知道怎么感谢你们。"

楚建周：为诚信代言的社区人

年轻时要求自己诚实守信，退休后成为"居民代表"，为邻里多做好事；生活中，答应别人的事情，有多困难也要完成。她是月坛地区居民楚建周。

1975 年，楚建周进入楠辰皮革有限公司工作，开始在成品库做事，既要管账，还要干装箱、搬运等体力活儿。一干活儿，楚建周就化身为"拼命三郎"，"用大箱子把成品装好后，要把一个大箱子放在另一个大箱子上面，直至叠加成一摞。我拿起箱子就往上提"。在成品库干了几年后，楚建周右肩因长期过度劳损而患了肩周炎，"肩周炎严重时，我右胳膊动一下都很困难。穿衣服时，把袖子从手腕处一点一点地套进去"。

楚建周从小数学学得好，对数字很敏感。她今年已经快 70 岁了，但只要看几次电话号码就能记下来。那时她每天仔细阅读入库单、出库单，计算每类成品的在库数量。光是皮革手套就有几十个品种，每种手套有多少双，每天有多少双运出去，有多少双进仓库，她都知道。她还能准确指出每种皮革产品所放的空间位置。楚建周笑笑，说："我大脑把仓库装进去了。"

在成品库做了七八年后，楚建周被调到了销售科，还是管账，同时计算生产成本。在销售科，楚建周被同事们戏称为"代理科长"，她说道："因为我对成品库熟悉，所以科长不在的时候，就由我与商场沟通，并在与商场协商好后到成品库提货，同时收取商场支票并开发票。"之后又到了劳动工资科，算奖金、工资，做报表。她笑着说道："报表做完后呈给上级，如果有误还要被打回来，我的报表没有被打回来过。"

1998 年退休后，楚建周的组织关系随之转到社区。"我是一名党员，要处处发挥党员的模范先锋作用，这是我对党的忠诚。"楚建周一字一顿地说，"每月的党员学习会，我都坚持参加，只有一次因为女儿生病了才请假。社区党委组织的学雷锋活动，我也只请过一次假。"

每年两会期间，社会路社区的志愿者们都要步行到两公里外的南礼士路为代表驻地站岗执勤 3 个小时。

2015 年两会前夕，居委会做好排班计划后，通知到每一个志愿者。可不巧的是社区里有个志愿者家里出了急事，第二天不能去站岗了，但社区的工作人员和志愿者都已有所安排，居委会紧急给社区里的志愿者打电话，看有没有人能多上几个班。

居委会接连打了 3 个电话，很多人都是家里有事走不开。居委会打到楚建周家时，她二话没说就答应了。又过了几天，社区工作人员跟楚建周一同站岗巡逻，发现她脸色苍白，眼睛浮肿，工作人员就问她身体怎么了。原来，楚建周已经发烧两天了，并且前一天刚去医院打了点滴。"当时人手不够，而且两会马上就要结束了，我就想着不用麻烦其他人了。再说这是我答应过的事，能做好就尽量做好，不能半途而废。"楚建周说。

楚建周是楼门长，社区一有活动，她就会通知大家。"我平时发一些宣传材料，收集大家意见，大家比较熟悉我，遇到问题会跟我说一声。我负责 7 层、8 层和 9 层，有时其他楼层的居民也会找到我。"楚建周笑着说道。有一次下大雨，顶层楼房漏水，有人跟楚建周说了，她立马联系社区书记，并和书记一起把 13 层楼全部走访了一遍，最后书记找人把该修的地方全部修了，解决了楼房漏水的问题。

2014 年，由居民楼的产权单位水利部牵头，对楚建周所在的老楼进行改造。施工队的施工质量不佳，导致不少居民家里停水停电，影响了大家生活。楚建周和另一位居民数次前往水利部和负责人沟通，楚建周跟负责人说:"老旧小区改造本是惠民工程,但现在因为施工质量不好而导致楼里停水停电,群众意见大,这不是适得其反吗?"随后水利部和施工队开展协商,施工队解决了遗留问题。楼里的水管堵了,水利部还叫来高压水车疏通管道。

"为社区服务让我生活充实,是我生命价值的再一次展现。只要我还有用,我就要发光发热。"楚建周说道。

王刚:牢记军人的使命

月坛南街驻有许多国家机关,每天都需要有武警战士守卫,凌晨5点,人们还在睡梦中,一位23岁的小伙子已经开始工作了。他是守卫中央国家机关的武警第二支队七班班长王刚。

王刚是吉林省通化人,1993年出生在一个农村家庭,他上学的时候可没少让父母操心,本来学习成绩就不好,又特别贪玩,那时候基本上一放学就跑出去玩了,父母都忙也没时间管他,甚至于有时候会翘课出去玩。

如果只是不爱学习、贪玩这些小事,王刚的父母还能省不少心,但那时候的王刚是一名不折不扣的"不良少年"。

"我14岁的时候有一次和同学喝酒,喝着喝着就不省人事了,同学就赶紧把我送到医院。"王刚说道。在医院里,他的母亲还对他说:"两星期赚的钱,被你的两个吊瓶就花没了。"当时这些事情,可真没少让母亲操心。

到了初中二年级,王刚觉得自己无论如何也念不下去了,就每天都和母亲说,想去找个工作赚钱。"我母亲死活都不同意啊,她觉得我还是应该继续学业,但是我知道自己不是那块儿料,上课根本听不进去,所以就死活都不去上课，最后我母亲还是犟不过我，同意我退学了。"
他在 2007 年 8 月的时候正式退学，同年 10 月份去了一家汽车修理厂做
学徒工，但王刚心里明白，他辍学去挣钱还有另一个原因。

在他 12 岁的时候，他的父亲就去世了，本来父亲在世的时候家里
的经济条件就比较紧张，后来只剩母亲一个人，就更加窘迫了。"我父
亲去世后，所有的重担就都压在母亲身上，为了卖菜，她经常夜里一两
点的时候就往县城赶，一直忙到晚上七八点钟才回家，到家之后又要准
备第二天卖的菜，忙完就已经晚上 10 点了。"王刚说道，他当时看到家
里的这种情况，才有了辍学去赚钱的打算。找了一家汽修厂做了一名学
徒工，也让他对"赚钱不易"这四个字有了深切的体会。

那时候他就住在汽修厂里，最开始的 4 个月是没有工资的，而且每
天早上 5 点多就要起床去干活，有时候忙起来，上午 10 点才有时间去
吃早饭。吃过饭之后就要继续干活，一直干到下午 6 点下班。有时甚至
要干到夜里一两点才能完事。

在做了 4 个月之后，王刚领到了他人生中的第一份工资。"100 多
块钱，这是我的第一份工资，我当时就想，我每天干活 10 多个小时，
一个月才赚 100 多块钱。"他一共做了两年汽修学徒，最多的一次，不
过工资 400 元，这时他才体会到父母赚钱的不易。"想想我上学的时候，
经常要和父母要钱，真的觉得挺对不起父母的。"

2009 年的时候，有一次王刚的母亲和他说，希望他去当兵。"我开
始的时候有点犹豫，但是又对部队充满好奇。"他当时觉得，如果一直
做汽修学徒工是没什么前途的，想自己开店又没有钱，所以他在反复思
考之后，决定换一条路走，去参军。

到了部队，一切都让王刚充满了新鲜感，但很快这股新鲜劲儿就过
去了，他这时候就觉得特别不适应，因为自己之前虽然也是 5 点多钟就

起床，但毕竟自由惯了，在部队的时候干什么都要向领导报告，觉得特别不适应。他当时在给母亲打电话的时候，还对母亲说："你把我推进了第二个'监狱'。"

"我当时觉得学校是第一个监狱。"王刚笑道，他的这种心情一直持续了一个多月，才慢慢好转起来，"也是因为适应了，而且在部队里，战友们都是年龄相仿的，很聊得来，有什么想法也可以和战友交流，慢慢地我就觉得，部队的生活也挺好的。"

王刚适应了部队的生活后，因为平时的表现良好，被升为了班长，中士军衔，但有一件事情却让王刚始终放不下。

他至今仍然清楚地记得那一天，2015年5月28日，那天他像往常一样，和战友们一起训练、执勤，但突然一个电话打来，他的爷爷去世了。

他当时就哭了，但是想到因为部队里正好有演习的任务，自己确实离不开，就只能给家人在电话中说明一下情况。家人也十分理解他的苦衷，并没有强求他。

"我们中队长和指导员知道我家的情况后，找过好多次上级领导，争取能让我早点回家。"王刚说道，中队的任务一结束，部队马上就安排王刚回家尽孝了。

2014年11月的一个晚上，王刚在他的岗哨巡逻时，在地上发现一个钱包，他打开钱包一看，里边有1000多元的现金和身份证，还有好几张银行卡。他就在原地等着。没过多一会儿，他就看到有个人在附近不停地徘徊，而且面露焦急。他赶紧上前问那个人怎么了，那个人回答说自己的钱包找不到了，他就让他形容一下钱包的样式和里边有什么东西，确定钱包就是那个人丢的之后，他就把钱包还给人家了。

过了几天，有人带着锦旗来到部队。"我一看，正是那天丢钱包的那位，他一看见我，就赶紧拉着我的手，一个劲儿地说谢谢，弄得我都不好意思了。"王刚笑道。

　　王刚没有做过什么惊天动地的大事，只是一名普普通通的武警战士，但小事彰显温情，王刚正是用这样的小事，传递着一个军人的使命。

文/靳春迎

三里河南四巷
承载我国经济与核能发展重任的小巷

月坛南街南侧西端，有一条与中国特色社会主义发展和国防建设密不可分的小巷——三里河南四巷。这里记载了中华人民共和国经济起步和腾飞的轨迹，从一穷二白走向辉煌成为世界第二大经济体的历程；这里也见证了我国核工业和"两弹一星"腾空而起的辉煌。

【街巷名片】

三里河南四巷，北起月坛南街，南至三里河南横街，全长 246 米。巷内驻中国核工业集团公司（原"核工业部"，即二机部）。

【街巷历史】

三里河南四巷是伴随着中华人民共和国发展的街巷，小巷虽小，却有着很多辉煌的历史成就。

中华人民共和国核工业部：研制成功了"两弹一星"

中华人民共和国核工业部前身是于 1955 年第一届全国人民代表大会常务委员会通过成立的中华人民共和国第三机械工业部（1958 年，

第三机械工业部改为第二机械工业部），主管中华人民共和国的核工业发展和核武器研制，参加了"两弹一星"工程。

1988年4月，核工业部撤销，同时组建了中国核工业总公司，承担核军工、核电、核燃料、核应用技术等领域的科研开发、建设和生产经营，以及对外经济合作和进出口业务。

20世纪90年代末，中国核工业总公司又根据业务不同，划分为中国核工业集团公司和中国核工业建设集团公司。中国核工业集团公司负责中国核武器的研制、核燃料的开采提取以及核试验。中国核工业建设集团公司负责我国核能利用开发应用事业，如核电站的建设与运营。

中国核工业在40余年的发展中创造了一系列辉煌成就。研制成功了"两弹一星"，为加强综合国力和提高中国的国际地位做出了贡献。

改革开放以来，中国核工业大力开发核能的和平利用，核电正在成为国家重要的高技术产业；核燃料形成了完整的循环体系；民用核技术和各类民品生产在国民经济建设中正在发挥着重要作用。

中国核工业集团公司由100多家企事业单位和科研院所组成，集团有多人入选中国科学院院士和中国工程院院士，主要承担核军工、核电、核燃料、核应用技术等领域的科研开发、建设和生产经营，以及对外经济合作和进出口业务。中核集团公司建立了完整的核科技工业体系，是我国核电站的主要投资方和业主，是核电发展的技术开发主体、国内核电设计供应商和核燃料供应商，是重要的核电运行技术服务商，以及核仪器仪表和非标设备的专业供应商，承担着核电站运行和安全技术保障的重要任务。

中国核工业集团公司作为国家核科技工业的主体，拥有完整的核科技工业体系，是国家战略核力量的核心和国家核能发展与核电建设的主力军，肩负着国防建设和国民经济与社会发展的双重历史使命。

中国核工业集团公司主要从事核军工、核电、核燃料循环、核技术应用、核环保工程等领域的科研开发、建设和生产经营，以及对外经济合作和进出口业务，是目前国内投运核电和在建核电的主要投资方、核电技术开发主体、最重要的核电设计及工程总承包商、核电运行技术服务商和核电站出口商，是国内核燃料循环专营供应商、核环保工程的专业力量和核技术应用的骨干。

中国核工业集团公司在新的历史阶段，传承核工业半个多世纪以来举世瞩目的"两弹一星一艇"和实现中国核电"零的突破"的辉煌历程，秉持开放、包容、合作、共赢的经营理念，积极推进我国核电事业发展，不断提高核科技工业的整体水平和国际竞争力，努力实现核工业又好又快安全发展。中核集团是我国战略核威慑的重要建设者，是国家安全、生态环境和人类健康的守护者，也是核能和平利用的主力军。中核集团作为国家核科技工业的主体，是我国核科技创新和市场开发的引领者。中国核工业"两弹一星"的研制成功，打破了霸权主义的核垄断、核讹诈，为保卫国家安全，维护世界和平，为社会主义现代化建设做出了重要贡献。

改革开放以来，中核集团取得了辉煌成就。按照"集团运作、专业经营"的方针，以产品为核心，以市场为导向，国防建设和经济建设双轮驱动，发展了以核电、核燃料、核技术应用为代表的核科技产业，取得了华龙一号、高温气冷堆、低温供热堆、模块化多功能小型堆、铀浓缩技术工业化应用、CF3 燃料组件、地浸采铀技术、230 兆电子伏强流质子回旋加速器、放射性诊疗药物等一大批科技创新成果，服务于社会民生的各个领域，取得了显著的经济效益和社会效益。

改革开放以来，中核集团实施人才强企战略，为核工业创新发展提供智力支撑，培养了一大批素质高、能力强的核科学技术人才，人才资源总量有序增长，人才专业结构日趋合理，核专业高层次人才聚集效应明显提升，对核工业在国防工业、核电核能、核燃料、核基础研究、核技术应用等领域及产业自主创新和持续发展起到了关键支撑和引领的巨大作用。

进入新时代，中核集团置身于国家安全和发展的大局中，以建设世界一流的，更加自主、先进、安全、高效的核工业体系为己任，按照习近平总书记"坚持安全发展、创新发展，坚持和平利用核能，全面提升核工业的核心竞争力"的要求，坚定不移履行央企的责任与使命，坚持自力更生、自主创新，继续谱写着我国核工业新的辉煌篇章。

【街巷人文】

由于很多国家部委单位坐落于此，这条小巷也涌现出很多为中华人民共和国发展做出贡献的人。

苏华：见证中国核工业的发展

在三里河南四巷南边的三里河三区三小区内，曾经住过一位看上去平凡的老人苏华，他却是我国核工业部的第一任部长，他见证了我国核工业从无到有，一步步发展起来的全过程。

苏华，1918 年 6 月 22 日出生于山西省翼城县南撤村。1935 年毕业于县国民师范大学，1936 年 10 月参加山西牺牲救国同盟会，1937 年 4 月考入山西国民兵军官教导团第十团（抗日战争爆发后，第十团改为抗日决死三总队）。1938 年 2 月，日军进犯晋南地区时，参加翼城牺盟游击队，任中队指导员。1938 年 6 月加入中国共产党，后历任山西黎城县委委员、县武委会主任，太行八分区（后改为四分区）武委会副主任、主任，太行区人民武装部副部长，山西长治军分区副司令员，山西榆次军分区副政治委员，山西省军区人民武装部副部长，解放军总干部预备役处处长、动员部副部长。1959 年任原二机部十二局局长。1977

年任原二机部副部长、部党组成员，主管铀矿冶工作。1982 年离休。

　　核工业是国家高科技战略产业，是国家安全的重要保证，是国家科技经济综合实力的重要体现。苏华于 1959 年调到二机部主管铀矿冶工作，直到 1982 年离休，他直接参与和见证了我国铀矿冶工业发展从无到有、从小到大的艰苦创业的整个历程。

　　1959 年 6 月，苏华在解放军政治学院进修结业，被调到二机部工作。二机部部长宋任穷原是苏华的直接领导，苏华问他调到二机部做什么工作，宋任穷用手画了一个圆，说："搞原子弹！"

　　苏华于 1959 年 11 月初到二机部报到，结束了军队生涯，转入了核工业事业。苏华到二机部后，在分管铀地质和铀矿冶工作的第二办公室工作。一个多月后，担任十二局（铀矿冶管理局）首任局长兼党委书记。

　　"二战"之后，美国凭借核垄断进行核威胁、核讹诈；对社会主义新中国充满敌视，企图颠覆我国的社会主义制度；在抗美援朝战争中，美国统治集团内部曾有人叫嚣对我国进行核打击。美帝国主义的核威胁、核讹诈，迫使我国在建国初期国力很薄弱的情况下，决心研制核武器。

　　在这个历史背景下，中央提出"着眼军用，急要快上"建设核工业的指导思想。1956 年 11 月 16 日，全国人大常委会决定设立中华人民共和国第三机械工业部，主管我国原子能事业。

　　1955 年 4 月，地质部成立第三局，负责铀地质勘探工作。从 1956 年开始，国务院第三办公室、第三机械工业部等有关单位在苏联专家的协助下，在湖南、新疆等地考察和选址。

　　1958 年 2 月 11 日，全国人大将第三机械工业部改为第二机械工业部。1958 年 8 月，地质部第三局划归二机部，改称二机部第十二局。1959 年 12 月下旬，二机部决定将十二局改为铀矿冶管理局，主管铀金属冶炼厂和铀矿的工作，核心任务就是尽快生产出研制核武器急需的铀。苏华就是这时调到十二局的。

在毛泽东主席和党中央的直接关怀和领导下，中国铀矿冶的建设一步一步发展起来了。研制核武器面临的首要前提就是要加速开发铀矿。1943年，我国地质工作者在广西钟山黄坪曾发现铀矿物，1954年确认广西等地有铀矿。1955年，我国地质部门发现了铀矿床，初步具备了开发铀矿的条件，计划在湖南郴州、衡山各建设一座铀矿，在衡阳建设铀水冶厂，在江西上饶地区建设一座铀矿，并就矿建设一座水冶厂。1958年5月，中央批准了二机部关于铀厂、铀矿选址的报告。同年12月，二机部批准了衡阳铀水冶厂初步设计任务书，确定了该厂的年生产能力。至此，"三矿一厂"的基建施工全面展开。

我国发展铀矿冶和研制核武器初步具备了现实条件：抗美援朝胜利后，我国财政经济情况逐步好转；党中央、国务院从财力、物力、人力各方面对发展核工业予以重点保障；苏联同意对我国提供援助勘探铀矿。1955年1月15日，毛泽东主席在中南海召开中共中央书记处扩大会议，听取了李四光、钱三强等人的汇报，询问发展原子能的有关问题。

我国核工业是一个新兴的工业。二机部党组在1958年夏天提出"边干边学，建成学会，苦干三年，基本掌握"的目标。从1958年铀矿冶工业起步以来，二机部组织各方面有关人员，对铀矿冶的试验研究、厂矿设计和筹建做了大量工作，确定"矿山先行，把矿山建设列为重点"的方针。

1958年开始，二机部第十二局先后在一些地区兴建了四一一矿、四一二矿、四一三矿、四一四厂、四〇八厂等项目。四二一矿、四四一矿、四六一矿、四五二矿、湘南机械修造厂、四一五医院、衡阳矿冶工程学院等7个单位也开始筹建。为了争取时间、加快速度，不久二机部又重新调整了部署，确定把四一一矿、四一二矿、四一三矿、四一四厂（即"三矿一厂"）列为重点工程建设。1959 年 3 月，又开始筹建一批设计院、矿冶工程学院和多地厂矿。

1959 年 12 月 24 日，苏华到任十二局，不到十天便下厂矿了解情况，研究如何加速厂矿的建设。

四一一矿是"二五"期间的重点项目。该矿尚处于基建前期阶段，施工机械设备还没有运到。为了把铀矿基建尽快搞上去，干部职工就使用大锤、钢钎、锄头、土箕、手推车等土办法，挖土打井，掘进巷道，夜以继日地筑路、盖房、架线、安装。干部职工大搞革新，提了很多合理化建议，如机修车间用旧废料制造了弹簧锤，提高工效 10 多倍；以沥青和石蜡作防水剂，使硝铵炸药能在有水的地方使用，解决了胶质炸药不足的问题。其他厂矿职工的精神面貌也和四一一矿相同，积极完成筹建任务。

1960 年 2 月，苏华从湖南到江西，与江西矿务局、地委、四二一矿领导和华东铀地质队、苏联专家研究四二一矿建设的有关问题，提出重新安排该矿工作的意见。四一三矿动工兴建较早，该矿规模较小，露天开采矿石，水冶厂原定是简易砖木结构，正在紧张施工，可望较早建成投产。

在调查了解、与厂矿院所领导和工程技术人员频繁商讨的基础上，十二局对厂矿基础建设的人力物力配备、厂矿设计方案、施工图纸提供、工艺流程、主要设备选型等方面的问题，及时加强计划和调度，妥善协调和解决各方面的矛盾，保证工程基础建设进度。

为了增加铀的产量，1960 年 6 月 17 日，中央批转了二机部党组关于兴建十二个中型铀矿的情况及二机部统一规划和各省分工负责的情况的报告。1963 年，二机部提出加快建设已开工建设的厂矿，并开始新建一批厂矿。同年 3 月，中央专委对加快铀矿建设做出决定。1963 年，我国第一批铀矿山"三矿一厂"终于建成投产，标志着中国铀矿冶工业进入了发展时期。

我国铀矿冶开发初期，得到了苏联政府援助。1955年1月，我国与苏联签订《合营勘探铀矿协议》；1956年8月，签订《关于苏维埃社会主义共和国联盟为中华人民共和国在建立原子能工业方面提供技术援助的协议》。苏联帮助中国建设铀矿，初期建设新疆伊犁达拉地矿区和湖南衡山大浦矿区；帮助建设铀矿石放射性分选和水冶厂、金属铀厂等。同年12月，中苏协议停止原定的合营形式，改为我国自营，聘请苏联专家做顾问，苏联继续提供技术的援助形式。苏联的援助对我国铀矿冶业启动创造了条件。

1958年5月16日，毛泽东在二机部党组《关于团结苏联专家共同执行总路线的报告》上批示："尊重苏联同志，刻苦虚心学习，但又一定要破除迷信，打倒贾桂（即奴才）。"这个批示为大家如何向苏联专家学习，打下了正确的思想基础。大多数工程技术干部按照二机部当时提出的"一定要把苏联的技术学到手，实行抄、改、创相结合"的精神，勤学敢创，一面向苏联专家请教，一面在实践中创新。如四一三矿水冶厂，苏联专家设计的工艺流程是浸出、吸附在同一塔内进行，效果不是很理想。第五研究所科技人员多次研究，改为先浸出，后吸附，得到了苏联专家的赞许。1958年至1959年，二机部十二局又先后派出近百名技术干部去苏联铀水冶厂、铀厂矿和铀金属元件厂实习。

但是，苏联自从赫鲁晓夫上台以后，与我国的关系逐渐发生变化。1959年6月，苏共中央致信中共中央，表示拒绝向我国提供原子弹技术；同时，苏联政府彻底废止与我国签订的各项协议，停止提供一切材料、设备，指令在中国的苏联专家带着有关资料分批撤退。1960年8月23日，正值我国铀矿山准备试采、铀水冶厂开始安装之际，在二机部工作的苏联专家全部撤走了。

苏联终止合同，停止援助，撤走专家，我国铀矿冶工作遇到了很大的困难。苏联的毁约停援，虽然给我们造成很大的困难，但不能中断我国核工业事业。

毛泽东提出：自己动手，从头摸起，准备用 8 年时间，造出原子弹。中央随即把原子弹工程定名为"596 工程"，要造"争气弹"。

为了加强对核工业的领导，1962 年 11 月，成立以周恩来为主任的中央专门委员会，具体负责尖端武器研制。中央专委根据毛泽东的指示，全国、全军一盘棋，统一调度人力、物力、财力，全国大协作，安排了尖端武器所需的特殊材料、部件和配套产品等 2 万余项的研制生产任务，解决了研制中遇到的 100 多个重大问题，大大加快了研制的步伐。

为了争取时间，尽快把第一批厂矿建设起来，十二局决定铀矿山建设实行"边勘探、边设计、边施工"的"三边"方针。不等地质勘探结束，只要有一定的可靠储量，提出中间报告就开始设计，做出部分施工图纸就开始施工；针对铀矿床具有复杂多变的现状，地质部门分期分批提交储量，只要有一定的可靠储量，就采取分期分批、由小到大开展建设。在建设规模和建设标准等方面，考虑适当的方案，既要从现实条件出发，又要照顾发展前景，留有余地；既要争取时间，又要尽可能地避免返工浪费。在遵循建设程序的基础上，勘探、设计、施工适当交叉进行。在当时的历史情况下，这样做是唯一的出路。

苏联专家撤走时，我国已经基本建成一支科研和建设队伍，初步掌握了铀矿冶科学技术，第一批厂矿的工程建设也取得一定进展。十二局制定了各有关方面协作攻关的措施。铀矿冶系统从上到下成立了技术委员会或技术领导小组，实行科研、设计、生产三结合，领导、技术人员、工人三结合，开展技术攻关，解决了 200 多项技术难题。自力更生解决第一批厂矿安装投产中存在的技术问题，独立设计了几个重要项目，并对苏联专家的一些错误设计进行了修正。

四一一矿重点是主矿带，四一四厂重点是纯化车间，是原子能工业的"龙头"，加速"龙头"建设，是一项十分突出的任务。1961年，为了加速原子能工业的"龙头"建设，依靠全国科研单位和有关厂、矿的协作与支援解决铀矿冶建设中的技术问题和材料设备缺乏问题，在周总理亲自过问下，铀矿冶得到冶金、煤炭、化工、轻工、建工、铁道、一机部和科学院等11个部门及有关省、市的大力支援，先后进行较大的协作项目有130多项。停建、缓建了10个中小型厂矿，保证重点厂矿中的第一生产线工程。部领导深入重点，调查研究，对四一四厂在生产准备工作中存在的148个问题，提出了解决方案和措施；先后解决了250多个技术问题；改进了苏联专家设计的工艺流程和参数，确定了较合理的技术经济指标，使铀金属回收率由66.76%提高到97%。

在此期间，中央对铀矿冶重点工程的建设给予极大的支持。1961年7月16日，中央发出《关于加强原子能工业建设若干问题的决定》，指出：为了自力更生加速原子能工业建设，要进一步缩短战线，集中力量，加强各有关方面对原子能工业建设的支援，决定给二机部抽调一批技术骨干和党政领导干部，加强二机部的技术力量和领导力量；由煤炭部调给二机部一个有经验的竖井队；铁道部将二机部的物资一律列为军运。

经过艰苦的努力，"三矿一厂"先后建成投产。1963年1月，根据国防科委对铀矿冶的要求，二机部就加速铀矿山建设问题向中央专委提出，在加快已开工的铀厂矿建设的同时，建设第二批铀厂矿，得到中央专委批准。在第二批厂矿的建设中，二机部提出了"先重点后一般，先工业后民用"和"生活上低标准，工业上早配套"的要求，决心依靠自己的力量，发扬第一批铀厂矿建设的优良传统，克服和纠正不足的方面，多快好省地建设新的矿山和水冶厂，并决定把广东和浙江的两个矿作为第二批矿山建设的样板，取得了投资省、周期短、效益高的效果。第二批铀矿山和水冶厂的建设进展很快。广东南雄的一个铀矿和铀水冶厂仅用了1年零10个月、浙江的衢县铀矿仅用了1年半就建成投产。第二批铀矿的开采和水冶厂的工艺流程都是我国自行研究设计的，技术水平有了新的提高，铀矿山生产能力和铀水冶厂生产能力及劳动生产率和金属回收率都有了明显的提高。

在此期间，中央专委根据当时国际形势和新疆伊犁地区距离苏联较近的情况和新疆伊犁地区含铀煤矿床集中、品位高，战备意义重大的特点，决定开发新疆伊犁地区含铀煤矿。按照采取"快上早拿"的方针，1964年2月，中央专委决定二机部接收冶金部在新疆的两个有色金属矿，中央专委会还决定由一机部、煤炭部、水电部、农垦部等分工包干；二机部做总指挥，密切协同，完成任务。七三一矿于4月开始兴建，七三五矿于7月开始兴建，接着兴建七三四水冶厂。新疆伊犁地区铀矿，设计年产10万吨矿石的矿山和水冶厂，总投资1.29亿余元，实际生产能力约7万吨。伊犁地区铀矿在含铀煤矿的开采与水冶技术上，突破了许多难关，开创了一条新的路子，从开采到加工，工艺技术在国际上是没有先例的。

铀矿冶建设的加快，为我国第一颗原子弹成功爆炸提供核原料创造了条件。

1960年，铀厂矿正在进行紧张建设的时候，7月14日，二机部党组扩大会议决定：为了核科研及工业发展的需要，要用最快速度生产两吨二氧化铀。这个任务交给了局属第五研究所。

当时国内既没有生产二氧化铀的现成技术资料，也缺乏有经验的技术专家和必需的设备及建设物资。五所领导于是组成了以邓佐卿为首的二氧化铀简法生产厂筹建组，在一周之内，便提出了简法生产流程、工程设计和土建施工的方案。部局又调集了120余名技术干部和工人，8

月 12 日正式成立了二号厂，全面展开工作，突破技术难关。简法生产二氧化铀的二号厂于 9 月 2 日建成试车，用各地小铀矿土法生产的重铀酸铵做原料，5 日投料生产，一次成功生产出纯二氧化铀。日产量 50 公斤，到 11 月 18 日超额完成了两吨核纯二氧化铀，经鉴定产品质量完全符合纯度要求。

1961 年 2 月，二号厂又按二七二厂纯化车间工艺流程模拟改建，顺利地为我国第一颗原子弹的制造提供了核原料。五所生产出二氧化铀之后，又组建了生产四氟化铀的小厂，简称四号厂，用二号厂生产的二氧化铀生产了四氟化铀。1962 年 9 月，二七二厂纯化车间也生产出二氧化铀。

1963 年 3 月，北京国防科研人员陆续迁往大西北核武器试验场和研制基地，原子弹进入研制的总攻阶段。经过千百次试验，我国第一颗原子弹于 1964 年秋研制出来了。1964 年 10 月 16 日，也就是在赫鲁晓夫下台的第二天，我国成功爆炸了第一颗原子弹。美、苏两个超级大国怎么也不会想到，我国首枚原子弹的核原料就是我们在艰苦的条件下用土办法生产出来的。

第一颗原子弹成功爆炸后，中央决定集中力量展开对氢弹的研制。1965 年 1 月 23 日，毛泽东在听取汇报时提出："敌人有的，我们要有，敌人没有的，我们也要有。原子弹要有，氢弹也要快。"周恩来立即要求有关部门做出全面规划，中央专委批准了《关于突破氢弹技术的工作安排》，氢弹研制的关键难题一个个被攻破。氢弹按新的理论方案进行了设计研制。1967 年 6 月 17 日 8 时 20 分，中国的第一颗氢弹爆炸成功，中国成为第四个掌握氢弹技术的国家。

我国原子弹和氢弹成功爆炸，在全世界引起了巨大的反响，对于提高我国的国际地位，打击美帝国主义的嚣张气焰和对苏斗争的需要都有重要意义。与美、苏、英、法相比，从第一颗原子弹到第一颗氢弹，美国用了 7 年零 4 个月，苏联用了 3 年零 11 个月，英国用了 4 年零 6 个月，法国用了 8 年零 6 个月，中国只用了 2 年零 8 个月。

原子弹、氢弹、卫星，是一个民族、一个国家兴旺发达的标志。我国在 20 世纪五六十年代国内经济困难、物资匮乏的情况下，决策研制"两弹一星"并取得成功，这是超越战略的胜利。如果 60 年代以来中国没有原子弹、氢弹，没有发射卫星，中国就不能叫有重要影响的大国，就没有现在这样的国际地位。

十年动乱，也使铀矿冶工业受到严重影响。1970 年 8 月，国防科委提出了铀矿冶工业产量五年内要增加 5.8 倍，新建 29 个铀矿山、13 座水冶厂的脱离实际的高指标计划。周恩来总理在会后接见会议代表时强调说，搞原子弹是为了打破核垄断、核讹诈，不是为了去吓人，不在数量多，要有一定的质量，有一定的品种，这不是五年可以搞成的。但在当时那种条件下，根本无法改变会议已定的计划。为了实现这个高指标计划，不得不新上一批建设条件较差的厂、矿，给铀矿冶工业的生产建设造成了极大的浪费和严重的后果，矿石品位相对下降。此后矿石产量逐年下降，正常生产受到很大影响。

"文革"中，由于周恩来总理等老一辈无产阶级革命家对国防科技工业的关怀和保护，我国铀矿冶工业始终没有出什么大乱子。

1976 年，我国铀矿冶工作重新有序进行了。1977 年 8 月，苏华担任了二机部副部长、部党组成员，对各企事业单位进行了整顿，尤其是狠抓了矿石的质量问题，水冶厂的铀产品、三碳酸铀酰铵和二氧化铀的质量一直保持稳定。

1982 年，铀矿冶也终止了"文革"期间实行的"工改兵"制度，二机部撤销了基建工程兵指挥部，各项工作回归三局、十二局统一管理。对铀矿冶工业进行了调整，停建或缓建了一些问题多、投资大、效益差的项目，把投资集中到重点工程上。在铀矿冶的生产工艺中采用新技术，努力降低生产成本，特别是堆浸、地浸等新技术在矿冶企业得到了工业化应用，从万吨堆浸的成功到我国第一座堆浸矿山的建成，从地浸技术试生产到建设地浸矿山，我国的铀矿冶工业步入了一个新的发展时期。实现了工作重点由以军为主向军民结合的战略大转移，完成了从单一的军品生产到多元化产业结构的大调整，一个原来以军为主的核军工科技生产体系，已建设成为军民结合的新体系，实现了核工业的历史性跨越。

我国核工业也实现了从封闭到开放的大转变，走出国门，学习国外先进经验。从 1978 年 11 月开始，二机部先后派遣多批中国铀矿冶技术考察团考察了美国、加拿大铀矿山、水冶厂、地矿研究所，了解了美国铀矿冶、铀地质的一些情况，学到了一些先进技术。法国、意大利、墨西哥、加拿大、南斯拉夫、澳大利亚、朝鲜、日本等国家铀矿地质考察代表团也接踵来我国铀矿冶厂，对我国自力更生，建成大型厂矿和铀矿冶研究方面的成就表示赞赏。

在开放的条件下，二机部吸收外国的经验，结合我们的实践，总结铀矿冶生产建设 20 多年的经验，制定我国铀矿冶工业在新时期的技术经济政策，提出了《关于铀矿冶生产建设若干技术经济政策的初步意见》。1980 年 3 月，二机部颁发了《铀矿冶工作技术经济政策（试行）》的文件。在此期间，还制定了一些专业性的文件：《矿山、水冶厂竣工验收暂行规定》《关于加强企业经济核算工作的几项规定》《铀矿冶企业设计若干问题的规定》《矿冶系统全面质量管理暂行办法》等。这些文件，反映了我国铀矿冶工业 20 多年来生产建设的实践，也吸取了国内外铀矿冶的先进经验，对我国以后铀矿冶的发展是大有益处的。

1979 年初，二机部根据十一届三中全会战略决策，提出"要坚决从指导思想和工作安排上逐步把原子能工业转到军民结合的轨道上来"

47

全局性转变的方针，明确铀矿冶建设要进行调整，积极发展核电站、核技术、同位素的应用，利用现有装备和技术力量，积极承担民用产品及民用工程的设计和施工任务。1979年和1980年，二机部集中精力搞好在建的重点厂矿收尾配套，迅速形成生产能力；一面彻底整治有严重缺陷的厂矿，完善"三废"治理的配套工程。1979、1980年，我国年生产铀产品超过了1978年的产量。

1979年，经中央批准，二机部曾经决定出口铀产品，扩大创汇窗口。当时外商要购买"黄饼"（即八氧化三铀），鉴于我国铀水冶生产已经形成了生产核纯二氧化铀的系统，如果改产"黄饼"，需增加投资3900万元，并且要用几年时间改造生产系统，技术和经济上均不合理，建议直接出口二氧化铀。但外商坚持要买"黄饼"，后经有关人员研究，二七二厂以三碳酸铀酰铵为原料，用锻炉进行工业试验，1980年6月得到八氧化三铀，铀含量和纯度全面达到或超过美国联盟化学公司的高纯度铀化合物的质量标准，为出口八氧化三铀创造了条件。11月，我国首次向欧洲国家出口八氧化三铀30余吨，以后还陆续外销了一些。

由于我国过去对军用铀量预计偏多，核电建设起步较晚，为了不积压国家资金，二机部贯彻中央关于经济上实行进一步调整的重大方针，适时对铀生产规模进行调整，进一步压缩基建规模，压缩铀生产总量。铀矿冶各单位根据自己的具体条件，开拓新的生产途径，生产工艺上采用新技术，开发民品，先后转型投产。

随着我国经济建设的发展，用电量将逐渐增加，我国多座核电站也发展起来。我国铀矿冶工业逐步实现了重大的战略转折，步入了一个新的发展时期。

在中华人民共和国成立以来的光辉历程中，核工业的创建、"两弹一星一艇"的研制成功和多座核电站的自行设计建造，是中华民族为之自豪的伟大成就。

抚今追昔，苏华作为我国核工业铀矿冶这一伟大事业的参与者和领导者，为我国铀矿冶工业的建设成就而倍感骄傲和荣幸。铀矿冶工业的广大职工在成就这一伟大事业的同时，也树立和培育了一种精神，这就是铀矿冶人的牺牲和奉献精神。这种精神将永远铭刻在中国原子能事业的丰碑上。

何其良：秦山核电站建设的主持者

何其良，1956 年加入中国共产党，1958 年到二机部，先后参与兰州浓缩铀厂、酒泉原子能联合企业、四川核潜艇研制等工程建设。1982 年起任核工业部建筑工程局副局长、局长、党组书记。

1958 年 4 月，兰州浓缩铀厂建设起步，何其良被调到核工业部并参加浓缩铀产的建设工程。1959 年底，当浓缩铀厂进入关键的主要设备安装阶段，作为主要设备提供方的苏联派遣的专家到现场检验设备安装条件，专家们用白绸子抹擦厂房，判定厂房卫生条件不达标，因而拒绝运发设备。为了防止事态变化，何其良同全厂人员大干三昼夜，硬是把厂房内的设备、管道甚至地沟擦得一尘不染，最终让苏联专家无可挑剔，频频点头，浓缩铀厂主要设备顺利进入了安装调试阶段。

何其良经历了浓缩铀厂的磨炼，与一批技术人员作为土建人员调到了酒泉原子能联合企业。在酒泉，何其良与同志们遇到了更大的挑战。

刚到酒泉戈壁滩，正是 20 世纪 60 年代初。当时，我国核工业正面临等米下锅的尴尬局面：中苏关系从意识形态的分歧发展到国家关系的恶化，苏联政府撕毁了与我国签订的援助我国核工业发展的所有协议，停止向我国提供核技术和生产设备，撤走了全部在华专家。这无疑是横亘在我国核工业发展中的巨大障碍和难关。此刻，我国也发生了经济困难。

任何困难也难不倒中国人民。党中央毅然决然地声明：决不放弃刚刚起步的中国核工业，要靠自己的力量、自己的科学家和设备力克难关！何其良也义无反顾地承担起工程师的责任，在戈壁滩上和同志们一起开始了这段艰难的历程。

我国核工业是在保密的状态中进行的，酒泉原子能联合企业的厂址选在茫茫大沙漠，所有工作人员很少与家人联系，甚至音信全无。何其良和同志们住帐篷、吃豆饼，每天喝的、用的水只有一脸盆，还是从50公里外拉来的。很多人因营养不良而全身浮肿。在这种恶劣的条件下，何其良与同志们为了研究出原子能试验必需的防辐射混凝土，不厌其烦地试验了一次又一次；为了保证厂房的气密性要求，一遍又一遍地尝试焊接塑料地板……何其良描述当时的情况：全体工作人员从早到晚干劲十足，没有人抱怨过苦和累，就是一个心思——证明中国人民能够靠自己的智慧和能力，在戈壁滩上创造出奇迹。

1963年，中央决定建设大三线，何其良再次参与到这项注定会更加艰苦的工作中。何其良作为核潜艇"陆上模式队"的先遣人员，深入到四川，开始了核潜艇研制的先期建设工作。1968年7月12日，工程正式浇灌第一层段混凝土，拉开了整个会战工程的序幕。土建工程是所有建设的关键。在何其良的心中，为下一步科学试验和项目研制打好基础，保障试验的顺利进行，是参加建设的全体人员尤其是他这个土建工程师的责任。时间紧，任务重，面对施工物资、主副食供应都匮乏等问题，何其良和参加会战的所有人三班倒作业，攻克了一个个难关，120米高的钢筋混凝土排风塔主体工程仅用了32个工作日就完成了。历经了种种磨难，克服了种种困难，1970年7月30日，属于中国的核潜艇终于可以下水了。在表彰大会上，何其良获得了三等功荣誉。

1982年，我国核工业迈入转型的轨道，开拓新的生产途径，为适应我国经济建设的发展，用电量逐渐增加的形势，我国核电事业开始发展，秦山核电站建设摆上了议事日程。此时，何其良被任命为核工业部建筑工程局副局长、局长兼党组书记。

上任后，何其良即刻着手开展前期准备工作，组建工程队伍，组织专家考察交流，制订工程试验计划，拟订施工技术方案。为了争取时间，何其良在只有一张施工草图的情况下把数台推土机、挖掘机、大型载重卡车布置到现场，确保1983年6月1日秦山核电站正式破土动工，向全中国、全世界宣告我国第一座自主研究设计、自主建造调试、自主运营管理的核电站正式开始建造的消息。

之后的数年，在我国的核电事业上，何其良一直本着一颗为了中国崛起的初心，履行一个共产党员的诺言，尽职尽责地奋斗在我国核工业发展的道路上。他把自己能够参与"两弹一星一艇"所需的核材料生产的工程建设和核电站的建造看作这一辈子最荣耀的事情。

"为祖国的核事业贡献青春，贡献终身，绝不后悔！"何其良用自己的行动完美地诠释了这掷地有声的话语。

三里河南四巷可以说记录了我国经济与核能发展的过程，这个过程也是我们祖国走向强大的过程。这样的故事，也赋予了三里河南四巷不一样的意义。

文/王鸿善

51

三里河南横街
记载我国经济风云变幻的神秘小巷

三里河南横街是距离月坛南街南侧250米左右的一条东西向的小道。三里河南横街周围地区旧时是三里河村的菜田及坟地。20世纪50年代初，国家在此建造了"四部一委一院"办公楼，形成了大楼间通道。因为地处三里河村以南，所以1981年定名为"三里河南横街"。

【街巷名片】

三里河南横街，东起三里河南六巷东侧路，西至三里河路东辅路，全长672.1米。沿街及两侧有中华人民共和国财政部（南楼和北楼）、原核工业部（即二机部，现已改为"中国核工业集团公司"）、中国科学院、原机械工业部、原兵器工业部等机构和北京第四十四中学。

【街巷历史】

南横街两侧是三里河二社区和三里河三社区，除了国家机关驻地，原来是民居集中地。原来的居民楼大多是20世纪五六十年代建设的坡顶黑砖、二至三层的住宅楼。20世纪90年代以后，三里河片区的住宅楼大面积改建，现在已焕然一新。

中华人民共和国财政部：
用"杠杆"艺术平衡国民经济

中华人民共和国财政部是负责国家财务的国务院组成部门。其前身为 1949 年 10 月 1 日成立的中央人民政府财政部。其主要职责是：

（一）拟订财税发展战略、规划、政策和改革方案并组织实施。分析预测宏观经济形势，参与制定宏观经济政策，提出运用财税政策实施宏观调控和综合平衡社会财力的建议。拟定中央与地方、国家与企业的分配政策，完善鼓励公益事业发展的财税政策。

（二）起草财政、财务、会计管理的法律、行政法规草案，制定部门规章，并监督执行。组织涉外财政、债务等国际谈判并草签有关协议、协定。

（三）负责管理中央各项财政收支。编制年度中央预决算草案并组织执行。组织制定经费开支标准、定额，审核批复部门（单位）年度预决算。受国务院委托，向全国人民代表大会及其常委会报告财政预算、执行和决算等情况。负责政府投资基金中央财政出资的资产管理。负责中央预决算公开。

（四）负责组织起草税收法律、行政法规草案及实施细则和税收政策调整方案。参加涉外税收谈判，签订涉外税收协议、协定草案。提出关税和进口税收政策，组织制定免税行业政策和有关管理制度。拟订关税谈判方案，参加有关关税谈判，提出征收特别关税的建议。承担国务院关税税则委员会具体工作。

（五）按分工负责政府非税收入管理。负责政府性基金管理，按规定管理行政事业性收费。管理财政票据。制定彩票管理政策和有关办法，监管彩票市场，按规定管理彩票资金。

（六）组织制定国库管理制度、国库集中收付制度，指导和监督中央国库业务，开展国库现金管理工作。制定政府财务报告编制办法并组织实施。负责制定政府采购制度并监督管理。负责政府采购市场开放谈判工作。

（七）拟定和执行政府国内债务管理制度和政策。依法制定中央和地方政府债务管理制度和办法。编制国债和地方政府债余额限额计划。统一管理政府外债，制定基本管理制度。

（八）牵头编制国有资产管理情况报告。根据国务院授权，集中统一履行中央国有金融资本出资人职责。制定全国统一的国有金融资本管理规章制度。拟定行政事业单位国有资产管理规章制度并组织实施，制定需要全国统一规定的开支标准和支出政策。

（九）负责审核并汇总编制全国国有资本经营预决算草案，制定国有资本经营预算制度和办法，收取中央本级企业国有资本收益。负责制定并组织实施企业财务制度。负责财政预算内行政事业单位和社会团体的非贸易外汇和财政预算内的国际收支管理。

（十）负责审核并汇总编制全国社会保险基金预决算草案，会同有关部门拟定有关资金（基金）财务管理制度，承担社会保险基金财政监管工作。

（十一）负责办理和监督中央财政的经济发展支出、中央政府性投资项目的财政拨款，参与拟定中央基建投资有关政策，制定基建财务管理制度。

（十二）承担国务院交办的与有关国家和地区多双边财经对话，开展财经领域的国际交流与合作。按规定管理多边开发机构和外国政府的贷（赠）款。代表我国政府参加有关国际财经组织。

（十三）负责管理全国会计工作，监督和规范会计行为，制定并组织实施国家统一的会计制度，指导和监督注册会计师和会计师事务所的业务，指导和管理社会审计。依法管理资产评估有关工作。

（十四）管理全国社会保障基金理事会。

（十五）完成党中央、国务院交办的其他任务。

曾经的第八机械工业部（农业机械部）：
伴随新中国发展

在南横街北侧，月坛南街 26 号大院，还曾经存在过一个时间最短的国家部委——八机部。八机部的前身是 1959 年 8 月成立的农业机械部，从事负责管理农业机械生产发展的事项。1965 年 1 月改名为中华人民共和国第八机械工业部（简称八机部），1979 年 2 月 23 日再次改称农业机械部，1982 年 5 月与一机部合并为机械工业部。

在半殖民地半封建时期，我国由于农业生产工具极端落后，导致农业生产力水平十分低下。农业机械化是农业生产力和社会进步的根本体现，是把农民从繁重的体力劳动中解脱出来、提高劳动生产率、增加经济效益的有效途径，具有重要的保障作用，是实现社会化大生产的基本条件。大力推进农业机械化，是我国的基本国策。

中华人民共和国成立后，随着社会主义工业化的发展和农业合作化的实现，1959 年，党中央和毛泽东同志提出"农业的根本出路在于机械化"，争取用十年左右时间，基本上完成我国农业机械化，兴起农业技术革新和技术革命运动的高潮。在党的八届八中全会上，毛泽东又进一步阐述了农业是国民经济发展的基础的理论，并提出了成立农业机械部的建议。为了加速实现我国农业机械化，中央决定成立专门从事负责管理农业机械发展事项的国家行政部门——农业机械部。

改革开放以来，我国农业机械化进入了一个新的发展时期，形成一条适合于我国国情的农业机械化发展道路。1977 年 1 月，中共中央转发国务院《关于1980年基本上实现农业机械化的报告》指出，国务院和各省、市、自治区要迅速把农业机械化领导小组建立健全起来，进一步修订和落实农业机械化规划，保证在1980年基本上实现农业机械化。1980年，机械工业部创办了社址就设在月坛南街26号大院内的《中国农机化报》，接受机械工业部和农业部共同指导，宣传国家农业机械发展政策，介绍全国各地加速推广使用新型农业机械和新型农业机械合作组织的经验。

1982年5月，中央决定，农业机械部与一机部合并为机械工业部，机械工业部成立了农业机械管理司，统筹管理发展我国农业机械化工作。国家对农业机械工业的发展、对农村农民推广使用农业机械从各方面给予扶持。

按照统一规划、合理布局、远近结合、择优发展的原则，一机部农业机械管理司认真进行调整、改组、改造，把农业机械生产、推广、使用各个环节，从小生产转到中生产、大生产的轨道上来，积极增加种植机械、牧业机械、收获机械、装卸和运输机械的生产。根据我国工业、能源、科技、资金和劳力安排等方面的国情国力状况，以及改革以后我国农村经营形式多样性变化的新形势，确定我国农业机械化的发展速度。在发展和推广农业机械化的过程中，国家以提高经济效益为前提，不仅重视增加产量和节省劳力，同时更加重视农民增加收入。

我国原农业部农机管理部门与农机工业生产相呼应，积极推广新型农业机械，2017年1月颁布《全国农业机械化发展第十三个五年规划》提出，到2020年，主要农作物生产全程机械化、种养加全面机械化取得显著进展，区域协调共进的农业机械化发展新格局基本形成，有条件的地区率先基本实现农业机械化，实现农机作业水平全面提升。

60年过去了，我国农业机械拥有量增长了上千倍，有的品种甚至达数万倍。我国农村农业发生了翻天覆地的变化，早已不是当年一穷二白的面貌了。当年毛主席提出的"实现农业机械化"早已成为全国绝大多数地方现实。

我国农业机械化的发展，是我国农业生产力和社会进步的重要条件，也是把农民从繁重的体力劳动中解脱出来、提高劳动生产率、增加经济效益的有效途径，是实现农业社会化大生产的基本条件。在大力推进农业机械化，对加快科技兴农步伐，提高农业科技水平，促进农业和农村经济发展具有重要的保障作用，在这个过程中，不要忘记曾经的农业机械工业部（八机部）书写了辉煌的篇章。

中国农村财经研究会：贯彻人才强国　推动全面小康

位于南横街北侧的三里河三条的中国农村财经研究会是财政部下属的研究机构。中国农村财经研究会，原名中国农村财政研究会，2013年改为现名。

为贯彻国家"人才强国"战略，落实财政部党组关于加强教育、进一步提高财政干部理财能力的要求，中国农村财政研究会自2004年起先后在陕西、浙江、湖北、广西、安徽、宁夏等地成功地举办了数十期基层财经干部培训班，来自全国20多个省、区、市的数万名基层财经干部参加了培训，推广了新农村建设、推进振兴农村战略、财政精准扶贫实现全面建成小康的经验。

中国农村财经研究会主办的《当代农村财经》，是全国经济类一级财政专业指导性刊物。杂志以宣传党和国家财政政策，推动税收体制改革、研究财税理论、指导基层财政和涉农工作，传播理财知识为宗旨，融政策性、指导性、权威性、实用性和知识性为一体，贯彻国家方针、政策、探索财税理论和有关难点、热点问题，交流财政科学化、精细化管理经验，帮助读者提高综合素质和政策水平。

中国农村财经研究会还在宣传党和国家关于加强"三农"工作的法律、法规、方针、政策，宣传财政部贯彻落实"三农"工作的部署和财政改革的方向，总结"三农"财政工作的历史经验，开展调查研究，进行实践基础上的理论创新研究，探讨与之相配套的政策、措施的可行性，致力于制度创新，寻求破解工作难点的方法，供业务主管部门参考，在接受有关业务部门的委托，开展专题调研和业务咨询服务等方面做了大量的工作。

在改革波涛中颠簸的一机部

南横街西端北侧有一个曾经在新中国制造业史上发挥过独特作用的部委——中华人民共和国第一机械工业部。

随着机电一体化、机电集成化的发展，机械工业早已脱胎换骨，以至于人们更愿意用"制造业"来替代"机械行业"。然而机械行业作为工业最为重要的发展根基，仍然是制造业的"当家花旦"。昔日机械行业的主管部门机械工业部作为一个部委机构的 60 多年浮沉，则成为一面令人慨叹的大铜镜。

从无到有再化无

第一机械部或称一机部是中华人民共和国第一机械工业部的简称，从 1952 年起步，走过了极盛的时期，也走过了分分合合的历程。1998年，代表一机部正宗血统的机械工业部正式撤销。2003 年，它定格在机械工业联合会——一个几近民间协会的组织，这是它挣扎着保留曾经主管工业的官方机构的最后一丝痕迹。

一机部的军民往事

1952 年 9 月，一机部从建国就成立的重工业部分离出机械工业管理局，其职能为主管民用机械、电信、船舶工业。在当时，备战、备荒、备重工业这是国家头等大事。1958 年，原一机部（负责机电）、二机部（负责军工）、电机部（即第一个三机部），合并组成新的第一机械工业部，这是一机部最辉煌的时刻。1960 年，刚合在一起不久的一机部就开始分家，拆分出第三机械工业部，负责主管由一机部划出的航空、兵器、坦克、无线电及造船工业。1963 年 9 月，一机部再次"开闸放流"，分离出第四机械工业部（负责无线电工业）、第六机械工业部（船舶工业）。这两个都是以军工产品为主。此后，第一机械工业部聚焦民用的机械工业。1980 年，成立国务院机械工业委员会（随后更名为国家机械工业委员会），统一领导和归口管理机械工业，后来又归属国家经济委员会。

到了 1982 年，我国经济管理体制改革起步，将展开中华人民共和国成立以来最大的一次机构精简。这次机构改革，各机械工业部纷纷改名改制，这是告别大一统、走向个性的时代，国家机械工业委员会被撤销，国家仪器仪表工业总局、机械成套设备总局等合并，组建机械工业部。五机部改为兵器工业部。随着电子工业的蓬勃发展，四机部、国家广播电视工业总局、国家电子计算机工业总局合并，组建电子工业部。

这次改革是我国正式与"苏联计划经济模式"开始决裂的一年，确立了"计划经济为主、市场调节为辅"的过渡性改革思想。

在改革思变的大背景下，机械行业一片活水。1986 年 12 月，机械工业部和兵器工业部（原五机部）合并为新的国家机械工业委员会。而在 1988 年的第二次机构改革中，机械部首当其冲，国家机械工业委员会与电子工业部（原第四机械工业部）合并成立机械电子工业部。机械电子工业部被赋予了更大的期望值。

1993 年，第三次政府机关机构改革，机械电子部被拆为机械工业部和电子工业部。机关工作人员从 1000 多人骤减为 380 人。同年，机械部成立了中国机械工业集团有限公司。这笔巨大的资产在 10 年以后，再次脱离传统的机械工业体系。

在 1998 年第四次机构改革中，机械部被撤销，成立了国家机械局。2001 年，国家机械局也落下帷幕。2003 年 3 月，中国机械工业集团有限公司转入国资委（同年成立的新部委）监管的中央特大型企业。至此，曾经的一机部、机械部都成为历史。此后不久成立的工业和信息产业部延续了一机部和四机部的血脉，承担起中国制造、信息产业和知识经济期望。

北京市第四十四中学：专注教学　赢得社会口碑

北京市第四十四中学位于西城区三里河南横街 1 号。学校始建于 1953 年 9 月，是中华人民共和国成立以后，北京市政府创建的第一批公立中学之一。经过半个多世纪的努力，学校跻身于西城区较高水平学校的行列之中，并被社会誉为"准重点学校"。

四十四中办学成绩显著，1963 年，市、区教育局在三里河南横街 1 号建了新校舍，办起了高中，从初中校发展成完全中学。1966 年，四十四中第一届高中生毕业。

恢复高考后，四十四中曾有过高考升学率位于全市前 10 名的好成绩。

四十四中确定了校训"求实、奋进、做人、成才"，大力推进课堂教学手段改革。1992 年，四十四中被评为区电教优类校；1994—1997 年，学校第一个三年发展规划通过并开始实施；1998—2000 年，学校实施第二个三年发展规划，进入了办学效益显著提高和发展阶段。在未恢复重点中学的 1980—1983 年中，四十四中高考升学率就一直保持在全区前 5 名。

四十四中坚持实施育人为本的办学思想、尊重规律的科学态度、务本求实的工作作风、持之以恒的改革精神，使四十四中向管理科学化、法制化、人格化转轨。

　　近年来学校曾获得"北京市文明校园示范校""家庭教育先进集体""教学管理达标校""实验教学普及工作先进单位"等称号；还荣获了中国健康教育所颁发的"健康促进校"银奖。四十四中学还是北京市"基础教育科学研究实验学校""北京市基础教育系统电化教育优类校""北京市实验教学普及工作先进单位"。学校还是联合国教科文组织 EPD 项目实验学校和中国科协教育专家委员会基础教育工作部的团体会员校。近年来，学校在制定新的三年发展规划时又提出了实施"细节管理"的新举措。

　　今天，四十四中学已经成为社会公认的优质中学，区教委认定的优质资源校，并朝着培养优秀人才办学基地示范校的方向迈进。

三里河东路
曾是贯穿南北的铁道线

在月坛街道，有一条主干道，20世纪60年代前，是一条横贯南北穿过长安街的铁道线。拆除后，铺就一条街巷，叫三里河东路，为中央国家机关及商贸公司等所在地。

【街巷名片】

三里河东路呈南北走向，南起复兴门外大街，北到阜成门外大街，是月坛街道三里河一区、三里河二区和铁二二、铁三社区所在地，也是市场监督管理总局、月坛街道办事处、中商大厦和七彩云南商贸有限公司等地区单位所在地。

【街巷历史】

三里河东路是月坛地区居民比较熟悉的一条路，因为这里是月坛地区的一条主干道，其中既有国家部委单位，又有便民服务超市。这里也曾经书写了很多故事。

三里河东路　摄影：苏慧忠

国家市场监督管理总局：
监控市场秩序　促进经济发展

2018 年 3 月，根据第十三届全国人民代表大会第一次会议批准的国务院机构改革方案，将国家工商行政管理总局的职责、国家质量监督检验检疫总局的职责、国家食品药品监督管理总局的职责、国家发展和改革委员会的价格监督检查与反垄断执法职责、商务部的经营者集中反垄断执法以及国务院反垄断委员会办公室等职责整合，组建国家市场监督管理总局，作为国务院直属机构。

组建国家药品监督管理局，由国家市场监督管理总局管理。市场监管实行分级管理，药品监管机构只设到省一级，药品经营销售等行为的监管，由市、县市场监管部门统一承担。

将国家质量监督检验检疫总局的出入境检验检疫管理职责和队伍划入海关总署。保留国务院食品安全委员会、国务院反垄断委员会，具体工作由国家市场监督管理总局承担。国家认证认可监督管理委员会、国家标准化管理委员会职责划入国家市场监督管理总局，对外保留牌子。负责市场综合监督管理，统一登记市场主体并建立信息公示和共享机制，组织市场监管综合执法工作，承担反垄断统一执法，规范和维护市场秩序，组织实施质量强国战略，负责工业产品质量安全、食品安全、特种设备安全监管，统一管理计量标准、检验检测、认证认可工作等。将重新组建国家知识产权局，由国家市场监督管理总局管理。

北京七彩云南商贸有限公司：北京城里品味云南

北京七彩云南商贸有限公司、北京七彩云南庆沣祥茶业有限公司隶

国家市场监督管理总局　摄影：苏慧忠

属于昆明诺仕达集团有限公司，是集翡翠珠宝、餐饮、普洱茶为一体的现代化大型企业。旗下拥有七彩云南翡翠、七彩云南大酒楼、七彩云南庆沣祥茶业等知名品牌，总部位于北京市西城区月坛北街 26 号恒华国际商务中心 1—3 层，总经营面积 10000 余平方米。其中七彩云南翡翠珠宝旗舰店占地 6800 平方米，七彩云南大酒楼经营面积达 3000 平方米，七彩云南庆沣祥普洱茶庄月坛店占地 500 平方米。

1992 年，昆明七彩云南实业股份有限公司创建翡翠研究所，同年在昆明、广东建立翡翠加工厂；2004 年 5 月，云南省授予七彩云南"云南翡翠第一家"的荣誉称号，同年，七彩云南进驻北京；2006 年 9 月 6 日，国家质量监督检验检疫总局公布的 2006 年中国名牌评选中，"七彩云南"成为翡翠业中第一块"中国名牌"。

七彩云南酒楼紧邻西城金融街繁华地段月坛北街 26 号，经营面积 3600 平方米，主营新派滇菜，以"健康美食"为旗帜。

七彩云南大酒楼自 2004 年进京以来，先后揽获京城美食节"金牌菜"、国际食用菌烹饪大赛餐饮名店、国家级特级酒家、北京特色酒家、中国食用菌餐饮名店、2008 迎奥运特色餐厅等荣誉称号。

1999 年，七彩云南在昆明设立第一家七彩云南庆沣祥茶庄。七彩云南茶业在成功重建"庆沣祥"百年老字号的同时，沿袭其制茶、识茶、藏茶的古法制茶技艺，延续千年国茶文明。

北京七彩云南庆沣祥致力于庆沣祥品牌的建立及维护，秉承"老老实实做生意、诚诚恳恳创信誉"的经营宗旨开展各项生产和经营活动。坚持"正本清源说普洱、货真价实卖普洱"，着眼于行业的长远发展，通过扎扎实实的工作来推动云南普洱茶事业的发展。

【街巷人文】

居住在三里河东路的很多居民都知道姚翠芝、张博娅等，他们用梦想为社区点燃光亮，用志愿服务为街巷添彩。

姚翠芝：街巷成长的民间画家

居民姚翠芝曾经接到全国政协通知，参加京津冀联合在革命老区西柏坡举办的画家慈善活动。当时她一遍又一遍地看着邀请函，激动地回想多年来的风风雨雨，这对她来说确实来之不易。

那是2001年，姚翠芝退休后回到三里河二区社区，师从齐派艺术传人郑洪涛，专攻写意牡丹花。居委会主任支持她，成立了天香画社。开始只有六七名画友，没有老师，她一边学一边教；没有教室，居委会腾出仓库；没有棉毯，从家里拿来当年部队发的军用毛毯，剪成块铺在桌上。

遇到困难挫折，步履艰难，她知难而进，坚持带领画友们刻苦学画，观察牡丹花生长过程，组织参观画展，与同行交流，将画友的作品在《人文月坛报》上发表。并在西城区文委绘画展示中获奖，使画友们充满信心。渐渐地，很多单位开始逐渐慕名而来，邀请她教画。如今已有100余名中老年人拜她为师，画友说，学画改变了我的生活，发现生活这么美好。

她曾经应邀去台湾地区以及日本、韩国参加文化交流，让更多人感受到中国画的独特魅力。2011年，五名美国和荷兰大学生来她家里学画，学生们跷起大拇指说："你画的牡丹花真漂亮。"告别时她赠送每人一幅小品，他们要付费，她摇摇手。学生问为什么。她说："我们退休老太，为生活添美，不收费。"学生说："中国画家真好！"

2014年，她来到西柏坡参加慈善活动，激发了她的创作热情，她用爱的画笔绘出绚丽多彩的牡丹花，以吉祥美好的寓意，表达对京津冀协同发展的祝愿。现场的画家称赞她的作品，既传承了中国画的传统，又反映时代精神，传递爱心和快乐。

见面会上，姚翠芝作为画家代表发言："我们六名书画家心系老区的孩子们，带来了自己的作品，还当场作画，将义卖的经费全部捐赠给革命老区的少年儿童。"孩子们站了起来，用响亮的掌声表示感谢。

姚翠芝到一户人家访问，这家连一件像样的东西都没有。10岁女孩娟子支撑着贫穷的家。"你上几年级了？""四年级。"娟子回答，"我妈去世两年了，爸爸脑血栓不能干活了，政府帮助我们。"

姚翠芝听着，立刻把自己的围巾戴在娟子的脖子上。"奶奶！"娟子紧紧地抱着姚翠芝，"奶奶，我爱您！"娟子落下了眼泪，在场的领导和画家们为之感动。

主办单位感谢姚翠芝用艺术为京津冀协同发展做出贡献，将"杰出慈善书画家"的荣誉证书发给她时，孩子们又站起来，高喊："祝贺，祝贺！"姚翠芝同孩子们欢快地跳了起来。一个孩子说："我们是祖国的花朵，姚奶奶的画使我们像牡丹花一样充满欢乐，充满希望。"

姚翠芝笔墨传情，获得"优秀共产党员""中国美术家协会会员"的荣誉。画友们说："姚老师是社区成长起来的民间画家。"

张博娅：热心助人的月坛人

张博娅是一位土生土长的"月坛人"。1953年出生到现在，一直在铁三社区居住。退休后来到居委会，积极参与社区活动，担任楼门长，热心帮助老人，组织夕阳荟座等，组织老人唱歌，活跃社区文化生活，她是一位热心的社区志愿者。

"我父亲退休之前是铁道部的干部，所以我一出生就在这儿了。"张博娅说道，她在阜外一小上了两年小学，凭借着优异的成绩考入了当时是重点的外国语学校。"那年外国语学校组织的全市范围内的统一考试，总共只招了 100 多人，分了 4 个班，我就是其中之一。"她在外国语学校，除了常规的学习之外，还需要学习阿拉伯语。

按理说，张博娅学习成绩优异，理应上高中后考大学，但只要到了学业的紧要关头，就会有一场病在等着她。

"1969 年我上初中，因为那时候住校的环境不是很好，我就不小心得了病，连续发了一周的烧，每天都得有 40 多度。"张博娅介绍道，她当时就没把病当回事，不仅没有去医院，就连退烧药都没吃过，她自己扛了一个月，病就自己好了。

张博娅本以为自己的病已经彻底好了，但是到了 1970 年，她本可以升入大学，但在一次体检中却发现肺部有一个 5 分钱大小的阴影。

"开始他们都瞒着我，我也以为是肺炎，就没太在意，后来我父亲才告诉我，我当时得的是肺结核。"因为这个病传染，所以她在家养了一年的病，"这一下，上学的事儿全耽误了。"

未能上大学，1970 年，张博娅就来到了北京雕漆厂工作。"还是因为生病，我比同届同学都晚分配了一年，我们去雕漆厂的那批人，有好多都是因为各种原因晚分配了一年的。"张博娅说，她在雕漆厂工作了不久后，因为国家的政策改变了，他们这批学生有了回到学校继续深造的机会，但老天再次和她开了个玩笑，而且还是一样的原因。

"我之前的校长还曾来我单位，找我们厂长，希望我回学校继续读书，但我们厂长却说，她现在还病着呢。"这是因为她在刚刚进厂时，生活条件不好，每天晚上睡觉都是在地上，"只睡了一个晚上，第二天我就发烧了，而且总是生病，体质非常差，但就算是生病，我也没有放弃学习雕漆技艺。"

后来，张博娅去医院检查，医生说她得的是胆道感染。"这个病很久才治好，虽然因为这个我错过了上大学，但我已经很满足了，当时医生说，这个病很少有人能够彻底好的。"

1977 年，张博娅又有了上大学的机会，但还是因为身体的原因，让她再一次错失机会。"我虽然之前的病治好了，但总还是感觉浑身没劲儿，很虚弱，后来一检查，是因为身体内的血小板比较少，可能是当时生病的时候抗生素吃多了。"这次生病，也彻底断了她上大学的念想。

放弃了上学的想法后，张博娅踏踏实实地在雕漆厂做了一名雕漆工人，每天的工作就是为手工艺品雕刻图案。说起这个，张博娅很自豪："退休后还有人会来找我，请我再次出山呢。"

到了 20 世纪 90 年代初期，中国各地的工厂都开始了"下岗潮"和"内退潮"，张博娅的厂子也不例外。"因为那时候效益不好，我们厂子规定，只要够了 45 岁就可以退休了，但我那时候还没到 45 岁，所以就继续在厂子里上班，一直到 1999 年，我才从厂子里退下来。"张博娅介绍道。

张博娅从单位退休后，就开始参加社区的公益活动。"我就是觉得，只要我还能干，我就愿意为大家贡献我自己的力量。"张博娅说道。她所在的楼门居住的大部分都是老年人，有孤寡老人、"空巢老人"和独居老人，大部分老人行动不便。"我觉得他们一个人在家，会很孤独，所以我经常去看看他们，也能了解他们的需求，有时候我会帮他们买菜和一些生活用品，有时候老人生病了，我就陪他们去医院。"如果有老人住院，她还会自己花钱买一些慰问品，去医院看望他们。

同时，张博娅还成为社区"夕阳茶座"活动的主持人，每次她都要策划活动和准备稿件。"我还把几首歌曲改了新词，然后教给参加活动的老人唱，比如《社会主义好》这首歌，就被我改成了《夕阳茶座好》，'夕阳茶座好，夕阳茶座好，茶座里的老人兴致好'……"说着说着，张博娅不自觉地唱了起来。

2015 年 12 月 8 日，一位老人来到铁三社区居委会，送来了一面锦旗，锦旗上写着"不是亲人胜似亲人，当代活雷锋张博娅"。

"老人叫李宗瑞，不是本社区居民，已经80多岁了，因为特殊情况，自己独居多年，我们是在月坛公园打乒乓球认识的。"张博娅讲道，平时张博娅没少关心他，得知老人胃口不好，每次到公园打球时，张博娅都会熬好八宝粥送给他，还经常送电影票给李老。"李老爱好绘画，我就帮他联系免费的绘画班。"

　　据张博娅介绍，李老给她送锦旗是因为遗嘱问题，必须有无亲属关系的人做证明签字，像这种情况一般朋友都不会为这个证明签字，但张博娅却爽快地答应了，而且一帮帮到底。

　　问张博娅为什么这么热心肠，她说这与她的母亲有关。

　　"我母亲的为人就很好，而且特别热心肠。我小时候，经常会有外地的学生来北京时住在我家，有一次有个学生在我家病倒了，我母亲就每天为那个学生做面吃，里边还有鸡蛋。"那时候，买东西还需要粮票，鸡蛋不是平时有钱就能买得到的。

　　"我当时还特别不理解，但是我母亲总说，人家大老远地来了，特别不容易，能帮人家一把就帮一把。"慢慢地她理解了母亲的行为，而且也把这种精神传承了下去。

　　张博娅还有个三姐妹的故事。说起三人的相聚，大家笑着称呼对方是伯乐。"是缘分让我们相识在一起工作，原来我们都不太爱说话，现在我们都很有默契，喜欢在一起聊天。"陈学森介绍道。

　　陈学森在2013年年底开始从事夕阳茶座的助老志愿者服务，和64岁的张博娅两人搭档至今。温京利也在2016年3月份参与到夕阳茶座活动中。

　　"来这之前，我在家中有照顾父亲的经验，然后张博娅叫我来参加助老服务，家人也很支持，纷纷叫我去吧，出去走走，多参加活动。"温京利说道，"看到老人开心，我们的付出是值得的。看到老人不开心，我们就会想想自己哪做得不好，加以改正。"

后来，有些老人提出希望活动可以更加多样化。于是，陈学森每天晚上做完晚饭，等老母亲睡觉后，开始从网上学做小乌龟，或者从电视上学习如何做葫芦。开始的时候，甚至学到凌晨2点多，她对着电视自己学，犯困的时候就去泡点咖啡喝，一直到5点多才算完成葫芦的造型。

"我在这个小区长大，这里的老人看着我成长，我会一直做下去，陪着老人快快乐乐地玩下去。"陈学森高兴地说。

前不久，宋珍宽老人因为切除肠息肉住院，陈学森、张博娅几次自费购买礼物去医院看望老人。每次看见她们，宋珍宽嘴上总是重复道："别来了！下次不要再来了！"虽然嘴上这么说，但她的心里却特别开心。

有时候，她们陪老人聊天谈心，告诉老人要放松心情，不要浮躁；有时候，她们给老人做理疗，蹲下身子给捏腿、揉背……这些事情深深地打动着宋珍宽。这次老人出院，三人又赶到家中看望老人。

平时，宋珍宽的女儿需要上班，只有保姆在家照顾老人，每次宋珍宽遇到什么急事、难事，都会找老邻居张博娅帮忙。

"宋阿姨家中的电话线接触不良，电话打不出去，我就去帮忙调一下。"张博娅笑着说道。

此前，宋珍宽家中暖气不热，也是三人到老人家中帮忙出主意。

"那会儿，张博娅经常过来摸暖气，后来她们三人买来胶带把门缝、窗户缝一起贴上，避免冷风吹进来。"说到这，老人十分激动，嘴角微颤地补充道，"她们送来的不是胶带，是温暖！"

陈学森和张博娅每次出差，都不会忘记给老人带一点当地特产。宋珍宽生日的时候，陈学森还将寿桃摆件送给老人。长期的接触让她们的关系好像家人一般，每次张博娅离开，宋珍宽都会说："走啦闺女，张博娅你多穿点衣服。"

"我没有念过什么书，不认识字，陈学森、张博娅、温京利非但没有瞧不起我，还经常在生活上、工作上贴心地帮助我、关心我。我非常感谢她们！"宋珍宽眼含泪水地说道，"和她们在一起，我像多了三个孩子。"

社区的夕阳茶座在每周二上午9点半到10点半进行，陈学森、张博娅、温京利三人为社区老人提供教学服务，并喊出自己的口号——"铿锵三姐妹"小分队，助力社区为老服务。她们有一个规定，在每周一下午，三人聚在一起备课，商议第二天的活动内容。

最近，志愿者们在夕阳茶座上又增加了手工折纸、手工编织两项活动。温京利先去复北社区学习穿珠，回来教陈学森和张博娅，学会后再手把手教给社区老人。老人们看到自己的创作成果，觉得非常有成就感。

现在每次活动开始前半小时，社区老人们就早早地来到活动室门口，根本不用志愿者提醒，这让陈学森很感动，觉得老人们真的把这里当成了家。在与老人们互动的表情和动作中，也能够看出老人们对三人工作的肯定。

在陈学森看来，人需要快乐，快乐的来源多种多样，但奉献的快乐却是其他快乐不能比拟的。对她而言，志愿服务是一种生活态度，选择做志愿者是一种生活方式。陈学森告诉记者，她会坚持在这个岗位上服务，因为"送人玫瑰，手有余香"，在奉献的同时，她收获了精神上的愉悦与满足。

"其实老人要的很简单，他们需要倾听。咱们用一双耳朵，细心地听听他们的故事，老人就会很开心。"张博娅说。

王潏：勤俭持家的"布艺达人"

《人文月坛报》曾经发表过居民亲手制作的剪纸、串珠等。铁三社区居民王濬制作的"布艺猴",更是吸引了不少人的眼球。原来她不光是一位"布艺达人",更是一位勤俭持家的能手。

王濬今年已经快90岁了。"我是在大连出生的,小时候吧,生活比较苦,我父亲是一名军人,母亲去世比较早,在我上学的时候,一到春天和秋天,都得回家帮忙种地。小时候这种生活也造就了我勤俭节约的习惯。"王濬说,别看她只读了4年小学,但是考试从来都是学校第一名。

1947年,王濬17岁,当时解放军部队来她家这里征兵,王濬就去报名了。"但当时征兵的要求年龄要到18岁,我还差着半岁呢,人家不让我去,我就愣跟着部队一起走,最后部队负责征兵的人没辙了,就同意我入伍了。"王濬笑着说,入伍之后她先在大连建国学院学习,毕业后到了铁路公安局的铁路大队(现属大连市公安局)工作,在这里,王濬认识了自己的丈夫。

"1952年的时候,我丈夫被安排来北京学习一年,学习期满之后,按说丈夫是要回单位的,当时他都已经登上回大连的火车了,就在车上,又被人叫回来了,说以后就让丈夫留在北京工作了。"王濬说,当时单位考虑到他们夫妻的情况,也同样把王濬调到北京,和丈夫一起工作。

1986年,王濬从铁路公安局退休。"当时退休了没事干,就去老年大学报了个名,我的布艺就是在那时候学会的。"王濬介绍,她在老年大学这4年,是整个班里做布艺做得最好的。"当时有外国友人来学校参观,好多人都特别喜欢我做的布艺,老师就把我做的东西都送给外国人了。"说这话的时候,王濬正一边玩着iPad,用手指点着屏幕上的"汤姆猫","这是我的宠物,该给它吃饭啦。"王濬说。

"你看我们家里,东西堆了一大堆,全是我妈的东西,什么破衣服穿坏了都留下,全都让我妈做了布艺了。"王濬的女儿从桌子里、柜子上变出各种王濬制作的布偶。墙上挂着的相框，里边放着的是王濬用废旧布头做的整套十二生肖。"好多布偶都让邻居拿走了。""汤姆猫"吃饱了，王濬又打开了话匣子，"邻居们没事就过来看看，串门是假，拿走两件喜欢的布偶才是真的。"王濬笑道。

据王濬的女儿介绍，当年中央电视台的《夕阳红》节目，还特地来到过王濬的家里，采访王濬如何制作布偶的细节。"北京电视台也来过，就是因为我妈做布偶的技术好，以前我妈单位搞比赛或者办展览之类的，她总是能拿奖呢。"

"我妈不光喜欢做布艺，还画国画，弹钢琴。"王濬的女儿说。"现在眼睛不行啦，画是画不了了，身体现在不好，钢琴也不弹了，就是没事在家里做做布艺，还得戴着眼镜呢。"王濬说。

李禄霞：心怀"明星梦"的社区明星

"我想当明星！"她一张口，人们感到惊讶：你都 50 多岁一大把年纪了，还要当明星？您别误会，她说的明星，不是唱歌演戏的明星，而是健康明星，是控糖明星，她是月坛街道读书会成员李禄霞。

李禄霞早在 1988 年体检时，查出了糖尿病。"那年我才 28 岁，正值青春年华，算起来至今已经有 30 年了。"她说，当时体检一查尿糖有 3 个加号，一直爱运动从不知累的她，不懂是什么意思，经咨询医生，才知道得了糖尿病，又说，"这是我平生第一次听到这个陌生疾病的名字，还得知这是一种无法治愈、不能根治的疾病。"

当时，她非常恐慌，非常沮丧。但尽管如此，她头脑是清醒的。她以鄙视的目光看待疾病，并积极地配合治疗，她相信没有什么疾病是不可战胜的！

在治疗糖尿病的过程中，她经历了许多曲折，磕磕绊绊地慢慢摸索出了一些经验。"我开始听各种治疗糖尿病的讲座，又意识到要想战胜它必须认识它，视若仇敌是不明智的，视而不见是不客观的。于是我抱着'亦敌亦友'的态度，把它当作一个终身相依的同伴，与它和平相处，做好打持久战的准备，在心理上不怕它，在治疗上重视它。从此，心情豁达了，战胜疾病的信心坚定了。"

古人云："大鹏之动，非一羽之轻也；骐骥之速，非一足之力也。"要做成事必须多方面综合用力，靠单一的办法是不行的。治疗糖尿病亦是如此。治疗糖尿病最好的手段是综合治疗，包括饮食疗法、运动疗法、心理调整疗法、药物疗法和科学检测，她决心奋起扬鞭，果断坚定地驾驭好这"五匹战马"。

首先是严格控制饮食。俗话说"民以食为天"，控制饮食的疗法是治疗糖尿病最基础、最根本的方法，也是最难的方法，是要终身坚持的。她得糖尿病初期，治疗条件不如现在，病人没有用于监测的血糖仪，无法随时监测血糖指标。她说，记得有一次与朋友外出逛街，到了中午饭点的时间去吃包子。她是土生土长的北京人，对京味儿的传统小吃情有独钟，耐不住炒肝的诱惑吃了一碗，当时心里还想着虽然炒肝的淀粉多，但少吃点包子不会出问题。结果回到家就觉得头蒙蒙的不舒服，一测血糖，哇，升到 20.3mmol/L 了！

亲身经历过多次的"诱惑—贪吃—血糖蹿高"的恶性循环以后，她终于痛下决心，坚持饮食疗法不动摇了。在日常生活中，她不光是一日三餐合理搭配，做到定时定量，还会把几种米和泡好的豆子混合榨成浆，再放上玉米面做成窝头吃。她把自产自销的这个独门绝技带到了社区"粗粮细作展示"的活动中，教给邻居们共同分享。一年四季的餐桌上都会有一盘一成不变的菜，那就是清炒大白菜或者圆白菜，肉类食品尽量少吃。有时候，她会觉得人活一世挺对不起自己，但一想这样吃就能控制住血糖，能健康长寿，也就"嘴里吃糙粮、心里赛蜜糖"，吃得津津有味了。尤其在大大小小的节假日里，更是任凭东西南北风，咬紧牙关不放松。

其次是经常运动。每天早、中、晚餐后一小时，她基本都会走出家门去运动，多年来不管刮风下雨、严寒酷暑，从不间断。她每天早晨都会拎着一个大袋子，里面有太极扇、太极剑、柔力球等健身器材，到南礼士路公园参加运动，做做健身操，打打太极。晚饭后，爱人陪她到公园走上一小时，夫妇俩快步如风、谈笑风生的姿态引来街坊邻居的羡慕，也带动了不少邻居加入健身的行列。

最后是保持愉悦心情。业余时间，她积极投身到社区组织的各项文化体育活动中，参加了社区合唱团、扑克牌和乒乓球比赛。2012 年，她退休后还被北京皮影剧团请回去，参加了"首届北京皮影展"的参赛展品刻制工作。2014 年，她总共精心刻制了 50 多件精美的作品，部分在首都博物馆参加了展览，其中的作品"九龙壁"受到了社会好评。她的思维活跃了，心情放松了，朋友也多了。

几十年来，李禄霞的身体见好，血糖控制得很平稳，从来没有并发症产生。她明白心态不能治百病，但是可以缓解病情。可邻居还要问："看你现在身体多好啊，你是怎么休养的？""姐们儿，我在网上看到好多朋友给你点赞，你跟大伙说说啊，我们都羡慕你。"

李禄霞满怀信心地说："糖尿病不可怕，快乐心态陪伴它。'五匹战马'一根绳，明星心里乐开花。"

再平凡的人，也是生活的主角；再平凡的事，也是街巷的风景。我们在三里河东路感受到城市的脚步，也感受到了生活的酸甜苦辣，这就是街巷的故事，让人回味无穷。

文/靳春迎

二七剧场路
用"芳华"之声唱响和谐交响曲

在月坛街道，有一条闹中取静的丁字街，两旁树木繁茂，绿绿的浓浓的枝叶相连，覆盖一条绿带。20世纪50年代的住宅楼早已拆迁重建，二七剧场近几年重建，见证了老北京城区的发展变化。它就是二七剧场路。

【街巷名片】

二七剧场路，是月坛街道铁二一社区和铁二二社区所在地，为原铁道部、现中国铁路总公司住宅区，南起复兴门外大街，北到月坛南街。

【街巷历史】

如果说用一个词来形容二七剧场路，那可能就是文艺。二七剧场坐落于此，文艺气息渗透到大街小巷。

二七剧场路　摄影：苏慧忠

二七剧场：用时代演绎"芳华"

1959 年，原铁道部修建的铁路文工团排演场，以 1923 年 2 月 7 日京汉铁路工人大罢工纪念日命名为二七剧场，1960 年 2 月 7 日正式启用，是铁路职工文化活动的重要阵地，是中国铁路文工团艺术生产的重要基地。1980 年 11 月，北京市将二七剧场所在街道命名为二七剧场路。

改革开放后，面向社会对外开放，在铁路内部使用的基础上，接待国内外文艺团体演出，承接中央国家机关及北京市会议等各种活动。曾接待过几代党和国家领导人、外国首脑及众多外国游客莅临观看演出，曾获北京市先进演出场所等多项荣誉称号。

2012 年，二七剧场开始重建，2018 年投入使用，总建筑面积 2.5 万平方米，观众厅三层，观众席座椅 1215 个。新剧场隶属于中国铁路文工团，是一座多功能现代化的新型剧场。

北京市城市建设档案馆：记录城市发展的轨迹

北京市城市建设档案馆坐落在二七剧场路西侧，这里尘封着北京市城市规划建设的历史，也孵化着城市规划未来的发展，它为二七剧场路的街巷环境增添了一丝历史的厚重和韵味。

北京市城市建设档案馆是北京市的国家专门档案馆，负责收集、整理和保管全市在城市规划、建设、管理中形成的档案和有关资料。自 1990 年正式开馆以来，北京市城市建设档案馆逐渐形成了结构合理、门类齐全、数量丰富、载体多样的档案馆藏体系，主要包含城市勘测、城市规划、城市建设管理、市政公用设施工程竣工、城市管线工程竣工、交通运输工程竣工、工业建筑工程竣工、民用建筑竣工、城建工程设计、人防工程、水利防灾工程竣工、园林绿化、名胜古迹、城建科研等 16 大类档案。

目前馆内保存纸质档案约 70 万卷以及大量声像档案、缩微品、底图、模型等。规划管理类档案主要保存了中华人民共和国成立以来北京市历次总体规划编制形成的档案、资料，及北京市规划管理部门形成的规划用地、工程（含建安、市政）各类审批和批后监督档案。馆藏档案数量最多的是 1990 年以后形成的各类竣工档案，收藏最早的竣工类档案为 1952 年竣工的百万庄道路竣工档案。设计类档案主要来源于北京市市政工程设计研究总院、北京市建筑设计研究院，最早的工程设计类档案形成于 1950 年。最早的照片档案为中国人自己设计施工的京张铁路。还保存了 20 世纪 50 年代初制作完成的国内唯一的"1949 年北京城原状模型"。

每每从档案馆门前路过，你都能感受到一种历史的厚重，绿树成荫，清风徐来，二七剧场路的春夏秋冬在历史的脚步中尘封，也在历史的前行中焕发出勃勃生机。

【街巷人文】

改革开放以来，二七剧场路日新月异，越来越多的居民关心社区文化建设。党员、志愿者们纷纷助力，让街巷生活变得更加美好。

铁二 社区居委会：社区好当家

在二七剧场路生活的居民经常说："我们这有一个好当家，讲诚信讲实干的铁二一社区居委会。"

铁二一社区坐落在二七剧场路东侧，在评选先进居委会之初，抽查组曾到社区居民中暗访、问卷调查。统计结果显示，铁二一社区居民对居委会的满意度达到了90%以上，铁二一社区居委会用真诚为民服务之心让老百姓满意，2015年被评为北京市级先进居委会。

"我们以人为本，在工作中凡事把居民放在首位，广泛听取居民意见，重点解决居民最关心的问题。有一个问题，我们就解决一个问题，不达目的誓不罢休，我们尽可能通过工作来一点一滴地改善大家的生活。"社区工作人员朱宝生说。

铁二一社区的建厂院是中华人民共和国成立时建设的老旧小区，随着时间的推移，小区里的设备得不到更新和维护，留下了许多安全隐患。建厂院冬季取暖靠煤炉，做饭使用煤气罐，公共厕所环境差，道路坑洼不平，晚上没路灯，行人走在路上经常磕磕绊绊。因此，建厂院被居民戏称为"城中村"。

对于居民反映的问题，居委会是看在眼里、急在心上，充分发挥自己的作用，与月坛街道办事处相关职能科室多方沟通，同时积极和产权单位中铁建工集团协商。最终，在月坛街道办事处和产权单位的大力支持下，自2012年起3年之内陆续完成了安装暖气、天然气管道接到楼房居民家中这两个项目，结束了建厂院60年来取暖靠烧煤、做饭靠液化气的历史。在施工期间，居委会保障后勤，给工人提供住处、供电、接水，居民们纷纷热心地给工人送去饭菜、水果等。"终于要安暖气了，大家伙儿心里高兴呀，其实居委会在很久之前就跟街道申请，但毕竟资金有限，需要解决的问题又很多，我们还是一次次申请，好在问题终于得到了解决。"朱宝生说道。

在与居民交流时，朱宝生发现住在平房的居民抱怨厕所不好用。经了解发现，平房的厕所构造就是一道沟，厕所里的脏物不能及时被清理，既不卫生，还有异味，夏天更成为苍蝇蚊子的滋生地。朱宝生发现问题后，多次跟街道办事处申请改造厕所，2013年年底，平房完成了公厕的现代化改造。

此外，从 2012 年到 2014 年，建厂院还完成了小区道路整修硬化、摄像头安装等工程。院里的居民乐坏了，自己掏钱制作锦旗送给街道办事处、居委会和相关部门，表达内心的感激之情。

居委会要求每一个工作人员对来办事的居民热心接待，认真听取他们的诉求，解决困难问题，对于不能解决的问题，也要向居民解释清楚。"我们分工明确，根据每个人的专长和能力分配任务。如果谁生病了，就有人补上去。万一居民来办事，结果找不着人，这就是我们做错了。"朱宝生说道，"补上去的人也要有业务素质，比如居民要交材料，就要跟居民说清楚要交哪些材料，不能让居民跑第二次。我们一直在用信息终端，当办公室没有人时，居民可以通过拨打电话说明情况，信息终端记录下来，我们获知后便可及时解决。目前还没有居民因为我们的工作而投诉，他们日常有什么事都会想到来居委会找我们。"朱宝生笑着说道。

2014 年 7 月 7 日，铁二一居委会突然收到居民送来印着"见难救急，无上荣光"字样的锦旗，这面锦旗的背后，有着一段温暖人心的故事。2014 年 6 月 15 日，星期天下午 4 点左右，新 19 楼的一位老人突然打来电话，着急地说道："居委会吗？我们家跑水了，请你们帮帮忙。"正在值班的工作人员杨婧和杨蓓琳马上赶到老人家中，看见物业人员已经为跑水的厨房更换了水龙头，但由于满屋的积水已经没过了脚面，屋里的东西都泡在积水里。杨婧安慰老人说："奶奶，不要着急，您行动不便，我们会帮您收拾干净了再离开。"

杨婧和杨蓓琳留下来清理现场，首先将电器插座移到高处没有水的地方，以免发生漏电危险。接着两人将污水一点一点舀进盆里端出去，然后用拖布将每一个角落的积水擦干。前后花了 1 个多小时才将老人家里清扫干净。在清理中，杨婧和杨蓓琳衣服被汗水湿透了，她们的鞋子也被污水弄脏了。

2014 年 6 月 17 日，老人打电话给居委会，说要感谢杨婧和杨蓓琳，朱宝生考虑到老人家行动不便，就回答她说："我让她们去看您。"随后，朱宝生带领杨婧、杨蓓琳等一行人去到她家，老人说道："我对居委会深表赞赏与感谢，那天俩姑娘打扫家时的微笑深深印在我的脑海之中。这次家中跑水得到了你们的及时救援，感激之情远远不是几句话所能表达的。我本来想做面锦旗给你们送来，可我行动不方便，我没让女儿代我打电话，我认为只有我亲自道谢，才能表达我真诚的谢意，所以我就亲自打电话当面致谢。"

为表达心中的谢意，老人瞒着杨婧和杨蓓琳，悄悄托人制作了一面"见难救急，无上荣光"的锦旗，并于 7 月 7 日送到居委会。

张威是居委会主抓文体的副主任，他 2012 年到居委会工作。在此之前，他曾在四川汶川等地做过 5 年的公益工作。"因为做过公益工作，积累了一些资源，有时开展活动就容易一些。"张威说道。

2015 年暑假，张威和百德社区发展促进中心搭上线，为孩子们争取到了学习篮球的机会。2015 年 7 月 11 日下午 4 点，在复外一小的操场上，百德乐活社区和哈林秀王篮球训练营的老师们为社区 60 名青少年进行了一场别开生面的街头篮球教学活动。现场请来了 3 名美国篮球教练及 4 位中国教练对孩子们进行培训。孩子们玩花式篮球，学美式英语，现场的几十位家长对这种活动方式赞不绝口。"百德社区发展促进中心邀请国外的老师教社区青少年打篮球，我和这个项目的负责人一起做过公益。"张威介绍道。

"这些文体活动不是我们单方面就能做起来的，往往还有来自志愿者、居民等各方的支持。"张威讲起了发生在今年的一件事。2016 年 5 月 14 日是铁二一社区开展春季运动会的日子，可当天下起了雨，7 点多，志愿者们集合，冒着雨将体育器材搬到复兴门外第一小学。学校操场中间地带有水，大家就在树荫下办起了运动会。居委会工作人员以为没有多少人来参加运动会，结果 200 多名居民打着伞来参加运动会。"那一刻，我很感动，居民信任我们，我们的工作没有白做。"张威激动地说道。

是的，有个好当家，整条街巷都显得活力十足。如今，物质生活有了保障，居民追求精神文化生活，需要更加幸福的人生享受。

沙玉华：行走在艺术生活的"刘姥姥"

在二七剧场路，人们常常遇到一位熟悉的老人，大家都喊她"刘姥姥"。她就是 1987 年《红楼梦》中饰演刘姥姥的沙玉华。

沙玉华老师是中国铁路文工团表演艺术家，也是居住在二七剧场路 13 号院的一位老居民。

"沙老师，您怎么演得这么好？"居民问。

"我看了剧本后，觉得得下功夫演好这角色，好好体验生活。"沙玉华回答。回想当初，为了演好"刘姥姥"这个角色，沙玉华曾经到偏僻农村，同老太太一起吃一起住。回到城里，她还随时随地观察农村老太太进北京，怎样说话处事，怎样带孩子。"我反复琢磨了好久，才慢慢进入刘姥姥的角色。"沙玉华介绍道。

沙玉华本人质朴低调，在电视剧中，她把庄稼人的憨厚朴实、穷苦无奈又精明智慧、诙谐健谈都呈现出来，把刘姥姥给演活了。文艺评论家认为，她是"一个立体的刘姥姥……最符合原著形象的，是 1987 版沙玉华扮演的刘姥姥"。

2003 年央视录制《艺术人生之红楼梦 20 年再聚首》，剧组演职员来到中央电视台，接受朱军采访，一起合影。如今，沙玉华将那张 20 年再聚首的照片视为最珍贵的留念。

每当她看见陈晓旭和李玥的合影时，不禁黯然；看见自己和大巧姐王暄的合影时，不禁回忆。她说，刘姥姥进大观园那场戏，拍了十几次，她和王暄也哭了十几次；再听说王暄已是两个孩子的母亲了，沙玉华一个劲儿说："真好，真想见见她和孙子。"

2018 年，刘姥姥已经 88 岁，虽然身形消瘦，但精神矍铄。她的儿子儿媳照顾沙玉华老师饮食起居。她还常去女儿家玩儿。儿子、女儿特别孝顺，都把她的健康放在第一位。

老人家平时为人低调，那年举办 1987 版电视剧《红楼梦》开播 39 周年纪念活动，她儿子婉拒了参加活动的邀请，担心母亲激动，引起情绪波动，对她健康不利。但儿子理解母亲的心情，让剧组的演员们到家里来同老人相聚，还特意录制了一段视频，问候剧组的朋友们和广大观众。

呼延生：难忘《九九艳阳天》

"九九那个艳阳天呀咦唉哟，十八岁的哥哥呀坐在河边，东风吹得风车儿转啊，蚕豆花儿香啊麦苗儿鲜……"这首歌的旋律委婉动听，朗朗上口，给人留下很深的印象。首唱者是中国铁路文工团女声独唱演员呼延生和男声独唱演员潘文林。

呼延生居住在二七剧场路 13 号院铁路文工团职工宿舍，她曾回忆："1957 年 25 岁时，八一电影制片厂拍摄电影《柳堡的故事》，让我唱主题曲《九九艳阳天》，我高兴得没睡着觉。"

她说，编剧黄宗江写剧本时，觉得剧中应该有一首主题曲，于是就把这个想法告诉了年轻作曲家高如星。几天后，高如星在跟大家一起吃午饭的时候，小声哼唱起自己写的主题曲。这一听，导演王苹激动得忘了吃饭，直称"跟我想象的一模一样"。旋律俏丽、流畅、情趣盎然，成功地叙述了一对青年忠贞的爱情故事。歌曲结构简单，通俗上口，观众一定爱听，看完电影差不多就可以唱下来。那时候拍电影，先想到观众是不是喜欢。

有了主题歌，谁来唱啊？一时没有找到合适的歌唱演员，导演王苹很着急。后来有一天，她来到铁路文工团，听了几位演员演唱后，选定了女声独唱演员呼延生和男声独唱演员潘文林。到录音棚一试，王苹当时就决定让他们演唱。

从这以后，呼延生和潘文林就像着了魔一样，不论在团里还是在家里，每天都下功夫练习。呼延生在演唱的处理上，既抒情又俏丽，既轻快活泼又朗朗上口。她提前约了王苹前来指导，经过反复切磋，王苹连连点头说："很好，就这样唱啊！"说完还嘱咐一句，别改动，因此录音时也很成功。

电影放映后，这首歌就在居民间广泛传唱起来。铁路文工团到铁路基层慰问演出时，这个节目是必演的。呼延生演唱细腻深情，音色甜美，吐字清晰，特别是她淳朴的声音格外动人。她每次一登台演唱，台下就鼓起掌来。在二七剧场演出时，呼延生如果没唱这首歌，观众就会在台下喊"九九艳阳天"，唱完后才满意。

《九九艳阳天》这首歌，从二七剧场一次次唱出来。

几十年了，这首经典歌曲一代又一代人传唱，连十来岁小孩子都爱唱，至今那优美的歌声仍常在人们耳旁响起。

崔万忠：将志愿活动进行到底

脍炙人口的歌曲，人人都爱听爱唱，在这条街巷的社区活动站也常常响起。二七剧场的文艺气息已经渗透到家家户户。在二七剧场路有两个合唱团，铁二一合唱团、铁二二合唱团，歌声时时回荡在二七剧场路这条文艺街巷上，崔万忠就是合唱团的一员。

崔万忠退休后，来到社区首先参加了铁二一社区合唱团，还加入了社区治安巡逻队伍，他与其他志愿者一起参加社区活动。

当记者采访他时，他说："其实没什么值得说的，我现在退休了有时间，又是党员，积极参加社区活动，为社区服务都是应该做的。我们居住的社区，安全当然需要我们大家共同维护，国外有社区义工，我们志愿者其实也跟义工一样。"

1969年3月，18岁的崔万忠响应国家号召来到了内蒙古的桥湾，成为内蒙古生产建设兵团二师十二团十连的一员，三年"屯垦戍边"的知青岁月成为崔万忠永难忘记的记忆。

2009年，在他和战友们的倡导和联络下，桥湾十连战友联谊会成立了。"我们这批战友大多到了退休的年纪，越发想念一起度过的岁月，所以就想成立联谊会。"崔万忠说道。

除了组织活动，联谊会还开设了"蹉跎岁月内蒙兵团"博客，6年多的时间收录了各种文章800余篇约300万字，崔万忠个人就写了60余篇。

这些文章还被编撰为3册《情系桥湾》图书，崔万忠是图书编辑委员会的成员，经济科学出版社的人了解到情况后，又将其中部分篇章整理编辑，出版了《他们曾经是知青》一书。

2011年，战友联谊会将反映兵团生活的1200多张老照片、十几件文物以及自己编辑制作的书和光盘捐献给了北京市档案馆。

"现在回想起那段岁月，心中仍然激情澎湃，战友们一起训练、劳动、学习，结下了深厚情谊。这种感情之所以能够维系到今天，我觉得是因为当时大家彼此之间都是真诚相待、相互信任，我觉得这也是诚信的力量。"崔万忠说，诚信不仅仅是诚实守信，还可以是真诚和信任。

不论是在工作中还是在生活中，崔万忠一直将实事求是、认真做人、诚实做事作为自己的准则。为了实现对老人的承诺，崔万忠和爱人将父母离异的侄子接到家里照顾，多年如一日。

小龙（化名）是崔万忠爱人家的孩子，3岁的时候父母离异，没过几年照顾小龙的父亲又去世了，小龙的爷爷奶奶年事已高，无力照顾孩子，这也就成了他们的一块心病。

"为了老人能安度晚年，也为了孩子的将来，我和爱人经过考虑，决定抚养孩子，并向老人承诺，一定尽最大努力将孩子抚养成人，使其能自立于社会。"崔万忠说道。

为了让小龙健康快乐成长，崔万忠和爱人付出了大量的精力和心血。"小龙上高中的时候是走读，我每天早上5点起来给他准备早饭，我爱人则为他准备晚饭。每次都是三四个菜，基本上一个月不重样。"崔万忠说道。除物质保障外，崔万忠夫妇还很注意关注孩子的心理变化。"刚开始的时候孩子有一些孤独，看的书和电影大多是关于亲情和友情的。在家人和亲友的共同照顾下，现在已经成熟了不少。"崔万忠说道。

小龙上高中时，在学习上比较偏科，除了自己喜欢的英语学得比较认真外，其他科目就马马虎虎，有段时间还经常要零花钱。

学校老师向崔万忠夫妇反映了小龙的问题，崔万忠夫妇急在心上，之后通过和小龙交谈才发现原来他有创业的想法，零花钱也是打算用来创业的。"我去学校和班主任沟通，回家和他讲道理，并调整管理的方式，让爱人不再一味地给他零花钱，而是让他知道，当下的任务是打好基础，完成学业。"崔万忠说道。

小龙今年参加高考后，已经踏入了大学的校门。看到小龙一天天变得成熟，崔万忠觉得，这些年付出的一切辛苦都是值得的。

石炳坤：亲身经历祖国发展

这些年，我们国家发生了翻天覆地的变化。"改革开放的春风吹遍大江南北，我的家庭也发生了巨变"，在这条街巷居住 60 多年的居民石炳坤深有体会地说。

石炳坤早在 20 世纪 50 年代，就住在这条街上的原铁道部第二住宅区。当时的住房坐西朝东，西北角的二层小楼，两户合用一个卫生间。夏天是西晒，热得使人难耐；冬天没有暖气，烧的是煤球，因为怕煤气中毒，又不敢大烧，时不时还得开开窗子，通通空气。所以室内温度极低，玻璃窗上结的是很厚的冰层，整天融化不了，和毛玻璃一样，窗外什么都看不见，挂在屋子里的毛巾也冻得硬邦邦的，杯子里的水都冻成了冰坨子。

由于室内温度太低，室内比室外还凉，白天在家也只得全副武装，同时家里人口多，房子面积小，还得睡双层床和打地铺。就是这样简陋的住房，一直住了近 40 年之久。那时候他是多么羡慕那些能住上有暖气的人家啊！既干净又暖和，真是享福啊！

20 世纪 80 年代后期，铁道部第二住宅区全面进行危房改造，1993年，他们一家终于住上了梦寐以求的朝向好、有暖气、有煤气、有空调的两室一厅的新房子，这真是一步登天了。

改革开放初期，他家买了一台"星火牌"9 英寸黑白电视机，当时在左邻右舍中，已算是爆炸新闻了，大人小孩都是搬着小板凳来看电视，每天他家那 12 平方米的房间都是座无虚席。由于人多电视屏幕小，坐在最后面的人就看不清了，那时有的厂商跟得很紧，能把握商机，生产出可以放在 9 寸电视机屏幕前的放大镜和有色的有机玻璃片，当时他们就买下这两样东西，放在电视机前，果然效果不错，原先的那个 9 英寸的电视机屏幕一下子就放大许多，同时还有点彩色感。

随着改革开放的进程，一切都在变化，电视机也从黑白向彩色发展，国外彩电开始进入国内市场，国内也开始生产彩电。改革开放初期，购买彩电还要凭票。记得1981年前后，他们的一位同事有一张北京电视机厂生产的14寸"牡丹牌"彩电票送给他们，那时真是一票难求啊！不买吧，机会错过了；买吧，998元，这不是个小数目，又是多少年的积蓄啊！还是咬咬牙买下了，硬是用自行车把那台14英寸"牡丹牌"彩电从北京电视机厂驮回家了。

他说，我原是计算机的门外汉，后来带薪到北京大学学习了近两年的计算机程序设计，从此才跨入了计算机行业的门槛。自此一切从零开始，经过在实践中多年的摸爬滚打，功夫不负有心人，我终于从外行转变为内行，成了一名计算机软件设计高级工程师，这个期间正式出版了第一部有关计算机的著作《图形显示档案设计》。

石炳坤2008年被月坛街道评为"月坛金辉老人"；2011年被铁道部电子计算中心党委评为"优秀共产党员"；2009年、2011年被西城区评为"学习型家庭标兵"；2015年被月坛街道和西城区评为"最美家庭"。10年来，在《人文月坛》发表散文和诗词，获"优秀笔者"称号。

"家庭的巨变，受惠于改革开放的春风，也算是千百万个家庭变化的缩影吧！"石炳坤说。文艺、爱国、发展、贡献……如果说要给二七剧场路贴上标签，那么应该是一段富有韵律的爱国文艺之歌，这样的歌曲唱进街巷的每一户居民家，更唱进了每一位居民的心中。

文/靳春迎

地藏庵南北巷
叙述历史故事的悠悠小巷

街巷就像是连接生活的线，将我们生活的区域沟通连接。但同时，街巷也是连接过去与现在的桥梁，它能够展现社会的发展和历史的变迁。地藏庵南北巷就是这样一条小巷，用它的静谧讲述着历史故事。

【街巷名片】

地藏庵南北巷为相连接的两条小巷，北起月坛南街，南至复兴门外大街，因旧时此地有地藏庵而得名。地藏庵就是供奉地藏菩萨的尼姑庵。地藏庵以南为地藏庵南巷，以北为地藏庵北巷，均为小区间通道。此庵久废，旧时多义冢。20 世纪 50 年代中期，此地开始建楼群，形成了居民小区。

【街巷历史】

在地藏庵南北巷，坐落着国网冀北电科院和第二炮兵大院，这也让地藏庵南北巷拥有了一种伴随祖国发展的专业性。

国网冀北电科院：为祖国发展供电保驾护航

国网冀北电力有限公司电力科学研究院，坐落于复兴门外地藏庵南巷 1 号，与华北电力科学研究院有限责任公司（以下简称电科院）为一套人马、两块牌子，一体化运作。电科院的前身是华北电业管理局中心试验所，成立于 1954 年，是华北电力集团公司的直属非法人企业，是我国最早成立的大区电力试验院（所）之一。2000 年 11 月，改制成为华北电力科学研究院有限责任公司，成为独立法人单位，三家股东为华北电力集团公司、北京大唐发电股份有限公司和北京国华电力有限责任公司。2012 年 5 月，按照"三集五大"统一部署，依托华北电力科学研究院有限责任公司，国网冀北电力有限公司电力科学研究院挂牌成立。

电科院拥有各级实验室 61 座，10 座实验室获得上级单位命名，包括国网公司命名实验室 3 座（含重点实验室 1 座）。与华北电力大学共建了"高电压与电磁兼容北京市重点实验室"。此外与发电集团联合建设了"机组振动远程监测与诊断中心"和"脱硝催化剂性能实验室"。试验研究能力处于省级电科院前列。电科院通过 ISO9001 质量管理体系、ISO14001 环境管理体系和 OHSAS18001 职业健康安全管理体系认证以及电力行业 3A 级信用等级评价，具有国家级计量认证和实验室能力认可资质，具有电源工程类及电网工程类调试特级资质、一级电力设施承试许可资质、国家级（压力容器）特种设备检验检测资质、北京市计量专项授权资质、中电联司法鉴定中心签约实验室及国网公司智能变电站现场调试 A 级资格，获得国家风电技术与检测研究中心冀北分中心授牌，是中电联电力试验研究分会副会长单位和中电建协调试专委会副会长单位。

电科院根据现场生产需要确立的科研开发项目成果共获国家、部、北京市奖 314 项。累计完成机组调试 337 台，总容量 9188.9 万千瓦。完成 500 千伏及以上输电线路调试 29341.9 公里。完成 104 座 500 千伏变电站调试投产，变电容量总计 142670 兆伏安。

作为高新技术企业，电科院培养和造就了一支高素质的人才队伍。目前，正高级职称人员 18 人（3.46%），副高级职称人员 244 人（46.83%），中级职称人员 137 人（26.30%）；大学本科及以上学历人员 467 人（89.64%），其中博士研究生 52 人，硕士研究生 268 人。现有各级各类专家 61 人，其中国务院特殊津贴专家 1 人。国网公司领军人才 3 人、国网优秀人才 12 人，省公司级专业领军人才 6 人、省公司级优秀人才及后备 17 人。

电科院长期以来始终坚持"面向生产，面向基层，为安全经济生产服务"的方针，恪守"想现场所想，急现场所急，办现场所需"的服务理念，兼具将自身发展融入行业发展全局中去思考、去谋划的大局意识，提倡勇担重责和团结协作精神，优良传统淋漓尽致地体现在每一次现场故障的排除、每一个调试项目的投运、每一项保电任务的完成、每一批科技成果的涌现，进而激发出持续创新发展的不竭动力。为首都电网、为华北地区电力事业的发展与技术进步发挥了重要作用，创造了辉煌的业绩。

站在新的历史起点，电科院已经厘清发展脉络，描绘出发展的新蓝图，即坚持和加强党的全面领导，以法治企业建设为主线，以创新发展行动计划为抓手，以网源和协同发展为根基，以提升职工成就感、获得感和认同感为着力点，突出创新、质量、服务、党建，加快建成"三个一流"电科院，在服务祖国电力事业发展中展现新形象、创造新业绩、谱写新篇章。

第二炮兵社区大院：传承红色精神的光荣大院

地藏庵南巷东侧是第二炮兵家属社区大院。二炮（家属）社区大院东起南礼士路，西至地藏庵南巷，南起复兴门外大街，北至南礼士路头条。

二炮社区是因第二炮兵后勤部而得名。二炮社区是一个独立而单纯的社区。二炮社区居民以退休军人、现役军人及其家属为主。

解放之初，中国人民解放军公安部队后勤部在南礼士路南口西侧地段兴建办公楼和住宅楼，形成了住宅区，1956年成立了后勤部家属委员会。1956年，中国人民解放军公安部队改组为中国人民解放军第二部炮兵，公安部队后勤部更名为中国人民解放军第二炮兵后勤部。1966年7月1日，中国人民解放军第二炮兵领导机关成立。2015年12月31日，中国人民解放军第二炮兵改为中国人民解放军火箭军。二炮（火箭军）是一支在传统的炮兵基础上建立起来的、具有远程打击能力的中国战略导弹部队。其主要攻击武器是导弹，武器主要为核弹头或常规弹头的战略导弹，包括短程、中程、洲际弹道导弹，远程巡航导弹，还分为陆基发射和水下潜艇发射。地地战略导弹部队由近程、中程、远程和洲际导弹部队、工程部队，作战保障、装备技术保障和后勤保障部队组成，是一支具有一定规模和实战能力的主要核威慑和战略核反击力量。常规战役战术导弹部队是装备常规战役战术导弹武器系统，执行常规导弹突击任务的部队。所以人们通常称二炮部队为导弹部队。

与其相关联的周边主要单位是二炮后勤部、二炮礼士路招待所和二炮礼士路门诊部。

二炮家属社区范围内，居住有多名党的全国代表大会代表、全国人大代表、全国政协委员和院士、专家学者；还有人民解放军很多高级将领、革命老人。

1950 年 9 月，中国人民革命军事委员会决定将全国各地的公安部队 22 个公安师统一整编成立中国人民解放军公安部队。1955 年 7 月 18 日，根据国防部的命令，中国人民解放军公安部队改编为中国人民解放军公安军，总员额 40 余万人，正式成为我军的五大军种之一。公安军下设司令部、政治部、干部部、后勤部、军事法院、军事检察院、军械处 7 大部门。

1957 年 9 月，为了贯彻中共八大关于"裁减军队数量、提高部队质量"的精神，公安军的番号被撤销，复称中国人民解放军公安部队，原公安军的领导机构也缩编为总参谋部警备部。1958 年 8 月，中央决定将大部分公安部队改编为人民武装警察部队，仍属于军队序列。1961 年 11 月，中央又决定人民武装警察部队实行军事系统和公安机关双重领导体制。1963 年 2 月，中国人民武装警察部队再次改称中国人民公安部队，其领导体制、领导机构、部队组成等不变。1965 年 5 月，陈罗华任中国人民公安部队后勤部副部长兼卫生部部长。1966 年 7 月，党中央、中央军委决定撤销公安部队这一兵种，将其统一整编为中国人民解放军第二炮兵，公安部队的领导机关改编为第二炮兵领导机关。

【街巷人文】

康视华：大国长剑捍卫国家的尊严

康视华老人住在二炮大院，2015 年已经 88 岁高龄了。当他挂上抗战胜利 70 周年纪念勋章时，脸上露出了一名老军人特有的威武、庄严而又自豪的神情："我是新四军，是粟裕将军的兵。"

康视华在战争年代是炮兵，离休前曾经担任二炮司令部副参谋长。

他见证了英雄的二炮部队从诞生到发展的光辉过程。

康视华参加了二炮组建后的炮兵教导大队的训练。这是培养地地导弹专业技术骨干的特殊培训，为中国导弹部队的诞生和发展培养了大批人才，也为后面二炮发展奠定了坚实的基础。我军从单一兵种发展到包括导弹部队在内的多兵种现代化军队，康视华作为参与其间的军人，感到无限光荣和骄傲。

20世纪80年代末，沙特阿拉伯王国曾经从我国购买了"东风－3"型中程导弹，90年代初，康视华受我军派遣，作为专家曾在沙特工作了3年半时间。

中国人民解放军第二炮兵是中国军队中最年轻、最现代化的军种，组建于1956年，这是一支由地对地战略导弹部队和常规战役战术导弹部队组成的复合型战略导弹部队。第二炮兵肩负着国家战略威慑核力量的千斤重担，更是共和国维护世界和周边地区和平的关键力量。2016年9月26日，军委主席习近平视察火箭军机关时强调："火箭军（第二炮兵）是我国战略威慑的核心力量，是我国大国地位的战略支撑，是维护国家安全的重要基石。"这是对第二炮兵部队战略地位的最好注解。

1984年，在中华人民共和国成立35周年的国庆大阅兵中，第二炮兵的导弹方阵，以其赳赳雄姿首次亮相于世人面前。它向全世界宣示：中国战略导弹部队已经屹立于世界的东方！

我国政府于1956年8月做出了从苏联引进导弹技术的决定，向苏联政府提出技术引进问题。苏联回答：搞导弹技术，必须从培养干部入手，苏联可以接收50名留学生，用以帮助中国培养专业人才。

中央军委于1957年11月做出决定：由军委炮兵和以钱学森为院长的国防部第五研究院共同负责组建炮兵教导大队，所有参训人员都有着共同的特点——觉悟高、文化高、级别高、事业心强，可见这支重视人力资源配置的部队何等重要。炮兵教导大队于1957年12月9日在北京长辛店原马列学院内正式成立。这是我国精心建造的中国导弹部队的"第一摇篮"。

炮兵教导大队从开办到结束，共训练了 20 个月。其中，接受苏军训练 3 个月，独立组织培训 17 个月，共培养了地地导弹专业技术骨干 1357 名。这为中国导弹部队的诞生和发展奠定了坚实的基础，为国防部五院及导弹试验靶场培养了一支试验部队，为五院及有关领导机关培养了一批参谋和作战使用研究人员，为哈尔滨军事工程学院导弹系培养了一批教员和一支训练分队，为空军培养了一批教员和管理干部，以及一个地空导弹营的技术、指挥干部。

康视华等一批学员，后来分别成为第二炮兵的副参谋长、研究所所长、技装部副部长、技装部总工程师、科研部长、副所长及高级工程师。他们在导弹部队这个崭新的摇篮里，为人民解放军的现代化发展做出了重大贡献。

赵振宁：浑身充满能量的"电力医生"

赵振宁，国网冀北电科院教授级高级工程师，1973 年出生。2006 年春节，赵振宁接到了院领导的电话：张家口电厂掺烧蔚县煤项目遇到难题，问赵振宁能不能去解决。当时赵振宁的孩子刚满月，又正值春节期间，但赵振宁二话没说，一口就应承下来，带着徒弟踏上了开往张家口的列车。蔚县煤炭储藏量 9 亿吨，但依然是张家口地区最贫穷的县份。这是因为蔚县煤的品质极低，无法直接燃用，只能不远千里运送到秦皇岛，作为下脚料运往全国各地，即使这样，仍屡屡被嫌弃。而蔚县附近的张家口电厂却只能靠从外省购买煤发电。如果能想一种办法盘活蔚县煤，那对蔚县、张家口甚至是全国的经济发展都具有重大意义。在此之前，已有多批业内赫赫有名的专家想方设法去解决这个难题，结果都是无功而返。但赵振宁竟敢接下这个烫手的山芋。

赵振宁一到电厂就忙开了，取煤样、化验、计算、试验……赵振宁几乎所有的时间都在现场忙碌着。他一遍又一遍地试验、测算，夜以继日，稿纸都堆成了一米多高的纸山。张家口冬季冷风刺骨，锅炉顶端离地面60多米，赵振宁每天沿着冰冷的扶梯爬上爬下10多次。即使在夜里，他也在思考着如何解决蔚县煤掺烧的问题，有时打电话告诉徒弟说："有进展了！"到了现场一试验，却又是一个失败结果。研究一次次回到了原点，有人泄气了。但赵振宁的思维方式与其他人不同，他说，试验并不是无用功，最起码能证明这种思路是行不通的。

赵振宁在张家口电厂一待就是一年多。突然有一天，在现场连续蹲守了两个日夜的赵振宁激动地说："成了，这次准错不了。"几个小时过去了，整个机组运行居然完全正常，成功了！赵振宁用他独创的技术，终于彻底解决了张家口电厂自投产以来就存在的问题，不但为蔚县经济发展铺平了道路，也为2008年北京奥运会的安全保电立下了奇功。

张家口电厂举办了庆功宴，但赵振宁没有参加，他要连夜赶回北京，抱一抱已经一年多没见的儿子……

长期的劳累，赵振宁患了强直性脊柱炎。刚开始的时候，赵振宁只是觉得腰不舒服，但活动活动就缓解了。时间一长，慢慢地腰部开始特别疼痛，后背僵硬，到医院一检查，发现是患了强直性脊柱炎。长期做试验，经常熬夜，无规律的生活再加上劳累，又让赵振宁患上了心肌炎。再后来，赵振宁的肾脏开始漏蛋白，出现了高血压症状，连带消化系统功能也变得较差。到医院检查时，西医已经束手无策了，但为了能够继续工作，他又转而去看中医。最终，医生告诉他要长久地服药调理身体，他就一边吃着中药一边完成工作。

在很长一段时间里，华北地区各大电厂里都会看到一位个子不高、微微驼背的身影，一手拎着一口药锅和一大包中草药，匆匆忙忙赶来，又匆匆忙忙赶去下一个地方。

除了张家口蔚县煤，赵振宁对大同煤、神华煤、印度尼西亚褐煤、越南无烟煤、内蒙古高水分褐煤等煤种的特性都进行了深入研究，改进了煤种结渣性认定方法，提出了基于煤种进行燃烧组织的方法，为锅炉所技术服务提供了技术理论基础。

赵振宁介绍，电科院完成了世界上最先进的 NOx 燃烧技术项目，这个项目解决了大唐国际沿海电厂应用印度尼西亚褐煤、张家口大量应用蔚县煤、上海电厂应用高水分褐煤机组出力不足的问题。赵振宁经过艰苦研究，使炉膛出口浓度达到了在锅炉效率不下降、变负荷速度可以保证的条件下仅为 $94\mathrm{mg/m^3}$ 的水平；他又创造性地开发了通过调整风量分配来调整火焰中心的方法，从锅炉的问题综合诊断煤炉间的适应性、制粉系统的优化、配风按煤种的优化、风压按需控制和 NOx 消减等多个方面，总结出了电站锅炉多目标综合优化的量化、诊断、试验与控制方法，解决了该类低 NOx 燃烧技术带来再热气温难以调整的缺陷。这一方法形成了完整的电站锅炉多目标综合优化技术体系，使锅炉获得热效率提升，每年节约上万吨煤。

赵振宁为了能把最新技术理念最大程度推广到各大电厂，在七八年的时间里，通过节能会、锅炉专业会等途径为各大电厂提供技术培训，其中接受培训的人数过万。同行和很多电厂的技术人员都赞誉他说：赵振宁是浑身充满能量的"电力医生"。

文/王鸿善

南礼士路
一条沉淀历史的明清故道

月坛是一片文化底蕴丰厚的地域，在这里，每一条看似普通的街巷，都承载着一段沉甸甸的历史。南礼士路就是这样一条集大俗和大雅于一体的明清故道。

【街巷名片】

南礼士路，明代称礼神街。南礼士路早在 3000 年前就是一条官道。南礼士路穿过长安街与西便门外大街相连，再往南，就是古代蓟城所在地，是当时的交通要冲。金元时代更是一条重要官道。尤其是明代建都北京以后，天坛、地坛、日坛、月坛被先后建立，用于祭祀天地日月诸神，礼神街便是帝王祭祀月神的"神路"。按照旧时的规矩，通往坛门的主道，即称为"神路""神路街"或"礼神路"。如今的南礼士路是当年通往月坛坛门的主路，故明代称"礼神街"，清代称"光恒街"。

【街巷历史】

南礼士路：古代运输要路

从明清至 20 世纪的前 40 年中，北京的交通运输条件落后，骡、马、驴、骆驼等畜力是主要的运输工具，因此北京就有了骡马市、驴市等。现今与南礼士路北口即阜成门外大街交会处，就有驴市，称驴市口。旧时，阜成门是北京城通往门头沟等郊区的必经之地，由于交通非常不便，于是在阜成门附近租驴前往，成了当时普通家庭的最佳选择。因此在阜成门附近出现了一条"驴市路"，专供行人租驴西去。而且这条路的南端附近还有建于唐代的著名道教祖庭白云观，白云观经常举办庙会，于是骑驴游白云观也就成为当时的社会风尚。中华人民共和国成立后，北京城市交通日益发展，公交车辆多了，这里的"驴市"也就逐渐消失了。1949年后，在调整北京地名时，由于阜成门外大街一带已不再租驴，且"驴市路"之名不够文雅，由此便依照"驴市"的谐音雅化为"礼士"，民政部门就将此路改称为"礼士路"。其典由"礼贤下士"而来，意思是对有美德、有才能的人以礼相待；也指地位高的人如帝王或大臣降低自己的身份，敬重和结交那些地位比自己低但非常有才德的人。驴市以南的那一段叫南礼士路，驴市以北的那段路就叫北礼士路。

无独有偶，北京东城区有一条"礼士胡同"。礼士胡同位于北京市东城区东南部，东起朝阳门南小街，西至东四南大街，南有支巷通演乐胡同、灯草胡同，北有支巷通前拐棒胡同，属朝阳门街道办事处管辖。在明清时代，这里是贩卖驴骡的市场，叫"驴市胡同"。直至清末宣统年间，这儿废除了牲口市场，人们才巧妙地依谐音改称其"礼士胡同"。

月坛公园："五坛八庙"之一

月坛，又名"夕月坛"，建于明嘉靖九年，是北京著名的"五坛八庙"之一，它是明清两代皇帝秋分日祭祀夜明神（月亮）和天上诸星

月坛公园　摄影：田辉

月坛公园内景 摄影：田辉

宿神祇的场所。清末（光绪三十二年，1906），祭祀夜明神的活动被废弃。月坛方广四丈，高四尺六寸。面白琉璃，阶六级，俱白石。内棂星门四，东门外为瘗池，东北为具服殿；南门外为神库，西南为宰牲亭、神厨、祭器库；北门外为钟楼、遣官房。外天门二座，东天门外北为礼神坊。月坛坛面以白色琉璃铺砌，象征着白色的月亮。

华夏民族自古就有祭祀月神的习俗。据《史记·封禅书》记载，秦始皇东游海上，祭祀的有名山大川和八神，八神中的第六神为"月主，祠之莱山"，即齐国北部，渤海之滨的"蓬莱仙山"。这种祭祀的方式其实就是秦始皇采用了齐国人的建议而祭祀包括月神等诸神，后代皇帝也就沿袭下来，但保留下来比较有规模的祭祀月神的祭坛，全国仅剩北京月坛这一座了。

日本侵华期间，月坛成了侵略军的兵营，坛苑内外树木悉数被砍光，苑内古建筑也遭受不同程度的损坏。中华人民共和国成立后，几经修缮。现今，钟楼、天门、神库等古建筑均恢复完好。月坛于1955年辟为月坛公园，并向居民免费开放。当时月坛公园只有60亩地，当年又征购了月坛南侧一处约60亩的私家果园，并且修园路，安电灯，植树莳花种草，设厕所，建方亭，装路椅，周边居民免费入园，形成了一处区域性公园。1969年在公园内建筑了电视铁塔。"文革"期间，月坛的古建筑又遭到严重损坏，两座天门和几处殿堂顶上的兽吻、垂戗兽被砸掉，铜锅、铁缸、大石屏被砸毁，明嘉靖九年（1530）铸的大铜钟被送到冶炼厂，大部分坛墙被拆除用作私建房屋。后来，坛南古建筑驻扎了警卫部队，使古建筑得以保存，但皆已年久失修。

1978年，月坛公园内部经重新修缮，始设上下水管网并开辟了月季园。地震期间被毁坏的绿地、树木也得到恢复。1980年对具服殿进行整修，1982年对钟楼进行整修并重新安装了屋顶的蹲兽。1983年月坛公园扩建，将南侧原果园改建为新园，新建天香院、爽心亭、揽月亭、霁月风光亭、夕月亭、嫦娥奔月等多处景点，并栽种名优石榴树20余个品种近2000株。此外，在南北园之间长达146米的垣墙上，还建起了以咏月为主题的大型碑廊。碑廊石刻精选历代著名诗人咏月的诗词佳话，由当代书法家书写，从河北曲阳县挑选能工巧匠镌刻制成。1987年，又在公园的西南角修建月下老人祠，其内有月下老人塑像及描绘月下老人神话传说的大型壁画。1988年后，园内又增添了电子游艺厅、碰碰车及电动玩具、游乐场、爱月泉舞场、乐园餐厅、婚姻喜庆系列服务部等服务项目，在东北角设集邮市场。1991年2月，月坛公园正式售票管理。

2003年底，西城区政府规划对月坛公园进行整体改造。2004年2月19日，月坛公园周边环境整治工程正式列入2004年北京市政府"为民办实事"项目。主要整治任务是恢复公园古建筑风貌，对公园内外进行综合整治；拆迁整治范围内的部分居民和单位；完善文化和公共设施；进行道路整修和扩建。其中北园恢复古坛风韵，体现传统文化特色；南园在保持坛庙风格的基础上，以月文化为主题，改造成为具有中国古典山水风格的公园，并增加现代休闲功能。取消了设在园内的电子游艺厅、碰碰车及电动玩具、游乐场、爱月泉舞场、乐园餐厅、婚姻喜庆系列服务部和东北角的集邮市场。

2006年5月25日，月坛作为明清古建筑，被国务院批准列入第六批全国重点文物保护单位名单。月坛为一层，高1.5米，14米见方，面积196平方米。明朝嘉靖时坛面用白琉璃瓦，清乾隆年间坛面改砌以金砖。夕月坛东南西北四面建有石台阶，台阶均为6级。围绕夕月坛的璇墙为方形，方壝墙（古代祭坛四周的矮围墙）周长94丈7尺，高8尺，厚2尺2寸。方壝墙覆黑琉璃瓦，正东建有三门六柱的棂星门，西南北各建一座一门二柱的棂星门。棂星门门楣、门阈、门柱以汉白玉石制成，配以红色的棂星门。北、西二大门，各为三间，绿琉璃筒瓦歇山顶，砖砌拔券门，通面阔 22 米，通进深 4.5 米。朱红墙壁，檐下彩绘旋子彩画，木门饰九横九纵门钉。

月坛南园又名"邀月园""蟾宫园"。中部新建一组小园，由五开间油漆彩画北房和游廊、花墙组成，院中植桂花，以取"桂子月中落，天香云外飘"之意，命名"天香院"。现在园内有露天音乐茶座，播《月光曲》《春江花月夜》等名曲，开展"月光晚会"，夜晚有彩色音乐声控喷泉，把人引入"溶溶月夜花千朵，灿灿花前月一轮"的境界。园内还有 200 米长的大墙碑刻 76 块，为现代书法家书写的历代文人咏月的诗篇。南园东北角有种满青松翠柏的小山，顶上建有敞堂，可供人们夏日登高纳凉。西北角和南部也各有一丘，丘上各建一座彩画古亭，名"揽月亭"和"霁月亭"。登高可俯瞰全园。南山北麓有一玲珑小桥，桥侧有瀑布直泻入池，池中雕一塑像，名"嫦娥奔月"。天香院南侧有一片开阔的草坛，上面置有数只石质玉兔，与天香院共寓意为人间广寒。

明代坛制分为日、月、天、地。明初，朝廷在南京建日月祭坛；迁都北京后，在朝阳门外建朝日坛，在阜成门外建夕月坛。朝日坛的护坛地 100 亩，夕月坛的朝日无从祀，夕月以五星、二十八宿、周天星辰共一坛。春分祭日，在春分日的寅时（凌晨 3 点至 5 点，古称"平旦"）迎日出。秋分祭月，在秋分日的亥时（21 点到 23 点，古称"人定"）迎月出。朝日迎神四拜，饮福受胙两拜，送神四拜；夕月迎神饮福受胙送神皆再拜。东郊以甲、丙、戊、庚、壬年，西郊以丑、辰、未、戌年，天子车驾亲祭。其他年份遣文大臣设祭朝日坛，武大臣设祭夕月坛。如果正祭遇风雨，则设小次于坛前，天子驾就小次行礼。

每年，北京月坛公园在中秋、国庆双节即将到来之际，都会在仿古的月坛祭台上举行中秋皇家祭月礼仪展示，并用在月坛钟楼鸣钟的方式以示祝福，再现了古代皇家祭祀盛典。这是光绪三十二年（1906）之后，古老的祭月传统时隔 100 多年再次在月坛重现。

"天外天" 小商品市场：曾经火热的"京城小白沟"

在月坛公园南面、南礼士路与月坛南街交会处之北，曾经有一处小商品批发市场——"天外天"小商品市场。那是贯彻中央关于"人防工程与城市建设相结合"，将人防工程"融入首都经济社会发展，人防地下空间便民服务高效使用，实现人防工程的战备、经济和社会效益的统一"的要求，利用月坛公园地下人防工程而开办了红塔旅馆。但因为红塔旅馆的设施年久失修，且营业不景气，面临经营困境，经区政府同意，1988 年西城区人防办投资拆除了红塔旅馆，决定开办"天外天"小商品市场。小商品市场于 1990 年 10 月 1 日正式开业。当时"天外天"小商品市场营业面积达 4000 平方米，共计 500 个摊位，800 多商户来自 12 省市的 18 个地区。市场主要经营小商品批发，包括日用百货、儿童玩具、工艺礼品、化妆饰品、钟表电子、文化用品、皮革制品、服装鞋帽等 8 大类近 1 万种小商品。批发量大，进出货频繁，商品辐射 20 多个省市和众多市县。"天外天"小商品市场顾客日流量 1 万—1.5 万人。消费者称"天外天"小商品批发市场是"京城小白沟"。1992 年年底，"天外天"小商品批发市场日成交额度 30 余万元，年成交额超过亿元人民币。

"天外天"小商品市场日益红火，常常出现人满为患的情况。1992年，决定将月坛公园地下物资储备库适度扩建，总投资 4000 多万元，扩建总面积达 4338 平方米，并于 1996 年全部竣工，面貌一新的"天外天"市场重新开业。1995 年，在扩建月坛公园地下物资储备库的同时，又将西城区招待所交予区人防办，与"天外天"市场合并，1996 年在小商品市场南面扩建 400 平方米营业厅。"天外天"市场的开办和扩大，促进了小商品的流通，也为增加社会就业发挥了重要作用。1991年至1997年，"天外天"小商品市场多次被授予"示范市场""北京市文明集贸市场"和"西城区先进单位"等荣誉称号。

天有不测风云。2004年7月10日，北京市突降罕见暴雨，使小商品批发市场遭遇了自创立以来从未遇到过的灾害。大雨过后不久，西城区政府民防局根据科学发展观和北京市政府对西城区城市功能转换等相关要求，决定关闭南礼士路甲、乙、丙9号的"天外天"小商品批发市场，结束了这个经营14年的小商品流通场所。这处人防工程地下空间也被完全封闭。

经过对北京市众多小商品批发市场的考察和论证，"天外天"小商品批发市场400多个商户中80%的人迁入了木樨园环岛附近的百荣世贸商城6层，原"天外天"小商品批发市场的500多个摊位就在百荣世贸商城进行过渡经营。但如何利用月坛公园地下人防工程空间成为一个新课题。

2014年，发展文化生产力成为一股新的热潮。西城区民防局根据北京市城市发展和功能转换的要求，重新启动和开发利用月坛公园地下人防工程空间。其间，西城区国资委下辖的北京华方投资有限公司正在寻觅一块既有丰富文化资源，又有足够空间的文化传承之地建"雅集华方艺术中心（月坛传艺荟）"，发展文化产业。西城区民防局向华方投资推荐了一直封闭的月坛公园地下人防工程空间。北京华方投资有限公司经过考察，接受了这个建议。用两年的时间对月坛公园地下人防工程进行全面改造，从而建成了集文化传承和非遗保护于一体的"月坛传艺荟"博物馆。

现在重新走进曾经的"天外天"小商品批发市场，这里俨然已是一座高雅的深藏于地下的艺术殿堂，一处传承保护华夏文化、创新孵化和弘扬国粹艺术的文化秘境。

华方艺术中心：月坛文化秘境之旅

位于南礼士路、月坛公园东门南侧的北京华方艺术中心（月坛传艺荟）是一家由北京华方投资有限公司发起成立的致力于传统文化传承发展的艺术博物馆。作为西城区国资委直属国有企业，北京华方投资有限公司积极响应国家文化发展战略和北京城市文化中心发展规划，以国有企业的社会担当，投身于文化建设，于2012年全资成立北京华方文化发展有限公司，全面部署传统文化的技艺传承和活态保护。华方文化系统现拥有北京金属工艺品厂有限责任公司、北京华方雕漆艺术设计有限公司、北京华方地毯艺术有限公司、北京月坛雅集文化发展有限公司。而北京华方艺术中心（月坛传艺荟）是其中最耀眼的一张文化名片。

北京华方文化发展有限公司（以下简称华方文化公司）拥有北京雕漆、宫毯、京派内画鼻烟壶及金属锻錾四项非物质文化遗产项目，且会集了多名非物质文化遗产传承人和中国工艺美术大师。

华方文化公司倾力打造了三个文创基地，分别是：华方文创顺义基地、华方文创沙河基地和华方文创月坛基地。其中，华方文创顺义基地是北京雕漆和宫毯的生产基地，其功能主要涵盖设计室、制作空间、研发展示馆；华方文创沙河基地主要以金属锻錾工艺品的研发、设计和制作为主，是北京规模最大且唯一的一家国有少数民族用品和佛教用品定点生产厂家；华方文创月坛基地是华方投资公司打造的国家级非物质文化遗产保护传承基地，是国家级大师的交流平台和帮助青少年体验非遗教育的平台。

作为华方公司在文化产业的重要布局，北京月坛雅集文化发展有限公司（以下简称月坛雅集公司）长期致力于传统文化的活态保护、教育传承、创新孵化，弘扬国粹艺术、开拓国际交流，以保护和发展非物质文化遗产手工技艺为宗旨，以弘扬书画国粹为核心，形成聚合文化产业资源跨界创新的优质平台。公司拥有联合国教科文组织世界文化遗产青少年传习基地和华方艺术中心。

主要经营项目包括近现代、当代书画作品展览展示，书画及衍生品销售，非遗艺术品展销、体验经纪，文创产品挖掘开发，培训教育推广普及，国际文化交流等。

月坛雅集公司立志于对中国优秀传统文化资源深入探索，共融创新，活力发展，为新时代中国特色社会主义文化的大发展、大繁荣贡献不竭的内涵动力。

北京华方艺术中心是由北京市文化局主管，北京月坛雅集文化发展有限公司、北京市帕米尔食府共同出资成立的文化艺术机构，是月坛雅集公司在传统文化领域搭建的艺术推广和传承交流平台。

北京华方艺术中心以保护、传承、展览展示非物质文化遗产，组织承接文化艺术交流，开展文化艺术人才培养，进行文创产品研发为主要经营范围，旨在通过对中国传统文化、中国传统非物质文化遗产手工技艺、中国传统书画艺术进行艺术保护、文化开发和深入挖掘，实现中国传统文化的艺术继承和底蕴发现，以实现对传统文化的继承和发展。

目前，北京华方艺术中心已经融合会集国家级非遗传承人、工艺美术大师110余位，成立大师工作室9个，合作伙伴来自教育、文创、金融等行业各类机构及国际组织100余家。

除此之外，北京华方艺术中心还通过多方举措吸引各个群体关注文化遗产保护和发展。发展至今，已经成功举办"一带一路"主题交流展之"从中国到波斯——跨域时空的手工艺对话""尚法自然·艺术胜境——'一带一路'上的非遗艺术之都""月坛·匠心智造——第三届艺术院校手工设计联展""图案传承、绣匠精神——中国刺绣图案设计研修班成果汇报展"，还有第八届全国青少年文化遗产知识大赛、第一届北京市中小学生手工艺作品展、"手艺传奇"微电影大赛等大型活动。

2018年5月19日，由北京华方艺术中心主办的第一届"月坛文化节"正式启动。首届月坛文化节以"薄施淡染——陈扬龙醴陵釉下五彩瓷技艺传承展""'西城·印象'钢笔尖下的北京西城——伉俪画家贾一凡、武金生钢笔画展""新时代，学院风——学院新锐水墨画家提名展之第二回：天津美院站"等三展联合作为"开头先锋"，拉开了持续一个月的月坛文化节盛宴的帷幕。

月坛文化节作为北京华方艺术中心重点打造的文化艺术品牌，旨在通过展现不同文化内容的艺术形式，传递文化精髓，表达传统意蕴。首届月坛文化节涉及的文化领域从传统手工技艺，到传统书画艺术，再到钢笔画创作等多个类别。更多的艺术形式在北京华方艺术中心这个平台上尽情展现。

月坛文化节以5月12日"妙手神韵——2018潘柏林师生陶塑作品展"为预热，展览过程中重点展示潘柏林大师及其50多位学生创作的"石湾公仔"，借以演绎岭南民俗文化，传递中国雕塑传统特色。5月19日，三展联合展览正式拉开文化节的艺术热潮，陈扬龙及其后人的"薄施淡染——陈扬龙醴陵釉下五彩瓷技艺传承展"，展出70余件精品力作，展出的作品均在2017年9月在国博举办个展时展出过，作品以陈扬龙创造的新技法——"薄施淡染"为制作工艺。此次展览除中国工艺美术大师、国家级非物质文化遗产——醴陵釉下五彩瓷烧制技艺国家级代表性传承人陈扬龙大师的作品外，还有他的传人女儿陈利（高级工艺美术师、国家级非物质文化遗产——醴陵釉下五彩瓷烧制技艺省级代表性传承人）以及儿媳申彬（中级工艺美术师、国家级非物质文化遗产——醴陵釉下五彩瓷烧制技艺市级代表性传承人）的作品，展出的作品展现国家级非物质文化遗产名录中醴陵釉下五彩瓷烧制技艺的传承与变革。

以"西城·印象"为主题的钢笔画展览，共展出 70 余幅作品，贾一凡、武金生两位老师将钢笔画这种西方的绘画形式与北京胡同文化元素相结合，用独特的绘画语汇记录着老北京胡同的风貌，恰到好处地体现了北京胡同古朴厚重的历史感和时代变迁。在毗邻金融街的华方艺术中心做展，实现了武老师的"在金融街这块土地上展现金融街的前世，在熟悉而又陌生的故土上重现家园"的愿望，对观众来说也是一次找寻记忆、回"家"看看的机会。

"新时代 学院风——学院新锐水墨画家提名展之第二回：天津美院站"展览来自天津美院的"80 后"新锐水墨画家，领略属于他们的新时代，感受他们的学院新风，展出 39 位艺术家、160 余幅作品。此次展览还特别邀请我国著名花鸟画大家，美术教育家，天津美术学院教授、硕士研究生导师，中国艺术研究院博士生导师霍春阳先生担任学术顾问；邀请国家教育部美术类专业教学指导委员会委员，中国美术家协会会员，天津市美术家协会理事，中国书法家协会教育委员会委员，中国书法家协会会员，天津市书法家协会副主席，天津美术学院中国画系教授、硕士研究生导师喻建十先生担任学术主持，为展览提供专业的指导，彰显展览的学术性和专业性。

以"传承与变革"为主题的月坛文化节，展示在传承老一辈的文化底蕴的基础上，在新时代的背景下加以符合新时代的审美情绪，所呈现出的艺术变革。

北京华方艺术中心自成立以来，作为华方公司非遗文创产业布局的重要窗口和平台，在发展过程中，不断探索传统文化传承的新形式，在活态保护、教育传承、创新孵化及国际交流方面创造了新的经验和做法，并保持了持续增长的好势头。

南礼士路是一条集历史文化与现代文化为一体的街巷，这里有着一种文化传承，每位居民都是文化的传承者。

娄宝兰："每位老人都像我的父母"

娄宝兰是在南礼士路社区第三支部书记，也是活跃社区夕阳茶座中的志愿者，她在退休前曾是一名中学教师，当年每天教孩子的她，在退休后把她的"课堂"搬到了社区的夕阳茶座活动中，学生也从孩子变成了老人。

"老人喜欢什么，我就做什么。他们希望做一些不剧烈又能开心的活动，我就为他们选取合适的活动课程，让老人玩得开心。"娄宝兰说道。

每个月底，娄宝兰和志愿者都会把下个月要上的课程主题做个预告。在过去一年多的活动中，娄宝兰了解到经常运动手指对老年人的手指关节和记忆力有益，于是她在家通过电脑视频，认真学习了二十节手指操，并分成几节课教给大家。

由于内容多，个别动作复杂，还有的相似动作看似简单，却往往使人混淆，比如有的需要双手手心朝下，有的需要双手手心朝内。为了熟背这些口诀和动作，娄宝兰经常在家练习。

随着对夕阳茶座的老人了解愈加深入，她发现老人对老歌的强烈热爱，时常出现一种情况：老人们唱完一首歌还没尽兴，又一时想不到下一首大家都会唱的曲目。

为解决这一问题，娄宝兰在家自己做了 60 页 PPT，精心编制了老歌名录《熟歌 50 首》，里面收集了 50 首 70—90 岁老人都会唱的歌曲，满足了大家热衷唱老歌的需求，娄宝兰还为不同的歌曲划分了不同颜色，便于老人分辨及记歌词。

而每逢节日，为了增添欢乐的气氛，娄宝兰就为老人们准备几十个谜语，用抽签的办法让老人轮流猜，并把事先准备好的所有谜底都做成了生动的PPT或动画，使老人们通过色彩、形象、动作等信息，加深对谜语的理解和记忆。

"在和老人们相处的过程中，我渐渐发现，老人们年长了，反而有童心。"娄宝兰说道。自那以后，她开始学一些小魔术，在老人们面前展示，再将魔术教给大家。例如，她把一根橡皮筋套在右手的食指和中指上，然后请大家定睛观看。她轻轻地攥了一下拳头，再张开手时，橡皮筋已经挪移到无名指和小指上去了。

老人们感到不可思议地议论起来。这时，她把事先准备好的皮筋发给每一位老人，让大家琢磨一下，然后揭秘，最终大家都学会了这个有趣的小魔术。

"老人们都很友好，有时候我表演的小魔术穿帮了，或者失败了，她们会笑一笑，叫我再试一次。慢慢地，我也就不怕露怯。而且，老人每学一个新花样就会开心地笑，我也觉得很开心。"娄宝兰说道。实际上，魔术之后的折纸才是活动的重头戏，娄宝兰先购买多种颜色的折纸，保证参加茶座的每位老人都能够参与其中。她会特别选取一面有颜色、一面没有颜色的纸，她说这样折出来的花样更有立体效果。

此外，娄宝兰还根据不同的季节，教老人折应景的实物。圣诞节之前，她教老人们折圣诞树；阳春三月，鲜花盛开的时节，她教老人折出五颜六色的郁金香。

有的老人视力不佳，她就过去手把手地教，遇到难折的部分，她就会放慢速度，直到每位老人攻克难关之后才往下进行。等到花朵折好了，她又发给每人一张浅绿色的纸，教大家折出了绿叶。有的老人意犹未尽，她又让大家另选一个颜色，直到完成第二朵郁金香为止。"下课时，老人们手拿自己亲手制作的鲜艳花朵，露出开心的笑容，拍出了那个春天最灿烂的照片。"娄宝兰说道，那一刻，她觉得满头银发、脸上布满皱纹的老人，她们对生活的热爱、对美的追求都让自己很感动。

说起照顾老人，娄宝兰告诉记者，她的父亲在她19岁时过世，母亲在她30岁的时候过世。娄宝兰说，父母去世比较早，她觉得一生没有机会孝敬老人。所以现在娄宝兰看到老人就想去帮助他们，平时遇见他们就唠唠家常。在这个过程中，娄宝兰也觉得很快乐。

2015年3月20日，娄宝兰患上了青光眼，突如其来的疾病打乱了她原本回校上课的脚步，经过一番挣扎，她放弃了执教28年的岗位。她告诉记者，即使不能再教书，她也要继续发挥党员的余热，回归社区为居民服务。现在，有时候记笔记超过五行，娄宝兰眼睛就开始模糊，所以她要分好多次完成备课。比如今天记了一些，她开始头疼、眼睛疼，那么这一天就不能再写了，只有等到第二天。大夫跟娄宝兰说，眼睛治好可以看见，但视力会迅速下降。之前有人劝娄宝兰从夕阳茶座撤出来，但娄宝兰不愿意，她喜欢和老人们一起相处。

娄宝兰始终不会忘记，她是一名共产党员，为人民服务是党的根本宗旨，也是党员的使命。而且随着老年社会的到来，关爱老年人应该是每一位公民都应该做的事情。

"铁娘子"宋慧英：做楼宇贴心人

宋慧英，月坛街道商务楼宇工作站站长。元旦刚过，难得休息了三天的宋慧英又回到位于月坛大厦的月坛街道商务楼宇工作站，忙前忙后地张罗下一步工作。她这种不怕苦不怕累的"折腾劲儿"，曾经被北京电视台等多家媒体报道，并被冠以了"铁娘子"的美称。

当天下午是月坛大厦的老干部合唱队训练的日子，不到1点半，宋慧英刚刚摆好十几把椅子，就有几位老干部来到了商务楼宇工作站，三三两两凑在一起练声，有人在调试钢琴。宋慧英为合唱队打来了热水，招呼着老人们："这有热水，你们倒着喝啊。"

每年，月坛街道商务楼宇都会举办百余场活动（包括合唱队活动），宋慧英总是为大家准备好必要的东西。除去放假、休息日，平均两天一场活动。除每周一的瑜伽课、周二的法律咨询，还会定期开展多肉植物养殖培训、老北京布艺贴画、桌游等活动。此外也会不定期地组织文艺演出、美食节活动、运动会和联谊会等集体项目，还有开展"两学一做"学习教育和党史知识学习、自救互救等安全知识技能培训。每举行一场活动，宋慧英都会做好服务工作，在笔记本上记录日期、活动项目、人数等，以便以后查阅。

"这些活动都是我们成立的'五彩志愿服务快车'的项目。"宋慧英介绍道。"五彩志愿服务快车"是一支百人志愿者队伍，由月坛街道的党建指导员及各个楼宇大厦的管理人员、党员和志愿者组成，针对企业员工的兴趣组织活动。

2014年年初，宋慧英从三区一社区调到月坛大厦商务楼宇工作站，她刚来的时候，好多人都不知道月坛大厦有个商务楼宇工作站。那时候，这里好像还是一片未开垦的土地，宋慧英就像是一个勤勤恳恳的拓荒者，让党建之花在这里落地生根，茁壮成长。

来工作站的第一天，宋慧英就看见有一个宣传箱在屋里扔着，她就琢磨着先把这个利用起来。她找到大厦物业经理，经过协调，她把宣传箱摆到了大厦最显眼的位置，发挥其宣传作用，这是她迈开的第一步。

第二步，宋慧英准备了一个百人问卷调查，通过填写问卷的方式了解了在大厦上班的年轻人的需求。年轻人都活泼好动，就组织他们喜欢的活动，慢慢地人气就高了，也方便了党建工作的开展。经过几个月的努力，商务楼宇工作站的人气也越来越高。2014年4月，工作站组织了一次道德讲堂活动，活动中有诗歌朗诵等文艺表演。本来只准备了50人的位子，结果50个位子坐满了，就连门口都挤满了人。

宋慧英同驻大楼企业的年轻人打成一片，年轻人都亲切地叫她"宋姐"，有些年轻员工说，到了宋姐这儿就像到了家。主要是因为宋慧英摸准了年轻人的脉，再加上她好张罗的性格。宋慧英的微信里有几百位好友，很多都是在月坛地区的大厦里上班的职工。宋慧英还总帮年轻员工介绍对象。有时候企业员工的家人从外地过来，宋慧英会帮他们找便宜的宾馆；有职工需要租房，宋慧英也会帮他们寻找靠谱的房源；有的企业职工家的孩子放寒暑假时家里没人带，也会送到宋慧英这里，让她帮忙照看。

2016年年初，月坛大厦的一家公司送给宋慧英一件独特的礼物，一本印着她名字的台历，这本台历也一直摆在宋慧英的桌子上。一年多过去了，宋慧英还舍不得扔。宋慧英说："人家信任我，给我面子，那我能帮人家的事情就得帮人家，我这个'铁娘子'的称号可不是铁石心肠来的。"

宋慧英热心肠的性格，是受母亲的熏陶，她说她的母亲就是个特别热心肠的人。小时候有邻居来找母亲帮忙，只要是能帮的就肯定帮人家。1969年，宋慧英上山下乡到了内蒙古生产建设兵团，在这里她就经常帮战友缝补衣服。到了西城服装公司后，她担任队长的工作，每次单位挑选组员时，有的队长觉得一些人有这样那样的问题，不想要他们，但宋慧英都会张开怀抱欢迎他们。那时候别人都开玩笑叫她"收容大队长"。

1998年，许多国有企业遭遇了下岗大潮，宋慧英也在这时下岗了，但在家赋闲没多久，她就被邻居推荐到三区一社区居委会，成为一名社区工作者。

宋慧英刚到居委会就干了一件事。当时，三区一社区内的很多楼房楼道内堆着破自行车、破木头等各种废弃物，宋慧英便挨家挨户地去做工作，把这些东西清走。家中没有劳动力的，宋慧英找来几位回收废品的人，把这些垃圾全收走了，而且宋慧英还自己给了他们每人20块钱。在15年的社区工作中，宋慧英接触过计生、青少年、卫生、宣传等所有社区工作的项目，每项都做得扎扎实实。

她对人真诚、热情，也换来他人的热情与真诚，宋慧英正是从她自己做起，让身边的人感受到热情，为和谐社会增添一份力量。

正是有了像娄宝兰、宋慧英这样的热心人，社区的生活才会越来越美好。南礼士路这条街巷上总是洋溢着幸福的笑声，这样的笑声，让人们感受到了改革开放40年来的变化，也让人们更加期待未来生活的美好前景。

文/王鸿善

南礼士路二条
荟萃设计大师和特色学校的幽静小巷

在月坛街道南礼士路西侧，有一条幽静的小巷——南礼士路二条。这条小街巷会集了众多建筑设计大师，不大的区域却拥有数目不少且各具特色的中小学。

【街巷名片】

南礼士路二条为东西走向，向南是那条喧闹繁华被誉为"天下第一街"的长安街；东段是有着深厚历史底蕴的南礼士路；西段则是二七剧场东路；中段与地藏庵南北巷相交。

【街巷历史】

在南礼士路二条，坐落着月坛中学、复兴门外第一小学、中古友谊小学，同时，北京市建筑设计研究院也在这里。丰富的教育文化资源，让这条街巷每天都充满着孩子们的欢声笑语。

月坛中学：中日文化的大熔炉

月坛中学是目前全国唯一一所全校都以日语为第一外语的公立完全

中学，从初一到高三全程学习日语，中考、会考、高考均以日语作为考试语种。学校成立于1963年，1972年开设日语，1985年开始对日交流，1988年被市政府外办批准为对外开放单位。1993年将日语作为第一外语，同时加设英语选修课，其余开设的课程与其他中学完全一样，培养目标也完全相同。

月坛中学是一所对日交流的窗口学校，每年都有几千名日本师生到校参观访问，与在校学生进行交流。相信那些在科技、文艺、体育等方面有特长的学生在与日本师生交流的活动中也会展示他们的才华。

月坛中学办学理念：在国家教育方针指引下，以促进师生全面而有个性的发展为办学根本，以培养具有国际视野、善于合作共事、健康生存发展的人为育人目标（师生成长目标），坚持全球视野、全程设计、全员主体、全面发展的办学思想，不断提高学校教育的国际化、社会化、个性化水平。

以长期、广泛而又深入的中日教育交流与合作为标志的国际交流特色；以日语为第一外语、英语为必修课，以中日历史文化为背景建设校本课程的课程特色；以日本为主要留学目的地的留学特色；以中日青少年友好交流活动为重要育人途径和方式的德育特色。形成了"全面发展，办有特色"的办学风格。

鲜明的办学特色，丰富的中日交流活动，带动了学校的全面发展和学生综合素质的全面提高，学生的爱国情感、价值取向、交际交往、心理品质、合作意识、集体观念、思想视野、礼仪礼貌、语言交流、人格魅力等都得到了很好的培养和锻炼。在参加北京市及全国举办的青少年日语演讲比赛、日语配音大赛、日语作文比赛、日语歌曲比赛中都取得了优异成绩。在校期间，有不少学生通过了国际认证的三级、二级、一级日语水平考试。

"质量就是生命。"学校每年大学上线率达到100%，本科率达到

85%，重点率超过 50%。国内考生分别考取了北京大学、清华大学、中国人民大学、复旦大学、对外经贸大学、北京外国语大学、中国政法大学、北京师范大学等多所重点大学；而留学生也分别考取了东京大学、早稻田大学、名古屋大学、立命馆大学、立命馆亚洲太平洋大学等日本知名高等学府。

此外，从 2008 年开始，学校还为高三毕业生创建了到日本学习的直通车——"3+4+1"高大一体化合作项目，即在月坛中学完成三年的高中学习，取得高中毕业证书和日语二级证书，即可免试升入日本大学进行本科阶段的学习，在本科学习的第四年即可参加学校的研究生考试，再通过一年的学习可获得硕士学位，学生毕业后校方可推荐就业。

学校先后被评定为西城区首批"全面育人、办有特色"学校、北京市对外开放的窗口学校、联合国教科文组织俱乐部的成员校、北京市新课程实施中学生综合素质评价工作先进单位、教育部普通高中多样化建设特色校、北京市普通高中国际化建设课题校、北京市接待日本青少年修学旅行委员会委员校、北京市普通高中特色建设样本校，等等。

月坛中学与日本 214 所学校及各类团体建立了友好关系，每年接待日本各级各类访问团 40 多个，30 多年共接待了上千个来自日本各地的教育、文化、旅游、新闻等界别及政府、民间团体组成的参观交流团；平均每年的接待人数约 4000 人，最高年份达 6000 多人。自 1985 年开始至今日，培养了许多为中日友好事业而努力的使者，并做出了突出贡献，受到国内外各界人士的密切关注，在国内尤其是日本享有极高的声誉，产生了较为广泛的影响。30 多年来，月坛中学接待了众多日本政要及其夫人，如日本前首相桥本龙太郎的夫人、前外相町村信孝的夫人、首相安倍晋三的夫人、日本外相中曾根弘文等等。

1996 年，日本外务大臣池田行彦向月坛中学授表彰状，表彰月坛中学在对日青少年交流中做出的突出贡献；近几届日本国驻华大使都先后到学校参观访问并参加交流活动。2007 年 12 月，福田康夫首相访华，月坛中学师生受邀参加了温家宝总理在钓鱼台为福田康夫首相准备的早餐会，得到了近距离聆听两国领导人关于青少年友好交流的机会。

2009 年 10 月，月坛中学的 10 名学生参加了由中日两国政府举办的中日小大使活动，并赴日交流一周，受到日本内阁官房副长官松野赖久和驻日大使馆大使崔天凯的接见。2010 年 3 月 5—7 日，月坛中学的 19 名学生参加了由中国国际广播电台与日本 NHK 电台共同举办的中日高中生日语辩论活动，受到好评，并被双方主流媒体报道并转播。2010 年 3 月 26—29 日，月坛中学举办了国际教育交流与合作研讨会暨与 La-Bo 国际交流中心友好交流 25 周年庆祝活动。

2016 年 4 月，月坛中学还与外交学院签署了直通合作协议，双方将共同培养中学生并帮助其得到直升国外知名大学的机会。据了解，月坛中学初三到高二的学生都可报名"直通"项目，通过外交学院面试后，高三这一学年将在外交学院就读，而后将直升与外交学院合作的国外知名大学。

月坛中学根据学生全面发展的需要，组建了多种社团。这些社团对于引领学生健康发展起到积极作用，如篮球社、足球社、合唱社、辩论社、器乐社、模型社等等，不仅活跃了校园氛围，丰富了校园文化，还帮助学生获得知识，让他们感受悠远的华夏文化，搭建了一座锻炼体魄、陶冶心灵的桥梁，为学生增长才干创造了优越的氛围。

同时，学校还十分重视学生志愿精神的树立。每年的 3 月 5 日，月坛中学都要开展"雷锋月"活动，南礼士路社区都会鼓励地区企事业单位和学校积极参与志愿活动。这时的南礼士路二条比往日多了一道亮丽的风景线。

3 月第一周，全校各班组织志愿服务工作，服务范围包含校内校外。有走进教师办公室打扫的，有进低年级班级辅导的，也有进社区服务的，还有进公园打扫的。学生们都从身边力所能及的事情开始，有组织、有计划地践行着雷锋精神。学生们参加完志愿活动后还递交了感想，学校志愿部也对各班的志愿服务提供了指导，期待各班下一次志愿服务能帮助更多的人，服务范围更广，让更多人加入志愿服务的行列。

学校志愿队进社区是"雷锋日"主题活动之一，也是每年街巷一道亮丽的风景线。学校志愿服务队走进南礼士路社区，为社区的老人们呈现出一场别开生面的联欢会。节目形式多样，内容新颖。有让老人捧腹大笑的原创相声，有让人拍案叫绝的琵琶曲，有令人深思的话剧……在母亲节到来之际，学生还给老人们献上手工制作的丝袜花，还特别与老人互动，学习折玫瑰花。看到老人们做手工时绽开的笑脸，学生们也十分满足。与老人的大合唱《我爱北京天安门》《学习雷锋好榜样》，大家一起一边摇着沙锤，一边唱着歌，其乐融融。临走时，有些老人还流下了不舍与感动的热泪。学生们从本次活动中受益匪浅，"老吾老以及人之老"更让学生们进一步体会到中华民族的传统美德。

月坛中学不仅在校外积极开展志愿服务，还在学校组建了6个校内志愿服务队：志愿公物队、志愿保洁队、志愿绿化队、志愿辅导队、志愿宣传队、志愿维安队。志愿服务队由专业老师带队，学生自愿报名参加，利用课余时间学习相关的知识和技能，并真正动手为学校卫生环境、文化氛围、学习环境贡献力量。志愿绿化队请来了北京农业大学的毕业生为大家讲解绿化知识，并带领大家实践。为过冬的树木浇水，脱下树木的冬衣，修剪石榴树等等。志愿维安队的队员们每个课间都坚守在每层的楼道，提醒同学们在楼道内轻声慢步，不追跑打闹，不大声喧哗等。

月坛中学在校内校外都为学生们提供了志愿服务的平台，让每一位学生都能参与志愿服务活动，给予每个学生一个奉献爱心、提升自己的机会，把每一天当作一个开始，更把现在当作一个开始。新时代的志愿精神在南礼士路二条这条小巷薪火相传。

复兴门外第一小学：全面育人　培育祖国花朵

复兴门外第一小学坐落在北京市西城区月坛地区，建校于1953年，经历了半个多世纪的风雨历程，它逐渐发展成一座环境优雅、鸟语花香的花园式学校，屹立于北京市教育教学改革的最前沿。2005年，由复兴门外第一小学、北京铁路第七小学、月坛小学组建三校合一的崭新的复兴门外第一小学，现有56个教学班，2000余名学生，学校占地面积18000多平方米，实际使用面积14826平方米，操场面积9978平方米；设施先进的图书馆藏书88564册；拥有网络电视、广播、校园无线网络等现代化教育、教学设施，除普通教室外还有音乐、美术、体育、舞蹈、心理咨询中心、书法、劳动、语音、信息技术、多媒体教育等专业教室。

学校是北京市素质教育的窗口，近年来先后被评为北京市电化教育优类校，北京市健康促进示范学校，北京市科研先进校，北京市民族传统校、对台示范校，北京市排球传统校，西城区"全面育人，办有特色"学校，西城区委区政府教育工作先进集体，西城区健康促进金牌学校，荣获北京市星星火炬奖。中央电视台、《现代教育报》等新闻媒体多次报道了学校的办学成果。

学校有一支政治素质高、业务能力强、团结合作、求真务实、严谨治学的领导班子。学校在市区教委的领导下，坚持正确的办学方向，明确办学思路，重点突出学校"以人为本，和谐发展，全面育人"的办学理念；要求全体师生创设"三境"，即优美的校园环境、浓厚的文化环境、和谐的人文环境；坚持"育三风""养三气"。"育三风"即育朴实、踏实、创新的校风、教风和学风。"养三气"即培养学生的文明气、教师的学者气和学校的学术气。使全体学生做到内练素质、外塑形象，做诚信微笑的复兴人。全体教职员工共同树立一个思想：育人是根本，质量是生命，校风是灵魂，教学是中心，科研是先导，教师是关键。

在一个甲子的办学历程中，学校以教学质量高、办学效益好而闻名。长期以来，以服务学生和家长、办人民满意的学校为目标，通过教育服务提高教师的工作作风，促进教师专业发展，提升学校竞争能力。为学生服务，让学校成为学生学习的乐园、精神的家园；为教师服务，使教师专业成长，实现教学质量的提高；为社会服务，营造社区文化的氛围，使教师、学生、学校实现和谐发展。

学校被确定为北京市教育科研实验基地，多年来，一直坚持"科研兴校"，大胆进行课程改革。学校挖掘校本课程资源，开辟了形体课、书法课、软式排球课、劳动技能课……学生喜新、好奇、爱动的天性，在"全面加特长"的素质教育中得到发展，求知的兴趣在丰富多彩的活动中潜移默化地得到培养和增长。在新课程、新理念的引领下，学校教学质量稳步提高。在全区各类统考中，学校成绩均名列前茅。近两年，学生在国家、市、区各级各类比赛中成绩突出，一批批优秀学生脱颖而出。复外一小的学生素质全面、发展潜力大，学校教学质量得到社会各界的肯定。

面对新的发展机遇和严峻挑战，学校确定了创北京市一流小学的宏伟目标，提出了内涵式科学发展的新思路，明确了"质量立校、学科兴校、人才强校、品牌荣校"的发展战略。在"十三五"期间，学校加大投入，继续提高办学条件，不断增强核心竞争能力，努力建设有科学的教育思想、先进的教育理念，有深厚的校园文化底蕴，有优良的办学条件，有灵活高效的管理体制和运行机制，办学条件优越，办学效益好，具有较强竞争力和影响力的一流小学。

中古友谊小学：建立中国古巴教育桥梁

北京市中古友谊小学创建于 1954 年 1 月，原为国家计划经济委员会子弟小学。1964 年 1 月由国家外交部命名为北京市三里河中古友谊小学。接收古巴驻中国大使馆官员的孩子在校就学。古巴的一些党政要员曾多次来到学校参观、访问。1990 年 3 月 21 日，古巴驻中国使馆大使何塞·阿·格拉·门切罗（José Armando Guerra Menchero）访问中古友谊小学时曾题词："对中古友谊小学的访问，再次表明中古两国政府、人民和党之间的牢固团结。祝贺你们在教学工作中取得成绩，很高兴成为你们的朋友。中古两国人民友谊万岁。"该校接待过来自世界各地十几个国家的外宾。截至 2018 年，学校共开设 58 个教学班，收纳 2200 余名学生，是北京市规模较大的学校之一。

学校建校 50 多年来，在党的教育方针指引下，并依靠几代教师的不懈努力，学校以顽强的创业精神、先进的教学思想、一流的教育质量，赢得了社会的赞誉。学校的办学宗旨是：关心每一个学生，使他们具有扎实的基础知识、较为广泛的兴趣爱好、较强的实践能力，同时重视学生的差异，促进学生个性发展。

学校办学受到社会各界的关注。我国著名教育家、儿童文学作家韩作黎曾担任该校的名誉校长，并为学校题写了"勤奋、文明、严谨、创新"的校训。诗人柯岩、作曲家李群为校歌作词谱曲。2009 年，学校依据北京市规范化办学的指标体系，梳理学校的办学特色，在传承的基础上发展，将"传承友谊，追求卓越"作为校训，将"以人为本，至和至美"作为办学理念，在"和美"学校文化的建设中不断促进学校的可持续发展。

全面贯彻党的教育方针，全面落实素质教育。以学生的发展为本，以学生的身心健康为基础，以学生的知识能力的提升为主导，以学生的个性发展为补充，以促进学生健康友爱、文雅乐学、和谐发展为目标。依法办学，科学管理，提升团结的干风、博雅的师风、严谨的教风、扎实的学风、稳健的校风。以优雅的校园环境、真诚的态度整合教育力量，提升卓越的教育品质，赢得社会信赖，办具有高品位、现代化的小学教育。

学校注重发挥校园隐性教育的作用，提倡营造环境美，使学生在美的环境中成为美的人。学校的教学楼的楼道里富有艺术性的校园宣传作品展示，营造着健康高雅的艺术氛围，对学生进行着无声的审美教育。校园的艺术环境建设凸显教育性、开放性、发展性，充分尊重学生的需要与选择。学校在各楼层按照"琴、棋、书、画、阅"的主题，布置了学生活动区，每层一个主题的内容展示，即艺术、科技、传统文化、对外交流。在班级布置上，力求"润物细无声"，文化性、生活化的班级环境布置，为学生健康心理的形成和全面和谐发展营造了一个优良的精神文化环境。并提出"四化"：班级环境个性化、专用教室功能化、板报设计专业化、楼道环境主题化。立体地突出艺术性、人文性、实效性，展现校园文化的内涵。学校利用一切适宜的空间添种花草，中庭花园、空中走廊、蔷薇花墙、紫藤排架、楼顶花园……已逐渐形成校园景观，无不彰显美的意蕴，使每一棵花草、每面栅栏都成为叩响心门的育人力量，让德育融化在环境中，映衬在教育里。

学校着力打造"乐学课堂"，提出课堂上教师要以"三显"——显气质、显才华、显关爱，促进学生"三会"——会倾听、会思考、会表达。在先进理念引领下不断地创新和变革，课程改变课堂，课堂助力课程，老师们立足课堂深入研究，实现学生持续发展。学校建设"和美"课程体系，开展跨学科综合实践展示活动，促进学生的全面发展，培养学习能力，挖掘发展潜力，满足中古学生"学有特长，全面发展"

的需求，提升学生综合素养，为把学生培养成视野开阔、见闻丰富、思维灵活、情感丰富的具有深厚的文化底蕴、国际视野及能够适应未来生活和发展的人才打下坚实的基础。

中古友谊小学教师始终坚持对科学技术知识的学习，计算机、摄影、摄像等专业技术的学习在教师中蔚然成风。很多教师都是在自学的基础上迅速提高的，并学以致用，制作了大量的精美而实用的教学课件，在课堂引导学生勤思敏学；将多元的现代化信息手段引入教育教研，开阔学生的视野和素养，较好地完成了校领导交给的各项任务。

学校先后被评为文明单位、巾帼建功文明岗、北京市三八红旗集团、思想政治工作先进单位、西城区教育系统干部培训实践基地、法治校示范学校、北京市西城区全面实施素质教育工作评价试点学校、北京西城区全面实施素质教育优类学校、北京市礼仪示范校、北京市少先队基础建设规范化窗口学校、西城区科技教育示范校、北京市科技示范校、北京市足球传统校等，赢得了各界的赞誉。

北京建筑设计研究院：与祖国同龄　设计美好未来

除了著名的院校外，南礼士路二条还有一个设计新颖、时代感极强的院落。北京市建筑设计研究院有限公司（以下简称 BIAD），成立于1949 年，是与共和国同龄的大型国有建筑设计咨询机构，是北京市人民政府出资并按照《公司法》设立的国有独资公司、北京市人民政府国有资产监督管理委员会监督管理的一级企业。

BIAD 在祖国发展的各个年代，以其独特的魅力吸引着设计人才齐聚一堂，并将层出不穷的设计作品奉献给社会，设计业务也由原来服务于首都的政府项目，拓展到全国各地乃至国外各类民用建筑设计。几十年来，一代又一代北京建院人以敢于担当的勇气，引领着中国建筑设计行业进步。

BIAD 成立初期，恰逢首都国庆工程的建设高潮，老一代设计师满怀热情，倾心投入到紧张的设计工作中，十项国庆工程有八项设计出自 BIAD。如今，几十年过去了，这些作品仍然是中国城市建设成果的标志，并由此奠定了 BIAD 的设计水准和在行业中的领军地位。从那时起，每逢国家重要发展阶段和举办有国际影响力的大型活动，都有 BIAD 设计的作品出现。在举办亚运会、奥运会、世博会、园博会时，在举办海南博鳌国际论坛、北京 APEC 峰会、杭州 G20 峰会时，在迎接内蒙古自治区、宁夏回族自治区、新疆维吾尔自治区成立 50 周年以及迎接香港、澳门的回归时，在抗震救灾、援藏援疆时，在实施国家高铁建设、民航强国战略以及新丝绸之路经济带、京津冀一体化战略时，都奉献了无愧于时代的优秀作品。

BIAD 始终活跃在国家建设领域的最前沿，从 1977 年至 2018 年 3 月，建筑设计和科研领域共荣获中国土木工程詹天佑奖 24 项，全国优秀工程勘察设计奖 65 项，全国优秀工程勘察设计行业奖 410 项，北京市优秀工程勘察设计奖 903 项，中国建筑学会建筑创作奖 14 项，国家科学技术奖 28 项，华夏建设科学技术奖 106 项，北京市科学技术奖 158 项，北京市优秀设计 BIM 专项奖 11 项，中设协"创新杯" BIM 大赛奖项 21 项，连续六年获最佳 BIM 应用企业奖。在长期服务于全国各地城市建设的过程中，BIAD 逐渐形成综合专业技术优势和与之相适应的质量管理体系和市场营销体系，确保了一系列重大项目的顺利实施，所获得的技术与科研成果，BIAD 都以开放的姿态无私地与全行业交流分享，促进了行业的繁荣与进步。

69 年来，BIAD 凝聚了一大批行业顶尖人才，其中工程院院士 1 名，全国工程勘察设计大师 10 名，突出贡献专家 12 名，国务院特殊津贴专家 62 名，教授级高工 147 人，大量行业创意和技术型高端人才使

BIAD 文化绵延传承，使 BIAD 企业基业常青。

随着国家经济的转型，社会对建筑设计的需求也从物质层面上升至精神层面，建筑设计已经成为文化创意产业，建筑设计的原创能力越来越成为设计机构开展市场竞争的利器。BIAD 十分注重原创能力在设计中的作用，因此提出了"建筑服务社会，设计创造价值"的核心理念，赋予企业新的使命，以此进一步推动 BIAD 各专业原创能力的提高。近年来，BIAD 的一批重点原创项目相继展开工程设计，有的已经建成并成为城市新的地标性建筑，比如凤凰国际传媒中心、珠海大剧院等等，为体现"设计创造价值"起到了示范和引领的作用，极大地激发了设计人员的创造意识。

无论过去、现在和未来，BIAD 将始终以"建设中国建筑领域最具价值的品牌企业"为愿景，秉承"建筑服务社会，设计创造价值"的价值观，以"开放、合作、创新、共赢"为经营宗旨，"以创新为驱动，以用户需求为导向，通过科学的管理、优化的设计、卓越的质量、协同和集成的方法，为顾客提供一体化的设计咨询服务。以人为本，促进环境可持续发展"为质量、环境和职业健康安全的管理方针，坚定不移地实施"BIAD 设计"品牌战略，充分利用设计与科研、人才与技术的综合优势，全面提升核心竞争力，在激烈的市场竞争中保持设计水平和原创能力的领先地位，为促进行业的发展和建筑设计领域的繁荣贡献力量。

北京市建筑设计研究院中有一批知名设计师，有的还被列入"当代中国百名建筑师名单"。其中较为具有代表性的有：

马国馨，院士级建筑设计大师，中国当代著名建筑大师，清华大学建筑专业博士，国家一级注册建筑师，教授级高级工程师，中国工程院院士，第二届"梁思成建筑奖"获得者，全国工程勘察设计大师，北京市建筑设计研究院有限公司顾问总建筑师。

张宇，国家一级注册建筑师，教授级高级工程师，北京市建筑设计研究院有限公司副董事长、副总建筑师、副总经理，兼任《建筑创作》杂志社社长。被评为全国工程勘察设计"大师级建筑师"。

胡越，全国建筑设计大师，北京市建筑设计研究院有限公司总建筑师，教授级高级建筑师，中央美术学院建筑学院课程教授，中国建筑学会理事，中国建筑学会建筑师分会和体育建筑分会理事，中国建筑师分会理论与创作委员会委员，北京土建学会理事，《世界建筑》杂志、《建筑创作》杂志编委。被评为全国工程勘察设计"大师级建筑师"。

熊明，当代著名建筑师，全国工程勘察设计大师，国务院政府特殊津贴专家，北京市建筑设计研究院有限公司顾问总建筑师。

郑实，北京市建筑设计研究院有限公司副总建筑师，国家一级注册建筑师，教授级高级工程师，北京市建筑设计研究院有限公司副总建筑师。

【街巷人文】

与祖国同龄的北京市建筑设计研究院，有着很多与建筑结缘的设计师，他们为祖国设计高楼大厦，同时也在共同勾画着未来的蓝图。

马国馨：讲述"双奥"之都背后的故事

2018 年 2 月 25 日，第二十三届冬季奥林匹克运动会于平昌奥林匹克体育场闭幕。中国作为下届冬奥会主办国，在闭幕式上奉献了《2022 相约北京》8 分钟文艺表演。随着平昌冬奥会圣火缓缓熄灭，冬奥会开启了"北京周期"，届时北京将成为全世界第一个举办过夏季奥运会和冬季奥运会的城市。

奥运会让世界了解中国，也让中国了解了世界。而北京奥运会的成功举办，离不开那些为申奥事业默默做出奉献的人。马国馨作为中国体育建筑引领者，由他主持设计的国家奥林匹克体育中心率先实现了无障碍环境，并成功地举办了第十一届亚运会。而后，他又马不停蹄地投身于1991年、2000年两次的申奥工作中，主持申奥体育场馆的规划设计工作，为北京成功获得2008年奥运会主办权做出了巨大贡献。

谈起马国馨与体育建筑的缘分，要追溯到20世纪70年代初，当时还不到30岁的马国馨作为项目设计主要负责人之一，承担了其建筑设计生涯中的第一个公共建筑项目——北京国际俱乐部的设计工作。北京国际俱乐部有1万多平方米的面积，包括娱乐、餐厅和网球馆、室外游泳、跳水等项目。那时的马国馨并不熟知这些体育场地的规格标准，他感到在体育建筑设计中要学的东西太多了。好在马国馨所在的BIAD对体育建筑设计有很多经验，曾设计了北京体育馆、北京工人体育场、首都体育馆等，一批老同志的倾心指导和马国馨自己孜孜不倦的努力为工程的顺利进行打下了良好的基础，也让马国馨对体育建筑有了深切的感悟。

1981年至1983年，马国馨在日本丹下健三的都市与建筑事务所研修，回国后，他带着国外建筑设计的先进理念，着手第十一届亚运会场馆国家奥林匹克体育中心的规划及设计工作。从参加亚运会工程的可行性研究到国家奥林匹克体育中心建成，整整用时7年，马国馨和他的同事们为国家奥林匹克体育中心的建设倾注了大量心血，开创性地将"人车分流""景观布置"等国外先进理念应用到了设计之中，史无前例地在全场实现了残疾人无障碍环境。在马国馨和同事们的共同努力下，亚运会场馆建设终于圆满完成。1990年7月，距北京亚运会开幕还有两个多月，邓小平同志来到亚运村，兴致勃勃地环视眼前宏伟的建筑群，他幽默地说："我这次来看亚运村，就是来看看到底是中国的月亮圆，还是外国的月亮圆。看来中国的月亮也是圆的，比外国圆。"最终，国家奥林匹克体育中心荣获了"国家科技进步二等奖""建设部优秀建筑设计一等奖""北京市科学技术特等奖"等多项奖励。当马国馨接过由国际奥委会主席萨马兰奇签字的"体育建筑奖"国际奥委会奖牌时，他感到的不仅仅是荣誉，更多的是压力。

1990年亚运会场馆的圆满完成，为我国成功申办奥运会打下了坚实的基础。1991年，中国首次申办奥运会，马国馨带着高度的社会责任感再一次披挂上阵，开始了奥运体育建筑的规划设计工作。那时英语在中国并不普及，马国馨带领BIAD团队，一边翻译各种文献资料，一边学习奥运赛事对体育场馆的各种要求。尽管中国最终以两票惜败，但在这一过程中，马国馨和团队积累了大量的经验。

2000年，当得到北京再次申办奥运会的消息后，BIAD集结了以马国馨为首的全院精锐专项团队，全面开展申奥工作，承担了申奥报告中场馆规划方案章节的编制工作，以及申奥场馆的全部规划方案设计工作。经过一年半的规划、论证、设计和数十遍的修改，在北京奥申委代表团向国际奥委会送交的申办报告中，BIAD完成的奥运场馆及奥林匹克公园的规划设计方案，获得国际奥委会委员们的好评，为申奥成功做出了突出贡献，更为中国体育建筑奠定了坚实的基础。

不忘初心，往往说的人多，做到的人少。马国馨始终严于律己、兢兢业业，对自己专业水平的要求有着超乎他人想象的严苛。也正是因为他致力于提升自己的专业水平，且对待工作从未有一丝一毫的怠慢，才造就了他现如今已经站在有些人一生都无法企及的高度上。人们都说高处不胜寒，可站在高处的马国馨用他执着的一生告诉我们，只要初心不改，始终保持勇往直前、不惧未来的心境，所谓高处不过是踏上另一段旅途的开始，所谓严寒也只是行至山涧的短暂阴霾，所谓苦楚更是羽化成蝶的成长蜕变。就像马国馨经常说的那句话："我们该做的事，甭管

133

这个工作贡献大小，只要我们努力去做了，尽力去做了，那就可以了。"

街巷是人们生活的地方，也是凝聚共同回忆的纽带，正因为有了街巷的连接，我们才能在伟大中体会平凡，在平凡中发现伟大。

文/王鸿善

乐道巷

承载历史与故事的林荫小路

在月坛街道复北社区，有一条优美的街巷。春天，这里生机勃勃；夏天，这里绿树成荫；秋天，这里落叶如蝶；冬天，这里寂静安谧。这条平凡却很精致的街巷，也见证了改革开放 40 年来，老北京城区的发展变迁，也见证了祖国日新月异的发展。它就是乐道巷。

【街巷名片】

乐道巷是月坛街道复北社区的一条胡同。乐道巷为东西走向，东起复兴门北大街，西到南礼士路。全长 250 米，平均宽 7 米。

【街巷历史】

在乐道巷，看到最多的就是花草树木。而在这草木之后，坐落着北京儿童医院和南礼士路小公园以及复北社区。

北京儿童医院：公慈勤和　树立医院典范

在 20 世纪 50 年代以前，这条小路其实叫作"乐道湾"，因为有一片连通护城河的水湾，水中杂草丛生，岸边为杨柳，是一片不规则的绿

北京儿童医院　摄影：何进生

北京儿童医院后门　摄影：何进生

化地带。因为该水湾多年无人整治，充满淤泥，之后水湾逐渐消失，仅留有少数几户人家。

20世纪50年代初，在水湾的南、北两侧，分别兴建了北京市规划局和北京市儿童医院。后来，该水湾经过清理、填平、绿化，并在周边兴建了几幢多层住宅楼，形成了南礼士路公园和住宅小区。1987年，正式称为"乐道巷"。

在乐道巷的北侧，坐落着首都医科大学附属北京儿童医院，这里是一所集医疗、科研、教学、保健于一体的三级甲等综合性儿科医院。因此，每天来这里给孩子看病的人络绎不绝。

据资料记载，首都医科大学附属北京儿童医院前身是我国现代儿科医学奠基人诸福棠院士于1942年创办的北平私立儿童医院。医院总占地面积7万平方米，建筑面积12万平方米，编制病床970张，年门诊量300余万人次，住院病人7万余人次，手术逾2.3万例。2017年，原国家卫生计生委批准北京儿童医院成为国家儿童医学中心（北京）。

北京儿童医院设备先进，设施完善，技术力量雄厚，科室齐全，设有呼吸科、泌尿外科、重症医学科、血液肿瘤中心等44个临床和医技科室。医院拥有国家呼吸系统疾病临床医学研究中心，儿科重症、小儿呼吸、中西医结合儿科、小儿外科和临床护理等5个国家临床重点专科建设项目，儿童血液病与肿瘤分子分型、儿童耳鼻咽喉头颈外科疾病、儿童呼吸道感染性疾病、儿童慢性肾脏病与血液净化、出生缺陷遗传学研究等5个北京市重点实验室，北京市儿童外科矫形器具工程技术研究中心，小儿先天性心脏病治疗中心、小儿实体瘤治疗中心、儿童睡眠疾病中心等16个市级医疗中心。在小儿复杂先心病的手术治疗、各类脊柱畸形的矫正、小儿泌尿畸形矫正、腹胸腔镜治疗、急腹症及创伤治疗以及神经、呼吸、内分泌、肾病、血液透析、耳鼻喉、纤维支气管镜、影像技术等专业疾病的诊断治疗及诊疗设备居国内领先地位，并率先在国内将儿科就诊年龄扩大到 18 岁。

北京儿童医院共有在职职工 2656 人，其中医生 733 人，护士 1163 人，医技 369 人。正高级职称 197 人，副高级职称 227 人，中级职称 561 人。医院拥有中国现代儿科医学奠基人诸福棠、小儿白血病专业学科带头人胡亚美、中国小儿外科创始人之一张金哲等国内儿科界仅有的 3 位院士，以及突出贡献专家 6 人，享受国务院政府特殊津贴人员 10 人，新世纪百千万人才工程国家级人选 1 人，国家杰出青年科学基金获得者 1 人，并有 34 人次先后入选"十百千"人才资助。

医院拥有教育部儿科学国家重点学科和国家级优秀教学团队，是首都医科大学儿科医学院和儿科学系所在地，现有教授、副教授 98 人，博、硕士研究生导师 76 人，承担着博士、硕士研究生和七年制儿科专业、护理大专及继续医学教育等多层次教学任务，并设有博士后流动站，每年为社会输送大量优秀儿科人才。

多年来，北京儿童医院积极发挥学科龙头作用，领航儿科行业发展。2013 年牵头组建北京儿童医院集团，创新"病人不动、医生移动"的模式服务全国患儿，目前集团成员已达 20 家。医院与美国、俄罗斯、加拿大、意大利、澳大利亚、瑞典、德国、法国、日本、新加坡和捷克等国家的儿童医疗机构建立了良好的关系和广泛的合作，是科技部认定的儿童重大疾病国际科技合作示范基地。

为方便患者就医，北京儿童医院始终坚持 24 小时接诊，同时开设晚间门诊。为继续深入推动公立医院医疗改革，医院积极推进预约挂号工作，优化服务流程，有针对性地解决了群众反映突出的"看病难、住院难"问题，受到国家卫计委的肯定和广大群众的认可。在完成日常医疗工作的同时，医院还承担了国家卫计委、北京市卫生局委派的手足口病防治、问题奶粉筛查、H7N9 禽流感疫情筛查、抗震救灾支援、突发公共事件救援等医疗救治任务。

同时，医院以"以病人为中心，全心全意为儿童服务"为宗旨，大力弘扬"公慈勤和"院训精神，树立医德医风品牌，涌现出全国道德模范、全国优秀共产党员贾立群等杰出代表。北京儿童医院坚持公益，始终关注儿童、关注健康，成立北京儿童健康基金会，组织职工为贫困患儿捐款；组织医疗骨干参加援疆援藏计划、"人才京郊行"大型义诊活动，为偏远地区和基层单位的儿童送医、送药、送健康；开展免费救治西藏先心病、唇腭裂患儿活动；举办血友病、糖尿病、白血病儿童夏令营，让患儿感受到社会的关爱。

近年来，北京儿童医院先后获得"全国文明单位""首都文明单位标兵""首都文明服务示范窗口""最受欢迎专科医院""双十佳人民满意医院""北京最受欢迎三甲医院"荣誉称号及"首都劳动奖状""全国五一劳动奖状"。正是因为北京儿童医院优质的医疗水平，全国各地的患儿家属都带着孩子前来就诊。

【街巷人文】

美好的生活每天都在乐道巷上演，这里的居民也用一颗对美好生活的向往之心书写街巷故事。

南礼士路小公园：美好生活展现于此

说起南礼士路小公园，可以说是乐道巷的"好邻居"了。这片"城市小森林"建于1960年，随着城市建设的飞速发展和人民群众对文化娱乐需求的提高，该园现状已不能满足社会的需要。西城区园林局在2001年开始对南礼士路公园进行全面改造。新的公园内主要路面由大理石铺装，园内有广场、小品、健身区、儿童活动区，植物材料进行全面调整，增加了座椅、果皮箱、路灯、喷灌等设施。改造后的南礼士路公园以其清新整洁的园容，受到广大群众的好评。

南礼士路小公园延伸了乐道巷的精致，为周边居民提供了休闲纳凉的好去处，在这里也发生着很多温暖人心的故事。复外社区 81 岁的余映兰老人说她会永远记得 2016 年 4 月 30 日那天发生的一切，因为意外受伤，更因为舞场上的朋友及时伸出的援助之手。

当天早上 8 点多，余映兰老人像往常一样去南礼士路小花园跳舞。"我退休后在这个小花园跳舞已经 11 年了。这里风景优美，跳舞的场地好，音乐也很好，我非常喜欢。既锻炼身体，也能跟朋友们聊聊天，愉悦心情。可谁知那天散场准备回家时发生了意外。"老人说。

还没走出舞场十步，余映兰的右脚就踩到了一朵泡桐树花而意外跌倒了。她试图自己爬起来，但腿疼得要命。舞场上的朋友都过来扶她。"广电部的吴兰同志搂着我让我斜倚在她的身上，张喜城同志立即打 120 叫急救车，同时准备给我家人打电话。"老人说，两个女儿都在国外，家里只有患心脏病、腰椎间盘突出的老伴，不能让他担心，只能打电话给在成都工作的儿子。儿子听到消息当即买了机票，可坐飞机到家至少也需要 4 个小时。

家人不能立马到场，身上还没带钱和证件，怎么办？"张喜城同志又打电话让朋友送来 6000 元钱，急救车来了后又和姜美兰、吴兰一起陪护我到积水潭医院。从上午 10 点 51 分到下午 5 点，在医院，三位朋友推着病床上的我到一层、二层各有关科室做各种检查，最后诊断为右侧股骨颈骨折，需要做置换股骨头手术。"

"可医生说因为我几年前患多发性骨髓瘤时，大腿骨头受到了损伤，必须转院到北大第一医院治疗。他们三个又送我到了北大第一医院。"老人说。

到了北大第一医院，余映兰终于住上了院。三位朋友又帮忙办理了临时住院手续，并请了 24 小时的医院护工。此时已是晚上 8 点，66 岁

居民漫步在南礼士路公园　摄影：田辉

南礼士路公园　摄影：田辉

143

的张喜城、71 岁的姜美兰、70 岁的吴兰三位老人忙碌了 10 多个小时，连饭都顾不上吃。

"他们只是我舞场上的朋友，平时就是跳跳舞、聊聊天，舞场外并没有什么交流。可是当我大难临头的时候，为了我，他们整整奔波劳累了一天，无私地、无微不至地照顾我、安慰我，毫无怨言。吴兰、姜美兰推着病床，送我上厕所，帮我接尿倒尿。张喜城为我垫付诊治费、检查费、住院押金 5000 多元。他们真是不是亲人胜似亲人，真是患难见真情啊！"余映兰在感谢信中写道。

而这样温暖人心的人文情怀，正如乐道巷精致的风景一样，映在居民心间。

守巷 24 年　见证街巷变迁

对于在乐道巷胡同口待了 20 多年的郭师傅来说，这条小巷就像自己的家一样，用他的话说，就是"每年在这里的时间比在家还要多"。1993 年，郭师傅带着媳妇儿来到北京，没过一年，他们夫妻俩就来到了乐道巷，在胡同口摆起了修车铺，这一修就是 24 年。20 多年来，郭师傅也成为乐道巷修缮变迁的见证者。

"以前东口这片的花坛就是个水泥地，道路也没这么宽，来来往往的车辆都错不开。"郭师傅回忆。20 世纪 90 年代的时候，汽车还没有这么多，大家出门都骑自行车。后来国家发展得越来越好了，老百姓的生活水平也提高了，小汽车也越来越多了。在郭师傅修车铺的旁边，就是一个自行车棚，以前这里可是居民争抢停车的"宝地"，为了缓解居民停车需求，街道还把车棚扩出来一些。后来，电动车成为大家出行的主要工具，自行车棚成为存车棚，郭师傅的修理业务也从自行车升级成了电动自行车。"现在生活好啦，家家户户都有小汽车，但这停车却成了问题了。"郭师傅乐呵呵地说道。

在"大阅兵"的时候，郭师傅还以社区志愿者的身份，在乐道巷南口执勤站岗，看着一辆辆坦克、一架架飞机、一列列队伍走过，郭师傅心里甭提多激动了。"我自豪啊！改革开放，让老百姓的生活好起来了，让国家强盛起来了，我守在这条小路20多年，亲眼见证了这里的变迁。我觉得真正的美丽街巷就是要让人感觉舒服，乐道巷就是我心中的美丽街巷啊！"郭师傅说道。

佟兵：抗战将领精魂在这里延续

乐道巷紧临长安街，在纪念抗日战争胜利暨反法西斯战争胜利70周年的时候，这条街也见证了祖国的强大。而就在乐道巷旁边的居民楼里，就住着一位抗战将领的后人——佟麟阁将军的儿子佟荣芳老人。

佟麟阁（1892—1937），原名佟凌阁（因牺牲后报纸误写为"麟阁"，此后就沿用了下来），字捷三，河北省保定市高阳县人。中华民国军事将领，先后隶属北京政府、国民军、国民政府（国民革命军），是冯玉祥手下的"十三太保"之一，是中国在抗日战争中牺牲的第一位高级将领。1937年7月，南京国民政府发布命令，追授佟麟阁为陆军二级上将。抗战胜利后，南沟沿改名为佟麟阁路，以示纪念。

佟麟阁早年参加护国讨袁战争，曾任冯玉祥部陆军第十一师第二十一混成旅旅长。1926年9月五原誓师后，随部参加北伐。1928年起，任国民革命军第二集团军第三十五军军长、暂编第十一师师长、第二十九军副军长。1933年率部参加长城抗战，取得喜峰口大捷。同年5月，参加察哈尔抗日同盟军，任第一军军长兼代理察哈尔省主席，跟随冯玉祥驰骋察省，打击日军，收复失地，为察省光复做出了贡献。

2014年9月，佟麟阁将军名列第一批300名著名抗日英烈和英雄群体名录。

佟荣芳是佟麟阁将军的第五个孩子，佟麟阁牺牲那年，他才 12 岁。据佟荣芳回忆，他父亲佟麟阁将军在 1933 年长城抗战的时候任张家口警备司令，负责安定后方、保证供应。长城抗战最终因为中央政府的不抵抗政策而失败。

此后，冯玉祥又领导抗日同盟军在长城沿线反击日军，但是抗日同盟军最后被蒋介石解散。由此，佟麟阁辞职归隐香山。

1936 年北平局势紧张，二十九军的冯治安、刘汝明奉命请佟麟阁出山。后来，佟麟阁担任二十九军副军长兼军事教导团团长，同时负责学生训练班的工作。

在对学生训练班训话的时候，佟麟阁说："如果中央下令抗日，我不身先士卒，你们可以割我双耳，挖我双目。"

卢沟桥事变爆发后，佟麟阁在南苑壮烈牺牲。后来，部下把佟麟阁的遗体运回了东四十条的家中，放在花园的一间房子里。佟荣芳说，后来柏林寺的方丈冒着杀头之罪，将父亲安葬在了柏林寺的一个小院内。

佟荣芳说，佟麟阁和赵登禹两位将军职位都非常高，完全可以不必上前线，但他们主动上前线指挥杀敌，他们的牺牲正是杀身成仁，舍生取义，是以自己的死来激发人们的抗日热情。

1938 年 3 月，毛泽东主席还在延安对佟麟阁等抗战英雄进行表彰。日军占领北平后，佟家没有得到南京国民政府的任何帮助，只好滞留在北平。

佟荣芳说，他们一家人很快就从家里搬走，东交民巷慧文小学的校长让母亲和家人到他们家住。过了一段时间后，他们一家人隐姓埋名，搬到了史家胡同。

在这 8 年间，佟家搬了若干次家，曾经在安定门、火药局等地方住过，一般是一有风吹草动，他们就不敢再住下去。

佟荣芳回忆说，那段时间家里日子过得很苦，但是在亲戚、朋友、同学、共产党甚至是不认识的人的帮助下，他们还是熬了过来。尽管家里困难，母亲没有让任何一个孩子失学。

　　他们在火药局住的时候，有个邻居是一位拉胡琴的师傅，他知道佟家一家人的身份后，内心里非常敬重这一家人。这位师傅每当做了好菜、炖了肉，都会给佟荣芳的母亲盛上一份送过来。

　　1944年，佟荣芳考入了辅仁大学教育系。后来，佟荣芳被伪警抓了一次，说他参加了活动。最后，他的母亲把父亲给她的一个金镯子卖掉，把佟荣芳赎了出来。

　　佟荣芳说，这个金镯子是父亲在结婚20周年的时候送给母亲的，这可以说是父母之间最珍贵的一件信物。而为了救他，母亲还是忍痛卖掉了金镯子。佟荣芳被救出来后，认为不能再继续在北平待下去了，1945年，他就决定去后方从军抗日。

　　结果佟荣芳还没有到达后方，8月15日，日军就投降了。那时，佟荣芳正在河南的商丘。他说，胜利的那天，老百姓得知抗战胜利了，都高兴得快疯了，看到了中国的军人感觉是亲得不得了。后来，佟荣芳听说，在北平，大家也是疯狂地庆祝胜利。大学生从四面八方拥进故宫，太和殿里以及殿前的广场上人山人海。

　　1946年清明，李宗仁在北平主持了抗日烈士入忠烈祠的活动。到了7月28日，北平各界举行了"佟、赵两将军殉国9周年追悼大会"，为佟麟阁、赵登禹两位将军举行国葬。佟荣芳说，当天把佟麟阁将军从柏林寺移灵香山，父亲的结义兄弟孙连仲将军扶棺痛哭。

　　2016年9月2日，中国人民抗日战争暨世界反法西斯战争胜利70周年纪念大会阅兵前夕，在人民大会堂金色大厅内，习近平总书记为抗战老兵发放纪念勋章，佟荣芳就是其中一位。习近平主席还对8位抗战英雄进行提名表彰，其中就有佟麟阁。

"抗日战争的胜利，是中华民族的胜利。这份荣耀应该属于为抗日战争牺牲的英雄，应该属于中华民族的每一位人民！中国今天的强盛，就是对我父亲和那些牺牲在战场上的烈士们最好的安慰！"回想起习主席授予自己勋章的情景，佟荣芳老人不禁激动万分。

　　记者刚见到佟荣芳老人时，花白的头发、挺直的身板儿、神采奕奕的面庞，全然不像一位已经 90 岁的老者。在老人的书房内，一直摆放着父亲佟麟阁的画像，而这间书房的窗户正面对着复兴门大街，老人说，大阅兵的方阵、坦克、飞机等都会从这条路上经过，站在窗前就能看得一清二楚。或许，这正是父亲佟麟阁一直想要看到的，国家富强、百姓安康，便是告慰父亲最好的方式。

　　佟荣芳一直记得父亲挂在家中墙壁上的警语："诚恳态度做人，负责态度做事""见权贵献谄容者，最可耻；遇贫困持骄态者，贱莫甚"。这些话对他，包括对他的下一代做人做事都影响特别大。佟荣芳说："我常教育子女，不管做什么，决不能给祖宗丢人。"

　　如今，乐道巷全面创建"十有十无"街巷，违建拆除了，停车规范了，环境整洁了，绿化拓展了，居民的心情也舒坦了。下一步，月坛街道将进一步落实《关于深化首都功能核心区文明创建的实施方案》，聚焦背街小巷提升工作，维护好乐道巷治理成效，创建公共环境好、社会秩序好、道德风尚好、共创共建好、宣传氛围好的"五好"文明街巷。

文/杨飞飞

复兴门外大街
折射社会发展的"神州第一街"西延

复兴门外大街横贯月坛街道。这条从天安门广场径直往西延伸过来的大道宽阔、通畅、笔直，是首都北京的第一通衢要道。它是"神州第一街"，东起复兴门，西至木樨地三里河路。它和整条长安街所展现出的风貌，是中国特色社会主义美好前景与光明未来的绝好象征。

【街巷名片】

复兴门外大街，民国年间称复兴大街，1949 年后定为复兴门外大街。复兴门外大街东起复兴门，西至木樨地三里河路。复兴门外大街北侧与三里河东路、二七剧场路、地藏庵南巷和南礼士路交会，南侧与白云路、真武庙路、西便门外大街相交，总长 1855 米，车行道宽 35 米。

【街巷历史】

复兴门外大街沿线有国家广播电影电视总局、国家海洋局、中华全国总工会、国家信息中心、首都博物馆新馆、北京八中分校、复兴医院、复兴商业城、长安商场等标志性建筑；木樨地向西毗邻中国军事博物馆、国家铁路局和京西宾馆。从木樨地沿三里河路一路向北，连接着国家"四部一委一院"（一机部、二机部、财政部、五机部、国家计委

军事博物馆　摄影：苏慧忠

复兴桥　摄影：田辉

长安商场南侧　摄影：何进生

长安商场全景　摄影：苏慧忠

和中科院）为主体的三里河中央政务区和钓鱼台国宾馆，毗邻历史悠久的玉渊潭公园。丰富的地区单位资源，让这条街巷处处彰显着中国现代化发展的新面貌。

复兴门：起于明朝　见证时代变迁

复兴门外大街拥有深厚的历史文化底蕴。明永乐年间在大都城的基础上营建北京城，复兴门位于北京市西城区南部，原是由北京外围地区进入中心城区的一个要塞。

1945 年抗日战争胜利，国民政府接管北平，当时不少人建议将长安街的东西两座城门分别改称"胜利东门"和"胜利西门"，而当时的"社会局"按照社会流行的"复兴、建国"政治口号，取国家复兴建设之意，将东边的"启明门"改称"建国门"，而西边的"长安门"则改称"复兴门"。1949 年中华人民共和国成立后沿用此名至今。

现如今，复兴门已经是长安街与西二环路这块区域中的重要交通枢纽。复兴门桥也是北京最早建立的现代化立交桥。1974 年建成的复兴门桥，总长 47.4 米，是北京市第一座苜蓿叶形全互通式立交桥。复兴门南北侧原先多是平房住宅，现已建起林立的高楼。包括中央广播电视大楼在内的中央广播电视教育中心大楼，矗立在复兴门桥的东南侧。

复兴门外大街的西端是木樨地。木樨地位于北京市西城区长安街复兴门以西。关于木樨地这一地名的来历有四种说法。

一是说此地位于阜成门外西南部，明代曾种植过大面积的苜蓿，为皇帝的御马提供饲料。苜蓿为多年生豆科草本植物，不仅产量高，而且草质优良，各种牲畜均喜食，素以"牧草之王"著称。清代成村，称苜蓿地，民国时被讹传为木樨地。

二是说清代时门头沟往京城送煤的骆驼队多出入于阜成门，当时这一带生长着许多野苜蓿，所以赶骆驼的人时常在此歇脚，以便给骆驼喂食草料，日子一长，这里就被称为苜蓿地，后取谐音为木樨地。

三是说此地曾种植过许多桂花，因桂花树统称木樨，所以木樨地也有"桂花之地"这一含义。

四是此地曾经是白云观的菜园，以盛产黄花菜闻名。黄花菜即金针菜，可食用，色泽金黄如桂花，俗称木樨，故称此菜园为木樨地。

《明世宗实录》中就有关于明代军队在九门之外种植苜蓿的记载。《明世宗实录》嘉靖七年（1528）七月记载："九门苜蓿地上，计一百一十顷有余。旧例分拨东、西、南、北四门，每门把总一员，官军一百名，给领御马监银一十七两，赁牛佣耕，按月采集苜蓿，以供刍牧。至是户部右侍郎王轼等查议，以为地多遗利，军多旷役，请于每门只留地十顷，令军三十名仍旧采办，以供内厩喂养。"由此可见，明朝时期，北京城门外附近曾有军队专门种植苜蓿，以做皇家御马的饲料。所以阜成门外西南部（即今复兴门外）的木樨地和永定门外的木樨园，皆因明朝时期作为军队种植苜蓿的地方而得名，这种说法似乎更为可信。

复兴门外大街是地铁一号线途经的重要地段。20 世纪 50 年代，毛泽东洞察了地下铁道的重要性，从战备和民用角度倡导北京搞城市地下铁道。

1953 年至 1960 年，数千名中国学生前往苏联学习地铁的建设。1957 年，苏联地下铁道专家根据具体情况为我国制定了两横、两纵、两对角线和一个环线的方案。1965 年 7 月 1 日，时任北京市市长的彭真亲自主持开工典礼，党和国家领导人朱德、邓小平、彭真、罗瑞卿等出席典礼。开工典礼时，中共中央主席毛泽东为地铁相关人员题了八个大字："精心设计，精心施工。"中共中央总书记邓小平在开工典礼上指出，北京地铁要坚固实用，朴素大方。当时已 79 岁高龄的朱德元帅拿起铁锹为地铁开工破土。修建地下铁道最初是出于战备考虑，因此主要线路衔接着北京西山卫戍部队驻地和北京站。工程按照"战备为主，兼顾交通"的方针进行设计，采用敞口明挖施工，施工完成再填埋，由铁道兵第十二师、地下铁道工程局、北京市城建局担任施工主要负责人。这是中国自行设计、施工的第一条地下铁道。

从复兴门到木樨地，中间共有三座地铁停靠站。一号线地铁挖掘的深度同木樨地紧紧地联系在一起。修建一号线地铁主要是为了备战，因此挖掘的深度自然是越深越好，但是西山脚下被岩石层覆盖，不能深挖，只能浅挖。而到了平原地区地表组成结构以泥土为主，便可以深挖了。地铁线路经过木樨地地区时，要穿过一片河床，从这里开始就可以开始深挖。所以一号线地铁通过木樨地河底下以后一路向东，越往东越深。

中华全国总工会：劳动者的温馨之家

中华全国总工会大楼矗立于复兴门外大街与白云路交会处的东侧，这栋大楼曾是 20 世纪 60 年代初长安街上的知名建筑物之一，总建筑面积 12300 平方米。大楼正门的前额悬挂红底金字的牌匾，上面有毛泽东主席亲笔书写的"中华全国总工会"七个大字。中华全国总工会是中国共产党领导的中国工人阶级群众组织。

中华全国总工会是在中国工人运动的基础上诞生的。1921 年 8 月，中国共产党诞生后不久，便成立了中国劳动组合书记部作为全国工会的通信联络机关，张国焘、邓中夏先后担任主任一职。1922 年 5 月，中国劳动组合书记部在广州召开了第一次全国劳动大会，确定着手筹备全国性工会组织。1925 年 5 月 1 日，在广州召开了第二次全国劳动大会，中华全国总工会正式成立。抗日战争时期暂停使用中华全国总工会的名称，转而使用陕甘宁边区总工会和各抗日根据地总工会等名称。解放战

154

中华全国总工会　摄影：何进生

长安街沿线南侧　摄影：苏慧忠

争时期，边区总工会和各根据地总工会合并为解放区总工会。1948 年 8 月 1 日，解放区总工会和国民党统治区工会在哈尔滨联合召开了第六次全国劳动大会，在这次会议上，经商议决定恢复中华全国总工会。

1978 年 10 月召开了中国工会九大，修改通过了《中国工会章程》，规定中华全国总工会成为各地区工会组织和各产业工会全国组织的最高领导机关，并确定了工会工作的方针：以经济建设为中心，立足改革全局，把发展社会生产力和维护职工具体利益结合起来，增强基层活力，实现工会的群众化、民主化，团结教育广大职工为建设有中国特色的社会主义而奋斗。

中华人民共和国成立前，中国各级工会在共产党的领导下，为维护工人阶级的利益，积极组织和带领工人进行各种形式的经济斗争和政治斗争，掀起了多次大罢工。中华人民共和国成立后，中华全国总工会致力于带领广大职工恢复和发展国民经济，并积极维护职工合法权益，提高职工的思想觉悟和文化技术水平，改善和丰富职工的物质文化生活，有力地推动了社会主义革命和社会主义建设。中华全国总工会对外遵循独立自主、广泛联系的方针，截至 1990 年底，已与 130 多个国家和地区的工会组织建立和发展了友好关系。

中华全国总工会旧址在建设时因为没有采取防震措施，在唐山大地震中受到较为严重的损坏。1998 年，由于建筑中的部分钢筋、承重构件发生开裂等现象，全国总工会委托北京市房屋安全鉴定总站进行检测，界定为"局部危险房屋"，使用单位应立即对房屋危险点进行解危处理。同时总工会大楼由于渐临使用耐久年限，全总书记处研究后决定拆除并重建中华全国总工会办公大楼。1999 年 2 月，原国家发展计划委员会批准全总机关办公楼拆除重建工程立项。2003 年 9 月 9 日，这栋古老建筑被实施定向爆破。由于原全国总工会大楼紧邻长安街，并且地下铁路复杂交错，水、电、气管线和电缆等因素导致对爆破技术要求很高，因此这次定向爆破被当时的媒体称作"长安街上第一炸"。

新中华全国总工会办公楼，总建筑面积37200平方米，大门正面的门额上依然悬挂着毛泽东主席亲笔题写的"中华全国总工会"匾额。该建设项目获得2004年北京市建筑（结构）"长城杯"金质奖。

国家海洋局：从地看"海"谋发展

国家海洋局位于复兴门桥外西北侧。1964年经国务院批准正式成立国家海洋局，当时由海军代管，后为国务院下设的统筹规划管理全国海洋工作的政府职能部门，是国务院直属机构。国家海洋局隶属于国土资源部，是监督管理海域使用和海洋环境保护、依法维护海洋权益、组织海洋科技研究的重要行政机构。2013年，国务院重新组建国家海洋局，以中国海警局名义展开海上维权执法，接受公安部业务指导。2018年3月13日，十三届全国人大一次会议经审议通过，国务院直属机构不再保留国家海洋局，将国家海洋局的海洋环境保护、自然保护区、风景名胜区、自然遗产、地质公园等管理职责整合后归属新组建的中华人民共和国自然资源部，自然资源部对外保留国家海洋局的牌子。

汽车局大院：中国汽车工业的摇篮

在复兴门外大街与三里河东路交叉口西南角，是著名的首都博物馆。而现在的首都博物馆新馆的原址是一机部汽车局的大院。

汽车局，一个曾经非常响亮的名字。第一机械工业部汽车局大院并不古老，满打满算也就60年的历史，在北京历史的长河中，它不过是其中小小一段泛着涟漪的水流。过去，在汽车局大院办公的司局其实并非只有汽车局一个，20世纪50年代至80年代，在这里挂牌的第一机械工业部直属单位有：中国汽车工业总公司、中国机械设备进出口总公司、中国机械工业供销总公司、中国基础件工业总公司……也许汽车局是其中比较重要的一个司局，也许多年来国人一直把强国梦和汽车行业联系在一起，因此汽车局格外被人青睐，一来二去，它就成为机械部这个有着众多司局级单位大院的代名词。

说起中华人民共和国汽车工业的历史，就不得不提及三个节点。第一个是在 1949 年年底，毛泽东、周恩来到苏联，参观了莫斯科的斯大林汽车厂，现代化的汽车生产给毛泽东留下深刻印象，他说："我们也要有这样的汽车厂。"回国后，中央决定兴建一座现代化汽车厂。第二个是在 1950 年 3 月，在重工业部（一机部的前身）内成立汽车工业筹备组，后于 1953 年 1 月在一机部内设立汽车工业管理局。第三个是在 1953 年 7 月 15 日，第一汽车厂奠基。1956 年 7 月 15 日，我国自行生产的第一批"解放"牌载货车下线。

汽车局大院于 1953 年开始施工，1956 年基本竣工，之后分期投入使用。当年的汽车局大院位于复兴门外西五六百米处，占地面积约 12 万平方米，以永定河引水渠为界，划分为汽北区和汽南区，由一条木桥沟通两个区域。木桥于 20 世纪 90 年代中期白云路扩建时才拆除。

为建成汽车局大院，国家累计投资达 1000 万元。当时北区以办公楼为主，还分布着少部分宿舍，占地面积约 8 万平方米。汽车局办公大楼是一栋灰色的 6 层大楼，东西设两座配楼均为 3 层，原用于汽车技术研发。这座汽车局办公大楼是当年复兴门外唯一的一座高墙广院。这片环境优美的新型建筑群内有小花园、花圃、澡堂、食堂、托儿所、车库、小商店、招待所、球场等，周边则是菜地、荒野和坟堆。

汽车局直至 20 世纪 80 年代改革后，才改为中国汽车工业总公司，我国汽车工业许多重大决策、计划和组织实施方案都是从这里发出的。当年，这里的公共汽车站和电车站都被称为"汽车局站"。

中华人民共和国汽车工业的发展，离不开汽车工业局第一任局长张逢时的奉献。这位个子不高的老人是领导中国汽车工业发展的第一把手，是带领着工人、干部和技术人员创造出中国本土第一辆汽车的人。

饶斌也是一位中国汽车业界知名的领军人物，他对汽车行业极其痴迷和热爱，外国的同行也对他交口称赞。他曾担任长春第一汽车制造厂初创时期的厂长和第二汽车制造厂的首任厂长，直接领导建成了两个大型汽车工业基地，后来也担任过汽车局的局长，20 世纪 80 年代初又担任过汽车局大院内的中汽公司董事长。

1987 年 7 月的一天，已经退居二线的他仍然放不下中国的汽车工业，他回到长春第一汽车制造厂，参加解放牌卡车出厂 30 周年纪念会。他在谈到轿车项目的发展时说道："我老了，不能和大家一起投身第三次创业。我愿意躺在地上，化作一座桥，让大家踩着我的身躯走过，齐心协力把轿车造出来，去实现我们几代中国人的轿车梦！"说完，他的泪水潸然而下。而十几天后，他却真的倒下了，1987 年 8 月 29 日，饶斌在上海逝世，如他的心愿那样，化为一座桥，一座中国通向汽车工业现代化的桥。

多位党和国家领导人曾在汽车局大院工作和生活过，他们对汽车工业的发展都有过杰出贡献，这也为汽车局增添了光彩。随着国家和汽车行业管理的不断改革，21 世纪初，汽车局消失了，并被汽北社区、汽南社区所替代，但汽车局作为汽车产业历史上极为重要的堡垒，折射出我国汽车产业发展的光辉历程。

随着改革开放和我国汽车工业的新格局变化，汽车局已经退出了中国汽车工业的历史舞台。但很多人提起这片地区，还忍不住称作汽车局大院。如今，汽车局大院的北半部已经建起了辉煌的首都博物馆新馆，其余地区则建成了居民社区。

复兴门外大街丰富的区域环境资源，让这里的居民更加海纳百川。他们身上有一股热情、开朗、包容的精神。

韩西雅：一辈子只干了一件事

在全国总工会社区中有一位老人，他一辈子就干了一件事：做工人工作。1949 年前他以地下党员的身份，在上海从事工人工作，1949 年后则一直在工会工作，直到退休。这位老人就是曾经担任过中华全国总工会书记处候补书记的韩西雅。

韩西雅，生于 1924 年，浙江嘉兴人。十几岁就只身来到上海，当过店员。17 岁加入中国共产党，之后便投身于上海工人运动。中华人民共和国成立后，韩西雅任中国店员工会上海市委员会副主席、上海市总工会秘书长。1956 年调任北京后，相继任中华全国总工会办公厅主任、宣教部长，中华全国总工会书记处候补书记等职务。

1940 年，年仅 17 岁的韩西雅因在工人运动中表现突出，而破格加入了中国共产党。入党第二年，韩西雅便以"初生牛犊不怕虎"的气势，发动工人和资本家展开斗争。他深入了解青年工人的生活状况，当他了解到一家工厂的厂方给工人提供的伙食很差，并且不准工人在业余时间参加各类活动，甚至虐待工人等情况后，韩西雅便向党组织汇报。党组织指示：鼓励和发动工人团结起来，向资本家提出改善生活条件的正当要求。就这样，在韩西雅的带领下，工人们精诚团结，一致对外，最终厂方迫于工人和舆论的压力，怕事态扩大，在一定程度上接受了工人们的要求。

初战告捷，韩西雅与工人们的联系更加紧密了。在这之后，他根据党组织的安排，在工人中间发展党员，在厂里建立党的地下组织，扩大了党在工人中的影响。韩西雅也在斗争中越来越成熟，积累了一定的斗争经验。

1943年，上海酱业店员在党的领导下，向资方同业公会提出提高工资待遇的要求。当时，酱业店员的月薪只有能买几斗米的钱，连维持温饱都成问题，因此提高工资待遇成为当时广大工人最迫切想要改善的问题。而当时酱业店员工会却被汉奸所把持和控制，根本不为工人说话。韩西雅在党组织的支持下甩开汉奸把持的"工会"，发动店员与资本家斗争，资方迫于压力，最终同意店员的要求，给店员增加工资。

要求增加工资的斗争胜利了，店员们便乘势要求改选工会，甚至一鼓作气地在日寇侵占上海的白色恐怖的气氛中，把汉奸控制的酱业店员工会的领导权夺了回来。当时，因为酱业店员中缺少共产党员，党组织便把韩西雅派到那里。当时酱业店员工会以"招考"的名义录取韩西雅，他以"工会书记员"的身份进入工会。韩西雅主要负责编辑出版职工月报，同时暗中组织联络群众的工作。韩西雅虽然只有小学文化，不知如何编辑报纸，但他非常好学，一边工作一边积累经验，把工会的宣传工作干得十分出色。在整个抗日阶段，韩西雅一直投身于上海酱业店员工会的党群工作，成为上海工会运动的年轻领袖之一。

解放战争时期，国民党统治区的群众运动风起云涌，上海的党组织领导工人阶级展开了大规模的工人运动，韩西雅作为党干部更是义不容辞。他参与组织了"六二三"反对内战大游行，劝工大楼"抵制美货、爱用国货"集会，1949年前夕的发动群众反对搬迁、反对特务破坏、护厂护店等轰轰烈烈的群众运动。

1949年后，韩西雅先后担任中国店员工会上海市委员会副主席、上海市总工会秘书长等职务；后被调任到全国总工会工作。

离休以后，他依然对工人阶级的地位和生活状况十分关心，这于他而言已经成为生命中不可或缺的一部分。他说：面对正与负、真与假、

162

善与恶、美与丑，不可不辨，正义在胸，不能不争！他针对某些不良企业钻《劳动合同法》尚不完善的空子、掀起"辞工潮"的现象，写下了《全国总工会对私企"辞工潮"应当有所作为》的檄文；当西安赵东明律师因替工人说话维权而被拘留的事件爆出后，他呼吁立即解除对赵东明律师的拘禁；富士康员工跳楼事件发生后，他愤而写出了《"泰罗制""军事化"的企业管理方式必须废除》。他还用诗词作武器，明辨是非，针砭丑陋。

韩西雅就是这样，一辈子站在工人阶级的立场上，为劳动者的命运奋斗不息。

陈文昌：热心为邻里的修理"专家"

"过去了就过去了，从来不讲究成绩，我就是一个平平常常的人。共产党员吃苦在前，始终都要保持老工人本色的话语，我时刻记心间。"——陈文昌

陈文昌，1933 年 5 月 15 日出生于河北望都，1956 参加工作，一直在铁路建设第一线工作。1960 年加入中国共产党，并于 1993 年退休。工作期间，他从事专业线修，由青海到甘肃——兰青线；1960 年，从丰台到沙城——丰沙线……哪里需要他，他就在哪里。

家住复外社区的陈文昌现如今已经 80 多岁了，他爱聊天、乐于助人，用他自己的话说，就是"闲不住"。幼年时期的贫寒家境打磨出他真诚、勤劳、能吃苦的精神，这也是他愿意用一生的时间，乐于为身边人付出的原因。

而回忆起与爱人的相识，陈文昌仍然感慨万千。那年他在媒人的撮合下，在与对象见面当天就办理了结婚证。他说，这桩婚姻没有浪漫的

开始，却走过了 40 多年感人的旅程。

1966 年，陈文昌的妻子生病，自此陈老便以超出常人的意志力，精心照顾患病的妻子和三个未成年的女儿，他勇于承担家中的责任，并且乐在其中。他说："我爱我的家，我的生活没有负担，全是快乐与幸福。"

几十年来，他买菜做饭、缝补拆洗、供养女儿求学，全家重担都落在他一个人身上。去年春天，陈文昌的妻子去世了，此时三个女儿也都成家立业，有了稳定的收入。

每逢女儿们提及父亲时，总是眼含热泪地说："我爸这辈子真是不容易啊！"不仅如此，邻居们对陈文昌也是赞不绝口："他对患病的老伴儿，那可不是一般的好啊，几十年从来没烦过，也没听他抱怨过，对于家庭，老陈真是用心经营和料理啊！"

"陈大爷，我家这炒菜铲的把儿折了，您看看能修吗？不能修我买一新的去。"邻居上门前来求助，陈文昌看了看，便说："放我这吧，保准给你修好喽，不用花钱买新的了。"

邻居走后，陈文昌马上翻出自己的工具箱，又找了根废弃的拖把棍，三下五除二就把铲子修得跟新的一样。他拿着铲子，像孩子一样笑着说："看，这就好了！我就喜欢帮邻居们修这修那，方便大家，同时自己也有小小的成就感，心里非常高兴。"

陈文昌有一双巧手，他家里的衣柜、橱柜、窗帘都是自己亲手做的。不仅如此，就连周围街坊们谁家需要刨菜板、磨菜刀、换灯具、修门窗什么的，也都来找他求助，这么多年来，他从未拒绝过任何一个邻居。

陈文昌说："我退休了，不能为国家效力，还不能帮帮街坊们吗？既是帮助别人，也是消磨自己的时间。"他总是说自己老有所乐，通过居委会给街坊四邻提供义务服务，帮助他们修修补补，自己的生活也变得非常充实、快乐。

社区活动站内的桌椅板凳、办公室内的用品等相关维修工作，陈文昌都主动修理。当有人问他为什么修理东西不要报酬时，他说："自己能干的还要什么报酬啊，再说我退休了有国家给我的退休工资，这些鸡毛蒜皮的小事儿，举手之劳而已。"

自1993年退休以后，陈文昌便一直主动承担社区中的这些"小事儿"。多年来，他帮助过的社区居民不计其数。现如今在小区中，"陈文昌"的名字，当真是无人不知、无人不晓。这个名字好像一个义务维修的社区品牌一样，人人皆知。大家笑称陈老是社区里勤劳的蜜蜂。

一年秋天，陈文昌与平日几个要好的社区积极分子聚在一起，商量如何筹钱为社区活动做点贡献。最后，陈文昌"变废为宝"的提议，得到了大家的一致认可。

原来，陈文昌通过收集废瓶子和纸箱，并将这些物品变卖掉，用换来的钱为社区搞了一些活动。一是利用社区的废弃垃圾箱，号召居民将自家垃圾分类，把废瓶子和纸箱投放到专用的垃圾箱内；二是大家早上出去锻炼身体时，如果看到路边有瓶子就捡回来，也放到专用的垃圾箱内，提高了居民的环保意识。

这样一来，社区环保小组逐渐有了自己的资金。春节前，他们全院捡拾废品换来的500多元，用在了春节茶话会购置沙发罩、打气筒、洗衣粉、肥皂等物品上面，既改善了值班条件，又减少了对环境卫生的污染。有了资金以后，大家一致决定，每当院里有70岁以上的老人过生日，他们就买二斤长寿面送给老人做生日礼物，一同为老人庆祝。

"从春节到现在，我们又攒了近800块钱了。我们接下来就想看看还有什么地方需要用钱，只要是对居民有好处的事儿，我们就花钱去办。"陈文昌高兴地说。

此举也令社区居民们非常感动："谢谢社区为我们着想，惦记着我们居民的小事儿。"陈文昌一次又一次的义务服务，促进了居民和居委会之间的和谐。

陈文昌常说："这是集体的智慧，是我们三个共同想到的，不是我个人的力量。通过服务社区，居民们的生活也方便多了，我们做的只是一些力所能及的小事儿，不值得提，更不需要什么表扬。"

陈文昌表示，他是一名老党员，永远记得一句话"党员就是要起带头作用"，要永远保持着党员先进的思想，永远保持着老工人的本色。

党员意识，就是陈文昌在社区散发光芒的光源。而像陈文昌这样的老党员，在复兴门外大街上几乎随处可见，每年两会、春节，他们都会站上街头，为维护街巷的安全，贡献出自己的一份力量，在他们看来，这份坚守是值得的。

这里有关系国家发展的名人伟绩，也有默默守护街巷的志愿者，他们共同见证了复兴门外大街的发展变化，更见证了祖国的日益强大。他们在街巷书写自己的故事，街巷也因为他们更加美好。

文/王鸿善

白云路
集古今文化与人文情怀的生活小巷

在月坛街道，有一条文化街巷，北有首都博物馆，中有白云路小学校，南有白云观，形成了文化氛围，见证了改革开放 40 年来，老北京城区的发展变化。这条街巷是白云路。

【街巷名片】

白云路是全总社区、汽南社区和汽北社区所在地，是中华全国总工会等所在地。为南北走向，北起复兴门外大街，南到莲花池东路。

【街巷历史】

沿白云路走，会感受到途中变换的风景，这种别致的风景，是历史沉淀而成，更是文化发展而来。

首都博物馆：传承古今文化的时代展台

首都博物馆于 1953 年开始筹备，1981 年正式对外开放，原馆址在全国重点文物保护单位——北京孔庙。是北京市"十五"期间重点文化建设工程，2001 年 12 月正式奠基兴建。

首都博物馆　摄影：何进生

首都博物馆全景　摄影：苏慧忠

首都博物馆新馆于 2005 年 12 月开始试运行，2006 年 5 月 18 日正式开馆。首都博物馆以其宏大的建筑、丰富的展览、先进的技术、完善的功能，成为一座与北京"历史文化名城""文化中心"和"国际化大都市"地位相称的大型现代化博物馆，并跻身于"国内一流，国际先进"的博物馆行列。

首都博物馆服务理念是"以人为本，以文物为本，为社会服务"，强调"过去与未来、历史与现代、艺术与自然的和谐统一"。

首博建筑本身是一座融古典美和现代美于一体的建筑艺术品，既具有浓郁的民族特色，又呈现鲜明的现代感。巨大的屋盖继承了中国传统建筑深远挑檐；通长的石质幕墙象征着中国古代城墙；广场起坡传承古代高台的建筑风格，人文景观与自然景观融为一体。

北京第二实验小学白云路分校：爱与尊重同行

北京第二实验小学白云路分校创办于 1960 年，原名复兴路小学、白云路小学，是一所有着 60 多年办学历史的小学。学校占地面积约 6000 平方米，30 个教学班，1200 余名学生，70 多名教职员工。

学校依据自身发展的轨迹和特点，在多年思考及积累的基础上，将办学理念凝练为"让爱与尊重同行"。在办学理念的指导下，提出了"育人为本、尊重扬长、和谐发展"的办学方略，引领学校可持续发展。

学校自 1998 年开始进行可持续发展教育的研究，至今已有 20 余年。从环境教育活动到可持续发展课程体系的构建，逐渐形成了以可持续发展教育为核心的办学特色。在全校师生的共同努力下，学校研究成果先后获得"中国地球奖""全国创建绿色学校先进单位""北京市节约型学校""中国可持续发展教育创新奖"及北京市基础教育课程建设优秀成果二等奖等荣誉。

汽北社区：街巷社区的好管家

在白云路的居民心中，都希望社区有一个好管家，汽北社区居委会就是居民身边的好管家。不光是日常管理，组织文体活动，还将小区门外坑洼不平的道路给维修好了。"我们社区充满了温暖与感动。"居民说。

汽北社区党总支书记陈凤娥说，2014年，在白云路西里汽北小区东门外有一段无主的破损道路，路面坑洼不平，夏天一下雨积了水便影响出行，存在严重的安全隐患。社区居民对此反映强烈，希望社区能够帮忙解决。汽北社区居委会经过实地察看，向居民了解情况后，认为该路段必须修整。

但该地段位于小区门外，不容易分清归属关系。考虑到该路段行走车辆主要涉及单位分别为负责管理汽北小区东门北侧院所辖各单位的北京维森物业管理服务中心、白云大厦1号物业及管理社区车辆的汽北小区同心物业，因此，2014年7月，居委会发挥社区"参与式协商"议事厅功能，多次召集相关单位负责人召开现场会议，共谋解决此问题的方法。经过相关单位多次协商，初步达成三家单位共同承担修理费的共识。

随后，社区居委会先后向两家施工单位咨询修理该路段的报价，征求各相关单位意见后，最终确定由同心物业具体实施完成该路段补修项目，修理路面费用由相关三家单位均摊，施工方同心物业承担后期维护两年。2014年8月7日至10日，施工方完成了该路段的修复，呈现在大家面前的是一条平整且方便通行的马路，给居民出入提供了方便，获得居民一致的支持和认可。

汽北社区是个不足千户的小社区，但老年人占社区总人口30%以上，对社区的服务工作提出了很高的要求。

为此，居委会成立了为老服务队，通过了解、掌握社区老人的精神文化需求，举办各种形式的文体活动、健康知识讲座来满足老年人的需求。同时，社区居委会还针对本社区高龄、孤寡及空巢行动不便的老人实行了"一帮一"活动，社区居委会和服务站专职工作人员、社区居委会和党组织不坐班的工作人员、社区志愿者与被帮扶的老人结对子，签订《帮扶协议书》，建立空巢孤寡老人巡视工作制度，定期开展老人帮扶服务，每天给老人打一次电话，每周入户走访一次，每月协助老人办一件实事等。

社区老人有急事，居委会工作人员都会开足马力，第一时间前往现场帮助老人。6月的一天，73岁的居民宣守业因突发腹痛给居委会打来电话，儿子因工作原因一时赶不回来。居委会的范爱梅、王昕、李雨梦一听，马上推着轮椅赶到宣守业家，并将其搀扶到轮椅上，第一时间就近送往复兴医院，办理了挂号手续并送进急诊室。在汽北社区，邻里之间闹矛盾了，居委会就前去调解。2014年6月的一天，一位出租户来到居委会，反映自家楼上的住户往楼下漏水，并说自己到楼上找过房主，但房主不让他进门，眼看着屋顶墙皮都掉了，万般无奈之下才找到居委会，希望居委会帮助他联系并予以解决。

居委会工作人员到两家查看情况，得知是楼上阳台空调管子往楼下漏水。经过社区工作人员的协调，楼上住户同意接一根管子顺到阳台外面，这样就解决了往楼下漏水的问题，双方的矛盾也化解了。

"大事不断，小事不完。"范爱梅如此总结自己的工作。记者采访时发现，陆陆续续有人来居委会咨询或求助，范爱梅一看有人来就上前询问并解决，一上午忙忙碌碌，一会儿都没闲着。有的居民冬天家里暖气不热了，联系她们，她们就帮忙找物业或维修工。有的居民家里下水

172

道堵住了，她们就帮着疏通下水管道。现在的路是用水泥、砖块铺好了的，以前社区的路是土路，一下了雨，她们就要扫泥土，特别费劲。冬天下了雪，早上7点她们就出去扫雪。社区绿地多，树上的雪老往下掉，一掉下来她们还要再扫。有一栋楼下的雪老结成冰，她们就凿冰，凿完后手腕都酸疼了，但看着居民出行方便了，她们心里也踏实了。

"在当上居委会主任的第一天，我就把自己的手机号码公布了。我们居委会要做到的就是让居民在需要帮助的时候能第一时间想到我们。我在主任这个岗位上做了10年了，居民有什么事都给我打电话，涉及的问题有夫妻矛盾、邻里纠纷、电灯泡坏了，等等，那真是五花八门。"陈凤娥说。

此外，辖区内公安部宿舍楼开展老旧小区综合整治工程，居委会协助施工方做好居民工作。有一户居民担心施工过程中会破坏屋内设施，陈凤娥与该户进行了沟通，动之以情，晓之以理，向该住户说明了楼内厨房管道使用已经超过30年，严重老化，为了自家安全，也为了邻里着想，希望该户配合。该户女主人虽然认同但心存疑虑，依然担心施工方破坏屋内结构。陈凤娥又说："她们可以和施工方再沟通，如果确实破坏了结构是可以要求其赔偿的。"在她的协调下，该住户就具体事宜与施工方洽谈后得以顺利施工。"居民在面对社区公共事务有时不理解、不配合，那他们一定有自己的想法和难处，这个时候我们就得换位思考，设身处地地站在居民的立场上，尽可能地解决好问题。"陈凤娥这样说。

2017年7月12日，社区一位老人给陈凤娥打来电话，着急地说家里的电话好几天都无法正常使用。陈凤娥先安慰老人不要着急，然后她与联通客服联系解决该问题。7月15日下午，老人又给陈凤娥打来电话，说电话可以使用了，并对居委会表示感谢。

汽北社区是个不足千户的小社区，居委会对每一户的情况都很熟悉，把工作做得很细致，比如办一个老人养生讲座，居委会便把能通知的老人都通知到。当记者问工作人员做过哪些事时，得到的回答要么是"做的都是很琐碎的事，没什么可讲的"，要么就是"每天都做挺多事的，想不起来了"。当旁边的人说"你前两天不是帮了王大爷"时，工作人员才突然想起来，这才对记者讲述起一段又一段温暖人心的故事。

"居委会把居民的事当自己的事做，不仅多做事，有了事还抢着做。"居民说。因为居委会的真诚与热心，居民们才如此信任和依赖居委会。真诚待人，负责做事，自然会赢得人们的尊重与信任。

【街巷人文】

在白云路居住的居民，身上都有着共同的气质：奉献、乐观、永不言弃。他们用美好的品质，为白云路这条街巷增添一抹亮丽的色彩。

商雨佳：以小家美满　促大家和谐

多年来，首都博物馆都是月坛街道的共建单位，宣传部曾多次在首都博物馆开展百姓宣讲活动。由道德模范和百姓宣讲团成员宣讲，讲述道德故事和诚信故事，弘扬优秀传统文化，弘扬社会主义核心价值观，给人们带来有益的启示。

在首都博物馆的宣讲台上，有一位姑娘打动了很多地区居民，她深情地讲述不寻常的人生故事。她就是全国道德模范提名奖获得者、铁三社区居民商雨佳。

1987 年 5 月 29 日，一个风雨交加的晚上，一个刚出生的女婴在医院的一个角落里不停地哭着。在好心人的劝说下，住在铁三社区的一对夫妇冒雨把女婴抱回了家。养父养母给女婴起名商雨佳（下雨回家）。

商雨佳说，养父智力残疾，养母重度肢体残疾，生活不能自理。夫妻俩没有自己的小孩，一直把雨佳当作亲生的孩子抚养。家里的经济条件虽然不是很好，但是雨佳吃的、穿的、玩的、用的哪一样也不比别的孩子差。爸爸妈妈总是把最好的给雨佳，他们自己却舍不得吃舍不得穿。在他们无微不至的关怀下，雨佳过着快乐无忧的日子。

雨佳记得，同爸爸妈妈一起生活，很早就学会了很多东西，知道心疼家长，关心家人，什么都先让长辈吃。4岁时，骑着三轮车带着妈妈去残疾人工厂，路过大坡上不去，好多好心人帮忙才骑车上去，还有很多类似于这种事情。雨佳从小的衣服，很多都是邻居给的，所以她是在温暖的家里成长的。

7岁那年有一天，雨佳在院子里和小朋友们玩耍。一个小孩无意当中说："你是捡来的孩子，我才不跟你玩儿呢！"她当时愣在了那里，根本不相信。有一天爸妈不在家的时候，她无意从柜子抽屉里翻出了一张字条，那是张抱养协议，这才知道了自己的身世。当时她的心里难受极了，万万没有想到原来自己是被抱养来的孩子。

妈妈知道了这件事情后，叫她来到身边，疼爱地把她搂在了怀里，说："孩子，在妈妈的眼里，你永远是我的亲闺女，咱们三口人永远是一家，如果你想找你的亲生父母，妈妈支持你。"雨佳望着妈妈那慈爱的眼神哭了，那一刻她认定了，养父母的家就是自己的家，养父母就是自己的亲生父母，不管生活遇到多大困难，都要不离不弃。

然而天有不测风云，父亲在2001年被查出直肠癌晚期，住进了医院。家里的生活一下子跌入谷底。那一年她才13岁，正上初二。每天一放学，她就赶忙回家做饭，给卧床不起的母亲喂完饭后，来不及收拾饭碗就要去医院给父亲送饭，陪爸爸聊天到很晚。回到家后，先把饭碗刷洗干净，再给妈妈擦洗身体，然后完成作业。

铁三居委会得知后，组织好心的居民给她父亲捐款，凑够了手术费。雨佳非常感谢帮助过她的好心人。可是让她不想得到的结果还是发生了，8个月后，她的父亲走了。临终前父亲对她说："佳佳，以后妈妈就交给你了，一定要给她养老送终。"就是这样一句话，让她擦干了眼泪。爸爸是家里的天，天塌了，她要一个人扛起来！

妈妈常年卧病在床，没有工作，照顾母亲的责任就由雨佳一个人承担下来。她学会了自己换灯泡，接灯绳，修接线板，自己做褥子，照顾母亲，给母亲喂饭、擦洗身子，夜里还要起来好几趟，为母亲翻身、接尿。妈妈经常便秘，她就用手一点一点地把大便抠出来。为了让妈妈能够出去透透气，她个子太小又很瘦，没有太大的力气，于是她就从床上先把妈妈抱上凳子，歇一会儿再抱上另一个凳子，就这样半个小时出趟门。

为了不让妈妈身上起褥疮，她每隔几天就给妈妈洗澡。她把大铁盆放在床下，把妈妈从床上抱铁盆里还容易，但上来时因为妈妈很重，再加上身上滑抱不住，她就想办法，把厚皮书摞得比大铁盆高一点，从盆里把妈妈先放在书上坐着。等歇一会儿，深呼吸一口气，再把妈妈压在自己身上，然后侧身把妈妈放在床上。

"妈妈，有我一天，就保证饿不着您。"这是雨佳对妈妈的承诺。为了尽快挣钱养活妈妈，她一边上学一边打工，每次打工挣了钱，她总是给妈妈改善一下伙食。买个汉堡，妈妈不舍得吃，她就说："妈妈，这个只有几块钱，便宜得很，您吃吧，我以后还给您买。"可是她自己却舍不得吃、舍不得穿，就像当初父母亲对她一样。

那时她一边照顾瘫痪的母亲，还要一边照顾年迈的奶奶。奶奶患有严重的心肌炎和肺气肿，经常喘不上气，每天凌晨都会呼吸困难。她便用三个小板凳支张简易床，睡在奶奶屋里，准备随时起来帮奶奶吸氧。奶奶半夜饿了，她还要起来给奶奶熬粥喝，顺便给妈妈翻身接尿。她给奶奶爷爷擦背，唱歌哄他们开心。

2006年5月，奶奶又因肺衰竭住进了医院。直到临终都是她请假在医院照顾奶奶，还要抽空回家照看妈妈。最终奶奶还是离开了她，爷爷也相继去世。失去了她最亲的父亲，又失去了她最亲的爷爷和奶奶，眼看身边的亲人离她而去，她幼小的心灵也受到了更大的打击。眼前只有最疼爱她的妈妈是唯一的亲人了，妈妈的健康是做儿女最大的愿望。

她跟妈妈说："妈妈您放心，等我找到工作，咱们的日子就会越来越好，困难总会过去的。"通过她的精心照料，母亲身体还好，身上没有一点褥疮。这是她最欣慰的。她总是提醒自己，坚持，一定坚持！

佳佳长大了，妈妈关心女儿的婚事。她对妈妈说，不打算结婚了，就一直陪着您，没人愿意找咱这种家庭，只会给人家增加负担，拖累人家。

可是，好人总有好报，苦尽总会甘来，雨佳终于有了自己的爱情，一个年轻小伙爱上了她。小伙子是他们一个单位的，得知雨佳的家庭情况后，主动追求她，雨佳很感动。后来小伙子到家来看妈妈，不但没有嫌弃，反而帮妈妈穿好衣服抱了出去，带她去玉渊潭游玩，很多事情感动了她。小伙子的爸爸、妈妈也支持他们。

雨佳的婆婆也是一直在照顾自己的婆婆，婆婆的婆婆是哑巴还瘫痪，所以很理解心疼雨佳。认识短短 3 个多月，雨佳就结婚了，同事都说他们是闪婚，可在这 3 个月里他们彼此已经建立起了很深的信任。

小两口的生活幸福、和睦。婆婆把她的妈妈接到了家里住，她们上班不在家时，都是婆婆在帮助照顾她的妈妈，帮她母亲喂饭。她想真是好人有好报，让她拥有一个幸福温暖的大家庭。

现在他们有了自己的孩子。她相信大人是孩子最好的老师，大人在做什么，孩子也都会看在眼里、学在身上，长大了他也会这样去做。

2013 年 9 月 26 日，一个阳光灿烂的日子，商雨佳最幸福的一天。她出席了中宣部、中央文明委召开的颁奖大会，荣幸地见到了习近平总书记，亲自聆听总书记的讲话。表彰会上宣布商雨佳获得"第四届全国道德模范提名奖"，商雨佳感到非常光荣，非常幸福。

我们的生活离不开家庭，而家庭的和谐离不开每一位成员的付出。只有每一个小家都和谐美满，我们的社会才能更加和谐。商雨佳正是用实际行动，为白云路增添了一抹美丽的风景。

刘家奇：用诚信装点街巷

社区居民的生活离不开修锁配钥匙，而在白云路，很多人都愿意去找刘家奇师傅，他讲诚信，收费合理。他是西城区百姓宣讲团成员、月坛街道百姓宣讲团成员，他宣讲的《我是鞋匠刘一刀》，曾经到西城区到北京市宣讲，受到好评。

他喜欢读书写作，参加了月坛街道读书会。在月坛街道工委宣传部支持的"弘扬优秀传统文化，建设美丽月坛"展示会上，他深有体会地说："社区人给了我关心、帮助和培养，圆了我一个又一个梦，也让我感受到北京人好，党中央所在地的首都市民好啊。"

他的家乡四川地势偏僻，生活条件较差。小时候，全家八口人，只有三间茅草房、三张板床。那时，村里人多地少，土地到户虽然解决了温饱，但经济还是困难。为改变这种状况，1980 年他拜师学会了修补鞋的手艺，乘改革开放的春风，1985 年春，只身一人来到了北京。他这个山沟里的农村娃，看到了北京天安门，看到了五星红旗在天安门广场上高高飘扬，禁不住流下了激动的热泪。"觉得自己跟做梦一样。"他说。

北方冬天寒冷，空气干燥，让他极不适应，可是他坚持给居民修鞋配钥匙。在月坛三里河二区刚摆下摊，不一会儿，就把他这个四川娃冻得周身哆嗦，嘴角和手指开裂、出血。阿姨们看着直心疼，急忙从家里拿来防裂霜，端来开水，送来大衣、鞋帽，并热情地招呼着："来，抹上!""喝点儿水,暖暖身!"有的阿姨还一个劲儿地叮嘱:"这儿冷,多穿点儿!那鞋子得穿大点儿号的,头得捂着点儿,这样暖和!"他租住平房,那时买东西还要票证,阿姨们就给他送蜂窝煤炉、米、面、油票,还手把手地教他使用煤炉、封火。这样的事儿很多,让他感受到社区邻里胜似亲人。

修鞋时,看到他打地摊工作不便,大家就建议:"得有个服务工作台、舒适座椅,搭配好高低,削跟刀子磨薄点儿,这样干起活来得心应手,还不累人。"他们像学者,又像服务业里的内行人,还常常引导着:"干这行想多挣钱,得注重细节,得有好的技术,它是基础,质量、价格、服务态度得配合。说细点,技术要提高,得好学,好总结,细琢磨,勤练习;材料是质量的基础,要用耐磨的,不能以次充好,得讲诚信;价格要合理;服务态度得热情周到,会接待顾客,说话热情,会推销自己,长期坚持,就会有回头客。"像这样的好点子还真没少给。"这让我感到大爷大妈犹如老师。"刘家奇说。

20世纪90年代初,他结了婚,有了女儿和儿子,那时爱人一人在老家带着孩子,还要下地干活,他春节才能回家和家人见上一面。这事儿让社区居委会知道后,安排他爱人来北京管理社区的自行车棚。从此一家四口在北京团聚了,在北京有了住的地方,爱人有了工作,还能照顾他的生活,自己也成为社区服务点的正式服务员。"我激动,我高兴,我要好好干,不丢家乡人。"刘家奇说。

社区工作者看他有上进心,有活动就让他参加。比如每年的两会,节假日的值班巡逻,为灾区、弱势群体捐款,社区每年组织的学雷锋、教师节、重阳节,扫马路,铲冰雪义务劳动。这些活动的参加,很快让他融入到社区这个大家庭中。居民不但了解了他的手艺和服务质量,而且熟悉了他的为人,就这样一传十,十传百,回头客也就越来越多,生意越做越红火。

20 世纪 90 年代末，他在北京买了一套两室一厅的新楼房，这让他深深地感受到了是社区的助力，圆梦了北京。

他感到，北京是中国政治、经济、文化的中心，各方面的确都走在了全国的前列。"我深感文化知识不足，怎么办？一个字：学。怎么学？三人行，必有我师。"于是，他就向顾客学习，向书本学习，加上社区居委会工作人员的不断启发教育、鼓励帮助，他的思想起了很大的变化，来北京不单是挣钱，不单是为个人，还必须为社区做些有意义的事。

记得"非典"期间，他看到社区里的中小学生放假在家无人看管，就主动协助社区成立了少年武术队，教授学生拳术，解除了学生家长们的后顾之忧。为迎接全国法制宣传日，他和社区的同志们一起排演了独幕话剧《家》，从未上过舞台的他为了演好这个角色，每天到河边练嗓子，最终圆满完成了任务，得到了月坛办事处领导和来宾的表扬。这样的义务劳动也使他学了不少知识，长了许多见识。后来他被选为社区工会外来打工者分会小组长，被评为月坛地区"荣誉市民"。他由此萌发了加入中国共产党的强烈愿望，于是花了三天时间，写了入党申请书，获得了月坛三里河二区党委的积极培养和多方鼓励，终于光荣地加入了中国共产党，获得"北京市西城区文明市民标兵"，还被选为月坛三里河二区党委第三支部组织委员、月坛地区的优秀共产党员。尤其是去年的 5 月，他被选进月坛街道"朗月清风百姓宣讲团"，在月坛街道工委宣传部的积极培养下，7 月份被选入西城区百姓宣讲团。两个月在区宣传部的培养和在区内的巡讲后，10 月份他被选入西城区"共筑城市美好生活"百姓宣讲团。

他们这个宣讲团后来被评为了北京市优秀百姓宣讲团，他个人获得西城区优秀宣讲员。他越讲越有信心，后来在首都博物馆举办的月坛《穿过幸福时差系列丛书Ⅷ——坚守的承诺》新书发布会上，他开始了他的第 18 场宣讲时，他也找到了自己前进的方向。

他回忆，刘家祖辈放牛养家，前辈们都没上过学。他小时候，父母走个远方亲戚要写个证明，还得到外村去求人。父辈们做梦都想咱们家能走出个文化人——大学生，他读了高中，是兄弟姊妹中文化最高的，但没有完成父母的心愿。自从他的孩子快到上学年龄时，他也梦想着让自己的孩子来实现这个梦。可真到了孩子该上学的时候，有困难了，因为是外来打工人员，孩子属于流动儿童，当时北京对流动子女在流入地的上学政策还不明确，在这样的情况下，社区帮了大忙。社工们既帮着写申请书又开介绍信，得到西城区委、月坛街道工委、家乡政府和学校等领导的同意和批准，两个孩子顺利进入北京的学校。

在校期间，两个孩子得到了很好的教育，年年都被评上"三好学生"。初中时女儿还评上了"北京市三好学生""区级优秀班干部"。两个孩子带着中、小学全优的成绩，回到了家乡国家重点高中——广安友谊中学高中部。并且在该校老师苦心培养下，女儿于 2008 年以 638 分的成绩，从四川考入了中国传媒大学，保送了本校研究生，还光荣地加入了中国共产党。儿子 2010 年在全省 29 万名理科考生中以第 648 名的名次，考入了北京邮电大学通信工程专业，并就读本校研究生。如今，女儿、儿子都已完成学业，在北京工作。这的确让刘家奇激动不已，圆了老刘家祖辈们没有圆的梦。

有所思即有所想，有所想即有所梦，全面共同富裕，这是"中国梦"的深刻内涵。他说，我的这一个个梦，是我的一步步追求。能得以实现，有自身自强不息的努力，但主要靠的是党的改革开放的好政策，靠的是党长期培养出来的北京人民包容、厚德的"正能量"，靠的是政府各级领导把党的好方针、好政策落到实处的结果。

刘家奇每次接到通知，就放下修鞋工作到社区宣讲。他一边修鞋，一边学习，有一股撸起袖子加油干的劲头。他把社区当成自己的家，把北京当作第二故乡，把服务社会当成自己义不容辞的责任，把鞋摊作为优质服务的窗口，服务好社会、社区。他满怀信心地说，要为党、为北京、为家乡父老、为中国人争光！

像刘家奇这样的居民，被称为"新北京人"，他们就像是白云路上轻轻吟唱的文明之歌，用自己的行动创建文明街巷。

夕阳茶座：让老人返老还童

在白云路上，不仅有文明之歌，还总能听到一阵阵的欢声笑语。这不是合唱团在练歌，是30多位坐轮椅的老人在全总社区"夕阳茶座"，开心地说啊、唱啊、笑啊，一排轮椅老人，一道快乐的风景。

这些坐轮椅的七八十岁的老人，每到周二、周五上午，早早地就来了，有的自己来，有的家属或家政服务员陪伴着来。每次活动前，志愿者梁淑荣总是把场地扫干净，桌子和椅子擦干净，迎接老人们。

89岁的全总机关退休干部陈祖佑先指挥大家唱《东方红》《没有共产党就没有新中国》。这里声音并不洪亮，也没有乐器伴奏，但老人们感情真挚，表达了内心对党和政府的深情。

80岁的志愿者王淑珍教大家做手指操，一个动作一个动作地活动手指，老人们认真地学着，她又让老人跟着她用力喊出声来，让大家的肺得到锻炼。"嘿，嘿，嘿！"老人说，让她们开心开肺，挺好的。

志愿者李红讲述饮食健康知识。她教老人怎么吃大蒜、玉米，怎么吃西红柿和胡萝卜才健康。然后让老人一一回答。老人说，她回去试试这样做。

一遇到下雨，老人们就担心茶座取消，可是听说茶座搬到住宅楼前厅活动时，老人们可高兴了，邻里、同事们经常见见面，比什么都好，不见面总是空落落的。有的老人从医院回来，赶忙来到茶座。有的家属看着老人得病不舒服，劝老人别去了，这可不行，你不能耽误她同大家见面啊，你不送，她自己去。往往是家属最后无奈让步，送老人来到了现场。

人这一辈子怎么过，酸甜苦辣都尝过了，不如晚年有个乐啊，李爱平老人说。她脑梗16年了，生活半自理，家政服务员送她来，像女儿一样陪伴她。家政服务员赵仓花说，是老人对她好啊，将心比心，刚才听了饮食健康知识，她给老人做，老人身体健康，她也快乐。

全总机关退休干部80岁的赵玉兰老人说，她10年来做过5次手术，疾病困扰着她，来到茶座，她学会坚强，心里敞亮多了。

老人们谈起志愿者，满脸微笑。虽然坐在轮椅上，可显得挺精神，在轮椅上传递着乐观心态。老人们夸奖志愿者梁淑荣，说她冬天自己花钱买纱巾，给老人围上，省着受风；夏天买花露水，防治蚊子咬，还买西瓜、冰棍和饮料给老人。

一天，志愿者李红生病住院了，老人们都惦记着，又不能坐着轮椅去医院看望。出院后，20多位老人要到家里看望，李红不好意思，可是怎么也拦不住，不让看望可不行。她们老了，可她们懂得爱心的含义，就让她们感谢吧。说着，大家都笑了。

夕阳茶座，是茶也是乐，或淡或雅，有滋有味。这里不仅为社区居民提供健身益脑的帮助，也给他们的心灵以弥足珍贵的慰藉。这里传承着优秀传统文化，也播撒着社会的关爱。

小街巷，大情怀，小人物，大故事。如今的白云路，不仅风景优美，人文气息也在装点着这条街巷，装点着西城的四季风景。

文/靳春迎

真武庙路
倾听历史隐藏的钟声

月坛街道有一条以真武庙命名的街巷——真武庙路。这里所说的真武庙是清道光年间，为供奉真武帝君所建。如今，真武庙路已经找不到真武庙的遗址，对于真武庙曾经到底修建在哪里，一直是很多月坛达人探索的话题。虽然两旁大厦和居民楼宇林立，但仍然有着一种蕴藏在街巷深处的古韵，那座消失在历史长河中的真武庙，仿佛幻化成这条街巷的灵魂，赋予它悠久与宁静。

【街巷名片】

1985年，街巷扩展改称真武庙路。真武庙路为南北走向，东边是西便门外大街，真武庙路与西便门外大街之间有四条东西向的街巷，由北向南第一条路为真武庙头条，后面依次称之为二条、三条和四条。月坛街道真武庙路两侧是复外社区、广一社区和铁四社区所在地，也是中央人民广播电台、中央电视台音像资料馆以及北京复兴商业城等所在地。

【街巷历史】

提起真武庙路名字的来源，与真武庙有着密不可分的关系，而人们却在这里找不到真武庙的身影。这些历史都被隐藏在这条静谧的街巷里。

真武庙：隐藏在历史中的建筑

在北京，以真武庙命名的街巷有 40 余处，多数名声不显。唯有位于复兴门外的真武庙路尽人皆知。

据史料记载，真武庙通常只供奉真武帝君。真武帝君，原称玄武大帝，宋真宗为避讳圣祖赵玄朗，故改玄武为真武。大中祥符年间，尊为"镇天真武灵应佑圣帝君"，简称真武帝君。其祀像披发、黑衣、仗剑、踏龟蛇，从者执黑旗。传说玄武为北方大神，供奉玄武可以预防火灾。道教以青龙、白虎、朱雀、玄武为护卫神，以壮威仪。相传这座真武庙始建于金朝，是金中都通玄门外官道西侧一座庙宇。清道光十年（1830）六月重修。占地二亩八分，房屋十二间。庙内佛神像有真武、冰雹、鲁班、虫王、青苗、财神、龙王、药王、老爷等。

铁二一社区的文化达人谭玉华多年来翻阅古籍，一直在探究消失在历史中的真武庙。他在翻阅唐代小说《酉阳杂俎·支诺皋下》中看到：燕都通玄门外官道西侧有座小庙。太和八年（834），云游四海的朱道人庙里歇脚，梦一仙人披发赤足，穿金甲罩黑袍，手持降魔宝剑，足踏龟蛇，飘然而至。愧于治水，愿其魂化为三足龟，为民消灾、辟邪、祈福，将功补过。醒后道人豁然开朗，分明玄武点化超度。于是留下募化，三年扩为玄武大殿。同时，宋代《事物纪原》也有记载：赵匡胤的祖父赵敬任蓟、幽刺史，军营现龟蛇，疑玄武显灵，设堂祭拜。四月初八，泉涌堂侧，汲不竭，民疾疫者，饮之多愈。汲水者不断，就地兴庙，迎玄武下界。此外，通过考古资料显示，于 1956 年在永定河引水工程出土春秋至东汉时期的陶井有 151 座；1965 年地铁工程在白云观附近又发掘陶井 65 座。陶井密度证明人口的稠密和繁华。不得不说，真武庙路人口的集中居住与古代的人们相信真武庙可以带来安康的观念密不可分。

"七七事变"后，日军侵占了北京。为了在西郊开辟新市区，建设军事基地，日军扒开复兴门豁口，将真武庙拆除，驱散僧侣。庙内铁钟、铁磬、铁香炉等被日军掠走，用来制造军火。

中央电视台音像资料馆：留存时代之声

中央电视台音像资料馆坐落于真武庙头条西侧复兴门外大街南侧，是亚洲最大、世界一流的视音频资源宝库。经过 10 年的发展，在"大数据"时代，实行全业态、全流程、全覆盖管理。

自 2010 年整合重组以来，音像资料馆已经发展成为中央电视台业务形态最为全面的部门之一，融合了职能管理、节目创作、技术保障和经营开发等四大业态。媒体资产管理链条从节目选题立项开始，一直延伸到播后存储管理和内容应用开发，实现了与节目制作播出紧密结合的全流程管理。

音像资料馆是中央电视台管理区域最广、作业地点最多的部门之一。17 个磁带库房、6 个图文资料库和阅览区、28 个高标清上下载工作站、6 个编目区、4 个数据流带库和 1 个公共检索大厅，以及多个嵌入式资料服务点，覆盖了中央电视台现址、新址和音像资料馆大楼的所有工作园区。

音像资料馆目前拥有 1 万小时胶片素材、150 万小时标清视频素材、9 万小时高清视频素材，此外还拥有 1.7 万小时的音频资料。

自 2003 年建馆以来，运用先进技术和管理理念，自主开发搭建了亚洲一流、世界领先的集节目资料数字化存储、加工、修复、管理和应用于一体的媒资管理系统，实现了存放在胶片、磁带、硬盘等各类介质上的视音频资料永久性、高质量、无衰减的数字化保存。经过 10 年的大规模数字化加工，已形成 92 万小时的节目资料数据，成为目前世界最大的节目资料视音频数据库。每年接待上千家国内外同行来馆参观学习。

为顺应大数据时代，更好地满足社会各界对节目资料的使用需求，中央电视台音像资料馆将通过现代化的媒体内容资产管理手段和便捷高效全方位的服务模式，为国内外用户提供优质的服务。

【街巷人文】

真武庙街巷的居民很多经历过战争年代，他们更加珍惜美好生活的来之不易，居民与驻区单位关系也十分融洽。社区打造老年餐桌，让这里的街巷充满温馨的生活气息。

杜久信：难忘的烽火童年

复外社区 80 岁居民杜久信在月坛街道读书会，回忆了他的童年。在月坛街道工委宣传部支持的"弘扬优秀传统文化，建设美丽月坛"展示会上，讲述了他的故事。

杜久信小的时候叫杜杜，1938 年 1 月 25 日生。1945 年 8 月，日本宣布无条件投降后，国民党反动派却肆意挑起了内战，他当时才 7 岁。1947 年初春，胡宗南的几十万大军向延安逼近。延安党政机关开始撤退转移，边区政府为延安保育院派出了毛驴运输队帮他们撤离。撤离时走的大部分是山路，到了傍晚，天色渐渐暗下来，他们在毛驴背上的柳筐中逐渐进入了梦乡。突然，梦中惊现了翻江倒海的场景，他和毛驴一起滚落下山坡。老师迅速下来抱起了他，还好伤无大碍。他悄悄地对老师说：他的两颗门牙没了。老师笑着说：很好，提前换牙了，过几天就会长出新牙来。

到了秋天，他们几个小朋友升到了延安保育院小学部（保小）学习。北方气候干燥缺水，他们长时间不能洗澡洗头，头上都长满了虱子。为了灭虱，老师把男女同学都剃成了光头。他们在一起玩耍时，很难分辨出谁是男孩谁是女孩。

行军路上，他们随时准备躲避国民党飞机的轰炸和敌人的追击，危险一路伴随着他们。危险而紧张的行军必然妨碍他们的文化课学习，老师们想出一个世界上最廉价的学习工具：大地当纸，木棍当笔。该翻山了，老师就在地上写"高山、大山、深山、远山"等词，遇到过河了，就教"河水，桥梁"……

长途行军虽然枯燥无味，但他们的文娱活动还是丰富多彩的。唱歌、跳舞、滚铁环、演小歌剧、演活报剧……不仅演给自己看，还演给沿途老百姓和解放军看。

到1947年七八月份，军队转入战略反攻阶段，三大战役相继全胜，胜利来得非常迅速。1949年初，北平和平解放。7月，他们学校进入即将成为首都的北平，改名为北京育才小学。

有一天，忽然一个同学跑过来喊他："杜杜，一个阿姨叫你去一下。"他走到教导处见到了那个阿姨，她问道："还认识我吗？"他半张着嘴，迟疑了一下说："认识。""我是谁呀？"他哇地哭了。"妈妈。"母亲高兴地把他拉到身边，一边看着他，一边用手轻轻地摸着他的头，眼里含着泪花，不断地说："长大了，长高了！长大了，长高了……"

1954年，他16岁，考入了北京101中。由于当年干部待遇进行了改革，将战争时期的供给制改为薪金制，父母开始按级别领工资，他们在101中虽然仍是住校，但是一切生活开支都由父母负担。他们颠沛流离的生活逐步稳定下来，后来搬到复兴门外真武庙地区居住。

当时北京市在这里新盖了 14 栋三层小楼，据说是苏联人设计的，全是新款式的单元楼，木地板，冬暖夏凉，很气派。当时，由于刚解放，需要许多干部充实北京工作，所以住在里面的都是中央或北京市各单位的进京干部及其家属。他们居住的属于公安部宿舍。因为大家都是来自五湖四海，为了一个共同的革命目标走到一起来了，所以彼此非常融洽、友善。

当时北京没有太高的建筑物，离家往西不远处的工会大楼也就只有九层高，在当时的北京，这就算是很高很高的有电梯的建筑了。

那时候，各家的家具等一切物件都是单位配发的，职位高的人家或许组织上多发一张写字台、一套沙发什么的，其他就都一样了。楼里明亮干净，院里绿化得很整齐，单位还派清洁工人每天来搞卫生。院里还有一个大食堂，当时他们是不生火做饭的，顿顿吃食堂，总有一种临时居住的感觉。

每当傍晚，大人就站在楼门口大声呼唤自家的孩子回家，喊声也极有特色。因为各单位的干部都是由中央从地方中抽调上来的，属于进城干部，天南海北哪儿的都有，口音自然就五花八门了。大人叫孩子回家时一般是叫小名，那时候孩子的小名可不像现在孩子的名字那么文雅好听，一般都很俗，而且从孩子的小名上你就可以判断出他家大人是哪里的人。比如有个孩子叫三狗，不用说，一听就知道他们家的大人是从山西来的；而锁头、栓柱一类的肯定是从河北来的；像小四、二子、老五之类八成是从天津来的；高娃、巴特尔什么的，就更明显是从陕西、内蒙古来的了。当时这儿还住着一位苏联专家，他有一个儿子叫阿廖沙，他们这些淘气孩子都戏称他"二流子"（"阿廖沙"的谐音），他也不知是什么意思，一叫就答应，每每总是逗得大家一乐。

如今，复兴门外真武庙路一带已经是非常热闹的城市中心了，到处高楼林立，宽敞的长安街，川流不息的汽车和人流。以前可不是这样，他记得在他小时候，真武庙地区已经算是郊外了。本来嘛，复兴门就是过去老北京的一道城门，那时出城门外就算是郊区。

当时他们随大人一上街，肯定是往东走，因为那边是城里，西单啦、天安门啦、王府井什么的都在真武庙的东边。往西就荒无人烟了。西边有一条铁路，整天是一会儿客车一会儿货车地跑个不停。铁路再往西有几十米宽的空地，长着很多杂草，坑洼不平，还有一道小水沟。在这片空地上有许多坟头，据说复兴门外这一带过去就是乱葬岗子。在这些小坟头中也夹杂着一些带石碑的大坟包子。

西边虽然一片荒野，但却是他们这帮孩子的游玩胜地。一到周末就到处疯跑。春天来了，打鸟是他们的拿手好戏，当时没有环保意识，把麻雀等鸟类都视为同人类争夺食物的敌人，列为"四害"之一。孩子们把打鸟当成游戏，几乎每个男孩子都拥有一把粗铁丝做的弹弓。他们除了打鸟外还钓鱼。在真武庙南边就是一条河，那时不知叫什么名字，现在才知道叫昆玉河。河面不宽，水是从颐和园那边流过来的，小鱼挺多的。他们用的鱼竿是自己用竹竿或者苇子秆儿做的，钓上来的都是寸把长的"白条子"或"小鲫瓜子"。偶尔钓到鲇鱼，个儿都比较大，但他们一般都扔了，因为听说吃了鲇鱼会犯病的，看着恶心，也害怕。

夏天，特别是暑假到了，玩的内容更丰富。那时的暑假不像现在，学校不补课，也不用到处去找老师补习英语、数学，家长不会给孩子进行智力投资。在整个假期里，除了需要写一两篇作文，做完极简单的假期作业外，其余的时间里，他们便是开心地玩耍了。

夏天的天长，孩子们更是一天都不着家了。男孩子喜欢玩活物，像什么粘知了、挖知了猴儿、抓蜻蜓。他们找一根长竹竿，把用橡皮筋熬成的胶粘在竿子的前端，然后用它去粘蝉或蜻蜓。虽然没有什么高级玩具和电子游戏，只是一味野玩，但他认为比现在的孩子玩的内容有趣多了。

在暑假中，最有趣的是到玉渊潭去游泳，顺着昆玉河往西四五里路就是玉渊潭了，现在是北京市著名的公园，那时却是地地道道的野山野水。土山上下到处都是野草丛生，水塘里是大片大片的芦苇，一到雨季这里就是汪洋一片，在这儿游泳是他们的主要游戏内容。所谓游泳其实就是在水里瞎扑腾、打水仗；有时他们还做一些危险的游戏——跳水。那里有一个小水电站，不知什么原因，平日那个水电站很少开机运作，所以大坝下面的水是很平静的，就这样，水电站的大坝就成为他们的跳水平台了。大坝距水面有好几米高，他们不敢贸然头朝下往下跳的，所以跳水动作并不规范，大多是"跳冰棍"。所谓"跳冰棍"，就是头朝上，身子挺直，顺顺溜溜地跳下去，由于脚先入水，所以危险性并不大。

从红色摇篮一路走来，经历过战争年代及艰苦岁月，经历过改革开放40年的祖国变化，杜久信精神矍铄。如今他喜欢读书写作，参加了月坛街道读书会，在《人文月坛》发表散文和诗歌。

顾小杰：打造老年人的幸福餐桌

老年人在家做饭不方便，又不愿意到饭馆吃饭，广电总局新302老年餐桌的出现，让老人们解决了吃饭难问题。餐厅主任顾小杰细心关注老人用餐，满足老人的需求。老人说："这是我们的幸福餐桌。"

2009年6月，广电总局为响应北京市建设居家养老工程号召，与西城区月坛街道办事处共建，解决月坛地区老年人就餐问题。

新302餐厅在驻月坛地区中央部委单位中，率先与月坛街道社区服务中心建立"月坛地区居家养老供餐示范点"。通过以供餐、送餐为主的系列服务形式，满足周边高龄、独居、纯老家庭及生活自理有困难的老年群体的就餐等需求。

为了方便在社区订餐的老年人每周都能及时看到菜谱，餐厅每周都会以《人文月坛》为平台，提前公布菜谱，为订餐的老人提供一个宽裕的参考和订餐时间，得到了就餐老年人的赞誉。

新302餐厅平均每日到餐厅就餐老人达到400余人次，送餐200余份。居家养老供餐服务已经实现对月坛27个社区的全覆盖。据统计，自2009年至今，新302餐厅共接待老人近18万人次，送餐近23万人次，对行动不便的老人提供送餐入户服务达到14000余次，为老人办理就餐卡5200余张。

餐厅主任顾小杰负责餐厅的全面工作。自新302餐厅成为月坛地区居家养老定点单位以来，顾小杰负责联络区、街道以及各个社区居委会工作事宜，为解决老年人和残疾人就餐问题做了大量的工作。

每天中午就餐时间，顾小杰都在餐厅值班，一方面是为了观察老年人来餐厅就餐的环境安全，另一方面是为了了解老人的就餐口味以及各种需求。

"现在，来餐厅就餐的老年人普遍反映花色品种比较多、价格不贵、量很足，他们吃着很舒心。听到这些话，我也感觉很踏实。"顾小杰介绍道。

2002年，顾小杰在广电总局的安排下，开始接管广电新302餐厅的相关工作。

多年的餐厅工作经验，让顾小杰对于如何做好老年人餐饮工作有了一定的心得："餐饮工作一定要细心，每个点都要做到最好，吃进嘴里的东西不能出一点差错。"

为了做好餐厅工作，顾小杰全年都没有休息，春节期间他依然在餐厅值班。顾小杰表示："我上次休息是在前年，而且还是因为自己生病住院了。和家人出去也不敢走太远，基本一天就回来。"

顾小杰每天10点钟会准时下楼维持就餐秩序，讲解就餐程序。他发现行动不便的老人时，就上前帮助他们，替他们买饭。顾小杰在餐厅巡视过程中，经常和老人一起说家常，对老人问寒问暖，及时帮助就餐老人解决困难。

在老人饮食方面，顾小杰也充分为老人的健康着想，并且针对老年人多发的糖尿病、高血压等疾病，合理搭配饭菜。顾小杰还告诉厨师，要少盐、少油、少糖、少辣，让老人既能吃出味道，又不会觉得太咸、太腻。

在炒菜的火候上，顾小杰会叮嘱厨师火候大一点。老年人的牙普遍不太好，把菜炒得软一点，老人不会太难咀嚼。

此外，顾小杰和老人沟通上也非常有耐心。有的老人很喜欢和他唠家常，有时可能连着好几天都跟他说同一件事情，但每次顾小杰都会认真地听老人讲述，即便是听过的事情，他也不会觉得烦。

"老人喜欢说些往事，在跟他们聊天时，要耐心听，让老人发发牢骚。老人发脾气时要认真地安抚老人，不能让老人着急上火。"顾小杰还表示，"很多老人基本每天都能见到，他们不仅是我的顾客，也像我的亲人。"

2011年7月20日，一位先生将一面印有"拾金不昧，品德高尚"的锦旗送到了餐厅办公室，他要感谢将他遗失的包还给自己的顾小杰。

2011年7月19日早晨，餐厅供应早点的时间已经结束，来吃早点的顾客已陆续离开，服务员开始收拾餐厅时，突然发现座椅上放着一个黑色的男士腰包。服务员当即把顾客遗失的包交到了在餐厅值早班的主任顾小杰手里。顾小杰打开包后，发现里面有现金上千元及身份证、银行活期存折、股票卡、残疾证、公交卡等贵重物品。

顾小杰根据这些证件的线索和失主取得了联系，并一直在餐厅门口等候失主，最后将包及包内的物品完好地交给了失主。失主表示非常感谢，并对顾小杰说："来新302餐厅吃饭，吃得放心，吃得安心，感谢顾小杰同志及餐厅的工作人员。"

还有一次，一位家住铁二社区的老人把 800 元养老券弄丢了，老人非常着急。顾小杰就赶快帮老人寻找，并及时送到老人手中。老人拿回养老券的时候，拉着顾小杰的手说："顾主任，太谢谢您了，丢了的时候我都急出汗了。"顾小杰也握住老人的手说道："这是我应该做的，您来这里吃饭，怎么能让您丢了东西呢。"

顾小杰谈得最多的就是如何让老人吃得安心，吃得健康。"我是做食品安全的，饭菜的安全是我最在乎的事情。老人的身子比较弱，我要做到让他们吃进嘴里的饭菜又好吃又健康。"顾小杰说道。

顾小杰和家人都在北京住，虽说每天都可以见到，但是因为工作性质，一年都不能休息几回，这让他没有更多时间陪家人。顾小杰的孩子今年也要高考了，他却没有很多的时间去陪孩子。

"家人都很理解我，孩子也很优秀，父亲的身体也很健康，我陪伴他们的时间很少，但是我们这个大家庭非常融洽幸福。"顾小杰笑着说道。

充永军：邻里帮扶成忘年交

古人云，远亲不如近邻，邻里之间都希望融洽、和睦。广一社区李红梅和充永军两家邻居，互相关照，互相帮助，成了忘年交。

广一社区居民李红梅的子女都不在身边，平日里只有她和老伴儿两人在家，生活上时常遇到困难和不便。幸亏身边有个好邻居充永军，给予老两口悉心的帮助。

4 年前，李红梅和充永军两家搬进同一层楼房，当时都在装修房子，彼此就会时不时串个门，看看对方房屋装修的样子，这样就认识了。慢慢地大家彼此帮忙，相互照应，你来他往，变得越来越熟悉。

去年，李红梅家要更换电脑，但老两口都不了解相关知识，充永军便开车带两人去大中电器商场挑选电脑，并帮忙对买来的电脑进行安装调试。平时，充永军还会手把手地教两人使用电脑，因老年人记忆不好，充永军便一遍又一遍地教，从不厌烦。而且，每次李红梅家电脑出现问题，充永军不管多忙，都随叫随到，帮忙修理。

　　充永军常在家自己做饭，因平时喜欢美食，还经常在电视上学两手，做出的饭菜美味又有营养。他不仅经常将做出的美食分享给李红梅一家，还将一些制作美食的方法教给了其他邻居。有次，因老伴儿去国外探亲，李红梅一人在家，充永军怕她做不了饭，便用家中刚买来的面包机做了一大块面包送给她。

　　平时，只要在路上碰上，充永军就会把李红梅手中提的东西拿过去再送到家中。李红梅生病住院时，充永军夫妇还会购买营养品去医院看望她。有时李红梅和老伴去国外探亲，离开好几个月，充永军就帮助收取其家中的报纸和信件等。而充永军因工作出差时，李红梅也会帮他收取快件。

　　李红梅的子女从国外回来时，都会顺便给充永军带些东西，感谢他对父母的照顾。就这样，小事积累得越来越多，情谊也积聚得越来越浓。尽管两家是4年前才搬到同一栋楼住的邻居，而且年纪相差几十岁，是两代人，但现在成了忘年交，相处得像一家人一样。

　　随着城市化进程的加快，人们都在感叹，邻里之间没有之前亲了，关系生疏了，很多人怀念起胡同大院的生活。然而，很多人却不知道，这些隔阂不是高楼大厦，而是人们心中的一面墙。只有他们打开心中的门，像李红梅和充永军一样成为好邻居，生活才其乐融融。

文/靳春迎

木樨地滨河路

燃烧激情培育人民卫士的安宁之路

　　月坛地区，永定河引水渠两侧有两条道路，南侧从木樨地桥往南，穿过白云路，沿着河边一直到广安门北滨河路甘雨桥；北侧从木樨地桥往南，沿着河边一直到白云路。然而，自20世纪80年代至90年代末，乃至政府对永定河引水渠两岸道路进行整治后，一直没有路名，附近居民管它叫"河边儿"。直至2017年10月，市政部门才给它们起了路名，并安上了路牌。

【街巷名片】

　　永定河引水渠的上游是玉渊潭公园里的东湖、西湖与八一湖。永定河引水渠南岸沿岸有中联部、中国人民公安大学、白云驿站、西城区卫生局卫生监督所、北京

木樨地社区街巷　　摄影：苏慧忠

196

市社区卫生协会等；北岸沿岸有国家粮食和物资储备局、中国航天科技等单位。两岸有公安社区、汽南社区、白云观社区、木樨地社区、汽北社区、真武庙社区等。

【街巷历史】

潺潺流动的永定河引水渠、绿树葱茏的河岸美景，仿佛在向居民讲述着千百年来的历史故事。

永定河引水渠：百年流动的护城河

永定河引水渠是通惠河（南护城河）的一部分。永定河引水渠干渠总长 26 公里，是北京市整体水系的一部分。沿河建设的滨河路是北京营城建都滨水绿道，是北京市规划的 10 条城市滨水绿廊之一。周边有众多古迹，历史文化积淀深厚。永定河在月坛地区的一段从木樨地桥起，到西便门桥的二热闸（天宁寺桥）止，全长 1.933 公里。引水渠南侧叫"木樨地南里滨河路"，穿过白云路往东至甘雨桥的一段叫"白云观滨河路"；引水渠北侧叫"木樨地北里滨河路"，穿过白云路与真武庙四里相衔接。河滨有"木樨鱼趣""白云叠趣"及观天宁寺塔平台等景观。

为缓解北京市的水资源短缺，在永定河引水渠两侧建立了雨水利用系统，将沿河滨公园绿地、园路的雨水引入雨水利用系统，增加了汛雨的入渗利用，还可以节约草地灌溉用水，提高水资源的循环利用。

原永定河引水渠南北两岸均为一条不足 5 米宽的土路，南岸东端被原长安市场阻断，不能与真武庙四条相连；南岸北端尽头为木樨地南，也被一沿河而建的小单位占用阻断，不能与木樨地北的三里河路相连。沿岸布满杂乱无章的饮食、杂货、装修等小商铺，污水横流，是一个典型的脏乱差地区，与首都形象极不相称。

20世纪90年代末，政府对永定河引水渠两岸道路进行整治，拆除了沿岸占道乱搭乱建的棚户民房，将长安市场搬迁至真武庙四条，拓宽了两岸道路，打通了白云路以东路段，与真武庙四条连为一体，路宽20余米，双向两车道。2017年10月，道路也有了名称。平坦的沥青马路也通上了好几条公交线路。

永定河引水渠的上游是玉渊潭公园里的东湖、西湖，与八一湖相连，通过京密运河把密云水库、颐和园昆明湖与永定河引水渠连成一体。

玉渊潭公园：千年的人文积淀

玉渊潭公园是北京市区最大的公园之一，公园与钓鱼台国宾馆相邻，西至西三环中路与中央电视塔隔路相望，南门与中华世纪坛相对。园内众多景点，是市民们放松漫步的好去处。

玉渊潭公园历史源远流长。从某种意义上说，玉渊潭的历史就是北京都城史的一个侧面。天然的地理位置和秀美的风光，造就了这里的人文积淀。元代熊梦祥所著《析津志辑轶》记载，玉渊潭建有玉渊亭。"玉渊亭，在高良河寺西，枕河埂而为之。前有长溪，镜天一碧，十顷有余。夏则熏风南来，清凉可爱，俗呼为百官厅。盖都城冠盖每集于斯，故名之。"

远在金代，玉渊潭就吸引了皇家的目光，订圣宗年轻时就奉母亲萧太后之命，在玉渊潭读书狩猎。这里是金中都城西北郊的风景游览胜地，一时冠盖如云、车马辐辏。金章宗完颜璟还在玉渊潭筑钓鱼台、八大水院，首定"燕京八景"之名。完颜璟推崇汉文化，雅好山水，一时玉渊潭、钓鱼台蜚声北国，吸引了很多文人墨客在这里读书。辽金时代有封建士大夫们追求隐逸雅趣的"养尊林泉""钓鱼河曲"等风景名胜。

至元代，结束了金、宋南北分裂的局面，北京第一次成为"大一统"中国的心脏重地。嗜好水草的蒙古贵族对玉渊潭情有独钟，纷纷在玉渊潭建造别墅、园林，一时间玉渊潭地区别墅林立，即有了"百官厅"之称，最著名的是元代维吾尔族政治家廉希宪的"万柳堂"。明万历时蒋一葵《长安客话》："元初，野云廉公希宪即钓鱼台为别墅，构堂池上，绕池植柳数百株，因题曰万柳堂。池中多莲，每夏柳荫莲香，风景可爱。"文中所指"万柳堂"就是玉渊潭的钓鱼台，绿柳、莲花分外妖娆。元代与欧阳询、颜真卿、柳宗元并称"四大书法家"、开创元代新画风的著名书法家、画家赵孟頫曾经在万柳堂宴饮，并作《万柳堂图》，赋诗《万柳堂席上作》："万柳堂前数亩池，平铺云锦盖涟漪。主人自有沧州趣，游女仍歌白雪词。手把荷花来劝酒，步随芳草去寻诗。谁知咫尺京城外，便有无穷万里思。"这首诗后来被他的外孙女婿陶宗仪收录在著名的《南村辍耕录》中。

明太祖朱元璋出身贫民，崇尚简朴，重祭祀坛庙，而不喜休闲园林。明朝廷在玉渊潭设官庄官田，名盛一时的玉渊潭名园之誉不再，明代前期，中国园林艺术陷入沉寂。

清代，乾隆皇帝非常重视京城的水脉梳理。乾隆三十六年（1771）夏，大雨连绵，水淹宛平县200余村，香山、玉泉山和清漪园都受到洪水的威胁。清乾隆三十八年（1773），政府不仅疏通了清漪园昆明湖，建造了碧云寺樱桃沟至玉渊潭的引水工程，开挖南旱河，浚治成湖，又在下口建闸，俾资蓄泄湖水，合引河水由三里河达阜成门之护城河。同时疏浚了玉渊潭，将雨水、泉水引入玉渊潭，玉渊潭也迎来了大发展的机遇。

乾隆三十九年（1774），下旨在玉渊潭东部钓鱼台修建行宫，玉渊潭出现了皇家园林建筑。乾隆皇帝亲笔在钓鱼台西瓮门题写"钓鱼台"匾额，并作《御制钓鱼台诗》刻于钓鱼台城东门门额上。玉渊潭盛极一时，湖面宽阔，烟柳依依，成了京西游览玩赏佳境。每年农历七月十五中元节，人们聚集于玉渊潭观赏河灯；农历九月初九重阳节，在玉渊潭和会城门一带驰车赛马，十分热闹。末代皇帝溥仪的师傅陈宝琛《里中及门百三十二人宴集钓鱼台》诗："故山一别十三春，犹有从游载酒人。佳日池亭俨图画，昔年童冠尽缨绅。纵观寒木须时栋，暂对清樽远世尘。胜集金元遗迹在，如斯风义定谁伦。"晚清和近代政治人物郑孝胥的日记记载："光绪十一年九月初九，观者万人，满洲妇女尤多，都无立足之处，远望红尘涨空。"

近代几十年，由于战争频仍，民不聊生，玉渊潭也荒芜了，湖泥淤塞，杂草丛生。当代女诗人陈学昭1925年在《钓鱼台》一文中描绘了玉渊潭的荒凉景象："一泓碧水岸旁有无数的枯黄的芦荻，在无风也无浪的河边，它是寂寞的，孤凄地、轻轻地摇曳着。"

中华人民共和国成立后，政府多次对玉渊潭进行疏浚永定河引水工程，在旧湖南边挖了一个约10公顷的新湖，状如葫芦，名八一湖。下游建有实验水电站一座。新旧两湖东西两端相连，既可引水，又能蓄水。1949年初，玉渊潭划归原北京农业大学作为农林试验场。

1958年，中央政府决定将钓鱼台旧行宫扩建为接待各国来访元首的国宾馆，修复了园内的古建筑。同年，原北京农业大学农林试验场的玉渊潭地方移交给北京市水利局，市水利局水产办公室又利用玉渊潭水面，开展养鱼、种苇等水产养殖业务。

直至1960年1月，北京市水利局绿化处将玉渊潭辟为公园、绿地，定名为玉渊潭公园，设立标牌，正式对外开放。4月，市园林局根据北京市委指示，成立了玉渊潭公园管理处。1961年，园林局水产办公室在所属各公园包括玉渊潭公园水面，开展养鱼业务。

1964 年 4 月 27 日，玉渊潭、紫竹院两个公园合并，撤销了水产办公室，成立了玉渊潭紫竹院公园管理处，管理处设在紫竹院公园内，玉渊潭公园作为管理处的一个队，安排 20 余名职工进行日常管理。1979 年 2 月，北京市政府决定将玉渊潭公园由市水利局划归市园林局管理，玉渊潭公园进入了比较正常的发展时期。1980 年 5 月 4 日，北京市委决定把 160 公顷的玉渊潭公园改建为青少年活动基地。1982 年 12 月 28 日，纪念宋庆龄国家名誉主席基金会在人民大会堂举行第一次在京理事会，会议确定在玉渊潭公园筹建宋庆龄儿童科学公园，并成立北京宋庆龄儿童科学公园筹建处。

1988 年 11 月 24 日恢复了玉渊潭公园管理处。在党和政府的关怀下，经过半个多世纪的不懈努力，玉渊潭获得了长足的发展。如今，玉渊潭因其优美的环境、良好的设施和优质服务，深受北京市民和外地游客的喜爱，成为京城一座著名的公园。

中国人民公安大学：培养人民卫士的摇篮

永定河引水渠的南岸屹立着一座威严的高等院校——中国人民公安大学。

公安大学是公安部直属的普通高等院校暨公安部高级警官学院，创办于 1948 年 7 月，历经华北公安干部学校、中央公安干部学校、中央人民公安学院、中央政法干部学校等时期。1984 年 1 月，改建为全日制普通高等本科院校。1998 年 2 月，与原中国人民警官大学合并，组成新的中国人民公安大学。学校是国家首批"双一流"世界一流学科建设高校和国家首批"卓越法律人才教育培养计划"试点高校。

中国人民公安大学有木樨地、团河两个校区，占地面积 1200 余亩，教学行政用房和学生（学员）宿舍面积 60 万余平方米，教学科研仪器设备总值15069万元。目前，学校设有10个学院，设置13个本科专业及18个专业方向，有一级学科国家重点学科2个、北京市重点学科4个，有博士后科研流动站1个、一级学科博士学位授权点3个、一级学科硕士学位授权点5个、硕士专业学位授权点4个。有警务指挥战术系、交通管理工程系2个系，有警务实战训练部、人文社会科学教研部2个教研部，有进修部、军队保卫学院、外警培训部等3个培训机构。

1948年7月，中国人民解放战争进入战略决战的前夕，中共中央华北局社会部为适应华北地区大中城市解放后接管和组建公安机关的需要，在河北省平山县西冶村创建了华北干部培训班。1949年1月，改建为华北公安干部学校，同年2月迁入北平。1950年1月，经政务院批准，扩建为中央公安干部学校，1952年10月迁入木樨地新址。从此，学校办学由地区性扩大至面向全国，为中华人民共和国培育了第一代公安人才。

1953年1月，为适应社会主义革命和建设对公安工作的要求，经国务院批准，原中央公安干部学校改组为中央人民公安学院，培训对象由以培养新干警为主转变为轮训在职中层领导和业务骨干为主。

1959年，国民经济出现暂时困难。为了精简机构，中共中央决定，中央人民公安学院与中央政法干部学校合并，沿用"中央政法干部学校"校名，担负轮训全国县以上政法机关主要负责干部（公安局局长、法院院长、检察院检察长）以及其他业务骨干的任务。重大决策由中央政法小组决定，日常工作由公安部党组领导。"文化大革命"期间，学校被迫停办。经中央批准，1978年恢复办学。

1982年1月，为满足公安工作对学校专业化建设的要求，经国务院批准，在中央政法干部学校的基础上恢复了中央人民公安学院。学院在着力于培养公安机关业务骨干的同时，还担负了代训司法、检察、法院干部的任务，并开始筹建全日制正规大学。

为了适应改革开放新形势对高素质公安人才的需求，1984年1月，经国务院批准，中央人民公安学院改建为全日制中国人民公安大学，邓小平同志题写校名。

中国人民警官大学创建于1978年，是公安部直属本科院校。历经政法专科学校、国际政治学院两次调整，学校性质由隐蔽转向公开，1984年改建为中国人民警官大学，彭真同志题写了校名。

1998年2月，经教育部批准，中国人民公安大学与中国人民警官大学合并组建成新的中国人民公安大学。依然沿用邓小平同志题写的校名。2000年11月，原北京交通人民警察学校整建制划归公安大学，成立沙河培训基地。2003年9月，经国务院学位委员会批准，学校获得博士学位授予权，成为全国公安教育系统唯一一所同时拥有硕士学位和博士学位授予权的院校。

截至2014年9月，中国人民公安大学与英国、美国、法国、德国、澳大利亚、加拿大、土耳其、韩国等50多个国家和地区的警察机构进行着密切的交流合作，与美国纽约城市大学、法国国家警官培训学院、俄罗斯联邦内政部莫斯科大学、德国警察大学、土耳其警察大学、乌兹别克斯坦内务部警察学院、韩国警察大学、越南人民警察学院等建立了长期稳定的校际合作关系，招收和培养外国警察留学生，并为中欧、东盟、亚非发展中国家先后举办了多期研修班。从2009年开始，学校每年举办一届"国际警务论坛"，邀请有关国家和地区高级警官和专家，围绕警务热点、难点和社会安全领域焦点问题进行研讨交流，积极提出预防和处置相关问题的措施和对策。

2004年10月15日，胡锦涛、温家宝等党和国家领导人亲临中国人民公安大学，观摩全国公安民警大练兵汇报演练，胡锦涛总书记发表了重要讲话。2006年3月，公安部管理干部学院更名为公安部高级警官学院，依托中国人民公安大学，重点承担高级警官职务晋升培训任务。

2008 年 10 月 18 日，中国人民公安大学在北京举行建校 60 周年庆祝大会。2012 年，中央政法委、教育部批准学校设立"应用型、复合型卓越法律人才教育培养计划基地"。2014 年 3 月，公安部批准学校设立公安部警务实战训练基地。2017 年 9 月，入选国家首批"双一流"世界一流学科建设高校名单。

中国人民公安大学建校 60 多年来，先后为全国公安政法机关培养了包括多位公安部、国家安全部部长、副部长在内的 20 多万各级领导、业务骨干和专门人才，被誉为"共和国警官的摇篮"。另外军队保卫系为军队培养了近 6000 名军队保卫干部，其中军以上领导干部 30 余人，将军 20 余人。

【街巷人文】

在永定河引水渠附近，居住着很多老教师，他们年轻时教书育人，退休后也发挥余热，让这里的街巷更加充满人文气息。

藏族班：西藏公安的摇篮

这里不见硝烟，不闻枪声，没有警灯闪烁，没有警笛长鸣。然而，对于西藏各族干部学员来说，中国人民公安大学西藏（班）部，就是学习的战场、成长的摇篮。1957 年初，经国务院批准，公安部决定在西藏工作委员会成立的西藏公安学校基础上，成立由公安部直属院校中央公安学院（中国人民公安大学前身）承办的"西藏班"，并迁往北京，以适应飞速发展的西藏公安队伍人才建设的需要。

从 1957 年成立至今，在半个多世纪的发展历程中，公安大学西藏部先后为西藏自治区公安政法机关培养和输送了 4000 余名各级领导干部、业务骨干和公安政法专门人才。目前，在西藏自治区公安政法机关中，60%以上的干部在公安大学西藏部接受过培训，西藏自治区一批党政军领导干部也在公安大学西藏部接受过培训。公安大学被誉为"高原卫士的摇篮"。

公安大学西藏部为西藏同胞的幸福，为全面建设小康西藏、平安西藏、和谐西藏做出了杰出的贡献。

1957年7月下旬，6辆蒙着军绿色帆布篷的卡车满载着102名学生和14名老师，从西藏首府拉萨开出，沿着青藏公路开往内地、驶向北京。这102名学生将成为我国西藏第一批严格培训的公安民警，创造了平凡而又伟大的事业。

带队的于洪是34岁的西藏工作委员会（简称西藏工委）援藏干部，身体结实，充满朝气。于洪原名陈延礼，山东掖县人，1944年参加革命工作，进藏前任江苏省镇江专署公安处副处长。1956年春天，他和爱人赵德珍报名进藏工作。他在拉萨自治区工委社会部担任办公室主任时，受命筹建西藏公安处公安学院，选拉萨门堆林卡为校址，并着手招收学员。于洪又对教师和工作人员进行了精选，主要是精通藏汉双语的，多数是党员和有着"老西藏精神"的原十八军进藏干部。由于西藏历史情况特殊，招收学员遇到了困难。当时的西藏没有一所现代学校，只有极少数贵族子弟私塾。国民党时期，拉萨曾勉强办了一所小学，10年间仅培养出12名学生，学校还中途夭折。广大农牧民子弟没有受教育的机会，上学对他们是件很新鲜又遥不可及的事情。

为了保证公安学校开学，经研究，以介绍推荐和从社会上找学生的办法解决生源，并采取先招进后再审查的特殊做法。

当时招生很困难，社会部干部推荐自己的朋友，介绍亲戚，也有的是在办学筹建公安处公安学院时从社会上做苦工、修路的民工中找的，还有的是被各宗（县）奴隶主当成修公路一样的劳役派差、支差方式送来的奴隶和农奴。过了3个多月，共招了279名学员，11月举行了开学典礼。

学校下设组织、教育、秘书各科。校舍很简陋，多数学员住在帐篷里，但学员们学习很刻苦。教员多是由社会部各业务科的干部担任。这就是西藏首次开办的公安学校。

1957 年 2 月 27 日，毛泽东主席在最高国务会议第十次（扩大）会议上做了重要讲话。根据西藏当时的形势和特殊情况，提出了西藏 6 年不改革的指示。这时，中央驻西藏代表和西藏工委经过多次研究，决定在内地创办学校，对已经参加了工作和学习的数千名藏族青年，把他们作为学员送到内地学校继续培养，为西藏储备干部。在这样大环境下，公安部决定，建校不到一年的西藏公安学校要迁往内地办学。西藏工委公安处决定由于洪担任主任，带学生去内地办"公安西藏班"。但办学地点没确定下来，等公安部最后通知。

于洪开始进行紧张的筹备工作，按照培养目标要求和本人自愿原则挑选了 102 名学员。其中藏族 94 人，回族 8 人；男 77 人，女 25 人；中共预备党员 20 人，共青团员 36 人；年龄最大 29 岁，最小 16 岁。学员大部分是出身贫苦的农牧民家庭的子弟和贵族家的奴隶。并与交通等有关部门联系车辆和路上所需经费等物资。欧阳镝是当年的十八军进藏公安队战士，能说流利的藏语，后调到西藏工委社会部做统战工作，参加了于洪带队的西藏班创办工作，协助于洪护送西藏学员进京，并任西藏班党支部副书记。出发那天，拉萨的天气格外晴朗，湛蓝的天空飘着朵朵白云，好像为远行的人们送行。赶来送行的学员家长、兄弟姐妹，向自己的亲人和随行的教师们献上洁白的哈达，唱起了送别的歌谣。西藏工委社会部和公安处的领导等也赶来为大家送行。此时，公安学校迁内地办学的地点，公安部仍然没有通知。

内地的 7 月已是酷热的夏季，然而在西藏，早晚还有霜冻。于洪和欧阳镝带领的车队日夜兼程，离拉萨，经当雄，越 5400 米的唐古拉山口，从格尔木到察尔汗盐湖，经过20多天的长途跋涉，载着116人的6辆卡车终于到达了兰州，并利用等待公安部决定校址的间隙在兰州做些休整。几天后，公安部政治部干训处副处长徐耀东抵达兰州，告诉大家，中央决定，西藏班办学地址已定在北京，由中央公安学院负责。

在兰州，西藏班学员改乘火车前往北京。从前门火车站出来，学员们第一眼看到了北京典型古建筑前门城楼，看到了挂有毛主席像的天安门和宽阔的广场。"这么大，这么漂亮，真了不起！"有的学员一下子跪拜在广场主席像的前方，终于到了向往已久的北京，我们离毛主席是那么近！

从此，西藏班在公安学院开始了创建和发展。在党中央的关心下，在公安部和西藏工委的领导下，由公安学院具体实施教学计划，开始谱写西藏公安教育的新篇章。

1957年8月，102名学员到达北京的中央人民公安学院，第二年9月，西藏公学又选送103名学员来学习公安业务，一同编入西藏班，统称西藏班第一期学员，当时简称为青年班。从1957年创建西藏班，至20世纪80年代初，共开办了青年班10期，培训了1400多人；开办了干训班7期，培训了691人。这是西藏班进入高等学历教育的新时期之前的创建发展阶段，是西藏班重要的历史时期，在西藏民主改革、平息叛乱等重大历史关头，为西藏输送了大批人才，为西藏的稳定、发展做出了贡献。西藏班20多年的创建发展史，为培养少数民族干部摸索了经验，创立了办学模式，同时也为西藏班进入新的发展时期，实施高等学历教育打下了基础。

在西藏班的创建发展时期，起步阶段尤为艰难，一切从零开始。初创时期的青年班，学员文化基础不一，多数是文盲、半文盲，称为"双文盲"（不会藏文，不会汉语，更不会写汉字）。要把基本处于"双文盲"的学员在短期内（要求3—5年，第一期实际只学习两年即提前毕业，回藏参加平息叛乱、民主改革的工作）培养成为知识达到中专程度，政治思想逐步成熟，达到立场坚定、界限分明，以及业务能力上有所掌握，初步懂得公安工作基础知识的初级公安干部，这是一个很大的挑战。而西藏班胜利地完成了这一挑战。周仲英当年是中央人民公安学院副院长兼党委书记，主持日常工作。这位老校长上过黄埔军校，蹲过国民党草岚子监狱，因严刑拷打致残，长年穿一件钢背心。他在西藏班第一期开学典礼上满怀深情地说："西藏是中华人民共和国一个重要的不可分离的组成部分。藏族是我们团结、友爱、幸福民族大家庭中的重要成员，是我们亲爱的兄弟，帮助藏族兄弟建设繁荣幸福的新西藏，是我们各民族尤其是汉族义不容辞的责任。……只有有了本民族的干部，才能更好地建设繁荣幸福的新西藏，才能使藏族兄弟彻底解脱贫困、落后和被奴役的境遇。这一次公安学院开办这个班，也就是为了实现这个长远伟大的目的。"

针对学员文化水平处于"双文盲"的状态，教学计划经常临时修改和调整。在具体内容上，从文字学习入手，打好学习基础。在文化教育中，重点学习藏汉语文，并注意同各科结合，以政治带文化，政治与汉藏语文相结合。西藏班党支部副书记欧阳镭后来回忆说："学员大都没有上过学，当初对坐着听课很不习惯，上课不听讲、开小差、打瞌睡、旷课等厌学情绪都出现了，我们老师就重点采取形象教学的方法。比如在语言课上，为了强化汉语的表达能力，经常由老师扮医生，学生当病人，如游戏一样的语言训练方法。当时班里有个不成文的规定，就是在学员中开展生活汉语化活动，在课堂上和休息时，老师和学员之间都用汉语对话，以提高学员听、说汉语的能力。时间久了，学员的汉语表达能力都有了迅速提高，为以后的学习奠定了基础。西藏班创造了一些实用的学习方法，比如生字走廊：把生字写在卡片上，挂满走廊墙上，让生字反复地在学员面前出现，大批的生字随处可见；生字过关：

下课时每人抽签认字；还有生字扑克、相互写信改错等等。

　　当时这种"先语后文"的学习方法如今被称作"情景教学"的模式和学习方法，得到学员们的认可，收到了很好的效果。学员在总结学习经验时说："我们的汉话是说出来的。"欧阳镛回忆当年西藏班教学经历时说："西藏班把学语言同政治教育、业务学习相结合。课文选的是政治性较强的文章，如《可爱的中国》《毛主席在群众中》等文章，学员容易接受，同时也受到了思想教育。在进行政治教育时，适当结合文化学习，让低班同学当课文学认字，让高班同学写感想、收获。这样各课相互结合，相互促进。"

　　为了促进同学们的学习热情，也使西藏有关机关了解学员情况，西藏班发动学员给西藏有关单位写思想、学习情况汇报（经教师修改）。原来不识字的同学给西藏有关领导写第一封信时，难以抑制内心的喜悦。信的第一句话是这样写的："这封信是我亲自给您写的。"当接到西藏鼓励他们取得学习进步的回信时，学员们更为高兴，到处奔走相告，互相传看，激发了他们学习的积极性。西藏班始终坚持对学员进行阶级教育、无神论教育和民族政策的教育，"民族政策"是常设课程，让学员系统地学习党的民族政策，认识藏族是祖国民族大家庭中的一员，是国家的主人，有治理国家、管理国家的权利，在政治上、经济上享有平等的权利，为学员们毕业后在西藏公安政法战线上做好民族工作打下了坚实的基础。当年西藏班的两位藏族女学员索朗卓玛和次旺"以苦引苦"、现身说法的忆苦报告轰动了北京城，她们的忆苦报告开始在西藏班、中央政法干校进行，后来推广到各机关单位和部队。1964 年至 1966 年，她们在京学习期间共应邀做忆苦报告近百场，听过报告的近 10 万人，每次忆苦报告会都泣声一片。报告内容还被编入了北京市高中语文课本。军事化管理是使西藏班顺利完成所有课程的重要保证。进行军事化管理，是提高学员战斗力和培养学员良好作风的重要手段，也是西藏班在严格的管理制度下学好所有课程的保证。实行军事化管理以后，学员们的组织纪律性有了很大的提高，能自觉遵守一日生活制度，在全校的室内外卫生检查中，多次受到了表扬。

李祥是西藏班原主任，曾四次进西藏，对西藏班怀有深厚的感情，著有《西藏公安的摇篮》一书。李祥说，公安大学为西藏公、检、法系统和部队培养了大批干部，奠定了坚实的人才基础，在西藏提起公安大学是特别自豪的事情。一次，他在拉萨遇到著名歌唱家才旦卓玛，她兴奋地说：我知道公安大学，她为我们西藏培养了好多人才。作为西藏班初创时期的一员，李祥对西藏班的热爱之情溢于言表。20世纪五六十年代的西藏班学员年纪都比较小，又远离家乡和父母，他们来到学校后，老师们用全部的心血从各方面关心和照顾他们，像对待自己孩子一样关爱他们，和他们同吃、同住、同学习、同娱乐，给他们理发、缝衣服，还替他们保管财物。办学初期的日子异常艰苦。藏族学员原来长期生活在雪域高原，基本与外界的病毒病菌相隔绝。初到内地，自身免疫力较差，再加上气候等方面的不适应，生病的比较多，染上了水痘、麻疹等疾病。欧阳锦和老师们把重病号及时送往医院，并日夜轮流陪床，直到患病的学员恢复健康。公安学院也科学地安排学员生活和学习，使疫情得到有效的控制。在于洪家里，至今还珍藏着他与历届西藏班学员们的合影，以及学员们给他寄来的各种信件、图片。于洪常常如数家珍地给来访者讲述着他所熟悉的每一期学员的名字和故事，以及他们入校时的年龄和性格及毕业后的情况。有一次，学校组织学员去某地劳动，当看到淘粪池时，有的学员说这哪是我们干的活儿，在西藏只有下等人才干这个。于洪二话没说，第一个跳下粪池，大家再也没话说了。类似的事情数不胜数。有一位学员后来在看望于洪时曾说，老师有如父母，我们在公安大学度过的岁月是永生难忘的。在学员们的心里，永远都记得当年在他们生病时，老师端水送药时的焦虑不安；记得老师领他们洗澡，帮他们搓去尘污时的慈祥笑容；也记得老师悄悄走进学员宿舍，给他们盖好被角默默离去时的身影。老师像父母爱孩子般地爱着学生，学员也像眷念父母一样眷念着他们的老师。许多从西藏班毕业的学员每次来京都要抽空到学校看望西藏班的老师们，叙旧拉家常，师生情谊浓浓。

公安部第一任部长罗瑞卿及副部长王昭等，非常关心西藏班学员，开学、毕业典礼都到会讲话。西藏班的创建发展时期，教学计划的制订以及参观学习都得到了来自公安部党组的关怀与支持。

1975 年 8 月，西藏班恢复招生，这是全国高等院校中第一个恢复干部培训的学员班。政法干校和西藏班的教师陆续从沙洋"五七干校"回京。曾参加过长征的老校长赵国威主持工作。

1984 年 1 月，国务院委托教育部批准，中央人民公安学院改建为全日制的中国人民公安大学。9 月，原中央人民公安学院大门门额上挂上了邓小平手书的校名。当时已是西藏自治区公安厅厅长、西藏班第一期学员白玛多吉代表西藏公安厅对公安大学 20 多年来为西藏培养了大批公安政法干部表示感谢。他提出，请公安大学从 1985 年起为西藏培养公安大专学生。时任院长蔡诚转达了当时公安部部长刘复之关于大学应责无旁贷继续为西藏培养公安干部的指示。

从此，西藏班结束了长达近 30 年创建、发展时期的青年班、干训班的培训任务（共 10 期），进入了新的历史时期，由非学历教育转入开展高等学历教育的预科班。

1997 年 10 月，中国人民公安大学"西藏班"正式改称"西藏部"，并开设了大专学历班，课程也扩大到包括写作、宗教、计算机、英语等在内的基础专业课，包括侦查、预审、治安、保卫、公安信息等在内的专业课，及射击、擒拿格斗等在内的技能课。

60 多年来，中国人民公安大学从西藏班到西藏部，从青干班、干训班、专业证书班、大专预科班到大专学历班，培养了数千名学员。学员中有的已成为西藏自治区公安政法部门的骨干，有的还走上了自治区的领导岗位，为西藏的民主改革和社会主义现代化建设做出了重大贡献。

1990 年，西藏班（部）被国家民委授予全国民族团结先进集体称号。1994 年、1999 年和 2009 年，三次被国务院授予全国民族团结模范集体称号。

在 1988 年西藏班成立 30 周年庆祝活动中，时任公安大学校长戴文殿总结 30 年办学成果时说：西藏班的老师政治上关心学员，思想上教育学员，学习上帮助学员，生活上体贴学员，从而形成了鲜明的工作作风和特有的班风。这种班风，是创建时期逐步形成，并随着不同时期的任务而趋于成熟和完善，乃至为承担高等学历教育任务的西藏部所继承；这种班风，是当年老西藏精神和公安学院、政法干校的办学经验和优良传统的结合；这种班风，体现了党和国家的民族政策及国家的教育方针；这种班风，适应了培养出身苦、文化低的藏民族青少年成为公安干部这一培养目标的需要；这种班风，对学员的成长尤为重要，学员的心灵深处受到极大的震动，对人生观、世界观的形成起到潜移默化的作用，也使他们终生难忘。

1964 年，一封西藏班第二期青年班和第一期干训班学员返藏临别前写给学校党委的信中这样写道："……我们深深地体会到，党是我们的再生父母，没有党的英明领导，我们这些在黑暗社会里的农奴早就被三大领主折磨死了，哪儿还有今天的幸福生活。我们从内心里热爱共产党。我们今天所取得的一点微小的成绩，都是党辛勤教育的结果，里面都渗透着党培养的心血……我们保证：绝不辜负党的培养和教育，绝不辜负学校期望，坚定立场，继续加强思想改造，全心全意为人民服务，人人争做敌人惧怕、人民喜爱的公安战士。我们决心为保卫和建设社会主义新西藏，为实现伟大的共产主义而贡献我们的全部力量。"

学员的信，表达了他们对党的感激与忠诚，在西藏班学员心里，从于洪、欧阳锦到李祥，一代代公安大学西藏班教师也就成了党的代表和化身，从此，西藏成为于洪、欧阳锦这些老人日思夜想、魂牵梦萦的第二故乡。他们辛勤地耕耘，培养了数千学子，为西藏的稳定和发展做出了贡献。他们的业绩被写进西藏公安史，被载入民族教育的光辉史册。

2006 年，青藏铁路建成开通之际，欧阳锦偕同夫人再次踏上雪域高原，四五十年前的西藏班的学员纷纷从西藏各地赶来，为老师献上雪白的哈达，献上一份感恩的心意。欧阳锦感慨西藏的飞跃发展，感慨中国人民公安大学和西藏班为西藏繁荣稳定、和谐安宁做出的贡献。

格桑花盛开在木樨地、永定河引水渠河畔，盛开在中国人民公安大学，它们是一代又一代的园丁用心血和汗水浇灌出来的。

郑英顺："人间灵魂专家"

在滨河路畔的公安社区有一对夫妇，曾在抚顺战犯管理所工作了30 年，与战犯打交道 30 年。在抚顺战犯管理所参与战犯管理和改造的那段历史，记载了郑英顺和她的丈夫金源为改造战犯所做出的努力和贡献，见证了 1079 名接受改造的战犯的重生之旅。这 30 年也是他们转变战犯灵魂的 30 年。他们被战犯尊为"良帅益友"，被领导和战友们誉为"人间灵魂专家"。

郑英顺，1950 年调入抚顺战犯管理所工作，直至 1980 年后调到中国人民公安大学，她在著名的抚顺战犯管理所工作整整30年，与战犯打交道30年，是我国教育改造战犯全过程的参与者和见证人。

金源，郑英顺的丈夫，1947年9月加入中国共产党，抚顺战犯管理所第二任所长。1926年4月出生于韩国庆尚北道奉化郡。1932年12月随父亲母亲迁到中国黑龙江。7岁时随父母到沈阳郊区农村。1945年8月15日前在伪龙江省立齐齐哈尔第三国民高等学校学习（商科），四年级时光复。1946年3月12日参加东北民主联军，任嫩江军区警备二旅侦察员；4月26日任第二旅旅部敌区工作部公安处侦察科侦察员。1947年11月调到齐齐哈尔市公安第三分局任侦察局员、市公安局行政司法科股长，并参加城市土改工作队，任南市街队长。1948年被评为全市特等工作模范。1949年10月在东北公安干校调干班学习一年（区营级待遇）。1950年6月调到东北抚顺战犯管理所工作，历任管教科员、副科长、科长。1957年12月任战犯管理所副所长，主持工作（第一任所长孙明斋调干学习）。1960年3月调辽宁省公安厅一处任副处长。1962年5月任辽宁省公安厅八处副处长。1964年10月调回抚顺战犯管理所任第二任所长。同年，抚顺战犯管理所被公安部授予"全国改造工作先进单位"称号。1978年8月调到中国国际政治学院任院党委委员，一系总支书记兼主任。1985年5月至1990年7月，任中国人民警官大学（后与中国人民公安大学合并组建成新的中国人民公安大学）党委书记（正厅局级），其间被聘为中国政法大学研究生院劳改专业导师。1990年4月离休后被聘为中国国际友谊促进会外联部顾问。

直至去世前，年逾古稀的金源仍奔走于内地与香港以及中日之间，为祖国和平统一和中日友好做贡献，续写他传奇的一生。

说起在抚顺战犯管理所参与战犯改造的那段历史，郑英顺感慨良多。那段历史让载了她和丈夫金源为改造战犯做出的努力和贡献。

抚顺战犯管理所原来是日本侵略者1936年建造的，位于抚顺市顺城区宁远街高尔山下，占地面积3万多平方米，是专门用来关押、屠杀我爱国志士的监狱。1948年抚顺解放，监狱被东北司法部接管。1949年，根据周恩来总理的指示，接收由苏联移交的日伪战犯。1950年6月成为中华人民共和国一所改造国内外战犯的监狱。这里从1950年7月至1975年3月，先后关押末代皇帝爱新觉罗·溥仪以及伪满洲国国务院总务长武部六藏、总务厅次官古海忠之、中将师团长铃木启九等982名日本侵华战犯。71名伪满洲国战犯，包括国民党战区司令官上将黄维在内的354名国民党战犯（大部分为少将以上军官）。

　　金源在任中国抚顺战犯管理所所长期间，同日本、"伪满"、国民党三类战犯结下了"不解之缘"。在中国共产党改造战犯政策的指导下，以真诚、善良和坚持原则，赢得了战犯的尊重和爱戴，被战犯尊为"良帅益友"。

　　1976年，原抚顺战犯管理所所长金源、孙明斋等曾在抚顺战犯管理所工作过的管教人员应"中归联"邀请，获准随"中日友好活动家访日团"到日本访问。代表团一行人一到东京羽田机场，"中归联"成员便跑上来与金源等久久拥抱。世事沧桑，过去的战犯与管教人员都完成了角色转变，为和平走到一起。在回忆抚顺战犯管理所的日子时，已经满头白发的国友俊太郎老人拿着中国20世纪60年代出版的《人道与宽恕》画册展示给在场的人，他说，中国是以和为贵，"和则两利，斗则两伤"。90岁高龄的日军旧军人绘鸠毅感触颇深地说，中国的政策首先是"把战犯当人，通过教育使他们恢复人性"。他说，抚顺战犯管理所是毛泽东、周恩来建立的"世界第一、有史以来最高水平的监狱"。中国管教人员重教育，懂得引导战犯们在人民面前认罪，"认罪运动是中国人道主义的成果"。

金源逝世后，郑英顺继续着与"中归联"的联系，在"中归联"的刊物上发表《中日友好　以史为鉴》《历史会牢牢记住他们》等多篇文章，陪同日本友人和访华团体参观抚顺战犯管理所博物馆。她还代表金源出席金源的遗作《奇缘———一个战犯管理所长的回忆》外文版的发布会。

郑英顺常常说，一定要把中国抚顺战犯管理所教育和改造战争罪犯的这段历史记录下来，让大家了解这段历史，了解中国共产党人成功教育改造战争罪犯的创举，拯救曾经罪恶的灵魂，把反动势力变为进步势力，为了中日永不再战，为了世界和平，促进人类进步事业发展。

涓涓流动的永引渠河水，仿佛从历史的长河中分流而出，这里的每一滴水，都承载着历史的尘埃，在新时代下折射出美丽的光芒，照亮街巷，也点亮人心。

文/王鸿善

西便门外大街
历史厚重与传播正能量的新兴之路

西便门外大街位于北京市西城区中部。这条大街原是金中都崇智门外的官道。明嘉靖年间修建外墙时，辟建了东西便门，这条大街又成了明朝京城外城西便门外的官道。旧时，月坛东天门外建有礼神坊，故称该大街为"礼神街"。清朝雍正二年（1724），改礼神坊为光恒坊，该街遂改称"光恒街"。这条大街因位于西便门外，1949年后定名为"西便门外大街"。

【西便门名片】

西便门外大街北起复兴门外大街，南至广安门北滨河路。西便门外大街东西两侧分别是国家广播电影电视总局大厦和中央人民广播电台大厦。除此之外，还有广二、西便门、铁四等社区。

【街巷历史】

西便门外大街具有深厚的历史底蕴，其中坐落着中央人民广播电台、国家广播电影电视总局、育民小学等单位，共同为老北京文化"发声"。

西便门："偏门"谐音成"便门"

西便门是北京西南角外城的一个城门，位于城墙西南端角楼处，主要由城楼、箭楼、瓮城组成。西便门与东便门是北京城中修建较晚的两个城门，起名时叫"偏门"，后来又顺着谐音叫成"便门"。西便门是明清时京师外城的七门之一。

嘉靖三十二年（1553），因蒙古骑兵经常南侵，加之城外关厢居民日渐增多，为维护京城安全，朝廷便在京城四周修筑外城。后因财力不济，只修了环抱南郊的一段，设永定门等 5 门，使京师城垣呈"凸"字形。后又在外城东北、西北两隅与内城连接处各辟一朝北的城门，规制较为简陋，门楼通高仅 11 米，因进出京城较为方便，便称其为东便门、西便门。西便门偏居北京城的西侧，是内城和外城的接合部位。因此，这座城门便以"偏"来命名，称之为"西偏门"。

嘉靖四十三年（1564），补修外城及其 7 门，西便门增筑径长 31 米的半圆形瓮城，加固其东侧内外城连接处的城墙垛口，疏浚城门外的护城河道，同时在城门以东修筑一座 3 孔水门，使玉泉山在附近顺利分流注入通惠河。清代又在瓮城上修筑宽 9 米、高 4.7 米的小型箭楼。1949 年，后城楼被拆除。西便门城楼、箭楼、瓮城则于 1952 年被拆除。1966 年，修建环线地铁，拆除附近的部分城墙。1988 年，市政府将紧靠城楼东侧残存的 195 米内城墙予以整修，在与外城相接处修复城楼，并在外城相接原址复建了"八瞪眼"箭楼，共用新制城砖 13 万块，同时保留 7 处断面遗迹。北海在此处辟建了西便门公园。西便门现在被列为北京市文物保护单位，并在城楼和西便门公园西北门处分别立"明北京城城墙遗迹"纪念碑。与东便门遗址不同的是，在西便门遗址修复过程中没有收集旧城砖，而是使用新城砖修复城楼，所以西便门遗址看起来远比东便门遗址整齐得多。

老北京从金朝以来便有"八景"之说。到了清朝，正式确定了燕京八景：金台夕照、太液秋风、琼岛春阴、蓟门烟树、玉泉趵突、居庸叠翠、西山晴雪、卢沟晓月八个名胜。可是，民间人士还觉得名胜不够，又口头流传了"燕京十景""后燕京八景"。可这燕京十景是哪十景，后燕京八景是哪八景，谁也说不清楚了。有人说"西便群羊"便是北京老城门处独特的一景。

"西便群羊"属于燕京新景之一。明朝修建西便门时，在城外遗留下数十块白色巨石，远远望去，有如白羊在那里吃草，人们将它视为西便门一景。打这儿起，就算又有了一景了。

其实，西便门外守着护城河，水草丰盛，明清以后这里就成了牧羊的好地界儿。当年，一到夕阳西下，便有牧归的羊群，这即是西便群羊的壮景。

过去老北京人喜食牛羊肉，明清两代一直到民国初期，羊业曾是工商界中的大行业。据清代乾隆京师商号记载，仅前门外珠市口周围几里地的范围内，羊肉铺就有 27 家之多，那时的市场日销量有千猪万羊之说。羊业又称羊行，过去北京市场上的羊肉必须是活体宰杀，没有冷冻设施，宰得太多无法储存，所以就有活羊交易场所——羊店。经营羊肉的叫羊肉铺，以经营羊馔为主的饭馆叫羊肉馆。东来顺羊肉馆原是光绪二十九年（1903）创建的一家羊肉店。羊店内都设有羊圈存放活羊，有羊倌定时外出放牧。西便门至木樨地，乃至木樨地西面的南北羊坊店路，也是当年西便门羊店的所在地。

20 世纪 50 年代中期，北京市政府在大红门南顶村建立食品公司，统一收购活羊，并设有铁路专线。改革开放初期，这里还有赶着群羊来食品公司送羊的羊贩子。

此后，由于北京城市面积的扩大以及对城市的科学治理，西便门外送羊的壮观情景就逐渐消失了。

国家广播电视总局：记录时代光影

西便门外大街北端与复兴门外大街交界处，是国家广播电视总局，简称广电总局。主要职责是：贯彻党的宣传方针政策，拟定广播电视、网络视听节目服务管理的政策措施，加强广播电视阵地管理，把握正确的舆论导向和创作导向。负责起草广播电视、网络视听节目服务管理的法律法规草案，制定部门规章、行业标准并组织实施和监督检查，指导、推进广播电视领域的体制机制改革。负责制定广播电视领域事业发展政策和规划，组织实施公共服务重大公益工程和公益活动，指导、监督广播电视重点基础设施建设，扶助老少边贫地区广播电视建设和发展。指导、协调、推动广播电视领域产业发展，制定发展规划、产业政策并组织实施。负责对各类广播电视机构进行业务指导和行业监管，会同有关部门对网络视听节目服务机构进行管理。实施依法设定的行政许可，组织查处重大违法违规行为。指导电视剧行业发展和电视剧创作生产。监督管理、审查广播电视节目、网络视听节目的内容和质量。指导、监管广播电视广告播放。指导、协调广播电视全国性重大宣传活动，指导实施广播电视节目评价工作。负责推进广播电视与新媒体、新技术、新业态融合发展，推进广电网与电信网、互联网三网融合。组织制定广播电视科技发展规划、政策和行业技术标准并组织实施和监督检查。负责对广播电视节目传输覆盖、监测和安全播出进行监管，指导、推进国家应急广播体系建设。指导、协调广播电视系统安全和保卫工作。开展广播电视国际交流与合作，协调推动广播电视领域"走出去"工作，负责广播电视节目的进口、收录和管理。指导广播电视、网络视听行业人才队伍建设。完成党中央、国务院交办的其他任务。

中央人民广播电台：为新时代发声

与国家广播电影电视总局毗邻的中央人民广播电台也坐落在西便门外大街。中央人民广播电台、中国国际广播电台、中国中央电视台原隶属于国家广播电影电视总局，并称为权威的中央三大台。2018 年 3 月，中共中央印发了《深化党和国家机构改革方案》，并发出通知，组建中央广播电视总台，撤销中央电视台（中国国际电视台）、中央人民广播电台、中国国际广播电台建制。

中央人民广播电台前身是延安新华广播电台，机器设备是缴获国民党误投的两部美制导航机。为保证电台安全，电台从峰峰矿区迁到涉县沙河村。电台播音室机器设在 3 个窑洞中，发电机是旧汽车头，燃料是木炭。新华广播电台一直播音到 1948 年 5 月 22 日。先后在石家庄平山、井陉矿区天户村播音，直到 1949 年 3 月 24 日迁往北平。中华人民共和国成立后，于 1949 年 12 月 5 日正式改为中央人民广播电台。

中央人民广播电台是国家广播电台，是兼具权威性和影响力的综合传媒机构，英文名称为 CHINA NATIONAL RADIO（简称 CNR）。CNR 标志耸立于中央人民广播电台大厦塔顶。

中央人民广播电台是我国唯一覆盖全国的广播电台，已开办中国之声、经济之声、音乐之声、都市之声、中华之声、神州之声、华夏之声、民族之声、文艺之声、老年之声、藏语广播、维吾尔语广播、娱乐广播、香港之声、中国高速公路交通广播、中国乡村之声 16 套广播频率。

改革开放以来，中央人民广播电台以广播为依托，全面开展新媒体业务，拥有目前中国最大的广播音频网站"中国广播网"及"中国民族广播网""你好，台湾网"、网络电台"银河台"，开办 4 套数字广播节目、两套数字电视频道《央广购物》和《央广健康》，以及控股子公司央广视讯独家运营的手机电视《央广视讯》。此外，中央人民广播电台还主办《中国广播》《广播歌选》《MUZINE 音乐之声》杂志和《中国广播报》，设有中国广播音像出版社等机构。中央人民广播电台下设的全资公司——央广传媒发展总公司，旗下拥有 8 家全资公司、3 家分公司、8 家控股公司、3 家参股公司，已成为中国广播产业发展的标杆企业，全面涉足手机电视、有声阅读、互联网电视等新媒体业务以及媒体零售等多项业务。

中央人民广播电台在中国各省、自治区、直辖市、计划单列市及香港、澳门特别行政区设有 40 个记者站，在我国台湾地区派有驻点记者；在解放军四总部、各大军区、各军兵种、武警部队等分别设置 18 个军事记者站。中央人民广播电台发起并成立了拥有全国 210 家电台的中国广播联盟和中国广播电视协会广播版权委员会，并携手世界各大华语广播机构建立全球华语广播网，与全球大多数国家和地区的知名传媒机构建立广泛的业务合作关系。

中央人民广播电台拥有国内领先、国际一流的数字多媒体演播厅、录音棚和音乐厅，节目制作、存储、播出、传输全面实现数字化。中央人民广播电台目前有员工 2100 多人，是中国拥有高级编辑、高级记者、播音指导、高级工程师、译审等高水平专业人才最多的广播电台，拥有强大的节目制作能力和一流的节目制作水平。节目多次获得亚广联奖、中国新闻奖等国际和国内大奖，在中国乃至世界广播界享有盛誉。

中央人民广播电台历来高度重视加强同各界人士、各类传媒机构之间的交流合作，与海内外媒体保持着良好的双边和多边合作关系。中央人民广播电台希望通过多种形式，不断加深同媒体同行的联系，进一步增加彼此间的了解，为推动广播与传媒事业的发展，为国家与地区之间的文化交流贡献更大的力量。

北京市育民小学：教书育人　为民树德

育民小学位于复兴门外大街西侧的真武庙二条，1978年市教育局将该校划分到北京市重点小学的行列。学校全部实行小班化教育，保证了学生受教育的充分性。新课改为育民的发展插上了腾飞的翅膀，全校师生在翟京华校长的带领下，向着更高的目标迈进。

北京市育民小学创建于1959年，该校的前身是中央财政部子弟学校。1961年更改归属，并在市教育局的领导下，办成了一所干部子女寄宿学校。1974年起开始接收外国专家子弟，先后有日本、柬埔寨、老挝、斯里兰卡、意大利、阿尔巴尼亚等9个国家的学生来校就读。

50年来，育民小学培养出了科学家、大学教授、著名主持人、体育名将等数千名英才。校名是赵朴初题写。国务院原总理李鹏曾为学校题词"努力学习，增强体质，建设伟大祖国"。

育民小学占地面积13905平方米，建筑面积18789平方米，有4栋教学楼，设施先进，环境优美。学校现有教职工91人，学生1300余人，开设39个教学班。该校拥有一支师德高尚、业务精良、敬业奉献的教师队伍，其中70%以上的教师获小学高级职称，8人获得中学高级职称，3人获得特级教师称号，市、区学科带头人44人。

育民小学坚持贯彻党的教育方针，不断深化教育改革，是一所全面育人、特色办学、在全市享有良好声誉的学校。

育民小学在"以人为本，育人至上，以创为先，跨越发展"的办学思想指导下，紧紧围绕"一切为了学生的发展"的办学宗旨，全面实施素质教育，形成了"以优德促发展，以创新求进步，以活动增体验，以科研为动力"的办学思路，实行"以德立校、依法治校、科研兴校、教学促校、体育强校"的治校方略。

育民小学超常儿童实验班创办于 1995 年。学校和北京八中共同承担《小学—中学智力超常儿童鉴别与教育一体化实验研究》这个重点科研课题。在实验中，学校始终贯彻一个以学生发展为本的超常教育理念、两个辩证统一的鉴别和教育原则、三个和谐发展的成长方针、四条课程实施的策略。此项实验取得了丰硕的成果。

目前已成功招收了七届学生。这些学生品学兼优，兴趣广泛，发展全面，受到中、高等学校的一致好评。其中第一、二届招收的大部分学生走进了国家一流大学的校门。2000 年被确定为"超常教育研究基地"，目前又成为中国人才研究会超常人才专业委员会认定的首批"超常人才教育实践基地"。曾多次登上国际论坛，在中外超常儿童实验研究机构中享有较高声誉。

铁四社区：铁路人的家园

铁四社区位于西便门外大街西侧，北与广一社区毗邻，南临广外北滨河路，占地面积 0.11 平方公里。常住居民 1408 户，人口 4400 余人。铁四社区在 20 世纪 50 年代左右修建完工，经过改造后形成现有规模的居民住宅区，共有楼房 48 栋、楼门 117 个。经过多次规划改造，住宅区逐步实现了封闭和半封闭管理，绿化区域已占住宅区总面积的 32%，整体环境简洁优美。社区内包括铁道部专运处、房建处、中铁金方物业管理中心、京铁生达大厦、铁道部机关房地产管理所、铁道部机关幼儿园、北京桂香春食品公司等中央、市属、区属的社会单位 32 个。除了铁道部机关、直属单位、铁道部专运处的工作人员外，还有部分邮电系统的干部、职工及家属生活居住在这里。

铁四社区居委会的前身是铁一（1）、铁一（2）和铁四 3 个居委会，成立于 1957 年。2000 年 1 月 22 日，由原居委会合并后，经选举产生了新的铁四社区居委会，现有坐班委员 3 人，不坐班委员 4 名。社区工作站设立于 2006 年，2009 年更名为社区服务站，现有工作人员 6 名。社区拥有各类志愿者服务队 9 支，志愿者人数近 700 人。社区党组织的党员、离退休党员、单位在职党员总数达 1100 多人，占居民总数的 24%。

目前铁四社区居委会共有 7 个自然院落，分别是：真武庙头条 2 号院、真武庙头条 4 号院、真武庙二条 3 号院、西便门外大街西里南院、西便门外大街 8 号楼（院）、西便门外大街西里 28 号楼（院）、西便门外大街 7 号院，另有临街楼房 6 栋。

前些年，西便门外大街沿街居民楼的底层，也就是临街窗下的墙体位置遭拆除"打洞"，底层房间被改为"门脸房"出租给本地或外地来京人员作为商贸经营场所。铺面涉及美容美发、烟酒超市、服装饰品、餐饮糕点、花卉房产等，不长的大街两边布满了上百家商铺。这些店铺擅自拆改房屋结构，屋子外面又搭建避风廊，侵占公共绿地修建台阶、跳板，甚至占道经营，严重影响大街的环境秩序。

月坛街道针对西便门外大街"拆墙打洞"的问题，按照市政府的部署，对环境进行整治。联合市政、工商、食品卫生等城市管理部门，抽调街道干部对西便门外大街沿街商户分段入户摸底排查，对"拆墙打洞"和违法经营的商户发放限期改造通知，对确实属于"拆墙打洞"和违法经营的 92 家商铺，开展动员并做思想工作，最终与商户达成一致，确定了搬迁撤离时间。西便门外大街"拆墙打洞"和违法经营的乱象被有效整治，并对门楼外墙按照原样修复、补种草坪和绿化树种，加修护栏，规整人行便道，使西便门外大街恢复了往日的整洁和宁静，向建设和谐宜居之都的目标迈进了一大步。

西便门外大街是一条充满梦想的街巷，居住在这里的人都心怀小梦想，让这条街巷生机勃勃。

李光远：铁道线上向上延伸的梦想

月坛地区分布着多处铁路干部职工的住宅小区，小区记录着中国铁路发展的历史。李光远就是这条历史轨迹上的一个亮点。

李光远，1930 年出生，河南舞阳人。1953 年毕业于唐山铁路学院，之后被分配到广州铁路局工作，曾经赴苏联学习内燃机车技术，20 世纪 70 年代赴非洲，负责坦桑尼亚铁路技术指导和管理工作。80 年代初，第二次前往坦桑尼亚，解决了当时坦赞铁路因机车故障导致铁路几近瘫痪的严重问题。后从事铁路排污环保工作，曾经获得"北京市环境保护先进工作者"称号。

1953 年，李光远从唐山铁路学院毕业，被分配到广州铁路局工作。铁路是国家建设发展的大动脉，国家要发展，铁路要先行。我国第一个国民经济发展五年计划把发展内燃机车列入了我国铁路建设的规划蓝图。1957 年，为推进我国内燃机车发展，国家派遣优秀技术人员赴苏联学习内燃机车技术，李光远由于表现出色，光荣地成为赴苏联学习的一员。在苏联学习期间，李光远勤学苦读，刻苦钻研，最后以全优成绩毕业。回国后，李光远留在了铁道部工作，负责我国内燃机的筹建工作。

20 世纪 50 年代，我国在内燃机车这项领域处于一片空白的状态。李光远和他的同事们满怀热情，在曲折的道路上艰难探索着。他们借助在苏联学习期间积累和搜集到的技术资料，从技术指标到规章制度、管理办法，制订了筹建我国内燃机车工程的方案，在老北京站的北端划出一片内燃机车实验区域，迈上了我国内燃机车筹建发展的轨道。

由于缺乏设备，我国铁道部从匈牙利引进了摩托车车组进行研究。由于工人操作不当，引发机体着火，导致摩托车车组部分受损。事故发生后，我国技术人员独立进行修复工作，待匈牙利技术专家到达后，了解了事故发生的具体情况，检查了设备和机车，竟然没有发现受损部位。直到我方工作人员向他们指出受损部位，匈牙利专家才从因重新涂刷导致的颜色差异上发现了设备受损部位。从这起事故的处理上，匈牙利专家看到了中国内燃机车技术人员的技术潜力。

在我国内燃机车的整个起步和发展过程中，李光远及其同事做出了巨大贡献，直至今日，内燃机车机务段修理厂房吊车的高度标准 9.5 米，依然是李光远当年制定的标准。可以说，李光远当之无愧地被称为牵引内燃机车向前进的人。

20 世纪七八十年代，李光远参加了我国当时最大的对外援建工程——坦赞铁路的援建工作。

为援建这条连接中非友谊的大动脉，中国政府提供了无息贷款 9.88 亿元（人民币），共输送各种货物设备材料 100 万吨。先后派遣工程技术人员近 5 万人。在这之后，为保障坦赞铁路的正常运营，中国继续提供无息贷款，并派遣专家和技术人员参与坦赞铁路的管理和提供技术咨询。1979 年，李光远第一次被派遣到坦桑尼亚，当时坦赞铁路已经全部竣工并交付对方使用多年，但是由于坦桑尼亚和赞比亚缺乏工程机和管理人员、工人，也缺乏必要的技术，铁路和机车损耗严重，重大安全事故频繁发生。李光远到达坦赞铁路以后，重点帮助当地建立铁路路段和厂房的管理制度，培养和管理技术人员。李光远认真严谨的工作态度和出类拔萃的工作能力，保证了培训工作的顺利完成。到他回国的时候，坦赞铁路损耗严重的问题已经得到了很好的控制，安全事故也大大减少。

由于非洲自然环境恶劣，导致坦赞铁路和机车的运营、使用、维护异常困难；最严重时，坦赞铁路可正常运行的机车不足20%，而即便是投入运行的机车也有很大一部分是"带病"运行。坦赞铁路时刻都会发生停摆的严重局面。

面对坦赞铁路的危机，我国铁路主管部门又承担起保障坦赞铁路正常运行的义务，选派既有工作能力又有援非经验的李光远二赴非洲。当时李光远已经年过半百，他为了祖国的荣誉、中非人民的友谊，没有任何犹豫，毅然远渡重洋，二度奔赴坦桑尼亚。

经过实地考察研究，李光远对坦赞铁路机车损坏的情况和原因有了比较清晰的了解。虽然机车和铁路的损坏没有想象中的那样严重，但棘手的问题是，已损坏的零件当地没有能力生产。经过充分论证，李光远提出建设性的解决办法：拆旧修旧，先易后难。有的机车虽然损坏严重，但是却能通过拆解提供大量性状较为良好的零部件，用以维修部分故障轻微的机车，使损坏程度低的机车恢复正常运行。这样，坦赞铁路对机车的维修工作才得以顺利展开。在维修和恢复机车技术状况时，李光远始终坚持，维修后的机车必须达到原有的技术设计要求，在保证质量的前提下让机车再次投入运行。而对于部分质量和技术要求较高而又缺乏的零部件，李光远则向上呈报准备进口，进一步加强铁路和机车的技术管理工作，尤其是为机车提供长期的技术保障和部件维护。李光远和同事们的艰辛工作，保障了坦赞铁路机车得以长期安全运行。坦赞铁路的实践表明，按照李光远提出的方案，不仅能够及时有效地解决坦赞铁路机车的维修问题，也解决了坦赞两国经济和社会建设对铁路运输的需要。李光远的杰出表现不仅受到了当地政府的认可，更多次受到上级的表彰，我国原外经贸部曾授予李光远"坦赞铁路技术合作项目先进工作者"称号。

社会的发展，使人们逐渐认识到环境对人类生存的重要性。回国后，李光远离开了熟悉的内燃机事业，被安排负责铁路部门的排污处理工作。新的工作与自己原来所学的专业毫无关联，但他接受了新的挑战，虽然年纪大了，但他上任伊始，便发扬勤学钻研的精神，向书本学习，向有实践经验的环保工作者学习，研究环保部门制定的排放标准。他认真开展调查研究，连续多天对排放的污水进行取样，获得了第一手可靠的数据；他还前往上海同济大学，向专家请教污水处理办法。经过反复实验，李光远提出了一套行之有效的铁路系统排污的方案，这个方案经过检测，效果达到了预期的要求。同时，鉴于李光远的贡献，北京市人民政府授予他"北京市环境保护先进工作者"荣誉称号。

马月桂：桂香淡淡飘社区

马月桂，女，1941 年出生于河南省鄢陵县，1970 年担任公社妇女主任。1977 年随工作调动的丈夫来到北京，居住在广二社区，开始了长达 24 年的社区居委会工作，直到 2000 年退休。

广二社区居委会是西便门外大街中的一个社区，全称为"广电总局住宅区第二社区居民委员会"（曾名三〇二社区）。地处西城区月坛街道东南角，东临二环路、西临真武庙（真武庙四条）、南临西便门东街（北京八中）、北临复兴门外大街。

刚来北京时，因为要照顾孩子，马月桂放弃工作，一门心思地扑在家庭事务上，成了"闲人马大姐"。1977 年 6 月，月坛街道办事处负责的同志和居委会主任动员马月桂参加社区居委会工作，因为马月桂在老家曾有过做群众工作的实践和经验，由此，她欣然同意参加社区工作。自此以后，她的人生轨迹就在社区工作中延伸开了。广二社区有了一位热心的马大姐。马大姐在社区一干就是 24 年。这 24 年里，社区改变着马大姐的人生轨迹，马大姐认真负责的态度也改变了社区的面貌。

马月桂参加社区工作后，热心为居民服务，不久又当选为居委会主任。马大姐成了马主任后，她走家入户了解区民的需要和困难。在访问过程中，细心的马月桂了解到社区双职工家庭的孩子存在无人照看的问题。如何解决这个问题，成为压在她心头的一块大石，也是她成了马主任以后遇到的第一件棘手的问题。只要心里有群众，难事一定能解决，这是马月桂当时的想法。

她与多方联系协商，想办法，与居委会其他同志商量，在大家的共同努力下，广二社区开办了一所幼儿园。幼儿园一开办，就迎来了20多名孩子入园，其中还有刚满一岁的孩子。虽然困难多多，但是马月桂和幼儿园工作人员精心照顾着孩子们，让孩子们健康成长，也使家长们能够安心工作。

社区幼儿园开办了，马月桂的眼光又落到了中小学生的身上：社区有近百名中小学生，双职工家庭的孩子们在寒暑假期间同样无人照看。如何解决中小学生在寒暑假期间的日常生活，也成了马月桂思考的问题。马月桂在与居委会商议后决定开设一间固定的活动室，并在这里办起了中小学生假期辅导班。近百名中小学生参加了这个辅导班，孩子们都亲切地称马月桂为"马老师"。居委会工作人员轮流照顾他们。假期中，辅导班不仅负责督促学生认真完成假期作业，还安排他们参观博物馆，并组织下棋、画画、书法等有益的文体活动。在马月桂和居委会同事们的共同努力下，社区还办起了"小饭桌"，解决了假期中学生们的安置问题，家长们没有了后顾之忧。

为了方便社区居民就近购买日常生活中需要的小商品，居委会又在社区开设了小卖部，供应日常生活用品。广电的工作人员经常出差出国，对着装有一定的需求，马月桂注意到了这个问题，于是她向社区提议开办一家裁缝店，社区欣然应允，并聘请了一级裁缝师为出差出国人员定制物美价廉的服装，使出差出国人员保持体面、整洁的形象。

社区工作，在人们的眼里多是些鸡毛蒜皮的琐碎小事。但这些鸡毛蒜皮却是必不可少的，居民们也记不清马主任带着居委会为大家办了多少鸡毛蒜皮的琐碎小事。

但是，社区也会发生意想不到的大事。一天早晨，还未上班的马月桂被一阵急促的电话铃声叫出了门。那天凌晨5点多，社区的一名男子因为承受不了过大的生活压力，跳楼身亡。这个消息如同炸雷，惊得马月桂夺门而出，赶到事故现场。经了解，出事的家庭是一个四口之家，两个孩子都到了上学的年龄，妻子留在家里照看孩子，生活的经济压力全都落在了丈夫的身上。日复一日，丈夫的精神垮塌了，再也承受不住这样的压力，选择了一条不归路。马月桂赶到现场，看到死者的妻子哭得死去活来，并撕心裂肺地喊着"我也不想活了"。马月桂首先想到稳定死者妻子的情绪，一天一夜，马月桂都陪着她，百般安慰劝说，共同商量如何解决这个家庭今后的生活问题。经过马月桂的努力劝说，这位妻子的情绪终于稳定下来，拉着马月桂的手，承诺一定会好好活下去。此后，马月桂又同孩子就读的学校联系，解决了上学的问题，之后又为那位妻子找了一份工作。后来，其中一名孩子考上了中国人民大学的研究生。现在孩子们见了马月桂，都亲切地叫她"马奶奶"。

20多年来，马月桂心系群众，时刻记挂着群众的需求，居民们也记不清马主任带着居委会为大家办了多少好事，但居民们都称赞马月桂是个好主任。居委会的同事们也对马月桂赞不绝口，称她是"勤勤恳恳，默默奉献"的社区工作者。她在社区工作的20多年里，社区多年被评为北京市爱国卫生先进单位、首都绿色社区、西城区精神文明小区、西城区平安社区。社区的最大特点是无论您何时来到这里，社区环境始终优美、整洁，楼道内宽敞明亮，没有乱堆乱放物品的状态。

马月桂自己也获得过很多荣誉。在担任社区治保主任时，曾两次被评为北京市先进个人，她所带领的广二社区居委会多次获奖。后来马月桂又当选为西城区妇女代表和区人民代表大会代表。

王梦亭：让低碳生活理念从社区和家庭起步

王梦亭，1937 年出生于北京。曾在铁道部直属房间处工作，任水暖工程师。1997 年退休，曾获得过"北京市百户节水家庭""节能减排示范户"的称号。

西便门外大街西侧，有一个著名的社区——铁四社区。社区里有一个践行低碳生活理念、努力让低碳生活理念走进千家万户的引领者——王梦亭。他退休后致力于低碳环保、节能节水，在社区推广绿色低碳环保节水方面取得了显著成绩。

王梦亭退休后，出于职业习惯和兴趣，投身于社区低碳环保节水的钻研和推广中。

王梦亭很早就发现，日常生活最浪费水的地方就是卫生间。他就想办法改进厕所冲水的方法，虽然实验多次失败，但他毫不气馁。

刚开始时，他的节水方法和很多家庭一样，在卫生间里用盆盆罐罐储存洗菜洗衣服的废水用于冲刷便器。这种方式既不卫生，也比较麻烦。于是他就在厨房和卫生间装了一根简易下水道，又在卫生间安装了一个塑料储水箱，这样厨房里的废水就储存在塑料储水箱里。又用废油桶做了一个舀水器具，用手工舀水冲厕，这样的节水方式既卫生又方便。仅此一项改造就让他家实现了全年百分之百废水冲厕的目的，再也不用自来水冲厕了。全家每月人均用水量由过去的 3 吨下降为 1 吨，也因此在 2007 年获得了"北京市百户节水家庭"的荣誉。

王梦亭并不满足于实现自己家中的节水，他希望能在全北京的家家户户中都实现家庭节水。他首先在亲戚家居住的新楼房住户中推广了节水装置，效果很好。

受节水装置改造成功的鼓舞和启发，王梦亭更加坚定了对节能环保的深入探索。他不光在节水方面下功夫，在节能、绿色、环保、低碳的方面也都进行了探索，取得了不少成绩。譬如，老年人每到冬天，一受凉手脚就容易抽筋，就要用热水洗手；除此之外还有洗碗问题，一般的厨房并没有热水供应，这对于老年人是很难受的。王梦亭就发明了"老人洗手温水器"：冬季，用塑料桶灌满凉水，放到暖气片上加热，洗手时挂在墙上，拧开阀门温水就出来了，老人就可以用热水洗手。这个"洗手温水器"充分利用暖气片散发热能的功能，不必再用煤气加热凉水，达到了节能的功效。解决了冬季洗手使用热水的问题以后，王梦亭又在厨房里进行新一轮的改造：把一段暖气片露出来，用一条洗衣机排水软管和好几条细塑料管盘在暖气片上，细塑料管的一端接在水龙头上注入细流，另一端便可以流出温热的水，随用随加热。这样就利用暖气片散发的余热制成了一种特殊的"加热器"。"老人洗手温水器"和"凉水加热器"这两种新发明在社区很受欢迎，王梦亭在铁四社区的许多居民家中介绍了制作过程，得到了居民们的积极响应，并很快在家中投入使用。

夏天，楼上住户一开空调机，冷却水就会流到下层住户家中，往往造成邻里矛盾。王梦亭经过观察，就用一块木板把水接住，把木板往一侧倾斜，让空调机中的冷却水流向低处一角，在角上拴几根棉线，利用虹吸作用使棉线浸湿，再把棉线引向固定的水槽，既可以浇灌阳台上的盆栽和花花草草，又在一定程度上避免了冷却水外流引发的邻里矛盾。

在王梦亭看来，只要关注生活中的细节，就能在一定程度上实现低碳生活。除了上述那些新奇的发明之外，他还发明了"塑料袋节水洗衣法"和"超级节能加湿器"，以及用两个大塑料瓶对接内装阳离子制成的健康饮水机，电脑桌用 LED 灯照明，用废餐盒、废泡沫保温箱养花等一系列低碳发明。他也被社区居民誉为"低碳达人"。

铁四社区居委会经常组织小学生参加绿色低碳环保活动，王梦亭也常常与孩子们一起参加活动，给孩子们讲解绿色低碳环保知识，很受孩子们的欢迎。他还利用他参加的"秀我家低碳生活 DV"给孩子们展示各种绿色低碳环保的简易创造，边放边讲，激发了孩子们对绿色低碳环保的兴趣。王梦亭还教孩子们制作一些环保小产品。他想要传递给孩子们的观念是，只有亲自动手操作才能懂得多、记得住。

王梦亭有一个"环保制作工作间"，里面有一张工作台和一个三层的小铁架。工作间虽然很简陋，但是该有的工具一件不少，刀具、剪子、锤子、螺丝刀、扳手、各种规格的钉子以及铁片，等等。有了这些工具，无论是制作小型的环保用品，还是较大型的环保设施，他都得心应手。

王梦亭还在新浪网上以"低碳老达人"为网名建了一个博客，宣传介绍绿色低碳环保知识、绿色社区、绿色低碳环保生活的意义，以及介绍低碳节能小制作的方法，等等。不断地实践绿色低碳环保，成为他对美好生活的不懈追求。

文/王鸿善

234

西便门东街
曾经走出过国家栋梁的文化之路

西便门东街是一条不长的小路。环境幽雅，居住的人群文化素质高，地理环境优越，交通便利，周边生活配套设施完善，是一处和谐宜居的区域。

【街巷名片】

西便门东街南侧是北京市第八中学，北侧是西便门社区和中央人民广播电台；西便门外东街西端为广安门外北滨河路。北滨河路北侧是铁四社区。西便门东街东段就是二环西路，与西便门公园相邻。向西就是广安门北滨河路，与白云公园相邻。

【街巷记忆】

这里曾经居住过一群文化名人，走出过一批为国家发展做出杰出贡献的国家栋梁之材。这是一处无时无刻不在为人们传播正能量的源泉。

中央人民广播电台总台：多位广播名家出自此处

西便门东街北侧不远处便是中央人民广播电台总台，中央人民广播

235

电台总台的西面有一处著名的 302 住宅区。这片住宅区的前身是中央广播事业局的宿舍大院。宿舍楼原先是典型的苏式建筑，苏式建筑风格的住宅一般较为宽大，房间高度在 3 米以上，走廊宽度达 1 米以上。每个单元的居室有两间的、三间的，也有四间的。每个居室的面积多为13—15 平方米。但是随着住户的增加，大院中的各个单元房逐渐变成了合住房。不少单元房中住着 2—3 户人家，甚至还有 4 户合住的情况，既拥挤又不方便。

大院里不仅住着广播事业局的领导和中层干部，还有很多普通职工住户。广播说唱团成立后，很多著名艺术家也搬进了大院居住。这一批新住户当中有人们十分熟悉的曲艺名家侯宝林、刘宝瑞、白凤鸣、马增芬、马增惠等人。

侯宝林在当时就已经是一名文艺一级艺术家了，月工资超过 300元，比广播事业局最高领导的工资还要高，但是在住房上，并没有享受特殊待遇，分给他的住房是一套面积不大的三居室。刘宝瑞与侯宝林住在同一栋楼里，两户之间相隔两个门洞，分给刘宝瑞的是一套并不大的二居室。

白凤鸣是白派京韵大鼓的传人，也是当年广播说唱团的团长。他与侯宝林住在同一个单元，在侯宝林家的楼上。他的夫人姓金，当时是大院居委会主任，居民们都亲切地称她为老金。而这位白夫人可不是平民百姓，她是正宗的清皇室格格，家里保存着不少古董字画还有稀奇玩意儿。

演过《南征北战》中"军长"一角的著名演员陈戈也住在这个大院里。他来到这个大院，是因为毛泽东主席在 20 世纪 60 年代初发出了"全国学习人民解放军"的号召，一大批军队干部转业到各个地方担任不同级别的领导干部。陈戈便来到了广播文工总团，担任艺术总监这一职位。广播文工总团下面又分成说唱团、合唱团、话剧团、民乐团和管

236

弦乐团等。陈戈住在一栋楼二层的西南角，是一个稍稍大一些的三居室，与侯宝林的住房相对，相距二三十米。

1961年，第二十六届世界乒乓球锦标赛在北京举办。同样住在这个院子中的张之以体育节目广播解说员的身份出现在观众面前，同当时火热的世乒赛一般迅速成为人们关注的焦点。张之是上海人，曾经在上海人民广播电台做体育节目解说，后来被调到中央人民广播电台体育组工作，可以说，他是当之无愧的体育节目解说创始人。在这之后，更为人们熟知的宋世雄就是他的学生，也住在这个院子里，是一个两居室，在一楼。那里曾经的住家是一位老住户，在调整住房之后，他就搬进来了。

在电视机还是稀罕物件的年代里，国内外的重大新闻主要通过广播电台发布。播音员始终处在广播工作的第一线，尽管他们不像文艺明星经常在公众面前抛头露面，但他们的声音却传遍千家万户，其中不乏一些相当为人们熟知的播音员，如齐越、夏青、林田、潘婕、费寄平、葛兰等人。20世纪60年代初，中央发表的大批重要文章都是通过中央人民广播电台，由这些著名的播音员向世界播送的。他们播送文章时的那种慷慨激越、抑扬顿挫的语调，在全社会引起了强烈反响。1964年底，第三届全国人民代表大会在北京召开，齐越、林田等人光荣地成为全国人民代表大会代表。而这些著名的播音员除了潘婕，也都住在302大院中。

302大院的住户中还有两个与台海关系密切的著名台籍人士，他们是蔡子民和吴克泰。1949年台湾"二二八"事件后，他们从台湾脱险，辗转来到大陆。后来，吴克泰本人和蔡子民的夫人都在广播系统工作。改革开放以后，蔡子民当选为全国台盟主席，成为台海关系中的重要人物。

许多年过去了，曾经在302大院居住的名人在这里留下了不可磨灭的印记，他们为中华人民共和国的广播事业贡献出自己微薄而坚定的力量。那个年代已然过去，曾经居住在 302 大院中的老住户们大部分已经作古，但他们曾经在这里写下了浓墨重彩的一笔，成为这座大院中独有的文化遗产。

北京市第八中学：名校学府　着眼未来

北京市第八中学，简称北京八中，位于西便门外大街东街。最初由 1921 年建立的私立四存（存学、存性、存仁、存治）中学和 1947 年建立的北平市立八中发展而来。1949 年，两校合并为北京市第八中学。

北京市第八中学是北京市的一所公立完全中学，也是首批北京市示范高中之一。1985 年设立了超常儿童教育实验班（简称少年班）。

截至 2010 年 11 月，北京八中已经成长为一所包含高中、初中、超常教育实验班，容纳近 3000 位莘莘学子的市属高中示范校。学校总占地面积约 4.5 万平方米，其中高中部占地近 3.2 万平方米，初中部占地 1.3 万平方米左右。

北京八中以"着眼于未来，着力于素质，培养志向高远、素质全面、基础扎实、特长明显的一代新人"为方针，以"勤奋、进取、和谐、致美"为校训，坚持德、智、体、美、劳全面发展的教育思想，形成了自己的办学风格和"好学、活泼、团结、进步"的优良校风，为鼓励学生全面施展才华，设立了"希望之星""特优生"等评选项目，制定了每年举办体育节、科技节和艺术节的制度，为促进学生的健康成长而不懈努力着。

经过几代八中人的努力，北京八中"出优秀毕业生、出优秀教师、出先进办学经验和理论"的办学目标逐步实现。北京八中 1986 年以来被国家教委和中华教育工会先后评为全国教育系统先进集体。1997 年被北京市教委评为当届唯一的一所"全面育人,办有特色"学校。

在过去的近百年校史中,北京八中为国家培养了数以万计的人才,从两院院士、中央委员到各行各业精英,众多的毕业生已经成为国家各个领域的骨干。近年来,应届高中毕业生全部考入大学深造,其中95%左右升入重点大学。

1921年,四存中学成立。学校以"存学、存性、存仁、存治"为校训,因此而得名。当时学校编制仅有两个教学班,60余名学生。1936年,四存中学学生包揽全市国文会考前六名,获张学良将军赠银盾一尊。1949年,四存中学与北平市立八中合并,成立北京市第八中学。1951年,北京八中校址迁至按院胡同。1984年,被上级确立为进行全面教育改革的试点校。1985年,少儿班开设。1986年,学校制定并试行"北京八中学生素质大纲",领先施行素质教育。

自1992年起,北京八中按照金融街的建设规划,开始了新校舍的建设。1999年,初中部迁至西便门外大街东街,高中部仍留在原址。2000年,金融街新校舍竣工,高中部进驻。2004年,少儿班改为一年一届招生。

2006年起,政府斥资9500万元人民币兴建起北京市第一个标准高架操场,地下配有4个篮球馆,并调节成可容纳4000人的大会议厅。2007年底,该设施部分投入使用。2008年,北京八中体育馆成为奥运会蹦床训练场馆,北京八中游泳馆成为奥运会游泳训练场馆。校长台峰担任北京奥运会火炬手。

2010年,北京八中开始素质试验班招生,致力于帮助四年级的孩子在四年时间完成小学两年和初、高中六年的课程后参加高考。2011年,北京八中在校领导与各科老师的协作下开办科技素质实验班,以培养高科技人才为目标,招收了第一批共计2个班级80名学生,开创组织教育又一先河。

北京八中近几十年成了为国家培养栋梁的摇篮，从这里走出去的杰出代表有：中国科学院院士、物理学家林家翘（1927 年毕业），中国科学院院士、火箭科学家梁守磐（1927 年毕业），中国科学院院士、两弹元勋邓稼先（1935 年毕业），著名数理逻辑专家、中科院计算机学组长吴允增（1937 年毕业），画家、人民币图案设计者侯一民（1946 年毕业），著名剧作家、原中国电视剧制作中心主任张天民（1949 年毕业），中华人民共和国最高人民检察院检察长贾春旺（1958 年毕业），著名考古学者彭金章（1958 年毕业），中华人民共和国安全部部长许永跃（1960 年毕业），等等。

【街巷人文】

北京八中奠定了西便门东街的教育文化，这里的居民也在用实际行动传承着奉献、团结的育人精神。

陈征：创办社区英语义务培训班

西便门外东街是西便门社区，社区内住着一位北航离休女教授，名叫陈征。她 1931 年出生于上海。1949 年 4 月 23 日，南京解放，她加入了人民解放军，被编入军文工团。1956 年转业至北京学院英语培训中心。多次被评为部级先进工作者。陈征为人和蔼可亲，助人为乐，被称为社区"金辉老人"。她关爱学生播撒爱心，是学生的良师益友；她志愿服务、无私奉献，曾经是"奥运志愿者标兵"。2005 年离休后，居住在西便门小区，她坚持参加公益事业，并且积极利用自己在英语方面的特长，在社区内办起了居民英语培训班，免费为居民培训普及英语。

陈征幼年时，正值日寇的铁蹄践踏华夏大地，她在敌占区长大，目睹日寇宪兵指使军犬撕咬无辜的黄包车夫等累累罪行。

她还记得，在她稍大一些时，与家里的阿姨一起买米，扛一麻袋的钞票排了很久的队，才买到一斗米。每天早上，她都能看到被破席子裹卷着的饿死的穷人的尸体遍布在大街上。

上大学期间，陈征参加了反对国民党腐败统治的游行示威。一次，学生游行队伍行进到外滩时，宪兵骑着马冲了过来，不停地用鞭子抽打游行的学生，用高压水龙头驱散人群。当时陈征和几名女同学躲藏在车子里，被男同学保护在下面，但宪兵依然用粗大的木棒恶狠狠地抽打车身，上面的男同学受伤了，血流到了陈征等几名女同学的身上。陈征从同学流下的血液中看到了国民党政权的腐败，她立志要寻找中国的希望、人民的希望。

1949年4月23日，曾经作为国民党统治中心的南京重新回到了人民的怀抱，中国历史自此翻开了崭新的篇章。也是这一天，陈征毅然决然地加入了中国人民解放军，被编入军文工团，一年以后她又被调入海军，成为炮舰上的一名英姿飒爽的海军女战士。

陈征的外公和祖父都有在国外留学的经历，父亲也曾被清华学堂送往美国读书，伯父被北洋大学送往德国留学。家庭的熏陶和传承使得陈征比一般人家的孩子起点高出不少，她自小在外语方面就有较高的天赋。从小学到高中，陈征的英语成绩一直名列前茅。

1956年，一个偶然的机会，陈征被调入北航，跟随苏联专家当翻译，她一边工作一边学习俄语，很快就成为在校内颇有影响的青年女翻译。20世纪60年代初，苏联专家撤离，陈征先后到学校外语教研室、培训中心等部门工作。1978年，陈征迎来了事业的转折点。当时，航空部要成立出国人员培训中心，被送到这里培训的都是公派出国的业务精英，组建培训中心的任务落在了陈征的肩上。陈征毫不犹豫地挑起了这副重担。在她的努力下，北航外语培训中心内部扩充到四个英语班和两个俄语班，并且在国际上有很高的声望——只要有北航外语培训中心的毕业证书，美国的三所大学都愿意接受学生去那里进行学习和交流。

陈征在北航外语培训中心工作了整整 50 年，自豪感和成就感溢于言表。她说，她与北航外语教学有不解之缘，她把美好的青春都献给了北航外语培训，她无怨无悔。

1995 年，陈征离休了。同事们都很羡慕她，陈教授终于可以清闲了，尽享天伦之乐吧。然而，这位"赋闲"老人似乎变得更加忙碌了，她有了一个新的愿望。中国百年奥运，梦想成真，陈征与全北京人民一样热血沸腾。她听说招募奥运志愿者，便迫不及待地前往月坛街道报名，成为一名普及奥运英语的志愿者，在西便门社区开始了新的工作——为群众培训奥运英语。她的学员中，年龄最大的已经 85 岁，最小的只有十几岁。陈征带着饱满的热情，从 ABC 教起，耐心地、一遍一遍地纠正发音，和大家一起朗读。她还自己编写了通俗易学的讲义，采用情景教学法，寓教于乐，并随时通过电话辅导学生，以便于随时解答学员的问题。功夫不负有心人，她的努力没有白费，最后成果颇丰。

北京奥运会虽然结束了，但是这个温馨的班集体依然存在，直到 2009 年春节前夕，培训班的学习才告一段落。社区举办春节联欢会的时候，陈征精心为培训班学员编排了英语歌曲、英语小品，学员们流利的口语、标准的语音语调，赢得了观众们热烈的掌声。陈征的奥运英语班团队曾多次受到社区表彰，陈征本人也被授予社区"金辉老人"和"形象大使"等称号。中央人民广播电视节目中心在录制国庆 60 周年献礼节目时，摄录了来自各行各业的 10 位老人的事迹，陈征也光荣地作为教育系统的代表参与录制。

陈征还是一位古道热肠、热心帮助他人的慈祥老人。她虽然居住在月坛这片区域，但是只要她曾经工作了半个世纪的北航组织爱心捐助活动，总少不了她的帮助。汶川地震后，陈征在社区捐款之后，又立马赶到学校，以共产党员的名义交纳了 1000 元"特殊党费"。陈征的老伴也是一位老革命，同样积极地参与社会捐赠活动，还与贫困山区的孩子组成"一帮一"结对子，帮助山区贫困家庭的孩子完成学业。陈征说，她与老伴相比，"还差得很多"。

西便门小区内有一位经历了革命年代，一路走过来的女记者，她已经90多岁了，行动不便，身边又无人照顾。陈征得知后，就经常去照料这位老记者。小区的电梯工、保安队员、环卫工人也都是陈征的好朋友，陈征平时做些好吃的，总会带给他们尝尝；逢年过节，还会请他们聚餐。

陈征教授性情直爽，热情活泼，充满活力。参加文艺活动是她的一大爱好，她曾经和同事们排演过《沙家浜》《八一风暴》等话剧。

陈征常说要知足常乐，这是保持身体健康的一大法宝，在生活中无论遇到什么困难，她都保持着良好的心态，对生活充满信心。她表示，趁着身体还很健康，自己有多大能力，都要毫无保留地奉献给社会，为了国家富强和社会繁荣尽自己最大的努力。

毕竟岁数越来越大了，陈征也在考虑将来的事情，她曾经嘱托过北航离退休工作处，希望他们能够满足自己人生中的最后一个心愿：当她离开人世时，不发讣告，不举行遗体告别仪式，一切从简，骨灰撒向大海……

这位老共产党员一生都在牺牲小我，奉献社会。

西便门社区读书会：搭起精神交流的桥梁

西便门社区内时常举办读书会，它搭起了居民之间精神交流的桥梁。搭建这座桥梁的是两位已经退休的工人——王永红、沈志英。

王永红，1951年出生于北京，1967年之后，他先后在北京公交公司当售票员和驾驶员。2000年，他来到了北京八方达公交公司担任稽查队员。2006 年退休后，他积极参与社区活动，与沈志英等人成立了西便门社区读书会。

沈志英，1957 年出生于上海，两岁时，随父亲工作调动移居北京。1979 年在北京一家建筑公司当电工。2002 年退休，2009 年与王永红一起成立了西便门社区读书会。

为了丰富社区居民的文化生活，特别是为一些无人照顾甚至生活不能自理的孤寡和高龄老人提供沟通交流的精神桥梁和学习平台，西便门社区于 2009 年夏天成立了读书会。读书会的牵头人就是王永红和沈志英。读书会成立以后，老人们更好地融入了这个社区大家庭。

为使读书会能够成为方便老人交流、丰富老人精神生活的桥梁，他们决定寻找一个相对稳定的场所，于是王永红和沈志英等人带头牵线，其他的志愿者参与，共同提议将居委会社区中的一个地下库房作为读书会学习交流的场所。此举得到了社区的大力支持，不仅如此，社区还帮助读书会在地下库房安装了新的照明和通风设备，更换了能够给地下库房引进自然光的窗户，并解决了通道安全等问题。

西便门社区读书会的日常活动，除了读书看报，往往还会组织老人们围绕社会的焦点问题，包括国家大事、社会民生等等，进行沟通交流和发表意见，让老人能够贴近社会，紧跟社会发展的步伐。读书会成为聚集社区老人的一个温馨小屋。

西便门社区的读书会活动，不只是普通的读书看报，还会根据不同老人的兴趣爱好，交流科学养生的知识经验。老人们彼此交流个人所熟知的科学养生知识，交流各自日常生活中的养生方法和体会，等等。王永红和沈志英在每次活动之前都会根据活动的主题准备各种资料，提供给参加活动的老人们，让他们每次来都会有收获。

读书会还会时不时地开展一些有关诗词创作的活动，以推广文化为主旨。诗词创作包括老人们的个人创作和集体创作，为的是鼓励每个老人都能参与其中、乐在其中。每当创作完成，他们都会在读书会朗诵，有的诗词也会参与到社区联欢活动的表演中，每到这时候，老人们都会很有成就感。

西便门社区读书会成立近 10 年，读书会举办过的各类活动，王永红和沈志英都烂熟于心，不仅如此，他们还会把老人们的需求放在心中，关心他们的日常生活状况和健康状况。有一些读书会成员年老体弱，不能经常参加读书会的活动，老人不能来的时候，王永红和沈志英便会时不时地到老人家中探望，给予必要的照顾。为了能够让老人们增强体质，读书会在每次活动前还会贴心地教授老人保健养生的知识和带领老人做手指养生操。

读书会的老人们相互之间彼此尊重、彼此关怀的氛围，感染了社区其他人，参加读书会的居民越来越多。读书会的成员也都积极参加社区居委会举办的各类公益活动和文化活动。读书会的成员还经常外出参加表演活动，王永红和沈志英既要顾及表演节目的质量，还要保障参加表演的老人们身体不出意外。凡是外出表演，她们俩必定提前到老人家中接他们，并亲自搀扶老人上车，表演之前还会逐一地把老人们扶上舞台；表演结束以后，再细心地把每个老人送回家。

"三五知己好聊天，心情舒畅换容颜。日积月累看长远，开开心心每一天。"这首诗便是西便门社区读书会老人们的真实写照。

书声琅琅，沉积时代的印记；记忆灼灼，铭记历史的故事。西便门东街的人们用实际行动传承爱国精神，更用坚守的信念凝聚街巷之魂。

文/王鸿善

245

白云观街
记载道学源流的玄门祖庭圣道

"白云观中观白云，流水河里河水流。"在月坛，就有一条以白云观命名的"白云观街"。正如它名字中的"白云观"一样，这条街巷承载着悠悠千古的历史文化。

【街巷名片】

白云观街位于西城区西南部，东起广安门北滨河路，西至白云路，南临荷花池东路，因白云观坐落于此街而得名。

【街巷历史】

白云观街不仅有远近闻名的白云观，还有着充满历史积淀的白云观社区，二者的文化相互影响、相互渗透。

白云观社区：经过历史沉淀的社区

"白云观"作为地名，泛指以白云观为中心的周边地区。东起南护城河北端，西至白云路，南起莲花池东路北侧，北至南护城河引水渠南侧。白云观这片区域中仅有一个社区——白云观社区，包括白云观南里和白云观北里，整体呈东西长、南北短的不规则长方形。

白云观街东西横贯白云观社区，白云观社区是一个综合性的老社区。白云观区域早在明代嘉靖年间就已经有居民群落出现，随着白云观的逐渐兴盛，这里慢慢形成了一些散落的居民点，而这些居民点组成了青龙桥村，这片区域在清朝末年更名为甘雨桥村。1945年后，白云观区域所属行政关系几经变化。1945年8月至1948年，甘雨桥村归属于北平市郊四区，市郊四区的区公所就设在白云观内；1949年1月至1949年6月，转属于北平市第十八区青龙桥行政村；1949年7月，划归到了北平市第十六区，因为与颐和园北侧的青龙桥重名，遂更名为十六区真武庙行政村，十六区区政府曾设在白云观内；1949年10月至1952年6月，划分给北京市第十三区真武庙行政村；1952年7月，白云观片区被划归海淀区真武庙行政村；1953年6月，海淀区真武庙行政村更名为海淀区真武庙乡；1956年3月19日，真武庙乡、南营房乡和三里河乡这三个片区同时被划归到西单区，其中真武庙乡和南营房乡分别单独成立办事处，而白云观片区则归属于西单区真武庙街道办事处；1958年7月2日，西单区与西四区合并为西城区，同年9月，真武庙街道办事处和南营房街道办事处合并为月坛街道办事处，白云观片区归属于西城区月坛街道办事处；1990年8月3日，西城区月坛街道办事处更名为西城区人民政府月坛街道办事处。

甘雨桥居委会是白云观片区最早成立的居委会，成立于1958年，1965年甘雨桥更名为白云里，居委会也相应更名为白云里居委会，1981年恢复了甘雨桥居委会的名称。1981年，又成立白云观街居委会，此后于1984年更名为白云观居委会；同年，白云观街南侧的五金公司成立家委会。2000年1月，白云观居委会所属的白云路东侧区域，与五金公司家委会合并成为新的白云观居委会，而白云路的西侧区域则成立了白云路居委会，与汽车局家委会合并为汽南社区居委会。2001年9

月，白云观居委会与甘雨桥居委会合并为白云观社区居委会，居委会名称至今未再发生变化。

2011年10月，白云观街和白云路以及周边环境的综合整治被列为全市环境整治的重点项目和"市政府为民办实事"的项目之一。西城区政府制订了整治方案，有关部门针对白云观地区居民居住条件差、下岗人员多、家庭生活贫困和弱势人口多等问题，逐户逐人分析情况，并将研究解决办法的工作分配到每个工作人员手上，落实责任重点，做好下岗无业人员和生活困难人员的工作，取得了当地居民的理解和支持，保证了拆迁工作的有序进行。居民270户，产权单位12个，小商小铺门店105户，拆除违章建筑和过渡临时建筑292间，拆除总面积达2.6万平方米，整治过程共动用拆迁资金1.8亿多元，拆迁过程中清运垃圾渣土2.5万余吨，有效整治了当地环境。6条市政管线入地，铺设油面路6160平方米，白云观前的石材道路达2510平方米，人行便道8880平方米。白云观街以前破旧的棚户区现在已经建成现代化气息浓厚的建筑，这片名为"云起时"的幕墙由钻石型玻璃片块组成，带有道教文化及地方特色产品的商铺成为"云起时"的主体。

曾经，白云观附近有众多"算命先生"和"风水大师"聚集在路边，招揽路人"算命"，贩卖假花、冥币；有些商户除了将部分商品摆到店外占道违规经营外，还在店门前放着废旧汽油桶，里面燃着明火，不仅污染空气，还存在消防隐患。甚至还有专门的"算命门店"，挂着"中国易经协会"的牌子招摇撞骗，用各种极端手段骗取游人钱财，可谓乌烟瘴气，严重影响了街容市容。2013年10月，白云观"算命一条街"被清理整顿，摘除了以算命为经营业务的门店招牌，驱散零星游走的"算命先生"，还白云观街一片净土。

近几年，白云观北里拆除了棚户民居，建起了一家高级商务酒店——北京长安白云大酒店，总建筑面积约2.4万平方米，共计5层，与著名的道教寺观白云观和中国道家学院仅一墙之隔。这是一座具有现代化气息的建筑大厦，为这片充满古典气息的地域增添了不一样的色彩。

白云观街东侧还有一些颇具地方特色的小吃店，很受当地居民和游客的欢迎。

北京白云观：洞天胜境的道家圣地

在莲花池东路与白云路交界处的东北侧，有一座千年古观——白云观。

白云观的前身系唐代的天长观。据史料记载，唐玄宗为"斋心敬道"，奉祀道家鼻祖老子而建此观。观内至今还保存着一座汉白玉石雕的老子坐像，据说是唐代的遗物。金正隆五年（1160），天长观遭火灾焚烧殆尽。金大定七年（1167）敕命重修，历时七载，至大定十四年（1174）三月竣工。金世宗赐名"十方天长观"。泰和二年（1202），天长观不幸再次罹于火灾，仅余老君石像。翌年重修，并更名为太极宫。金宣宗贞祐二年（1215），国势不振，迁都于汴（今开封），太极宫遂逐渐荒废。

元朝初期，丘处机（号长春子）自西域大雪山觐见成吉思汗，东归燕京，赐居于太极宫。当时宫观一片凄凉，遍地瓦砾，丘处机遂命弟子王志谨主领兴建，历时三年，殿宇楼台焕然一新。元太祖二十二年（1227）五月，成吉思汗敕改太极宫为长春观。七月，丘处机仙逝于长春观。次年，丘处机的高徒尹志平在长春观东侧下院建处顺堂藏丘祖仙蜕。元朝末期，因连年争战，长春观原有殿宇日渐衰圮。明初，以处顺堂为中心重建宫观，明正统八年（1443）改名为白云观。清初，在王常月道长的主持下，白云观再次进行大规模整修，至此基本奠定了今日白云观的规模。1946年11月12日，白云观发生了一起恶性事件，以许信鹤、杜信龄、马至善为首的道士伙同道众烧死该观住持安世霖、知客白全一，该事件在当时震惊九城，白云观名声受到严重损害，从此一蹶不振，观内建筑在这之后大都因年久失修而残破。1956年，政府拨款进行修缮。1979年，白云观作为清代古建筑，被国务院批准列为第五批全国重点文物保护单位，并于1981年再次拨款进行全面修缮，修缮后对外开放。

1957年，中国道教协会在北京白云观成立，道教首次拥有统一的全国性组织。1990年5月，中国道教学院成立，坐落于北京白云观中。它是在中国道协所办道教知识专修班和进修班的基础上成立的，道教学院以培养爱国爱教、品学兼优、学修并重、热爱道教教育事业，并能够从事道教研究和教学的高层次人才为宗旨。十几年来为各地宫观培养了大批道教人才，影响深远。

白云观的建筑整体分为中、东、西三部分及后院，规模宏大，布局紧凑。中路以山门外的照壁为起点，依次设有照壁、牌楼、华表、山门、窝风桥、灵官殿、钟鼓楼、三官殿、财神殿、玉皇殿、救苦殿、药王殿、老律堂、丘祖殿和三清四御殿等景观。

白云观内收藏着大量珍贵文物，最著名的是"三宝"，即明版《正统道藏》、唐代石雕老子坐像和元代大书法家赵孟頫的《松雪道德经》和《阴符经》附刻。

北京白云观的照壁又称影壁，位于道观前端，正对白云观山门牌楼。山门前神路的前端有棂星门，原是观中道士观星望气之所。后来棂星门演变为牌楼，失去了原先的观象作用。此牌楼建于明正统八年（1443），为四柱七层的歇山式建筑。正楼前后有额，前书"洞天胜境"。影壁上嵌有"万古长春"四个大字，为元代大书法家赵孟頫所书。

影壁墙是专属于老北京四合院的印记，月坛地区却鲜有四合院住宅，因此也很难见到影壁墙，白云观山门前的影壁可谓月坛地区中绝无仅有的一块了。

白云观以其闳规崇构、美丽瑰伟、炫风流衍冠绝燕京，其庙会更以最具特色享誉京城。白云观每年正月初一至十九开放庙会，为期十八天半，十九日下午关闭观门。

据记载，北京最早的庙会始于元代，名为"白云观庙会"。白云观庙会是以道教节日为主体的祭祀活动。正月十九的燕九节（民间传说，正月初九为玉皇大帝诞辰，正月十九为丘处机真人生日），白云观照例有祝诞仪式，道士们要诵经礼忏，以祈求国泰民安、风调雨顺。游人"烧香祈福，纵情宴玩"。元代庙会三大特色：一是举办地点均在城外，二是每年一庙一届，三是开始有玉皇大帝或三清道祖巡游。白云观庙会期间，达官显贵烧香，善男信女酬福，来往的人络绎不绝。沿街摆摊售卖饼食酒饭、香纸花果、小儿玩具者不计其数，也因此成为大都百姓纵情宴玩之首选。

20世纪70年代，白云观庙会重新兴起，自1987年起，连续举办了21届，但因受到白云观周边场地狭小等外在因素制约，始终存在安全隐患，2007年起，西城区政府经研究决定不再举办白云观迎春庙会。但在那之后的每年初一至初七，民间人士依然会自发地前往白云观进行祭祀、祈福。但白云观周边不再允许摆摊售卖饼食酒饭、香纸花果等行为。

白云观庙会最为有趣的习俗活动是"摸石猴"和"打金钱眼"，延续至今不衰。

"神仙本无踪，只留石猴在观中。"春节庙会期间，只要是来到白云观的人，都会去摸一摸那几只著名的小石猴。人们都说那是金猴、灵猴、神猴，能消灾祛病，保佑人们平安吉祥。还有一种说法是"猴"

与"侯"同音，只要摸了它，就可"马上封侯"。最早白云观里有三只小石猴，隐藏在观中各个地方，所以有"三猴不见面"之说。如果不是预先知道或有人指点，要想把三只石猴都找到还真不是件容易的事。第一只猴在山门上，在白云观里"摸石猴"，主要是摸山门上的那只石猴，传说人们摸了它可以祛病、辟邪。游人们借摸石猴，来为自己和家人祈求平安。由于摸的人特别多，石猴几乎被摸平了。白云观的山门建于明代，虽历经火灾战乱的磨难，面貌依旧未改。道教认为，进了山门，就"跳出三界外，入得仙境中"，一旦迈进了这配着青石斗拱的三扇朱漆大门，便获得抛却了万千烦恼的纯净心情。在正门斗拱东侧的浮雕底部，刻着一只小小的石猴。浮雕整体的图案是"坎离匡廓图"，其间有祥云缭绕，又伴有展翅飞翔的六只仙鹤，遂取其谐音"六合"，整个浮雕喻"乾坤运化""六合同祥"之意。从整体布局来看，这只不过9厘米长的猴子在整个浮雕中显得有些不太协调，之所以这样安排，是有其独特的用意。道教讲究修炼，追求养生长寿之法。猴善攀缘，运动不停，是长寿的象征。道书《云笈七签》中说："古之仙者，及汉时有道士君倩者，为导引之术，作猿经鸱顾，引挽腰体，动诸关节，以求难老也。"这里取猴子灵活善动的特点，以传达生命生生不息之意，启示人们要合理地构建自身和宇宙之间的平衡。石猴离地面的高度不到两米，走过的人伸手就能摸到，所以每个进观的人都要在此驻足，伸手去摸几下，期望能够得到猴子身上的仙气、灵气，给自己带来好运。摸的人多了，这个部位的颜色就比周围深了许多，更没有李养正先生在《新编北京白云观志》中所记的"宁静深沉"的表情了。时光变迁，岁月流转，多少双渴求幸福的手在这里抚摸过，又有多少迷茫犹疑的目光在这里驻足过，只是不知摸过石猴的人是否真的能"知道""得道"了。道教，是寻道、修道的宗教。大道无形，既流行于宇宙万物之间，也隐含在这一触一摸之中。道教虽然"贵生"，却并不囿于身体上的长生，而是更强调"性命双修"。人的生命是有限的，能在有限的时间中生活得充实、快乐、安宁，得到精神上的永恒，这才是"长生"真正的意义所在。人们在强身健体的同时，更应该做自己心灵的主人，以平和的心境应对俗世的诱惑与困扰，所谓"寿命由天不由己，慧命由我不由天"是也。山门两侧有两面砖雕的侧墙，西面墙的底座刻着第二只石猴，大小与山门上那只相差无几。同样地，这只石猴也是面目模糊，甚至分不清前后左右，似乎是在用这种"无形"来彰显它历史的悠远。关于"摸猴"的来历，除了民间流传的种种说法外，还有一说。在《新编北京白云观志》一书中，李养正先生提到过，早前白云观的高道陈旅清，曾向他这样解释摸猴的缘由。他说，道教效法天地、崇尚自然，"猴"同音为气候的"候"，所以"摸猴"意在摸（顺）着节令气候变化，遵"道法自然"之理。理对了，就会顺遂、健康、美满。这种解释颇符合道教的理念，比起"马上封侯"之说，少了些功利，多几分恬淡，更契合白云观傲然独立于纷繁俗世中的那份不染纤尘的孤傲。何谓神仙？神仙是没有烦恼的人。与天合，与地顺，顺应生活中的一切自然，不强取，不豪夺，含淳守朴，无欲无忧，这样的人生就可以说是拥有了神仙境界。"道体不离常体之外，法身即在色身之中"，寄情于山水之外，独与天地精神往来，这神仙般的快意，又岂是升官发财这种俗世的欲望能够比得上的。第三只石猴在白云观东侧雷祖殿的石碑上，建于道光十四年，名为"九皇会碑"，是白云观道众为纪念香客功德所立。就在这块石碑底座的一侧，刻着一只十几厘米长的猴子。许是年代较近，又不像门口的猴子那么显眼，它的外貌保留得略为清晰。石猴一脚跨在一块石头之上，两只手一只搭在额头，另一只拿一个桃子高举着，仿佛是要把它抛出，虽然看不见表情，但仔细端详便能够感觉出它的顽皮，让人一下子想起齐天大圣孙悟空来。这只猴子很难找到，很多游客都是一路问着观中道士寻到这里的。春节庙会期间，为了保护这块石碑，就用隔板把它包围起来，游客只能隔着板子看看那只小猴，也因此为之增添了一层神秘气息。1989年的春节，白云观为了纪念新修窝风桥工程竣工，在桥边立了一块石碑。石碑底座一侧，又多了一只浮雕石猴。这时的"摸猴"已然成为一种民俗，建造者便索性又刻了一只。这只猴子要比先前的那三只大一些，有二十几厘米长，面目清晰，轮廓完整。猴子侧跪在一棵桃树下，手捧仙桃，尾巴高高翘着，像是在献礼。可是仔细端详这只有鼻有眼的灵猴，总觉得似乎没有灵气。它的雕工不可谓不精，只是少了时间的沉淀，未能来得及蓄养石中精魂。白云观的西院中，有一座元辰殿，殿内供奉着六十位星宿神，神名用天干和地支循环相配而成。由甲子到癸亥，一周正好六十，所以也叫六十甲子。人的出生年，叫作"本命元辰"，礼拜本命星宿神，祈求吉祥如意，叫作"顺星"。这是白云观香火旺盛的殿堂之一，尤其在每个新年伊始，前来拜祭自己本命神的人不计其数，为的是祈愿这一年都能够顺顺利利的。1993年，元辰殿对面的西墙上，一座刻有十二生肖图案的浮雕修建完成，浮雕长10米左右，高约1米，十二只动物按顺序排列。大约是受"摸猴"习俗的影响，来这里的人都喜欢去摸一下自己的属相动物，以祈求平安，其中猴子自然是最受欢迎的一个，因此，它也就自然而然地成为现在白云观中的"第五只神猴"。

白云观窝风桥打钱眼，是北京人春节的又一习俗。

老北京人在"破五"这天要来到白云观，除了摸山门附近和雷祖殿前的那三只石猴，还要到窝风桥打钱眼。

传说全真教始祖吕洞宾在陕西甘水河的桥上遇仙得道，所以全真教的观内都布有干水池和石桥。在桥下挂着一枚巨大的金钱，钱眼中有口铜钟，香客游人向里面投掷钱币。如果正好打中铜钟，则预示着在新的一年中诸事顺利，平安吉利。这里是整座道观中最热闹的地方，不论男女老少都会换几枚铜钱扔一扔试试手气。

不管是吃饺子、送穷、摸石猴还是窝风桥打钱眼，这些习俗都寄托了老百姓对美好生活的期盼，人人都希望日子越过越好，家庭和谐幸福安康。

白云观道医馆：
弘扬"调摄养生、治未病"的道医文化

民间自古就有"妙方出祖庭，悬壶在民间"的说法，这"妙方出祖庭"说的就是"道医"。

道医，是中医的重要元素之一。白云观道医秉承古老的道教医学传统，以发扬药王"大医精诚"所体现的仁心仁术、慈爱为本、一视同仁的精神而创建道医馆，为广大信众服务。北京白云观道医馆于2004年4月开馆行医，是北京首家具有道教特色的医馆。

北京白云观道医馆大门楹联：但愿世间人无病，何愁架上药生尘。

白云观道医馆馆址为白云观原祠堂院。祠堂院建于清朝康熙四十五年（1706），堂上奉祀全真龙门派第七代律师王常月坐像，堂下埋藏其遗蜕。堂内左右室的墙壁上嵌有元赵孟頫书写的《道德经》《阴符经》石刻，是白云观中的珍宝。

李宇林道长担任这间中医诊所的所长，他潜心修行，深入研究道家医学和养生术，著有多部道家医学著作与养生著作。

白云观道医馆的道医们始终秉承着上善的仁德之心，药王孙思邈在《大医精诚》中指出："无欲无求，先发大慈恻隐之心，誓愿普救含灵苦。"

李宇林说，白云观道医馆诊所汲取传统中医诊疗之精粹，充分发挥道教医学的优势，集药物、针灸、养生等综合治疗为一体，形成具有鲜明道教特色的多元化医疗体系。目前白云观中医诊所的诊疗人员由经验

丰富的白云观道医、对养生具有深厚造诣的道长以及信仰道教的社会中医人士组成，从诊察病情到辨别病征，再到开药下方，完全采用中医手法。

白云观道医馆提倡医学与养生并重，并特别强调"调摄养生、治未病"《黄帝内经》曰："不治已病，治未病；不治已乱，治未乱。"说的就是要注意调养、调摄尚未患病的机体，防患于未然。现代人的工作和生活压力越来越大，伴随着各种不健康的生活方式、不合理的饮食结构，加之空气污染以及其他的不利因素，导致相当一部分人处于亚健康状态，身体内部存在诸多隐患。道教的养生法门涵盖极广，如服食、行气、吐纳、守一、心斋、导引、周天、存思、坐忘、内丹、外丹等等。白云观道医馆融会道家"摄生养命"之法，强调人们要树立"主动健康"的意识，珍惜和关爱生命，通过身心兼治、养生为本的方法，从人体组织的内部开始调整阴阳结构，培养先天正气，切实提高人体自身的免疫力，从而达到扶正驱邪、防病健身的目的。

【街巷人文】

经久不衰的白云观文化，已经成为白云观街的独特名片，而在这里，还生活着许许多多有故事的人，他们的故事，让街巷增添了人情韵味。

常红：坚持"爱"的生活之道

常红，1950 年 6 月出生于河北宣化。初中一年级时，随父亲迁回北京，并在太阳宫人民公社第八生产大队务农。1984 年，国家实施"农转非"政策，常红便到西城区煤炭公司担任煤场经理，1999 年内退后，在白云观社区担任社区居委会党支部副书记一职，分管青少年、调解、宣传和妇女工作。她积极热心地为居民服务，很快便赢得了居民的认可。

白云观社区的甘雨桥附近还住着一位家喻户晓的老人史秀花，人称"史妈"，是一位1949年前入党的老党员。史妈一生无儿无女，也没有正式工作，只能靠低保维持生活，史妈远在澳大利亚的弟弟虽然每个季度都会寄一些钱给她，但是史秀花总是舍不得花。她每天都出去捡破烂，居委会干部也常常到她家去看望她，她的家中堆满了还没卖出去的破烂废品，连个下脚的地方都没有，并且由于卫生条件差，大白天就有许多蟑螂在屋里爬来爬去。她并不缺钱，但为何又要出去捡废品呢？于是常红便主动去找史妈聊天。在这个过程中了解到，史妈是因为无人陪伴而感到孤单，只好出去捡破烂打发时光。知道了前因后果，常红便经常来到史妈家里找她聊天，给她讲一些外面的情况，说很多有趣的事情，并帮助她解决生活上的困难。

常红和居委会干部对史妈的关心，既让史妈的心灵得到了慰藉，也改善了她的生活环境，社区的文明建设也为此消除了一个不太和谐的角落。

2004年，史妈的腿摔坏了。常红得到消息，立马赶到史妈家里。史妈一见常红就哭了。原来，她上医院看病，不小心把手绢包丢了。手绢包里有她的户口本、身份证，还有领取低保的存折和汇款单等重要物件。

常红了解情况之后，立马跑到银行去为史妈补办存折。但因为丢失了户口本和身份证，银行不予补办。于是常红又跑到派出所，为史妈补办身份证。民警了解了史妈的情况后，为她开具了一份身份证明。常红拿着史妈的身份证明来到银行，顺利地为史妈补办了领取低保的银行存折。

2005年，史妈病危，常红与当时的居委会主任李利联系了一辆救护车，把她送到医院。史妈躺在病床上拉着常红的手问道："你们还会来吗?"流露出母亲对待儿女般依依不舍的神情。

在日常生活中,常红因帮助别人而感到快乐。她常常为贫困人员捐赠衣物和生活用品。社区里有一个收废品的妇女,带着一个很小的女孩。大冬天里,小女孩穿着单薄,小脸小手冻得通红,在寒风中瑟瑟发抖。常红见了,就回到家把自己不常穿的衣物收拾好,送给了收废品的妇女。这位妇女在白云观地区待了三年,每一年常红都会整理出一批衣物赠送给她。

常红为他人奉献爱心。而当有人问常红为什么要帮助她身边的人时,她说,这同自己的坎坷经历有关。她从小是被抱养长大的,虽然有一种说不出的自卑心理,但更多的是感谢把她养育成人的人,感谢这个社会。她曾得到过他人无私的帮助,她愿意感恩社会,回报社会。

1994年,常红的丈夫去世了,那一年她的女儿仅仅9岁,正上小学三年级。学校开设了一门计算机课,要求学生穿鞋套上课。常红每天都是数着钱过日子,哪有钱购置鞋套?于是她将旧衣服裁剪做成鞋套。女儿的同学看了她穿着自己妈妈亲手做的鞋套,不仅没有讥笑她,还称赞鞋套很漂亮,并询问她是从哪里买的。班主任在了解情况后,就找到常红,让她多做一些鞋套卖给同学,同学们喜欢,而且也可以帮她贴补家用,常红非常感动。

常红说,自己没有得到过完整的爱,所以不想看到别人也得不到爱。她看到别人有困难时,便会感同身受。因此只要自己有能力,就会去帮助别人,把爱传递给别人,让人们都生活在爱中,自己也会徜徉在爱的长河里。

像常红这样的大爱之人,在白云观街还有很多很多,他们的无私奉献给这条街巷增添了一抹亮丽的人文风景。

文/王鸿善

258

莲花池东路

北京地理源头之蓟丘古道第一街

莲花池东路是月坛街道与广外街道的分界线。莲花池东路与东西并行的广安大道合称为"蓟丘古道第一街"。据史料记载，北京的肇始之地蓟丘就位于莲花池东路与白云路交界处的西北侧。再往北，白云观以西、位于莲花池东路与白云路交界处的西北侧白云路西里（月坛街道汽南小区）东门立有"古蓟丘旧址"碑石一方。

【街道名片】

莲花池东路位于月坛街道、广安门外街道、羊坊店街道交会处，也是西城区、海淀区、丰台区会合的一条通衢，东起西便门立交桥，西至北京西客站，此地距天安门广场约6公里。

【街巷历史】

莲花池东路向南三四百米处有一座天宁寺塔，是中国辽代佛教建筑，建造于大康九年（1083）。整座塔造型俊美挺拔，雄伟壮丽。莲花池东路北侧二三百米处有一座建于唐代的白云观，唐代时人们称其为天长观。白云观和天宁寺塔均为全国重点文物保护单位。莲花池东路南侧的广安门北，矗立着北京建城纪念柱。在这里，有一种穿越的历史厚重感，更让人有一种对于历史的敬畏之情。

古蓟丘旧址：这里是老北京的记忆

北京是中华文化的摇篮之一，也是人类文明发祥地之一。早在 50 万年前，就有人类在此繁衍生息。北京最早见于文献的名称叫作"蓟"。蓟丘因盛产蓟草（蓟草，也叫术、山蓟、山姜、山连、山精，可以食用，古代被视为仙药，吃了可以长寿）而得名；蓟城又因蓟丘而得名，蓟丘和蓟城的海拔均在 50 米等高线上。在远古时代，这里是漯水的北岸，有一条状隆起的地带，从现在的白云观西侧一直向东南延伸至牛街北部，蓟丘和古蓟城就坐落在这条地带的高地上。地理地质学家在距离白云路西侧约 150 米处的高丘，即现在的公安大学处（永定河引水渠南岸）对地层剖面分析，结果显示这里地面高程为 48.26 米，砾石层位于地下 7.8 米，顶层残存有约 1 米厚的含有绳纹陶片的文化堆积层。

丘，在古代，既表示地表的上隆凸起之义，还表示人群聚居的地方。所以蓟丘既是高地，也是远古人类聚居之地。武王伐纣成功时（约公元前 1045 年），曾经是原始人类聚落的古蓟丘已经由原始聚落逐渐发展为古代的都邑，这些都邑都被称为"国""都"或"邦"。"蓟"也成为一股较强的地方势力。

公元前 11 世纪左右，蓟国是隶属于西周王朝的一个分封国。《礼记·乐记》载："武王克殷反商，为既下车而封皇帝之后于蓟。"《史记·周本纪》记载，周初分封诸侯国时，有封"帝尧之后于蓟"。春秋中期，位于蓟国西南的另一个分封国燕国吞并了蓟，并迁都于蓟城，从这时起到秦始皇统一六国，蓟城一直是燕国的都城。在此后的 3000 多年间，尽管朝代更迭，城名屡改，北京始终是中国北方的军事重镇和贸易中心，并逐渐成为声名显赫的国都。

古蓟丘旧址中有一座汉白玉碑石，上面镶嵌着一块铜质牌匾，牌匾上面有一段文字：白云西里古蓟丘旧址。

20世纪50年代，在今白云西里蓟城的西北隅有一个大土丘，上面散落着许多战国、秦、汉时期的陶片。在古丘附近发现的古井中，曾出土有战国时期的陶罐，陶罐口沿上带有"蓟"字陶文。侯仁之等学者认为，土丘应该就是蓟城赖以得名的古蓟丘。20世纪70年代，在城市建设中土丘逐渐消失。

古蓟丘的南面，即现在的白云观南侧，一条古道被圈入蓟城的范围，后人称其为"蓟丘古道第一街"。这条街道到底是莲花池东路还是广安大道，史学界尚无定论。

在莲花池东路南面不远处，广安门北侧的滨河公园中立有一座蓟城纪念柱，上书"北京城区，肇始斯地，其时为周，其名曰蓟"16个大字。纪念柱旁立有《北京建都记》碑文，记载了古老北京建城的源头。

古代蓟城是当时的交通要冲。据《晋书》记载，蓟城开有十门，各门均对应交通要道。蓟城南垣、北垣分别设有城门，贯通南北城门通衢的正是如今的月坛街道白云路及其南北延长线。这具有3000多年历史的要道是古蓟城遗迹的一部分。

任何一座城邦的兴起和发展都离不开水。蓟丘这块高地凸显视野，蓟丘西面便是一泓湖水，便是现今的"莲花池"。"莲花池"原为燕都蓟城西郊的一处湖泊，古称"南伯河""大湖""西湖""饮马沟"。北魏地理学家郦道元所著的《水经注》中对蓟城和莲花池都有记载："蓟城西之大湖""昔周武王封尧后于蓟，今城内西北隅有蓟丘，因丘以名邑也，犹鲁之曲阜，齐之营丘矣。"后因大湖内生长莲花，湖便名之"莲花池"。莲花池的存在，孕育了蓟城，因此古代即有"莲花池水托蓟城"之说。

20 世纪 70 年代以后，在工业废水排放和城市建设不合理的双重夹击下，莲花池几近干涸，且污染严重。90 年代兴修西客站的时候，原计划把莲花池填埋为车站货场的建设用地。眼看哺育北京城数千年的莲花池就要遭受灭顶之灾，著名历史地理学家侯仁之先生等有识之士提出，北京真正的起源是在蓟，蓟的起源是靠莲花池的水。而正是由于侯仁之先生当年的据理力争，莲花池才最终得以保全，社会各界也真正地开始了解莲花池的历史和文化价值，政府于 1998 年开始恢复公园建设，池内广种莲花，并于 2000 年 12 月开放接待游人。每到盛夏，人们在莲花池畔伫立，都会陶醉在"接天莲叶无穷碧，映日荷花别样红"的美景中。

据古代文献记载，公元前 284 年，也就是战国时代，赵国大臣蔺相如"完璧归赵"的前一年，曾经发生过这样一件事：燕国军队在大将乐毅的率领下，进攻位于今山东省的齐国。大军长驱直入，仅 6 个月的时间便连连攻陷了齐国的 70 余座城池。而当燕军攻陷齐国的中心都城时，齐湣王早已闻讯秘密逃往莒城，这才幸免被俘。在这次战争中，燕国的军队把在齐国各地缴获的大批"珠玉财宝车甲珍器"，统统运回燕国。乐毅的《报燕王书》中有如下一段话："臣……奉令击齐……大胜之，轻卒锐兵，长驱至国，齐王逃遁走莒，仅以身免。珠玉财宝车甲珍器，尽收入燕，大吕陈于元英，故鼎反于历室，齐器设于宁台，蓟丘之植，植于汶篁。"（《战国策》卷三十·燕二）

根据乐毅的提议，燕国军队把缴获来的珍宝如大吕、故鼎、齐器，统统放置在元英、历室这两座宫殿和宁台陈列起来。由此，"蓟丘之植，植于汶篁"便可以解释为把燕国蓟丘上的树木移植到齐国汶水上的竹田里去，以表示对齐国土地的征服。

据史书记载，元英、历室（《史记》作磨室）是燕国两座宫殿的名称，建于宁台。但宁台究竟在蓟城的什么地方，现在已经无从知晓了。

秦始皇灭燕后，改蓟城为广阳郡。

那么，蓟城与蓟丘到底有何联系呢？北魏地理学家郦道元在《水经注》中曾对蓟城的由来做了较为可信的解释，并且还对蓟城与蓟丘的关系做了说明。郦道元说："昔周武王封尧后于蓟，今城内西北隅有蓟丘，因丘以名邑也，犹鲁之曲阜、齐之营丘矣。"

郦道元是今河北省涿州市人，生于北魏延兴二年（472），晚于战国时代六七百年。但从上面所引的文字中"今城内西北隅有蓟丘"一语来看，郦道元本人确曾到过蓟城，并且目睹了蓟丘的方位，由此才可能写下如此肯定的记述。

按照郦道元指出的相对位置就可以大致确定蓟城所在的位置。从地理方位及地理形势分析，郦道元所记载的蓟丘约在今广安门北附近，即现在白云观西墙外原有的一处高丘。

唐代著名诗人陈子昂曾写过一首《蓟丘览古》，其中有："北登蓟丘望，求古轩辕台。应龙已不见，牧马生黄埃。"

由此可见，至少在唐代时，蓟丘仍然存在。从清代至20世纪70年代，蓟丘应该还是存在的。中华人民共和国成立初期，在白云观以西的高丘周围新开挖不久的土壤里，曾经发现一些战国时期的陶片，说明这一高丘的历史是很久的。

1957年，在这座高丘以南不到4里的地方，也就是现在广安门以南大约700米处，曾发现战国及前朝的遗址。在发现的古代陶器碎片中，年代最早的接近西周，而出土的饕餮纹半瓦当本是燕国宫殿建筑常用的屋顶构件。由这一情况推测，蓟城的位置应该在现在的广安门一带，这与郦道元所记蓟城与蓟丘的相对位置是吻合的。

1974年，考古工作者曾在白云观西面的汽南小区进行考察研究，又发现了一段古城墙的西北角，同时这面城墙下还压着3座古墓。

1975年春，考古工作者再次有计划地发掘了这座蓟丘，又发现了一段埋藏在地下的古城墙和一些汉代至隋唐间的遗址遗物。但这次发掘并未能够按计划挖到蓟丘文化层的最底部，因此没有找到早期城址的直接证据。

现在，居民楼的兴建和白云路的拓展使蓟丘成为平地和绿化带，早已不复当年模样了。

古蓟城的湮灭，有两个主要原因：一是永定河洪水，二是为秦始皇所毁。公元前215年，秦始皇曾下令拆毁六国都城城郭，由于嬴政痛恨燕太子丹遣荆轲刺秦，所以平定六国后，首先将燕都蓟城拆毁。

综上所述，可以推测蓟丘和蓟城所在的地区包括月坛地区、广安门地区以及宣武门地区，是古老北京3000年的地理源头，是北京历史文化的开端。

【街巷人文】

莲花池东路的历史厚重感，赋予了这里特殊的人文气息，被一代又一代人不断传承。

王士良：汽南小区"掌门人"

王士良1931年2月出生，河北石家庄人，1947年参加中国人民解放军（原华野四纵），1953年入党，经历过解放北京、解放太原、西北战役、抗美援朝等大事件。曾任装甲兵师职干部，离休后任汽南社区党委书记、主任，到现在已经20多年了。他于2004年出任北京市西城区月坛街道汽南建设协会会长，是北京市第十一、十二届人大代表。

汽南小区位于莲花池东路北侧、外白云路西侧，是原国家机械工业部的办公地点。第一机械工业部有个直属机构叫汽车局，办公区后面是宿舍区，中间被从玉渊潭流出的一条河拦腰切断。河的北面叫汽车局北，简称汽北，河的南面就叫汽南了。

汽南社区曾是一个声名显赫的住宅区。它始建于20世纪50年代，是中国第一个"城市新社区"。1954年，汽车局成立了家属委员会，也就是后来的居委会。这几个家属委员会的成员都是党员，为了更好地开展工作，成立了党支部。

1988年，王士良从中国人民解放军蚌埠装甲兵学院离休回京，跟老伴一起住在原机械部的职工楼，也就是汽南社区。当年，月坛街道办事处的干部和月坛派出所的驻区民警力邀王士良到居委会参与工作。于是王士良便走上了新的"领导"岗位——社区治保主任，此后又当选为居委会主任、社区党委书记。2008年，他又担任了"非政府机构"汽南社区建设协会会长一职。

汽南小区作为全国模范小区，当年曾经红极一时，并且作为全国先进居委会，经常上电视和报纸，因此不少全国各地的参观者都慕名而来。

20世纪90年代的居委会并没有普及什么小区管理的概念。王士良当选为居委会主任以后，这个概念走进小区的家家户户。

作为退伍军人，王士良办事雷厉风行。他先是把小区的文化生活开展起来，建立了图书阅览室，成立了老年秧歌队，夏天周末的晚上，在小区的空地上放映露天电影，组织家庭运动会。然后就是引进"红黄蓝网络社区菜站"。

20世纪90年代初，汽南小区办起了"五小服务"：小缝纫、小百货、小理发、小副食和小传呼。小传呼比较有意思，那时候电话并没有普及到每家每户，因此联络别人异常不便，为了满足广大住户通信需求，小区特地向电话局申请了一部公用服务电话，并安排人员值班"发传呼"。工作人员往院子里一站，大喊一声"××楼××家来电话了"，在当时是非常普遍的情况。

那时候政府没有对社区拨款，由于缺少物资和帮助，社区开展工作很艰难。于是居委会便请小区积极分子当楼门长，作为居委会开展工作的主要力量。年底想给各楼门长点奖励，但实在没有经费，就到市场上买点便宜的边角料，回来再用缝纫机加工成布口袋，发给楼门长和积极分子，就这样社区办起了"五小服务"。这是小区最早的创收和解决经费困难的途径，而小区也只能创收多少就花多少。

20世纪80年代，街道管市场，留下了不少废旧铁皮屋。小区就去讨来变废为宝：两三个废旧铁皮屋组装在一起，见缝插针地安置在小区空闲地段，按照"不图所有但图所用"的原则引进了邮政所、瓜菜铺，还开办了小饭桌、老年饭桌，甚至把网通引进了社区。到了90年代，小区健全了生活、邮政、法制、医疗、信息、文化等6个社区服务体系，之后又建了小区理发室，还为孤寡老人建立小饭桌，为寒暑假的孩子们组织夏令营、冬令营。因此被北京市商务局作为示范社区奖励10万元钱，小区就成了"万元户"。居委会人员还给全社区安装了楼宇对讲安全联网系统，这种"技术防盗"在北京也是最早的。

汽南小区在20世纪90年代就已经做到了"5分钟生活圈""10分钟生活圈"。1999年，时任国务院副总理的李岚清视察汽南小区时说道："如果每个居委会都能做到这种程度，政府的工作就好办了。"2000年3月，费孝通到汽南考察时感叹道将来他也要搬到汽南来住。

不久，汽南小区便被一些媒体熟知，晚报派来了记者，电视台也来采访报道。小区里经常有电视记者扛着摄像机到处拍摄。院里的老头儿老太太们白天看到记者来摄像了，晚上便守在电视机前等着看主任上电视，看完了，第二天便聚在楼下互相交流，晚年生活便多了一份乐趣。

有了名气，便有领导来视察，政策上也有了支持，王士良的干劲更足。他组织人员建立了医疗卫生站，为老人建立了健康档案，小病小灾、打针开药，不出社区就都解决了。邮局还为小区建立了社区邮电所，收发信件包裹，年底订报纸，也方便得很。上级为小区建设拨了专项资金，院里的道路重新铺设，还率先安装了门禁，并为腿脚不便的老人和残疾人安装了无障碍设施。那时，汽南社区一共有 17 幢楼、800多户住户，大部分是原第一机械工业部汽车工业局的干部职工。

中华人民共和国成立后，我国要发展汽车工业，从华北、东北抽调一批干部进京会战。1953 年 2 月，第一机械工业部六局（后来的汽车工业局）成立。院里除了普通干部住的住宅楼，还有好几栋苏式灰砖小楼，住的都是厅局级以上干部。

王士良任治保主任后，也到居委会上班。那时居委会只有位于小区北边的一间 10 来平方米的办公房，3 张桌子。王士良去之前，是由 5 个老太太组成"小脚侦缉队"，平时收收卫生费，宣传防火防盗，管管计划生育。算上王士良共 6 个人，每两个人共用一张桌子，各种各样的文件、材料贴得满墙都是。

在社区，治保主任不只管治安。王士良一上任便赶上了北京普及管道燃气，要回收煤气罐。他是居委会唯一的男同志，这种要出力气的工作对王士良来说责无旁贷，他陪着市煤气公司工作人员挨家挨户回收煤气罐。

汽南社区的蓬勃发展也会带来不便之处。由于小区没有围墙，四通八达，并且住户都相对富裕，因此每年都会有好几起溜门撬锁案，导致居民一上班就提心吊胆，中午还特地蹬着自行车回家看看锁头。因为这件事，负责小区治安的片警年年考核落后。他也想组织个巡逻队，但是没人响应。后来这事情就落在居委会身上。

居民是支持居委会的。居委会干部就组织"治安巡逻队"上门征求居民意见。第一个站出来支持居委会建议的是原农业机械工业部（即第八机械工业部）副部长李本。由于李本副部长的带头，汽南社区由33 人组成的"高干巡逻队"很快就上岗了。

到 1990 年年初，汽南社区"高干巡逻队"扩编为一支由 192 名离退休的高中级领导干部、科技专家和一般干部组成的"汽南党员干部治安巡逻队"。那几年，汽南社区一起治安事件都没发生，那位片警考核成绩也上来了，后来还调到分局了。

安全问题解决后，王士良又将目光聚焦于社区老年人生活。90 年代初期，社区老人不多，只有三四十位，居委会承担起日常看望、照顾的任务。"主要就是做饭，在居委会做，大部分老人来吃，来不了的我们给送到家里，老人掏几元饭钱。"后来随着职工陆续退休，老人数目很快上涨到二三百人。饭是做不过来了，加之资金、场地的限制，王士良面临着前所未有的挑战。

王士良酝酿着在汽南社区开办一家内部敬老院，既延续食堂的作用，也能拓展一些其他服务。但居委会不是法人单位，没有资质，脑筋活络的他干脆把社区周边的家政公司、餐饮店铺等 50 家单位和个人组织到了一起，成立了民办非企业法人单位"汽南社区建设协会"。王士良亲自担任协会会长。

2004 年初，汽南小区在社区空地创建了一家小小的敬老院。由于敬老院地方太小，王士良便考虑着既然引入这么多家社会单位，能不能把服务送上门，让老人们住在家里，也能享受到如同敬老院般的待遇。因此，敬老院被称作"无围墙敬老院"，作为汽南社区建设协会下面的一个实体，承担起食堂、照料等任务。

王士良还设想能够最大化地为老人提供"超出的围墙"服务。于是，来自家政公司、社区环卫、机动车管理公司等单位的志愿者一一跟老人结成对子。无论上门理发、医院挂号，还是把轮椅抬下楼，老人都可以找相应的志愿者帮忙。

此外，社区每栋楼内各选一位相对年轻的老人，作为居民志愿者，不时到本楼有困难的老人家中收集需求和待办的信息。由此，"无围墙敬老院"成为一个更大的概念——通过整合各类社会资源，打破传统养老院模式，将服务送到老人家中，这些创举远远走在北京大力提倡"居家养老"之前。

2006 年，经过协商，社区敬老院被月坛街道划走，在此之后形成了三类服务模式。一是面向整个地区，收治不能自理的老人。其食堂专门提供高龄老人的饭食，以流食为主。二是对于普通老人的日常就餐，王士良依旧走"引入社会单位"路线，跟附近的湘菜酒楼合办"老年饭桌"，每天中午提供 12 元、15 元两档价位的套餐。联系近邻公安大学里的一家餐厅，请他们每天中午进入社区卖饭。三是对有个性化需求的老人，社区组织商量某一家的保姆，取得雇主同意后，兼顾另外一两户邻居家的做饭任务，邻居每月给几百元劳务费。这样雇主的花费有所降低，保姆的收入也能高些。

此外，每周二、周五两天，新发地会开进来一辆卖菜车。每周一、周三、周五，第二炮兵大院的后勤食堂来卖馒头、豆包，很受欢迎。以服务老人为初衷，社会单位的进驻逐渐扩展到更大的范围，给所有居民都带来了方便。

处处领先时代的汽南社区"无围墙敬老院"，成为中国社科院等多家单位社会学的科研实践对象。作为示范点，社区生活层面的助老服务已趋于完备，而更令老人们感动的则是王士良对退休、"空巢"一族精神和心理的重视。

有的老人不爱热闹，喜欢在家里看书，汽南养老服务站便接受了首都图书馆等单位赞助的图书杂志，办了个"夕阳悦图书室"。王士良让志愿者将图书一本本登记，印了份 A4 纸大小的图书索引小薄册子，发放到老人家中，定期更新。老人想看什么书，打个电话就给送上门。王士良常说："老人不是说吃饱穿暖就够了，尤其现在都不和子女住在一起，精神生活方面得帮助他们充实起来。"

这20多年来，王士良尽心尽力，仿佛忘记了自己也已经是一位近90岁的老人。20多年的社区工作，也让他找到了发挥余热的渠道，他感觉非常快乐。如今，王士良老人已经离开了，但他留下的精神却一直鼓励着后人继续努力。

当人们走在莲花池东路，仿佛依旧能够看到王士良老人忙碌的身影，他在捡拾白色垃圾，向居民宣传为老服务，带着社区工作者忙前忙后……而这条街巷，也会铭记这位为他人奉献余生、鞠躬尽瘁的老人，传承他崇高、无私的精神。

李桂芬：手工艺术班开创者

几乎所有第一次来到居民李桂芬家中的人，都会情不自禁地对着一间摆满了工艺品的屋子发出赞叹。栩栩如生的小羊小马、立体的灯笼、巨幅的牡丹，押花、串珠、编织、布贴，种种工艺让人眼花缭乱。见到来客惊讶的表情，李桂芬绽放出幸福的笑容。78岁的她快人快语，有着和年纪不相符的精气神儿，谁也看不出她曾经的内向和孤独。

李桂芬四十几岁时，丈夫就去世了。两个儿子长大后，陆续都有了自己的家庭，她的生活一下变得空落落的。特别是2000年初那会儿，小儿子、孙子、保姆都搬走了，只剩下她一个人守着空荡荡的家，突如其来的孤独感令她非常不适，一下瘦了30斤。

偶然间，李桂芬跟公园中的摆摊老人请教，学会了串珠和编织，那时正赶上王士良在社区成立了"老年大学"，找社区里的老人分享专长。他发现李桂芬的手艺，就让她教大伙儿。于是从2005年开始，由李桂芬牵头的手工艺术班每周开课一次，至今已经有 11 年了。平时，李桂芬也把家门敞开，老伙伴们可以直接进来，围坐在一起聊天、做手工。手工艺术班的顺利开办让李桂芬结识了很多朋友，有事大家相互关心，她的精神状态好多了，性格也开朗了。

文/王鸿善

北滨河路

在"北京母亲河"滋养下的幸福之路

月坛街道北滨河路，位于西城区西北部，因临近护城河又在广安门北侧而得名。20世纪50年代扩建，1965年命名为北滨河路，90年代整修，见证了改革开放40年来老北京城区的发展变化。

【街巷名片】

北滨河路是西便门社区所在地。北起莲花池东路，南至广安门。1949年前为土路，冬季冰窖业工人来护城河起天然冰入窖，故有冰河路俗称。

【街巷历史】

北滨河路临着永定河引水渠，经过近几年的沿河整修，这里成为人们休闲散心的最佳之地。

永定河引水渠：北京的"母亲河"

永定河引水渠位于北京市中部，是北京市第一条引水工程，兴建于1956年1月。

永定河引水渠干渠总长 26 公里。渠首起于永定河出山口的三家店拦河闸上游左岸，东南流经横石口、十王坟，与南旱河故道相接，在五孔桥分为南北两支。南支在罗道庄与京密引水渠汇合后，流入玉渊潭，向东南流经西便门和西护城河相接，经南护城河在东便门入通惠河。北支也称双紫支渠，流入紫竹院湖，经白石桥与南长河汇合后，向东流入北护城河，经东便门入通惠河。沿线建有三家店拦河闸、进水闸、模式电站等水力设施，最大引水流量 60 立方米/秒。

永定河引水渠主要为西郊石景山热电厂、首都钢铁公司和各大河湖公园以及城市生活用水提供水源。该渠已成为城市河湖水网的重要组成部分。沿途有法海寺、玉渊潭公园、西便门城墙遗址等名胜景点。

近年来，随着城市环境的不断提升，永定河引水渠也成为地区环境不可分割的一部分。2017 年，月坛街道全面实行河长制，联合多部门，对永定河引水渠进行整治清理，让这条清澈的河流带动起北滨河路的活力，为这条街巷注入流动的生命。

白云驿站阅读空间：街巷人文的汇聚地

在永定河引水渠河畔，有一座飘溢着书香的建筑——白云驿站阅读空间。

白云驿站位于白云观北里甲 6 号（白云观滨河路），毗邻护城河畔，环境幽静而雅致，是一个以"绿色和科技"为主题的公益驿站。

白云驿站是月坛街道联合社会组织为地区居民搭建的一个文化平台，主要从事文化养老项目，从事社区公益项目的策划和实施，提供社区公益文化的传播。

自 2015 年开办以来，每年接待读者 10000 余人，每年参与公益活动 100 余场，开设家庭园艺推广、剪纸艺术课，深受月坛地区居民的喜爱，这里也成为北滨河路街巷人文的汇集地。

白云驿站阅读空间建在永定河引水渠岸边，环境优美而雅静。建筑面积300平方米，免费阅读空间面积达到85%，每周开馆时间达到66小时。空间布局合理，设有成人阅读区、儿童阅读区、电子阅读区，都有明显的标识和提示。阅览室宽敞明亮，座椅舒适，灯光照明适合阅读。读者来到这里都可以获得免费借阅服务，驿站还免费提供笔记本电脑、电子书、打印机、投影仪以及无线网络。读者可以通过"驿站阅读平台"浏览报纸杂志、小说及众多的科技、生活、养生类图书等文化资源，也可以通过"云借阅"图书设备下载电子图书、报纸杂志到手机上进行阅读。白云驿站阅读空间自2015年开办以来，深受社区读者的喜爱。

阅读是现代社会人们普遍喜欢的一种生活方式。白云驿站为社区居民提供了一个优雅的阅读空间。白云驿站仅2016年7月至2017年6月就接待读者近10000人次，现有纸质书籍12300余册、报纸杂志24种、数字文献12200种，图书在第一图书馆的帮助下合理分类，得到了读者的认可，也让这条街巷书香阵阵。

同时，这里还是一个以"绿色、科技、养生"为主题的公益驿站。驿站以开放式的工作和服务方式"走出去、引进来"，先后与新街口、德外、什刹海、月坛、天桥、金融街、白纸坊、展览路等街道社区一起为社区居民组织了106场次的公益活动，其中有免费讲座、培训、展览、读书会、知识体验等活动，覆盖8个街道办事处、60个社区，12000余人受益。还适应各社区工作和管理的需要，开办了财务、档案资料、环境卫生、防火等培训。

白云驿站阅读空间正在进一步强化自身素质，用心做事，用数据说话，丰富驿站的文化底蕴，提升驿站系列活动的品位，不断扩大和丰富阅读空间，为读者创造更好的阅读服务条件，吸引和扩大读者群，在全

274

方位的服务过程中积淀读者，为建设书香西城发挥积极作用。

白云驿站和永定河引水渠相依相伴，为北滨河路的街巷故事增添了一抹静谧的风景。在这条街巷，有石桥、流水、书香、驿站，还有不远处白云碧溪公园里居民的阵阵欢笑。北滨河路的安静与喧嚣让这里成为城市里的一处世外桃源。

【街巷人文】

在北京"母亲河"的滋养下，这里的居民对生活充满热爱，对工作也充满热情，形成了一种幸福的生活氛围。

惠淑德：用诚信经营幸福家庭

一个幸福的家庭离不开诚信，在西便门社区，就有这样一位诚信代言人，她的家庭被评为"最美家庭"，她就是惠淑德。

"说我的家庭是最和美的，并不是说我家日子一直是事事顺心，更不是我家财富满仓，而是他们看到了我家遇事人人都能相互帮扶，相互依靠，相互付出。"惠淑德是西便门社区最普通的一户人家，他们在生活的苦难中开出幸福的花。

20世纪90年代，惠淑德一家正赶上改革的浪潮，作为国企改革试点单位的普通员工，一个病退，一个下岗，二人不得不自谋出路。"穷有穷的活法，调整好心态，在困境中寻找希望。"惠淑德告诉记者，后来她做过职业介绍，干过保险，尝试过许多行业。

2009年，丈夫第二次脑出血发作，留下肢体行走障碍、语言功能障碍、吞咽困难的后遗症。面对现实，惠淑德没有气馁。"为了让他从精神上振作，家里大事小情我都与他商量，让他感到他仍是家里的顶梁柱，事事都需要他做主，激励他上进。"为了能够让他吃好喝好，惠淑

275

德养成一日多餐的生活习惯，将水果打成汁让他饮用，将饭菜做得软烂可口便于吸收消化。为了让他身体尽快好转，不厌其烦地陪他锻炼。为了让丈夫生活过得有生趣，惠淑德陪他养鸟喂鸟，让他保持好心情。在惠淑德的努力下，丈夫的病日渐好转，身体基本上能够自理了，这大大减轻了双方的负担，惠淑德的日子自然更舒心了。

惠淑德一家的日子刚有好转，公婆又相继入院，这又给他们这个家庭出了个不小的难题。丈夫需要照顾，公婆也需要照顾，孩子们工作忙又无法分身，老人不习惯保姆陪床，惠淑德只得家里医院两头跑。

"丈夫基本上可以自理，但仍需要帮把手。我从未离开过他的视线，更没有过深夜不在他身边的时候。"惠淑德回忆起当时的艰苦岁月，丈夫想照顾父母又无能为力，他告诉妻子，留他一人在家，让妻子在公婆床前代他尽孝。

每次陪床前，惠淑德都会多做出两天的饭留给丈夫，让他饿了的时候热一热。到了吃饭时间，惠淑德都会打电话给丈夫。"他经常八九点钟了还吃不上饭。"回想过去，惠淑德心酸地说，"他觉得挺难为我的，我觉得没照顾好他挺难为他的，我们互相理解，熬过了那段艰难时光。"丈夫深知妻子辛苦，每次回家丈夫都投来感激的目光，两人相互理解，不久公婆也康复出院了。

惠淑德的儿子在公安部门工作，工作忙，经常加班加点，但不管怎么忙，只要因工作回不了家，他都是每天一个电话询问二老的情况。作为父母，为了让儿子尽职尽责，工作不分心，不给儿子增加负担，都是向他报平安，叮嘱他注意身体。儿子结婚后，惠淑德把儿媳当作自己女儿一样待，知道她爱吃什么，不爱吃什么，只要他们回家吃饭，尽量以儿媳的喜好调整饭菜饮食。儿媳妇也是一进门就下厨忙活，帮助做些家务。儿子儿媳工作之余，又报考研究生，惠淑德以学费作奖励激励他们。经过几个月的奋战，两个孩子均考上目标学校，心想事成，惠淑德夫妇心里也跟着高兴。

赵培林：帮扶成亲人

赵培林是复北社区的普通居民，也是他们楼 15—18 层的楼门组长。1959 年出生的她在退休之前曾是北京民族乐器厂的一名出纳员。

"1978 年我高中毕业后，就到民族乐器厂上班了，最初做了 4 年普通工人，之后就在厂子里做出纳。"赵培林介绍道。2004 年，因为民族乐器厂生产的乐器需要在外边刷漆，所以被认为对环境有污染，因此当时位于北京大兴西红门附近的民族乐器厂关门了，赵培林也从厂子里内退回家。

2009 年至 2012 年，她成为复北社区一位不坐班的居委会委员，也就是在这段时间，她认识了自己家的这位邻居，被赵培林亲切地称为赵大哥的人。

"6 年了，我一直照顾这位赵大哥，带他去医院什么的。"赵培林介绍道，她当时还是社区的志愿者，当时的居委会书记袁军和她说明了这位赵大哥的情况，让她和这位邻居结对帮扶。"这位赵大哥平时孩子不在身边，都是一个人住，还患有高血压和轻微的老年痴呆、脑梗，脾气也不是很好。当时我心想，大哥一个人住着挺可怜的，就决定帮帮他。"赵培林介绍道。

于是，赵培林就与这位平时不太熟络，也不喜欢与人打交道的邻居结成帮扶关系。"说起这位大哥，和我一样也姓赵，不知情的人，时间长了还以为我们是亲属关系呢，刚来居委会工作的人也以为我们是兄妹或者父女关系。"赵培林介绍道。她平时搀着老人去医院，在家时也会叮嘱老人吃药，基本和家人没什么区别。

"最开始的时候，赵大哥有一段时间是和他的儿子一块儿住的，后来大哥觉得住得不习惯，还是想回自己家去，可是他这一回来，身边就没人照顾了，自打患了脑梗，腿脚不是很灵便，说话也不如从前利索了，但是自己基本能自理。"赵培林介绍道。

相处久了，赵培林发现，这位赵大哥喜欢清静，但是脾气秉性不是一般人能相处得来的。之前就曾经因为申请残疾证不符合评残标准，到街道和居委会的工作人员发生过冲突，再加上他的病情，一般人也都躲得远远的。

因为赵大哥说话不是很利索，和医生交流比较费劲，赵培林就陪着赵大哥去看医生，帮赵大哥向医生交代他的病情。为了帮助他合理科学吃药，她细心地看着医生给开的各种药方，以便出现情况的时候用合适的药。

有一次，赵培林从外边旅游回来，一进门看见赵大哥了。"我看他好像不舒服，就问他今天都干吗了，赵大哥说跟朋友聚会刚回来，席间吃得高兴，就喝酒了，现在觉得后脑勺疼。我就赶紧帮他量了下血压，一看吓一跳，高压200多，低压100。"赵培林说道。她就赶紧给赵大哥的儿子打了电话，让儿子送赵大哥去医院，之后又赶紧找了降压药给赵大哥吃。

"我以前总带他去看医生，有经验了，就给他吃了降血压的药，等他稍微舒服一些了，就问他吃没吃晚饭呢，听说他还没吃饭，我就赶紧给他做吃的。"

相处的时间久了，赵大哥也从心里认可了赵培林这个邻居，连赵大哥的儿子都说，有了这样的邻居，他悬着的心也可放下了。"好些个结对帮扶的都换人了，只有我跟赵大哥这一对儿一直持续着。"

有一次，赵培林听着对门家嚷嚷起来，一打听原来是对门家的老人与女儿拌嘴呢。对门的老爷子因为老伴去世了，他的孩子们为了方便照顾他，就想让老人搬到孩子家附近去住，但是老爷子不管说什么，就是不愿意，因为他自己家里住习惯了，周围环境又都熟悉，出门也方便，到了孩子家又得重新熟悉一遍。而且老人岁数虽然大了，但是生活能自理，所以坚持不肯住到孩子家。

"孩子想把老人接过去也是好心，但老人就是怎么都不肯，我就赶紧出去，一边宽解老人，一边与老人聊着。这时候老爷子蹦出来一句话，让我自己都乐了。'我不管，你赵培林，还有那个邻居老赵，还有我，咱们三个人的名字里都有个林字，我们这'三林'都得归你管着。'"赵培林笑道，从此之后，她又多了一个帮扶对象，老爷子80多岁，平常也能自理，赵培林就时常串串门，陪老爷子聊聊天看看报。

问赵培林为什么这么热心肠，她说，这与她小时候父母的做法有关。

"我父母都是工程师，我算是在一个比较富足的环境中长大的，但是从小父母对我的教育也是非常严格，他们总和我说，做人要将心比心，对外人也要像亲人一样。"赵培林介绍道。

她的父母也都是这么做的，赵培林小时候，家里雇着保姆，保姆家的亲人来北京，她的父母都是管吃管住。"不光是这些，早些年间，我们家保姆的孩子要上学了，就连学费也都是我父母帮他们付的。"赵培林介绍道。

良好的家风传承的是一种责任，赵培林则将这种责任放大，去服务更多人，这是一种诚信，更是一种美德。

黄运民：不忘使命，守护美丽家园

"抗战爷爷，教我立志从军。"武警23中队1排2班班长黄运民说。"我爷爷参加过抗日战争，还曾经亲手杀死过一名日军的排长呢。"说起爷爷的经历时，黄运民一脸骄傲，"在我小时候，我总听爷爷讲述他的从军经历，他当年在部队和日军交战，有一场战役足足打了三天三夜。"黄运民介绍道，正因为爷爷经历过战争，亲眼看到过流血牺牲，所以更加明白和平的可贵。

黄运民是湖南娄底人，1993 年出生，他在谈吐中却有着和年龄并不相仿的成熟。"这都是在部队练出来的。"黄运民笑着介绍道，"我入伍之前其实特别内向，只要是和陌生人说话，我就会脸红。"

在他懵懂记事时，就经常能听到他的爷爷讲述过去的故事。"我爷爷是一名参加过抗日战争的老兵，是傅作义所率领部队的一名普通士兵。小时候我总和爷爷一起看电视，爷爷就特别爱看战争片，我在旁边看着，慢慢就觉得军人的形象很伟大，再加上爷爷一直和我讲他的从军经历，我就慢慢树立了从军的想法。"黄运民介绍道。

现在的很多军人都是从学校毕业之后直接来到部队的，但黄运民却走了一些弯路。"我曾经打过工，还是两次。"黄运民说道，他的第一次打工经历是在 2007 年，他上初中的时候，当时正值放假，学校的老师组织班上的同学们勤工俭学去工厂打工，黄运民就想着，去外边见见世面也挺好，就也报名参加了。可让黄运民万万没想到的是，这一打工，居然就去了广州。

"当时我们去的是一个广州的食品厂，因为这家工厂就是那个老师的家里人开的，知根知底，家里人也比较放心，我就跟着去了。"黄运民说道，当时他在食品厂工作了两个月，挣到了人生中的"第一桶金"。"一个月 750 块钱，还管吃管住，挺好的。"

初中时候的打工经历，在黄运民眼里就好像是玩儿一样，但第二次的打工经历，让黄运民深深地体会了一把赚钱的艰难。"当时第一次从家里出去，看什么都新鲜好玩。第二次打工就不一样了。"黄运民介绍说，他的第二次打工经历是在 2010 年 3 月，当时他高中三年级，因为他的学习成绩不是很好，所以在高三下学期的时候，他和学校签署了一份打工协议，就出来打工了。

"因为当时学习成绩不好，就算是参加高考也肯定是落榜，就和学校签了那个协议，自己外出打工，也可以拿到高中毕业证。再加上当时已经确定了要去当兵，所以也没有什么压力，因为离下一次征兵还有几个月的时间，就想着出去挣点钱也挺好的。"他就是抱着这个念头，独自一人走出家门去了深圳。

"我去深圳也不是没人照顾，我姐姐当时就在深圳呢，还有一个表哥在深圳的一家电子厂，我也就跟着去了那家厂子。"黄运民介绍道。他当时就在电子厂做起了操作工，负责检查工作，听他介绍，当时的工厂，流水线都是要每天 24 小时运行的，所以班次也是白班和夜班轮换。"我一共在工厂做了 4 个月，2 个月白班 2 个月夜班，每天要工作 12 个小时，一个月挣 2000 多块钱。"

转眼间到了入伍的日子了，黄运民也和其他战友一样，去了当地的县武装部报到。"我家离县城比较远，所以我是提前一天就到了县城，外婆和妈妈一起送我来的。"黄运民介绍道，因为当时家中还有别的事情，他的外婆和妈妈把他送到县城后就赶紧回家了。

"第二天我们该上车出发了，当时有两辆大巴车接我们走，我坐在车上，看着同时入伍的战友和家人分别，那时候我还没什么感觉。等车开在路上时候，我给家里打电话，刚刚打通一瞬间就接听了。"黄运民介绍道，原来是他的妈妈回到家后一直守在电话旁边，想给他打过去，又怕影响到黄运民，只好一直守在电话边上等着。"我妈妈还好，等我外婆接过电话，一听到我的声音，她就哭了，一边哭一边叮嘱我在部队要好好的。"

就这样，黄运民辗转大巴车和火车，来到了北京大兴的新兵连，听他介绍，自己刚开始接受训练的时候，还真有点适应不过来。

"我们那时候每天 6 点起床洗漱，然后去出早操，练半个小时左右去吃早饭，整理内务，8点的时候就正式开始一天的新兵训练，由老战士带着我们练习队列、军姿、齐步走、正步走、跑步和敬礼。"黄运民介绍道，一开始，他确实有点适应不了，"每当有什么困难的时候，我总会想起外婆总说的一句话，就算再艰苦，也要坚持，就因为这个，最开始是咬牙挺过来了，过了一段时间后，也慢慢适应了部队的生活。"

2011年3月，黄运民来到了现在的23中队，在这里，他通过自己不断的努力，不仅在第二年就入了党，还从一名普通的士兵升为了班长。"主要还是靠领导的培养和战友的帮助。"问到"升官"的过程，黄运民腼腆地说道。

其实这和他自身的努力也是分不开的。2012年，黄运民所在的连部要参加师里组织的技能大比拼，黄运民和其他战友一起组成了警棍盾牌示范班，要在师里展示警棍盾牌训练的成果。

"我们那时候11名战友，每天早上6点洗漱后就开始警棍盾牌训练，一直到晚上10点，中间除了吃饭外就没有休息过。"黄运民介绍道，当时是12月，但每天训练的时候，只能穿着迷彩服，一天的训练下来，手都是木的。"因为要增加双手的稳定性，做到每个人的动作一边齐，我们用砖头代替警棍，铁椅子代替盾牌拿在手上，每一个动作都要坚持20分钟不能动。"黄运民介绍道，当时累苦了，也只是凭着外婆常对他说的一句话"就算再艰苦，也要坚持"扛下来的。

如果说黄运民的爷爷为他点亮了前进的方向，那么他的外婆则为他树立了榜样。

"我外婆年轻时候生活很苦，早在她3岁多的时候，她的父亲就去世了，'三年困难时期'，外婆吃过树皮，这也导致了她现在有胃病。"黄运民介绍说，自己小时候，外婆经常和他讲自己的经历，每每说起这些，外婆总是会说"就算再艰苦，也要坚持"，这句话也在后来影响了黄运民，可以说如果没有这句话，也就没有他的今天。

在北滨河路这条幽静的小巷，有人怀揣保家卫国的梦想来到这里，有人心怀社区默默奉献，还有很多积极向上的居民，用他们对家园的热爱和对街巷的眷恋，赋予北滨河路家的意义。

文/王鸿善

后　记

在本书即将付梓之际，编写者的心情依然像北京的母亲河——永定河的浪花一样激荡不已。永定河引水渠流进了有千年历史的玉渊潭，又从玉渊潭流出，穿月坛地区而过，穿越北京月坛地区的西南角曾有的一座蓟丘。

或许在人们的意识中，北京的古文明在二环以内，在故宫、在景山、在北海、在天坛、在地坛；而没有意识到，月坛地区西南角曾有的一座蓟丘，使燕国都城得名"蓟城"，也使蓟城区域成为3000年前北京城市的地理源头。毫无疑问，月坛地区是北京城市的地理源头的重要组成板块。

因而月坛地区的历史可以上溯到3000年前。月坛地区的两条南北主要干道"白云路—三里河东路"和"西便门外大街—南礼士路"原是3000年前与古蓟城西北角和东北角城门相连接的古官道，可以通往北方很远的地方。

月坛地区因而具有厚重的历史文化而令人神往——

具有千年人文积淀的玉渊潭和钓鱼台与月坛地区相毗邻；

我国本土宗教道教全真派的祖庭千年白云观坐落于此；

建于明嘉靖九年、北京著名的"五坛八庙"之一的月坛也坐落于此地，给人以无限美好的遐想，地区也因此而得名；

全国规模最大的省级博物馆——首都博物馆坐落于此，展示着北京定都 800 年以来的沧桑变化。

月坛地区是中华人民共和国成立后国家中央政府机关集中的地区，被称为"中央政务区"，使人景仰。

中华人民共和国成立初期的国家"四部一委一院"坐落于月坛街道；

中国特色社会主义经济社会建设的规划从这里频繁发出；

"中国制造"和汽车产业的宏图在这里绘就；

中华人民共和国科技发展在月坛地区夯实了坚实的基础；

中华人民共和国的国家重器"两弹一星"在这里点燃了火种；

我国的国防利器"二炮（火箭军）"从这里起步，刺向蓝天；

我国的国家"钱袋子"在这里聚合并为现代化建设和共同富裕发挥调节作用；

我国农业在这里插上了翱翔于广阔田野的机械化翅膀；

我国培育公安干警的摇篮公安大学就坐落在北京母亲河永定河引水渠河畔；

我国的第一条现代化地下交通大动脉——地铁，也从这里延伸。

这里，每天有无数国际友人穿梭于长安街—钓鱼台之间，月坛地区成为联结五大洲友谊的纽带；

这里，曾经居住过数以千计的老红军、老八路、人民功臣、劳动模范，还走出了邓稼先等一批杰出的科学家，也走出了众多的国家重要领导人。

我们饱蘸激情的浓墨，写不尽月坛的故事。中华人民共和国成立以来，尤其是改革开放 40 年来，月坛地区在党和政府的领导下，无论是经济社会，还是科技、文化和人的精神面貌，都发生了天翻地覆的变化，取得了重大进步。这部书就是要从多方面反映月坛地区的变化，让人们了解月坛、热爱月坛，共同建设月坛、建设北京。

北京是我们心中的圣城，月坛地区是北京这座圣城的城市文化史的重要组成。

"知之愈深，爱之弥坚。"北京凝聚着中华文明的精粹，月坛就是北京这朵文明之花的一瓣。在编著这部书的过程中，我们把月坛从古至今粗线条地梳理了一遍，挖掘了月坛地区潜藏的历史和现实人文故事，也更加热爱月坛，热爱北京，热爱伟大的中国。

本书的编写者尽力搜集资料材料，反复核对，努力求真求实。但由于编著者的知识面、水平和本书的篇幅所限，免不了存在疏漏和差错，尚请读者见谅。今后如有再版，当加以充实，使之更加全面深刻地反映一个完整的大月坛。

本书在编写过程中受到了西城区委月坛街道工委领导和西城区政协有关部门领导的关注和指导，在此表示诚挚的感谢。

在编写过程中，我们学习、参考和借鉴了一些专家学者的研究成果，恕不一一注明，在此谨表敬意和感激。

图书在版编目（CIP）数据

朗月清风：月坛街道街巷胡同史话 ／ 政协北京市西
城区委员会，《西城区街巷胡同文化丛书》编委会编. —
北京：中国文史出版社，2019.11

（西城区街巷胡同文化丛书）

ISBN 978 - 7 - 5205 - 1530 - 6

Ⅰ. ①朗… Ⅱ. ①政… ②西… Ⅲ. ①胡同 - 介绍 -
西城区 Ⅳ. ①K921.3

中国版本图书馆 CIP 数据核字（2019）第 246074 号

责任编辑：牟国煜　薛未未

出版发行：**中国文史出版社**

社　　址：北京市海淀区西八里庄路 69 号院　　邮编：100142

电　　话：010 - 81136606　81136602　81136603（发行部）

传　　真：010 - 81136655

印　　装：廊坊市海涛印刷有限公司

经　　销：全国新华书店

开　　本：720 × 1020　1/16

印　　张：18.75　　彩插：2

字　　数：237 千字

版　　次：2019 年 11 月第 1 版

印　　次：2022 年 1 月第 2 次印刷

定　　价：289.00 元（全 5 册）

西城区街巷胡同文化丛书 （第一辑）

宛然西郊

展览路街道街巷胡同史话

政协北京市西城区委员会
《西城区街巷胡同文化丛书》编委会 编

中国文史出版社

展览路街道办事处辖区要览

图中文字：

展览路街道办事处辖区要览

北京北站
高梁桥
京张铁路遗址公园站
西直门北大街
南长河
北展北街
西直门桥
动物园路
德宝新园
农事试验场建筑遗存乐善园
西直门外大街
西直门南大街
北京展览馆
北京动物园
展览路医院
西直门外大街
西直门外南路
西直门外南路
北京天文馆
西直门外南路
北礼士路
车公庄北里中路
人民医院
车公庄北街
三里河路
西城外国语学校
北京建筑大学
车公庄北街
新大都饭店
★展览路街道
车公庄大街
车公庄大街
宫园桥
展览馆路
北礼士路
阜成门北大街
百万庄住宅区
交通广播路畅通
中共北京市委党校
峨眉酒家
新华1949文化创意园区
三里河路
利玛窦墓园
百万庄大街
百万庄
图书大厦
阜成门北大街
展览馆路
陆徵祥家族墓园
三里河路
外交学院
北营房中街
北京华文学院
阜外医院
阜成门桥
三里河路
阜成门外大街
阜成门外大街
阜成门外大街
阜成门南大街
三里河东路
三里河路
圆广寺
南礼士路
月坛北街

展览路街道办事处辖区要览

《西城区街巷胡同文化丛书》
征编出版说明

西城区作为北京三千多年的建城地和八百多年的建都地，拥有众多古老的街巷故同和丰富的历史文化资源，是皇城文化、士子文化、民俗文化、宗教文化等各种文化共存的区域。西四北一至八条至今基本保留了元大都建城时的规制，胡同中的四合院也大都具有明清的风格。随着城市建设的发展，为了满足市政道路改造及公用设施建设需要，一些胡同被拆除，建起了楼群，组成连片的居民区，形成了新的街巷。一些胡同被合并，原有的名称消失。街巷胡同不仅是城市脉络、交通道路，也是人们世代生息之所。为了满足各种需要，街巷胡同不会永远不变，所以记录街巷胡同、留存珍贵的历史成为一件十分重要和迫切的事情。我们既要保护好古都风貌，也要利用好古都资源，传播传统文化，传承历史文脉，讲述好西城自己的故事。

2019 年既是中华人民共和国成立 70 周年，也是人民政协成立 70 周年，我们深感有责任也有义务对西城区的街巷胡同进行全面梳理，深刻挖掘每个街巷胡同的文化底蕴，呈现西城区街巷胡同的历史沿革、发展变迁的脉络及中华人民共和国成立以来展现的新面貌。

西城区行政区划内共设 15 个街道办事处，办事处辖区街巷胡同各具特色、历史悠久、底蕴深厚，如璀璨的明珠闪耀西城。《西城区街巷胡同文化丛书》以一街道一分册的形式呈现，记录辖区内街巷胡同中的院落格局、王公府第、单位机构、市井百业、今昔人物、今日呈现等，将街巷胡同历史脉络、当下风貌和文化特色进行梳理挖掘。这是 2010 年原西城区和宣武区合并后，首次从建筑、人文等方面全方位立体式地对街巷胡同进行详细调研，以丛书的形式编辑出版，既是对过去和现有街巷胡同文化资源的挖掘、研究，也期望能对未来街巷胡同资源的开发和利用提供借鉴。

本书的编写充分发挥了西城区政协委员的作用，由区政协学习指导和文史资料委员会牵头策划组织，各街道政协委员联组具体承办。区政协和各街道政协委员联组的同志以及聘请的专家学者进行了大量实地调研，跑遍了西城区的大街小巷，参阅了以往的街巷胡同史志记载，寻找和听取一些老居民或其他亲历、亲见、亲闻者的口述，与档案资料对比核实，详细整理，倾注了很多心血。丛书以图文并茂的形式，向读者展示了西城区街巷胡同的往昔神韵、现今风貌和深厚的历史文化内涵。希望发挥区政协文史工作"存史、资政、团结、育人"的功能，服务首都"四个中心"建设。

政协北京市西城区委员会

2019 年 10 月

目　录

1

前　言

北京市西城区展览路不是一条普通的街道，与北京其他街道相比，它的历史不是最悠久的，古迹和故事也不是最多的，但作为老北京西郊门户的特点则是独一无二的。它就像一扇能够透视古今的窗户，通过它我们能够看清北京西部的风景。

千百年来，展览路地区一直是北京西郊的核心地带，其独特的郊野人文景观更是吸引了无数人到此游观畅怀，经久不衰，成为许多人的难忘体验。试问谁没有儿童时代，哪个北京人的童心之中没有西郊公园即北京动物园的满满回忆呢？

本书名为《宛然西郊——展览路街道街巷胡同史话》，一方面可以理解为展览路街道所辖区域内的"胡同史话"，凸显行政辖区含义；另一方面就是追寻人们心中的"西郊"，意即有关展览路地区的"街道胡同史话"，不拘于辖区与边界，揭示本区域内外之间的空间联系和历史脉络，彰显城市地理空间的意蕴。希望本书在北京城市历史空间和城市地理学方面能够探索一二。

读者从书名中就可以看到"路、街、道、胡同"有关城市道路的基本形态，书中还有更为详尽的关于本地区相关道路、水路、铁路、煤路的历史追寻，几乎囊括了城市交通的各种类型。如第二章西直门户与城市交通枢纽的演变，第二章、第五章和第八章关于交通运输方式的演替，各章中都可以看到北京城市与郊区的交通联系及其城市化的演进过程。北京的城市发展非常久远，发展成如今的国际化大都市经过了极其漫长的历史过程。古代北京自元大都建立起，维持国计民生的水、木材、煤炭等资源，

1

都是从北京的西郊源源不断地输送到城里的，展览路地区作为北京的水门和煤门是当之无愧的。本书实际上是通过展览路地区的历史变化，追寻北京城的历史进程。通过阅读本书，可以深切体会到展览路地区作为水门、煤门对于北京城资源供应的历史意义，作为交通门户在北京城交通枢纽的历史地位，作为天然博物院对于北京科教文化区位优势的历史价值，作为近现代经典建筑风貌对于北京城市化的历史追寻。

本书的出版，要衷心感谢北京市政协、西城区政协各级领导和专家们的筹划与指导，感谢北京建筑大学编写团队的认真探索和兢兢业业，感谢展览路街道各位同人的努力付出，感谢出版社的大力支持。第一次以展览路地区为对象，对一个完整街道区域的历史信息资料深度挖掘和全面梳理，对其历史特征进行系统分析。本书可以说是展览路地区较为全面的历史资料汇集，不仅有文字资料，还有历史照片，依此可以追寻本地区发生的各种历史事件，为本地区的历史研究提供翔实可靠的信息与富有价值的线索。

本书的特点不仅在于历史资料的齐全，更在于其叙述体系和章节架构方面有很独特的角度。基于本地区的城市郊区特色有别于老北京城其他区域的胡同文化，编者以本地区主要街道为主干、以历史遗迹和社区为节点、以交通路线为导向，进行了层次分明、区划清晰的体系架构，为读者的阅读提供了总体观览指南，每一章也都有自成一体的线索，历史信息和故事性兼备，同时更为现场探索游览提供了详细的导览功能。

可以看出本书的编纂经过了缜密设计，对历史资料的把握很是全面。本书为展览路街道的建设与发展提供了翔实可靠和丰富的历史信息，也是截至目前对展览路街道区域的一次全面总结，对展览路街道的文化建设乃至区域发展将发挥重要的作用。

第一章　宛然西郊

古人云"山川宛然，原野未改"，本书描摹记录的展览路街道所在地区的风土民情，自是滋生市肆而又寄托山水，予人情怀，曼兴幽思。本地区为辽金京城北郊、元都西野，自明清以来归属宛平县，圃墅城关为京城西郊门户，直至20世纪六七十年代，

郭谌《西山漫兴图》中的北京城外郊野景色，引自1959年《北京》画册。

西直门和阜成门关厢内外尚称"西郊"，留存在北京人的记忆深处。在古老城墙的衬托之下，城河绿野，西山如黛，凭依月坛，踏青高梁，园田旷达，宛然郊望。这种徘徊在出城与进城之间，游荡于城池与郊野之所，脚踏大地，眼望星空，进退自如，豁然开朗，可以说不仅是古今展览路地区的一种情致，也是该地区发展的一种特色。

描绘北京西郊山野景色的诗词书画很多，其中明代书法家郭谌的《西山漫兴图》堪称画中最早一幅。此画绘于嘉靖四年（1525），故宫博物院藏。作为1959年国庆十周年的献礼书《北京》画册中以折页公开发表。郭谌（1488—1578），嘉靖年间任武英殿中书事，以诗、书、画三绝闻名于世。

《西山漫兴图》又名《西山漫兴图卷》，"漫兴"二字有时写为"曼兴"。全图横展，原画绢本，宽24.2厘米，长1061厘米，五折印刷。画作自左至右展开，左起为一城门，虽然笔画简约，结合画作内容和诗题《右北郭值风》，应为北京城门且西直门最有可能。城头瑞云弥漫，城外不远为一座五六跨桥梁，桥头建有牌楼，河流显宽，似为长河。两拨人马，一过桥，一沿河行进。沿途榆柳扶疏，春风强劲，时或村宅田野，高林密集，渐入佳境，清风徐来。长河岸边有人曼兴垂钓，松林之下有人踏青对酌。至右为西山景致，高山瀑布，山石嶙峋。整幅画作将起自京城以至西山的早春景色浓缩于尺幅之中，以河流和沿河道路为脉络，或隐或显，或起或伏，前张后弛，情态生动。可以揣想500年前的西直门外长河风光不过如此，这可是我们能够看到的北京西郊最早的生动图像了。

特附题画诗《右北郭值风》："长风撼林壑，云沙惜春野。阴雨蕴愁容，攀山仍驻马。天道本难测，风伯何为者。群峰望转达，绝转何由泻。空怀吟赏心，翻飞不能下。须臾天宇间，历历山可写。朋簪笑相顾，湖山意潇洒。解鞍至清流，呼童走舫罦。溪藻漾春波，晚风何艳冶。我来良不迟，岩花尚堪杞。"

明人蒋一葵在《长安客话》卷三中对阜外有一段诗意描写："从八里庄东抵都城，一路多僧寺。丹墙碧瓦，鳞错秀出。寺尽处人家稀阔，高垣颓圃，夹道皆是花果，蓺植成列。杏子肥时，累累压墙外，行人可手摘。盖半村半郭，正不失郊园风味。"追溯以往，历史中的展览路地区的交通不似宣南、朝外那样喧嚣发达，因靠近西部山水园田的缘故，似乎总给人一种似园非园、似野非野般静谧悠然的独特感受。园野间既有水与煤的默默负重运输，也有山与水的轻快欢愉。再看看如今该地区的交通，除了西二环路、西外大街、展览馆路和阜外大街等几条大街的过境交通有了巨大增长外，总体来看还是维系着京城与西部地区的紧密交通关系。展览路地区的交通基本上是生活性的而非动脉般的，而且总是介乎在城里城外之间，令人有"宛然西郊"的憧憬。

"宛然西郊"为本地区的概观，也是本书的导览，着重展览路区域鲜明的"路线""建筑"和"文教"三大历史特色，并希冀读者从老北京城的城里城外、大北京城的西部核心区的角度来观察和认识展览路地区的历史风貌与发展现状，从中选择阅读重点。

第一节　展览路街道概观

1. 展览路街道历史沿革

展览路街道位于北京中心城区的西北部，北以南长河为界；东起阜成门北、南大街，以阜成门北、南大街为界；西以三里河路、动物园西墙为界；南以月坛北街为界。区域西、北界为西城和海淀区界，总面积5.87平方公里。展览路街道是一个集居住、交通、旅游、商务和科技会展为一体的综合型街区。

展览路街道所辖展览路地区在唐幽州、辽南京、金中都时期为都城北郊。唐代本区主体为蓟县归仁乡，有刘村、李曲村，东部、北部和西部分属幽都县礼贤乡、保大乡、归义乡，有樊村、刘村，西南部属丰乐乡。西外地区有地名军都坊，阜外有地名肃慎坊、辽西坊。辽金时为幽都县、宛平县，北部属西北乡，有南樊里，南部属仁寿乡，有南刘里、陈王里等地名。[①] 元、明、清时期为京城西郊，属宛平县，清代城厢地区归八旗驻防区分辖，为关外坊，隶西城。民国亦属宛平县，民国后始有行政区设置，北部为北郊区南部，南部为西郊区北部。1930年归属北平市，1945年后分属郊四区、郊六区、郊七区。1949年归属北京市第二区和第四区，1958年属地西城区。[②]

历史上包含北京展览路地区地理信息的地图，最早可以追寻到清乾隆年间出版的《宸垣识略》中的西山图。还有可能稍早些的1735年法国出版的《中华帝国全志》中的"北京地图及卢龙县地图"，但是地图中表示非常简略，仅仅有农田地貌信息。1750年（乾隆十五年）的《乾隆京城

---

① 赵其昌著：《京华集》，北京燕山出版社，2014年11月，第67页。
② 北京市西城区志编纂委员会编：《北京市西城区志》，北京出版社，1999年8月，第50页。

全图》中可以看到西直门和阜成门图，包括城门、瓮城和护城河等，城外信息阙如。1805 年（嘉庆十年），由日本冈田玉山等编绘的《唐土名胜图会》初集中可以看到 1802 年的西直门及其瓮城的立体图绘。1884 年的《北京近旁之图》，由日谍炮兵大尉玉井胧虎所绘，标注有西直门和高梁桥及长河、阜成门和马尾沟道路等简略信息。

本地区较为详细的地图是直到 1894 年《甲午日军军用地图——北京》方才出现。1903 年的《北京全图》（德文和中文版）则是民国以前最为详尽的地图，其中可以看到 100 多年前的西外和阜外关厢以及整个西郊地区较为详细的地理要素及其演变历史。

2004 年 10 月，原阜外街道与原展览路街道合并为新的展览路街道。

现在，展览路街道主要由西直门外（西外）和阜成门外（阜外）两大历史片区和邻近区域组成，西与海淀区甘家口街道相邻，东与新街口和金融街街道接壤，北起长河南岸与海淀区北下关街道相望，南与月坛街道毗邻。境内共有（涉及）20 条大街（不分段贯通大街合计为 11 条）、78 条街巷胡同，如果将社区内外的所有道路计算在内，一共有 112 条背街小巷。

1947 年航拍阜成门内外区域鸟瞰图，图中清晰呈现了完整的北京西城墙体系，包括护城河和阜成门城楼与瓮城，箭楼已经消失，还有早期礼士路与月坛及光恒街的位置关系。

东西向大街有 6 条：西直门外大街、西直门外南路、车公庄大街、百万庄大街、阜成门外大街、月坛北街（区南界）。

南北向大街有 14 条：西直门北大街、西直门南大街、阜成门北大街、阜成门南大街（上述四条为西二环路的一部分，为区东界）、高梁桥路、北礼士路、南礼士路（北段）、车公庄北街、车公庄南街、北营房中街、动物园路（南段，展西路高架）、展览馆路、三里河东路（北段）、三里河路（区西界）。

区北界为长河。

辖区面积 5.87 平方公里，下设 22 个社区，102 个家委会，户籍人口 14.7 万人，常住人口 11 万人，流动人口 2.3 万人。共有驻区单位 4674 个（其中，驻区中央单位 454 个，市属单位 177 个，区属单位 233 个，其他单位 3810 个）。有国家卫生健康委员会、国务院侨务办公室等中央国家机关；有中国建筑设计研究院、中科院植物研究所、北京矿冶研究总院、北京市城市规划设计研究院等多所科研机构。有大、中、小学 21 所，医院 4 所。展览路街道是北京西城区面积最大、居住人口第二多、法人单位最多、市场最密集的集居住、交通、旅游、商务、文化与科技会展于一体的综合型街区。

以各条大街为序，自东向西、自北向南，展览路街道 22 个社区：

滨河社区、德宝社区、团结社区、新华东社区、新华里社区、榆树馆社区、车公庄社区、文兴街社区、朝阳庵社区、新华南社区、三塔社区、百万庄东社区、百万庄西社区、北营房东里社区、北营房西里社区、露园社区、黄瓜园社区、万明园社区、阜外东社区、南营房社区、洪茂沟社区、阜外西社区。

据 2018 年 9 月消息，北京市西城区 15 个街道已经初步完成街区划分，共划分约 101 个街区，其中西琉璃厂等 17 个街区有望在 2018 年年底前亮相。展览路街道将由 22 个街道规划调整为 11 个街区，如动物园公共休闲区、德宝新园生活宜居区等。所谓街区是打破现有街道或社区的规划界限，跨越地理空间规制，按照一定规模和历史沿革，把若干社区整合为一个城市人居基础单元。这项工作在 2017 年年底启动，今后西城区将以街区为单元，对全区进行系统的梳理、整治、提升，通过城市设计、街区设计、街区修补和有机更新，实现城市风貌、街区风貌的和谐统一。

2. 展览路地区的文物遗迹与早期村落

坐落于展览路街道的各级文物保护单位共计 7 处，分别为国家级重点文物保护单位 2 处、市级文物保护单位 2 处、区级文物保护单位 3 处。

展览路街道各级文物保护单位名单

序号	名称	地址	级别（批次，年份）
1	利玛窦和外国传教士墓园	车公庄大街 6 号	国家级（第六批，2006）
2	清农事试验场旧址	西直门外大街 137 号	国家级（第六批，2006）
3	平绥西直门车站旧址	西直门外北滨河路 1 号	市级（第五批，1995）
4	百万庄路 8 号墓园石刻	阜成门外百万庄路 8 号	市级（第六批，2001）
5	陆谟克堂	西直门外大街 141 号	区级（第一批，1989）
6	马尾沟教堂	车公庄大街 6 号	区级（第一批，1989）
7	圆广寺大殿	阜成门外大街 7、8 号楼之间	区级（第二批，2007）

本地区还有重要古遗址、古墓葬：元大都和义门瓮城遗址，明清西直门及水关、阜成门和城墙，高梁桥，唐侯元知（另记为侯元弘）墓（阜成门附近），南礼士路唐墓（南礼士路北口西侧），辽丁文道（百万庄北京外文印刷厂内）和丁洪父子墓（百万庄半截塔），辽丁求谨墓（百万庄大街），辽董庠夫妇合葬墓（三里河东路北口外），辽董匡信夫人王氏墓（阜外洪茂沟），李了心墓（阜外洪茂沟），西直门古代钱币出土点（西直门火车站处）。重要历史遗迹和寺庙：宋教仁纪念塔（动物园内），辛亥革命四烈士墓（动物园内），广善寺（西直门外大街 141 号），慈慧寺，火神庙，永（勇）寿庵（阜外大街 188 号），海潮观音寺（阜外大街 188 号），衍法寺，慈悲寺，慈明寺，等等。古墓葬及其出土的墓志铭对于了解和确认本地区早期地名和乡土行政区划具有重要意义，其中较为重要的有下述几处。

张俭墓。张俭（962—1053），字师约，一说仲宝，宛平（今北京市）人，辽史有传，是辅佐契丹主"功著两朝，世称贤相"的显赫人物。辽统和十四年（996）丙申科进士第一。历任枢密使、节度使、左丞相等要职，并受遗诏辅立辽兴宗。兴宗即位之后，加太师、中书令、尚父，先后受封为韩王、陈王。辽重熙二十二年（1053），张俭卒，终年 91 岁，葬于析津府宛平县仁寿乡陈王里。1969 年，北京市文物管理处在西城新街口以西桦皮厂明代北城墙基下发现其墓志铭一方。原墓位置不详，盖佚。志石长0.98米，宽1.05米，厚0.1米。志文长达3000字，首题：故贞亮弘靖保义守节耆德功臣洛京留守开府仪同三司守太师尚父兼政事令上柱国陈王食邑二万五千户食实封二千五百户清河张王墓志铭并序。志文载：辽重熙二十二年卒，同年葬于析津府宛平县仁寿乡陈王里。[1][2]

张俭、张琪（俭之子）二墓志撰文者杨佶《辽史》有传，是南京人（今北京）统和二十四年（1006）进士第一。据张琪志，杨佶署名"政事舍人"。此人还曾为辽圣宗皇帝之女秦国大长公主墓志撰文，署名"……太师行吏部尚书参知政事以及后迁官宣政殿学士礼部尚书知制诰"等。杨氏还著《登瀛集》一书，惜已失传。刘敏（见于俭志），俭母刘氏，累赠至燕国太夫人，故归德军节度使、检校太师同政事门下平章事赐侍中敏之女，可见张俭母亲是刘敏之女。又据馆藏北平王赵德钧墓志载："有女适归德军节度太师同政事门下平章事刘敏。"可见刘敏夫人是赵德钧之女。因此可证张俭的外祖父就是五代末北平王赵德钧。赵氏墓已发掘，是七室的砖室壁画墓，赵氏是燕京豪族，张赵联姻自是门当户对。

上述资料可以论证本地区辽代属于仁寿乡，陈王里是本地区最早村落之一，应在今西直门外高梁河迤南至洪茂沟以北一带。仁寿乡不见史书及唐代志石记载。根据北京出土的辽代墓志记载可知，仁寿乡或始于辽代。1958年，北京外文印刷厂出土辽丁文道墓志铭。墓主丁文道于天庆三年（1113）七月十二日葬于宛平县仁寿乡陈王里。而后，又在百万庄半截塔发现其子丁洪墓志，亦称"天庆元年（1111）葬于宛平县仁寿乡陈王里"。

1957年，北京西城月坛北街北侧洪茂沟发现辽董匡信夫人墓志，志载："咸雍五年（1069）归葬于析津府宛平县仁寿乡南刘里……铭曰：'蓟丘之北，高梁之阴，平岗后隐，广陌西临。'"并在北京阜成门外三里河东路北口发现辽董庠及其妻张氏合葬墓，出土董庠墓志，志称："大安三年

---

① 师毅、王文慧、包纪波等编著：《北京科举地理：金榜题名的历史遗迹》，世界知识出版社，2015年12月，第29页。

② 《辽张俭墓地辩证》，黄秀纯、苏天钧主编：《北京考古集成5》，北京出版社，2000年3月第1版，第207页。

（1087）归附于燕京宛平县南刘里。"虽只记南刘里村名，不记乡属，据董匡信志，应属仁寿乡，是阜成门外一带辽属仁寿乡无疑。仁寿乡目前只见两村，即陈王里和南刘里。陈王里在今阜成门外向北至高粱河南岸，向南到阜外大街。南刘里至少在阜外大街以南到洪茂沟这个范围。

值得注意的是董匡信夫人墓志铭"蓟丘之北，高粱之阴，平岗后隐，广陌西临"，结合辽南京和古代蓟城文献，"蓟丘"当指该墓南方白云观附近，墓居其北。《元一统志》："蓟丘在旧城（金中都）西北隅旧蓟门（蓟北门，辽南京的通天门），有楼有馆，见之唐人诗咏，今并废，而门犹存二土阜。""高粱"即为墓之北方的高粱河，墓在河流南侧即为阴位。"平岗后隐"指墓后方阜外和百万庄地区地貌特征，明代《寺院册》碑云"阜成门西二里许，冈阜隐然叠起，若拱若伏，嘉林沃壤，宜树宜稼，是近域之幽胜"可证。上述三条铭文，足以准确界定该墓周边的地理关系，这也正是展览路地区的历史地理特征。

铭文最后一句"广陌西临"，对于了解该地区的交通是更有历史价值的信息。广陌，指宽阔平坦的道路，位于该墓西侧，应该不远。再远一些就是钓鱼台和玉渊潭，因金章宗在此筑台垂钓而得名，辽金时期应该是一大片水泊。所以这条"广陌"大概就位于今天的三里河路或其东侧一点，向南直通辽南京的蓟北门，向西偏北可达北京西山地区。这可是800年前金章宗乘车游幸钓鱼台的大道，虽然已经湮没，也算是本地区的最早道路了。

侯元知墓。1969年在西直门以南城墙下发现砖室墓一座，墓已毁。出土墓志一合，志文首题：唐幽州□□度押衙摄纳降军营田等使银青光禄大夫检校国子祭酒兼御史中丞上柱国侯府君墓志铭并序。志文载：唐中和二年（882）葬幽都县界礼贤乡刘村。乡界定位，如以此为准，据侯志载："府君讳元知，字崇简，中和二年（882）二月二十八日卒，以来年冬十一月二十一日，祔于幽都县界礼贤乡刘村之原。"侯志出土地点属元大都西城垣旧基，很有可能是元初至元四年（1267）建城时挖沟取土，又用于城基下，推测志石原所在地点不会太远。侯志所记埋葬地点属礼贤乡西界，而仁寿乡的位置，按辽丁文道父子墓、董匡信墓及董庠夫妻合葬墓出土志石，均指明埋葬地点属"宛平县仁寿乡"。其地理位置大致在今西直门外高梁河以南至阜成门外月坛北街以北一带。[1]

李了心墓。1962年，在月坛洪茂沟发现砖室墓一座，已毁。出土墓志一合，平面为方形，盖、底边长50厘米，厚8厘米。志盖篆书：故曹夫人李氏墓志铭。志文载：明正统四年（1439）三月卒，同年八月葬于宛平玉河乡哀忠墓西祖茔之侧。[2]

南礼士路唐墓。位于南礼士路北口西侧。1975年发现此墓。墓距地表深6.5米，面积不详。墓由细沟纹砖砌成，墓砖长35.5厘米、宽8厘米、厚5.5厘米。[3]

董庠夫妇合葬墓。位于阜成门外。1970年发现此墓。该墓为辽保静军节度使金紫崇禄大夫检校太傅兼御史丞董序及其妻张氏合葬墓。墓坍塌严重，未做清理，发现"清河县君墓志铭"及董庠的"灭罪真言"刻石各1方，此刻石在北京辽墓中是首次发现。[4]

3. 展览路地区导览

以往，展览路地区的特点可以概括为"三个汇聚"：一是交通枢纽路网汇聚，拥有西直门、动物园两个北京最大的交通枢纽和公交枢纽，交通运输十分便捷。二是曾经服装和小商品市场汇聚，有以"官批""动批""天意"和"万通"等为代表的大型商场和小商品批发零售市场13家，个体经营户历史上最高达到1.6万家，占西城区的1/3。三是文化旅游和科普教育资源汇聚，有以北京展览馆为代表的博物馆聚集的西外街区，"新华1949"文化创意产业园；有北京建筑大学、外交学院和北京市委党校；

---

① 《辽张俭墓地辩证》，黄秀纯、苏天钧主编：《北京考古集成5》，北京出版社，2000年3月第1版，第207页。

② 刘季人编撰：《北京西城文物史迹第一辑》下册，北京燕山出版社，2011年12月，第198页。

③ 刘季人编撰：《北京西城文物史迹第一辑》下册，北京燕山出版社，2011年12月，第198页。

④ 刘季人编撰：《北京西城文物史迹第一辑》下册，北京燕山出版社，2011年12月，第198页。

有北京动物园、北京海洋馆、北京天文馆、中国古动物馆为代表的"天地生海"知名科普教育和旅游资源。

如今，除了服装和小商品的汇聚逐渐消失外，交通旅游和文化科教日益昌盛，饮食文化和人文汇聚长盛不衰。因为本区域的胡同与城里相比，数量较少，历史较短，而且历史遗迹和文化也相对比较分散，故此本书不以胡同而是以街道为主干，顺序介绍周边历史遗迹、社区、主要单位、有关机构和胡同。

为了叙述方便，同时也为了读者阅读理解的便利，避免给读者带来天南地北般的神聊和混乱感觉，本书内容在结构和顺序上特别按照街道时空做出安排，同时将交通游览因素考虑进去。因此，本书下述其他各章按照从东向西、自北而南大致安排，读者可以按此考察游览。

第二章"西直门户"是以西直门为中心，从西直门出发，分四条放射线路行进：一是向正西的道路——西外大街，西行至动物园地区；二是向西北方向的水路——长河与高梁桥；三是向西南方向的铁路——京张路西广线和京门支线；四是京门支线改造后的西外南路沿线。

第三章"天然博物院"将西外大街两侧的北京天文馆、中国古动物馆、北京动物园和北京海洋馆做一集中介绍。

第四章"北展风情"是从西外大街的北京展览馆出发，一路向南经阜外大街路口到三里河东路。

第五章"阜成梅花"是以阜成门为中心，从阜成门出发，分两条放射线路行进（应该有三条路线，其中向西北的马尾沟路列入第六章）：一是煤路——沿阜外大街包括阜外北街西行至三里河路口及至阜成路；二是向西南方向穿过南营房地区到三里河的洪茂沟，其中包括了月坛北街的大部分，因为以前此条路线也是有一条土路贯通。

第六章"慈慧倒影"也是从阜成门出发，一是集中介绍阜外大街两侧的寺庙；二是上述阜外的第三条放射线，即自阜成门关厢斜向西北的马尾沟，包括利玛窦传教士墓园、马尾沟天主教堂和陆徵祥家族墓园等。

第七章"礼士往来"从南向北分为两段，分别介绍南礼士路和北礼士路沿线。

第八章"车公大道"从东向西分为两段，分别介绍车公庄大街的东段和西段沿线。

第九章"百万庄园"，一是介绍百万庄大街，二是介绍百万庄住宅区。

第十章"三里河畔"来到本地区的西端，一是介绍三里河路，二是介绍三里河路两侧的现代建筑。

最后，在本书的后记中，列出展览路街道已经消失的胡同，并对现今改革开放中的展览路街道做一简要总结和展望。

1945 年美军飞机航拍照片，本书编者标注展览路地区地理信息

第二节　路之展览

本节所述之"路"分为道路、水路、煤路和铁路。

1. 北京城的西北门户

展览路地区延续至今的主要道路，历史上东西方向主要有两条：一条是阜成门外大街，简称阜外大街即后来的阜外北街，西经八里庄、田村至门头沟三家店；另一条是西直门外大街，简称西外大街，向西至白石桥、紫竹院，再向北到海淀的三山五园。南北方向只有一条，就是紧邻西护城河的礼士路，以阜外大街为界分为南礼士路和北礼士路两段，南段经月坛

11

接复兴门和西便门，北段经马尾沟接西直门和高梁桥。这三条街道都形成于元大都的建成，其中礼士路更可能早在辽金时期即已开通，是自金中都北城墙的通玄门起，通达西北地区的主要通道，同时也是北京西部南北几座城门的联络线，简直可以看作早期的"西二环路"。与其同样历史悠久的可能还有三里河路，但无迹可寻。西外大街起初很短，只是西外关厢一段，转向北接高梁桥路通达海淀，至清末才西通到西郊农事试验场即后来的万牲园、动物园，后来才通向西苑机场方向，并逐渐取代了高梁桥路的作用。

此外就是一些联系当地村庄、园田、寺庙和墓茔的沟沟坎坎的田间土道。在这些沟路一体的土路中，有两条比较长的斜路形成的历史比较早，且都是以阜成门为起点。一条可以名为南营房至南沙沟路，自月坛光恒街西侧豁口即月坛西夹道走向西南，经三里河到钓鱼台即玉渊潭方向，今南礼士路北口、南营房路、月坛南街就是其部分痕迹。另一条是马尾沟路，自北礼士路南口处走向西北，经陆徵祥家族墓园北侧、马尾沟耶稣教堂南侧，直到乐善堂即今动物园附近，今市委党校南门外还遗留有很短的一段斜街痕迹。另外还有二里沟、洪茂沟等，如今仅留下了地名了。这些都曾经是阜外和西外及其便捷交通辐射区域内的道路，至少可以说明自清代以来上述这些区块地点是如何串联起来的，以及与北京城内外的交通联系是如何实现的。

其他街道如东西向的车公庄大街、百万庄大街、月坛北街、新的阜外大街，南北向的三里河路、展览馆路北段，均为中华人民共和国成立后五六十年代修筑。展览馆路南段、三里河东路和西外南路则是20世纪70年代初，拆除京张铁路和京门支线铁路后改建成道路的，其后修建了二环路、阜成门立交桥、西直门立交桥，开启了本区域现代化立体交通的历史。2001年改造西外大街，使主路下沉；2008年奥运会前建成展西路，出现了高架桥。随着交通发展，主要街道有所加宽，增设了众多的人行天桥和过街地道，道路环境为之面貌一新，城市交通系统日益完善起来。

2. 北京城的水门

展览路地区的水路，一条是西外的长河，一条是长河边的高粱桥路，还有一条南北向的护城河，都与水有关。

长河即高粱河，也是古高粱河、通惠河上游河道。再往前追溯，自紫竹院至西直门为古永定河河道，上游河道为金代所开，一直以来就是北京"三海大河"——后海和什刹海、北海、中南海的上游。河水源自永定河及紫竹院和颐和园、玉泉山等西山水系，不仅是皇家通向三山五园的水上交通运输线，也是向京城输水的主要水道。自郭守敬引白浮泉水并汇集西山诸水，经高粱桥汇入护城河，其中北流一支经西直门北水关汇入太平湖，最终通过德胜门西边的汇通祠水关进入后海，成为元大都以及明清北京城的重要水源。

西直门南 120 米处还有一座南水关，历史上是金水河进城水道。水关是 1969 年拆除西直门及城墙时，与元大都的和义门同时发现的。金水河是元代宫廷用水的引水河，于元初开凿，起于玉泉山南麓，引玉泉水东南行，行走线路在通惠河（长河）的西南侧，至今河道遗迹待考，大致在西外南路一线左右。金水河自和义门（今西直门）南水关进城，经今半壁店、柳巷，折向赵登禹路（明代称为大明濠）南行辗转进入皇城。

上述这几条水陆交通都交汇在高粱桥和西直门，故此西直门很久以来号称北京的水门，还留下了高亮赶水的故事，更加使高粱桥深入人心。长河北侧的高粱桥路，现在称为高粱桥斜街，曾经是向京城运水的陆上水路。北京昔日饮水多从井中汲用，因此城里街道胡同中分布有多处水井，俗称水窝子，但因井深甚浅，故不能达到甘味之泉源，甜水井少而苦水井多，致使北京有"苦海幽州"一说，故此人们都向往着西山清泉。明清皇宫为了饮到新鲜的泉水，专设运水车辆每日夜间往来于玉泉山与皇城之间。西直门为进水关口，据说曾特设一位山东籍官吏管辖。为使守门水卒加以重视，传说水吏在瓮城门洞中镶嵌汉白玉水纹一方，石面上无字无画，只有天然水纹，京人皆称"西直水纹"。当年插着黄色龙旗的水车就是通过这条陆路，将西山、玉泉山等山泉水源源不断地送入京城供皇家饮

13

用。自从乾隆皇帝将玉泉山"玉泉趵突"封为天下第一泉后，流传至今，北京人尤其上了年岁的人还好喝一口西山泉水，为此往往借着到西山旅游、爬山锻炼的时候，随手接上一塑料桶山泉水带回家沏茶烹饮。当然现在高梁桥路上看不到水车了，大家能看到的是在来往香山、八大处的公共汽车上的一道风景了。

2008年，为迎接参加北京奥运会的运动员和教练员，北京市政府花了30亿元人民币重修了长河水道，开辟了北京唯一的水上游览线路——昆玉河，断航了整整一个世纪的"慈禧水道"又恢复了通航。昆玉河的起点就在北京展览馆后湖即长河岸边的皇家船码头，终点在颐和园南门外。您可以泛舟昆玉河上，欣赏沿岸的杨花垂柳、参差古迹，可以沿途观看北京展览馆、北京动物园及海洋馆、北京石刻博物馆、国家图书馆、紫竹院公园等景观，最终到达目的地皇家园林颐和园的"南如意"码头。

北京的护城河绵延40多公里，分为内城和外城两部分，是中国最壮观的护城河体系，不仅护卫着北京城的安全，而且还具有输水、排水、防洪的功能。其运输功能更是不能忽视，早就是夏为水道、冬为冰路，可以说是北京最早的二环路。北京护城河的水来自玉泉山和西山诸泉，经长河、玉渊潭等河道流入护城河，形成了北京高大城墙下的带状水景，也成为百姓游乐、观光的场所。难怪梁思成们如此珍视和看重护城河在北京城的历史作用，为此还曾经绘制了将城墙和护城河改造为带状公园的图纸。

明清北京城护城河的水质还是相当不错的。从20世纪20年代以前的老照片中可以看到，甚至在下游东便门大通桥下，孩子们游泳，大人们洗衣洗菜，说明整个水体具有强大的自我清洁能力。而自阜成门以北到西直门的一段西护城河，应该是水质最好的一段，其上游就是引自西山玉泉水的高梁河，曾经专供皇家大内使用，而且阜外北护城河水深近一丈。

自1969年拆除城墙后开始修建地铁，西护城河被填埋。在地下修建了宽大的盖板河，位于西二环路的西侧辅路和绿地之下，由南向北，其结构净尺寸为宽5.5米×高3.6米，为双跨平顶直墙结构，中间为0.5米厚钢筋混凝土隔墙，结构内底埋深5—6米，上覆土层、原子防爆层和路面结构层厚度有2米左右。北京的西护城河从此被埋没了，如此规模的老北京护城河没有保存下来，甚为可惜。设想一下，如果北京西二环路旁边保留一条柳垂丝带的碧色河流，那将是多么美好的城市景观。

3. 北京城的煤门

展览路地区的煤路，一条是阜外大街即京门公路，一条是京张铁路的京门支线，都与煤有关。北京西山有煤，门头沟有众多煤窑，自辽金即有开采，历史悠久。北京人烧火做饭、冬季取暖，除了煤之外，还用木柴，也多是取自西山。元、明、清和民初，这些能源材料大部分都是通过阜外大街经阜成门运进千家万户的，所以阜成门就有了北京的煤门的称号。

阜外大街到门头沟煤矿的官道上，除了少量的驴马牛车外，长久以来大量使用骆驼运煤。骆驼虽然走得不快，但负载力很大，对道路要求也不高，沟沟坎坎通行无阻。长长的慢悠悠的驼队是阜外大街的一道历史风景，这道风景延续到京城的众多街巷，成为老北京的独特记忆。

自从 1906 年京张铁路京门支线开通，煤炭开始用火车运输。京门支线作为运煤专用线，最初只是用于京张铁路的火车用煤，在阜成门和西直门之间城墙外侧就建有许多煤场，随着环城铁路的开通，煤炭从各个方向运输进城更加方便了。

可是，道路失修还是严重影响着各种交通需求。为此，民国八年（1919），由京兆尹公署拨款大洋 20 万元，在运煤驼道的基础上修建京门公路（平门公路），自阜成门（平则门）至门头沟圈门，这是北京通往门头沟修建的最早一条公路。民国以来至 1949 年前，除了少量汽车外，运输工具仍然是靠马车、骆驼、人力车，交通十分不便。1949 年后，随着阜成路的扩建和北京西部地区的开发，交通运输条件出现天翻地覆的变化。

可以说，千年以来，老北京的能源基地在门头沟，而能源供应站就在展览路地区。近在咫尺的煤炭和源源不断的水资源，维系着北京城的生机与活力，北京之所以能够成为世界东方之都，这是一个独特的不可替代的条件。

4. "一带一路"北京铁路线的历史发端

由詹天佑主持设计的京张铁路是中国人自己设计建造的第一条铁路，自1905年开始动工，至1909年9月全线完工。铁路南起北京丰台柳村，北至张家口，全长197公里。其中涉及了现代铁路路线、钢桥和钢筋混凝土桥梁、场站和附属设施，均为在北京出现的早期近代土木工程，在此詹天佑还创立了中国第一个铁路工程局、第一所铁路医院。位于西便门外的京张线和京汉线铁路跨线桥更是北京最早的铁路立交桥。1921年，京张铁路通至绥远，当时北京叫北平，故更名为"平绥铁路"，后通至包头，更名为"京包铁路"。20世纪70年代，西直门火车站就成了京包铁路的起点站。1995年，北京市政府公布"平绥铁路西直门站旧址"为第五批北京市文物保护单位。

毋庸置疑，北京虽然不在今天"一带一路"的主线上，但古往今来，北京一直是中原农耕文明与北方草原文明的交汇之地。特别是自北京向西北，出居庸关八达岭，经张家口可远至新疆乃至蒙古、俄罗斯，使得京张铁路及其西直门火车站在加强北京与西北地区的联系方面，具有独一无二的作用，成为"一带一路"网络中通向蒙古和俄罗斯的北京铁路线的历史发端。

本区域内曾经出现过三条铁路，第一条是京张铁路丰台至西直门段，中间经过广安门、西便门外白云观、阜成门和如今的展览馆路、西外南路；第二条是京门支线西直门至门头沟段，中间经过西外南路、三里河到三家店；第三条是西直门经德胜门、安定门至前门的环城铁路。还有几条支线，第一条是与京张铁路同时建成的贴着城墙走的西直门到阜成门北侧的煤场支线；第二条是1937年日本人侵占北京时为修建西苑机场开辟的杏石口支线，自京门支线二里沟处向西北经西苑机场到杏石口；第二条是1953年修建的京张铁路和京门支线间的联络线，就在如今的北京建筑大学门口东侧榆树馆地区；还有第四条是沿着长河南岸走的西直门到北京展览馆后身的支线，这条支线是20世纪50年代为展览馆建的。当初，詹天佑修铁路时，还设计了一条京张铁路的颐和园支线，而且已经准备了筑路材料，上述阜成门到西直门之间的线路和京门支线的一部分只是这条支线的初始段，后来因为经费和时间的原因，没有建成。

西直门火车站在北京人的记忆里就是面向"口外"和大西北的门户。这里说的"口外"指的就是张家口，其实也包含着八达岭长城的关口。西直门是京张铁路的重要枢纽，虽然铁路的真正起点在丰台的柳村，但在人们心里一直是把西直门作为京张铁路的起点的。1969年后废止和拆除了西直门到广安门、西直门到五路居的铁路，西直门车站后来又改为北京北站。正是由于京张铁路的修建，虽然展览路地区不及前门老火车站、永定门北京南站和崇文门北京站，以及如今的北京西站那么辉煌，但是作为咱中国人自己设计建造的最早的铁路和火车站，这种独有的荣耀和历史底蕴是当仁不让的。

虽然铁路早在1970年前后已经拆除了，只留下了铁路巷、四道口地名，以及铁二中、铁路文工团等单位记忆，但值得提及的是詹天佑设在阜成门外陈家大院的"京张铁路工程局"，这可是北京也是中国历史上第一所中国人自己成立的铁路工程局。这个地方就在如今的外交学院西门的位置，当时京张铁路在此还设有阜成门乘降所（火车站），南边不远就是阜外大街和铁路的交叉道口，设有安全栅栏。就在这个工程局的大院，詹天佑还创办了中国历史上第一个也是北京第一所铁路医院——"京张铁路官医院"。京张铁路全线通车后，建在阜成门陈家大院的铁路医院全部迁至南口，与南口铁路分院合并，始称南口铁路医院，后改为北京南口机车车辆机械厂医院。

随着近代交通的兴起和京张铁路的修建，西直门更成为北京铁路、公路和客货运输的交通枢纽。直到现今，四通八达的城市道路和地铁轨道交通还是在这里聚散奔流，数百年沧桑巨变，西直门的枢纽地位丝毫没有减弱。本地区与铁路的缘分延续至今，例如在高梁桥路北下关的北京交通大学，其前身是北京铁道学院，以铁道交通学科为最强；其北边还有建于1950年的中国铁路唯一的多学科、多专业的综合性研究机构中国铁道科学研究院（以下简称铁科院）；西直门南二环路西侧的北京城建设计研究总院，成立于1958年，是专门为中国第一条地铁北京地铁一号线勘察设计而成立的勘察设计综合型咨询公司；马尾沟附近，有北京地铁建设公司、北京市地铁运营有限公司，其前身为北京市地下铁道总公司，还有中国地铁工程咨询有限责任公司、地铁大厦等单位。

总之，展览路地区的道路、水路、煤路和铁路得天独厚、相辅相成，成为本地区独特的历史文化风貌，在历史记忆的深处，高高的城墙下、古道边，回响着悠悠驼铃、高亢汽笛、潺潺流水和阵阵桨声。

第三节　建筑情怀

大家知道，我们国家的住房与城乡建设部的大楼就矗立在北京西外的三里河路上，为什么住建部建在这片地区呢？

在中华人民共和国成立之前，北京是一座消费性的大城市，除了西边的石景山钢铁厂有一些炼钢炉、长辛店有一个机车制造厂以外，全城几乎没有什么像样的工业。中华人民共和国成立后开始重视和发展工业，提出过把北京建成工业城市的规划设想，直到抗美援朝战争结束以后，建设大工业城市的计划被提到了日程上。在以苏联为首的社会主义阵营的帮助下，北京开始了社会主义工业化的跃进。北京开始在西郊、东郊、北郊规划设计成片的现代化工厂，考虑到城市的主导风向，主要的工业区设在东郊、东南郊；与此同时，就将文化教育的主体设在西郊和西北郊。而在行政中心的安排上产生了巨大的分歧，并由此产生了北京古都的保护与改造的不同的甚至尖锐的意见。但无论如何争执，西郊地区最终还是以文教为主体，并建设了一批与经济建设相关的行政办公区，和为这些部门服务的住宅区和服务设施。如在三里河建设了国家计委、机械工业部和财政部，在百万庄新建了建工部和外贸部等。①

要说更早的因素，还要从马尾沟耶稣教堂和京张铁路说起。京张铁路的历史遗产不仅是铁路，也包括西直门火车站等建筑，都是展览路地区最

---

① 薛凤旋、刘欣葵著：《北京由传统国都到中国式世界城市》，社会科学文献出版社，2014年1月，第88页。

具代表性的早期建筑工程，可以说展览路地区有着中国近代以来关乎建筑与铁路等土木工程的深厚情怀。

1. 北京西式建筑早期发源地

提起北京的建筑，我们一般想到的多是具有中国古代建筑风格的紫禁城和皇家建筑，散落各处的寺庙和官府，还有成片的胡同及四合院。其实在这中国传统建筑扎堆的北京城，也有不少西洋风格的欧式建筑点缀其间，而展览路地区就是北京西式建筑早期发源地之一。

从传教士进京开始，西洋文化也就进了老北京，时间上最早可以追溯到元代，但直到明万历年间，西洋教堂的建筑基本上维持着中国传统建筑风格。万历三十三年（1605），来自意大利的耶稣会传教士利玛窦获准在宣武门内兴建天主教堂，这就是民间俗称的南堂，其早期还是沿用着中国建筑风格。万历三十八年（1610），利玛窦在北京逝世，明神宗皇帝特别降旨，将阜成门外马尾沟的栅栏官地赐予利玛窦作为墓地，从此栅栏官地改名栅栏墓地，陆续埋葬了近百位西方传教士，包括著名的汤若望、南怀仁、郎世宁等人。明末清初期间，这里最终建起了马尾沟教堂，又名石门教堂、法国教堂、圣母修道院、致命圣教堂等，成为北京早期西方建筑之一，而且比圆明园西洋楼的历史更早。

2. 中国人自己设计的北京最早欧式建筑

北京动物园的前身是 1906 年清政府设立的"农事试验场"。如果你仔细注意的话，令人印象深刻的除了动物之外，还有不少西洋风情的建筑，如动物园大门进门处的一组建筑、畅观楼以及万牲园、兽舍等等。很多人都以为这些建筑是当时请欧洲人设计的，殊不知设计者是中国人傅佰锐。

还有毗邻马尾沟基督教堂的市级文物保护单位，百万庄 8 号民国墓园石刻，真实名称为"陆徵祥家族墓庐"，可算是一座奇特的中西结合的建筑，据说是陆徵祥自己设计的。该墓庐位于北京西城区百万庄路 8 号院内，是个西式建筑。陆徵祥（1871—1949），字子欣，上海人，原籍江苏太仓。毕业于广方言馆和同文馆，随清朝驻俄、德、奥、荷四国钦差大臣许景澄在驻俄使馆任翻译，此后一直在外交界服务，成为中国第一代职业外交家。"一战"结束后，曾代表中华民国率代表团赴法国参加巴黎和会。晚年隐居于比利时圣安德隐修院。"二战"结束后，为了嘉奖他虔诚的宗教信仰和不畏纳粹强权的精神，罗马教皇亲自任命他为圣安德隐修院名誉院长。1949年1月15日病逝，享年78岁，安葬于圣安德隐修院。著有《回忆与思考》《人道主义的会和》。陆徵祥早在1920年购置了这块坟地，然后把他的父母和祖母的遗骨从上海迁至此处，他的本意是便于在京奉养，可他本人并没有葬在这里。

3. 首批中国20世纪建筑遗产

本地区还有一座苏联的俄罗斯风格的建筑，它就是著名的北京展览馆，建于1954年，位于西外大街北侧，正对展览馆路。起初名称为苏联展览馆，是毛泽东主席亲笔题字、周恩来总理主持剪彩的北京第一座大型综合性展览馆。1952年，经过中苏谈判，为在中国展示苏联建设成就，包括经济、文化、科学技术、建筑技术和建筑艺术等，中央决定在北京、上海建设苏联展览馆，以学习、借鉴苏联社会主义建设的经验。苏联派了建筑专家来我国帮助设计和施工。根据当时北京市拟将西郊一带建成文化、科技、游览区的城市建设规划，经中苏双方一致同意，并经北京市人民政府批准，将馆址确定在西郊西直门外。

作为首都北京兴建的第一批大型建设工程之一，苏联展览馆既是国庆五周年的献礼项目，又是中苏友好的标志性工程。展览馆的建筑设计参照了俄罗斯圣彼得堡的海军总部大楼，实际耗资中央财政拨款2400万元。当时这是一个系列工程，不仅包括展览馆本身，还包括西苑大旅社（当时称为苏联展览馆招待所，即后来的西苑饭店前身）和西郊商场。工地的伙房就建在现在北京建筑大学校园东南角，面积为480平方米的平房，后来移交给学校办了幼儿园。展览馆正对的南北向道路紧邻京张铁路西直门、广安门北段路线，与展览馆同时开辟，后来将土路改为沥青路，初定名苏展路，后改为现在的名称展览馆路，简称为展览路。1969年铁路被拆除后，扩建为宽阔的大马路。1958年，苏联展览馆改名为北京展览馆。2007年经北京市政府批准，列入《北京优秀近现代建筑保护名录（第一批）》，2016年入选"首批中国 20 世纪建筑遗产"名录。

4. 亚洲大陆第一座现代大型天文馆

北京天文馆，始建于 1955 年，1957 年正式对外开放，坐落于西城区西直门外大街 138 号，占地面积 2 万平方米，建筑面积 2.6 万平方米，是中国第一座大型天文馆，也是亚洲大陆第一座大型天文馆。天文馆的建筑设计师是我国著名建筑师张开济，室内装饰是由美术大师吴作人和周令钊等人完成的。有人说张开济"设计了半个北京城"，本地区及附近的北京天文馆、钓鱼台国宾馆、三里河百万庄住宅区等，均出自他的手笔。

展览路地区附近还有一座"天文馆"，那就是月坛。虽然它不在本区之内，但因月坛北街及月坛光恒街位于本区，且因与日月星辰的关系，值得做一文化探究。

5. 第二批中国 20 世纪建筑遗产

百万庄住宅小区，是新中国现代住宅区设计的开山之作，也是张开济设计的，于 20 世纪 50 年代中期建成，2017 年入选"第二批中国 20 世纪建筑遗产"名录。百万庄小区是中国近代住宅规划设计史上，在初始时期做出的非常有意义的一次探索和实践，有人称它是"共和国第一住宅区"，所言不虚。许多建筑师们认为，作为西方"邻里单元"理论在社会主义新中国的早期实践，百万庄在一个社区里完整地安置了居民所需的各项功能，如同一个小小的城市，作为北京市城市住宅区开发的早期样本，改变了北京乃至中国居民的居住模式。

经典现代建筑还有位于三里河的"四部一会"现代办公建筑群、钓鱼台国宾馆、住建部大楼、谈判大楼，位于西外大街的首都体育馆等。其中北京"四部一会"办公楼、钓鱼台国宾馆、建设部办公楼、首都体育馆、北京天文馆及改建工程列入"首批中国 20 世纪建筑遗产"名录。以 1976年为界，北京市规划委员会将兴建于 1950 年至 1976 年的建筑归类为现代建筑，1977 年至今的建筑归为当代建筑。北京现代建筑不仅举全国之力、领时代之风，凝聚着当时最优秀建筑师的聪明才智，同时也无声地见证了中华人民共和国的风云流变和史事迁徙，成为共和国历史的"活化石"。

改革开放以来，本地区出现了一大批当代建筑，如新大都饭店、北京北站和一大批新式住宅区。值得一提的"德宝新园小区"是北京市第一片危房改造示范区，于 1990 年开始建设，1994 年全部完成，建筑规划方案获得北京市优秀设计奖。

6. 拥有百年历史的北京建筑大学

位于展览馆路 1 号的北京建筑大学，至今已是北京少有的拥有百年建校历史的高等学校。北京城市建设系统的技术与管理骨干力量，从技术员到总工程师，绝大部分毕业于该校，其中最著名的校友莫过于国家领导人李瑞环。

学校前身是 1907 年清政府成立的京师初等工业学堂，当时校址在东四什锦花园胡同，1933 年更名为北平市市立高级职业学校，1945 年后改为北平市市立高级工业职业学校，简称"市立高工"。1951 年改名为北京市工业学校，紧接着学校被一分为二：机械科、化学科等服务工业建设的部分，因东郊工业区规划影响，搬迁到朝阳区三里屯独立成立北京工业学校，直到 1969 年停办撤销；土木工程科则受到西郊文教区规划影响，最终搬迁到西直门外二里沟。因为新校址还来不及建成，1952 年先并入南礼士路北京建筑设计院内的北京市建筑专科学校，成立中级技术部。当年北京市政府已经决定在本地区二里沟创办一所北京建筑大学，1952 年年底最终决定将中级技术部调出，在二里沟独立建校，在此成立了北京市土木建筑工程学校。北京市建筑专科学校则被并入清华大学，以支援其扩大建筑系。

1958 年，北京市土木建筑工程学校改为北京建筑工程学院，1961 年恢复中专，1977 年再次恢复本科招生。1982 年被确定为国家首批学士学位授予高校，1986 年获准为硕士学位授予单位。2013 年 4 月，经教育部批准更名为北京建筑大学，成为本地区仅有的两所高校之一，也是北京地区唯一一所建筑类高等学校。经过 110 余年的发展，学校成为一所具有鲜明建筑特色、以工为主的多科性大学，是"北京城市规划、建设、管理的人才培养基地和科技服务基地""北京应对气候变化研究和人才培养基地"和"国家建筑遗产保护研究和人才培养基地"。2018年5月，获批博士学位授予单位，建筑学、土木工程获批一级学科博士学位授权点。

2009年，经北京市政府支持，学校开辟了位于大兴区永定河东侧的芦城新校区，占地1000亩。目前，学校正按照"大兴校区建成高质量本科人才培养基地，西城校区建成高水平研究生培养、科技协同创新及成果转化基地"的"两高"布局目标，加快推进两校区建设。西城校区成为研究生院，具有建筑行业特色的大学科技园，是中关村国家自主创新示范区股权激励改革工作首批试点高校之一。

7. 北京城市建设和建筑业高端机构云集于此

正是基于60年前的北京市将西郊一带建成文化、科技、游览区的城市建设规划设想，使得北京城市建设和建筑业高端机构云集于本区域，中国建筑界的最高领导机构——住房与城乡建设部的办公大楼由此也就坐落在三里河大街旁。住建部曾经名为建筑工程部、建设部，办公大楼以现代建筑为基础，采用平屋顶，底部开有拱形窗，墙面镶有金色凸起雕花，整个建筑从传统石建筑中吸取造型因素，繁简得当，古朴雄伟，将古代建筑形式与现代技术结合得恰到好处，不愧为中国20世纪建筑遗产之一。

围绕着住建部，不仅有北京建筑大学，还云集了众多中国顶级建筑领域的科研院所、设计施工单位。如位于马尾沟的北京市轨道交通设计研究院有限公司、北京市市政专业设计院、北京城建设计发展集团股份有限公司、中国城市轨道交通网；位于车公庄的中国建筑设计研究院；还有三里河路上的中国建筑书店，归属住建部中国建筑文化中心并附设在北京建筑大学的中国建筑图书馆；附近还有位于南礼士路的北京市规划和国土资源管理委员会、北京市建筑设计研究院有限公司、北京市市政设计研究总院、北京市市政工程局，位于二七剧场路的北京城市建设档案馆等等。

8. 展览路地区近现代建筑遗产名录

2016 年 9 月 29 日，"致敬百年建筑经典：首届中国 20 世纪建筑遗产项目发布暨中国 20 世纪建筑思想学术研讨会"在故宫博物院宝蕴楼召开。此次会议上，中国文物学会、中国建筑学会联合发布了 98 项"首批中国 20 世纪建筑遗产"名录，全国共有 98 个项目入选，北京就占了 34 个。其中北京展览路及其邻近地区就有 7 处，它们是：

"四部一会"办公楼，由国家计划委员会和地质部、重工业部、第一机械工业部、第二机械工业部联合修建的办公大楼，它是当时北京市建造的一个大规模的行政办公建筑群。

北京展览馆，是毛泽东主席亲笔题字、周恩来总理主持剪彩的北京第一座大型综合性展览馆。

钓鱼台国宾馆，位于玉渊潭东侧，北京首批十大建筑之一，是一处古代皇家园林级现代国宾馆建筑群。至今已接待 1300 余位外国元首和政府首脑下榻。

住房和城乡建设部大楼，位于百万庄，是三里河地区的重要建筑，曾在 1949 年后的中国建筑界产生过广泛影响。整个大楼繁简得当、古朴雄伟，将古代建筑形式与现代技术结合得恰到好处。

北京儿童医院，儿童医院的前身是诸福棠院士于 1942 年创办的北平私立儿童医院，是首都医科大学儿科医学院和儿科学系所在地，每年为社会输送大量优秀儿科人才。

首都体育馆，是北京举办重要体育文化活动的场所之一，2008 年成为北京奥运会排球项目比赛主场馆。首都体育馆是北京规模最大、功能最多、适用范围最广的体育馆。

北京天文馆，位于北京西直门外大街，是国家级自然科学类专题科学博物馆。北京天文馆是国家 AAAA 级景区，是中国第一座大型天文馆，也是亚洲大陆第一座大型天文馆。

再有一处为百万庄住宅区。2017 年 12 月 2 日，由中国文物学会、中国建筑学会、池州市人民政府、中国建设科技集团股份有限公司联合主办的"第二批中国20世纪建筑遗产"项目于安徽省池州市发布，其中北京百万庄住宅区列入。

第四节　文教新风

说起西外大街，"北京西郊"才是更加接地气的名字。对于如今五六十岁以上的老北京来说，北京西郊那是充满自然乐趣和童趣的所在，也可以说是北京城最接近自然奥秘之处，尤其是北京西郊公园也就是北京动物园曾经是北京孩子们最向往的地方。

1. 世界级"天、地、生、海"科教园地

北京西郊，自明清至改革开放以前，特指西直门、阜成门外以西的地区，如动物园也称为西郊公园，还有西郊商场等。比之再远的地方，则称为西山。至于西苑饭店、西苑机场，还有颐和园东宫门外的西苑街的名称，仅是个例。西苑机场也称为西郊机场。为什么呢？因为北京的西苑，在历史上特指什刹海、北海和中南海，是相对元大都大内、明清紫禁城宫殿而言的皇家园囿的称呼。如今北京的西郊则是指比西五环更西的地区了，但是西苑还是用于特指，不是泛称。

展览路地区作为京西核心地带，很久以来就是极负盛名的北京西郊旅游胜地。正因其近在城边又极富田园野趣，远有西山碧色，近有高大城池，河曲如带，柳岸花明，既是文人雅士的郊游之地，更是平民百姓的踏青之所。中华人民共和国成立后，政府将北京西部地区规划为文化教育发展地区自是历史与现实的因缘际会，也使本区域蕴含了无限生机，特别是逐渐形成的面向广大市民的科教园地和文教特色，益加得天独厚。

例如，仅在西直门外1公里范围内，就集中了亚洲地区最大的"天、地、生、海"四大科博旅游景点和文博修学基地，这在国际上都可以说是独一无二的科普世界的高端云集。展览路地区目前共有科普基地10家，其中国家级的两处：北京动物园、中国古动物馆；市级的一处：北京天文馆。既有自清末民初建成后就向民众开放的近代科普教育基地、全国最大

25

城市动物园——北京动物园及附属历史建筑，以及平绥路西直门火车站，还有 1949 年后建设的北京展览馆、北京天文馆、中国古动物馆，以及改革开放后建设的北京海洋馆等一系列科普展馆，无论设施规模还是服务水准，都名列全国乃至世界前列。

每逢周末或是节假日，大中小学生们，还有一个个在家长的陪伴下的幼儿们，都带着向往科学的梦想、亲近大自然生灵的渴望，为了探寻"天、地、生、海"的奥秘而来的。这里是北京城最接近自然奥秘的所在，不仅动物园不能迁走，"北京西郊公园"的名号还应该让它再次响亮起来。

2. "新华 1949" 文创基地

本地区车公庄大街东段是中国新华书店总店、新华印刷厂所在地，见证了中华人民共和国及其印刷出版业的成长历程，如今华丽变身为"新华 1949"文化创意产业集聚区，令人耳目一新。2010 年年底，中国印刷集团公司实施主辅分离、主业改制，所属企业北京新华印刷厂将印刷主业迁往亦庄经济技术开发区，中国印刷总公司将原北京新华印刷厂区打造成"新华 1949"文化创意产业集聚区，被纳入西城区发展规划，成功引进了北京市国有文化资产监督管理办公室、北京市文化创意产业成果展示展览中心、文投集团、首都创意工厂、中旭建筑设计有限责任公司、西城原创音乐剧基地、基金公司、北京开心麻花娱乐文化传媒有限公司等创新企业入驻，形成文化与金融共生共荣的新局面。

此外，本地区还有众多科教文化机构，如位于百万庄大街的中国地质科学院、中国机械工业出版社和百万庄图书大厦、中国外文出版社、北京市西城外国语学校、北京实美职业学校，阜外北大街的中国大百科全书出版社和在文兴街的中国电力出版社。展览馆路两侧有北京建筑大学、外交学院，车公庄大街有北京市委党校和行政学院，文兴街有北京教育学院，西外南路有北京市科技情报所，阜外大街有北京华文学院，其前身是北京华侨补习学校，月坛北街有西城区青少年科技馆，等等。

邻近地区还有紫竹院公园北边的国家图书馆，长河北岸的北京石刻艺术博物馆、北京交通大学，长安街的首都博物馆等。

3. 独特的居民文教功能社区

早在 2001 年，西城区就提出了建设"六个功能街区"的目标，展览路西直门外地区由于商务旅游点众多，作为"西外旅游商务区"得到重点建设发展。之后该地区又发展为中关村德胜科技园的西区，成为中关村科技园区的门户。随着西直门外地区交通的日渐发达，展览路地区以商务楼宇为载体的楼宇经济得到迅猛发展，吸引了大批企业和人员到该地区入驻创业。

2005 年 2 月 28 日，全市首家以社区现有教育机构作为资源的社区教育学校在展览路街道挂牌成立，居民们不出社区便可进行舞蹈、声乐、器乐、电子阅览和计算机等各类专业的学习。展览路社区学校是西城区委区政府投资 200 万元，将原阜外二小重新装修，添置设备，改造而成的。学校建筑面积达 5000 余平方米，包括语音、舞蹈、声乐、器乐、电子阅览和计算机等各类专业教室 22 个。社区教育学校成立后，展览路地区老年大学、少年宫和多支群众文化团队拥有了固定、舒适的活动场所，使用上了专业化的教学设备。社区教育学校与职业教育学校联手办学的新模式，开创了社区教育的新模式，受到了居民的热烈欢迎。

2006 年 1 月 17 日，经批准，西外商务旅游区的面积从 1.1 平方公里扩大到 1.51 平方公里，范围从西外大街绕北京展览馆后湖，经西环广场至西二环路、西外南路、党校东侧路、车公庄大街到三里河东路。正在推进的北展后湖皇家御河游憩休闲走廊的建设和中国印钞造币博物馆的开放，将进一步确立西外地区"商务休闲港湾、文博修学基地"的形象地位。

2008 年，金融街首次扩容，总面积由 1.18 平方公里扩大到 4.77 平方公里，从东、南、西三个方向扩展金融街中心区，使得本区内的万明园社区、阜西社区、南营房社区、洪茂沟社区和阜外东社区也被纳入其中，成为金融街的扩展区。

2008 年 11 月 5 日，全国首家社区消防教育培训基地——展览路民防宣教中心在车公庄北里揭牌成立。民防宣教中心位于车公庄北里 36 号楼，地下二层为消防教育培训基地和安全社区教育基地，地下三层为国防、民防教育和防空指挥所。消防教育培训其功能定位以社区安全教育为理念，以培训社区居民掌握安全知识和技能、普及消防安全知识、增强社区居民的安全防范意识为目标。在内容上，融防火知识、用电常识、家居安全等于一体；采用声、光、电相结合的方式，以互动的形式提高社区居民的参与性，并增加知识性和趣味性，在社区居民中普及消防安全知识、技能，让大家学习消防常识、掌握逃生技巧、了解自救知识、体验火灾危害。消防教育培训基地坚持面向社会、贴近社区，对地区居民免费开放。通过参观、学习、培训，真正使公共安全知识进机关、进学校、进单位、进工地、进社区、进家庭。预防为主，互动参与，传授消防技能是展馆的最大特色。

4. 国家级金融科技和专业服务创新示范区

2017年年底至2018年9月，作为北京疏解非首都功能的一个标志性区域，动物园批发市场和官园批发市场相继疏解完成，按照规划设想，西城区将借此创建金融科技与专业服务创新示范区。北京市西城区常务副区长孙硕在2018年7月20日介绍，示范区范围包括中关村科技园区、西城园10平方公里政策区和海淀区北下关街道部分区域，将形成以北展地区为核心区，以德胜地区、广安地区为拓展区的空间格局。数据显示，"动批"地区前期已完成升级改造的3栋楼宇中，宝蓝金融创新中心已实现百分之百入驻，北矿金融大厦的金融科技类企业入驻率达到70%，首建金融中心也已具备进驻条件。建设北京金融科技与专业服务创新示范区是落实《北京城市总体规划（2016—2035）》，在更高水平上服务国家金融管理中心建设，支撑全国科技创新中心建设的重大举措。

最新数据显示，目前示范区区域内共有各类金融机构1800余家，基本形成了具有行业领导力的金融机构为主、多种金融机构协同发展、多元化的金融体系。截至去年年底，区域金融机构资产总规模达到了99.5万亿元，占全国金融资产总规模的近40%。其中全国四大资产管理公司均在金融街发展，驻区商业银行资产规模占全国商业银行的41%。另外，在支付结算方面，商业银行电子汇率系统，资金清算系统，中国现代化支付系统，国债、证券、信贷资产登记结算，中国证券登记公司，银行业信贷资产流转中心等重要的支付结算金融基础设施都在金融街安全高效运行，支撑微信、支付宝等第三方支付的网络支付清算——网联清算公司也在金融街设立。而国际信用组织 VISA、万事达中国区的总部这两年也陆续在金融街设立，区域人民币支付业务占到全国的 40%，外币支付业务占全国的 60%。

金融街已建设成为集决策监管、标准制定、资产管理、支付结算、信息交流、国际合作为一体的国家金融管理中心，聚集了"一委一行两会"等国家金融管理部门，影响着国内外金融市场的政策、信息大多是从这里发出的，对以监管科技为代表的金融科技发展具有集聚力，对金融科技发展可以提供政策支撑。

自从 2015 年国务院批复北京市服务业扩大开放综合试点城市后，北京成为全国唯一服务业扩大开放综合试点城市。2018 年 5 月，在纪念中国改革开放 40 周年的"北京金融街论坛年会"上，北京中关村科技园区管理委员会主任翟立新与西城区区长王少峰签署了共同推进北京金融科技与专业服务创新示范区建设的合作协议，市委常委、副市长阴和俊发表主旨演讲，市领导分别为北京金融科技与专业服务创新示范区授牌，为北京金融街服务局揭牌。依托金融街及服务局，按照共商、共建、共治、共享的发展理念，形成"跨界共治＋政府授权＋市场机制＋专业运作"的构架模式，充分发挥西城区展览路地区位于金融街核心区与中关村科学城连接带的区位优势，在"动批"及周边地区 110 万平方米的空间资源上，进一步拓展金融街的发展空间，打造北京金融科技与专业服务创新示范区，将其建设成为以金融监管科技为核心，金融创新应用领域为支撑的产业集聚格局，成为引领国际金融科技创新与专业服务创新、防控金融风险的重要引擎。

第二章　西直门户

论西直门户，有明代沈榜编著的《宛署杂记》记有徐学谟《秋早同省僚登西直城楼》一诗最为恰切："千山落木莽萧萧，万堞高墉倚碧霄。边塞有人烽燧少，衣冠无事啸歌饶。霜清古戍频休马，草尽平沙合射雕。千古中华还此地，河山长护紫宸朝。"西直门可谓万堞锁钥，保我中华歌舞升平的和义之门。

老北京城内城有九座城门，外城有七座城门，城门处简称"关"，均为防御和通行闸口。进出最为繁忙者有前门、崇文门、朝阳门、西直门、阜成门和外城的广安门等几处。但最有特色的首推西直门。作为京城"水门"，日夜"湍流"不息，自不待言，值得叙说的是清代至民初，西直门地区所形成的从服务于帝后皇亲、朝廷命官的紧要官道，到服务于达官贵人、文武要员、中外学者和风流雅士们或出游西郊或进城办事的水陆并进的通道，自京张铁路和环城铁道建成后，更是日益繁忙起来。至今，这里不仅是北京"城门"位置离火车站最近的地方，还聚合了北京城中心地区最大最复杂的立交桥以及地下地上立体交通换乘枢纽，不愧为京城西北门户。

由是观之，"西直门户"是以西直门为中心，从西直门出发，可分为四条放射线路行进：一是向正西的道路——西外大街，西行至动物园地区；二是向西北方向的水路——长河与高梁桥；三是向西南方向的铁路——京张路西广线和京门支线；四是京门支线改造后的西外南路沿线。

第一节　西直门

1. 西直门

西直门是明清北京城内城九门之一，位于城墙西垣北侧，在北京内外城16座城门中，是除正阳门外规模最大、保持时间最长、被最后拆掉的一座城门。城门实体主要包括西直门城楼、西直门箭楼和瓮城等，在老北京城门中与东直门相对称，因其瓮城为直方形，故名为"直门"。

据说明清时期，西直门每晚关闭城门后，还要在午夜时分开启一次，给皇宫水车通行，故而有西直门为

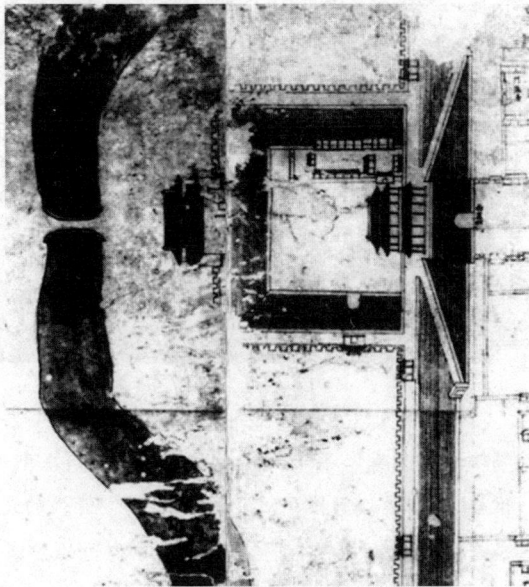

清乾隆十五年（1750）《京城全图》中的西直门图

"水门"的说法。传说城门洞内还砌有水纹石一方。另据美国人刘易斯·查尔斯·阿灵顿1935年在 *In search of old Peking*（《透过老北京》）一书中称，西直门还被称为"开门"，因为它通向颐和园，慈禧住在颐和园时，为方便进出，夜晚西直门总是开着的。北京老城门都有着六七百年的历史，沉淀了不知多少故事，在市井演义中，每座城门都一定形成了各自的功能特色、启闭风格，甚至文化历史传说，如水门西直门、煤门阜成门、兵门德胜门、木门东直门、粮门朝阳门、税门崇文门、死门宣武门等等不一而足，成为京城文化中极具地标方位意义值得玩味的京味故事。

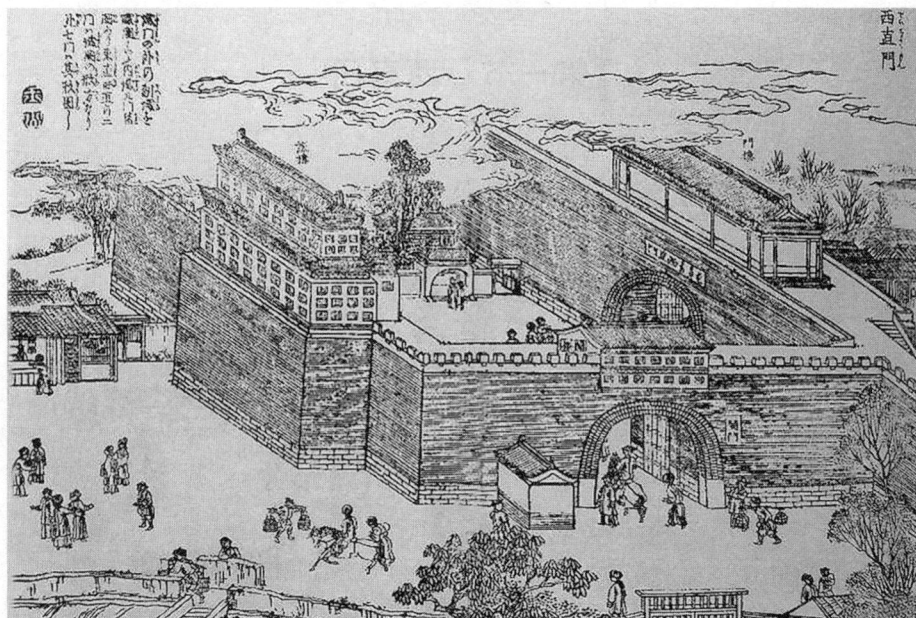

　　1802年，《唐土名胜图绘》中的西直门图。《唐土名胜图绘》初集，冈田玉山等编绘，日本文化二年、清嘉庆十年（1805）刻成。图中特别标注：门楼（城楼）、谯楼"箭楼"、闸楼和闸门（瓮城门）。奇怪的是城门楼绘图简省似为轩亭，而箭楼很是细致入微。特别是瓮城西南月墙街边的护城河不仅护岸栏墙完整，在栏墙开口下河的台阶处，还有一段封口的安全矮墙，一人在倚墙歇息，足见工程之细微。

1890年，西直门南面全貌，可见内城西北角楼。

1905 年前后，北京西直门瓮城闸楼下的集市

瑞典学者奥斯瓦尔多·喜仁龙（Osvald Sirén）在 1924 年出版的《北京的城墙和城门》一书中，对西直门有如下描述：

"无论从哪个方向观看，西直门都显得气象不凡。沿通往城门的宽阔街道接近城门时，远远就可以看到耸立于一片样式相同的低矮建筑之上的巍峨城楼，那些排列在街道两旁的低矮建筑形制较小，因而把城楼衬托得格外高大和雄伟。从城外接近时，但见方形瓮城和箭楼在四周赤裸的地面上拔地而起，颇具城堡气概，给人留下深刻印象。瓮城长而直的前墙有力撑持着雄伟箭楼，它们给人的印象比城门处更苍劲、更雄伟。城门的侧面，尤其是南侧面，最清楚地展示出整个建筑群的规模。门楼与略低于它的箭楼配合得十分协调。两楼线条笔直，轮廓鲜明，造型遒劲有力，倒映在城下池塘中，更增强了气势磅礴的效果。"

元代，此处为元大都的和义门所在地。说起西直门和北京城各个城门的名称，几乎都与《易经》卦象和五行文化有关。按照东曰体仁、西曰尊义、南曰端礼、北曰广智的理念，"和义"为西方，并与东方之"崇仁"相对，《周易》乾卦"利物足以和义"，所以刘秉忠将其命名为和义门。

元至元四年（1267），忽必烈

1920 年前后，西直门箭楼。[英] 唐纳德·曼尼《北京美观》

在金中都东北开始营建新城元
大都，任命刘秉忠为总设计师，
郭守敬负责水源水系设计。元
大都几乎是按照《周礼·考工
记》中关于帝王之都的理想布
局和"匠人营国"之制设计建
造的。直至至元二十二年
（1285），城墙、萧墙（即皇城
墙）、大内宫殿等建筑方才完
成，其中城墙方圆 28.5 公里，

皆为黄土夯筑，共设 11 座城门。和义门为大都西城墙三座城墙的中间一
座，北边为光熙门，南边为平则门即阜成门。和义门是在至元四年开始建
造、至元二十二年完成的。和义门瓮城门洞高约 6.68 米，宽 4.62 米，采
用砖砌券顶，青灰墙皮。元至正十八年（1358）冬，为防农民起义军攻
城，元顺帝下令赶筑包括和义门在内的 11 座城门的瓮城和城外护城河的吊
桥，最终形成了大都城池的完备体系，但也仅维持了 10 年，就被徐达
攻破。

明朝洪武元年（1368），徐达率大军攻占北京城，为了防止北元的反
扑，曾命华云龙整修和义门及附近城墙。明永乐十七年（1419），永乐皇
帝朱棣登基后升北平府为北京，开始大兴土木，营造宫室和城池。就此将
北京城垣加高、加厚，并全部包砌城砖，对九门重新命名。永乐十七年
（1419）再次修缮后方才改名为西直门，"直"为"义理"，其意与和义门
相通。1949 年 1 月 31 日，中国人民解放军和平接管北平防务，就是选择
在西直门城门之下与国民党守军傅作义起义部队举行了防务交接仪式，解
放军入城也是自西直门开始的，真是应了其本名和义门之意。可见，和义
门的象征是持久深厚的。

明朝正统元年（1436），明英宗命太监阮安等监修京师九门城楼，正
统四年完工，修建时将原瓮城压在了新建的瓮城之下，这一压就是 500 多
年，直到 1969 年才重见天日。

明代新修的西直门，包括门楼、门洞、箭楼、瓮城、瓮城门各一，均采用山东临清烧制的特大城砖。西直门城楼台基底宽40.9米，城台顶进深24米，城台高10.75米，内侧券门高8.46米，外侧券门高6.3米。城台内侧左、右马道宽5米。城楼面阔五间，连廊面宽32米，进深三间，连廊通进深15.6米，城楼连城台通高32.75米。西直门门楼通高34.41米（包括楼台），为三层重檐歇山式建筑，灰筒瓦绿琉璃瓦剪边，戗脊走兽（小跑）7个，下层檐柱24柱，上层檐柱16柱。柱、门、窗皆为朱红色，檐下的梁枋上饰以蓝、绿两色调彩绘图案，顶部为绿色琉璃瓦，饰有望兽及脊兽。在门楼台下部正中辟有券顶式城门洞，因沿袭和义门旧制，较内城其他门洞要低一些。门洞内装有向内开启的城门一合，城门为木质，用福山寿海五面包锭铁钉固定。城门上曾安装有防火设备，在地堡式城楼上设五孔水眼的水窝2个，可向城门灌水，以抵御火攻。

　　城门正前方（西侧）为一灰筒瓦绿琉璃瓦剪边重檐歇山顶箭楼，面阔7间，通宽35米；后出抱厦五间，连抱厦通进深27.8米。抱厦顶是单独的单檐歇山式，规制与内城其他城门箭楼基本相同。箭楼西、南、北三侧上下共设有四排箭窗80孔，正西面每排12孔，两侧面每排各4孔，后抱厦两侧面无箭窗（这是西直门箭楼区别于其他各门箭楼的显著特点）。箭楼内侧庑座面阔5间，箭楼连台通高30米，俯视呈"凸"形。西直门瓮城为东西略短、南北略长的方形平面，东西长62米，南北宽68米，直角转折，在北京内外城门中，仅东直门与之相同，其余诸城门瓮城均为外侧抹角转折的圆弧形平面。瓮城内东北角建关帝庙，西北角设有瓮城庙。瓮城南侧城墙辟建券门，与城门方向成曲尺形，以利防卫。券门上方建有一座单檐硬山顶闸楼，有两层12孔箭窗，底层卧进城墙，又称其为瓮城门楼，并安装了千斤闸。

　　元朝时，护城河上是木制吊桥（又称为弯桥），明代将木桥改为石桥，建在瓮城顶端外（正对箭楼处）并建有牌楼。据《日下旧闻考》记载，正统四年"修造京师门楼城濠桥闸完。正阳门正楼一，月城中左右楼各一，崇文、宣武、朝阳、阜成、东直、西直、安定、德胜八门各正楼一，月城楼一。各门外立牌楼"。20世纪50年代初期尚存正阳门、朝阳门、阜成门牌楼。西直门和阜成门牌楼应该位于箭楼外，护城河弯桥西侧，修建于明代。说到瓮城的开门，西直门是开在瓮城南侧，不仅进出城门总要拐个直角弯，出了瓮城还要拐个S形大弯才能够走过护城河桥。据说这么布局是为了军事防备的需要，但给交通造成了相当大的不便，与其交通枢纽的地位很不相称。

其实，西直门瓮城西南角外的街市曾经名为月墙街。一则因其形似半个月亮，又称月城；二则瓮城的城墙称为月墙，其外为街即为月墙街。瑞典汉学家喜仁龙在《北京的城墙与城门》中，为我们记录了20世纪20年代西直门瓮城西南角的月墙街

1921年，从西直门闸楼门洞朝南看门外月墙街。[瑞典]奥斯伍尔德·喜仁龙著《北京的城墙与城门》（1924）

景象：瓮城南面侧墙的城洞上有一谯楼，从楼下穿出，便跨入一条地道的中国老式街道，道旁不仅像大部分城内外的街道一样有极简陋的店铺和临时性摊棚，而且还有一排排较为永久性的老式房屋。一长串低矮建筑倚瓮城垣墙而建，从城门顺着城根一直排列到箭楼城台，包围着瓮城西南角，情景很像一个长长的市场。不过这个市场又是由一系列店铺组成，店主把商品陈列在石阶上，或把食品摆在门外桌凳上。道路另一旁则几乎全是小店和客栈，多为来自农村人的下榻处，也是长长的一排。房屋式样千篇一律，但高度不等，为一层或两层。因此，建筑物映在空中的轮廓也是参差不齐的。这条街道，显然是根据中国传统原则按照统一的设计图布置的，

迄今仍是正在迅速消失的风格独特的老北京最有特色的画面之一。1952 年西直门关厢详图中标注有西直门月墙街，1911 年有一张从西直门闸楼门洞朝南看月墙街的照片。

史书中曾有明代万历四十六年（1618）大风毁坏西直门城楼的记载。城楼无时不在受到风雨雷电和地震的损坏，尤其木质构件、砖瓦屋顶极易破损坍塌。清代城门基本沿袭明制，在营建圆明园、畅春园等西郊园林时，西直门为必经之路，故对西直门及城外官道曾多次维修。清乾隆五十四年（1789）曾大修西直门城楼、箭楼，光绪二十年（1894）修西直门至颐和园之间的石板路时，又修缮了西直门城楼，后因中日甲午战争爆发，未及完工即告中断。

西直门与面朝正东的东直门遥相呼应，是一对姊妹门，两门城楼建筑形制相同。但也贯彻了古代城池"街道不直通"或"城门不相对"的军事防御特点，两门之间不仅隔着后海烟波，还有鼓楼耸立中间，可以说门相对而道不通。本书中后面介绍的阜成门与朝阳门也是如此，虽然道路连通，但在西四路口处是错位而不直通的，这是故意为之，其他城门皆如此。

因老北京的环城铁路的西段就是詹天佑修建的京张铁路的南段，建在了西护城河外侧，西直门和阜成门的瓮城由此一直保留了下来，没有像东直门、朝阳门等城门的瓮城因为修铁路而被拆毁。所以直到 20 世纪 60 年代，所有城墙城门被拆除之时，西直门和阜成门还是北京城最后保存较为完整的一组古代城门建筑群，城楼、箭楼、瓮城、闸楼、马道、门洞，以及比邻的城墙、马面等，虽失修饰，但是整体完好，极具古城特色，老电影《停战

1921 年，西直门瓮城西南角。[瑞典] 奥斯伍尔德·喜仁龙著《北京的城墙与城门》（1924）

以后》《鄂尔多斯风暴》都曾在这里取景拍摄。

1950 年 4 月，市政府曾经对西直门城楼、箭楼及瓮城进行了一次修缮，同时实施了崇文门、西直门、永定门三项城门交通改善工程。西直门交通改善工程包括在城台南侧辟建一个豁口，

1954 年，西直门瓮城南侧城墙新辟进城门洞，为三伏三券的券顶门洞。透过门洞可见瓮城西北角，西外搭着脚手架，正在修建"苏联展览馆"。

修筑新路，加宽了护城河桥桥面。1953 年，在梁思成先生的建议下，将唯一进出西直门的瓮城门洞封闭，同时在城楼南北 20 米城墙处各开凿（修建）一个拱形大门洞，在门洞内铺设了机动车道和人行方砖便道，并安装夜晚照明用玻璃框壁灯。从此进出城车辆改为分道单向行驶（出城车辆走北门洞，进城车辆走南门洞），围绕瓮城外围自然形成了一个大的单向交通环岛，不但大大缓解了交通拥挤状况，闲置下来的瓮城内广场还成为以西直门为终点站的有轨电车及后来的无轨电车理想的掉头场所和停车场。被堵死一头的瓮城门洞也被利用，成为电车公司司售人员的办公室和休息室。

1969 年夏，因修建北京环线地铁，西直门瓮城必须拆除。西直门本来已经成了"破四旧"的对象，只是由于拆除非常费力，所以在初期还没有人来顾及它。

说到拆除西直门，罗哲文回忆说：

"当我翻阅我所摄的北京旧照片的时候，一幕幕往事浮上心头，情景好像仍在眼前。尤其是西直门，对我来说，这里更是有着说不完的往事。1954 年，在郑振铎、吴晗领导下，对北京的城墙和牌楼进行了调查。我代表郑振铎参加了具体工作。西直门当时是一个重点，曾拍了不少照片和测

绘图。可惜，这批珍贵资料在'文化大革命'中被毁了。西直门由于它的形制特殊，是北京古城中唯一的方形瓮城，很多历史事件都在这里发生，如李自成攻进北京等。我当时已无班可上，但也还在以个人的力量，有时和其他同志一起，关注着文物保护的事情，并尽一点力所能及的绵薄之力，如北京古观象台的保护、甘肃炳灵寺的保护等等。"

就在拆除城楼、箭楼的时候，在箭楼下发现了埋在瓮城里的元朝和义门瓮城城门遗迹，此次发现成为当时我国考古重大发现成果。而且元大都的建筑遗存本来非常稀少，和义门的发现可说是非常难得和珍贵，非常遗憾的是还未来得及考察研究就遭拆除了，甚为可惜！

对此，罗哲文讲道：

"1969年夏，有一天我从西直门经过时，看见城楼和箭楼都搭上了脚手架，看起来不是维修，向在场的工人一打听，才知道是要拆。当时我家住美术馆东边弓弦胡同中科院宿舍，我们向中科院院长郭沫若反映，他也无可奈何，无计可施，因为它不像古天文台那样，具有科学的价值，能向周总理反映。于是我只好用自己买的国产相机和国产胶片拍摄一些照片留作纪念。先是拍了城楼搭上架子的照片，过了些日子，又去拍了拆到一半只余立柱的照片，又过了一些日子，再去拍了拆除闸楼、闸门的照片，最后还拍了拆除出元代和义门城楼遗址的好些照片。"

元和义门瓮城遗址，城门残存高22米，门洞长9.92米、宽4.62米，内券高6.68米，外券高4.56米。门洞内有元至正十八年（1358）的题记。城楼建筑已被拆去，只余城门墩台和门洞。楼上尚存有向城门上灌水的灭火设备。木门已被拆去，仅余承门轴的半球形铁"鹅台"和门砧石。从中可以看到，元代和义门的瓮城门洞是直对城门的，不像明清把瓮城门洞建在南侧与城门形成90度。自此，京城内最后一组格局完整（包括门楼、箭楼、瓮城）的西直门建筑群就这样被彻底拆除了。现在原址上已看不到当年的痕迹，只保留了西直门的地名。

如今，北京城复建了永定门城楼和内城东南角楼，其他城楼的复建也在研讨之中。北京建筑大学建筑学院刘临安教授指导研究生团队，已经完成清代西直门城楼和箭楼复原方案设计，并采取3D打印方法制作了西直门城楼模型，为研究和复建西直门提供了很好的条件。

2. 西直门交通门户的演变

自古以来，西直门作为北京城的西北门户，一直是西直门内地区与西直门外地区相互连通的重要关口。无论是帝王后妃去圆明园、颐和园等处休闲娱乐，还是军政快报的讯情递送，无论是远达口外的皮货贸易，还是大批的游客近游高梁长河或远赴西山踏青访古，西直门及城外的高梁桥是他们出入城的必经之处。

元明时期，西直门外林野还算茂盛，环境幽静，时有野兽出没。《日下旧闻考》记载："弘治戊午夏，京师西直门熊入城，守卫者不知觉，有被伤者。"弘治戊午指弘治十一年（1498），当时甚至还有人将此熊进城作为京城防盗、防火灾的预警。实际上，自元至清末，经过600余年的京城建设，城外树木几乎砍伐殆尽，人进而兽退，除了野狗，难见其他。

清朝及至民国时期，西直门曾经繁华一时。特别有清一代，皇家极为重视圆明园、颐和园等三山五园的拓展建设，还自西直门修石道20里至圆明园。圆明园是雍正、乾隆、嘉庆、道光、咸丰五位皇帝长年居住、生活并处理朝政的地方，即所谓"以恒莅政"，或称之为"凡莅官治事，一如内朝"的一座大型宫苑，时间前后长达130余年（1723年到1860年）。颐和园则是慈禧太后自1884年至1898年退居颐养之所。清王朝统治中国268年，全国的政治权力中心有一多半时间是在圆明园，实际上是由圆明园和后期的颐和园与紫禁城共同构成的。清帝每年都有大半时间居住园中，并在此举行朝会，处理政事，设置有内阁、六部、军机处等中央政府各部院衙门的办事机构，成为封建王朝的实际统治中心。而西直门正当其冲要之地，皇帝往来不见得频繁，但诸大臣、皇亲国戚和太监护卫等等，频频往返进出西直门，沿途车马仪仗早出晚归几无间断，北京哪座城门也比不上西直门如此忙于政事，可以称其为"政治水门"了。

即便是到了1949年前后至20世纪60年代末西直门被拆除之前，因为这里是去往京西的主要通道，高大的城门洞敞开胸怀，从早到晚迎来送往那些挑担的、推车的、赶脚的进城，又目送一批批马帮、骆驼队逶迤西

1910—1920年，西直门马车车道，疑为西直门内大街可见远处城楼一角，街道路面、边沟和马车道及绿化很是完备。[英]唐纳德·曼尼

行。春明景日或秋高气爽之时，踏青巡游或往西山访古者络绎不绝，形成一道独特风景。

例如，庚子之变后至民国时期，清华大学、燕京大学等相继建于海淀，住在城里的燕京大学教授们每日穿梭于西直门或去上课或回家，还有近现代风起云涌的学生爱国运动，更使从海淀到西直门的道路上并前往市中心天安门的学生游行队伍穿行不断。1925年3月12日，伟大的先行者孙中山病逝于北京，当年4月2日下午，孙中山的灵柩出中央公园，经北京长安街、西单、西直门，移往西山碧云寺暂厝，30万名群众自发送行。直到4年后的1929年5月26日，中山先生灵柩再经西直门，过长安门、中华门，出正阳门抵前门东车站，乘移灵专列离开火车站，送往南京中山陵。

20年后，人民解放军的军队从西直门入城。这是1949年1月31日的中午，一辆敞篷的美式吉普车从白石桥开到西直门下，跟随美式吉普一同到来的，还有一队身穿草绿色军装的解放军部队。这一队军人除了全副武装外，臂膀上还多了一个墨绿色的袖章，上书"平警"两字，这是在和平协定签订以后，人民解放军按照协议前来接管北平防务。美式吉普车上坐着的便是前来接收北平防务的指挥官——东北野战军四纵政治委员莫文骅。而他身后昂首挺立的那一队军人，就是东北野战军四纵十师的先头部队。大约下午1点30分，解放军与国民党军队的防务交接在西直门的城楼下正式举行。据有关人士回忆，先是解放军一个排长带着两个战士走过去，双方互致敬礼后，解放军先头部队通过高大的西直门顺利进入北平城。当时，在西直门城门内外，道路两边有众多群众欢迎解放军进城，其中有的还拿着脸盆往解放军的车前洒水。那时，北平城内都是土路，人车走过，会扬起漫天的尘土，老百姓往地上洒水，就像是净水泼街，迎候王师。

1949 年 2 月 3 日，北京城正式举行解放军入城仪式。整个入城仪式从上午 10 时开始，一直持续到下午 4 时。盛大的入城式在前门大街举行，林彪、罗荣桓、聂荣臻、叶剑英、彭真依次登上了前门箭楼，环顾着受阅部队和欢快的人群。入城的解放军队伍分为两路，分别从永定门和西直门进入北平城，在正阳门举行了盛大的入城仪式后，经长安街转向和平门，最后从广安门出城。

1953 年，西直门—颐和园路改建工程竣工通车，全长 12 公里。

河流转去，车流转来。自从 20 世纪 70 年代起，环城铁路改建和修建地铁，西直门南北的护城河全部被"盖板"改成了地下暗河，地上拆掉了城墙城门后建成了二环路。如今，随着西直门商圈和西直门交通枢纽的发展，西直门现已成为地片名，泛指西直门内、外大街与西直门南、北大街相交处的西直门桥附近，辐射范围西内直达新街口，西外径至白石桥。东北属新街口街道办事处辖界，东南属福绥境街道办事处辖界，西属展览路街道办事处辖界。该区域总面积有 50 公顷，道路交通占地约 16.9 公顷。

经过西直门的有 4 条大街。西直门内大街是 1965 年定名的。西直门外大街早期为关厢和官道，1949 年定名。西直门南大街全长 600 米，车行道宽 47 米。原为北京内城西城墙与护城河，1969 年修建地铁环线时辟建为路，为城区西二环路的组成部分。西直门北大街全长 1170 米，车行道宽 23 米，北段、中段以及南段的东侧为海淀区辖界。西内是新街口商务区，西外是西环广场、展览馆、动物园、白石桥地区，南边有人民医院、少年宫、官园市场、金融街等，周围还分布着北京交通大学、北京建筑大学、天文馆、西苑宾馆、新世纪、新大都饭店、紫竹院、甘家口、三里河等一大批人流集散点。西直门已经成为大型商贸、文化和旅游交通中心，该地区北至学院路、清河及昌平，南邻金融街、复兴门，西至中关村及三山五园，东临新街口及后海地区，甚至内蒙古、河北的远方乘客，都在西直门会集，或直达，或换乘，在每个过客心中，西直门将成为长久的记忆。

西直门作为北京西北部重要交通枢纽，一直是人们面向北京西北地区

42

的始发地。今天，它还在继续扮演着大型城市交通枢纽的作用。西直门交通枢纽是以轨道交通衔接换乘为主、地面公交衔接换乘为辅的集火车、地铁、城铁、公交、社会机动车等多种交通体系和综合服务功能为一体的综合性大型客运交通枢纽。目前仅公交线路就有40余条，日平均客流达到30余万人次。

历经数百年的发展，西直门已经成为人流和物流集散之地，可以算得上是一个和义万方、古今闻名的区域。其名气，一是詹天佑在此修建京张铁路和西直门火车站，演变到如今的北京北站，西直门由此从一个京城到西山郊野的门户，一跃成为近代以来北京通向张家口乃至中国广大西北地区的交通关键枢纽。二是自修建了二环路和改革开放以来，随着西直门立交桥的修建和改建，四通八达的城市道路和地铁轨道交通在这里聚散奔流，数百年沧桑巨变，但西直门的枢纽地位不但没有减弱，反而一举奠定了西直门在北京机动化和立体化交通时代的现代交通枢纽的重要地位。关于西直门道路、水路、铁路和立交桥的故事，听我们一一道来。

第二节　道路——西外关厢和西外大街

1. 西外官道和西外关厢

西外官道与西外大街

从现在的西直门立交桥向西就是西直门外大街，简称西外大街，早先为西外官道，现在是北京西北部地区的一条重要通道。西外大街起源于元大都和义门，明清时为西直门城门外的关厢街道，开始时很短，起初只是西外关厢的一段，由护城河桥为起点，向西不远分为两道：一条转向北过高梁桥路通达海淀；一条向西至白石桥，沿长河行进而至西山。

据明代《宛署杂记》第五卷（德）字记："县（宛平县）之正西有二道：一出阜成门，一出西直门。"而自西直门起，亦有二道：西道为"自西直门五里曰白石桥，又三里曰豆腐闸（广源闸），又三里曰麦庄桥（麦钟桥），又四里曰南务村（南坞），又五里曰小屯村（小屯）、曰馒头村

（门头村），又三里曰罗角庵，为山所隔，其山后各村，皆自西北路绕行，始可相通"。以上记载从白石桥出发向西逐渐偏北，直至香山脚下沿途的若干村落。实际上是顺长河沿岸向西偏北方向行进的。又记北道："出西直门一里曰高郎桥（高梁桥，此高郎桥名字值得玩味，与赶水的高亮小将有关系），又五里曰篱笆房、曰苇孤村（魏公村），又二十里曰鞑子营，又十里曰北海店（海淀镇）。"这条路线是沿着高梁桥斜街向西北的海淀行进的。

清末在西道路北修建了西郊农事试验场，即后来的万牲园、动物园。民国时期，1929年该路分为两段，以高梁桥路口为界，以东至护城河桥头一段称为关厢，以西至三里河路北口一段称为博物院路，因北京动物园的前

1901年，西直门箭楼西面（城外），庚子之变过后，市面一片萧条。这是西外大街最早的照片，可以看到当时街道的路面铺装很是讲究。引自伯顿·霍尔摩斯《从阿穆尔到北京紫禁城》。

1909年，西外官道的起点——西直门瓮城箭楼前

身天然博物院在此而得名。1949年后，两段合并，统称今名。1939年，日本侵华时期开始向西修建公路，同时铺设了"杏石口"铁路支线，经板井通向西苑机场方向。

留下博物院路印迹的还有西直门外大街小学校。该校位于西直门外大街路南78号，原名为博物院路小学，校址就在博物院路。原址位于京西香

44

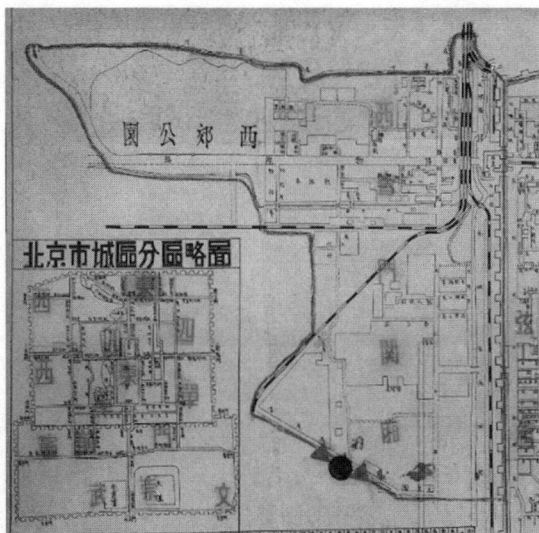

1952年，西直门关厢地图，引自《展览路记忆》和《北京历史地图集》。图中为西直门关厢范围，西外大街标注为博物院路，注意在大街南侧有一条平行河沟流向西护城河。

山象鼻子沟正蓝旗营房，1933年由第五十小学改名为北平市立香山象鼻子沟小学。1935年9月奉社会局令迁移博物院路93号，改称北平市市立西直门外博物院路小学，1937年10月奉局令改名为北京市立西直门外博物院路小学。校长边恒通，河北束鹿人，河北省立第六师范毕业，中国大学哲教系毕业。学校有教职员人数2人，全年经费数1731元，经费来源市教育局。学生人数75人。[1] 1946年改名为十五区第十三保国民学校。1949年恢复博物院路小学。1966年迁至现址78号，改为现名。学校占地4亩，建筑面积2000余平方米。

西外大街东西走向，东起西直门立交桥，与西直门内大街、西直门南大街、西直门北大街、德胜门西大街相连，西至白石桥路，与紫竹院路、首都体育馆路相接，中与高梁桥路（高梁桥斜街）、北礼士路、展览馆路、三里河路相交。该路原为土路，民国初年建成6米宽碎石路，是西颐路（西直门到颐和园）的一部分。1953年，配合苏联展览馆（北京展览馆）、北京天文馆的建设，北京动物园和北京紫竹院的重新开放，以及展览馆路的开辟，始将展览馆路至三里河路之间的路面展宽改造，修成双幅式各宽7米的道路，标志着北京科教园地的正式形成。1953年7月至12月，对西直门至配油厂（今植物研究所对面西边）一段，首次铺筑沥青混凝土路

---

① 邓菊英、李诚编：《北京近代小学教育史料》（下册），北京出版社，1995年8月第1版，第1129页。

面，面积 2.2 万平方米。1955 年 4 月至 5 月，对北京展览馆至植物研究所段进行加固工程，碎石底层 1.2 万平方米，中粒式沥青混凝土面层 1.3 万平方米。1958 年 3 月至 5 月，修建西直门外大街步道工程，铺筑九格方砖 7574 平方米，大型方砖 892 平方米。1982 年 5 月 9 日，对西直门外大街进行新建和翻建步道工程，沥青面层步道 5439 平方米，小方砖面层 1.05 万平方米，大方砖面层 154 平方米。1990 年 9 月，对西直门外大街综合治理，完成沥青石屑面层接顺 2844 平方米，沥青中粒式面层 2177 平方米。

元、明、清时，北京是全国官道的中心，有比较完整的官道系统，与各省、州、县四通八达。各官道都是以城门为起点向外放射。中华人民共和国成立后，北京新辟和修正了很多道路，有的就是利用官道加以改建而成。1956 年初，北京市提出道路命名原则，城门内外均以某某门内外大街命名。北京市人民委员会在征询各方意见后，做了部分修改，对放射线一般的是分三段命名：由城门至三环规划线间，即近郊、关厢一带，仍维持某某门外大街原名不变。1958 年 2 月，北京市都市规划委员会再次提出新辟道路命名方案：（1）东西向的叫"街"，南北向的叫"路"；（2）利用当地惯用的地名；（3）结合风景点和当地特点；（4）为便于记忆并体现城市的气魄，主要干道名称所指长度不宜太短；（5）结合城市建设给不文明的路名另起新名。1958 年 11 月 4 日，市人委通告公布。

西外关厢

城门外关厢和城门外大街，既有相同点也有不同点。据《明史·食货志》记载："在城曰坊，近城曰厢。"关厢不仅有长度，而且还有宽度，其实是指城门外的关口地区。西直门外护城河桥往西顺大道一里多地的地方叫西直门关厢，西直门外左右约宽半里靠近护城河处也叫西直门关厢。而大街只有长度，除了道路，没有扩展的宽度。

以西外大街和高粱桥路、北礼士路相交路口为界，高粱桥路自高粱桥以南接近关厢的一段称为北关，再往北叫北下关，至今还有这个地名，南边的北礼士路自车公庄以北接近关厢的一段称为南关，路口以东至护城河桥和京张铁路道口为东关，路口以西为西关。1965 年将花园前村、取灯胡同并入，开始拓展成为西直门外大街。

20世纪五六十年代以前，西外关厢多为平房，关厢以外就是农村旷野了，所以对城墙里边的居民来说，在那个年代一不小心出了城门就到农村了，城市和乡村既是紧邻又对比鲜明。那时的西外关厢街道两侧店铺、摊贩还是相当密集的。据民国时期商业史记载：西直门关厢一带著名的店铺有广兴和布铺，永兴斋钟表店，广升米面店，广泰、广丰、广恒等菜行，益和恒煤油广货行，北隆记洋广货行，亿禄居二荤铺，天德公、恒兴号灰瓦麻刀铺，元记、广隆源、广盛义、广和成、继莘栈、安乐庄、泰和昌、成兴顺、泰昌栈、安顺栈、泰合成、源兴厚、德义栈、广聚隆、同兴德、德丰恒、公合记、复合栈、同元栈、裕泰成、泰源成、宝和栈、三义栈、瑞春栈、广盛厂等煤栈。

大薄脆茶馆

西外的店铺里，历史上曾经有个"大薄脆茶馆"很是出名。北京有句响亮的俗语："西直门外有三贵：火绒、金糕、大薄脆；西直门外有三贱：驴车、土娼、烂肉面。"前面两项，火绒、金糕早已湮没无闻，无可考证；而今却只有"忆禄居"的大薄脆依旧名扬天下，据说流传了200多年。那么，啥是薄脆呢？薄脆是北京的一种传统风味小吃，顾名思义，是一种薄而脆的饼子。不过它薄而不碎，脆而不艮，吃起来香酥美味。20世纪三四十年代，老北京那些小吃点摊上，人们常常在买炸油饼的时候还要个薄脆。

《北京琐闻录》记载过康熙到"忆禄居"品尝薄脆的故事。清康熙十二年（1673），有一日康熙帝微服出宫游览圆明园，途经西直门外广通寺，只见路南有个叫"忆禄居"的茶馆，便想到茶舍歇歇脚，顺便品茗和吃些小点心。当时忆禄居售制的特色食品是大薄脆，康熙便买来尝鲜，果是不同凡响，薄若蝉翼，入口酥香，嚼之爽脆，其味其形都妙不可言，真是此物只应天上有，人间能得几回闻。康熙吃了几口便赞不绝口，这可比宫里头那些点心爽口多了。于是乎，康熙帝回去后，立马传旨，让这家店里按时进奉。这么一来，这普通的薄脆立马身价百倍，闻名京城内外。打那以后，这家茶馆竟被人们口耳相传，单称为"大薄脆"。由此，茶馆的名儿大家都给忘了，光知道西直门外有个"大薄脆茶馆"。①

广兴和布铺

西外关厢的广兴和布铺，由于商品货真价实，善于经营，又热情待客，到了民国年间红火一时，成为西外关厢一带有名的店铺。布铺是张梦龄于清光绪三十年（1904）左右开办的，经营的商品有各种花素布匹、马褂子、布口套、被套等。当时所说的好货一是结实，耐穿耐用；二是颜色正，经久不褪色。而且广兴和布铺为了取信顾客，他家卖的国产土布、高阳爱国布、市布以及马褂子、布口套上的适当位置都织着"广兴和"字样，很有品牌和诚信意识。为了多拉顾客、多做买卖，广兴和用"老尺加一"做生意。当年北京量东西的尺很乱，民国政府统一尺寸，一律用新尺做生意。但老尺比新尺长，广兴和布铺卖布不仅用老尺而且还"加一"，就是顾客买十尺布，还多赠一尺。广兴和布铺从开业至1937年七七事变前夕，买卖一直很好，但从北平沦陷后，买卖就走向下坡路。到了1946年后，由于社会动荡不安，布铺于1948年倒闭。②

北隆记洋广货行

因为天津有个南隆记洋广货行，所以北京西外关厢的店铺称为北隆记洋广货行，经理是韩子章，在1916—1917年间开业，可说是西外最早售卖洋货的店铺。当时洋广货行做的都是时髦的新式买卖，有从国外运进来的搪瓷器皿、钢精用品、白玉霜香皂、白兰皂、霍为脱透明皂、香水、狮子牙粉、衬衫、毛巾、线袜；还有从上海和广州等城市购来的"狼狗牌"和"墨菊牌"线袜、三花毛巾、"双妹牌"雪花膏、花露水、汗布衬衫等商品。此外还卖美国的美孚煤油。

北隆记洋广货行刚开张时，来观看的人很多，而购买者很少。那时的北京人日常生活用品都是京城城乡手工业生产的旧式传统制品，还不习惯这些洋、新商品。只有煤油、狮子牙粉、三花毛巾、汗布衬衫等可以销售

① 梓奕荣轩编著：《老北京那些小吃》，中国铁道出版社，2015年5月，第126页。

② 王永斌著：《北京的关厢乡镇和老字号》，东方出版社，2003年12月第1版，第410页。

一些。特别是煤油卖得好，因为当时西外关厢一带用煤油灯照明的居民比较多。北隆记洋广货行出名就在煤油上，他家卖的煤油既好，价钱又便宜，所以这一带人人都知道有个卖煤油的北隆记洋广货行。1937年七七事变后，北隆记洋广货行于1940年左右歇业关闭。[①]

西外大街商业繁荣

其一，西外关厢是众多香客赶妙峰山娘娘庙庙会和长河边的万寿寺庙会的必经之路之一。妙峰山金顶娘娘庙在西直门外西北约百里，每年农历四月初一至十五开庙。此庙自清代至民国年间，香火极盛。北京城的居民，上自王公大臣、皇亲贵族、大小官员，下至平民百姓、贩夫走卒，三教九流，几乎每家每户都有人去妙峰山顶进香。万寿寺在今天的西三环紫竹桥东北方的长河北岸，紧邻三环路。据明崇祯八年（1635）刊印的《帝京景物略》记载："慈圣宣文皇太后所立万寿寺，在西直门外七里，广源闸西。"此寺是明万历五年（1577）建，当年是北京有名的大寺庙，前后七进院，从南往北依次是天王殿、大雄宝殿、万寿阁、大禅堂、三大士殿、无量寿佛殿和万佛楼。清末，慈禧太后每年夏季从西直门高梁桥乘船顺长河至颐和园避暑，往返都在万寿寺拈香祭佛。因之，万寿堂设有行宫，供慈禧休息。由此，万寿寺的身价倍增，每年农历四月初一至十五与妙峰山娘娘庙同期开庙，开庙时各地的善男信女纷纷来万寿寺拜佛。这些香客大都往来进出西直门，所以也带来了西外关厢的商业繁华。

其二，西直门一直是北京与西部郊区的纽带，特别是自京张铁路开通后，西直门火车站成为北京通达南北的重要的人流、物流如煤炭资源等大宗货物的交通运输枢纽。

其三，西直门城墙河沿、高梁桥与长河一带，当年是北京郊野园林、古迹旅游两大胜地之一，另一处相当有名的是东便门大通桥和通惠河一带，此外还有东直门外的满井也是一处绝佳风景，但都不如高梁桥最为吸引人。西外不仅有西郊动物园吸引国内外众多游客，对于少年儿童们来

---

① 王永斌著：《北京的关厢乡镇和老字号》，东方出版社，2003年12月第1版，第411页。

说，西直门外也是充满情趣的地方。高高的城墙自是攀爬、撒欢、采摘酸枣、寻摘野果和远望西山景致的好去处。还有西直门前的护城河，夏天的河里有永远也捞不完的鱼，到了冬天，河面上结了冰，孩子们就在冰上出溜打滚儿。与护城河并列着的，西直门前还有一条铁道线，就是詹天佑主持修建的那条京张铁路和京门支线。无论在城墙上，还是铁道边，那时看火车几乎就像现在看航空展览一样新鲜、刺激。沿着铁道线走一走，更是一段充满奇遇的探险旅程。北京城内的游人到高梁桥一带游玩必须出西直门，游毕在这一带进餐小酌，或休憩或购物，加上通过京张铁路来自口外的皮货等农贸货物颇为吸引游客和商贩们，自然促进和繁荣了西外关厢的工商经济，使西直门渐成 300 年来的繁华之地。

其四，西直门也是城市管理的机枢要区。据资料记载，1931 年 8 月，北平市第十三自治区正式成立，区公所设于天然博物院（今动物园）鬯春堂，今展览路地区属第十三自治区辖地。据 1932 年朱清华编《北平市自治区坊所属街巷村里名称录》记载，第十三自治区下辖二十四坊，今展览路地区有第一坊大部，第二坊和第三坊全部，第四坊和第五坊一部分。

第二坊，坊公所设于西直门外高梁桥闸东，面积约合 0.8 平方公里，辖阜外北礼士路冰窖口、福禄居（1965 年并入北礼士路）、南关头条（1965 年改称北礼士东头条，1983—1990 年撤销此地名）、南关二条（1965 年改称北礼士东二条，1983—1990 年撤销此地名）、南关三条（1965 年改称北礼士东三条，1983—1990 年撤销此地名）、北河沿（位于西直门瓮城南，护城河西侧）、北城根（位于西直门瓮城南一小段，护城河东侧）、鸡爪胡同（1965 年改称北礼士西五条，1983—1990 年撤销此地名）。

第三坊，坊公所设于西直门外高梁桥闸东，与第二坊合署办公，面积约合 1.8 平方公里，辖西直门外北关（1965 年并入今高梁桥路）、月墙（位于西直门瓮城外西南，1966—1982 年撤销此地名）、博物院路、东关、取灯胡同、花园前村（1965 年并入西直门外大街）、澡堂子胡同（1965 年改称高梁桥东巷）、新官房（1965 年改称新官房胡同）、老官房（1965 年改称老官房胡同）、平绥车站（今西直门火车站）、南城根（位于西直门瓮城南，护城河东侧）、北城根（位于西直门瓮城北，护城河西侧）、上二条（1965年改称北礼士西三条）、四眼井（1965年改称北礼士西二条）、八道湾（1965年改称北礼士西头条）、老虎洞（1965年改称桃柳园东巷）、桃柳园（1965年改称桃柳园胡同）、柴货市（1965年改称桃柳园西巷）、南关、堂子胡同（1965年并入北礼士路）、竹竿井（1965年并入铁路巷）、郝家湾、榆树馆（1965年改称榆树馆胡同）、朝阳庵、黄土坑（东部1981年改称榆树馆东里，西部1987年改称榆树馆西里）。

由此，可以看出西外关厢的街巷胡同的名称及其历史变迁。

1949年后，西外大街南侧曾有著名的西郊商场（北京展览馆广场西南），两侧还出现过许多便民商店令人记忆深刻，如西外五金商店、西外邮局等。改革开放后更是有传扬全国的"动批"，即动物园服装批发市场等大型集贸市场，国营、个体摊商有700多个，给人留下深刻印象。

更加突出的是西外大街作为北京西北地区最为重要的交通要冲，其历史地位一直没有动摇过，而且还在日益增强。1982年，西外大街展宽为一幅式宽18—23米的道路；2000年以来，再次改建成现状三幅式主、辅路形式道路，主路双向6车道，辅路宽10—15米。道路两侧除了传统的建筑外，新建有动物园公交枢纽、展览馆宾馆、德宝饭店、华堂商厦等。道路全长1850米，车行道宽20米，沥青路面。门牌北侧3—57号，135—141号；南侧2—142号。西城区"九五"期间，积极规划改造西直门外大街，到2000年，西直门外商业街区基本形成规模，2001年8月20日，新改建的西直门外大街竣工通车。

2. 西直门立交桥

说到西直门，当然必须说说名扬中外的西直门立交桥了。

当初修建地铁2号线后，在填筑的地面上修建了二环路。路面都是分成块的水泥混凝土板，路面厚度约有40厘米，下距地铁顶板最小的地方仅有一米。西直门、车公庄等二环路上的路口都是平面交叉口。随着交通量的增长，以立交桥解决交通冲突，保证环路车速成为首选方案。于是，北京也是全国第一座城市立交桥，于1974年10月出现在复兴门，这就是复兴门立交桥。之后，二环路依次建成了阜成门、建国门、东直门、东四十条、德胜门、安定门立交桥。到了 1980 年 12 月 22 日，西直门立交桥建成通车，当时可是全国最高最大的城市立交桥。说起在人们心目中的西直门交通枢纽，以前是西直门火车站，如今则是以城门著名的西直门桥名扬天下。

第一代西直门立交桥是连接西直门内外大街、西直门南北大街的跨路立交桥，是我国第一座机动车和非机动车快慢车分行的三层环形完全互通式立交桥。下层为二环路南北直行，中层为非机动车环行道，上层为机动车环行道，上下层由机动车匝道相联系。地下还有双层地铁线路立体交叉，并设有西直门地铁站，地下市政管线更是纵横交错。记得桥梁下部是薄壁柔性墩，显得轻盈高挑，不仅节省了桥下空间，使交通流线直接顺畅，还大大降低了成本，这是全国第一座应用高柔性墩的城市桥梁。

西直门立交桥是在原西直门城址位置，于 1980 年建成通车，是连接西直门内外大街、西直门南北大街和北京西北二环路的跨路立交桥。立交桥形式为三层环形立交，包括 4 座匝道桥、2 座慢车桥、1 座高架转盘桥、1 座支线桥和 3.5 万平方米路面，东西长 540 米，南北长 450 米，占地 4.5 公顷，是当时北京占地面积最大的立交桥。桥梁全高 32 米，也是当年北京全城最高的桥梁。桥梁地下还有双层地铁交叉，即现在的地铁 2 号线和 4 号线，设有地铁西直门换乘站。立交桥下层为二环路南北向直行快车道，中层为椭圆形环岛式慢车道，供自行车与行人通行，与二环路南北辅路和西直门内外大街东西向辅路相连。上层为连接西直门内大街和西直门外大街的环岛式机动车车道，环形转盘外径东西长 140 米，南北长 95 米，比工人体育场的足球场面积还要大。该桥设计机动车每小时最大通行量为 6000 辆，非机动车最大通行量为 20000 辆，桥梁承重为 30 吨载重汽车和 100 吨载重平板拖车。

按当时北京市保有机动车 40 万辆预测的车流量和立交桥通行能力预计，设计小时交通量为 6000 辆，这座桥应该可以满足 2020 年以前的需要。可是时过境迁，到了 20 世纪 90 年代中期，北京的车辆猛增到 130 万辆，城区交通量出乎意料地迅猛增长，北京进入历史上第二次交通拥堵的时期。此时的西直门立交桥已经不堪交通重负，在建成不到20年就已经成为著名的交通瓶颈和北京二环路上的最大堵点，严重限制了二环快速路作用的发挥。当初为了交通联系，专门在二层转盘的西北角位置设置了通向未来新建西直门火车站的匝道。后来新型火车站一直未建起来，这个匝道也就一直废弃了，也幸好没有建起来，否则肯定是一个更加大的堵点。

环形平面交叉和环形立交桥在北京曾经大力推广，但这种交通组织形式实际上不适合大流量的交叉路口，特别容易导致自锁堵塞。可是，那时人们把环岛称为"明珠"，将其作为美化城市的点缀，却造成了人为的拥堵。比如西直门立交、车公庄环岛、西便门环岛、二里沟环岛等等，至今二环路上的德胜门、安定门、十条、朝阳门等环形立交无不堵塞，尤其高峰时间甚至"自锁"，导致连接道路的延续排队，一堵一大片。第一座西直门立交桥经过多年使用，桥梁主体结构虽然完整，但边缘部分、匝道接缝等薄弱部位，风雨剥蚀非常严重，特别在酸雨作用下，加剧了混凝土碳化反应和碱骨料反应，使得混凝土表面呈现出酥粉状态，严重的已经透露和腐蚀到钢筋。

为缓解北京城西北角西直门地区的交通拥堵状况，并同时消除旧桥结构危险，作为北京市二环、三环改建工程的一个组成部分，从1994年开始，市政府决定对西直门立交桥实施全面改造工程，北京市市政工程设计研究院做出了新一代立交桥的设计。在北京市区路网规划中，西直门桥被定性为是连接城市快速路（二环路）与两条城市主干路（西直门内外大街、学院路）的交通枢纽。在西直门立交桥范围内，还有地铁环线换乘站、北京铁路客运北站及当时即将兴建的北京轻轨客运西直门站。因此，西直门立交桥既是道路交叉点又是客流集散地，其作用和地位日益突出。新的设计将保证二环路的通行能力从9000辆每小时，提高到12000辆每小时。

1999年1月25日，全面启动西直门立交桥改扩建工程。1999年3月11日，这座立交桥被采用非爆破方式拆除。仅仅过了6个月，当年9月17日，历时194天，投资2亿元的崭新的第二代西直门立交桥拔地而起，设计更加现代，造型更优美。新的西直门立交桥为苜蓿叶加定向匝道式三层立交桥，分别由主桥，辅桥，1号、2号、3号匝道桥和高梁桥跨线桥共7座桥梁组成，桥梁总面积13327平方米。二环路直线下穿，西外西内大街上跨，各路左右转向为定向式匝道。新旧立交桥的中心区域基本重合，即新立交桥的桥梁结构大部分建于原立交的基础之上。在桥区范围内，地铁隧道分两个方向穿越。新建西直门立交桥基础以桩基为主，在地铁结构上面采用扩大基础。同时，将二环路机动车道拓宽为双向十车道，完成立交桥区的综合地下管线等多项改建内容，施工期间维系二环路主路交通运行不断，西直门内外大街公交桥车辆保持直行畅通。

作为西直门立交桥桥群的组成部分，西直门桥的北侧桥梁较为复杂。1980年建成的西直门北立交桥位于二环路西北角，上跨学院路，由内、外环主路桥和外环辅路桥3座桥梁组成，是城市西北部的主要交通节点，当时并没有随同西直门桥一同改造。到了2001年前后，该桥出现严重问题，而且桥下净空也显得不足，出现了违规车辆严重擦撞情况，由市政工程管理处采取了加固支护措施。立交桥下的桥洞只能留出3米左右的通道，供行人和非机动车通行。路政部门和桥梁养护单位在加强日常监护的同时，又先后两次组织交通部公路科学研究院、市政设计研究总院对该桥进行了检测，评定该桥梁为E级，处于危险状态。为确保市民出行安全，北京市政府决定对该桥进行维修改造。2006年限于交通条件和施工场地狭小的情况，采取了加固桥台、整梁置换大修工程。为了节省时间和减少交通干扰，采取"现场预制新梁，顶推平移就位"的施工方案。整个工程最关键、难度最大的是新桥梁的整体平移。平移工程是在当年9月9日零时开始的，在之后的8个小时内，重达600吨的梁体以每5分钟移动40厘米的速度，平稳接近立交桥桥台，移动距离总共28米。最终，新桥梁一次性完成"落梁"，稳稳地落在新铺设桥台上的橡胶桥梁支座上。新梁更换取得成功。11日早6时，西直门北立交大修工程顺利完工并按时通车。

西直门立交桥西侧连接了西外大街上跨北礼士路的分离式简单立交（高梁桥），东侧下桥处为西内大街平交路口，南侧接分离式车公庄立交（官园桥）。因为桥区周边受到既有建筑的影响、用地限制和交通管控需要，特别是要避免大流量车流向二环主路快速汇集，学院路主路的车道进入立交桥时有所压缩，立交桥自西向南的直接右转匝道后来干脆控制通行，避免车流量对二环主路的过度冲击，导致交通运行的复杂和局部拥堵。这些不得已的交通管控调剂措施，自然对由西向南转向车辆和其他某些方向的车辆转向造成困难，由此引发了各种意见和不满，造成很大的社会影响，甚而使得西直门立交桥名声波及国际，成为中国最有世界影响力的城市立交桥。西直门立交桥的困境在总体上既有设计问题，根本上还是因为环境条件与交通管控的限制，它的改善只能期待在西直门大区域交通治理方面和周边路网的优化调整上做文章。

自西直门立交桥改造和西外大街道路改扩建工程相继完成后，西外大街已经成为一条城市快速路，东起西直门，西至西三环紫竹桥，全长4公里。西外大街及其延长线为连接西五环、西四环、西三环、西二环的重要联络线，成为北京市西北地区的一条快速交通走廊。西外大街道路改扩建工程于2003年分别荣获北京市优秀设计奖二等奖和建设部优秀设计奖三等奖。但是，西外大街存在着一个重大的缺陷，那就是当初设计取消了北侧和转向匝道上的非机动车道，造成后来机非混行的交通矛盾。

3. 西直门和动物园公交枢纽

西直门公交枢纽原先都集中在西直门，后来将公共电汽车转移到了当时称为西郊商场和动物园之间，现在称为动物园公交枢纽。

早在1957年2月26日，北京市第一辆无轨电车行驶在北京街头。第一条无轨电车线路（阜成门—北池子）通车。8月13日延长该线路，改由动物园经阜成门至朝阳门，即1路无轨电车。1959年3月10日，市政府开通了西直门经宣武门到前门的5路无轨电车，全程7.77公里。1959年11月11日延长到天桥，1967年5月22日改为经宣武门、菜市口、珠市口到天桥，1969年延长到白石桥始发，1976年5月1日改为105路，全长为12.68公里。20世纪五六十年代，5路无轨电车的车站在西直门瓮城东，在瓮城里停车掉头。19路汽车总站在城门外瓮城南墙下面，瓮城里面靠近北城墙下有一块空地，那里是去颐和园的32路（今332路）车站，空地北面不远处就是城墙拐弯，60年代32路使用捷克斯洛伐克进口克拉莎大客车，后面还挂一个拖车。

如今，位于西外大街东端的西直门立交桥目前还是北京机动化交通负荷最大的交通枢纽，北京北站及西直门地铁枢纽相互有机结合，成为日益庞大的多条线路、多种交通方式的换乘枢纽。大街西端为白石桥立交桥和三环路的紫竹院立交桥，成为城市主干交通和快速交通的转换枢纽。而大街中段不仅有北展立交桥、展西路高架桥、多座过街天桥及地下过街通道，还有众多的大型停车场、多条出租旅游车首发线形成的立体化交通系统。

北京最大的公共交通枢纽——动物园公交枢纽，位于西外大街南侧，北京动物园南门对面，随着天文馆、北京展览馆和西郊商场的建成，于20世纪50年代末形成几路公交的动物园总站。动物园新公交枢纽于2001年12月开工建设，2004年7月完工投入使用，是北京市第一个投入运营的现代化智能交通枢纽站，共有20余条公交线路以此站为起始站和终点站，7路、15路、19路、27路、45路、332路、334路、347路、360路公共汽车及102路、103路、107路、111路无轨电车均由此始发；此外，北京地铁4号线动物园站也设在此地，形成了地铁与公交的近距离衔接。

从目前西直门地区的交通枢纽的情况来看，已经非常完备：北京地铁2号线、4号线、13号线三条地铁可以无缝换乘（从高架到地下），西直门交通枢纽本身与附近商场直接相连，步行系统完备。正在实施的西直门交通枢纽工程，包括未来的高铁北京北站，城市轻轨铁路西直门站，一座新型的公交首末车站（14条线路），一座新概念的地铁车站（2号环线地铁、地铁4号线西直门站及13号轨道线）。除了东、西、中三区，还有另外一个重要组成部分，那就是多道高架桥。这些高架桥建设完成后，从交通枢纽出来的车辆不必经过交通繁忙的西直门地区，可以直接驶上高架桥，北可到学院路，南可往西二环，西可通西外大街，东可达北二环。这将是一个集轻轨与高架双重的交通集散工程，它将与同期施工的西外大街改造工程一道，彻底冲开西直门这个让许多人恨也不是爱也不是的交通要塞，进而真正成为连接三大商圈的高效交通枢纽。

4. 德宝地区和德宝新园

德宝地区又名德宝新园，位于西外大街东段北侧，其临街地段早期属于西外关厢。

德宝胡同，南北走向，北起新兴西巷，南至西直门外大街，全长 230 米，均宽 4 米，沥青路面。门牌东侧 1—21 号，南侧 6—18 号。南侧西直门外大街公交车站有 7 路、27 路公共汽车与 105 路、107 路、111 路无轨电车。该地区原有房屋均为民用平房，大部分房屋都是民国初年修建西直门火车站后建起的，1911 年后始称德宝胡同，后沿用。1949 年后 40 多年，房屋年久失修，但居住人口激增，成为亟待改造的平房区。其中一部分房屋是 1955 年北京市建筑单位在这里建设的职工宿舍区。

小园胡同，南北走向，南起西直门外大街，北至新兴西巷，全长 166 米，均宽 2 米。原称小菜园子，因有菜园而得名。1953 年开始在这里建平房，形成胡同，称小菜园。1965 年定今称。1990 年开始拆除平房，胡同并入德宝小区，胡同内有铁道部勘测设计院建设的"小园宾馆"。

新兴东巷，东西走向，东起大钱市胡同，西至新兴中巷，全长 190 米，均宽 10 米。原为旷地，1955 年建平房，形成通道，东西向一段初名新兴里，1965 年定今称。1990 年开始拆除平房，胡同并入德宝小区。

新兴中巷，南北走向，南起西直门外大街，北至新兴东巷，全长 110 米，均宽 5 米。原名糖房胡同，20 世纪 50 年代改称新兴里。1965 年定今称。1990 年开始拆除平房，胡同并入德宝小区。

新兴西巷，东西走向，东起新兴东巷，西至北京展览馆，全长 190 米，均宽 10 米。原为旷地，1955 年建平房，后逐渐形成两条胡同，初名新兴里一巷、二巷，1965 年定今称。1990 年开始拆除平房，胡同并入德宝小区，在北端还剩余部分平房。街道两旁有多家便民店铺，最为可贵的是这里保留有 4 排原始的老院子，为原始的房管局建设直管公房，每院 7 户，保存较为完好。

1989 年，德宝地区被列入北京市第一批 34 片危房改造小区，也是北京市第一片危房改造示范区。1990 年开始建设，拆除了德宝胡同、小园胡同、新兴中巷、新兴西巷。建筑面积近 10 万平方米，其中住宅面积约

6.11 万平方米，内有小学、幼儿园、邮局等教育服务实施。1991 年，分别取其原 4 条胡同首字或第二字，命名为德宝新园。1994 年全部完成。总建筑面积近 24 万平方米，由 12 栋坡面多层楼住宅围合组成，其建筑规划方案获得北京市优秀设计奖，建筑设计单位是北京市规划建筑设计院，开发建设单位是北京市西城区城市建设综合开发公司。原住地居民全部回迁入住，为首都房屋改革探索出一条新路。

德宝新园自 1992 年开始投入使用以来，至今已经过去了 26 年，当时的建筑已经略显落后。据本书采访对象—杜姓老奶奶讲述，自 1952 年搬到德宝胡同，在这里结婚成家，今年（2018）已经 82 岁高龄。当初住在德宝胡同的时候，房子是房管局分的，两个大院住 7 家人，每天吃饭都在一起，每个大院的人们都十分熟悉，大家走街串巷，生活简单但不乏味。胡同旁边就是庄稼地，东边还有一个池塘，西边的荒地后来盖起了苏联展览馆。如今住进新房已经 26 年了，但老人对现在的生活有些不满意，主要是生活中的衣食住行方面，新小区附近没有了菜市场，以前过马路就有商铺，买些吃的用的很方便，现在买点什么东西都不方便了，老人也不会使用手机，不会网购，很难像年轻人一样购物。以前大家还去路南的华堂商场逛逛，如今也被关停了，生活很不方便。这个小区是 6 层的老房子，如今很多人都到了古稀之年，因为没有电梯，上下楼非常困难。老人说，生活中感觉孤独，以前住胡同，大家一起出来唠唠家常，喝喝茶，朋友很多；搬到小区里，大家便很少出门了，出门也是高楼大厦，少了些方便的去处，也没有地方待着，感觉和大家疏远了，少了些人情味。现在也有一些好的措施，比如附近公园还不错，每天早上能去遛弯、打打太极活动活动，说着老人还拿出了自己的功夫扇和宝剑向我们展示。

第三节　水路——西直水门和高梁桥

1. 高梁河

西直门外地区早自元代，就是风景绝佳的旅游胜地，尤其是城外靠北边的高粱河（又称长河、南长河）和北岸傍河而行的道路，早成为从西山一带至北京城往来必经的一条水陆大道，成为以柳林、佛寺为特色的京师最佳胜地和通往西山皇室行宫、皇家园林唯一的御用之路。据史书载，元代的英宗、文宗等皇帝到玉泉山游览时就是沿这

1920年，长河旧貌，图片引自《旧都文物略》和《北京旧影》。

条水路乘龙舟而行，《元史》载文宗皇帝出游"泛舟于西山高粱河，调卫士三百挽舟"。

《宸垣识略》记载："高粱河在西直门外半里，为玉河下游，玉泉山诸水注焉。高粱，其旧名也。自高粱桥以上，谓之长河。"高粱河之名源于三国时期的魏国，正名"高粱水、高粱之水"，曾经为古永定河故道。可以说展览路地区范围内最早的地理名称就是"高粱水"，这是条拥有近2000年历史的古河流，据成书于1500多年前的郦道元的《水经注》所载，高粱水"出蓟城西北平地，泉流东注。经燕王陵北，又东经蓟城北，又东南流"。《魏土地记》曰："蓟东一十里，有高粱之水者也。其水又东南入㶟水。"又据文献记载，高粱水出自西直门外紫竹院。高粱河是历代京城重要引水渠道，辽代称高粱河，金代称皇河。自金代1205年向北开河，元代郭守敬扩建引水通漕，始将昌平白浮泉及西山诸泉水，经现在的白石桥到高粱桥，再分流从西直门水关和德胜门水

1936年，西直门雪景，在高粱桥附近拍摄，引自霍达·莫理循《洋镜头里的老北京》。

59

关进城，极大地扩展了北京城的水源。

《元史》卷六十四《河渠志》："通惠河，其源出于白浮、瓮山诸泉水也。世祖至元二十八年，都水监郭守敬奉诏兴举水利，因建言'疏凿通州至都河，改引浑水溉田，于旧闸河踪迹导清水，上自昌平县白浮村，引神山泉西折南转，过双塔、榆河、一亩、玉泉诸水，至西门（即和义门）入都城，南汇为积水潭。东南出文明门，东至通州高丽庄入白河。……节水以通漕运，诚为便益'。从之。首事于至元二十九年（1292）之春，告成于三十年（1293）之秋，赐名曰通惠。……其坝闸之名曰：广源闸（号称京杭运河第一闸）；西城闸二：上闸（即高粱桥闸）在和义门外西北一里，下闸在和义水门（西直门南水关）西三步；海子牐在都城内。"①

自元及明、清，长河两岸，古刹林立，稻田荷池甚多，离京城如此之近的地方颇具乡村野味，风景得天独厚。由此逐渐兴起了大护国仁王寺、极乐寺、镇国寺、大佛寺、娘娘庙、万寿寺、紫竹院、乐善园以及万福马庄等寺庙庄园。尤以明清两代高粱河河水清漦，夹岸密植杨柳，远望西山如黛，风光秀美，予人超然世外之感，为老北京人春游踏青的胜地。当时都城中王公大臣、文人骚客，乃至平民百姓，每至春夏或中秋时节，两岸绿荫之下和桥头酒肆茶馆之中，游客盈门，为京师郊外一大胜景。明代刘侗在《帝京景物略》记云："岁清明，桃柳当候，岸草遍矣，都人踏青高粱桥。"高粱桥北佛寺密布，长河"岸北佛庐道院甚众，朱门绀殿，亘数十里"，其中著名的就有极乐寺每年农历四月初八的浴佛会，人们争"游高粱桥"，"旗帜蔽空，铙吹震野，百戏毕集，游人肩摩毂击，延续十日才止"。也有春秋天碰到烟霾沙尘之令人不愉快的时候，见下两篇明代的著名游记。

游高粱桥记

袁宏道

　　高粱桥在西直门外，京师最胜地也。两水夹堤，垂杨十余

---

① 朱偰：《中国运河史料选辑》，中华书局，1962 年 7 月第 1 版，第 56 页。

里，流急而清，鱼之沉水底者，鳞鬣皆见。精蓝棋置，丹楼珠塔，窈窕绿树中。而西山之在几席者，朝夕设色以娱游人。当春盛时，城中士女云集，缙绅士大夫非甚不暇，未有不一至其地者也。

三月一日，偕王生章甫、僧寂子出游。时柳梢新翠，山色微岚，水与堤平，丝管夹岸。跌坐古根上，茗饮以为酒，浪纹树影以为侑，鱼鸟之飞沉，人物之往来以为戏具。堤上游人，见三人枯坐树下若痴禅者，皆相视以为笑，而余等亦窃谓彼筵中人喧嚣怒诟，山情水意，了不相属，于乐何有也？少顷，遇同年黄昭质拜客出，呼而下，与之语，步至极乐寺，观梅花而返。

游高梁桥记
袁中道

高梁旧有清水一带，柳色数十里，风日稍和，中郎拉予与王子往游。时街民皆穿沟渠淤泥，委积道上，羸马不能行，步至门外。于是三月中矣，杨柳尚未抽条，冰微泮，临水坐枯柳下小饮。谈锋甫畅，而飙风自北来，尘埃蔽天，对面不见人，中目塞口，嚼之有声。冻枝落，古木号，乱石击。寒气凛冽，相与御貂帽、着重裘以敌之，而犹不能堪，乃急归。已黄昏，狼狈沟渠间，百苦乃得至邸，坐至丙夜，口中含沙尚砾砾。

噫！江南二三月，草色青青，杂花烂城野，风和日丽，上春已可郊游，何京师之苦至此。苟非大不得已，而仆仆于是，吾见其舛也。且夫贵人所以不得已而居是者，为官职也。游客山人所以不得已而至是者，为衣食也。今吾无官职，屡求而不获，其效亦可睹矣。而家有产业可以糊口，舍水石花鸟之乐，而奔走烟霾沙尘之乡，予以问予，予不能解矣。然则是游也宜书，书之所以志予之嗜进而无耻，颠倒而无计算也。

正如该书著者所议，北京的风景名胜极多，除了紫禁城等大规模的古建园林外，还有不少分散各处的小风景。但是所有风景名胜，都属于一个大的自然环境区域。在大区域的自然生态持续恶化的情况下，相对显得小些的风景名胜地即使确实还有其优美一面，那优美也是脆弱的。袁小修（袁中道）笔下的高粱桥风景带就被昏天黑地的风沙给杀掉了。其实，他家里花园的那些个水石花鸟，也同样会被搅天的风沙弄得失去清爽润泽。

高粱桥游记作者袁宏道、袁中道和袁宗道为三兄弟，湖北公安（今属湖北省）人。三人并有文名，时称"三袁"，同为明代公安派文学家。袁宗道为大哥，去世后，袁中道曾游西直门外并有诗纪念："依然垂柳覆长堤，落日沉沉万树西。唯有水声浑不似，当初如笑近如啼。"似为高粱河边，景致虽在，已不复从前。袁中道所记沙尘暴，也可视为北京历史上最早的沙尘暴记载吧。

清代时，高粱河全长9公里，颐和园绣漪桥闸口为其上游起点，玉泉山诸水由此注入。在西直门外半里为下游，至高粱桥为终点。由绣漪桥至高粱桥这段河道长5.8公里，又称为南长河，简称长河，又名玉河、御河。长河原是封建皇族去京西名胜避暑旅游的水路通道，明清年间就有"天坛看松、长河看柳"的文化景观之说。尤其是动物园北至万寿寺长河一线，全长不到3公里，两岸却集中了大量名胜古迹，如高粱桥、万牲园（动物园）、豳风堂、畅观楼、五塔寺、白石桥、紫竹院、广源闸、延庆寺、万寿寺等等。大量的文化遗迹由一条优美的绿色水道串联成了北京最典型的文化风景长廊，有人称之为北京的"清明上河图"，可以说是世界上少有的城市古运河历史画卷。

长河流的是澄澈的玉泉水，洁净无尘，清澈见底，被人称为清水河。自从金代开通以后，元代时在其下游建成了大都城，自此长河就成为京城主要的，有时是唯一的供水渠道。偌大一座北京城，全城的建设、生产和生活用水，除井水补给外，全靠长河水来供应满足。连通惠河至通州运河的漕运用水，也需要长河水来补给。可以说长河是北京城的生命之河。只可惜，明朝后期，长河河道年久失修，河床淤塞，流水受阻，长河的供水、交通和游览诸功能都大为削弱了。

整治西郊河湖水道的大规模水利修建工程，是在扩建圆明园以后的乾

图为藏于故宫博物院的四卷纪实性画卷《崇庆皇太后万寿图》第二卷"川至迎长"。图中间的桥梁为高梁桥，桥头南北各有一座牌坊："南之南面曰长源，北面曰永泽；北之北面曰资安，南面曰广润。"高梁桥北路西为倚虹堂，是为庆祝皇太后万寿特别新建的处所，油饰一新的卷棚灰瓦殿宇，院门三楹，坐西朝东，门两侧连有八字影壁，院子只有一进，却有南北两个跨院。特别在倚虹堂门前停放有皇太后之轿，称万寿金辇堂，应该是正等待长河冰床里的皇太后到此换乘，改由陆路进西直门回宫。

隆十四年（1749）开始进行的。为了畅通高梁桥到颐和园的水上御路，也为解决西郊园林和稻田用水问题，乾隆皇帝在西郊兴起了扩展昆明湖、开挖高水湖和养水湖、修筑香山引水石渠、开辟南北泄洪旱河、疏浚长河和万泉河等庞大的水利工程。为此，乾隆十六年

1900 年，北京长河上的慈禧御船。［日］山本赞七郎

（1751），专门设立"长河工程处"，全面规划并完成清挖河床、局部拓展河道和整修泊岸等几项治河工程。同时，根据水上游览航道的需要，修建了倚虹堂、乐善园、正觉寺、紫竹院、万寿寺、麦庄桥等处的码头，重新整修了广源闸、白石闸、高梁闸等几座河闸以及绣漪桥、长春桥、麦庄桥、白石桥、高梁桥等桥梁。后来又整修了沿岸园林和寺庙建筑。

这样，东起高梁桥和倚虹堂，西至清漪园以至静明园的长达 12 公里的皇家专用水上游览线，就在乾隆十六年正式开通了。长河成为一条事实上

的帝王河。长河既是水上御道，沿线必须设置安全保卫设施，为此修建了一连串的"堆拨房"（相当于现在的警务室），派兵看守巡逻。据样式雷史料《西直门外倚虹堂迤西添建堆拨房单子》记载："倚虹堂迤西至紫竹院等处添建看道堆拨八座。"其中"西直门外倚虹堂后身顺土堤往西至万寿寺东，添建看道堆拨五座"，第一座建房三间，其余四座均为两间。另外，"外火器营东门外大堤东添盖堆拨一座两间，迤北一座两间。紫竹院前河道东头闸口南岸添建堆拨一座两间"。这样，沿长河两岸每隔一里多地即有一座驻有旗兵的堆拨，可保安全无虞了。

这一带的地方治安保卫工作，由步军统领衙门巡捕中营管辖的乐善园汛负责。清代兵制，驻防巡逻的地面为汛地，汛与讯通用，即讯问往来行人的处所，或即"哨卡"之意。光绪《顺天府志》载：乐善园汛守备驻在西直门外的西关，有千总2名，把总4名，外委6名，额外外委3名，汛兵共580名，"专管西直门外及长河一带，至万寿街等处"。另外，每遇皇帝乘船前去清漪园，还要从圆明园护军营中抽调392名八旗官兵，到绣漪桥和长春桥之间长河两岸"接送圣驾站道"，确保皇帝的龙舟安全地驶进昆明湖。

有清一代，皇帝后妃都是从此沿高粱河乘轿车或乘船去三山五园的，历史上对此现象有"赛游西山"之称。乾隆帝为了给生母孝圣太后六十大寿一个惊喜，甚至于1751年特在高粱桥旁建了个金碧辉煌、宫门五楹的倚虹堂。这年冬天，乾隆扶持太后乘轿到倚虹堂，在此歇脚进膳，然后换乘冰车（暖水床）在高粱河上一路滑行北上，到畅春园参加祝寿活动，太后一路上观景又没受风寒，心情极为欢愉。至慈禧时每年去她的"夏宫"颐和园歇伏，也是先乘銮舆轿车出西直门走御路，或是乘御船直达颐和园。当时有两艘皇家御船，分别名叫"捧日"和"翔云"，它们每每载着慈禧游弋在去颐和园的长河之上。

2. 高粱桥

高粱桥横跨高粱河，故名之为高粱桥，始建于元至正二十九年（1292），在和义门（今西直门）外半里，为白石筑建。桥西有船坞倚虹堂，岸北有雨花轩茶馆，岸南为长河楼，民国时尚存。当时雨花轩并设游船，船西行至白石桥5里许，收费16枚铜板。现在桥上有两座相关石碑。一座是海淀区文物保护碑。一座石碑的正面镌刻"高粱桥"三字，背面文字是："高粱桥原叫高亮桥，传说高亮赶水曾到此，因此而得名。高粱桥是明清时期城内去西郊的必经之路，是城内与农村的分水岭，过了桥便是一片田间村舍。"其中"粱"有误，应为"梁"。

高粱桥又称高亮桥、高良桥。之所以称高亮桥，源于流传在老北京城的一个"高亮赶水"的故事。相传明朝燕王朱棣在北京称帝后，命刘伯温建北京城，时有龙公作怪，要把四九城里的水都收回去，让人们渴死。一天，龙公全家装成卖菜的商贩混进四九城，龙公令龙子把所有的甜水吸干，令龙女把苦水也吸干，分别装进两个水篓里放在独轮车上，由龙公龙婆推着出了西直门。刘伯温知道后非常着急，说城里没水哪行呀。正当大家万分焦急时，人群中站出一位年轻工匠叫高亮，他说："我能把水追回来！"刘伯温告诉他，龙王推的两个水囊，左边是甜水，右边是苦水，要先刺破装甜水的水囊，刺破后赶紧往回跑，千万不要回头。高亮拿着红缨枪，径直向西直门外跑去，一直跑到玉泉山下，果然见到一个老头推着车子在前面走，车前有个老婆儿拉着纤绳。他认准那就是龙公龙婆，于是紧跑一阵，用枪奋力一击，可惜急中出错，扎在了右边装苦水的水篓上，只见苦水哗哗地向高亮冲过来。而甜水篓瞬间变成一个腆着大肚子的龙子，刺溜一下钻进了玉泉山。高亮沿原路拼命往回跑，大水就在后面追着。等高亮抬头看见西直门顿时觉得放心，忘记刘伯温的嘱咐，想看看水到哪了，刚回头一看，就一下子被大水吞没卷走了。由此北京城内又有了地下水，但成了苦水，只有玉泉山才有甜水。后来人们为纪念高亮，才将此河命名为高亮河，在他被冲走的地方建了一座桥，起名就叫高亮桥，后来演变成了高梁桥。这只是个民间传说，但它真实反映了北京西水东流、常受洪水威胁和城里井水多苦的事实。

实际上高粱桥是元代忽必烈时期在高粱河上架起的一座石桥。这座桥为三孔连拱桥，桥身石材为花岗岩石，桥下有闸名高粱闸，元代时曾称会川闸。这个高粱桥至今已有700多年历史了，元代时高粱桥的南北两端还各建有一座石牌坊呢。南牌坊的南额题为"长源"，北额为"永泽"，北牌坊的北额题为"姿安"，南额为"广润"。

高梁河作为地名记录，是在宋辽时期。宋太宗赵光义于北宋太平兴国四年（979）五月平北汉后，未经休整即转兵攻辽，企图一举夺占幽州（今北京，唐宋称幽州，辽称南京）。当时幽州被辽占据，面对宋军曾打算放弃幽州。六月十三日，宋太宗率军数十万兼程北上。二十三日，宋军兵临幽州城下，辽将韩德让率兵八万坚守。二十五日，宋军四面攻城未克。二十六日，宋太宗转打援兵耶律斜轸军，将其击退。三十日，宋军再攻城仍未克，士气锐减。同日，辽景宗耶律贤急令耶律沙军前救，并发耶律休哥率精骑增援。七月初六，耶律沙部与宋军战于高梁河畔，败退，宋军乘胜尾追。时近黄昏，耶律休哥率大军驰至，宋军无备，停止追击，于高梁河畔列阵。未几，耶律休哥部在耶律斜轸部配合下，左右夹攻，耶律学古部亦出城参战，使宋军三面受敌，全线溃败，死者万余人。宋太宗中箭，险些被捉，乘驴车南逃。辽军追至涿州而止，缴获兵器、粮秣不可胜计。

高梁河之战以北宋惨败收场，对古代北京却产生了深远的历史影响。此后，中原王朝再也无力收复幽燕地区，北京长期由辽、金、元等北方少数民族政权管辖，直到1368年明将徐达攻占元大都，时隔389年，汉族政权才再次统治北京。

高梁桥南是北下关，到1949年前后还是一条不宽的南北小马路，铺着长长的条石，两边有很窄的排水沟。过桥往北顶头是座娘娘庙，折向西行通往海淀。万历二十一年（1593）刊印的《宛署杂记》中，曾对西直门外高梁桥娘娘庙有所记述："高梁桥在县西五里，有娘娘庙。塑像如妇人育婴之状，备极诸态……俗传四月八日，娘娘神降生，妇人难子者宜以是日乞灵，滥筋遂至倾城妇女，无长少竞往游之。各携酒果音乐，杂坐河之两岸，或解裙系柳为围，妆点红绿，千态万状，至暮乃罢。"文中说县西五里，是指高梁桥距离明代的宛平县衙所在地即今地安门西大街东官房距离五里。

高梁桥一带风景优美、河柳成行、树绿水碧，吸引众多城里人踏青郊游，时人称之为"西直折柳"。在北京地方，自清明至端午节时举行踏青

66

活动。明人刘侗《帝京景物略》记载清明时节北京人踏青说:"三月清明日,男女扫墓,……是日簪柳,游高梁桥,曰踏青。"明代沈榜《宛署杂记》中有详细的记载:"端午日,士人相约携酒果游赏天坛松林、高梁桥柳林、德胜门内水关、安定门外满井,名踏青。"古代踏青时,还进行野炊、野餐、拔河、蹴鞠、采百草、扑蝴蝶、放风筝、荡秋千等活动。高梁桥西侧旧有高梁闸,桥的东南和西南角各有一座木结构的两层茶楼,在楼上即可远眺西山景色,近可俯览长河清溪流水。据《天咫偶闻》记载:"西直门而西北,有如山阴道上,应接不暇。去城最近者,为高梁桥。明代最盛,清明踏青多在此地。今(清代晚期)则建倚虹堂船坞,御驾幸园,于此登舟。沿河高楼多茶肆,夏日游人多有至者,而无踏青之俗矣。"

明代沈榜编著的《宛署杂记》记有何宇度《高梁桥秋望》一诗:"一出郊关外,河山四望新。平堤欢驻马,秋水羡垂纶。桥以沙为岸,村依寺作邻。绿杨千万树,仿佛故园春。"秋日的长河和高梁桥也是别有情调的。除了因节即景、逢令当季的活动外,还有人建园于桥畔,"齐园位于西直门外,园尽则为高梁桥。园中海棠甚多,西方凿一曲洞,引桥下水灌之,上作板桥。亭旁修竹成林池"。齐园为明代官家园林,已废,园主不详。园林旧址位于高梁桥之东,今西直门外火车站一带。[1]

据民国年间出版的《最新北平指南》上记:"高亮桥在西直门外约半里,桥跨长河为白石制,桥西有船坞,清末慈禧太后登船于此,近船坞已拆除。入夏,城内学子咸于船坞河内游泳。岸北有雨花轩茶馆,岸南为长河楼,垂钓者甚多。雨花轩并设游船,船西行至白石桥的五里许,每位定价十六枚(铜板)。入冬,长河结冰,滑冰爱好者多来此在冰上一显身手。"

大文豪老舍也看过高梁桥的落日:"太阳平西了,河上的老柳歪歪着,梢头挂着点金光。河里没有多少水,可是长着不少的绿藻,像一条油腻的长绿的带子,窄长、深绿,发出些微腥的潮味。河岸北的麦子已吐了芒,矮小枯干,叶上落了一层灰土。河南的荷塘的绿叶细小无力地浮在水面上,叶子左右时时冒起些细碎的小水泡。东边的桥上,来往的人与车过来

① 陈桥驿主编:《中国都城辞典》,江西教育出版社,1999 年 9 月第 1 版,第 776 页。

过去，在斜阳中特别显得匆忙，仿佛都感到暮色将近的一种不安。只有这样的小河仿佛才能算是河；这样的树、麦子、荷叶、桥梁，才能算是树、麦子、荷叶与桥梁。因为它们都属于北平。"

说起西直门和高粱桥，留在笔者记忆中的也是水。记得四五岁的时候（1962—1963 年），跟随院子里玩耍的半大孩子，居然从菜市口一直走到了西直门。门楼门洞的记忆不那么深刻，倒是瓮城里的无轨电车和城墙西北角的护城河水闸下瀑布般湍急的河水，留下了深刻的印象。特别是河水的清澈透亮和白花花的浪花，想来是现在的北京人几乎难以看到的自然景象，就在北京的城墙外，居然还有如此踊跃着的深厚清洁的流水。当时还不知道，那可是整个北京城的水源头哇。

20 世纪 60 年代，经过调查发现，在广源闸的上游与下游，长河两岸的多家工厂的废水及生活污水大量排进长河，污水出口多达 69 处，污水随河水流入城区，严重污染了什刹海、北海、中南海和金水河的水质。后来，市政设计院提出《长河污水截流与整治长河方案》，将污水截流。接下来，又对长河进行治理，加宽了河道，加大了流量，大大改变了长河的水质和沿线周边的生态环境。

现在的高粱桥也经过多次整修后，桥长约 16 米，宽约 10 米，共有 16 对石柱。2003 年，为了缓解交通压力，在高粱桥的北边新建了一座桥，高粱桥已经不再通行任何车辆了。如今，高粱桥周边已经是高楼林立、车水马龙的世界了。高粱桥距离作为地铁换乘站的西直门站和西直门火车站的直线距离不过 1000 米。每天，大量的旅客从西直门这里经过，却很少有人去隐藏在楼群中的长河上，看看这座历经了数百年的高粱桥。

3. 西直门转河、金水河水关与护城河

元大都西城墙的和义门北侧设有水关，这也是明清北京城西北护城河的长河进城水道。郭守敬引白浮泉水经翁山泊（今颐和园昆明湖）、长河和高粱桥，入水关汇入城内积水潭，最后流入什刹海、北海和中南海。詹天佑修建京张铁路和西直门火车站时，为了能够布下整个车站站场，将长河最后进入北护城河一段去直取弯，1905 年和 1916 年两次向北侧延展回绕，由此逐渐扩大了站场，形成如今的转河。1975 年至 1982 年，修北京地铁时将转河填埋，用暗沟直接向东与北护城河相通，2002 年重又开挖，如今成为展示北京水文化的景点之一。

老舍在《四世同堂》里曾经对西直门外护城河的秋色有过一段细腻的描写："河仅仅离城门有一里来地，可是河岸上极清静，连个走路的人也没有。岸上的老柳树已把叶子落净，在秋阳中微摆着长长的柳枝。河南边的莲塘只剩了些干枯到能发出轻响的荷叶，塘中心静静地立着一只白鹭。鱼塘里水还不少，河身可是已经很浅，只有一股清水慢慢地在河心流动，冲动着一穗穗长而深绿的水藻。河坡还是湿润的。这里那里偶尔有个半露在泥外的田螺，也没有小孩子们来挖它们。秋给北平的城郊带来萧瑟，使它变成触目都是秋色，一点也不像一个大都市的外围了。"

北京民俗学者白鹤群先生说，1950 年至 1966 年，当地海淀区东升公社索家坟大队小村小队的农户、西直门火车站的工人、北京第一轧钢厂的工人以及西直门粮库的职工都将这段河叫"护粮河"，史书、水利、地名等书称其为"高粱河东段"。为什么称其为"护粮河"呢？只因这段河是人工河，而且"几"字形的河道所围护的是西直门粮库。西直门粮库很大，里面有一条西直门粮库支线可以通火车。据当年解放时接管这座粮库的军代表、现年 82 岁的姬庆德老人讲，这里有大小粮仓 16 座，东西向、南北向均有。刚解放时，政府首先军管粮库。西直门粮库的前身是国民党的兵营和金城仓库。据说 1949 年春，小排水河沟在扩挖后成为 20 多米宽的大河，用来保护西直门粮库。

20 世纪 90 年代以前，西直门北大街路西有一排聚集在一起的高大的圆筒形建筑，那就是西直门粮库里的 20 栋储粮大罐了。每个粮罐高 26 米、直径 6 米、壁厚 20 厘米，用钢筋混凝土浇灌而成。粮罐之间还有运输粮食的栈桥和供人上下的露天铁梯。1999 年，西直门粮库搬迁到昌平区，原地成为房地产项目的开发热点地区，最后被定向爆破拆除。

据说西直门粮库始建于元大都时期，至今已有 800 多年历史了。清代，海淀镇皇庄是皇家庄园，甘甜的玉泉山泉水除了是皇宫专用饮用水外，附近丰富的泉水还培育出皇家专用的"京西稻"。日寇占领北平期间，这里是日军粮库。1949年后，国家扩建了西直门粮库，不仅储存"京西稻"，更主要的是这里已经成为供应北京西北部地区居民和单位的主要粮库，是北京四大粮库之一（此外有东郊、永定门和马连道粮库）。

和义门南侧还有一处水关，这是元代为了保证皇宫里有充足的洁净水，专门开辟的一条御用河道，这就是金水河。但是奇怪的是，自玉泉山到西直门一段河道的位置一直无迹可寻，史书也记载不详。高梁河的重要水源之一是玉泉山和香山一带的泉水，为此将这里的泉水汇集起来，接入专门修砌的一条特供皇家水道，经和义门南水关进城后，在今赵登禹路北口南折，顺赵登禹路和太平桥大街南流入太液池（今北海）。明代时因淤塞废止，成为一条排水沟，名为大明濠。直到1949年后，将其盖板成为地下暗沟，上面就是赵登禹路。

据《元史·河渠志》记载："金水河所经运石大河及高良（梁）河、西河俱有跨河跳槽（渡槽）。"至元二十九年已有修理金水河渡槽事，说明金水河修建已有一段时间。为了保证金水河的水质，除经常修浚外，还有严格的管理制度，如禁止上游设置水碾、水磨，禁止在河内洗涤，连洗手都禁止。元代诗人王冕为此有一首诗：

金水河从金口来，龙光清澈净无埃。
流归天上不多路，肯许人间用一杯？
杨柳春融青雾拥，芙蓉秋霁锦帆开。
老夫白发少年志，适兴时来看一回。

清澈洁净的河水引得诗人注目还要验证一番。金水河沿河和其他水道交叉处都建有跨河跳槽（渡槽），这可谓北京最早的水道"立交桥"了。与金水河交叉的主要河道是运石大河（不详，应在高梁河以北）、高梁河（指的是古高梁河，今长河，在紫竹院向西接古代车箱渠故道，三国嘉平二年，公元250年开凿）、西河（疑为元大都西护城河）。与古高梁河交叉处应该在现在的西三环紫竹桥、车道沟、三虎桥附近。如果是这样，那么金水河的河底标高在紫竹桥处应该高于古高梁河两岸河堤，至少接近现今地面高程，自此以上至玉泉山的河道河底大部分都要高于此标高，而自此处至西直门南水关，则基本上贴着地面高度就可以下泄了，没有必要深挖。所以金水河有可能不像长河一样，是一条较深的弯弯曲曲的接近自然的河道，而是紧贴地面修建的一条比较直的既浅且窄的渠道，地势高处略下挖，地势低处用石块垒砌而成，类似渡槽，致使废弃后很快便完全消失了。这条扑朔迷离的金水河就在展览路地区，有首诗《金水河》[①]说得真切，唯见长河，不见金水：

> 一条河比神龙还神
> 既不见首也不见尾
> 她是源远流长的最好注脚
> 五千年河水被时光淘洗
> 幽燕山泉变成都市丽质
> 金砖筑堤水贪恋着
> 柔肠百转如昭君出塞
> 缓而又缓迈不动步
>
> 哲学是一件文物
> 金木水火土
> 深埋河底
> 偶尔有所显露但绝不完全出土
> 物换星移中岁月长河浮力茂盛
> 一些旱鸭子
> 窥见河中甲骨乃至河图洛书

水关又称水门，明清时期北京内城共有七座水关：东直门南头道敌台水关、朝阳门南头道敌台水关、崇文门西第七道敌台水关、正阳门东第十

---

① 张蒙著：《许多风景》，北岳文艺出版社，2011年3月，第17页。

一道敌台水关、正阳门西化石桥水关、宣武门西水关、德胜门西龙王塘水关。外城七门中除广安门至西便门之间并无闸座水门，其余各城门之间均有水关。每到汛期，各座水关均由兵马司派专人值班看守，以防阻塞，影响城内积水排除。《大明会典》卷二百载，明朝京师各水门"设立通水器具，于该衙门拨军二名看守，遇雨过，即令打捞疏通"。

护城河不仅用以隔绝敌人进攻，还有重要的防洪排水功能，特别是护城河与高大的城墙形成灾洪防护体系，城墙就像坚固的河堤保护着城内的居民。当然，城外居民最好撤退到城里，否则将面临灭顶之灾。北京城西部历来面临着洪水冲击的危险，而西直门、阜成门及至西便门、广安门一线城防体系就非常重要。北京西部的永定河洪水具有突发性强、洪峰尖陡等特点，并且挟沙量居海河水系各河之首，仅次于黄河，素有"小黄河"之称。历史上永定河溃决迁徙为害至烈，整个北京城其实就坐落在古永定河的冲积扇上。仅清代1644年至1911年的268年间，决口漫溢即达78次，平均每4年左右遭灾一次。自17世纪以来的1626年、1668年、1801年、1890年、1893年5次洪水均波及北京市区。如1801年，永定河石景山左堤漫决5处，计长90余丈，卢沟桥下南北两岸决口18处，总长达3200余丈，卢沟桥孔宣泄不及，洪水将桥栏石狮冲毁。右安门外大桥被冲断，永定门、右安门外灾民多至两万余人，"人多避树上巢居"。《清宫晴雨录》载，当年七月只有4个晴天，一个月内降雨600多毫米，"宫内水深数尺，屋宇倾圮者不可数计"。又如1890年，大雨淋漓，"彰义门（即广安门）、南西门（即右安门）外一带，平地水深丈许，洪流淹浸之处，室庐十不存一"。而北京城内，"家家存水，墙倒屋塌，道路因以阻滞，小民无所栖止，肩挑贸易觅食维艰"。"大清门左右部院寺各衙门，亦毕浸灌水中"，"深则埋轮，浅亦及于马腹，岌岌可危"，"难以办公"。"并闻外城之永定、左安、右安各门，雨水灌注不能启闭，行旅断绝。"《天津县新志》载："永定河盛涨，天津受群流贯注，城不没者三版。"类此历次洪灾记述，史不绝书。历史曾经出现洪水迫近西直门和阜成门的情况，但从记载看，灾难更多地发生在外城和南部地区，因为外城地势更低，城防力量薄弱，而且多受到永定河水的直接冲击。虽然如此，也不排除西直门和阜成门的城防体系还是发挥了抵御洪水的作用。

4. 西环广场，象意西直门门洞

历史上西直门地区最为壮观的就是西直门城楼了。西直门北拆除后，就是西直门立交桥，在现代人看来，立交桥的高度虽然比原来的城门低不了多少，但在周边高楼衬托下，壮观但不高大。直到 2005 年 10 月，似乎就在西直门立交桥和西直门火车站的缝隙里拔地而起了三座大山般的西环广场，其高度是西直门城楼的 3 倍，体量之大更是如同高山。设想，如果复建西直门城楼和城墙，在其衬托之下，人们肯定将西直门城楼城墙看作儿童玩具一般，再也不会生发什么思古之幽情，有的只是不屑的眼神吧。

西环广场由北京金融街建设开发有限责任公司开发建设，2001 年 12 月项目奠基，2005 年 10 月全面入驻。建筑面积近 25 万平方米，3 座百米"高塔"写字楼矗立于西直门立交桥的西北角，加上 6 层商业空间，立体交通枢纽，一座 60 米高的综合办公楼，这便是西环广场给人的最直观印象。西环广场无疑充分利用了西直门立体交通枢纽的便利对顾客的吸引力，但也制造了更加严峻的庞大人流、车流交通压力，加剧了本地区的交通紧张。

据设计，3 座近百米的高塔为北京首例全阳光甲级写字楼，面积约为 9.5 万平方米。西环广场的设计颠覆了传统商务建筑的思路，并由法、中、美三国设计公司联手打造。设计者特别从老西直门的拱形门洞中汲取了灵感，摒弃了"直角平面"的简单线条勾画。3 座写字楼均采用流畅的弧线造型，同时结合纯净透明的玻璃幕墙，为办公者带来 360 度全视角的感官享受。即便身处写字楼里，也可观赏四周的紫竹院、动物园、长河、西山风景。

第四节　铁路——京张铁路和京门支线

1. 京张铁路与西直门火车站

由著名的铁路工程师詹天佑主持设计施工的京张铁路，是中国第一条不使用外国资金及人员，由中国人自己设计建造并投入营运的铁路，这是中国人民的光荣。

当时，清政府刚提出修筑设想，一些帝国主义国家就出来阻挠，他们都要争夺这条铁路的修筑权，想进一步控制我国的北部。可是他们谁也不肯让谁，事情争持了好久得不到解决。他们最后提出一个条件：清政府如果用本国的工程师来修筑铁路，他们就不再过问。他们以为这样一要挟，铁路就没法子动工，最后还得求助于他们。帝国主义者完全想错了，中国那时候已经有了自己的工程师，詹天佑就是其中最优秀的一位。

京张铁路工程异常艰巨，于光绪三十一年（1905）九月初四日开始动工，十二月十二日就开始从丰台铺轨。开工四年后，于1909年9月全线竣工通车，比计划提早两年。京张铁路南起北京丰台的柳村，北至张家口，全长197公里。其第一段自丰台经西直门至南口段于1906年9月首先通车。1921年，京张铁路通至绥远，当时北京叫北平，故更名为"平绥铁路"，后通至包头，1949年再更名为"京包铁路"。

1906年8月建成的西直门车站也是由詹天佑设计和建造的，车站主体建筑、月台、连接两个月台的过街天桥均为詹天佑设计。京张铁路的北京起点段是自柳村经广安门到西直门一线，虽然西直门车站并非是京张线铁路的起点，但是西直门站场却是一座非常重要的大站和铁路总枢纽，而且西直门车站还是当年北京环城铁路的一个重要车站。西直门火车站位于西直门城楼外北侧，距城门仅半里，可以说出了城门就能上火车。该火车站的设立，既方便了北京和西北地区往来的客人与货物运输，也大大地繁荣了西直门关厢区域的商业经济。鉴于其重要的历史价值和在中国铁路发展史中的重要地位，1995年，北京市政府公布"平绥铁路西直门站旧址"为第五批北京市文物保护单位。2018年1月，京张铁路入选第一批中国工业遗产保护名录。可惜至今，京张铁路尚未成为历史文物保护对象。宣统元年（1909），北京丰台至张家口的京张铁路正式通车，西直门车站也投入运营，当时称作"京张铁路西直门车站"。1923年，京张铁路向西延伸至绥远，西直门车站改称"京绥铁路西直门车站"，并把这几个字在新站房的东西两侧都表现了出来。1928年，北京改称北平，站房上同时改为"平绥铁路西直门车站",这个在 1928 年到 1949 年使用的名字,一直存在于 2011 年老站房修缮前。站房修缮后,"平绥"又改为了"京绥"。

詹天佑最初想把车站设置在高粱桥西边的倚虹堂附近。但因其方案紧邻倚虹堂,是光绪皇帝和慈禧太后乘船前往颐和园的"警跸出入之地,例不许侵犯",詹天佑无奈只好改变方案。站址最终选在了高粱河与西直门城墙之间,但这片区域狭窄闭塞,东侧被城墙与护城河限制,南侧为西直门外大街且紧邻西直门瓮城,北侧为长河、高粱桥及高粱桥斜街,且周边关厢地区还有大量平民住宅。四围受困,极不适宜建设车站,而且算下来建设面积远不足车站建设所需。因此,为了解决车站建设面积不足的问题,综合衡量区域四周的情况后,最终只得将北侧大片的河道苇塘填平,使高粱河改道向北流经一段距离后再向东流,最后再回向南汇入护城河,围合出一片区域来满足建设车站的需要。1916 年,又因环城铁路的修筑,再次对车站进行扩建,使河道再次向北偏移数百米,形成日后环绕车站流淌的"转河"。

西直门站是一等站。1921 年后,西直门火车站就成了京包铁路的起点站,里程桩号为京包线 12KM + 314M。西直门站是京包线(北京—包头)、京通线(北京—通辽)和去八达岭、慕田峪长城的旅客列车的始发站和终点站。从北京去往内蒙古通辽、赤峰及八达岭长城等地的旅客,都要从北京北站出发。这个有着近 110 年历史的古老火车站,如今仍在客货铁路运输上发挥着重要作用,年旅客发送超过 150 万人次,中转旅客 180 万人次。

1988 年,西直门火车站正式改名为北京北站。2007 年,北京北站新站房正式开建。2009 年 1 月 16 日,新北京北站正式开通运营。

西直门车站大致还是

1908 年,北京西直门火车站(京张铁路起点)

75

保持一直以来的布置。以站房为界，分西场、东场。西场为最初修建的京张铁路站场，作为到发京张方向的列车，民国时期和 1949 年后，进行过多次扩建，增加了货场的面积及驼峰；东场为曾经的环城铁路站场，最初主要担当京张—环城铁路方向的列车到达，环城铁路废弃后，担当短编组的客货列车及单机到发。西直门站共有 7 条到发线，分别为东 1、东 2、西 1—5 道，除此之外，还有 3 条客车存车线、7 条货场线、5 条货场货物线、10 条专用线。站场东北部设有机务折返段，段内曾保留百年前的机车库及水塔，西直门折返段归原南口机务段管辖，最初作为担当京张铁路北京—南口—康庄段的牵引交路，现在依旧发挥着作用。2006 年以前，车站道岔都是原始的手动道岔，老站房、雨棚、天桥以及机务段的水塔、车库等老设施都还在发挥着作用，直到新西场建成使用，北站的老站房、雨棚和天桥作为文物保留，其他的老物件及老线路就逐渐消逝了。

2. 西直门北滨河路与铁路小区

西直门北滨河路紧邻西直门火车站东侧，因东临护城河，1949 年后命名为西直门北滨河路。道路呈南北弯曲走向，西南起高梁桥路，北端东折至西直门北大街，中与新官房胡同相连，全长 540 米，车行道宽 6 米，沥青路面。原有门牌西侧 1—11 号。

滨河社区这片地方原来最开始是铁路职工宿舍。与该路相接的胡同有新、老官房胡同，原为空地，清末建成西直门火车站后，铁路系统于此建宿舍，俗称官房，其后于南侧又建宿舍，命名为新官房，北侧遂称老官房。1965 年定名新、老官房胡同，仍为铁路职工宿舍。新官房胡同全长 150 米，均宽 5 米，水泥方砖路面。门牌顺序编排 1—34 号。老官房胡同全长 110 米，均宽 5 米，水泥方砖路面。门牌顺序编排 1—12 号。此外还有高梁桥东巷，胡同呈南北曲折走向，北起北京北站货场，南至西直门北滨河路，中与新官房胡同、高梁桥路相通。全长 250 米，沥青兼水泥方砖路面。门牌东侧 1—15 号，西侧 4—16 号。原称澡堂子胡同，因御园堂浴池在此，故名。今浴池已不存。1965 年，因地处高梁桥路东侧而更名高梁桥东巷。均为平房住宅。

20 世纪 70 年代，因修二环路和西直门立交桥，填平护城河后改建为停车场和西直门地铁站。该路现在为西外大街西直门立交桥西北角辅路，北端为西直门火车站进站口。车站南部东侧为 16 路、375 路、902 路公共汽车总站。1990 年至 2003 年，为建 13 号轻轨铁路和西直门北站火车道，新老官房胡同被拆。

2009 年，西直门铁路小区房改带危改小区项目启动，建设地点位于火车站的东侧，东起金运大厦、西直门小区和原西直门粮库用地，西至车场牵出走行线，南起西直门交通枢纽，北至转河水系，原址是废弃的铁路货场、铁路第三小学旧址、北京叉车总厂和部分铁路职工平房宿舍区。地上总建筑面积 100766 平方米，包括一栋 3 万平方米的公建，其中住宅地上建筑面积 72436 平方米，由 7 栋小高层板楼组成。2010 年开始建设，2012 年年底建成。开发建设单位是北京京铁房地产开发公司，施工单位是中建一局。2010 年 6 月 9 日，在火车站东侧铁路危改小区施工工地地下 2 米深处，发现大量 1949 年前遗留的地雷和手雷，有 300 多枚。发现手雷的地点就是原来铁三小的操场。

说到铁路三小，其全称为北京铁路职工子弟第三小学，始建于 1951 年，校址为西直门外群红村 5 号，原址在 20 世纪 20 年代是西直门火车站扶轮铁路职工子弟小学。平房大院，操场很大，常年招生 12—18 个班，每年级 2—3 个班，有教职员工 40 余人，隶属于北京铁路分局，主要招收铁路职工子弟。20 世纪 80 年代，学校成立校办工厂生产纸盒，对外称西城区纸盒厂，有职工 20 多人，在西城区校办工厂中是办得最好的。1997 年，因生源不足而停办。2009 年学校被拆，建起北京铁路局经济适用房小区。

3. 京张铁路西广线和中国第一个铁路工程局、第一所铁路医院

詹天佑修建铁路的第一项重点工作，首先是征购沿线所需要的土地。其中，柳村至广安门外一段系改筑津榆路原计划修建的颐和园铁路的旧路基，广安门以北的土地则系京张铁路自购。线路所经地区，除民地外，还有许多清朝旗族的土地。这些土地名义上有四种：一种叫"圈地"，即所谓"跑马占地"，包含旗族租地、敕建寺院、各王府地、旗族义地、内务

府和各牛录等地块。一种为官地，就是各衙门的属地、学田、抄产、官山、官河、官荒、官道、官义地等。另两种为"民私产"和"旗私产"，都需按价收购。官地可以勘用，而各衙门地、学田、抄产及圈地，是由地主永久租给农民的，因而须按佃地之例付给佃价，按年纳租。所以在购地开始时，即规定购地章程二十五条，所定的地价以光绪二十九年（1903）津榆路局所定收购柳村到广安门外一带地价为根据。

上面说到的颐和园铁路是光绪己亥年（1899）慈禧下旨修筑的。慈禧觉得既然去颐和园的水路之上已有"捧日"和"翔云"两只小轮船在供差，那么去颐和园的陆路之上也应有火车行驶，于是便传谕内务府让将陆上的御道改修铁路。当时计划从丰台向北经西直门沿高粱桥路走线，后来因高粱桥路弯曲狭窄、筹款困难，加上义和团、八国联军进攻北京等一系列事件爆发，就将颐和园铁路给拖黄了。其实，此前还真有一条真正的颐和园铁路，那是 1888 年 5 月 20 日，在颐和园里面建成的一小段，慈禧太后曾经乘着火车游览颐和园的湖光山色，惬意之余，她也完全改变了以前视铁路为怪兽的看法。

京张铁路在展览路地区有一条干线、四条支线和一条联络线。

一条干线成为西广线（西直门至广安门），也是北京环城铁路的西段，是自西直门引出，过护城河桥道口后拐向西南方向，经过榆树馆和现今的车公庄大街市委党校门前拐向南，沿党校西墙向南稍偏西而去。因为是先有的铁路，后建的党校，所以党校西墙也明显地不成南北垂直，而是顺铁路有大约 15 度斜度。在百万庄路口东，原来是一道口，现在的展览路派出所东有一照片冲洗部，那座房子是平房，南北向尚有几间，是铁路工人住的地方，恐怕是这条铁路最后的遗存了。经过外交学院门前、阜成门外大街与展览馆路交叉路口东侧，到西便门白云观西墙外白云路，然后与京汉铁路相交叉后到广安门车站。交叉处为京张线在上、京汉线在下的一座铁路桥，这可是北京最早的铁路立交桥。该段铁路于 1969 年 8 月拆除，改建为展览馆路和三里河东路。这条铁路 20 世纪 60 年代初还在运营，70 年代初就全部拆除了。展览馆路东侧还能够隐约看到铁路路基，如外交学院大门附近地势比展览馆路要高一些。

外交学院门口附近，据说就是詹天佑设立京张铁路工程局和铁路医院的陈家大院所在地，也是铁路平则门（阜成门）乘降所（车站）的位置。为提高京张路局指挥机关的办事效率，詹天佑在接任京张路局总办后，首先简化机关管理层次。1905 年秋，京张铁路工程开办之初，总局为方便与直隶总督衙门联系，设在天津河北新马

京张铁路工程局，位于阜成门外，门口牌匾上面的文字是"京张铁路官医院"。上海同生照相馆谭锦棠摄影

路贾家大桥，另在北京丰盛胡同设立分局，在北京平则门外设京张铁路工程局。詹天佑以会办兼总工程师的身份，多在工程局办公。这也是中国铁路历史上第一个由中国人建立和主持的铁路工程局。

随着京张铁路的进展与时事的变化，京张路工更多接受清廷于 1906 年 9 月新设立的邮传部的指示与监管。鉴于新的情况，詹天佑任总办以后，立即指示将京张铁路总局从天津迁至北京，与设在北京的铁路分局合并，设于北京平则门（今阜成门）内冰窖胡同，改称京张铁路局。詹天佑另设京张铁路工程局于北京平则门（今阜成门）外陈家大院，作为他直接指挥全路工程与调配材料设备的指挥所，掌握全路的工程建筑、列车营运、材料设备供应与运输等具体事宜。

詹天佑非常关心筑路员工的福利和健康，设法筹措资金，招聘医护人员，于 1906 年在北京阜成门外工程局设立医院，1907 年又在下花园车站设立分院。医院内设医官，除在院诊治外，还在全路工地巡回治疗伤病员工，医疗费用由医官包办报销。其时，京张铁路丰台至南口段正在施工之中。为解决施工人员伤病就诊问题，经詹天佑督办，立即在北京阜成门内陈家大院正式开设了中国第一家铁路医院，同时开办了南口分院。第一段工程自 1906 年 9 月 30 日竣工后，最为艰险的关沟段工程和岔道城至张家口第三段工程相继开工。为确保施工进度，南口铁路分院的医护人员因陋

就简地开展了大量的医疗保健工作。

1909 年，京张铁路通车后，铁路工程局迁张家口，修筑张绥铁路。阜成门医院改设在西直门车站，正式定名为京张铁路医院，所用医药改由统一购发，取消医官报销办法。铁路医院的设立，为修筑京张铁路的员工提供了及时就医的保障，成为中国铁路自办医院之先声。京张铁路全线通车后，建在阜成门陈家大院的铁路医院全部迁至南口，与南口铁路分院合并，始称南口铁路医院，为南口和沿线各站员工及家属就诊治疗提供了方便。1994 年 9 月，更名为"南口机车车辆机械厂职工医院"。

据下述詹天佑日记记载，可以看到京张铁路开工前两个月，阜成门外京张铁路工程局和詹天佑家眷临时住所的安置情况。

1905 年 7 月 5 日，光绪三十一年六月初三日。

去彰仪门（广安门）、平则门（阜成门）外查看测工为我物色的家眷住房和工程局房屋。彰仪门外只是一座庙，可利用的房屋约有 30 间，需大加修理。平则门外只找到 29 间住房，此房是出售而非出租，索价 2200 银两，我还价 2000 元。因其不愿以低价出售，我去请胡长官由其相识贾某和他们议价，同时我请此人另租一所间数略等的房屋，作为工程局使用。

1905 年 7 月 21 日，光绪三十一年六月十九日。

去北京查看工程局的办公房屋以及平则门外我家眷的住房。

1905 年 7 月 22 日，光绪三十一年六月二十日。

前往查看上述之房屋。对工程局办公房屋已做决定，这所房屋以京平足银 1750 银两买下。我的家眷住房因房主尚未来表示最后的意见，故未加决定。

1905 年 7 月 29 日，光绪三十一年六月廿七日。

平则门外的 29 间房屋决定用 1750 银两购下。签订契约时，先付款 100 元，全部款项付清时交房。

1905 年 8 月 9 日，光绪三十一年七月初九日。

上午约九时半到平则门，得知为工程局办公用的 29 间房屋以京平白银 1750 两买下，正在进行修理。我家眷用的 30 间房屋已准备出价 1900 多两，问题可望解决。

1905 年 8 月 13 日，光绪三十一年七月十三日。

今日是星期日，未去公事房。得知我家眷住房已按 1910 银两谈妥，现在正等待住户腾房。

1905 年 8 月 21 日，光绪三十一年七月廿一日。

到平则门查看为我购置的房屋，经检查发现，此房大部分太破旧，有一部分需拆除重建，故我决定居住在工程局的房屋内，而将此房交给工程局办公，需要用三个月进行修理。

1905 年 8 月 25 日，光绪三十一年七月廿五日。

另送一呈文，报告我迁入平则门工程局内居住。在此报告中提到他批准的我的马驹津贴，请他决定费用数额。他批给 200 银两，自七月起支给。

1905 年 8 月 26 日，光绪三十一年七月廿六日。

将我的行李等物搬运至平则门。

1905 年 8 月 27 日，光绪三十一年七月廿七日。

我的家眷迁居平则门。

1905 年 8 月 28 日，光绪三十一年七月廿八日。

办理安家事。

1905 年 9 月 1 日，光绪三十一年八月初三日。

工程局今日在平则门开始办公，举行了热烈的聚会。

4. 京门支线与其他几条支线

四条支线中，最早的一条是 1906 年与京张主线同时修建的京门支线，同由詹天佑主持建造。当时为解决京张铁路行车用煤问题，专门开办了鸡鸣山煤矿和铁路支线。又为方便北京西部的门头沟煤矿运煤，供京张铁路蒸汽机车燃料之用，修筑了西直门至门头沟的京门支线，建设了该支线上 8 孔 30.5 米跨度的上承式钢桁梁桥——永定河大桥。该线为单线行驶，迄今也已有上百年的历史。

在北京西郊门头沟一带，煤炭蕴藏十分丰富。早在 1904 年，煤商曾集资呈请清政府在门头沟一带修建运煤铁路，结果以"股本不可靠"驳回。同年 11 月，煤商再次呈请，并进一步陈述运煤铁路的利弊，也被搁置。1906 年 7 月，该线经商部奏请，由京张铁路修建，资金由关内外铁路余利项下拨付，才被批准。于是，京张铁路总工程师詹天佑于同年 10 月率领工程技术人员进行勘测，并于是年冬在田村、三家店分别设立工程处，负责施工。1907 年 3 月，该线正式开工，11 月 6 日通车至三家店，翌年 9 月通车至门头沟。京门支线建成后，作为京张铁路支线，由京张铁路总局经营管理。1912 年冬，京张、张绥两路合并后，该线改为京张张绥铁路支线。1916 年 1 月，京张张绥铁路改称京绥铁路后，该支线又作为京绥铁路支线，由京绥铁路管理局管辖，隶属于北洋政府交通部。1928 年 6 月，京绥铁路改称平绥

1962 年，京门支线铁路通过展览馆路道口

铁路后，该支线改称平门支线，由平绥铁路局管辖，隶属于国民党政府铁道部。在日本占领时期，日本人为了向西郊机场运送燃油，增设了五路火车站。

京门支线也称京门铁路，作为京张铁路的辅助铁路，起点为西直门站，出了西直门站向南经过护城河桥铁路道口，至车公庄之间出岔，拐向西与拐向南的京张主线分离，分岔拐弯的地点就在如今的地铁大厦附近。向西经铁路巷、榆树馆、二里沟，穿过现在的展览馆路（当时还没有建），斜偏北贴近当年正在同时创办的农事试验场（动物园）南侧，再穿过郝家湾、三里河路，然后斜向西南过四道口（这是因铁路遗留下来的地名），经五路、田村等站，到达三家店、门头沟。日本侵华期间延展到色树坟、大台各站至木城涧煤矿。全线共 11 站（含现丰沙线落坡岭站），正线53.363 公里。

1971 年 2 月，因通过列车影响到由西郊机场出发的国宾车队，西直门站至五路站区间被彻底拆除。如今的西直门外南路即是拆除京门支线后改造为道路的。因地处西直门外大街南侧，故 1981 年命名为西直门外南路，简称西外南路。

与京门支线几乎同期修建的还有自西直门护城河桥铁路道口往南，跨过护城河贴近城墙的一段煤场支线。再有一条是日本侵华期间，1937 年为修建西苑机场而建造的，从京门支线郝家湾附近开始斜向西北方向至杏石口的杏石口支线。

还有一条是 1953 年为苏联展览馆即后来的北京展览馆修建的展览馆支线，从西直门火车站西侧直接进入展览馆后身，为修建展览馆运输货物以及客人到此参观提供便利。

再有一条联络线是一条大半径曲线，位于现在的北京建筑大学门口东侧的榆树馆地区，自南端的西广线走向西北的京门支线，名为广安门至门头沟联络线，1953 年修建。

在如今的西直门外大街南侧，有一个地名叫"榆树馆"，据说是曾经在西直门向西的京门线旁有一片榆树，故得名。20 世纪 70 年代，位于本地区的上述几段铁路均被拆除，其中京门支线拆除最晚，西外南路也开辟最晚。

第五节　西外南路与"动批"

1. 西外南路

西外南路，全称西直门外大街南路，东西走向，东起西直门南大街，西至三里河路，中与北礼士路、展览馆路相交，全长1600米，车行道宽10米，沥青路面。有说西外南路历史上是金水河故道，1905年詹天佑在此修建了京门支线，20世纪70年代拆除铁路改为道路。

1953年建造苏联展览馆（后称北京展览馆）时，将四周住户南迁至桃柳园一带，形成了桃柳园北巷、西巷、南巷等胡同。附近有北京市运输公司、北京市汽车厂、北京市铁路局新建起的宿舍区，称前进巷、进步巷、铁路巷，与桃柳园几条新胡同连成一片，这是随着新北京的发展而出现的新胡同。两侧多为机关单位和住宅楼，国家医药管理局、北京大学人民医院、展览路医院（关于医院的介绍见本书"礼士往来"一章）、中国机械设备进出口总公司、中国机电报社、矿冶研究院、北京建筑大学、北京地下铁道总公司、北京医药科学出版社、北京科学技术情报研究所、北京科学技术情报协会、北京科学技术专利事务所。142号院内二层小楼为科学家、科普作家高士其故居。中部与东部有集贸市场、动物园批发市场，北侧有动物园公共汽车枢纽站。与之相连接的街道胡同有北礼士路北端、前进巷（改造）、团结大院、进步巷、铁路巷、郝家湾、朝阳庵、文兴街等。其中铁路巷就是京门铁路留下的痕迹，位于西直门外南路，呈东西走向，是1906年在此地盖西直门站铁路职工宿舍形成住宅区内的一条街巷。

铁路巷由进步巷、铁路巷居民委员会管段。东至桃柳园西巷，西至展览馆路，北至西直门外大街，南至西直门外南路，占地面积1.2万平方米。此处原为农田，1951年北京铁路局在此兴建职工宿舍，故名铁路巷。1965年将竹杆井并入。20世纪80年代先后将部分平房改建为6栋住宅楼，余仍为平房住宅。

2. 已经成为历史的"北京动批"

说到西外南路，给人印象最为深刻的就是名扬全中国的"北京动批"了，其全称为北京动物园服装批发市场，北京人乃至北京周边服装行业从业者们耳熟能详。

自改革开放以后直至 2018 年，位于动物园南侧的"动批"和官园西边的"官批"，成为展览路街道名噪全国的招牌，代表着北京进入市场经济的风风火火，在北京人的生活中留下了不可磨灭的记忆。"动批"指的是位于动物园和展览馆附近的以服装为主的批发市场，"官批"则是指位于车公庄大街南侧的以日常百货和服装鞋帽小商品为主的官园批发市场。"动批"实际上离北展最近，而"官批"其实与车公庄立交桥东边的官园没有关系。

说到"官批"，全称为北京官园商品批发市场，位于车公庄大街东段路南，是 1998 年正式开业的小商品批发市场。一共三层，但可供淘货的空间是两层。一层以服装为主打，主要面向青少年。二层则摆满了各种各样的小商品。三层则以百货和文体用品、儿童服饰为主。两侧有商家入驻，有商店、美容院、福彩售票点等。一层底商有肯德基、真功夫等便民快餐餐厅等。关于"官批"详见本书"车公大道"一章。

本节主要说说"动批"。20 世纪 80 年代，来自河北承德、保定以及辽宁等地的外来务工人员，利用业余时间，在北京动物园对面的西外南路摆地摊、卖服装，"动批"初现雏形。这些五湖四海的商贩，似乎奠定了"动批"野蛮生长与海纳百川的气质，当时的说法是，只要在"动批"有摊位，就一定能赚到钱。在此环境下，周边逐渐形成东鼎、聚龙、众合、天皓城、金开利德、世纪天乐等多家大型服装批发市场多足鼎立局面，声誉鹊起，名动京城。不说来自全国的批发商，光是北京就有一大群所谓的"动批族"，意思就是说在动物园、秀水等地方淘衣服，经常如同批发白菜一样淘出大量当季服装，二三十元的小衫、不足百元的外套、各种鞋子和配饰，全都便宜得惊人。这群"动批族"里既有普通人，也有众多的明星大腕，范冰冰、韩庚等表示曾在此买过衣服，因而"动批"声名远播。

改革开放初期，在市场经济的自由活跃刺激下，老百姓对于服装的需求日益上涨，正如那个时代许多行业的发展，"动批"的繁荣离不开改革开放的时代背景。"动批"还有个先天优势，临近区域大交通节点，距离京城交通枢纽西直门仅有一站地的路程，通向内蒙古、东北方向的火车，有不少从此发车。而"动批"的客户，主要来自华北、东北和西北地区，进而辐射到华东、华中部分地区。

根据 2013 年年初的统计数据，"动批"共有摊位约 1.3 万个，从业人员超过 3 万人，日均客流量超过 10 万人。加上其辐射和带动的就业人口，"动批"若搬迁或将分流超过 10 万人。那时正值改革开放初期，北京的商业流通领域刚刚开放，不仅个体经营者迎来创业的春天，几乎所有企事业单位，甚至军队、政府部门，全国全民都在开动脑筋想方设法创收。"马路经济"日渐成长，从退路进厅、退厅建楼到老楼变新楼，几十年来，"动批"逐渐壮大。2015 年前，"动批"共有独立楼宇 8 栋，市场 12 家，建筑面积约 35 万平方米。北京动物园批发市场作为中国北方地区最大的服装批发集散地，主要有以下几个大的服装批发市场：东鼎、天和白马、众合、天皓城、天乐宫、金开利德、世纪天乐、聚龙、万容、万通等。其中世纪天乐就是北京建筑工程学院（后改名为北京建筑大学）利用学校产业开辟的服装商城。就在批发市场旁边设有远途托运的服务公司，完全是方便快捷的市场化"一条龙服务"。"动批"从来也不是一个单纯的服装市场，除了批发行业上下游领域外，衣食住行也是"动批"的主题。

由于服装批发受季节因素影响很大，所以服装的样式款式以及价格就会随季节的变化而变化。这里的批发商家为了不积压货物，积极地占有市场，一般会在季节结束前一个月左右抛售过季的货物，主打新一季的服装。"动批"有多热？北展地区建设指挥部副总指挥李云伟回忆，动物园待客每天的上限是 10 万人，而"动批"鼎盛时每天就要接待 10 万人，日均人流量也达到 6 万—7 万。在这里，北京人与外省人、批发商与普通市民杂糅，不同口音交织，让这里成为西城区最热闹的地段之一。

当年，拥有近千个商户所在的聚龙外贸服装商场是"动批"9 个商城中的一个。其中专门做欧版大码服装的东北人李威在"动批"干了 5 年多，年届而立之年的他，之前是一名西餐厨师，干了很多年。后来，李威自己设计服装，然后交给江浙沪地区的服装加工厂制作。因为常出差拿货，李威雇了两名销售人员，专门盯着"动批"的摊位。李威介绍，"动批"里的商户，东北人特别多，有些东北人十几年前就到北京了，"最早的时候，他们多数在动物园门前卖老玉米，后来'动批'的棚子搭起来了，3000元就能买断一个摊位，生意好做极了，很多人都赚翻了，发家了，在北京买了两套房子"。

"动批"从路边摊发展到退街入店，整体上交易环境有了很大变化。但是总是存在众多无照商贩，与城管在"游击战"中相持着，街道和人行道上人头攒动，各种小吃摊烟雾腾起，四处飘散。马路牙子、树木草丛，以及摊位后的空地，则成了商贩们的垃圾堆放地，一股股异味从中冒出，让人难以忍受。"动批"紧邻北展、动物园、天文馆和公交枢纽，设有8个服装批发市场，面积大、人流量大、商机多，所以这里已成为无照商贩的聚集地。该地区的交通、环境卫生、治安，陷入了混乱、整治、再混乱的恶性循环。随着市场人流、物流、车流的不断集聚，这一地区的城市承载力处于超负荷状态，存在巨大的安全隐患，对老百姓的正常生活也造成了严重的干扰，成为城市治理的巨大负担。在2013年年初西城区"两会"上，区委书记王宁曾算了一笔账，动物园地区有2万多个服装批发商，每年给西城经济带来效益约6000万元，但政府支付的交通、环境等管理费用超过1亿元。

近两年，随着北京疏解非首都功能的推进，"动批"和"官批"的疏解逐步提上议程，在不断沟通、协商中，"动批"的市场一个个率先完成疏解。2015年，天皓成、聚龙闭市；2016年，金开利德闭市；2017年，万容、万通、世纪天乐、天和白马关上大门。到2017年11月，"动批"12个市场全部闭市，同时"官批"也跟着进入闭市状态。2018年9月底，实现北京疏解非首都功能标志性工程的收官，无论"动批"还是"官批"，以及南边的天意，批发市场在本地区已成为历史。

这些离开北京的商户，大多选择在周边地区适合的市场安家，重整旗鼓。但是，光凭商户们自己，要找到靠谱的去处并不容易，于是，西城区政府出面，与河北白沟、沧州，天津西青等周边地区政府进行合作，签订相关合作框架协议，确保商户们有地可去，并享受与当地人等同的子女入学、住房、社保等政策保障。在西城区政府的牵线搭桥下，商户们逐个在外地落脚，分别去往天津卓尔、石家庄乐成、白沟和道国际、沧州明珠商贸城4家承接市场继续经营。据反馈，白沟有"动批"商户2000户，温州商贸城有1500户，天津建鑫城1000户，沧州明珠商贸城500户……

随着疏解工作的进一步推进，各类批发市场将逐渐消失，成为北京城市建设的历史记忆。有些变为绿地，有些变为高新产业区，让城市焕然一新。"动批""腾笼换鸟"的升级改造，剥掉了"白菜帮"，集中力量做好"白菜心"，换来了产业结构和空间结构优化的"加法"，不仅有助于缓解"大城市病"，更提升了城市品质。

如今，"动批"已华丽变身为北京金融街拓展区——北京金融科技创新示范区，号称"第二条金融街"，以打造金融监管科技为核心、金融创新应用领域为支撑。新挂牌的北京金融科技创新示范区将以"动批"市场腾退空间为重要依托，其范围为中关村西城园10平方公里政策区，以北展"动批"为基地，以德胜和广安地区为拓展区，辐射中关村科学城和丽泽金融商务区。"动批"疏解的成功，不仅是业态的调整，更意味着一整条全新产业链开始形成。

第三章　天然博物院——北京高端科教园地

　　"天然博物院"对于一个地区可说是最高端的称呼了。早在民国十八年（1929），因北京动物园的前身农事试验场改称为天然博物院，当时西外大街就以高梁桥路口为界，以东一段称为关厢，以西至三里河路北口一段就称为博物院路。甚至还可以从历史照片中看到，为庆祝这件大事，"天然博物院"的牌匾虽然是那么简陋，但堂而皇之地横跨在西外大街的马路上，远处背景是西直门箭楼。匾下还有一副楹联："天空海阔，博爱自由。"落款日期为民国十八年，一语道破动物世界的奥秘，也表达出90年前北京西外大街的精神境界和北京西郊大地的伟大情怀。

　　未尝不可猜测到，"天然博物院"这五个大字影响之大和深入人心，使得后来在这条大街两侧，有了北京展览馆、北京天文馆、北京古动物馆、北京海洋馆，甚至北京建筑大学的前身都有可能受到它的恩泽了。

第一节　北京动物园的前身

　　北京动物园的历史可以追溯到清朝光绪三十二年（1906），农工商部在长河行宫即原乐善园、三贝子花园（原继园）、广善寺、惠安寺及小部分民房和稻田的旧址上建立的农事试验场，初衷是为学习西方先进经验，以"开通风气，振兴农业"。长河行宫在今动物园的东部和北部，三贝子花园在其中部和西北部，广善寺在今科学院植物研究所内，惠安寺在今气象局托儿所内，均在园的西南部，民房、稻田在东南部。上述园、寺建筑早已无存，留存至今的早期建筑也是清末民初农事试验场所建。慈禧太后曾经命大臣端方购买动物放置于此，成为农事试验场内部附设的动物园，当时因动物众多，被称为"万生园"或"万牲园"。

这里不仅是北京植物园、动物园和博物馆的起源点，也是中国对公众开放最早的动物园和华北地区对公众开放最早的公园，是中国现代动物园、植物园、博物馆的发祥地，是中国历史上第一个集动物、植物科学普及为一体的，带有公园性质的农事试验场。

1. 乐善园与皇家行宫

清乾隆十一年（1746），在长河沿岸开建了一片皇家行宫，后于1860年被英法侵略军烧毁。这片行宫之地早在清顺治年间，为八大"铁帽子王"之一礼亲王代善的别墅，始创乐善园。更早据说是明代的吉庆寺，为皇室庄园，明末被大太监占为私产。

吉庆寺（僧庙）坐落于西直门外马哈拉庙8号，现首都体育馆处。首体建于1968年，20世纪70年代末，曾经翻建马哈拉庙用于体育场房[①]。马哈拉即玛哈噶喇、摩诃葛剌省音，西域大黑天神。还有一说吉庆寺在马神庙（实则文献记为归属于马神庙派出所管辖），另一说在动物园（原三贝子花园六号）。建于明万历四十五年，属私建，由住持自行管理。寺庙占地十八亩，殿房共五十八间；附属土地有本寺茔地八亩、旱地二亩。庙内法物有释迦佛一尊，罗汉十八尊，关圣一尊，周仓、关平、马童三尊，以上均为泥像。铁钟一口，铁磬一口，大铜钟一口，铜香炉蜡扦花瓶一堂五件，木香炉蜡扦一堂三件，三经一部，另有石碑两座。[②]

清康熙时，该园传至议政王大臣康亲王杰书，成为私人园邸。康亲王是礼亲王代善之孙。当年的康亲王宅第之构筑情况难以考证，但在清高宗乾隆诗中有描述在其基础上修建的乐善园，可推测其规模："乐善始康邸，取义东平仓。结构逾绿野，胜园为皇庄。""当年康邸余颓垣，稍加修葺复

---

① 葛如亮主编：《北京三个体育馆调查》，体育馆建筑论文集，1981年7月，第23页。

② 彭兴林著、传印主编：《北京佛寺遗迹考》（上卷），宗教文化出版社，2012年10月，第317页。

旧观。"可见此园到乾隆初年，虽已荒败，但其基础尚在。乾隆舟行长河，曾慨叹园林的荒废"鼎革属故藩，百载移星霜。宴游既冷落，草树就芜荒。亭榭早无存，半立余颓墙。地邻长河岸，来往泛烟航。凭眺念兴废，为之长慨慷"。据资料，此园是康亲王后人贝勒永恩"慷慨"献给乾隆的。

乐善园成名和再度辉煌，并成为皇家行宫，皆因乾隆的重新修建。因其地邻长河畔，长河水系与昆明湖相接，为龙舸所必经之地。乾隆之母孝圣皇太后长住畅春园，乾隆是孝子，经常要到畅春园向母问安，故时常往返舟行于长河上。为能在长河往返舟行途中，有一处小憩场所，乾隆十二年（1747），重修已荒废的园子，建蕴真堂、鸳举轩、含清斋，变为皇家园林，依旧名为乐善园。而且"乐善"还曾是乾隆皇帝青年时期书房的堂号。这一园林旁边的长河源自昆明湖，在三年之后，乾隆帝为母亲六十大寿建造清漪园，就将乐善园作为途中歇脚处，可直取万寿山昆明湖。

乐善园位于高梁桥西2里多地的长河南岸，其设计为一座水景园。乾隆在诗中称之为沼园、沼宫、沼墅、溪园等。乐善园是一座真正意义上的"行宫"，它是乾隆帝乘船从高梁桥到京西御园在水上御道中途的歇脚站。他每次泛舟长河都是从北宫门码头登陆进园，从来不从南宫门进园。乾隆十七年到四十年（1752—1775），几乎是每年进园一次，休息很短时间就登船离去，前往广源闸。他在诗中写道"沼园逢乐善，隔岁一探幽"。

除了乐善园外，乾隆皇帝还在靠近高梁桥西的长河北岸，修建了另一座长河行宫——倚虹堂。倚虹堂不仅是水上御道途中的一座行宫，也是陆上御道必经的憩息之所。乾隆帝的御辇往来于圆明园和紫禁城之间，中途必定在倚虹堂落脚，饮茶歇息，有时也进餐和处理政务。倚虹堂是乾隆皇帝换舟的地方，他也很喜爱欣赏堂前长河两岸的风光。倚虹堂在乾隆以后仍然保留了下来，作为御路上的一座行宫，一直使用到清朝末年。慈禧太后在清漪园废墟上重新修建起颐和园之后，仍然经常乘船往来于倚虹堂和御园之间。

乐善园改为乾隆行宫后，自乾隆十六年（1751）提升为行宫总领管理，设有100余人常年管理行宫内务，纯赖内务府广储司所拨经费维持，其本身并无什么收入。说到这里，还有一个与乐善园行宫并无直接关系的

"乐善园汛"值得一说。乐善园汛驻地在西直门外关厢西关,由守备率领,为步军统领衙门巡捕中营所辖五汛之一,专管西直门外及长河一带至万寿街等处的治安防戍,始设于乾隆四十六年(1781)。这里的"汛"字,表示"汛地",指古代军队驻防之地,相当于哨所或军管治安派出所。

京城治安,金中都和元大都都设置警巡院。明、清两朝设有五城兵马司,掌京城捕盗及疏理街道、沟渠及囚犯、火禁之事,但均以城门防备为要务。而且为保证国都的安全,金、元、明、清时,在京城内外都有大批军队驻防,肩负卫戍京城安全之责。尤其明、清时在北京北郊、西郊驻军更多,明代是为了防蒙古军来犯,清代则为了"三山五园"的安全。

清代内城九门,由满洲、蒙古八旗步军守卫。设有城门领、城门吏、门千总。康熙年间还规定了"调门看守"的制度,即各旗驻区内城门,须由他旗委派官员充任守门官。入夜实行门禁,如遇奉旨差遣及紧急军务,须持有大内的阳文合符,与城门领所持阴文合符照验明白,方可启门,但阴文合符只有正阳门、西直门及步军统领衙门才有。

清代拱卫京城的绿营军队,掌分汛防守并巡逻稽查外城及京郊地方。初设南、北二营,顺治十四年(1657)增设中营,称"巡捕三营",由兵部职方司汉主事管辖。康熙三十年(1691)改由步军统领衙门兼管,并于乾隆四十六年(1781)增设左、右二营,遂成"巡捕五营"之制。巡捕五营由马步战兵组成,由提督九门步军巡捕五营统领(简称步军统领或九门提督)统辖。巡捕五营各按所管地界,分汛驻守,巡防稽查:中营分圆明园、畅春园、树村、静宜园、乐善园五汛,辖堆拨(基层警务点)258处、栅栏12处;南营分东珠市口、西珠市口、东河沿、西河沿、花市、菜市口六汛,辖堆拨301处、栅栏289处;北营分德胜、安定、东直、朝阳四汛,辖堆拨124处;左营分河阳、东便、广渠、左安四汛,辖堆拨162处;右营分阜成(阜成汛守备衙门在阜成门外北驴市口内路北)、西便、广宁、永定四汛,辖堆拨110处。其中中营乐善园汛、右营阜成汛均位于本展览路地区内,可视为本区域最早的治安机构。

长河既是水上御道,当然要有安全保卫设施。长河沿岸修建了一连串的"堆拨房"(相当于现在的警务室),派兵看守巡逻。据样式雷史料

《西直门外倚虹堂迤西添建堆拨房单子》记载："倚虹堂迤西至紫竹院等处添建看道堆拨八座。"其中"西直门外倚虹堂后身顺土堤往西至万寿寺东，添建看道堆拨五座"，第一座建房三间，其余四座均为两间。另外，"外火器营东门外大堤东添盖堆拨一座两间，迤北一座两间。紫竹院前河道东头闸口南岸添建堆拨一座两间"。这样，沿长河两岸每隔一里多地即有一座驻有旗兵的堆拨，可保安全无虞了。据光绪《顺天府志》和《北京市志稿》载："乐善园汛：左哨千总官房坐落西直门外二堆，头司把总官房坐落西直门外西关，二司把总官房坐落石路七堆。"乐善园汛"有千总 2 名，把总 4 名，外委 6 名，额外外委 3 名，汛兵共 580 名，专管西直门外及长河一带，至万寿街等处"。另外，每遇皇帝乘船前去清漪园，还要从圆明园护军营中抽调 392 名八旗官兵，到绣漪桥和长春桥之间长河两岸"接送圣驾站道"。总共加起来几乎有 1000 多人，以确保皇帝的龙舟安全地驶进昆明湖。乐善园汛，估计是因其为该汛区最大最重要之所在，其实也是指代该地区最早的地名，亦说明保卫行宫乃其重要职责。乐善园汛与乐善园行宫内事务无关。内务府奉宸苑所属乐善园行宫苑丞、苑副等管领官和乐善园汛，分属两个行政系统，之间没有直接关系。

清仁宗嘉庆皇帝于嘉庆四年（1799）正月开始执掌帝位，因其执政能力远不及其父，国家财力亦非昔日可比，对于乾隆建于京郊、畿辅乃至直隶境内的数十处行宫，除必要者外，皆渐次收缩。而且自其即位后，直至嘉庆八年（1803）三月始，初游乐善园，但也只是小住。于是，离城近在咫尺的乐善园行宫便成为最早收缩的对象，不出两年，嘉庆就下令裁撤，这时是嘉庆九年（1804），乐善园自此不复存在。《大清会典事例》载曰，嘉庆六年"乐善园苑丞三人内，裁拨一人，作为南苑团河行宫额缺"。嘉庆九年"旨乐善园园庭事务甚简，有直年官员，足资管理，其原设郎中一员，即着裁汰"。"奏准，将乐善园原设园丁、园户、匠役，分拨景山等处当差。"嘉庆十年"奏准，乐善园裁撤房基、空院，共地五十六亩四例，每亩征银三钱，共征租银十六两八钱九分二厘"。嘉庆十一年"奏准，乐善园内殿宇房间，已经裁拆"。这时是 1806 年，乐善园余址已经招佃承租，辟为耕地，并起订租例，依之收租。人去园空，故址改为奉宸苑所属的官地，这便是曾经盛极一时的长河南岸乐善园行宫的结局。

乐善园行宫撤销70年后，只有园墙断壁犹在，小溪流水如故，映入时人眼中的乃是一派荒凉景象。直到光绪三十二年（1906）三月己丑（12日），商部奏折：请拨西直门外乐善园官地，兴办农事试验场。久已荒败的乐善园行宫故址又复热闹起来。作为清末新政之一的农事试验场，便选此址兴办。该奏折先行论述兴办农事试验场之意义与必要，继谓："京师为首善之区，树艺农桑又为臣部所职掌，自宜择地设立农事试验场一所，以为模范。唯查试验场用地，非寻常开垦可比。欲便于参观，则不宜偏僻之区；欲利于研究，则不宜荒瘠之地。摒除两弊，相度维艰。兹查得西直门外有乐善园一所，该园地段广计十有余顷，园中屋宇、花木悉经毁弃，唯土脉肥饶，泉流清冽，以之作为试验，种植灌溉最为合宜。臣等窃思，近年南苑禁地均经奉旨陆续招垦，仰见朝廷敦崇稼事之至意。视乐善园地势，虽属沿河跸路所经，而观稼劝农，圣朝所重，将来种植繁衍，弥望青葱，尤足以供宸赏。该园系奉宸苑管辖。合无仰恳天恩，饬交臣部接收，作为试验场之用？如蒙谕允，臣等遵即行知奉宸苑，派员接收园地。一面将试验场应办事宜，酌拟详细章程，再行奏明办理……"

其中之"乐善园一所"，系就其原属地名而称之，当时已经没有了乐善园。兴办过程中，又将原乐善园西的私人园林"继园"（即俗称"三贝子花园"），并入。历时两载余，于光绪三十四年（1908）五月正式开放，售票供人参观。从此，北京又增一新兴名胜，尤以其附属之展览动物的万牲园最为吸引人，即今北京动物园之前身。因其名称多次变化，致使有不清楚者将乐善园、三贝子花园和长河行宫相互混淆，还有文章将倚虹堂也归于乐善园下叙述，甚至将建于清末的农事试验场畅观楼、豳风堂、鬯春堂等新式建筑，称为"乐善堂建筑遗存"，更是搅混不清了。

2. 邻善园与三贝子花园

除乐善园之外，一并纳入农事试验场的还有继园以及古刹广善寺和惠安寺等处。继园故址位于今北京动物园西北部，康熙朝此园名邻善园。邻善园系康熙帝赐其皇三子胤祉（雍正时避皇帝讳，改名允祉）的园林。允祉颇得父皇康熙垂顾。据《清史稿》可知，帝凡行围、谒陵，皆从。康熙四十六年（1707）三月，迎上幸其园邸，侍宴。岁以为常，或一岁再幸。看来康熙多次来过邻善园。清代皇子在未分封之前，其班俸视如贝子，允祉行三，世人遂称允祉为三贝子，习称邻善园为三贝子花园。虽然允祉曾被封为诚郡王和诚亲王，但以后又被夺爵禁锢，于雍正十年（1732）死于园所。其第七子弘璟（乾隆堂兄，号"敬一主人"）于雍正八年封贝子，乾隆四十二年（1777）卒，弘璟第三子永珊（红玉）于该年袭镇国公。永珊于此时即将邻善园赠予了其外甥明义。明义，生卒年不详，姓富察，号我斋，满洲镶黄旗人，都统傅清的儿子，傅恒的侄儿，在乾隆朝做上驷院侍卫终其生。

可知从康熙四十六年至乾隆四十二年，允祉及其子弘璟应为邻善园的主人。乾隆三十三年（1768），质亲王永瑢，即西园主人，曾来邻善园游览。永瑢是位工书善绘的艺术家，为邻善园之景色所倾倒，遂绘一幅《邻善园图》。著名宗室诗人永忠，系皇十四子允禵之孙，贝勒弘明之子，自乾隆二十五年（1760）也时常来邻善园游览。

明义于1777年得到邻善园后，把邻善园重加修整，改名为"环溪别墅"，并且以原来的园子为基础，"堂其堂，亭其亭，浚溪疏泉，环溪以通舟楫，千章夏木，九仞假山，渚漾荷风，苔无尘迹，居然一胜境矣"。乾隆四十七年（1782），永忠据永瑢的《邻善园图》撰写了一篇《邻善园图记》，道出了邻善园二十年间的变化，包括园名的变迁、园主的易人及园中的兴衰。此文收录在其诗文集《延芬室集》中，其中有云："堂伯敬一主人邻善园在乐善园之西南偏。"永忠在诗《环溪别墅次壁间韵》下注云："旧为敬一贝子之邻善园。贝子于乾隆四十二年丁酉薨逝，嗣公红玉以园畀其甥我斋，明义易今名。"

敦诚在《四松堂集》中也提到过明义，敦诚也到过环溪别墅。提到敦诚，估计读者也会想到《红楼梦》和曹雪芹了。北京图书馆曾经发现了明义的《绿烟琐窗集》诗选，从中竟然发现有《题〈红楼梦〉》诗，而且竟有20首之多。应指出，永忠和明义均系乾隆时期的红学家，永忠还撰有《因墨香得观〈红楼梦〉小说吊曹雪芹》三首绝句，均系研究《红楼梦》

的重要资料。

由此可以说明，明义的时代及其交游的范围，和曹雪芹在世时所接触的圈子是有些关系的。至于明义和曹雪芹本人是否认识，虽然缺乏直接证据，但从其本人《题〈红楼梦〉》诗的小引中所说的"曹子雪芹出所撰《红楼梦》一部，备记风月繁华之盛。盖其先人为江宁织府，其所谓'大观园'者，即今随园故址。惜其书未传，世鲜知者，余见其抄本焉"这几句话来看，他应该是同曹雪芹相识的，如此也可以进而推测，曹雪芹极有可能游历过邻善园。曹雪芹死时，明义大约是23岁。

后来，邻善园成为皇亲勋臣傅恒第三子福康安贝子的私人园邸，有人据此得出"三贝子花园"和"环溪别墅"由福康安而来，甚至将明义混为福康安，此言谬矣。福康安是1795年才被封为贝子并得到"环溪别墅"的，晚于明义命名"环溪别墅"18年，晚于允祉的"三贝子花园"88年。其实，真正值得我们记住的，是福康安作为民族英雄的故事。

傅恒三子福康安，字瑶林，乾隆十九年（1754）出生在位于沙滩大院新建成的一等忠勇公府。历任工部、兵部、户部、吏部尚书，武英殿大学士兼军机大臣，是从沙滩大院成长起来的一位杰出将才。他参加了第二次金川之战，并统兵平定台湾发生的以"反清复明"为旗号的"天地会"，由此他晋封为一等嘉勇公。至今，在台湾省嘉义市嘉义公园还立有福康安纪功碑。乾隆五十六年（1791）七月初，在英国支持下，当时统治着尼泊尔的廓尔喀以西藏欠债不还失约为借口，发兵入侵，西藏地区安全形势极为严峻。在两广总督任上的福康安授命统率大军，经青海西宁、唐古拉山口出征西藏，反击侵略者的进犯。在这次震撼海内外的战役中，福康安和广大将士一起，跋涉冰雪，翻越"世界屋脊"喜马拉雅山，克服了物质条件、交通环境、高原反应等难以想象的困难，在与廓尔喀军队激烈的高原作战中连战连捷，彻底击溃敌军，将廓尔喀赶出西藏，并深入廓尔喀境内700余里，逼近加德满都城下，迫使对方求和，接受了福康安提出的条件。这是在鸦片战争以前，郑成功收复台湾、康熙进行雅克萨战争之后，中国人民又一次和外国侵略者进行的一次保卫国家领土完整的正义战争。这次战役赢得了此后西藏边境的长期安宁。战后，福康安遵循谕旨，提出方案，会同达赖商议改定西藏善后事宜。改革了达赖、班禅及其他活佛的继承制度，设立金奔巴瓶，转世灵童需经清政府掣签选定和批准，提高了驻藏大臣的职权，增进了内地与西藏的联系，加强了中央对西藏的管理。他为巩固国家的主权、领土完整和边境的安宁做出了巨大的贡献，是当之无愧的民族英雄。乾隆六十年（1795）九月，福康安又在贵州、湖南的平叛战争中告捷，乾隆破例授封其贝子衔，成为清朝第一个活着被封为贝子的非宗室成员。他出居东四北二条的贝子府，并成为西直门外"环溪别墅"的主人。嘉庆元年五月，他率军在贵州平叛途中感染瘴气，在军中去世。已经退位的太上皇乾隆万分痛惜，下令追赠福康安为嘉勇郡王。

道光年间，环溪别墅的主人已改为宝文庄公相国，且将此园易名可园。大约光绪初年，该园又属清内务府郎中文麟的私产，改称继园，其因事被查抄家产后，地属公有，归属内务府奉宸苑。至光绪三十二年（1906），经奏准，将乐善园、继园（三贝子花园）以及古刹广善寺、惠安寺等处建成农事试验场。

3. 农事试验场与万牲园

清光绪三十二年（1906），清政府推行新政，派出考察西方政体的大臣端方有奏折："各国导民善法，拟请次第举办，曰图书馆，曰博物馆，曰万牲园，曰公园。"清商部具奏请旨拨官地，为此，清宫内务府奉宸苑将其管辖的乐善园、三贝子花园、广善寺和慧安寺以及附近土地850亩并入，合计为1012亩（另一说为1062亩）土地，筹办"农事试验场"并建"万牲园"。后农事试验场东面为动物园，西面为植物园。

万牲园正名应该为万生园。对此，北京史研究学者姜纬堂在《旧京述闻》中收有《万生园·万牲园》一文，辩证"万牲园"为"万生园"的同音讹写。"万"为数量至极，其意与"众"相似；"生"指生命，即俗语所说的"活物"。因为"动物园所饲养、展览者，皆野生动物，且不仅有禽类、鳞类、介类、虫类等。因而，绝不是'牲'这个概念所能包括得了的"。更重要的是，当时京师农事试验场的公告、出版物、动物展区悬

97

挂的牌额以及清末民初人的游记，均写为"万生园"。①估计因为"万牲园"之"牲"也可指除人类之外的动物，所以还是流行开来。

同年九月二十日，商部改为农工商部，拨款白银 10 万两，南洋大臣和北洋大臣各拿出公款 5 万两，合计 20 万两白银投入农事试验场。十二月，为筹办农事试验场，农工商部向美、英、奥、德、法等国和全国各地发出通知，请将当地的活体动物、标本、植物株棵、种子等送京师农事试验场以供试验和陈列。很快，收集到国内外各类动物数百只，禽鸟数百只，五谷杂粮、蔬菜、瓜果、树木、花草、药材各数以万计，昆虫及鱼虾蟹和标本数以千计。欧美、亚洲的蔬菜、肥料、新式农具也都汇集在农事试验场。

农事试验场是清末洋务运动的产物。开办农事试验场，是中国农业近代化的标志，先后有湖南农务试验场（1901）、直隶农事试验场（1902）、山东农事试验场（1903）、山西农事试验场（1903）、福建农事试验场（1906）、农工商部农事试验场（1906）与奉天农事试验场（1906）等。京师的农工商部农事试验场，虽然不是最早的，但是全国性的，标志着中央农事试验机构的形成，一直延续到 1949 年，中华人民共和国成立后成为北京动物园，在中国农业史和动物园史上占有重要的地位。

清农事试验场总计占地面积约 71 公顷，其中乐善园的旧址在其东北部。万牲园是农事试验场附设的动物园，也是中国历史上最早的近代公共动物园。建造这座"万牲园"的主要原因，是两江总督兼南洋大臣端方受民政部尚书徐世昌委托，于光绪三十三年（1907）正月十五日电告农工商部，将驻德三等参赞官冯祥光于汉堡向德兽商宝尔德购买的一批野兽和禽鸟转运北京，作为筹办动物园之基础，并将一头高五六尺、能表演杂技的印度母象专门供奉给慈禧太后。慈禧在得到禀报后，非常愉快，但又寻思着宫廷大内实在无处饲养，故而下旨在北京西郊建造万牲园。

在筹备建造这座规模宏大的万牲园时，慈禧太后和光绪皇帝都投入了十足的热情，他们不止一次地提醒谕告管理施工的部臣注意风景，故各项

---

① 关永礼：《百年长忆万生园》。

建筑物多带园林形式。慈禧还垂训："拟选取各种鸟兽鳞介品种，选行豢养陈列。"最初展览的动物，都是南洋大臣兼两江总督端方自德国购回的，还有全国各地抚督送献清廷的动物，一共大约有130多只，包括象、虎、豹、熊、狮、鹿、野牛、斑马、袋鼠、猿猴、鸵鸟等，花费29000两白银，一共59笼，于1907年6月7日运抵北京，即安置在了农事试验场内东南隅广善寺的东空院内。随动物到来的还有两位高薪雇来的德国饲养工人。除此之外还从邻国购买了一批鸟类，国内各地的官员和出使各国的大使也纷纷呈送了各种野兽。万牲园的建立，标志着中国现代动物园的开端。后来经过搜罗又添置了一些动物和植物，并"添建兽亭3座，兽舍40余间，鸟室10间，水禽舍、象房、陈列室等，展览动物80余种700余只"，就把现在动物园内东南角的地方辟成小动物园，当时人称"万牲园"。

光绪三十四年（1908）六月十六日，农事试验场全部竣工，开放接待游人。门票售价为铜圆8枚，孩童、跟役减半。如需到动物园和植物园参观要另买票，动物园票价为铜圆8枚，植物园票价为铜圆4枚。在农事试验场的正门外东西两旁，各设有小屋一间；东边一间是售票处，有两个窗口，分别为南窗、西窗。南窗卖男客票，为白色；西窗卖女客票，为红色。西边一间是寄存物件处，如有大件、要件不便带入场中的，可以寄存此处。游人入场由东门进，分男左女右。进门后，有人验票、剪票。

当初农事试验场里有不少精美的建筑物，植物室内建有温室，并展出各种奇花异卉。还有各种试验室、农器室、肥料室、蚕室、温室、农夫住宅等。对各类农作物分为五大宗进行试验，分别为谷麦试验、蚕桑试验、蔬菜试验、果木试验、花卉试验。当时里面附设的动物园面积仅占1.5公顷，也就在现在北京动物园的东南角那么一小点儿地方。还有梨、枣、桑、海棠等各种不同的果圃数十个，梨则一圃皆梨，枣则一圃皆枣，很是丰富。园内设有国立北平大学研究院动物学研究所。

当时因为西直门交通方便，这儿又是京城第一个既有动物又有植物的公园，所以每天都特别热闹，来玩儿的人特别多，甚至慈禧和光绪也来游玩过两回。

慈禧去世后，特别是宣统元年后，万牲园内的各类动物已无人管理。

辛亥革命之后，军阀混战，动物园差点荒废。此时，中国历史上最后一名状元，近代书画家刘春霖，曾经在1914—1922年任中央农事试验场场长，每天坐着大马车出西直门去上班。民国四年（1915），农事试验场改称"中央农事试验场"。民国十七年（1928），改为北平农事试验场。民国十八年（1929）又改称天然博物院，所以门前的西外大街一段曾经称为博物院路。民国二十三年（1934），奉行政院令，改归北平市政府接管，定名北平市农事试验场。当时场内饲养的动物有狮、虎、豹、狼、熊、猴、象、鹿、野牛、犀牛、鳄鱼、龟、鹦鹉、仙鹤、鸵鸟、孔雀等各种飞禽走兽数百种，而且还有各种动物标本在室内陈设。

自20世纪初开业至40年代，农事试验场曾先后请来4位身高2米出头的巨人在门口验票。第一位据说叫刁元喜，号称"金刚力士"，1916年故去。后来有刘玉清（河北肃宁人）、魏集贤（又名魏世明，涿州石匠）二人，40年代的是山东人张恩成。此事曾经吸引很多游客参观，老百姓称其为"大人"。当时的入门券是每张售洋1角。30年代初，身高2.42米的刘玉清还被美国人雇用，带回美国供人参观，还到好莱坞拍电影，获得片酬美金万元，后回国购房娶妻，于1939年病死于北京，时年50余岁。而魏集贤则活到60岁。张恩成因吸毒自杀，死时还不到30岁。

动物园很吸引人。对此，林海音在《城南旧事·兰姨娘》中也讲道："'昨天——'我也学会了鬼鬼祟祟，挤到妈床前，小声说，'兰姨娘没告诉您吗？我们到三贝子花园去了。妈，收票的大高人好像更高了，我们三个人还跟他合照了一张相呢，我只到那人这里……'"

老舍在《四世同堂·饥荒》中也提到过："在往年，这季节，北平城里必有多少处菊花展览；多少大学中学的男女学生到西山或居庸关、十三陵去旅行；就是小学的儿童也要到万牲园去看看猴子与长鼻子的大象。"

到了抗日战争时期，动物园彻底衰落了，仅有的一头业洲象最后也被饿死了。1943年9月，抗日战争结束前两年，日伪政府下令称"该场动物园内所饲养之狮、豹计有十余只，近闻患病者甚多，为免除传染起见，应即一律处置"。而实际呢，当时园中的动物除了一对年龄较大的狮子和一只老豹子外，其余均在壮年，甚至还有一只尚在吃奶的小狮子。饲养员不忍心杀害一直拖延，但终究不堪日本军队不断的压迫，在当年 11 月还是杀死了这批狮、豹。到 1949 年北京解放的时候，园内的动物基本都死光了。

日本侵占北平后，这里一度成为日本兵营，场内的建筑物遭到严重破坏，农事试验场于 1938 年 10 月被撤销。1945 年 8 月，日本帝国主义投降后，该场慢慢恢复业务工作，改称北平市园艺试验场。1946 年再次改名为北平市农林实验所，成为供市民参观游览、推广园艺事业、指导农业生产、进行农作物改良试验的机构。

4. 《京师农事试验场全景》与"十三桥"

正是因为高粱河、长河流到西直门外形成了一带难得的水景，不仅成就了长河沿岸的众多寺庙，也是乐善园、继园等园林集聚于此的缘由，后来变成了京师农事试验场，这一带由此成了京城的好风景。《天咫偶闻》一书就记载着："于此登舟，沿河高楼多茶肆，夏日游人多有至者，而无复踏青之俗矣。"旧有《游万牲园诗》写道："西行忽见飞桥连，下有曲涧鸣流泉。舟子抱桨眠柳絮，园丁缚帚扫榆钱。"这一带水、桥、船的游趣，比之城里的几处海子，不但毫不逊色，而且更有动人之处。

几年前，报载崔普权先生收藏的光绪九年老戏单上一则广告："西直门外动物园五月下旬开办……因园内桥梁甚多，不能行，必须坐轿方能逛完全景耳。"分明记载了动物园里水多桥不少，只可惜未能记得桥有几座所名为何。时间一过百年，所幸清末京师农事试验场开办留下一本纪念册《京师农事试验场全景》。

《京师农事试验场全景》，清宣统元年出版，是清末记事照片册，主要为呈送朝廷而制作，宣统元年四月一日印刷，四月四日发行，由日本博信堂

游园人力车和肩舆，图中还有游园公司的标志。《京师农事试验场全景》，清宣统元年出版。

印刷。共刊载 107 幅黑白 12 寸照片，大致分为官吏职员、建筑设施、园林景观和游玩服务。图文有"畅观楼"等建筑设施和园林景观，如"试验室""温室""观稼轩""东洋房""西洋房"，以及大小水面与各式桥梁，都有清楚的照片；还有游玩服务的如"御座船""游园江苏船""各式游船""游园人力车""游园推车""游园肩舆"等等。其中还有"燕宾园饭店及镜真照相馆"，清楚显示当时园内开设有照相馆。

本图册为我们保存了试验场"十三桥"的风采，计有：动物园北门劈柴桥、农林房劈柴桥、东北宫门木桥、东北宫门断桥、荟芳轩东青石桥、瀑布西三叠游廊桥、中式花园东洋亭前木桥、东洋房前高木桥、万字楼南大石桥、畅观楼前白石桥、豳春堂东洋式桥、豳春堂南高石桥、五谷地里高木桥。其中的"劈柴桥"颇为奇特，"当然用的不是劈柴，但是根根柴木确是原始天成"。至于进出东北宫门的断桥，桥面上只有约 1/3 铺着活动桥板，可以随时撤去；还有高木桥、高石桥，因为桥上走人，桥下过船，高桥过大船，桥高洞也高；断桥过船则是可以通过更高更大的皇家御舟。对照《圆明园四十景图》中的桥梁，可以看到相似相近之处。

当年长河"松风萝月"的游艇码头，是官民人等登舟之处。据《清稗类钞》记载 1908 年京师农事试验场开张之初，"水田尽处，溪流一带，菡萏含华，碧波澄清，源长出园外，宽约盈丈，游子荡桨其中，船有南北式之别"，不但备有皇上专享的御座船，还有"游园之江苏船"，颇具秦淮河雕楼画舫之风；绿荫浮萍之畔一艘艘各式游船，富有野趣生机，游客只要掏得起钱，就可以泛舟游园。据说那一年，宣统朝学部尚书荣庆携一家游览万牲园后曾经记道："晚风杨柳之中，一塘藕谢，满池荷花，游人可从船厅乘船，放舟于荷花深处，静观日出芙蓉。"但不知晚风中是日出还是日落？

西外大街往西今动物园附近，长河岸边，曾经有过一座极乐寺，寺东有国花堂，为明代寺庙园林，已废。具体位于西直门外 3 里处，据说即今首都体育馆一带，建于明成化年间（1465—1487）。园内有国花堂、层台、高槐。一度出现"连空碧草皆游幕，到处垂杨作酒筹"的盛况。见于明代刘侗的《极乐寺》："高梁桥水，来西山涧中，去此入玉河（长河），辞山而平，未到城而净，轻风感之，作青罗纹纸痕。两水夹一堤，柳四行夹水。松之老也秃，梅之老也秃，柳之老也，愈细叶而长丝。高梁堤上柳，高十丈，拂堤下水，尚可余四五尺。岸北数十里，大抵皆别业僧寺，低昂疏篱，绿树渐远，青青漠漠，间以水田，界界如云脚下空。距桥可三里，为极乐寺址。寺，天启初年犹未毁也，门外古柳，殿前古松，寺左国花堂牡丹，西山入座，涧水入厨。神庙四十年间，士大夫多暇，数游寺，轮蹄无虚日，堂轩无虚处。袁中郎、黄思立云：'小似钱塘西湖然。'"

第二节　动物园里的历史建筑和"五洲行者"傅佰锐

1. "五洲行者"建筑学家傅佰锐

到动物园，如果你仔细注意的话，令人印象深刻的除了动物之外，至今还保存有不少非常有特色的建筑，如动物园大门进门处的一组建筑，还有畅观楼、鬯春堂、豳风堂、牡丹亭、荟芳轩、陆谟克堂、依绿亭、磊桥、松风萝月轩以及万牲园、兽舍等。其中大门、畅观楼等几处西洋风格的建筑，很多人都以为是当时请欧洲人设计的，殊不知，这几处建筑的设计者是中国人傅佰锐。

傅佰锐，生于 1875 年（清光绪元年），字峻山，号"五洲行者"，满族，广州人。1895 年，傅佰锐由广东地方政府送至英国，成为中国近代史上第一批留英学生之一，在剑桥大学和牛津大学学习语言文学和建筑，1903 年毕业回国。回国后，进入清朝工部工作。1906 年，他曾先后在北京设计了多处具有欧式风格的建筑，这是中国近代史中在北京由中国人自己设计的最早的欧式建筑。北京动物园内的大门、畅观楼、万牲园等多处西洋建筑就是他最著名的作品。①②

---

① 龚艺群：《傅佰锐与北京的西洋建筑》，《北京晚报》，2016 年 8 月 17 日。
② 龚艺群：《中国留洋建筑师的优秀代表傅佰锐——写在北京动物园建园 110 周年及傅佰锐逝世 90 周年之际》，《建筑》，2016 年第 11 期。

除北京动物园的建筑外，京城还有几处傅佰锐设计的建筑。其中就有位于北京西城端王府夹道，现在是中国儿童活动中心的北京大学工学院（曾改名为北平大学工学院、华北工业大学等）的几栋校舍：一座两层的教学楼、一座图书馆和一座礼堂。由于建筑风格独特，著名电

农事试验场大门，牌匾上名为"中央农事试验场"，引自《旧都文物略》。

影导演谢铁骊拍摄的影片《早春二月》（1963 年上映），曾用此组建筑作为主要背景之一，20 世纪 60 年代末被拆除。辛亥革命胜利后，傅佰锐曾任北京京华印刷局会办（相当于现在的副局长），并于 20 世纪 20 年代负责设计和建造北京京华印书局的厂房。京华印书局（现位于虎坊桥）依周围的地形而建，像一艘轮船，俗称"船楼"，至今仍是宣南虎坊桥的地标性建筑。

傅佰锐不仅精通英语等外语，还精通汉语国话（即后来的普通话）、广东话、满语，并粗通蒙语、藏语等少数民族语言，因此后来供职于蒙藏委员会任司长，并于 1922—1923 年，调任北京蒙藏学校（中央民族大学附属中学前身，原址位于西单附近的石虎胡同，现为民族大世界）代校长等职。1924 年至 1925 年，傅佰锐在家著书，因受压制，抑郁苦闷而染伤寒，住进北京的德国医院（现北京医院前身）。1926 年，傅佰锐病逝，享年 51 岁。傅佰锐逝世后，按其生前遗愿，安葬在广州满族公墓中其父母墓脚下。

2. 动物园大门与万牲园

现在仍然保存完好的坐北朝南的北京动物园大门，包括正门和东、西、北三面连在一起的一座两层的楼房，铁红色的木质柱子、楼梯和走廊，绿色的铁皮屋顶，与周围环境配合得相得益彰。此处曾作为公园工作

人员的办公地点和接待客人的地方。

1955年4月1日，西郊公园正式改名为北京动物园，由时任中国科学院院长的郭沫若题写园名。"文革"期间，郭沫若受到冲击，由他题写的园名牌匾被摘除，就从毛泽东诗词书法中选择了五个字，拼凑成了现在使用的毛体园名牌匾。

特殊时期，大门额枋上的砖雕墙饰被铲平，雕花龙纹也被砸掉。之后，又按照老照片恢复。现在我们看到的已经不是"原装"了。

万牲园的位置在现正门那组建筑的东侧和猴山之间，现在仍为小动物展览区。1949年后，动物园在扩建时将其拆除。

3. 畅观楼

现今农事试验场建筑遗存主要有三处，分别是畅观楼（建筑面积约1300平方米）、鬯春堂（建筑面积约320平方米）、豳风堂（建筑面积约200平方米）。在此特别指出，此建筑不是乐善堂建筑遗存，因乐善堂早就消失了100余年。

畅观楼和鬯春堂建于1908年，是专供慈禧太后从皇宫去往颐和园途中休息之所，是清末皇室唯一的欧式行宫。畅观楼是慈禧的住所，据说是地道的德式皇宫建筑，兴建最初的目的就是作为清朝慈禧太后和光绪皇帝乘船去颐和园时中间休息的行宫。楼房后面有一块刻有设计者名字傅佰锐的小石碑，埋在后墙根下。与畅观楼隔水相望的鬯春堂是随侍王公大臣休息

畅观楼前喷水铜麒麟和铜狮。《京师农事试验场全景》，清宣统元年出版。

105

的处所。光绪三十四年（1908）四月、九月，慈禧及光绪曾两次来场，均在此小憩。慈禧第一次来畅观楼时，在三层平台上观看场内景致，并与光绪、裕德龄、李莲英等在楼上用茶点。这里的确是"游息之乐园"，风景尤佳，设备齐全，又以地处城郊，不僻不嚣，空气清新，交通便利。

请注意原来的畅观楼与现在的畅观楼有所不同，现在畅观楼的后面部分是20世纪90年代新加上去的。原来的畅观楼傍水而建，掩映在苍松翠柏之间，非常幽静别致，其风格是典型的文艺复兴时代之后的欧式建筑，采取不对称的格式，极尽建筑师所学各种欧式手法，来渲染其华丽和典雅。

畅观楼七楹两层，正门处有珐琅镶嵌匾额书"畅观楼"。楼墙体为土红色，有75厘米高灰色砖砌筑的基座。楼的东西两侧不对称，东边为圆柱形三层，楼顶为一圆形平台，有一圈紫铜制作的欧式花饰栏杆，在此可俯瞰远处。西边为八角形二层，屋顶有一座似中式须弥座的基座，托住八角锥形屋顶。西边二层东西两室内，各置一铜床，帐褥皆黄色，为慈禧、光绪来场休息之处。

楼的正面中间有一凸出带廊柱的雨篷，廊柱为白色爱奥尼柱。雨篷的顶部为二层室外平台，设有欧式的花瓶石雕栏杆。正面为七开间，两边分别三开间带外廊，上下均为爱奥尼柱式。一层外廊处设有45厘米高的坐凳；二层外廊有高1米左右的栏杆。上下栏杆均为绿色。外廊一层的墙面为红砖墙体，局部抹灰及灰塑线脚并镶嵌有中国卷草饰样的砖雕；二层的墙面上，只在门窗的拱顶部分稍作修饰。楼的东西面及南北面中间处，均有相对应的阶梯形马头墙，每一台阶处，又有一似宝葫芦形的绿色饰物。

畅观楼内的陈设、器具以西洋式为主。楼内左右两侧均镶嵌有碑石，左手两块稍小，仅为一尺余长，上下并列，均为陈尔锡于1933年所作两首有关万牲园的诗。右侧一块稍大，约1米高，为萧喻在1922年的题词，"去日极可念，远心久相亲"10个大字。大字上首有小字若干，叙述国立北平自然博物馆之缘由。大厅中央摆放约1米高的一玻璃罩，内为一莲花盆石雕。基座为四方形，底层雕刻佛八宝，每面不同，中层莲花覆盆，其上为麒麟，四面造型不同，据说是清代产物。

畅观楼周围环水，绿树掩映。楼南数十米处有一座白石小桥，名南薰桥。桥南东有一铜狮，西有一铜麒麟，均口能喷水。《本国新游记》中记述"此狮于开筑园场时得之土中"。1909年，《顺天时报》登载的一篇游记中记述铜狮、麒麟时写道："东边的铜狮，由狮口内向下喷水，水线万道；西边的麒麟脑袋向上，作回顾状，却由口内向上喷水，激射力大，如同巨泉，水声悦耳。两者的下边，各有一长方形池，池内有金鱼数尾，池水被喷水冲滴，如同活水一般。"

1912年，时任国民政府农林总长的宋教仁曾经在鬯春堂内居住，同年年底，宋教仁遇害身亡。1916年，在鬯春堂建"宋教仁纪念塔"，可惜后来塔身被毁。1912年8月29日、31日，9月1日，孙中山先生曾三次来此，参加广东公会，全国铁路协会、邮政协会，北京参议院及军警界为其举行的欢迎会，并发表演说，合影留念。中华人民共和国成立后，畅观楼曾接待西南少数民族代表团。十世班禅与中央政府商谈西藏和平解放之事时亦在此住过。1955年3月，毛泽东曾亲自到此看望西藏的十世班禅额尔德尼·确吉坚赞大师，并同他做了长时间的亲切交谈。北京市的第一个规划方案就诞生在畅观楼，称为"畅观楼方案"。畅观楼还两次辟为青少年科普馆。改革开放后的畅观楼，不知何时改为北京皇家国际俱乐部，不对游人开放。2015年10月份以来，畅观楼这座百年历史的皇家行宫对外开放，展出时间为每周六和周日。主要展出北京动物园百年建院史，展出的文物有420余件，主要的珍贵藏品有清农事试验场场旗四爪龙旗和筹建圣旨、乐善园兽纹石醢和刻字石碑等。

4. 鬯春堂

鬯春堂与畅观楼同期，建于光绪三十四年（1908），为同组建筑，位于畅观楼和宋教仁纪念塔南侧。当年，慈禧与光绪沿长河前往颐和园时，歇脚在畅观楼内，而随行官员则被安置在鬯春堂。鬯春堂最具特色的是它的七间三进的三卷棚顶，俗称"三卷"。因其屋顶结构系由三个房脊相连而成，是传统三卷勾连搭形式，灰筒瓦，硬山带前后廊。鬯春堂前廊后厦，中间穿堂门，四周为回廊，擎立24根红柱。现在看到的内部结构已经大改动。房屋四壁全部是高大的玻璃窗，堂内地板由金砖铺成，畅春堂内曾经摆设有紫檀木和花梨木家具以及慈禧太后御笔书画作品12幅。畅春堂四周由假山环抱，假山之外一度环绕种植了芭蕉、梨树、杏树、桃树等作物，环境非常幽静。

建造之初的畅春堂便是以山石景观取胜。当时的《顺天时报》曾描述畅春堂山石景观的秀美："四周高台阶环抱假山石，很有几块奇石，如同山峰似的，又有几块玲珑石，七穿八洞，景致很为好看。园中假山石虽多，此处却最为优胜。"

民国时期畅春堂曾作为天然博物院理事会办公地，后又用作高级宴请之所。1912年，中国国民党元老宋教仁应袁世凯邀请，出任北京政府的农林总长，曾在畅春堂内居住了8个月，故此有人云"畅春堂为烈士故居足以当之矣"。

1935年，张恨水审定出版的《北平旅游指南》记畅春堂说："堂皇瑰丽，三面叠石为山，环植芭蕉及槐柳桃杏之属，景物幽胜，甲于全场。此处为故农林总长宋公遁初居住之所……为公手植桧树三株，今已蔚然，人多爱护。有宋公纪念塔在焉。"

日军占领北京期间，伪政府实业总署署长王荫泰经常在畅春堂宴请日本顾问。1945年初，日军占据园艺试验场，将畅春堂作为仓库使用。1945年8月，日本投降后，国民政府接管，继续将畅春堂作为仓库。1990年年初不慎失火，烧毁畅春堂全部木构建筑，不久重建。

5. 豳风堂

动物园内的建筑遗存属于"北京市第三批文物保护单位"的，除了畅观楼、畅春堂，还有一个豳风堂。豳风堂位于动物园东部偏北，建于1907年，最初作为农事试验场的陈列室，展示各种农林物资和工具。1929年，农事试验场改组为国立北平研究院后，豳风堂招商包租，经营茶点食品。豳风堂的主体建筑是五间房屋和一个庭院，楹联云："云峦四起迎宸幄，水树千重绕御筵。"建筑均为中国传统风格，镶大块玻璃窗。据说此堂初建时为五大间嵌有冰梅玻璃窗的房屋，堂外有宽大的游廊。廊下有院子，院子上罩铅板天棚。所有廊上、院内都设有茶座。廊上是女座，院内是男座。院外沿荷花池旁设茶座。茶资每人铜子 6 枚，每桌铜子 40 枚，可坐 8 人。在此品茗观荷，风景绝佳。慈禧、光绪于农事试验场建成时，曾来游览，慈禧至豳风堂小憩，

1935 年的豳风堂后面景致

见有商肆陈列，亲问物价，肆商跪陈数目。

豳风堂东侧，有一座小亭，名曰依绿亭。据说也是清农事试验场留存下来的建筑。2006 年，为纪念北京动物园作为北京第一次向公众开放的公园以及国内最早的动物园，公园管理处在亭内竖碑一座，著名艺术家黄永玉先生题字"百年纪念"；北京大学哲学系胡仲平先生撰写了北京动物园百年纪念的碑记，兹录于下。

北京动物园百周年碑记

清光绪三十二年，公元一九〇六年，时国势衰微，西学东渐，为开通风气，振兴农业，商部奏请饬拨官地兴办农事试验场，名奉历朝劝稼之恒旨，实法西洋科技之新制。场内设万牲园，乃北京动物园之肇祖，开中国动物园之先河，倏忽已百年矣。建园未几，遭逢末季，政权迭更，园名屡易，草木失理，圈养不继，狼奔豕突，鹤唳猿啼。逮中华人民共和国立，初名西郊公园，复定名北京动物园。虽经"文化大革命"之曲折，终被改革开放之润泽，气象日新，生息日繁，园务之盛衰实系于国政之治乱，良有以也。公园凭据之园囿，原属皇家之行宫畅观楼，中西合璧，恢宏华丽，递为清室帝后驻跸之地、民国元勋聚会之场、中共领袖接待之所。又有廊桥亭榭，错落上下，河泉陂池，映带左右，花草藤树，依违前后，更有爬虫游鱼，走兽飞禽，济

济一堂，相得益彰。斗转星移，物换景迁，昔试验场，今日博物院，举凡科学研究，文化交流，知识传播，文物荟萃，无不功能齐全，设施赅备，寓教于乐，厥功至伟。或春花秋月，或夏风冬雪，游人如织，络绎不绝，扶老携幼，徜徉踯躅，少儿发其天真，成人觅其童趣，共享天伦，其乐泄泄，又岂止多识于鸟兽草木之名哉。赞曰：值我华夏旧邦新命，欣逢名园百岁嘉庆，百兽率舞，凤凰来仪。谨记其盛，勒石以铭。

二〇〇六年八月十八日

6. 陆谟克堂

今天从西配楼进入动物园以后，沿着小路一直往西北方向走不远，就是水禽湖，在水禽湖的西南侧，有一座写有"陆谟克堂"字样的小楼。几十年来，这座小楼被楼前的树木所遮掩，还有一块"游人止步"的警示牌，很多人都不是很清楚它的存在。

1928年，几乎在蔡元培在南京设立中央研究院的同时，李煜瀛在北京设立了北平研究院。其中生物部下属三个研究所：生理学研究所、动物学研究所、植物学研究所。三所的所址就选在了时称天然博物院的北京动物园。园里的来远楼28间房舍就成为新成立的植物学所的办公地，研究室10间，宿舍10间，标本室8间。1929年秋，植物学所尚在筹备期间，第一任所长刘慎谔便亲赴西山、东陵采集标本。到成立的第二年，8间标本室便严重超容，先是三所内调配、改造，又得房10间，但很快就再次超容。于是就有了陆谟克堂这座法国血统的小楼。

陆谟克，现译为拉马克，是18世纪法国生物学家。这座楼就是20世纪30年代为纪念陆谟克，也为当时的植物学所而专门修建的一所中西合璧三层小楼，是由中法文化教育基金会、国立北平研究院及国立北平天然博物院等共同主持，用退还的庚子赔款合建的，是中国最早的植物学科研楼，曾是中国现代植物科学研究的基地。整个建筑平面呈长方形，为法式风格中西合璧三层楼，结构为钢筋混凝土，外墙砖石为灰红两色，楼南面

110

正中刻有"陆谟克堂"四字（现已不存），一至二层布局类似，为实验室、研究室和图书馆，三层为标本室，由北平研究院植物研究所使用。民国期间参观此处的门票为大洋 1 角，检票者为西城后大坑三义庙静修堂理门公所催众刘玉清，其身长过人，甚为魁梧，时人称其为"大人"。

抗战期间，北平研究院迁往昆明，陆谟克堂被日军占领。1949 年北平解放前夕，陆谟克堂、来远楼又被国民党军队占据，标本、设备损失严重。当年，所长刘慎谔曾率全所人员，冒着生命危险转移标本，将大部分标本保全了下来。

1949 年后，中国科学院将全国各地的植物学研究单位包括中华科学社、静生生物调查所、云南农林植物调查研究所等归并到陆谟克堂，建立中国科学院植物分类研究所。1953 年改为中国科学院植物研究所。后为中国植物学会办公地和中国科学院植物标本陈列馆筹备处。在此工作过的专家有植物分类学家钱崇澍、胡先、陈焕镛、刘慎谔、秦仁昌、陈封怀、张肇骞、俞德浚，植物生理学家汤佩松、殷宏章、娄成后，真菌学家戴芳澜。旅居国外的植物学家和外国植物学家曾多次到陆谟克堂查阅标本和文献资料，进行学术交流。

在合并之初，共有标本 33.5 万份，随着时间的推移，标本数量的增加，陆谟克堂三楼 600 平方米的标本馆日渐无法承载，部分标本零散地存放于堂外 10 处条件简陋的房舍中。1975 年，植物所 14 位研究人员联名给邓小平以及其他几位国务院副总理写信，要求建设国家植物标本馆大楼。1984 年，1 万平方米的新标本馆在香山落成。至此植物所的核心科研、办公地逐渐向香山转移。到 1995 年年底，最后留在这里的研究室、实验室也全部迁出。陆谟克堂遂荒废了下来，只有单位的名牌还留在这里。此后，这座楼该如何利用，也颇多周折。1996 年到 1999 年，曾考虑重新修整，让中科院另一家单位使用，然而终因楼址深入动物园腹地，往来不便，加上已被确定为文物保护单位，修缮工作受文物保护条例局限，只得继续荒废了下来。2011 年 5 月下旬，经文物局的批准，陆谟克堂的修缮工程终于正式开工，当年 7 月全部完工。现为西城区文物保护单位。

7. 宋教仁故居和纪念塔

北京动物园不仅有名贵的珍禽异兽、掩映在园林深处的鬯春堂，还有辛亥革命的历史遗迹。

1912 年元旦，辛亥革命成功，推翻了清王朝，结束了中国几千年的封建君主专制，成立了中华民国。3 月 30 日，国民党创始人、曾任南京临时政府法制院院长的宋教仁，出任民国第一届内阁农林总长。宋教仁与黄兴、孙中山并称中国"宪政之父"，是伟大的民主革命先行者。他于 1882 年 4 月生于湖南常德桃源，在武昌普通中学堂学习期间与黄兴相识成为挚友，一同成立了以"驱除鞑虏，恢复中华"为宗旨的华兴会，黄兴任会长，宋教仁任副会长。1905 年，孙中山成立中国同盟会，宋教仁被推为同盟会的主要领导人之一。1910 年年底，宋教仁任同盟会的机关报《民报》主笔，以"渔父"笔名撰写大量宣传革命的文章。武昌起义爆发后，同盟会出现分裂，在宋教仁的组织下于北京创建国民党。

在其就职农林总长后，执意要住进北京农事试验场内的鬯春堂，并经常在畅观楼和鬯春堂会客和开会。在任期间他全身心地投入职守，不到临时政府所在的西苑（今中南海）去凑热闹。他布衣蔬食，朝夜以思，提出

20 世纪 30 年代和今日的宋教仁纪念塔，引自《老北京旅行指南》和《辛亥革命与西城》。

112

了开垦荒地、拓展投资、加强培训、治理水利等重要规划。7月8日，宋教仁辞去农林总长的职务后，仍住在鬯春堂内，在征得孙中山、黄兴的同意后，宋教仁还在此做筹建国民党的工作。他以同盟会为基础，联合"统一共和党""国民党共进会""国民公党"，于同年8月25日成立了中国国民党。1913年，中华民国国会大选，国民党大获全胜，宋教仁正待以党首身份组阁之际，3月20日晚，被袁世凯派人暗杀于上海车站，3月22日不治身亡，年仅32岁。宋教仁英年罹难后，孙中山先生含悲题写挽联："做公民保障，谁非后死者；为宪法流血，公真第一人。"三年后，为纪念宋教仁，人们特地在鬯春堂北面建造了一座高约2米的宋教仁纪念塔，塔高两层，塔身用艾叶青石砌成。可惜纪念塔后来被毁，今在残存的两层塔基上建造了遗址碑。

8. 辛亥"四烈士墓"

辛亥"四烈士墓"位于北京动物园熊猫馆后面的会芳轩附近、水禽湖东侧的松林中，是辛亥革命时期为推翻清封建王朝统治而牺牲的革命党人彭家珍（四川省金堂县人）、杨禹昌（四川省资阳县人，北京清河陆军中学教师）、黄之萌（贵州省贵筑县人，北京陆军测量学堂学生）、张先培（贵州省贵阳市人，北京客籍学堂学生）之墓。

安葬四烈士，孙中山亲临祭吊。墓为"十"字形，四烈士分别安葬在东、西、南、北四墓穴中。引自《辛亥革命与西城》。

1912年1月16日，由革命党人黄之萌、张先培、钱铁如、吴若龙、杨禹昌、罗明典、郑毓秀等18人组成的暗杀团体在北京东华门伺机刺杀袁世凯，制造了"东华门事件"，当场炸死袁世凯卫队长等十余人。被捕时在杨禹昌、张先培、黄之萌三人身上查出用蒲叶包裹着的炸弹。袁世凯令营务处陆建章电刑逼供，要三人招供同伙及指使者。杨、张、黄三烈士坚贞不屈，慷慨激昂，严斥"袁世凯是窃国大盗，国人恨之，炸袁出自爱国热情，要杀便杀，别无他说"。陆用尽酷刑，始终没有得到任何口供，只得将三烈士处以死刑。1月19日晚，陆下令以棉花裹身，浸湿煤油，将三人活活烧死。三人遇难的当天晚上，革命党人将三具尸体运走，密葬于农事试验场松林内。

彭家珍于1912年1月26日，在北京西四大红罗厂胡同刺杀宗社党头子良弼（阻挠清帝退位的顽固分子）时，不幸头部中弹，当场牺牲。彭家珍刺杀良弼事件在近代史上占有极其特殊的地位，它彻底终结了清朝宗族反扑民国的希望。良弼被炸两天后不治身亡，良弼死前叹言："炸我者，英雄也。我死，大清遂亡！"良弼一语成谶，死后17天，清帝溥仪宣布退位。南京临时政府大总统孙中山追认彭家珍为"大将军"。

民国元年（1912）二月，南京临时政府褒扬彭、黄、张、杨四人的革命业绩，追赠彭家珍为大将军，并为彭家珍、杨禹昌、黄芝萌、张先培等四位烈士在农事试验场营建墓地。1912年8月，四烈士墓建成。墓为"十"字形，四烈士分别葬于东、南、西、北四墓穴中。上立八角形碑塔，在碑的四面分别注明四位烈士的姓名。整个墓地呈正八角形，距地面约1米，正中立约8米的纪念碑，碑上刻"彭、杨、黄、张四烈士墓"。底座的东南、东北、西南、西北各有7级台阶通向纪念碑。四烈士就安葬于正南、正北、正东、正西四面的石冢下，每座墓前均有碑文，记录烈士事迹，并有中国国民党党徽装饰。8月24日，孙中山应袁世凯之邀抵达北京。29日孙中山专门赴农事试验场（动物园）来为反对清朝复辟制度而献身的四烈士送葬。鲁迅还曾经有一篇《即小见大》的文章，内中提道："三贝子花园里面，有谋刺良弼和袁世凯而死的四烈士坟，其中有三块墓碑，何以直到民国十一年还没有人去刻一个字。"说明立碑时大概受到了袁世凯的影响，因为几位烈士要暗杀的袁世凯此时正受到革命党的"拥戴"。

1966年，饰有青天白日标记的四烈士墓被毁，现仅存一块四烈士墓遗址碑存留。1990年7月10日，市园林局在四烈士墓遗址处（大熊猫馆后）

建纪念墓碑。碑身为白色花岗岩，底座、碑座为青石，矩形，卧式。正面朝东，镌刻"彭杨黄张四烈士墓遗址"。背面铭刻四烈士的生卒年月、事迹及建墓、被毁、建碑日期。

第三节　亚洲最大"天、地、生、海"科博馆群

1. 西外文教区的发展背景

目前，展览路地区共有科普基地10家，其中国家级的两处：北京动物园、中国古动物馆；市级的一处：北京天文馆。仅在西直门外1公里范围内，就集中形成了亚洲地区最大的"天、地、生、海"科博馆群和旅游景点。天，指北京天文馆；地，指中国古动物馆；生，指北京动物园；海，指北京海洋馆。这完全得益于1949年后北京西部地区规划为文化教育发展地区，本区域逐渐形成了面向市民的文教特色，而且这是有深厚历史背景的。

北京京西地区的发展设想来自日本侵略者1937年占领北平后，为满足其殖民统治的需要，对北京的经济、社会及自然资源等进行了详细调查，并编制了《北京都市计划大纲》，将北京城市性质确定为政治、军事中心，特殊的观光城市，可视作商业都市。规划范围以正阳门为中心，向东、西、北三面各延伸约30公里，向南延伸约20公里。即东至通州以东5公里，南至南苑土垒南界，西南至良乡附近，西至永定河以西6公里，西北至沙河镇，北至汤山，东北包括孙河镇。在布局上，将北京分成旧城区、西部新市区、东郊新市区和通县工业区。《北京都市计划大纲》服务于日本侵略战争的需要，是一种长期占领性的规划，但其中西部新市区的设想在后来有所继承。

日本侵略者的方案提出在西郊的五棵松一带规划一个"西郊新市区"，以颐和园万寿山的佛香阁为北边的制高点，向南引出一条新市区中轴线，跟紫禁城的南北中轴线平行呼应。1939—1943年日据时期，伪政府还征用了17.7平方公里作为一期用地，打通长安街向西延伸段，修了500多栋房

子、各式道路、市政设施……这个"西郊新市区"已经有了一定的雏形。

抗战胜利以后，1946年民国政府接收北平。其后尽管最终定都南京，但仍决定北平的城市架构延续"西郊新市区"方案。1947年5月，成立了北平都市计划委员会，在对全城进行实地调查的基础上，都市计划委员会制定了《北平都市计划大纲》，都市布局和地域范围与日伪时期方案大体相同。《北平都市计划大纲》的突出特点有二：一是明确提出行政中心设于西部；二是在八宝山附近地区兴建一些动物园、运动场等公共设施。然而，在当时内战连连、民不聊生的情况下，这些规划设想根本无法实现。

1949年后，人民政府有关城市规划的设想也是建立在这两个历史遗产基础上的。1949年5月8日，新成立的北平建设局召开北平市都市计划第一次座谈会，中心议题之一即是如何利用日本人留下的"西郊新市区"。建设局局长曹言行在会上明确了新市区用途："将来新市区预备中央在那里，市行政区还是放在城里。"可以说，在西郊建设中央行政区是当时的集体共识。当时陈占祥认为："日本侵略者在离北京城区一定距离另建'居留民地'，那是置旧城区的开发于不顾。我主张把新市区移到复兴门外，将长安街西端延伸到公主坟，以西郊三里河（现国家经委所在地）作为新的行政中心，像城内的'三海'之于故宫那样；把钓鱼台、八一湖等组织成新的绿地和公园，同时把南面的莲花池组织到新中心的规划中来。"梁陈方案中也指出西郊敌伪时代所辟的"新市区"离城过远，脱离实际上所必需的衔接，不适用于建立行政中心，建议展拓城外西面郊区公主坟以东、月坛以西的适中地点，有计划地为政府行政工作开辟政府行政机关所必需足用的地址，定为首都的行政中心区域。

1950年5月，北京市都市计划委员会在讨论北京市城市规划与建设方案时，一致同意西北郊（大体为清河以南、海淀区东南部）为文教区，西山（包括香山、八大处等地）为风景休养区。此后，在全区境内开始大规模建设高等学校和科研机构。1953年11月，在北京市第一个城市规划草案中，正式将西北郊定为文教区。当时本地区北部属于海淀区，1956年之前由海淀区管辖。11月28日，北京市政府邀请政务院文化教育委员会、教育部、文化部、财政部等26个单位，就有计划地建设西郊文教区、合理使用土地问题进行商讨。会上，吴晗副市长回顾了一年来文教区的发展和存在的问题，会议对征购建筑用地、建筑设计方面提出了一些规范性意见。会议最后决定由市都市计划委员会邀请中央文教委员会、教育部、文化部、政务院财政经济委员会、政务院建筑指导委员会，组成一个文教区土地使用小组，负责研究文教区的建设，以便更好地相互配合，有计划地促进文教区的发展。[①]

虽然令人遗憾的是"梁陈方案"被批判并被束之高阁，但老北京城的西部地区还是朝着文教中心的方向前进着。作为文化教育发展地区，展览路地区还有更加深厚的历史渊源，那就是北京西部优美的自然环境与皇家长期营建西部园林的人文环境影响。

20 世纪 50 年代以后，有两方面的影响更加有力地推进了展览路地区的发展。一是来自北边西直门以北八大学院的建立和学院路的开通，北京建筑大学的前身北京市土木建筑工程学校、北京外交学院也是在那个时期建立的。二是来自南边三里河地区部委办公楼的兴建，由此带动了百万庄住宅区、北京展览馆、北京天文馆的建设。这些都逐渐强化了北京西部地区以文教为中心的发展理念，并逐步形成了本地区的文教区域特征。

2. 天——北京天文馆

北京天文馆是一座外观独特的呈半圆球形的庞大建筑，屋顶上覆盖满了紫铜板，自其建成以来，紫铜板逐渐锈蚀成古雅的黑绿色，颇具神秘感，成为最受人们尤其是少年儿童欢迎的科学馆。它坐落在西直门外大街南侧 138 号，此地原称郝家湾，东侧为动物园公交枢纽，西侧为中国古动物馆，路北隔街相望的就是动物园。北京天文馆占地面积 20000 平方米，建筑面积 26000 平方米，于 1957 年正式对外开放，是我国第一座大型天文馆，也是当时亚洲大陆第一座大型天文馆，还是中华人民共和国成立以来的第一个自然科学类的博物馆。可以说，这座充满天文台风格的半圆球形

---

① 北京市海淀区党史区志办公室编：《中国共产党北京海淀区历史大事记（1920—2000）》，北京出版社，2004 年 12 月，第 44 页。

建筑，自其建成起不仅是北京西外的地标性建筑，也是北京人心中的一种奥秘般的记忆。在北京长大的孩子几乎都来过天文馆，60年来，北京天文馆以其独特的建筑和天体天象演示手段，吸引了一代又一代的观众，现为国家AAAA级旅游景区。

北京天文馆是1949年后在中国科学家建议下，中国科学院决定创建的我国第一座天文馆，由现代天文学家陈遵妫负责筹建，而且就任第一任馆长。陈遵妫就住在天文馆南边的朝阳庵，1926年毕业于东京高等师范学校数学系，曾任中国科学院紫金山天文台研究员、北京天文馆首任馆长、中国天文学会理事长等职。天文馆是重要的科普基地，而中国最著名的科普作家高士其也住在天文馆附近，在西外南路的142号院内有座二层小楼，就是他的故居。1951年，德国蔡司天象仪器厂送来一架仪器模型，后来用抵债的方式卖给了我国，那是"二战"后全世界第二台天象仪。这也是促成北京建天文馆的一个因素。

当时选址挑了几个地方，包括天坛、后海，都不合适，后来选定了北京西直门外。一是在北京郊区，当然当时肯定没有料到如今处于繁华都市里面了。二是听说莫斯科天文馆就建在动物园旁边，那我们也建在动物园旁边吧，要向苏联老大哥学习嘛。再有，西郊这片地方多为坟地土岗，土地空旷，基本没有拆迁问题。"天文馆"这个名称是陈遵妫提出的。陈遵妫考虑应该把天文馆办成既能研究又能普及天文知识的单位，并把重点放在人才的培养上。天文馆筹建组的同人们一致同意了陈遵妫的看法。"天文馆的起点就很高，在当时，各方面都是非常豪华的。"天文馆的建筑设计师是著名的建筑大师张开济，室内装饰是由美术大师吴作人和周令钊等人完成的。天顶画、壁画、浮雕、傅科摆……北京天文馆设计之初就采取了中西合璧、古今贯通的理念。张开济不仅设计了天文馆，三里河一带的三部一会大楼、住建部大楼、百万庄住宅区都是他设计的。

天文馆于1955年动工，在德意志民主共和国专家的帮助下，经过两年多时间的建设，1957年9月29日建成开馆。国务院副总理陈毅、中宣部部长陆定一、著名天文学家程茂兰和科学家高士其等600多人参加了开幕典礼。

北京天文馆是我国第一座天文馆（第一座天文台是南京紫金山天文台），馆内设有天象厅、展览厅、天文台、气象台、光学车间、太阳能利用展览宣传广场等。天象厅为直径25米圆形大厅，顶部为半球形混凝土薄壳，首次采用喷射混凝土施工。由北京市建筑设计院设计，北京市第四建筑工程公司施工。归属于北京天文馆的北京古观象台，改建为北京古代天文仪器陈列馆，称为东馆，北京天文馆称为西馆。这座天文馆可与当时世界上20座天文馆中最好的天文馆并驾齐驱。有趣的是，当年北京天文馆在9月29日开幕，就在5天之后，10月4日，苏联发射了人类历史上第一颗人造卫星，为此当时的北京天文馆也引发了人们的极大关注。

一进入天文馆的大门，我们就可以看见一个巨大的单摆，从门厅的穹顶上一直垂挂下来，在一个有低矮围墙的没有水的圆池里不停地摆动着。这就是有名的傅科摆。它是法国科学家傅科（1819—1868）于1851年首先在巴黎的万神殿表演的，这位当时32岁的年轻物理学家做这个实验的目的是要证明地球的自转。傅科摆使得刚刚进入天文馆的孩子们瞬间感受到自然奥秘的吸引和启迪。

1991年，因为老馆超期服役，天文馆的设备和建筑出现了不同程度的老化，北京天文馆的改造被提上议事日程。其中"在天文馆原地建起超高层的现代化大楼"的方案在当时引起了强烈争议。李元等天文馆元老、张开济等建筑师明确表示反对。1998年夏天，因为传闻要拆除天文馆，天文馆迎来了一场"天文馆告别热"，到天文馆来的观众是往常的三四倍。2000年9月8日，北京天文馆老馆最终避免了被拆除的命运，决定在保留老馆的前提下，由市政府投资2亿元修建新馆，并与老馆建筑相互呼应。2001年12月26日，北京天文馆扩建工程正式开工，建筑面积2万多平方米，是原天文馆规模的近10倍。同时，新馆在功能上超越传统天文馆，具备星空表演、动感电影等令人震撼的视听效果。2004年12月12日，投资3亿多元人民币、耗时近3年建成的北京天文馆新馆（B馆）开始对公众开放。

天文馆新馆由中国航天建筑设计研究院设计。新馆设计构思充分体现了天文物理科学的最新成就，整个建筑诠释了宏观和微观的两大理论——

相对论和超弦理论。比如外观上，新馆呈现在老馆周边的"空间扭曲"，这种现象正是爱因斯坦的相对论所阐释的巨大质量天体（如太阳）会导致周围空间扭曲，使光线偏转，并吸引小天体坠入。在新馆内部，宇宙剧场、动感影院等重点空间被安放在巨大的小提琴形状的弦体中间，如同弦体震动中产生的基本粒子。其所依据的超弦理论阐释了重力与基本粒子之间的关系，该理论认为，物质的基本粒子（如光子）都是因弦体震动产生的。设计师指出，传统天文馆的特征大多是完美的欧几里得圆球体，表达了牛顿力学的宇宙观；而经过20世纪爱因斯坦相对论的洗礼后，21世纪的天文馆应该体现全新的科学理念。而且，新馆建筑设计强调新馆与旧馆的对话关系。旧馆被当作一个具有巨大质量的天体，它的存在使新馆产生了扭曲纹理，这样新旧天文馆就浑然一体了。

2008年7月11日，A馆即老馆经过两年改造后重新开放，东西展厅共800平方米，有"旋转星空""奥运星空"两个展览。前者是一个长期展览，设置了14个互动展项用于教参观者认星，体会日、地、月等天体的相互空间位置，体验站在地面上观测天文现象。而"奥运星空"科普人文展展示奥运历史上重大时刻发生时的星空图。

如今的北京天文馆A、B两馆，共有4个科普剧场。A馆是老馆，其中的天象厅是我国大陆地区最大的地平式天象厅，内部设备处于世界领先水平。其中，蔡司九型光学天象仪和世界上分辨率最高的全天域数字投影系统，不仅能为场内400名观众逼真还原地球上肉眼可见的9000余颗恒星，高达8K分辨率的球幕影像，还能实现虚拟天象演示、三维宇宙空间模拟、数字节目播放等多项功能。B馆是新馆，于2004年年底正式建成开放，内有宇宙剧场、4D剧场、3D剧场3个科普剧场，以及天文展厅、太阳观测台、大众天文台、天文教室等各类科普教育设施。其中，半径为18米的宇宙剧场拥有标准半球全天域银幕，能同时为200名观众呈现出气势恢宏的立体天幕效果，这在我国大陆地区独一无二。4D剧场和3D剧场分别拥有200席和116席座位，两个剧场均采用最先进的播放设备和特效设备。4D剧场不仅能够呈现栩栩如生的立体影像，还能根据科普节目情节发展产生喷水、喷风、拍腿等多种特效，为观众带来身临其境的奇妙科普体验。3D剧场拥有宽12米、高9米的金属银幕，配以45度偏振立体眼镜，以逼真绚丽的立体效果为观众们呈现科普知识，真正做到了寓教于乐。

除播放科普节目外，北京天文馆举办的各项展览、天文科普讲座、天文夏（冬）令营等各项活动同样引人入胜，"星星是我的好朋友""天文馆里过大年"等活动早已成为备受公众瞩目的品牌活动。北京天文馆集展示与教学于一体，通过举办天文知识展览，组织中学生天文奥赛，编辑出版发行天文科普书刊《天文爱好者》《瞭望宇宙的窗口》和北京天文馆网站等多种途径方式，组织公众观测等众多科普活动，不失时机地向公众宣传普及天文知识，让北京天文馆真正成为孩子们没有围墙的学校。

2007年7月30日，正值北京天文馆建馆50周年之际，经国际天文学联合会小天体命名委员会批准，国际小行星中心发布公告通知国际社会，编号为第59000号小行星永久命名为"北馆星"，即北京天文馆星。这是对北京天文馆成长足迹的肯定，也将鼓舞天文馆日益完善发展。位于北京建国门南侧、享誉中外的北京古观象台是明清两代皇家天文台，隶属于北京天文馆。北京古观象台是国家重点文物保护单位，台顶展出的八件古天文仪器是国家一级文物，堪称中国天文国宝，每年吸引着来自世界各地游客络绎不绝前来参观。

2016年9月，北京天文馆及改建工程入选"首届中国20世纪建筑遗产项目"名录。2017年5月18日，北京天文馆被评为第三批国家一级博物馆。

3. 地——中国古动物馆

中国古动物馆（英文简称PMC）是中国科学院古脊椎动物与古人类研究所创建的，属自然科学类专题博物馆，是中国第一家以地下考古挖掘的古生物化石为载体，系统普及古生物学、古生态学、古人类学及进化论知识的国家级自然科学类专题博物馆，也是目前亚洲最大的古动物博物馆。它同时也是全国青少年科技教育基地、北京市青少年教育基地、中国古生物学会科普教育基地和中央国家机关思想教育基地。1995年12月，中国古动物馆正式对公众开放，位于西直门外大街142号（北京动物园向西

300 米路南、北京天文馆西 50 米）。

中国古动物馆按照生物的演化序列分为两馆（"古脊椎动物馆"和"树华古人类馆"）、四个展厅（古鱼形动物和古两栖动物展厅、古爬行动物和古鸟类展厅、古哺乳动物展厅、古人类与旧石器展厅），并包括东厅、贵宾厅等特展厅。依托研究所近百年收藏的 20 余万件标本，展出了从中精选的有代表性的藏品近千件。展品之精美、种类之齐全，堪称亚洲第一、中国之最。这里陈列着自 5 亿多年前的寒武纪，至距今 1 万年前的地层中产出的史前各门类古生物化石和旧石器标本及模型，包括无颌类和有颌类鱼形动物、两栖动物、爬行动物、鸟类、哺乳动物和古人类化石及旧石器等，全面展现了史前动物和古人类的自然遗存及其生命演化的宏伟历程。

在中国古动物馆展出的珍贵展品中，包括来自非洲的特殊礼物"活化石"拉蒂迈鱼、亚洲最大的恐龙马门溪龙、被称为"中国第一龙"的许氏禄丰龙、被编入我国小学课本的古动物黄河象的骨架，以及神秘的北京猿人头盖骨丢失前复制的仿真模型等。最近馆内又增添了长有羽毛的恐龙、世界最早具有角质喙的古鸟类、世界首枚翼龙胚胎、中生代能吃恐龙的哺乳动物等在世界上引起轰动的珍稀标本。通过我们丰富的展品和故事，以及集科学性、互动性和娱乐性为一体的多种多媒体电子游戏设备，观众可以在游乐的同时，全面、系统地了解史前生命演化的知识。

中国古动物馆创办的"小达尔文俱乐部"，至今已 20 年整。俱乐部定期组织专家科普讲座，野外考察，化石发掘、筛选和修理，以及模型制作等科普教学活动，是中小学生古生物爱好者的课外学堂。在全国科技场馆科学教育项目评奖中获得多项荣誉，还入选了"首都国际科教品牌计划"并名列榜首。俱乐部每年吸纳 5—14 岁的儿童和青少年成为会员，培训小小讲解员、组织化石挖掘、科普讲座、户外考察等多种活动。小会员们得以有机会和科学家们一起去野外考察，在博物馆里度过充满奇妙之旅的难忘一夜，从修理化石到为恐龙装架都能够亲身体验。从 1998 年至今，俱乐部稳定的注册会员已达 300 余人，很多小会员随着年龄的增长和经验的积累，在很多活动当中俨然已经是科学家小助理的角色，他们在古动物馆的非凡体验可能是很多小朋友与科学的第一次亲密接触。有些小小讲解员一路讲成了小讲解员、大讲解员，最终在报考高校进行专业选择的时候，真的走上了生物学的研究之路。他们在古动物馆的陪伴下收获了知识和对科学的信心，而古动物馆作为展现地球过往历史的场所，打开了和这个世界的未来之间关键的一扇门。

4. 生——西郊公园和北京动物园

1949 年 1 月 31 日，北平和平解放。同年 2 月，人民政府接管了农林试验所，后将其更名为农林试验场。人民政府接管动物园的时候，园内仅剩 13 只猴子、3 只鹦鹉和 1 只瞎眼的鸟。农林试验场的名称用了约一年的时间，其间，还短时间地改为万牲园管理处。考虑到农林试验场的条件已经不适合进行农桑实验，经过整修、改造和绿化，于同年 9 月 1 日定名为"北京西郊公园"。

1950 年 3 月 1 日，经过重新修整的万牲园以"西郊公园"的名义正式对外开放。随着动物种类和数量的发展，动物园的基本设施建设也得到迅速发展。1950 年起即对旧有动物园内的设施进行修整，又于 1952 年将其改为小动物园。此外，又相继建成象房、狮房、黑白熊山、猴楼、猛禽栏、水禽湖、鸣禽室、草原动物苑、狮虎山、河马馆、犀牛馆、熊猫馆、长颈鹿馆等 23 处馆舍（含一处改建）。总计兽舍建筑面积约 7000 平方米，运动场面积 40000 多平方米，投资 300 多万元，将动物馆舍从园东部逐渐向园中西部扩展。除建动物馆舍外，利用原有旧房改建饲料室、兽医室，同时修整园内道路，增加供水、供电，新建排污设施等。1952 年，建北京展览馆，占去西郊公园东部土地约 11 公顷。1953 年后，从国外交换的动物及国内搜集的动物骤增，为预防动物疾病，需要将新引进的动物隔离检疫，

光绪三十四年（1908），万牲园刚刚开园时，游客第一次看到斑马。引自 2012 年 12 月 25 日《北京日报》。

经市园林局批准，将西郊打石厂（白石桥路南口）改建为西郊公园动物饲养场。

1955 年 4 月 10 日，西郊公园正式改名为北京动物园，开始展出一些国内外赠送的珍贵动物，里头还有毛泽东、朱德、任弼时这些中华人民共和国开国元老在解放前骑过的战马"菊花青""大红骡""铁青马"。当时的园名是中国科学院的院长郭沫若题的。国宝大熊猫也是在那年第一次被展览出来。其实园里有好多动物，都是中国跟外国建交的时候收到的礼物，这里还有个专门的称呼，叫"动物外交"。您肯定想不到，这几十年来赠送动物最多的国家其实是日本，这也是日本对侵华期间毁害北京动物园的补偿吧。

1949 年后，北京动物园先后兴建了象房、狮虎山、猕猴馆、猩猩馆、海兽馆、两栖爬行动物馆等场馆，其中狮虎山、猩猩馆、两栖爬行馆等场馆使用至今，并成为北京动物园的标志建筑。而 1949 年前唯一留存下来的场馆猴山，已经在 2008 年因城市发展的需要被彻底铲平，变成了南北向展西路高架桥的一段。

改革开放后，又陆续兴建了非洲象馆、雉鸡苑、中型猛兽馆、鹿苑、豺狐兽舍、火烈鸟馆、朱鹮馆、夜行动物馆、热带鱼馆、热带小型猴类馆、大猩猩馆、大熊猫馆、金丝猴馆、新兽舍场馆。20 世纪末期，北京动物园向北扩建，修建了新象馆、犀牛河马馆、北京海洋馆、科普馆、鸟馆、非洲动物放养区等新馆舍。

中华人民共和国成立以后，北京动物园在事实上一直扮演着国家动物园的角色，在多次外事活动中起到了桥梁的作用。1972 年，中美元首实现历史性的会晤，中国政府将北京动物园的一对大熊猫赠送给美国人民，在世界外交史上传为佳话。

自 20 世纪 90 年代以来，中国各城市出现了一股搬迁动物园的狂潮，沈阳、大连、哈尔滨、西安、宁波、乌鲁木齐等城市纷纷搬迁原有的动物园，改建野生动物园。2004 年，搬迁的风潮波及北京动物园，引发了人们热烈的讨论和各方面的激烈争论。最终，在社会各界人士的据理力争下，搬迁北京动物园的想法止息下去。

经过百年的发展，如今的北京动物园占地面积约90公顷。展出陆生动物457种4461只，海洋鱼类1000余种50000多尾。已经形成优雅的园林、多样性建筑群、深厚的文化遗产、丰富的动物和展示方式，管理、科研、社会服务功能达到国内外公认较高水平。年接待国内外游客600多万人次。成为中国开放最早、饲养展出动物种类最多的动物园，是中国最大也是世界第三大城市动物园，是北京孩子们的乐园和公众科普教育基地，也是一所世界知名的动物园，常年吸引众多中外游客。

5. 海——北京海洋馆

北京海洋馆全称北京信沃达海洋科技有限公司，位于北京动物园内长河北岸，西侧是动物园的象馆，东侧隔展西路高架桥就是北京展览馆后湖，总占地面积12万平方米，建筑面积4.2万平方米，集观赏、科普教育和休闲娱乐为一体，是目前国内知名的也是世界最大的内陆水族馆。北京海洋馆建筑造型独特、恢宏壮观，犹如一只蓝色的大海螺，躺在绿树环抱、花团簇拥的沙滩上。

北京海洋馆是首批国家AAAA级旅游景点，是第十一届首都旅游"紫禁杯"最高奖——最佳集体奖的获得者，并连续被评为"首都文明旅游景区"。自1999年3月开业以来，已接待中外游客上千万人次，赢得了中外游客的赞誉。

北京海洋馆拥有世界先进的维生系统，使用人工海水，总水量达2万吨。馆内以"陶冶大众，教益学生，维系生态"为宗旨，环境优美，布局精巧，为游客巧妙安排了"雨林奇观""鲨鱼小镇""海底环游""白令海峡""国宝中华鲟鱼馆""鲸豚湾""海洋剧院"等7个主题的展示区域，饲养和展示的海洋鱼类及生物达千余种数万尾。孩子们在这里既可以观赏形色各异的海洋生物，又可以增长海洋知识。

雨林奇观——模拟亚马孙流域热带雨林风光。

鲨鱼小镇——全画幅水下3D立体造景，让游客一睹鲨鱼的风采。

白令海峡——一个童话将白鲸与游客拉近距离。

国宝中华鲟馆——用世界最长的亚克力整体展窗，近观中华鲟王的场馆。

海底环游——经历环球海底旅行，探索海洋世界。

鲸豚湾——观赏海豚、海狮的场馆。

海洋剧院——中国同类型最大、拥有 3000 多个座位的海洋剧院，海豚表演和海狮表演的场馆。

例如在中华鲟馆，可以透过亚力克展窗，观赏到被誉为"水中大熊猫"的中华鲟。家长带孩子学习馆内科普展板上有关中华鲟的知识，加深他对"水中大熊猫"的了解。池内湛蓝的海水、白色的沙滩，孩子可以触摸到各种珍奇的海洋软体动物，感受与"海归"们嬉戏的快乐，尽情领略海底的神秘。

2011 年 5 月，北京海洋馆推出了新展区——"珊瑚花园""水母秘境"。"水母秘境"展区带领游客穿越未来，来到 2030 年的海底实验室，这里孕育着万千生命体，展示有蛋黄水母、太平洋海刺水母、紫海刺水母、黑星海刺水母、彩色水母、天草水母、海月水母等十余种千余只。水母用自己生命的轮回诠释着对海的眷恋，短暂却精彩至极。"珊瑚花园"展示了来自南太平洋及印度洋的珊瑚物种及珊瑚礁鱼类，还原了珊瑚礁自然生态环境。在这里，时空交错，天空与海洋融为一体，展区主人海星"淘淘"带领游客穿越历史，感受古老文明国度的历史与沧桑。

北京海洋馆这座规模庞大的水族馆已经成为北京旅游行业、中国水族馆行业中一颗璀璨的明珠，并在世界水族馆行业内得到广泛赞誉。

第四章　北展风情

"北展"，以及与此相关的"老莫"，在北京人眼里是独具风情的。这个风情一是源自苏联建筑带来的异国情调；二是北京最早的可以体验西餐文化的场所，还总有那么一点点贵族、高雅的享受。真正的北展风情，其实还是因展览而带来的世界风景，而且是让人眼界大开的展览，这里包括展览馆剧场的各种大型演出，那是在西外回荡的多少带有一种生活方式和情调般生活的意识流。

"北展风情"的意识流是向外飘散的，以至于展览馆路自诞生以来也在南延北展之中。从北京展览馆出发，一路向南经阜外大街路口和三里河东路可到长安街和白云观，顺着展西路高架桥，现在叫动物园路，则可以向北飘过长河，到达高梁桥斜街和大柳树。

第一节　北京展览馆

1. 中国社会主义建设的苏联样板——北京展览馆

北京展览馆是北京第一座大型展览馆，诞生于中苏友好的年代，是在北京西郊兴建的一座规模宏大并富有政治意义的苏联展览馆，是中苏两国人民友好和进一步团结的象征。同时，苏联展览馆建筑本身也是一项重要的展览品，它给我们介绍了苏联建筑在技术上和艺术上的卓越成就。

1952 年，我国政务院经济委员会副主任李富春访问苏联，在和苏联谈判中，苏方提出在中国展示苏联的社会主义建设成就，包括经济、文化、

127

教育、科学技术、建筑艺术等。当年，说起新中国怎么建设，全社会流行这样的口号："苏联的今天就是我们的明天。"正是在这样的背景下，中央决定在北京、上海建设苏联展览馆，以学习、借鉴苏联社会主义建设的经验。根据当时北京市拟将京城西郊一带建成文化、科技、

刚刚建成后的展览馆，引自 2012 年《北京志·勘察志》。

游览区的城市规划方案，经中苏双方一致同意，并经北京市人民政府批准，将馆址确定在了西直门外。1953 年，由中央财政部投资 2700 万元。工程实际耗资 2400 万元。当年由苏联派来建筑专家，我国建筑工程部设计总局、北京工业及城市建筑设计院，在苏联专家直接指导与帮助下，共同完成了北京苏联展览馆的设计工作。中国的主要参与设计者为中方代表、建筑设计院的戴念慈和工艺美术设计师奚小彭等人。

这个工程的初步设计与技术设计工作，是由苏联莫斯科设计院第一干线设计室主任、苏联著名的建筑师、建筑科学院通讯院士、斯大林奖金获得者安德列耶夫，该室总工程师、斯大林奖金获得者郭赫曼和该室的优秀建筑师凯丝洛娃共同领导完成的。安德列耶夫的主要设计成果有莫斯科高尔基大街行政大楼（该设计获得 1949 年苏联国家奖金）、维也纳苏联展览馆、北京苏联展览馆、捷克斯洛伐克驻苏使馆、中国驻苏使馆、莫斯科麦德维德科沃和斯维帕洛沃大型居民区等。曾获两枚劳动红旗勋章和多枚奖章。为了培养和进一步提高我国技术人员的业务水平，施工图设计的具体工作是由我国技术人员担任，而安德列耶夫等三位专家曾亲临北京做具体的指导。苏联展览馆施工图的设计于 1953 年 9 月开始进行，并在开工后，在苏联专家多洛布切夫的领导下，在北京首次实行了冬季施工的作业，是北京市最早采用冬季施工法的工程。在一面施工一面设计的情况下，1954

年 4 月便完成了全部施工图的设计工作。①②

1953 年 10 月 15 日，在展览馆工地举行了隆重的开工典礼，当时北京市市长彭真致开幕词。1954 年 1 月 13 日，全国建筑业第一支青年突击队——北京市第一建筑工程公司胡耀林木工青年突击队在苏联展览馆工地成立。当时工程进入冬季施工最紧张的阶段，工区团委采纳了苏联专家的建议，在工区党政的支持下，根据自愿的原则，选择 18 名团员，建立了第一个木工青年突击队，胡耀林任队长。突击队首战就以 3 小时完成了 7 小时才能完成的水泥溜槽任务。木工青年突击队的出色成绩给全工区青年很大影响。到 2 月中旬，工区又建立了 6 支青年突击队，都超额完成了生产任务。青年突击队的出现，受到了党、团组织的重视，经过青年团的倡导，迅速出现在各地各种急、难、险、重的工作任务面前。青年突击队活动自北京展览路地区诞生后，影响全国各行各业，历时近半个世纪。其中，北京市第三建筑工程公司张百发青年突击队、李瑞环木工青年突击队在当时闻名全国。③ 他们二人后来都是人民大会堂建筑工地上的青年突击队的队长，在 20 多支青年突击队当中，张百发的钢筋工青年突击队是和李瑞环的木工青年突击队齐名的响当当的骨干队伍，敢打硬仗，当时有个口号"学百发、赶百发，一夜就要超过张百发"。

经过 10000 多名建筑工人和 6000 多名解放军战士日夜奋战，一年后，北京展览馆于 1954 年 9 月落成，初名苏联展览馆，毛泽东主席亲笔题字，周恩来总理主持剪彩仪式，苏联领导人赫鲁晓夫率领苏联代表团，还有各人民民主共和国、各国友人贵宾出席仪式。

北京展览馆位于北京西郊公园即动物园的东面，坐北朝南，东西轴线正对西直门，南北中轴线前临 20 世纪 50 年代正在规划中的北京市国家机

① 中华人民共和国建筑工程部设计总局北京工业及城市建筑设计院苏联展览馆设计组编著：《北京苏联展览馆结构部分》，1955 年 7 月。

② 《建筑创作》杂志社编：《建筑中国六十年作品卷》，天津大学出版社，2009年 9 月，第 274 页。

③ 吴庆主编，李铭、刘朝晖副主编：《学生团课 15 讲》，中国青年出版社，2012年 5 月，第 33 页。

关行政区与文化教育区的主要干道——展览馆路，通过大道直对广安门外的辽代古建筑天宁寺塔。展览馆总占地面积 9 万平方米，建筑面积 2.2 万平方米，建筑容积 30 万立方米。

展览馆所在地以前为池沼苇塘，地下水位甚至高到与地面持平，高程 47 米。建筑基础主要为中心部分的钢筋混凝土箱形基础和周边部分的条形基础，这也是全国最早采用箱形基础的建筑。箱形基础南北长 45.15 米，东西宽 48.5 米，接近方形。

全馆建筑可以简单地划分为中央部分和两翼部分。中央部分又分为中央大厅及其上层的高塔建筑，也是全馆的重心，其平面呈正方形。大厅内空间高达 20 米。大厅四周环绕着一层至三层的建筑，并布置着通往各馆的过道和楼梯等；上部有钢筋混凝土塔五层，其上安置钢塔一座，塔顶上竖立镀金红五星，钢塔高 40 米，塔顶红星中心距地面 84.5 米，这是全馆的最高点，也是当时北京市内最高的建筑。塔身四周包铜片并镀金，在塔座四周有浮花拱门式建筑环绕。工业馆位于中央大厅的北面，是全馆最大的展览室。馆室长 92 米，宽 48 米，占地面积 47420 平方米。当中 32 米跨间内是半圆拱顶大厅，大拱底距室内地面 18.40 米。厅内主要陈列重工业及轻工业产品；两边 8 米跨间分为两层，共高 11 米，主要陈列精密仪器及机械等产品。大拱两边各有半圆小拱 10 个，以供大厅内采光。

两翼各部分在平面布置上是对称的，但每一部分的使用目的各不相同。东翼为文化馆，西翼为农业馆，建筑上分为展览厅、通道、休息厅等。以中央大厅为中心附设休息厅、影剧场（北展剧场）、餐厅（即著名的"老莫"）。馆前广场中心是直径 45 米的圆形喷水池，设有 16 根喷水管，周边是 18 个半圆形的拱门，分布在展览馆总入口两侧，呈半环形，连接中央入口和两侧出入口。其中 16 个拱门每一拱上有一个苏联加盟共和国的国徽，代表 16 个加盟共和国。

伴随展览馆工程，还扩展了展览馆后身的长河湾成为展览馆后湖，在长河南岸铺设了从西直门火车站延伸过来的专用铁路支线、车站、仓库、员工宿舍、办公室和食堂等，并同时建成附近的西苑大旅社、西郊商场配套服务设施。

1954 年 10 月 2 日，刚刚竣工的北京展览馆正式揭幕，并同时举办了苏联经济及文化建设成就展。展会上，从采煤机、拖拉机、收割机，到卡车、轿车、火车机车，无不让处于经济技术落后阶段的国人眼界大开。而令大家深感震撼的还有同时开业的华丽而气派的"老莫"。作为首都北京兴建的第一批大型建设工程之一，苏联展览馆既是我国国庆五周年的献礼项目，又是中苏友好的标志性工程，是早于北京十大建筑且能够列入其中的中华人民共和国成立后大型公共建筑工程。展览馆的建筑设计参照了俄罗斯圣彼得堡的海军总部大楼，当时这是一个系列工程，不仅包括展览馆，还包括西苑大旅社（当时称为苏联展览馆招待所，即今西苑饭店的前身）和西郊商场（位于今京鼎大厦处，已拆除）。当时建筑工地的伙房就建在现在北京建筑大学（当时称为北京市土木建筑工程学校）校园的东南角，面积为 480 平方米的平房，后来移交给学校办了幼儿园。

北京展览馆为典型的苏式建筑兼具俄罗斯古典主义风格，建筑规模宏大，典雅庄重，具有苏联社会主义建筑艺术特征。展览馆的高塔基座上有一幅和平鸽画和"和平万岁"题字，塔尖顶上的镏金五角星离地面 87 米，重达 12 吨，是苏联社会主义革命的象征。苏式建筑起源于斯大林时期，苏联建筑从新文艺复兴、新古典主义与帝国建筑风格中汲取元素，创造了所谓"社会主义现实主义"的建筑风格，以显示共产主义的革命激情与荣耀。这些建筑的基本特征是气势磅礴、高耸雄伟、布局对称、富丽堂皇。最典型的造型是中央尖塔高耸入云，两翼建筑对称呈阶梯式分布，建筑前面为宏大开放式广场。关于展览馆的风格，当时任中方负责人的戴念慈和毛梓尧一致认为，建筑师在为别的国家设计项目的时候，一定要充分利用当地国家好的传统，结合进去，才能为当地人民所接受。这一思路与苏方"民族形式、社会主义内容"的原则不谋而合。

"当时的设计室设在太庙，太庙中精美的藻井彩画令苏方专家叹赏不已。他们认为，就在这临时设计室中，便大有东西可学。因此，展览馆虽在总体上是地道的俄罗斯建筑风格，但在装饰细部中采纳了中国设计人员的意见，有许多中苏合璧的巧妙处理，吸收了大量中国传统元素。如展览馆的檐口和瓦头是苏联的形式，采用了中国传统的琉璃制品，在某些细部与中国传统建筑类似。两边庭院廊柱是俄罗斯的木构建筑形式，在轮廓上却很像中国传统建筑中的挂落。"20世纪50年代末，展览馆更名为"北京展览馆"，至今以其独特的俄罗斯式建筑风貌、苏联建筑风格和中国传统装饰要素，点缀着古老的北京西部天空，被称为北京西外永久的标志。

北京苏联展览馆的建成成为苏维埃风格在中国的开端，苏联式建筑与室内风格在某种程度上引导了新中国相关设计的发展，它对中国的建筑与室内设计产生了深远的影响，如以人民大会堂为代表的"十大建筑"等一系列建筑设计，在某些部分几乎是苏式室内装饰的全盘效仿。[①] 1953年举办的"波兰华沙建筑师协会第一次代表大会"，是中国建筑领域正式接触"苏联模式"的开端，而同期的北京苏联展览馆则是中国建筑"苏联模式"的正式开始。该建筑近年已经北京市政府批准列入《北京优秀近现代建筑保护名录（第一批）》。2016年9月入选"首批中国20世纪建筑遗产"名录。

北京展览馆曾经是改革开放前北京最大的展览馆，成为我国接待五大洲几十个国家、地区来访者和我国举办各种展览、交流活动的场所，为促进国内外经济、文化、科技交流，发展我国经济贸易关系，增进我国人民同世界各国人民的友谊发挥了积极作用。1998年底，为适应布置中华人民共和国成立50周年成就展览的需要，北京展览馆进行了第一次大规模场馆改造，对原东西室外场地加盖封顶，改作室内场馆。1999年9月20日，"光辉的历程——建国50周年成就展"在北京展览馆正式开幕，这是中华人民共和国成立50年来政治、经济、文化、教育、国防、科技等各个领域辉煌成就的一次全面检阅，来自全国33个省、市、自治区、直辖市及香港、澳门特别行政区的展团，在展览现场进行了各自地区建设成就的全面展示。展览历时40天，接待来自全国的各界观众100万人次。建馆以来各种大小展览无数，有许多展览给人留下了深刻记忆，也成为展览路地区的历史见证。

如今，北京展览馆是北京西部地区最大的综合性展览馆，是多功能的旅游、科技交流、文化娱乐的场所，整个展览馆占地面积约13.5万平方

---

① 朱淳主编，闻晓菁等编著：《中外室内设计史》，山东美术出版社，2017年1月，第294页。

米，主要建筑物占地面积 8.9 万平方米，建筑面积 5.04 万平方米。拥有北京展览馆宾馆、展览公司、影剧场、莫斯科餐厅、糕点厂、首都广告艺术公司、德宝酒楼、展兴商贸公司等实体。场馆紧邻首都核心区，位于西直门外繁华商业区，西邻动物园和动物园公交枢纽、动物园地铁站，东侧不远处为西直门立交桥、北京北站、北京城铁总站、西直门地铁站和多路公交交汇的交通枢纽，北靠长河湾、北京交通大学和中关村科技园区，南临北京建筑大学、金融街与各大部委办公地，地理位置非常优越。门牌号为西直门外大街 135 号。

2. 北京人的集体记忆——"老莫"

在老北京人的集体记忆中，"老莫"和"北展剧场"是抹不去的珍贵回忆、时代印记。"老莫"指的是位于展览馆西侧建筑一层的莫斯科西餐厅，由于历史及其精湛的厨艺，在北京餐饮业中十分著名。"老莫"这一透着北京人豁达秉性和颇为给面儿的称呼，意味绵长，也成为众口皆碑的金字招牌。无论是哥们儿"请你到老莫撮一顿"，还是恋人间的第一次颇为提气、给面儿的饭局，那是多少北京人底气十足的豪爽。连带众多文学作品、电影镜头，一说到 20 世纪 50 年代到 80 年代的老北京，没有了"老莫"，那就不那么地道了。

"老莫"在 1954 年开业，以经营纯正风味的俄式大菜闻名，是北京市最大的特级俄式西餐厅，五星级旅游餐馆。餐厅由大餐厅、宴会厅、咖啡厅等组成，大餐厅面积达 400 平方米，中央设有雕塑喷泉，经营俄罗斯、乌克兰、高加索等地具有民族特色的传统菜，兼营英、法、德、意等西餐。餐厅建筑风格华贵高雅、大厅气势恢宏，充满浓郁俄罗斯情调。

餐厅的早期服务对象主要为苏联援华专家、驻华官员和赴俄留学归来的知识分子。之后因价格较高，主要是干部及其子弟光顾，成为特权和财势地位的象征，也具有雅致和贵族的意义。所以，作为早期为数不多的西餐厅，"老莫"对一些人来说具有别样的意义和情愫。老一辈国家领导人曾在这里多次举行盛大宴会，接待重要外宾。在特定的历史背景条件下，以其华丽、高贵和异域文化色彩给那一代人留下了无穷无尽的回味。50 多年后的今天，莫斯科餐厅仍以其独特的风格、崭新的面貌、全新的文化保持着它的盛名。

"文化大革命"时，吃西餐被批判为资产阶级思想，西餐厅是为资产阶级服务，餐厅曾被迫改为中餐厅和食堂。1971年，因中苏交恶，苏联厨师悉数撤走。就餐不再需要凭票，但客人挺少，最多时一天也不过百来人，人均消费三四元，而那时普通人的月工资为三四十元。来客都是有背景的上层人物、归国华侨和大院子弟，苏联驻华大使馆几乎每周末必来。改革开放后，"老莫"恢复西餐，为不少中国人走出国门提供了一次预先熟悉西方礼仪的实习机会。在"老莫"，不少人平生第一次学会"右刀左叉"，初步了解西方文化礼仪和风土人情。

面临市场压力和挑战，"老莫"也在逐渐改换经营体制。2000年，"老莫"花了上亿元改造扩建，在保持原有风格的基础上融合了现代时尚，天花板重做了吊顶，开业时从俄罗斯进口的大吊灯重新镀金，厨房里的大土灶改成了燃气灶。大厅里加了栏杆，座位不再是一字排开的方桌，也多了圆桌和环形沙发，增添了几分闲适的意味。为吸引更多顾客，尤其是唤醒北京人的历史记忆，2009年，再次恢复传统风貌重装开业。如今，极具经典风味的"老莫"，营业面积达1300平方米，可容纳500人同时就餐，可承办各类宴会、酒会、自助餐、冷餐会、婚宴、企业产品发布会、商务会议等活动。

3. 北展剧场

北展剧场全称北京展览馆剧场，坐落在北京展览馆气势宏伟的俄罗斯风格建筑群的北部，厅堂典雅高大，拥有2700余个观众席，是首都现有的客容量最大的专业演出剧院。60余年来，北展剧场接待了国内外无数大型演出和首场演出，是北京给人典雅艺术感觉和艺术享受的高级殿堂，也捧红了众多明星。

北展剧场以接待大型芭蕾舞、交响乐、歌（舞）剧及大型会议为主，自1954年建成以来，吸引了世界各国众多著名演出团体到这里展示艺术风采，如俄罗斯古典模范芭蕾舞团、俄罗斯亚历山大红旗歌舞团、俄罗斯国立小白桦歌舞团、英国皇家芭蕾舞团、德国巴登巴登爱乐交响乐团、日本松山芭蕾舞团、丹麦皇家芭蕾舞团、中国芭蕾舞团等，为繁荣首都文化市场，促进国际间文化艺术交流，加强北京的政治、经济、文化中心地位，发挥了积极的作用。北展剧场不仅是大型歌舞戏剧表演的舞台，也是放映电影的影院，更是许多著名演唱会的首演之地，创造了一个个历史纪录。在此仅举两例。

1989 年 3 月 12 日，这是改革开放初期，后来被誉为中国"摇滚教父"的崔健，首次在北展剧场举办"新长征路上的摇滚"演唱会，一时轰动京城。有人说，这场演唱会真实反映了当时当代的中国，从现场每个人的穿着、演唱方式和呼应表情，能窥探 20 世纪 80 年代末中华民族的整个精神状态，这就是音乐体现的魅力，此言不虚。

再往前，1967 年 5 月到 6 月，北京中学联合排演了大型歌舞史诗剧，就在北展剧场举行首演和连续公演，当年可谓轰动一时。参加演出的学校有清华附中、师范学院附中、人民大学附中，农业大学附中、5 中、47中、101 中、中国音乐学院附中、化工学校（化工学院）、建工学校（建筑工程学院）、工业学院（理工学院）附中等学校。全剧演出人员有五六百人，创造了北展剧场和北京艺术演出历史上人员众多、规模宏大的纪录。舞蹈、合唱、乐队各占 180 人左右。仅序幕一场即有舞蹈演员七八十人。后来，此剧组进行缩编，仍有二三百人出演。乐队有 5 中的民乐队（当时很有名）和各校组成的西乐队，指挥为清华附中的一个中学生。

4. 西郊商场

20 世纪 90 年代以前，展览馆前面是丁字路口，紧邻路口中心南侧有个用灌柏围起来的"日"字形街心绿地，中间横着是条人行通道。在绿地东侧是个盖得很考究、很大的自行车存车处，存车处里有一排排的 A 字顶车棚，自行车存这里不必担心日晒雨淋。80 年代末起，东边北端守着路口有个拉面馆，往南改为工商银行和最早的"动批"之一——聚龙服装市场，后来转移到展前广场的地下商城。

绿地西侧是个很大的水泥方砖铺就的广场——机动车停车场，广场西侧就是西郊商场的院子了。西郊商场的大院子门口有一个面朝大街的木牌楼，牌楼后面院落内有好几家店铺，东北角上是一家饺子馆。正南边是一两家餐馆，北边有一个卖点心、糖果和水果的食品店和一个卖服装的商店。西边除了一家照相馆，就是西外新华书店门市部了。书店是1956年开业的，店门朝东，营业厅面积不大，里面的光线也不好。除了出售图书以外，书店也出售一些年画和招贴画什么的。这个西郊商场的院子给人留下了深刻印象。西郊商场后身西外南路两侧，就是热闹发达的"动批"服装市场的核心地区。回顾历史，看起来该地区的商贸风气除了改革开放、全民经商的时代背景外，与西郊商场的演变也有关系。

在西郊商场西侧还有一座春宴楼饭庄，就在北京动物园正对面路南，西直门外大街134号。春宴楼于1976年开业，当时为北京市一级餐馆和旅游定点餐馆，共有营业面积1000平方米。一楼营业面积有184平方米，可同时容纳130人就餐，供应水饺、经济快餐和北京风味小吃，为那些来京游览、过往匆匆的行人提供经济实惠的饮食。二楼为雅座和宴会厅。有按照伊斯兰风俗习惯布置装饰的伊斯兰厅，有仿照明清时代习俗建造的古老餐厅，有根据西方及日本风尚装修的西餐厅和日本餐厅。另外还有两个小宴会厅和一个多功能厅。多功能厅可举办舞会和音乐茶座。二楼供应清真炒菜，高、中、低档任顾客自选。春宴楼的清真菜有40—50种主要菜肴，以袈裟牛肉、酸辣银丝、云罗大虾、桂花酥条、白扒鱼肚、红烧鱼翅、桂花干贝、干烧鳜鱼、它似蜜等为其代表。春宴楼饭庄还供应北京烤鸭。

第二节 展览馆路及其南北扩展

1. 60年前，展览馆路向南伸展

建北京展览馆时，向南正对的是南北向京张铁路西广线（西直门到广安门）的北段铁道和紧傍铁道西侧向南蜿蜒的一小段土路，横在门前的是通往西郊公园的西外大街，不远处还有一条东西向的铁道，就是京门支线。当时，这条土路的西侧也有一大片工地，就是正在建设中的北京市土

1956 年，从展览馆南望建设中的展览馆路和北京土木建筑工程学校，引自《展览路记忆》。

木建筑工程学校，即现今的北京建筑大学。

土路沿线原为旷地、坟地，后来演变为今天的展览馆路和三里河东路，以及再往南的白云路，而且都是在京张铁路西广线铁道废除后的路基上向西扩建而成的。展览馆路与展览馆同时修建，北起展览馆，沿着铁路西侧，一直向南到百万庄路口，这段比较宽。再往南就很窄了，可以通到阜外大街为止。后来将土路改为沥青路，初定名"苏展路"，后改为现在的名称展览馆路，有些人简称为展览路。修建展览馆路时，路面要低于路东与之平行的铁路路基。1969 年 8 月，铁路被拆除改建为道路后，两侧陆续建起办公楼与住宅楼，但局部地段路东地势较高的痕迹还存在。

昔日展览馆路和展览馆广场，图中高耸的白色建筑即为正在建设中的苏联展览馆。

改建后的展览馆路，北起西直门外大街，南至阜成门外大街，中与西外南路、车公庄大街、百万庄大街、阜外北街相交，全长 1730

137

米，车行道宽 12 米，沥青路面，百万庄大街以北车行道分快慢线行驶。当年展览路绿化得不错，路边种有核桃树与合欢树等树种。每到夏天，合欢树开出满树淡粉色的绒花，在夏夜里散发着淡柔的馨香；每到秋天，核桃树会结出绿油油的果实。不知何时，道路以柿子树为绿化隔离带，绿树成荫。道路两侧楼号 1—40 号，分布有北京建筑大学（1 号）、北京外交学院、中国国际法协会、中国国际关系史研究会、北京消费者协会、银龙苑宾馆、鸿宾楼、曲园等，自北向南，还有榆树馆、展览馆、车公庄大街北里、车公庄中里、葡萄园、三塔寺、扣钟北里、露园、阜外东、月坛北小街、洪茂沟等社区。有通 15 路、19 路、45 路公共汽车。

2010 年 8 月 29 日，展览馆路大修工程竣工。该路南起阜成门大街，北至西直门大街，机动车道为两上两下。道路全长 472.09 米，主路宽 16 米，辅路宽 5—6 米，人行步道宽 4.5—5 米。因部分路面碎裂、沉陷破损，部分路面网裂破损和车辙破损，大修中特铺设抗车辙沥青混凝土路面 18635 平方米，步道方砖 123.5 平方米，工期历时半个月。随着西外大街改造，展览馆路北端改建成为跨越西外大街的街心广场，自西外南路路口往南东边是榆树馆，西边是北京建筑大学，即原来的北京建筑工程学院。

说到路东的榆树馆，先说说它的最新新闻。就在本书编写过程中，在近两年的北京大疏解背景下，展览路街道非常关注老百姓的生活方便，不仅要整治环境，还要把便利留在居民身边。特别在西城区榆树馆菜市场改造中，将老菜市场摇身一变，升级为"榆树馆百姓生活服务中心"。服务中心经营面积翻倍，达到 1100 余平方米，原来官园批发市场的便民服务也将搬到这里，买菜、修鞋、理发、干洗……十多个事项可以一站办齐。

榆树馆，泛称黄土坑。榆树馆胡同东起榆树馆东里，西至展览馆路。此地原为京门支线铁道旁边的一片空地，有一片榆树林，树下多坟地，又称为榆树林。据传一洪姓人家也有说金姓人家，在一株大榆树旁开一茶馆，茶馆俗称榆树馆，后左近地区遂称为榆树馆，据说也是老舍笔下的"白房子"，1949 年前这里确是下等妓院所在地。现在的进步巷小学南原来有一条街，是这里比较老的街道，街北有排低矮的平房，说其低矮，很大原因是房基地平低于外面街道的地平。这种现象在老北京街道是经常见到的。"白房子"具体位置就在进步巷小学东南，据说"小福子"就死在那里了。1949 年 11 月 21 日，根据北京市第二届各界人民代表会议决议，在全市统一部署下，第十六区区政府对本区（当时属海淀区）黄土坑一带（西郊妓院聚集地，现西城区展览路一带）的妓院采取紧急行动。当晚将 14 家妓院全部封闭，对妓院老板进行了处理，判刑 7 人，其余教育后自谋出路。收容妓女 41 人，送北京妇女生产教养院改造思想，帮助她们另谋正当的生活出路。[①]

榆树馆在 20 世纪 50 年代后开始形成居民区，均为平房，北至西直门外南路，南至新华里，东至北礼士西六条，西至榆树馆胡同。占地面积约 2.8 万平方米，楼号 1—8 号。70 年代后拆除榆树馆一巷、二巷、三巷，改建为楼房小区。东侧的称榆树馆东里，西侧的称榆树馆西里。东里 1981 年命名，西里 1987 年命名。

进步巷小学的位置原来是马尾沟小学，1954 年有马尾沟教堂迁址此处，其前身是设在马尾沟教堂里的上义小学。

榆树馆往南，现在的欧式风格的中俊酒店可是座老楼了，以前是机械部系统的招待所。原先这座楼的南侧有个煤厂，煤可以自己拉，也可以开票叫煤，然后由送煤工送到家里。

再往南，展览馆路与车公庄大街原来是十字路口，名为二里沟东口，东边有个上坡，坡上是铁路道口。1970 年拆除铁道，1980 年 1 月，二里沟东口改建成为很大的街心环岛，成为环形交叉路口。环岛中心设有小型街心公园，周边的幼儿园和家长们经常领着孩子来玩。直到 1998 年扩建改造车公庄大街才取消。有关二里沟的历史见"车公大道"一章。

从二里沟东口往南，路东是三塔寺社区和北京市委党校，党校校园里就是有名的利玛窦墓园。路西是葡萄园社区，源自马尾沟教堂的附产——葡萄园产的葡萄并酿造的龙徽葡萄酒，这是中国第一个葡萄酒品牌，就诞生在马尾沟教堂的地窖里。葡萄园社区东至展览馆路，西至市财政局，北

---

① 北京市海淀区党史区志办公室编：《中国共产党北京海淀区历史大事记（1920—2000）》，北京出版社，2004 年 12 月，第 37 页。

至车公庄大街，南至北京市锁厂，占地面积 1.53 万平方米，楼号 1—6号。此地原为农田，后尚义酒厂于此种植葡萄，以供酿酒之用。1950 年后，于此兴建住宅，形成居民区，遂以葡萄园命名。内有机械电子工业部第一设计院、中国机电报社、同力冷冻公司、煤气站、葡萄园居民委员会等单位。

葡萄园南边，现在的农业银行处，早先是个搪瓷厂和制锁厂。再向南是百万庄路口，路口东边是展览路派出所。派出所西侧有一个洗印照片的柯达图片社，至今还悬挂着柯达的招牌，此处即早先铁路旁边的班房。路口南边，东侧现今是加油站和外交学院，西侧是鸿宾楼和扣钟里、扣钟胡同、北露园社区。

据说外交学院门口的位置是京张铁路平则门（阜成门）乘降所，即车站站场。按照《京张路工撮影》里的老照片看，阜外大街铁路道口处还设置了横跨铁路的栅栏，估计是怕人闯入铁道吧。在乘降所旁边，据说就是詹天佑 1905 年设立京张铁路工程局的陈家大院所在地。詹天佑以会办兼总工程师的身份，多在工程局办公。这也是中国铁路历史上第一个由中国人主持成立的铁路工程局，而且詹天佑在此还创办了中国第一所铁路医院——京张铁路官医院。本区域内的铁路历史详见"西直门户"一章。

2. 10 年前，展览馆路向北飞跃

2008 年，为举办北京奥运会，在北京建筑大学（当时称为北京建筑工程学院）大门外，平地起坡，展西路高架桥横空出世，向北飞越西外南路和西外大街，沿着北京展览馆西侧和动物园猴山之间，斜向北偏西方向穿越到高梁桥斜街和交大西路上。

展西路，现名为动物园路，位于北京展览馆西侧，规划为城市主干道路，由高架桥为主和地面道路两个部分组成。道路跨接西城和海淀两区，南起车公庄大街，北接高梁桥斜街，全长 2.16 公里，其中高架桥长约1800 米。展西路与展览馆路和高梁桥斜街一起，在北京的西二环与西三环之间形成了一条贯通南北的交通通道，进一步完善了北京西北地区的路网结构，加强了中关村与城区之间的交通联系，有利于缓解西直门枢纽地区

140

和西二环交通压力。展西路沿线用地情况复杂，道路空间局促。涉及首都十大建筑之一北京展览馆的景观问题，动物园猴山、熊山及猛兽馆的用地调整问题，地铁四号线、西外大街等市政设施的穿越问题，以及周边6座居民楼拆迁问题等，方案制约因素较多，难度极大。为慎重起见，从2003年开始，北京市规划设计研究院就着手组织展西路规划方案的研究，并数次组织有关专家论证。2005年11月进行规划设计，2006年5月启动项目设计，业主单位是北京市公联公路联络线有限责任公司，设计单位是北京市市政设计研究总院。

2007年11月11日，横跨北京动物园上空的展西路"隔音隧道"在夜幕下首次亮相。为避免给动物们带来噪声干扰，经过动物园上空长约千米的桥面全部装上了半椭圆形全封闭式隔音板，这也是北京市第一条全封闭隔音屏道路。人站在隔音屏外面，听不到里面汽车的声音，效果很好。

展西路红线宽50—80米，设计速度50千米每小时；按两幅路形式布设，设置两上两下4条机动车道，每幅路宽为8.0米，中央隔离带宽度为1.5米。原先考虑设有辅路，机非混行，两侧有人行步道，后来取消。最初，展西路还有地面方案和下穿西外大街和展览馆的方案，对于该地区整体风貌和北京建筑大学的完整性非常有利，据说因工期长、造价高而舍弃了。另外，还有一个南延方案，即将展西路向南一直高架，跨过长安街，直接穿越到白云路，接西外二环路，成为平行二环路和分担二环路交通流量的快速通道，因工程浩大、影响巨大而取消。

3. 北京建筑师的摇篮——北京建筑大学

在展览馆路上，一北一南坐落着两所高等院校，一个是路北段西侧展览馆路1号的北京建筑大学，一个是路南段东侧展览馆路24号的外交学院，中间还有一所中共北京市委党校和行政学院。北京建筑大学被誉为"北京城乡建筑师的摇篮"，而外交学院则被誉为"中国外交官的摇篮"。

北京建筑大学的前身是北京市土木建筑工程学校，再往前是创建于清光绪三十三年（1907）的京师初等工业学堂，至今已是北京少有的拥有百年建校历史的高校。[①]

1905年清廷废除科举后，经袁世凯奏议，京师督学局一年筹办，光绪三十三年八月初八（1907年9月15日），京师初等工业学堂在北京东四什锦花园胡同的顺天学政旧署正式诞生了。从它成立之初就承载了兴学储才、实业救国的重任，凝结了教育救国、敢为人先的文化基因，开创了我国职业教育的先河。1933年，学校更名为北平市市立高级职业学校，1945年，改为北平市市立高级工业职业学校，设有土木工程、机械、化学科。经过反抗日本侵华和反对国民党统治的革

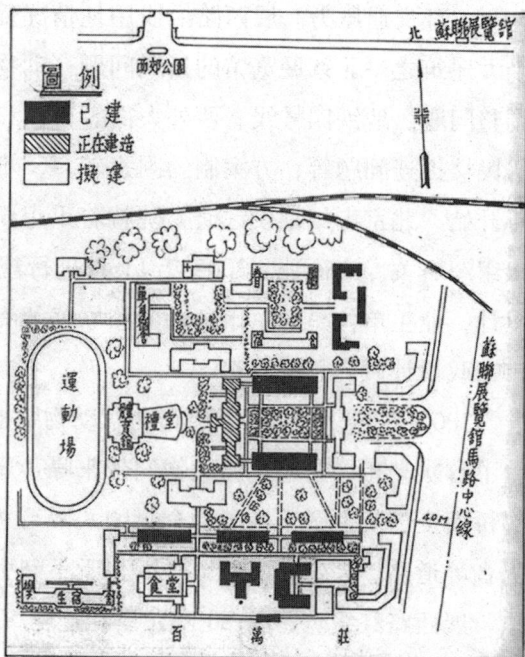

1954年，北京市土木建筑工程学校校园平面图。图中可见京门支线自校园北侧通过，西广线和京门线的联络线贴近校门的东北位置，而展览馆路并非正南正北，而是北偏东。校园南侧标注百万庄，当时车公庄大街还未打通。

命斗争的战斗洗礼，1946年9月，中共北平地下党在北平市立高工建立了地下党支部，第一任党支部书记王大明。党支部在中共晋察冀中央局、城工部、北平学生工作委员会领导下开展工作，在反饥饿、反内战的斗争中，为迎接北平和平解放做出了艰苦努力。王大明，1929年出生于北京，1944年考入北平市市立高级工业职业学校机械科。1946年7月加入中国共产党。1948年毕业后，分配到唐山铁路局机车厂当技术员，利用社会职业为掩护，全身心投入党的地下工作。1949年后，历任北京市第七届政协副主席、北京市第八届政协主席，曾任中共中央宣传部副部长，1998年任第九届全国政协常委兼社会和法制委员会副主任等。

---

① 北京建筑大学校友会：《北京建筑大学校史史料汇编》，2017年。

20世纪50年代，教学楼和学校大门及师生留影

1949 年后，学校改名为北京市工业学校。1952 年 1 月，土木工程科迁并于南礼士路的北京建筑设计院内的北京市建筑专科学校，成立中技部。1952 年 7 月，北京市建筑专科学校提出因学校规模扩大，复兴门外南礼士路原址扩充困难，拟另觅新址。根据北京市建设需求分析，建新校的规模按 1000 人计划。新校址选定在西直门外二里沟榆树馆，西郊公园铁路南面，计划把北京市建筑专科学校扩大并建在这里，办成一所北京的建筑大学。1952 年 12 月，北京市政府决定将北京市建筑专科学校中级技术部即土木科独立建校，成立了北京市土木建筑工程学校。该校李公侠校长指出："为了将首都建设得像莫斯科一样，需要培养技术人员。"

北京市政府已经先期于 1951 年在二里沟征地 200 多亩，在一片农田、菜地、坟地和荒野上，动工建设新校舍。最初规划土地面积约 400 余米见方，比现在的校园要靠北、靠东一些，包括西郊商场、榆树馆部分及周边的地块。后来扩大到近 400 亩地，从西外大街到车公庄大街，从天文馆东部到现今的榆树馆西部，最终因为规划建设苏联展览馆、天文馆，校园用地缩小，并向西、南移到铁道以南，"文革"期间又被周边侵占了一部分，变成现在不到 180 亩地了。

1952 年 12 月 29—31 日，全校 600 名师生员工发扬"延安抗大"精神，自己动手，除床是由汽车拉送外，凡课桌、课椅、行李、图书等都是由师生徒步从复兴门外（现北京建筑设计院内原北京市建筑专科学校旧址）扛到西郊二里沟新校区（即现在的西城区展览馆路 1 号校址），当天就将新宿舍、新教室收拾得整齐干净，晚上已有同学在日光灯的教室里上晚自习。那时展览路还没有开通，校舍周围很荒凉，周边就是农田和乱葬岗，自然地貌是一片沟壑纵横及坑洼水塘，原始地形高差从 −2 米到 4 米。

西北方有一座约 3 万立方米的土台须铲平。从东北角至西南角有一条宽 5 米、深 3 米、长 400 米的大沟要填平。学校大门朝北开，出校门往北走跨过铁道通往西外大街，往东可以从西直门进城，校门对面往西是西郊公园（现动物园）。当时新校舍尚未全部竣工，水、电未接通。师生们在第一宿舍楼北面（现图书馆位置）的一口水井里打水洗漱。初步建成新校园后的十几年间，又相继建成了实验楼、教学主楼、机械楼、饭厅兼大礼堂、学生和教师宿舍等。标准体育场是经过建校初期几届同学的课余劳动，于 1955 年建成的。

学校的教学主楼是由本校教师设计、学生勤工俭学盖起的大楼。那是 1958 年 7 月，校门内的主教学楼即教学 9 号楼（后改为教学 1 号楼）开工建设，该教学楼由学校建筑工程系臧尔忠教授，建筑工程系主任、高级建筑师张兆栩教授，副主任高履泰教授主持完成设计。师生通过勤工俭学盖大楼，由于初次参加如此重要的施工项目，缺乏经验，又赶上雨季赶工，基础工程质量受到一定影响，后来追加基建投资 5.6 万元，并将 2—5 层的施工由市五建公司主体施工，到 1960 年初竣工，被评为优良工程。特别是楼前小广场路基基础很厚，投资 4 万元，可以走坦克了。1958 年 7 月 18 日，学校师生自建主楼奠基石，由张若平老校长题写，镶嵌在楼基正面东北角基座上。题字为："北京市土木建筑工程学校，勤工俭学自建教学大楼，公元一九五八年七月十八日兴建。"

1958 年 9 月 1 日，学校升格为本科高校，改为北京建筑工程学院，自那时起成为北京地区唯一一所建筑类高等学校。这所学校为北京的城乡建设培养了一大批人才，其中就有我国一代杰出领导人——李瑞环。

1961 年，因国家调整再改为中专。"文革"期间险些被撤销，1977 年又恢复为北京建筑工程学院，再次本科招生。1982 年被确定为国家首批学士学位授予高校，1986 年获准为硕士学位授予单位。2013 年 4 月，经教育部批准，更名为北京建筑大学。

自 2009 年到 2011 年，经市政府批准，在大兴区芦城永定河东侧建成占地面积 1000 亩的新校区。

北京建工学院给展览馆路地区孩子们留下许多美好的回忆。校园里有

今日北京建筑大学校门

个很大的田径运动场，运动场的边上有不少体育锻炼器材，诸如攀登架、浪桥、单双杠、吊环、沙坑等等，是孩子们玩耍的好去处，吸引了许多孩子踢足球、打篮球。

历经 110 余年的发展，北京建筑大学成为一所历史底蕴深厚、具有鲜明建筑特色、以工为主的多科性大学，是"北京城市规划、建设、管理的人才培养基地和科技服务基地""北京应对气候变化研究和人才培养基地"和"国家建筑遗产保护研究和人才培养基地"。

北京建筑大学以培养建筑人才为主，许多毕业生成为行业骨干和领军人才，校友中涌现出了被称为"当代鲁班"的李瑞环，核工业基地建设的奠基人赵宏，中国工程院院士张在明，全国工程勘察设计大师刘桂生、沈小克、张宇、罗玲、胡越、包琦玮、高士国、杨伯钢，在国际上有重要影响的中国建筑师马岩松等一大批优秀人才。还有一些多才多艺的毕业生展露出令人赞叹的艺术特长，如《穆斯林的葬礼》作者霍达、著名书法家爱新觉罗·启骧、"开心麻花"创始人张晨等。

2018 年 5 月，学校获批博士学位授予单位，建筑学、土木工程获批一级学科博士学位授权点。如今北京建筑大学西城校区成为学校的研究生院、北京城市设计高精尖创新中心、北京北建大科技园，是北京中关村科技园的重要组成部分。

4. 中国外交官的摇篮——外交学院

外交学院以服务中国外交事业为宗旨，是特色鲜明的外交部唯一直属高校。

外交学院位于展览馆路南段的东侧，大门坐东朝西。不过，当初建外交学院时，一开始大门不在这里，而是现在学院的北门。那时百万庄东口的十字路口往东是上坡路，坡顶上就是铁路道口，在距道口 100 多米的地方就是外交学院的正门。进了大门，西边是一排平房和用竹篱笆围起来的玻璃顶子的暖房，这里是学院的花房。大门东边有一片荒地，三年困难时期开垦成菜地。外交学院现在的正门当年是大院低矮的围墙，有的地方还是用铁丝网拦着的，围墙外是一条铁路，就是京张铁路西广线，路基几乎和围墙一般高。铁路西边高高的路基下是北起北京展览馆，南至阜外大街的展览馆路。

外交学院创建于1955年，是周恩来总理亲自倡议，经党中央、毛主席批准，在中国人民大学外交系的基础上成立的。学院在1956年正式搬到现在的地址，周总理为学院亲笔题写校名，时任国务院副总理兼外交部部长的陈毅元帅担任外交学院首任院长。1958年，外交学院曾更名为"国际关系学院"。"文化大革命"结束后，外交学院复校，1986年正式将校名改回外交学院。2012年9月，温家宝总理亲自为外交学院题写了"中国外交官的摇篮"。现在的外交学院成为外交部所属的培养德才兼备的外交外事、涉外经济、法律人才的高等学校。经国务院学位委员会批准，可授予博士、硕士和学士学位。

说起外交学院，别以为只是培养外交官，这所学校其实与中国革命历史关系深远。

外交学院初期的几任院长，以及一些学校教师都来自新四军。所以还有人说，这是因为当初新四军在缝隙中求生存，培养了一批善于打交道的人才。

名誉教授薛君度先生系辛亥革命元勋黄兴之女婿，薛教授是研究黄兴与辛亥革命史的专家，他也是美国黄兴基金会董事长。

方贤旭教授系黄花岗72烈士之一方声洞之子。方贤旭与第一位夫人王霭芬是在留法时结识的，婚后育有一女方思霓。王霭芬后来担任北平市政府外事处秘书，北平市党部专员、执行委员，北平市政府参议，北平市妇女抗日救国同盟会会长，北平市妇女教育促进会理事长，北平市妇女工作委员会总干事，38岁就被选上第一届立法委员，是位活跃的女性。1949年后王霭芬赴台，自然地与留在大陆的丈夫方贤旭分开。方贤旭第二位夫人刘淑芳，是我国老一辈的著名女高音歌唱家。他俩的月老，是已故的陈毅

146

元帅。

萨镒东（沙地）教授系辛亥革命时期海军上将萨镇冰之侄。萨镒东是原北京老世界语者协会常务副会长、《老世界语者》杂志总编辑、北京诗词学会副会长、北京水浒研究会名誉会长、法国作家儒勒·凡尔纳《八十天环游地球》的译者。

外交学院自是外交人才辈出，中华人民共和国驻外大使和外交领域的杰出人才中的大部分均从该校毕业，如现任外交部长王毅，还有外交部发言人姜瑜、刘为民，国防部新闻发言人杨宇军上校等。著名央视主持人黄健翔、黄炜等也毕业于外交学院。

外交学院这块地方还出了一位著名女演员许晴，她生于 1969 年，从小在外交学院中长大，家里的长辈中有多名外交官，是娱乐圈中有名的"大院子弟"。受家庭环境影响，许晴的学习成绩一直都很好，家里也希望许晴能够进入外交学院就读，但是热爱艺术的许晴在填报志愿时同时报考了北京电影学院。高考后，许晴同时被外交学院（当时名为国际关系学院）德语系和北京电影学院表演系录取，最终她选择了去北电表演系就读，这才有了如今荧幕上众多经典的形象。

"大跃进"时期，全民大炼钢铁，外交学院内也在一片荒地上建起了铁炉。就在建造铁炉的过程中，人们无意中在荒地下挖出了步枪零件、生锈的子弹、人类残骸等抗日战争时期留下的痕迹，甚至挖出了未使用的迫击炮弹。如今这片荒地被建成了外交学院国际交流中心。

5. 孔王坟和孔四贞墓

说到古迹，在如今外交学院的位置上，还曾经有一座孔王坟坐落在这里，坟墓的主人是明末清初的将领定南王孔有德和其女儿孔四贞。据说孔四贞便是电视剧《还珠格格》中女主角"小燕子"的人物原型。孔四贞是清朝唯一一位汉族公主，根据满族习俗，孔四贞也被封为和硕格格。和硕格格其实是清朝皇室庶女的封号，孔四贞应为格格身份，而非公主身份，但在格格五等级中，享受郡主岁俸，也就是最高待遇。

孔王坟所在的位置如今叫北营房西里，早年间是清代正红旗营房西部的一部分。清八旗分布在皇城外的八个方位，正红旗所在位置在阜成门大街之北，西直门内大街之南，西皇城根以西，阜成门至西直门城墙以东，南与镶红旗相连，北与正黄旗相接。所以，汉军正红旗旗籍的孔有德被葬在这里也就不足为奇了。据《清稗类钞》载："定南武壮王祠在京师阜城门外，春秋遣太常寺卿祀享。顺治辛卯，孔殉节桂林时所建也。嘉庆间，祠宇颓坏，榱桷倾折，丹青垩皲，无请修葺者，岁修祭田亦为祠官所侵蚀。"昭梿《啸亭杂录》卷九中，有这样一段记载："定南武壮王祠在阜成门外，春秋遣太常卿祠享，盖顺治辛卯王殉节桂林时所建立也。"孔有德原为明朝镇守辽阳的一员参将，在明末投降清军后即被封为恭顺王，并成为清政府镇压各地抗清力量的干将。清兵入关，孔有德追随多尔衮入京后，又被改封为定南王，并入汉军正红旗旗籍。清朝顺治皇帝定鼎北京后，孔有德又从征南下，攻河南、破金陵等，明朝将领史可法殉国、明福王之死等，几乎都与孔有德有关。以后，孔又攻九江、取广西、占桂林，从此驻军桂林，镇守广西，又被授予定南王大将军印。至顺治九年，一直活跃在西南地区的农民起义军张献忠的余部大西军北伐抗清，在明朝遗将、起义军将领李定国率领下进攻广西时，打败孔有德的军队，将孔有德围困在桂林城。因后援不至，无路可走，孔有德即闭门自焚。作为昔日的明朝将领来讲，孔有德投降清朝并攻打明朝遗地、屠杀军民，犯下不可饶恕的罪行；但是对于清朝统治者来讲，他又不愧为大功臣。所以，据说顺治皇帝闻知其死难，深感震惊，乃赐葬于京西阜成门外里许。因孔有德尸体已被焚烧，所以顺治帝以其遗冠、玉佩置于棺内，建地宫于墓地享殿内，并未起坟。享殿内置白石龛，供孔有德神主。西南隅小石龛，供（孔有德夫人）白氏、李氏神主。

昔日孔王坟在阜成门外北营房西侧，南临阜成门外大街，西南为一眼井，再往西是铁道，北为枣树林。墓地坐北朝南，外有东西朝房，前行有宫门。宫门与墙垣相接。宫门内祭器库、宰牲亭在甬路两旁。东墙南起今阜外北四巷，西墙南起今北五巷。东西墙都是随高就低而建。西北角乃今外交学院北边的加油站，东北角是北营房西井庙。正对宫门有碑楼一座，碑楼后有享殿七间，享殿内置石龛，供孔有德神主，外有祭礼亭、再生亭等。马芷庠在《北平旅行指南》中说："孔王坟在阜成门外里许，下关铁道北。有牌楼高丈余，峙立田庙间，石阶数阶，中建丰碑，北有享殿七楹，败瓦残椽，四壁颓然，此即清初煊赫一时之定南武壮忠烈王之园寝也。王姓孔名有德。"由此观之，孔有德也不枉为清廷效力终生。孔有德死于广西后，孔四贞逃回京师。顺治皇帝悯其孤幼，便将其认为义女，并封为和硕公主养育在宫中。顺治十年，帝以孔有德无子嗣，特命孔四贞袭定南王王爵。这样，孔四贞成了清朝近300年历史上唯一一位女封王者。

关于孔四贞，历史上有很多传说。其一就是据说孔四贞16岁时，孝庄皇太后曾打算把她嫁给顺治皇帝为妃，顺治皇帝亦钟情于她。但是，孔四贞却以自幼父母做主，已将她许配给其父部将之子孙延龄为由，奏与太后。皇太后不好勉强，只得为她和延龄完婚，并赐第西华门外。因孔有德的旧部尚在广西，孔四贞又以家中人口众多、费用浩繁为由向朝廷提出就食广西的要求。皇帝准奏，并任命延龄为广西将军统领军务。从此，孔四贞举家南迁定居广西。康熙年间，吴三桂等三藩打着"反清复明"的旗号发动叛乱，并拉拢延龄加入叛军行列。延龄碍于其家与三藩的老关系，也参加了叛乱。孔四贞对于丈夫的行径持反对态度，并率兵讨之。后三藩平、延龄死，清帝怜四贞寡居边陲，乃召其回京，赐府第于东华门外。孔四贞可谓长寿老人，至97岁高龄时逝世。皇帝赐葬于孔王坟西，俗称西花园、公主坟。因孔四贞袭王爵，所以其墓亦为"王坟"。于是在京西阜成门外就有了父女两代"王坟"。孔四贞去世以后，就埋在孔王坟的西花园（现外交学院操场所在地），宝顶系朱砂色，高达6米。

孔王坟在义和团运动时尚保存完整，民初以后，宫门、朝房荡然无存，只余"将倾圮之享殿数楹"。1935年后为阜丰农园所占。1949年后为中国人民大学外交系（后改为外交学院）所在地，在这里还兴建了数座五层红砖楼房的机关宿舍。

孔王坟早已不存，唯一遗存的碑刻在北京五塔寺石刻艺术馆内。定南王孔有德的同乡、辽阳人高纪毅（1890—1963），曾任张学良副官处长，东北交通委员会副委员长兼奉榆铁路局局长，1934年春买下早已经荒废的孔王坟旧地，并在1935年（民国廿四年）冬经营阜丰农园时发现了"孔王敕碑”，很替身为老乡的汉姓王爷落得“贰臣”的骂名而鸣不平，于是请当时在京为官的另一位辽阳人吴瓯撰写了《清定南王孔有德墓碑后记》，由原北平市管理颐和园事务所所长、时任大兴县县长、书画家崔麟台隶书书丹，镌刻在这块碑的背面，于民国二十五年（1936）仲春，重新立碑于阜丰农园，使这块孔有德赐谥碑得以重见天日，被较好地保存了下来。1949 年后，农园收归国有，旧址改建为外交学院时，才将这块碑挪到了五塔寺保管至今。

6. 京城老字号重张福地——鸿宾楼和曲园酒楼落座展览馆路

位于展览馆路 11 号的“鸿宾楼”饭庄，于清咸丰三年（1853）在天津开业，取用《礼记》之中的“鸿雁来宾”命名，以经营天津清真风味菜为特色，主要名菜有鸡茸鱼翅、红烧牛尾、炖蹄筋、砂锅羊头等。1955 年，应周总理之邀，鸿宾楼迁至北京和平门外李铁拐斜街。1963 年，又迁至西长安街路南。1998 年西单地区改造，鸿宾楼迁至此处，并改制成立了北京鸿宾楼餐饮有限责任公司。

据说，鸿宾楼店内现存有三块匾额，都可视为珍品。一是被誉为“创业之宝”的匾，清末天津两榜进士于泽久所书；二是 1963 年大文豪郭沫若题写；三是 1983 年书法家爱新觉罗·启功先生题写。其中于泽久所书“鸿宾楼”三字苍劲有力、落笔传神，却留有三大谜题：相传这块金匾系 20 两黄金所饰，至今看上去依旧辉煌，但似乎有一个错别字，繁体字“鴻”字右边的“鳥”字下边写的是三点底而不是四点底，此为其一；此匾上下无款，这在名家为商号所写牌匾中是极为罕见的，此为其二；1998 年秋，鸿宾楼迁址时将这块金匾送到荣宝斋准备见新，当打开这块百年老匾时，从背后的底板中发现藏有一幅工笔画牡丹美人图，画于宣统年间，此画来源和故事无人知晓，此为其三。

郭沫若曾为该店赋诗一首：“鸿雁来时风送暖，宾朋满座劝加餐。楼头赤帜红于火，好汉从来不畏难。”这是一首藏头诗，诗的每句首字连起来，即为“鸿宾楼好”。1983 年溥杰先生为鸿宾楼题联：“珍楼一处名天下，妙艺八方飨鸿宾。”“鸿宾楼”是清真餐饮第一楼，作为“中华老字号"曾多次接待国内外贵宾,在穆斯林和阿拉伯世界享有极高的声誉。2006年,鸿宾楼荣获"中华老字号"称号,2008年北京鸿宾楼餐饮有限责任公司申报的"牛羊肉烹制技艺(鸿宾楼全羊席制作技艺)"入选第二批国家级非物质文化遗产名录。鸿宾楼的"全羊席"很是独特,在中国饮食文化中能成为"全席"或"全宴"的都具有较深的文化底蕴,堪称饮食文化之最。

谈到京城老字号,展览馆路地区现在就有鸿宾楼、曲园酒楼、峨嵋酒家等。这些老招牌能够在本地区落户,得感谢聚德华天。2003年11月18日,以烤鸭驰名中外的百年老字号全聚德,与拥有众多著名老字号餐馆的华天饮食集团,这两大中餐巨头首次走在了一起,共同成立了聚德华天控股有限公司,几乎囊括了20余家京城餐饮老字号品牌。

2011年8月,建于清光绪年间,已有100多年历史的中华老字号"曲园酒楼",在展览馆路48号重新亮出老招牌。而这已经是聚德华天成立7年恢复营业的第八家老字号。曲园酒楼创建于清光绪年间,是北京经营湘菜的老字号,毛泽东主席就曾经在这里宴请过十大元帅。湘菜的口味多样,尤重酸辣鲜香软嫩、熏腊清香。北京聚德华天异地陆续重张的老字号还包括京城开业最久的烤肉馆,有300多年历史的烤肉宛总店,由宣武门外迁至南礼士路58号;京城"八大春"中仅存的"同春园",离开西单北大街,后在新街口外大街14号重张开业;京城唯一一家"炒菜与涮肉兼长"的老字号"又一顺",由西单迁到德外黄寺大街28号;以"宫保鸡丁"而"一菜名天下"的"峨嵋酒家"从赵登禹路拆迁后,重建于北礼士路58号;有"清真西派菜"代表之称的"西来顺",在北新华街11号重挂招牌;以鳝菜见长,因"开国第一宴"而闻名的"玉华台",由西单地区拆迁至马甸裕中西里23号。

7. 扣钟庙与扣钟胡同

在展览馆路外交学院对面路西,有扣钟胡同,东西走向,东起展览馆路,西至扣钟南十一巷,南侧依次与扣钟南一巷至十巷相连,全长400米,均宽7米,沥青路面。南侧门牌2—12号,北侧已拆除改建。原为旷地,

151

左近原有庙，庙前有倒扣大钟，故称扣钟庙。20世纪50年代初于此建居民住房，形成居民区，故1965年命名为扣钟胡同。扣钟胡同北侧原称高井村，50年代初于此建住宅，形成居民区，仍名高井。1965年以扣钟胡同为界，将北侧六条南北向通道，由东向西分别命名为扣钟北一巷至扣钟北六巷，今已拆除，改建为楼房住宅区；南侧十一条通道，由东而西分别命名为扣钟南一巷至扣钟南十一巷，原均为平房住宅，后改建为楼房住宅小区。新楼区1990年已被命名为北露园，因扣钟胡同以南为露泽园，又分为北露园和南露园。

据资料记载，扣钟庙大体在扣钟南八巷6号、8号与北露园胡同10号的几个院落之间，即扣钟胡同以南，北露园胡同以北，扣钟南七巷与八巷之间。在今天的扣钟南10号院内，曾经有一座褐色的铸铁大钟斜扣于地。这口钟1949年以后被推倒横卧于地，1958年消失。明朝的一位翰林学士秦黄谏曾经为扣钟庙撰写过碑文，其中提到此处旧有地藏寺，无碑识不可考。到了正统启元的时候，僧录司右善世关西杲公"因往来西山经此，深为慨然"，乃嘱弟子无照镜公"是古刹胜地不可废也"。镜公于是除榛莽，辟土地，开始修建。但是工程未毕，杲公便圆寂了。寺建成以后，赐名为"永隆禅寺"。扣钟庙毁于20世纪40年代，询问故老，到最后一位庙祝张志兴之手，只剩下一座大殿了。1941年编写的《故都变迁纪略》云该寺已毁，正可印证。扣钟庙的最终消亡是在1948年，傅作义的部队把它连同附近的黑塔一同拆掉盖了工事。但是，作为地名，扣钟庙却袭用下来，并且繁衍出扣钟胡同、扣钟北一至六巷、扣钟南一至十一巷。扣钟胡同南部的十一条小巷像一团乱麻，从东向西交织排列。它们的北口均源于扣钟胡同，南口则分别与北露园胡同、中露园胡同接壤。

8. 三里河东路

三里河东路呈南北走向，北起阜成门外大街，接展览馆路，南至复兴门外大街，接白云路，全长约2200米，因位于三里河路之东而得名，实际为展览馆路的南延线。明清时期，这里是三里河村的菜园子。三里河东路，其路线原址是1909年建成的京张铁路西广线、1915年的北京城环城铁路西环部分铁道路基。

1933 年出版的李炳卫、董卓然合编的《北平地名典》中说道：西郊，东通阜成门脸，西通杜家坑。"杜家坑"就在今天的三里河东路以西的地方，浅仄低洼，过去是北京城的垃圾堆放场。这个地名今天依然没有消泯。如果仔细寻找的话，在三里河东路西侧代营食堂处还有几间平房，保存着旧有的名称。①

1949 年后，在三里河地区建设国务院办公区和职工宿舍，建起一条宽约 15 米的碎石洋灰路面道路。1969 年拆除铁路，扩建马路。1981 年命名为三里河东路。20 世纪初再次扩展，成为 40 米宽的城市次干道，北接展览馆路，南接白云路，成为西二环路与西三环路之间一条南北大道。三里河东路中间与月坛北街和月坛南街相交。街道两侧多中央单位职工宿舍楼。20 世纪六七十年代多是多层住宅楼，80 年代建设高层塔楼，最近几年建设高层板楼。三里河东路北端的职工宿舍楼包括解放军报社、国内贸易部、中国船舶总公司（原二机部）、轻工业部等大单位；中段有国家工商总局、中国五矿集团、中国银行等大单位；南段有国家发改委、财政部、铁道部、水电部等大单位。三里河东路职工宿舍楼还有部分北京市单位，如 7 号院的北京市电车公司宿舍院，原址是无轨电车 102 路总站，最早是 2 路公共汽车。

---

① 西城区展览路街道工委、西城区展览路街道办事处、西城区档案局（馆）编：《展览路记忆》，第 27 页。

第五章　阜成梅花

梅，谐音阜成门作为煤门之"煤"。凌寒独自开的梅花与三九寒冬中的火红煤炭给人带来的希望和温暖，我想这才是"煤"与"梅"在阜成门聚合的因由，不仅是谐音那么简单。梅花让人们傲雪挺立，煤炭使人温暖如春，万物阜成仰赖内心的坚持和外在的环境，阜成门在北京就具有了天人合一的力量。

梅开五瓣，阜成门外的道路也是五支。正西方向的阜外大街，西北方向的马尾沟斜街，西南方向通往南营房、月坛北街的斜街，向北的北礼士路和向南的南礼士路，正好形成对称的五条路线。如此格局应该说自元大都的平则门开门后就已经形成了。真是阜下出煤，阜上开梅，梅开则门开，阜成赖煤成。

第一节　阜成门

1. 阜成门

阜成门位于北京内城西垣南侧，建于元代，名为"平则门"。城门外官道为通往北京西山的重要道路，历史久远。元至元四年（1267），元世祖忽必烈在金中都城东北隅修筑新城即元大都，又称"汗八里"。至元二十二年（1285），大都城完工，共设有 11 座城门，其西、东、南城垣各 3 座，城北垣 2 座，西城垣南部 1 座即为平则门，元至元九年（1272）建成。元至正十八年（1358），元顺帝又下令对包括平则门在内的各城门瓮

154

城及护城河吊桥进行修筑。

阜成门与朝阳门东西方遥遥相对。朝阳门自古为京东门户，而阜成门则为通往京西之门户。平则门，源自《周礼·夏官司马第四·大司马》："均守平则，以安邦国。"取准则之"则"为量器砝码的标准器，故"平则"即法度，有准则之义。明代名为阜成门，源自《尚书·周官》中"六卿分职各率其属，以倡九牧，阜成兆民"之典，改名"阜成门"。阜成也有物阜民安之意，与朝阳门的日出东方、万物滋生的含义相对比，阜成门因面向日落西山方向，如《诗·小雅》"如山如阜，如冈如陵"，比喻日出而作，日落而息，计日之功，因辛苦劳作而有所成就。

1870—1875 年，阜成门瓮城外西北面

据 1861 年《北京全图》，图中有一有趣的注记，在"阜成门"边注"平贼门"，根据《清稗类钞·地理类八》"京师城门"条载："阜成门又名平贼门，平闯贼也。当明末时，闯贼从此门遁出，其南壁上尚有手印之莲花迹，城内有一胡同，曰追贼胡同。乱定后，居民恶其名，改追贼为锥子，而书平贼为平则。"

老北京有句歇后语："平则门下关——煤市（没事儿）。"下关即关厢，以多煤铺著名。

明代在大都城基础上营建新北京城，改 11 门为 9 门，平则门沿袭旧称。明永乐十七年（1419）再次修缮，正统元年诏修内城 9 门城楼，至正统四年（1439）完工，重新修筑了平则门城楼、城门、箭楼、瓮城、瓮城门各一，并将城门名改为阜成门，其规制较元大都城门为高。瓮城城垣于清乾隆五十二年（1787）重修。

城楼为三重檐歇山顶式重楼建筑，所有砖构皆涂以朱红色，梁枋和斗柱则施以绿色和蓝色，一些细节部位有时还使用金色——据说是城门的传统配色。屋瓦凹凸有致，边缘使用绿色琉璃瓦，其余部分使用灰瓦。屋脊上照例端坐着一排脊兽，有趋吉避凶之意。据记载，最初城楼采用的梁柱数目极多，后来重建的城楼在结构上不断简化，但城楼的基本形貌一直保持到20世纪中叶。台座呈梯形，台座顶面铺设城砖，并与两边的城垣顶面甬道相连通。其余箭楼、瓮城门城楼的规划均类似西直门。但瓮城平面与西直门的直角瓮城不同，阜成门瓮城为半圆形，称为"馒头城"。瓮城闸门与西直门向南开相反，阜成门的瓮城闸门是向北开的。

阜成门城楼建于城台之上，城台南北长33米，东西宽18.8米。城楼面阔7间，通面阔27米；进深3间，通进深13米；城楼通高21.2米，最宽处31.2米，连城台楼高27米。城楼中间柱间最大廊柱直径半米，方形石柱础。城楼墙体为内外两圈立柱，均大部嵌入砖墙，这种做法很少见，其他城门城楼的内立柱均独立于楼阁内部。

箭楼建在向前凸出的城台之上，墙壁用厚砖砌成，为重檐歇山顶，后带抱厦。台基宽40米，高13米。城台上箭楼面阔7间，楼基宽35米；进深5间，通进深21米。箭楼高17米，箭楼连台通高30米。后抱厦高12米，进深6.8米，面阔25米。箭楼正面和侧面设箭孔，正面每层12个，侧面每层4个，共4层。

当年瑞典学者喜仁龙在20世纪20年代考察阜成门时，发现正面箭窗木板上绘有大炮口，似在警告可能出现的进犯者。与其他城门相比，阜成门瓮城的规模并不是最大的，南北宽74米，东西进深65米，北侧墙辟券门，券门上建闸楼。闸楼为单檐硬山灰筒瓦顶，饰灰瓦兽，辟箭窗12孔。

1901年，阜成门城楼和阜内大街

瓮城东北角照例坐落着小小的关帝庙。出瓮城，便走进一条排列着店铺和乡村式小吃店的街道，瓮城北侧都被它环绕。

城门内道路称为阜成门街（如今叫阜内大街），街南侧有巡捕厅等机构。清乾隆五十二年（1787）再次对城门、箭楼等进行较大规模的维修。1935年，开始拆除箭楼和闸楼。1953年，拆除瓮城和箭楼台基。这年春季，北京辟永定门西侧豁口。5月，为改善交通，北京市政府向中央写报告，要求将朝阳门、阜成门以及东四牌楼、西四牌楼和帝王庙前的牌楼拆除。5月9日，中央批复同意把朝阳门和阜成门的城楼及瓮城拆掉，交通取直线通过，并指出："进行此项改善工程时，须进行一些必要的解释，以取得人民的拥护。"这一年，朝阳门城楼及城台决定拆除；阜成门瓮城及箭楼城台，内城东北角楼城台，广渠门城楼、箭楼城台和瓮城，左安门城楼、箭楼和瓮城均被拆除。1954年，阜成门城楼南北两侧城墙开了豁口。

当年，北京有了无轨电车后，城市规划也出现巨大变化：无轨电车有"辫子"，需要占据空间，阜成门南北两边也被扒开了让人眩晕的豁口，老百姓都管这个豁口叫"城豁子"。高大的城墙和城门楼子衬着淡蓝色的无轨电车，一辆又一辆趾高气扬地支棱着"辫子"从"城豁子"进进出出。这时候的阜成门，已经城门紧闭，铁将军把门了。"城豁子"是在阜成门城门楼的两边大概有50米的地方，上宽下窄呈"倒八字"形状，扒开的地方就成了马路，少说有20米宽，两侧是规整的人行便道。自有了"城豁子"，阜成门就成了标准的带基座的城楼，和城墙彻底分家了。

有人感叹，当他头一次瞧见阜成门的时候，虽然只剩1/5了，而且巨大的瓮城和比城门楼子还高大的箭楼早没了踪迹，但就是这样残缺，在人们心目中还是能够感到相当大的震撼，足见老北京城的壮观气势了。阜成门的门楼到了20世纪60年代初期，几乎还没有丝毫的破烂迹象，虽然很古旧，但还很规整，还有着原汁原味儿的状态，丝毫不比前门楼子逊色。

1965年1月，北京军区以备战需要的名义，向中央写报告修建北京地下铁道。由于现有城墙大部分已经拆除或塌毁，地下铁道准备选择合适的城墙位置修建，这样可方便施工，降低造价。报告得到中央批准。7月1日，北京地下铁道工程开工。地铁工程局和铁道兵负责施工，北京市负责拆迁。由于工期紧，拆除城墙、城楼的主要任务就由铁道兵承担。一期工程拆了内城南墙、宣武门城楼、崇文门城楼。二期工程由北京站经建国门、东直门、安定门、西直门、阜成门、复兴门沿环线拆除城墙、城门及

1957年，阜成门城门洞（西侧）前练把式的表演。［法］马克·吕布

房屋，全长约16公里。拆除城楼及附近城墙的城砖大多用在了"深挖洞，广积粮"的全民工程设施上。当时为加快拆除进度，市政府还组织市民义务劳动，或动员各个单位拆墙取砖。城墙外的护城河也被全部填平，后来逐渐在阜成门原址上，于1977年建成阜成门立交桥。

随着城楼的消失，中国农耕文化的许多风俗也逐渐泯灭了。比如，每年农历二月初二"龙抬头"，阜成门外一带的农民都会举行独特的庆贺活动。除了给龙王爷纸像叩头礼拜外，还会在中午时分往地里泼盆净水，以祝风调雨顺。阜成门一带的这个风俗，在1937年"七七事变"之前一直都沿袭着。

还有老北京的城楼里生活着的一种独特动物，那就是北京雨燕。据调查资料，目前仅剩不到3000只了。这种燕儿有来历，它们一年四季都住在城门楼子里，也不衔泥做窝，全落在房檐子上，而且大大方方不避人。阜成门里就曾经生活着一大群燕子，每当日落时分，燕阵如烟，燕和烟在这里骤然融洽搭配，音同意通，是否同源，值得考量。燕子们的叫声"啾啾"地发哑好听，厚厚地带着股甜味儿。它们的学名是"沙燕儿"，老北京亲切地唤它"傻燕儿""楼燕儿"，是与老北京距离最近的一种益鸟。

北京雨燕羽毛黑褐色，胸腹部有白色细纵纹。它们外观呈流线型，飞行速度极快，而且是著名的食虫益鸟。这种鸟最为人熟悉的一面，就是似乎永不停息地在空中快速盘旋、飞翔，几乎从不落到地面或植被上。这是因为北京雨燕的类属，多半住在峭壁的洞穴里，而北京这座古老皇城的高大建筑，刚好为它们提供了类似岩穴的最佳住所。从正阳门到报国寺，再到大大小小的城楼、箭楼，人们早已习惯在老北京每一座楼台外，看到这些小东西舒展双翅，遮住天空。古代，它们和乌鸦都算是"宠物"，乌鸦

158

是恩人，"傻燕儿"则是看守城门的卫士，这两种鸟的共同点都是憨厚招人喜欢。现在的北京城里，"沙燕儿"不常见了，只有北京的风筝还保留着沙燕的花样，那是北京人对"沙燕儿"的一种怀念吧。

2. 北京的煤门与能源驿站

京西自古产煤，阜成门有史以来就被人们当作从京西到城内运送煤炭的城门，故有"煤门"之称，运煤的交通工具也从牛车、驴车逐渐发展成骆驼乃至近代的火车、汽车。

北京西山煤矿资源自辽金即已开采。元代，在宫廷和民间生活中就已经大量使用煤炭了。历史记载，元代曾经开金口河以运煤。右丞相益都忽、左丞相脱脱奏曰："京师人烟百万，薪当负担不便，今西山有煤炭，若都城开池河，受金口灌注，通舟楫往来，西山之煤可坐至城中矣。"遂起夫役大开河五六十里，时方炎暑，民甚苦之。此河上接金口高水河，金口高水泻下，湍悍，才流行二时许，冲坏地数里，都人大骇，遽报脱脱丞相，丞相亟命塞之。京师人曰："脱脱丞相开干河。"

大都之内专门设有煤市和煤场。明清以后，北京西山地区早已发展成为中国最著名的煤炭矿区之一，浑河、大峪、门头沟和居庸关等处煤窑星罗棋布。都城北京当时人口百万，是世界最大城市，除了粮食外，需要量最大的生活资料就是燃料，而北京得天独厚地由西山的煤矿很好地解决了这个问题。明万历大学士吕坤曾经说过："今京师贫民，不减百万。九门一闭，则煤米不通。一日无煤米，则烟火即绝。"清代历史学家赵翼则指出，自辽金以来，北京之所以能成为帝国首都，其中一个重要的原因就在于西山有煤。

在能源的开发和生产方面，北京可以说是世界上的一个特例。因为在全世界各国首都中，像北京拥有可供人民生活之需的燃料，特别是煤炭资源是不多见的。自元朝定都以来，北京就开始在中国历史上拥有了独特的地位，而在明清时代，它更是达到了极盛时期。作为五朝帝都，京西煤炭、京西之水与江南之粮这人类三大必需生活能源，共同成为维系北京作为著名都城的重要物质基础，而其中偏以煤与水这两大自然资源，均须经

159

展览路地区分派进入京城，足见该地区作为北京的"水门""煤门"的独特地位和影响力。

昔日阜成门是进京运煤的最近城门（也有运进北边的西直门和南边的广安门的），所以京西门头沟、斋堂、坨里等矿之煤大都由阜成门输入。为托吉兆，阜成门同北京内城其他八门一样，亦有一镇门之物，犹如"安定真武""德胜石碣""西直水纹"一样驰名京都，人称"阜成梅花"。这就是传说中的在阜成门瓮城门洞的左壁上，嵌有汉白玉石雕梅花一朵（有称一枝或一束），有说是由煤栈客商募捐而刻的。"梅"与"煤"谐音，每当北风呼号，漫天皆白，烘炉四周之人皆赞："阜成梅花报暖春。"据说，这枝梅花"老干婆娑，殊有画意"。[①]

阜成门又谓"阜三多"，即骆驼多、煤栈多、煤黑子（旧时称挖煤和运煤的工人）多，可见阜成门昔日煤炭出入之盛况。清嘉庆元年时，有黄仁等三人合伙设立煤铺，其合同中写道："立合同人黄仁，阜成门外北驴市口路东原有煤铺一座，家伙俱全，门面三间。因无力承办，情愿与张宜恩、林维乔三人合伙。"从合同中可以看出，黄仁是投入铺面等实物资本，与张、林合伙。合同还规定了煤铺利润的分成办法是"黄仁三成，林维乔三成，张宜恩四成"。并且以后除非张、林不做了，否则黄仁不能中途要回铺面。这仅是阜外煤铺一例。[②]

除了售煤、运煤还有洗煤的营生，那时每年农历的九月十五到月底，十五天内要把皇城里的冬季用煤运完。皇城里的用煤，说出来您也许不信，皇家规定，从门头沟煤矿里采出，一律必须进行"水洗"，洗净干燥后，要保证块块煤都闪光发亮，到了这种品相，才可以装车进城。这有两点好处：第一，一路没有遗撒，保证环境倒不是他们的考虑，他们要的是"老北京的煤，天下第一干净"的口碑；第二，有人经过研究发现，炉子里冒出的煤烟儿，主要是煤块身上的杂物燃烧产生，洗净之后，冒黑烟概率大大减少，火苗升起时候是青烟和白烟。京西的煤窑主，他们遵旨洗煤

---

① 《京都琐记——北京风物志》4 集《古都城门十二景》。
② 任学明编著：《中国商道智慧》，中国经济出版社，2013 年 3 月，第 32 页。

之后，产生数量庞大的煤粉，待干燥后再卖给煤铺，用来掺进黄土摇煤球，又是一笔进项。老北京可能是"洗煤业"的祖师爷。

自京张铁路修建之后，沿阜成门和西直门之间的城墙边建有多个煤栈和一条专用铁路通到西直门火车站。1915年12月20日，北京环城铁路竣工，由西直门经德胜门、安定门、东直门、朝阳门与直奉铁路衔接。自此各城垣门外均有煤栈。除了煤栈多，阜成门外还多驴户，驴户靠养驴给行人代步为生，供游人骑驴南去白云观、北去高粱桥、西去西山八大处及远赴妙峰山郊游踏青进香而用。

3. 阜外河沿好风光

在晃悠悠的驴背之上，在慢悠悠的骆驼队脚下，阜外南北两侧的河沿，即阜成门外护城河的旖旎风光展现出来。当年，阜成门吊桥把阜成门外的护城河分成了北河沿、南河沿两个区域。两个河沿的风光景致既有相同之处，也有不同之处。

据此处老居民回忆，沿护城河两侧，都是干粗叶茂、垂柳贯地的大柳树掩映着的岸边小路。河东岸上贴着城墙的是墙根路，河西岸上紧傍着河堤的是河沿儿路，仿佛是两条绿色的走廊。夏天走在这样的小路上，既幽静又凉爽。各种鸟儿充分展示着各自的歌喉，令人舒心陶醉。

北河沿东岸紧挨着城墙有一溜煤栈，一条专门运煤的铁路向北通到西直门火车站。西岸，除去现今官园立交桥处、1949年后是新华印刷厂后身儿河坡上的小松树林和离吊桥不远的冰窖，没有住家户儿。由于平日桥下的水闸提得不高，因之桥北的河水比桥南的河水宽且深，常见有人摇着小船在北河沿捕鱼捞虾。

一到冬天，护城河就成了一个大冰场。除了凿冰钓鱼、溜冰车玩耍的人外，护城河还是北京人取冰的场所。清代，阜外北护城河西岸驴市口就有礼王府冰窖，为十几座官府王府冰窖之一。当时北京除了有四大皇家冰窖外，各王府也建冰窖，但只供王府贵族享用。到了清末民国时期，民间用冰也日益普遍起来，而且朝廷也无钱供养这种消费，才允许民间开办冰窖。据清末《北京市志稿·货殖志》记载："故冰窖为官立，民间用者，

161

1915 年 4 月 30 日，北京城墙边，晒干粪便，用于肥料。弗兰克·尼古拉斯·迈耶

待官用有余，通融外售。至光绪庚子后，此例遂废，准冰窖自由营业。至光绪三十年，成立冰窖行商会。采冰、藏冰、发冰亦有一定之法，其工人亦非具有经验不可。"

"北京营冰窖业者十二家，窖有自置或租用。冬季在采冰时，各家雇工约百人。"[1]

很长时间，南河沿东岸是大煞风景之地，靠城墙根儿有一溜大粪场子，整日臭气熏天，除了在这里晾晒粪干儿的人以外，少有行人去。这些粪厂是 1949 年前北京五霸之一"粪霸"于至善的粪产。西岸倒是住家户儿较多。当年，过吊桥往南一拐有一段路，也取名为南河沿，第一家东山墙上还钉有"南河沿"的牌子。这块儿的居民大多以养鸭子为生，其中有一家儿姓陈，叫"鸭子陈"。再往南到周家菜园子（现月坛体育场）。由于阜外吊桥桥南的河水很浅，因而河床两侧的滩地上绿草如茵、繁花似锦，水中成群的鸭、鹅在嬉戏，附近人家的姑娘、媳妇儿在岸边的青石上洗衣服，令人有置身于江南水乡之感，不仅风景别致，也是儿童乐园。

沿着南河沿再往南就是一片叫瓜市营房的地方，它虽然是一处紧邻护城河的小地界，但在民国地图上留有这个地名。以前的瓜市营房有一座关帝庙，因为太小，俗称为小老爷庙。此庙坐落在营房东边的护城河岸上，坐东朝西，背靠护城河。小小殿堂没有围墙，只是在庙门前边围了一个与殿堂同宽的方形小院，山门开在北边，既没有门楼也没有门洞，只有两扇木栅栏门，墙和门都涂成深红色。庙的南北两侧各有一条丈来宽的通道，西边正对着小院有一个小空场，中间有一棵两个人方能抱得过来的大柳

---

① 杨铭华、焦碧兰、孟庆如著：《当代北京菜篮子史话》，当代中国出版社，2008 年 1 月，第 141 页。

树，枝多叶茂，仿佛一把巨伞遮出一片凉爽之地。树下有一长条大青石可躺可坐，每到晌午都有人在此乘凉。庙的北边还有一个一尺来高的小土台，是庙会时演出的小舞台。在1951年以前，这里每年都有一次特热闹的活动，这就是农历六月二十四祭关羽的庙会。举办庙会那天一早，首先放鞭炮，鼓和大镲也敲响起来。人们都争着进去祭拜关老爷和各路神仙。其中有唱莲花落的艺人，有唱大鼓书的艺人，有从四面八方赶来的善男信女。小院里的大香炉内插满了香，烟气腾腾。

关于阜外护城河的风光，著名学者郁达夫留下了一篇著名小说《薄奠》。文中首先描绘了阜成门外的日落图画："平则门外，有一道城河。河道虽比不上朝阳门外的运河那么宽，但春秋雨霁，绿水粼粼，也尽够浮着锦帆，乘风南下。两岸的垂杨故道，倒影入河水中间，也大有板渚隋堤的风味。河边隙地，长成一片绿芜，晚来时候，老有闲人在那里调鹰放马。太阳将落未落之际，站在这城河中间的渡船上，往北望去，看得出西直门的城楼，似烟似雾的，溶化成金碧的颜色，飘扬在两岸垂杨夹着的河水高头。春秋佳日，向晚的时候，你若一个人上城河边上来走走，好像是在看后期印象派的风景画，几乎能使你忘记是身在红尘十丈的北京城外。西山数不尽的诸峰，又如笑如眠，带着紫苍的暮色，静躺在绿荫起伏的春野西边，你若叫它一声，好像是这些远山，都能慢慢地走上你身边来的样子。"

接着，作者借着西直门外风光抒发别样哀愁："西直门外又有几处养鹅鸭的庄园，所以每天午后，城河里老有一对一对的白鹅在那里游泳。夕阳最后的残照，从杨柳荫中透出一两条光线来，射在这些浮动的白鹅背上时，愈能显得这幅风景的活泼鲜灵，别饶风致。我一个人渺焉一身，寄住在人海的皇城里，衷心郁郁，老感着无聊。无聊至极，不是从城的西北跑往城南，上戏园茶楼、娼寮酒馆，去夹在许多快乐的同类中间，忘却我自家的存在，和他们一样地学习醉生梦死，便独自一个跑出平则门外，去享受这本地的风光。玉泉山的幽静，大觉寺的深邃，并不是对我没有魔力，不过一年有三百五十九日穷的我，断没有余钱，去领略它们的高尚的清景。"

1959 年，阜外地区鸟瞰（自南向北），耸立起来一片片新建楼群，远处隐约可见北京展览馆、展览馆路和未拆除的铁路线，引自《北京》画册。

郁达夫续写道："五月中旬的有一天午后，我又无端感着了一种悲愤，本想上城南的快乐地方去寻些慰安的，但袋里连几个车钱也没有了，所以只好走出平则门外，去坐在杨柳荫中，尽量地呼吸呼吸西山的爽气。我守着西天的颜色，从浓蓝变成淡紫，一忽儿天的四周围又染得深红了，远远的法国教会堂的屋顶和许多绿树梢头，刹那间返射了一阵赤赭的残光，一忽儿空气就变得澄苍静肃，视野内召唤我注意的物体，什么也没有了。四周的物影，渐渐散乱起来，我感着了一种日暮的悲哀，无意识地滴了几滴眼泪，就慢慢地真是非常缓慢，像在梦里游行似的，走回家来。"在作者笔下，北京西郊的景色是那样别致，令人即舒心又引发出无限感慨。

蒋增福回忆郁达夫带着当时 7 岁多的她，在阜成门外散步的情景很是有趣。[1] 作者说道："我开始读小学三年级。我们对三叔（郁达夫）的称呼很特别，竟然是用中日文合起来叫'三 GIGIA'，也不知最初是父亲还是母亲教的，后来就一直这样叫，但也只限于三叔和二叔'二 GIGIA'。对'三 GIGIA'的印象是特别深的，因为他经常喜欢带我去河沿散步。从巡

---

① 郁风、陈子善编：《逃避沉沦：名人笔下的郁达夫，郁达夫笔下的名人》，东方出版中心，1998 年 1 月第 1 版，第 186 页。

捕厅胡同往西，从'追贼'胡同（这是传说当年李自成从这条胡同逃跑出城，清代相沿就叫'追贼'胡同，解放以后自然就改其他名称了）穿出来就到了阜城门脸了。

"出阜城门经过两道城门就到了两岸垂杨的护城河边。北京当时除了东西交民巷和少数大街有柏油路，所有胡同都是'无风三尺土，有雨一街泥'。在我们家门口那一带，来往车辆中最多的是嘎嘎作响的大木轮马车，吱扭扭的独轮水车，再就是黄包车，还有慢悠悠的骆驼队。那大车轮把路压成一道道很深的车辙，骆驼和马又把中间踩成一个个窝窝。小孩走在路上要很当心才不把脚陷下去拔不出来。我记得我是多么喜欢跟'三 GIGIA'出城遛弯儿，过了摆渡一走上了河边那排杨柳堤岸的潮润的硬地上，我撒开他牵着的我的手就飞跑起来，觉得开心极了，自由极了。'三 GIGIA'呢，就喊着我的小名，咯咯地笑，跑来追我，我绕着树来回跑，跑下堤岸的青草斜坡，他嚷着当心掉下河去。被他追上了就捉牢不放，按倒在草地上坐下来，有时还吓唬我要把我推下河去。然后他拿出在路上买的花生米来吃，有时袋里还带一小瓶白干儿酒。河边有附近的农民钓鱼，他就和他们聊起天来，谈今年的收成，问他们家的人口。我才知道他们钓鱼并不是自己吃的，而是去卖点钱换些油盐。有一回我们看到一个老头真的钓起一条鱼来，'三 GIGIA'问他要了带回家去。我不记得他给了多少钱，只记得回到家里，母亲一听说那数目就说：那么贵呀！

"到夕阳挂在柳树梢上，晚霞把河水染红的时候，他才牵了我的手慢慢走回家去。有时他喝过两口酒，脸和眼睛都有些红，用沙哑的嗓子一路摇摆着唱起老生腔的京戏来，那声音凄怆哀痛，我害怕他像是要大声哭出来。"

作者接着描述阜成门冬日和护城河取冰的景致也很有意思："冬天来了，西北风吹得窗纸嗖嗖作响。'硬面——饽——饽'的叫卖声像是唱出了那个时代的悲凉，成为那个年月的北京的标志，即使在一个孩子的记忆里也永不消逝。'三 GIGIA'仍然带我到河边去，已经用不着摆渡，我们就在冰上走，看着岸上的枯树在冷风里摇晃，看着工人们凿出四方的大冰

165

块，用力猛推一下，冰块滑到岸边，再把它运进冰窖储藏起来。我最喜欢的是坐上冰船儿，其实是一个大木床，下面有两根铁条，人拉着跑几步就坐上来，冰船就飞快地在冰上滑行，这样可以走得好远，直到西直门。坐上冰船，'三 GIGIA' 总是把他的大围巾拿下来盖在我腿上。"

阜成梅花早就消失了，阜外河沿的"绿芜"般"赛江南"的风光也已不再，代之而起的一是阜成门立交桥和二环路的车水马龙，二是东西方向的"阜景"文化街和"朝阜路"还在向两边延伸。

阜成门立交桥，简称阜成门桥，1977 年建成通车，时间比西直门桥要早，也是北京建造的第二座城市立交桥，仅次于复兴门桥。阜成门桥为苜蓿叶形双层全互通式立交桥，长 36.6 米，主桥宽 31.2 米，连接阜成门内外、南北大街，为西二环路的重要组成部分。2010 年，市政府对阜成门桥进行了大修，工程主要有更换边墩支座、翻新桥面铺装及步道、更换栏杆和人行步道砖、维修伸缩缝、安装抗震阻尼器、道路接顺等。

"阜成门"后来演化为地片名，泛指阜成门立交桥附近，即阜成门南、北大街，阜成门内、外大街一带。东北属福绥境街道办事处，东南属丰盛街道办事处，西属展览路街道办事处。其中阜成门南、北大街原为北京内城墙及护城河。阜成门南大街全长 1065 米，车行道宽 47 米；阜成门北大街全长 900 米，车行道宽 50 米。两街同为西二环路的组成部分。

自阜成门向东延伸至景山前街，道路两侧文物古迹众多，被称为阜景文物旅游一条街，是北京历史文化保护街区。如果延伸到朝阳门，又称为朝阜路、朝阜大街和朝阜文化街，街道两侧不同时期历史建筑风格各异，代表着各时期的文化，是极具北京传统文化特色的景观走廊。阜内大街有白塔寺、历代帝王庙、广济寺、鲁迅博物馆、政协礼堂、中国地质博物馆、砖塔胡同、中国银行金融大楼等。这条街向西延伸，就是阜外大街，街两侧有月坛、万通新世界商城、四川大厦、中国医学科学院阜外心血管病医院、中国大百科全书出版社、阜成门邮电局、北京市邮政设计所、华联商厦、外交学院、钓鱼台国宾馆等众多单位。北接官园和西直门商圈，南接北京金融街。中心位置为阜成门立交桥和地铁 2 号线阜成门站，交通极其便利。

第二节　阜外关厢和阜外大街

1. 阜成门脸和阜外关厢

阜外关厢是指东起阜成门，西至阜外大街西口，当时为南北向的铁路道口处，即今展览路路口。早期阜外官道称为阜外大街，这是指老阜外大街即后来的阜外北街。如今名为展览路的十字路口，实际上是展览馆路南口，往北是展览馆路，往南是三里河东路。铁路就是展览馆路上原有的京张铁路西直门至广安门段。

与西直门关厢一样，阜外关厢中心之地为老南礼士路北段、月坛光恒街、老北礼士路南段和老阜外大街的交会处。为什么这里要叫"老"路呢？因为，新南礼士路北段是将月坛光恒街加宽改造后形成的，老南礼士路北段就成为南礼士路东街，后来也消失了。老北礼士路南段后来在20世纪90年代也向西做了偏移，是为了对接新南礼士路。这个中心之地的东边到护城河吊桥为东关，北口为北关，南口为南关，迤西为西关或称下关。

说到关厢紧接城门口处，北京有一句老话叫"城门脸儿"，具体到某某城门如"西直门脸儿""阜成门脸儿"，实际完整地说应该是"阜成门门脸儿"，这里通常要省却一个"门"字。门脸儿是北京话，是指接近某一个区域的地方。精确地说，这里的门脸儿是指阜成门的瓮城北门。瑞典学者喜仁龙在其所著的《北京的城墙与城门》中，专门描述了20世纪20年代阜成门脸儿的景象。他说："穿过瓮门而出的是一

1900年，阜成门外关厢市场（远处可见箭楼），引自《北京旧影》。

条老式的铺面路，循绕瓮城北侧，路两侧排列着店铺和乡村式的小吃店，真是一幅独特的风景画。……这种两旁店铺栉比的街道，与瓮城和城楼浑然一体，成为整个建筑群最恰当的引子，使人们恍如置身于数百年前的情景。"

20世纪60年代，老的南礼士路开始改建，并移至光恒街即现在的位置，并且最终由新路完全替代了老路，形成了新的十字路口。与此同时，1965年，北京市进行街巷胡同地名整顿。整顿的内容之一是对重名加以更改和区分。此前有统计，北京地名相同的两三条以上的胡同有600多条。通过整改，一般保留一条为原名，其他改称别名或冠以东、西、南、北、大、小等方位词区分。一番整改后，胡同重名的麻烦不复存在。在胡同地名整顿中，另一内容是将标识性地名规范化，在原有地名之后，缀以街、巷、胡同等。整顿中还有一项内容是去掉胡同中的寺、庙等字眼，以适应那一时期的形势需要。经这样整合后，北京市的胡同数量减少了500多条。①

自东向西，老阜外大街临街的大葫芦、圆广寺、东富兴庄、西富兴庄、广川胡同、豆腐房胡同、东露泽园、西露泽园、洪茂沟、九天庙、一眼井等全部或部分胡同，由此被并入了阜外北街，海潮观音庵的南跨院被拆掉了，不少胡同因此消亡。更多的盲肠（北部均不通行）似的短巷，均被冠以同一个字头。其中二眼井、四眼井以及已消亡的一眼井，均同水井有关。而位于原四眼井胡同东头的阜外北一巷，原有清真寺，俗称礼拜寺胡同，"文革"中被拆毁，现在的北营房中街就穿寺而过。这个寺建于乾隆五十八年（1793），1949年以后，先是被西城区豆浆厂占用，后又成为西城运输公司的起重安装厂。

如此一来，阜外关厢形成5条南北走向的横胡同。阜外北一巷，呈南北走向，南起阜成门外北街，北不通行，全长120米，均宽4米，1965年定名阜外北一巷。1990—2003年被拆除，并入阜成门外大街。阜外北二巷，呈南北曲折走向，南起阜成门外北街，北至阜外北一巷，全长50米，

---

① 于永昌著：《当代北京胡同史话》，当代中国出版社，2016年3月，第73页。

均宽 2 米。原称四眼井，因井而得名。1965 年定今名。1990—2003 年被拆除，并入阜成门外大街。阜外北三巷，呈南北走向，南起阜成门外北街，北不通行，全长 100 米，均宽 2 米。原称大土坑，1965 年定名阜外北三巷。1990—2003 年被拆除，并入阜成门外大街。阜外北四巷，呈南北走向，南起阜成门外北街，北不通行，东通阜外北二巷，全长 100 米，均宽 2 米。原称孔王坟，1965 年定名阜外北三巷。因为是环形路，后北部改建成楼房，建起北京市环境保护科学研究院小区。阜外北五巷，呈南北走向，南起阜成门外北街，北不通行，全长 50 米，均宽 2 米。原称二眼井，因井而得名。1965 年定名阜外北五巷。1990—2003 年被拆除，并入新阜成门外大街。

阜外大街礼士路口东北角原有一排平房，第一栋 5 间门脸房儿是 1956 年公私合营成立的阜外大街副食品商店，是 1956 年由 30 多家私营油盐店、绒线店公私合营成立的。后来因路口改建，就位于礼士路口的西北角了。这家副食品商店是 20 世纪 90 年代以前阜外大街居民主要的购物商店，别看面积不大，每日经营额排在西城区副食店的前列。1994 年拆掉阜外大街副食品商店，建起"东润时代大厦"综合楼，门牌号是阜外大街 3 号，北礼士路口的西北角，北侧和西侧都是阜外心血管病医院。东润时代大厦总建筑面积 8400 平方米，地上 8 层，地下 3 层，1 层和 2 层为商业，3—8 层为出租写字楼。投资建设单位是西城区商业局。

关于阜外关厢地区街巷胡同的变迁还有几条记载：

南河沿，位于阜成门瓮城南，护城河西侧。1965 年改称阜成门南河沿，1991 年并入万明园。

瓜市营房，今阜外大街路南，1966—1982 年撤销此地名。

南礼士路东夹道，1965 年改称阜外南夹道，1966—1982 年撤销此地名。

西夹道南营房，1965 年改称阜外南营房。

宝塔寺，1965 年并入阜外南营房。

万明寺，1965 年改称万明巷，1991 年并入万明园。

169

2. 车捐局

清末民初，西直门、阜成门等各城门处均设有车捐局等收取捐税的机构，实为附设于地方官署内，专门负责征收车捐等赋税的衙门。收税机构一般设在城关关口处，通常称为税关。清光绪二十八年（1902），学习日本维新办法，在北京设立内城警察厅和外城警察厅，各由厅丞掌管。内、外城分为 10 个区，各区称警察署，由署长掌管；每区下设分驻所两三处，由巡官管理；下边又设有由巡长带领巡警的派出所若干处。派出所都设在空场地方，是由木板做墙、铅铁板做顶的房屋，老百姓管它叫"阁子"。警察称警察署为"区里"，称分驻所为"路上"，称派出所为"段上"。警察建制成立后，为了修路、开办医院等市政设施，成立了工巡捐局，负责征收北京城内的车捐、铺捐和乐户捐。

清末以前的财政体制是封建主义的财政，国家没有全面整体的财政计划，每项支出也没有相应的固定收入，支出与收入相脱节。而且国家财政与皇室财政不分，皇帝有全权并不受任何限制地支配全部国家资金，皇室也凭借他们的特权，可以任意从国家财政中支出经费。直到民初，当时的北京还是延续了清代的情况，没有独立的财政收入和支出，国家财政与北京地方有关系的主要是税收。在京城各门设有税局和分局，共 15 处，即正阳门东站、西站以及广渠门、永定门、西便门、西直门、广安门、安定门、东便门、东直门、左安门、右安门、阜成门、德胜门和朝阳门。四郊及远郊也设税局和税卡共 23 处。这些税收机关所收税目繁多。有从纳税人的财产和收入直接征收的行为税，如契税；有收益税，如田赋、警捐、弹压捐、贫民捐、慈善捐和自治公益捐等；也有消费者在价格里支付的商品和劳务税，如营业税，包括妓捐、铺捐、当税、牙税、乐户税、戏捐、车捐，还有牲畜税、屠宰税和烟酒税。除这些消费税之外，还有通过税，即崇文门关税（崇文门历史上称为"税门"）。以上共计 18 个税种，其中将近一半的税种是延续传统税种。这些税种的课税方法，是按课税对象的某些外部标志规定税额，如田赋按地亩数量、房屋按间数征税，带有明显的不合理性。其他税种都是清末国家随社会经济发展而创办的。税捐按税收管理机关的不同，可分为中央税和地方税（即国税和市税）。国税包括崇文门关税、烟酒税、牲畜税、屠宰税、当税、牙税、田赋税和契税，共8种，大部分为传统税种。市税包括铺捐、车捐、妓捐、乐户捐、戏捐、贫民捐、慈善捐、弹压捐、自治公益捐和警捐，共10种，大部分是新创税种。其中铺捐、车捐专为"扩充警政及岁修街道之用"。这从一个侧面说明，清末京师需要城市本身独立的收支活动作为经济基础。①

　　清末京师的税收机关共有9个，分别掌管税收大权，这样使税收事权不统一，行政组织也很分散。例如，大兴、宛平县署掌管田赋、契税（民产部分），左右翼税务监督衙门掌管契税（旗产部分）、牲畜税和屠宰税。崇文门关税局管理崇关税和烟酒税。内城巡警厅管理弹压捐、车捐和慈善捐。工业捐局掌管乐户捐、妓捐、铺捐、戏捐和贫民捐。顺天府督粮厅管理牙税。京师财政厅掌管当税。

　　车捐是指对通行京城的各种车辆，除特许免捐及应准暂行免捐者外征收的一种捐费，用于养护道路，是后来养路费的起源。1929年，《北平特别市市政捐稽征所征收脚踏车捐规则》和《征收旧式车轮大车车捐暂行办法》出台，对脚踏车捐、旧式车轮大车车捐以及其他车辆车捐做了相应的规定。例如脚踏车的收捐数目分别为：全年大洋1元，半年5角，一季3角。货车每月1元，一套骡马大车日捐20枚铜子儿。后来有所增减。1932年《北平市财政局车捐章程》出台；1935年修正《北平市财政局车捐章程》；1945年2月，伪北京特别市公署公布《修正北京特别市车捐征收章程》。抗日战争胜利后，北平市宣布废除伪政权制定的车捐征收章程，依中央法令另行制定北平市使用牌照税征收细则，开征使用牌照税。至此，车捐停征。②

---

　　① 曹子西主编，习五一、邓亦兵撰：《北京通史》第9卷，北京燕山出版社，2012年7月，第242页。

　　② 《北京税收史》编委会编：《北京税收史》，中国财政经济出版社，2007年3月，第282页。

3. 阜成园与门马茶馆

阜成园，亦名阜成园戏园、阜成茶园。清李虹若《朝市丛载》所记"阜成园在阜成门外路南"，这是一座历史悠久颇为著名的老戏园子，在北京京剧发展史上占有重要地位，对京剧事业的发展有过重大的贡献。

阜成园位于阜成门吊桥迤西路南第一家，河沿西岸把角处。其园门临河坐西朝东，正对阜成门瓮城。嘉庆年间开业，可容纳观众500余人，按现今看也是惊人的规模。咸丰十年（1860），被管理精忠庙（梨园公会）事务衙门收购，用公款对其重新修建，油饰一新，方形戏台，台下有新制的长桌和条凳。它不接待普通戏班演出，而是内务府和升平署官员遴选艺人之场所，被选中之艺人方有资格进宫当差，成为内廷供奉。亦可谓此系选拔内廷供奉的一座考场，当年位列"同光十三绝"的程长庚、徐小香、杨月楼和谭鑫培等人，以及后来的杨小楼、余玉琴等人，均系从此地挑选然后进宫当差的。是故，阜成园乃系一官办戏园子，演员水平很高，但基本上不对外营业。光绪二十六年（1900）毁于庚子之乱，后亦未恢复。对一名演员来说，能成为内廷供奉，不仅待遇优厚，且在梨园界身价倍增，系一项极高的荣誉。由于在阜成园演出的多为名角，附近居民受其影响，也都喜爱京剧艺术，所以这一带票友很多。其中最著名的票友就是马连良，最终成为一代京剧大家。

光绪二十七年（1901）正月初十日，就在阜成园刚刚被烧毁之后，像是阜成园的凤凰涅槃一样，马连良出生在北京阜成门外月坛西夹道一个普通城市平民家庭。马家是一个回民大家庭，世代信奉伊斯兰教。马连良的父亲叫马西园，娶妻马氏。马氏病故后，又续弦满氏，育四男一女。长子早殇，次子春轩，三子连良，乳名叫三赏儿，幼女慧敏及幼子连贵。满氏也是穷人家出身，是人称德胜门外"鸡子满家"的女儿，持家勤俭，办事果断，对子女管教甚严。而马西园本人则性情温和，慈眉善目，恪守教规，一心向主。他除了赚钱养家之外，还十分热心于回民的公益事业，乐于助人。马连良就生长在这样一个慈父严母的家庭环境中，他的性格打上了深刻的家族烙印。他之所以后来能成为一代京剧大师，与他出生时的家庭环境有着密切的关系。

马连良祖父马永祥是干勤行出身，所谓勤行就是饮食业。他共生有七个孩子，六男一女。马永祥故去后，留给七个孩子一份祖产，即阜成门外马家经营的"门马茶馆"，其正名本为"长顺馆"。因长顺馆位于阜成门箭楼对面，老板姓马，茶馆俗称"门马茶馆"，人称这个马氏家族为"门马家"。门马茶馆因设有"清音桌"，常有戏迷、票友在此大唱西皮二黄，专业演员如金秀山、德如等常来喝茶并演唱。这二位一个是花脸大家，一位是小生翘楚，在当时都是响当当的头路大角儿。"门马茶馆"也算当时有一定艺术凝聚力的票房之一，日子长了，马家兄弟和来茶馆的艺人、票友也都混熟了。三爷马昆山在众人热切要求之下，大大方方、直工直令地唱了一段《摘缨会》，得到大家称赞。此后，也为养家糊口，马昆山开始下海唱戏。在马昆山的带动之下，马家两代人均先后在上海走上了从艺的道路，马连良以后从艺多受其三伯影响。马连良自幼受到"门马茶馆"里的京戏熏陶，咿呀学语之时，耳朵里就灌满了西皮二黄，等能说会道了，嘴里的哼唱自然就有了京戏的味儿。马连良五岁时，就被送入阜外三里河清真寺所办的学堂念书，诵读《古兰经》。和他一起读书的都是周围回民人家的孩子，他的同窗好友之一赵炳南，后来成了北京中医医院的院长。他上学时经常路过一家破败的老戏园子，就是那个阜成园。当时"宝胜和"戏班常在那里演戏，一听到锣鼓点响，马连良这两条腿就想往戏园子里跑，终于有一天实在忍不住逃学了，第一次看了场真正的大戏。其中有杨瑞亭的《战太平》、崔灵芝和冯黑灯的《因果报》等，年幼的马连良一下子被舞台上的艺术魔力所征服，从此以后曲不离口。等会的戏多了，戏瘾也越来越大，经家长同意，也走上了京剧艺术的道路，最终成为一代宗师。[①]

综观马连良的成长过程，和他家开设的门马茶馆密不可分，而门马茶馆亦系马连良的童年故居，故门马茶馆亦属阜成门关厢的一处历史人文胜迹。在阜外大街，距南露泽园不远的路边有两座穆斯林风格的青砖大墓相

---

① 马龙著：《马连良画传》，作家出版社，2011年3月，第3页。

邻。一座是著名的京剧马派艺术创始人马连良大师之父马西园老先生的坟，旁边是马家自建的小礼拜寺，专供纪念老爷子用。另一座是筛海坟——"筛海"是伊斯兰教中德高博学、教义精深的学者。两座大墓迤西、迤南，以前曾经是一块挨一块的私家坟地，地名叫洪茂沟。

4. 虾米居

虾米居，位于阜外护城河东岸吊桥旁，坐西朝东面对阜成门瓮城。店堂不算宽阔，然而很干净清爽，无逼仄之感。后院墙临河，间节式的粉墙面上辟什锦花窗，计有扇面、梅花、花瓶、石榴、桃诸形状，并嵌以冰裂纹状之窗棂，古朴雅致。此酒馆本名永兴居黄酒馆，以出售柳泉居产的北京黄酒闻名。至于为何名为"虾米居"，据金受申先生20世纪30年代的《虾米居》文，虾米居一名的由来，当时的掌柜刘某也说不清楚。另据传说，清末阜外护城河中水质清冽，盛产青虾（此说有据，其上游就是引自西山玉泉水的高梁河，曾经专供皇家大内。而且阜外北护城河水深近一丈，想必鱼虾自是丰富），酒馆厨师随时捕捞烹之飨客，以其佐酒鲜美无比，诚系物美价廉之肴馔。日久名传京师，世人遂以"虾米居"呼之，而其原名永兴居则渐为人淡忘了。酒馆主人更于锡酒壶上镌"虾米居"三字以志之。清代及民国初年，阜成门关厢以外系大片农田，秋后大田作物收割完毕，"田野广袤无垠，适时野兔正肥，系狩猎的大好时节，飞鹰走犬一日之内可有丰盛之猎物。京师俗呼野兔为野猫，虾米居得地利之便，将新猎获之野猫与猪肘同烹，制成兔脯，肉质醇香，口感细嫩，绝无土腥味，乃京师兔脯之冠。又以精选牛肉切成条状，悬于檐下，候五分干时再下锅红绕，俟熟起锅，复悬于檐下风干，俟九分干时切成小块贮之，即为零售之牛肉干。兔脯和牛肉干为虾米居之招牌菜，亦可外卖，系享誉京师的佐酒妙品"。

据说，"虾米居的店堂环境亦颇可称道。盛夏时节，后院内高搭天棚以遮阳光，在院内小酌，透过后墙的什锦窗可饱览西山景色。水面清风穿窗而入，予人拂去暑气；古槐鸣蝉，高柳莺啼，紫燕呢喃，一派和谐静穆的氛围，令人几乎忘却身边之酷暑。隆冬夜晚，无论朔风怒吼或大雪纷飞，室内不用电灯而伴以红烛高炬，拥炉而饮，闪烁的烛影在古朴的纸窗上跃动，将纸窗映红，使人真切地感受到烛影摇红的意境，令人神驰。微醺的酒意更使人忘却世间俗务，宛如神游仙境。虾米居虽系关厢小馆，品级不高，然无论饮馔或是店堂环境，均别具特色，在京都享有盛名，虽已歇业数十年，然称之为中华老字号，当不为过也。"①

5. 德祥钰烟铺

北京在纸烟流行以前，人们都抽旱烟袋锅点叶子烟，城内、关厢卖叶子烟的烟铺很多。后来纸烟自西方传入，许多人慢慢地改抽纸烟了。因而至 1949 年前，开烟铺的就已寥寥无几了。阜外关厢的烟铺是个老字号，开业于清同治年间（1862—1874），门面两间，门楣上悬着两块匾，一块上写"德祥钰"，另一块上写"老烟铺"。门旁左右各挂个竖牌，左边竖牌上写"自办关东大叶烟台片烟兰花烟"，右边竖牌上写"经销胡槟榔紫豆蔻广蓿砂"。一进门，左右靠墙各放着一个茶几、两把椅子，这是为顾客坐下休息之用。长柜台后摆放许多木箱子，里边放着各种烟叶，箱子盖上写着烟叶名称，有顶高山东烟、高关东片、中关东烟、原把台片烟、叶子烟、白定子烟、郭元顺烟、兰花烟等品种。顾客进店门买烟，可以先品尝后买。拿烟袋锅让伙计给装上一袋烟，在柜台摆放的"盘香"或"火绳"上，点着烟尝尝。抽着觉得好就让伙计给称半斤或一斤，觉得不好，再品尝另外一种烟。

德祥钰烟铺柜台放的"盘香"和"火绳"，就是为了方便过往行人抽烟之用。无论买烟与否，进店铺就可点烟，点着烟连个谢字都不用说。所以，早年北京有句"烟铺的盘香拿过来就用"的俗语。过去比较讲究的北京人，口中习惯含着槟榔、豆蔻和蓿砂。槟榔是助消化强胃的，豆蔻和蓿砂是去人嘴中异味的。德祥钰烟铺经销有生熟槟榔、胡槟榔、盐水炒槟榔。豆蔻有东坡豆蔻、紫豆蔻。蓿砂就是广蓿砂的一种。

---

① 北京市西城区政协文史和学习委员会编：《白塔寺地区》，中国文史出版社，2011 年 11 月，第 47 页。

德祥钰烟铺的顾客以阜成门里外一带居民较多，另外从门头沟一带来拉骆驼运煤的也大都在德祥钰烟铺买烟叶。民国年间生意依然很兴隆。到了20世纪40年代，方便又时髦的纸烟开始充斥着市场。手拿旱烟袋，腰带烟荷包，用火镰火绒点叶子烟，明显着老套落伍了。买叶子烟的越来越少，德祥钰烟铺生意十分萧条，只好关门。

6. 阜成门外大街

阜成门外大街，简称阜外大街，原为阜成门外官道，东西走向，始建于元代，是北京城通往西郊的重要通道。据明代《宛署杂记》第五卷（德）字记："县之正西有二道：一出阜成门，一出西直门。自阜成门二里曰夫营，又一里曰二里沟，又二里曰四里园、曰钓鱼台、曰曹家庄、曰三虎桥，又四里曰八里庄。"[①] 如何理解这段话并解释二里沟与阜外、西外的地理关系呢？因为二里沟靠近西外，并不靠近阜外，也不在阜成门和八里庄之间，笔者试如此解释：阜外二里为"夫营"，有说即南北营房左近。自"夫营"起向西向北分别有多条路。其中向西北一条路，一里外为二里沟，即今日二里沟的位置；另外，自"夫营"起的几条路二里外分布有四里园、钓鱼台、曹家庄、三虎桥。而后，自其中的四里园或钓鱼台起，四里外为八里庄，累算里程距离阜成门正好八里。

阜成门外大街作为道路的名称，在清乾隆五十年至五十二年（1785—1787）编纂的《日下旧闻考》中已经出现，距今已有200多年的历史。该书卷九十六说："衍法寺在阜成门外大街路北。"略晚些的《宸垣识略》也说："衍法寺在阜成门外大路北。""慈悲院在阜成门西关大街北。"说明阜外大街的一个段落在历史上是曾被称为"阜成门西关大街"的。1949年前后，阜外大街下辖阜外大街、南礼士路、北礼士路、南营房、北营房、瓜市营房、月坛东夹道、月坛西夹道、校场口和南露泽园、北露泽园。

阜外大街主要指近城一段官道，东起阜成门护城河桥，西至百万庄南街，全长1400米，均宽5米。因此段街道并非直对阜成门，自其形成以来

---

① ［明］沈榜著：《宛署杂记》，北京出版社，1961年2月第1版，第39页。

就向北弯曲。20 世纪 50 年代初，于其南侧，自阜成门向西取直辟建新路，因老街在新路北侧，故 1965 年将此段老街改称阜成门外北街，以后就简称阜外北街，根据 1956 年 12 月 25 日北京市人委《关于新辟道路名称的通知》，阜成门外大街由阜成门往西经关厢至三里河路止。

1953 年 9 月至 12 月，进行土路加固工程（卵石加固土路），面积 6 万平方米。1954 年 7 月，铺筑沥青混凝土路面，修建阜成门外和西滨河路污水干管。1964 年 8 月，修筑三层式沥青表面处理。1979 年 8 月至 12 月，修筑方砖步道，面积 4749 平方米。1982 年 8 月至 12 月，进行阜外大街整修，完成粗级配沥青混凝土面层 3 万平方米，方砖步道 4404 平方米。1983 年 8 月至 12 月、1984 年 8 月至 9 月、1985 年 7 月至 10 月，又接连三次整修路口和路面加固工程。

阜外大街西口邻火车道的东南侧的多层住宅楼，是 1955 年年底建成的阜成门外南住宅区，是北京最早的住宅区之一，占地面积 12.3 公顷，建筑面积 11.7 平方米。其中住宅 8.1 万平方米，共 22 幢楼 958 套房，主要分配给轻工业部等国务院下属国家机关干部。20 世纪 60 年代，阜外大街北侧门牌 15—281 号，南侧门牌 2—234 号。

阜外地区曾经归属阜外街道办事处，1980 年成立，由原月坛街道办事处划出阜成门外大街以南、月坛北街以北地域，并由原展览路街道办事处划出百万庄大街以南地域形成办事处辖域。1990 年 10 月，正式称为西城区人民政府阜外街道办事处。因位于阜成门外而得名。阜外地处明清北京城外边缘地带，1949 年以前多为荒地。1949 年以来进行了多次大规模的城市建设与改造。20 世纪 80 年代，拓宽、新修了阜成门外大街、月坛北街、展览馆路、南北礼士路、阜成门南北大街等主要道路。90 年代以来，相继完成北营房东里、南露园、北露园、万明园等新型居住区建设。1994 年，阜外街道办事处并入展览路街道办事处。

1995 年，北京市政府启动了阜外大街市政道路拓宽工程，是北京市确定的市政基础设施重点建设项目，东起西二环阜成门立交桥，西至甘家口三里河路中，全长 1767.5 米，在现状 30 米道路基础上拓宽至 70 米，建成四上四下机动车道的城市主干道，地下敷设雨污水、自来水、电信、电力、煤气、热力等 8 条市政管线，累计长 11.7 万米，总投资额 4.2 亿元以上。前期拆迁过程中，涉及居民 509 户，单位 57 家，个体工商户 27 家。拆除了道路北侧全部旧建筑，将阜成门外北街并入，形成开阔的新街道，并附有公共汽车专用道。由此，阜外北街与新马路之间的狭长"孤洲"上的包括张家店、粥厂魏记大四合院在内的所有民居和店铺全部拆迁。按照市政府要求，为迎接"九七"香港回归和党的十五大召开，1997 年 7 月 11 日，阜外大街拓宽改造工程全线贯通。

阜外大街的建成，有力地缓解了北京西部地区城市交通基础设施的紧张状况，发挥了连接二、三环道路骨架，贯通东西交通动脉的作用。有数百年历史的阜外大街成为两侧高楼林立、具有多条车道、设施齐全的现代化大道，彻底地旧貌换新颜了。

现在的阜外大街应该算是一条新大街，东起阜成门立交桥，与阜成门内大街、阜成门北大街、阜成门南大街相连，西至三里河路与阜成路相接，中与北礼士路、南礼士路、展览馆路、百万庄南街、月坛北小街、三里河东路相交。北侧新门牌 1—27 号，南侧门牌 2—44 号。两侧多企事业单位。历史上曾经有四川大厦、万通商场、阜外医院、中华人民共和国轻工业部、中华全国手工业合作总社、中国工业合作协会、北京市出租汽车公司、中国城市出租汽车协会、北京市电车公司一场、北京市服装进出口公司、中国工艺品进出口公司、中国粮油食品进出口公司北京分公司、中国纺织品进出口公司北京分公司、中国建筑物资公司、中国对外建筑材料设备公司、京滨饭店、侨务干部学校、华侨补习学校等单位。通 121 路、202 路、335 路、336 路公共汽车和 102 路、103 路无轨电车。东端有地铁站，中部有 335 路、336 路公共汽车总站。

7. 繁华的关厢市场

阜成门也曾经是西南各地来往京城的要道，因为有许多人不走广安门，而是沿城墙外的护城河向北进出阜成门。这样一是可以避开城里街巷狭窄曲折的交通困难；二是不必非得绕道宣武门，特别对于想去北城的人很是方便。这对阜外关厢的工商业发展也是很大的因素，造就了阜外众多的工商老字号。如菜行永利号、大成号、广泰号、义和号等，米面铺恒崇隆、丰盛泰、瑞顺长、亿合盛、广隆店、天丰点等，鲜果铺源泰店、西永利，还有广义永布铺、德祥钰烟铺、虾米居（永兴居）黄酒馆、裕兴号柴草铺，聚兴号、天顺泰、聚兴隆等灰瓦麻刀铺等。

直到 1949 年前后，阜外关厢地段还是繁华热闹的，特别是从教场口（现北营房中街西侧便道位置）往东，店铺鳞次栉比。有段顺口溜说得好："饭馆酒馆和茶庄，羊肉床子（铺）猪肉杠（铺）；大菜市（月坛牌楼下有菜市场），小菜床（旧时小菜店也称菜床子），馒头切面烧饼香（旧时有的牛羊肉铺带蒸包子、烙烧饼、豆馅烧饼、螺蛳转儿等）；油盐店，大酱园，回汉糕点隔街望；豆腐房烙饹馇房，旁边紧挨铁工厂；水果店，干果铺，和生米庄面粉厂；建材店，山货庄，绒线麻绳大醋缸（山西人开的麻绳铺带售山西老陈醋）；布店百货中药房，当铺门小有高墙；剃头棚，理发馆，牌楼对面有澡堂；轿子铺挨棺材铺，冥衣烧活对杠房；煤铺带卖碎劈柴，草料铺里铡刀忙；张家店，学孟尝，粥厂魏记名声响；教场口里清真寺，政府公安驻庙堂。"那时，中华人民共和国刚刚成立，经济还很困难，一穷二白。人民政府和公安派出所大多没有单独兴建自己的办公用房，尤其基层单位更是因陋就简。堂堂的一个街政府在破庙里办公，仍然做了大量工作，为国操劳，解民忧愁，实在令人感动。

阜外市场影响力最大的莫过于菜市。北京人口多，皇亲国戚、达官贵人也多，生活讲究排场更讲究时令，所以城郊菜园子、花园花房星罗棋布。特别在每年农历二月至五月，正是蔬菜旺季，菜农时称为"客人"，载运着各种青菜、瓜豆、蔬果送到菜市，而从"客人"手里趸买菜蔬后沿街贩卖的人称之为"行发儿"。买卖的时候，客人与行发儿并不直接交易，而是由菜行的菜经纪（俗称"牙子"）在中间交涉谈价钱。谈妥后，菜行掌秤的过秤，写账先生记账写"帖儿"，帖儿即客人从菜行柜台领款的凭证。菜行所挣的佣钱散市后派人到行发儿处收取。①

京城的大菜市有十五六处，最大的有天桥（东市）、阜成门外（西

---

① 王永斌：《北京的关厢乡镇和老字号》，东方出版社，2003 年 12 月。

市）、菜市口（南市）和德胜门里（北市）四大菜市。那时，应时的青菜行在北京可是个大行业，而且被控制在菜行手中，清末全市最多有76家菜行。到了民国初年，成立了惠民菜业专行，把持菜市。阜外菜市就有永利号、大成号、广泰号、义和号、永兴号、永隆号、永丰号、永顺号、万兴号、永成号等10家菜行。关于月坛菜市的情况见本书"礼士往来"一章。

阜外关厢还是一处回民聚居地。1949年后，人民政府在这里开办了一所只收回民子弟的初级小学（一至四年级），名叫育生小学。这所学校后来扩建成完小（一至六年级）。此处还有回民开办的和生米庄、张家店、粥厂魏记。粥厂魏记不是买卖字号，而是开粥厂舍粥的。魏家富有，那两座并肩立于路南的房屋高大、青砖到顶的四合院，在阜外关厢属于鹤立鸡群的建筑，前廊后厦，院墁方砖。魏家乐善好施，常在冬季开粥厂舍粥，过年还增添馒头、窝头。而且不论回民、汉民，来者人人有份儿，因而有"粥厂魏"之誉。和生米庄，因门窗的木框和明柱都涂以绿漆，而被习惯地称为绿门粮店，简称"绿门儿"，这是阜外大街唯一一家专营粮食的买卖字号。老东家李贯一老先生是北京昌平西贯市人，为人豪爽仗义，不仅买卖真正做到质好量足，童叟无欺，而且对贫困者、危难者多有照顾，因而在家乡和阜外地区的回民中很有威望。张家店是阜外及以西广大地区最大的旅店货栈，开业于清末。第一代东家张松山老先生祖籍山东济南济阳县。该店在大街南北两侧各有一个大四合院，共数十间房。北院客人以拉骆驼的、赶大车的、推小车的等行脚人居多，南院多投宿文人墨客、下层官吏、普通过客。张老先生及其后人均平等待客，一视同仁。更值得称道的是，在抗日战争和解放战争时期，由平西抗日根据地进城执行任务的中共地下工作者，不少进城前都在张家店落脚，受到热情接待和掩护。该店还被当作中共地下党组织向山区运送医药等物资的中转站，为革命事业做出过贡献。1956年，和生米庄和张家店公私合营。

1949年后，阜外关厢的经商户越来越多，由于占道盖房，道路变得越来越窄，从阜外护城河边到铁路道口不到600米长的街道，只有不到5米宽了。阜外大街和月坛周边的大规模改造建设是从1953年开始的。先是月坛菜市迁移到北礼士路内，月坛牌楼被拆除，继而扩展了月坛牌楼路口西侧的土路，铺上柏油，开辟出与旧大街并行的新阜外大街。所有的破庙相继被拆除，路南率先建起了高楼大厦，有了机关和商铺。20 世纪 50 年代后期通了无轨电车，阜外地区的交通便利了许多。沿街逐渐建起了轻工业部、华侨补习学校、解放军胸科医院（阜外心血管病医院）、解放军军械处（解放军报社）等建筑。

8. 阜外南、北营房

南、北红旗营

阜外北街以北是清代正红旗北营房，向北直抵三塔社区；以南是镶红旗南营房，向南直抵月坛北垣，南北营房合称为阜外红旗营房。《京城五城坊巷胡同集》中记有南营房。在民国四年（1915）内务部职方司测绘处绘制的《京师四郊图》中，北营房一带，标为"正红旗营"。

据明代《宛署杂记》第五卷（德）字记："县（宛平县）之正西有二道：一出阜成门，一出西直门。自阜成门二里曰夫营。"由此记载，这个"夫营"的位置就在清代营房位置，明代为阜成门卫队驻地，后来为清代袭用驻兵。

根据清惯例，清八旗分布在皇城内的八个方位，八旗分为黄、红、白、蓝四色，正、镶两级。八旗方位就是按东、南、西、北，将正、镶每两个同一颜色的旗固定在一个方向的制度。对此，《钦定八旗通志初集》记载："（八旗）次序皆自北而南，向离出治，两黄旗位于正北，取土胜水；两白旗位正东，取金胜木；两红旗位正西，取火胜金；两蓝旗位正南，取水胜火。""自顺治元年（1644）世祖章皇帝定鼎燕京，分列八旗，拱卫皇居，镶黄旗居安定门内，正黄旗居德胜门内，并在北方；正白旗居东直门内，镶白旗居朝阳门内，并在东方；正红旗居西直门内，镶红旗居阜成门内，并在西方；正蓝旗居崇文门内，镶蓝旗居宣武门内，并在南方。盖八旗方位相胜之义。以之行师，则整齐纪律，以之建国，则巩固屏藩，诚振万事大古以来所未能有者了。今详列京师八旗居址，并系之以图，以辨八旗方位之制焉。"以上说明八旗方位，完全是依照中国传统文化中的金、木、水、火、土"五行生克"为理论，八旗为军队，取其克胜或厌胜之道而有意分布的。

正红旗所在位置在阜成门内大街之北，西直门内大街之南，西皇城根以西，阜成门至西直门城墙以东，南与镶红旗相连，北与正黄旗相接。京师内城各门之外均设有营房和教场，红旗营房教场即在阜成门外。北京城外大约有 1000 名正红旗兵丁驻守在三个营盘。其中最早的一个就是阜成门外驴市口以西空地上修建的正红旗营盘，由一位佐领率领大约 200 名兵丁（含家属近千人）。

在清朝统治中国的 296 年间，八旗兵看守城门，驻防操练，练习骑术、射箭等，除鸦片战争之外，少有作为，即便在养兵千日用兵一时的鸦片战争中，八旗兵的战绩让人汗颜。一些拿着俸禄、乏事可做的八旗兵斗蟋蟀、玩鸟雀、吃喝嫖赌，沾染了不良生活习气，被世人称为靠祖荫吃喝玩乐的"八旗子弟"。辛亥革命之后，八旗兵解甲，八旗子弟一下子也失去薪水俸禄，得自谋生路了，一些人走上市场，做起水果、蔬菜的小贩生意。据说，阜成门外菜市场中满族小贩占了一半的比例。

北京城外四周均有营房，还留有地名。如正黄旗和镶黄旗的营房在城北太平庄和安定门外，如今的安外安德路有一条胡同叫北营房胡同。正白旗和镶白旗的营房在朝阳门外大街南北两侧，镶蓝旗营房在槐柏树街，负责西便门的守卫。而正蓝旗营房在崇文门外法华寺南面，在拆迁改造前，曾有营房东街、营房宽街以及营房头条到十一条等地名，如今仅剩营房东街。正红旗和镶红旗的营房就分布在阜成门外大街南北两侧，南北营房就是早年间八旗驻军营房，随着清王朝的覆灭，逐渐变成了居民区。今天的北营房中街北段，过去即称教场口，1965 年以后，才与中街合为一体。

在民国地图上此地有成片营房标记，到解放初期，这里依然保存了成片的营房建筑，北京电影制片厂曾来此摄制影片，留下历史资料。虽说这些营房是居民小区，但基本上保留着军营的形制，以中街划分为东西两块区域，住房都是一排排坐北朝南的平房，整个营区的街巷分布像一个棋盘图案。每一排房都由几个独立的小院组成，小院是四合院的形式，但没有大宅门四合院的恢宏。为了便于出操、集结，小院的门槛儿很低，或者不设门槛儿。北营房地区过去使用井水，所以留下了二眼井、四眼井地名。

因井水杂质多，家家备有明矾，用于水缸中沉淀净化水质。清光绪三十四年（1908），北京开始修建自来水厂和铺设管线，但直到20世纪七八十年代，北营房的自来水还没有进入院子，大家都得到中街的一个水龙头接水，很是不方便，成为北京户外水龙头的典型。

北营房最老的居民姓赵，满族姓氏为伊尔根觉罗，民国之后，他们改为汉姓，据说他们最崇拜三国时代的赵云赵子龙，故姓了赵。

北京足球队沈祥福成长之地

著名的北京足球队的沈祥福，就在1957年5月27日出生在阜成门外北营房，算是这里的名人了。1949年后，沈祥福的父亲成为北京市第一批建筑工人，后来住进北营房北京五建公司宿舍。北京五建公司是中华人民共和国成立后承建阜外大街轻工业部、华文补习学校、阜外医院的建筑部门，后来在施工工地北面建起排字房，给结婚成家的五建公司职工和家属居住。1964年9月1日，7岁的沈祥福迈进了马路对面的阜外一小的校门。1950年，国家在阜外南营房圆广寺旧址成立圆广寺小学。当时的破旧庙堂做校舍，供桌、条凳当课桌，共有师生100多人，是一所教学条件十分简陋的学校。1955年，搬入寺庙东侧的新盖的三层教学楼，是北面轻工业投资建设的，命名为阜成门外小学。1964年，改名为阜成门外第一小学。西面的国家经委小学则移交地方政府管理，称阜成门外第二小学。当时北营房沈祥福家门口有块空场，下学后，一帮孩子就在空场踢球。从那时起，沈祥福就迷上了足球，没有球鞋，孩子们就光脚丫子踢，大门是两块红砖头。2003年，沈祥福接受记者采访时还是能够回想起40年前，曾经有个"小屁孩"在黑夜里穿梭往返的点点滴滴，脚丫子打得新铺的柏油马路噼噼啪啪。"那时候就是两头见黑，早上不亮就跑出门，提俩杂面馒头夹咸菜，一定到天乌漆麻黑才回家，我对阜外大街没有白天的记忆——为什么？我每天早上提前两小时跑到学校操场好踢球，晚上直到看不见球才想起回家，所以记忆中只有黑夜。"

后来沈祥福有幸进了就在阜外的北京第八中学。学校开展学生体育活动历时悠久，有田径队、排球队、足球队、乒乓球队，每个班级还有自己的球队。当年八中的200米灰渣跑道就很像样子，是全校师生一同修建的，所以八中田径队在全市很出名，沈祥福曾是八中1500米冠军。北京八中中学生足球队始建于1952年，20世纪60年代在北京就很有名了，"东城有一六一，西城有八中"。即使在特殊时期，八中足球队也坚持业余锻炼，月坛体育场是他们的训练场地。沈祥福1970年9月一入校就入选八中足球队。由于他奔跑速度快，球技突出，1972年入选北京市中学生业余足球队，自此，沈祥福开始走上专业足球的道路。1972年至1973年，沈祥福以其优秀表现加盟北京市中学生代表队。1973年初中毕业后被招进北京市青年足球队。1974年以后，到北京市足球队踢球，成为专业足球队员。

姜成武与"北京知青网"

阜外北营房东里和西里住宅小区，都是1990年以前建设的高层塔楼。北营房东里11号楼是建设北营房房改小区时，建设的一栋2800平方米的社区配套公共建筑，由阜外街道使用。二层是对外出租办公室，一层是社区街道的办公室，地下室为经营性住宿旅馆——晓山庄旅馆。承租人是姜成武，他就是著名的"北京知青网"站长兼主编。"北京知青网"成立于2006年7月28日，经过5年的努力，发展知青网友3万多人，北京知青网下属就有知青诗刊社、知青山友社、知青舞蹈队、知青快乐游园队、知青京剧队、知青管弦乐队、知青艺术团等组织。姜成武，祖籍北京昌平，1952年4月21出生在西城白塔寺南边的大乘胡同一座四合院里。1965年考入北京市第42中学（地址在丰盛胡同）。1969年3月到吉林省白城地区大屯公社大官营插队落户。1975年底进入东北输油管理局新庙泵站东北输油管理局四平维修处工作。1984年调回北京，到清河北京绒毯厂工作。1986年进入中国作家协会中华文学基金会。1991年到北京社会科学院社会学所工作。1994年下海从事企业及文化事业至今。

据北京市劳动部门统计，北京市有27万名初高中毕业生曾上山下乡到边疆、农场、农村当"知识青年"，简称"知青"（统计数字不含曾在北京郊区插队的知青）。北京知青主要奔赴的地区有六处：黑龙江和吉林（黑土地）、内蒙古（绿土地）、云南（红土地）、山西和陕西（黄土地）。从2006年开始，绝大部分已经回到故乡北京的原北京知青陆续进入退休老人行列，特殊的人生经历使这一代与共和国同龄、同命运、历尽坎坷与挫折的特殊人群，急需有一个交流信息的平台联络感情，共度晚年。2006 年 8 月 1 日，由文化人姜成武创建的"北京知青网"应运而生，并开设"北京知青论坛"网站。

危房改造与商城开发

1965 年，北京市对地名进行整顿，把北营房划出北街、中街、南街，以及北一巷至六巷、西一巷至六巷、东一巷至八巷。北营房东一巷，旧为菜园，叫"二屋园"，这个地名很早就出现在地图上了。据说过去有两间房屋，一间住把头，一间住雇工，住把头的称头屋，住雇工的称二屋。当地人顺口，把二屋与园（菜园）相结合，便称"二屋园"了。20 世纪 80 年代，这里开始建楼，营房大部分被拆除了，只剩下 6 排半完整和不完整的连排营房。其中北营房北街还有一排十间，基本保存了原有风貌。猜想按照八旗兵制，每户兵丁一般住 1 间至 2 间，这排房子至少可以住 5 户兵丁。此外，北营房中街的 8 号至 16 号也残存此类建筑，只是墙壁斑驳陆离。

该地区曾经残余有几座小庙和一座清真寺（旧址在今天阜外医院西墙一带），都被陆续拆除了。20 世纪四五十年代时，这里还都是由低矮的砖房组成的居民区，砖房之间有小路交错穿插相连，由于此地地势较低，下起雨来便积水严重，泥泞不堪。解放初期，还有很大一部分为庄稼地。60 年代，在东部兴建起了阜外医院。70 年代，居民楼陆续推倒重修。1981 年废止了巷的称呼，把这里的 20 条小巷合并为北营房东里与北营房西里，同时废弃了北营房北街，将其融汇于东、西二里之间，成为小区间的一条通道。北营房中街呈南北走向，南起阜成门外北街，北至百万庄大街，全长 470 米，均宽 5 米。此胡同为贯穿南北的通道，南段叫校场口，北部为营房。1965 年将校场口与北营房合并，统称北营房中街。从 1980 年开始，北营房地区进行拆迁改造，陆续拆平房建起楼房。北营房南街呈东西走向，西起北营房中街，东不通行，全长 50 米，均宽 3 米。因位于北营房之南而得名。70 年代西段改建成北营房西里楼房小区，1990 年拆除东段，建起北京市政大院。1988 年，北京市西城区城市建设综合开发公司对阜外北街以北地区进行危房改造，最后一片北营房平房被拆除。

185

阜外镶红旗南营房属于西城区重点棚户区，已有300多年历史了，其建筑形式与阜外大街路北的正红旗北营房基本相同，规模也差不多。清朝灭亡后，这些低矮的排字房年久失修，大部分变为危房。而且地势低洼，每逢雨季排水不畅。辖区内各式建筑混杂，既有20世纪50年代修建的苏式楼房，也有60年代西城区房管局拆掉500多间营房平房，建起的南营房编号为1—24的24栋简易楼。大部分楼高二三层，室内没有暖气，只有公共厕所和公共厨房，每间屋子也只有15平方米，普遍住一家三口。不少住户在外边有房子，这里出租率在60%以上。现在这24栋简易楼被阜外大街、南礼士路和月坛北街住宅楼包围在中央。在楼群里错综复杂地布满大大小小的平房，其中大部分为1976年地震以后修建的地震棚和私搭乱建，经过居民的重新修建成为居住平房。

阜外南营房地区危房改造始于1990年，开发商是任志强的西城区华远房地产开发公司。开发范围包括东起西二环路，西至南营房简易楼区，北起阜外大街。拆迁范围内有：南礼士路西侧清代南营房平房区，建起南礼士路北侧多层住宅楼；南礼士路东侧的旧日阜成门菜市场平房区，拆迁后，1992年建起华远大厦和万通大厦即万通新世界商城。阜成门立交桥西南角的建筑最有名的要属"万通小商品批发市场"了，营业面积从地下一层至地上五层，经营范围包括皮具、箱包、鞋类、办公用品、体育用品、工艺礼品、针织品、日用百货等。大厦六层以上是万通写字楼。该项目的地皮原来是华远公司的，位于阜外南营房危改项目地片内，1949年前是著名的阜成门外菜市场。1993年万通公司从海南"杀"到北京，从任志强手中购买了这块地皮。万通商城1996年开业，当时定位为高档商厦，但当时北京同档次的商厦扎堆，万通商城的销售情况并不理想。1999年，万通商城在对市场调研之后，转型为小商品交易市场，此举还在社会上引发争议，很多人认为一座地理位置优越的高档商厦转型经营小商品，浪费了商业资源，这样的模式不会成功。但事实上，万通商城新开业不到半年，就凭借优质的服务水平、实惠的商品价格和齐全的商品品类受到消费者的喜爱，平均日客流量达到5万余人次，节假日高峰期高达7万余人次。经过12年的发展，万通商城的经营面积达到28000平方米，地下一层至地上五层，经营品种数万个。

9. 阜外的几所小学校

阜外北街与展览路的交会之处以前称为下关，铁路道口称为下关铁道，后来铁道拆除了，但是作为地名还残留着痕迹，那一带现在还有一所小学，就名为"下关小学"。

北京市西城区阜成门外第一小学（简称阜外一小）位于阜外北街的南侧，南营房的阜成门外大街甲 10 号，始建于 1950 年，时称圆广寺小学。1955 年迁现址，改为阜成门外小学。1964 年，改名为阜成门外第一小学。学校新教学大楼于 1990 年 9 月落成，胡乔木同志为学校题写新校名。学校以"四优一特"目标办学，即环境优美，育人优秀，管理优质，队伍优良，彰显科艺特色。

北京市西城区阜成门外第二小学（简称阜外二小）位于月坛北街 25号，原物资部大院的西南角，成立于 1964 年 9 月 1 日。20 世纪 70 年代，学生大多来自周围的政府机关的干部子弟，如原国内贸易部、北建委、国家海洋局、解放军报社等干部子弟的学生占全校学生总数的一半以上。2004 年，阜外二小撤销。西城区教委将阜外二小给了西城区少年宫。2006年，展览路街道在全市率先成立社区市民学校，投资 200 多万元，把阜外二小 22 间教室改造成音乐、美术、舞蹈、书法等教室，让离退休社区居民走进教室开展活动。

位于阜外北街北侧、北营房西里的奋斗小学曾经叫"北营房小学"，最初由本地的清真寺改建而成。1959 年进行了翻盖，由简易的平房改建成了四层楼房，之后并入西城奋斗小学。北京市西城区奋斗小学是一所公办寄宿与走读兼有的学校，现一校三址。东址位于西城区宣西大街甲 8 号，西址位于西城区闹市口大街月台胡同 15 号，北址位于西城区阜外北营房中街 57 号。

奋斗小学是著名爱国将领傅作义创办，诞生于民族危急、国难深重的抗日战争时期，在抗日战争的硝烟中成长壮大，拥有光荣的奋斗办学历史。

1937 年七七事变后，全面抗战开始，第八战区副司令长官傅作义率部转战于察、晋、绥各地抗日战场。1939 年末至 1940 年初，傅先生所率部队与日本侵略者在包头及绥西河套地区连续进行了三大战役。此后许多官兵为子女不能按部就班地上学而发愁。为安定军心，必须解决干部子女战时就学问题，时兼绥远省政府主席的傅作义先生决定创办随军学校。

1940 年 5 月 5 日，在战时后方的第八战区副长官部眷属团所在地——宁夏平罗县黄渠桥，一所名为"第八战区副长官部奋斗小学"的学校成立了，并于 9 月开学。傅先生聘请蒋志伟女士为校长，校址是借用黄渠桥一个大庙，"租屋授读，规模极简"。专任教师仅康墨蜂一人（康系共产党员），蒋校长集行政事务、教学于一身。蒋校长作词、康墨蜂老师谱曲，为奋斗小学编写了校歌："贺兰山下，黄渠桥边，一群活泼儿童在这学习。三载飘零，现在才有了归宿。长官的爱护，师长的指导，把我们培养成一批小战士。父兄们在冰天雪地里杀敌，我们也要好好学习，好好成长，踏着他们的脚印前进……"

在 1941 年夏秋之际，学校迁往宁夏石嘴山，校址是一座叫郑柜大院的旧民宅，坐南朝北，四合院被一圈走廊连在一起，教室办公室有十几间，最大一间作为小礼堂，学生逐渐增至近百人，办学条件有了初步改善。学生们学习语文、算术、美术等课程外，还组织演出反映抗战内容的话剧《沦陷之后》《小放牛》等，唱《黄水谣》《在太行山上》《念故乡》等歌曲，在幼小的心灵里播下了爱国的种子。还组织篮球、乒乓球比赛，劳动教育也作为一项主要任务，既培养了艰苦朴素作风，也锻炼了劳动本领。据苏奇忠、苏奇诚校友回忆："学校背依黄河，夏季黄河咆哮声日夜不断，响彻石嘴山上空，河边沙滩上用石块围起来一圈，便是体育课和孩子们活动的操场。冬季黄河冰封，老师便带着我们在冰上活动，偶尔也过到黄河对岸的喇嘛庙游玩。再远一点儿，便是一片荒漠，捡拾一些细细的沙葱用盐腌起来，便成为可口美味的咸菜，这些点滴小事也锻炼造就了这一群孩子的奋斗精神。"

1943 年秋，奋斗学校（包括中小学，奋斗中学成立于 1942 年 9 月）自建的新校舍在绥西河县陕坝落成。奋斗小学随眷属团迁至陕坝，改名为私立陕坝奋斗小学。傅先生亲自兼任奋斗中小学校长，学校迁至陕坝新建校址，开始有了较好的教育环境。大门坐北向南，前墙两边漆写着两条醒目的标语："德智体兼修""教学做合一"。明确地提示着学校当时的办学方针和对师生教学教育的要求。①

1944 年至 1946 年 8 月，抗日战争取得胜利，傅作义回师归绥，奋斗中学随军迁往，并增设新办奋斗小学。原奋斗小学仍留在陕坝原址。至 1945 年，奋斗小学 5 周年校庆时，学校已有了一个较好的基础，发展到一至六年级 12 个班，学生达 400 余人，教职工 20 余人。抗战中诞生的奋斗小学，有艰苦奋斗、自强不息、团结互助、努力前进、热爱祖国、勤奋学习的精神。经过全体教师坚持严谨治学、教书又育人的辛勤工作，培养了一批有益于国家、有益于民族的人。

1947 年至 1948 年，归绥的奋斗高中迁往张家口，同时在该地增设初中、小学，办成了完全中小学的规模。同时又在北京设立奋斗小学一所。这完全是服从战局而发展布局的。1948 年后，傅部屯驻北京一带，军政干部子弟云集于此，于是又将张家口的私立张垣奋斗中小学迁往北京，与北京奋斗小学合为一所，成为私立北平奋斗小学。② 中华人民共和国成立后，办成重视爱国主义思想教育的知名学校。

傅作义先生亲自主持热心办学共 16 年。在办学的整个过程中，他爱国、爱校、爱生，忧国忧民之心溢于言表，对国家、对干部、对家长和学生、对社会主义教育事业都说到做到，做出了贡献，其情深义重感人至深，令人难忘。③

1956 年，北京私立奋斗小学改为公立，名为北京市西单区市立奋斗小学，时任校长为唐自强。学校的校址在复兴门内大街库资胡同，"文革"

① 中共北京市西城区委宣传部、北京西城区档案局（馆）、北京市西城区新闻中心编著：《西城追忆，抗战西城》，北京时代华文书局，2015 年 8 月，第 301 页。

② 巴彦淖尔盟行政公署地方志编修办公室编辑：《巴彦淖尔史料》第 2 辑，巴彦淖尔盟行政公署地方志编修办公室，1983 年 9 月，第 167 页。

③ 刘跃平、解建军主编：《往事珍影：北京西城老同志回忆》，中共党史出版社，2006 年 7 月，第 49 页。

期间一度改名为北京市西城区库资胡同小学，后又恢复为北京市西城区奋斗小学。

奋斗小学有一位善于独立思考、充满激情活力、全心投入小学教育事业的见培炎校长，他著有《见培炎论教育》，字里行间洋溢着质朴平和又鲜活的思想、深刻的思考，论述系统，掷地有声。见校长说："我总觉得我深深地爱着奋斗小学，我是用心在爱的。我的这种用心，一是包含了我的全部智慧，二是包含了我的真挚感情。为了学校，有时我觉得舍弃了很多，这其中包括我的健康。当然我没有后悔，因为我懂得，爱是要付出代价的。"1999年，北京市西城区太平湖小学、北京市西城区新文化街第三小学撤销建制，合并到北京市西城区奋斗小学。就在这一年，见培炎成为这所学校的校长兼党支部书记。2009年，在历经了无数次深入的探索挖掘和潜心思考后，见校长提出学校的核心文化理念："质朴、坚韧、平和。"而这距他坐上校长之位已经有足足10年的时间。[①] 奋斗小学的一位教师这样写道："他胸怀教育的激情和梦想，身上彰显的奋斗精神已经成为学校发展的火种，点燃了学校每一位师生心中的火炬，燎原之势正在旺然蔓延。"[②]

第三节　煤路——阜成路

1. 骆驼运煤路

当年，在从北京到门头沟之间还没有建铁路的时候，阜成门一带的街道上，每天来来往往的大都是成群结队的驮煤骆驼队。阜成门外一带店铺也多，几乎每个店里都有拉骆驼的，旱外关厢一带因骆驼很是热闹。

明嘉靖九年（1530），在阜成门外兴建了月坛以后，不但皇帝要来祭

<hr>

① 《中国教育学刊》杂志社编：《未来教育领航者》，吉林出版集团有限责任公司，2014年7月，第80页。

② 刘保明著：《述录文稿》，中国医药科技出版社，2013年10月，第396页。

祀月神和众星宿之神，有时还由大臣代祭。那时更是要净水泼街，黄土垫道。加上有阜外关厢的驴市提供了人们出城赶庙会、踏青游玩、采摘购物的便利交通工具，来来往往的人流越来越多，直到清末民初仍是如此。于是，阜外大街也就渐渐地兴旺繁华起来，但影响最为巨大的还是煤炭，最别致的景观还是骆驼队。

骆驼，被誉为"沙漠之舟"，以耐力大和善行走见长，不仅善于负重，且性情温和，很早就被人类驯化作为远途交通工具。中国北方干旱地区常见使用骆驼，北京到了金元时期开始出现骆驼市和骆驼车，明

阜成门城楼（原称平则门）和城楼下的煤栈，引自《旧京大观》。

清时期骆驼已经遍布城乡，但主要集中于城西地区，几乎每个村庄都养骆驼，最多的有上千头，最富的驼户有20"把"骆驼，每把为7头。

晚清时期多以骆驼运煤。在北京，水路运煤靠不住，一是水源难控；二是季节性明显，形成不了稳定的水运条件。所以陆路运煤在铁路出现之前几乎是唯一方式，主要靠车拉、畜驮和人背，"煤斤自窑运厂，自厂运京，全仗车骡驮载"。骆驼不仅运煤，也是最好的行脚工具。《清稗类钞》有段记载："京朝官多有策驼而入署者，后易骆驼为马，最后易马为车。"说明骆驼易得，马、车则是为官后的升级版待遇。

"凿断山根煤块多，抛砖黑子手摩挲。柳条筐压高峰处，阔步摇铃摆骆驼。"一首清代的《竹枝词》简洁形象地描述了北京煤黑子牵骆驼运煤进城的景象。还有前人余煌《运煤驼》：

北京街头的骆驼队，引自《北京景观》。

"肿背马行铃声长，或五或十联作行，背上捆载高如墙。驼能辨风色，驼能识泉脉，不用驼智用驼力，城中千烟复万烟，仗尔西山运煤石。"

这种专门运煤的骆驼，被时人称为"煤骆驼"，每头骆驼能够托运400斤的分量。那个年代，拉骆驼的生意主要集中在秋、冬、春三季，尤以冬季最为繁忙。因为天冷，城里居民普遍使用煤炭，需求量非常大，特别是煤块火力大，居民都爱用。明清以来，北京大西山开凿出数不清的煤炭，但未经加工的煤炭不好直接用，一般由煤工制作成煤砖、煤饼。成批的煤块和做好的煤砖、煤饼，用柳条编制的筐装起来重重地压在驼峰上。每天清晨卯时，运煤的骆驼排着长队，昂首阔步、稳稳当当地走过北京街头，颈上的铃铛摇摆晃动，叮当作响，成为老北京的独特景观。

说起骆驼，人们就会想起老舍先生的名著《骆驼祥子》，讲述的是旧中国北平城里一个人力车夫祥子的悲剧故事。祥子18岁时从农村来到城市，渴望通过自己的诚实劳动创造自己的新生活。但在黑暗的旧社会，他的理想最终没能实现，他在绝望中走向堕落。小说有着浓郁的古都风情和市井气息，有鲜明突出的"京味儿"。老舍对祥子拉车路线的详细叙述，就使小说透出北平特有的地方色彩。祥子是因为在西直门外被当兵的抓差，从高梁桥到了磨石口（模式口），夜里祥子趁乱混出了军营，并且顺手牵走了军队丢下的三头骆驼。天亮时，以35块大洋把三头骆驼卖给了一个老头儿，回来进的西直门。从此，他就得了一个外号，叫"骆驼祥子"。《四世同堂》也是以护国寺小羊圈胡同、土城和西直门外护城河为主要背景的。清代北京城的最西北角属于正红旗，北部偏西属于镶红旗，城外为正、镶红旗营房，而老舍的父亲是正红旗的护军，老舍非常熟悉北京的西北角是和他的族籍有直接关系的。老舍的母亲是德胜门外土城一带的旗人，土城是他的姥姥家所在地，老舍家的祖坟也在离姥姥家不远的地方。到姥姥家要出德胜门，到祖坟要出西直门。

过去出了阜成门一直向西，最近就到了八里庄，过了八里庄是模式口，这是出城向西山的方向。传说有首民谣，伴着悠扬的驼铃声，唱出了从模式口到阜成门进城的一路场景：

模式口，响叮当，往东就是八里庄。

八里庄，上大道，往前就是马神庙。

马神庙，歇背子，往东就是白堆子。

白堆子，走土道，前边就是倒影庙。

倒影庙，在高台儿，前边就是露泽园。

露泽园，往东走，不远儿就是驴市口。

驴市口，找个人，过桥就是平则门。

平则门，拉大弓，过去就是朝天宫。

往后可以接着唱平则门到西四牌楼的一段歌谣，很有老北京的市井情调。

模式口以前叫磨石口，传说因为出产上好的磨刀石而得名。但其本源极有可能是春秋战国时的燕国"宁台、元英、磨室"三大宫殿之磨室宫，"磨室"即"厤室"讹变，磨石口应即古厤室宫之地。模式口一带还是饲养骆驼最多的地方。从门头沟、木城涧等地出产的煤炭大多经模式口和阜成路，从阜成门进城，这里就成为集中趸煤的货场和中转站，运煤炭的人、畜也需要住宿和中途休息吃喝，因而这一带的商铺也就从无到有、从少到多地发展起来了。

阜外大街再往西称为阜成路，是阜成门至西山门头沟之间弯弯曲曲运煤土路的一部分，有着久远的作为煤路的历史。现在的公路跑汽车，以前阜成路上最为经典的就是拉骆驼。拉骆驼的是指过去在北京市郊及山区用骆驼驮运货物的行当。旧京时代，交通不发达，人们利用骆驼能负重、耐跋涉、性温驯的特点搞运输，以补充运力的不足。拉骆驼的一般把几头骆驼用较细的皮绳穿通骆驼的鼻孔，形成一串，称为"一把儿"。每头骆驼驮着两个大筐或麻袋，内装煤块、煤末或石灰。拉骆驼的平时也沿街售卖，除贩运煤炭和石灰外，也贩运其他货物。拉骆驼的一向劳累清贫，他们不远数十里将货物从崎岖的山区运到城里来，获利甚微，如果再卖不到好的价钱，除去自己吃饭和骆驼的饲料，就所剩无几了。从13世纪骆驼参与忽必烈修建元大都城算起，到20世纪50年代，每天清晨，街道上在繁忙的人流中夹杂着一队队负重的骆驼不紧不慢地穿行，这一走就是 800 年，直到骆驼从北京的运输业中退役，为北京的城市建设和经济发展以及老百姓的生活立下了汗马功劳。在北京阜成门外，值得为北京的骆驼竖立起一座雕塑、一座纪念碑。

2. 德惠路

阜成路上不仅拉骆驼运煤，也是北京城通往西部风景园林区的经典旅游路线。有关资料记载，阜成路还曾经被称为仁慈路。这里存在误解，应该是德惠路，不是仁慈路。

真实情况是："1917 年夏秋之交，顺天、直隶一带（今河北境内）连降暴雨，永定、大清、子牙、南运、北运五条大河同时漫溢，决口数百道，洪水泛滥，京畿地区顿成泽国。"据报载，北自张家口，西至房山，东至山海关，南抵黄河，万里之区，无不被灾，计受灾县达 103 个，淹没田亩 25 万余顷，灾民逾 600 万人。如此浩劫，为北方 50 年来所未有。1917 年 9 月 25 日，水决天津，淹灌全埠。此时，隐居津门的熊希龄目睹难民露宿、悲号呼救的惨状，顿生恻隐之心。他随即奔赴北京，向中国银行公会求助，得捐款万余元，交由京师警察厅购备粮食，运津赈济。接着直趋北京政府相关各部，力请筹款赈济灾民。但政府方面则提出，除非有熊希龄出来主赈，方能定议。本来，熊希龄"自隐津终养，决志不闻国政"，此时政府反提出让他出山为办赈条件。他考虑再三，为千百万灾民计，不得不勉为其难，接受大总统冯国璋颁发的特派令，应允出任督办京畿一带水灾河工善后事宜。9 月 30 日，财政部拨款 30 万元交熊氏赶办急赈。10 月 2 日，熊希龄在天津查勘灾情，随即正式就职，在北京石驸马大街熊宅设立督办处，作为治水救灾总机构，又在天津设立分处。很快，选定任事各员，次第制定各项办事规程，确定救灾方针和四项步骤，即再请求政府拨付巨款，委托地方士绅及教会办理赈济，联合中外慈善团体共同救灾，堵筑决口。随后，赈务、河工按此方针和步骤次第进行。①

---

① 周秋光主编，周秋光、曾桂林、向常水等著：《中国近代慈善事业研究》（上），天津古籍出版社，2013 年 12 月，第 408 页。

熊希龄，民国时期著名的教育家、社会活动家、实业家和慈善家，曾任北洋政府第四任国务总理，此刻他以身作则、带头捐资，并建议以工代赈。政府为此拨了6万银圆（已拨之内还是追加再拨，待核查），由京兆尹雇用许多灾民，修通了西山的石渣马路，由万寿山颐和园起，经八大处到阜成门外小黄村，故取名叫仁慈路。此路的修成，使从北京城里去香山的交通更加便利，但并不是主要交通路线，只是以从阜外大街到门头沟道路（今天称为阜石路的前身旧路）之间的小黄村为起点，由此向北到八大处山脚下的四平台，再向北到香山脚下，经玉泉山到颐和园北侧青龙桥的一条路。至今香山南路、香山路就是其主体。

又据《熊希龄集》："又以门头沟迤西一带，产煤丰富，去年洪水为灾，该处大小煤矿多为淹没，不能工作，近畿一带既患煤荒，附近灾民亦皆失业。复议定修筑马路，以便附近产煤之区悉可运输而出，该矿既不致长此淹没而失业，贫民亦可自食其力。爰与京兆尹商定，向中法实业银行借银二十五万元，年息六厘，不折不扣，专为建筑此路之用，即以此路收入为担保，一面咨明财政部立案。计此项马路分为二段：甲，自阜成门至三家店；乙，由门头沟至黄石响（该地名未详）。现亦一律竣工。又以西山为京城名胜之区，五陵裘马，往来甚繁，因并建筑马路，计长约三十里，竣工之后，一并将验收情形咨明京兆尹步军统领。并将京通路定名为博爱路，西山路定名为仁慈路，门头沟路定名为德惠路，以为纪念等因在案。"[①]

可以看到，实际上小黄村（西黄村）至青龙桥（颐和园北侧）之路，定名为仁慈路，这是香山路、香山南路的前身；阜成门至小黄村（西黄村）之路并通达三家店之路，定名为德惠路，均因水灾以工代赈所修，贯八里庄至四平台（德惠路和仁慈路之部分）。现代公路修建以前，人们出游西山之麓必改乘轿，或骑驴以便游山。只有黄山（疑为黄村即西黄村）有马路通香山、玉泉山，已与万寿山、西直门相连，路上汽车如织，已然

---

① 周秋光编：《熊希龄集》（下册），湖南出版社，1996年11月第1版，第1285页。

具备近代公路气概。

1950 年 12 月，北京市公共汽车公司开辟了东起城区的东华门，经阜成门，西至石景山的 37 路公共汽车线路（后改为 337 路）。1951 年 10 月开辟了阜成门到门头沟的 36 路公共汽车线路（后改为 336 路）。那时的公共汽车一般就一个车厢，前头是一个"大鼻子"车头。20 世纪 50 年代至60 年代初，由于汽油短缺，公共汽车靠煤气推动，顶上都驮着一个大气包。大庆油田开发后，车顶上的煤气包才取消。公交车站牌子，那时候也就是一根水泥杆子。

到了 1954 年 4 月，阜成路向西的京门公路全线才铺成沥青路。其中阜成门至西黄村以东的 12 公里，是利用阜青路（阜成门至青龙桥，又称青阜路）的一段修建的，因为这一段是去往香山、碧云寺、卧佛寺、西山八大处、玉泉山等名胜古迹的旅游线路，路面比较平坦，路旁多植树木，路容整洁，路况较好。1956 年 5 月 1 日至 1958 年 2 月，东起北京动物园，西至八大处公园的 47 路公共汽车线路（现为 347 路）开通，境内设有 5 个车站。1967 年，京门公路阜成门至三家店段改为京兰公路的一段。

如今的阜成路西部到门头沟一段已经新建为阜石路高架桥，不再经过狭窄的模式口，而是由宝山中路东侧，在首钢厂区北边、四平山南麓直接向西跨过永定河，至门头沟区双峪环岛。道路红线宽 80 米，全长 15.14 公里，为北京市首条全线高架城市快速路。阜石路为城市快速放射联络线干道，连接西四环路和西五环路，与莲花池西路及长安街西延共同构成了北京西部地区与市区联系的三条快速走廊。

3. 杜家坑和北京市电车一场

以前，往西一过展览路铁路道口，阜外大街的景象就大不一样了。路南侧紧挨着铁道的是一个硕大的苇坑，叫杜家坑，因长满芦苇，水又不深，经常有来钓鱼的、摘苇叶的，为西城居民提供了一种小小改善生活的来源。后来逐渐变为垃圾场。北京开始有无轨电车那年，苇坑被填平，修建了北京市无轨电车一场，现为三里河东路北口。从 1945 年的北京航拍图上，可以大约看到京张铁路在此处的填方路基，估计当时也是这片大坑的

196

一部分填筑起来的，可以想象这个杜家坑在清末以前还是相当大的。

1956年10月7日，北京第一辆无轨电车"北京一型"试车成功。1957年2月26日，第一条无轨电车线路阜成门至北池子通车；8月13日，由动物园至朝阳门的1路无轨电车开通；12月1日，由动物园至西单的2路无轨电车开通。同时在1956年11月，在阜成门外大街杜家坑修建起北京市第一座无轨电车保修场——北京无轨电车一场。1957年7月建成，占地面积85600平方米，建筑面积14108平方米。当时的杜家坑是铁路西边的一片苇塘，无轨电车一场职工拉来黄土填平苇塘，建起无轨电车大院。东面是铁路（现在的三里河东路），西边是部队大院（现解放军报社），南面也是部队大院，北临阜成门外大街，院内可以同时停放几十辆无轨电车，还建起电车保修车间大棚。现在的北京无轨电车一场已改制称为北京市公共交通总公司第二保修分公司，门牌号是阜外大街32号。沿阜外大街是一栋5层红色公司办公楼和6层住宅楼（有6个楼门），院内还有无轨电车公司办公楼、无轨电车保修车间、对外经营的汽车修理门市部、电车公司职工食堂、电车公司第六幼儿园等十几家单位。

北京无轨电车公司，始于1921年成立的原北京电车公司（崇文门外法华寺）。在长期的实践中，电车职工队伍形成了"一心为乘客，服务最光荣"的企业精神，电车客运分公司是首都精神文明单位，所属车队中有以"全国先进基层党组织"103车队为代表的6条市级先进车队，以"王桂荣号"为代表的47部市级优秀车组。1998年体制改革，纳入北京公交总公司，现在叫北京公共交通控股（集团）有限公司电车客运分公司，是从事城市公共交通的电、汽车客运公司，也是北京市唯一的无轨电车客运企业。目前，电车客运分公司有职工6500人，下辖19个车队，28条线路，运营车辆977辆，运营线路总长419.66公里，站点26个。分公司现有电车架空线网140公里，在城区基本形成"井"字形网络，四通八达，连接着城区主要著名商业区、名胜古迹以及国家机关驻地，运行着15条无轨电车线路。同时开通的13条汽车线路适应城市发展需要，通往许多新建居民小区，方便了市民出行。

1961年6月15日下午，就在北京电车一场北门外，险些发生一次重大交通事故，而周恩来总理当时就坐在现场的一辆汽车里。那天，周总理要到钓鱼台，然后陪着住在那里的越南总理范文同到人民大会堂出席北京市各界万人欢迎大会。周总理对自己要求一向很严格，外出活动从不让警卫部门派警卫车在前面给他开道。这次去钓鱼台，也没有沿着警卫部门为保障国宾活动专门布设了交通民警的那条路线，即沿人民大会堂—西长安街—复兴门一线，而是沿着去钓鱼台的最短路线，即府右街—西四—阜成门一线。当时周总理坐的小汽车是一辆20世纪50年代从苏联购置的吉斯车，即吉斯ЗИС—115型防弹车。总理日常活动一般都是乘坐苏制吉姆—ЗИМ。因这次是欢迎越南总理的重大国事活动，所以调用这辆吉斯车。开车的司机名叫杨金明，技术高超，很有经验。同车的还有周总理的卫士长成元功。

就在周总理的座车驶到展览路南口时，就见前面路南一个大门里钻出一辆卡车。它本来是右拐向东行驶的，没有想到将要和周恩来总理的座车交会时，忽然逆行，接着又突然横到了马路中间。惊得总理车上人急喊："卡车！危险！"司机杨金明早就看到了那辆卡车，他对沿途路口、路况很熟，知道要经过哪些道口、机关、工厂，当然也知道那辆卡车是从北京市电车一场的车场出来的。因那卡车出门后向右拐，所以交会时并没有鸣笛，各行其道，互相并不妨碍。当看到那辆卡车忽然驶入逆行，既未打大迂回指示灯，又不鸣笛，不打手势，估计它可能横在马路中间，自己车速又快，眼看就要被它撞上，杨金明立即采取措施，鸣笛、点刹、换一挡，向右避让。车正往右偏，忽见前面有根粗大的水泥电线杆，弄不好很可能被卡车挤到电线杆上，杨金明连忙又改为逆向避让，并把方向盘向左打死。就在这时，那辆卡车的车身忽然在他眼前一晃，眼看就要撞上，杨金明随即脚下猛地一踏，吉斯ЗИС—115立即来了个180度大掉头，嘎的一声停住了！

虽然几个人在吉斯急掉头的过程中，身体失去了重心，歪倒在一边，几乎摔到座位下面，但谁也没有受伤。这不能不归功于杨金明驾车技术高超和他的高度责任感。尽管两车几乎相撞，可是那辆卡车的司机却像什么事也没有发生，他依然不打指示灯，也不鸣笛，在马路中间又莫名其妙地来了个大迁回，然后驶回电车公司一场的大门里边去了。

周总理当时对这种不遵守交通规则的行为自然不能容忍，他立即指示坐在车上的卫士长成元功："到了地方，你马上把情况告诉北京市公安局，要他们查清楚，是什么人不按交通规则行车？是有意还是无意？查明后要严肃处理。"情况很快弄清楚了。原来那个驾驶卡车的是电车一场的维修工，叫张兴辰。最近一段时间在私自练驾驶，常常开着车在厂子里转，瘾头很大，不玩一玩手就发痒。这天下午他手头没活，就借口给卡车加油，和班长要钥匙，班长也知道他给车加油是假，想开车玩玩是真，又不好当面给顶回去，就把钥匙交给了张兴辰。张兴辰拿到钥匙，非常高兴，他还从来没有开车上过街，决定试试，于是就把车开出了厂门，想转一个大圆圈就回厂，对面有车无车全然没有瞧见。负责交通管理的阎荣久经过询问和勘查现场认定，张兴辰是非司机驾车，违章行驶。他说："幸亏主车司机处理及时得当，才没有酿成大祸。要是总理的车出了大祸，我也得背上铺盖卷自动去坐大牢。北京的交通我们没有管好啊！"又说："这次也太险了，吉斯车车身长，约6米，车身重，约5吨，方向盘很不灵便，又遇上下雨，地面有水，车速又快，没出事真是万幸。"

周总理听到汇报后的第一反应是："荒唐！（'荒唐'是总理批评人最重的语言）怎么能随便开车出来玩儿？多危险！"周总理接着又交代，通过市公安局转告电车厂领导，要他们结合这次事故对全厂职工进行教育，杜绝类似情况再次发生；厂里要加强制度管理，没有制度不行，有制度不执行同样不行；对那位私自开卡车出厂的同志，要做好思想工作，不要因为是遇上我的车而加重处分。后来，电车公司狠抓了制度和措施的落实，对张兴辰给了警告处分。

4. 南、北露泽园

杜家坑往西路北有两条隔街相对的胡同，分别叫南露泽园、北露泽园（旧称漏泽园），简称露园。两条胡同口分别有两三家小店铺。胡同内曾经有几座古刹。南有普济药王庙、泰山圣母宫；北有关圣庙、扣钟庙、黑塔寺等。在解放以前均已圮废，但是1949年后，好长一段时间还保留着扣钟庙、扣钟北里、塔寺等地名。20世纪90年代，因拓宽展览路，北露泽园彻底消失了。而南露泽园早在50年代末就盖起了楼房。由南、北露泽园再往西至甘家口就成了穷乡僻壤了。

说到露园，源于此地泛称漏泽园，为明代官置丛葬之义地，后俗称露泽园。"漏泽"其意就是埋葬无主尸首的义地。明代，此地是专为埋葬死去宫女而设的墓地，那时又有专门的称谓叫"宫人斜"。漏泽园在阜外北街西段路北，扣钟庙之南，明成化七年（1471）五月设立。《宛署杂记》里说："阜成门外北岔路一所，计八十亩，系官置漏泽园。"早先的时候，漏泽园是把扣钟庙地区也包括在内的。《日下旧闻考》和《宸垣识略》都曾经指出："永隆寺在阜成关外香山乡漏泽园。"永隆寺即地藏寺，俗称扣钟庙。由此上溯，漏泽园作为地名的历史，即使从乾隆算起，也有200余年了。再早，漏泽园的历史还可以和静乐堂连为一体。静乐堂在《明宫史》也作净乐堂，俗称宫人斜，是宫女和中官即太监的殡殓之所。《菊隐纪闻》载："京城阜成门外五里许有静乐堂，砖甃二井，屋以塔，南通八尺之门，谨闭之。井前结石为洞，四方通风。宫人有病，非有名称者，例不赐墓，则出之禁城后顺贞门旁右门，承以敛具，舁出玄武门，经北上门、北中门达安乐堂，授其守者。召本堂土工移北安门外，易以朱棺，礼送之静乐堂，火葬塔中。"安乐堂在地安门内今安乐堂胡同，据《万历野获编》说是永乐十五年（1417）设立的，想来静乐堂也不会晚于此，比漏泽园的设置早了54年。静乐堂在什么地方呢？《菊隐纪闻》说在阜成门外五里，指出了大致范围。蒋一葵在《长安客话》中则指出静乐堂在慈慧寺后面，不出二里的地方。[①]

慈慧寺，俗称倒影庙，介绍详见本书"慈慧倒影"一章。在慈慧寺西，露园七条9号到11号之间，还残存着数堆黄褐色的花岗石，可以想见那一带应是慈慧寺的西墙。至于南墙则位于阜外北街，而北墙应在露园五条和七条之间。慈慧寺的大致范围就是这样，静乐堂便在它的后面。《日

---

① 王彬著：《北京微观地理笔记》，生活·读书·新知三联书店，2007年5月第1版，第193页。

下旧闻考》在卷九十六中有一段按语认为蒋一葵说的还是远了："慈慧寺西北隅隙地，土人目为静乐堂故址，与旧虎皮墙相距不数十步，地形微高，南向立二石，远望如门扉，又如华表，高可二丈余，广约二尺，厚不盈尺，下截四周皆隆起数分；其右石前左棱刻为水波凸卷之形，皆大如瓜。旧称洞在井前，今唯此石之西南有水井，居人汲以灌畦，他无所见，未知其即塔、井旧地否也。至若蒋一葵《长安客话》所称去慈慧寺二里许者，殆又指嘉靖中续置宫人之葬地而言，非复静乐堂之原处，故去寺较远耳。"由是可以断定，静乐堂应距离慈慧寺西北不远，或即露园七条一带。清人查嗣瑮有诗："蜘蛛塔绕虎皮墙，老树山门尽白杨。夜半宫人斜上月，冷随环佩入僧房。"说尽了那里的萧瑟与凄冷。这就是静乐堂，或者说包括漏泽园在内的历史内涵。[1]

民国以后，漏泽园改称露泽园，以后又称露园。这样谐音的改称，早在明张爵《京师五城坊巷胡同集》中已然出现，那时便将"漏"改为"露"了。在《北平四郊详图》中，漏泽又被称为北漏泽园，并在杜家坑附近，标出了东漏泽园与西漏泽园。这当然是漏泽园作为地名的分解与衍化。1949年以后，这样的分解衍化愈加细密，又划分出了北露园胡同、中露园胡同、南露园胡同、露园头条至十条。其中六条至十条一带旧为黑塔村的一部分。黑塔村相传是慈悲寺的塔院，过去有覆钵状的半截黑塔。现在这个村子一部分并入露园六条至十条，一部分消融在华侨补习学校院内南侧，完全没有了半点的踪影。[2][3]

5. 天意小商品市场

北京西部地区人们耳熟能详的天意小商品市场，地处阜外大街路北

---

① 王彬著：《北京微观地理笔记》，生活·读书·新知三联书店，2007年5月第1版，第193页。

② 北京市西城区政协文史和学习委员会编：《白塔寺地区》，中国文史出版社，2011年11月，第45页。

③ 王彬著：《北京微观地理笔记》，生活·读书·新知三联书店，2007年5月第1版，第193页。

259 号，1992 年 11 月 18 日正式开业，是北京市规模最大的小商品批发兼零售市场。主要经营日用百货、服装鞋帽、箱包皮带、礼品玩具、家用电器、厨房用具、玻璃器皿、纸张文具、钟表眼镜、化妆洗涤等 16 类近万种商品。客流量和经济效益居北京小商品批发市场之首，有北京"小义乌"之称。

市场本名"富凯天意小商品市场"，是北京服装开发公司利用织布厂房改建的。原织布车间有 200 多台织布机，年产棉布 300 多万米，每年亏损 60 万—80 万元，平均每织 1 米布亏损 0.2—0.3 元。1992 年下半年，把 200 多台布机迁出，腾出 2700 平方米厂房，并在厂前空地搭起大棚，建成有 800 个摊位的小商品市场。1993 年下半年，又腾出二楼厂房，增加了 200 个摊位，扩建成为当时城区最大的小商品批发市场。占地面积 6000 平方米，建筑面积 9600 平方米，营业面积 4700 平方米，有 913 个商户，年成交额 1.7 亿元，日平均客流量 3 万多人。1993 年进入北京市"经济百强"（市场类），全年柜台租金收入 400 万元。

20 世纪 90 年代中期，有 2000 多名商户分别来自广东、浙江、河南、河北、湖南、湖北、黑龙江、吉林、辽宁、安徽、江苏、上海、天津、北京等地，汇集了四面八方、天南地北的 6 万余种小商品，市场营业面积继续扩展到 11000 平方米，建有礼品厅、箱包厅、玩具厅、电器厅及精品屋等商品专卖厅 20 个，拥有 1550 个摊位，1998 年成交额达 3.8 亿元，2007 年成交额达到 10 多亿元。市场最大时，主楼从 1 层到 5 层全是营业大厅，面积约 4.14 万平方米，有 4650 余个摊位，经营商户约 1900 个，销售产品达 13 万余种。市场餐厅可为商户和顾客提供可口饭菜，设有卡拉 OK 厅供商户及顾客休息、娱乐。有北京—石家庄、北京—广州、北京—浙江等专线公铁联运服务，并为商户提供 8 处仓储库房。[1]

2017 年 9 月 15 日晚上，阜成门天意市场正式闭市。闭市前的天意，人山人海。

---

[1] 洪涛著：《商品交易市场通论》，经济管理出版社，2014 年 8 月，第 155 页。

6. 华侨学生补习学校和华文学院

北京华文学院的前身是北京华侨学生补习学校，20 世纪 80 年代增挂北京中国语言文化学校校牌。这是一所享誉海内外的学校。1949 年 10 月，中华人民共和国成立后，成千上万的海外青少年满怀青春的热望和强烈的爱国激情，历尽险阻，义无反顾地投入祖国母亲的怀抱。为了迎接和安置一批又一批归国侨生，在中国人民政府华侨事务委员会（以下简称中侨委）主要负责人何香凝女士和廖承志先生的亲自主持下，于 1950 年秋成立了"北京归国华侨联谊筹备会"和"北京归国华侨学生中等补习学校"。建校初期，北京补校的名誉校长由中侨委主任何香凝女士兼任。这期间，何香凝老人多次来校视察，对归侨子弟关怀备至。归国侨生在补校受到了无微不至的关怀和照顾：除一律全免学杂费、医疗费外，学校对家庭经济困难或一时海外接济不上的学生，都及时给予不同等级的助学金；冬天则发放被褥、棉衣裤及卫生衣裤；暂时缺钱的可申请中国银行小额无息贷款；有慢性疾病或传染病的学生，还特别被安排住进北海宿舍疗养。当时作为接待安置侨生过渡中转站的北京补校，成为名副其实的"归侨学生之家"。

华侨补习学校原来在东堂子胡同，后来在大方家胡同。补校从大方家开始走向正规办学，同时在阜成门外选址兴建新的校舍。1953 年暑假，归国北上的侨生大量涌来，新落成的阜外校舍作为接待站，新的课室楼尚未上过课，就作为新生的临时宿舍（睡地板）；当时许多新生不必再经补校补习，便与老生一道直接分配到京津及河北保定、唐山、石家庄等地升学。

1953 年 9 月，阜外新校舍正式启用，从此结束了前期为时两年的流动办学历史，补校也就进入了一个正规稳定发展的新时期。在中侨委何香凝主任和廖承志副主任亲自过问下建成的新校园，占地面积 8 万平方米，建筑面积达 2 万平方米，是当时阜外地区最早兴起的建筑楼群。学校校园范围之大，设备之全，堪称一流。设施包括一座有 20 间标准教室和实验室的教学楼、4 座学生宿舍楼、男女浴室、学生饭堂及教师职员办公楼等，还有一个标准的足球场和 400 米标准跑道，以及后来兴建的游泳馆。这种规模的教学及生活设施，在当时全国的中等学校中是绝无仅有的。新校舍的建成，充分体现了政府对归侨学生的亲切关怀，对华侨教育事业的高度重视。

阜外华侨补校的新校舍周围当时都是麦地及零星错落的土坯矮房，有如"鹤立麦田"，颇为壮观。据该校学生回忆，学校门口就是阜外大街，那是一条坑坑洼洼的泥路，晴天尘土飞扬，雨天几乎成了泥浆的河。此外，路上有许多骡马拉的大车。校门口有公共汽车站，汽车很破旧，不是用汽油，而是在车后面有个大桶，靠烧木炭发动的。就这样的车也很不正点，要等很长时间才来一辆。补校门口沿路一直到阜成门有很多摆小摊的，很杂乱。

20世纪50年代，中华人民共和国蒸蒸日上的国运和良好的社会风尚形成了一种时代的感召力，吸引海外广大华侨青年纷纷回国升学，并立志把一切献给祖国的建设事业。这一时期，侨生回国人数逐年增多，形成一股巨大的时代潮流。1960年，北京华侨学生补习学校在校生曾多达3500多名，达到历史上的最高峰。当时的归国侨生主要来自印度尼西亚，其次是泰国、新加坡、马来西亚、印度、老挝、柬埔寨、越南、缅甸、日本及港澳地区，也有少数来自英、美、法及菲律宾、毛里求斯等国。海外华侨的归国热潮，使北京华侨补校再也无法如数接纳大批涌来的侨生了。

为此，中侨委决定在广州、厦门、昆明、南宁、武汉、汕头等地创办新的华侨学生补习学校。据统计，20世纪五六十年代回国并在北京华侨补校正式注册的学生有22250名。经过一段时间的补习后，他们先后被分配到各地的正规学校继续学习，其中大多数最终考入国内的高等院校，并在日后的工作中发挥了归侨知识分子的重要作用，成为国家的栋梁之材。

学校于1966年6月15日被迫停课，不少归侨学生无奈重走他乡。

1978年，北京市第一八三中学和北京市西城区教师进修学校在北京华侨补校校址内办学。当年年底，北京市创办大学分校，将北京大学第一分校校址选在了此处的第一八三中学，原是华侨补校的一座6000平方米的楼房做临时校舍，当年首次招生1252人。而北京外国语学院分院和北京语言学院分院校址选在了此处的西城教师进修学校校舍。在之后的大学分校调整中，北大一分校更名为北京大学分校。1984年暑期，根据北京市政府指示，暂时迁到海淀区双清路双清中学旧址，1986 年迁至海淀区土城北路 59 号，后成为北京联合大学应用文理学院。①

1978 年 1 月，国务院侨务办公室成立。在廖承志主任的领导下，国务院侨办于 1980 年 3 月成立了复办北京华侨补校筹备组。1981 年 5 月，国务院侨办和教育部联合颁发文件，决定恢复北京华侨学生补习学校。同年 9 月 1 日，学校正式复办并开学上课。复办后的补校百废待兴，在社会各界及广大校友的关注下，补校各届领导班子带领全体教职工励精图治、艰苦奋斗，为振兴华文教育事业走上了一条中兴之路，学校在海内外的声誉越来越高。1999 年 11 月，在北京中国语言文化学校的基础上，学校升格为北京华文教育中心。2000 年 5 月，经教育部批准，北京华文教育中心改建为北京华文学院，隶属于国务院侨务办公室，成为一所位于首都北京的专门从事海外华文教育的高等院校，也是目前中国内地唯一一所专门面向海外华侨华人子弟开展华文教育的专业院校。60 多年来，北京华文学院共吸引了来自 130 多个国家和地区的 10 万余名华裔青少年、华文教师、政府官员在校学习和研修中国语言和文化。如今，北京华文学院培养的海外华裔学生遍布世界各地，他们中的许多人已成为所在国的商业翘楚、学界精英、政坛要员以及侨团领袖、华校骨干，在传承中华文化、促进中外友好等方面发挥了独特而重要的作用。

北京华文学院目前拥有两个校区，可容纳约 2000 名学生同时在校学习和生活。老校区地处阜外大街 39 号；新校区位于北京市昌平区七北路 69 号，于 2013 年 3 月正式启用，占地总面积近 15 公顷，建筑面积近 7 万平方米。学院教学生活设施先进、功能齐全、环境优美、交通便利，校园内绿树成荫的自然气息与中西合璧的建筑风格相融合，是广大华裔青少年和外国学生来华学习中国语言和文化的理想之所。

7. 中国新闻社

中国新闻社位于北京华文学院后身，西城区百万庄南街 12 号，是由中

---

① 《北京联合大学校志 1978—1992》上卷，第 94 页。

国新闻界和归侨界知名人士主办的，为海外华侨、港澳同胞、台湾同胞和外籍华人服务的非官方通讯社。中国新闻社1952年9月14日在北京成立，同年10月1日开始发稿，简称中新社，作为民间身份的通讯社，在中国对外宣传事业中写下了浓重一笔。中国新闻社与华文学院的前身华侨补习学校紧密相邻不是巧合，而是同为服务华侨聚合到一起的。

中华人民共和国成立时，海外共分布着1300多万名华侨，大部分居住在印度尼西亚、马来西亚、新加坡、泰国等东南亚国家和北美。他们十分渴望了解新中国的情况，但苦于没有中国新闻的直接来源。当时海外的94家华文报纸在美国封锁和台湾政权拉拢下，所载国内新闻主要选自香港和内地的报纸以及外国通讯社的电讯，刊登新中国的内容也十分有限，而且有些观点不利于中国。为改变这种状况，1952年5月22日，中央对外联络部部长王稼祥和中央人民政府华侨事务委员会副主任廖承志联名向中央报告，提议扩充并加强中华人民共和国成立前的国际新闻社，以指导国外华侨报刊日常的议论报道，并供给消息来源。国际新闻社是由范长江、胡愈之等于1938年在广西桂林成立的。

中共中央批复同意后，中国新闻界和归侨界知名人士胡愈之、金仲华、萨空了、王芸生、顾执中等，于1952年成立中国新闻社，并组成中国新闻社理事会，由金仲华任社长。中新社成立后，即以"中国新闻广播电台"呼号，每天早、晚、夜三次，以八个频率口语播发华语记录新闻，供海外和港澳华文报纸抄收，同时向海外航寄新闻稿。以后逐步增加供应文字特稿、图片新闻，并开展摄制电影、制作唱片、出版画报等业务。到1966年，中新社已在广东、福建、上海、广西、云南等省、市、自治区设有分社或记者站，在香港设立了办事处，并向国外派驻记者。①

中新社是亚洲上网最早的中文媒体，于1995年在香港创建。1999年1月1日，中新社总社在北京开办中国新闻网，简称中新网，域名为www.chinanews.com.cn。中新网是中国重要的新闻网站之一。中新社编辑

---

① 刘泱育著：《中国新闻事业史纲》（*A HISTORY OF JOURNALISM IN CHINA*），南京师范大学出版社，2015年3月，第161页。

出版的《中国新闻周刊》是中国最知名的时政周刊之一。中新社每两年主办一次"世界华文传媒论坛",成为规模最大的全球华文传媒领袖峰会。

8. 解放军总后军械部与《解放军报》报社

《解放军报》报社大院,原为解放军总后军械部,位于阜外大街 165号。南起月坛北街,北至阜外大街,西起冷风机械厂(20 世纪 60 年代成为国内贸易部大院),东到铁路(现在的展览路和三里河东街),东北处为北京电车一场。大院面积约有 2—3 平方公里,为南北稍长的近似正方形院落,设有南门和北门。南门略偏于东南方向,出了南门,两边是茂密丰盛的桃园,南门外的水泥路大约 30 多米,垂直正对着东西马路月坛北街,过了马路就是经委礼堂。大院的东北角和北京无轨电车一场、东南角和洪茂沟分别相邻,北门外正对着阜外大街,街对面是华侨补习学校和黑塔村(现在的全国侨联大厦和华文学院以及天意小商品市场)。20 世纪 50 年代,总后军械部是个正军级单位,首任部长陈锡联(1954.11—1955.3)。大院戒备森严,四周均围有 2 米多高的院墙,由一个归北京卫戍区指挥的警卫连守卫,荷枪实弹,昼夜巡逻。传达室执行严格的登记制度,所有人员出入一律出示出入证,熟人也不例外。

总后军械部曾经是与总后勤部平起平坐的解放军八大总部之一,早就拥有了这个院子。总后军械部成立于 1950 年 1 月,当时叫总后方勤务部军械部。1951 年 10 月,称军委军械部,由军委炮司兼管,所以有说是炮兵司令部大院的。1954 年 11 月,升为总军械部。1957 年 7 月,总军械部撤编为总参谋部军械部。1959 年 3 月,军械部由总参谋部转隶总后勤部建制。1969 年 8 月,总参谋部装备计划部、总后勤部军械部、总后运输部的汽车及陆空军船舶装备管理部门合并组成总后装备部。因此,20 世纪 70年代,总后军械部大院划归总政《解放军报》报社。

《解放军报》报社,现在阜外大街 34 号,是中国共产党中央军事委员会、中华人民共和国中央军事委员会的机关报。1956 年 1 月 1 日创刊,1958 年在平安里 3 号建设解放军报大院,由毛泽东主席亲自题写报名,当时是内部报刊。后来成为中国最有影响力、名震世界的"两报一刊"之

———另外"一报"为《人民日报》,"一刊"为《红旗》杂志。20 世纪 70 年代,《解放军报》报社搬到总后军械部大院,报社占地面积很大,正门向北开在阜外大街,大院向南延伸到月坛北街三里河一带,高高的大楼顶部有五个霓虹灯大字"解放军大厦"。院内有 50 年代建的老办公楼,也有 80 年代以后建的办公楼。

1987 年 1 月 1 日,《解放军报》向国内外公开发行,日发行量 70 多万份,全军各军兵种以及武警部队、预备役部队每一个建制班都订有一份《解放军报》。目前专用卫星每天将《解放军报》版面传往全国 22 个印刷点,包括驻港部队在内的军内外读者当天就能看到军报。《解放军报》印刷厂位于解放军报社院内,于 1956 年伴随《解放军报》创刊而建立,1969 年独立建厂隶属于解放军报社。到了 1978 年,总后授予番号,叫解放军第 2230 工厂,授予番号的意思就是实行企业化管理。从此,《解放军报》印刷厂就不再是完全隶属军报的事业单位,而是走企业化的发展之路。因此,《解放军报》印刷厂很早实行经济独立,走自主经营、自负盈亏、自收自支的发展之路。2006 年印刷总量达 14.6 亿对开张,约 70 亿色令,纯印刷加工销售收入达 1 亿余元。如果包含纸张,总产值在 25000 万元左右。这一惊人的数据不仅是在全军范围,就是在全国范围报纸印刷厂的排位,都是属于靠前的。

解放军报社大院内有 20 多栋住宅楼,最新建造的解放军报社经济适用房住宅楼由 3 栋高层塔楼组成,位于三里河东路的西侧。其中建筑面积 23300 平方米的 B 栋住宅楼,获得 2004 年北京市建筑(结构)"长城杯"金质奖,施工单位是中国新兴建设开发总公司。

第四节 月坛北街和洪茂沟

1. 月坛北街

月坛北街东起阜成门南大街,西至三里河路,全长 1849 米,系 1953 年 5 月新辟道路,结构为卵石路面,厚 5.4 厘米。1958 年 8 月改为沥青路面。1978年再次拓宽为三块板式道路，中间快车道宽为12米，两侧依次为2米宽的绿地和5米宽的慢车道，4米宽的九格砖步道。快车道面层为黑色碎石5厘米，慢车道面层为沥青石屑3厘米，铺筑总面积4.6万平方米。

早期的月坛北街要追溯到自阜成门通向西南方向的一条土路。在清末老北京地图中可以看到阜成门外有三条路：一条向正西为阜外大街；一条向西北为马尾沟路；还有一条自月坛光恒街位置向西南的一条土道，没有名称，因通沙沟，姑且称之为"沙沟路"吧。这条沙沟路从月坛西坛墙外的西坛夹道出发，穿过南营房区域南部，可达洪茂沟、三里河、钓鱼台。沿路如南营房南部边缘以前都是菜园、农田、粪场、坟地。估计此路形成时间也很早，甚至可能与元大都平则门的建成有关，后来修建月坛和光恒街，这条土道的北段即接近阜外关厢的一段归入月坛西夹道，向北通到阜外大街西关，直到1949年后并入南礼士路而消失。西南到洪茂沟、三里河的一段则并入了后来的月坛北街。

据清末刑部尚书、军机大臣荣庆（1859—1917）日记[①]记录，光绪二十一年（1895）四月初九日，闻甲午战败"和约（《马关条约》）已用御宝"，"蒿目伤心"之余，于五月十二日，"与同九（人名）散步阜城门外，始由北岸渡河，折循月坛，西经营房，穿小径密林幽树间，至三里河，沿堤至园通观啜茗。复循河至望海楼（钓鱼台），依大树下，据树根久坐，南眺翠微诸山，近临河甸，绿树葱茏，葭苇弥漫，令人动出世之想。日夕缓步归"。可知，荣庆散步小径即上述"沙沟"，光绪年间还是密林幽树、绿意葱茏的小道。

月坛北街，历史上并不是月坛外围北侧的道路。月坛外坛墙的北墙大致在现在月坛北街路北一线，而月坛北街是在月坛光恒街南端的月坛内坛墙北天门（现公园北门）外侧的甬路基础上形成的。这条甬路与东、西坛墙拐角处在同一条线上。历史上月坛范围很大，其北侧有一条通向阜外大街的南北道路，明代称为礼神街，清代称为光恒街。光恒街东西两边建有

---

① 荣庆：《荣庆日记》，西北大学出版社，1986年5月第1版，第23页。

坛墙，是月坛外坛墙的一部分。就在东西坛墙外侧各自形成一条顺着坛墙的小道，名为"坛夹道"。关于月坛和光恒街及坛夹道的详细情况见本书"礼士往来"一章。

可以形象地说，此处的月坛北街是将北边直达阜外关厢的光恒街齐根切断，东西拓展而成的。有居民回忆，当年向东越过坛墙外边的瓜市营房南部边缘两排十几个院落，就到了 1952 年冬至 1953 年春新凿开的北京西城墙豁口，在这儿的护城河上当时新架了一座大木桥。1953 年起，这里开始着手清理菜园、农田、粪场，平整坟地，搬迁部分民居，东西向开辟出来的新马路，为后来又展宽了的月坛北街奠定了基础。到 20 世纪 50 年代中期，一些机关大院陆续在这条新马路的西半段兴建起来。有的大院礼堂还对外营业，如计委礼堂就是其中的一个。渐渐地，这里又有了商店、学校、机关、企事业单位和居民小区，也成了一条繁华街道，后来人们叫它月坛北街。

真正的月坛北街的历史很短。文艺工作者沈容，出身官宦世家，16 岁加入了中国共产党。她把回忆性散文集成书《月坛北街纪事》，记录了她从走出家庭投身革命到改革开放后离休的经历。作者以女性的视角，以生动的细节、细腻的笔触，娓娓道出家国世事，读来亲切感人。比如住在她对门的邻居"叶师傅"，就是鼎鼎大名的跟随毛泽东多年的秘书叶子龙。她还回忆道，现在位于月坛北街 11 号楼的"月中月购物城月西商场"，是旧日的月坛北街副食品商店，始建于 1955 年，是月坛北街国务院部委宿舍楼房区配套建设的商业配套设施，位于月坛北街的北侧，11 号楼的一层，四间房门脸，二楼是两套三居室，隶属于西城区副食品公司管辖，属于国营商店，常年有正式职工 30 人左右。当时大名鼎鼎的"红墙一秘"张玉凤的爸爸就曾经到附近的月坛副食店去打义工，开始时还不拿钱，只是尽义务，到后来才拿点"补差"。老爷子原来在铁路上工作，劳动惯了待不住，就到副食店去帮忙搬运蔬菜。

这座 11 号楼的底商其他商业网点还有食品店、早点铺、理发店、银行、粮店、洗衣店、烟酒店、茶叶店、新华书店等。想当年，这里是月坛北街上万居民离不开的购物场所。特别是在计划经济年代，无论谁都得拿着"副食本"到月坛副食店排队，购买每月定量供应的芝麻酱、粉丝粉条、团粉、碱面、香油、花生油、肥皂、火柴等生活必需品，逢年过节还有瓜子和花生。20世纪80年代末，北京市场上副食品丰富了，取消了"副食本"。月坛北街居民日常副食品和蔬菜供应开始依靠月坛体育场办的农贸市场和早市，月坛北街副食品商店逐渐走向萧条。2000年前后，西城区副食品公司改制，月坛北街副食品商店改称"月中月购物城月西商场"，其他商业网点除银行储蓄所没有更名外，则改为蛋糕店、美发厅、云南七彩龙饭馆等，最有名的要数"华天小吃"护国寺小吃店月北店了。

2. 1949年前，阜外地区菜农地下党支部活动片段

据地下党员关淑珍回忆，1943年，"正当抗日战争最艰苦的岁月，我和丈夫钱立仁经地下党员雷斌介绍，毅然投入了抗日斗争的第一线，参加了光荣的中国共产党，成为阜外地区首批共产党员"。[1]

"我们在加入党组织后积极开展工作，在周围的贫苦菜农中发展党员，壮大党的组织，为党组织递送情报，为新中国的建立，为北平的解放做出了自己的努力与奋斗。"

菜园党支部曾经领导菜农罢工斗争。"我们首先建立了菜园党支部，老钱任书记。我专门负责警卫、接待和联络工作。先后接受过雷斌、刘志及魏立人三位同志的直接领导。那时的条件非常艰苦，支部办公的地点就建在我们家——月坛西夹道的普通平房内。因为这个地方离北平警察二分署驻地月坛东夹道非常近，所以我们既要时时刻刻应付这些黑狗子、侦缉队特务们的检查、刁难，巧妙地与他们周旋，警惕着他们的行动，又要积极地开展斗争活动，把北平工委的指示精神向党员同志们传达下去。有人说我就是《沙家浜》里的那个'阿庆嫂'。"菜园党支部建立以后，在南到复兴门、北至西直门的范围内，先后在菜农中间发展党员20多名，这些同志在发动菜农与地主恶霸的斗争中发挥了很重要的作用。

---

[1] 刘跃平、解建军主编：《往事珍影：北京西城老同志回忆》，中共党史出版社，2006年7月，第112页。

1948 年惊蛰前，由于国民党在东北战场和华东战场上节节失败，引发了北平的经济危机，物价飞涨，货币贬值，人民生活陷入了空前的窘境，而靠种菜为生的菜农们就更苦了。1 月开的工资到 2 月就什么也买不下来了，穷苦的生活再也过不下去了。在这种情况下，为了解决菜农们的生活问题，党支部研究决定发动一次争取玉米工资（即工资以当月的玉米市场行情、市场价格作为发放标准，这样就可以避免因货币贬值而无法维持生活）的斗争。党支部的这个建议得到了全体党员和广大菜农的支持，由魏立人请示中共北平工委平民委员会书记苏一夫、彭思明后，得到了批准。行动开始后，遭到了以于德顺为首的地主们的强烈反对，他们在阜成门桥头虾米居饭馆内密谋对策，并纠集侦缉队介入，企图扑灭这场斗争。党支部在得知这一信息后，老魏、老钱立刻召开了有上百人参加的各个菜园掌班（菜园中管种菜技术的领班）的会议，统一思想，统一斗争策略，鼓舞菜农们的斗争和决心。菜农的罢工可把各菜园主吓坏了，在无计可施的情况下，这些菜园主见警察署的人怕把事情闹大，引火烧身而不愿出头露面进行干预，最终答应了菜农的要求。这次斗争的胜利，不仅极大地鼓舞了菜农要斗争、求解放的信心和勇气，而且也使党的声望、党的主张更加深入人心。

在进入解放战争的这三年中，老钱几乎每天都要通过卖菜的方式，推着排子车把由魏立人传过来的情报、信函送到指定地点，或把上级的指示精神传达到每个党员中。三年中，这个联络点不仅给山里输送了战斗力量，使阜外地区的热血青年投入到打败国民党、解放全中国的战场，而且多次接待了彭真、刘仁、赵凡、李葆华、苏一夫、彭思明等领导同志。不仅使他们安全进出城、平安落脚，也直接地听取到他们对阜西菜园支部工作的指示。

3. 月坛北街与北京的"四大礼堂"

名噪一时的北京"四大礼堂"是：计委礼堂（红塔礼堂）、地质礼堂（地矿部礼堂）、政协礼堂、物资礼堂。其中计委礼堂、物资礼堂都在月坛北街，地质礼堂在西四羊肉胡同，政协礼堂在太平桥大街。

月坛北街路南的国家计委大院的计委礼堂，其火红名称为红塔礼堂，曾经位列北京四大礼堂之首。据说红塔来自月坛公园的信号发射塔和塔上的红灯。在 20 世纪六七十年代，这个礼堂的音响设备和效果在当时的北京当属最好的，艺术家梅兰芳在这儿演出过。1978 年，中华人民共和国成立后，首位来访的西方小提琴大师斯特恩选择红塔礼堂举办他的独奏音乐会。中美建交 8 个月前，邓小平邀请美国波士顿交响乐团访华，世界著名音乐指挥家小泽征尔曾在这里演出过。尤其是因经常对外放映内部影片而名噪一时。与北展影院和北展剧场相比，红塔礼堂显得太朴素了，但它却曾是北京文艺青年心目中重要的文艺地标。物资大院的物资礼堂坐落于月坛北街 25 号，1979 年落成，所在地正是一批国家重要机关的宿舍集中区。当年，物资礼堂连建设带设备一共花了 100 万元，音响灯光一概没有，过道特别窄小不说，还没有空调，夏天只能靠人防工程的地道风降温。不承想，它却因为那 1800 个座位和 17 米长的舞台，成了北京顶级的演出场所。"80 年代初，正是文化复苏的时候，人们不挑片子，只要有电影看就能爆满。我们六个放映员倒班，一天五场滚动放，从早忙到晚。"礼堂的杨师傅说起礼堂自建成起那辉煌的 15 年，"那时候物资部可是显赫的单位呀，就连拿电影胶片都有优势，别看机关礼堂那么多，但是周围的红塔礼堂、二炮礼堂，在抢片子上都不如物资礼堂。那个时候，想放内参片，先要拿到副总理级的批文，各部委拿到批文后，物资礼堂这个大场子就成了包场的首选之地。"作为单位内部设施，物资礼堂从来就没有正式运营过，大部分是单位包场，电影票 5 分钱一张，演出票也才 1 元左右。1993 年，随着物资部撤销，勉强维持到 2002 年，礼堂彻底关闭。

物资大院，又称为物资部大院，坐落在月坛北街 25 号。物资部是计划经济的产物，在当年也曾风光无限，大院里的大人孩子都有一种优越感。自从改革开放取消计划经济，国家经委、计委和物资部均撤销，物资部办公大楼的牌子早已换成了"物流与采购联合会"，物资大院自身也进入房地产市场，与物资礼堂一样失去了往日的荣光。

4. 洪茂沟

据说阜外大街南侧有两个老地名，但是有多老可说不好。一个是阜外关厢南礼士路东边的万明寺，另一个就是洪茂沟。洪茂沟小区在月坛北街西段路北、计委大院北门外，呈长方形，东至三里河东路，西至解放军报社，北至阜成门外大街，南至月坛北街，占地面积约 1.6 万平方米，有多层住宅楼 11 栋，间有少量平房。原为坟岗旷地，20 世纪 50 年代后于此兴建住宅楼，形成住宅小区。因左近原有洪茂沟村，故 1965 年命名洪茂沟。内有副食店、洪茂沟居民委员会。

洪茂沟，又称洪帽沟、红茂沟、红门沟，衍称红梅沟、宏茂里，本源于一条略呈南北向的大沟。1938 年《回教月刊》唐宗正撰文说到洪茂沟："普宁清真寺下之公墓……为阜成门外三里河北六七里之洪帽沟。面积颇广，所葬多西北缠回世本市者。今已多成私人所有，以回回营先名红帽子营而称自。日久失其原名，而呼以红门子沟，今更简称红门沟矣。"文中的回回营原指城内，这里似乎移植到城外了。普宁清真寺本寺在今长安街六部口双栅栏，旧时所居多为回民，分为黄、马、金、邓，据说是乾隆时随容妃所来的回族人。所在之地旧称红帽子营，人之营、寺在城里，其葬地当然在城外，相当于老北京会馆的义地，即今之洪茂沟。清乾隆帝的妃子数量四十有余，其中容妃是来自西域的维吾尔女子和卓·伊帕尔罕，她天资聪颖，娟秀如花。由于容妃的族亲配合清军平定新疆回部有功，乾隆帝降旨授回族人在皇城南墙外建起了回回营，供回部族人居住，同期兴建了普宁清真寺，这里的回回营民间又称红帽子回回。这是距离皇宫大内最近的回族聚居区，可见乾隆对容妃的宠爱，同时也是通过与维吾尔贵族通婚显示信任，实现边陲安固长久、促进民族团结的意义。

"洪茂沟旧有南北向大沟，与红帽子营合称今名。洪茂谐音红帽，沟则不变。其村亦称洪茂沟，五十年代建楼，成为居民小区。"《北京建筑十年》画册里专门拍摄了建筑中的洪茂沟。1953 年，北京市人民政府公安局编制的《北京市街巷名称册》，洪茂沟当时"所属公安分局为海淀分局下面的阜外派出所"，另"门牌起止号码 1—31"与今日对不上。

洪茂沟地下曾经出土过文物。1957年，在月坛北街北侧洪茂沟出土咸雍五年（1069）《辽济阴董府君（匡信）夫人王氏墓志》，"归葬于析津府宛平县仁寿乡南刘里之南原……"。墓志铭曰："蓟丘之北，高粱之阴，平岗后隐，广陌西临。"1962年，出土明代墓葬李了心墓，砖室墓，早年已毁，形制不详，出土墓志一合，平面为方形，底边长0.5米、厚0.08米，志盖篆书："故曹夫人李氏墓志铭。"志文载："明正统四年（1439）三月卒，同年八月葬于宛平玉河乡哀忠墓西祖茔之侧。"说明此处在辽代为宛平县仁寿乡，明代为宛平县玉河乡。根据多项出土墓葬碑志，可以推断，自高粱桥以南至洪茂沟地界为仁寿乡，洪茂沟以南为玉河乡。

洪茂沟有桥，桥位于洪茂沟村东，跨洪茂沟（有文献又称此沟为三里河，向东南延伸到月坛南门外）上，建造年代无考。南北走向，是一座三孔石板梁桥，桥垛上横铺花岗岩石板，桥面是花岗岩石板梁，每孔有11块石板梁。两侧有罗汉板式青石栏杆，桥身上每侧有3块栏板，八字栏杆是一块抱鼓石。栏杆长16.70米，地伏长16.90米。桥面全宽7.50米，净宽6.80米，桥面长13.70米，南北桥垛长5米，桥梁全长23.70米。桥台是带燕翅形，前墙长8.90米，燕翅墙长5.50米；桥墩两端为尖形，桥墩厚1.80米，长10.50米。中孔跨径3.20米，边孔跨径3米。1951年4—5月，实施阜成门外地区的排水系统综合治理工程，洪茂沟作废。此后，洪茂沟很快被农民填平成为农田，洪茂沟桥被埋于地下，桥栏杆和桥面依然外露。1952年6月，实施阜成门关厢西口至亮甲店道路整修改造工程，将洪茂沟桥拆除。

有老人回忆，洪茂沟原来是一片乱岗。20世纪50年代时顺着一条小马路向东走，有约一里地可到铁路边（京张铁路西广线），除西北角有一个军队大院外，完全是荒野，长着野草、酸枣棵和各种无名的野花。那里有各种蚂蚱、蛐蛐、花大姐、蜻蜓、四脚蛇，有时还能看见无毒的草蛇，孩子们蹚着没膝的蒿草兴致勃勃地玩。洪茂沟土地的归属不清楚，20世纪60年代初困难时期，三里河回民区的生产队在那里开荒种过玉米、红薯。当年地里的玉米秸秆，还有整片的绿油油的白薯叶，都让小孩眼馋。秋天收获了白薯，大人们挖完后，孩子们就蜂拥而上去扫尾继续挖，叫遛白薯地，有时收获不小。后来这里还一度种过大片的黄豆。"文革"前这片土地改为区林业局的果园，种了大量优质品种的桃树，围栏严密，全是铁丝网，春天桃花盛开，极其美丽，结的桃子又硬又脆，甜得很。

1957年9月27日，北京第一个住宅小区工业化试点工程——洪茂沟住宅小区开工。该工程共9幢4层住宅楼，试点主要内容是采用大型砖砌块和预应力空心楼板、波形大瓦等预制构件，在现场进行快速施工，1958年8月25日竣工，入住的主要居民是国务院机械工业部机关干部。1958年，北京到处是工地，红红火火，日新月异。随着首都十大建筑工程建设完毕，工程剩余了很多建筑材料，洪茂沟的部分民房建筑便是利用工程余料所建。

洪茂沟居民区初建时期的居民大致可以分为三部分。一部分是天安门广场扩建和人民大会堂、历史博物馆建址原住居民；另一部分是解放前国民党时期的达官贵人，包括原国民党政府官员、国民党起义军官以及资本家；再有就是国家机关的一些部门的宿舍了，包括最高法院、最高检察院和机械部的宿舍都在这里。

大约在1963年，北京市三建公司开发建起了洪茂沟住宅楼，一排排全是五层楼。那条小马路已经改建成月坛北街，正对着钓鱼台国宾馆，鲜花绿草，搞得规规矩矩，漂漂亮亮。职业画家齐秋景，原名齐求实，原籍湖南省湘潭县，画家齐白石曾侄孙，15岁开始随黄胄、潘洁滋等国画家学习国画基础及素描。1985年至1988年先后在湖南师范学院美术系、北京培黎大学美术系学习。现为中国齐白石文化艺术研究会理事、民进北京艺术研究所画家。齐求实1961年8月出生在北京友谊医院，他家就住在月坛北街洪茂沟最高法院的宿舍，这里是他幼年生活成长的地方。他上学就在国家物资部院内的阜外二小，走路去学校只有两站地。他回忆说："我们住的是苏式四层砖楼，楼里还有印尼华侨。我隔壁的发小还有天津人，他爸爸是铁路上造火车的，天津口音特浓重，他们家俩男孩一闺女。楼下住的是一个国民党起义的军官，还有一个理发师。一层是石家庄起义的一个军长和三姨太，我们叫她叶老太太，这个军长后来是我们洪茂沟的居委会主任。"洪茂沟居民来自多方，有着不同的阶层、不同的背景、不同的文化，其成分结构比较复杂，在 1949 年后历次运动中也出现不少的故事。

5. 《中国经营报》诞生在洪茂沟

1984 年是中国改革开放的元年，农村则是当时中国经济最活跃的领域。《中国经营报》的第一任社长王彦敏锐地嗅到时代变革带来的机会，从国有机关下海开始涉足新闻界。1985 年 1 月 5 日，就在西城区洪茂沟的一间木板房里，一张四开四版的名为《专业户经营报》的小报诞生了，它就是后来鼎鼎大名的全国发行量最大的经济类报纸《中国经营报》的前身。

报社成立时没有主管单位拨款，当时的社长王彦在未向国家伸手要一分钱的情况下，自筹资金 5000 元作为报纸的开办费，从而办起了这张类似于农村百业信息报的四开四版小报。报纸诞生后，为了尽快地完成资本原始积累，同时当时的中国农村的改革刚刚开始，农村的养鸡、养鸭专业户不断涌现，他们渴望了解更多的致富信息，因此，创刊初期的《专业户经营报》将自己的目标市场锁定为中国广大的农村和农民。当时的社会对这一新生事物立刻给予了积极的关注和支持，全国人大常务委员刘瑞龙老人亲自为报纸撰写了发刊词："大批专业户的产生，冲破了自神农氏以来有五千年历史的日出而作、日入而息的传统作业制，使农村的自给半自给自然经济大踏步地向商品经济转化，传统农业开始向现代化农业转化。"[1]

随着改革开放领域进一步扩大，在农村经济改革取得举世瞩目的成就后，中国新一轮改革在城市展开。为了适应时代的变化，1986 年 8 月，胡耀邦为报纸题字，《专业户经营报》正式更名为《中国农村经营报》，报纸的服务领域和服务对象进一步拓宽。1989 年 1 月 3 日，《中国农村经营报》再次更名，由薄一波题写了新的报名"中国经营报"。自此自谋生计，走上市场化的道路。1993 年，《中国经营报》创办了第一份子报《精品购物指南》，在北京市"首开国内生活服务类报纸先河，并由此探索出一条按

---

① 《那时花开无迹，此日谁问芳华？——〈中国经营报〉创刊 33 周年回顾》。

市场化方式运作报纸的良性发展之路"。①

　　《中国经营报》经历五易其主、六次改版、八次搬家，常常深陷困境，每每绝处逢生。风风雨雨中，《中国经营报》终于锻造成为今天综合财经类报纸的旗舰、中国报业市场化发展的范本。中国经营报社社长、著名经济学家金碚将这段历程总结为："在贫困年代诞生，在辉煌岁月成长，一路艰辛走来，呼吁改革开放，伸张发展权利。"②

---

　　①　吴悠编著：《中外媒介经营管理案例评析》，湖南大学出版社，2006年8月，第34页。

　　②　莫林虎主编：《财经新闻概论》（*Introduction to Financial News*），浙江大学出版社，2013年12月，第34页。

第六章　慈慧倒影

在许多历史文献记录中，马尾沟算阜外，车公庄也算阜外，甚至离西直门很近的地方如二里沟也被记为阜外。所以阜外地区很是广大，不仅指阜外大街沿线左近，其实还包括了北至长河、南至三里河、西至八里庄的一大片区域。甚至可以说，现今的展览路街道所辖区域，除了西外关厢和高梁桥、长河之外的地界儿，在历史上以"阜外"称呼应该是历时最久、覆盖区域最大的。这片地区自元代开始建有寺庙和墓地，至明清为盛，不仅有汉传佛教、道教，也有藏传佛教即黄教喇嘛庙，而且时间很早。阜外还有伊斯兰教清真寺。而明清以来影响力最大、最为著名的还是利玛窦等西方传教士墓地与马尾沟天主教堂。

第一节　阜外多僧寺

元明时期，阜成门外满是自然田野风光。据明代《寺院册》碑云："阜成门西二里许，冈阜隐然叠起，若拱若伏，嘉林沃壤，宜树宜稼，是近域之幽胜。据幽胜之所旧有地藏寺基，相传为金源氏时建，以无碑识，弗可考。正统改元，僧录司杲公经此，深为慨然，命徒无照镜公曰：'是古刹胜地，不可废也。'"自此，阜外一带古迹寺庙众多。《日下旧闻考》九十六卷："夕月坛东有万明寺，南驴市口（今礼士路）有慈明寺，漏泽园（今露园）有关圣庙，南路园（今南露园）口有普济药王庙、泰山圣母宫，夫营乡（今北营房）有九天庙、三圣殿，甘家口有报恩寺、天仙圣母祠、广福禅林、大悲庵。"

219

据历史资料①不完全统计，本区域内的主要寺庙（佛）、道观（道）和民俗（民）庙宇如下：

宝塔寺（佛）：西郊一区宝塔寺胡同1号，建于明正统十三年，私建。

衍法寺（佛）：西郊一分署阜成门外大街81号，重建于明正德七年，私建。前身为元代观音寺。

摩诃庵（佛）：西郊阜外下关杏树沟，建于明嘉靖三年。

慈慧寺（佛）：西郊第一分署阜成门外下关159号，建于明万历年间，清乾隆二十二年重修，募建。

慈明寺（佛）：西郊一分署阜成门外北礼士路52号，建于明万历年间，私建。

圆广寺（佛）：西郊第一分署阜成门外南营房120号，建于明万历年间，募建。

吉庆寺（佛）：西郊三分署三贝子花园6号，明万历四十五年私建。

朝阳庵（佛）：西郊一区阜成门外朝阳庵村13号，明万历年间公建。

永（勇）寿庵（佛）：西郊一分署阜成门外下关167号，清康熙年间私建。

慈悲院（佛）：西郊一分署阜成门外大街69号，建于清康熙二十年，私建。

永隆寺（佛）：在阜成门外香山乡漏泽园，明正统间修，初名地藏寺，后改永隆禅寺。

海潮观音庵（佛）：西郊一分署阜成门外关厢185号，建立年代失考，清宣统三年重修，私建。

西岳庙（道）：阜外西郊一分署西岳庙村5号，明万历年间私建。

古迹城隍庙（道）：西郊一分区阜成门外大街77号，清康熙年间募建。

---

① 王晓丽、廖旸等主编：《宗教信仰与民族文化》第3辑，社会科学文献出版社，2009年8月，第398页。

火神庙（道）：西郊一分署阜成门外关厢 124 号，建立年代失考，私建。

九天庙（道）：西郊一分署阜成门外九天庙 2 号，建立年代失考。

元通观（道）：西郊一分署元通观 2 号，建立年代失考，民国元年重修。

志真观（家庙）：西郊一分署九天庙村 10 号，明天启元年二月私建。

财神庙（民）：西郊第一分署朝阳庵 9 号，清乾隆十二年私建。

关帝庙（民）：阜成门外西郊一分署南营房内 116 号，清嘉庆二十二年公建。

还有清真寺，如西直门桥南、阜外大关、阜外三里河处各有一座。

还有其他街道附近的嘉兴观、西域双林寺、三塔寺、朝阳庵、惠安伯园、万明寺、慈明寺等寺庙的历史，可分见"西直门户""车公大道"和"礼士往来"各章。

1. 倒影庙——慈慧寺

直至清末，阜外路北自东而西还有衍法寺（观音寺）、静乐堂（宫人斜）、礼拜寺、慈悲院、孔王坟、慈慧寺（倒影庙）、永隆寺（地藏寺）、城隍庙；路南自东向西有万明寺、慈明寺、宝塔寺（宰塔）、圆广寺、关圣庙、普济药王庙、泰山圣母宫、摩诃庵、观音庵等。其中最有意思的是号称倒影庙的慈慧寺。北京另外还有一个慈慧寺在地安门附近，曾经是"左联"的活动基地。

而位于阜外北街路北 259 号的慈慧寺，是以倒影和蜘蛛塔闻名，俗称倒影庙，为赴八里庄必经之路。据《日下旧闻考》卷九十六："慈慧寺去平则门仅二里，万历间蜀僧愚庵所创。寺中旃檀金像乃黄太史辉（黄辉，南充人，任少詹事）手自拨蜡，精工特甚。寺碑，陶太史望龄撰文，黄太史书丹。外有蜘蛛碑、甘井碑、金刚塔碑，皆为黄太史书法，并称能品。"

《帝京景物略》曾经这样描写慈慧寺，"周匝列大树"，寺墙的形制是"墙百堵，乱砌石，曰虎皮墙，随其奇角，块块垒垒，龙鳞虎斑"。寺后的屋基至今还有这样乱石驳砌的。在慈慧寺西，还残存着数堆黄褐色的花岗石，可以想见当时的模样。

慈慧寺又被称为倒影庙，是因为寺院毗卢宝殿有倒影奇观最具特色。明《帝京景物略》一书称之为"京城内外巨刹"。山门内有天王殿、毗卢殿、东配殿、西配殿，还有藏经阁、金刚塔、甘井碑、御碑亭等。毗卢宝殿四扇殿门，其中一扇中有一木节因年久脱落，形成一个小圆孔，若人从殿后走过，人影就从小孔中反射到后屏风白墙上，呈倒状。这是光学上"小孔成像"的原理，由于当时人们不懂光学道理，因此认为是神佛显灵。

至于蜘蛛塔本立于虎皮墙外东北方向，传说万历年中，少詹事黄太史耽于禅悦，与僧人愚庵很是投机，经常住在寺中。一日刚好诵《金刚经》时，一蜘蛛攀缘案上立于案中，向佛而俯，驱之复来。黄曰："尔听经来耶？"特为其诵完整部经，又为说情想因缘，话毕，蜘蛛立即蜕化而去。因以沙门法起塔，复书碑记其事云。"蜘蛛塔碑，移于前殿门右。碑式如幢，高余三尺，方广余二尺，南面镌佛像，北面镌塔记，东刻偈语，西刻附记文。塔碑左为万历十九年颁赐藏经敕旨碑，碑后刻《金刚经》。后殿有万历二十年碑，礼部尚书李长春撰。碑云：阜成门外迤西二里许，有寺一区，乃诸中涓义置，以为施茶之所。会上人真贵（即愚庵，蜀中安岳人），自蜀入燕，诸中涓延而居此。闻于大内，圣母慈圣宣文明肃太后增缮殿宇，锡以大藏，赐名慈慧。"①

寺后西北隅为明代建立的静乐堂，是埋葬宫人之所，即古人所谓"宫人斜"。其所在为阜成门外香山乡漏泽园，有永隆寺，初名地藏寺，后改名。本为金代庙宇，明正统年间僧杲重修。清乾隆二十二年敕修，山门内为殿两重，后殿额曰"妙三明地"，为清高宗御书。至今，慈慧寺山门、天王殿和东西配殿等均已无存，唯毗卢殿尚存。

慈慧寺大约在如今的天意小商品批发市场的位置上。1990年基建施工时，此处曾经出土明万历十九年（1591）皇帝和肃皇太后的敕谕碑及碑座，还有万历二十五年重修寺院的石门额，今皆存于北京五塔寺碑林中。

---

① 彭兴林著，传印主编：《北京佛寺遗迹考》（上卷），宗教文化出版社，2012年10月，第314页。

1949 年以后，这座古刹改为工厂，被北京市纺织开发公司占用，它的东边即下关小学校。

2. 京师外八刹之圆广寺

阜外大街路南还有一座明代建的圆广寺，是清代京师外八刹（觉生寺、广通寺、万寿寺、善果寺、南观音寺、海会寺、天宁寺、圆广寺）之一，位于阜成门外第一小学校的西北楼群里，阜外大街 7 号楼和 8 号楼之间。圆广寺坐北朝南，由太监冯保奏请皇帝敕建，建于明隆庆五年（1571），明万历八年（1580）和清光绪二十七年（1901）重修。原为大型寺庙，占地面积 20 多亩，曾有房产百余间，僧众上百人。现存大殿为硬山调大脊筒瓦顶，排山勾滴，一斗三升斗拱，建筑面积共 200 余平方米。万历四十一年，住持祖印大师被棍徒所骗，寺中田产 1000 畦被恶徒骗买，以致本寺荒凉。后宣府巡抚连、辽东巡抚李、鸿胪寺左少卿焦三人不忍其蔽，各捐俸金共计 80 两，赎回前地，仍付本寺住持祖印管业。梵修香火，恐后年久复蹈前辙，立石永远遵守，如有盗卖盗典等情，许诸人告惩治。此事官府为警后人，立碑于圆广寺，立碑时间为万历四十一年秋季。后在传座上出现问题（传座于一个叫麻和尚的人，此人只擅长溜须拍马，并无实才，且品行不端，在其接座后不久就把他的小老婆接到庙里，并不断变卖庙产），最终导致庙宇衰败。仅存三开间大殿及殿后有上百年历史的一棵老银杏树。

据《中兴净宗印光大师行业记》记载，近代高僧净土宗十三代祖师印光大师，光绪十七年（1891）从北京龙泉寺到北京圆广寺暂住，直到光绪十九年去普陀山法雨寺，在圆广寺住了两年之久。[①] 据《1928 年北平特别市寺庙登记》记载，圆广寺"坐落西郊第一分署阜成门外南营房一百二十号，明万历年募建。本庙面积约有二十余亩，房屋一百二十间。管理及使用状况为自行管理，焚修宏法信仰。庙内法物有泥金刚像两尊，木弥勒菩

---

① 印光著，王静睿编，星云大师监修：《信愿念佛》，东方出版社，2016 年 12 月，第 7 页。

萨一尊,泥四大天王四尊,木韦驮像一尊,木释迦佛一尊,泥阿难迦叶二尊,泥罗汉十八尊,泥观音、普贤、文殊菩萨三尊,木阿弥陀佛一尊,木大悲菩萨一尊……另有石碑三座,槐树四株,楸树四株"。

据资料看,清朝末年,圆广寺的住持名叫庆然,结纳权贵,身价十倍,受到慈禧的赏识,被称为庆佛爷。由于有了靠山,布施便源源而来,"遂把圆广寺这个颓废不堪的名刹恢复了原有面貌"。它的原貌是什么样子呢?据当地的老人回忆,圆广寺的后门在阜外北街,北京粮食工业公司对面一条小胡同的北口。进入这个后门,绕过数层大殿,绕到南边,是正式的山门(坐北朝南)。解放初期,解放军曾在圆广寺的大殿召开过贫协大会。圆广寺鼎盛时期,在寺庙附近置有大面积的土地和菜圃。"对外应酬佛事,寺内为事主停放灵柩",十分兴旺。庆然死后,两传至慈慧,这时候,爆发了全市粪夫的抗捐活动。由于圆广寺也开有粪厂,慈慧便从中运动。1934年,浙江人袁良在北平任市长,见粪车没有捐税,拟对粪厂征捐,名为"牲口捐"。这种做法,"不但增加了各种粪厂的负担,而且对淘粪人征收牲口税,是莫大的侮辱,因此激起了粪夫的愤怒"。慈慧为自身的利益考虑,广为联络附有粪厂的寺庙,又对粪夫说:"对拉车的人征收牲口税,这是侮辱人格。"粪夫被激怒起来。所有粪夫都扛着粪勺上街游行请愿,罢工七天,表示坚决抗议。袁良目睹这种情况,不敢再坚持原议,粪夫们才恢复了工作。"屎勺子臿袁良",一句笑柄轰动了北京城。

20世纪50年代,这里还颇具规模,院中立有好几块石碑,大殿前有四棵古树。之后为了修建居民楼,寺院被部分拆毁,古树也被砍伐,仅剩下石碑和现在的大殿。"文化大革命"期间,石碑被拉倒,后被五塔寺的北京石刻艺术馆所收藏。现在大殿被用作远东工程公司的办公室。大殿四周的居民楼都是在50年代所建,为苏联援建的"专家楼",每层楼体都很高。2007年,圆广寺被列入北京市西城区文物保护单位,大殿东南角有西城区政府所立的石牌。

3. 衍法寺

《顺天府志》和《日下旧闻考》卷九十六:"衍法寺在阜成门外大街

224

路北。"其前身是元代观音寺，在今阜外北街 109 号，山门尚存。"前殿左碑，明大学士李东阳撰；右碑，吏部尚书杨一清撰（杨一清，明代名臣）。皆正德七年五月立。后殿右碑，户部山东司郎中古瀛王爱撰，万历壬寅仲春立。"碑文有录："京师阜成门外西一里许有寺曰衍法，宪宗皇帝所赐额也。胜国为观音寺，建置始末无可考。国朝天顺间，尝即其故址而新之，寺之名始著。成化甲午太监阮安再新之，请于朝，得赐今额，至今又四十年。其废甚于旧，太监张雄捐资鼎建。中为大觉殿，前为天王殿，为明王殿，后为千佛阁，又后为真武殿，伽蓝、观音二殿列于左，祖师、地藏二殿列于右，钟鼓二楼对列于殿前之左右，辅以修廊，缭以高墉，像设经幢咸具。其外东为斋堂、为庖厨，西为禅堂、为茶室，又各为方丈若干楹。经始于正德三年春三月，落成于六年十月。正德七年立石。""衍法寺后殿辽幢一，又施食幢仅余下截。"（《五城寺院册》）

文后注释："辽尊胜陀罗尼幢字画尚明晰可辨，施食幢上刻神像，皆为乾隆三十六年（1771）寺僧于殿左掘得者。"据经幢所记，为李翊、李懿兄弟为其父母所建陀罗尼经幢，撰于辽圣宗统和十八年（1000），先经后记，八面刻，正书。《李翊为考妣建陀罗尼经幢记》题名"大同军节度管内观察处置使、金紫崇禄大夫、检校太保、使持节云州诸军事、云州刺史兼御史大夫、上柱国、陇西县开国男、食邑三百户李翊，弟将仕郎、守秘书省校书郎懿建幢"。该经幢及其记文为研究辽代佛教文化的重要文献。

衍法寺西"旧有资福寺，土人（当时土著）呼为卧佛寺，已圮。空壤中有仆碑，文已漫灭，碑阴尚有膳监太监马海等字，当即成德《渌水亭杂识》称之嘉靖初钱使民撰重修碑也。距碑数十武（步），有塔，形制如妙应寺白塔而高稍逊，中空为佛龛而无像设。南向门一，门额石刻云：多宝佛闻释迦佛说妙莲花经，我能仁三展净土，供多宝佛，十方分身，诸佛云集一处。我身出现，为听经故，千生少遇，万劫难逢，诸众同修，共成佛果。壬寅仲春三日"。（《光绪顺天府志》卷十七）

4. 阜外一路多僧寺

阜外大道的重要节点西八里庄有慈寿寺，在明清两朝是出名的寺庙，至今八里庄塔即为其遗存，是北京西郊的地标性建筑。八里庄跨阜成路有过街城楼，阜外大道由此通过。那时候，从慈寿寺游罢归城，要经过马神庙、白堆子、四槐店、黑塔寺和阜外关厢，才进入阜成门。"半村半郭"是蒋一葵对阜外大街的形象描述。"一路多僧寺"，除前面所说的寺庙外，在路的北面还有城隍庙，南面尚有观音庵山门残迹。蒋一葵所说的"寺尽处人家稀阔，高垣颓圃"，直到中华人民共和国成立初期也没有多少变化。

《日下旧闻考》卷九十六："慈悲院在阜成门西关大街北。"慈悲院全称是感恩慈悲院，乾隆二十八年潭柘寺僧募建，为收养老稚废疾之处。现在析为阜外北街 75 号与 81 号两处院落。

明嘉靖三年（1524）始建的摩诃庵，位于阜外下关杏树沟，明万历年间重修，原金刚殿墙壁上临有隶篆 32 体《金刚经》，四隅各筑高楼一，可遥望西山，惜被魏珰所坏，民国时还有两座明碑。

在阜外关厢诸多的盲巷里，阜外北二巷很有意思。这条小巷如今叫"北营房西里"，旧名孔王坟，乃是明末清初的定南武壮王孔有德和他的女儿孔四贞的园寝。阜外路北有孔王坟，路南则有万明寺。万通商场的后身是万明巷，历史上万明巷的核心就是明代的万明寺。南礼士路以西，以前还有一座宝塔寺。详细介绍分别见本书"北展风情"和"礼士往来"两章。

第二节　马尾沟和利玛窦传教士墓园

1. 马尾沟与白石桥

马尾沟，又名马家沟，是一条沟，也是一条土路，同时也是一条老道。

先说这条老道，从阜外关厢北关即今北礼士路南口出发，早先的准确位置大约正对阜外大街路南的月坛光恒街，自此斜向西北方向至小老爷庙（今三塔村），然后经朝阳庵、郝家湾和附近的惠安伯园，北可到动物园的前身乐善园，再远可到杏石口和西山。

《北平地名典》："马尾沟，西郊，平（则门）外，东遁北礼士路，西接小老爷庙。"《北平街巷志》："马尾沟，西郊，西直外小老爷庙东。小老爷庙，西郊，西直门外。"小老爷庙于1965年并入今展览馆路东侧、车公庄大街南侧的三塔村。民国四年（1915）实测京师四郊地图中，正红（旗）营房和天主堂之间，有一地名，标注为"沙拉"。清朱一新《京师坊巷志稿》："（外城西城）栅栏胡同，或作沙拉。"此"沙拉"即为"滕公栅栏"。说到沙拉和栅栏，一是来自蒙语，本义为珊瑚珠宝，后成为类似珠宝市一条街的市场。最为切合其含义的是北京的"大栅栏"，老北京话，大栅栏中间的"栅"字发音为 shí，石音轻声，即为沙拉之沙的近音。一是来自栅栏、围栏。"滕公栅栏"具体源于何意难以蠡测，但不出上述两个意思。

这条沟是一条通向西北的老道，常有西山来的运煤骆驼队经过，有的是柳条筐装载，驼峰两边一边一个，后来也有的用帆布袋装载，同样挂在驼峰两边。附近居民有时就近买下一两筐（袋）比较便宜，但是煤块里面掺有煤末，这并非质量问题，因为煤末加黄土可做煤球。由马尾沟迤逦往西北，在今郝家湾汽车站西（实际为朝阳庵），曾经有一门洞，称为石门洞，出洞就是奔西山道路了。道口处原来有一茶馆，主人单身，姓韩，附近皆以"韩家茶馆"称呼，也有记为"刘家茶馆"的。他不仅卖茶，且卖水，往来驼队，大车牲口需要饮水，他也汲水并收取些许零钱。茶馆茶座不很讲究，砖砌台面、砖砌座位，不过在周末却也招呼来说书的为客人献上一段评书之类。详细介绍见本书"车公大道"一章中的"朝阳庵和胜国遗音票房"。利玛窦墓及传教士墓群和马尾沟教堂的大门就是临着马尾沟老道的，陆徵祥家族墓庐在该路南侧面向西北，实际是顺着马尾沟这条老路的，足可证实马尾沟历史之悠久。至今，在市委党校南门外还遗留有很短的一段痕迹。

再说这条沟，历史上的马尾沟也确实是一条水沟，据当地老人讲，主要因为这条沟自西（偏北）往东（偏南）呈分散状，如同马尾，因水流冲刷流向护城河所形成，故称之为马尾沟。有民国地图上标记为马家沟的，不知何故，可能是笔误吧。而且在马尾沟教堂东侧这一段，以前还真有一条水沟直通护城河，与马尾沟土路不是一条线，也说明了"马尾"作为多条沟道的形象比喻是有历史缘由的。

马尾沟上曾经有一座白石桥。清代吴长元（乾隆年间久居京城）所著的《宸垣识略》和余繁昌成书于1941年的《故都变迁记略》上都记载着："欧罗巴修士利玛窦葬在白石桥西。"这里所提的白石桥，可不是现国家图书馆附近的那座横跨于长河之上的白石桥，而是在如今北礼士路与百万庄大街交叉的那个十字路口，当年横跨于马尾沟之上的石桥。因其桥墩、桥柱、桥栏、桥板皆为汉白玉石的，故而人称白石桥。因为有河道，所以才有桥。从余老先生的书中看，1941年前后，这座桥还存在着，沟水也尚未干涸，但是有的地方已经成了路。1945年秋，已经成为约有10米宽的土路了。据人回忆，可能是由于干涸得还不够硬实，路面上的大车辙印儿比别处的都深，足有1尺左右。1949年后，有记载石桥早已坍塌，桥墩、桥柱、桥栏、桥板呈南北走向垫于低洼处，行人、车辆皆需踏石而过。自水沟干涸成路后，两侧仍有槽状泄水沟。因为地势西高东低，所以至石桥处沟底几乎同路面相平。泄水沟里的水便漫散着向垫路的桥栏、桥板等的空隙流去，深可没鞋底。到桥板空隙浅处水可至脚踝，深处水能及小腿肚。其间滋生了许多芦苇和水草，有寸来长的小鱼和小蝌蚪在水中游弋。石桥以东至护城河仍为旧河床，河床上杂生着芦苇与荒草，到处有大小不一、形态各异的鹅卵石。细细的流水分成几股蜿蜒东去，注入护城河。入河处早已被冲成了大"簸箕口"。河床两岸有一人多高的堤坡。北坡上有断壁残垣，不知早年间是何建筑，再往北为新华印刷厂。南坡上为一大片空地，成为大牲口交易市场。

到了20世纪60年代末70年代初，随着西二环路的建设，马尾沟东端的旧河床最终也变为正规马路。马尾沟两侧的破旧平房不断地变成楼房，道路也变成柏油马路。改革开放的春风催生了马尾沟和北礼士路两侧的机关、学校、医院、商厦、宾馆、写字楼、饭店、社区、娱乐场所……20世纪80年代末到90年代中期，马尾沟两侧的便道上一度成为阜外地区最大的农贸早市，备受欢迎。后来，随着百万庄大街的拓展延伸，马尾沟倒成了百万庄大街的一部分，还好留下了马尾沟的地名。

2. 利玛窦和西方传教士墓园

现今车公庄大街 6 号院是北京市委党校和北京行政学院，学校大门朝北开，面临车公庄大街。但历史上，这里是建于明代的意大利传教士利玛窦的墓园，在墓园南边不远的位置就是马尾沟教堂，都是大门朝南开，面临马尾沟土路。这片地区是中西文化交流史上重要的纪念地，意大利总统在中意恢复建交时曾点名要求修复这里的利玛窦等传教士墓，中国台湾学者李敖来北京演讲时，曾经专程到这里参观。葡萄牙总理以及匈牙利等多国大使拜谒过这里。李鹏、李瑞环、叶选平等国家领导人也曾在此党校学习过。季羡林老人当年做学生时，每到周末来这里给他的老师买葡萄酒。这里古时是京城西郊的风水宝地，明朝太监、明清传教士先后看中此地。这里就是明清传教士墓地和马尾沟教堂遗存的所在地，造就了这里古朴的底蕴，西式风气和现代化的花园喷泉，至今还是那样相得益彰。

党校里面的利玛窦墓和教堂人所共知，但人们很少知道这里曾经是北京地区安葬天主教会教士们最早、最多的地方。东边新华印刷厂建厂时，曾掘出两尊外国人石像，据说后来又深埋了，今后挖掘出来，那一定具有文物保护价值。这里曾经有一所教会学校——育才小学，马尾沟教堂旁边的山字楼和口字楼是当时的男女生宿舍。

早在明朝中期，大约隆庆年间，这里曾经是一位滕姓太监的私宅，看来是一块很大的围起来的私地，称为"滕公栅栏"。后来被一位杨姓太监重金买下，大概于 1582 年开始在这片地上修筑私人宅院，俗称"栅栏别墅"。再后来这位杨姓太监因事入狱，他为了保存这所别墅不被官府没收，遂将别墅改建为专门供奉地藏王菩萨的仁恩寺。但官府仍然没收了这块土地，并将栅栏别墅改称作栅栏官地。到了明万历年间，皇帝特批，为西方传教士利玛窦建起了中国第一座天主教徒墓地。明顺天府尹王应麟在《利子碑记》中记载道："宗伯乃移文少京兆（顺天府府丞）黄吉士，行宛平县，有籍殁杨内宦（太监）私创二里沟佛寺房屋三十八间，地基二十亩，牒大司徒（户部尚书）禀成命而畀之居。"

据说顺天府府丞黄吉士安排了宛平、大兴两县知县，陪同当时天主教代理区长庞迪我和熊三拔等人一起在北京城选择墓地。一连十天，他们在近郊看了四所寺院，最后勘定栅栏佛寺为墓地选址，"经过幸运的交涉，终于皇上恩准赐予北京城门外一块坟茔地。他们几经寻觅，选定在一个太监的地产上"。关于佛寺当时的情况记载如下："栅栏赐地广二十亩，房屋三十八间，

利玛窦和西方传教士墓园、马尾沟教堂的院门的石门旧貌。1900年，石门也得到了修缮，补齐了右侧的石檐和顶端的火焰宝珠与云板，作为墓地南面的大门。门框中间的门扇常年关闭，两侧另有旁门供人们通行。新修建的诸圣堂恰好位于门内，因此教堂又名石门教堂，墓地也被称为石门墓地。"文革"期间，诸圣堂被拆毁，但石门幸运地保存下来。1983年，北移约160米处的利玛窦墓的甬道前，与恢复的墓地融为一体。现存石门的门扇和短脊已经无存，顶端的火焰宝珠与云板不见踪影，立柱上的小狮子也只剩下残破的一只。

原名滕公栅栏，位于阜成门外半里的二里沟。房屋分四进，大门外两石凳，为上马石。大门内一横廊，廊中房屋五间。由横廊下石级到第一进庭院，两旁七间厢房。在第一第二庭院之间，有一高墙，中有一门，两旁有石级，第二进庭院两旁，各有厢房四间。由第二进庭院拾级进第三院，院的中心原为寺院正殿，供奉地藏王。"①

此后明清著名传教士大多安葬于此，所以外国人通常称它为"Chala"或"Shala"，简称"栅栏墓地"，成为中国和来华的天主教徒的公共墓地和坚定信仰的特殊支点。

说起党校和利玛窦墓园的故事，就要提到一个人——沈昌瑞，北京市委党校的退休干部。自打1956年市委党校建校时，他就搬进了这个大院。1989年调到校长办公室，主要负责文物管理。1996年退休之后，曾被返聘

---

① 陈欣雨：《"滕公栅栏墓地"前史考》，《北京行政学院学报》，2018年第1期，第121页。

继续做文物管理员，至今还依然义务地做着文物管理和接待参观讲解的工作。沈昌瑞对两件事很是得意，一是他对党校文物的了解，二是他对党校的感情，可以说目前没有比他更清楚这里历史的人了。本文的许多信息就来自他的考证和对他的采访。

党校内主要文物遗存有三处——利玛窦即明清以来外国来华传教士墓地、口字楼和山字楼。其中口字楼和山字楼都是当年马尾沟教堂的附属建筑，在南边 150 多米的地方就是马尾沟教堂原址，现在的北京市实美职业学校后身，百万庄大街 21 号院附近。

现今，在离党校主楼南侧几十米远茂密的绿树丛中，一圈铁栅栏里就是传教士墓葬群，隔着铁栅栏门可以看到里面静卧在树荫中的座座墓碑。从陵墓外的铜质铭牌上可以得知安葬在这里的传教士们的简要信息。墓群分为紧挨着的东西两部分，西边那座面积比较小，里面只有三个大墓，汉白玉的墓碑个头高大，碑文碑额雕刻精美，分别是著名的意大利传教士利玛窦、德国传教士汤若望和比利时传教士南怀仁的墓。紧邻着东边的墓葬群面积比较大，是其他传教士的墓穴。

滕公栅栏墓地因利玛窦而出名，其实自 1611 年利玛窦第一个入葬于这块墓地起，相继有邓玉函、汤若望、南怀仁、郎世宁等数百位传教士、科学家、画家随之静卧于此，墓地面积也不断扩大，成为明清以来西方传教士在东方安息的一个最为集中的地方。栅栏墓地并非单块墓地，而是由几个墓地陆续构成的墓园。除了耶稣会掌管时期的葡萄牙人墓地、意大利传信部墓地外，还有遣使会接管时期的遣使会墓地，后期圣母会墓地、仁爱会墓地以及附属的外国人墓地等等。在利玛窦之后，随着天主教在华保教权的变化，栅栏墓地内部开始有了划分。最初，由于葡萄牙人享有"保教权"的绝对支配，葡萄牙人墓地成为栅栏墓地的主体部分。而罗马教廷成立的传信部为了削弱葡萄牙在华的保教权，亦在栅栏墓地南边墙外修建了意大利人的墓地，称为"传信部墓地"或者"西堂墓地"，此后来自教廷传信部的传教士们都安葬在那里。此外，在 1724 年之前法国来华的传教士并没有单独的墓园，去世后都寄葬在葡萄牙人墓地。随着法国传教团的独立，他们在白晋去世后不久在京城正福寺附近建成法国人墓地，诸多法国人于 1735 年从栅栏墓园中的葡萄牙墓地迁到了正福寺墓地。然而耶稣会在华事业随着"礼仪之争"中的矛盾激化而日益凋敝，最终于 1773 年完全被中断。随后栅栏墓地由法国人管理，先后形成遣使会墓地、仁爱会墓地、圣母会墓地等，此栅栏格局基本维持到义和团运动爆发前。

现在墓地共保留了 63 名传教士的墓碑，其中葡萄牙 14 人，意大利 11 人，德国 6 人，法国 9 人，比利时 2 人，捷克 2 人，瑞士 2 人，奥地利和斯洛文尼亚各 1 人及不明国籍者 1 人，另有 14 人为中国籍神父。这些人中包括担任过钦天监监正的纪理安、戴进贤、刘松龄和参与"万园之园"圆明园设计的著名画家郎世宁。[①] 他们当中最小的 27 岁，最大的 83 岁。其中著名的传教士有：

汤若望（德国）：顺治皇帝的"洋玛法"；制造各种观象仪器是他的拿手好戏，故宫珍藏着他精制的一个小巧玲珑的日晷。

南怀仁（比利时）：用滑轮和绞盘把为顺治修建陵墓所用的巨型石料运过卢沟桥；视察京郊万泉庄河道，疏通河道灌溉稻田；重建北京观象台。

纪理安（德国）：在紫禁城开办了玻璃车间，造出了望远镜所用的镜片，雍正办公都离不开他制造的眼镜；制作的地平经纬仪陈列于北京古观象台。

戴进贤（德国）：天文学家，为观象台制造了玑衡抚辰仪。

郎世宁（意大利）：宫廷画师，参与了圆明园内欧式建筑和园林的设计工作。

费隐（奥地利）：主持重修圣若瑟堂，位于王府井的东堂。

邓玉函（德国）：著有《奇器图说》介绍西方机械。

利玛窦墓

利玛窦（Matteo Ricci，1552—1610），意大利耶稣会传教士、学者。明朝万历十年（1582）来到中国传教，万历二十九年（1601）来到北京，

---

① 赵克生主编，黎玉琴副主编：《第三届"利玛窦与中西文化交流"国际学术研讨会论文集》，中山大学出版社，2015 年 7 月，第 170 页。

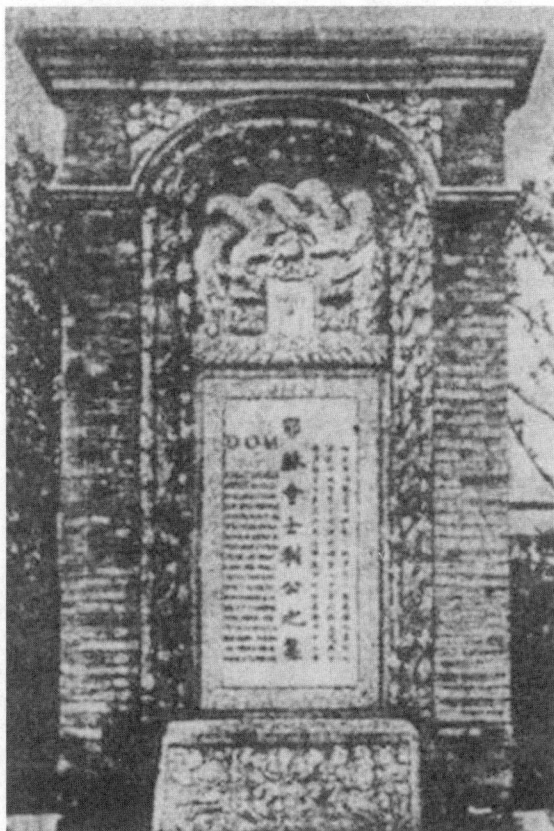

利玛窦墓碑的老照片，可以看到在墓碑和砖框之间增加了石雕玫瑰花边，极富西方艺术色彩。

他向中国介绍了西方的天文、历法、地理和数学等知识，对普及科学知识有着巨大的贡献。正是由于这些卓著的功绩，利玛窦成为我国历史上第一个经皇帝允许在中国领土安葬的外国人。

利玛窦是用西方的自鸣钟敲开了中国的大门，他是第一个将西方的机械钟表带到中国的。还有，他是第一个将近代世界地图的绘制方法介绍到中国的，而且给皇上进贡了一张世界地图，名叫"坤舆万国全图"，获准在京传教。利玛窦绘制的这幅地图是以中国和亚洲为世界中心的。经皇帝批准在北京宣武门建造了第一座天主教堂——南堂。教堂原来很小，利玛窦去世以后，汤若望在那做主持，加以扩大。有了这个教堂以后，1607 年，徐光启和利玛窦共同翻译了数学著作《几何原本》。

万历三十八年（1610），利玛窦在北京病逝，享年 58 岁，其生前信徒已达 200 多人。按惯例，外国人死后都要移葬澳门。但是中国人为了纪念利玛窦，上奏朝廷，申请赐地下葬北京。明神宗皇帝破例准奏，特别降旨赐安葬祀费，并赐北京西郊"二里沟佛寺，房屋三十八间，地基二十亩，畀葬利子"，"立石为文记之"，墓碑书"耶稣会士利公之墓"，为顺天府尹王应麟所立，碑高 2.7 米，宽 0.9 米，碑座高 0.6 米，宽 1.2 米，螭首方座。按西方墓葬式封盖，墓上立十字架，四周围以石墙，墓前有二重祭堂，堂前立有日晷，刻有铭文，碑文中西合璧。

《帝京景物略》一书中载有"利玛窦坟"，其辞曰："万历辛巳，欧罗巴国利玛窦入中国。始到肇庆，刘司宪某待以宾礼，持其贡表达阙庭。所贡耶苏像、万国图、自鸣钟、铁丝琴等，上启视嘉叹，命冯宗伯琦叩所学，唯严事天主，谨事国法，勤事器算耳。玛窦紫髯碧眼，面色如朝华。既入中国，袭衣冠，译语言，躬揖拜，皆习。越庚戌，玛窦卒，诏以陪臣礼葬阜成门外二里，嘉兴观之右。其坎封也，异中国，封下方而上圆，方若台圯，圆若断木。后虚堂六角，所供纵横十字文。后垣不雕篆而旋纹。脊纹，螭之岐其尾。肩纹，蝶之矫其须。旁纹，象之卷其鼻也。垣之四隅，石也，杆若塔若焉。"其墓冢上圆下方，立有西式六角亭，雕琢十字纹和须卷纹。

书中特别写道："今其徒，晷以识日，日以识务，昼分不足，夜分取之，古之人爱曰惜寸分，其然钦。墓前堂二重，祀其国之圣贤。堂前晷石，有铭焉，曰：美日寸影，勿尔空过，所见万品，与时并流。"说明在利玛窦墓地南面的二重院落之前，立有一座古代的计时器——石晷，石晷底座上刻有铭文，其大意为："岁月如梭，已往者不能追回，未来者也不在我们手中。所以奉劝大家要珍惜现在的时日，多行善，勿做无益徒劳之事。"这架石晷为利玛窦亲手制作，是否为西方人仿制的第一架中国古代科技仪器，尚不可考。

在利玛窦墓左侧还葬有利玛窦的友人、中医邓玉函："祔左而葬者，其友邓玉函。函善其国医，言其国剂草木，不以质咀，而蒸取其露，所论治及人精微。每尝中国草根，测知叶形花色、茎实香味，将遍尝而露取之，以验成书。未成也，卒于崇祯三年四月二日。"书中记载了邓玉函采取熏馏办法提取中药。

这年十月下葬时，文武百官都参加了葬礼，非常庄严隆重。意大利耶稣会传教士曾记载："时有内宦言于相国叶向高曰：'诸远方来宾，从古皆无赐葬，何独厚于利子？'文忠公曰：'子见从古来宾，其道德学问有一如利子者乎？如无论其他，即其译《几何原本》一书，即宜钦赐葬地。'"可见明朝的统治阶层对科学的重视和不凡的胸襟。栅栏官地赐予利玛窦作为墓地后，从此栅栏官地改名栅栏墓地。

最初的利玛窦墓，墓穴长方形，坐北朝南，墓长 2.4 米，宽 1.3 米，高 1.5 米，墓后建有一西式拱顶六角小亭，称为殉难者藏骨堂，也称致命亭，今亭早已焚毁。墓前原列有石供及明顺天府尹王应麟撰书的石碑一通。此碑已毁，现在的碑推测可能为庚子事件后清人重立。整个墓地以砖墙围绕，南门外有一石墁甬道，墓前立有石门牌坊一座，大书"钦赐"二字，从明朝皇家钦赐到清朝因袭的荣耀一直遗留下来。此后，由明及清的一些外国传教士、神甫、修女以及非神职的外国人相继葬于此墓地中。至清朝末年，滕公栅栏已逐渐发展壮大成了一处以利玛窦墓地为核心，包括教堂、神学院、教会学校等多功能的、知名的天主教教会产业集群，实际上成为北京旧城一个最大规模的天主教中心。[1]

汤若望墓

汤若望（1592—1666），耶稣会传教士，德国科隆的日耳曼人，在中国生活了 47 年，历经明、闯王、清等三个时代。他的主要成就是 1621 年在中国的西安将伽利略的《远镜说》译成中文，第一个将欧洲的最新发明介绍给中国。当时在他离开欧洲来中国的时候，红衣主教专门送给他一个天文望远镜，天文望

1900 年前，汤若望墓旧影

① 赵克生主编，黎玉琴副主编：《第三届"利玛窦与中西文化交流"国际学术研讨会论文集》，中山大学出版社，2015 年 7 月，第 169 页。

远镜是伽利略 1609 年发明。汤若望还把当时的德国大炮铸造技术介绍到中国来，名称叫红衣主炮。他继承了利玛窦通过科学传教的策略，在明清朝廷历法修订以及火炮制造等方面多有贡献。他参加了崇祯历书的编写，当时编辑了 137 卷。后来到了清朝，他把它压缩到 100 卷，呈给顺治皇帝，皇上命名为"时宪历"。中国沿用的农历就是由其重新编写并被用来指导农业生产的，一直使用到现在。1645 年，北京天空出现一次日食，汤若望用他的办法测得很准，所以皇上就命其担任钦天监的总监，他也是第一个在北京的宫廷里头当官的外国人。汤若望成为顺治皇帝的顾问，据说让康熙接班也有他的一份功劳。因为康熙小时候得过天花，他知道得过天花的人不会再被传染，所以建议顺治让康熙来接班。

顺治帝亲政后，汤若望不仅给皇太后治好了病，还给顺治的未婚皇后博尔济吉特氏治好了病。孝庄皇太后非常感谢他，请他参加顺治皇帝的大婚典礼。皇太后尊汤若望为义父，顺治尊称他为"玛法"（满语"爷爷"的意思）。顺治同汤若望的交往日益密切，甚至超出君臣关系。顺治 19 岁的生日，是在汤若望的家里度过的。顺治因为宠信汤若望，给他封了许多职爵，先加太仆寺卿，不久改太常寺卿。顺治十一年（1654）赐号"通玄教师"。后又加封通政使，晋光禄大夫，升正一品。

汤若望是洋人在中国最具有传奇色彩的一位。他曾是罗马学院最优秀的毕业生，也曾是顺治、康熙两位皇帝的帝师。他 74 岁时遭人陷害，曾一度被判凌迟，命悬一线。康熙五年（1666），汤若望 75 岁去世后，安葬于利玛窦墓旁。关于汤若望墓地的征地赐建有一篇文献，涉及土地源流、园林树木、房屋建筑等情况，可窥见当时该地区的营建环境，故引证于下：

　　户部尚书觉罗郎球题为赐给汤若望茔地所占土地、房屋、果

木树数目事题本①（奏本）

---

　　①　中国第一历史档案馆、中国海外汉学研究中心合编，安双成编译：《清初西洋传教士满文档案译本》，大象出版社，2015 年 2 月，第 4 页。

顺治十二年（1655）六月初五日，少保兼太子太保、户部尚书觉罗郎球等谨题，为赔偿园内果木树事。

据乾清宫宣使兼内管监掌印佟吉饬交得，少保兼太子太保、议政大臣费扬武传奉旨，曾奏请给汤若望茔地，敕令佟吉详细询问所求之地后具奏。钦此。

钦遵谕旨，前往查看得，在利玛窦墓地、汤若望房屋两侧有常阿岱亲王包衣佐领王国栋所管园头王照宗房屋六间、地九坰，包衣佐领达木布自家园子之房屋八间、地一坰，康郡王包衣佐领董奎所管园头扬文理园地二坰，以上共有房屋十四间、地十二坰，位于京城平则门外二里之地。等因，于三月二十五日缮写绿头牌具奏。奉旨：着交户部换给，钦此。钦遵，饬交到部。

臣部遵奉谕旨，即派员外郎瓦翰前往该地点数房屋，丈量地亩，以便换给。在十二坰地中，有三坰半地种植果木树。其中常阿岱亲王、康郡王家所有小臭李子树四十七株、关外小梨树十九株、关内小梨树十六株、大苹果树一株、小苹果树二十七株、大李子树一株、大桃树九十七株、小桃树八十六株、大沙果树十八株、小沙果树一百又二株、大杏树五十九株、小杏树五十二株。以上大小树木共五百二十五株，房屋六间。据包衣佐领达术布、塔尔布称，以上树木皆为王爷家所种植。是以为偿还给王爷家，查京城西直门外三里之地有一 yuan tong an 庙（圆通庵），其北墙院内有五坰地，种有桃树六十八株、核桃树十五株、柿子树六株、沙果树七十三株、李子树五十三株、杏树一百三十八株、黑枣树一百五十五株、梨树一株，以上共有树木五百又九株，而无房屋。顺治元年，将此庙、寺、庵内和尚所有果木树均收归于部。于是，即询问于和尚：何人将此树木给与尔？和尚本诚言称：当时前来查园子之部官员并未查，我和尚亦未曾陈报等语。既然如此，拟援照部例将此和尚所有树木、土地偿还王爷家。至于庙内房屋，于例不应收归。故将该偿还之十四间房屋，所余不及七垧地，拟由部酌情偿还于王爷家。至于和尚之五垧地，拟于该庙周围选地酌情偿还于和尚。臣等未敢擅便。谨具奏闻。请旨。

少保兼太子太保、尚书觉罗郎球，右侍郎觉罗额尔德、启心郎巴格，郎中同巴什，员外郎瓦翰。

南怀仁墓

南怀仁（1623—1688），耶稣会传教士，比利时人。康熙八年（1669）为钦天监监副，主持编制《时宪书》，奏请制造了 6 件大型观象台天文仪器（现存北京古观象台），有赤道经纬仪、黄道经纬仪、地平经仪、地平纬仪、纪限仪及天体仪，并写了一部《灵台仪象志》介绍了仪器制造原理和使用方法。他精通历法，撰写了《康熙永年历法》32 卷，可预推数千年后年历。并奉旨铸造了火炮 320 门，用上了西方发明的瞄准系统，发射非常准确，深得康熙帝器重，就封他为工部右侍郎，相当于工程部的副部长。南怀仁还有一个划时代的创造，他用蒸汽原理做了一个四轮小车，这个小车可以跑 10 个小时，用蒸汽做动力，所以有人称它为机车的先驱，时间是 1672 年他负责改造北京古观象台的时候，比瓦特要早。

南怀仁在华最大贡献是其在 1671—1688 年担任康熙帝师之时，为康熙皇帝传授天文、

南怀仁墓碑

238

数学、地理、乐理、哲学等西洋科学知识。诚然，南怀仁如此做法有扩大西方传教士在华势力的缘故，但是从另一角度说，康熙帝作为皇帝如此热衷西学，对西学在华迅速传播有重要意义。康熙十五年（1676），南怀仁还在中俄交流中担任翻译，促进了中外之间的交流。康熙二十七年（1688），南怀仁去世，去世以后康熙给他题碑，还给他赐谥号为勤敏。

3. 马尾沟教堂

19世纪以后，"原本神圣的十字架堕落为商品和炮舰的附属物。这时，很多传教士完全抛弃了前辈的传统，显露出殖民主义的嘴脸，叫嚣着'只有战争能开放中国给基督''每一个山头和每一个山谷中都竖起光辉的十字架''在殖民地修建教堂、驻扎传教士，就像修建兵营、驻扎军队一样必要''一个传教士抵得上一营军队'"。1900年，义和团运动爆发，中国北方掀起了排斥洋教的浪潮。在这次运动中，栅栏墓地被毁，传教士的墓穴被掘开，墓碑被破坏。事后根据《辛丑条约》的约定，清政府于光绪二十九年（1903）赔银万两，重新修建墓地，并兴建了见证清末和民国时期中华民族那段不堪回首历史的法国大教堂——致命圣教堂，也叫马尾沟教堂，又名法国教堂、圣母修道院等，并将在义和团运动中散落破碎的传教士墓碑镶嵌在教堂墙体中。因教堂前有石牌坊，因而又被称作石门教堂。

1910年，法国天主教圣母会得到了栅栏墓地西面一片5公顷的土地，原先设在西安门真如镜的圣母会总院迁至此处。新建成的一座三层大楼平面呈"山"字形，被称为山字楼。楼内设有省修会驻地，青年学生团体、见习修士班和供其他弟兄来度假的房间，中翼还建有一座女殉道者纪念堂。

早在1872年，北京天主教利类思就在此处设立了马尾沟教堂，并辟建农场，附近才有教徒居住。1887年，北京主教戴济世又在此添设了医院及孤儿院。1903年始建教堂建筑。1909年，北京遣使会长罗德芳（法籍）在利玛窦墓地周围购地70余亩，建三层楼房一座，平房数十间，1910—1911年成立修道院，初名遣使会修道院，后于1920年改为文声修道院，由罗马教廷传信部直接领导，招收华北、东北的天主教修道生，授以哲学、神学、国文、历史、法律及《圣经》等课程，学制六年，毕业后即可升神父。1910 年，圣母会出资 10 万两白银购买了马尾沟 13 号院及空地 60 余亩，建楼房一所，平房数十间，成立圣母会总院。1912 年建尚义酿酒厂，1919 年开办尚义师范及附属小学，1952 年又建立海星牛奶厂。经过 300 多年的发展，马尾沟地区逐渐形成北京天主教徒的重要聚集区。1954 年，神学院停办，院址由政府征购。1955 年，政府又将 13 号院征购，尚义酒厂与北京酒厂合并，尚义中学与成达中学合并改为三十八中，奶牛厂与北郊奶牛厂合并，圣母会院迁到羊房胡同。直到马尾沟的天主教旧址改建为北京市委党校。[①]

教堂附属建筑口字楼和山字楼是在教堂建好之后陆续建起的。那是在 1909 年，中国遣使会总会长刘克明神甫修建了一个方形楼房构成的四合院，被后人称为口字楼。1909 年 7 月 2 日，栅栏文声修道院在口字楼建立，修士们在这里学习哲学与神学。从 1920 年到 1937 年，栅栏文声修道院共接收了 380 名修士，并向华北教区输送了 164 位神父。北京教区前主教傅铁山就是从这里毕业的。口字楼和山字楼的名字取自其建筑平面的形状，最初是将北京府右街的法国圣母会和修道院迁来安置在这两栋楼中，后来山字楼被刘克明神甫买下，兴办了专门培养高级神职人员的神学院——文声学院，口字楼继续作为圣母修道院。因为当地老百姓不了解西方教会和修道院，看到修女穿着黑色罩袍，便将其称为"黑姑子庙"。

就在墓园入门右手处的院墙上，嵌了一块光绪二十九年（1903）所立石碑，碑文写道："此处乃钦赐天主教历代传教士之茔地。光绪二十六年拳匪肇乱，焚堂掘墓，伐树碎碑，践为土平。议和之后，中国朝廷为已亡诸教士雪侮涤耻，特发帑银一万两，重新修建。勤于贞珉，永为殷鉴。"这就是所谓"涤垢雪侮"碑，实际上也是中国人铭刻耻辱的石碑。

圣母会建有教区学校，原名中法尚义学校（有资料写成上义学校）。1918 年改制为师范学校，1919 年获得教育部批准，正式命名为"京师私

① 西城区政协文史委编：《胡同春秋》，中国文史出版社，2002 年 12 月第 1 版，第 129 页。

1903 年，77 块明、清时期传教士的墓碑被镶嵌在新建教堂的外墙上，引自《滕公栅栏的 400 年》。

立尚义师范学校"。这是中国政府正式承认的第一所私立教会学校，后来又增设了附属小学尚义小学。

民国时期，由于滕公栅栏代表了大量西方帝国的利益，主要由外国传教士主持教堂日常业务和坟墓保护事宜。在外强欺辱中国的背景下，自然无人敢惹，因此得到了比较妥善的保护，马尾沟教堂也发展成为北京最大、最有影响力的教堂之一。1937 年，抗日战争爆发后，整个马尾沟教堂和栅栏墓地均被日军占领，教士被遣散，文声学院的学生流落社会，马尾沟教堂自此开始衰落。1949 年后，马尾沟教堂的外国传教士全部离开中国，整个教堂由中国教会人士管理。但是到了 1954 年，马尾沟教堂又引发了一场巨大风波——震惊全国的"炮轰天安门事件"就是在这里策划的。主谋马神甫等人都藏匿于此，并以山字楼为据点，准备在国庆节庆祝游行之际炮击天安门，破坏中华人民共和国成立后第一次重大庆典——国庆五周年大典。所幸被我公安人员及时发现，没有酿成大事件。

1951 年，尚义小学由北京市教育局接管，更名为马尾沟小学。1954 年山字楼和口字楼被北京市政府购买，马尾沟小学迁至车公庄大街以北，现名进步巷小学。

4. 葡萄园与龙徽葡萄酒

1910 年，法国圣母天主教会的沈蕴璞修士，据说在颐和园北门外黑山扈教堂附近种下酿酒葡萄，并在马尾沟教堂的山字楼地下室内建立葡萄酒

241

窖。这是法国人开办的一个葡萄酒厂，聘请法国人里格拉为酿酒师，生产法国风格的红、白葡萄酒，专供法国圣母天主教会总院及全国各地圣母天主教会弥撒、祭祀和教徒饮用。1946年注册为"北京上义洋酒厂"，正式向外出售。说到马尾沟的葡萄酒，康熙二十年（1681）尤侗撰《外国竹枝词》百首，其中第二首云："天主堂开天籁齐，钟鸣琴响自高低。阜城门外玫瑰发，杯酒还浇利泰西。"这首简短的《竹枝词》的信息非常丰富，天主堂开天籁，点明北京已经建有最早的天主堂并演唱圣诗——1605年利玛窦建成的宣武门南堂；钟鸣、琴音指利玛窦带来的西方钟表自鸣钟，琴亦为利玛窦带来的铁丝琴；阜成门外，点明地点且为利玛窦墓园；玫瑰发，指酿制玫瑰露为香药；杯酒还浇利泰西，指以酒祭奠利玛窦。

还有一个说法，就在马尾沟教堂的西边，如今展览馆路西侧还有一个地名就叫葡萄园，是当年栽种葡萄、生产葡萄酒的园地，这里水土好，法国人很欣赏，他们还在东边开辟了苹果园种植苹果。此地早先原为农田，种植葡萄后发展起葡萄酒业，后有尚义酒厂于此酿酒。上义酒厂原设在黑山扈7号，由圣母文学会于宣统二年（1910）创办，当时年产葡萄酒6吨。1948年迁至阜成门外马尾沟，在西郊有葡萄园3处，共百余亩，供酒厂原料。直到1949年解放初期，海淀区只有两家私营工厂，上义酒厂是其一，另外一家是三星铅笔厂。当时厂房、设备极为简陋，产品单一，全年产量还是仅有6吨，到1952年提高到年产27吨水平。1955年底，在公私合营形势下，上义酒厂（上义有时写为"尚义"）与张裕酒厂合并成立了海淀区葡萄酒厂。1956年又由北京市政府出资，迁移厂址，重建工厂，建立了国有体制的葡萄酒厂。1959年2月更名为北京葡萄酒厂，并注册"中华"品牌，主要生产"桂花陈酒""莲花白"和"中国红葡萄酒"。①②

北京葡萄酒厂出品的中国第一个葡萄酒品牌龙徽葡萄酒就渊源于此。"龙徽"实则是在1988年即中国龙年时取名的。北京首家葡萄酒博物

---

① 中共北京市委党史研究室编：《艰辛的起步：北京区县解放与恢复时期纪略》，北京出版社，1999年9月，第200页。

② 北京工业党校编：《经济与管理研究新拓展》，中共中央党校出版社，2004年6月第1版，第593页。

北京上义洋酒厂

馆——龙徽葡萄酒博物馆，如今位于北京市海淀区玉泉路 2 号的北京葡萄酒厂内。

葡萄园居民区东至展览馆路，西至市财政局，北至车公庄大街，南至北京市锁厂，占地面积 1.53 万平方米，楼号 1—6 号。区内有机械电子工业部第一设计院、中国机电报社、同力冷冻公司、煤气站、葡萄园居民委员会等单位。东侧展览馆路通 15 路、45 路公共汽车，北侧车公庄大街有 26 路汽车通行。

5. "利玛窦和外国传教士墓地"成为第六批全国重点文物保护单位

1958 年，在全国第一次文物普查中对利玛窦墓地及墓碑做了记录，名为"利玛窦、南怀仁、汤若望三人墓"，地址为"西城区西直门外马尾沟甲 12 号（法国教堂后部现市委党校院内）"。此后马尾沟教堂成为中共北京市委党校的一座仓库。但直到 1966 年以前，利玛窦、汤若望、南怀仁三人的墓地一直都是北京市文物局管理的受保护文物。北京市文物工作队的吴梦麟女士每年都来视察几次，并且向党校的管理人员介绍三位教士的事迹，宣传文物保护常识。

"文化大革命"期间，马尾沟教堂和栅栏墓地再次遭到破坏，利玛窦等人的墓碑被埋入地下，教堂墙壁上镶嵌的教士墓碑被砸毁散落各处，市委党校院内处于一片混乱的状态。

1978 年，应意大利政府的要求，北京市政府重新修缮了利玛窦等人的墓地，将他们的墓碑挖掘出土，重新竖立，其中文物工作者还特别将利玛窦墓碑碑阳文字磨平照原样重新镌刻，并依样砌上青砖边框和白色玫瑰花边。1984年，北京市委党校又重新收集了散落在院内各处的传教士墓碑，集中竖立于利玛窦等人小墓园的东侧，一定程度上恢复了栅栏墓地，同年被确定为北京市级文物保护单位。1994年，又重新修建了墓园南门，人称小石门。2003年，文物部门对口字楼进行了加固和修缮。但马尾沟教堂的主体建筑没有获得复建。

《北京志·文物卷·文物志》详细记载了这次重修后的墓园格局："坐北朝南，东西毗连的两个墓院，四周皆以砖砌花墙围绕，东园南北长25.70米，东西宽15.50米，为利类思等63位明清传教士墓碑碑林。西院较之东院向北缩进15米，为利玛窦、汤若望、南怀仁三位传教士的墓院。其中利玛窦墓居中。汤若望与南怀仁墓分列右、左两侧。三墓均为前碑后冢格局。"

电影导演冯小刚在《我把青春献给你》中的《礼堂》一文中，提到他小时候生活在"北京西郊的市委党校的大院里"。1995年，由冯小刚导演、陈道明和徐帆主演的反映都市生活的电视连续剧《一地鸡毛》，其中很多场景就是在口字楼拍摄的。1993年出品、1995上映的电影《阳光灿烂的日子》也是在利玛窦墓取景的，这是姜文导演的处女作，由王朔的小说《动物凶猛》改编。影片中马小军（夏雨饰）在北京展览馆门口被警察带走训话后，脑海中闪着米兰（宁静饰）的身影，跑到一片被院墙和铁门围着的墓地，这片墓地便是利玛窦等传教士的墓地。

2006年，"利玛窦和外国传教士墓地"被国务院公布为第六批全国重点文物保护单位。

就在本书撰写期间，2018年6月12—27日，因"市委党校礼堂南侧教室东侧场地及地下消防管线维修项目"的启动，使得残存碑石以及墓地附属建筑物能够重见天日。党校校园内借此机会，陆续新整理出的一批天主教文物和附属建筑构件大约140余件，其中不乏重要的历史文物，如新发现耶稣会士闵明我、杨秉义、马德昭、陈善策、郑玛诺等十余人的墓碑，不仅增添了栅栏墓地现存墓碑的数量，而且在一定程度上填补了天主教来华传教史和栅栏墓地的研究空白。①

除了这上述五通耶稣会士墓碑外，还发现螭首残碑一通，其碑高 0.9 米，长 0.4 米，宽 0.15 米，尚能看到部分碑首螭纹及"流芳"二字，按照其墓石切割样式，应属右上角残碑，碑身上隐约看到其名或号，与其他耶稣会墓碑规制相仿。此外，还有螭首无字碑两通，一通墓碑高 1.35 米，长 0.79 米，宽 0.23 米。碑阳篆额天宫处刻有耶稣会"IHS"标志，碑身四周有缠枝草蔓纹饰。而碑阴雕饰更加精美生动，边框为双龙戏珠纹饰。另一通墓碑高 2.1 米，长 0.65 米，宽 0.21 米。碑阳篆额天宫处刻有十字架标志，碑身四周有缠枝草蔓纹饰。在清理文物中，有一块"圣宠之源"的方形碑石引人注意，其碑石长 1.09 米，高 0.86 米，厚 0.35 米；底座高 0.13 米，厚 0.37 米。碑阳仿摆屏饰，上部为横额式，四框浮雕缠枝草蔓纹饰，框芯剔地阳刻榜书"圣宠之源"。底部有如意纹，上下为斧剁无纹饰，左右两侧抛光。碑阴中榜刻有"议大夫宣大总督兵部右侍郎兼督察……治拾捌年岁次辛丑仲秋"。两侧有金属条镶嵌其中，已风化生锈。而根据包士杰书中记载，"圣宠之源"碑镶嵌在诸圣堂上所存圣母纪念碑的正面。

此外，还发现一块"日下佳城"刻石，相对完整，右上角残缺。碑石高 1.26 米，长 0.4 米，宽 0.15 米。碑石清晰载有"日下佳城，邹嘉来谨题"。邹嘉来（1853—1921）其姓、名、关防皆全。经查证，"日下佳城"是本刻于陆徵祥（1871—1949）的家族墓正门的对联，原为"云间旧德，日下佳城"，系邹嘉来为陆徵祥父亲陆云峰谨题，意为其安息之所，于 1920 年 11 月 14 日从上海（云间为上海松江旧称）迁至北京（日下为北京旧称）。至于刻石如何移到传教士墓园的，尚待考证。

6. 百万庄 8 号陆徵祥家族墓园和石刻

在官园批发市场的南边，门牌号百万庄大街 8 号的中国人民解放军第 2207 工厂（北京凌奇印刷有限责任公司）西门的南侧，有一处不太起眼的

① 陈欣雨：《二○一八年北京滕公栅栏墓地新整理文物考》，《北京行政学院学报》，2018 年第 5 期，第 116 页。

石砌建筑被铁栅栏保护了起来，大概是因为附近的马尾沟修道院比较有名气一些，就连一些本地的居民也不太清楚这座建筑的来历，而误把其当作马尾沟教堂遗址或传教士墓群的一部分。其实，这座建筑是本地的另一处墓区——中国第一代职业外交家陆徵祥的家族墓庐。

陆徵祥家墓（正面），门楣上书写英文"FA-MILLE LOU"，屋顶有十字架，建筑是欧式风格，前面墓碑却是中国特色。

"墓庐"就是墓旁边的屋子，是陆徵祥为了给父母守丧而建造的。在周围众多坐北朝南的建筑当中，这座墓庐显得有些格格不入，因为它是坐东南朝西北的，其实这看似不可理喻的设计方向也大有讲究，它的方向其实是朝向罗马天主教教廷的。但还有一点大家可能不知道，紧邻墓庐的北侧就是斜向西北的马尾沟老道，这座墓庐实际上是顺着马尾沟方向修建的。

提起陆徵祥，现在的很多人可能不太熟悉，其实历史课本上一句有名的观点"弱国无外交"，便是陆徵祥首先提出的。这句话的提出要追溯到陆徵祥在袁世凯的指使下同日本公使签订"二十一条"，这使得陆徵祥在当时被人们指责为汉奸，就连他的比利时妻子也没能在临终前原谅他在此事中的所作所为。依照亡妻遗愿，陆徵祥辞去公职，在比利时布鲁日的圣安德鲁修道院出家，以自己的余生忏悔罪过。抗日战争爆发后，他创办报纸，在欧洲各地发表演讲，介绍中国军民浴血奋战的情况，呼吁欧洲各国人民支持中国的抗战，并利用传教的方式反抗纳粹对比利时的占领，一度还上了盖世太保的"黑名单"，险被送入死亡营。最终，他看到了抗日战争的胜利，并为"在有生之年得见祖国一雪前耻"而狂喜不已。

陆徵祥（1871—1949），上海人，亦名增祥，字子兴、子欣。幼年家贫，随父入基督教，就读于上海广方言馆、北京同文馆。后任清政府驻荷兰公使及驻俄国公使。1911 年改入天主教。1912 年任北洋政府国务总理、外交总长。1915 年在袁世凯指使下，与曹汝霖同日本公使会谈，承认"二十一条"。1919 年以外交总长的身份出任出席巴黎和会的首席代表。在国内人民及旅法侨民的压力下，拒签对德和约。1920 年回国后，受到全国各界人士的欢迎。1922 年任驻瑞士公使，曾以北京政府代表身份多次出席国际劳工大会，后从事赈灾救济事业。此时他用巨款在马尾沟空地建墓，修筑了这座中西合璧、前方后圆、上方下圆、具有古希腊罗马神庙风格的特殊形式的墓庐，将其祖母及父母亲的遗骸从上海迁到这里，意图在北京奉养这些故去的亲人。1927 年，依亡妻遗嘱到比利时布鲁日圣安德鲁修道院做修士，后做到司铎和荣誉院长等神职，从此再未踏出修道院。1949 年 1 月 15 日，陆徵祥病故，葬于布鲁日圣安德鲁修道院内。

1958 年，铜像被熔化。之后瓦顶上的十字架和地穴中的三口棺材被砸烂，现仅存的砖石墓庐在当时被用作工厂仓库。1991 年秋，此墓在北京道路扩建时险些遭到拆除，幸而被人发现并上报，从而获得保护。1992 年，公布为西城区文物保护单位。2001 年，公布为北京市第六批文物保护单位。2004 年，建筑名称由"陆徵祥家族墓"更名为"西城区百万庄路 8 号墓园石刻"。

墓庐占地约 18 平方米，分为上下两层，上层为墓室，下层为墓穴。整座构筑物为砖石结构，梁柱为花岗岩雕琢，墙体磨砖对缝，屋顶为黑琉璃瓦起脊，上装十字架，融合中国传统建筑和希腊罗马天主教式的建筑于一体。内檐为半圆式穹隆顶，并有彩绘仙女、天使、蓝天、星辰等图像。墓室内设供桌、祭台等，并由意大利雕塑家根据古希腊神话故事铸造一座"孝子救亲"铜像，还雕有一座陆徵祥本人的"哭亲像"，代他常跪墓前。墓室四壁镶嵌着多块汉白玉的题词石刻，题词者包括当时社会的各界名流，如康有为、陆润庠、张謇、溥仪、袁世凯、冯国璋、段祺瑞、黎元洪、徐世昌、徐世襄、伍廷芳等 50 余人，是珍贵的书法碑刻遗迹。其中较为珍贵的有康有为所题条幅"至孝能营万家冢，阴德予大驷马间"；末代皇帝溥仪御笔题额"孝思维则"；清末大学士、溥仪的老师陆润庠题写的挽联"道貌严凝中外咸仰，家风宜振先后同符"，横批是翰林院庶吉士盛沅所题"世贵名荣"。袁世凯题："君室静安。"冯国璋题："行为世则。"段祺瑞题："万世之宁。"黎元洪题："潜德幽光。"徐世昌题："宅幽育德。"伍廷芳题："天和地德。"刘镜人题："潜德留贻。"

陆徵祥贡献卓著的是中国现代外交体制的建设。1912 年 10 月 8 日，民国国会通过的"外交部官则"，即是出自其手笔。外交部内设"一处一室一厅四司"：秘书处，参事室，总务厅，外政司、通商司、交际司、庶政司。部长下新设一次长、四秘书，分管英、日、法、德相关业务，参事则负责法规与条约之研究草拟。以上均为其创设。

陆徵祥主掌外交期间，说服袁世凯同意废除清代外务人员"保举制"（由高官推荐外交人员）任用办法，禁止他部向外交部疏通人事，坚持选拔"不闹笑话之外交官"。陆就职后另订《外交官领事官任用暂行章程》，先将所有部内留任人员免职，再重新依照专业考核，凡无外语外事专业者不予授职，袁世凯之侄儿也因此离任，顾维钧则甫自美国哥伦比亚大学毕业返国即被延揽入部。至于外馆，陆徵祥废止了清代由大使统筹包办使馆人事与财政权的旧规，外馆预算改由中央每年核拨决算，外馆正式人员皆须经中央政府考核任命。总括而言，民国时期军阀混战，中央各部专业化程度甚低，唯有外交部一枝独秀，培养了不少杰出的外交官，为中国这一当时的"弱国"争取到较多利权，从而奠定了中国外交现代化的基础，陆徵祥居功最大。

陆徵祥为人最为熟知和诟病的是中日"二十一条"与《凡尔赛条约》的签订，因此导致的负面评价往往落在他身上。据说，实际上的主事者是外交部次长曹汝霖。总统袁世凯直接施压曹尽速签约，而参与谈判的陆徵祥则帮助取消了最为不利的第五条条款。

1945 年曾有中国记者至比利时采访陆徵祥，据报道，陆徵祥曾对未来国情提出简短而著名之警语"弱国无公义，弱国无外交"，足可发人深省。另外，还有一点令人惊讶的是，新中国的外交学院，刚好紧邻中国第一外交家陆徵祥家族墓庐不出 200 米。而外交学院同时毗邻利玛窦等外国传教士墓地和马尾沟教堂，这也是中国与西方外交的渊薮和足以令国人知耻惕厉之地。

第七章 礼士往来

　　礼士路是有深厚历史底蕴的街道，也是见证北京城市变迁的街道，其历史比元大都还要早，比本书介绍的其他所有街巷的历史都要悠久得多。起初的礼士路只是北京城墙外的一条乡村土道，多少年来其尺度虽有扩大，但走向未有大的变化，与城墙内的胡同在名称、功能、形态方面有所不同，却拥有比胡同更加久远的历史。

　　礼士路在明代之前，可以说就已经起到北京城环路的部分作用了。礼士路连接了广安门、西便门、阜成门和西直门这几条老北京城的放射线，将城外西部的南北地区串联起来。与此相比，北京旧城仅有城北的安德路与其类似，但也只是连接了德胜门和安定门两条城门线。这种联络，对于交通运输、踏青旅游、做买卖、赶庙会等带来相当大的方便，甚至民国年间也给大学生们串联游行带来便利。那时，城门到点就关闭，城里也欠缺各城门内大街之间的便捷通道。

　　1939 年，日伪政权"建设总署都市局"出版的《北京都市计划要图》，图中特别做出了围绕北京的"环形加放射线"的路网规划，以红线标注了从一环到五环路的位置，看来如今北京路网的环形辐射格局起源很早。就在旧城墙外护城河的外围，用双红线规划了一圈一环路，相当于后来的北京二环路，其中西边的路线完全与礼士路重合，其他方面几乎都需要重新开辟。所以，礼士路的南北城联络线的历史作用不可忽视，它可以说是北京最早的二环路的一部分。

第一节　南礼士路

1. 驴市口与礼士路

礼士路可能在辽代以前就已存在了，它是北京城西部和展览路地区最早的道路，为金中都通玄门（一说崇智门）外官道，南北走向。元大都建成后则位处元大都西城墙外侧，明代外城建成后，为西便门外官道。清代以来至20世纪40年代，在阜成门关厢设有驴市，约在今四川饭店处，泛称驴市口。这些历史名称的演变，可管窥北京始于金代的860多年建都史。

清末以前，去往京西门头沟等地，交通十分不便，不像现在有汽车、自行车，那时骑驴就是一种最好的交通方式。阜成门外往南有月坛，有著名的白云观，每年春节要办庙会，往北有高梁桥，每年开春踏青。骑驴逛白云观和郊游长河是很受人们欢迎的活动，所以一到庙会举办时，阜成门驴市又增添逛庙会的租驴业务。此外，在西直门、西便门也有驴市，那是临时的，人少形不成规模。日久天长，从西直门经阜成门直到西便门外白云观，庙会期间，乔装打扮的驴来往于

1958 年，阜成门外南礼士路全貌，最下方为广播电视大厦，可以看到南礼士路向北偏向东绕过月坛和利用光恒街的情况。旧南礼士路北段和北礼士路南口尚留旧路痕迹，并通到阜成门护城河桥西侧，阜成门瓮城和箭楼已经拆除，城楼和城墙还在。

250

斯，形成一景，使这条南北绵长数里的小街被人们称为"驴市路"。据老人们讲，这儿的驴常年往返这条路，所以都认识道儿，它把雇主送到目的地后自己能回来，不用赶脚的。曾有人撰文说，当年鲁迅住在"老虎尾巴"（今阜内大街宫门口头条，现鲁迅博物馆）时，常和朋友一块儿去阜成门驴市雇驴去八里庄一带饮酒、郊游，因为当时，一出阜成门就是郊外了，而八里庄、钓鱼台一带风景宜人，是鲁迅他们常去的地方。

直到 1949 年后，在调整地名时，觉得这地名不雅，且驴市也已消失，尤其是通往京西的交通更加便捷，如汽车等交通工具应运而生，所以"驴市路"寿终正寝，取其谐音更名为"礼士路"，礼贤下士，比原来文雅多了。以阜外关厢为界，往南称为南礼士路，往北称为北礼士路。1965 年，西直门南（下）关并入北礼士路。

在阜外关厢，原南礼士路北口和北礼士路南口是直接相对的，这时的南、北礼士路可称为老南、北礼士路。新南礼士路北段是将月坛光恒街加宽改造后形成的，光恒街原来位于老礼士路西边，这样老南礼士路北段就成为现在的南礼士路东街。改造后，南北两街口成为斜对。20 世纪 90 年代建四川大厦，占用了原北礼士路南口，北礼士路南口只得向西拓展，又形成与南礼士路北口直对的状况，这就是现今的新南、北礼士路。根据 1956 年 12 月 25 日北京市《关于新辟道路名称的通知》，南礼士路由阜外大街起向南至复兴门外大街止，南接西便门外大街；北礼士路自阜外大街起向北至西外大街止，北接高梁桥路。

2. 南礼士路北段与月坛光恒街

南礼士路，北起阜成门外大街，南至复兴门外大街与西便门外大街相连，中与月坛北街、月坛南街相交。长 1850 米，车行道宽 12 米，沥青路面。两侧有市级文物保护单位月坛公园、北京市规划和国土资源管理委员会、北京市建筑设计研究院、北京市政工程行业协会、北京儿童医院、月坛体育中心等，通多路公共汽车。

虽然月坛不在展览路地区，但是说到南礼士路，包括月坛北街，与月坛关系很密切。月坛的范围要比现在的月坛公园大很多。南礼士路自月坛

251

北街至阜外大街为其北段，位于展览路地区界内，这一段正好与月坛光恒街关系紧密，所以追寻光恒街的历史，有必要在此连带简要介绍一下月坛。

月坛和光恒街

月坛是"夕月坛"的简称，始建于明嘉靖九年（1530），是北京"四坛"（即天坛、地坛、日坛、月坛）之一。在这四坛之中，月坛最小，它是明清两代帝王于秋分日祭太阴又称夜明神（月亮），从祀二十八星宿、金木水火土及周天诸星辰的场所。月坛位于阜成门外西南，月坛北街路南，南礼士路西，拜坛坐西朝东，原是一白石砌造的台座，平面呈正方形。历史记载，坛方广四丈，高四尺六寸，四面台阶各六级，比日坛形制小一些（朝日坛为方形，广五丈，高五尺九寸，四面台阶各九级，坛面明代铺红色琉璃瓦）。明代台面铺白色琉璃瓦，清代改为金砖。坛墙（内坛墙）平面亦为方形，原周长786米。坛墙东、北各开天门一座，面阔三间，北坛门东有角门一座。至今，现存具服殿、钟楼、天门、神库和拜坛棂星门，古建筑保存完好。于1955年辟为月坛公园，1984年公布为北京市文物保护单位。2006年5月25日，月坛作为明至清古建筑，被国务院批准列入第六批全国重点文物保护单位名单。

月坛北门外偏东原有礼神坊，坊为南北走向街道，在明代的时候称礼神街，清代称光恒街，从阜外大街直通月坛北坛墙，然后向西到月坛北门。出阜成门去月坛祭祀，都要从这里经过。明清旧制，祭祀太阳东出朝阳门，经景升街至日坛；祭祀月亮则西出阜成门，经光恒街至月坛。春分祭日，在春分日的寅时（凌晨3点到5点，古称"平旦"）迎日出。秋分祭月，在秋分日的亥时（晚间21点到23点，古称"人定"）迎月出。朝日迎神四拜，饮福受胙两拜，送神四拜；夕月迎神、饮福受胙、送神皆再拜。东郊以甲、丙、戊、庚、壬年，西郊以丑、辰、未、戌年，天子车驾亲祭。其他年份遣文大臣摄祭朝日坛，武大臣摄祭夕月坛。如果正祭遇风雨，则设小次于坛前，天子驾就小次行礼。

光恒街是祭月的必经之道，在接近阜外大街的路口上曾经横置一座牌楼，是一座四柱三间七楼彩色木质牌楼，设抱柱石和斜戗，额曰"光恒街"，旁注满文。光恒街牌楼与京城东部的朝日坛礼神街（景升街）北口的牌楼制式相同。两坛的神路和牌楼在民国年间均毁弃无存。1949 年后，光恒街南端贴近坛墙处，东西向辟建为月坛北街，即展览路街道所辖区域的南

20 世纪 30 年代，夕月坛牌楼，自南向北拍摄。牌楼北侧东西向街道为阜外大街。牌楼位于光恒街北口，今万通大厦麦当劳位置，1953 年拆除。

界，所以本区包含了光恒街，但不包含月坛。

据《钦定大清会典》，月坛东北为光恒街牌坊。坊前界以朱栅，长十有二丈八尺。街左右墙各一。外围墙东（垣）自坊东抵坛垣东南隅，长二百六十丈，西（垣）自坊西抵坛垣西北隅，长二百四十丈四尺。其甬路由光恒街而南，折而西，南达坛北门。

号称"明代三才子"的中国泼墨大写意画派创始人、"青藤画派"鼻祖徐渭有一首诗《驾幸月坛群望西街》："玉露清秋湛碧空，金舆夕月引群工。红云自结龙文上，彩仗如移桂影中。壁畔常仪端捧匜，郊西新魄正垂弓。布衣久分华山侣，笑向归驴堕晚风。"诗里的月坛自是指明代西郊的夕月坛，西街似指阜外大街，而骑驴者晚间进城，一语道出阜外景致。

月坛成为公园之前，曾经作为宏达学院之中学第二院院址，也是学生室外锻炼场地。

3. 热闹的月坛菜市

在 20 世纪 50 年代中期以前，整个阜外大街最热闹的地方莫过于阜外关厢的月坛菜市了。关于整个阜外关厢的史话，见本书第五章《阜成梅花》。此处仅说说与礼士路有关的月坛菜市。月坛菜市属鲜菜批发市场，当年每天早晨西郊各菜园菜蔬云集这里，菜贩均来此批发，入城内零售。早在清初，即在阜成门外护城河内侧开辟菜市，成为北京四大菜市之一。

1908 年方迁至月坛旁边，又称月坛市场。50 年代中期，阜外大街和月坛周边地区开始大规模改造建设，所以将菜市搬迁到了北礼士路内。

说起月坛菜市的繁华，有老居民回忆，头天晚上，各菜行接菜车的伙计扯着嗓子的互相招呼声、卖夜宵摊贩的吆喝声、拉菜车牲口的叫唤声，此起彼落，能吵到小半夜。第二天天蒙蒙亮，各菜行的职工、各机关团体学校的采购人员、趸菜的小菜贩、逛早市吃早点的人们又喧闹起来，声传老远，每天都是到 10 点多钟才渐渐消停下来。一年四季随着季节的变化而变化的街景和满街筒子飘溢着的各种香味，同样让人难以忘怀。年根儿底下，整个关厢地段几乎成了一个大集市。吃的、用的、穿的、戴的、玩的、看的、摆的、送的，各种年货应有尽有，琳琅满目。

4. 东、西坛夹道

明人谈迁在《北游录》里有"过夕月坛出礼神街为阜成门外"的记载。看来，谈迁是由南往北，出西便门经南礼士路去慈寿寺的，这条街早就有名了。清雍正二年（1724）改称光恒坊，礼神街改称光恒街，街两侧有垣墙，旧时为封闭道路。垣墙外顺墙与之走向相同的小胡同，东为月坛东夹道，西为月坛西夹道，简称"坛夹道"，均通阜外大街。有人误记为"檀家道"，谬矣。例称"坛夹道"的，不唯月坛，其他日坛、天坛等各坛墙外几乎都有坛夹道。南驴市口就位于光恒街月坛东夹道和南礼士路东街之间。

西夹道又称为宝塔寺夹道，因为在夹道旁边有宝塔寺胡同，胡同北侧曾经有过一座宝塔寺。宝塔寺建于明正统十三年（1448），原名宝塔禅林，又名宰塔，有明礼部尚书胡漤碑记。民国期间，"宝塔一座尚极完好"，凡五层，约高三十尺，上三层塔身成六角形，下二层成四方形，各面均镶汉白玉石，每层有檐凸出，砖砌，顶为琉璃瓦。第二层每面浮雕佛像二尊、跌坐袒臂，高约十二寸。第三、四、五层塔身，每面各浮雕佛像一尊，亦跌坐袒臂，高约十六寸。全塔形制古朴，迥异常格。又山门前墙上亦嵌石像二尊，与上层相同。总共刻像二十八尊，弥足珍贵。塔后有碑一座，曰"大明正统十三年"，但"大明正统"等字，细审为后来挖刻，所以其年代想在明代以前。①

《明一统志》记载："顺天府西有宝塔寺。"《日下旧闻考》卷九十六："宝塔寺殿前塔高二丈余，砖基高三尺许。第一层叠石为之；二层制方，每方刻菩萨像；三、四、五层皆六面，每面刻佛像。有正统十三年赐礼部札付碑，云寺初名宰塔。后改今名。"《北京志稿》卷二："宝塔寺在阜成门外三号。"《北京寺庙资料》："宝塔寺坐落西郊一区宝塔寺胡同三号。建于明正统十三年，属私建。本庙面积东西二百四十三尺，南北二百八十八尺。房屋八十二间，管理及使用状

1933年，宝塔寺宝塔

况为自管出租并烧香。庙内法物有神佛像三十尊，大铁钟两口，鼓两面。"②

到1949年前夕，宝塔寺只剩下山门和一座大殿，门牌为月坛西夹道3号1952年，这里改为建筑出版社印刷厂，看不到一点痕迹了。作为地名，1965年，随着西夹道并入位于其西部的阜外南营房和旁边的南礼士路，宝塔寺地方也已面目全非，现在已改建为小区。它的大致范围是：东起武警部队院墙，西至船舶工业总公司，北抵阜外第一小学，南至月坛北街。

从阜成门外关厢有一条走向西南方向的土道，其起点就在月坛光恒街的西夹道。1949年后，光恒街西垣墙也已坍塌成几段，就在垣墙中段形成

① 马芷庠编：《北平旅行指南》，经济新闻社，第189页。
② 彭兴林著，传印主编：《北京佛寺遗迹考》（上卷），宗教文化出版社，2012年10月，第226页。

一处大豁口，也是一个岔道口（约现阜成门宾馆位置），过了这个大豁口就是月坛西夹道拐向西南的小路口，从这里可通到阜外大街南营房，往西南方向可达洪茂沟、三里河、钓鱼台。这个大豁口把西夹道也分成南北两段。北半段从街口往南依次是：牌楼旁边的一座二层小楼、一处由破旧古庙的大殿改建成的大屋（这座古庙就是宝塔寺）。20世纪五六十年代，这里是月坛菜市职工活动的场所。其南侧是个前店后厂的酱园子，此酱园先叫小鼎和，后改叫小天丰，这家酱园的酱菜味道据说好极了。此外就没有其他民居了。西夹道的民居集中在大豁口迤南至月坛北坛墙外和西夹道与南营房相交的地段。值得一提的是，清光绪二十七年（1901），京剧马派艺术创始人马连良大师就出生于月坛西夹道。有意思的是，老居民还记得紧靠豁口里侧南边，有一家小茶酒馆，外边放着几张白茬桌子和条凳，常有遛鸟和架鹰的主儿在这儿歇腿儿海聊。旁边还有一个只卖清油大饼、炸丸子的摊儿。把口北边，是卖烟酒、花生瓜子等炒货、核桃栗子枣等干果的铺子，冬天增添了烤白薯的赵记小铺。再加上路东的"官茅房"，这个从东到西不足二十步远的有点儿斜的小小十字路口吃喝拉撒全能解决了。①

西夹道比东夹道略宽一些，能通行大车。因为全是土路，冬天深深的车辙冻得硌脚，夏天雨后又成了一溜泥塘，所以一般人除了到夹道路西的小鼎和（小天丰）酱园子买东西的，大都进豁口，走光恒街。月坛东夹道则窄得只能通行自行车、人力车、三轮车和送水的独轮推车。从北到南，除中间（现华远大厦南端及附近小区大门位置）有一片空场外，都是民居，而且都是坐东朝西，门向坛墙。空场东南角有一条无名小胡同，可以通到老南礼士路。

日本侵略者侵占北平以后，把月坛当成一处兵营，在大角门外设了岗哨的木阁子、沙包堆、拒马子，把守得极严。老百姓甭说走近了，连看都不敢看。还在光恒街中段的路口东侧靠近官茅房的地方修了一个半地下的水泥地堡，他们把这个道口看得很重要。还在外坛墙的东南角修了圆形的大炮楼，监控着南边真武庙和西便门方向，东边护城河方向，北边南礼士

---

① 张国庆著：《老北京忆往》，北京燕山出版社，2015年11月，第52页。

路和阜外大街及阜成门方向，再往北到北礼士路至西直门方向。周边的百姓可不得安宁了，三天两头地"查户口"，大白天戒严更是常事。①

民国以后，月坛牌楼下边的大木栅栏被毁坏了，光恒街也就不再是封闭式的神路了，人、马、车、轿可以在这条曾经的神路上随意穿行。在临阜外大街的路口都钉有正式路牌，有门牌编号。可是光恒街没有路牌。西夹道略宽一些，是土路，也只能通行大至马车一类的车辆，直到北平解放初期都没走过汽车。但是南北礼士路1949年前就可通行卡车了，据居民回忆，解放战争时期，就有国民党军队的运兵车通过。

20世纪50年代中期，随着阜外大街及月坛周边地区大规模改建工程的开始，月坛西夹道残留的坛墙被拆除了，有着几百年历史的月坛西夹道完全消失了。月坛菜市场迁走后，月坛牌楼与月坛的四面外坛墙相继拆除，新南礼士路建起来后，从阜外大街可以直达复兴门外。

在现南礼士路北口红绿灯至北京银行与华远大厦之间路口位置稍南一点，这里曾有一处井窝子，井水是甜的，除了供菜市用，还供给附近的住家户。井窝子以南，街两侧是停车场，在现华远大厦北半部位置。送菜的各种人力、畜力车辆和拉车的各种牲口都在这儿过夜。路东有顺兴菜行（俗称东黄记），路西有同义菜行，一个菜市占了半条光恒街。

1949年以后拆除了月坛外坛，但内坛还在。外坛东墙大体接近今天的月坛体育场，至今还生长着一小片青郁的柏林。外坛北墙，其位置相当于月坛北街与南礼士路相交略北的地方。1953年，拆除了光恒坊牌楼、光恒街垣墙和月坛东侧外坛墙，打通了从复兴门外真武庙到阜外大街的道路，光恒街连同东西夹道并入新路，替代了光恒街东侧的南驴市口，正式改称南礼士路。原南驴市口周边进行了改建，今万明园小区及以南地区即是原南驴市口一带。以万明寺为界，其南至月坛北街，是1976年以后的新建楼房。再南，从月坛北街至月坛南街，则是20世纪50年代所建的灰色楼群。

在南礼士路甲一号院中曾发现古代战场的遗迹。20世纪60年代，有人在此挖出过人体残骸、古代兵器等，据推测应该是明末清初闯王李自成

---

① 张国庆著：《老北京忆往》，北京燕山出版社，2015年11月，第54页。

所率农民起义军与朝廷对抗时留下的。当时出土了一块传说是李自成所用的磨刀石，现藏于北京十三陵一博物馆内。

5. 万明寺、万明巷与万通新世界

万通新世界商品批发市场于 1999 年正式开业，有摊位 1600 多个，是全国第一家五星级批零市场，也是小商品批零行业的旗舰，坐落在南礼士路北端路东、阜成门立交桥的西南角，与北京著名的金融街隔西二环路相望，当年是北京新崛起的繁华商业区之一，周围交通十分便利。商城经营品种达 5 万余种，是一个集购物、休闲、餐饮、娱乐、置业为一体的多功能商业场所。如今，为了实现北京疏解非首都功能，2017 年 7 月 1 日，万通市场正式摘牌，8 月 31 日正式闭市。这个在京城驰名 18 年之久的小商品零售批发市场退出了历史舞台。万通将转型成为以科技、金融为主体的高端写字楼。

万通之"万"就来自万明寺。万通商场的后面就是万明巷，历史上万明巷核心是万明寺。据《日下旧闻考》，万明寺后殿原有古代佛钟一口，上刻有"万明寺拜忏钟"六字和"明万历四年（1576）五月造"。如果这口拜忏钟不是移自他寺，那么万明寺的创建年代也许不会晚于万历初年。万明寺为民间募办，占地四亩三分，房屋十二间。有佛像十八尊，其中以送子娘娘著称。送子娘娘面善如仙，栩栩如生，怀中抱着一个泥塑的婴儿。孙国敉《燕都游览志》谓"寺中有兰数本，今已无植之者矣"。寺早已无存。此外，《京师偶记》中记载有一个僧人的逸闻，说是"万明寺有一僧，足不出户，与人不言语，有问之者辗然而已，与之钱不受，每饭时，其觉呼之乃食，否则止。终年戴一破帽，穿一绨袍，夏月不减，不见其为暑，冬月不增，不见其为寒也"。

清宣统三年（1911），因粪场设于城内有碍卫生，便都移到了城外，阜外粪场为之扩大。到了民国初年，万明寺周围便都成了粪场，由此万明寺逐渐衰落，到了 20 世纪 40 年代，只剩下了山门、大殿、东配殿和两间耳房。1948 年，万明寺的残余建筑被傅作义的士兵拆毁，砖石木料拉到月坛盖了炮楼，只余下一株苍翠的古槐。[①] 万明寺虽毁，但它的遗址还是清晰可知的。南礼士路东巷 20 号至 30 号之间的围墙，是万明寺的西至，30 号入口处即是昔日山门所在的位置，30 号至公厕为万明寺的南至，公厕至西城煤炭公司汽车队是寺的东至，汽车队至 20 号为北至。公厕那个地方过去有一座娘娘庙，是万明寺的一部分。位于其西其南的南礼士路东巷即是旧南礼士路，今已不存。

同万明寺有关的有一条较远的胡同，过去也叫作万明寺，1965 年改叫万明巷，其北与万明寺旁边两条无名小巷相通。万明巷走向曲折，东起阜成门南河沿，西至南礼士路，北与南礼士路东巷相通，南不通行，巷分为南北两个部分，北部为东西走向的胡同，全长 80 米，均宽 4 米，沥青路面。门牌顺序编排 5—17 号。南部平房 1—34 排，楼 1—4 号。有说万明巷源自万明寺，据说今 15 号院为其旧址。20 世纪 50 年代后形成居民区，60 年代部分平房改建为简易楼，现为楼房住宅小区，称万明小区。在万明巷的南边，还有红房子和灰房子的俗称。所谓灰房子是 50 年代北京给水排水设计院的工棚，后来改为民居。红房子是 1953 年修建苏联展览馆时的仓库，共 8 排，后来做了一机部与七机部的宿舍。灰房子共 28 排，过去称万明巷 9 号大院。[②]

第二节　北礼士路

1. 北礼士路

本区域内礼士路的主体是北礼士路，北起西直门外大街与高梁桥路相连，南至阜成门外大街与南礼士路相对，中与西直门外南路、车公庄大街、百万庄大街相交，全长 1850 米，车行道宽 6 米，沥青路面。门牌东侧 1—193 号，西侧 2—98 号。街内企事业单位有阜外医院、中国医学科学院

①　王彬：《北京微观地理笔记》。
②　王彬：《北京微观地理笔记》。

心血管病研究所、新华印刷厂、新华书店总店及储运公司、峨嵋酒家、北京金都假日酒店、西城外国语学校附属小学（原北礼士路第一小学）、新华南社区委员会等。两侧近年来已大部改建为多层、高层住宅楼，余为平房建筑。

北礼士路原来到新华印刷厂厂区的北墙为止。厂北的马路早年间是一条河沟，在今车公庄大街位置，沟水向东注入护城河。1953 年前后，在与沟隔河相望的城墙上开了一个豁口，河上架了一座大木桥，由桥至三塔寺的这段沟被填筑成路。展览馆路开通后，这条路又连接上了二里沟，这就是如今的车公庄大街。礼士路以北属西直门外南下关，路向西北偏斜，同西直门外北下关隔街相对。南下关路西以前有一座小型清真寺，寺旁有小河通往护城河，河上有小木桥。路边原先有一所市立西直门外南下关短期小学，学校以前有一位名叫黑佑军的老师，课教得很好，也肯自掏腰包买奖品奖励优秀学生。路东有正红旗新营房，民国以后也改成普通民居。营房至北头路口，路两边分别有大车店、小旅店、小饭馆、小茶摊、剃头棚、杂货铺、马掌铺、铁匠炉、革料铺等一溜小买卖。北礼士路往南与百万庄大街相交处，原来有一座白石桥，因其桥墩、桥柱、桥栏、桥板皆为汉白玉石，故而人称白石桥。桥下就是马尾沟，一条向东流入护城河的水沟，20 世纪 50 年代被填平改造为大街，留下了马尾沟的地名。[①]

2. 慈明寺

慈明寺，创建于明万历年间（1573—1620），旧址位于阜成门外北礼士路 52 号，今已无考。史料征引："慈明寺，明万历间敕建也，在阜成门外南驴市口（似记录有误），为房山云居寺下院，寺内有万历四十四年敕建碑。"[②] "清乾隆二十四年重修，嘉庆二十年私修配殿群房，属募建。本庙面积南北长三十七丈九尺，东西二十丈零五尺，殿房共一百一十七间；附属土地七十九亩，附属房屋灰瓦房十一间。庙内法物有泥塑毗卢佛一

---

① 张国庆著：《老北京忆往》，北京燕山出版社，2015 年 11 月，第 71 页。
② 《日下旧闻考》卷九十六，《光绪顺天府志》卷十七。

260

尊，铜质观音菩萨一尊，大铜钟一口，小铜钟一口，铜磬两口，《莲花经》两部，《法华经》一部，《楞严经》一部，另有石碑两座。"①

3. 首师大附中前身——京师私立成达中学校

据成达中学学校史话介绍，1914 年，北洋政府陆军部次长徐树铮上将创办京师私立正志中学校，校址在宣武门外菜市口粤东学堂旧址。6 年后即 1920 年，正当学校迁入阜外新校址前后，徐树铮在直皖两系恶斗中被免职，继而遭当局"通缉拿办"，被迫蛰居上海，自身难保，更无力遥控北京的正志中学。学校由教育部在 8 月 15 日接手，改为京师私立成达中学校。9 月，徐树铮辞去校长职务，由刚刚卸任教育次长并代理教育总长的傅岳菜出任成达中学校长。迁入新校址阜成门外北礼士路 19 号，在此办学长达 17 年。

新校园是由徐树铮和正志中学董事会筹资，于 1920 年 2 月建成，购置费和建筑费总计 30 万元。校园占地面积 73 亩，东临护城河，西临马路，北隔坟地，南临马路。主楼（4 层）1 座，为一"口"字形大楼，附楼 1 座，教室、教员休息室、办公室和礼堂计 102 间。图书馆拥有中西书库各 2 间，阅览室 5 间。工艺博物等实验室 5 间，乒乓球室 3 间。露天体育场面积约 200 平方丈，宿舍 43 间。其校园之宽敞、校舍之充裕、设施之完善，在绝大多数学校以旧王府或旧庙宇为校舍的北平市，堪称先进与一流。所以，成达中学将一部分房间出租给中法大学孔德学院也在情理之中。当时的学生能够在这样一所设施优越的中学就读显然是非常幸运的。而且，论设备、论师资、论学风，在全市私立中学中均属上乘，颇有名声，俗称"小清华"。

作为京师私立成达国家高级初级中学校，北洋政府教育总长傅增湘、交通总长叶恭绰、财政总长吴鼎昌以及周作人、朱光潜、焦菊隐、齐思和等曾担任过学校董事长或校长。

---

① 彭兴林著，传印主编：《北京佛寺遗迹考》（上卷），宗教文化出版社，2012 年 10 月，第 276 页。

1937 年，七七事变后，北平沦陷，次年日伪强占了北礼士路 19 号校园，霸占了学校教学楼，改办新民印书馆。成达中学被迫迁至中南海公园内中南海西岸紫光阁附近的东四所继续办学，为期 11 年。

1945 年 8 月，抗战胜利，日本投降。成达中学本应迁回阜成门北礼士路"口"字形大楼。11 月，成达中学即分别致函行政院平津区敌伪产业清查委员会、教育部平津区特派员办公处和北平市政府，要求依照复员时期政府对于敌伪占用之公私财产均准由原业主依法收回的规定，索还北礼士路 19 号校产。然而，此时的北礼士路 19 号已被国民党第十六军第一营驻军和国民党政府正中书局北平印刷实验所占用。他们对成达中学的索求置之不理。同时，还下令成达中学迁出中南海，至于成达中学迁至何处却只字不提。于是，成达中学师生掀起了护校运动，提出条件是：学校可以迁出中南海，但必须迁回阜城外北礼士"口"字形大楼。

1946 年 4 月下旬，全校 500 多名学生列队，徒步出发，浩浩荡荡，从中南海北门，经西华门、西四牌楼、阜成门大街、出阜成门，转北礼士路，参观了"口"字形大楼，激发了同学们热爱成达、保护成达的感情。返校后，各班同学纷纷开座谈会，为护校运动造舆论。为此，成达中学 1946 届毕业班学生还在毕业之际自制并印刷了一本纪念册。册中选登了北礼士路 19 号校舍的几幅照片，其中有校门、教学楼、宿舍和运动场。照片的标注文字写道："这才是我们的旧校址！"由此足见成达中学师生对自己校产被无端侵占的愤懑不平。

为抵制北平政府"迁校"的命令，全校罢课三天。第一天，全校师生整队出中南海北门，跨金鳌玉蝀桥，绕团城，顺景山大街达东城，向北平文教接收大员沈兼士请愿，要求将北礼士路"口"字大楼归还成达中学。结果，沈兼上不出面，全校师生扫兴而归。第二天，各班继续召开座谈会，统一思想，统一行动，掀起护校运动高潮。第三天，全校师生列队到中南海静坐，要求北平行辕主任李宗仁接见。条件是：北礼士路"口"字形大楼不归还成达中学，成达中学决不迁出中南海怀仁堂东四所。结果，李宗仁害怕学生闹事，更怕越闹越大，让北平市政府撤回"迁校"命令，护校运动获得胜利。①

1949 年，北平和平解放。时任北平市市长的叶剑英还在解放军入城仪式上，便接到党中央从西柏坡发来的电报，内容是周恩来副主席要求替党中央打前站的几位同志先把中南海和北京饭店接收下来，为党中央和中央军委迁入北平做好准备。成达中学奉令于 7 月从中南海迁出，搬到王府仓胡同 46 号和大水车胡同 12 号原私立镜湖中学校舍。镜湖中学校舍是李镜湖的私产，其子向北京市政府投诉，要求索回这处房产。最后由北京市政府机关仲裁，成达中学向房产主交租金租用校舍办学，租金由北京市文教局代缴。王府仓校舍南院占地 6 亩有余，北院占地 7 亩有余，总共才 15亩，教室都是由老旧平房改建，规模小，质量差，与优越的北礼士路校舍不可同日而语。

此前，成达中学校长戎书城、成达中学董事会董事长温寿泉以及代校长姚丽卿等先后出面继续诉求索要北礼士路校产。1952 年，吴纯性校长就职后，呕心沥血操办此事。当时，北礼士路 19 号已易手新华印刷厂。几经成达中学投诉，终得北京市人民法院裁定："确认北京市阜成门外北礼士路 19 号房屋 396.9 间、地基 65 亩 5 分 6 厘为北京市私立成达中学校所有。"历时多年，校产终得确定产权。经法院调解，双方同意，北京市地政局估定房价、地价两项，折合 60 亿元（旧人民币），将该项房产让与新华印刷厂使用，议定新华印刷厂向成达中学分期付款。在索回校产的过程中，吴纯性校长起了至关重要的作用。

1952 年秋，成达中学与上义中学（法国天主教圣母会于 1906 年创办，位于马尾沟市委党校院内）合并为三十八中，上义中学校舍改为男生宿舍。

上义中学由法国天主教圣母会修士吉善于 1906 年创办，1911 年由城内参谋部旧址迁至阜成门外滕公栅栏，先后由吉善和华人修士李慎任校长，只招收有志修道的青年天主教徒，只授法语。学生称"公教生"，仅

---

① 陈声明著：《陈声明文集》，团结出版社，2012 年 9 月，第 21 页。

20 余人。学生的生活费用和教学费用全部由天主教中国圣母会及上义洋行利润提供。辛亥革命后,该校才开设国语、历史、地理、自然等中文课程。1919 年,为充实在华传教士和天主教会学校教员,学校董事会决定成立三年制的师范学校,同年 8 月改名为上义师范学校;11 月呈京师学务局报教育部批准,修士张巽甫由校董会聘任为校长。1927 年迁至黑山扈(现 309 医院院内)新校址,原校址开办上义师范附属小学。1934 年奉命改为普通中学,改名上义中学。1937 年卢沟桥事变后,学校由黑山扈迁回马尾沟旧址,由刘宝忠任校长。1940 年 3 月,学校又迁回黑山扈,董事会聘请杨玉书为校长。至 1948 年由张瑞廷为代理校长。北平解放前夕,学校仅有学生 20 余人,暂时停办。1949 年后,上义中学在马尾沟原址复校,招收学生 30 余人,设初一、初二两个班,张瑞廷为校长,有教职员 9 人,大都是原上义师范学校的毕业生。上义中学的办学宗旨和培养目标,与一般的教会学校明显不同。一般的教会学校仅由教会主办,其课程设置与培养目标则与普通学校完全相同。上义中学则类似天主教神学院,教职员不仅都是天主教徒,而且绝大多数是天主教的神职人员,如神甫或修士。招收的学生都是有志修道的天主教青年教徒,其毕业出路都是从事天主教业务的神职人员。他们多数来自城乡贫困家庭,学费、住宿和生活费均由教会供给,早晚都要进天主教堂从事宗教活动。该校教学设备是当时北京市私立中学中比较齐备的,有物理、化学仪器,生物标本及挂图共 600 余件,图书 2000 余册。与成达中学合并时,上义中学有教职员十几名、"公教生"四五十人。

北京市教育局决定用收回的北礼士路校产 60 亿元(旧人民币),追加 20 亿元(旧人民币)拨款,在阜成门外八里庄北洼路新建一所校舍,给三十八中办学使用。1952 年底动工,1954 年 6 月竣工,同年 9 月 1 日在新校舍开学。北京市教育局准备将三十八中迁到八里庄后,将四十二中搬到王府仓校舍办学。三十八中在王府仓的校舍,比四十二中在丰盛胡同的校舍要好一些。为避免学校改名与房产主产生新矛盾,决定四十二中迁到王府仓后改称北京市第三十八中学,三十八中迁到八里庄后改称北京市第四十二中学。①

三十八中迁至阜成门外八里庄新校园后，改名为北京师范学院附中，1992 年更名为首都师范大学附属中学，接受北京市教委和首都师范大学双重领导，是北京市首批重点中学和首批示范性高中校。学校历经民国初建、日本侵华北平沦陷、解放战争、中华人民共和国成立等四个历史时期，伴随国运兴衰而兴衰，伴随京城枯荣而枯荣。师生坚守"成德达才"之理念，踔厉跋涉，共克时艰，为后世留下一所桃李芬芳的优渥家园。②

4. 中法大学社会科学院、文学学院

中法大学 1931 年成立商业专科学校，设有银行职业班、普通科英文班和普通科法文班，于 1934 年奉教育部指令停办。1934 年，学校成立理工调查所，同年 8 月又根据教育部指令，中法大学撤销社会科学院，把社会科学院改称为文学分院，仍保留社会科学院原有哲学系和政治经济学系，学制仍为 4 年，分院院长为书法大师、著名学者沈尹默（1883—1971）。院址就设在阜成门外北礼士路 19 号（租借成达中学校舍），到 1938 年结束，共办学 4 年。③

5. 陆公墓小学和北礼士路第一小学

在北礼士路与马尾沟交会处的西北角高坡上曾经有一所小学，名为陆公墓小学校。其西侧依次为嘉兴观、育才小学和利玛窦墓所在的天主教大教堂，南边与北营房隔沟相望。中间的道路名为"陆公墓街"，校门前右侧与嘉兴观之间有零星的麦田。

陆公墓小学校名含义久未为人所知，其实就来源于西边近在咫尺的陆

---

① 艾群编：《首都师大附中史话》，社会科学文献出版社，2015 年 11 月，第 103 页。

② 艾群编：《首都师大附中史话》，社会科学文献出版社，2015 年 11 月，第 1 页。

③ 许睢宁、张文大、端木美著：《历史上的中法大学（1920—1950）》，华文出版社，2015 年 1 月，第 136 页。

265

徽祥家族墓园。学校是一所大四合院，长方形的院子权充操场，只能做操跑步滚铁环。院子北头即北边教室的前边有一个大木台子，既是领操台，也是开会时的讲台，还可以演小节目。南头有旗杆。西南角有沙坑，是上体育课时跳高、跳远的地方。校门位于整个院子的东南角，门内以东厢房的南山墙为座山影壁，上面抹白灰为底儿，画着老大的一个国民党"青天白日"的党徽。每当有师生进校门时，必须得向这个党徽图案恭敬地鞠一个大躬。老师还好说，若是学生敷衍了事地点一下头，把守校门的童子军对你轻则训斥，如果你不服，他们便会把你送到主任室听候处罚。童子军原为许多国家使少年儿童接受军事化训练的一种组织。旧中国的童子军组织首创于 1912 年。国民党反动派统治时期，初设中国童子军司令部，后改为中国童子军总会。临解放前，童子军组织成为白色恐怖在学校内针对进步学生的帮凶。他们有统一着装，帽子（形同旅行帽）、服装均为土黄色，系蓝白两色领巾（象征国民党党徽的颜色），腰扎铜头皮带，上边挂着盘绕好的白麻线绳儿——他们管这绳子叫"法绳"，手持术棍。绳子可以用来捆人，棍子可以用来打人。他们不仅在上学前、放学后及中午在校门口站岗，监督学生向画在影壁上的党徽鞠躬或敬礼，还时常课间在校园内巡视。

1949 年，学校奉上级指示与北边新华印刷厂南侧路西的第二中心小学合并为北礼士路第一小学校。[1] 1999 年，雷洁琼曾为北礼士路一小 50 周年校庆题词："律己团结，勤奋向上。"后改为西城外国语学校附属小学。

6. 峨嵋酒家

峨嵋酒家位于北礼士路中段路东，门牌 58 号，创建于 1950 年。原址在西长安街，于 2000 年搬到现在的位置，这里原来是新华印刷厂的职工食堂。峨嵋酒家作为北京有名的老字号川菜馆，菜品被很多名人所喜爱。京剧大师梅兰芳就对峨嵋酒家赞不绝口，尤其对招牌菜宫保鸡丁情有独钟，1960 年 5 月，在峨嵋酒家品尝川菜后特写诗赞誉："峨嵋灵秀落杯盏，醉

---

① 张国庆著：《老北京忆往》，北京燕山出版社，2015 年 11 月，第 303 页。

饱人人意未阑。应识时清培育广，良庖能事也千般。"特画梅花图相赠，还亲自为峨嵋酒家题写牌匾。不光是梅兰芳先生，作家老舍、画家齐白石、京剧大师马连良、文史学家郭沫若等人都曾是峨嵋酒家的座上常客。

由于社会变迁及各种原因，峨嵋酒家几次易址，先后在西城的太平桥大街、西单商场二楼、月坛公园北门西侧等地红火经营。1993年，峨嵋酒家结束了在西城经营43年的历史，迁至宣武区广外红居街的手帕口胡同二机床厂的厂房里开了张。结果，由于地点偏僻，人生地不熟，买卖半死不活，大伤元气，惨淡经营了3年。直到1996年，北京华天饮食集团为抢救保护老字号，决定把峨嵋酒家迁回西城。同年底，在西城赵登禹路309号第五次开了张。开张时，重新挂上了梅兰芳先生亲题的牌匾，还请来梅先生的大公子梅葆玖隆重揭匾。自此峨嵋酒家才渐渐地恢复了元气。可是经营面积还是不大，于是2000年华天集团再次斥资买断了北礼士路原新华印刷厂一栋三层楼（原职工食堂）50年的经营权，加上装修共投入了1500多万元。有了风水宝地，加上独树一帜的"峨嵋派川菜"，峨嵋酒家如坐春风，顾客盈门，再现了往日的辉煌。今天的峨嵋酒家是一个现代化的餐饮企业，是一个有着无限生机的企业。峨嵋酒家的特色菜肴有宫保鸡丁、干烧豆瓣大虾、水煮肉、干煸牛肉丝、开水白菜、地煲烧甲鱼、川式烤鸭、峨嵋老坛子等。峨嵋酒家的菜肴以精细见长，在川菜的做法上按照成都流派，讲究色、香、味、形，在味上以多、广、厚、醇为特色，讲究刀功、造型、五味调和，以服务北京人为主，其菜肴十分受北京人欢迎。

峨嵋酒家的现址原来是新华印刷厂的土地，新华印刷厂也不是白地起家的。原来在礼士路东侧有一片老厂房，在日本侵华时就是印刷厂了，还建立了新民印书馆，在当时是一家规模比较大、设备比较新的印刷厂。1945年抗战胜利后，国民党政府接收了印刷厂和印书馆，在此基础上成立了正中书局，成为北礼士路上最早一批建筑。可惜，在北平和平解放前夕，被国民党特务一把大火烧没了。1949年2月初，解放军军管会接管了正中书局印刷厂办事处和印刷厂。后来，这片地方成为新华印刷厂东厂区，曾经作为工厂的幼儿园和礼堂，原幼儿园房舍就是在正中书局建筑遗址上改建的，后来全部拆除了，最后拆除的是文华园南楼西南角的一段正中书局老墙。据说正中书局东边，靠近护城河的地方旧时有一冰窖，直到20世纪50年代仍然生产窖冰，估计在现今北京市公安交通管理局南侧的位置。有文献记载阜外北护城河西侧有礼王府冰窖，是否为同一个，待考证。关于新华印刷厂历史变迁见本书"车公大道"一章。

第三节　密集于礼士路的大中型医院

展览路地区医疗机构非常发达，有世界水平的三级甲等阜外医院和北京大学人民医院、三级甲等武警二院，还有二级展览路医院等医疗机构。

如果仅限于礼士路上，从南向北不到3公里范围内，左右不出300米，密集分布着解放军火箭军医院（二炮医院）门诊部、武警二院、儿童医院、阜外医院、人民医院和展览路医院等6所大中型医院，这在北京甚至全国都是少有的。

1. 武警北京总队第二医院

武警北京总队第二医院（全国首批公立三甲医院，简称武警二院），成立于1949年，是一所集医疗、预防、保健、科研及教学于一体的三级甲等综合性医院，位于西城区月坛北街，和月坛公园、阜外医院毗邻，是北京市首批基本医疗保险定点医院、北京大学人民医院医疗集团成员、国际紧急救援中心网络医院。曾被中国人民解放军总后勤部卫生部评为卫生工作先进单位，一次荣立集体一等功，三次荣立集体二等功。2003年，医院被解放军四总部评为"心脏防治工作先进单位""非典型肺炎防治工作先进单位"。2006年，医院被评为全国"三八红旗单位"，心脏介入治疗中心、肿瘤生物治疗中心、肾病诊疗中心为本院重点科室，是本院国家级重点建设研究中心。中心现设床位434张，临床开展了心脏介入科、消化科等86个专业科室。院内设有"120""999"急救中心定点急救站，可24小时提供危急重症急救服务。

2. 中国医学科学院阜外医院

阜外医院，全称中国医学科学院阜外医院，现在有 3 个院区，分别位于北京市西城区北礼士路 167 号、西城区三里河北街甲 1 号、西城区北礼士路 135 号 16 号楼。其中位于阜外北街北侧的北营房东里、北礼士路 167 号是最早的院区。

阜外医院创建于 1956 年，前身是解放军胸科医院，在北京海淀黑山扈；1958 年移交地方，改名为中国医学科学院阜成门外医院，简称阜外医院；1962 年阜外医院成立心脏血管病研究所；1994 年更名为中国医学科学院阜外心血管病医院；2004 年成立卫生部心血管病防治研究中心，挂靠阜外医院；2014 年更名为中国医学科学院阜外医院。

自 2009 年中央编办批复成立国家心血管病中心，正式形成"中心—医院"一体化格局。医院分为临床医疗区和预防研究区。临床医疗区（阜成门外院区），总用地面积 5.53 万平方米，总建筑面积 15.7 万平方米；预防研究区（门头沟西山园区）总用地面积 7.33 万平方米，总建筑面积目前为 3.7 万平方米，未来将达到 7.7 万平方米。医院设有 41 个病房，26 个手术室（其中包含 4 个复合技术手术室），13 个导管室，1521 张编制床位数，实际开放床位数 1238 张（截至 2017 年 12 月 31 日）。医院设有冠心病中心、心律失常中心、急重症中心、心力衰竭中心、肺血管病中心、高血压中心、临床药理中心、血脂异常与心血管病诊治中心、内分泌与心血管病诊治中心、血栓性疾病诊治中心、特需医疗中心、成人外科中心、血管外科中心、小儿外科中心、术后恢复中心、麻醉中心、体外循环中心、放射影像中心、超声影像中心、核医学影像中心、功能检测中心、临床检验中心等临床和医技科室。

阜外医院目前是国家三级甲等心血管病专科医院，也是心血管疾病国家重点实验室、国家心血管疾病临床医学研究中心所在地，在心血管病领域，以诊治各种复杂、疑难和重症心血管疾病而享誉国内外，已成为世界上最大的心血管疾病诊治中心，集医疗、科研、预防和人才培养于一体的国家级医学研究与教育中心。在医疗领域建成融入大量影像、网络和信息技术打造的可视化手术平台，便于术者在手术中随时掌握所需决策依据，为精准治疗提供保障，并为远程会诊、国际交流、人才培养等提供了有力支撑。手术室自动发衣系统、对接医嘱的智能药柜等的使用，改善了工作流程，以现代化、信息化手段提升医院管理效率，真正成为人流、物流、信息流"数据化"全覆盖的现代化医院。

2018 年 11 月 17 日，复旦大学医院管理研究所发布"2017 年度中国医院排行榜"和"2017 年度中国医院专科声誉和综合排行榜"。中国医学科学院阜外医院以绝对优势连续 9 年领跑中国最佳医院专科声誉排行榜（心血管病、心外科），并位居专科综合排行榜榜首（心血管病、心外科）。

3. 北京大学人民医院

西外南路有两家著名的医院，一家是位于西外南路与西二环路丁字路口的西南角的人民医院，一家是位于桃柳园西巷路口的展览路医院。

北京大学人民医院创建于 1918 年，是中国人自行筹资建设和管理的第一家综合性西医医院，最初命名为"北京中央医院"，中国现代医学先驱伍连德博士任首任院长。

北京中央医院建于西四区羊市大街（今西城区阜成门内大街）帝王庙西侧的阜城市场旧址，1918 年 1 月 27 日正式开业。1945 年抗战胜利后，因南京有国立中央医院，医院更名为中和医院。1950 年 4 月，中央人民政府卫生部接管医院，更名为中央人民医院。1958 年，卫生部将北京人民医院划归北京医学院，为第二附属医院，开始承担本科教学工作，同时医院更名为北京医学院附属人民医院。1985 年，随北京医学院更名为北京医科大学，更名为北京医科大学人民医院。2000 年 4 月 30 日，北京大学与北京医科大学正式合并，更名为"北京大学人民医院""北京大学第二临床医学院"。当年 4 所校级研究所更名为北京大学关节病研究所、北京大学血液病研究所、北京大学肝病研究所、北京大学应用碎石研究所。

北京大学人民医院的发展历程，是中国医学进步的见证。医院成功进行了亚洲第一例、世界第四例异体同基因骨髓移植，诞生了中国第一支乙肝疫苗和中国第一台体外震波碎石设备，为中国医疗卫生事业的发展做出了重要的贡献。经过一个世纪的发展，现已成为集医疗、教学、科研为一体的现代化综合性三级甲等医院，是国家卫生健康委员会委管医院、北京大学附属医院、北京大学第二临床医学院。医院目前正在运行2个院区，筹建2个院区。白塔寺院区位于阜成门内大街133号医院历史旧址，建筑面积2.2万平方米；西直门院区位于西直门南大街11号新址，建筑面积11万平方米。编制床位1448张。建设中的通州院区拟2018年投入使用，北院区拟2019年投入使用。

医院设有呼吸内科、神经内科、老年科、感染科、内分泌科、肾内科、风湿免疫科、心血管内科、胃肠外科、腔镜外科、乳腺外科、肝胆外科、泌尿外科、胸外科、神经外科、骨肿瘤科、骨关节科、创伤骨科、脊柱外科、医疗美容科、心外科、血管外科、妇科、产科、儿科、耳鼻喉科、眼科、口腔科、中医科、皮肤科、精神科、疼痛医学科、核医学科、检验科、放射科、病理科等临床和医技科室。其中，肾内科、风湿免疫科、胃肠外科、肝胆外科、泌尿外科、骨肿瘤科、创伤骨科等11个国家教育部重点学科，18个国家卫生计生委临床重点专科，1个教育部重点实验室，9个北京市重点实验室，2个北京市国际科技合作基地，1个北京临床医学研究中心，5个北京大学研究所，6个北京大学研究中心和2个北京大学医学部研究中心。同时是国家级人才培养模式示范区、国家级特色专业示范点、国家级教学创新团队。2017年，医院重症医学专业中标"国家发改委疑难病症诊治能力提升"项目。医院人才辈出，现有工程院院士1人，国家"万人计划"科技创新领军人才1人，国家自然科学基金杰出青年基金获得者4人，科技部"973"首席科学家3人，国家"863"计划青年科学家1人，教育部"长江学者特聘教授"1人，国家卫生计生委突出贡献专家2人，教育部新世纪优秀人才7人，科技北京百名领军人才1人，北京市科技新星14人，在岗博士生导师257人。医院先后获得"全国卫生系统思想政治工作先进单位""全国医院（卫生）文化建设优秀成果奖""全国医院（卫生）文化建设先进集体""全国医药卫生系统创先争优活动先进集体""首都文明单位标兵""首都医药卫生文化建设先进单位""北京大学党务和思想政治工作先进集体""北京大学统战工作先进党委"

等荣誉表彰。特别是在 2003 年"非典"期间，人民医院涌现出了以急诊科副主任、党支部书记丁秀兰和急诊科护师、共产党员王晶等为代表的英雄群体。

北京大学人民医院 2017 年门急诊就诊患者 268.72 万人次，出院病人总数 81893 人次，全年手术量 62015 台。医院在造血干细胞移植、器官移植、关节置换、恶性肿瘤、骨与关节损伤及脊柱功能重建、胸部微创手术、视网膜玻璃体手术、心血管疾病、肝脏疾病、内分泌系统疾病、自身免疫性疾病等多学科领域的诊断治疗均处于国内乃至世界领先水平。2017 年度中国医院科技影响力排行榜中，北京大学人民医院综合排名第 8，在北京地区排名第 3，10 个学科（血液科、风湿免疫科、护理学、眼科、骨外科、胸外科、肿瘤学、皮肤科、急诊医学、内分泌科）位列前 20 名。人民医院近年来将努力推进"一二三工程"作为医院发展总体思路，即"一个中心"以医院全面发展为中心，抓住基本医疗质量和创新医疗技术"两个基本点"，实施人才、学科、空间"三大战略"，以基本医疗质量和创新医疗技术为基石，通过规范医疗行为，健全医疗服务质量管理体系建设，保障医疗质量与安全。从 1918 年到 2018 年，从北京中央医院到北京大学人民医院，岁月的年轮承载着它从无到有、从小到大、从弱到强，已经走过了整整 100 年。历经世纪雨雪峥嵘，情系万千民众健康，北京大学人民医院的名字始终与医疗卫生事业的进步和人民群众的健康福祉紧密联系在一起。

4. 展览路医院

展览路医院位于西外南路桃柳园西巷 16 号，为二级综合医院，设有阜成门病区和百万庄门诊部。1960 年由西外联合诊所、阜成门联合诊所和百万庄联合诊所合并组成，称展览路人民公社医院。1972 年改称展览路医院。1978 年西外院部改建门诊楼。1983 年相继改扩建阜外、西外网处病房楼。1984 年二龙路医院的妇产科并入，建成以妇产科为特色的区级综合医院，称西城区妇婴医院。1989 年成立妇产科实验室，开展放射免疫、细胞遗传试验。1991 年率先在北京市施行 4 小时母婴同室，推动母乳喂养工作。1992 年被世界卫生组织授予首批"国际爱婴医院"称号。1996 年与阜成门医院合并，通过二级医院等级评审，是北京市首批医疗保险定点医院。2010 年被北京市、西城区指定为康复服务体系试点建设工作单位。2016 年被批准为北京市第一批公立医院康复转型机构。2017 年获批增加第二名称"北京市第一康复医院"。

医院门诊科室设有内科、外科、妇科、儿科、中医、康复、骨科、口腔科、耳鼻喉科、眼科、肾内科、精神科、针灸科、理疗科、检验科、放射科、药剂科、功能检查科、病理科、透析室、手术室、康复治疗中心、心脏康复中心、盆底康复中心、体检中心。编制床位 185 张，设有内科、骨科康复、神经康复、综合病房 4 个病区。妇产科除按妇、产科专业分科外，还设置了较完备的临床实验室，可以开展新生儿重症监护、多因素致先天异常检查和不良孕史者遗传疾病的监测。发现异常染色体核型 55 例，有 3 例为世界首报。内科可以完成急性心梗静脉溶栓、冠脉造影、安装起搏器、脑梗溶栓治疗。1997 年开始先后建立 4 个社区卫生服务站，为社区居民建立健康档案，对慢性病患者进行防治管理，开展家庭病床、社区护理、健康教育等，成为全国社区慢性非传染性疾病综合示范点。

2010 年，作为北京市和西城区康复服务体系试点建设单位，正式确立了"大专科、强综合，创新康复学科建设"的二级综合医院的发展方向。在 2016 年北京市卫计委康复转型评估中，医院以总分第一名的成绩率先转型成功。连续 4 年中标北京市残联的西城区肢体残疾人综合康复项目，为辖区残疾人提供专业康复训练。医院不断深化康复特色，落实分级诊疗。先后加入北京大学人民医院、中国医学科学院阜外医院医联体。在区卫计委社管中心的支持和指导下，成为 14 家社区卫生服务中心康复培训基地，开展"康复进社区，人人享健康"的康复对接工作。探索建立"基层首诊，双向转诊，急慢分治，上下联动"的分级诊疗模式。医院注重科研、教学能力的建设，分别与北京体育大学运动康复系、北京城市学院、北京社会职业管理学院建立教学实习基地，目前承担多个市级、区级临床科研和康复项目。医院始终坚持以质量为基石、以文化为引领、以绩效为驱动、以信息化为职称的发展方针，不断加强内涵建设，推动医院可持续发展。

第八章　车公大道

车公庄，始于车轱辘庄，与车和道路有关，而且凸显出"公益"性质。自从 1957 年开通以来，除了北京二环路的建设和多次改造之外，该道路及附近还发生过多件与交通有关的大事。

1978—1980 年，车公庄大街拓宽为三幅路大街；在车公庄路与展览馆路交叉口，试验性修建了北京第一个大型环岛——环形交叉口。

1986 年，在北礼士路 22 号，北京出租汽车暨汽车租赁协会成立，"出租车公"从此有组织了。

1988 年，在车公庄大街东头路南，官园立交桥西南角紧邻二环路，建成北京交通指挥中心大楼，这是北京"指挥车公"的办公地。

1993 年 12 月 18 日，北京交通广播 1039 频道开播，在北京交通指挥中心大楼里还设有直播间，这是服务大众的"信息车公"一显身手的开始。

1998—1999 年，为迎接中华人民共和国成立 50 周年，平安大街全线贯通，自此平安大街与广安大街、长安街一起构成北京市区内最重要的三条东西方向的主干道。

2000 年 8 月 2 日，在北礼士路 22 号，北京市交通执法总队正式成立，负责全市公共交通、公路及水路交通行业的综合执法工作，它们可称为"铁面车公"。

2008 年，在车公庄大街中段的展览馆路向北架设了展西路高架桥。

2012 年，与车公庄大街并行的地铁 6 号线开通，终于使车公庄大街跻身于北京立体交通大动脉行列。

此外，在南边不远的百万庄大街甲2号，曾经是北京市轨道交通建设管理有限公司所在地，其对门则是北京市市政专业设计院，再往南还有更大的北京市市政设计研究总院；而北边更近的西直门外大街2号地铁大厦，则是北京市地铁运营有限公司所在地，其前身是北京市地下铁道总公司。它们都是与北京地上地下的道路、桥梁、地铁、交通控制与管理密切相关的"车公"，如此集中非常罕见。

车公庄大街也是我国对外开放最早的大街之一。二里沟与谈判大楼开启了中国改革开放对外贸易的新历史，新大都饭店和国谊宾馆见证了改革开放的新历程。还有文兴街，这是展览馆路地区特征的点睛之笔；"官批"和附近的"动批"已经凝结为北京市场经济的经典；展览路街道办事处也在这条大街上，是它鼓荡起本地区的文化新风，并促成了本书的编辑和出版。

第一节　车公庄大街东段

1. 车公庄大街

车公庄大街东西走向，西起三里河路与车公庄西路相接，东至官园桥与二环路、平安大街相接，中与文兴西街、文兴东街、展览馆路、北礼士路相交，与朝阳庵、车公庄中里、车公庄大街北里、百万庄北里、百万庄子区等居住区相邻。车公庄大街全长1780米，车行道宽60米，快慢车分驶，沥青路面。

车公庄大街东端与平安大街、工人体育场北路共同构成北京西四环路与东四环路之间的连通线，形成新北京东西方向第二条交通大动脉。其中平安大街于1999年8月28日正式竣工通车，东起东四十条桥，西至官园桥，路宽约40米，全长7公里。

历史上，车公庄地区在民国时期属北京旧城西郊区、郊六区。车公庄大街附近多农田、旷地。1950年，在旧城西城墙打开豁口，豁口外新修一座木桥，桥以西修一段土路与村路连通，铁路开一道口，路抵到新华印刷

275

厂东墙。因附近原有车轱辘庄，后以谐音得今名。1957 年开通整条道路，建成宽 7 米的低级路，1962 年铺设沥青路面。1978—1980 年，拓宽为快车道宽 21 米、两侧慢车道宽 6 米的"三块板"式道路，两侧铺装宽 3 米人行步道，构成二环与三环西行方向连通线。现街道笔直宽阔，绿树成荫，是北京市唯一以法国梧桐为行道树的街道，绿化水平高，环境优美。两侧多为办公楼与住宅楼群。沿街有中国建筑设计研究院、新大都饭店、展览路街道办事处、中共北京市委党校、北京新华印刷厂、北京新华彩印厂、北京市公安局公安交通管理局等单位。北京市委党校院内有北京市文物保护单位利玛窦墓地及明清以来外国传教士墓地，西城区文物保护单位马尾沟教堂。①

2. 官园与车公庄

车公庄大街和西二环路相交处是官园立交桥，桥是分离式跨线桥，桥上南北是二环快速路，桥下东西是车公庄大街和平安大街与二环路的十字交叉口。东北象限为福斯特汽车租赁公司（属北京汽车公司集团）和几栋高层住宅楼（14—16 层）；西北象限为富通大厦（属西通物业公司），为 16 层商住楼、12 层居民住宅楼；西南象限为北京市公安交通管理局；东南象限为 1996 年建成的梅兰芳大剧院。官园桥往西是车公庄大街和北礼士路交叉路口，西北象限为空地（属新华印刷器材厂）；西南象限为中国光大银行（物华大厦，属新华印刷器材厂）和官园批发市场；东南象限为住宅楼（属中国印刷总公司）；东北象限为富通大厦（属西通物业公司）。

说到北京官园，有几处名气比较大的地方，一是指正宗官园，就是位于官园路口东北方向的中国少年儿童活动中心；二是指官园立交桥交叉口和附近公交、地铁站；三是指官园路口西南方向的官园小商品批发市场。官园路口的成名是因平安大街的修建。

在平安大街修建前，官园向东到平安里还没有打通，只能绕行附近的

① 《北京百科全书·西城卷》编辑委员会编：《北京百科全书·西城卷》，奥林匹克出版社，2000 年 12 月，第 35 页。

小胡同通过；西边到车公庄大街也不畅快，道路很窄，把着路口南侧还有一片平房。再以前是老北京西城墙上的一个豁口。豁口，老百姓俗称"城豁子"，东边是城里的月树胡同，穿过月树胡同从城豁子出来就面临护城河了，在护城河上对着官园城豁子有一座木桥。1950—1953年抗美援朝期间，为便于在战时疏散民众，在内城城墙上增开了东城墙的大雅宝胡同豁口、北门仓豁口（东四十条），北城墙的鼓楼大街北豁口、新街口豁口，西城墙的官园西豁口即本文所说的车公庄豁口（编号为五号豁口）、松鹤庵胡同豁口等6处豁口（原已开辟东直门北小街豁口和武定侯胡同豁口两处）。在大规模拆除城墙之前，北京城较1900年之前，已扒豁口17处（含增开城门4个，即水关门、和平门、复兴门、建国门）。其中内外城墙上的铁道豁口（券洞）7处（3处为进京铁道豁口，外城东城墙、西城墙、南城墙各一处；两处环城铁道豁口，分别在内城东北角楼和东南角楼两侧），城墙早已不完整了。

前面说的正宗官园中国儿童少年活动中心，原为清代果亲王允礼府，后改为瑞亲王府，又改端亲王府。其西为诚亲王允祉府，后改慎郡王府，又改质亲王府。1900年"庚子之变"，二府皆被毁。其南部先后改作艺徒学校、师范学堂、北平师范学校、北京师范学校、北京幼儿师范学校。1971年大部拆除，辟建为路。其北部先后改为京师高等实业学堂、北京工业学校、北洋大学北平部工学院、国立北平大学工学院，最后改作北京地质学院新生部。该校于1953年迁至西郊，原址辟建为官园体育场。1982年2月，中共中央书记处经过研究讨论，决定将其一小部分划给新建的中央纪律检查委员会作为办公地，大部分地方建立一个中国儿童少年活动中心，邓小平同志还亲笔写了园名。党中央、国务院将这一块重要的地方建立一个全国性的少年儿童活动阵地，对全国各地恢复和新建众多的青少年校外教育场所，起到了良好的表率和推动作用。这就是今天的中国儿童中心。

关于车公庄这一地名的来历，目前比较通行的说法是，早年间附近曾有车轱辘庄，后音转为车公庄。而车轱辘庄的来历又有两种说法。第一种是清朝时出西直门向南再向西有一条大道，因是土路，那些大车路过之后

277

留下了很深的车辙印。第二种说法是很久以前此地长着很多车轱辘菜，因多长在路边，也叫车前草。它是一种多年生草本植物，可以食用，所以每到五月中至六月初，便有很多人来此采摘，久而久之在此形成村落，被称为车轱辘庄。后来人们嫌这个名字叫着绕嘴，就谐音成车公庄。在民国地图上此处曾经有过"东公庄"一名，应该为"车公庄"印刷错误。

可以看到，官园批发市场其实离官园很远，即使官园立交桥离真正的官园也有一定的距离。估计只是因官园名气大，也可能是官气大吧，还真盖过了更近的车公庄，影响所及周围一片地区，由此成为当地的地名了。

3. 车公庄附近几处已经消失的古迹

车公庄地区原先比较荒凉，有大面积的荒地，明朝年间开始建有寺庙和墓地。其中有嘉兴观、西域双林寺、兴教寺、三塔寺、滕公栅栏墓园、利玛窦墓园和传教士墓地、马尾沟基督教堂、朝阳庵、惠安伯园等。本段仅介绍嘉兴观、西域双林寺、兴教寺、三塔寺，其他内容分见"西直门户"和"阜成梅花"两章。

小阁绝高嘉兴观

嘉兴观，资料甚少，可从相关文献记载信息推测其位置大约在今市委党校和官园批发市场中间，东边为兴教寺，西边为利玛窦墓（原滕公栅栏墓园），再西为三塔寺即西域双林寺。由此往西二里为惠安伯园和朝阳庵。

据《日下旧闻考》卷九十六："嘉兴观在阜成门稍北而西，径路两旁多树，自此至双峰寺，北通白石桥（非指今日白颐路和长河的白石桥）。观有小阁绝高，西即利玛窦坟。"据李杕《徐文定公行实》说到利玛窦墓："以辛亥月日葬，钦赐房地共三十八间。周围墙垣二十亩，南至官道，北至嘉兴观地，东至嘉兴观，西至会中坟。"[1] 可知，嘉兴观位于利玛窦墓东侧，嘉兴观土地在利玛窦墓北侧。南侧的官道应该是斜向西北的马尾沟土路。《日下旧闻考》卷九十九："兴教寺南至大道、西至观垣。"此大道自

---

① 宋浩杰主编：《中西文化会通第一人——徐光启学术研讨会论文集》，上海古籍出版社，2006年7月，第235页。

是指马尾沟土路，观垣是嘉兴观东墙，可推测兴教寺位于嘉兴观东侧。

据明《帝京景物略》："惠安伯园位于嘉兴观西二里。"以二里沟及其长度测度，恰好证明嘉兴观在今二里沟东口附近，而惠安伯园在今二里沟西口附近。

清吹双影西域双林寺

西域双林寺建于明代。据有关文献记载，原西直门外邮局门口东侧曾经立有一块石碑，20世纪70年代还在，碑题是"西域双林寺"。原西直门外老邮局位于现在西外大街德宝小区里，南距西外大街、西距北京展览馆都不足200米。但是，另有记载似乎比较准确，说该寺是位于二里沟附近的三塔寺，利玛窦墓园西侧。

据《日下旧闻考》卷九十六："西域寺在阜成关外马家沟，俗呼三塔寺，明宣德年间建（1426—1435）。今已颓圮，仅存数楹。阶下二碑犹屹立：一正统十门僧乌巴迪呢雅实哩等为其师雅尔萧罗密克立，吏部郎中金陵曹义撰文；一弘治十七年太仆寺卿金陵李纶撰文。"该书再续说道，门外还有两块卧倒在地的石碑，"一没土中；一碑面反贴虪厨间，尚可见者，成化十四年六月李哲立石等字"。至于"三塔止存二，其一已废。西南隅榛壤中别有一塔，相距较远，制亦不同，僧云是为普同塔，不在三塔之列也"。

清著名诗人纳兰性德曾经为悼念妻子卢氏作有《忆江南·宿双林禅院有感》（康熙十六年，1677）："心灰尽，有发未全僧。风雨消磨生死别，似曾相识只孤檠。情在不能醒。摇落后，清吹那堪听。淅沥暗飘金井叶，乍闻风定又钟声。薄福荐倾城。"

据说纳兰性德之妻卢氏卒后，曾厝枢于京城外双林寺，此词即写词人夜宿禅院时的伤感，真是心如死灰，撕心裂肺。纳兰性德还有一首《宿双林禅院有感》："挑灯坐，坐久忆年时。薄雾笼花娇欲泣，夜深微月下杨枝。催道太眠迟。憔悴去，此恨有谁知。天上人间俱怅望，经声佛火两凄迷。未梦已先疑。"

词集注：双林禅院，记在北京阜成门外二里沟，明万历四年（1576）八月建。有说此寺遗址在如今紫竹院公园南门内，可是从阜外二里沟的地理位置看，此说不确。

又有文献记录：双林寺，又称西域双林寺，创建于明万历四年，清光绪十五年（1889）重修。寺址原位于西城区阜成门西车公庄路西口路北的二里沟，现寺迹无考，寺东邻有利玛窦墓。据载，万历初，太监冯保营葬地，选寺曰"双林"，双林为冯保之别字。又据《帝京景物略》等载，明万历四年，西竺南印土僧足克戬古尔东入中国，初息天宁寺。后过阜成门外二里沟，见一松盘覆，跌坐其下，数十日不食，而有肖古达摩相，圣上赐松地居住，并赐寺名为西域双林寺。双林寺当年香火十分旺盛，但到清末民初已经废为民居。唯其东侧的传教士利玛窦墓尚存。[①]

清叶映榴《双林禅院观荷》诗："胜侣寻幽刹，芳筵对水张。宿红窥镜影，高翠捧珠光。雨后人尤爱，舫传我亦狂。相看尘土气，俱付碧云乡。"清汤右曾《过双林寺》诗："高柳鸣蝉已到门，小桥雨坏昼昏昏。茶香一勺知新味，鸿爪何年识旧痕？乍落槐花秋梦冷，自翻荷叶午风喧。痴人未用痴相惜，宝带华缨一笑论。"（《故都变迁记略》卷十）

上述资料说明西域寺、三塔寺和西域双林寺似乎为一处，又可能分为两寺，三塔寺可能即西域寺。但考虑其均位于利玛窦墓园之西、二里沟左近，且同名"西域"不好重复，西域双林寺似乎为西域寺之双林禅院，恰可为住宿和停厝之地。

三塔寺和三塔社区

三塔寺，建于明代，有说其前身为西域寺，民国四年（1915）重修。庙址8亩，耕地6亩，有殿房及群房32间。有三座塔矗立在这里，成了此地的地标性建筑，故名"三塔寺"。旁边的一大片空地是坟头层叠的乱坟岗，往西就是很大的葡萄园。旧有的三座砖塔据说是为寺内高僧修筑的骨殖灵塔，白石为基，用灰砖砌成塔身，用土夯实填满，是为实心塔。塔身是一个圆形的覆钵，高约2丈，三塔高矮相差无几，玲珑而朴素。1949年前，三座塔就已经坍毁，只剩一座残塔。三塔村在1949年之前，只有几户

---

① 彭兴林著，传印主编：《北京佛寺遗迹考》（上卷），宗教文化出版社，2012年10月，第153页。

人家，后居民渐多。1965 年并入小老爷庙，始称三塔村。20 世纪 70 年代后，平房改建为楼房，成为居民小区。有说三塔寺在官园批发市场处，准确说应该在市委党校西侧，在现今二里沟东口十字路口东

1933 年，西域寺（三塔寺）两座覆钵式喇嘛塔，位于今展览路与车公庄路十字路口东侧，建于明正统十年（1445），前面的铁路是京门支线。

南角附近。三塔村东起中共北京市市委党校，西至展览馆路，北起展览馆路 32 号楼，南至百万庄大街。① 解放之前三座塔被拆除，这里逐渐成了居民区，"三塔社区"的名称便是来源于此。现在车公庄大街的东段还可以找到名为三塔寺的公交车站，不过似乎远离了原来三塔寺的位置。

兴教寺四至考

兴教寺，建于明成化二十一年（1485），旧址位于西外二里沟处，寺迹无存。据有关史料，兴教寺在双林寺东，成化二十一年建，地一顷五十八亩，以居大兴法王嘉勒斡凌戬者。兴教寺旧址唯余仆碑二：一镌成化间赐敕；一列叙部札，为正德间刻石者。兴教寺成化敕旨碑："朕唯佛氏之教，流传中国已久，化导群品，开悟迷途，功德所及，岂幽显之间哉？好善之士崇奉之者一唯谨耳。寺在都城西直门外，司设监太监王助存日赎宛平县民黄升等地建修，以为祝禧之所。其界东至叉道，南至大道，西至观垣，北至河岸。又建立宝塔一座于内。朕已赐额曰兴教，今助已故，特赐为大兴法王嘉勒斡凌戬焚修之所，国师扎巴藏布为寺提督，讲经索诺木巴勒丹兼住持，都纲章台扬扎巴为住持，朝夕领众焚修。所赎升等田地一顷五十八亩五分该征粮草，悉令有司除豁，仍与寺管业。嘉勒斡凌戬恐年久被人侵占，乞换敕护持，兹允其请颁给之。自今凡官员军民诸色人等，毋

---

① 王彬、徐秀珊编：《北京地名典》，中国文联出版社，2001 年 3 月第 1 版，第 134 页。

得侵占田土及侮慢欺凌以沮坏其教。敢有不遵朕命者，论之以法。故谕。成化二十一年六月二十九日。"①

上述寺界之四至，东至岔道似为连接北礼士路的岔道，南至大道为马尾沟土路，西至观垣为前述嘉兴观之东墙，北至河岸为车公庄大街前身一条河沟，水东流入注西护城河。据此分析，兴教寺应该位于今"官批"的位置。

另外，车公庄附近最早的地名应该非"福禄居"莫属。"福禄居"源流难以考证清楚，但却流传下来了，现属中国印刷集团公司家属区之一部分，处在新华印刷厂与北京新华书店总店（储运公司）中间，形成一被包围的封闭的院落，目前还全是破败平房。

4. 车公庄大街开通平安大道

中华人民共和国成立以后，此处开辟道路，因临近车公庄而被命名为车公庄大街。说到车公庄大街，就要讲一讲北京的一环路和平安大街的历史。

大家知道，北京的二环路是非常有名的，随着三环到六环的逐步修建，许多人就会问到北京有没有一环路，一环路在哪里。其实，一环路与平安大街有关，也与车公庄大街相关。车公庄大街是东西向的一条城市主干线，它还有一个称呼："内环北路及东、西延伸线"的西延伸线。这是笔者在北京建筑工程学院上大学时，在1982年做交通调查和毕业设计的题目。题目中的内环，就是指北京的一环路。

早在20世纪20年代，继北洋政府内务总长朱启钤改善京都交通，在北京打通了许多断头路之后，1921年北京修了有轨电车路，1924年12月18日通车。之后，修建开通了一条环绕北京皇城的有轨电车路，从天安门前开始，顺时针方向往西到西单；折向北，过西四，到平安里（即今日平安大街）；折向东，到地安门；折向北，到鼓楼；折向东，过交道口到北

---

① 彭兴林著，传印主编：《北京佛寺遗迹考》（上卷），宗教文化出版社，2012年10月，第180页。

新桥；折向南，过东四到东单；折向西，回到天安门前。长 17 公里，称环形路。这就是北京的第一条环形路。20 世纪 50 年代中，北京拆除了有轨电车线，这条路还称环形路。

另外还有一种说法，一环路也被人们称为"内环路"，也是顺时针方向，由平安大街的平安里向东，经平安里西大街、地安门西大街、地安门东大街、张自忠路到东四十条路口，转向南经东四北大街、东四南大街、东单北大街、崇内大街、崇外大街到磁器口，再转向西经珠市口东大街、珠市口西大街、骡马市大街到菜市口，再转向北经宣武门外大街、宣武门内大街、西单北大街、西四南大街、西四北大街，回到平安里，形成一条环路，构成北京内环。内环北路就是指平安里到东四十条一段，其东延伸线是工人体育场北路，西延伸线就是本文介绍的车公庄大街和车公庄西路。

早在 1947 年，平安里一带阻碍交通的房屋就被拆除，打通了平安里以东的道路，修成了宽 6—7 米的路面，使平安里向东得以连通。平安里以西则仍为民房阻隔，没有正式道路。自 20 世纪 50 年代起，就有人提出了修建平行于长安街的第二条东西城市干道的建议。由于影响古都风貌，因此一直存在争议。1950 年 12 月，根据北京市政府的决定，在东四十条以东和官园桥以西的城墙上分别开辟了东四十条（当时称 2 号）和车公庄（当时称 5 号）豁口，并于城外的护城河上架设了木桥。1952 年 6 月至 8 月，张自忠路东段改建为宽 9 米的沥青路面。1953 年 8 月至 11 月，改建了平安里至地安门段道路，路长 1915 米，路宽由 6 米扩展至 15 米，铺筑沥青混凝土路面。由于北侧房基高于路面，故修建了挡土墙。1954 年 7 月至 11 月，改建了地安门至东四十条西口段，路长 2506 米，路宽扩至 11—12 米。1957 年，平安里西大街西段扩建为 5 米宽的砾石路面。1958 年，为配合工人体育场的建设，将东四十条胡同两侧的建筑拆除，修建了长 700 米、宽 21 米的沥青混凝土道路，改善进出城的交通状况。1971 年，今天官园桥以西的胡同被拆除，拓宽成街，称平安里西大街。1977 年 10 月建成了平安里西大街西段道路，工程西起官园桥，东至育幼胡同，全长 747 米，中间快车道宽 25 米。原计划修至平安里丁字街，与地安门西大街接通，但当时却因拆迁量大而只建到育幼胡同（端王府夹道）南口而截止。这一搁置竟将近30年，一直未能与平安里西大街沟通，倒是成了附近学校学生上体育课及长跑、踢球的场地，也成为26路公共汽车的停车场。直到1998年，北京市政府决定对平安大街旧路进行改建，以迎接中华人民共和国成立50周年。平安大街工程东起东四十条，西至官园桥，道路全长7026米，由市政总公司承担这一重大市政基础设施工程。整个工程包括将原宽为12.5—13.5米（最窄处仅9米）的道路拓宽为28—33米，并将育幼胡同至平安里的民房拆除。1999年，平安大街全线贯通。紧接着两广路扩建改造，平安大街与广安大街、长安街一起构成北京市区内最重要的三条东西方向的主干道。①

当年车公庄大街上跑着一路北京路途最短的公共汽车——26路。一开始，26路西起花园村，东到二里沟东口，全线只有6站路的距离、7个车站：二里沟东口→郝家湾→二里沟西口→四道口→外印厂→老虎庙→花园村。全程也就2.8公里的样子，大致是一里地一站。后来延长到官园门口，也没有多远。

自从有了车公庄大街和车公庄地铁站，车公庄的名字就被更多的北京人所熟知。车公庄三字最早在民国时开始上了地图，只不过其具体位置是在西直门外的南侧，本地的老居民也认为，车公庄原来的位置应在现在车公庄大街北侧、榆树馆东边一带。

5. 北京市公安交通管理局和《一路畅通》

与北京交通密切相关的还有北京市公安交通管理局大楼和北京交通广播1039频道，也是在车公庄大街和官园桥旁边开启新的历史。1993年12月18日上午，北京时间7点整，在民乐合奏《喜洋洋》的旋律中，北京市公安交通管理局与北京人民广播电台合办的北京交通台成立，北京交通广播开播了，当时的频率是中波927千赫。

北京市公安交通管理局大楼位于官园立交桥西南角的阜成门北大街1

---

① 段柄仁主编，华宁著：《平安大街》，北京出版社，2015年8月，第14页。

号，是 1988 年建成的北京交通指挥中心大楼，成为对全市的交通、道路情况进行监控、管理的现代化交通指挥中心。公安交通管理局原办公地址在西城区大红罗厂 3 号，后改为交通工程科研所和交通工程学会所在地。

1993 年的北京街头，道路上跑的都是黄色的小"面的"。这些招手即停的黄色"面的"，起步价 10 块钱 10 公里，每增加 1 公里加收 1 块钱，客货两宜，非常受百姓欢迎，被大家亲切地戏谑为"蝗虫"。穿梭往来的"蝗虫"们开启了北京出租车行业面向普通百姓的新的交通史，也开启了首都交通广播的新时代。兴办交通广播的动议脱胎于北京电台与北京市公安交通管理局在经济台合办的《红绿灯》节目。时任北京经济台台长的汪良受命筹办北京交通台。交通广播开播时，北京的机动车总量仅有 40 多万辆，私人机动车所占比重更是微乎其微。

北京交通台是京城最受关注和欢迎的广播媒体之一。北京交通台台址在建国门外，但是在北京市交通管理局交通指挥中心大厅里，专门设置了一个交通台《一路畅通》节目的直播间，随时在节目中插播重要的路况信息、临时交通管理措施或者法规通道、突发事故和处理进展情况等。将《一路畅通》直播间搬到交管局大楼里是在 2002 年 1 月 1 日，以前则是驻外播音，联系不方便、不及时，自搬进指挥中心，节目播出效果明显改善。在直播间，起初有三个电脑显示屏：一个是路况信息屏，随时滚动显示指挥中心的路况监视和信息员报送的信息；一个是听众短信平台，展示和听众互动信息；还有一个是音频工作面，主持人可以依据时间进程掌握好节目衔接和插播广告的节奏。在主持人面前还有一块 40 平方米的彩色监视屏幕，通过切换将各个交通要道的路况即时展现出来，这些科技元素的加入，为主持人呈现出北京逼真全面的交通实况。其中短信平台互动方式是学计算机出身的节目主持人杨洋提出的创意，与搜狐开展合作的成果。由搜狐提供短信平台支持，搜狐与中国电信分别从短信资费中收取 0.1 元运营费，《一路畅通》作为公共节目则不向听众收取任何费用。由此不仅北京人民广播电台，全国各个电台现在都采用了这一模式。

《一路畅通》直播间设在交管局后，路况信息的发布大多由交警完成，流畅的表达加上专业化的发布，使得节目的路况信息既及时又具有现场感、专业性和权威性，实实在在地发挥了疏导交通、均衡交通流分布、缓解交通拥堵的作用，深受广大司机的欢迎。此外，交通台还聘用了几十个出租车司机作为其义务路况信息员，聘用了100多家住在重要路口路段高层住宅上的退休或赋闲在家的人员作为固定路况信息观察岗哨，专门补充提供边角地区、偏僻小巷等路面上的实时路况，和交管局提供的权威信息一起为出行人群提供了最全面的实时路况信息。

北京交通台是北京人民广播电台8个系列台之一，面向首都广大听众，提供交通方面的专门广播宣传服务。深受听众喜爱的栏目有《交通新闻》《路况信息》《一路畅通》《百姓TAXI》《1039交通服务热线》《汽车天下》《车友音乐时空》《欢乐正前方》等，直接面对听众传递最新的信息，并与听众进行直接的交流。同时辅以服务性和娱乐欣赏性内容，及时、全面、认真地宣传交通政策、法规，报道交通新闻，传播交通信息，服务疏导交通，提供交通专业知识和服务，为促进首都交通事业的建设和发展做出了贡献。北京交通台目前使用频率FM103.9MHz。北京交通台旗下有一大批知名主持人，节目以及车友活动已经随着北京加速度迈进"车轮时代"而成为首都居民生活不可或缺的一部分。北京交通台作为"中国广播媒体第一品牌"，荣获"中国广告30年历史贡献奖"。[①]

6. 从北京新华印刷厂、新华书店到"新华1949"文化创意产业集聚区

车公庄大街南侧的官园批发市场，简称"官批"，非常有名，我们放后再说。这里先说说其前身北京新华印刷厂。车公庄大街曾几次拓宽改建，两侧均为机关、企事业单位和住宅楼。在众多单位之中，最有历史感的应该算是北京新华印刷厂和新华书店总店了，因为车公庄大街就是从印刷厂区中间穿过的。

1949年，在如今的车公庄大街东段建起了北京新华印刷厂。新华印刷

---

① 陈永主编：《影响中国广告30年杰出人物（1978—2008）》，现代广告杂志社，2008年7月，第337页。

厂占地面积很大，当年在全中国乃至整个亚洲地区也可算得上前几名，如今"官批"及其周边一大片地方，与车公庄大街路北高耸的居民楼、玄色的五栋大厦，夹着中国印刷总公司的办公大楼，这一大片地区原本都是北京新华印刷厂的地界，就连车公庄大街原来也是条厂区里的小道。自打修建了二环路，这里被打通成了大街后，新华老厂也被分为南区和北区两部分，大致就是如今新华里社区和新华南社区的所在地。后来因为环保的问题，印刷厂被搬迁、拆除，但此地的很多居民都是当年新华印刷厂的老职工。他们多集中在新华里，位于车公庄大街北侧。1953年，新华印刷厂在此建职工宿舍，故名新华里。现东段为15个平房院落，南段已改建成6栋住宅楼，内有副食店、服装加工等服务设施。新华里社区委员会设在此处。

新华印刷厂并不是白地起家的。原先，官园桥外就是城墙，城墙外有个驴市大街就是礼士路。大街的东侧有批老厂房，在日本侵华时就是印刷厂了。大概是20世纪30年代日本侵占北平时期，日本出版家下中弥三郎在这里建立了新民印书馆，在当时是一家规模比较大、设备比较新的印刷厂。新民印书馆同时还霸占了南侧的京师私立成达中学校的校园，详见本书"礼士往来"一章。

1945年，抗战胜利后，国民政府接收了印书馆，在此基础上成立了正中书局，当年的《平民日报》《华北日报》，以及北平军调处的《解放三日刊》就在这里印刷。它与城南的北平印钞局是北京最大的印刷厂。在北平和平解放前夕，国民党特务一把大火把工厂精华烧了个精光，只剩下40多台破残的机器。后来，礼士路东老厂区曾经作为工厂的幼儿园和礼堂所在，原幼儿园房舍就是正中书局建筑，后来全部拆除了，最后拆除的是文华园南楼西南角的一段正中书局老墙。

1949年2月初，解放军军管会接管阜成门内的正中书局印刷厂办事处和阜成门外的印刷厂。负责人周永生发现已被某厂运走了5台密勒机和4台胶印机，存纸也被盗走了一部分。为了充实新华厂的印刷力量，就将独立出版社附属的一个小厂（接收的敌产）和《解放三日刊》留下的工合印刷厂并入拟成立的新华印刷厂。华北新华印刷厂的一部分设备也交给了新华印刷厂。又与人民印刷厂商定，用8台被烧坏的胶印机交换2台修好的胶印机。到当年4月22日，新华印刷厂正式开工，但厂房内的柱子上还留着被烧过的痕迹。4月24日，宣布正式成立北京新华印刷厂，后来工厂扩建，将新址选在了礼士路西。从开工到6月，主要的生产材料和设备有：铅约60吨，全张印刷机10台（能开动的5台），对开机27台（已开动10台），脚蹬机5台，电动铸字机12台，手摇铸字机3台，切纸机7部，订书机5部，浇版机2部，镀版设备1套，对开胶印机1台，四开石印机1台。

新华印刷厂在第一个五年计划时期，国家陆续投资900余万元，增建了约8000平方米的厂房，从国外进口了五六十台新型的印刷机器和装订设备，大大增强了该厂的生产能力。特别是1958年北京美术印刷厂与该厂合并后，国家又投资700万元，并在车公庄大街3号新建厂房1.9万平方米，职工宿舍9000平方米。1958年10月，该厂迁入新址时除原有设备全部迁入外，又安装了一批进口的新设备，北京新华印刷厂的综合印刷能力就更强大了。到1959年底两家正式合并时，拥有职工3000多名，其设备先进，技术力量雄厚，成为国内最大的以书刊为主的综合性印刷企业。在以后的几年中，国家对新华印刷厂仍陆续有所投入，使之在生产技术和生产能力上，始终保持着全国书刊印刷企业的先进水平。1964年，国家又为该厂和北京外文印刷厂添置了联邦德国生产的电子分色机，成为我国第一批拥有这种先进制版设备的厂家。1959年11月30日，朱德委员长曾到该厂视察并题词："你们是供应人民精神食粮的工厂，希望你们为精神食粮的优质高产而努力！"

作为国家级重点书刊印刷企业，北京新华印刷厂自1949年成立以来，长期承担着党中央、国务院、全国人大和政协等国家重点图书和文件的印制工作。当时这里每天可排15万字，每月400万字。但生产能力不能满足需要，另有京华印书馆、北大出版部、天津新华厂等承印出版物。但政治性强、要得急的重要印件全部在新华厂。像《毛泽东选集》、毛主席著作单行本、政策文件等。此后，虽然经历了20多年的变迁，但这里始终都是马列著作、党和国家重要文件的出版印刷地。

新华书店总店在北京的历史，也是从接收正中书局在和平门的几十间平房书库开始的。1951 年 1 月，新华书店总店成立，1953 年借用新华印刷厂在北礼士路 54 号（系抗战后由国民政府接管日资新民印书馆后改为正中书局北平印刷厂）土地 15.5 亩作为仓库（1963 年经文化部批准，该地调拨给新华书店作为固定资产）。1954 年 1 月，新华书店北京发行所成立。1958 年 8 月，新华书店储运公司成立。1953 年，总店经出版总署批准，在北礼士路 135 号院福禄居村征地 36 亩，1954 年修建二、四号库 1800 平方米，1955 年修建一号库 2000 平方米，1956 年修建三、五、八号库 3100 平方米，1957 年修建六号库及办公楼 3100 平方米，后来又修建了七、九号库。1970 年，总店、北京发行所、储运公司合并成为新华书店北京发行所，在北礼士路 135 号办公。1973 年，通过房地产互换，北京发行所获得了 135 号西侧的 12 亩空地，1974 年起又建造了两幢库房，在这总计 48 亩的土地上累计兴建了库房 11 幢。1978 年，北京发行所和新华书店储运公司单独建制，并由新华书店总店管理，北礼士路 54 号土地、房屋于 1979 年归北京发行所，1985 年建成 5300 平方米的 9 层办公大楼。1987 年，总店、北京发行所与储运公司合并为一个经济实体，名称为新华书店总店，办公地在北礼士路 135 号、54 号。1984 年，在马连道征地 62 亩，分两期开建图书流通中心。北礼士路 54 号的总店，后来整个大院出售给了北京人民医院，书店总店的办公地集中在 135 号，门口原先是特价书店，后来是新华驿店，2011 年又变成了亮眼的饭店。①

2010 年年底，中国印刷集团公司实施主辅分离、主业改制，所属企业新华印刷厂的主业迁往亦庄经济技术开发区，并对位于车公庄的老厂区进行开发改造。对于此次转型，中国印刷集团总经理罗钧说，去年，北京市向联合国正式申报了"世界设计之都"的称号，新华印刷厂所在的西城区正是集结设计创意企业的重点。

北京新华印刷厂原厂区见证了中华人民共和国成长历程，如今变身"新华 1949"文化创意产业集聚区。"新华 1949"文化创意产业集聚区被纳入西城区"十二五"发展规划，成功引进了北京市国有文化资产监督管

---

① 汪耀华著：《留存着的书业时光》，上海书店出版社，2016 年 7 月，第 119 页。

理办公室、北京市文化创意产业成果展示展览中心、文投集团、首都创意工厂、中旭建筑设计有限责任公司、西城原创音乐剧基地、基金公司等入驻，形成文化与金融共生共荣的新局面。

紧邻北京新华印刷厂还有中国人民解放军第 2207 工厂（北京凌奇印刷有限责任公司），位于官园批发市场以南的北营房东里，门牌号为百万庄大街 8 号。这个印刷厂创建于 1937 年，前身是晋察冀军区政治部石印组，最初是为了印刷鼓舞抗战部队士气的宣传刊物。在战争的洗礼中，石印组不断壮大，逐渐发展为石印所、晋察冀画报社印刷厂、晋察冀军区政治部印刷厂、华北军区政治部印刷厂。中华人民共和国成立后，以工厂为主组建了《解放军报》印刷厂，后更名为中国人民解放军第 2207 工厂。1996 年按照中央军委指示，改制为北京凌奇印刷有限责任公司。就在公司大门口南侧院内，有一处建于民国初期的西洋风格建筑，这就是陆徵祥家族墓庐。我们已在"慈慧倒影"一章里详细介绍。

另外车公庄大街附近还有一家著名的印刷厂，就是位于车公庄西路的外文印刷厂，虽然位于本地区之外，但相距不远且与新华印刷厂共成阵势，足以说明本地区在中国和北京印刷业具有重要的历史地位和影响。

7. "官批"回忆

说到"官批"，你别以为是官方批发，其全称为北京官园商品批发市场，简称"官批"。门牌号为车公庄大街甲 4 号，位于车公庄大街东段路南，是 1998 年正式开业的小商品批发市场。占地面积 3 万平方米，容纳摊位 1000 余个。市场一共三层，但可供淘货的空间是两层。一层以服装为主打，主营女装。二层则摆满了各种各样的小商品。三层则以百货和电子产品、文体用品、儿童服饰为主。两侧有商家入驻，有商店、美容院、福彩售票点等。一层底商有肯德基、真功夫等便民快餐餐厅等。

自改革开放以后直至 2018 年，"动批"和"官批"成为展览路街道名噪全国的招牌，代表着北京进入市场经济的风风火火，在北京人的生活中留下了不可磨灭的记忆。北京的"动批"指的是位于动物园和展览馆附近的以服装为主的批发市场，"官批"则是指位于车公庄大街南侧的官园批发市场。"动批"实际上离北展最近，而"官批"其实与车公庄立交桥东边的官园没有关系。

20世纪90年代，万惠双安商场租用了新华印刷厂的厂区库房，在现在官园批发市场的位置上盖起了三层楼的商场。由于这里曾经有一个民间自发组织的官园花鸟鱼虫市场，有一定的消费群体基础，客流量大，且距离地铁站很近，地理位置很好，周围又都是居民区，所以理应是个建商场的黄金地段。可出人意料的是，由于自身没有突出特点，没有找准自身定位，没有认清本地的消费趋势，商场的生意比较冷淡。由于经营不善，万惠双安商场在1997年正式宣布停业，于1998年年初改建为现在的官园批发市场。

因为免除了中间的环节，来官园批发市场购物的消费者可以直接与批发商进行交易，在最大程度上得到了优惠；官园批发市场的商品种类繁多、五花八门，消费者可以在这里找到自己所需的各类商品；在官园批发市场经营的不光是个体小贩，还有很多厂家的直销人员，服务和售后也有了一定保障。因此，官园批发市场得到了迅速发展，生意越来越红火，几乎成了当地人尽皆知的批发市场，在北京的市民中享有很高的知名度。

近两年随着北京疏解非首都功能的推进，"动批"和"官批"的疏解逐步提上议程，在不断沟通、协商中，2015年开始，西外地区的批发市场一个个率先完成疏解。到2017年11月，"动批"12个市场全部闭市，同时"官批"也跟着进入闭市状态。2018年9月28日19时，就在本书写作过程中，开办了整整20年的"官批"正式关门永久停业，成为西城区最后一家闭市的区域性批发市场，实现了展览路地区北京疏解非首都功能标志性工程的收官。

28日上午，市场内商户还在进行最后的甩货，市场内秩序井然。不少市民扎堆在日用百货区挑选锅碗瓢盆和针头线脑，对今后日用百货的服务比较担心。西城区商务委相关负责人表示，在西城区生活性服务业布局中，充分考虑到市民购买日用百货品的需求，近三年累计建成30个百姓生活服务中心，实现居住区每平方公里至少形成一个百姓生活服务中心的目标，实现社区基本便民商业服务功能全覆盖。

西城区展览路地区曾是北京区域性批发类小商品市场最集中的地区。2017 年 8 月 31 日万通小商品市场关门，9 月 15 日天意市场闭市，11 月 30 日"动批"完成疏解，加上 2018 年"官批"的闭市，西城区将彻底告别区域性批发市场。未来，这一地区将打造成为北京金融科技创新和专业服务技术创新的示范区。西城区将利用区位优势，培育新兴金融业态。

8. 中共北京市委党校和北京行政学院

中共北京市委党校创建于 1950 年 11 月。其前身为"中共北平市委干部训练班"，建于 1949 年 1 月，地点在良乡。进驻北平后先在光明饭店，后迁至东总布胡同贡院西街 3 号，即党校原址。1955 年 9 月 13 日，中央组织部函告，中央原则同意北京中级党校在西郊马尾沟外国教会旧址（即现校址）按编造的预算进行修建。

1955 年 10 月 20 日，新校舍开工，至 1956 年 8 月基本建成。新建的 4 幢学员楼可容纳 2000 人，还修建了 1 幢办公兼教学楼、2 幢教职工宿舍和 1 座大礼堂。学校主楼是对称结构的苏式建筑，沉稳而庄重，据说是仿照原莫斯科党校建的。1956 年 8 月 27 日，由东城贡院西街陆续迁来新校。"文革"期间，党校被撤销，1978 年复校。北京行政学院正式成立于 1993 年 3 月（其前身为"北京市行政管理干部培训中心"，1988 年市委批准成立）。此后，校院实行"两块牌子、一套班子"的管理体制，坚持资源共享、优势互补、有分有合、特色办学。

学校坐落于车公庄大街 6 号院，就是二里沟东口十字路口的东南位置，学校大门坐南朝北开在车公庄大街上。校园占地面积 11.7 公顷，建筑面积近 17 万多平方米，拥有比较完

北京市委党校和行政学院

备的综合教学楼、大礼堂、观园大厦、图书馆、学员餐厅等办学设施，具备同时容纳 2000 人的办学条件。校内建有北京市党员干部党性教育基地，是一个以"在全面从严治党中锤炼党性"为主题的体验式、情景式、互动式党性教育教学平台，自 2015 年建成以来，慕名前来参观学习者突破 2 万人。校园内绿树成荫、古建成群、风景宜人，是理想的办学场所。这里有著名的意大利传教士利玛窦墓园，不远处是马尾沟基督教堂。关于马尾沟教堂历史见本书"慈慧倒影"一章，有详细介绍。

第二节　车公庄大街西段

1. 二里沟与"Early Go"

二里沟，以前只是一条呈东西向的大沟，无水走车，有水排水。东头在现在北京市委党校的西边，往西通到现在新疆驻京办事处所在地，因有二里左右长，所以叫"二里沟"。1949 年前的二里沟，弯弯曲曲，有 6 米多深，3 米多宽，越往下越窄，大车轱辘碾的辙印有近 10 厘米深。一刮起风来，尘土飞扬，下雨天泥泞难行。在这条沟里，徒步走的、推独轮小车的、牵毛驴的、拉骆驼的和赶大车的，掺杂着穿行。吆喝牲口声和骆驼的铃铛声在沟里回响，缭绕不断。二里沟畔，坟丘如起伏的波浪，除了乱坟还有"东王爷坟""西王爷坟""老公坟"等大坟圈，每座占地七八十亩。附近留下了前二里沟、后二里沟的地名，至今二里沟东口和二里沟西口的名字就是它留下的痕迹。①

以前，二里沟的水是从西流向东，到二里沟东口汇入暗沟，也就是一个直径有 1 米高的水泥管子，到 20 世纪 70 年代末才全部填埋。车公庄大街与展览馆路相交处就是二里沟东口，往西与三里河交叉为二里沟西口。早先，这一带的老住户习惯把这段路称为二里沟，而不叫车公庄大街。真正的车公庄在北京市委党校对面，那一段路才是本真意义上的车公庄路。

---

① 李武魁：《交通趣谈》，北京少年儿童出版社，1991 年 1 月第 1 版，第 37 页。

1978 年，二里沟十字路口改建为很大的街心环岛，环岛中心设有小型街心公园，周边的家长们经常领着孩子来玩。在城市道路交通治理方面，对于平交路口的处理，20 世纪 50 年代初期，北京交通部门曾在虎坊桥路口做过小型环岛，后因不能满足交通量增长的需要而拆除。此后，外地陆续建设了不少环岛。对北京是否应建环岛意见不一，于是有关部门共同到长春、广州、上海进行了联合考察，基本结论是，当环岛直径为 40—60 米，自行车少于每小时 2000 辆，机动车最大通行能力为每小时 2000 辆左右，环岛是适用的。为了取得直接经验，1978 年，率先在车公庄大街与展览馆路交叉口修建了一个直径为 45 米的环岛，建成后因交通量不大，效果较好，成为北京首座大型环形交叉口。1984 年，又在木樨园路口修了一个直径为 40 米和 60 米的椭圆形环岛，当机动车流量超过每小时 2300 辆时就发生交通堵塞。实践证明，环岛式平交路口是有条件的。但也从此开始了北京大量修建环岛的潮流，特别在立交桥中得到推广，后来随着交通量的增长，环岛日益显得不适应快速交通的需要，逐渐被淘汰。二里沟东口的环岛，直到 1998 年扩建改造车公庄大街才取消。①

从前，二里沟并不出名。使"二里沟"三字真正出名而且还扬名世界的，则是改革开放后的国际贸易和位于朝阳庵对面、三里河路西侧的谈判大楼，又称为进口大楼，里面是老经贸部下属的几个进口公司，现在全是大集团了。

"二里沟，谈判大楼。"20 世纪 70 年代，从首都机场出来的老外，坐上出租车，往往开口就是这句话。这个目的地对现在的北京人已显陌生，而当年，坐落在北京西郊动物园附近不起眼的二里沟，却因"谈判大楼"而赫赫有名。据甘维珍（美国甘维珍公司董事长）回忆："我第一次到达北京的那天，是一个非常特殊的日子，是 1978 年 12 月 16 日，你记得那是个什么日子吗？那是中美宣布要正式建交的日子，我是陪同美国大通银行的行长来访华的。当时我正在人民大会堂，我是他的蹩脚中文翻译，我们

---

① 北京建设史书编辑委员会编：《建国以来的北京城市建设》，1986 年 4 月，第 269 页。

结束会议离开人民大会堂时，听到了中美将建交的消息。那天《人民日报》出了套红版面，从那以后一切都发生了巨大的变化。"

说到做生意，当时在整个中国，所有的商业谈判都必须在一座楼里进行，这个地方叫二里沟，与英语里"早点走"（early go）发音类似，因为那时与中国进行生意谈判十分艰难，那些大鼻子的外国人谈不成生意，就早早地跑了，所以把"二里沟"叫成了"早点走"。

在1978年，中国只有9个公司有权力与外国人签合同。甘维珍的老板，也就是大通银行行长大卫·洛克菲尔先生说："不管哪个行业到中国去谈生意，珍妮（甘维珍的昵称），你总是知道应该去找哪个中国公司接头。""但是他不知道只有9个公司可以谈，我老板认为我是如此聪明，但他没有意识到，在1978年，中美之间的贸易来往少得可怜。"甘维珍说道。

如今，二里沟因贴近国家住建部，因而周边的建筑单位很是集中，有中国建筑技术发展研究中心室内设计研究所、中国建筑科学建筑物理研究所、国家建筑工程监督检验测试中心建筑门窗监督检测部、建设部建筑设计院、北京建筑大学等。此外还有中国核工业集团、北京市财政局、北京市税务局、国有资产管理局、新大都饭店、展览路街道办事处等单位。

细说起来，路北边今地铁6号线车公庄西站后面，自东往西依次为展览路街道办事处、水科院宿舍、北京公交公司宿舍、建科院宿舍和外文局宿舍。外文局宿舍楼建于1965年，建成后很长一段时间被称为"新楼"。再往西是中国建筑设计研究院，很早以前该楼是粉色的，这一带居民称其为"粉楼"。"粉楼"前面有用柏树围起来的附属绿地，里面种满了桃树，因此得名"桃园"。如今，这里已成停车场了。就在粉楼西侧路口处，曾经有个石龟驮着的大石碑，不知何时被移走了，据说被移到五塔寺了。再往西走，隔条小马路则是现今的新大都饭店。早先，这里是北京政法干校，左边的红砖小楼是其旧址。

路南边是葡萄园小区，小区里面以前有个煤气站，在原北京市财政干校旧址上建起来的北京税务局大楼。还有百万庄住宅区未区、百万庄子区，子区位于百万庄地区西北角。紧挨着这座楼的是宇宙红小学，如今小学已经停办，改为幼儿园了。二里沟的南边是百万庄住宅小区，它的历史可见本书"百万庄园"一章。

2. 朝阳庵的"胜国遗音"票房

二里沟西口路口的西北是新疆驻京办事处，西南是建工部，现今叫住建部楼群，东南是百万庄住宅区，东北是朝阳庵，再北是郝家湾。中国进出口公司的宿舍位于朝阳庵。

清末，二里沟北侧的朝阳庵是一座古庙，供奉观世音，建于明万历年间，后废。历史上，在庵址三岔路口处有一家野茶馆，称朝阳庵茶馆或"韩家茶馆"，也有说是"刘家茶馆"。三间砖头垒起的房子是掌柜韩八的住处，房外搭芦席天棚，下设砖头砌成的长条桌凳供饮茶者歇脚纳凉，每周末午后有"胜国遗音票房"到茶馆聚集排演，把儿头（组织者）为赵俊亭。号称"快书凤凰"的章学楷首次登台演唱就在朝阳庵。章学楷有篇回忆文章《赵俊亭与"朝阳庵"子弟八角鼓票房》曾经说道：

> 60（今已80年）多年前，赵俊亭先生与其好友桂润斋先生创办了近代著名的"朝阳庵"子弟八角鼓票房，拢蔓儿（名称）叫"胜国遗音"。该票房是季节性过排活动，每年端午节前后开排（开始排练活动），中秋节封排（停止排练活动）。每周星期五下午过排，遇特殊情况时改为星期日，由赵俊亭先生、桂润斋先生遍邀北京五城"八角鼓"子弟票友参加过排活动和走局演出（五城指北京的东城、西城、南城、北城、皇城）。应邀参加者大都是曲艺名家、社会名流、著名学者，如桂兰友、韩洁远、德润田、金小山、荣剑尘、常澍田、汪云峰、吴图南、杨大均、齐如山、宁裕之、傅惜华、溥叔明、姚惜云、张子余等不下百余人。朝阳庵是彼时北京最大的子弟八角鼓票房，不仅人才济济，曲种丰富，而且通过排练、走局，培养了一批年轻人……当时社会各界对该票房亦很重视……各类期刊杂志常载傅惜华、李辛午、韩季和等先生的八角鼓理论文章，宁裕之、溥叔明等先生编写了

"岔曲""联珠快书""单弦牌子曲"等高品位曲词。①

八角鼓创于清初。清代武功最盛，武人骑在马上，都好唱得胜歌，所谓"鞭敲金镫响，人唱凯旋还"是也。后来，天下太平，八旗子弟之有文才者，便依凯歌编出一种"岔曲"，以手鼓节助，即今之八角鼓。现在通行的单弦，也叫八角鼓，这是因为唱单弦时，必先唱一支岔曲，须用鼓按节；同时，单弦牌曲中，也有许多用八角鼓者，所以又管单弦叫八角鼓。唯有单弦，唱者弹者是一个人，自弹自唱，一人为单，所以才加以单弦之名，正当名称应叫"牌子曲"。②"单弦的好处，能利用各种词牌时调，演唱一件事情，很觉有味，天生的有一种滑稽讽刺的性能。"所以，北京八旗风俗，喜爱以八角鼓为娱乐。而八角鼓票房盛行于晚清，这是一些八旗子弟们自娱自乐的特殊方式。据张卫东《清末北京八角鼓票房走局的习俗》介绍说："子弟八角鼓原为满、蒙、汉等族的旗籍子弟们一种自娱性质的艺术形式。活动的排练场所称为'票房'，组织票房的第一负责人称为'把儿头'，即相当于今天剧团的团长。参加票房演出活动的演员称为票友，其中不少是八旗的王公贵胄，其演出是纯义务性质的，但排场讲究，声势浩大。"例如，1874 年，恭亲王之子贝勒载澄特别喜爱八角鼓曲，其在府邸成立的"赏心悦目"票房，号称"九城第一"。

清末，票房逐渐转向各色人等聚集的大小茶馆，以演唱单弦牌子曲、联珠快书、拆唱八角鼓为主，兼唱岔曲。而民国以后，仍坚持下来的，即是这个较有影响的"胜国遗音"子弟八角鼓票房。据章学楷先生介绍："朝阳庵，地名，今名尚在，即西直门外二里沟附近。该处路旁有一座野茶馆，名叫'刘家茶馆'。此茶馆坐北朝南三间土房，在其左侧生有古槐一株，恰有一株柳树，其根生在古槐之中，故称'槐抱柳'。树旁有辘轳井一口，房后有一土台，台前用碎砖石砌了一些高矮不等的桌凳，上面搭

① 章学楷：《赵俊亭与"朝阳庵"子弟八角鼓票房》，北京《八角鼓讯》，1998 年 4 月第 3 期。

② 穆儒丐：《说八角鼓与单弦》，1940 年 4 月 19 日。

了一架天棚。每到夏令时节,郊游之人必到此小憩,坐在天棚架下,沏壶茶,浏览四周田野风光,这才真正是'野茶馆'的赏心乐事。'朝阳庵'票房的过排就在此处。"章学楷先生带着无限怀旧的心情回忆说:"自朝阳庵停排至今已经有半个多世纪了,每当我听到那悠悠的弦鼓声,旧时的情景不由得就在我的脑海里浮现,天棚架下,土台旁边,一首岔曲,半盏清茶……"大约当年,从东北返回北京的穆儒丐,也是带着类似而又更为复杂的怀旧心情,走进朝阳庵的,能演、能唱又能写,从玩票直至成为谋生手段了。[1]

据有关资料统计,清末以来至 20 世纪 50 年代,北京曲艺演出场所"书茶馆"在西外和阜外地区有不少。如西外的迎门冲茶社、保福轩、四平园、荷花深处、朝阳庵(二里沟)等,阜外的龙泉居(附带杂耍园)、万福居、榆树居、铁路居、河顺居、协源馆等。[2] 其中朝阳庵茶馆及其"胜国遗音"票房最为有名。票房宗旨是:继承发扬满族文艺(单弦八角鼓及其他曲艺形式)事业;益于社会,娱己娱人;文明说唱,不取分文。[3]赵俊亭先生极希望票房中能后继有人。一天,有个七八岁的孩子用弹弓打树上的鸟巢,一颗流弹飞入朝阳庵。赵俊亭当即出来将此子"擒下",随后将其带入票房。"坐那儿,给我老实听着!"俊亭先生手指板凳厉声喝道。小孩儿只好坐下来听岔曲儿,这一听倒听上了瘾,散场后孩子竟提出来"我想跟您这儿学唱"。赵俊亭欣喜地将其收下。这孩子是谁?他就是20 年后名震京城曲坛的黄荣培。[4] 20 世纪 40 年代末,朝阳庵茶馆歇业,1948 年,"胜国遗音"票房迁至西直门内大街路北庆平轩书茶馆,继续过排(排练)演唱,地址在今新街口电影院西边路北。1979 年恢复重建,改

① 张菊玲著:《几回掩卷哭曹侯:满族文学论集》,辽宁民族出版社,2014 年 7月,第 355 页。
② 中国曲艺志全国编辑委员会、《中国曲艺志·北京卷》编辑委员会编:《中国曲艺志·北京卷》,1999 年 9 月,第 532 页。
③ 祝兆良著:《京城艺事》,华中科技大学出版社,2015 年 1 月,第 72 页。
④ 中国曲艺志全国编辑委员会、《中国曲艺志·北京卷》编辑委员会编:《中国曲艺志·北京卷》,1999 年 9 月,第 494 页。

名为"集贤承韵"票房。

朝阳庵外原是一片墓地，其实西直门外直到百万庄、三里河这一大片地区，曾经分布着许多坟圈坟岗，有的甚至就是乱葬岗。有资料记载，清初兴祖直皇帝、都督福满的第三子索长阿之后，隶属于正红旗满洲第一参领觉罗石麟，其家族墓地本在动物园北侧的五塔寺。1952年5月，觉罗石麟墓地被征用，主要的33处墓穴都迁至百万庄北边的朝阳庵安葬。1955年9月，朝阳庵墓地又被征用，再次起灵柩迁至南苑第二公墓。①

今日朝阳庵西侧路全长360米，宽4米，南北走向。路东为底商，路西为街边公园，名为老来乐文化广场。还有北京市二里沟百货文化用品商店机关供应部，是一个百货商店，原来隶属于西城区百货公司。这家店1958年就已经开在这里了，而这条胡同，也是1958年有的。现任店主是杜先生，他以前在西城区百货公司工作，在1990年时被调到二里沟百货文化用品商店工作。他说，这条路以及朝阳庵社区已经有60年历史了（1958年开始有），最开始的时候，这条路最窄的地方也有8米多宽，能错开两辆车。路西是街边花园，南北长50—60米，花园紧挨着三里河路辅路的人行道。4年前，地铁16号线三里河段开始施工，占用部分原街边花园做临时宿舍用，剩余部分街边花园变为现在的老来乐文化广场。

60年风雨，街边的底商换了又换，而二里沟百货文化用品商店却始终如初。杜先生耿耿于怀的一件事情就是他们店的有登记的招牌，在上一次北京清理广告牌的时候被一道清理了，这让老先生很是气愤。老先生还说，这条街当初很热闹，因为宽，又在两个小区边儿上，所以这里有很多的小贩来摆地摊，俨然就是一条小型的商业街。虽然现在这条街的商家也有不少，但杜老先生说，数量还不到当初的一半。说到朝阳庵社区的历史变迁，他说当初朝阳庵社区是中国化工进出口总公司的员工宿舍，1958年就建成楼了，1976年唐山大地震后，政府对这一片楼进行了抗震加固，2000年的时候再次对原有老旧楼房进行了加固。后来朝阳庵就归了五矿

① 北京档案馆编，王云主编，石山林、罗运鹤、梅佳副主编：《北京档案史料》新华出版社，2001年12月，第319页。

集团。

　　说起朝阳庵，要介绍一下离休干部、原北京市宣武区体委主任兼党委书记李端元同志，他曾经担任二里沟朝阳庵居民委员会主任。他的身体里还嵌入两块弹片，未曾取出，一块弹片深藏在腰部左侧胛的周围，另一块深嵌在左侧肩胛部。他是个光荣的二等乙级伤残军人。李端元1942年参加新四军，1943年在苏北宝应县氾水区游击大队任短枪队队员。1945年8月抗战胜利后，他调到苏中二分区专员公署警卫连工作，投身解放战争、抗美援朝战争，1949年负伤。1958年，从后勤学院转业到原宣武区卫生局工作，1986年前任原宣武区体委主任。获得过独立自由奖章、解放奖章，以及北京市劳动模范等称号。离休后在居住的展览路街道朝阳庵社区当了13年社区书记。[①]

　　朝阳庵二里沟小区的小公园里立着一座雕塑。

　　1985年8月30日，《北京青年报》头版和二版发表了记者孙伟采写的人物通讯《理想，在平凡的岗位上闪光——记103路电车青年售票员王桂荣》，叙述了一名因患癌症去世的优秀售票员的感人故事。这些故事并非惊天动地，却处处表现出了一位普通人对工作的热爱和善良无私的奉献精神，产生了巨大社会反响。[②]

　　王桂荣（1961—1985），女，北京市人，中共党员，电车公司一场103路售票员，1985年被评为全国城市公交系统劳动模范。王桂荣同志把全部的心血倾注在平凡的工作中，把炽热的爱奉献给了千千万万的乘客。她在仅三年的工作时间里，走遍沿线的大街小巷，熟记地理，访遍市级先进车组，观摩学习。班上，虚心请教老师傅；班下，认真苦练技术业务。她的苦心没白费，服务水平提高很快。为了帮一位外地老大爷找旅馆，她一直跑到深夜；抱小孩的母亲被雨水淋湿了，她送上自己的毛巾；乘客要吐，她拿出自己的茶杯。她的真诚，很快就赢得了乘客的心。一天，王桂荣用

----

　　① 闪世昌主编：《轻松助您长智慧》，中央民族大学出版社，1996年9月第1版，第164页。

　　② 《公交青年的楷模——记北京公交103路电车优秀青年售票员王桂荣》，2012年5月8日。

沙哑的嗓子为乘客介绍沿途风景名胜，一位白发老人走过来，亲切地对她说："姑娘，歇歇吧，小心别把嗓子累坏了。"一位中年乘客送来一瓶喉片，一位妇女送来一瓶果汁，两个小朋友送来两个大苹果。眼前的情景使王桂荣感动得说不出一句话，多么好的乘客。她终于体会到一个售票员的幸福。有一回，一位拄着双拐的残疾人上车。王桂荣当时正在售票，指望车上的乘客能帮助搀扶一下。可是，一见残疾人脏兮兮的样子，没有人伸出援助之手。王桂荣二话没说，立刻下车把残疾人背上车，打听了他的去处，向他讲清换车地点。残疾人怕坐过站，每到一站都问，王桂荣每次都耐心地回答。车到沙滩，她正准备搀扶残疾人下车，没想到好几位乘客抢着把残疾人扶下了车。一位乘客感慨地说："是你的行动影响了大家。"

在1982年至1983年两年中，她获得乘客邮寄表扬信26封，乘客表扬意见3142件。特别是在她患病住院期间，还时常念叨着她的同志、她的车组和创市级标兵车。她在勉励同室病友增强战胜疾病的信心和勇气的同时，也和自己的癌症进行着顽强斗争，直至生命最后一息。王桂荣不幸于1985年7月病逝后，中共北京市委授予她优秀共产党员称号；共青团北京市委命名王桂荣为"有理想，有道德、有文化、有纪律的青年模范"；同年10月，团中央、国家城市环保部、商业部和中共北京市整党办公室、市委组织部、市委宣传部分别发出联合通知，号召全国服务行业青年和全市党员、职工学习王桂荣的先进事迹。1987年5月5日，由共青团北京市委、市公共交通总公司、电车公司共同为王桂荣建立的塑像在海淀区甘家口落成。1997年4月4日，王桂荣雕塑从西城区甘家口路口移至二里沟绿地。

3. 郝家湾和惠安伯园的十万牡丹

郝家湾早年曾是西直门外一片水塘，水塘中有芦苇。传说有郝氏父子，每年春天就掰些苇叶，送到城里卖给包粽子的商店和市民，因为其叶宽厚，所以能卖个好价钱。每年秋后，则割苇成垛，或编织苇席，或制作苇箔，供市民搭棚盖房之用。

在北京的地名中，有许多被称之为"湾"的街巷胡同，诸如毛家湾、南桥湾、莲花湾、八道湾、九道湾等。有的"湾"是因其街巷走向弯曲而得名，有的"湾"是因其地旧有水塘，郝家湾即是。据当地老人讲，郝家湾车站不应该叫郝家湾，这里实际是朝阳庵所在地，朝阳庵早已荒弃。1949年后，这里最早通公共汽车26路，26路要在此处设立一站，想起个站名，没遇到朝阳庵的人，倒遇见北面郝家湾的居民了。问：此处何名？答曰：郝家湾。结果一直就以郝家湾命名了。

据说郝家湾这片地方在明代还有一座惠安伯园，为明代太傅惠安伯张升私园，郝家湾有可能也是该园的一部分。惠安伯园建于明末，经营40余年。园域广阔，内有堂皇大宅，还有牡丹、芍药各数百亩。其中牡丹尤为驰名，花开季节，士大夫竞相观赏。可惜园早废。①

据资料记载，惠安伯园位于西城嘉兴观西。惠安伯张升，正德五年（1510）封，六世孙张庆臻，万历三十七年（1609）袭封。园内种植牡丹百亩，花的名称、种类各有标记，花的颜色和花心、花瓣多有变种。牡丹圃中夹种芍药约十万本，同牡丹互为早晚。花丛之中构有敞亭。花开时节，色彩炫目，一望无际，都城之人无不前往观赏。《帝京景物略》有《惠安伯园记》："都城牡丹时，无不往观惠安伯园者。园在嘉兴观西二里，其堂室一大宅，其后牡丹，数百亩一圃也。余时荡然藁畦耳。花之候，晖晖如，目不可极，步不胜也。客多乘竹兜，周行塍间，递而览观，日移晡乃竟。蜂蝶群亦乱相失，有迷归径，暮宿花中者。花名品杂族，有标识之，而色蕊数变，间着芍药一分，以后先之。"量其规模和地界关系，该园应在现今的文兴街一带和北京建筑大学的西半部或大部，西至郝家湾。

袁宏道《游牡丹园记》："出平则门看牡丹。主人为惠安伯张公善，皓发赪颜，词容甚谨。时牡丹繁盛，约开五千余，平头紫大如盘者甚夥，西瓜瓤、舞青猊之类遍畦有之。一种为芙蓉三变，尤佳。晓起白如珂雪，巳后作嫩黄色，午间红晕一点如腮霞，花之极妖异者。主人自言，经营四十余年，精神筋力强半疲于此花，每见人间花实即采而归之，二年芽始苗，

---

① 曹子西主编：《北京史志文化备要》，中国文史出版社，2008年10月，第413页。

302

十五年始花，久则变而异种。有单瓣而楼子者，有始常而终冶丽者。已老不复花，则芟其枝。时残红在海棠，犹三千余本，中设绯幕，丝肉递作，自篱落以至门屏，无非牡丹，可谓极花之观。最后一空亭，甚敞。亭周遭皆芍药，密如韭畦，墙外有地数十亩，种亦如之。约以开时复来。廿六日……遂同往观。红者已开残，唯空亭周遭数十亩如积雪，约十余万本。是日来者多高户，遂大醉而归。"

附载其诗："看罢徐南紫锦堆，红亭碧榭又催开。旋心缬子纷难识，唤取维杨旧谱来。雪色玲珑照地华，飞觥走觋疾如车。等闲倒却春三瓮，未了东轩一角花。百千新艳一时开，那遣花妖不下来？好与扶筇枝上去，花头处处有楼台。花勋难树亦难酬，炙雪浇风老未休。给与扫花十万户，灵芳国里古诸侯。"①

上述资料可以说明，展览路区域内的北京建筑大学和文兴街地块，在明代曾经是北京西郊一处非常有名的牡丹园。

4. 文兴街——展览馆路地区地名的点睛之笔

文兴街地区包括文兴街、文兴东街、文兴西街、郝家湾、朝阳庵等胡同。此地原为苇塘，俗称郝家湾，以姓氏得名。20世纪50年代填塘建楼，形成住宅区，仍沿用原名。文兴街东西走向，位于西外南路南侧、车公庄大街北侧、北京建筑大学西墙外，东起文兴东街，西至三里河路，中与郝家湾、文兴西街相连，全长317米，车行道宽7米，沥青路面。两侧种植核桃树。原为旷地，50年代于此兴建办公及住宅楼后辟建成街。因街内多文教单位，1965年，取文化兴盛之意，命名文兴街，可说是北京西城展览路地区特色的点睛之笔。北侧有北京矿冶研究总院、矿冶设备研究所、中国有色金属工业总公司、环境保护研究所、北京市第五十六中学（原为北京女十中，女十中前身为教会学校盛新女中），南侧有北京教育学院、水利电力出版社、北京建筑大学附属小学（原文兴街小学）、新大都饭店等单位。

---

① 李临淮编著：《北京古典园林史》，中国林业出版社，2016年1月，第76页。

303

北京建筑大学附属小学

文兴街小学 1961 年建校，原名为郝家湾小学。建校初期学校规模较大，拥有 40 多个教学班，1600 多名学生。后改为文兴街小学。学校坚持德、智、体全面发展，教书育人。教师队伍中，青年教师为主体，生气勃勃，发挥了很大作用。1970 年后，学校对外开放，接待来自五大洲的世界朋友，进行友好交流、听课、参观。中央电视台曾播演介绍学校的教育活动。早在 1974 年，《中国建设》杂志就全面报道了学校状况。多年来该校为国家输送了大批优秀人才。如北京体育运动队的运动健将张建英，游泳队的运动健将郑明坚，乒乓球队的范小龙，以及国家奥林匹克足球队的曹卫东等。学校有着悠久的办学历史和优良的办学传统，学校比邻北京动物园，占地面积 8158 平方米，绿地面积 2500 平方米。1997 被评为市级"花园式"学校、市级科技教育示范校、市级环境教育示范校、市级绿色学校。2014 年 5 月 22 日，改名为北京建筑大学附属小学。北京建筑大学与西城区合作共建小学是北京高校与西城区政府战略合作的内容之一，是高校主动服务地方经济社会发展、积极履行社会责任、加快区域教育内涵发展和特色发展的一项举措。附属小学成立以后，北京建筑大学将进一步发挥自身的学科专业和人力资源优势，采取多种形式为附小的特色发展提供智力支持。同时将遵循"学生所需、小学所盼、高校所能"的原则，认真落实好特色发展项目，努力提高北建大附小的教学质量，共同促进北建大附小更好更快发展，力争打造成西城区乃至北京市优质教育品牌。

北京教育学院开启首都教师在职进修先河

文兴于教，教兴于师。北京教育学院成立于 1953 年，当时名为北京教师进修学院，是北京市人民政府主办的独立设置的成人高等师范院校，主要承担北京市中小学干部教师继续教育及成人高等师范教育任务，是"联合国教科文组织亚太地区教育革新为社会发展服务机构"（APEID）联系中心之一。

北京教育学院经历了初创与建设（1953—1977）、复院与发展（1978—1993）、院际融合与功能拓展（1994—2000）以及新世纪新发展（2001 年至今）等四个历史阶段。1953 年，北京教师进修学院成立，隶属于北京市教育局。它的成立，开启了首都中小学校长、教师在职进修培训的先河。1978 年，一度停办的北京教师进修学院复院，并更名为北京教育学院。这一时期，北京教育学院将中小学教师培训工作的内容与形式进行了调整与发展，分阶段开展了教材教法培训、学历补偿与提高培训和继续教育，广泛开展了教学研究和教材教参编写工作，为当时北京市基础教育的恢复与发展做出了贡献。1979 年 6 月，旨在专门培训北京普教系统管理干部的北京教育行政学院成立，该学院通过中小学干部培训制度的建立、多层式培训模式的形成，提升了全市中小学校长的素质和管理学校的水平。1993 年 12 月，北京教育学院与北京教育行政学院合并，定名为北京教育学院（北京教育党校亦随北京教育行政学院并入），同时北京英语教师培训中心并入北京教育学院外语系。2000 年 9 月，北京市成人教育学院、北京实验大学、北京市成人教育服务中心并入北京教育学院。2008 年，学院与西城区教委合作建立了北京教育学院附属中学。2013 年，学院与丰台区教委合作建立了北京教育学院附属丰台实验学校。2014 年，学院与大兴区教委合作建立了北京教育学院附属大兴实验小学，与海淀区教委合作建立了北京教育学院附属海淀实验小学。

5. 国谊宾馆和新大都饭店

国谊宾馆位于二里沟文兴东街 1 号，始建于 1959 年，初为国家建工部招待所。1965 年归属国务院机关事务管理局，遂称国务院第一招待所，在业务上统一由国务院机关事务管理局招管处业务科负责，以接待国务院系统各类会议及各省（区）市来京负责同志为主。当时，国务院第一招待所仅次于北京饭店，是北京最高档的宾馆之一，6 层楼可容纳近千人。1976 年 7 月 28 日唐山大地震，因处于"车公庄—德胜门断裂带"，国务院第一招待所八楼的方烟筒和北京建筑工程学院实验楼顶的烟筒倒下，北京展览馆塔顶红星被震落，德胜门箭楼房檐脱落。

1984 年，国务院机关事务管理局第一招待所接待日本青年访华团时更名为国谊宾馆，馆名由著名书法家启功题写。1988 年被评为旅游涉外定点饭店，1993 年 2 月被评为中央国家机关特级宾馆。国谊宾馆是接待党中央、国务院及各部委办、各民主党派召开的各种会议和为各省市工作人员来京提供住宿的内部宾馆，也是北京市旅游局的涉外定点宾馆。宾馆占地面积1.55万平方米，建筑面积4.1万平方米。共有客房422间（套），床位868张，大小会议室39个，餐厅9个，可同时容纳900人就餐。还设有商品部、酒吧、卡拉OK舞厅、理发室和新华书店等服务设施。到2000年，国谊宾馆由迎宾楼、北楼、南楼、西楼4座建筑物组成，营业面积5万平方米，投资金额为967万元人民币。有大小会议厅、会议室、洽谈室15个。宾馆内有歌舞厅、保龄球厅、台球厅、棋牌室等娱乐服务设施。

现今的建研院西边，与国谊宾馆隔街相望的是新大都饭店，据说也是1984年8月接待日本青年访华团时改为现名的。新大都饭店归属首创集团，坐落在车公庄大街21号，原为北京市政府招待所。再以前这里是北京政法干校，红砖小楼是其旧址。"文革"时，这里曾驻有一支修地铁的基建工程兵部队。

1987年初，为了适应方兴未艾的北京旅游业的发展，饭店决定引进外资3000万美元，兴建一座高档次的贵宾楼。经过两年多的风风雨雨，新大都饭店终于在1990年9月建成并试营业。在北京亚运会期间，接待了亚运会的全体裁判团等外国客人，受到了有关方面的好评，获得了北京市旅游局颁发的"迎亚运优质服务奖杯"。1991年7月，被评定为四星级饭店，正式跨进了国际豪华饭店的行列。这是北京可数的几家全部由中国人管理的四星级饭店之一。[①] 2000年饭店重新装修，分为东、西两区，东区是一座国际四星级宾馆楼，楼高15层，标准间面积为30平方米。主楼拥有客房354间（套），风格各异，房内小酒吧、冰箱、立体音响、卫星电视、中央空调、磁卡锁、保险箱等一应俱全。配楼另有客房、写字间320间。酒店设有各种风味餐厅十余个，提供各色美酒佳酿供客人享用。饭店另有华兴宫等多种类型会议室，适合举办各种中小型会议，可满足正式或商务会谈的要求。有最多可容纳200人左右的会议室，商务中心同时提供方便

---

① 石路明主编：《新大都饭店管理大全：探索中国人自己管理大型涉外饭店的道路》，经济管理出版社，1995年8月第1版，第560页。

快捷的服务。

6. 展览路街道办事处

本区域的政府一级管理机构为展览路街道办事处，位于车公庄大街西段北侧 13 号。其前身是由解放初期的百万庄乡政府、阜外大街街政府的一部分和西外关厢街政府组成。1956 年之前由海淀区管辖，以后划为西城区所属，改称街道办事处。1959 年，由西直门外桃柳园 1 号迁至现办公地，并定名为展览路街道办事处。1968 年 3 月，办事处改名为"革命委员会"。1980 年 3 月，复称展览路街道办事处。1980 年 6 月，成立阜外街道办事处，办公地位于展览馆路 39 号，原展览路街道办事处所辖百万庄大街以南划归阜外街道办事处。1990 年 10 月，展览路街道办事处正式更名为西城区人民政府展览路街道办事处。2004 年 10 月，原阜外街道与原展览路街道合并为新的展览路街道。

展览路街道所辖区域位于北京市西城区的西北部，南长河南畔。西起三里河路、动物园西墙与海淀区甘家口街道相邻，东至西直门南大街、阜成门南、北大街与新街口和金融街街道接壤，北起南长河、西直门北大街与海淀区北下关街道相望，南至月坛北街与月坛街道毗邻。办事处目前设有城建科、居民科、物价科等 27 个科室，共有干部职工221 人。

展览路街道办事处和地铁 6 号线车公庄西站

第九章 百万庄园

历史上，1949 年以前的北京城郊坟丘遍地，与东直门和朝阳门外的东郊多王爷坟不同，西直门和阜成门外的西郊多百姓坟，多底层百姓屋。百万庄，来自百万坟、百庄子，总之来自百姓，无论坟地还是住宅，均是老百姓安身立命之所在。相对棚屋茅舍，"百万庄园"可以说是老百姓企之不及的梦幻。1949 年后，人民政府把本地区打造成老百姓安居乐业的花园般的社区、街道，实现百姓"庄园"梦应该是中国城市建设与管理者的神圣职责和光荣任务。

这样的"庄园"梦想，早在 20 世纪 50 年代初就开始企划了，这就是本地区的百万庄住宅小区，号称新中国首都第一住宅区，如今已经成为中国 20 世纪建筑遗产。此外，还有 1998—1999 年对百万庄大街的综合整治，2013 年 6 月起，百万庄居民住房棚户区改善项目规划并启动。特别是 2018 年 6 月初，有关媒体关于百万庄背街小巷治理的报道，引起了北京市领导的高度重视，市委书记蔡奇多次来到百万庄社区调查研究，要求"西城区展览路街道要将百万庄社区打造成街区整理的范例"。百万庄园，即百姓庄园，希望它不仅是老百姓的梦想，更是可以实现的理想追求。

第一节 百万庄大街

1. 百万庄大街

百万庄大街，东西走向，东起阜成门北大街（马尾沟），西至三里河路，中与北礼士路、北营房中街、展览馆路、百万庄北街、百万庄南街相交。全长 1840 米，车行道宽 20 米。北侧门牌 1—35 号，南侧门牌 2—28 号。街内多科研院所和教育单位，包括中国地质科学院、中国地质学会、地质研究所、矿产资源研究所、世界数据中心中国地质科学中心、中国外文出版发行事业局、北京周报社、外文出版社、《今日中国》杂志社、外文图书出版社、新世界出版社、中央编译出版社、中国新闻社、中华全国世界语协会、机械工业信息研究院、机械工业出版社、北京市市政工程专业设计研究院、北京市轨道交通设计研究院有限公司、北京供电局设计所、北京市实用美术职业学校、蒙妮坦美发美容学校、北京市西城外国语学校、北京自动化系统工程设计院等。两侧均为多层办公和居民住宅楼。

百万庄大街最早的遗迹是在东段路北的马尾沟教堂、利玛窦等西方传教士墓地，路南的著名外交家陆徵祥家族墓庐。1949 年前，百万庄一带多为坟岗、旷地和果园。曾经出土过一方《丁求谨墓志铭》，辽清宁三年（1057）立石，青石质，无盖，志长 60 厘米，宽 58 厘米。志文阴刻楷书，31 行，现存近千字，现藏北京市海淀区大慧寺院内。志文中写道："清宁三年岁次丁酉十一月一日癸酉甲时，归葬于析津府宛平县礼贤乡北彭里，祔先令公之茔，礼也。"这不仅是此地最早遗迹，而且说明此地辽时为宛平县礼贤乡北彭里，也是此地最早的地名。

20 世纪 50 年代初，此地兴建办公楼和居民住宅楼时辟建成路，原来路宽 9 米。因附近有村曰白庄子，谐音为百万庄，由此称为百万庄村。另有一种说法：很早的时候，百万庄这个地方是北京城外的郊区，是城里人埋葬死人的地方。由于坟地的杂乱和死者身份的繁多，没有一个确定而美好的名称，于是就约定俗成地叫作"百万坟"。后来逃荒的人在坟岗荒地上搭建窝棚形成小村庄，城里人俗称为"白庄子""百庄子"。1949 年后，此地被选择作为政府公务员居住区，定名"百万庄"至今，影响所及，就在百万庄大街路口北边、展览馆路路东还曾经出现过一间名为"百万庄园"的酒店。

百万庄大街西段，街南自东向西旧有扣钟胡同、扣钟里，源自扣钟庙；机械、外文、地质三大单位；西端为百万庄南里，邻近南侧有黄花园，又名黄瓜园。街北依次是百万庄大街 31 号、外国语学校、百万庄辰巳午未区、百万庄中里和申区、百万庄子丑寅卯区、百万庄北里。其中百万庄中里是 20 世纪 50 年代建成北京最早的居民区之一，时称东平房，因居于百万庄住宅区中心地带，1981 年定今名。百万庄北里原为果园，70 年代建成简易楼，因其西侧的三里河路旧称宇宙红路，故名"宇宙红"。百万庄南里原为菜地，种黄花菜，又称黄瓜菜，60 年代建楼后称黄瓜园，亦称为"宇宙红"，1981 年以其位于百万庄北里之南而获今名。

2. 百万庄农贸市场

百万庄大街自 20 世纪 50 年代建成以来，经过多年运行，原来路宽 9 米，随着车辆增多，交通不畅，街道环境逐渐变差。特别是改革开放后，这里发展为百万庄农贸市场，就在甘家口商场对过的百万庄大街两侧。

20 世纪 80 年代初，开始时这里用塑料搭起长达 200 米的大棚，由大街西口开始向东延伸，沿马路两侧建起水泥台，摊连摊，后来延长到 1 公里多，规模很大。连带向东，在马尾沟北营房中街到北礼士路一段也出现了以蔬果为主的早市。农贸市场商品很全，夏末秋初来到这里，西瓜、香瓜、豆角、茄子、西红柿、蜜桃、鸭梨、葱蒜、韭菜、黄瓜很是新鲜。活鱼、活鸡、活鸭到处可见。还有竹柳编织的席子以及各式家具，品种花色很多。偶尔也能见到河北地区来京在市场上练功的、耍猴的。市场里百物纷呈、琳琅满目，服装、百货、水果、土特产品、工艺美术品等应有尽有。市场建有整洁的货棚。从清晨开始直到晚上散市，北京当地的顾客每天来这采购闲逛的不下数万人。这里还开设了专门为商贩服务的小餐馆、照相馆等。在方便市民生活的同时，因为占道经营，自然使得交通难行，环境脏乱，违建扰民日益严重起来，成为治安和治理的重点难点地区。

3. 百万庄大街综合整治案例

1998 年，市政府曾对该路段进行拓宽改造，并清理商贩，道路拓宽至红线 40 米，机动车道 15 米，清理占道商贩，使环境得到很大改观。1999

年，为了进一步巩固道路改造成果，完善道路景观及市政设施，控制道路两侧用地的合理发展，创造街道规划、设计、管理的精品工程，为国庆50周年献礼，西城区规划局决定进行该路段的综合整治，并委托中国城市规划设计研究院进行综合整治规划。

本次道路整治改变了由政府规划部门大包大揽的做法，将规划设计的规则和具体内容下放，尽量由设计实施单位与当地住民、邻里单位沟通、商议、协调完成，强调公众参与，实现政府与个人相互结合的一种街道更新方式，可以说是一次成功的尝试。

当时西城区共计划改造14条街道作为国庆献礼工程，实际完成5条，百万庄大街作为其中的一条，其立项和投资也是完全的政府行为。规划局对于具体目标事先没有明确的指示，具体的任务和目标由规划单位自拟，然后再由规划局委托给规划院设计，实际上相当于规划单位代行决策机构委托咨询的职责，在设计过程中加以具体化。设计人员则根据现状情况的调查，对该地段交通状况、历史文化、功能、特色、沿街建设等项目分析，把百万庄大街定位为以生活为主、与交通功能相结合的综合性街道，并将本次规划设计确定为街景综合整治工作，进一步确定了包括环境、交通、居住质量、景观市容几个方面的子目标。根据这一目标，要求设计中进一步加强生活性街道的功能和设施，创造出街道的特色，设计中强调整体性、超前性、阶段性和可操作性等原则，以保证工程的顺利实施。

例如，本次规划范围具有双重性：沿道路长850米的街道和两侧进深20—80米的范围，在整治规划内容及深度方面，确定街道为交通和平面整治、沿街建筑立面整治、公共空间环境整治三个层面，并采取保留、整治、更新三个处理级别。

百万庄大街虽然是一条普通的街道，但是整治工作牵涉到西城区规划管理局和各个不同的市政部门，尤其涉及各个单位大院的改造。因此，百万庄大街整治的实施模式是政府与个人相结合。政府投入的部分包括：路灯管理队负责路灯、交通部门负责铺装、环卫部门负责环卫设施、绿化队负责绿化。个人则对其门前花坛、绿化等负责投资和施工，也就是相当于从前的"门前三包"内容。百万庄大街整治工作在实施过程中尝试了一种操作性强的实施管理模式，由设计单位协助相关管理部门共同组织实施，在整治工作的实施中具有典型性和代表性。整治工作涉及的主要单位包括中国地质科学研究院、中国外文出版事业发行局、机械工业部科技信息研究院、自动化系统工程设计院、中国银行北京分行、百万庄邮局、北京第110中学、阜外街道办事处、鸿宾楼饭庄、三合顺酒楼、好望角商店、百万庄南里、百万庄卯区、百万庄辰区、扣钟北里等。针对其具体情况，结合单位自己的改造计划和要求，分别给予拆改车棚、围墙，清洗粉刷建筑立面，增添更改灯具、花坛、地面铺装等要求。这样从设计开始就为实施中的具体问题做好了铺垫，不仅能够提高设计组织工作的效率，而且还能调动各单位的积极性，减少建设中的摩擦，密切配合。

本次整治提炼和突出母题设计构思。母题选取自百万庄居住小区住宅前的白色花格墙和北侧住宅建筑上半圆形拱券形状为符号进行演化提炼，通过母题的多次重复、再现、提示，强化视觉效果。打造夜景设计：以建筑轮廓灯、街道照明灯、草地灯、商业建筑灯光等为主，其他建筑照明为辅，对有条件的商业店面鼓励霓虹光的使用。对照明形式、色彩、位置、数量等进行设计，并按平时与节假日分强度控制。

1999年7月，完成整治任务，包括：绿化铺装3057平方米（包括花坛砌筑），拆除废弃电力（讯）杆、线，整治视觉环境，拆除违章建（构）筑约3731平方米，新增设街灯49盏，草地灯约40盏，新增设分类垃圾桶15个，补铺硬质铺地约3000平方米。

整体来说，百万庄大街的整治取得了较好的效果，这与规划设计任务下行、因地制宜的实施组织方式有直接的关系。百万庄大街的整治在实施中通过统一组织分头负责的方式，充分协调不同社会群体，使各方面的利益达成一致，是实施成功的关键。①

4. 扣钟庙和扣钟北里

在北京市西城外国语学校对过，百万庄大街路南，有一片小区名为扣

---

① 刘宛著：《城市设计实践论》，中国建筑工业出版社，2006年6月，第209页。

钟北里。其来源于以前这里曾经有过一座永隆寺，俗称扣钟庙。扣钟庙后来作为这一带居民区的泛称，其范围大体上在百万庄大街以南，展览馆路以西一带。扣钟庙的历史，如果追溯，也是相当久远。有记载，明朝的一位翰林学士秦黄谏在他为扣钟庙撰写的碑文中说："此处旧有地藏寺，无碑识不可考。"到了正统启元（1436）的时候，僧录司右善世关西杲公"因往来西山经此，深为慨然"，杲公乃嘱其弟子无照镜公"是古刹胜地不可废也"。这个无照镜公于是清除榛莽，开辟土地，始建此庙。但是工程未毕，杲公便圆寂了。寺建成以后，赐名为"永隆禅寺"。

扣钟庙毁于20世纪40年代，到最后一位庙祝张志兴之手，只剩下一座大殿了。1941年编写的《故都变迁纪略》云该庙已毁。扣钟庙的最终消亡是在1948年，傅作义的部队把它连同附近的黑塔一同拆掉盖了工事。但是，作为地名，扣钟庙却袭用下来，并且繁衍出扣钟胡同、扣钟北一巷至六巷、扣钟南一巷至十一巷。扣钟胡同位于扣钟庙的北墙之下，东起展览馆路，西至扣钟南十一巷。这条胡同和它南边的11条小巷，过去笼统地被称为扣钟庙。扣钟胡同北侧的6条小巷，旧名高井。相传那一带过去有一口井台很高的井，有半人高，青砖砌筑，位于今天展览馆路上，原北京制锁厂北侧，车马从这里经过，都要绕井而行。1953年，因开辟展览馆路，将此井填平，以它为名的胡同也就被并入扣钟庙的体系里面去了。这6条小巷，北起百万庄大街，南至扣钟胡同，现在由于建楼，大半消除了。扣钟胡同南部的11条小巷，则破旧如故，像一团乱麻，从东向西交织排列。它们的北口均源于扣钟胡同，南口则分别与北露园胡同、中露园胡同接壤。据故老介绍，扣钟庙大体在扣钟南八巷6号、8号与北露园胡同10号的几个院落之间，即扣钟胡同以南，北露园胡同以北，扣钟南七巷与八巷之间。在今天的扣钟南10号院内，曾经有一只褐色的铸铁大钟斜扣于地，永隆禅寺的俗称便传说由此而来。这口钟，1949年以后被推倒横卧于地，1958年融进了群众的炼铁高潮。①

---

① 王彬著：《胡同九章》，东方出版社，2007年1月第1版，第150页。

313

5. 机械工业信息研究院/机械工业出版社

机械工业信息研究院/机械工业出版社

位于百万庄大街 22 号的机械工业信息研究院/机械工业出版社，隶属于国务院国有资产监督管理委员会，是在党和国家领导人的亲切关怀下，为发展我国机械工业建立的第一批国家级科技情报研究机构与科技图书出版机构。

机械工业信息研究院的前身是第一机械工业部技术情报研究所，该所于 1958 年建立，当时由第一机械工业部图书馆、第二机械工业部图书馆和第一机械工业部机械科学研究院情报资料处三家支持组建的。当年 12 月，一机部新技术推广所、一机部一局仪器仪表情报室也并入了新组建的情报所。

早在 1952 年 12 月，科学技术出版社和原华东工业部所属的《生产与技术》杂志社合并，成立了机械工业出版社，由第一机械工业部领导。

到了 1970 年，一机部情报所与机械工业出版社两家合并，成立了第一机械工业部科学技术情报研究所，名字中增加了科学两字，虽为一家，但情报研究服务工作还是以一机部情报所的名义开展，图书出版工作以机械工业出版社的名义开展。随着我国经济体制改革和组织机构调整，情报所先后曾更名为机械工业部科学技术情报研究所、国家机械委机械科技情报研究所、机械电子工业部机械科学技术情报研究所、机械电子工业部机械科技信息研究院、机械工业部科技信息研究院。1999 年 8 月 9 日，更名为机械工业信息研究院，并沿用至今。

经过 60 多年的发展，机械工业信息研究院已发展成为集政策研究、信息咨询、期刊媒体、图书出版和图书分销于一体的大型综合性研究、咨询、出版机构。其政策研究服务对象包括发改委、科技部、工信部等众多中央部委和地方政府部门，服务内容覆盖政策研究、决策跟踪评价、产业规划等，已成为国内重要的政策智库。其信息情报服务覆盖了科技奖励评审、科学技术查新以及信息咨询，国家工程技术图书馆第一分馆是工信部"产业技术基础公共服务平台""国家中小企业公共服务示范平台"和

"工信智库联盟"发起单位。机工传媒旗下拥有《机械工程学报》《金属加工》和《现代制造》等22种品牌期刊，始终处于国内工业期刊市场第一方阵之内，年出版期刊300余期，拥有80余个行业网媒、微媒，每年为近2亿人次提供免费的网络和移动信息服务。

百万庄图书大厦

机械工业出版社年出版图书1000余种，年引进和输出版权总量近800种，年销售图书3200万册以上，年销售码洋突破15亿元。其产品横跨科技出版、教育出版、大众出版三大板块，覆盖机械、电工电子、汽车、建筑、经济管理、计算机、外语、少儿、农业、大众、生活等十多个专业领域，以及高等教育、职业教育、技能教育、基础教育等不同教育层次，在多个细分市场和销售渠道占有率长期位居前列；拥有《机械工程手册》《电机工程手册》《机械设计手册》和"计算机科学丛书""德鲁克管理经典丛书"等一系列历久弥坚的经典产品。机械工业信息研究院/机械工业出版社的出版物曾获得国家科学大会奖、国家图书奖、国家期刊奖、中国出版政府奖、全国优秀科技图书奖、百强期刊、中国好书等众多荣誉。机械工业出版社先后获评"全国百佳出版单位""中国500最具价值品牌""世界媒体500强""中国版权最具影响力企业""中国图书海外馆藏影响力出版100强""教育部教材出版基地"等众多荣誉称号。

百万庄图书大厦

2006年9月26日，由机械工业信息研究院/机械工业出版社投资创办的大型综合性图书零售卖场——北京百万庄图书大厦正式开业了，这是中国第一家由出版社注册资金2000万元创办的大型图书大厦。大厦就位于百万庄大街22号，延续了展览路地区的印刷出版文化，与北礼士路上的新华书店总店、三里河路上的建筑工业出版社和建筑书店，共同为北京城西部地区的图书情怀、图书采购和阅读空间创造了良好宜人的环境。

图书大厦自 2006 年开业以来，以"放飞知识、服务读者"为己任，坚持"店销直销互补、多业态经营"的发展战略，重点构建协同发展、复合经营的差异化销售模式，致力于打造国内领先的图书零售及特色信息服务商。百图公司坚持"特色百图、服务百图、数字百图"的发展战略，入选 2018 年国家新闻出版广电总局文化发展项目库实体书店优秀店、北京市实体书店扶持专项资金（2016—2017）、书香中国·北京阅读季优秀阅读推广机构（2014—2017）、全国优秀馆配商（2006—2017）、首都文明单位（2015—2017）、北京市正版产品销售示范店、西城区特色阅读空间。目前，店面经营面积近 8000 平方米，陈列品种 20 余万种，主要为广大读者及企事业单位提供图书及信息产品，让读者在购买过程中体验知识的无穷魅力。

图书大厦还是面向全国大中专院校及公共图书馆，国内知名最具服务价值的主流馆配商之一，是中国书刊发行业协会图书馆馆配工作委员会副主任委员单位。

北京百万庄图书大厦，地处部委机关、科研机构、高等院校密集的西城区百万庄地区，显示出一家大型书城的魅力，成为京城读者一处不容错过的"逛书生活"选择。

6. 百万庄棚户区改造规划

2013 年 6 月，西城区启动了百万庄居民住房棚户区改善项目，这是西城区"十二五"期间计划拆迁安置 6 万户棚户区改造工程的一个实施项目。百万庄居民住房棚户区，分为南北二区，其中北区北临车公庄大街，东临百万庄子丑寅卯居住区（即 1954 年机械工业部盖的 46 栋"宇宙红"三层苏式建筑部长和局长楼），西至三里河路，南至百万庄北里 13 号楼南侧；南区北临百万庄大街，东临地质科学院办公区及机械科技信息研究院，西至三里河路（甘家口百货商场对面），南至百万庄南街。拆迁区涉及百万庄西、黄瓜园两个社区。该地区的住宅多建于中华人民共和国成立初期，其中还包括 1969 年修建地铁 1 号线时建造的多栋简易周转楼。这些房屋地基下沉，冬天靠煤炉供暖，电线老旧，市政设施老化，居住环境存在诸多安全隐患，亟待改善。

对比来看，三里河大街西侧，经过十几年建设，已经变成了以甘家口百货商场、中建大厦、建设部职工住宅小区为主的高楼大厦，而三里河大街的东侧，基本上还是 20 世纪 50 年代中期前后盖的老旧小区。三里河大街两侧建筑新旧程度形成强烈对比，极不相配。百万庄路以北的北区，按规划将建设商品房，总建筑面积在 30 万平方米左右；在百万庄路以南的南区，将建设新的地质部科学院办公区，总建筑面积也在 30 万平方米左右。其中拆迁区最大的被拆迁单位是中国地质科学研究院，有正式职工和离退休职工 4000 多人。院内只有 3 栋楼，坐南朝北的 1 号楼为主办公楼，是1956 年建成的 5 层白色办公楼，入口在百万庄大街；坐西朝东的西楼是几十个下属科研单位的办公区，包括发现大庆油田、华北油田、新疆铀矿的功臣单位地质岩层勘探研究所，李四光曾在这栋楼工作；坐东朝西的东楼是该单位的职工宿舍楼，大门朝东，在百万庄南街。中国地质科学研究院，原来的上级单位是 1954 年成立的地质部，现在隶属于国土资源部。

第二节　百万庄住宅区

1. 首都第一住宅区——百万庄小区

百万庄小区，建于 20 世纪 50 年代，是当时一、二、三机部在此盖的红砖多层楼房，以作宿舍，间有平房小院，按十二地支命名，只有"子"到"申"九区，缺"酉""戌""亥"三个。因其设计先进、环境优雅，颇为时人所羡，被誉为"首都第一住宅区"。[①] 百万庄小区总平面接近正方形，东西长 504 米，南北长 419 米，占地面积为 21.09 公顷。西距阜西路，东距展览馆路，南邻百万庄大街，北临车公庄大街。总建筑面积为125673.63 平方米，其中家属住宅 99920.41 平方米，单身宿舍 12323.85 平方米，居住户数约 1500 户。与该小区同期建设的还有位于三里河的三里河

① 王彬、徐秀珊主编：《北京地名典》（修订版），中国文联出版社，2008 年 11月，第 171 页。

建成初期的百万庄住宅区

一区，面积略小一些，格局和房间样式完全相同。

百万庄小区动工于 1953 年，1956 年完工，是由我国著名建筑大师张开济先生主持设计的国家第一批公务员宿舍。设计师张开济，曾任北京建筑设计研究院总建筑师。有人说张开济"设计了半个北京城"，如天安门观礼台、钓鱼台国宾馆、北京天文馆、中国革命历史博物馆、北京小汤山疗养院、中央民族学院校舍、三里河住宅区等，均出自他的手笔。百万庄在规划上，张开济借鉴了西方"邻里单位"和苏式"扩大街坊"等先进思想，据说还同时融合了中国传统的建筑风水理念。

百万庄住宅区地处车公庄大街南侧，百万庄大街以北，西临三里河路，东至展览馆路，地块规整，环境简洁。它是新中国最早自主设计的居民小区。整个小区红砖绿瓦坡屋顶，有着大片绿地和儿童游乐场地，居住环境安静和日照间距均匀，使得它几乎成为此后数十年间住宅区、住宅建筑的样板和典范。

据说按照设计师张开济原来的设想，小区的墙体都用蓝机砖砌筑，因为北京城的基调是灰色的。但遗憾的是，由于当时北京附近的砖厂生产能力十分有限，为了保证同期施工的"四部一会"大楼、三里河一区的蓝机砖用量，百万庄小区最后不得不采用了红砖。

以前，几乎千年不变的胡同、四合院是老北京建筑空间的主题，是中国主要的传统居住模式，而百万庄小区建成后，开始改变了北京乃至中国居民的居住模式。"可以说，百万庄小区是我国现代住宅小区的开山之作，

318

它探索的居住理念，至今仍影响着中国人的生活方式。"百万庄是中国近代住宅规划设计史上，在初始时期做出的非常有意义的一次探索和实践，称它是"共和国第一住宅区"，所言不虚。作为西方"邻里单元"理论在社会主义新中国的早期实践，百万庄在一个社区里完整地安置了居民所需的各项功能，如同一个小小的城市，作为北京市城市住宅区开发的早期样本，弥足珍贵。

建设百万庄小区的背景，一是中华人民共和国成立伊始，北京三里河、朝内大街、西单北大街等多个地点按规划兴建国家机关办公楼，为配合行政办公区需要，在其周边有必要建造住宅区、宿舍区、托儿所、学校等生活服务设施。二是20世纪50年代初期，由于政治上的原因，建筑规划界的"欧风美雨"逐渐销声匿迹，在一切向苏联老大哥看齐的形势下，街坊式住宅从苏联传到了中国。"一五"期间，北京建设的居住区大都是按街坊布置规划的。如50年代初期建设的酒仙桥住宅区，也是最早采用了苏联以街坊为单元划分生活用地。组织生活的规划手法。但最典型的居住街坊当属百万庄住宅区和国棉一厂住宅区，百万庄小区即是这一历史时期的典型产物。作为建设部、机械部等单位的配套住宅，百万庄小区位于三里河路与车公庄路交叉口东南，1951年动工修建时，该地块还属于城外荒郊。如今这里已寸土寸金，房价高达每平方米10万元左右。小区于1956年竣工，占地面积差不多有天安门广场一半大。

《瞭望东方周刊》记者于2017年曾经专门对百万庄小区进行了深入的采访，下面让我们看看记者的记述：

沿三里河路、百万庄大街、车公庄大街都可以拐进百万庄小区，一进小区，喧嚣的车水马龙声立刻远去。成片的三层小楼，错落有序地坐落在绿荫丛中。小楼一律红砖墙、坡屋顶，有的屋檐上长满杂草随风摇摆，木门窗涂着红漆洒满阳光。楼前搭建的小院儿，有的种上花草，有的摆着条椅。整个小区看似老旧静谧，其实却暗藏玄机。

1955—1956年，百万庄住宅区的第一代居民先后住了进来。他们被从全中国抽调到北京，操着天南海北的口音，组成了新中国重工业发展的骨干力量。作为中国近代住宅史上的重要实践和遗存，百万庄没有停滞在60

年前，而是不断生长演变着。

"百万庄小区由9个区域组成，以十二地支的前九支命名。申区位于中心，是二层楼的花园式住宅，子、丑、寅、卯和辰、巳、午、未8个区全部是三层的小楼，分别按照逆时针方向排在申区两侧。"中心绿地的北侧的中心位置为部级领导居住的申区，二层联排别墅并设有车库。小区内设有三所小学，分别是展览路一小、二小、三小，一小规模最大，也是迄今为止唯一被保留下来的小学，现已成为西城区重点小学。小区的几个院落既是彼此相对独立，又在整体空间中相互呼应合为一体。茵茵绿树之中，每个组团守望着一片宁静与祥和。每个单元一门六户人家，除转角单元外多为一层两户的对称户型。单元入口朝向组团外侧的公共道路，继而在内侧形成相对安静私密的院落。每户均有两个朝向房间，可以看到组团外侧公共领域以及内部庭院玩耍的孩子们。与四合院独立封闭的私宅庭院不同，百万庄小区的组团模式为人们提供了一种群居式的新院落模式。围合的院落承载了家庭生活以及社区的社交生活，人们不仅感受到安全感与归属感，更在庭院生活中体会邻里亲情。

百万庄的布局采用"回纹形"，讲求"通而不畅"。各区由数幢住宅楼群围合，形成一个个较为宽敞的内部庭院，作为该区的公共活动场地，家长在楼上家中就可以看到孩子们玩耍的情况。每个楼群内没有死路，都通向由子丑寅卯、辰巳午未围合而成的小区中心。中心区有大片的绿地，还配建了小学、副食店、百货店、粮店、理发店、门诊部，既确保了居住的安全和安静，又保障了生活的顺捷和便利。有居民从幼儿园开始就住在百万庄，回忆自己当年奶奶给她两毛钱去买肉包饺子，下了楼不用走远，就可以在小区副食店买到。有时候，粮店来了好大米，邻居们一听说，就赶紧去排队。

尽管当时国家并不富裕，物资匮乏，但作为国家重点建设项目的百万庄的建筑材料相当讲究。一楼二楼是"三七"墙，厚度为370毫米；三楼是"二四"墙，厚度为240毫米。墙内为白灰砂浆，室内为混合灰抹面，外墙为水泥勾缝。每户为60平方米的两居，层高有3米，有独立的厨房和厕所，屋内的设计，几乎每个房间都有窗户，门窗通透。建筑内部统一装修，使用的是顶级的红砖和东北红杉木，经高温处理，不生虫不变形。门把手、合页、龙头、马桶零件等五金件是来自苏联的上好黄铜。有居民说"就连我们上楼梯的扶手，到现在都很好用"。在百万庄，如果仔细观察的话，会发现除了布局是"回纹形"外，深红色的楼门、楼道里的推窗上的玻璃、楼梯木扶手的底座、楼门雨搭的挑檐以及临街阳台的栏板，也都有回纹装饰。回纹寓意回归平安，是百万庄显著的一个人文特征。不仅仅是建筑材料，在户型设计、房屋装修、家具配置上，百万庄都真实记录了当时首都干部职工的居住状况，是计划经济时期遗存不多的新中国住宅小区典范和历史样本。蔡奶奶今年84岁，1955年结婚时，单位分的新房就位于百万庄卯区。"二室一厅，面积约60平方米。除了申区以外，其他8个区的户型大多是一室一厅、二室一厅，也有三室一厅。"那个年代，百万庄小区的户型包括独立的卧室、客厅、厨房和卫生间，格局新颖，简便集约的建设方式适合在短期内集中解决大量人口的居住问题，直到今天仍是住宅户型设计的基础范本，并由此深刻影响了我国城市居民生活起居习惯，使得我国城市呈现出和拉美、印度等迥然有异的现代化特征。可以说，百万庄小区是中国人居环境变迁的里程碑，它探索的居住理念至今仍深刻影响着中国人的生活方式。蔡奶奶热情邀请记者前去家中一坐，只见房间南北通透、窗明几净，客厅摆放着八仙桌和柜子、凳子，卧室也有双人床、书架等，"这些家具和装修都是搬进来公家就统一布置好的，到现在60年了，我都没有装修过"。用了60年的实木椅子，记者摇了摇，依然纹丝不动，坚固如初。

2. 什么人住在百万庄？

位于小区中北部的申区，建筑格局明显区别于其他8个区，在参观者看来显得很是神秘。小说《血色浪漫》中曾这样描述："申区简直是百万庄的灵魂。这是一片二层小楼的高级住宅区，里面的住户级别最低的也是副部级干部。"如今，申区西门有保安24小时值守，是9个区中唯一实行封闭管理的区域。申区南侧是一排临街的花园式住宅楼，有点像现在的联排别墅，两层楼高，每户住宅前都有一个小院，院外围着铁栏杆，院内摆放着花草树木，整洁静谧。

百万庄小区的住户，有国家领导人李鹏、温家宝、钱其琛，其实更多的是默默无闻的普通工作人员和平民百姓，他们中的许多人在各个领域为中华人民共和国的建设和发展做出了突出贡献。一个甲子倏忽而过，在小区里住了大半辈子，这些当年的国家栋梁已是耄耋老人。为了留下居民们的宝贵记忆，记录百万庄的风雨变迁，中国青年规划师联盟"爱上百万庄"社区营造小组成立了口述史小分队，联合展览路街道工委、办事处共同启动"讲述百万庄的故事"征集活动。

下面，让我们借此做个简单介绍。

中国有色金属事业开拓者陈达

陈瑾女士，红色后代。陈瑾的父亲陈达（1919—2009），曾多次参与爱国救亡运动，1937年抗日战争全面爆发后，他从沦陷区辗转前往昆明，之后就读于中法大学化学专业，其间，积极参加进步学生运动，也因此被国民党列为通缉学生之一。抗战胜利后，他返回北京，直接参与了中共晋察冀分局的地下情报工作，1948年6月被捕入狱，在狱中他经历了生死考验，严守党的秘密，一直到北京和平解放前夜才获释出狱，号称"永不消逝的电波"的英雄人物。中华人民共和国成立后，陈达全身心投入到新中国的建设中，奉命调至沈阳冶炼厂，在此期间，他担任起工厂改扩建工程，并组织技术人员反复试验，生产出新中国第一批电解锌，填补了我国湿法冶锌的空白。1956年后，百万庄小区刚建成的第一年，也是陈达调回北京工作的那一年，冶金部分配了百万庄丑区的住房给陈达一家5口人居住。陈达在冶金工业部有色金属管理局工作，主持设计了我国第一座锂盐厂，在中央制定的"要把64种有色金属当作堡垒一个个拿下来"的决定下，他起草了我国稀有金属五年计划，组织建设了一系列稀有金属实验工厂。在他晚年身患重病后，仍不顾疾病缠身的痛苦，关心着国内外重要时事变化，把毕生的精力都奉献给了革命事业和新中国的现代化建设。

陈瑾回忆说："当年百万庄的旁边真的有一条大沟，原来二里沟的得名如此。庄外不比现在，当年周围都是荒地，是孩子们最爱的挖野菜、做游戏的户外场所。"提到百万庄的儿时回忆，不得不说到影响这里一代代孩子成长教育的展览路第一小学（以下简称展一小），它也是陈瑾的母校。展一小和百万庄小区约同时期建成，最早叫百万庄小学，1956 年重新区划后更名为北京市西四区苏联展览馆路小学，1957 年更名为现名。展一小培养了大批生活在百万庄的孩子们，成为凝结百万庄情感的重要纽带。看到今日的展一小焕然一新的校舍环境，陈瑾和她的小伙伴们更为母校感到骄傲。

抗战老兵、战斗楷模吕文凯

1926 年 3 月，吕文凯出生在河北省保定市西四庄一户贫困农民家庭。1937 年七七事变后，吕文凯正式加入抗日儿童团，走上革命道路，曾经担任过儿童团团长和教练、小八路战士。他们深入敌占区，完成了发放宣传片、破坏敌人交通电话线、配合八路军作战等各项任务。在抗战及解放战争期间，吕文凯身负重伤达到十几处，至今颅内还有两块弹片，被国家认定为二等甲级残疾。抗战中，一次吕文凯被转移到后方医院，未经彻底治疗伤病，又几经周折返回部队战斗。1945 年春天，吕文凯调到挺进东北先锋队当侦察通讯小分队队长，成为东北抗日联军的一员。1946 年内战爆发，吕文凯被调到东北野战军第九队，担任过联、营、团大队长等职务。之后参加了辽沈战役以及周围战斗，解放了延庆，平津战役后跟随大军南下。1952 年，吕文凯被调到北京任机要局局长，分得了百万庄小区内的一套住房。退休后，吕文凯被聘为百万庄小学爱国主义教育演讲团团长、少年军校顾问、校外辅导员，继续发挥着光和热。

我国核工业电子仪器开拓者许廷宝

许廷宝和夫人柳南女士一家住在百万庄小区。许廷宝北京大学物理系毕业，在大学一年级的时候就在北大加入了地下党，后来又转入清华物理系。1949 年，许廷宝毕业，在北京市军管会工作，当时的主任为叶剑英。柳南，13 岁加入中国共产党，经老师介绍，去延安参加革命，在延安上过华北抗日军政大学，抗战胜利后到东北工作。1946 年，21 岁的柳南与四十三军冯精华参谋长结婚，婚后随军南下解放海南。1950 年，冯精华车祸不幸牺牲，留有 4 岁和 1 岁大的两个儿子。刚刚失去丈夫的柳南调入广东省交通厅，许廷宝作为人事处干部开车接柳南办理调动手续，就这样，两人一世的情缘拉开了序幕。三年之后，1953 年，中央号召技术干部归队，许廷宝希望学以致用，把自己的知识贡献给国家，因此响应号召调到中科院近代物理研究所专门研究核物理、核工程。就这样，许廷宝和柳南两地相隔，只靠书信联系。1954 年，中华人民共和国成立初期北京缺少建工干部，到广州招人。当时在广东省建工局工作的柳南申请调到北京，她作为领队带着 50 名建工干部来到北京，在建工部任技术处处长、政策研究室主任。至此，有情人终成眷属。1954 年柳南与许廷宝结婚，在同和盛举行了婚宴。

在苏联援助我国进行原子武器实验的时候，国务院成立专门的第三办公室，许廷宝被调去工作，后来被任命去组建二机部。"许廷宝在 50 年代我国核科学研究工作开展的初期，从事定标器的研究，这是国内第一个投入小批量生产的通用核电子仪器，其后又从事多道脉冲幅度分析器的研究，核爆炸现场放射性烟云探测方法的研究及探测仪器的研制，基于计算机的核能谱数据获取与处理系统的研究及核工业部机关管理信息系统的研究等工作。"1964 年 10 月 16 日，在罗布泊参加了第一次核试验，其中也凝聚了许廷宝的心血。20 世纪 80 年代，受命筹备建立核工业部计算机应用研究所。1985 年退居二线，任科技委主任。1990 年 65 岁退休。

长篇小说《林海雪原》诞生在百万庄

曲波是《林海雪原》的作者，少剑波、杨子荣就是他塑造的英雄形象。他一家就住在百万庄小区。大家很少知道，曲波的本职是从事机械工业领域的技术和领导工作，业余时间从事文学写作，他还写过几篇反映我国工业建设的短篇小说，比如《热处理》。

解放战争时期，曲波奉命深入东北林海雪原剿匪，因伤转业到地方工作。1949 年后，在齐齐哈尔车辆厂工作期间，开始写作《林海雪原》。不久奉调入京，在一机部工作，从此就居住在百万庄辰区这套住房中。曲波每天下班回家就全身心投入写作。在《林海雪原》的后记中，曲波回忆起当年的战友，笔触之间饱含着真挚情感：

"这几年来，每到冬天，风刮雪落的季节，我便本能地记起当年战斗在林海雪原上的艰苦岁月，想起 1946 年的冬天。

"1955年2月的春节前某天半夜，我冒着大雪回家，一路还在苦思着怎样才能写好这部小说，如何突破文字关等等；及抵家，一眼望见那样幸福地甜睡着的爱人和小晶晶，一阵深切的感触涌上我的心头。

"我想起了八年前的今天，在北满也正是刮着狂风暴雪，那也正是飞袭威虎山的前夜；而今天，祖国已空前强大，在各个建设战线上都获得了辉煌的成就，人民生活也正在迅速提高。我的宿舍是这样的温暖舒适，家庭生活又是如此的美满，这一切，杨子荣、高波等同志没有看到，也没有享受到。但正是为了美好的今天和更美好的将来，在最艰苦的年月里，他们献出了自己最宝贵的生命。

"夜，是如此的宁静，我望着窗外飞舞着的雪花、茫茫的林海、皑皑的雪原，杨子荣、高波、陈振仪、栾超家、孙大德、刘蕴苍、刘清泉、李恒玉等同志的英雄形象与事迹，又一一在我的脑海浮现。写！突破一切困难！'为人民事业生死不怕，对付敌人一定神通广大。'战友不怕流血，歼灭敌人，我岂能怕流汗，突破文字关，这是我应有的责任，这是我对党的文学战线上应尽的义务。

"从那时期，每晚我都加班三至四小时，星期天和假日是我写作最带劲的时间。在写作过程中，深深体会到这个劳动是艰苦的，但我的精神是愉快的，应该说，它是一种极美好的享受。当写到高潮的地方，就搁不下笔，时常是为了第二天的工作才强制着自己放下笔。在写得入神的时候，我曾不止一次地被战友们的事迹感动得觉得不是坐在温暖的宿舍里写东西，而是完全回到了当年的林海雪原中，和小分队重又战斗在一起。

"就这样，从1955年2月到1956年8月，在一年半的业余时间里，完成了《林海雪原》的写作。"（六耳小熊记于百万庄，2006年12月30日）

太行军工群的老兵们

小说《血色浪漫》里，有这样一段对百万庄住宅区的描写："在非'老兵'类顽主的眼里，百万庄地区无异于敌占区，特别是在百万庄的诸多区块中，申区简直是百万庄的灵魂。这是一片二层小楼的高级住宅区，里面的住户级别最低的也是副部级干部。他们的子女，都是'老兵'中最有影响的人物，也就是说，谁要是得罪了他们之中的一个，后果将是相当严重的，他们有能力在很短的时间内召集数百人进行报复。"

刘建国就曾经是申区的一名"老兵"，他的父亲刘贵福是八一式步枪的主要设计者，曾担任过长治总厂的厂长。如今他还和那时的军工后代保持着密切的联络，"微信群的名字就叫'太行军工群'"。

人大代表李沛钰

这里有杰出军事将领、民革创始人、爱国民主人士李济深第三个儿子李沛钰的家。

1952年，李沛钰从北京大学机械工程学院毕业了，并迎娶了自己的青梅竹马、父亲的革命战友舒宗鎏的侄女舒赋璋。作为中华人民共和国成立后培养的第一批机械工程师，他响应号召，积极要求到生产第一线，被分配到了一机部沈阳第三设计局工作。1953年的春天，因父亲无人照料，李沛钰应周总理安排调回了北京，在一机部第一设计院担任工程师。1959年，父亲李济深因癌症去世，他的子女们立刻搬出了位于西总布胡同5号的李公馆，散落分居于各处。李沛钰和妻子搬到了单位分配的宿舍——位于百万庄南街的黄瓜园。1960年，李沛钰凭借自己优秀的工作业绩，分到了百万庄辰区的一套两居室住房，他没有想到，自己在百万庄一住就是56年，并且在这里养育了多个子女。

胡耀邦同志主持工作期间，号召各民主党派的后代们出来继承父业。当时的李沛钰正一心扑在成组技术的研究上，经过组织的劝说，决定统战、科技双肩挑，他加入民革，成为民革中央委员、民革北京市副主任委员，也当选北京市人大代表。因为李沛钰是个热心肠，邻居们有困难都爱来找李代表反映问题。他在任20多年提出的1000多个提案里，大到关于我国机床厂的成组技术研究和改进警车和消防车的装备，小到为百万庄里的残疾人申请补助和免税摊位，保留百万庄里的小报亭和为展览路派出所通煤气等。60年了，百万庄小区在老去，李代表也老了。2006年的时候，李代表为了保护百万庄不被拆迁，曾给国家领导人打过电话。时至今日，2016年，已经90岁的老人家再也不愿意离开这个充满温情和回忆的家。老人仍然记得，这里住过曲波和他的爱人小白鸽，这里有国家培养的第一批索道专家，这里有中国汽车局的前局长，也有第一任百万庄幼儿园园

326

长……

第一代江姐的扮演者歌唱家陈小曼女士

陈小曼女士 1933 年出生在江苏常州，中国音乐家协会会员。1954—1978 年为空政文工团演员，主演歌剧《江姐》，是第一代江姐的扮演者，多次去中南海为国家领导人演出，得到毛主席、周总理的赞赏。艺术家的艺术生命常青，在陈小曼调到北京汇文中学及退休以后，她还给中学生、大学生以及老干部做艺术指导。在中学任教期间，辅导学生演出昆曲《采莲曲》获青苗奖、舞蹈一等奖并连年获大合唱一等奖。在大学任教期间，辅导大学生参赛，获 1985 年、1986 年大学生大合唱一等奖。退休后被聘为中国船舶工业公司老干部局艺术指导。

陈小曼作曲并演唱《琵琶行》，"一口气唱完的，很少人能做到，她的水平太高了！"陈小曼的老伴都连声赞叹，在音乐声里，一位老人坐在沙发里沉浸其中，一位随着音乐若唱若演，这就是百万庄艺术家庭的艺术人生写照。

陈小曼的爷爷是清朝末代武状元，曾经做过清朝的官员。据说慈禧太后派他去德国买机关枪，结果他把机关枪送给了孙中山，慈禧大怒，将他家满门抄斩。陈小曼的爷爷逃到日本躲过一劫。陈小曼的奶奶是廖仲恺的妹妹，清朝灭亡后到北京读中西医博士，在武汉一个医院当院长，"文革"期间去世。陈小曼的父亲 15 岁参军，参加过抗美援朝战争。陈小曼的舅舅是我国著名的汉学家周有光先生，舅妈张允和女士。这样的家庭培养了陈小曼才华超群的艺术修养。

3. 百万庄住宅区列入第二批中国 20 世纪建筑遗产名单

1976 年 7 月 28 日 3 时 42 分，中国河北省唐山、丰南一带（东经 118.2°，北纬 39.6°）发生了强度里氏 7.8 级的大地震，北京地区有强烈震感。地震过后，国家派人来对百万庄小区进行了整体加固，不但增加了立柱和两三道圈梁，且立柱、圈梁和墙体都有铆固筋，在二、三层室内都设有横向拉杆。但无论如何加固，至今又过去了 40 多年，自建成起已经时隔 60 多年了，随着北京快速发展的步伐及各大部委的合并，近些年传言小区要拆迁的声音越来越大，曾经响当当的百万庄不再有人定期打理，如今正处于极为尴尬的境地。

百万庄住宅区与中国许多老旧住宅区一样，也面临着房屋老化和环境变差的严重问题，外部环境私搭乱建、随意停车，加上原来的小院子种了很多树，少了休憩和交往空间；楼体结构缺少节能保温，内部空间狭仄，老旧的木质门窗，随处堆放的旧家具，地震后被加固的外墙已经酥脆，整体上已经是危房，涂抹在墙上的"待拆迁"字样让人不禁叹息，又担忧它的前世今生。随着时间的推移，小区原来设计上的一些问题也暴露出来，最严重的就是下水问题。几乎所有的污水管线都需要重新铺设，很多住户没有能力自己解决这个问题。市政管线的缺乏，周边树木深根的限制，使得改造难度巨大。而砖混结构建筑物的寿命到底可以有多长，房屋是否足够坚固安全，也是悬在这里的人们心头的一大问题。

更加严重的是小区的老化让年轻一辈不再愿意居住在这里，越来越多的原始居民离开了百万庄，房子非租即售。现今百万庄的居民来源混杂，原有居民中留守在这里的多是老人，交通便利、小区安静、商业成熟、医院便捷等优势让他们难以割舍。根据第六次人口普查数据，占百万庄住宅区多数人口的百西社区，常住人口为4754人，18岁以下的则只有400人，而60岁以上老人就有1636人，占34%。而且，外来居民增多导致人口构成的改变，邻里之间不再熟识，社会关系的断裂致使社区归属感逐渐消亡。原有居民共享的公共空间的绿化无人照料甚至被破坏，组团间的道路变成人车混行而不再安全，昔日停留交往的院落更多地变成了通道或私人空间，整个百万庄小区与原初的设想几乎面目全非。

百万庄小区是首都北京不可多得的历史文化遗产，是中华人民共和国文化遗产的重要组成部分。两院院士周干峙生前一直关注百万庄小区的保护问题，多次考察并提出保护建议。2004年，张开济曾写信给北京市建议保护百万庄小区。2005年，北京市政协委员鲁怀安提案建议将百万庄小区列为文化遗产保护对象；北京建筑大学、清华大学建筑学院的师生，均对百万庄小区进行过深入研究，提出了保护方案。由于未被纳入历史文化街区，百万庄小区的前景一直在是保护还是拆除加密型改造之间摇摆着。

2003 年，有关部门曾将其鉴定为"危房"并提出拆除方案。2011 年，又公布"百万庄住宅区整体拆迁改造"方案，几次面临强拆的风险。

百万庄社区是新中国的居住样板，比较典型地反映了计划经济时期单位社区在规划理念、建筑设计层面的探索，积累了丰富的历史遗存、社区记忆和建筑多样性；同时又在长期的"服役"中出现了一系列的居住、环境和社会问题，是拆是留陷入两难境地。这不仅催生了人们对其物质环境和社会结构的好奇，亦激发了专业从业者对其建筑价值和文化传承的责任。百万庄住宅区的去留，引发了社会各界特别是中国青年规划师联盟（以下简称青盟）的关注。此时也正值青盟创建之初，出于对近代优秀建筑群的喜爱，对这片中华人民共和国成立初期建设成就的关心，希望在现代化的浪潮中能多留下些不同时代的城市印记，于是，2015 年 6 月，"爱上百万庄"志愿者小组成立，怀揣着专业的知识，拥抱着青年的激情，以建筑学为基础，会集来自规划、景观、室内、市政、交通等多个专业的同人们一起，开辟了为百万庄社区保护及更新的公益活动。8 月，志愿者在居民的带领下，第一次走进百万庄。11 月，北京交通大学建筑与艺术学院余高红老师带领城乡规划学和建筑学本科生做入户问卷调研。2015 年年底，志愿者小组在行业媒体联合发布了点击量超过 10 万的呼吁文章《生死未卜，百万庄小区会被保护吗?》。紧接着，在 2016 年 5—8 月期间，进行入户访谈，陆续采访了 12 位百万庄老住户，并形成了口述历史的推文。2016 年初，《瞭望新闻周刊》《中国新闻周刊》《澎湃新闻》《瞭望东方周刊》等媒体也刊登相关文章，清华大学王丽方教授作为政协委员也提交了保护百万庄的提案。

2016 年 12 月 16 日，青盟与展览路街道办一起，举办"百万庄 60 年"展览。展览力图通过展示其历史风貌、社会变迁及居民的生活点滴，来找寻邻里乡情的共同记忆，探索如何留住城市里的"乡愁"。2017 年 9 月 20 日，青盟邀请中央电视台资深编导，也是百万庄的老居民骆幼伟在百万庄活动站做"百万庄 60 年 60 人"的讲座。

"爱上百万庄"志愿者联盟于 2017 年 11 月 15 日，特意邀请了来自中国建筑设计院本土中心的窦森建筑师做了一场题为"百万庄社区改造若干问题设计研究"的讲座，并在讲座后的互动环节，与百万庄居民代表开展了积极交流，针对百万庄现存实际问题展开了卓有成效的研讨。活动在开放、意犹未尽的氛围中结束，许多住户包括社会各方面，都期盼着以此为契机，进一步展开行动，寻求着一种富有价值的实际效果。①

2017年12月3日，北京市委书记蔡奇到百万庄检查全市重要民生实事项目落实情况。就在当日，一个好消息发布了，由中国文物学会、中国建筑学会、池州市人民政府、中国建设科技集团股份有限公司联合主办，中国文物学会20世纪建筑遗产委员会、中国城市建设研究院有限公司、池州市城乡规划局等单位承办的"第二批中国20世纪建筑遗产名单"发榜，百万庄住宅区荣登榜单。"第二批中国20世纪建筑遗产名单"的发布，从文物考古和建筑学的角度，给了百万庄住宅区较为权威的肯定和褒奖。至于百万庄能否被划为历史街区，或者当代优秀建筑群尚需努力。

4. 百万庄小区的"便民岛"

从2016年起，百万庄社区首先利用拆除空地建成拥有52个车位的停车场，极大缓解了居民的停车难问题；随后对小区内道路停车采取单向行驶、单侧停车模式，打通小区微循环；建起了百姓生活服务中心，方便百姓购物；重新装修社区卫生服务站，居民不用爬楼也能打点滴；居民活动站扩大至300平方米，成为整个街道面积最大、条件最好的居民活动室……

2017年12月，百万庄中里环岛建成了集超市、菜站、幼儿园、社区活动室、老年饭桌、社区卫生站、停车等多项民生服务于一体的"便民岛"，还能提供保洁、家政、快递代收等服务。其实，从当初的设计来看，为了方便居民的衣食住行，特意在小区中轴线上本来就留出了占地10500平方米的生活配套区，通过开办副食店、菜店、粮食店、理发馆来满足市民的日常生活需求。改革开放后，随着市场经济的快速发展，北京到处都兴起了超市、农贸市场，这样的大形势，让百万庄中里环岛逐渐失去了往日的作用。取而代之的是，房屋被相继出租用作各类经营，再加上监管的

---

① 资料来自网络，中国青年规划师联盟。

缺失，导致违章建筑越发多了起来，久而久之，曾经的百姓便民岛逐渐沦落成为动物园、天意、官园、万通等批发市场的商户从事啤酒、饮料、食品批发等经营聚集点，乱象丛生的现状引发了周边居民的强烈不满。

在民众的广泛呼吁下，从 2015 年开始，展览路街道和社区全面开启了对该地区的综合整治行动。重点针对情况比较严重、矛盾比较突出的违法建设、违规经营聚集、僵尸车、环境脏乱等问题，集中拆除了一批违建，腾退了一批租户，重新规划和再次开设了百万庄百姓生活服务中心，包括开设菜店、便利店、卫生服务站、文化活动站，提供美容美发、废品回收、洗衣洗染、家政、餐饮等服务。同时，利用拆除的空地新建了停车场，缓解了居民的停车难问题。所有这些显著的变化，让社区居民无不感受到了"便民岛"回归带来的极大便利。

如今，百万庄小区"便民岛"回来了，之所以会成为公众热议的话题，不仅仅是因为这件事切切实实给百姓带来了实惠，更多的是，透过这件事，再次展示出了北京在城市精细化管理的过程中"共建共治"的卓有成效。或许，百万庄"便民岛"的重现，只是北京社区治理的一个个案，影响力有限。但是，这样一个让人民群众发自内心叫好的生活便民岛，还是让我们充分感受到了北京在疏解整治促提升专项行动中，努力践行"共建共治共享"的理念，而这何尝不是北京创新社区综合治理新模式、努力开创、共同协商、共同推进良好局面的又一成功典范呢？

2018 年 6 月初，《人民日报》和《北京日报》关于背街小巷治理的报道，引起了北京市领导的重视，6 月 7 日，北京市委书记蔡奇再次来到百万庄等社区调查。在西城区展览路街道，蔡奇走进百万庄社区，聆听社区居民反映的问题，并对大家说："这里是上世纪 50 年代建筑大师张开济设计的优秀近现代建筑，承载着北京的历史和记忆，政府与市民都有责任共同把这里的环境管理保护好，让我们的生活更宜居。"蔡奇要求："西城区展览路街道要将百万庄社区打造成街区整理的范例，住宅前要整洁有序。要通过规范管理、周边单位开放共享停车资源、新建停车场等方式，解决停车问题。"由此可见，政府层面对百万庄的关注在持续增加，对百万庄社区的综合整治工作也将上升到新的高度。

第十章　三里河畔

三里河以前就是一条河，如今变成了的车流的河。

三里河路从复兴门外大街至阜外大街一段，被称作"国宾大道"，因为三里河路的最北端是著名的西苑饭店，起初是苏联展览馆即北京展览馆的招待所；南段西侧就是举世瞩目的钓鱼台国宾馆和玉渊潭公园，为迎接重要国宾要道。

这条路的最大特点是道路两侧树木和绿地的占地宽度，合起来要大于道路宽度。花木相间，绿树成荫，清洁幽静，道路平坦宽阔，在北京城无论春夏秋冬，三里河畔的"国宾大道"都是最美的一条街道。

第一节　三里河和三里河路

1. 三里河与三里河路

说起三里河，在北京不算太有名，而且北京有两处叫三里河的地方。一是在展览馆路西边，二是在珠市口东边。关于西边的三里河，为什么叫三里河，有人说是距离阜成门或西直门有三里地，这是不准确的。三里河的确切来源一是三里河村，其具体位置大约在月坛南街、三里河东路、复兴门外大街和三里河路围合的中心地带，其地距离金中都会城门三里地，所以称为三里河；二是三里河路本身以前即为一条排水河沟，1949 年后填沟成路。

据侯仁之先生著《步芳集》云，金世宗大定十一年（1171）从金口

332

（在石景山西北麻峪）开渠引永定河水，经车箱渠故道，曰金口河（有文献讹称金钩河），它的下游经今朱各庄附近，转而东南，引入当时北京城（即金中都）的北护城河（现在的西便门外三里河故道就是它的遗址的一段），然后径直东下，经通州城北，注入白河（今通惠河最初的前身）。这条河道虽然开成了，但是并未收到预期的效果，主要原因就是"泥淖淤塞，积滓成浅，不能胜舟"。所以，三里河即金口河故道。所说的三里，恰是指循河距金中都城垣的会城门三里而言，金中都的北垣在今西便门附近。

1954 年 5 月 17 日，开始修建三里河路，该路从西外大街至甘家口，全长 2677 米，铺筑沥青混凝土路面。1956 年，建成为北京市第一条快慢分行的"三块板"式大街。1956 年曾名为复西路（意为连接复兴路与西直门外大街之路），1965 年命名为三里河路，"文革"期间名宇宙红路。该路的西侧为海淀区，东侧属西城区。该路东侧，以正对钓鱼台大门的月坛北街为界，分属月坛和展览路两个街道办事处辖界。全长 3400 米，车行道宽 40 米，快慢车分驶，沥青路面。南段西侧毗邻永定河引水渠。两侧原为旷地，20 世纪 50 年代于两侧兴建办公楼，因东侧有中国科学院，故曾名科学路，正名应该为科学院大路，规划很早。

如今的三里河路呈南北走向，北起西直门外大街，南到木樨地桥，全长约 5 公里。据《北京历史地图集》"清末北京水道桥闸示意图"记载，玉渊潭时称钓鱼台河泊，河上自西向东依次为三孔闸、三孔桥、三里河桥与浅水坝。1952 年前，这里只有河，也就是一条排水沟，后来在河沟的东侧修起了三里河路。20 世纪 60 年代填平三里河，成为一条宽阔的道路。三里河地区原属海淀区三里河乡，1956 年 3 月划归西单区。

近代以来，这里最为出名的一是中国科学院所在地；二是安排国家计划经济 40 多年的"司令部"也在这里，当时叫国家计委大院，现在是国家发改委。它们均位于道路东侧，20 世纪 50 年代建设的"四部一会"办公楼群和苏式四层高级干部住宅楼小区。道路两侧国家机关与科研单位还有住房与城乡建设部、中国科学技术委员会、中国科学技术协会、国家统计局、国家信息中心、地球物理研究所、新疆维吾尔自治区驻京办事处、中国机械工程学会、中国科学院古脊椎动物研究所、测绘出版社、中国仪器进出口总公司、钓鱼台国宾馆、西苑饭店、甘家口商场等单位在内。

国家计划委员会、机械电子工业部等单位办公楼是 1954 年至 1955 年，按中国传统形式兴建的大屋顶式群体建筑。这种模仿中国传统建筑形式的建筑后来受到批判，故原设计的中心主楼的大屋顶停建。钓鱼台国宾馆位于路的西侧，始建于 1959 年。玉渊潭公园内的钓鱼台和养源斋，为市级文物保护单位。通 21 路、202 路、320 路公共汽车及 102 路、103 路、114 路无轨电车。

2. 黄瓜园

三里河路东侧有老地名叫黄瓜园，原为农田菜地，以菜园得名。20 世纪 50 年代后，形成黄瓜园小区，位于百万庄南街西侧。此街南北走向，北起百万庄大街，南至阜外大街，辟建于 50 年代初期。1965 年，以其位于百万庄大街之南而得名。黄瓜园亦名黄花园，以其地曾种黄花菜之故。黄花菜即金针菜，有多种价值。有人认为，黄花园称为黄瓜园，其实是讹音相传。在李时珍的《本草纲目》中，明确指出：黄花菜即黄瓜菜，所以称为"黄花"，因为"其花黄"；所以名为"黄瓜"是因为"其气如瓜"。这两个名称，无论是"黄花"还是"黄瓜"，在不同版本的地图中，都留下了自己的痕迹。比如，1982 年地图出版社编制的北京城市地图册中，这里标为黄花园；而在同年出版的北京测绘处编制的北京市城区街道图，则标为黄瓜园。这就说明，黄瓜园虽然作为主要地名传布，但黄花园也依然给人留下印象。

黄瓜园地片位于阜成门外三里，玉渊潭东侧北部，据专家考证有可能元代建立的"大护国仁王寺"就在此处。可是自明代以来，诸多史料不叙，清代更是说道："护国仁王寺今无考。"但有一些材料还是留下了蛛丝马迹。大护国仁王寺，为元代最为著名的皇家佛寺之一，与万安、兴教二寺并称为都城三大刹。该寺由忽必烈皇后察必倡建，始建于至元七年十二月，历时三年，于至元十一年三月建成。根据史料，大护国仁王寺与高粱河（又称高良河）有关，别称西镇国寺、高粱河寺，与此一致还有"泛舟玉泉"一说，玉泉似乎指玉渊潭。① 所以，有人推测"大护国仁王寺遗址应位于今北京玉渊潭公园东侧、阜成门西三里之偏北方处"。②

黄瓜园西侧为百万庄南里，曾经叫作"宇宙红"。过去这里也是一片农地，与黄瓜园相连，20世纪60年代以后建楼，因为位于黄瓜园小区的西侧，被泛称为西黄瓜园。1981年，因其位于百万庄大街路南，与路北的百万庄北里相对，改为现在的名称。③

3. 三里河村与三里河清真寺

在这里稍做扩展，叙说一下三里河村的历史，以便于大家搞清三里河的来龙去脉。

回族群众一般围清真寺而居，三里河清真寺就坐落在月坛南街路北的三里河中巷（三里河一区52栋3号），现在窝缩在楼群之后。从万方商场向北走20米左右，穿过民族宾馆就到了清真寺的大门前。

三里河村，旧时有小河自西北向东南流淌。明代时，三里河桥附近形成回民聚居区，开始有三里河村一说，又名回回街。据史书记载，朱元璋起兵推翻元朝统治，建立了明政权后，对各种宗教尤其是对伊斯兰教采取保护的政策。在明朝初期，北京地区的回族已经比较多了，到了明朝中叶以后，北京城内外都形成了一些较大的回族聚居区。阜成门以西，三里河一带就是当时北京回族的聚居区之一，到解放初期，这里还有一个叫三里河的村庄。

明景泰七年（1456），撒马尔罕的使臣马黑麻舍利班向朝廷奏请在阜成门外三里河义地祭祀祖坟，得到明英宗恩准，说明这一带早已开辟了一个规模相当大的墓地，作为专门埋葬穆斯林的义地。在修建三里河清真寺前，清真寺的原址曾是一个佛教寺院，其中的一处僧房起了一个别致风雅

---

① 彭兴林著，传印主编：《北京佛寺遗迹考》（中卷），宗教文化出版社，2012年10月，第704页。

② 刘迎胜主编：《元史及民族与边疆研究集刊》第23辑，上海古籍出版社，2011年12月，第64页。

③ 王彬著：《胡同九章》，东方出版社，2007年1月第1版，第151页。

又幽默的名字叫"翁僧荒堂"。但这所佛教寺院是何人何时所建，因何起名"翁僧荒堂"，现已无从考证。

三里河清真寺始建于明万历三十三年（1605），经过万历三十六年（1608）、万历四十八年（1620）增拓，到天启三年（1623）进行重修，三里河清真寺已有相当的规模。清真寺又称清真礼拜永寿寺，至今已有400多年的历史，是北京市内主要的清真寺之一。现寺内仍保存着明天启甲子四年（1624）的所立一尊石碑，碑文上刻有明进士石三畏所撰写的《重修清真寺碑记》，详细记载了重修清真寺的情况："万历乙巳年（三十三年）夏，本教司礼监秉笔太监李寿、锦衣卫侯董应元，协内外官庶教众各捐己资，易得阜成关外三里河翁僧荒堂一区，遂营筑坦宇，择任持……迨戊申（万历三十六年）春，重修庙貌。"

到了清代，三里河清真寺的地位仍然非常重要，清乾隆皇帝为清真寺题写了"清真礼拜永寿寺"的门楣。清真寺现占地面积2.5亩，建筑面积2837平方米。清真寺为殿堂格式，由寺门、外院、照壁、大殿、南北讲堂、办公室、男女浴室等组成。寺门为石砌，石门匾额上书石刻"清真礼拜永寿寺"匾，年款"康熙岁次甲申（四十三年，1704）孟秋穀旦重修"。寺内宽敞明净，雕梁画栋，花草繁茂，古树参天，使古寺更加显得庄严肃穆。大殿坐西朝东，为中国传统起脊式建筑，由前棚、前身、后窑殿三部分组成。大殿内部宽敞明亮，采用中西合璧、丰富多彩的装饰艺术，把阿拉伯的装饰风格与中国传统的建筑手法有机地结合在一起，更加突出了伊斯兰教的宗教内涵。大殿北侧有一株古楸树，树龄已有400多年，树干之粗为北京地区罕见，虽然树干早已中空，但每年花开时节，仍是花满枝头，绿色葱郁，满院弥漫清香。大殿南北建有厢房，南为讲堂，北为学堂。殿后有六角亭一座。寺内有阿拉伯文碑、王岱舆先生碑、重修清真寺碑等7块石碑，其中在寺西北部的两块石碑分别是马福祥及其夫人的墓碑，碑文由清末代皇帝溥仪的老师陈宝琛撰写。这些石碑饱经了岁月的沧桑，现石碑上的图案已有些模糊，部分文字也难以辨认，但它是珍贵的历史文物，是古清真寺历史的见证，是考证我国伊斯兰教发展和三里河清真寺历史的重要依据。据史料记载，在清真寺大门外原先还有石桥一座。寺界内原有一座颇具规模的回民墓地（现国家信息中心以北），俗称三里河回民墓地，当年京西一带的回民去世后大都葬在此处。[①]

说到三里河回民墓地，就要提到清末著名回族爱国将领马福禄。马福禄，字寿三，甘肃河州（今甘肃临夏）韩家集人，生于1854年，光绪二年（1876）中武举，光绪六年（1880）中武进士，充皇宫侍卫。光绪二十一年（1895）河湟撒拉族、回族起义时，奉陕甘总督杨昌浚之命，招募步骑，组成"安宁军"，配合董福祥、马安良等部前往镇压，被保擢以总兵记名。光绪二十三年（1897），董福祥所部甘军调往京师，马福禄随军驻正定，其部称"简练军"。光绪二十六年（1900）六月中旬，八国联军入侵中国，英海军司令西摩尔率2000余名侵略军从天津向北京进犯，马福禄被派"往阻西兵进京"，率所部3000余人与义和团共同猛攻聚集在廊坊车站的侵略军。马福禄带骑兵从左诱击，又以步兵自右伏击，奋勇当先，"挥短兵入阵，喋血相持"，激战两小时，毙伤敌军44名，迫使侵略军退往杨村车站一带，继而返回天津租界。《清史稿》称此战役"为庚子之役第一恶战"。六月下旬，义和团在北京攻打各国使馆，八月马福禄奉命率部回防京城，据守正阳门城楼。当时侵略军在城头前设立10座木栅，逼攻正阳门。十二日马福禄率敢死队与攻城英军激战，接连攻取敌人9个栅卡。十三日晚大雨滂沱，马福禄的左臂中弹负伤，他裹起受伤的左臂，冒着大雨率领敢死队闯入侵略军阵地，向敌人最后一栅卡发动进攻，在即将冲入使馆时，敌军疯狂反扑，马福禄不幸中弹，为国捐躯，时年46岁。其族弟马福贵、马福全，族侄马耀图、马兆图及部下战士百余人同时阵亡。为表彰马福禄，清廷追封马福禄为振威将军，谥忠烈。马福禄牺牲后就安葬在三里河清真寺界内的三里河回民墓地。

中华人民共和国成立初期，曾规划在三里河回民公墓一带修建飞机场，要将地面的房屋、坟墓一并拆除。墓地被迁移前，周恩来总理特地召见了马福禄的儿子马鸿宾，向其说明了迁坟的意图。马鸿宾深知大义，积极支持国家建设，同意迁移其父马福禄的墓地。周恩来总理特派专列护送

---

① 梁欣立：《北京清真寺调查记》，国家图书馆出版社，2014年4月，第39页。

将军灵柩从北京三里河墓地迁回老家甘肃临夏。后来修建机场的规划被否，1955年后在三里河回民墓地原址建了财政部、一机部、二机部、国家计委、国家经委等部委办公大楼和宿舍区。"文革"期间，三里河清真寺遭到了破坏，穆斯林群众被迫停止了正常的宗教活动。党的十一届三中全会以后，伊斯兰教复了正常的宗教活动。1982年在北京市各级政府的支持下，三里河清真寺进行了全面的整修，寺内所藏文物也得到很好的维护与保养。由于三里河清真寺历史悠久，建筑风格独特，文化内涵丰富，1989年8月，被北京市文物局列为北京市西城区文物保护单位。

清末，清真礼拜寺内兴办学堂，京师首批5所公立清真小学堂一共有在校学生约300多名，其中清真公立第二初等小学堂宣统元年（1909年3月）开办，校址就在三里河村（旧门牌35号）清真礼拜永寿寺内。1928年8月，国民政府蒙藏委员会副委员长马福祥投资在阜成门外三里河村35号清真寺建立小学，名三里河清真寺小学校。1931年8月，西北公学将该校接收，命名为西北公学小学第三部，并委派原清真公立第二初等小学堂堂长（后曾为京师私立南郊第一小学校长）崔振荣（仁斋）为该部主任。1936年7月，在北平社会局立案。1937年七七事变北平沦陷后，仍由崔振荣主持校务。1942年后，由洪集成（济极）出任校长，直到解放。1953年，清真寺小学被政府接收，改称三里河小学，"文革"时停办。

三里河村民旧日大多在阜成门外经营骡马运输，还以种菜为生，供应阜成门外菜市。1953年春，国家在三里河回民村旧址拆迁建设"四部一会"大楼。1955年，三里河住宅区建成，占地面积47.6公顷，建筑面积38.5万平方米，其中住宅32.2万平方米，138幢5144套。100多户村民回迁，居住在三里河居民社区。

4. 三里河路上的银杏大道

三里河路之东南以前称为沙沟，旧时称为南沙沟村。阜成门外为永定河故道，沙质土壤，半年刮西北风，卷起漫天黄沙，故附近有沙窝、沙沟之称。历史上沙沟村和沙窝村人口并不多，四周遍布荒地、沙丘和坟地，村民以种大田庄稼和菜地为生。到了清代，随着人口的增加，沙沟村逐渐形成了三里河以北的北沙沟村和三里河以南的南沙沟村。中华人民共和国成立初期，南沙沟村只有40多户人家。1953年建一机部住宅小区，村民都住进了楼房，变成城市户口，还安排了工作。1965年定名南沙沟。1975年，国务院在此兴建宿舍楼，共计18栋，形成楼房住宅区，遂以南沙沟为名，是国务院南沙沟部长居住区。现如今的南沙沟地区既有20世纪五六十年代建设的国家八大机械工业部苏式住宅楼小区，70年代盖的南沙沟部长楼，也有最近几年建设的国家发改委、财政部、水利电力部等单位建设新式住宅小区。

60年来，三里河路见证了北京的变化和发展。它的立体式绿化整洁美观，秩序井然，一直是北京市的样板大街。春天，路两边的迎春花娇艳欲滴，高点的叫不上名字来的花树香气扑鼻。夏天的三里河路更是吸引人，此时北京整个一大火炉，而三里河路边茂密树林提供了凉爽的惬意。秋天是最美丽的，三里河路西侧紧邻钓鱼台东墙外，银杏树叶满目金黄、平地铺金，吸引了无数游客和众多摄影师来欣赏取景，如此难得的温馨浪漫就在北京街头，人们将其命名为北京的"银杏大道"，吸引你不得不停下急匆匆的脚步。冬天更是迷人，路边园林银装素裹，分外妖娆。

第二节　三里河路上的近现代建筑

1. 三里河路两侧的建筑风景

三里河路两边可以说是北京最有历史意义的独特建筑风景之一，西侧的钓鱼台、玉渊潭是极具中国传统特色的皇家园林建筑景观，东侧则是具有近现代建筑风情的中国建筑"展览馆"。这片区域正是当年梁思成、陈占祥构想的"三里河行政区"的核心地带——办公区，而阜外、西外则是其外围——文教和生活游憩区。说起三里河，北京人几乎无人不知，老百姓习惯上把东起礼士路、西至钓鱼台、北临阜外大街、南靠复兴门外大街之间的这片地区，统称"三里河"。

1949年中华人民共和国成立后，梁思成、陈占祥提倡借鉴西方城市规划建设思想，从保护北京古城风貌的立场出发，在西郊新市区设立行政中心。这个西郊便是指今天的公主坟以东、月坛以西的地带。梁、陈二人设想以三里河为中心，建设一个新北京，规划行政中心和"四部一会"大楼。由于当时多方专家意见不同，最终北京市政府采用了折中方案，在西单、朝内、地安门、三里河等地分散建设"国家办公楼"。但"四部一会大楼"的设计予以保留，诸多的行政办公机关也分布于此。位于月坛南街38号的"四部一会"建筑群，始建于1953年，是当年原一机部、二机部、重工业部、地质部（四部）和国家计委（一会）联合盖建的办公大楼。

三里河路南段路东有中国科学院、"四部一会"办公楼群和当年的南沙沟高档住宅区，中段西侧是北京第一批十大建筑——钓鱼台国宾馆，北段西侧是甘家口百货商场、住建部楼群、新疆大厦、五矿大厦、西苑饭店等，东侧自南向北分别是物资大院、中国地质科学院、部委干部家属宿舍楼区，其中著名的就是百万庄住宅区。说起在月坛往西、月坛南北街两侧这一大片地区，以百万庄和三里河国家部委小区为中心，那可是藏龙卧虎的地方。解放后50多年，在这里生活居住过的部级干部千人以上，局级干部上万人，堪称世界级高干区，大街上走着的普通老头老太太可能是大有来头的。更加大有来头的应该是这些建筑了，其中多数在北京乃至全国近现代建筑史上都是可以留下一笔的。

2. 三里河行政中心规划与"四部一会"大楼

1950年2月，梁思成、陈占祥向中央人民政府、北京市委和市政府相关单位提交了"关于中央人民政府行政区位置的建议"的报告。他们认为，由于城墙所限制，老城内缺乏可用的空地，同时西郊敌伪时代所辟的"新市区"又离城过远，与老城区缺乏必要的衔接，因此"建议展拓城外西面郊区公主坟以东、月坛以西的适中地点，有计划地为政府行政工作开辟政府行政机关所必需足用的地址，定为首都的行政中心区域"。尤其关于在旧城内建造中央行政中心，存在着两方面的困难："第一，北京原来布局的系统和它的完整，正是今天不可能设置庞大工作中心区域的因素。第二，现代行政机构所需要的总面积至少要大过于旧日的皇城，还要保留若干发展余地。在城垣以内不可能寻出位置适当而又足够的位置。"

1953 年夏季,《改建与扩建北京市规划草案的要点》明确否定了在西郊设立中央行政区之前,张开济先生曾主持过三里河行政中心区规划。他回忆道,1952 年,"国家计委选择在北京西郊三里河地区,建设一个以计委为中心的中央政府行政中心。规模很大,两个设计单位被邀请提供规划方案,北京市建筑设计院的方案被当时的苏联专家选中了,从此我就成了该计划的工程主持人……1954 年间,这个宏大的规划中途停止……因此当时只完成了其中西北区的一部分建筑,面积仅为 9 万平方米,这就成了现在的'四部一会'建筑群"。如果完全按照张开济先生所主持的三里河行政中心区规划建设,"其建筑面积将达八九十万平方米,中央多数部门的建房问题就可以在这里解决了。从而,梁思成先生维持古都风貌的愿望就基本可以实现了……市区内就不必大兴土木,原来的风貌就比较容易保存下来"。

2007 年 12 月 19 日,"四部一会"大楼已被列入《北京优秀近现代建筑保护名录(第一批)》。"四部一会"大楼即由国家计划委员会和地质部、重工业部、第一机械工业部、第二机械工业部联合修建的办公大楼,它是当时北京市建造的一个大规模的行政办公建筑群。这个建筑群的设计工作是在 1952 年冬季开始的,因为设计条件中途变更以及设计期间的反复研究论证,直到 1954 年 4 月初,第一期工程方才正式动工。

从后来实现的道路及建筑群的总体布局来看,"三里河行政中心"实际上采用了梁陈规划提出的"中国坊制的街型",在两个中心广场的四周各布置了四个街坊式办公楼群。从总体上讲,它们构成了行政中心的整体,但每一坊内"都自成一个小整体,建立中线,有它主要和辅翼的建筑物"。而且,在实际只建成了"四部一会"建筑群(即整个三里河行政中心的西北区)的情况下,也没有"因为整个行政区的未完成而影响它的效能"。在为"四部一会"办公区配套建设的三里河一区、百万庄小区,也与"四部一会"的规划布局一样采取了周边式街坊,可以说它们受到了行政中心区街坊布局的影响。从每一坊内来看,比如建成的"四部一会"建筑群,也采用了梁陈规划的建议,以主楼为轴线,两侧对称布置辅楼。

1954 年，三里河行政中心规划中途停止，其后缩小了规模，仅建成原规划的西北一区，这就是今天大家看到的"四部一会"办公建筑群。北面和西面为两条干道，即今月坛南街和三里河路，东面原为"三里河行政中心"规划中的两个绿化广场，后未实现，现为三里河南三巷。

"四部一会"大楼还是当时国内最高的砖混结构建筑，于 1958 年 8 月 31 日建成，该工程被载入英国出版的《建筑史》。大楼原本采用钢筋混凝土框架结构，后来接受苏联专家郭赫曼的意见改为砖混结构，而且也是北京市第一座采用钢筋混凝土预制构件的大楼，减低了房屋造价并缩短了施工工期。大楼大部分采用了平屋顶，但在各楼入口部分不仅把墙体凸出于整体外墙以形成塔楼，而且在塔楼上布置重檐的攒尖和歇山屋顶。一方面，可以利用这些重檐屋顶在房屋轮廓线上鲜明地表现出民族形式；另一方面，也可以利用重檐屋顶来隐藏高层建筑必需的电梯机器间、水箱及临时性集中锅炉房的烟囱。从"四部一会"大楼的总体轮廓来看，明显取意于中国古代城墙和城楼的造型。这是因为建筑师"希望在整体上给人们一种结实、稳定、大方、雄壮的感觉，以象征我们人民民主政权的坚强稳固，以加强这个设计的思想性"，也是这个建筑的"社会主义的内容"所在。

3. 钓鱼台国宾馆

钓鱼台国宾馆是北京国庆第一批十大建筑之一，是一处中国古典建筑情趣与现代建筑格调完美融合的建筑群。

金章宗（1190—1208）曾在此筑台垂钓，"钓鱼台"因而得名；清乾隆（1736—1795）敕命疏浚玉渊潭并在此兴建行宫，收为皇家园林。现代的国宾馆园区于 1958 年至 1959 年在古钓鱼台风景区基础上扩大修建，园区南北长约 1 公里，东西宽约 0.5 公里，占地面积 43 万平方米，建筑面积 16.5 万平方米，绿地面积 25 万平方米，湖水面积 5.1 万平方米。园内共有 16 栋别墅式接待楼和 2 个古建筑群。钓鱼台国宾馆是中国国家领导人进行外事活动的重要场所，是来访外国元首、政府首脑和重要国宾的下榻及会晤、会议场所。

4. 住房和城乡建设部大楼

说到建筑，那一定得聊聊这条街道上与建筑最为密切相关的最高领导机构——中华人民共和国住房和城乡建设部。住建部的前身是建筑工程部，而建筑工程部的前身是中央财政经济委员会基本建设计划处和总建筑处。当年为第一个五年计划做准备，成立建筑工程部。①

1949 年 1 月 31 日，北京和平解放。为了解决中央直属机关进入北京后的办公和生活用房，中共中央办公厅于同年 4 月决定，成立中共中央直属机关修建办事处，由中央直属机关供给部副部长范离、供给处副处长彭则放负责筹备和组建工作；不久，军委总务处许东也参加了组建工作。办公地点设在西郊万寿路。同年 7 月 1 日，中直修办处正式宣告成立，范离任主任，下设工程处、材料处和经理处以及秘书、人事、审计、行政等科室。中直修办处组建之初，工作人员多来自老解放区，对房屋建筑工程的技术和业务所知较少，特聘请了著名建筑学家、清华大学教授梁思成作为顾问指导工作。②

1949 年 10 月 1 日，中华人民共和国中央人民政府宣告成立。10 月 21 日，中央人民政府政务院及政务院财政经济委员会（时称中财委）同日成立，中财委由陈云任主任，薄一波、马寅初、李富春任副主任。中财委中央财经计划局设有基本建设计划处，主管全国基本建设、城市建设和地质工作。

1952 年 3 月 31 日，中财委副主任李富春给军委总后勤部函件称：中央已决定以营房管理部为基础建立中央建筑工程部，在中央人民政府未通知前，暂以中央总建筑处的名义进行工作，以宋裕和为主任，范离为副主任。下设直属设计院和直属工程公司两个单位。设计院为中直修办处设计室扩充而成，其后发展为中央建筑工程部设计院，即今同处于三里河的中

---

① 《住房和城乡建设部历史沿革及大事记》编委会组织编写：《住房和城乡建设部历史沿革及大事记》，中国城市出版社，2012 年 7 月，第 4 页。

② 北京建工集团总公司编：《北京市建筑工程总公司志（1953—1992）》，中国建筑工业出版社，1994 年 12 月，第 256 页。

国建筑设计研究院。

1952 年 4 月 4 日，周恩来签发了《"三反"后必须建立政府的建筑部门和建立国营建筑公司的决定》。遵照中央这一决定，中财委积极筹建中央人民政府建筑工程部。1952 年 4 月 8 日，中央总建筑处成立并正式开始办公，中央总建筑处办公地址设在北京市山老胡同 2 号。4 月 28 日，中直修办处的建制正式宣告撤销，所属的施工建制并入总建筑处直属工程公司，后于 1953 年成立北京市建筑工程局，位于南礼士路。

1952 年 8 月 7 日，中央人民政府委员会举行第十七次会议，决定成立中央人民政府建筑工程部。建筑工程部隶属于中央财政经济委员会。8 月 28 日，中国人民解放军三十七军受建筑工程部领导。1953 年 1 月，三十七军番号撤销，原三十七军司令部合并到建筑工程部。1952 年 9 月 1 日，中央人民政府建筑工程部正式办公，办公地址设在北京市东四灯市口 82 号。

1954 年 9 月，第一届全国人民代表大会召开，会议决定成立中华人民共和国国务院。《中华人民共和国国务院组织法》第二条规定，国务院下设建筑工程部等部门。1954 年 11 月 10 日，国务院通知规定：建筑工程部隶属于国务院第三办公室直接领导；中央人民政府建筑工程部改称为中华人民共和国建筑工程部，简称"建筑工程部"。1955 年 7 月 7 日，建筑工程部办公地址设在北京西郊百万庄（今三里河路西现地址）。1955 年 7 月 12 日，建筑工程部搬进新建办公大楼（至今未变）。

1955 年 4 月 7 日，国务院总理周恩来提请将城市建设局从建筑工程部划拨出来，成立直接隶属于国务院的城市建设总局。1956 年 5 月 12 日，全国人大常委会第四十次会议通过《关于调整国务院所属组织机构的决定》，决定设立城市建设部。

1958 年 2 月 11 日，第一届全国人民代表大会第五次会议，决定将建筑材料工业部、建筑工程部和城市建设部合并成为建筑工程部。同时国家建设委员会被撤销，其工作的一部分交由建筑工程部管理。1958 年 10 月 12 日，国家基本建设委员会成立。1965 年 3 月 31 日，全国人民代表大会常务委员会决定将中华人民共和国建筑工程部分为中华人民共和国建筑工程部和中华人民共和国建筑材料工业部。

1970 年 6 月 22 日，中共中央批准《关于国务院各部门设立党的核心小组和革命委员会的请示报告》，决定国家建委、建筑工程部、建筑材料工业部、中共中央基建政治部合并，成立国家基本建设革命委员会。1979年 3 月 12 日，中共中央批准成立国家城市建设总局，直属国务院，由国家基本建设委员会代管，负责国家建设方面的行政管理事务。

1982 年 5 月 4 日，国家城市建设总局、国家建筑工程总局、国家测绘总局、国家基本建设委员会的部分机构和国务院环境保护领导小组办公室合并，成立城乡建设环境保护部。1988 年 5 月，第七届全国人民代表大会第七次会议通过《关于国务院机构改革方案的决定》，撤销城乡建设环境保护部，设立建设部；并把国家计委主管的基本建设方面的勘察设计、建筑施工、标准定额工作及其机构划归建设部。2008 年 3 月 15 日，根据十一届全国人大一次会议通过的国务院机构改革方案，建设部改为住房和城乡建设部。

2018 年 3 月，根据第十三届全国人民代表大会第一次会议批准的国务院机构改革方案，将住房和城乡建设部的城乡规划管理职责整合，组建中华人民共和国自然资源部；将中华人民共和国住房和城乡建设部的自然保护区、风景名胜区、自然遗产、地质公园等管理职责整合，组建中华人民共和国国家林业和草原局，由中华人民共和国自然资源部管理。

住房和城乡建设部大楼于 1954 年 5 月 21 日开工，当时名为建筑工程部办公楼。该工程位于三里河路西侧，总建筑面积 40703 平方米，由主楼、南北配楼组成。主楼地上 7 层，地下 1 层，顶高 30 米，配楼地上 5 层，为砖混结构。由北京工业建筑设计院设计，北京市第四建筑工程公司施工。大楼于 1957 年 12 月 30 日竣工，至今 60 余年，曾在中国建筑界产生过广泛影响，成为三里河地区重要近现代历史建筑，整个大楼繁简得当、古朴雄伟，将古代建筑形式与现代技术结合得恰到好处。

附录:

展览路地区消失的街巷胡同

　　北京的胡同历来数不清,尤其旧城区内的胡同可谓多如牛毛。但外城除了关厢地区外,老胡同历来不多,而且随着城市的更新发展,变化也非常巨大。

　　直到明代,北京西郊、北郊、南郊还没有胡同。从张爵《京师五城坊巷胡同集》可以看出,明朝嘉靖三十九年(1560),北京只有东郊有13条胡同、17条街巷。沈榜《宛署杂记》成于万历二十年(1592),比张爵的书晚了32年,北京西郊、北郊、南郊的地名沈记了328处,十分详细,仍然没有胡同。

　　据《展览路记忆》和王彬著《胡同九章》等资料统计[①],仅1990年至2000年,西城区消失的街巷胡同有307条(据2004年《北京西城年鉴》数据,西城区原有656条胡同,总共消失了320条),其中展览路地区消失66条(按原展览路街道记录32条,原阜外街道记录34条,合计66条)。而据西城区人民政府编《北京市西城区地名录》[②]记载,展览路街道30年内消失的街巷胡同有113条之多。具体如下:

　　1966年至1982年间注销37条:北营房北街、北营房北一巷、北营房北二巷、北营房北三巷、北营房北四巷、北营房北五巷、北营房北六巷、北营房东一巷、北营房东二巷、北营房东三巷、北营房东四巷、北营房东

---

　　① 王彬著:《胡同九章》,东方出版社,2007年1月第1版,第212页。
　　② 西城区人民政府编:《北京市西城区地名录》,1998年1月。

五巷、北营房东六巷、北营房东七巷、北营房东八巷、北营房西一巷、北营房西二巷、北营房西三巷、北营房西四巷、北营房西五巷、北营房西六巷、宇宙红楼、阜外南夹道、瓜市营房、车公庄一区、车公庄二区、车公庄三区、阜成门北城根、阜成门北河沿、高梁桥东河沿、西榆树馆、西直门北城根、西直门南城根、榆树馆一巷、榆树馆二巷、榆树馆三巷、月墙街。

1983 年至 1990 年注销 33 条：扣钟北一巷、扣钟北二巷、扣钟北三巷、扣钟北四巷、扣钟北五巷、扣钟北六巷、阜成门南河沿、阜成门北河沿、北礼士路东头条、北礼士路东二条、北礼士路东三条、北礼士路西五条、西直门南河沿、榆树馆四巷、榆树馆五巷、榆树馆六巷、榆树馆七巷、榆树馆八巷、榆树馆九巷、榆树馆十巷、榆树馆十一巷、扣钟胡同、扣钟南一巷、扣钟南二巷、扣钟南三巷、扣钟南四巷、扣钟南五巷、扣钟南六巷、扣钟南七巷、扣钟南八巷、扣钟南九巷、扣钟南十巷、扣钟南十一巷。

1991 年注销 5 条：南礼士路东巷、万明巷、德宝胡同、小园胡同、新兴西巷。

1993 年注销 13 条：北露园胡同、中露园胡同、南露园胡同、露园头条、露园二条、露园三条、露园四条、露园五条、露园六条、露园七条、露园八条、露园九条、露园十条。

1997 年注销 6 条：阜成门外北街、阜外北一巷、阜外北二巷、阜外北三巷、阜外北四巷、阜外北五巷。

其他消失的胡同 19 条：老官房胡同、新官房胡同、大钱市胡同、小钱市胡同、桃柳园胡同、桃柳园东巷、桃柳园西巷、桃柳园南巷、桃柳园北巷、前进巷、高梁桥东巷、高梁桥西巷、新兴中巷、北礼士路西头条、北礼士路西二条、北礼士路西三条、北礼士路西四条、北礼士路西六条、北营房南街。

除了注销外，还有更名的：2006 年北展北街、车公庄北街。

老北京城外本来胡同就不多，改革开放以来，星罗棋布的房地产开发的楼盘住区摧毁了以街巷胡同为网架的街区，城市基本空间和肌理已经逐渐被住宅社区替换了。原来开放的、可以走街串巷连通的街巷胡同，被社区围墙割断以至于湮没了。因旧城保护的压力在老北京城外很小，所以新的街区格局更加容易实现，胡同生活很早就让位于小区生活，胡同其实并没有完全消失，只是它的形态被重新塑造，众多的面向胡同的一家一户演变为社区的院门、楼门，街巷胡同的网络被重新编织。

至今，展览路地区除大街之外，以街巷胡同门牌显示社区楼号住宅的仅有 35 条，而且在全部 22 个社区里只有一半即 11 个社区里才有。如果在百度地图上查询，除大街之外，展览路地区显示的街巷胡同不超过 25 条，而区、院、里、园、苑、楼等大小社区不下于 75 个，且还不包括所有大单位。

后　记

　　历时 9 个月完成了《宛然西郊——展览路街道街巷胡同史话》一书的编写，其中包括了资料搜集、文献检索、图片复制和现场采访、拍照等调研工作，工作量是巨大的，时间也是紧迫的。之所以能够顺利完成此项任务，一是要感谢北京市政协、西城区政协和西城区展览路街道办事处的各位领导的支持帮助与对文化事业的不懈追求，其中有街道办马立军主任、芦洁主任对编写工作的具体指导，对我们到街道街巷胡同社区调研所给予的细致联系和具体帮助，有中国致公党北京市西城区委员会委员、机械工业信息研究院技术管理研究所《中国科学技术奖励年鉴》编辑部徐国兴主任等专家在图书编辑出版方面的指导帮助。二是要感谢所有参与本书调研、编写和协助搜集提供文献资料的老师、同学们，你们是最辛苦的。三是要感谢北京史地民俗学会和网友等老北京热爱者们的热情和无私的帮助，为本书提供了难得的珍贵资料。

　　本书能够顺利编写还在于展览路地区的文史资料比较丰富，而且北京建筑大学图书馆也积累了比较多的文献资料，特别是老北京地图、照片等，对丰富本书的内容起了很大的作用。再有，以往各方面比较关注北京旧城圈里的胡同、街道和院落，形成的文献资料很多，但对于城外区域则关注较少，即使关注也是着眼一点不及其余，很少从区域整体上或从某条大街的方方面面进行深入研究。本书对历史信息的挖掘研究虽然还欠深入，但至少填补了城外街道区域历史文化方面的综述性文本的空白。

本书以编为主、以著述为辅，特别是成段引述了一些作家、作者的精彩文章，那是无可替代的，在此特别致谢！

编　者

2018 年 12 月 10 日

图书在版编目（CIP）数据

宛然西郊：展览路街道街巷胡同史话 / 政协北京市
西城区委员会，《西城区街巷胡同文化丛书》编委会编
. —— 北京：中国文史出版社，2019.11
（西城区街巷胡同文化丛书）
ISBN 978 - 7 - 5205 - 1530 - 6

Ⅰ. ①宛… Ⅱ. ①政… ②西… Ⅲ. ①胡同 - 介绍 -
西城区 Ⅳ. ①K921.3

中国版本图书馆 CIP 数据核字（2019）第 246071 号

责任编辑：牟国煜　薛未未

出版发行：**中国文史出版社**

社　　址：北京市海淀区西八里庄路 69 号院　　邮编：100142

电　　话：010 - 81136606　81136602　81136603（发行部）

传　　真：010 - 81136655

印　　装：廊坊市海涛印刷有限公司

经　　销：全国新华书店

开　　本：720×1020　1/16

印　　张：22.75　　彩插：2

字　　数：334 千字

版　　次：2019 年 11 月第 1 版

印　　次：2022 年 1 月第 2 次印刷

定　　价：289.00 元（全 5 册）

西城区街巷胡同文化丛书（第一辑）

闾巷塔影

新街口街道街巷胡同史话

政协北京市西城区委员会
《西城区街巷胡同文化丛书》编委会 编

中国文史出版社

新街口街道办事处辖区要览

新华自由
后英房胡同
东教场胡同
徐悲鸿纪念馆
新街口北大街
西城区法院
北京厂顺实验学校
新街口区里三区路
新街口四条
后英房胡同
东新开胡同
西城区青少年
儿童图书馆
德胜门南大街
东光胡同
前牛角胡同
西直门北顺城街
前桃园胡同
桦皮厂胡同
马相胡同
鼠场胡同
北草厂胡同
西城区文化中心
西直门内大街
西直门内大街
天主教北京总教区
西直门天主堂
北京第三十五中学
北京市西城区少年宫
前公用胡同
新街口南大街
前半壁街
西直门南小街
柳巷
南草厂街
叔容闻路
西城图书馆
东冠英胡同
中大安胡同
西直门南大街
大菜巷
大觉胡同
宝产胡同
宫园公馆
北京外事学校
育幼胡同
中国儿童中心
平安里西大街
平安医院
叔容闻路
西四北八条
西四北七条
西城区南大街
西四南小街
梅兰芳大剧院
景花街
国家京剧院
西四北六条
大玉胡同
西四北五条
阜成门北大街
西城买胡同
东廊下胡同
大茶叶胡同
叔容闻路
西四北四条
西四北三条
鲁迅博物馆
白塔寺
西四北头条
西四北头条
宫门口东岔
宫门口西岔
弘慈广济寺
阜成门
中央医院旧址
历代帝王庙
阜城内大街

新街口街道办事处辖区要览

《西城区街巷胡同文化丛书》
征编出版说明

  西城区作为北京三千多年的建城地和八百多年的建都地，拥有众多古老的街巷故同和丰富的历史文化资源，是皇城文化、士子文化、民俗文化、宗教文化等各种文化共存的区域。西四北一至八条至今基本保留了元大都建城时的规制，胡同中的四合院也大都具有明清的风格。随着城市建设的发展，为了满足市政道路改造及公用设施建设需要，一些胡同被拆除，建起了楼群，组成连片的居民区，形成了新的街巷。一些胡同被合并，原有的名称消失。街巷胡同不仅是城市脉络、交通道路，也是人们世代生息之所。为了满足各种需要，街巷胡同不会永远不变，所以记录街巷胡同、留存珍贵的历史成为一件十分重要和迫切的事情。我们既要保护好古都风貌，也要利用好古都资源，传播传统文化，传承历史文脉，讲述好西城自己的故事。

  2019年既是中华人民共和国成立70周年，也是人民政协成立70周年，我们深感有责任也有义务对西城区的街巷胡同进行全面梳理，深刻挖掘每个街巷胡同的文化底蕴，呈现西城区街巷胡同的历史沿革、发展变迁的脉络及中华人民共和国成立以来展现的新面貌。

  西城区行政区划内共设15个街道办事处，办事处辖区街巷胡同各具特色、历史悠久、底蕴深厚，如璀璨的明珠闪耀西城。《西城区街巷胡同文化丛书》以一街道一分册的形式呈现，记录辖区内街巷胡同中的院落格局、王公府第、单位机构、市井百业、今昔人物、今日呈现等，将街巷胡同历史脉络、当下风貌和文化特色进行梳理挖掘。这是 2010 年原西城区和宣武区合并后，首次从建筑、人文等方面全方位立体式地对街巷胡同进行详细调研，以丛书的形式编辑出版，既是对过去和现有街巷胡同文化资源的挖掘、研究，也期望能对未来街巷胡同资源的开发和利用提供借鉴。

　　本书的编写充分发挥了西城区政协委员的作用，由区政协学习指导和文史资料委员会牵头策划组织，各街道政协委员联组具体承办。区政协和各街道政协委员联组的同志以及聘请的专家学者进行了大量实地调研，跑遍了西城区的大街小巷，参阅了以往的街巷胡同史志记载，寻找和听取一些老居民或其他亲历、亲见、亲闻者的口述，与档案资料对比核实，详细整理，倾注了很多心血。丛书以图文并茂的形式，向读者展示了西城区街巷胡同的往昔神韵、现今风貌和深厚的历史文化内涵。希望发挥区政协文史工作"存史、资政、团结、育人"的功能，服务首都"四个中心"建设。

政协北京市西城区委员会

2019 年 10 月

目　　录

前　言

　　北京是一座世界级的历史文化名城，她不仅具有东方古城的特殊风貌，而且还凝聚着 3000 年的文化根基。因此，被梁思成先生誉为"最具有传统活力、最特殊、最珍贵的艺术杰作"，侯仁之先生则称之"超越艺术品的艺术品"。郁达夫先生在文章中写道："中国的大都会，我前半生住过的地方原也不在少数，可当一个人静下来回想，上海的热闹、南京的辽阔、广州的乌烟瘴气、汉口的杂乱无章，甚至于青岛的清幽、福州的秀丽以及杭州的沉着，总比不上北京的典雅堂皇、幽闲清妙。"老舍先生则用诗一样的语言，抒发着对老北京的挚爱："我真爱北平，这个爱几乎是要说而说不出的……我所爱的北平不是枝枝节节的一些什么，而是整个儿与我心灵黏合的一段历史……从雨后什刹海的蜻蜓一直到我梦里的玉泉山的塔影，都凑在一块儿，每个小事中有个我，我的每个思念中有个北平。"

　　新街口地区位于北京城的西北方位。东起新街口南大街、新街口北大街、西四北大街，南至阜成门内大街，北抵德胜门西大街，西达西直门南大街、西直门北大街，辖区总面积 3.7 平方公里，户籍人口 10 万余。

　　新街口地区不仅有阜成门、西直门等城垣式建筑，还有白塔寺、广济寺、历代帝王庙等重要地标性建筑；这里不仅有阜成门内大街、西直门内大街、德胜门西大街、平安里西大街等通衢大道，还有蒲州巷、富国街、小乘巷、金丝胡同等清幽小巷。这里不仅有端王府、质王府、惠

1

郡王府等府邸建筑，还有青砖黛瓦组合而成的四合院建筑；这里不仅留有鲁迅、陈垣、白涤洲、老舍、陈寅恪、于非闇、陈半丁、娄师白、启功、程砚秋、老志诚、石乐漾、冯亦代、赵丽蓉、翁偶虹等文化名人的足迹，还有普通百姓穿梭于闾巷塔影间留下的身影。

新街口地区不像西长安街地区那样光彩夺目，也不像什刹海地区那样浪漫温情；不像金融街地区那样时尚前卫，也不像大栅栏地区那样店铺林立。在新的历史发展形势下，看似平平淡淡的新街口地区正发挥着超乎寻常的魅力。

本书将向读者逐一展示新街口地区厚重的历史风貌和渊源绵长的文化底蕴。并向读者介绍新街口地区街巷胡同的历史沿革以及居民们对胡同、四合院那些挥之不去的深厚情感。

闾巷、塔影，这里是居民们赖以生存的根基，是享受雨露阳光的一片净土。

第一章　槐风几度

"西北套"，这是对西直门内大街路北至北京北城墙根这片区域的一种统称。又因为此区域多为平民百姓，生活并不富裕，又有"穷西北套"之称。

"西北套"的街巷胡同约有 68 条。其名称的来源既有地形地貌、人物姓氏、宗教场所，又有仓储作坊、地标建筑、军事设施，还有按照顺序排列带"条"的胡同。

一、几条带"条"的胡同

"新街口"形成于明代，嘉靖年间的《京师五城坊巷胡同集》中记有"新开路"，即"新街口"的前身。万历年间的《宛署杂记》中第一次出现了"新街口"这样一个地名。但是在明代，"新开路"或"新街口"概念较为含糊，泛指新街口北大街、新街口西大街和新街口南大街接合部区域，又特指新街口丁字路口一带。

据某些专家考证，元代时，"新开路"和"新街口"部分地方为积水潭的某片水域。明代之后，随着积水潭水域面积缩小和逐渐形成的居民区，在修筑道路过程中为了区别老的街巷，故称"新开路"，或"新开道街"，后变更为"新街口"。

新街口北大街自南往北第一条胡同为新街口头条，亦称"头条"。该胡同形成于明代，嘉靖年间的《京师五城坊巷胡同集》记载为"一

1

条胡同"。清代改名为"头条胡同",民国期间其名称沿用。因该胡同为新街口北大街自南往北第一条胡同,1965 年定名"新街口头条"。

新街口头条为东西曲折走向,东起新街口北大街,北部与新街口二条、珠八宝胡同相交,全长 210 米,均宽 4 米。1990 年门牌为 1—19 号;2—16 号。

新街口头条走向颇为复杂,它是由东西走向和南北曲折走向的两条胡同组合而成。东西走向的胡同相对平直,院门也多集中于此。南北曲折走向的胡同多少带有夹道的性质,西侧为新街口俱乐部东墙,东侧为数量不多的居民院。

新街口头条是以居民院落为主的胡同,驻地单位仅有新街口房管所一家。改革开放后,胡同东口开了家门脸不大的小饭馆。

在新街口头条 17 个居民院中,8 号是一座精美的三进四合院。从门楼的形制上看,介于如意门与金柱门之间,门楼两侧墙壁上的砖雕雕工极为精湛。走进院门,映入眼帘的是一面用素砖砌成的影壁墙。院内的房屋质量较好,磨砖对缝的墙壁、宽敞的院子、环绕的走廊……令居住于此的居民至今难以忘怀。据孙瑞林先生介绍,解放前这所宅子的房东姓崔,在北京城开金店。中华人民共和国成立后,该院为北京邮政系统职工宿舍。

新街口二条为东西曲折走向,东起新街口北大街,西至珠八宝胡同,西口南折至新街口头条,全长 110 米,均宽 4 米。

新街口二条胡同形成于明代,嘉靖年间的《京师五城坊巷胡同集》和万历年间的《宛署杂记》均有"二条"的记载。清代至民国时期沿袭该叫法。因该胡同为新街口北大街自南向北第二条胡同,1965 年定名"新街口二条"。1990 年门牌为 1—29 号;2—28 号。

新街口二条在坊间亦有"二条"之称。坊间虽有新街口的"大三条""大四条""大六条""大七条"之称,却没有"大二条"之叫法。

新街口二条是以居民平房院为主的胡同。新街口社区服务中心东侧为人民美术出版社职工宿舍。给街坊留下印象最深的是院子里那几棵粗壮的洋槐树。每逢初夏时节，淡淡的花香充盈在整条胡同之中。

新街口派出所西侧的居民院，新街口街道联社下属的服装厂占据了几间房子。类似于这样的小厂，在当时的新街口办事处管辖范围内有多处，前身为各居委会组织成立的各种生产小组。街道联社建立后对这些生产小组进行重新组合，并形成汽车靠垫、工艺美术、照明灯具、民用五金、印刷装订、服装鞋具、商贸服务等行业。

新街口派出所亦称"新北派出所"，坊间传说为慈禧太后娘家的宅子。

11 号为新街口社区服务中心，面积有 800 平方米，20 世纪 80 年代末期在北京市街道系统社区服务中心中属于较大的一处。楼房正面墙壁上悬挂的"新街口社区服务中心"几个大字，为著名画家周怀民先生题写。

新街口二条北面，有一大一小两条胡同，分别叫作新街口三条和新街口小三条。坊间亦称为"大三条"和"小三条"。

新街口三条形成时间可追溯到明代，嘉靖年间的《京师五城坊巷胡同集》中就有记载。而新街口小三条形成于 1965 年。

新街口三条为东西走向，东起新街口北大街，西至珠八宝胡同，全长 116 米，均宽 5 米。1990 年门牌为 1—17 号；2—4 号。由于新街口街道办事处、新街口医院、大三条小学占了 4 个门牌，这样一来，纯粹的居民院仅有 5 处。

街道办事处为区政府派出机构，履行基层政府的职责。1949 年 4 月至 5 月期间，先后组建了火药局、二条、六条、黑塔寺、马相、西直门、西水关、德胜桥、果子市、旧鼓楼、小石桥等 11 个"街政府"。1949 年 7 月，"街政府"撤销后，工作人员并入公安派出所。1954 年成立马相、新街口北大街、果子市、旧鼓楼、羊房 5 个街道办事处。1958 年 10 月，马相与新街口北大街两个街道办事处合并，统

新街口 logo

3

称"新街口北大街街道办事处";旧鼓楼、果子市、羊房三个街道办事处合并,统称为"果子市街道办事处"。1958 年年底,这两个街道办事处再次合并,定名为"新街口街道办事处"。

新街口街道办事处曾几度易名,有"新街口街道人民公社""新街口街道革命委员会"不同称谓。

早期的新街口街道办事处大门开在新街口北大街,门牌为 79 号。1985 年之后,大门改在新街口三条内,门牌为新街口三条 2 号。

新街口街道办事处最早是由若干个小院组合而成的平房院。进大门之后为通道,南北两侧为办公用房。北侧有粮油组、传达室、民政科、劳动科及劳动服务公司;南侧有城建卫生科、劳动科的劳力组、校外办、落实办(即落实政策办公室,后为司法助理员办公室和司法科)。

中院面积较大,北侧为劳动服务公司会计室、人防办、居民科;西侧为计生办、行政办公室及职工宿舍;东侧为新街口联社的商业科、劳资科、生产科等;南侧有座条件简陋的礼堂。

中院东侧有条南北走向的通道。西侧为行政科、工会、会计科、职工食堂;东侧有两个跨院。北院为街道主任、书记办公室和人事科;南院为宣传科、人武部、团委、妇联等。通道南侧有个旁门,可通向新街口派出所,百姓们亦称"穿堂门"。

1985 年之后在原址上先后建起 3 栋小楼。北楼一层有值班室、停车库、司机班、男女公用浴池;二层由税务所占用。中楼为办事处办公楼。南楼东侧为新街口社区服务中心;西侧为街道工委职能科室。办公楼之间留有两处平房,一处由食堂使用,还有一处为办公用房。

新街口三条东口的新街口医院,前身为新街口街道联合诊所。医院里最有名气的是张宇石先生。张先生世代为医,以儿科、妇科见长,被人们尊称为"小儿张"。张先生的儿子张昌夫为"小儿张"第 11 代传人。

大三条 17 号和 4 号院为新街口大三条小学,是一所具有百年历史的老学校。

据史料记载，光绪三十一年（1905），在宣武门内创办右翼八旗第七初等小学堂。光绪三十三年（1907），因校舍不足迁到新街口三条。民国元年（1912）更名为京师公立第二十三国民学校。之后分别叫北平特别市公立第二十八小学校、北平特别市市立第二十八小学校、北平市市立第二十八小学校、北平市新街口小学、北平市立第四区十八保国民小学。中华人民共和国成立后，变更为北京市西四区新街口大三条小学。20世纪50年代末，私立东新开小学并入后，统称新街口大三条小学。但附近的百姓习惯把这所学校叫成"大三条小学"，简称"大三条"。学校分为南北两校，南校称为大三条小学分校。

北京民俗专家白鹤群先生为该校的学生。他在校就读的时候，学校西侧的珠八宝胡同还是一片晾人粪的空旷场地。小学西口有摩电灯厂（后改为电讯五金工具厂），生产摩电灯。20世纪五六十年代，许多自行车都安有摩电灯，老百姓管它叫"电滚子"。1956年国庆节，大三条小学学生傅乐乐（傅钟将军的女儿）曾代表北京市少年儿童在天安门城楼上向毛主席献花，在社会上引起很大的轰动。

新街口小三条为东西走向，东起新街口北大街，西至珠八宝胡同，全长120米，均宽4米。1990年门牌为1—3号。早年为珠八宝胡同的其中一部分，1965年析出，因位于新街口三条北侧，定名"新街口小三条"。由于胡同南侧为大三条北侧院落和新街口大三条小学的后墙，三个院门都在胡同北侧，因此新街口小三条带有夹道的性质。

新街口小三条1号院曾有珠八宝居委会三间办公房。西侧还有两小间南房，为新街口街道联社下属单位天安门照相组办公用房。

新街口七条是新街口"头条"至"七条"最后一条带"条"的胡同。因西侧有西教场"小七条"，为加以区别，坊间故名"大七条"。

新街口七条为东西走向，东起新街口北大街，西至东教场胡同，中部与后坑胡同、红园胡同相交，全长275米，均宽12米。1990年门牌为1—13号；2—30号。

胡同形成于清末时期，《京师坊巷志稿》记载为"七条胡同菜园"。

民国初年改为"大七条胡同"。1965年为区别于西教场小七条，定名"新街口七条"，坊间称"大七条"。

新街口七条与新街口四条类似，是新街口北大街通向路西胡同的主要通道之一。与新街口四条不同的是，因为胡同偏北，新街口七条主要通向东教场胡同、后英房胡同、长青胡同一带区域。如果有人想到黑塔寺、崇元观、北草厂、玉佛寺一带，那可就要看行人对胡同的熟悉程度啦。

胡同西部南侧有条不足20米的岔巷，时任总政治部宣传部副部长的陈其通将军在这里一个安静的小院里居住。

陈其通（1916—2001），四川巴中人。1932年参加中国工农红军，1933年由共产主义青年团转入中国共产党。历任区少共书记、县独立团政委、师宣传队长等职，参加过二万五千里长征。在抗日战争和解放战争时期，先后担任延安补充团政治处主任、剧团中队长、宣传股长、旅宣传队长、团参谋长、保安团团长兼政委、武装部部长、东北军区政治部文艺科科长等职。中华人民共和国成立后，先后担任总政治部文化部文艺处副处长兼文工团团长、军委总政治部文工团团长、总政治部宣传部副部长兼解放军艺术学院副院长等职。

陈将军是我军自己培养出来的艺术家，被誉为"红军戏剧家"，创作各类剧目多达百余个。话剧《万水千山》堪称经典之作。

新街口七条东口南侧有所叫"大七条"的小学校（本校），分校在后坑胡同内。1986年以后，大七条小学改为西城区教委校外公司开办的灯具城。

新街口七条是以居民平房院为主的胡同。胡同内有北京市仪器仪表总公司。胡同东口有家菜蔬商店。改革开放之后，胡同东口陆续开设一些商业服务网点，规模都不大。

北京城里有很多顺序排列的胡同，如西四北的"头条"至"八条"，宫门口的"头条"至"五条"。然而位于新街口的"条"则不然，在"头条"至"七条"之间，竟然缺了"五条"。

那"五条"跑哪儿去啦？

历史上，新街口五条是有的，在《京师五城坊巷胡同集》中的"日中坊·四牌十九铺"有"新开路、红桥儿、西直门街北、永泰寺、麕鹿房、一条胡同、二条胡同、三条胡同、四条胡同、五条胡同、米市口、营房桃园、曹老虎观、官菜园"等地名。这里所说的"五条"，即新街口五条的前身。

清代其名称延续，在《乾隆京城全图》《京师坊巷志稿》和《光绪顺天府志》均有"五条胡同"的记载。

当时的五条胡同为东西走向，东口挨着新街口北大街，西侧与菜园六条相交。到了民国初年的《北京内外城详图》时，五条胡同消失了。在原五条胡同位置出现了这样一些变化：1. 新街口北大街路西出现了一条东西走向的无名死胡同；2. 在菜园六条东侧出现了一条与其他胡同并不相通的骆驼胡同。这条无名死胡同与骆驼胡同在同一条水平线上，中间有块隙地。

是什么原因造成五条胡同消失的呢？

从史料中可以发现，近代有一位名人与消失的五条胡同有一些关联，他就是刘挈园先生。

刘挈园（1884—1962），湖北嘉鱼人，早年毕业于日本早稻田大学法律系。回国后参加辛亥革命，任武汉军政府财政、实业两司参议，后任民政司主任秘书、财政司财政科长。1929 年任中东铁路督办公署编译处编译委员。1931 年"九一八"事变后日军侵占东北三省，刘先生愤然"举家迁居北平，在德胜门城根购置园地六亩，建房居住，并辟园养菊"，坊间亦称"菊花刘"。据《什刹海志》记载，刘先生的菊园"位于什刹西海畔西南（今新街口北大街 53 号和 53 号旁门）。取'洁身自好，闭门啸傲'之意，名为'挈园'，自号'挈园老人'"。因为刘先生养菊技术高超，与苏州的周瘦鹃先生并称为"南周北刘"。

除刘先生外，当时北京城里还有几位种菊名家。如住在东城柏林寺胡同的蔡省吾先生，将寓所称为"闲园"，自号"闲园菊农"，园内有名贵菊花数百株。省吾先生擅长工笔花卉，有《闲园菊谱》画册存世。

"絜园"建成之后，每到金秋赏菊时节，展室中陈列着数千盆菊花供人观赏，赏菊者络绎不绝。

赏菊者除了赏菊，还可在厅堂间欣赏名家题写的匾额。如进门处有陈叔通先生题写的"絜园"，花房正中有邵伯纲先生题写的"仰止庐"，花台上有章士钊先生题写的"望湖亭"，正厅正室有张菊生先生题写的"延龄馆"，东屋有邢冕之先生题写的"寄傲轩"，西屋有陈紫纶先生题写的"守澹斋"，北屋有商藻亭先生题写的"晚香簃"，后院有桂南屏先生题写的"静修居"。由于陈叔通等八位先生均为清末翰林，刘先生以"小园题榜字堪夸，难得词林八大家"一首小诗赞之。

各展室内还有挂有马晋、陈半丁、汪慎生、陈云诰、胡佩衡、徐燕孙、溥雪斋、孙诵昭、吴素秋等名家的书法、绘画作品。还有朱德委员长题写的七绝："奇花独立树枝头，玉骨冰肌眼底收。且盼和平同处日，愿将菊酒解前仇。"董必武副主席题写的"习劳自种千盆菊，爱客同看百日花"条幅。

中华人民共和国成立后，毛泽东主席、朱德委员长、周恩来总理等党和国家领导人曾到园内赏菊。1961年朱德委员长参观"絜园"后还即兴赋诗一首："刘老絜园助国光，卅年种菊永留香。精研善养奇葩好，承旧启新世泽长。全力栽培传代久，不辞辛苦为人忙。京都老少欣来赏，敬赠幽兰配北堂。"

1982年12月，在"絜园"原址上建成徐悲鸿纪念馆。由此，五条胡同变为大四条胡同（即新街口四条2号）北侧的一条不足20米的短巷和菜园六条（即红园胡同）内的骆驼胡同（1965年并入红园胡同）。

目前，新街口头条、新街口三条、新街口七条等胡同因城市发展需要，先后拆除，仅存有新街口二条的少部分区域。尽管如此，曾经居住于此的居民每逢路过这里，总想从楼宇商厦之间的缝隙中寻找到曾经有过的气息。因为这些胡同曾经牵动过他们的心。

二、因水井得名的胡同

明代的《宛署杂记》有这样的文字："胡同本元人语，字从胡、从同，盖取胡人大同之意。"也就是说，"胡同"一词是蒙古语的音译。蒙古语的"胡同"又是什么呢？其实是井的意思。蒙古族本是逐水而居的游牧民族，入主中原定都北京后，农耕生活虽不必再逐水放牧以生存，但对水的依赖程度更深。

那新街口地区在历史上有多少口井呢？

清光绪年间的《京师坊巷志稿》曾做过这样的统计："北小胡同曰白塔寺夹道。曰老虎洞。井一。曰六合大院。井二……"当年新街口地区总共有93眼水井。

这些水井不但为居民们提供了种种生活便利，有的水井还成了胡同的名，其中"西北套"有大铜井胡同、高井胡同、井儿胡同、四眼井胡同等。

大铜井胡同为东西曲折走向，东起新街口北大街，西至后坑胡同，全长80米，均宽4米。1982年门牌为3号；2—4号。

大铜井胡同形成于清代，因胡同内有眼铜质井圈的水井，井圈外方内圆，上面镌刻着"大元至顺辛未秋七月赐雅克特穆尔自用"十七隶字，下镌"铁平章大铜井"六隶字，故名"大铜井"。1965年定名"大铜井胡同"。

当年新街口豁口东西两侧各有一条带"铜井"的胡同，即大铜井胡同和小铜井胡同。1985年夏秋之季改建积水潭立交桥时，大铜井胡同拆除，仅留下马路东侧的小铜井胡同。

雅克特穆尔也叫燕铁木儿，原是元武宗的贴身警卫，与武宗感情深厚，后因才华出众屡被提拔，曾任金书枢密院事（相当于国防部副部长）一职。天历元年（1328），他发动政变，拥立元武宗的儿子图帖睦尔为帝（即元文宗）。在《续资治通鉴》中这样记载："帝（元文宗）

念雅克特穆尔拥戴之劳，既追封其三世，又命礼部尚书马祖常制文立石于北郊以昭其功；获谓未足以报，命独为丞相以尊异之。丁未，以巴延知枢密院事，依前太保、录军国重事。"因雅克特穆尔的特殊贡献，因此皇上御批宫廷铸铜局专门为其御制大铜井台。

"平章"为元代的一个官职名称，但雅克特穆尔并没有担任此职。据清康熙年间出版的《日下旧闻考》一书认为，"铁平章"为特尔格。在《京师坊巷志稿》中也有这样的记载："铁平章宅，当在西直、阜城二门间。今遗迹不可考也。"在《元史》中，特尔格又叫铁哥，至元二十四年（1287）跟随忽必烈北征叛军立有战功。"帝以金章宗玉带赐之。"铁哥自元世祖开始历经元成宗、元武宗，直到元仁宗二年（1313）去世，在中书省平章政事（相当于副宰相）任职二十余年，世人尊称"铁平章"。

上述文字说明，"大铜井"曾有两位主人，即雅克特穆尔和特尔格（铁哥）。

旧时，北京坊间传有"南城的茶叶北城的水"这样的民谣。传说明清两朝时每逢大雨时节，到玉泉山拉水的车辆不能出城，供应皇宫里使用的水便取自"铜井"。民国时有人作诗道："甘泉芳冽味清新，有诏传宣赐近臣。惕励此心同止水，三缄借鉴学金人。"由于"大铜井"的名气较大，还为北京城的"镇物"之一。

高井胡同为南北曲折走向，北起永泰胡同，南至西直门内大街，胡同中部有东向、西向两条岔巷。民国期间，西向的岔巷内曾设有宝善学校。

胡同形成于清代，此井因井台较高，故称"高井"，随之成了胡同的名称。

西直门内大街除了有百姓饮用的水井外，清廷还设有七眼"官井"。这七眼官井位于玉芙胡同南口、火药局胡同南口、穿堂门胡同南口、三官庙胡同南口、崇元观胡同南口、高井胡同南口等处。这些官井平日里不用，用铁盖子封着。等到皇上想出西直门到海淀、西苑、颐和园时，这些官井才派上用场。皇上巡游途经之路需要黄土垫道，净水泼街。据说黄土取自高梁桥外的大柳树，这泼街的净水就来自西直门内大街的那七眼官井。

在民间亦有"九龙二虎一座桥"之说。所谓的"九龙"就是西直门内大街及周边区域内的龙王庙；所谓的"二虎"，就是位于铁狮子巷里面的"铁狮子庙"和位于南小街北口东侧的"老虎庙"；所谓的"一座桥"，就是位于赵登禹路北端的"洪桥"（亦称横桥）。

据《春明旧事》一书记载，石继昌先生于20世纪30年代后期，在护国寺庙会购买过"百本张"及"聚卷堂"的曲本。其中的"百本张"就住在高井胡同内。

"百本张"姓张，名字不详，为专门抄写民间戏曲、曲艺唱本的手工业者。自乾隆年间开始，他家世代在护国寺、隆福寺庙会上出售手抄昆、弋、皮黄、梆子及子弟书、大鼓书、八角鼓、莲花落、时调小曲等单行本。为了与其他版本有所区别，在封面上刻有"百本张"的字样，并盖有"西直门大街高井胡同张姓行二"或"西直门内高井胡同中间东小胡同东头路北张姓行二"戳记。民国初年，随着石印、铅印唱本的兴起，"百本张"抄本成为藏家的收藏品。1929年，刘半农先生曾从琉璃厂旧书店中发现"百本张"抄本460册，加上其他戏曲、曲艺单本共2200余册，后全部由中央研究院历史语言研究所收藏。抗战时期，在南京转运西南途中不幸沉船，唱本全部失落。

高井胡同还曾住过一位军旅作家孙景瑞先生。

孙景瑞，1922年出生，河北省新城县（今高碑店市）方官村人。1949年3月参加中国人民解放军，历任随军记者、编辑、创作员。主要作品有：长篇小说《红旗插上大门岛》《粮食采购队》《紧要军情》《北平不寂寞》《积雪的山谷》等；回忆录《那时光景》；电影剧本《渔岛之子》《瑰宝》《难忘的战斗》等。

后英房胡同西北侧，曾有条叫"四眼井"的胡同。坊间亦传这眼井的水曾经被慈禧太后饮用过，因此名声大噪，到这里打水的人络绎不

11

绝。为了减少等待时间，百姓集资让石匠在井口处打了四个井口，所以叫"四眼井"。1965 年"四眼井"并入后英房胡同。随着时光的流逝，人们对"四眼井"已经逐渐淡忘。

曹公观东西两侧各有一条"井儿胡同"，间距有 500 来米。为了防止名称重叠，民国年间将西侧的井儿胡同改成了"西井胡同"。

西井胡同为曲折走向，北起新街口四条，东至后章胡同，西口与东光胡同相交，全长 198 米，均宽 3 米。1990 年门牌为 1—15 号；2—16 号。

据孙福瑞先生介绍，西井胡同那眼水井在胡同的西部。中华人民共和国成立前，西井胡同北侧有所私立普智小学，学校大门开在大四条内。

东侧的井儿胡同，1965 年被东新开胡同并入，成为该胡同的一条岔巷。大四条居委会曾在这条岔巷中办公。

北京城可以说是因为水而生，水与这座城市共同演绎出一个绵延千百年的传奇故事。水井也就成为老百姓朝夕相伴的物件了。旧时，水井旁还是一个邻居们相互交流的平台。社会新闻、坊间传说……从这里获得，又传播到胡同的各个角落。

三、与军事设施相关的胡同

作为城市的防护体系，除了环绕京城的几道屏障之外，在城内、城外还有军队驻防。明代新街口地区有"燕山前卫""永清左卫"和"营房"以及训练用的"教场"。在《京师五城坊巷胡同集》和《宛署杂记》曾出现"营房桃园""营房一条胡同""营房三条胡同""营房四条胡同""营房五条胡同"等地名。

清代之后，以西教场为界，前、后营房形成独立的胡同。东、西、中教场胡同及西教场小二条至小七条还混在"宽街""小四条""五条""六条""七条胡同""东教厂""砖瓦胡同""教场中街""西教场"

之中。直到民国期间，这些胡同才初步理顺，并有了"东教场""西教场""宽街""砖瓦胡同""小四条""小五条胡同""小六条胡同""小七条胡同"的名称。到了1965年，这些胡同名称又做了调整，变成了东教场胡同、西教场胡同、中教场胡同及西教场小二条至小七条。

东教场胡同南北走向，南起新街口四条胡同，北至新街口七条胡同与西教场小七条接合部，中部与红园胡同、槐树胡同、朋奖胡同、潜学胡同相交，全长261米，均宽5米。1990年门牌为1—17号；2—14号。

胡同原为教场，清代逐步形成胡同，因位于教场东侧，故名"东教场"，俗称"东街"。1965年定名"东教场胡同"。胡同东侧以平房院为主，西侧有东教场小学，南侧有副食、粮店及蔬菜店等商业网点。

据孙福瑞先生介绍，东教场北口住过一位驯鹰（鸽）高手常容启先生，是北京收藏大家王世襄先生的好友。中华人民共和国成立前，常先生曾在西四北三条11号为马步芳、马鸿魁等西北军将领驯养过鹰。剃头棚胡同住过一位姓唐的先生，以画脸谱为生，其"唐氏脸谱"为西城区非物质文化遗产项目。新街口小七条1号院为总政文工团宿舍，歌唱家杨洪基、王静、郁钧剑，演员吴玉华等演职人员在此居住。

中教场胡同南北走向，北起西教场小七条，南至新街口四条，中部与西教场小二条至小六条、槐树胡同、朋奖胡同、潜学胡同相交，全长350米，宽3米。1990年门牌为1—11号；2—60号。

明代为士兵们演练的教场，清代逐步形成街巷。因位于教场中部，故称"教场中街"，俗称"中街"。1965年将长图治胡同、洋溢滋胡同、剃头棚胡同并入，定名"中教场胡同"。

长图治胡同、洋溢滋胡同、剃头棚胡同位于胡同东侧，为东西走向、不足50米的短巷。

西教场胡同南北走向，北起西教场小七条，南至新街口四条与东光胡同接合部，中部与西教场小二条至小六条相交，全长337米，均宽4米。1990年门牌为1—81号；2—14号。

早年为教场，清代逐渐形成街巷。因位于教场西侧，故名"西教场"。1965 年将绵长胡同和草料铺胡同并入，定名"西教场胡同"。胡同内有副食店、粮店、蔬菜店等商业网点。

绵长胡同和草料铺胡同位于胡同西侧。绵长胡同早年叫"面茶胡同"，因形状得名。草料铺胡同则因为早年胡同内设有草料铺得名。

清《乾隆京城全图》在西教场的位置上标有"黄旗汉军堆子"。

北京有许多"堆子"的地名，如堆子胡同、白堆子、水堆子等。这些"堆子"是干什么的呢？有的人认为与"看堆儿"有些相似，其实不然。

明清时将北京分成五城，每城又划分若干"坊"，坊下面又有若干"铺"。这些所谓的铺，是作为军事通讯驿站而设立的一种管理机构，"以达四方文书之往来"。随着铺功能的增多，城内的铺也就演变成了俗称的"堆子"。"堆子"里设有"堆子兵"，负责本地区开关栅栏、巡逻、维持治安等事务。

"堆子兵"是个非常辛苦的差事。《京师乐府》有段"街心巷口屋一椽，枪梃插架弓矢悬。老兵佩刀兀然坐，坐倦颓然枕刀卧。朝来愁雨复愁雪，铲除涂泥入双辙。晚来戴露还带霜，敞裘透寒风莫当。市人争斗兵解之，弹压行路守优尸。千门万户熟睡肢体舒，独有堆子之兵如鳏鱼"的曲文。

《天涯偶闻》载："盖京师街巷，皆有堆铺若干。堆总以官厅立一官司之。凡有水火盗贼，皆可一呼即应，法至善也。"看来，所谓的堆子的职能相当于民国时期的巡警。

据孙福瑞先生介绍，堆子房旧址设在西教场胡同，为两间不大的房子。房子里还备有堆子兵休息打盹的土炕。中华人民共和国成立后，堆子房变成了民房，由洪姓人家居住。老北京人管堆子房又叫"堆拨儿"。

到了清末和民国时期，堆子房被"巡警阁子"替代。这种"巡警阁子"长约 6 米，宽有 3 米，铁板屋顶，四周围以红色油漆的木板墙面，内有简易办公设备及通讯工具。门前挂有"北平市××区警察署××派出所"的木牌，门上安有一盏红色球形电灯。由于这些建筑不属于正规房屋，又为巡警们专用，所以老百姓称之为"巡警阁子"。

当年北平城的内、外城各区都有警察署下属的分驻所，分驻所下设派出所，也是民间所称的巡警阁子。每处巡警阁子由警长、户籍警和巡警等10人组成。民国期间巡警负责的事务很多，包括户籍、居民纠纷、防盗擒贼、防火救火、交通秩序、街巷卫生等。

据孙先生介绍，西教场胡同8号院住着一位叫白德山（1915—2003）的老先生。白先生是满族人，为京西妙峰山"亲朋同乐清茶圣会"的承办人，平日里以操办红白事为业。

西教场胡同与中教场胡同之间有西教场小二条至小六条，而西教场小七条则与新街口七条相衔接，明显长于其他几条小胡同。

西教场小二条为东西走向，东起中教场胡同，西至西教场胡同，全长128米，均宽4米。1990年门牌为1—25号；2—26号。

旧时为教场范围之内，清代逐步形成街巷，因胡同较宽，故名"宽街儿"。因位于西教场胡同东侧自南向北数第二条胡同，1965年定名"西教场小二条"。

清代光绪年间的《京城坊巷志稿》载有"宽街，正黄旗汉军都统署在北"。都统署又称都统衙门。顺治十六年（1659）铸八旗都统印信24颗，由各都统掌管以办理本旗事务。康熙五十三年（1714）将都统印信收回交部，改铸左、右翼印信各1颗，按翼办理各旗事务。雍正元年（1723）正月，始设八旗都统衙门8所，改铸八旗都统印信8颗，满洲、蒙古、汉军三旗同设一衙门，共用一印信（由满洲都统掌管）。雍正四年，改为满洲、蒙古、汉军每旗各给1印，分设24个都统衙门，各在该都统、副都统的总领之下，办理本旗军政、民政事务。

西教场小三条东西走向，东起东教场胡同，西至西教场胡同，全长120米，均宽3米。1990年门牌为1—25号；2—8号。

早年为教场范围之内，清代逐步形成街巷，因胡同狭长，故名"砖

15

瓦胡同"。因位于西教场胡同东侧自南向北数第三条胡同,1965 年定名"西教场小三条"。

西教场小四条为东西走向,东起东教场胡同,西至西教场胡同,全长 180 米,均宽 3 米。1990 年门牌为 1—25 号;2—26 号。

早年为教场范围之内,清代逐步形成街巷,成为"小四条"。因位于西教场胡同东侧自南向北数第四条胡同,1965 年定名"西教场小四条"。

西教场小五条为东西走向,东起东教场胡同,西至西教场胡同,全长 174 米,均宽 3 米。1990 年门牌为 1—29 号;2—26 号。

早年为教场范围之内,清代逐步形成街巷,成为"小五条"。因位于西教场胡同东侧自南向北数第五条胡同,1965 年定名"西教场小五条"。

西教场小六条为东西走向,东起东教场胡同,西至西教场胡同,全长 190 米,均宽 2 米。1990 年门牌为 1—27 号;2—24 号。

早年为教场范围之内,清代逐步形成街巷,成为"小六条"。因位于西教场胡同东侧自南向北数第六条胡同,1965 年定名"西教场小六条"。

西教场小七条为东西走向,东起新街口七条,西至西教场胡同,中部与长青胡同、中教场胡同、东教场胡同相交,全长 313 米,均宽 5 米。1990 年门牌为 1—39 号;2—10 号。

早年为教场范围之内,清代逐步形成街巷,成为"小七条"。因位于西教场胡同东侧自南向北数第七条胡同,1965 年定名"西教场小七条"。胡同内有总政歌剧院宿舍,余下以居民平房院为主。

前英房胡同曲折走向,南起东折起目西教场胡同,北至后营房胡同,全长 330 米,均宽 5 米。1990 年门牌为 1—15 号;2—16 号。

明代这里为兵营驻扎之地,故名"营房"。清代形成街巷后,《乾隆京城全图》记载为"鹰房胡同"。后析出两条胡同。《京师坊巷志稿》和《光绪顺天府志》中出现了"前、后营房胡同",此胡同在南,故称

"前营房"。1965 年定名"前英房胡同"。胡同内有北京市糕点二厂（后改为北京宫颐府糕点厂）等单位，余下以居民平房院为主。

后英房胡同为东西走向，东起西教场胡同，西至大丰胡同与葡

后英房胡同 摄影：黄丹妮

萄园接合部，中与前英房胡同、新如意胡同相交，北侧与德胜门西大街相衔接，全长 222 米，均宽 4 米。1990 年门牌为 1—49 号；2—14 号。

该胡同形成过程同前，此胡同在北，故称"后营房"。1965 年将"四眼井"并入，定名"后英房胡同"。胡同内有北京牙刷厂、《支部生活》杂志社等单位，余下以居民平房院为主。

据孙福瑞先生介绍，前英房胡同住过著名评书表演艺术家王杰魁先生。

王杰魁（1874—1960），年轻时就开始在北京城的茶馆里说评书，以后表演技艺日渐成熟，并形成自己的评书表演风格，在说书的"杰"字辈中名分最高。王先生最拿手的书目是《包公案》和《小五义》。20世纪 30 年代，王先生曾在北京华声电台播讲《包公案》，当时妇孺绝少涉足娱乐场所，唯一的消遣是在家收听广播。每当中午 12 点到下午1 点，电台里播放王先生的评书时，街上行人明显见少，因而坊间有"净街王"之美称。

四、因形状得名的胡同

北京的胡同名称成因较多，其中不乏因形状得名的胡同。就西北套

17

地区的街巷胡同而言，大致有后坑胡同、阳泉胡同、穿堂门胡同、轿子胡同等。

后坑胡同为南北曲折走向，北起德胜门西大街，南至新街口七条，全长250米，均宽5米。1990年门牌为5—51号；2—12号。

据专家论证，"后坑"在元代为积水潭部分水域，明代之后水域面积缩小，变成低洼地带。清代末期胡同逐渐形成，始称"后大坑"，俗称"后坑"。1965年定名"后坑胡同"。

后坑东南侧为大七条小学分校。顺着胡同往北走为北京变电厂的车间。后坑胡同曾一度为原新街口街道重点绿化美化的街巷。春季一到，后坑胡同可称得上百花争艳，丛荫一片。

羊肉床子胡同位于中教场胡同东侧。胡同为东西走向，长约50米，均宽2米。因胡同西部稍宽，东部稍窄，故名"羊肉床子"，简称"羊床子"。

旧时，老北京人管出售猪肉的铺子叫"猪肉杠子"，出售羊肉的铺子叫"羊床子"或"羊肉床子"。羊肉铺子用来卖肉的案子是白茬儿实木，形状如同一张床，因此得名。民国时期，"羊床子"雅化为"洋溢滋"。这名称由于过于文雅，已经超出一般人的理解范围，百姓们根本不知道这"洋溢滋"到底说的是什么意思。

如意胡同早年称"火匣子胡同"。胡同呈不规则形状，因与火匣子相似，故名。

旧时，人们管婴幼儿夭折后装殓的棺木称为"火匣子"。多田贞一的《北京地名志》解释为"木头最坏的贱棺材"。

如意属于人们把玩的带有高雅艺术特点的一种摆件，和火匣子有本质上的区别。1965年后以如意胡同为主体，加上黑塔寺胡同的部分区域，定名"新如意胡同"。在新如意胡同北侧还有一条叫如意里的短巷。

阳泉胡同位于新街口六条与新街口七条之间，胡同呈"U"字形状，两个南出口均通向新街口六条，东北侧有条岔巷与新街口七条相连。因胡同形状与羊圈相似，故称"羊圈胡同"，俗称"羊圈"。民国时按照谐音雅化为"阳泉胡同"。

老北京城里叫"羊圈"的胡同有多条，像什刹海地区就有四条叫"羊圈"的胡同，即后来的小杨家胡同、大杨家胡同、东羊圈胡同和杨俭胡同。这些胡同虽然叫作"羊圈"，但多因形状得名，未必是"养羊之所"。

潜学胡同位于东教场胡同与中教场胡同之间，为东西走向，全长110米，均宽3米。1990年门牌为1—17号；2—10号。

早年为教场所在地，清时逐步形成胡同，曾一度叫"前桌子胡同"，亦称"钱桌子"。1911年后更名为"潜学胡同"。

钱桌子是店铺里一种检验钱币真伪的工具。将钱币投掷其中，通过钱币的撞击声分辨其真伪。由此看来，当时胡同的形状与钱桌子相似。

据金怀志先生介绍，钱桌子还有另外一种解释。清代的时候，胡同里曾有定期为官吏发放赏银的院子，院子门口有张专门堆放赏银的桌子，这张桌子故称"钱桌子"。

金先生为正黄旗满族人，祖上曾在清廷中任过佐领一职，为负责发放银赏的官员。

金先生出身武术世家，他的大伯金振华（1884—1962）为杨式太极拳传人。1904年拜一代宗师杨健侯先生为师学习太极拳，因得杨先生赏识，赐名"锡五"，并成为杨式太极拳第三代传人。中华人民共和国成立前曾一度在中山公园和贤良寺传授杨式太极拳技艺。中华人民共和国成立后，曾多次带领徒弟参加表演，并在1953年获得全国射箭比赛的第三名。

金怀志先生的父亲金振樵（1910—1990）先生，号锡九，从小拜杨健侯先生为师，成人之后在北京邮电局工作。

金怀志先生从小拜金振华先生为师，尽得杨式太极拳的真传。退休后在北海公园义务传授杨式太极拳技法。弟子张满军、杨金华、王国英等人，在西城区体委组织的武术比赛中多次获奖。

据金先生介绍，潜学胡同6号的何振书先生为清初重臣索尼的13世孙，后因家道衰败，中华人民共和国成立前曾以拉洋车为生。

与钱桌子相对的是位于北草厂胡同西侧的钱筒子胡同。所谓的"钱筒子"，是用竹子做成的筒状器具，有装钱之用。当年的胡同既短又窄，与钱筒子相似，故名。1965年该胡同并入北草厂胡同。

阔带胡同为东西走向，东起铁狮子巷，西至德胜门西大街，全长225米，均宽4米。1990年门牌为5—65号；2—20号。

明代为安民厂故址，清代为八旗火药厂地界，亦称"火药局"。八旗火药厂撤销之后，逐渐形成胡同。因形状犹如口袋形状，1911年后始称"口袋胡同"，后改为"阔带胡同"。

胡同由一南一北两条小巷组成。南侧的小巷拐了几个小弯后逐步增大，并形成一处不规则的口袋形状；北侧的小巷细长且又曲折，在偏北部位有一条如同裤襻儿样的岔巷，如同裤腰带。民间把此胡同称为"裤腰带加口袋胡同"。

穿堂门胡同由两条南北走向和两条东西走向的胡同组合而成。北口均起于马相胡同，南口均至西直门内大街，全长88米，均宽4米。1990年门牌为1—31号；2—14号。

胡同形成于民国时期，因形状类似于院落中的穿堂门，故称"穿堂门"，亦称"川堂门"。1965年定名"穿堂门胡同"。

胡同原来以居民平房院为主，改革开放之后，胡同内设有少量商业网点。

东光胡同为南北走向，北起新街口四条与西教场胡同接合部，南至永泰胡同，中部与西井胡同、黑塔胡同相交，全长165米，均宽5米。1990年门牌为1—5号；2—20号。

胡同形成于清代，始称"轿子胡同"，亦称"教子胡同"。因胡同中部东侧有一口袋形隙地，犹如轿子，故名。1965年定名"东光胡同"。胡同内有北京市结核病防治所等单位，东南侧有简易楼，其余为居民平房院。

前牛角胡同为东西弯曲走向，东起后牛角胡同，西至北草厂胡同，全长130米，均宽5米。1990年门牌为1—9号；2—12号。

后牛角胡同为曲折走向，西起大丰胡同与五根檩胡同、北草厂胡同接合部，东至南折至永泰胡同，中部与前牛角胡同相交，全长110米，均宽4米。1990年门牌为1—19号；2—8号。

两条胡同均形成于清代，因形状如同牛犄角，分别称"前牛犄角胡同""后牛犄角胡同"。1965年定名"前牛角胡同""后牛角胡同"。胡同内有燕山汽车靠垫厂等单位，其余以居民平房院为主。

骆驼胡同位于红园胡同东侧，东西走向，长约50米，宽度3米。

此胡同形成于民国时期，因胡同中部南侧有一方形隙地，与骆驼的驼峰相似，故名。1965年此胡同并入红园胡同。

住在这里的居民曾说，就西北套的胡同而言，最贴近百姓的还是那些因形状得名的胡同。就像"牛犄角""轿子""骆驼""羊圈"一样。每当静下心来，咀嚼着这些胡同名时，难免会产生许许多多的联想。犹如那首《西北套》的歌词："张秃子槐树底下乘凉，觉得有点饿，溜达到洪桥下，直奔羊肉床。吃的是烧饼、油炸鬼、面茶，多搁芝麻酱。急忙来到钱桌子来把钱换，一不留神踩上屎壳郎。转身来到剃头棚把头剃，一心要到狮子庙去上香。不坐轿子骑马相，穿堂过了前后两桃园。来到了铁狮子庙，降香不小心烧着了火药局、黑塔、永泰寺，引着了草料铺，勾连了葡萄园、南北草厂。一急之下跑到了崇元观，半蹲在新街口，一屁股闷坐在蒋养房。越思越想

前牛角胡同　摄影：黄丹妮

没有新开路，一根裤腰带，五根檩上悬了梁。临死落了个吊死鬼，没有棺材，只有火匣子把他装。北广济寺、松树庵的和尚尼姑把经念，没有地方埋，来了后坑把他葬。"这首太平歌词所说的"张秃子""火匣子""屎壳郎""剃头棚""铁狮子庙"，其实都是这一带胡同的名。假如想把这些老胡同名搞清楚，还是需要下一定功夫的。

五、以人物姓氏得名的胡同

以人物或姓氏得名的胡同自古有之，北京城西北侧的西北套地区也不例外，这里不仅有"棚匠刘""张秃子"等称谓，还有"柳家""蔡家""党家"等叫法。

朋奖胡同为东西走向，东起东教场胡同，西至中教场胡同，全长115米，均宽3米。1990年门牌为1—15号；2—12号。

胡同形成于清代，始称"彭家楼胡同"，因胡同内住有彭姓大户，故名。1911年后按照谐音改称为"棚匠刘胡同"，后又演化为"棚匠胡同"，亦称"棚奖胡同"。陈宗蕃的《燕都丛考》亦有"棚匠刘胡同，今改为棚奖胡同"的文字记载。1965年定名"朋奖胡同"。

据金怀志先生介绍，"棚匠刘"在北京城里名声显赫，接的都是些搭棚子的大活儿。他们住在一个涂着大红漆院门的宅子里。"棚匠刘"去世后，其后人迁居到其他地方居住。"棚匠刘"宅子的后门对着东教场小学。民国时期，有一个姓何的文化人在这里开设了私立实善小学。

老北京曾有三种绝活儿，棚匠是其中之一。

棚匠在坊间亦称"棚行"。他们根据本家的要求平地而起，不管是高还是低，中间不见一根柱子。老北京人不是讲究"天棚、金鱼、石榴树"吗？指的是夏季在四合院搭建遮阳挡雨的棚子，俗称"天棚"。另外，棚匠们还应付百姓们婚丧嫁娶时的急需。要赶上哪家老爷子祝寿、孩子办满月，这搭棚子的事自然也离不开棚匠师傅们。有时，这些棚匠师傅还要去皇宫里从事一些应急的差事。

由于棚匠在老北京城里的影响，当年除了"棚匠刘胡同"，还有"棚铺胡同""棚铺夹道"等。

民国时期，中教场胡同东侧有条胡同叫"张秃子胡同"，后来按照谐音雅化为"长图治胡同"。

余棨昌先生的《故都变迁纪略》记载："新街口之北为新街口北大街，其街西至长图治胡同，旧名张秃子胡同，以其为张文龙故居也。"

据金怀志先生介绍，清末的时候，胡同里住着一位叫张文龙的官员，因张文龙头上没有头发，坊间亦称"张秃子"，并引申到胡同名称之中。

虽然张秃子胡同名声很大，但胡同却极小。它的长度约50米，宽度仅为2米。1965年连同洋溢滋胡同、剃头棚胡同并入中教场胡同。

青柳巷为曲折走向，北不通行，南至西直门内大街，全长70米，均宽2米。1990年门牌为1—11号；2—8号。

胡同形成于清代，因胡同内住有柳姓大户，故名"柳家大门"。民国时期改为"柳家大院"。1965年定名"青柳巷"。

早年间柳家大门里面有两块方形隙地，20世纪60年代中叶，在隙地上建有简易楼。

西直门内大街北侧的马相胡同东西两侧各有一条小胡同，分别为"东党家胡同""西党家胡同"，胡同形成于民国初年。1965年两条胡同定名为"马相东巷"和"马相西巷"。

马相东巷为东西曲折走向，东起北草厂胡同，西至马相胡同，全长114米，均宽4米。1990年门牌为1—21号；2—12号。

从民国时期的老地图上看，东、西两个出口极窄，其宽度不足1米。胡同里面则相对宽敞，为不规则的口袋形状。在口袋南侧还多出了一块10余米长、4米宽的长方形空地。中华人民共和国成立之后，房管部门在空地上建房，胡同随之也发生了变化，除东西两口还保持原样外，中部出现了一道折弯。

马相西巷为东西曲折走向，东起马相胡同，西不通行，长110米，均宽 4 米。1990 年门牌为 1—9 号；2—12 号。

从民国时期的老地图上看，当时胡同的东口较窄，约有 2 米宽，之后随着胡同不断地延伸，宽度也不断增大。胡同西端有两条岔巷，北侧的岔巷为不规则的口袋形状。南侧的岔巷为"L"形，先是向南，然后向东拐，变成东西走向。中华人民共和国成立后，南侧的岔巷设有北京第二肉食加工厂。至此，马相西巷里经常弥散着肉香。

早年的玉芙胡同南部为"蔡家大门"，因胡同内住有蔡姓大户，故名。1965 年并入玉芙胡同。

清代光绪年间的《京师坊巷志稿》和《光绪顺天府志》均有"张公园"的记载，但缺乏详细资料，只能推测此处可能是某位张姓官员的园子，故称"张公园"。民国时期胡同析出"前张公园""中张公园""后张公园"三条胡同。1965 年"前张公园"与"中张公园"合并，定名"前章胡同"；"后张公园"定名"后章胡同"。西侧的"三官庙"，则定名"西章胡同"。

前章胡同为曲折走向，北起后章胡同，南口东折后与东新开胡同相连，全长 153 米，均宽 4 米。1990 年门牌为 1—33 号；2—22 号。

后章胡同为曲折走向，北起新街口四条，西至西章，中部与西井胡同相交，全长 237 米，均宽 3 米。1990 年门牌为 1—21 号；2—10 号。胡同北部带有夹道性质，东侧为崇元观西墙。

据孙福瑞先生介绍，后章胡同南口为清朝在内务府做事的"黄家大院"。因专门为皇室制作炒面，人称"炒面黄家"。黄家大院前面有影壁墙，院子占有 4 亩多地，为当年后章胡同首富。民国之后家道衰败。后章胡同的北头，一边是崇元观西侧院墙，一边是稀稀落落的居民院门。因位置极为僻静，故称"吊死鬼胡同"，俗称"吊子嘴"。这个"吊子嘴"，在陈宗蕃的《燕都丛考》中有所记载。如果是对后章胡同地形不熟的人，还误以为是某条胡同的别称呢。

西章胡同南北走向，北起永泰胡同与东光胡同接合部，南至西直门内大街，中部与后章胡同相交，全长 192 米，均宽 4 米。1990 年门牌为 1—23

号；2—18 号。

西章胡同形成于清代。《京师坊巷志稿》和《光绪顺天府志》记载为"三官庙"。民国时期，胡同西侧有"清和普施院"。中华人民共和国成立后改建为冶金部招待所。

西章胡同　摄影：王云鹤

三官庙供奉的"三官大帝"，即天官、地官、水官，亦称"三官"，又称"三元"，为道教较早供祀的神灵。另外还有一种解释，天官为唐尧，地官为虞舜，水官为大禹。信奉者认为天官赐福，地官赦罪，水官解厄。因此，旧时在北京城有多处供奉天官、地官、水官的庙宇。

三官庙旧址位于胡同北部，建筑规模不大。史料中对西章胡同三官庙的记载极少。

六、与百姓生活有关的胡同

旧时，老北京人经常挂在嘴边的一句话是"开门七件事"。所谓的七件事就是与老百姓生活相关的柴、米、油、盐、酱、醋、茶。由于这七件事非常重要，不但人们口口相传，还引申到胡同名称之中，像西北套的酱坊大院、有果胡同（油鬼儿胡同），另外还有"剃头棚""面茶""烧饼""草料铺"。

酱坊大院为南北走向，北不通行，南至新街口内大街，全长 198 米，均宽 4 米。1990 年门牌为 1—9 号；2—12 号。

胡同形成于民国时期，因胡同内设有加工酱类食品的作坊，故名

"酱房大院"。1965 年定名"酱坊大院"。

有果胡同为东西走向，东起珠八宝胡同，西至东新开胡同，中部与时刻亮胡同相交，全长 216 米，均宽 4 米。1990 年门牌为 1—33 号；6—28 号。

胡同形成于清末，胡同西段称"油炸果胡同"，东段称"小三条"。1911 年之后，油炸果胡同改为"有果胡同"。1965 年"小三条"并入有果胡同。

"油炸果儿"在民间亦称"油炸鬼儿"，为一种油炸食品，类似于现在的油条。"油炸鬼儿"一词来源于南宋时期，由于奸臣秦桧害死岳飞，遭到世人唾弃，有一位经营油炸食品的商贩用面团捏成小人状，然后扔进油锅中炸熟。这种食品被人们称为"炸秦桧"，后讹传为"炸油鬼儿"。

在坊间还有这样一个传说，当年有果胡同一带人烟稀少，且环境脏乱，胡同西侧有晾晒粪便的粪厂，北边为屎壳郎胡同，东边则是猪巴巴胡同。百姓们为防止孩子们出现意外，号称胡同里"有鬼儿"，后来胡同随之变成了"有鬼儿胡同"，再后来演化为有果胡同。

中教场胡同东侧有条剃头棚胡同，胡同东西走向，长约 50 米，均宽 2 米，1965 年并入中教场胡同。

旧时，剃头棚是为平民服务的简易理发店，因为靠近人家宅院的院墙，支上两根竹竿，上面罩一块白布遮风挡雨即可经营，故称"剃头棚"。

老北京城里有两种剃头方式，一种是坐商，在剃头棚或店铺里等候顾客上门；还有一种为手持"唤头"走街串巷的剃头师傅，师傅们通过"唤头"发出刺啦刺啦的摩擦声音招揽生意。所谓"唤头"，即"召唤人们剃头"之意。当年人们把理发的唤头、收旧货的小鼓等八种响器叫作"八不响"。商贩们不用吆喝，通过各种不同的声响就可以达到招揽生意的目的。

民间还有句"剃头挑子一头热"的歇后语，指的是用扁担挑着小火炉子和剃头工具匣子走街串巷的理发师傅。为了维持生计，有些剃头师傅们还兼管掏耳朵、敲肩捶背等业务。

旧时，从事剃头的叫"取三"，是满语的译音。男活儿叫"瞧背"，女活儿叫"八条"。那时在孩子中间还流行一些挺有意思的发型，像"帽缨子""马鬃""马桶盖""三星""四喜""天齐庙"……男孩的秃脑瓜后面留一撮毛，名"鬼见愁"。据称，家中人揪住小辫后，小孩子可保平安无事，鬼见了这根小辫子就会发愁。在头的两侧各蓄有铜钱大小的毛发，用头绳扎起来，人们管这种发型叫"拨浪鼓"。还有一种把毛发捋直后向上翘的发型叫"朝天杵"，又称"蜡头儿"。人们戏称"蜡头儿"提前着了光，长大了就不用"顶灯"（不怕老婆）了……

其实许多名堂都是老百姓闲着无聊编排出来的。他们把小孩们当成了玩意儿，通过一些花样翻新的发式，从中寻点乐子。

寿屏胡同为东西走向，东不通行，西至红园胡同，全长170米，均宽4米。1990年门牌为1—7号；2—12号。

胡同形成于民国时期，因胡同呈条形，故名"烧饼胡同"。后按谐音改为"寿屏胡同"，亦称"寿瓶胡同"。

面茶胡同位于西教场胡同路西，曲折走向，长50余米，内有两条岔巷和一处隙地，地形极为复杂。后雅化为"绵长胡同"。1965年并入西教场胡同。

面茶是一种老北京的传统小吃，和茶汤有所区别。它是用糜子面或小米面煮成的糊状物，喝之前还要淋上芝麻酱和芝麻盐。老北京人讲究喝面茶不用勺不用筷，而是用嘴巴贴着碗边转着圈儿喝。

草料铺胡同位于西教场胡同西北侧，因胡同中设有草料铺，故名。从民国时期的老地图上看，这条胡同呈不规则形状，胡同东侧与西教场胡同相交处有较大的隙地。20世纪60年代在这里建有简易楼。

这些与老百姓生活相关的胡同，反映了当时人们的生活所需。这些胡同接着地气，因而也备受普通百姓的喜欢。

七、与宗教场所有关的胡同

北京城自古以来就有"寺庙甲天下"之称，坊间亦有"一条胡同一座庙"之说。就西北套而言，虽然密度未必很高，却留有崇元观、永泰寺、黑塔寺、玉佛寺等享誉京城的寺庙道观以及诸如玉芙胡同、永泰胡同、黑塔胡同、铁狮子巷等与宗教场所有关的胡同。

早年西直门内大街北侧还有一条"崇元观"的短巷，1965 年时并入东新开胡同。在新街口地区，崇元观也属于大型庙宇之一，在北京城里具有一定影响。

崇元观始建于明代，为司礼监太监曹化淳所建，坊间亦称"曹老虎观""曹老公观"。当年崇元观规模较大，东至东新开胡同，西至后章胡同，观前南侧神道通到西直门内大街，北侧挨着新街口四条。南侧路口建有"三界圣境"的牌坊。观内有玉皇殿、三皇殿、三清殿等殿宇。民国时期在旧址上筹办陆军大学、东北大学。现在为西城教育学院分院、西城区教育学院附中及西城区教委宿舍所在地。

旧时，崇元观为西城较大的庙会场所之一。旧历每月初一、十五两日开庙。在正月初一至十五期间，庙会还会延续半月之久。在庙会期间，观里观外"百货杂陈，游人络绎不绝"。

坊间传说，曹化淳在观里贮藏珍宝无数，以备后人修观之用。所以有"里七步，外七步，观儿倒，观儿修"的民谚。

永泰胡同为东西走向，东起西章胡同，西至前牛角胡同，中部与东光胡同、高井胡同相交，全长 131 米，均宽 4 米。1990 年门牌为 1—13 号；2—10 号。

胡同形成于明代，因胡同内有明代正统年间创建的永泰寺，故称"永泰寺"。清代至民国期间其名称延续。1965 年定名"永泰胡同"。

永泰寺为明正统八年（1443）由修武伯沈清等人在元代寺庙旧基上重建而成，天顺元年（1457）竣工。明英宗朱祁镇赐名为"永泰"，有祈福国泰民安永驻之意。当年永泰寺规模十分庞大，占地约 2000 平方米。依次有山门、钟鼓楼、天王殿、大雄宝殿、伽蓝殿、师祖殿、法堂等殿宇。

永泰寺大雄宝殿前有石碑 2 座，一座是明成化八年（1472）圆显撰写的《修建永泰寺碑略》；另一座为兵部侍郎谢九仪撰写的《重修永泰寺碑略》。中华人民共和国成立后，其旧址改建为居民院落。

除永泰寺以外，胡同里还有一座弥勒寺。该寺始建于明崇祯年间，民国三十年（1941）重修。内有殿房 19 间半，依次有山门、关帝殿、三大王殿及东西配殿。

玉芙胡同因寺得名，当年胡同里面有座"伏魔庵"，由于正殿曾经供奉着一尊玉佛，民间亦称"玉佛寺"。

坊间流传着这样一个故事。清朝末年，这座小庙由一个法号叫灵辉的法师担任住持。灵辉法师的师弟叫明宽和尚，这个人见多识广，通晓佛经，并与伺候慈禧太后的大太监李莲英熟识。为了和李莲英搞好关系，他还把海淀镇的一座关帝庙偷偷地送给李莲英当了私宅。光绪二十四年（1898），明宽和尚和广东籍的智然和尚打着"奉旨请佛"的旗号，在江南和南亚一带游历、募化。在缅甸国募化到了一尊精美的玉佛，运回北京城后暂时供奉在西直门内的伏魔庵中。这尊玉佛神态祥和，色泽清润，身披金色袈裟，衣纹洒脱自然，堪称玉佛中的佳品。自打这尊玉佛供奉在伏魔庵之后，在北京城里引起轰动，人们争相前来膜拜观瞻。此事很快被护卫京城的步军统领知道，他们与清廷内务府官员相互勾结，以"冒旨罪"为名准备严惩明宽和尚等人。明宽和尚见状不妙，只得央求李莲英向慈禧太后奏明缘由并愿献出玉佛。慈禧太后知道详情后非常高兴，降下懿旨将玉佛安置在北海团城的承光殿中，使之成为北海团城的镇殿之宝。为了奖赏明宽和尚的献佛之举，特意从国库里拨款重修了伏魔庵，并赏赐经典一部。寺庙修缮完毕后慈禧还赐了"玉佛寺"的新名。至此，玉佛寺香火更加繁盛，为西直门一带具有社会影响力的寺庙之一。

据《北京寺庙历史资料》记载，该寺位于玉芙胡同 11 号（原玉佛寺胡同 8 号），建于清光绪年间。占地面积约 3 亩，内有殿房 35 间。整座庙宇坐北朝南，依次有山门、钟鼓楼、大雄宝殿、大士殿及东西配殿。在大士殿屋檐下挂有"南无阿弥陀佛"木质匾额，落款为"光绪庚子年四月初八日徐郙"。抱柱上挂有"若是愿皈依莲台非远，果然能解脱苦海本无"的楹联，为徐郙所赠。

徐郙（1836—1907），字寿蘅，号颂阁，江苏嘉定（今上海嘉定）人。清同治元年（1862）状元，历任授翰林院修撰、南书房行走、安徽学政、江西学政、左都御史、兵部尚书、礼部尚书等职，后为协办大学士，世称"徐相国"。徐郙与康熙朝状元王敬铭、乾隆朝状元秦大成并称"嘉定三状元"。徐郙精通诗文，擅长书法绘画。慈禧晚年作画，悉命徐郙题志。黄宾虹先生称其山水画"徐颂阁、张野樵一流，为乾嘉画家所不逮"。

中华人民共和国成立后，其旧址改建为北京市第二绣花厂，20 世纪 80 年代中期又改建为北京立信会计学校。目前大部分建筑已被拆除。

玉芙胡同为曲折走向，东起铁狮子巷，南至西直门内大街，全长 245 米，均宽 3 米。1990 年门牌为 1—17 号；2—10 号。

早年为火药局的地界，后逐步形成街巷。因胡同北侧有玉佛寺，故名"玉佛寺"。1965 年将蔡家大门并入后，定名"玉芙胡同"。目前，胡同居民平房院多已拆除，仅为楼宇间的通道。

铁狮子巷为曲折走向，东起桦皮厂胡同与桦皮厂三

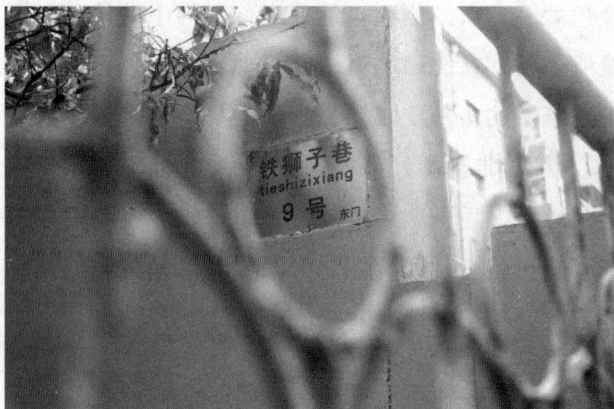

铁狮子巷　摄影：黄丹妮

巷接合部，西行南折至西直门内大街，中部与阔带胡同、玉芙胡同相交，全长 120 米，均宽 3 米。1990 年门牌为 1—45 号；2—26 号。

清代为火药局地界，后逐渐形成街巷。1911 年之后，北段称"铁狮子庙"，因寺得名；南段称"火药局"。1965 年南北两段胡同合并，定名"铁狮子巷"。

铁狮子庙，实际是座供奉真武大帝的真武庙。由于庙里的铁狮子名声显赫，反倒被附近百姓们以"铁狮子庙"称之。

据有关资料记载，真武庙坐落于铁狮子庙 3 号（旧门牌）。创建年代不详，系民国三年（1914）由私人购买的家庙。该庙坐北朝南，依次有山门、真武殿及东西配殿共计 16 间。这座庙里的铁狮子有一人多高，极为威武。中华人民共和国成立后，在旧址上开办过铁狮子庙幼儿园。

大丰胡同南北走向，北起后英房胡同与葡萄院接合部，南至后牛角胡同、五根檩胡同、北草厂胡同接合部，中部与黑塔寺胡同相交，全长 206 米，均宽 5 米。1990 年门牌为 1—17 号；2—4 号。

胡同形成于清代，始称"观音寺胡同"，俗称"观音庵"或"观音寺"，因东侧原有观音寺而得名。

观音庵又称"赫孤堂观音庵""拾饭堂"。清光绪年间的《京师坊巷志稿》和《光绪顺天府志》中均有"拾饭堂，亦称拾孤堂"的记载。这"拾饭堂""拾孤堂"可能是"赫孤堂"另外一种称谓。观音庵前加上"赫孤堂"，说明此观音堂除拜佛敬香以外，还履行救济穷人、收留社会遗孤的业务。

据《北京市寺庙历史资料》记载，赫孤堂观音庵旧址位于马相胡同前桃园 1 号。

黑塔胡同为东西走向，东起东光胡同，西至大丰胡同，中部与新如意胡同相交，全长 168 米，均宽 4 米。1982 年门牌为 1—17 号；2—24 号。

胡同形成于清代，因胡同内有万佛寺，旧称黑塔寺，故名"黑塔寺"。1949 年后南北段胡同析出后定为"新如意胡同",1965 年将东西走向的胡同定名"黑塔胡同"。

据《日下旧闻考》记载:"草场口有万佛寺,俗亦呼黑塔寺,其胡同亦以黑塔寺名。寺无塔,亦无碑碣可考,不知何以沿其称也。"

著名剧作家翁偶虹先生曾住在黑塔寺胡同。

翁偶虹(1908—1994),北京人。原名翁麟声,笔名藕红,后改偶虹。就读于京兆高级中学期间常以票友身份登台演出。毕业后致力于戏曲研究。1930 年中华戏剧专科学校建立时受聘于该校兼课教师。1934 年在中华戏曲专科学校任编剧和导演一职。1949 年以后在中国京剧院担任编剧工作。

翁先生是我们近代著名的剧作家,先后为程砚秋、金少山、李少春、袁世海、叶盛兰、吴素秋等著名京剧表演艺术家编写剧本。共编写剧本(包括移植、整理、改编)100 余部。其代表剧作有《火烧红莲寺》《锁麟囊》等。由于翁偶虹先生有较深文化素养,又精于戏曲表演,其作品兼有文学性和表演性,故广受人民群众喜爱。翁先生一生与京戏结缘,听戏、学戏、演戏、写戏、评戏、画戏(画戏剧脸谱),把自己的书屋戏称为"六戏斋"。

翁先生还是一位有名的玩家,除了玩京剧以外,还玩鸽子、玩鸟……刘一达先生在《爷是玩家》称他是"把俗玩成雅的大家翁偶虹"。

长青胡同为曲折走向,北起德胜门西大街,南侧的两个口均与西教场小七条相通,全长 283 米,均宽 4 米。1990 年门牌为 5—23 号;2—18 号。

胡同形成于清代,因胡同内有松树庵,故名"松树庵胡同",亦称"松树庵"。在《宛署杂记》中记有"松树观音庵,嘉靖二十八年(1549)建"。民国时期改为"松树湾"。1965 年定名"长青胡同",有松柏长青之意。

中华人民共和国成立后,松树庵旧址一度为北京军区战友文工团的驻所。战友文工团成立于1937年12月，是我军创立最早的军队文艺团体之一。1948年8月，华北军区成立后改为华北军区政治部文工团。1955年5月，经总政治部正式命名为战友文工团。建团50余年来，该团会聚了胡可、胡鹏、张非、晨耕、唐柯、生茂、洪源、石祥、马玉涛、马国光、贾世俊、高元钧、张振富、耿莲凤、叶少兰等一大批享有盛誉、深受广大人民群众喜爱的著名剧作家、作曲家、歌唱家和表演艺术家。当年战友文工团大门朝南，进院门后为一个挺宽敞的院子，后来在院子里建起了停车场。前院有西房两间，还有一个面积很大的排演厅。后院为四合院建筑布局，为宿舍区。

八、以动植物得名的胡同

北京城内以动植物得名的胡同很多，像孔雀胡同、鸽子房、虎坊桥大街、羊肉胡同、马市大街、花园路、东槐里、果子巷、芳草地等。

北草厂胡同为南北走向，北至后牛角胡同、大丰胡同与五根檩胡同交会处；南至西直门内大街；中部与马相东巷和前牛角胡同相通，全长249米，均宽4米。1990年门牌为1—51号；2—18号。2000年之后，随着城市建设的需要，北草厂胡同等周边胡同一并拆除，建起居民住宅小区，而北草厂胡同则向北延伸至德胜门西大街，胡同也随之加宽。

胡同形成于明代，始称"草厂"或"西草厂"，因在北新草厂西侧，故名。清代以原西直门大街为界，划

北草厂胡同　摄影：崔耀平

33

分为南、北草厂，此胡同在北，故名"北草厂"。1965年定名"北草厂胡同"。

北草厂胡同有北草厂副食菜蔬商店、北草厂粮店等服务网点，余下以居民平房院为主。

北京八卦掌一代宗师李子鸣先生曾在北草厂胡同14号居住。

李子鸣（1902—1993），原名铺，又名直，字子鸣，原籍河北省冀县李桃村。1921年拜董海川先生为师，成为其入室弟子。以后又拜八卦掌名家梁振蒲先生为师，学习八卦掌技艺。在河北省国术馆又得到张占魁、尚云祥、居庆元等武术名家的传授。到北京后与众多武术名家相互切磋学习。在习武过程中，李先生研读了不同流派的技法，取各家之长，继承并完善了梁振蒲先生传承下来的八卦掌体系，并成为享誉京城的一代宗师。

北草厂14号为小型四合院，共有房屋14间。1963年，李先生在院子东侧种了一棵柿子树，并把这所院子称为"柿荫轩"。"文革"时期"柿荫轩"变成了数家居住的小杂院。直到1980年后落实私房政策，小院才得以安静。北京市八卦掌研究会成立时没有办公地点，李先生就把北京八卦掌研究会的牌子挂在院子门口。从此"柿荫轩"成了北京八卦掌研究会的办公地。

民国时期，著名学者王树枏先生住在北草厂胡同。

王树枏（1851—1936），字晋卿，号陶庐老人、陶庐主人、绵山老牧，别署野史氏。室名三食神仙字斋、文莫室、节爱堂、淑芳书屋。直隶（今河北）新成人，清光绪十二年（1886）进士，授户部主事，历任四川省青神县、彭山县、资阳县，甘肃省中卫县等地知县。光绪三十二年（1906）仕新疆布政使。民国三年（1914）受聘为清史馆总纂之一。《清史稿》中咸丰、同治两朝列传及《属国列传》《食货志》《地理志》等内容由王先生撰写。1921年与罗振玉等先生主持"敦煌辑存会"，后到奉天"萃升书院"担任主讲。王先生一生著书甚多，内容涉及训诂、算术、地理等，总名为《陶庐丛刊》。因与陈三立先生以"南陈北王"并称，两人关系很好，时有往来。

据有关史料记载，北草厂胡同曾有万福寺和观音庵 2 座庙宇。

时刻亮胡同为南北走向，北起新街口四条，南至有果胡同，全长 65 米，均宽 3 米。1990 年门牌为 1—9 号；2—8 号。

胡同形成于清末民初，因环境脏乱，故称屎壳郎胡同，俗称"屎壳郎"。后雅化为"时刻亮胡同"，民间亦称"时刻亮"。

此胡同为新街口地区较小的胡同之一，但由于名称独特，在北京城内具有一定影响。虽然这条胡同不大，却起着胡同与胡同之间的衔接作用。当年人们从时刻亮进入大四条，可到达红园、大七条、后坑、大铜井这一带。如果想要到西面，可通过"大四条"往西拐，然后到达想要去的地方。在这些长街短巷里行走，望着斑驳的老门、残破的门墩、露着砖缝的老墙以及胡同两侧的绿荫、碧草、野花……串胡同的情趣油然升起。而时刻亮给人们印象最深的则是胡同的短小与纤细。

珠八宝胡同为南北走向，北起新街口四条、南至新街口二条，中部与有果胡同、新街口三条、新街口小三条相交，全长 170 米，均宽 3 米。1990 年门牌为 1—31 号；2—14 号。

胡同形成于清代，始称"朱八宝胡同"，因胡同环境脏乱，称为"猪巴巴"。1911 年后变更为"苏八宝胡同"，并雅化为"珠八宝胡同"。胡同呈"卜"字形，即由南北走向与东西走向的两条胡同组合而成。1965 年东西走向的胡同析出，定名"新街口小三条"，南北走向的胡同沿用"珠八宝胡同"之称。

珠八宝胡同有北京市五金电讯工具厂等单位，其余以居民平房院为主。

葡萄院为东西曲折走向，东起大丰胡同与后英房胡同接合部，西端南折至后桃园胡同与东桃园胡同接合部，中部与石碑大院相交，全长 184 米，均宽 4 米。

胡同形成于民国时期，陈宗蕃的《燕都丛考》中记有"又曰五根槐（檩）胡同。又北石碑大院，曰菜园。又北曰葡萄院"。通过陈先生的记载，读者们可以知道，当年在石碑大院北侧，除了有"葡萄院"之外，还有"菜园"这样一个地名。

葡萄院北面不远处是北城墙根儿。居民要出去串个门，只能顺着胡同往南走，进入后桃园胡同之后或者向东，或者向西，然后才能到想要去的地方。由于葡萄院地理位置较为偏僻，住在这里的居民自称"住在石碑大院旁葡萄院"。

"桃园"之名形成于明代。《京师五城坊巷胡同集》中有"营房桃园"的记载。营房指的是驻扎军队所使用的房子，桃园则是特指种植桃树的园子。这两种不搭界的事物混合在一起，说明当时营房旁边有一片桃园，或者是营房区域内有片桃园，所以称为"营房桃园"。但在万历年间，情况发生了变化。在《宛署杂记》中出现了"营房一条胡同""营房三条胡同""营房四条胡同""营房五条胡同"以及"西操场"等地名，但是唯独没有"桃园"。这些带营房地名的出现，说明桃园及周边区域已经逐渐形成了胡同。

到了清乾隆年间，"桃园"以胡同的形式再一次出现，《乾隆京城全图》中出现了"前桃园胡同""后桃园胡同"。1965年从后桃园胡同析出一部分院落，形成一条叫"东桃园"的胡同。

前桃园胡同为东西走向，东起东桃园胡同，西至桦皮厂胡同，全长332米，均宽4米。1990年门牌为1—69号；2—14号。

后桃园胡同为东西走向，东起东桃园胡同，西至桦皮厂胡同，全长330米，均宽6米。1990年门牌为1—25号；2—16号。

东桃园胡同为南北走向，北起后桃园胡同与石碑胡同接合部，南至五根檩胡同，全长167米，均宽3米。1990年门牌为1—11号；2—6号。

这三条带桃园的胡同中，东桃园以居民平房院为主，东桃园和后桃园以居民楼为主。其中后桃园商业网点较多。

槐树胡同为东西走向，东起东教场胡同，西至中教场胡同，全长122米，均宽3米。1990年门牌为1—15号；2—14号。

胡同形成于清代，因胡同中有槐树，故名。其名称一直延续至拆迁之时。胡同内以居民平房院为主。

马相胡同为南北走向，北起五根檩胡同，南至西直门内大街，中部与

马相胡同　摄影：秦玲

穿堂门胡同、马相东巷、马相西巷相交，全长 224 米，均宽 6 米。1990年门牌为 1—11 号；2—20 号。

胡同形成于明代。在万历年间的《宛署杂记》中记载为"御马监官房胡同"。清代之后照谐音改成"马香胡同"或"马香儿胡同"。民国初年改为"马相胡同"，并一直延续至今。

御马监是明代内官监（内廷）的一个机构，掌管皇家用马及用以朝仪"牙目像"等相关事宜。设掌印太监一员。

马相胡同最有名的历史遗存为关帝庙。在《康熙万寿盛典》中有这样的记载："马香儿胡同内，有庙曰关帝庙。西四旗前锋统领护军统领以下诸臣庆祝经坛于内。"

民国初年，关帝庙创办了道院小学。中华人民共和国成立后改为马相小学。1990 年之后与附近三所小学合并，定为玉桃园小学。

另外，著名相声表演艺术家马季先生曾住在马相胡同。

马季（1934—2006），原名马树槐，天津市宝坻县人。1956 年参加全国职工业余曲艺会演时被侯宝林、刘宝瑞先生看中。后加入中央广播文工团说唱团，成为专业相声演员，师从侯宝林、刘宝瑞、郭全宝、郭启儒等先生。因为当时匈牙利电影《牧鹅少年马季》在中国放映，马树槐取艺名为马季。20 世纪 80 年代之后，马季先生及弟子们的《宇宙

牌香烟》《五官争功》《送别》《训徒》《老少乐》等相声作品登上了春晚舞台，给亿万观众带来了欢声与笑语。2006年9月，马季先生获得中国曲艺界的"牡丹终身成就奖"。

目前，居民平房院已被拆除，胡同两侧以居民楼为主。

桦皮厂胡同南北走向，北起德胜门西大街，南至西直门内大街，中部与后桃园胡同、前桃园胡同、玉芙胡同、西直门北顺城街、铁狮子巷等相交，全长88米，均宽4米。1990年门牌为1—31号；2—30号。

胡同形成于清代，《乾隆京城全图》中记载为"霸王子胡同"。光绪年间的《京师坊巷志稿》和《光绪顺天府志》按照谐音改称为"八王子胡同"。民国初年的《北京内外城详图》中出现了"桦皮厂胡同""前王子胡同""中王子胡同""后王子胡同"等4条胡同。1965年将前、后、中"王子胡同"分别定名"桦皮厂一巷""桦皮厂二巷""桦皮厂三巷"。

桦皮厂胡同，俗称"桦皮厂"，为清内务府存储桦皮之所，故名。

清光绪年间的《京师坊巷志稿》中引用了一段《柳边记略》的记载："桦木状类白杨，春夏间剥皮入污泥中，谓之曰糟。糟数日乃出而曝之，地白而花成形者为贵。金史所谓酱瓣也。拉发（地名，今吉林省桦皮县）数十里，有桦皮厂，每岁桦皮入内务府。辽东桦皮遂有市京师者矣。"

桦皮厂胡同　摄影：秦玲

在坊间流传着这样一个说法：满族人从东北进入山海关之前喜欢用桦树皮制作各种器具。像姑娘们喜欢用它包东西，喜欢在上面绘画写字，喜欢用它编织小玩意儿。据说，当年给皇上进贡的野山参就是用新鲜的桦树皮包裹的。由于桦树皮上有天然精美的图案，从努尔哈赤开始，就喜欢用桦树皮装饰弓箭。

制作时，先要将桦树皮放在水里浸泡，然后暴晒。桦皮经过这一泡一晒，不仅增加了韧性，还会像水墨画似的呈现出天然的图案。

桦树皮还具有照明的功能。唐代诗人白居易有"宿雨沙堤润，秋风桦烛香"的小诗。北宋诗人苏东坡也有"小院檀槽闹，空庭桦烛烟"的佳句。桦树皮经过处理后，可以卷蜡为烛，称为"桦烛"。百姓们管这种桦树皮加工的蜡烛叫"灯蜡"。与普通百姓点的油灯相比，这种蜡烛冒烟少，在燃烧过程中还能散发出一股淡淡的清香味。百姓把"灯蜡"又叫作"锡拉蜡扞儿"。

桦木还可以制作马竿、箭杆。用桦木制作的成品木质坚硬，光滑油亮。有"马背民族"之称的满人自然对桦皮做成的马竿、箭杆喜爱有加。内务府每年都要收存，然后分发皇宫及内廷官员使用。

那么北京西直门东侧的桦皮厂又属于什么性质的机构呢？

在《柳边记略》中有"辽东桦皮遂有市京师者矣"这样的文字记载。住在附近的居民由此推测，当年的桦皮厂，一是存储桦树皮的仓库，二是桦树皮交易的集散地。

据有关资料记载，旧时，桦皮厂胡同内有座三官庙。在《康熙万寿盛典》中有这样的记载："进西直门路左，桦皮厂胡同内有庙曰西三官庙，有吏户二部尚书以下诸臣建庆祝经坛于内。"清朝的吏、户两部的官员在这里为康熙皇帝六十寿辰设道场，祝寿诞。可见当时桦皮厂在西直门一带已属于较为热闹的地方了。

据西城区档案馆记载，桦皮厂胡同北口稍东的明代北城墙基下，曾发现元代福寿兴元观旧址，其夹杆石和大殿前的"圣旨白话碑"仍完好地立于原处。福寿兴元观是道教全真教派的一座庙观，建于延祐三年（1316），在元大都西北隅的豫顺坊内。延祐四年（1317），元仁宗颁布圣旨以保护该观的财产。

根据民国时期的老地图，桦皮厂一巷为曲折走向，南北各有一条东西走向的岔巷与桦皮厂胡同相连；桦皮厂二巷为南北走向，南北两端与桦皮厂一巷和桦皮厂三巷相通；桦皮厂三巷为东西曲折走向。

桦皮厂及桦皮厂一巷至三巷以居民平房院为主，胡同里的商业网点不多，居民们日常生活用品都要到出胡同南口的西直门内大街去购买。

桦皮厂胡同南口有桦皮厂副食店，又称"十店"。这里既有油盐酱醋，还有水果糕点，另外配有学习文具、针头线脑。20 世纪 80 年代初，随着商业部宿舍楼的建成，楼前开了家菜蔬商店，之后变成了后来的"谭家菜"。桦皮厂胡同南口西侧，曾有家"西直门大街百货商店"，1956 年前为私立的"荣茂商店"。还有家经营小吃为主的"天巨龙"饭馆。

桦皮厂胡同南口东侧原有北京电车印刷厂，前身为电车修理厂（简称"北厂"）。

北洋政府时期，在先农坛设立电车公司。当时的电车为有轨电车，有 2 节车厢，行走起来常有叮叮当当的声响，俗称"铛铛车"。20 世纪 40 年代，从西直门到天桥是 1 路电车线路，始发站在西直门门洞不远处。但是每到夜晚，这些电车都要停留到桦皮厂东侧的电车公司内。1958 年左右，有轨电车才逐步消失，被无轨电车所替代。以后，这里改建成了北京电车印刷厂，从有轨电车的丁零丁零声变成了机械哐哐的轰鸣声。

九、因地标性建筑得名的胡同

所谓地标性建筑可分为重要与一般，重要的地标性建筑如西直门、阜成门、白塔寺等；一般地标性建筑为胡同中的物件，比如水井、门楼、石碑、官署、作坊等。北京城内因地标性建筑得名的胡同较多，大致有数百条。

西直门内大街西北侧原有个地名叫"火药局"，在明代又称"王恭厂"和"安民厂",为明廷内官监下设的管理机构。

据《明史·职官志三》记载,内官监下设"十二监、四司、八局,所谓二十四衙门也"。此外还设有内府供应库、西什库、御酒房、御药房、御茶房、刻漏房、甜食房、弹子房、灵台、绦作、盔甲厂、文书房、礼仪房、中书房等。其中的安民厂(王恭厂),设有掌厂太监一员,该机构主要负责掌管制造铳炮、火药之类的事务。

为什么在西直门附近设置安民厂呢?

据有关资料记载,明朝天启六年(1626),位于宣武门内的王恭厂发生爆炸,毁掉房屋数万间,死亡上千人,厂房变成一片废墟。天启皇帝朱由校急命内官监寻找新址。得知"西城日中坊设有御马监外西新厂房三所,共计二百余间,其中甚为宽阔,即改为安民厂。不久兵部即传京营总协督率三大营官军轮派三千人员,速往王恭厂搬运神器、钱粮等件,运往安民厂贮收"。这安民厂还是天启皇帝朱由校所赐。朱由校赐这个名称时可能有两种考虑,一是为了安稳民心,二是为了保密。

但是,安民厂也没有躲过火光之灾。崇祯十一年(1638)六月初二,安民厂的火药库又发生爆炸,"坏城垣,伤万余众,贴厂太监王甫、局官张之秀俱毙"。至此,安民厂又变成一片废墟。

清朝政府定都北京后,在安民厂旧址上设置"八旗火药厂",即后来的火药局。在《会典实例》中有这样的记载,"安民厂在西直门之北,收贮废炮。又八旗火药厂,镶黄正黄二旗十有二间,在安民厂"。在嘉庆年间,随着火药制造业的停滞,八旗火药厂被裁减,厂亦荒废。

当时,这里除了八旗火药厂之外,还是"正黄旗汉军炮局"和"正红旗汉军炮局"。关于正黄旗汉军炮局和正红旗汉军炮局,在《乾隆京城全图》中有所标注。

随着八旗火药厂和正黄、正红两旗炮局的撤销,这里逐渐形成胡同。在《京师坊巷志稿》和《光绪顺天府志》中出现了这样的记载:"右翼正黄正红两旗炮厂在西北,地以厂名。迤南有火药局,明安民厂故址也。"说明在光绪年间,"八旗火药厂"已经变成了叫"火药局"

41

的胡同；而"正黄旗汉军炮局"和"正红旗汉军炮局"则变成了"右翼正黄、正红两旗炮厂"，即后来的炮局。进入民国之后，这里的情况又发生了变化，在《北京内外城详图》中，出现了"火药局""蔡家大院""北顺城街""西新开路""口袋胡同""炮局"等6条胡同。之后，胡同不断地细化，陈宗蕃的《燕都丛考》中又出现了"火药局""蔡家大门""口袋胡同""西直门内北顺城根""玉佛寺街""铁狮子庙""西新开路""炮局"等8条胡同。1965年调整为"阔带胡同""玉芙胡同""铁狮子巷""西直门北顺城街"等4条胡同。

西新开路位于炮局与铁狮子庙之间，形成于清末时期，始称"新开路"。1911年之后，为区别于崇元观东侧的新开路，易名"西新开路"。1965年西新开路并入西直门北顺城街。而崇元观东侧的"新开路"则变更为"东新开路"。

火药局胡同为南北走向，南至西直门内大街，北至玉芙胡同与铁狮子庙胡同的接合部，全长约120米，均宽3米。胡同北侧有一东向拐弯。1965年火药局胡同与铁狮子庙胡同合并，定名"铁狮子巷"。

炮局为清右翼正黄正红两旗炮厂旧址。在《光绪顺天府志》有这样的注解："神机营所属右翼汉军炮队置厂于此。""炮队，左右八旗，汉军二队。左厂在东直门内老君堂，右厂在西直门城根。"民国初年形成胡同后称为"炮局"。

从民国时期的老地图上看，炮局的位置紧靠着北城墙根儿，胡同为长方形。

西直门北顺城街为东西走向，东起桦皮厂胡同，西至德胜门西大街，全长230米，均宽5米。1990年门牌为1—11号；2—34号。

西直门北顺城街原指北京内城西城墙内侧道路。清末形成道路后始称"新开路"，后变更为"西新开路"。1965年与西直门北顺城街合并，统称为西直门北顺城街。1981年德胜门西大街建成后，原西直门北顺城街那段胡同拆除，仅剩下原西新开路那段胡同。

这几条胡同最早消失的是位于北城墙根儿的炮局。20世纪50年代

中期，盖起了北京
建工学校及家属
楼。"文革"中北
京建工学校搬至武
汉之后，此地变成
了建材部下属单位
地质公司、建筑公
司及规划院办公大
楼。20 世纪 80 年
代初期，北京空调

北顺城街　摄影：崔耀平

器厂在原火药局胡同的位置上兴建了宿舍楼。2000 年之后，在铁狮子巷、
玉佛寺胡同、阔带胡同部分区域建起玉桃园一区几栋居民楼。经过几次
改造，目前这几条胡同几乎已不复存在。

五根檩胡同为东西走向，东起大丰胡同与北草厂胡同、后牛角胡同
接合部，西至马相胡同与东桃园胡同接合部，中部与石碑大院相交，全
长 143 米，均宽 4 米。1990 年门牌为 3—19 号；2—18 号。

关于"五根檩"的来源，历来众说不一。大多数人认为和房屋建
筑有关。传统民居建筑一般是采用"七梁八柱"式建筑结构。而"五
根檩"属于搭建的
简易房屋，类似于
工棚的建筑物。

五根檩胡同　摄影：黄丹妮

明代《京师五
城坊巷胡同集》中
"日中坊四牌十九
铺"记载有"新开
路、红桥儿、西直
门街北、永泰寺、
廪鹿房、一条胡

同、二条胡同"等地名。其中的"新开路"为新街口西街，即现在西直门内大街从丁字路口至崇元观一段；"红桥儿"指的是崇元观南侧大明壕上的洪桥；"西直门街北"指的是从崇元观至西直门北侧的地方；"永泰寺"即是后来的永泰胡同等区域。

那"廪鹿房"呢？在《现代汉语词典》对于"廪"的解释为"粮仓，仓廪"。如果有仓储之意，那"廪鹿房"就有可能是明代圈养鹿的地方。由于鹿圈不如民房，用料简单，故后人讹传为"五根檩"。

清代光绪年间的《京师坊巷志稿》和《光绪顺天府志》中没有这条胡同的记载。直到民国初年的《北京内外城详图》中才首次出现"五根檩胡同"的记载。目前，胡同内居民平房院已被拆除，以居民楼及单位办公楼为主。

石碑大院为南北走向，北起葡萄院，南至五根檩胡同，全长66米，均宽4米。1990年门牌1—17号；2—38号。

胡同形成于清代，光绪年间的《京师坊巷志稿》记载有"石碑大院"。据王建民先生介绍，所谓的石碑，是一个家族墓地里的碑。因为石碑大院是居民平房区，这座石碑在这里就比较显眼啦，所以把"石碑"作为胡同的名称。

另外，以老北京市井风情为主要绘画题材的方砚先生，小时候住在石碑大院。

方砚先生在文章中写道："说是大院，实际上就是条五根檩与后桃园之间南北走向的胡同。石碑胡同的名称，可能取自于胡同东侧的观音庵。有意思的是在石碑大院附近的胡同名多与种植有关，像葡萄、桃园。我猜测在胡同形成之前就是种植葡萄、桃子的园子。"

方砚先生小的时候喜欢和胡同里的孩子们结伴而行。从石碑大院往北走，穿过葡萄院就可以到达北城墙根儿。出了胡同往西走，穿过前桃园、桦皮厂、铁狮子庙、玉佛寺、北顺城街……就来到了西直门城楼子。他们喜欢看西直门城门楼子那一排排大柱子，还爱看城门楼子的大门。"一扇扇大门又高又大，上有花格子，还有包在上面的铜花。铜花上面有龙、云彩图案。"在城门楼子上住着许多小燕子，老北京人管它们叫"楼燕"，多的时候"你数也数不清"。"尤其傍晚密密麻麻的小燕子满天都是，飞呀飞呀，一个劲儿地打转转，折跟斗。"在城墙的砖缝儿长了许多酸枣棵子。"从城墙根儿，蔓延到略呈倾斜的城墙上面，再蔓延到城墙顶上，一丛连着一丛。椭圆形的叶子，浓绿浓绿，密密匝匝的果实，深红的，半红的，像绿叶中耀眼的火星。"

方先生画过山水，也画过人物，但画来画去，不由自主地还是回到老北京风情的题材中。在方先生的心中，"老北京"是他艺术创作永恒的主题，是他生命中不可分割的一部分。

方先生画北京的城门楼子，画北京的胡同，画北京的百年老字号，画永定门外逶迤而来的骆驼队，画老天桥形形色色的"八大怪"，画大街上热热闹闹娶亲的队伍……他把对北京全部的爱都用在了画笔上。

据住在这里的居民们讲，由于常年居住于此，每日里穿梭于各条胡同与小巷之中，因此对西北套的胡同有了一定的感情——这种感情是与生俱来又挥之不去的。虽然这些胡同陆陆续续地被拆除，但是只要一路过这里，当年胡同的景象就马上会浮现眼前，胡同里曾经留有他们的脚印。至今，他们还清晰地记得玉芙胡同、铁狮子巷、北顺城街、阔带胡同……记得在一片又一片的丛荫中，鲜花在骄阳中竞相绽放。秋雨过后，胡同里散满了飘落的树叶。到了隆冬时节，半空中飘落的雪花将胡同装点得格外漂亮。孩子们在胡同里堆雪人、打雪仗，欢快的笑声回荡在胡同之中。

第二章　寻梦故里

妙应白塔寺，亦称白塔寺，为新街口地区重要的地标性建筑。与其相伴的是数十条蜿蜒曲折的长街短巷。这里能听到从塔顶处传来的铜铃声声，还能闻到胡同深处槐花散发出来的阵阵清香。

一、与白塔寺相关的胡同

白塔寺始建于元代，最初叫"大圣寿万安寺"。元至元八年（1271），元世祖忽必烈敕令在辽塔遗址上重新建造一座喇嘛塔。在尼泊尔匠师阿尼哥主持下，经过 8 年施工完成。塔建成之后迎请佛舍利入藏塔中。同一年，忽必烈又下令以白塔为中心兴建"大圣寿万安寺"。至元二十五年（1288）落成，因位于大都城西，所以又称作"西苑"。至此，这里便成为元朝的皇家寺院，也是百官习仪和译印蒙文、维吾尔文佛经之处。明洪武元年（1368），大圣寿万

白塔寺　摄影：陈硕

46

安寺殿堂被雷火焚毁，仅白塔幸免。明宣德八年修复，改称"妙应白塔寺"。

旧时，一些地位较高的僧侣到白塔寺敬香，要向白塔敬献哈达。哈达用红绫子做成，或长或短，最长的竟有100多尺。住在附近的棚匠们承揽着往塔身上悬挂哈达的差事。这种活儿都要在夜里完工，等到太阳一出来，人们从远处瞭望白塔，红色的哈达悬挂在白塔上，就好像白塔挂上了红袍一样。坊间把这个景致戏称为"挂红袍"。坊间还有"八月八，走白塔"的习俗。清代中后期，僧人们将配殿和空地出租，按期承办庙会，并成为北京城著名庙会之一。

白塔寺在北京城里名声很大，附近的几条胡同因白塔寺而得名，像白塔寺西夹道、白塔寺巷及白塔寺东夹道。

白塔寺东夹道为南北曲折走向，北起安平巷，南至阜成门内大街，中部与苏萝卜胡同相交，全长370米，均宽2米。1990年门牌为9—23号；2—72号。

胡同形成于清代，因位于白塔寺东侧，故名"白塔寺夹道"。1965年定名"白塔寺东夹道"。

所谓的夹道仅仅是半条，也就是胡同的南部。这里一面是白塔寺东侧院墙，一面是零零散散的居民院落。桃红色与灰白色墙体相互交织在一起，折射出柔柔的光，再加上从寺庙中传来的钟磬之声，夹道里带着几分神秘的色彩。

30号院是当代著名画家娄师白先生的寓所。在绿色植物的环绕中，30号院尤显幽静雅致。

娄师白（1918—2010），原名娄绍怀，曾用名娄少怀，字亦鸣，斋号"老安馆"，湖南浏阳人。娄先生是齐白石先生的入室弟子，14岁拜齐白石先生为师，学习诗书、绘画、篆刻艺术，长达25年之久。娄先生在全面继承齐先生绘画技法上有所创新，尤以画小鸭子著称。人们把齐白石的虾、徐悲鸿的马、李可染的牛、黄胄的驴、娄师白的小鸭子称为中国传统绘画艺术中的精品。娄先生生前为国家一级美术师，中国美协会员，中国画研究会理事、副会长。

17 号（旧门牌 26 号）为清嘉庆二十四年（1819）重修的藏经殿。

该殿建立年代失考，房屋 31 间，依次有山门、毗卢殿及东西配殿。目前，藏经殿旧址多数建筑已经翻建，院门上存有"敕赐重修藏经殿"匾额。

另外，白塔寺夹道旧门牌 23 号和旧门牌 28 号院分别为金氏家祠和方丈院旧址。

48 号院为如意院门，屋檐下的砖雕依稀可辨，其中一组为葫芦纹饰，含有多子多福的寓意。这个院子为典型的四合院建筑布局，共有 20 余间房屋。院子南侧有棵老枣树，在丛荫中挂满了红绿相间的枣儿。据居民们讲，这棵树的枣儿是北京城里常见的马牙子枣，个头大，味道甜。院子北侧有一棵古槐，为北京市二级保护树木。这棵古槐至今还枝繁叶茂，夏季一来，满院子都是树荫。因为院子里有这两棵古树，48 号院也在白塔寺东夹道略有名气。据说，这两棵古树与这个院子同龄，估计这个院子有上百年的历史。这个院子原产权人为景树人先生，曾在北平香山慈幼院担任过管理人员。

白塔寺西夹道在宫门口东岔东北侧，南北曲折走向，南北两端均起于宫门口东岔，全长 90 米，均宽 3 米。这里的院门不多。

据这里的居民介绍，早年这里是白塔寺的庙地，俗称"白塔寺西跨院"。1949 年之后，随着城市人口的增加，这里逐渐变成了胡同，因在白塔寺西北侧，故称"白塔寺西夹道"。

白塔寺西夹道呈"T"字形，它由南北和东西两条小巷子组成。南北走向巷子 20 余米长，内有 5 个院门；东西走向的巷子 30 余米长，西端又向南折，内有 4 个院门。夹道南侧为白塔寺北院墙，抬眼望去，高大的塔身就在眼前。一阵一阵的风飘过，巷子里随时能听到那清脆悦耳的铃铛声。

白塔巷为南北走向，北起安平巷，向南分成两岔，均抵达白塔寺北侧院墙。全长 130 米，均宽 3 米。1990 年门牌为 1—17 号。

胡同形成于清代,《光绪顺天府志》记载为"小塔院",因在白塔寺院墙外而得名。民国期间改为"塔院",亦称"塔院夹道"。1965 年为区别海淀区的"塔院",定名为"白塔巷"。胡同东北有三栋简易居民楼,在原火神庙旧基上兴建。其余为居民平房院。

在这三条胡同中,最有名气的当属白塔寺东夹道。因为这里视野开阔,抬起头来,就能看到巍峨耸立的白塔。带有红色、灰白色墙壁的夹道与高大的白塔交会在一起,为北京城里一道亮丽的风景线。

二、宫门口的东岔与西岔

北京城里用"岔"入名的胡同并不多见。西城区的西长安街和展览路地区有西岔胡同、东岔胡同;东城区的大菊胡同,从前叫瓦岔胡同。虽然胡同名字中带着"岔"字,但词缀还是落在"胡同"二字上。

新街口地区的带"岔"胡同,与建于明代的朝天宫有关。

朝天宫于明宣德年间在元代天师府旧址上兴建。由于朝天宫为皇家寺院,在北京城里具有重要影响,在《帝京景物略》《日下旧闻考》《长安客话》等古籍中都有记载。如《帝京景物略》记载为:"宣宗仿南都之制,建朝天宫,有三清殿以奉上清、太清、玉清;通明殿以奉上帝;普济、景德、总制、宝藏、佑圣、靖应、崇贞、文昌、玄应九殿,以奉诸神。东西建有俱服殿,以备车驾临幸。宫成于宣德八年(闰八月戊午),御制诗文,勒碑记事。成化十七年六月重修,亦有御制诗文碑。天启六年六月二十日夜,朝天宫灾,十三殿齐火。"

宫门口东岔为南北曲折走向,北起安平巷,南至阜成门内大街,中部与宫门口西岔、白塔寺西巷相交,全长 90 米,均宽 3 米。1990 年门牌为 1—13 号;2—10 号。

宫门口西岔为南北曲折走向,北起安平巷,南至阜成门内大街,中部与宫门口东岔、宫门口头条、宫门口三条相交,全长 297 米,均宽 4 米。1990 年门牌为 1—31 号;2—20 号。

两条胡同在明代为朝天宫的正门外的地界，天启年间朝天宫毁于火后逐渐形成居民区。清代在原朝天宫正门东侧形成两条相互交叉的胡同，分称"东岔""西岔"，又泛称"宫门口"。1911 年后更名为"宫门口东岔""宫门口西岔"。1965 年将老虎洞并入宫门口东岔，针线胡同并入宫门口西岔。

周肇祥先生的《城西访古录记》中对宫门口东西两岔有过这样的解释："宫门口东岔南首东南去，有小巷斜通大街，名老虎洞，若由南至北以观。老虎洞及西岔各一巷，东岔在中，直贯南北，中分西岔，亦直至北，状如火字，故一带屡遭回禄。后于交叉处建房数重，以断火字。又于东廊下南口西去道北之土地庙内悬黑旗，取水能克火意。此亦掌故者所知也。"

周先生这段话的大概意思是，在宫门口东南的方向，有一条东南倾斜走向并通向阜成门内大街的老虎洞胡同。这条小胡同好像一只向北观看的老虎形状，故称"老虎洞"。老虎洞和宫门口西岔各为一条胡同，宫门口东岔夹在中间。在宫门口东岔中部，与宫门口西岔合在一起，然后又相互分开，并分别与火神庙胡同（即现在的安平巷中部）相连。宫门口东、西两岔形状像个"火"字，所以这一带经常遭受回禄之灾。"回禄"为传说中的火神，特指火灾。后来为了断掉"火"字，在宫门口东岔与宫门口西岔交会处建起数间房屋，于是两条胡同变成了"X"形状。为了镇火，在东廊下南口的土地庙里边，悬挂黑旗。黑在五行中为水，悬挂黑旗取"水能克火"之意。

为了镇火，在宫门口东、西两岔东北侧，还有一座用来镇火的火神庙。

受到白塔寺庙会的影响，宫门口东岔和老虎洞曾有买卖街之称，所谓的"买卖街"，实际都是一些小商小户，如卖水果、蔬菜、调料、日用百货、五金电料、针头线脑、衣服鞋帽……虽然是小本生意，但由于客流量大，生意还能维持生计。中华人民共和国成立后，这两条买卖街曾一度萧条。直到改革开放之后，宫门口东岔里的商业气氛才得以恢复。而老虎洞因为地势僻静，除保留少量老商铺房外，早就失去了旧时人头攒动的热闹场景。

旧时，白塔寺及周边地区曾是宗教场所较为集中的区域，而在 297 米的宫门口西岔里就曾有关帝庙、土地庙和天仙庵等 3 座庙宇。

宫门口西岔 12 号为关帝庙旧址（旧门牌为 2 号），始建于清光绪二十六年（1900），属于本街铺户集资募建。山门向南，砖额上刻有"关圣帝君庙"；关帝殿一间，木质匾额上刻有"忠义贯天"，落款为"光绪庚子孟夏阖街信士弟子敬献"。庙内"泥像十尊、铁香炉两个、铁磬两个、铁烛扦一对、铁花瓶一对，另有石碑一座"。

关帝庙供奉的关羽，被人们尊称为"关公""关帝"，民间亦称"关老爷"，道教尊称为"关圣帝君"。在人们的眼中，关老爷担负许多重任，既是守护财产的武财神，又是降妖镇魔的大将军，还捎带祛病消灾、镇压邪恶、庇护商贾的神灵。因此，在商贾云集的宫门口西岔设立关帝庙，正符合商户们的心理需求。

针线胡同为宫门口西岔西侧的一条岔巷，全长约 120 米，均宽 1 米。胡同曲折走向，为"T"字形。从宫门口西岔进入针线胡同，先是向西行走，在 50 余米处有一个丁字路口。一条小巷继续向西延伸，另一条小巷则一直向南。胡同南侧尽头处有一个东西长、南北窄的口袋形空地，后来在此建起房屋。据居民们推测，针线胡同名称和地形地貌有关，因为胡同主体部分过于狭窄，又略显曲折，故以针线为名。

据这里的居民们介绍，书法家李铎先生在宫门口西岔居住。

李铎，号青槐，字仕龙，湖南省醴陵人，毕业于河南信阳步兵学院。现任全国文联委员、中国书法家协会副主席、中国国际友好联络会理事、齐白石书画艺术研究院副院长等职。他以魏隶入行，独创出古拙沉雄、苍劲挺丽、雍容大度而又舒展流畅的书法风格，深受国内外人士喜爱，在当代书法界占有重要地位。李先生的国画浑厚凝重，构图宏阔。其篆刻自汉印出，颇具新意。

旧时，北京城里流传着"白塔寺，写大字"的童谣。早年宫门口东岔和宫门口西岔南口外常聚集着一群以卖字为生的文化人。他们为需求者提供春联、请柬、家信、契约之类的服务，坊间亦称他们为"代笔先生"，或直呼"写大字的"。

目前，宫门口东岔设有为附近居民服务的"议事厅"，到这里的居民不但能品尝到老北京的一些风味小吃，还能聆听与白塔寺、宫门口有关的故事。

三、宫门口带"条"的胡同与横胡同

位于阜成门内大街西北侧至宫门口西岔之间有 6 条与宫门口有关的胡同，即宫门口头条至五条和宫门口横胡同。

明代万历年间《宛署杂记》中有"朝天宫小胡同"的记载。以此推测，当年在朝天宫旧基上已逐步形成胡同。到了清代，《乾隆京城全图》有"三条胡同""头条胡同""二条胡同""箭杆胡同"等。《京师坊巷志稿》和《光绪顺天府志》中则有"头条胡同""二条胡同""三条""四条""五条"的记载。到了民国时期，这里的胡同又出现了变化，民国初年《北京内外城详图》中出现了"箭杆胡同""头条胡同""象鼻子胡同""南裤角胡同""北裤角胡同""横三条胡同""二条胡同""东二条""东三条胡同""西三条胡同""横四条胡同""东轿杆""七贤巷""西轿杆""西四条""五条胡同"等 16 条胡同。陈宗蕃的《燕都丛考》中有"横三条""东三条胡同""糖房胡同""箭杆胡同""南裤脚""北裤脚""头条胡同""二条胡同""西三条胡同""东四条胡同""四条胡同""横四条胡同""五条胡同"等 13 条胡同。1956年，为纪念鲁迅先生逝世 20 周年兴建鲁迅博物馆，阜成门内人街至宫门口二条之间打通，定名"阜成门北街"。1965 年，这里的胡同有了重大调整，定为"宫门口头条""宫门口二条""宫门口三条""宫门口四条""宫门口五条""宫门口横胡同"以及"东教胡同"和"七贤巷"等 8 条胡同。

宫门口头条为东西走向，东起宫门口西岔，西至阜成门北大街，中部与阜成门内北街相交，全长303米，均宽4米。1990年门牌为1—77号；2—22号。

胡同形成于明代，统称"宫门口小胡同"。因位于阜成门内大街北侧自南向北第一条胡同，清代称"头条胡同"。1965年将象鼻子胡同、箭杆胡同并入，定名"宫门口头条"。

据居民们介绍，原北京军区参谋长、副司令员肖文玖将军曾经住在宫门口头条8号院。这个院为阜成门内大街243号的后院，因在头条开了个院门，变成了头条的门牌。而黄作珍将军曾在前院居住，为阜成门内大街的门牌。

黄作珍、肖文玖将军曾经住过的院子为清礼多罗贝勒府旧址。

礼多罗贝勒府，为一座三进带东西跨院的四合院建筑，长约100米，宽约70米，占地面积约8400平方米。东路建筑是主体建筑；西路是附属建筑，有花园假山。中华人民共和国成立以后，礼多罗贝勒府旧址几经易主，目前归属于国务院机关事务管理局和华北军区营房部。

31号院住有"茶汤李"第三代传人李连宝师傅。

茶汤是北京地区的传统小吃。相传茶汤起源于明代，因用热水冲食，如沏茶一般，故名"茶汤"。北京茶汤因用龙头嘴的壶冲制，又叫"龙茶"，味甜香醇，色泽杏黄。

何大齐先生在《老北京民俗风情画》中写道："在庙会和道边都有设摊卖茶汤的。一把高大红铜水壶醒目地摆在桌上，壶高约二尺有余。壶中有空膛，可烧木炭或煤。把水烧开，备有茶汤面和油炒面。根据顾客要求，配以红糖、白糖、玫瑰、苣蓿等。从大铜壶冲出滚烫开水倒碗中，堪称一绝活。"

光绪年间，第一代"茶汤李"李同林带着儿子李世忠住在朝阳门一带，靠做茶汤、扒糕、凉粉一类小吃维持生计。民国之后，"茶汤李"第二代传人李世忠开始了赶庙会的营生。当年妙峰山、蟠桃宫、白云观的庙会上常能看见"李记茶汤"的幌子。白塔寺的喇嘛仰慕其名，向李世忠下发了红帖子，邀请他在白塔寺山门前摆摊设点。由于"茶汤李"的茶汤香甜可口，常会出现食客自发编号，限量购买的情况。改革开放后，第三代"茶汤李"传人李连宝恢复了经营，1998年被定为"中华老字号"，其中的茶汤和盆糕被有关部门认定为"中华名小吃"和"北京名小吃"。

47号（旧门牌甲16号）为三进带东西跨院的四合院建筑。据住在这里的居民们讲，早年是如意门楼，两侧有一对鼓形门墩，为花卉纹饰。一进院，南侧为七间倒座房（其中一间为门洞），北侧为一道素面影壁墙。顺着甬道往西，为色彩艳丽的垂花门。二进院为47号的主院，有北房、东房和西房各3间。北房前有3米进深的廊子。北房东侧有一个东跨院，有2间北房。东跨院里植有枣树、丁香树各1棵。三进院为花园，内有北房3间。庭院内栽种着樱桃、苹果、梨树、丁香、海棠、枣树、核桃等。海棠树有一人多粗，在主权上又分出许许多多的支权。等到春暖花开的时候，花园里的花开满一茬又一茬，满院子里都充盈着芳香。等到花瓣凋零的时候，就像蝴蝶一样随风飘落，煞是好看。花园中央有一藤萝架，下面摆着石桌、石凳。一进院和二进院西侧各有一道通向西跨院的月亮门。西跨院为三层院子，各层院子均有北房3间。西跨院早年为47号院停放马车及轿具的地方。

二进院的正房住着梁家，为这所院子的产权人。梁引年先生（？—1951）为留美硕士、北京工业大学电机系主任。

21号院为慈因寺旧址南跨院所在地，西配殿屋檐下的戗檐处为狮形纹饰。目前该院为北京特种美术工艺公司仓库。

目前慈因寺旧址其他殿宇在宫门口横胡同7号院内，即前殿、正殿、后殿及南北各偏殿的所在地。

慈因寺始建于明万历年间，老门牌为宫门口横三条11号。该寺占地面积约6亩余，殿房共64间，附属房36间。整座庙宇坐西朝东，依次有山门、天王殿、大雄宝殿、法堂等建筑，另有南跨院一处。

慈因寺山门石门额上刻有"敕赐慈因寺"，山门南北各有一道侧门。天王殿屋檐下悬挂"法苑金汤"的匾额,两侧挂有"功盖三分扶汉不辞风雨骤;目空千古轻曹只为地天长"的楹联。在横梁上挂有"至诚无息"的木质匾额,落款为"皇六子"。抱柱上挂有"以享以祀以妥以侑;乃圣乃神乃武乃文"的楹联,落款为"皇六子敬书"。大雄宝殿屋檐下挂有"福利恒沙"匾额。横梁上挂有"龙翔云起"的木质匾额,落款为"皇六子"。抱柱上分别挂有"修三空净业以酬宿因;转四谛法轮而证道果"和"坐拥青貌出地岫云依玉砌;庭延白塔接天烟盖护香坛"的楹联,落款为"皇六子"。法堂屋檐下挂有"神智妙达"和"荣光普护"木质匾额,均为咸丰皇帝御笔。门旁两侧挂有"中为无愿不从天下共瞻慈母有求皆应人间广赐麟儿;外为海岛藏真妙用寻声而至山林设化灵明应感而来"长联。南跨院有南房、北房、西房各3间,为客房。大悲殿屋檐下挂有"宝筏喻"匾额,落款为"皇六子"。屋门两侧挂有"云何方便能施无畏;如是应往而生其心"的楹联。1947年,北平市民政局进行寺庙总登记时,该寺时任住持为慧明。

前殿前有两块石碑,其中一块石碑为乾隆爷的皇六子永瑢题写。

永瑢号九思主人,以诗、书、画闻名于世,且精通天文、历算之学。著有诗集《九思堂诗钞》4卷以及《惺斋诗课》等。其书法有徐季海之风,山水得黄子久笔意,疏淡清远。花鸟学陆治,生动传神。其山水长卷、册页小品多有传世之作。

宫门口横胡同在民国时期称作"横三条",另外在青塔胡同南侧与宫门口二条之间有条"横四条"。

宫门口横胡同为南北走向,北起宫门口三条,南至宫门口头条,中部与宫门口二条相交,全长137米,均宽5米。1990年门牌为1—19号;2—10号。

胡同形成于民国时期,因贯穿于宫门口头条与宫门口三条之间,故称"横三条"。1965年定名"宫门口横胡同"。

宫门口横胡同8号院,解放后曾一度为宫门口横三条幼儿园。在20世纪60年代,附近的许多孩子都曾在这里入托。8号院是个大院门,门前有一对石狮子。前院为小朋友们活动的场地，有滑梯、转椅、秋千等器械。里院为孩子们的教室、休息室。院子里还有假山、水池。

1号院为蛮子门，院门两侧为素面箱形门墩。在院门中间刻有"和风甘雨；景星庆云"的门联。

2号院为如意院门，门簪上镶嵌着两个篆体的"喜"字，蕴含着"双喜临门"之意。

宫门口二条为东西走向，东有南北两条岔道与宫门口横胡同相连，西至阜成门北顺城街，中部与宫门口三条、青塔胡同、阜成门内北街相交，全长266米，均宽4米。1990年门牌为1—45号；2—40号。

胡同形成于明代，统称为"宫门口小胡同"。清代胡同分为两段，西段因属于阜成门内大街北侧自南向北第二条胡同，故名"二条胡同"。东段胡同为南北两个岔巷，因形状犹如裤脚，故名"南北裤角"，亦称"南北裤脚"。1965年将"南裤角""北裤角"并入，定名"宫门口二条"。

19号为鲁迅博物馆，老门牌为原宫门口西三条21号。

1912年5月，鲁迅先生随教育部迁入北京后，曾在南半壁胡同的绍兴会馆、新街口八道湾11号、砖塔胡同61号等地居住。1924年3月，鲁迅先生购得此院，经过简单装修后搬来入住。

鲁迅故居是一所典型的小型四合院建筑。前院由3间南北房和2间东西厢房组成。院内有1棵枣树和鲁迅先生亲手所植的3棵丁香树。北房为一明两暗的格局，房屋中间用隔扇隔开。中间的屋子向北扩出半间，这就是有名的"老虎尾巴"，被鲁迅先生自嘲为绿林书屋。在这简陋的"绿林书屋"里，鲁迅先生完成了《野草》《朝花夕拾》《华盖集续编》《彷徨》等作品。北房西侧有一条与后院相连的通道。后院不大，种有黄刺玫、花椒树、榆叶梅等灌木，还有一眼水井。1928年秋，鲁迅先生离开北京到上海后，他的母亲和夫人仍住在这里。鲁迅先生回北京探亲时也在此院居住。

1950年3月，许广平女士将鲁迅故居及大批文物捐献给了国家。

1956 年，在鲁迅逝世 20 周年之际，在故居东侧修建了鲁迅博物馆。

走进"二条"，给人们留下印象较深是那叫"象鼻子""裤脚"的小胡同。"象鼻子"宽窄不一，胡同纤细部位俨然像一个高高扬起的大象的鼻子。而"裤脚"则由两条弧形的小岔巷组合在一起，从半空向下俯视，就像一条完整的裤脚。

宫门口三条为东西曲折走向，东起宫门口西岔，西端南折至宫门口二条，全长 350 米，均宽 5 米。1990 年门牌为 1—15 号；2—32 号。

胡同形成于明代，统称为"朝天宫小胡同"。因属于阜成门内大街北侧自南向北第三条胡同，清代称为"三条"。民国期间，以宫门口横胡同为界，分成"宫门口东三条"和"宫门口西三条"。1965 年两条胡同合并，定名"宫门口三条"。

走进宫门口三条，给行人留下的第一印象是这条胡同与"头条""二条"相比，显然短了许多。由于这条胡同经过改造，老的院门仅限于 9 号和 28 号的蛮子门。

28 号院的门簪和箱形门墩都是花卉纹饰，有可能和当初院子主人崇尚自然有关。28 号院曾经为一进院外带东西跨院的院落。目前，院内还残存着 6 间老屋。

11 号院是老舍先生和胡絜青女士住过的院子。舒乙先生在《由宫门口走出的女画家》写道："娘家妈给新娘子的嫁妆是一所小房子，即祖宅的西邻，一墙之隔的宫门口西三条 9 号院（老门牌），这是一个两进的小院，有房 12 间，建筑面积约 230 平方米。"

抗日战争爆发之后，老舍先生转移到了大后方的武汉和重庆，胡絜青女士带着三个幼小的孩子住在这个小院。为了生存，胡絜青女士在北平师范大学附属中学担任教员，并负责供养婆母和老舍大哥一家的生活。直到 1943 年秋，胡絜青带着三个孩子才与老舍先生在重庆团聚。1950 年初全家回到北京后，曾在此院短住，后搬到东城的丰盛胡同 10 号。

舒乙先生在文章中所说的两进小院，实际上只有南房和北房的院子。新修过的院门带有如意门楼的痕迹。前院有 5 间倒座儿南房（其中一间为门洞），3 间北房的东西两侧各有 1 间耳房。庭院里长着 2 棵枝叶繁茂的老核桃树和 1 棵枣树。后院面积不大，仅有 2 间北房。由于这里是老舍先生曾经住过的院子，因此在坊间亦有"老舍故居"之称。

胡絜青（1905—2001），满族正红旗人，1931 年毕业于北京师范大学国文系。中华人民共和国成立后，自幼喜爱绘画的胡絜青女士在已近五旬之时决定学习绘画艺术。她在绘画道路上有过两位名师。一位是极具写意功底的齐白石先生，一位则是以工笔画见长的于非闇先生。胡絜青女士得二位名师的真传，经过年复一年的努力，成为中国画坛上一位杰出的女画家。胡絜青女士绘画的题材中，菊花是她开创并独领风骚的一个领域，她创作的《百菊图》为最具代表性的作品之一。她还较早地把苹果、鸭梨、谷物等物品引入绘画题材中，拓展了国画的表现领域，赋予了作品浓厚的生活气息和时代特点。胡絜青女士主要作品有《月季》《银星海棠》《菊花》《苍松》《凌云直上》《傲霜图》《玉羽春光》等，出版有《胡絜青画集》《胡絜青百菊图》等。

乙 1 号为新街口福寿轩敬老院所在地。

宫门口四条为东西走向，东起福绥境与安平巷接合部，西至阜成门北顺城街，中部与东教胡同、七贤巷、青塔胡同相交，全长 260 米，均宽 4 米。1990 年门牌为 1—53 号；2—64 号。

胡同形成于明代，统称为"朝天宫小胡同"。因是阜成门内大街自南往北数第四条胡同，清代称为"四条"。1911 年后以青塔胡同为界，分为"宫门口东四条"和"宫门口西四条"。1965 年两条胡同合并，将西轿杆胡同并入，定名"宫门口四条"。

3 号院为金柱门楼，但由于建筑规制较小，带有微缩的表现形式。

3 号楼门的过人之处在于绘于门楼中的苏式彩绘。虽然在风雨的侵袭中变得有些模糊，但尚不失其典雅之色。这种带彩绘的旧式门楼在宫门口头条至五条之间并不多见。

据居民们介绍，宫门口五条住着位"菊花满"。

"菊花满"，大名为满贵卿，住在 39 号院。他受到住在福绥境的刘景春先生的影响，喜欢上了花花草草，后来以养菊花见长。每到金秋赏花时节，满先生都要在自家小院举办赏菊会，像刘景春先生、住在宫门口的郎绍安先生、105 中的物理老师图后先生、45 中学的许校长都是赏菊会的座上宾。

郎绍安（1909—1993），又称"面人郎"，与"面人汤"的汤子博先生同为北京城里做面人的名家。面人可分为两类，一类是民间的小玩意儿，像商贩们用彩色面团捏出来哄小孩玩的兔爷、孙悟空、小耗子之类的物件；而经过"面人郎""面人汤"等名师们的精心制作，面人的档次有了质的飞跃，变成了文人墨客们欣赏把玩的艺术品，这种面人亦称面塑艺术。

继"面人郎"之后，又相继出现郎志英、郎志祥、郎志慧、郎志春、王兴山、张宝琳等传人。

5 号院门前有一对箱形门墩，上面刻有箭囊和三支弓箭的纹饰，这种纹饰在新街口地区非常少见。

据这里的居民们讲，5 号院为穿堂门，这个院子有个后门通着小弓匠胡同。早年街里街坊的上"小弓匠""后大坑"办事，一般都从院子里穿行而过。当年，这个院子的前院特别宽敞，种着好几棵枣树。

宫门口五条为东西曲折走向，东起福绥境，西至南折至宫门口四条，南与东教胡同相交，全长 290 米，均宽 4 米。1990 年门牌为 1—41号；2—28 号。

胡同形成于明代，统称为"朝天宫小胡同"。因是阜成门内大街自南向北数第五条胡同，清代称为"五条胡同"。1965 年定名"宫门口五条"。

宫门口五条最有名的院子为 1 号院，在西洋门楼上镶嵌着"绥庐"二字。这所院子还是西城区绿化美化的"最美院落"。因武步元先生曾在这里居住，坊间亦称"武步元故居"。

武步元（1907—1988），山西太谷人。早年毕业于县商业学校，后到沈阳继承祖业从事银行业务，并兼任沈阳天益堂药店经理一职。1944年到京后，经营大华窑业公司（即大华陶瓷厂前身）和国光制药厂。解放后积极参加经济建设，历任北京民建委员、西城区人大、政协委员和西城区工商联副主任一职。

虽然现在的胡同多少有些陈旧残破，但是每当走进胡同，还能感受到几十年甚至是上百年积淀下来的气息。

四、带"廊下"的胡同和福绥境

新街口地区有3条带"廊下"的胡同，即"东廊下""西廊下""中廊下"。

"廊下"是一种建筑学上的术语。中国古代大型建筑四周皆有廊庑围绕，沿廊庑东西外侧的通道则成为东、西廊下。因新街口地区的东、西廊下处于朝天宫东、西垣墙外，故以"廊下"得名。而"中廊下"则穿插于东、西廊下之中，故冠之以"中廊下"。

这三条胡同形成于清末。在光绪年间的《京师坊巷志稿》和《光绪顺天府志》中出现了"东廊下""中廊下""西廊下"的名称。

民国时，周肇祥先生在《城西访古录记·朝天宫记》中对东、西、中三条带"廊下"的胡同及周边地区做过介绍："阜成门内街北，锦什坊街对面为宫门口，东即白塔寺。宫门口分成东西两岔，北行二巷合而复分，如叉子形，至极北者，东至西者，东为火神庙，西为葡萄园。再北由南至北共三巷，东为东廊下，中为西廊下，西为苦水井。东廊下有横巷，曲折通西廊下，此横巷中，又竖穿至东廊下南口内者，皆名中廊下。"

东廊下胡同为南北曲折走向，北起大玉胡同，南至安平巷，中部与留题胡同、大茶叶胡同、中廊下胡同相交，全长418米，均宽4米。1990年门牌为1—39号；2—36号。

目前，东廊下胡同变化较大，由于东廊下12号，玉廊东园5号楼，

60

东廊下 19 号、21 号楼以及北京市交通运输局西城管理处办公楼建筑占据着半壁江山，剩余的平房院散落于这些楼座之间。

东廊下 1 号为基督教堂，又称"神召会教堂"。该教堂坐西朝东，为长方形的二层砖楼，屋脊处有一带有西洋建筑风格的钟楼。

该教堂由美国教徒保尔德（音译）全资兴建，占地面积约有 10 亩。1939 年，这里曾一度兴办教会学校，后来由于战乱等原因学校停办。中华人民共和国成立后，曾为北京市结核病医院门诊和住院部。1969 年前后改为安贞医院职工宿舍。目前，这个院子除教堂外，还残存着两处老的建筑。

3 号院为北京教会员工宿舍，早年和 1 号同属一院。中华人民共和国成立后，曾一度为北京市民族印刷厂宿舍，后改为北京市教会员工宿舍。

3 号院为金柱门楼，虽不比广亮大门那样显赫，但也不失其身份高贵。门簪处为镂雕的花卉纹饰，历经百年风雨侵蚀之后，依然相对完好。门洞上方还保留着或几何图案、或花卉纹饰的抹灰镂画。由于东廊下保存下来的老式门楼不多，3 号院的金柱门楼也成为这条胡同的一道风景。

据这里的居民介绍，3 号院早年是教会学校的部分校舍。改成职工宿舍之后，在院中加盖了两排西房，自此，这个院变成了三进院落。3 号院与 1 号院之间有条通道，中间有道垂花门。3 号院的居民可通过这道垂花门到达 1 号院。

3 号院西侧为西廊下小学。西廊下小学也属于神召会教堂的部分院落，现在此校为西城区华嘉小学。

9 号曾经是天主教热河教区驻京办事处，1946 年从承德迁入北平后，神职人员在此院居住。主教德化隆，神父奎贵德、高尚德（音译）等人均为比利时国籍。这个院子在东廊下是数得着的大型四合院建筑，院子西侧一直延伸到西廊下。第一层院子为花园，内有假山、花池、凉亭，还有一棵老核桃树。第一层与第二层院子之间有道月亮门，其他的院落都是四合院建筑布局。中华人民共和国成立后，由西城区交通支队事故科使用。

16 号为三进四合院，早年房主姓荆，坊间亦称"荆家大院"，为公私混合在一起的居民院。这所院子为五进四合院建筑布局，正门在大茶叶胡同，为 37 号，房屋总共有 54 间半。院子四角都有连廊，在一进和二进院之间还有一道垂花门。在第三层院子里面有棵上百年的老黑枣树。

石继昌先生的《春明旧事》一书记载，学者关振生（宝铎）先生曾在东廊下胡同居住。关先生住的是"清幽小院，西房三间"。

关先生是满族人，父亲崇谦（退庵）清末时官至云南楚翔府知府。辛亥革命时，率下属响应，得到云南都督蔡锷将军的嘉奖。关振生先生学识渊博，20 世纪 30 年代曾在北平《晨报》"艺圃"副刊上撰写《红楼说丛》数十篇，40 年代为北平《新民报》撰稿，晚年在中华书局整理史料古籍。

王彬、崔国政先生编辑的《燕京风土录》中，收录了关先生的《护国寺记》《白塔寺记》和《朝天宫记》。这三篇文章为研究老北京历史文化的学者们提供了极为珍贵的参考资料。关先生在文章中使用了"振生"的笔名。

据《北京寺庙历史资料》记载，东廊下 6 号（旧门牌）有建于清咸丰年间，共有殿房 7 间的真武庙。

当年，东廊下院门上的对联之多堪称新街口地区一绝。那时东廊下里面的胡同文化元素极为丰富，各种规制的院门、斑驳的门钹、精美的砖雕、雕饰的门簪……还有那形制不同、纹饰各异的门墩，就像一幅幅北京民俗的风景画展现在人们的面前，令人目不暇接。

《京城胡同·徐瀛速写集》中徐先生写道："东廊下胡同 35 号院的门联很有意思：'名郡重来迎太守，东皋数晦寄诗人。'看来主人可能是位官场失意人，在用门联形式寄托自己的情思。"

徐先生是北京画胡同的著名画家之一。为了追忆在胡同里的生活，为了让蕴含在胡同之中的文化得以传承，作为画家的徐先生选择了用速写的形式，"把胡同风情用笔记录下来"，徐先生一画就是20多年。他把自己对北京胡同的全部感情集中在画笔上，一个人悄悄地记录着北京胡同的春夏秋冬，记录着老百姓们的平淡却有情趣的生活。

在《京城胡同·徐瀛速写集》中还有白塔寺西夹道、前抄手胡同、苏萝卜胡同、宫门口头条、宫门口西三条、福绥境等多幅画作。在白塔寺西夹道，徐先生写道："这条小巷，不知引起我多少童年的回忆。"

徐先生既是画家，也是文字功底很深的学者。徐先生的作品中常常出现妙笔生花的句子，时常令笔者拍案叫绝。如徐先生写道："西城区前抄手胡同是一条极具老北京风貌的小巷。远处是高大的白塔，微风袭来，闻阵阵风铃之声。这里民房古朴，灰砖青瓦，绿树成荫，曲径通幽。"

中廊下胡同为曲折走向，东起东廊下胡同，西至西廊下胡同，南侧与东廊下胡同相通，全长466米，均宽4米。1990年门牌为1—43号；2—68号。

中廊下为新街口地区最为典型的平房居民区，因此，自中华人民共和国成立之后至2000年前后的旧房改造之前，这里的变化不大。这里以小门小户为主，私房院很多。其中最有名的为"何家大院"，为四进的四合院建筑。由于中廊下包裹在西廊下和东廊下之间，胡同显得尤为安静。

中廊下和东廊下一样，胡同里的60号（旧门牌5号）也曾有座真武庙。

该庙始建于清乾隆四十四年（1779），殿房13间。整座庙宇坐北朝南，依次有山门、真武殿及东西配殿。目前其旧址已经翻建。

据这里的居民们讲，这个院子的房子建筑布局没有变化，还是当初的样子，即3间北房带东西耳房各1间，东、西厢房各2间。门楼为随墙门。

西廊下胡同为南北走向，北起官园胡同，南至安平巷，中部与福绥境、大玉胡同、小玉胡同、中廊下胡同相交，全长544米，均宽4米。1990年门牌为1—65号；2—50号。

目前，西廊下为半截子胡同。南侧还多少保留着胡同的样子，北侧则多以住宅楼为主。在胡同里曾有西廊下小学，现已改为华嘉小学和西城区中小学劳动技术教育中心，前身为1921年教育家陈垣先生创办的免费平民完小。胡同里另有中国三峡出版社等单位。

据居民们介绍，当年西廊下最大的一个院子是49号院，为军事科学院职工宿舍，四进四合院建筑，前院为花园，花园里有假山石和凉亭。49号院居民很多，大将粟裕的秘书在此院居住。9号院房主是马世禄先生，文化层次较高。1965年后9号院一分为三，变成了28号、30号、32号。

据赵加宜老师介绍，一代名医李德衔大夫居住在42号院。

李德衔（1913—2006）是全国著名的中医妇科专家，原北京市崇文区中医院妇科主任、主任医师。1940年毕业于华北国医学院。曾经拜北京"四大名医"之一的施今墨先生为师，并在施先生身边佐诊3年。28岁起设馆行医（即李德衔中医诊所），从事中医达65年。

在学术上，李大夫遵循施今墨先生走中西医结合的道路，在临床上对子宫肌瘤、女子不育症、男子不育症有着丰富的经验。同时，她虚怀若谷，对待病人如同亲人，视病人痛苦如己有，对所有病人一视同仁。李大夫精湛的医术和高尚的医德深受人们的尊敬和爱戴，在坊间被称为"妙应塔下神奇人"。2013年7月，在李大夫100周年诞辰时，全国农工民主党北京市委员会举办了纪念活动。

福绥境为南北走向，北起西直门南小街，南至安平巷，中部与西廊下胡同、小太平胡同、东马匠胡同、宫门口五条相交，全长578米，均宽5米。

胡同形成于明代，始称"井儿胡同"，因井得名。因井水苦涩，清代称为"苦水井"。1911年后按谐音雅化为"福绥境"，并沿用至今。

早年北京城里水井打得浅，口感不好，且水质硬度也高，故称"苦水"。老百姓每个家庭里都有 2 口水缸，分别装甜水和苦水。甜水用于饮食沏茶，苦水用于洗衣。据说当年福绥境一南一北各有 2 口苦水井，因此胡同也随之叫成了"苦水井胡同"。民国之后，胡同里住了个官员，他嫌这"苦水井"名字太俗，按照谐音改成了"福绥境"。

据《北京寺庙历史资料》记载，这条胡同曾有吉祥护国关帝庙和玄天宫两座古刹。

另外，据民国初年的《北京内外城详图》，福绥境中部西侧为北洋商业学校校址。

据这里的居民们介绍，25 号住有京城玩家刘景春先生（1915—2005）。刘先生毕业于辅仁大学，曾在中国人民大学、北京师范大学等校教授历史、英语等课程。授课之余尤好养金鱼、斗蟋蟀、种菊花，在福绥境一带名气很大，很多刚出道的玩家常到刘先生家里拜师求艺。20世纪 80 年代，他曾将自己数十年养鱼心得写成《北京金鱼文化概述》书稿，在王世襄先生的帮助下，2008 年由三联书店协助出版。

37 号院曾经是一座宽敞的四合院。1955 年初福绥境办事处成立时曾在此院办公。1970 年之后为西城区首都工人民兵福绥境指挥部所在地。1985 年前后为西城区技术监督局、西城区司法局和西城区环保局的办公地点。在胡同里还有北京第四聋哑学校。

36 号曾是福绥境小学所在地。20 世纪二三十年代，著名电影演员白杨和著名话剧演员李婉芬曾在此校上学。

42 号为我国杰出的新闻工作者、出版家萨空了先生（1907—1988）寓所。萨先生历任人民美术出版社社长、中央人民政府新闻总署副署长兼新闻摄影局局长、出版总署副署长、国务院民族事务委员会副主任等职。1965 年 6 月，萨先生从东城区月牙胡同迁入后，一直住到 1988 年10 月去世。爱人郑小箴女士是中国著名文学家郑振铎先生的女儿，新华通讯社摄影记者。

44 号是原青海省省长扎喜旺徐的住所。1965 年他从中央党校迁入该院子之后，一直到 2002 年，共住了 37 年。

据石继昌先生的《春明旧事》记载，清末江西巡抚德晓峰住在"宫门口内苦水井路西，屋宇甚多"，20世纪三四十年代时其后人"尚居于此"。

五、大小茶叶胡同与庆丰胡同

胡同是老北京城的肌体，承载着浓郁的京城文化。因此就其本身而言，它又包含众多的文化元素。虽然有些文化元素和现在的生活渐行渐远，但是在胡同的名称中还留有深刻的印记，如大小茶叶胡同、庆丰胡同。

大茶叶胡同为东西走向，东起赵登禹路，西至东廊下胡同，中部与小茶叶胡同、庆丰胡同相交，全长312米，均宽4米。1990年门牌为1—45号；2—56号。

小茶叶胡同为曲折走向，北起大茶叶胡同，南至安平巷，西至庆丰胡同，全长181米，均宽3米。1990年门牌为1—43号；2—16号。

两条胡同形成于明代，《京师五城坊巷胡同集》记载为"茶叶胡同"，因形状得名。清代沿用其叫法。民国之后，析出两条胡同，分别叫"大茶叶胡同"和"小茶叶胡同"。

据《北京寺庙历史资料》记载，胡同内曾有永寿观音庵和吉祥寺两座庙宇。目前其旧址均已改建。

大茶叶胡同曾居住过一位藏书大家——赵钫先生。

赵钫（1905—1974），字元方，蒙古族鄂卓尔氏。先祖随蒙古八旗入关立有战功。祖父荣庆，曾在光绪朝任协办大学士入掌军机。辛亥革命后，赵钫按照谐音改为赵姓。夫人为清末闽浙总督松寿之女。著名文物收藏家朱家溍先生与赵先生为姻亲，赵先生夫人的妹妹为朱家溍先生的夫人。中华人民共和国成立前，赵先生为天津中南银行襄理。中华人民共和国成立后回京居住，被聘为中国人民银行参事室参事。赵先生酷爱收藏古旧书籍，兼及古玩。收藏多为宋、元、明代著名刻本，藏书屋为"无悔斋"。赵先生择其精本捐献给了北京图书馆收藏。赵先生还是一位中国传统文化的研究者，在历代官制的研究上颇有建树。

目前，大茶叶胡同经过改造，北侧院门大都拆除，仅存有南侧的部分院落。胡同里有条岔巷，育才幼儿园在岔巷的尽头处。

大茶叶胡同还残存着一两处老门，以 8 号院的蛮子门最为经典。院门前的箱形门墩上镌刻着松鹤纹饰，有"松鹤长青"之意。走进院门，映入眼帘的是座影壁墙，墙壁中央镶嵌着"鸿禧"二字。

小茶叶胡同 33 号院的门头上方镶嵌着喜鹊登梅纹饰，这种装饰在新街口地区的其他胡同并不多见。

该院落为晚清协办大学士、学部尚书荣庆（字华卿）先生所建，其花园部分又称"茜园"。据朱家溍先生撰文介绍："茜园在住宅的东侧，入园迎面为假山，偏西有一石洞，穿洞经石子路入东南面的抄手游廊。主屋五楹，前檐接一卷三楹敞厅，厅前为藤萝架，左右有梧桐、海棠各两株，蜡梅一株。游廊下遍植秋海棠、芍药、牡丹。沿石子路向南为月池，经小石桥过南面有游廊，假山上有一亭，亭边山石后有井架，可汲水灌池。山西坡下有随墙月洞门，内为一小院。院内南北屋各三楹，十字甬路，有古桧一株，斜倚湖石。"

这个院子在民国期间曾是北洋政府第五任总统曹锟的宅第，坊间亦称"曹府"。

1890 年，曹锟毕业于天津武备学堂。1919 年为直系军阀首领。1923 年 6 月，曹锟将黎元洪逐走天津后，用重金收买议员，贿选为大总统。退位之后，曹锟隐居天津。"七七事变"后，他拒绝日本所请出面组织伪政府。1938 年 5 月 17 日因病逝世。1939 年 12 月，国民政府因其有民族气节，特追赠曹锟为陆军一级上将军衔。

中华人民共和国成立后，33 号院归冶金部管理，时任冶金部长吕东在此院居住。花园部分由北京市出版局下属单位占用，后改为单位职工宿舍。目前庆丰胡同东侧的几个院子为茜园的旧址。

据居民们介绍，金石篆刻家刘淑度女士曾在小茶叶胡同居住。

刘淑度（1899—1985），名师仪，号淑度，早年毕业于北平女子师范大学中文系，曾给著名文史专家郑振铎先生当过助手，参与编纂了《插图本中国文学史》《世界文库》《李长吉诗集》《岑参诗集》，标点了二十四史中的《儒林传》和《文苑传》等。1945 年在南京第二女子中学任国文教师。1958 年退休后回北京定居。

她潜心于篆刻艺术，成就斐然。1927 年 9 月拜齐白石先生为师，技艺大进。1929 年秋，齐先生赞誉她"吾弟子数年来技艺大进，与吾乱真""已成女子篆刻家先驱"。齐先生曾亲刻"千石印室"印章相赠，并为她的印谱集作序。1933 年刘淑度为鲁迅、郑振铎先生合作辑刻的《北平笺谱》，为金石篆刻界人士所青睐。她还为鲁迅、钱玄同、许寿裳、朱自清、郭绍虞、郑振铎、谢冰心、李苦禅等名人治印。其中"鲁迅""旅隼"两方印，深得鲁迅先生珍视，今已藏于鲁迅博物馆。出版有《淑度百印集》《刘淑度刻石残存集》等。

庆丰胡同为南北走向，北起大茶叶胡同，南至安平巷，中部与小茶叶胡同相交，全长 129 米，均宽 4 米。1990 年门牌为 1—21 号；2—18 号。

胡同形成于清代，始称"观音庵"，因胡同东侧有永寿观音庵，故名。1965 年定名"庆丰胡同"。

13 号为中国画院宿舍。这座四进的院落中曾居住过卢沉、胡蛮、辛莽等当代著名画家、雕塑家和美术理论家。

卢沉（1935—2004），江苏苏州人。早年在苏州美术专科学校学习西洋绘画。1953 年考入中央美术学院中国画系，师从叶浅予、蒋兆和、李可染、刘凌沧等名师，1958 年毕业后留校任教。卢沉先生擅长水墨人物画，早期作品侧重于对传统的继承与创新。20 世纪 80 年代起，尝试把西方现代艺术的意识和中国画的笔墨意趣相结合，并在教学中开设"水墨小品""水墨构成"等课程。其作品或取材历史人物，或将日常生活所见、所思赋之于画，画风多变，时出新意。代表作有《机车大夫》《草原夜月》《塞上竞技图》《太白捉月》《清明》等。著有《卢沉论水墨画》《卢沉、周思聪作品选集》《卢沉水墨画》等。

胡蛮（1904—1986），原名王毓鸿，又名王钧初，笔名胡蛮、苦力、祜曼、华普等，河南扶沟县人。1929年毕业于北京国立艺术专科学校，曾赴苏联列宁城艺术学院油画系学习。回国后任教于延安鲁迅艺术学院美术系。中华人民共和国成立后，历任中国美术研究所研究员、中国艺术研究院顾问等职。论著有《中国美术史》《论神及其他》等。

辛莽（1916—2007），原名吴裕春，广东省合浦县人。1935年就读于合浦省立十一中学师范专科，同年参加抗日救亡运动。1938年赴延安入陕北公学。1939年春进入鲁艺美术系学习，同年5月在校任教。后在华北联合大学美术系任教，并在鲁艺美术系任研究员一职。中华人民共和国成立后，任北京市人民美术工作室副主任、北京市文艺工作委员会委员、北京师范大学美术系教授等职。1980年当选北京美术家协会副主席。

辛先生的绘画以革命历史作为题材，并取得重大成就。他的画风严谨，追求历史真实与艺术真实的统一。其代表作为1951年创作的《毛主席在延安窑洞中著作》，堪称革命历史题材的精品，被中国历史博物馆收藏。他还参与了天安门城楼上毛主席巨幅画像的绘制工作，其中第二个版本由辛莽所画。

大小茶叶胡同和庆丰胡同可称得上名人荟萃。每当人们默念着这些名字时，常为他们为传承中国传统艺术付出艰辛的努力而感动。尤为感动的是他们将珍贵的藏品无偿捐给国家。

六、象形的胡同

前纱络胡同为环形，两端均起于后纱络胡同，中部与义伯胡同相交，全长237米，均宽3米。1990年门牌为1—23号；4—28号。

后纱络胡同为东西走向，东起赵登禹路，西至翠花横街，中部与前纱络胡同相交，全长262米，均宽4米。1990年门牌为1—17号；2—

36 号。

　　胡同形成于明代，因胡同口设有栅栏，故称"栅栏胡同"。多田贞一《北京地名志》解释为，"据《坊巷志稿考正》，在北方语中栅栏和沙喇音近似，这正说明内四区的纱络胡同都是栅栏胡同"。清代演化为"沙喇胡同"，亦称"沙拉""沙腊"。1911 年之后析出两条胡同，分别叫作"前纱络胡同""后纱络胡同"。也有的学者认为胡同与形状有关，尤其是后纱络胡同内有 4 条南北走向的岔巷会聚在一起，犹如纱络，故名。

　　著名学者冯亦代先生曾在文章中这样写道："刚来北京时暂住叶浅予家，那个地方叫大佛寺，一出大门便是热闹的大街。我读过一些谈北京胡同的文章，那种古老宁静的气氛，始终在我心里萦绕。1957 年'祸从口出'，原来住的美轮美奂的房子，终有一天被'勒令'搬家。前纱络是个曲里拐弯的胡同，路面经过多年煤渣和垃圾的堆压，已较两边屋基为高。屋子原是清时权贵的马厩。胡同虽无特别显眼的地方，但到了一定的时辰，就有一定的小贩，或打鼓或吆喝，在胡同头尾巡行，倒也耳根不静。到了刮风雨雪的日子，便显得凄凉了。我的屋子后墙外便是街道，有时可以长时间听到脚步声。以后调了工作，住进了二居室的宿舍，临近胡同，但与胡同里的四合院大不相同。幽居的情趣，便成了过眼云烟了。我总不能忘掉前纱络胡同，偶有闲时，便到那里去踯躅一番。"

　　阜成门内大街与宫门口头条之间有条南北走向的箭杆胡同。胡同非常纤细，但这种纤细又不是贯穿于胡同始终。它的南口宽度仅有 1 米，向北延伸 20 米后，胡同开始慢慢展宽，到了胡同北口，它的宽度有 2 米左右。整条胡同多少带有点喇叭形状。至于为什么叫箭杆，多田贞一在《北京地名志》中解释为因胡同"狭直"。

　　宫门口头条与宫门口二条之间，有条南北走向的小胡同，因为北部宽，南部窄，犹如大象的鼻子，故名"象鼻子胡同"。

　　一位老人戏称："走进这条胡同就会无时无刻想着，现在我走到象鼻子的哪个部位啦？走路可要小心啦，弄不好会掉进大象的鼻孔眼里出不来啦！小的时候，和小伙伴们上阜成门，最喜欢穿'象鼻子'和'箭杆'。'象鼻子'宽绰，'箭杆'细长，走进胡同里感觉是不一样的。尤其在'箭杆'里面，赶上前面有人过来，在窄的地方，两个人要紧紧地贴着墙才能过去。"

宫门口二条东端有两条岔巷，分别叫南裤脚胡同、北裤脚胡同，俗称"裤角"。

原来，宫门口二条东侧有一个"U"字形的路口。两条岔巷与宫门口二条衔接部位形成弧形。从平面图上看，这两条岔巷就像裤脚一样。

留题胡同位于翠花街与东廊下胡同之间。胡同形成于清乾隆年间，在《乾隆京城全图》中有"前、后牛蹄胡同"。1911 年之后两条胡同合并，并雅化为"留题胡同"。陈宗蕃的《燕都丛考》中有"东廊下之北曰牛蹄胡同，今改为留题胡同"的注解。

从民国时期的老地图上看，当时的留题胡同由两条东西走向的环形小胡同组成，与牛蹄子形状极为相似。

新街口地区旧时有三处叫"轿"字的胡同，分别是位于西直门内大街的轿子胡同和位于白塔寺西侧的东、西轿杆胡同。

东、西轿杆胡同形成于民国时期，因为胡同细长，且东西各有一条，就像轿子的抬杆，故称"轿杆"。1965 年东轿杆改成东教胡同，西轿杆则成了宫门口四条里的一条岔巷。

据这里的居民介绍，西轿杆住过当代著名作曲家小柯先生。小柯先生曾经居住的老院子，现在已经变成了欣灵儿童艺术培训中心，墙壁上画满了稚嫩可爱的卡通画。

东教胡同与宫门口四条之间有条七贤巷。这条巷子由 7 个院门组成，而且每个小院的建筑布局相同。

坊间传说，这 7 个院门中分别住有一位教书育人的先生。因为当时百姓们普遍文化程度不高，见到这七位教书先生，如同见到贤人一样，就把这条小巷子尊称为"七贤巷"。由于七贤巷两侧为东、西轿杆胡同，于是坊间又衍生出"七个贤人坐在轿子里"的说法。

与七贤巷意思相近的还有叫"秀才"的胡同。这秀才胡同不是一条，而是三条，分别叫"前秀才胡同""中秀才胡同"和"后秀才胡同"。

"下坡子"位于翠花横街与东廊下胡同之间。胡同形成于清代，因为胡同东边高，西边低，穿行于胡同中，有下坡之意。

从民国时期的老地图上看，这条胡同为东西走向，地形也较为复杂，尤其胡同中部呈不规则形状，其拐角达7处。

北玉带胡同位于阜成门内大街西北部，弯曲走向，全长216米，均宽2米。胡同形成于民国初年，在《北京内外城详图》和《燕都丛考》均记载有"玉带胡同"。1965年，为区别于砖塔胡同南侧的玉带胡同，定名"北玉带胡同"。

走进北玉带胡同，行人能感觉到这条胡同就像一条银白色的丝带那样飘浮不定。胡同北侧为青塔胡同、宏大胡同接合部以及以花鸟鱼虫闻名京城的官园市场。

北玉带胡同2号院（老门牌）曾是藏传佛教寺院同福寺旧址。因荒废时间较长，住在附近的居民对这座古刹已无印象。

义伯胡同形成于清代，因胡同为曲折走向，胡同中部衍生出一条东西曲折走向的岔巷，犹如狗的尾巴，始称"狗尾巴胡同"，1911年之后雅化为"义伯胡同"。

"后大坑"位于阜成门内，原为低洼地带，故以"坑"入名。新街口地区以"坑"得名的胡同有3处，即阜成门内的"后大坑"、西直门内大街南侧的"黄土坑"以及位于新街口豁口西侧的"后坑"。后大坑和黄土坑情况较为简单，早年为低洼地带，带有坑状的地形地貌。后坑情况较为复杂一些。某些专家认为，后坑加上新街口豁口外的太平湖，早年是古积水潭的部分水域。

这些以"坑"命名的胡同，因水域不断变化，房子多少带有"择水而居"的特点。坊间传说原福绥境煤厂是后大坑的旧址，胡同里许多民房是围着后大坑而建的。1965 年，后大坑定名"宏大胡同"。

北大安胡同南侧有条叫"钥匙"的胡同，因形状犹如一把钥匙，故名。该胡同东西走向，东起西直门南小街，西到"六个门"，路北另有岔道通向地昌胡同，长 152 米，宽 3 米。

据附近的老人们回忆，早年间，胡同东南侧有个建于清康熙年间的永祥寺。由于永祥寺殿宇高大，居民在永祥寺北面盖房的时候，考虑到采光问题，所以建筑物外墙出现了多处锯齿状的折弯，犹如钥匙一样。

前抄手胡同为环形，两个出口均至赵登禹路，全长 130 米，均宽 5 米。1990 年门牌为 1—35 号；2—30 号。

胡同形成于明代，《京师五城坊巷胡同集》记载为"扠手胡同"，因形状得名。"扠"字是"叉"的异体字，指的是一种农具，俗称"叉子"。这种农具一端有长齿，另一端为木柄。如果用在胡同上，则表示由多条小巷子组合而成。

清末析出两条胡同，《京师坊巷志稿》和《光绪顺天府志》记载为"前、后抄手胡同"。民国期间其名称延续。1965 年，前、后抄手胡同合并，定名"前抄手胡同"。前抄手胡同以居民平房院为主，27 号、29号、31 号院为方丈庙旧址。

背阴胡同形成于清代，在《乾隆京城全图》中有"阴凉胡同"的记载。民国时期胡同名称沿用。1965 年定名"背阴胡同"。

关于胡同名称的来源，坊间有这样一个传说。当年胡同位于西观音寺的北面。西观音寺北墙外面有一块面积很大的空地，空地上长着一棵上百年的古槐，每当夏季来临之际，茂密的树冠把太阳光挡得严严实实的。别的地方酷暑难耐，树荫底下却凉爽无比。由于这个缘故，人们就把这里叫作阴凉胡同。

棕帽胡同形成于明代，因形状得名（有的地名志中记载为制作或存放棕帽的场所）。1965 年，为避免胡同名称重叠，定名"宏茂胡同"。

民国时期，北京交通大学前身北平铁路学校曾设在 14 号（旧门牌）院内。北平铁路大学原名北京畿辅大学，成立于民国十三年

（1924）。后因设备不断扩充，原租用的校舍"不敷应用"，民国十四年（1925）暑期迁至东城区干面胡同原交通部铁路协会旧址。民国十七年（1928）后经董事会商议，改名为北平铁路大学。

该校创办人为关更麟先生，学校成立后关先生担任校长一职。董事长为唐绍仪先生，副董事长为叶恭绰先生，名誉董事长为熊希龄先生，董事由王宠惠、郑宏年、梁士诒、马寅初等50余名先生担任。

该校设有大学部、专门部、特科三种，并设有法文夜校。

住在这里的居民们说，如果把"狗尾巴""牛蹄子""象鼻子""裤角""玉带""背阴"这些俗得掉渣的胡同名串在一起，肯定会像相声演员表演中抖搂出来的包袱，博人一笑。在雅俗之间，对于普通老百姓来说，更喜欢那带有几分俗气的名字。因为它们直白、简单，毫无扭捏之态；因为它们耐听、上口、亲切，哪怕是住在"狗尾巴""屎壳郎""象鼻子""西轿杆"，或者"钱桌子""剃头棚""苏萝卜""金丝钩"以及掰开两半的"牛蹄子"……

七、与"弓匠""冰窖"有关的胡同

"平则门，拉大弓，过去就是朝天宫"，这是一首老北京地名歌谣中的第一句，里面包括三个地名，即"平则门""弓匠营""朝天宫"。

"平则门""朝天宫"好理解，平则门指的是位于元大都城西侧的一座城门楼子，明代改为阜成门。朝天宫则是一座皇家道观，位于白塔寺西北侧。"弓匠营"指的是以"弓匠"入名的胡同，像东、西弓匠胡同和小弓匠胡同等。

北京城里叫弓匠或弓匠营的胡同有好几条，像东直门里的南北弓匠营胡同、阜成门内的东西弓匠胡同和小弓匠胡同。据称是清兵入关之后制作弓箭的作坊。但也有的专家则认为，制作弓箭的作坊可追溯到明代。

弓匠营形成于清代。在《乾隆京城全图》和光绪年间的《京师坊巷志稿》《光绪顺天府志》均有"弓匠营"记载。

1911年之后，从弓匠营析出"东弓匠胡同""西弓匠胡同"及"小弓匠胡同"，并沿用至今。

东弓匠胡同为东西走向，东起福绥境，西至宏大胡同，全长113米，均宽4米。1990年门牌为1—17号；2—6号。

据这里的居民介绍，4号院曾是长篇小说《青春之歌》作者杨沫（原名杨成业）和主演过《祝福》《一江春水向东流》等影片的演员白杨（杨成芳）童年居住过的院子。

杨家祖籍湖南湘阴。杨氏姐妹的父亲杨震华先生为清末举人，毕业于京师大学堂（北京大学前身），在北京创办过多所学校，其中新华大学是我国最早的私立大学。

由于兴建国家投资银行及扩路的原因，现在的前弓匠胡同仅剩下了半截子胡同。胡同西侧有一株老槐，浓密的树荫下有几个老人坐在椅子上闲聊。偶尔还能听到从官园花鸟鱼虫市场传来的几声鸟儿的啼鸣。

西弓匠胡同为东西走向，东起东弓匠胡同，西至阜成门北顺城街，全长164米，均宽4米。1990年门牌为1—39号；2—28号。

西弓匠胡同里面曾有一座叫"三义庙"的小庙。

该寺坐落于西弓匠营1号（旧门牌），始建于清康熙年间。占地面积约2亩，殿房12间（1936年时为9间）。整座庙宇坐北朝南，依次有山门、三义殿及东西配殿。山门石额上刻有"护国三义禅林"，落款为"康熙丙寅年九月重修"。三义殿屋檐下挂有"浩然正气"的匾额，落款为"光绪十五年三月三日信士弟子正黄旗满洲五中世管佐领骑都尉云骑尉福谦盥洗手敬书"。抱柱上悬挂"千载英灵有赫，两间正气长存"，落款为"康熙壬申元月京口张玉书拜题"。1936年时该寺曾一度为"戒烟酒公所"借住。

三义庙是供奉刘备、关羽和张飞的宗教场所，而给三义殿抱柱题联的也是个重要人物，他就是清朝的一代名臣张玉书。康熙壬寅年（1662），正是张玉书担任文华殿大学士兼户部尚书的时候。作为朝廷高官的张玉书屈尊于此，可见这小小的"三义庙"在北京城里的影响之大。

张玉书（1642—1711），字素存，号润甫，江苏丹徒（今江苏镇江）人。顺治十八年（1661）进士，历任翰林院编修、国子监司业、侍讲学士、文华殿大学士兼户部尚书。清康熙五十年五月十八日卒于热河，谥号"文贞"。张玉书是清朝一代名相，世间誉为"太平宰相二十年"。

由于城市改造，西弓匠胡同多数院门被拆除，仅留下为数不多的几个院落。

小弓匠胡同为曲折走向，北起东弓匠胡同，南行西折至宏大胡同，全长115米，均宽3米。1990年门牌为1—9号；2—6号。

小弓匠胡同蜿蜒曲折，转弯竟然有10处之多。而胡同的宽窄度又变化莫测，宽的不足3米，窄的地方仅有1米有余。最为蹊跷的是胡同里还有一处穿堂门，通过这道穿堂门以及一条窄窄的通道，可到达东弓匠胡同。

6号院为西洋风格的如意门楼。门头上方的纹饰分为两层，下层为花卉纹饰，上层镶嵌着凤凰牡丹图案。这组凤凰牡丹图案由于历经风雨侵蚀，有些部位已经脱落。

据这里的居民介绍，以画老北京胡同闻名京城的贾一凡老师，曾在2005年以小弓匠胡同6号院门楼为题材创作了一幅画作，那时的门楼保留还相对完好。

贾一凡、武金生老师为夫妻画家，都是土生土长的北京人，对北京的胡同有着浓厚的感情。胡同里各式各样的门楼、门墩儿上晒着太阳的猫咪、胡同口停放的自行车、窗户边悬挂着的鸟笼、遗弃在胡同角落处的水缸、树荫下的小板凳、觅食的小花狗、屋子里放着的煤球炉、修理自行车的摊点、钟鼓楼下的三轮车、胡同口的小食品店、如意院门前的老槐树、院子里居民们随意摆放的花花草草……都成了他们在作品中经常出现的题材。

2014年，夫妇俩合作的钢笔画画册《胡同印象》由清华大学出版社出版发行。这本画册中汇集了《宫门口东岔》《东廊下35号》等近百余幅作品。

清华大学美术学院教授陈辉先生对这本画册给予了很高的评价："以钢笔画直接入画，或略赋彩，恰到好处地表现了老北京胡同古朴厚重的历史感和时代变化之历程。单纯朴素的黑白灰白调与苍劲的金石笔痕之对比，客观的三维空间与主观的二维空间之交互，构成了岁月的沧桑和亦真亦幻的画境。"

福绥境西侧的冰洁胡同从冰窖演化而来。

老北京城以冰窖命名的胡同街巷很多。除了冰窖厂胡同、冰窖斜街和德胜门外的冰窖口胡同外，还有几条曾经也含"冰窖"二字的胡同。为了避免重名，1965年将阜成门的冰窖胡同定名"冰洁胡同"。

早年胡同里的冰窖属于商民混用的砖冰窖，主要贮藏采自护城河及其他河道中的冰。夏季开窖之后对外销售。后来由于人造冰的上市，天然冰逐步被淘汰，冰窖也随之退出历史舞台，仅留下与冰窖有关的胡同名。

据这里的居民们介绍，清末时，10号院曾一度为京张铁路工程局办公所在地。詹天佑先生主持京张铁路工程时在此院工作和居住过。

詹天佑（1861—1919），字眷诚，号达朝，生于广东省南海县。12岁留学美国，1878年考入耶鲁大学土木工程系。回国后，1905—1909年，负责修建京张铁路等工程，创设"竖井开凿法"和"人"字形线路。在筹划和修建沪嘉、洛潼、津芦、锦州、萍醴、新易、潮汕、粤汉等铁路工程中成绩斐然，有"中国铁路之父"和"中国近代工程之父"之称。

10号院坐南朝北，内有60多间房子。在这个院子的两侧有几个格局相同的院子，为京张铁路办公所在地。中华人民共和国成立后，此院改建为北京铁路局幼儿园。

冰洁胡同还住过著名京剧武生李兰亭先生。

李兰亭（1888—1955），原名李钰田，河北省永清县韩村人。李先生自幼习武，后转入京剧武生行当。经过多年苦练，创造了京剧武生李派表演艺术。其身段动作具有"脆、帅、美、狠、漂"等特点，被业内人士称为"南有盖叫天，北有李兰亭"。代表作有《夜奔》《乾元山》《白水滩》等。由于李先生长期在天津演出和教学，又有"天津武生师祖"之称。

冰洁胡同现在已经变成了楼房小区，詹天佑、李兰亭等先生曾经工作或生活过的院落已经无法找到。

八、官园胡同、富国街及翠花街

东、中、西廊下胡同北侧有官园胡同、大玉胡同、小玉胡同、狮子胡同、育强胡同等。由于这里先后建成官园公寓、玉廊东园、玉廊西园和官园胡同居民楼等建筑，再加上打通平安里西大街等诸多因素，这里的胡同多有变化。

官园胡同形成于明代。《京师五城坊巷胡同集》记载为"官菜园"，为朝天宫里种植蔬菜的地方。

朝天宫为元代天师府旧址，明宣德八年仿南京朝天宫改建为京城的朝天宫。内设道录司以主天下道观之事，也是百官演习礼仪的处所。朝天宫规模宏大，南抵阜内大街，北至官园一带，西接福绥境，东临翠花横街。天启六年（1626），朝天宫失火后化成一片焦土。以后形成街巷，官园胡同为其中之一。

官园胡同呈南北走向，北起平安里西大街，南至西廊下胡同，全长142 米，均宽 4 米。

官园胡同也属于变化较大的胡同之一，1971 年辟建平安里西大街时，将胡同北侧的居民平房院拆除。1982 年的门牌为 1；2—34 号。2000 年之后，随着西直门南小街、大玉胡同、狮子胡同、小玉胡同、西廊下胡同旧城改造的进行，官园胡同随之也发生了变化。目前，原官园小学（现在为黄城根小学）墙壁上挂有官园胡同丁1号、官园胡同甲1—4号、官园胡同戊1号等门牌外，南侧则变为官园南里三区1号院及西直门南小街174号楼。

1965年之前，官园胡同东侧的胡同为大玉皇阁东夹道，之后更名为"狮子西巷"。狮子西巷北侧曾叫"猪毛厂"，1965年定名"育强胡同"。

现在的狮子西巷情况似乎更为复杂。胡同东侧为官园公寓，门牌为翠华街1号的1号、3号、5号、7号楼；胡同北侧有3栋高层居民楼，为官园胡同1号、2号和5号楼；位于胡同东北侧的玉皇阁为育强胡同甲22号；玉皇阁南侧的西城区城市管理监察大队的门牌为育强胡同22号；胡同西南侧的西城区西外交通大队的门牌为大玉胡同1号。而本应该是名正言顺的狮子西巷不但没有胡同的标志，反而成为多条胡同门牌混搭在一起的怪异现象。

玉皇阁为一座道教宫观，旧称天元观。明朝末年，在朝天宫旧址北端兴建了"御敕护国天元观"。清朝经过重修，改称为"玉皇阁"。中华人民共和国成立后，玉皇阁旧址由团中央管理使用，并在此开办机关幼儿园。1990年后由中国青年杂志社使用。

由于玉皇阁具有一定影响，有三条胡同由此得名，即"大玉皇阁""小玉皇阁"和"大玉皇阁东夹道"。1965年，这三条胡同分别改成了"大玉胡同""小玉胡同"和"狮子西巷"。

在《抚摸北京》一书中，著名作家从维熙先生回忆了在大玉皇阁东夹道老门牌2号生活中的经历。"头一回居住北京的那条小胡同，是靠近官园的玉皇阁夹道。它弯曲如弓，拐来拐去，北通官园运动场，向南则拐个弯儿就是福绥境。那条玉皇阁夹道，小巷坑坑洼洼，没有铺就沥青路面，真可谓'一刮北风三尺土，一下暴雨半巷泥'。在我依稀可辨的音色中，一个是吱嘎吱嘎叫着的粪车车轮的滚动声，另一个留在我记忆中的音响，就是天亮时萝卜、白菜、大柿子椒的菜贩拉车叫卖之声了。"

狮子西巷和东侧的狮子胡同，名称来源于胡同中的"狮子府"。

清光绪年间《京师坊巷志稿》和《光绪顺天府志》中有这样的记载："《旧闻考》'朝天宫后存旧殿三重，土人呼为狮子府，盖即元天师府也。今皆废'。"也就是说，当年的狮子西巷和狮子胡同还包裹在"狮子府"中。在民国初年的《北京内外城详图》中沿袭其叫法。

民国时，周肇祥在《西城访古录记·朝天宫》一文中对"狮子府"有这样的说明："东廊下北，元天观之东，名狮子府，有一小庙，孤立于荒原，门东向。门前有一石狮，面南向，其地为天师府旧址。因有石狮，故讹为狮子府。"

以上文字说明，所谓的狮子府实际为元代天师府的部分建筑。明代建起朝天宫之后，又为朝天宫内的部分建筑。朝天宫因火灾焚毁时，这里又称为朝天宫的遗存了。因这座建筑物前有石狮子，坊间故称"狮子府"。据周肇祥在《西城访古录记·朝天宫》一文记载，当时狮子府等遗址，"皆杂赁居人，不可游览"，故周先生有"诚恨事也"之感叹。

民国时期，狮子府还是一条胡同的名称。它夹在"下坡""猪毛厂""大玉皇阁""玉皇阁夹道"之中。1965年，狮子府改为了狮子胡同。东侧的玉皇阁夹道则变成了狮子西巷。20世纪80年代之后，在狮子西巷东侧与翠花横街之间建起官园公寓，狮子胡同和狮子西巷随之消失。

"猪毛厂"一词，有些书籍记载为"因胡同中设有加工猪毛的工厂，故名"。由于猪毛厂呈曲折走向，胡同内还有三条岔巷。居民们推测，名称可能与形状有关。中华人民共和国成立后，因猪毛厂临近北京幼儿师范学校，1965年定名"育强胡同"。

1970年之后，随着平安里西大街的打通，再加上兴建三栋居民楼，育强胡同居民平房院大部分拆除，目前仅存的22号、甲22号、69号散落在原狮子西巷以及官园胡同1号楼与育幼胡同3号楼之间的岔巷中。

大玉皇阁胡同在1965年定名"大玉胡同"。该胡同为东西走向，东起翠花横街，西至西廊下胡同，中部与狮子胡同、狮子西巷、小玉胡同相交，全长289米，均宽4米。1990年门牌为1—47号；2—34号。目前，大玉胡同南北两侧分别被官园公寓，玉廊园1号楼、3号楼，西城区西外交通大队办公楼，西直门南小街186号楼等楼座替代。剩余的居民平房院仅仅是东廊下胡同1号院的后檐墙。

1965年由小玉皇阁变更的小玉胡同，在2000年之后，随着城市建设的发展，小玉胡同的居民平房院全部拆除，变为了玉廊园小区与其他楼宇间的通道。

富国街为东西走向，东起赵登禹路，西至育教胡同，中部与翠花横街、育强胡同相交，全长275米，均宽6米。1990年门牌为1—19号；2—18号。

胡同形成于清代，在《乾隆京城全图》中标有"祖家街"。《京师坊巷志稿》和《光绪顺天府志》不但记载有"祖家街"，还注有"正黄旗官学在西，相传为祖大寿故宅"。说明在光绪年间，祖大寿祠堂已经改为了正黄旗官学。民国时期沿用其叫法，1965年定名"富国街"。

祖大寿祠堂坐北朝南，依次有祠门3间，过厅1间，东西配殿各3间，享堂5间带左右耳房各1间。后院有后寝殿5间带左右耳房各1间，东西配房各3间及顶房各2间。西跨院有南房3间，北房7间，均为筒瓦顶。目前建筑保存基本完好。

雍正八年（1730）在此设置正黄旗官学。1910年改为八旗右翼中学。1912年，京师学务局在此设立京师公立第三中学，为北京城内最古老的学校之一。老舍先生曾在此校就读，现在北京第三中学内有老舍先生纪念室。

民国时期，祖家街汇聚着4所学校，除读者们熟悉的京师公立第三中学外，路北西侧有北京美术学校和兴华学校，路南有北京大学文学院。

据住在这里的居民们介绍，中华人民共和国成立之后，时任地质部部长的李四光先生居住在北京第三中学对过的院子里。之后这个院子还住过一位农业部的副部长和外交部副部长李耀文。

翠花街 摄影：陈硕

翠花街为东西走向，东起赵登禹路，西至翠花横街，中部与义伯胡同相交，全长225米，均宽5米。1990年门牌为1—25号；2—20号。

胡同形成于明代，始称"王贵桥西"，因东端有南北走向河漕，上有王贵桥，故名。清代易名为"翠花街"，亦称"小翠花街"，后沿用翠花街的名称。

从翠花街20余处院落来讲，最有名的当属5号院。目前该院为北京市文物保护单位。

5号院坐北朝南，分成东西两个院落。西院由三进院组成。广亮大门建在高台之上，前院和中院建筑保存完好；东院为花园部分，原有假山、戏台和敞厅等建筑。敞厅是由三个卷钩连搭组成的"凹"字形建筑，四面有环廊，这种建筑格局在北京城内极为罕见。目前该院落为北京口腔医院员工宿舍。

据《宸垣识略》一书记载，"一等英诚公第在翠花街"。坊间亦称为"札晃府"或"蒙古王府"。有些专家认为，一等英诚公应该是一等公扬古利后裔的爵称。扬古利作战英勇，战功显赫，清太祖将他招为女婿，并委以重任。崇德二年（1637），扬古利率军讨伐朝鲜时阵亡，皇太极追封其为武勋王。雍正九年（1731）赐了其子嗣世代承袭一等英诚公爵位。后人扎克丹在光绪三十三年（1907）袭一等公爵位。

民国时期，这所院子为北洋政府首任国务总理唐绍仪先生的住宅。

唐绍仪（1862—1938），字少川，1862年1月2日生于广东香山县，是清末民初著名政治活动家、外交家。自幼到上海读书，1874年

82

作为第三批留美少年学生进入哥伦比亚大学学习。1881年归国后曾任驻朝鲜汉城领事、驻朝鲜总领事、清末南北议和北方代表、清政府总理总办、山东大学第一任校长等职。中华民国政府成立后为首任内阁总理。

在坊间，也有传说这所院子为张学良将军与赵一荻的住宅，但缺乏史料印证。

翠花横街南北走向，北起富国街与育幼胡同、育教胡同接合部，南至大茶叶胡同，中部与翠花街、留题胡同、大玉胡同相交，全长329米，均宽9米。1990年门牌为1—95号；2—54号。

胡同形成于清代，因横亘于翠花街之间，故称"翠花横街"，亦称"横街"。1997年建成玉廊园小区及富国里小区，道路略有拓宽。同时，将育幼胡同南段并入，定名为"翠华街"。

住在翠花横街23号的李先生说，当年这条横街属于比较热闹的地方。由于与多条胡同交叉相通，也是商业网点比较集中的区域，服务内容也较为丰富。像土产店、粮油店、修车铺、小吃店、理发馆、副食店、杂货店……可称得上样样俱全。

他家住的23号院为带西跨院的两进三合院。一进院南侧为院墙，院墙北侧与垂花门之间有个葡萄架。二进院的正房三间带廊子，东西两侧各带一间耳房；屋檐下的横梁上有苏式彩绘；屋内有雕着花卉纹饰的木隔扇墙，地上墁着老式釉面砖。这个院子房屋的地基都很高，无论是垂花门，还是正房、厢房，都要迈上三步台阶。这所院子东墙外是人民医院员工宿舍，为后纱络胡同的院门。

翠花横街西北侧有西城区培智学校，主要对那些残疾或智障的孩子进行特殊教育，现在改为黄城根小学分校。在学校对面曾有座华北印刷厂，企业转型之后变成了桔子快捷酒店。橘黄色的墙体，优雅的园林式小景，这种独特的建筑风格，在翠花横街里很是显眼。

第三章　炉边述旧

就新街口地区的上百条街巷胡同而言，最具代表性的有 30 余条，既有西四头条至八条历史文化保护区的胡同，还有像宝产胡同、育德胡同、安平巷、小八道湾、新街口四条等胡同。它们就像一群老人，坐在树荫下，摇着芭蕉扇，慢声细语述说着胡同里曾经发生的故事。

一、西四北头条

西四北头条为东西走向，东起西四北大街，西至赵登禹路，中部与六合三条、姚家胡同、大兴隆胡同、西四北二条相交，全长 600 米，均宽 5 米。1990 年门牌为 1—71 号；2—28 号。

胡同形成于明代，因胡同中住有贩卖驴肉的商贩或经营驴肉的店铺，始称"驴肉胡同"。1911 年按谐音改称为"礼路胡同"。因该胡同位于西四北侧自南向北数第一条胡同，1965 年将南井儿胡同并入，定名"西四北头条"。

为什么这条胡同最早以"驴肉"入名呢？这可能和西四牌楼传统商业区有关。

明代时以西四牌楼为中心，南至缸瓦市、北至平安里东至西安门门楼、西至马市桥为北京城里的传统商业区。驴肉胡同正好处于商业区范围之内。在这种背景下，自然有一些商贩到此经营。因此，这条驴肉胡同多少沾了些商业味道。到了民初，因胡同内有邓守瑕的"礼塔园"，

84

故变为礼路胡同。另外有的专家认为"礼路"是"驴肉"的谐音，里面多少带有雅化的成分。

西四北头条至八条是北京市43片历史文化保护区之一，不仅积淀着厚重的历史文化，而且也是名人荟萃之地。西四北头条从清代至民国期间曾有乾隆朝宠臣和珅、三等公威靖伯东尔布、兵部尚书徐会沣、社会名流邓守瑕和传倡中国传统武术名家许霭厚等人在此居住。

和珅（1750—1799），钮祜禄氏，字致斋，原名善保，自号嘉乐堂、十笏园、绿野亭主人，满洲正红旗人。生于乾隆十五年，父亲名常保，曾任福建副都统。和珅先祖随清帝入关后住在驴肉胡同。乾隆年间和珅得宠，晋升为御前侍卫兼都统、户部侍郎、军机大臣，乾隆还在什刹海畔三座桥附近赐给他一块地皮，建起府邸。

《宸垣识略》中记有"三等公威靖伯（东尔布）第在驴肉胡同"。《京师坊巷志稿》和《光绪顺天府志》不但引用此段文字，还特意注明"东尔布封威靖伯"。

东尔布，完颜氏，镶红旗满洲都统叶臣之子。顺治五年（1648）八月袭二等子爵；顺治九年（1652）晋封三等伯；顺治十四年（1657）以军功晋一等伯，不久因"旋缘事"降为三等伯。康熙三年（1664）五月，因病解除镶红旗蒙古都统职。康熙七年（1668）卒。康熙八年（1669），其子蟒喀袭三等伯；康熙五十四年（1715），蟒喀之子图禄袭三等伯。其后，9代12人相继袭爵。"威靖伯"为乾隆十四年（1749）追封东尔布的。

"礼塔园"为徐会沣故宅。徐会沣，山东诸城人，清同治七年（1868）进士。光绪二十年（1894）任顺天府学政，光绪二十四年（1898）充国史馆副总裁，光绪二十六年（1900）补工部尚书，署礼部尚书兼管顺天府尹事务。光绪三十一年（1905）卒于兵部尚书任上。

邓守瑕（1872—?），名镕，原籍湖广永州府东安县人。光绪二十三年（1897）参加科举，考取优贡第二名。《由也千乘之国可使治其赋也》一文，被会考官员评议为"援据经义，诂题既确；驱遣乙部，树论亦伟；经文渊懿，策对通明"。进入民国后从事律师，并有诗文留世。民国初期曾担任众议院议员、政治会议议员、约法会议议员、参政院参政、安福会参议院议员等职。1927年4月18日，蒋介石在南京成立国民政府，宣布定都南京之后，有人开始打起北京城文物古迹的主意。1928年，京兆尹李桓为谋私利，变卖官产旗产，其中包括万松老人塔。为保护万松老人塔，时任交通总长的叶恭绰先生组织了"万松精舍"，成员包括邓守瑕、齐之彪、关赓麟、朱道炎、赵润秋等社会名流。经多次交涉，李桓同意把万松老人塔交给"万松精舍"管理。

许霭厚（生卒年不详），字禹生，河北宛平人，原籍山东。祖父笏臣公，清进士，同治年在山东任职，官至布政使。许先生幼年在读书之暇，学习武艺。父亲在京城任职期间恰逢甲午海战，失利后听到清廷与日本议和的消息，忧愤而卒。许先生此时"年已弱冠"，见国体日衰，便励志习武。之后访遍山南海北的名师，并专攻太极拳技艺。经过40余年的磨砺，终于成为一代武林大师。后人评价他"于太极拳法，亲入杨、宋、陈诸家之室，而探撰其精奥，更集内外功数百家之神髓，以相印证，启迪后来"。由于许先生在武林界的声望，在家又排行第九，世人尊称"许九爷"。1912年冬，在教育部担任主事一职的许先生与郭家骥、钟一峰、陈宝泉等同人组织了体育研究社，"以研究体育、振兴尚武精神"为宗旨，提倡中国传统武术。许先生任社长。1928年12月组建北平特别市国术馆，许先生担任副馆长。1933年夏，新任北平市市长袁良（文卿）"以体育为国民健全基础"，"决定筹设市立体育专科学校"。11月4日任命许先生为校长，在先农坛后身筹备北平市立体育专科学校。"学校设必修课，选修课两种，备小学体育师资之用。"

据西四北头条社区党委书记郭斌先生介绍，开国将军苏静曾在3号院居住。

苏静（1910—1997），曾用名苏孝顺，福建漳州人。1955年授予中将军衔，是我军有名的儒将。在平津战役中，作为我军代表与北平守军傅作义将军的代表邓宝珊将军共同起草了和平解放北平的协议书，并成为第一批徒步入城的中国人民解放军高级将领。中华人民共和国成立后，历任中南军区副参谋长、人民解放军总参谋部军务部部长、国家计划委员会副主任等职。

西四北头条最有名的院子为 31 号。据传，这座院子清末时是慈禧太后一名管家住的地方，解放前是傅作义将军手下一位师长的住所。中华人民共和国成立后由陈奇涵上将居住。陈将军可称得上戎马一生，经历过北伐战争、土地革命、抗日战争和解放战争，战功显著。原中央军委副主席迟浩田上将曾赞誉他为"华夏名将"。陈将军曾任江西省军区司令员。1954 年调往北京后任解放军军事法院第一任院长，并兼任最高人民法院副院长职务。

41 号和甲 41 号位于西四北头条与西四北二条相连的岔巷之中（旧称南小井胡同），均为北京新华橡胶厂住所。20 世纪 80 年代，橡胶厂外迁之后，改为职工宿舍。

据金明先生介绍，南小井南口西侧原来有眼水井，俗称"井窝子"，住在附近胡同里的老百姓日常生活用水全靠这口井。由于有水井的缘故，这条胡同叫"南小井"。中华人民共和国成立后，这里安装了公用的水龙头，井窝子退出历史舞台。由于这里比较宽敞，是当年他和伙伴们玩耍之地。

12 号是一座带砖雕的如意院门。门簪上刻有"吉祥"二字。门头上方为两层四季花卉纹饰的砖雕。院门上镌刻着"忠心贯家园，恕道希圣贤"的门联。

老北京的四合院大门上的门联，也叫"门心对"，为整座四合院的"封面"之作。舒了先生在《漫话北京胡同老门联》中对这副门联做过介绍。舒先生认为：门联上下联的头一个字，分别取自《论语》中孔子所说的"忠恕"二字，"然后再加以主人的刻意编排，即成此联，很有点藏头诗的味道"。

西四北头条 55 号院也是一座如意院门，与 12 号不同的是，在屋檐下方的走马板上画有"喜鹊登梅"的彩绘。院门两侧为一对"暗八仙"

纹饰的箱形门墩。这座院子位于西四北头条与姚家胡同"丁"字交叉口处，该院门在胡同之中格外瞩目。

夕阳西下，西四北头条笼罩在暮色的苍茫之中，带着几分古朴，又带着几分神秘。胡同里行人不多，唯有过往车辆的碾压声惊醒了在瓦缝间打瞌睡的几只麻雀。

二、西四北二条

西四北二条为东西走向，东起新街口南大街，西至赵登禹路，中部与小绒线胡同、新成胡同相交，全长478米，均宽5米。1990年门牌为1—31号；2—58号。

西四北二条是条历史悠久的胡同，它的形成时期可追溯到明代。在嘉靖年间的《京师五城坊巷胡同集》"鸣玉坊·三牌十四铺"中有"帅府胡同"，即西四北二条的前身。万历年间的《宛署杂记》的"鸣玉坊·一牌一铺"中也有"帅府胡同"的记载。

清代光绪年间的《京师坊巷志稿》中做过这样的注释："嘉靖初，仍改太平仓，都人至今犹呼西帅府。"由此得知，此胡同亦称"西帅府"。

关于胡同的由来，可从《天府广记》中找到一些线索。"永乐间设二府于都城内之东西，以为会议之所，其府敞快。""其府敞快"可以理解为建筑规模宏大的意思。而城东的帅府亦称"东帅府"，其旧址位于现在的王府井大街东侧。

清代至民国期间，胡同名称没有变化，在《乾隆京城全图》和光绪年间的《京师坊巷志稿》《光绪顺天府志》以及《燕都丛考》均有"帅府胡同"的记载。因该胡同位于西四北侧自南向北数第二条胡同，1965年定名"西四北二条"。

在《藤荫杂记》记有"西城帅府胡同，为西林觉罗氏鄂文瑞尔泰第，海内名士，多出其门"。

鄂尔泰（1677—1745），西林觉罗氏，字毅庵，满洲镶蓝旗人。康熙朝举人，任内务府员外郎，与田文镜、李卫并为雍正帝心腹。雍正三年（1725），被封为广西巡抚，雍正四年（1726）调任云贵总

西四北二条至五条　摄影：陈硕

督兼辖广西政务。他在云南实行设置州县、改土归流，加强中央对西南地区的统治。雍正帝去世后与张廷玉等群臣为乾隆帝共同辅政。历任总理事务大臣、军机大臣、领侍卫内大臣、议政大臣、经筵讲官、管翰林院掌院事，加衔太傅，国史馆、三礼馆、玉牒馆总裁等职，赐号襄勤伯。乾隆十年（1745）病逝，享年66岁。乾隆帝亲临致祭，谥文端，配享太庙，入祀贤良祠。乾隆二十年（1755），因其侄鄂昌与门生胡中藻之事，被撤出贤良祠。

现在的西四北二条12号为中堂客栈，据说是当时鄂尔泰的宅邸。但此客栈规模不大，假如是鄂尔泰的宅邸，也仅仅是其中的某处院落。

目前，西四北二条是以居民院落为主的胡同，但是由于紧挨着西四南大街的"电子一条街"，胡同东口的房屋大多被改建成商业用房，最大的一处为"宝莱特西四电子商场"。

5号院为三进外带一个西跨院的中型四合院。门楼为广亮大门，门洞上方雕刻着4组12幅花卉纹饰。门前的门墩保存相对完好，透过浮尘，尚能清晰地看到花卉纹饰。屋檐下的戗檐为牡丹纹饰。戗檐之间的横梁上有簇新的彩绘，中间是一幅山水图。一进院由倒座房与门洞组成。据住户刘女士介绍，在一进与二进院之间原有隔墙与二门。二进院3间正房的东西两侧各有1间耳房。另有西厢房各3间。东耳房旁的通

89

道可到三进院。三进院并排 7 间北房。

11 号为金柱门楼改建的如意门，为两进带西跨院的小型四合院，现为北京某化工厂职工宿舍。

据住在这里的潘先生介绍，这里是西四北二条保存较好的院子之一。这个院子最早的时候，一进大门，迎面是借东厢房的南山墙砌成的影壁墙。在一进院倒座房与二进院东厢房之间有个月亮门。穿过月亮门后没几步，有一座垂花门式的二门。二门两侧为"一"字形的影壁墙。二进院由各 3 间正房和东、西厢房组成。正房南侧为磨花玻璃装饰的窗户，玻璃外侧镶有几何图形的木条。潘先生说："刚搬来的时候，门洞里面两边墙壁上还有仙鹤和松树的绘画。"

19 号门前的门墩为蝙蝠、梅花鹿、寿桃纹饰组合而成，带有"福禄寿"的意思。41 号门前的门墩为一个硕大的葫芦。居民推测当年的院子主人借门墩上的"福禄寿"或者"福禄"来讨个吉利吧。而 24 号门前的门墩为荷花鹭鸶纹饰，含有"一路连科"之意。

21 号早年为北京市第一通用机械厂机加工分厂，后改为北京市仪表局下属的汽车仪表厂。目前变成了计华商务楼。

据这里的居民介绍，赵燕侠女士曾在 20 号住过。

著名京剧表演艺术家赵燕侠老师，戏路子宽，青衣、花旦、刀马旦、文武小生等多种角色都能演。她唱腔悠扬婉转，念白清脆甜亮，被周总理称为"赵派"。赵老师在胡同里住的时间不长，但是即便如此，居民们还是因为和赵老师为邻而感到荣耀。

25 号院为三进四合院建筑，目前为北京电影制片厂职工宿舍。据住在这里的居民介绍，电影《雁南飞》的男主角赵尔康先生、录音师王连仲先生、美工师曾募先生和负责影片字幕的肖云鹏先生等演职人员曾在这里居住。早年，这座四合院建筑中规中矩，后经过改建，原有的建筑格局有了很大变化。

北京的砖雕艺术历史久远，至今在西四北头条至北八条尚能看见门楼上那些工艺高超的砖雕作品。民间把制作砖雕的艺人称为"雕花儿匠"，简称"花儿匠"。清乾隆年间还出现过一位叫李永福的高手，人们尊称为"花儿匠李"。而北京故宫博物院古建队从事砖雕工艺的邓久安先生就住在 14 号院。邓先生从 16 岁开始就进入了这一行当，在故宫博物院古建队一干就是近 50 年。

据这里的居民们讲，西四北二条历史文化遗存很多，像老的门楼、老的门墩、老的门簪、老的门钹、老的砖雕……其中最美的砖雕在 29 号院和 31 号院。29 号的门楣上方有一组花卉组成的砖雕。31 号砖雕较为复杂，底层为花卉图案，上层是由蝙蝠、梅花鹿等组成的"福禄寿喜"图案。这两个院子均有百年的历史，历经风雨能保留至今实属不易。

据这里的居民讲，西四北二条需要挖掘的文化资源是很多的，像胡同西侧为陈垣先生创办的平民学校；胡同里的好几处老院子，隐藏着许多鲜为人知的故事。就拿胡同里的那棵老槐树来说，不仅是胡同里标志性的物件，还和胡同里的居民的生活息息相关。它为居民们带来阵阵的清香，还为过路的行人遮风挡雨。它根深叶茂，历经风雨却青翠依旧。

新成胡同在西四北二条里属于很不显眼的胡同。虽然胡同有 206 米长，但是由于太窄，又没有明显标志，总让人感觉这条胡同是在夹缝中生存一样。

清代的时候，这一带叫帅府庵。到了清末民初，"帅府庵"西侧形成了一条新的小巷子，被称作"新开路"，有"新开之路"寓意。民国初年改成了"新成路"。1965 年，帅府庵并入，定名"新成胡同"。

在新街口地区，新成胡同属于拐弯最多的胡同之一，整条胡同呈不规则曲折走向。东、西两个南部出口均通向西四北二条，胡同内还有多条行踪无定的岔巷延伸到犄角旮旯处。附近的百姓说到新成胡同里的岔巷，"就像两个淘气的孩子，一会儿好上了，手拉着手；一会儿闹翻了，两人分道扬镳，各走各的路"。

新成胡同 15 号有座帅府庵，全名叫广德吕祖观。该观始建于明代。1947 年时任住持为孟明慧。正殿屋顶铺有黄色琉璃瓦，在阳光下折射出绚丽的色彩。

三、西四北三条

西四北三为东西走向，东起西四北大街，西至赵登禹路，中部与小绒线胡同相交，全长 527 米，均宽 5 米。1990 年门牌为 1—45 号；2—56 号。

西四北三条形成于明代。嘉靖年间的《京师五城坊巷胡同集》和万历年间的《宛署杂记》均有"箔子胡同"的记载，即西四北三条的前身。清代时胡同名称有了变化，在《乾隆京城全图》和光绪年间的《京师坊巷志稿》《光绪顺天府志》有"豹子胡同""雹子胡同"的记载。在《京师坊巷志稿》中并注有"雹或作报，井一，桥一。正红旗官学在北有圣祚隆长寺。明汉经厂，外厂也"。说明在清末时期还有"豹子胡同""雹子胡同""报子胡同"等不同称谓。民国时期沿用"报子胡同"的名称。因该胡同位于西四北侧自南向北数第三条胡同，1965 年定名"西四北三条"。

"箔"的本意为用芦苇或秸秆编织成的帘子，还指用金属粉末或金属薄片褙在纸张上，被称为"金箔""银箔"的物品。根据上面的解释，这"箔子"和作为"汉经厂外厂"的圣祚隆长寺之间或许有些联系。

汉经厂又有内外之分，沈进的《行国录》称："汉经厂外厂圣祚隆长寺，是今之报子胡同，明代亦设汉经厂于其地。因地安门内有汉经厂，故此曰外厂。"按照沈进的说法，汉经厂外厂为制作、印刷汉字佛经的场所，而箔可能是抄写经文的纸张。

圣祚隆长寺为明万历四十五年（1617）敕建。《日下旧闻考》中称："圣祚隆长寺在西四牌楼北报子胡同。明万历间初建，碑无存。本朝乾隆二十一年修，有御制诗。殿中匾二，一曰般若观空，一曰莲花净界。联曰：'妙谛不多禅一指；善缘无量佛千身。'皆皇上御书。乾隆

92

二十一年御制隆长寺诗："燕都四百载，梵宇数盈千。自不无颓废，岂能尽弃捐。间因为葺筑，亦以近街廓。重见金轮焕，成诗记岁年。'"

圣祚隆长寺坐北朝南，依次为山门、天王殿、钟鼓楼、大千佛殿、后殿及东西配殿，共计殿房 55 间。山门石门额上刻有"圣祚隆长寺"。1928 年时，庙内有"铜像十尊，泥像三十八尊，锡五供五件，铁磬两口，另有乾隆御笔石碑一座，古槐树两棵"。1936 年时，庙内有"佛像三十七尊，神像三十八尊，礼器五件，法器三件，其他两种。另有槐树两棵，柏树四棵，杂树十二棵，水井一眼"。1947 年，北平市民政局第二次寺庙总登记时，该寺时任住持为慧远。

中华人民共和国成立后，隆长寺的正殿和西配殿成为西四日杂商店的仓库，天王殿、大千佛殿等其他殿宇变成了民居。其旧址为西城区文物保护单位。

西四北三条是历史文化遗存较多的胡同，除圣祚隆长寺外，还有三处北京市级文物保护单位。

西四北三条 11 号为一座四进院带东跨院的四合院建筑。广亮大门外的戗檐上刻有梅花纹饰。前院和二进院之间有座垂花门，垂花门两侧为带有影壁性质的隔断墙。前院西侧有一株高大的银杏树，在清风的拂动下，伞状的叶片发出沙沙的声响。二进院南侧各有一段连廊，内有北房、东房、西房各三间；三进和四进院建筑布局大致相同，院子中设有少量儿童活动器械。主院和东跨院之间的甬道被层层叠叠的藤蔓所覆盖，犹如一道绿色走廊。东跨院有假山、爬山走廊、凉亭等建筑。

民国时期，该院曾是国民政府委员、蒙藏委员会委员长马福祥的住所。1929 年，教育家张雪门先生曾在此院创建艺文幼稚园。

马福祥（1876—1932），字云亭，回族，甘肃省临夏县人。民国时期任甘肃、宁夏护军使，绥远都统，西北边防会办，善后会议议员，航空署督办，蒙藏委员会委员长，青岛市市长，安徽省政府委员兼主席等职。

张雪门（1891—1973），浙江鄞县人，我国著名幼儿教育专家。他与我国另一位著名学前教育专家陈鹤琴先生有"南陈北张"之称。

中华人民共和国成立后，该院曾一度为西城区教育局办公地，现由西四北三条幼儿园使用。

西四北三条19号为两进小型四合院。门楼为如意院门，门楣上方及戗檐均为花卉纹饰。门前的石墩也由花卉图案组成，整座门楼就像一个花的世界。大门内迎面有一座影壁墙。前院与后院之间有座垂花门。后院有北房3间，两侧各带1间耳房，东、西各有厢房3间。

19号院外有几棵老槐，浓浓的树荫把这所院子遮挡得有些幽暗。望着这古朴的院门、斑驳的院墙、屋脊处的艾艾茅草，令行人肃然起敬。

西四北三条39号院为程砚秋先生故居。

程砚秋（1904—1958），北京人，满族，著名京剧表演艺术家，"四大名旦"之一。最初艺名叫程艳秋，字玉霜，后改为程砚秋，字御霜。自幼学习京剧艺术，11岁登台演出，主工青衣。程先生根据京剧传统艺术和自身唱腔特点，创造出新的京剧流派——"程派"。

故居为两进带东跨院的四合院建筑，面积390平方米。二进院3间北房为程先生题名的"御霜簃书斋"。

除此以外，西四北三条的5号、9号、13号、23号、25号等院落都为保存相对完好的四合院建筑。

5号院为三进带东、西跨院的中型四合院。走进院门，迎面是一道素面影壁墙。前院南侧有7间倒座房。在影壁墙西侧原有一座垂花门，为一进和二进院之间的二门。院门东侧为东跨院，有北房3间。二进院有带廊子的正房3间；东西各有3间厢房，东厢房南侧残存着1间耳房。正房东侧有一条与三进院相连的通道。二进院内有北房3间，东、西厢房各2间。

前院西侧有一砖门，走过砖门为两进院落组成的西跨院。前院有倒座房和北房各9间；后院有北房7间，另有东厢房3间。西厢房已经被居民改建，当年的建筑格局已无法辨认。东厢房北侧有一道与正房相连的廊子。

23 号在西四北三条较为显眼，这所院子的独特之处在于城垣式门楼以及带有欧式风格的建筑。这所院子由南、北两个院子组成。走进院门，迎面是一条南北走向的通道，通道东侧栽着几棵柏树。西侧为南院东厢房外墙，墙面上留有几处拱形窗户。南院由 5 间倒座房、3 间正房和 3 间东厢房组成。在狭小的庭院中，一道阳光照射在窗棂上，几盆花草散发出鲜亮的色泽。由于北院的院门外安装了防盗装置，仅能看到屋脊上的灰瓦以及屋檐下用砖头垒成的几何形图案。

据附近的居民讲，这座门楼是北三条上镜率最高的门楼。由于这所院子建筑结构带有西洋风格，有些人猜测早年这所院子是某教会组织所置。

27 号为北京医学院第一医院职工宿舍。它的独特之处是广亮大门里的那硕大的门墩。

西四北三条带有门墩的院落较为普遍，但多数在"文革"期间被毁坏，加上风吹雨淋，能够保存完好的并不多见。27 号的门墩为"太狮少狮"纹饰，雕刻风格细腻，将数只憨态可掬的狮子刻画得出神入化。在门洞外侧及门洞内侧，雕有博古、几何纹饰，其线条细腻流畅，可能出自高人之手。

此院为两进四合院。前院南侧有 3 间倒座房，北侧为垂花门及影壁墙。这座垂花门保存相对完好，油漆彩绘俱全。垂花门两侧也有一对雕工不错的门墩。后院的 3 间正房西侧带两间耳房，另有东西厢房各 3 间。

33 号为三进带西跨院的中型四合院，为北京医学院第一医院职工宿舍。据住在附近的居民介绍，解放初期在西安门筹建北大医院时，在西四北三条"号"了 3 个院子。其他两个院子较小，这个院子规模最大。

这个院子为金柱大门，雀替上刻有花卉纹饰。门前两侧的门墩已经残破不堪，纹饰已难以辨认。走进院子，在许多老建筑上还残留着彩绘的痕迹。在垂花门东西两侧的隔断墙上，还残留着花窗样的装饰物。

由于居民们搭建房屋，原本宽敞的二进院仅留下一条通道。正房东侧有一条通向三进院的通道，墙壁上残留着一两处由梅花、翠竹纹饰构成的花窗。正房西侧有道可通向西跨院的小门。据住在西跨院的居民讲，在他的印象中，西跨院北侧有一道通向前、后院的连廊。现在仅剩下3间南房。

三进院由5间北房和3间东、西厢房组成。与二进院的房子相比，其建筑规制明显低了一些。

居民们讲，程砚秋故居东侧某处房屋的檐子上，有几块倒置的带有"喜"字的滴水。坊间亦有把"倒"谐音为"到"的习俗，倒置的"喜"字蕴含着"喜到"之意。

西四北三条南侧为小绒线胡同。胡同形成于清代，在《京师坊巷志稿》和《光绪顺天府志》都有"大、小绒线胡同"的记载。民国初年，两条绒线胡同合并统称为"小绒线胡同"。

小绒线胡同曾经有个马家大院，清末抗击倭寇著名将领马龙标曾在这里居住。

马龙标（？—1927），字锦门，回族，青州东关人士。早年投奔淮军将领丁汝昌帐下，1895年入新建陆军。1904年至1912年，历任陆军第二镇第三协统领、陆军第五镇第九协统领、陆军第五镇统制、陆军第二镇统制、山东护军使、正红旗蒙古副都统、京师军警督察长等职，并封一等男爵。1921年6月1日，北洋政府授予其"恒威将军"。马龙标在"小绒线"居住期间，曾个人出资修缮牛街礼拜寺。中华人民共和国成立不久，马龙标后人将6210册藏书分别捐献给了北京图书馆、华东人学（即山东人学前身）；向山东师范学院捐款140万元（旧币，折合小米1000斤）；1951年为支援抗美援朝，捐款30万元（旧币）。

另外，20世纪80年代，文化部长王蒙先生曾在22号院居住。虽然22号院带有北京四合院的建筑布局，由于建筑物偏高，故又称为"山西大院"。

28 号院门前的门墩镌刻着龙的纹饰，这种纹饰在民房建筑中并不多见。院内正房窗户上有莲花纹饰的窗轴，上下各一个，其性能与现在的合页相似。

小绒线胡同地形较为复杂，它由南北曲折走向和东西曲折走向的两条胡同组合而成。胡同北口为西四北三条，胡同南口为西四北二条，胡同西口为赵登禹路。在东西曲折走向的那条胡同还有条南北走向的岔巷，岔巷南口为西四北二条。因此，小绒线胡同有两处南出口均通向西四北二条。

居民们说，也因为这条胡同复杂的地形地貌，在这里串来串去，才能找到串胡同的感觉。看似平淡无奇的"小绒线"，有时还能遇到意外之喜呢。

四、西四北四条

西四北四条为东西走向，东起西四北大街，西至赵登禹路，全长503 米，均宽 4 米。1990 年门牌为 1—57 号；2—36 号。

胡同形成于明代，因胡同内曾有加工熟皮的作坊，且气味难闻，故名"熟皮胡同"，亦称"臭皮胡同"。1911 年之后，按照谐音雅化为"受壁胡同"。因该胡同位于西四北侧自南向北数第四条胡同，1965 年定名"西四北四条"。

西四北四条是历史文化积淀较深的胡同。就拿 5 号院来说，它曾经是民国时期北京沦陷之后出任伪北平市市长许修直先生的寓所。

许修直（1881—1954），原名许卓然，字西溪，江苏无锡人。留学日本时加入孙中山先生创建的同盟会。辛亥革命后归国，历任中国大学教授，浙江高等审判厅推事、代理厅长，北平大理院推事。1924 年冯玉祥将军发动北京政变后任内阁印铸局局长。1927 年至 1938 年，任交通部秘书长、内务部常务次长、中央古物管理委员会主席、司法行政部部长等职。1945 年担任伪北平市市长一职。

许先生的寓所为 1924 年购置，由东西两个院子组成。西院为二进院，一进院为一溜南房，北侧为垂花门。二进院有正房及东西厢房各 3 间。东院与西院建筑布局相同，二进院北房为许修直书房兼卧室。1954 年西院售予文化部后，北京电影制片厂厂长汪洋、李牧等先生迁入。东院仍由许修直家人居住。

　　许先生以收藏碑帖、图书、字画而闻名京城，在琉璃厂有"许三爷"之称。与吴昌硕、齐白石、陈师曾、徐悲鸿等艺术大师多有交往。晚年以收藏古砚为乐，收藏古砚百余方，其书房为"百砚室"。他对每方古砚都经过校核考证，在砚盒内侧记有注释。中华人民共和国成立后，许先生及家人数次将藏品捐献给国家。

　　在西四北四条，5 号院如意门楼上的砖雕最为引人注目。砖雕为两层，上层为三组人物图案，西侧的为"仙翁下棋图"，中间为"高士游春图"，东侧则由"多子多福""鹤鹿同春"和"樵夫下山"组合而成。目前这组砖雕不但保存极为完整，而且雕刻艺术精湛，堪称民居建筑中砖雕艺术的精品之作。

　　5 号院为北京电影厂职工宿舍，汪洋、李牧、李準、管宗祥等电影界的前辈曾在此居住。管宗祥先生的儿子管虎为北京电影制片厂导演，1992 年导演的影片《头发乱了》荣获第一届大学生电影节艺术创新奖，并参展了法国蒙彼利埃亚洲电影节和第 32 届维也纳国际电影节。2002 年导演的影片《西施眼》获得夏威夷国际电影节最佳影片奖提名，并且获得了亚洲电影评审团奖。

　　7 号院也是一个带砖雕的如意门楼，质量明显不如 5 号院。但这里的门墩却是"麒麟图"。虽然西四北头条至北八条尚存的门墩很多，但把麒麟作为门墩纹饰的并不多见。

　　21 号、23 号、25 号院为北京电影制片厂、北京科学电影制片厂职工宿舍。其中某些院子与西四北五条 18 号（原北京电影洗印厂）同属一院。后来把彼此相通的小门堵死，改建成职工宿舍。21 号、23 号由排房组成，和北京传统的四合院式建筑有很大出入。

顺着胡同向西走，27号、31号是两处高档四合院建筑，为北京钢铁企业矿产资源投资有限公司使用。由于门楼均为新建，院墙外还有不少装饰物，在北四条格外引人注目。

33号是个广亮大门，暗红色的大门上张贴的"福"字极为醒目。屋檐上的瓦当带有"福禄寿"等文字。这些瓦当也代表了人们对美好生活的追求与向往，犹如民居中常见的麒麟、松鹤、蝙蝠、葫芦、葡萄、花瓶一样。

李涛将军住过的院子为二进四合院。前院有倒座房5间，其中一间为门洞，另外一间为车库。前院与后院之间的隔断墙上有道随墙门。后院经过改建，除保留3间正房及各1间东西耳房外，东西厢房的原有建筑格局已经不存。正房前有道廊子，廊子前一东一西各有一棵海棠树。因为花期早过，枝杈上零零散散挂着泛着青绿色的果实。院子南侧有两棵树龄在30年左右的香椿树。

李将军生前曾任中国人民解放军总参三部部长、政委，国防委员会委员，1955年被授予上将军衔。因李将军参加过长征，附近的居民尊称他为"老红军"。

35号院现在是中央财政部职工宿舍，为三进四合院式建筑。广亮大门前雀替上带有花卉纹饰。再早的时候，院门内最先能看见的是一面影壁墙。一进院有3间倒座房，北侧为垂花门。二进院有东、西、北房各3间。二进院里北房最为讲究，不但高大，而且前面有廊子，屋檐下的横梁上还有彩绘。在正房西侧有条通向后院的通道。后院有北房若干间。

西四北四条西侧有西四北四条小学。这所学校早年是清光绪九年（1883）创办的"正红旗官学"，为八旗官学之一。光绪三十一年（1905）在受壁胡同25号（旧门牌）建立分校。1915年改为"京师公立第四小学堂"。之后有"北平市立第四小学堂""北平市立报子胡同实验小学校""北平师范附属小学"的不同称谓。1950年9月9日，北京市人民政府批示受壁胡同吴禄贞、蔡锷祠堂由民政局按照寺庙办法进行代管，交由北师附小以增班方式接管祠内由齐白石和纪堪颐（纪晓岚四世孙）创办的私立"石年小学"。以后又变成了"北京师范学校附属第一小学""西城师范学校附属第一小学"。1972 年定名为"西四北四条小学"。

纪堪颐（1877—1953），号彭年，中国国民党元老，为清代《四库全书》总纂官、协办大学士纪晓岚的四世孙。早年留学日本，毕业于日本陆军士官学校。在日本加入同盟会，并追随孙中山先生参加了武昌起义，后又投入讨袁护国战争。1952 年经民革中央主席李济深推荐，受聘任北京市文史研究馆馆员。

中华人民共和国成立前，纪堪颐与齐白石协商，在西四北四条利用吴禄贞、蔡锷祠堂，办了一所叫"石年小学"的私立学校。

吴禄贞（1880—1911），字绶卿，汉族，湖北省云梦县人。少年就读于父亲在武昌的梦泽书屋。他擅长诗文，对西学充满兴趣。1898年被张之洞推荐进入日本士官学校学习，为我国留日第一期士官生。在校结识了张绍曾、蓝天蔚，因三人学习成绩突出，被称为"士官三杰"。后来吴禄贞在横滨拜访了孙中山先生，并加入了"兴中会"。回国后，与黄兴、宋教仁、陈天华等人在湖南发起组织"华兴会"。1911年武昌起义后，山西爆发了革命，推荐阎锡山为山西革命军都督，清廷调吴禄贞率领军队前去镇压。吴禄贞却在娘子关与阎锡山密谈，组建"燕晋联军"。不久，袁世凯指使党羽将其杀害，年仅 31 岁。

蔡锷（1882—1916），原名艮寅，字松坡，是民国初年的杰出军事领袖。蔡锷一生中，做了两件大事：一件是辛亥革命时期在云南领导了推翻清朝统治的新军起义；另一件是四年后积极参加了反对袁世凯称帝、维护民主共和国政体的护国军起义。可惜蔡将军英年早逝。1917年 4 月 12 日，蔡锷魂归故里，北洋政府在长沙岳麓山为他举行国葬，蔡锷也成为民国历史上的"国葬第一人"。

吴禄贞、蔡锷都是民国初年的民族英雄。为了缅怀这两位民族英雄，民国政府在胡同里设置祠堂，供人祭拜。

五、西四北五条

西四北五条为东西走向，东起西四北大街，西至赵登禹路，全长478米，均宽5米。1990年门牌为1—31号；2—58号。

胡同形成于明代，因胡同内住有石姓老娘，故名"石老娘胡同"。清代至民国时期其名称沿用。因该胡同位于西四北侧自南向北数第五条胡同，1965年定名"西四北五条"。

"老娘"是民间从事接生行当妇女的一种称谓，又称作"稳娘"。有的老北京人还称为"姥姥"。老舍先生在《正红旗下》里提到过，清朝末年北京的接生婆大多被称为"姥姥"。而那部作品中的"我"，就是被"小白姥姥"接生的。

有意思的是，从明代嘉靖年间的《京师五城坊巷胡同集》，到1965年北京市整顿街巷胡同名称为止，这条胡同被叫作"石老娘"有好几百年。但是被人们叫惯了嘴的石姓老娘到底是什么人物，时至今日还是一个未解之谜。

胡同内有大汉奸王克敏、军阀张宗昌以及收藏家傅增湘的寓所；曾有个被称为"新中国电影教育事业的摇篮"的院子。

7号院现为北京科学电影制片厂职工宿舍，为四进带西跨院的四合院建筑。

广亮大门下有一对鼓形门墩，屋檐下的戗檐上镶嵌着狮子的纹饰。可惜的是，狮首不知在什么年代被损，仅剩下躯体和附着的配图。

走进大院，迎面是半遮半掩的影壁墙，影壁墙西侧有几株翠柏。一进院的南侧有3间倒座房，北侧有一座残破的垂花门和一对箱形门墩。垂花门东西两侧为"一"字形的影壁墙。影壁墙前一东一西随意码放着一对大理石材质的上马石。由于风蚀严重，雕刻的纹饰已经无法辨认。前院西侧还有一棵挂满果实的老石榴树，扭曲的枝干向垂花门方向倾斜着，几片黄叶飘落在院子里。二进院为该院落的主院，由各 3 间正房和东西厢房组成，在房子之间有环廊相接。正房的木质单扇小门上的裙板带有"喜"字的纹饰。三进院由 3 间北房和东西厢房组成。北房屋檐下横梁处残存着彩绘的痕迹，东西两侧各有两间耳房。西侧的耳房前有一段连廊，地面上铺着数十块老式釉面砖。穿过连廊有一条通向四进院的通道，四进院仅有 5 间北房和一长方形的庭院。

9 号院早年为三进院四合院建筑，后在一进院内建起居民楼房。目前为北京银行系统职工宿舍。据这里的居民介绍，一进院是个大空场，内有上马石、拴马桩之类的物件。二进院的主体建筑为一个方方正正的礼堂式建筑物。礼堂中部有条通向后院的通道，亦称"穿堂门"。通道南北各有一道屏门，南侧屏门门框上有一块带有东洋风格的装饰板。装饰板中间刻有一只猫头鹰，两侧为船身及云状纹。装饰板下方为三组花卉。通道偏南侧各有一道侧门，可进入东西两侧的房屋。三进院已经改建，其建筑布局已有变化。

由于这所院子带有日式装饰风格，坊间亦把这所院子称为"日式房"。

18 号院现为北京市电影制片厂职工宿舍，陈宗蕃的《燕都丛考》记有"王叔鲁克敏总长居于此，其后张宗昌居之"。

王克敏（1876—1945），字叔鲁，祖籍浙江杭州。1900 年以大清国留学生监督的名义到日本，并担任驻日大使馆参赞。回国后在外交部任职。1917 年段祺瑞执政期间出任中国银行总裁，并三度出任财政部长。后曾任冀察政务委员会委员、东北政务委员会委员、北平政务委员会委员等要职。1937 年抗日战争爆发后，出任日伪"中华民国临时政府"行政委员长、伪华北政务委员会委员长等要职。1945 年 8 月日本投降之后，王克敏被国民政府以汉奸罪逮捕，1945 年 12 月 25 日在狱中自杀身亡。

张宗昌（1881—1932），字效坤，山东掖县（今莱州市）人，奉系军阀头目之一。1912 年至 1927 年，曾任江苏省第三师骑兵第三团团长、第五旅旅长，江苏陆军军官教育团监理，江苏将军公署副官长，总统府侍从武官长，江苏暂编第一师师长，直鲁联军总司令，第二方面军团长等职。1928年8月兵败下野后一度亡命日本。1932年由日本回国后隐居于天津租界。同年9月3日，被山东省政府参议郑继成枪杀于津浦铁路济南车站。张宗昌名声不大好，坊间亦有"狗肉将军""混世魔王""长腿将军""三不知将军""张三多"等不同称谓。

目前此院被数次改建，其建筑布局已有变化，院子东南角还保存着一栋相对完好的二层小砖楼。

中华人民共和国成立不久，中央文化部电影局在该院创办了表演艺术研究所，设有编剧班、表演班等。1951年5月改为中央文化部电影局电影学校。1953年3月又改为北京电影学校。由于办学需要，又扩大到西四北五条7号院以及西四北四条、大乘巷的几处院落。严恭、谢铁骊、陈怀恺等电影界前辈任授课教员。周扬、夏衍、冯雪峰、艾青、丁玲、陈荒煤、蔡楚生等领导和艺术家曾在此进行专题讲座。北京电影学校培养出了中华人民共和国成立后第一代导演、演员和剧作家。像印质明、赵联、庞学勤、于洋等都是这个时期的学员。1956年在北京电影学校基础上成立北京电影学院，并迁往新街口外新的校址。这个院子由北京电影制片厂洗印厂使用，之后变成了北京电影制片厂职工宿舍。

这个院子里曾经住过不少北京电影界著名的演职人员，如高洪涛、岳野、李雨农、莽一萍、何平等人。

13号院为商业部宿舍。这个院子早年是傅增湘先生的寓所，即"藏园"所在地。

傅增湘（1872—1949），字沅叔，别署双鉴楼主人、藏园居士、藏园老人、清泉逸叟、长春室主人等，四川省江安县人。光绪二十四年（1898）进士，选入翰林院为庶吉士。他和长兄傅增清、次兄傅增渭兄弟三人先后中举，傅家也有"一门三进士两翰林""江安三傅"之美誉。1917年12月至五四运动前，傅先生曾入内阁任教育总长。1927年任故宫博物院图书馆馆长。晚年隐居在西四北五条"藏园"内，致力于图书收藏和版本目录研究。傅先生一生收藏善本6万多卷。藏书楼为"双鉴楼"和"藏园"。

"双鉴楼"源于自家祖传有元刊本《资治通鉴音注》和清末大臣、金石学家端方所藏的宋刊本《资治通鉴》而得名。后来，傅先生收购了盛昱（爱新觉罗氏，字伯熙，一作伯羲、伯兮，号韵莳、意园，满洲镶白旗人氏）所藏南宋淳熙十三年（1186）内府写本《洪范政鉴》一书，虽沿用"双鉴楼"之名，但又赋予了新意。

1947年傅先生将337种共3581册藏书捐赠给了北平图书馆。1948年，又分两次将所藏明刊本及名家抄校本捐赠给了北平图书馆。

傅先生居住的院子原是清道光十五年（1835）进士、咸丰年间兵部尚书兼左都御史彭蕴章（1792—1862）宅邸。彭蕴章于咸丰九年（1859）迁居于此。傅先生任教育总长时购得此宅，因敬仰苏东坡，取其"万人如海一身藏"诗句之意而取名为"藏园"。

傅增湘先生故居坐北朝南，西为住宅，东为花园，庭院前有3棵百年树龄的老槐树。住宅区为四进四合院建筑，垂花门、正房、厢房、后罩房中规中矩，第二、第三层院子有游廊环绕。花园区约有6亩，为四层院落，彼此之间有连廊相接。狭长的倒座房以北有3间敞厅。敞厅向东，沿着爬山廊折而向北，可登到土丘上的"霜红亭"。亭前有一水池和曲桥。花园内有"石斋""池北书堂""龙龛精舍""莱娱室""抱素书屋"等主要建筑。

朱家溍先生在《故宫退食录》中对此园做过这样的评述："如果从平面上看，此园建筑格局应该说是平铺直叙的。但由于利用回廊、山石、花木、池塘、亭台、小溪、土山等装饰点缀，或藏或现、或断或续，有幽闭、有开朗，在空间处理上取得很成功的效果，使得四个方形庭院并无单调方正的感觉，而大有曲折掩映的趣味。沅叔先生在世时，藏园中放养着两头小鹿，更增幽趣。"

据传，傅先生极为喜欢这处宅院，在《藏园居士七十自述》中写道："余城西买宅，小有园林，夙好交游，常招雅集。花晨月夕，讲艺论文；竹林逸士，刻烛题吟；桑梓故人，引怀情话……"

15 号为广亮大门，雀替上刻有花卉纹饰。门前两侧为大理石材质的鼓形门墩，有两层花卉纹饰。上层为缠枝莲纹饰，因自然风化的原因，已经有些模糊；下层为菊花纹饰，纹理极为清晰，重重叠叠的花瓣刻在门墩上，有呼之欲出的感觉。

这个院子为前后四进，由 8 个院落组成，房屋 70 余间。民国时期曾是东北吉林会馆所在地。这里的居民介绍，院门背后有条连廊，可到达各个院子，各个院子之间还有环廊相通。这所院子的建筑很讲究，正房都是"前出廊子后出厦"，各庭院里还有假山、花池点缀其间，核桃、丁香、石榴、槐树等不同品种的乔灌树木把整个院落装饰得郁郁葱葱。为了安全起见，院墙内有条环形通道，便于警卫人员巡视。

老门牌 22 号（现在的 16 号院）也是吉林会馆的所在地，只是这个院子较小，仅有 7 间房子，当年可能为管理人员的办公用房。

27 号院为三进四合院建筑，目前为全国政协职工宿舍。一进院有倒座房 5 间。在一进院和二进院之间有道垂花门，垂花门两侧为刻有"太狮少狮"纹饰的门墩。二进院由 3 间正房带 2 间东西耳房和各 3 间东西厢房组成。中院东侧有条通向后院的通道，三进院有北房 9 间。

据这里的住户介绍，中华人民共和国成立之后，这所院子曾由全国政协领导居住。溥杰先生特赦之后曾在此院短住。

中华人民共和国成立前，这条胡同曾有个叫"养浩庐"的中医院，其名取自《孟子·公孙丑》"吾善养吾浩然之气"之意。创办人为杨浩如先生（1881—1940）。"养浩庐"有病床 40 张，医护人员 30 余人。1948 年后搬到了西四南侧沙井胡同继续营业。

在老槐树的浓荫掩映中，胡同里还能看见残留的万字不到头砖雕、如意云状铁皮包叶、缺损的门墩、锈蚀的门钹、字迹模糊的门联……

六、西四北六条

西四北六条为东西走向，东起西四北大街，西至赵登禹路，全长

495 米，均宽 4 米。1990 年门牌为 1—41 号；2—36 号。

胡同形成于明代，因胡同中设有燕山前卫衙署，故名"燕山卫胡同"。清代改为"卫儿胡同"，亦称"卫衣胡同""魏儿胡同"。1911 年后为区别于南草厂东侧北魏儿胡同，改称为"南魏儿胡同"，亦称"南卫胡同"。因处于西四北侧自南向北数第六条胡同，1965 年定名"西四北六条"。

明代时，新街口地区曾出现两条带"卫"字的胡同，即燕山前卫胡同和永清左卫胡同。这两条胡同名称与明代军队布防体系有很大的关系。

据史料记载，明代军事机构分为五军都督府、都指挥使司、卫、所等四级。明初的时候，在北京城附近驻有 12 个由皇帝直辖的亲军卫，朱棣迁都北京后，又将周边的 10 个卫调入京城，提升为亲军卫，其中就有燕山前卫。燕山前卫负责防守皇城西部，因而其衙署设在西四北六条，这条胡同被称为"燕山卫胡同"。明初设置的永清左卫，属北平都司管辖，后更名常山左护卫，宣德初年恢复为永清左卫，即北魏胡同的前身。

西四北六条的 23 号为北京市文物保护单位，另外 5 号、7 号、9 号、19 号、21 号、23 号等为保存相对完好的四合院建筑。

5 号院为两进带东跨院的四合院。一进院有倒座房 3 间，北房 3 间。北房东侧有一条南北走向的通道，通道中部有一东跨院。二进院有北房、东西厢房各 3 间。目前这个院子后院的北房和东、西厢房没有经过翻建，保留着原来的建筑状态。

9 号院为四进带东跨院的四合院建筑，横亘于西四北六条与西四北七条之间，后门为西四北七条甲 6 号。

它以中轴线为界，分成东西两路。西路大致的情况为：前院倒座房 11 间；第二层和第三层院子建筑格局相同，北房前带有廊子。在第三层北房屋檐下的戗檐上刻有"狮子滚绣球"的纹饰；第四层院子有后罩房 3 间。东路大致情况为：前院倒座房 3 间；二层院子北房 3 间带 2

106

间耳房；三层院子有北房和东西厢房各 3 间，另带一个东跨院；四层有后罩房 3 间。

17 号院为三进四合院建筑，现在为北京六建公司职工宿舍。这所院子给人们留下最深的印象是树多，其中二进院有 2 棵石榴树、1 棵枣树；在二进院与三进院通道中又有 1 棵海棠树、2 棵香椿树。这个院子曾是原山西省建设厅副厅长赵晓峰先生的私宅。

赵晓峰（1912—1998），河南修武人，早年就读于北方军官学校和陆军步兵学校，在傅作义部供职多年，先后担任排长、连长、营长等职。抗战时期历任三十五军三十一师九十三团团长、暂三军副师长、军参谋长、一一一军参谋长、二五八师长等职，参加过平型关、忻口、太原、包头、绥西等战役。1949 年 9 月 19 日，随董其武将军率部参加了著名的绥远起义，后编入人民解放军序列（第二十三兵团）。1950 年 4 月被任命为中国人民解放军二十三兵团第三十六军第一〇六师师长。1951 年 9 月 18 日入朝承担某军用机场修建任务。回国后转任中国人民解放军建筑工程第一师师长，先后承担了北京展览馆、北京体育馆、北京友谊医院等大型工程项目。1955 年 5 月担任建工部大同工程总公司副经理、建筑工程部华北大同总公司代经理、建工部太原工程局副局长、山西省建设厅副厅长、山西省基本建设委员会副主任等职。

19 号为军产房，最高人民法院军事审判庭副庭长袁光将军，总政治部副主任、军事科学院政治委员梁必业将军曾在此居住。

21 号院为中国近代著名画家陈半丁先生故居。

陈半丁（1876—1970），原名陈年，字半丁，浙江绍兴人。1894 年经友人介绍与任伯年、吴昌硕先生相识，跟随他们学习绘画、篆刻，协助他们整理资料，朝夕相处十年之久。其间又得吴谷祥、吴石仙等诸名家授以绘画技法。1906 年到北京后，与吴观岱、贺履之、陈师曾时常相互切磋绘画心得。后应蔡元培先生之邀，任国立北平艺术专科学校教授一职。20 世纪 40 年代，陈先生曾多次参加或举办各种形式的书画展览和捐款义卖活动。中华人民共和国成立后，历任北京中国画院副院长、中国画研究会会长、中国美术家协会理事等职。

21号为陈先生在1951年购买的院子。1970年陈先生去世后，由其子女居住。其中第十子陈燕龙先生子承父业，在中国传统绘画技法上有所建树。

现在的院门已被修饰一新。门簪处刻有"长留天地"四字。门楣上方有一幅以陶渊明《桃花源记》为题材的绘画。屋檐的横梁上绘有和平鸽的图案。

23号为四进四合院建筑。广亮大门，鼓形带花卉纹饰的门墩。屋檐下方的戗檐上为松鼠和葡萄的纹饰，寓意为"多子多福"。倒座房南侧屋檐下的戗檐上为葫芦纹饰，寓意为"福禄"。门楣上方张贴着一个硕大的"福"字，门框两边为"和风甘雨被物遂生；善气谦光为福所肇"的对联，横批为"备至嘉祥"。门前台阶前两侧各有一个上马石。院门外有素面照壁墙一座，上面两角各嵌有一位护法武士。

中华人民共和国成立后，此院曾一度为西四北六条幼儿园园址。前院有4间倒座房，东、西耳房各2间。中轴线上的二门为垂花门，东、西两侧有抄手游廊。二进院有正房5间带东西耳房各2间，东西厢房各3间。正房明间门裙板雕刻《西游记》等古典小说人物形象和花篮盆景图案。正房东侧有条通道与三进院相连。三进院有北房5间带东西耳房各2间，东、西厢房各3间。正房明间门裙板雕刻葡萄、松鼠、花篮、盆景等图案。四进院有后罩房9间。

31号为商业部宿舍，为三进带西跨院的四合院建筑。走进大门有一道影壁墙，向西有一跨院。跨院与主院之间为老式门楼，门簪上镶刻着"寿"字。西跨院的前院有3间倒座房及2间东耳房。前院与中院之间有道垂花门。垂花门东西两侧各有一段廊了，并与东西厢房相连。中院由各3间正房和东西厢房组成。正房东侧有通道与后院相连。后院为3间北房带东西2间耳房，另有东西厢房各2间。

34号位于西四北六条西侧的岔巷内。这个小院有3间北房、南房和1间西房。由于长时间没有住人，该院落显得有些破旧。

据附近的居民讲，这所院子曾住过天津《大公报》有"双子星座"之称的徐盈、彭子冈夫妇。

徐盈为我国近代著名记者，抗战期间曾赴西北战场采访，抗战胜利后任《大公报》驻北平办事处主任。

彭子冈于 1936 年毕业后进入新闻界，任上海《妇女生活》记者，不久转入《大公报》，为抗战时期中国新闻界最为活跃的记者之一。

吴永良先生在回忆文章中谈道："1986 年初冬，我陪原《大公报》记者谢牧兄专程看望了徐、彭二位。他们住家在西四北六条 34 号。那是西四北大街向西的一条深巷子，差不多走到尽头才找到。院门朝北，走进去是个窄小的院落，南、北房各三间，东边是院墙，一小间西屋。院子里有两棵带着枯叶的小树，房顶上匍匐着一些枯草，显示出年久失修的迹象。徐、彭二位住的是北房，各占一间，中间是堂屋。徐公先引我们到西间看望子冈。小屋约七八平方米，一张单人床和几个旧箱柜外，只有两张方凳。"

徐城北先生是徐盈和彭子冈夫妇的孩子，当代研究梅兰芳京剧表演艺术和老北京历史文化的著名学者。和胡同中的陈半丁先生的小儿子陈燕龙是小学同学。

另外，著名民俗专家、文史学家邓云乡（1924—1999），著名歌唱演员殷秀梅也曾住在西四北六条。

邓先生自幼受中国传统文化熏陶，具有深厚的文史功底。且学识渊博，兴趣广泛，善于思考，勤于著述，与魏绍昌、徐恭时、徐扶明并称上海"红学四老"。

邓先生在研究老北京文化上成果显著。他写北京不是宏大叙事，而是细作精工地从小处着笔。著有《鲁迅与北京风土》《眼睛乡土记》《文化古城旧事》《北京四合院》《旧京散记》《宣南秉烛谈》等作品。在《文化古城旧事》一书中有篇《八道湾老屋》的文章，介绍了鲁迅先生与文化名人交往的情况。

七、西四北七条

西四北七条位于新街口地区东南部，东西走向，东起西四北大街，西至赵登禹路，全长 430 米，均宽 4 米。

胡同形成于明代，明嘉靖年间《京师五城坊巷胡同集》中的"鸣玉坊·三牌十四铺"以及嘉靖年间《宛署杂记》中的"河漕坊·二牌三铺"中均记有"泰宁侯胡同"，即西四北七条的前身。

据专家考证，胡同名称和曾经居住在胡同内的泰宁侯陈珪及其后人有关。

明洪武元年（1368），陈珪跟随大将军徐达北伐屡立战功，得到燕王朱棣的赏识。朱棣称帝后封陈珪为泰宁侯，府邸在西四北七条内。之后，陈珪出任北京都指挥使司，主持北京城及皇宫的营建工程。由于日夜操劳积劳成疾，永乐十七年（1419）四月病逝于泰宁侯府中。永乐皇帝追赐靖国公，并谥忠襄。陈珪之子瑜、瑜之子钟、钟之子灏、灏之弟瀛、瀛之弟泾、泾之子桓、桓之子璇、璇之子儒、儒之叔琏、琏之弟彬、彬之子良弼、良弼之子闻礼、闻礼之子延祚等 9 代 14 人，相继承袭爵位，直至明朝灭亡。

清代时胡同名称沿用。在《乾隆京城全图》中标有"太宁侯胡同"，"太"为"泰"的简体字。到了道光年间，因皇帝名叫旻宁，胡同被改为"泰安侯胡同"。在《京师坊巷志稿》和《光绪顺天府志》均记载为"泰安侯胡同"，亦称"太安侯胡同"。民国时期的《北京内外城详图》及《燕都丛考》中均沿用其名。因是西四北侧自南向北第七条胡同，1965 年定名"西四北七条"。

在某些资料中，把 27 号院作为奈曼部达尔汉郡王府旧址。这小三合院里仅有的几间老屋无法和有"蒙古王"之称的郡王府相提并论。经区文研所姚老师反复查询核对，该郡王府旧址位置应该在 29 号院，即现在的北海四合院酒店内。

末代奈曼部达尔汉郡王苏珠克图巴图尔，简称"苏王"。光绪三十一年（1905）袭郡王。民国初年晋封扎萨克亲王。1927年12月，苏王去世后，长兄色令旺宝曾任中国佛教协会内蒙古分会副会长。苏王三弟辅国公阿拉坦胡雅克在1928年代理扎萨克亲王一职。1935年被苏王五弟苏达那木达尔济所取代。1948年10月，苏达那木达尔济到京，并把昭乌达盟和奈曼旗政府设于西四北七条原奈曼郡王府址。北平和平解放后，昭乌达盟和奈曼旗政府撤销，由原福绥境房管所使用。在2000年前后改建为北海四合院酒店。

据酒店大堂经理介绍，奈曼郡王府旧址为三进带东跨院的四合院。一进院现在改为大堂及附属用房。在一进院和二进院之间有条用藤萝架组成的绿色甬道。由于小雨刚过，青翠的叶片在风中轻轻摇曳，不时有雨珠从叶片上悄然落下，在地面上溅起朵朵水花。

二进院为主院，目前仅存正房3间，屋檐下挂有"养心斋"的牌匾。原有的各3间东西厢房已经改为客房。正房东侧有一条可通向三进院的通道。由于三进院的房屋均已改建为客房，原有建筑布局并不清晰。从三进院可通向东跨院。跨院内建筑情况较为复杂，酒店只占用部分的房屋，还有一些地方被居民的住房所占据。

按理说，奈曼郡王府的地上建筑绝非如此简单，还应该有花园等附属性的建筑。或许31号、33号等院落早年也属于奈曼郡王府的范围之内。

奈曼郡王府旧址西侧不远处的49号院为黄作珍将军曾经居住的院子。广亮大门上的门簪上镌刻着"吉祥如意"四个字。门前的石墩风蚀严重，纹饰已无法辨认。前院有5间带廊子的倒座房，前院与后院之间有一道垂花门，垂花门两侧为"一"字形影壁墙。经过一场小雨的洗涤，翠绿色的香椿叶在风的拂动下发出哗哗的声响。后院由各3间正房、东西厢房组成，正房前带有廊子，院内有棵柿子树。

这两个院子在西四北七条最负盛名，但其他看似普通的居民院中也有许多看点。

7号院为一座如意门楼。箱形门墩上镌刻着葡萄与老鼠的纹饰，民间把这种图案称为"多子多福"。屋檐下的戗檐为牡丹图，民间亦称"富贵牡丹"，亦有"大富大贵"之意。

33号和35号组成二进的院子，门簪处为荷花纹饰。前院由5间倒座房和5间北房组成。后院由3间北房带各2间东西耳房和各3间东西厢房组成。后院正房比较讲究，屋前有一道廊子，屋檐下的横梁上残留着彩绘的一些痕迹。东侧的戗檐为松梅图，西侧的戗檐为竹梅图。

37号是一个两进四合院，其房产属于北京天主教会。走进院门，迎面有一座影壁墙，前院有倒座房3间。经居民介绍，原本在前院与后院之间有道二门，由于损坏严重，前几年已被拆除。后院由3间北房带各2间东西耳房及各3间东西厢房组成。与其他院子相比，这所院子保存较为完整，整体建筑格局没有太大的变化。

61号门前有一对箱形门墩，走进大门，迎面是一座影壁墙，上面刻有"鸿禧"二字。"鸿禧"为"洪福"之意，取自《宋史·乐志九》的"宝命自天，鸿禧锡祚"。

在民居建筑中，影壁墙内镶嵌吉祥用语的情况较为普遍。比如什刹海地区的兴华胡同陈垣先生故居前照壁上嵌有"戬穀"二字。《诗经·小雅·天保》中有"天保定尔，俾尔戬穀"的诗句。这里的"戬"表示福祉，"穀"表示禄，也就是类似于"福禄"的意思。前人想通过"鸿禧""戬穀"等文字，寄予对幸福美满生活的憧憬与追求。前人表达对美好生活追求的方式又是多种多样的，还会通过瓦当、滴水、戗檐、门墩、门簪、对联、彩绘等多种途径加以展现。

8号院在中华人民共和国成立前为制香的厂子，中华人民共和国成立后为交通部的职工宿舍。由于居民住房由制香的车间改建而成，因此这个院子里大多为排房，有的还属于勾连搭的建筑结构。

在一排排的房屋中穿行，丝瓜秧、葫芦藤、爬山虎以及各种花花草草随处可见。几尾金鱼在浅灰色的泥盆中摇动着尾巴，不时扬起嘴巴吐着泡泡。几声蝈蝈的鸣叫，加上鸽子咕噜咕噜的叫声回荡在排房之间，充满了生活的情趣。

28 号院在中华人民共和国成立前为西四区公安局的所在地。1958 年 9 月，北京市西四区图书馆成立时在这里设馆。1959 年初，西单区、西四区图书馆合并后搬到西华门大街 35 号。目前这所院子由西城文化委员会下属单位使用。

据居民介绍，这条胡同还住过厉彦芝、厉惠斌等与中国传统文化京剧结缘的先生。

厉彦芝（1896—1972），京剧琴师，满族旗人，生于北京。少年时代曾拜罗福山先生为师学习老旦，兼习京胡，14 岁时登台演出。后拜董凤年先生为师，专攻京胡。20 世纪 30 年代在上海更新舞台参与演出连台本戏《西游记》。1936 年在上海成立"厉家班"，任班主。带领厉惠斌、厉惠良、厉惠敏、厉惠兰、厉惠森、厉惠福等子女在江南一带演出。抗战爆发，带领"厉家班"成员转移西南巡回演出。厉惠斌先生是厉彦芝先生的长子，专攻花脸，为近代京剧舞台上著名表演艺术家。

八、西四北八条

西四北八条为东西走向，东起西四北大街，西至赵登禹路，中部和东部北侧与前车胡同、南兴胡同相连，全长 424 米，均宽 6 米。1990 年门牌为 1—63 号；2—58 号。

胡同内有三条岔巷，其中南侧一条，分别为 44 号、46 号、48 号、50 号、52 号等 5 个院门；北侧西岔巷有 41 号、43 号、45 号、47 号、49 号、51 号等 6 个院门；北侧东岔巷有 21 号、23 号、25 号、27 号、29 号、31 号等 6 个院门。

胡同形成于明代，在嘉靖年间的《京师五城坊巷胡同集》和万历年间的《宛署杂记》中均记有"武安侯胡同"。因武安侯郑亨府邸在胡同内，故名。

武安侯郑亨为明初将领，燕王朱棣起兵后率部归顺，在攻占南京等多次战役中立有战功。朱棣登上皇位后封为武安侯。先后出任镇守宣化府（今河北宣化）、大同府（今山西大同）等边关重镇。去世后追赠漳国公，谥忠毅。之后，郑亨之子能、能之子宏、宏之子英、英之子纲、纲之子昆、昆之子维忠、维忠之弟维孝、维孝之子之俊，8代9人相继袭侯爵。世代居住在武安侯府，直至明亡。

清代时，胡同名称略有变化。在《京师坊巷志稿》和《光绪顺天府志》中记载为"五王侯胡同"。从"武安侯"到"五王侯"为讹传而来。由于从"武"变成了"五"，使胡同名称与武安侯郑亨府相差甚远。因该胡同为西四北侧自南向北数第八条胡同，1965年定名"西四北八条"。

清代的时候，胡同内有座谦郡王府，并在《宸垣识略》有所记载，旧址在西四北八条11号。

瓦克达为礼亲王代善第四子，勇猛善战。天聪元年（1627）与硕托等人参与拥戴多尔衮为帝。顺治三年（1646）在清军入关战役中立有战功，封为镇国将军。四年（1647）晋镇国公。五年（1648）晋升多罗郡王，加封号为"谦"，职掌工部，参与执政。其第二子留雍、第三子噶尔塞授予三等奉国将军。康熙六年（1667），三子噶尔塞袭镇国公，二十一年（1682）噶尔塞的第一子海清被封为辅国公。二十五年（1686）因钻营获罪，削噶尔塞、海清爵位，改二子留雍袭镇国公。三十七年（1698）留雍因懈怠被革爵位。乾隆四十三年（1778），留雍曾孙洞福以瓦克达功袭一等镇国将军。后人德文、苏藩、承瑞、岳康、恩厚共5代一直世袭受封。

1931年春，张学良原本打算在东北地区筹建一处大型造纸厂，并在沈阳大北门外设立了东北造纸厂筹建处。"九一八"事变改变了张学良这一计划。1933年，张学良委托其亲信汪博夫、杜荣时等人，在谦郡王府遗址上筹建燕京造纸厂。燕京造纸厂建成后为当时北平规模最大、技术最先进的造纸企业。中华人民共和国成立后，易名为北京燕山造纸厂，其生产经营活动一直延续到20世纪80年代后期。目前，燕山造纸厂老的厂房还在。临胡同盖有四层小楼，为中国人才科学院办公地。

胡同内的37号（原五王侯18号）为长寿庵旧址。

长寿庵始建于元代，明弘治年间重修。清光绪三十一年（1905），因宝禅寺改作广善寺，原宝禅寺住持宫安法师购买了长寿庵房产作为宝禅寺庙址。该寺坐北朝南，依次有山门、关帝殿、三大士殿、菩萨殿、娘娘殿、大雄宝殿及东西配殿共计45间。寺内有2座石碑，其一为华藏弥陀寺碑记碑，其二为宝禅寺咒语碑。此二碑后移至北京石刻博物馆。

据这里的住户讲，清光绪三十一年（1905）在乐善堂、继园、广善寺、惠安寺等区域内，由清农工商部领衔筹建农事试验场。广善寺出资购得宝禅寺庙址后，宝禅寺迁到西四北八条的长寿庵旧址。中华人民共和国成立后，长寿庵旧址改为居民院落。目前除保存少量房屋及山墙外，多数殿宇已经修葺一新。

西四北八条51号、53号和55号为庆宁寺（老门牌为24号）旧址。

该寺始建时间不详，道光二十八年（1848）、光绪十二年（1886）重修，内有殿房28间半。整座庙宇坐北朝南，依次有山门、关帝殿、毗卢殿及东西配殿。另有光绪十二年（1886）立的庆宁寺重修碑一座。

据这里的住户讲，其中55号为庆宁寺的西配殿，53号为庆宁寺的山门、关帝殿和东配殿，51号为庆宁寺的毗卢殿。著名相声表演艺术家马季先生曾在这里短住，后搬至马相胡同居住。

西四北八条5号为保存相对完好的四合院建筑，目前由天津驻京办事处的下属机构使用。修饰一新的金柱大门在胡同中引人注目，屋檐下的戗檐上雕刻有狮子纹饰。院门两侧为鼓形门墩，门墩上部为花卉图案，下部为中国结图案。虽历经风雨侵蚀，但依旧清晰可辨。

58号院为蛮子门，院门两侧为鼓形门墩和已经残破的上马石。经询问，得知此院房主为一位教师，因独门独院，院子里犹显静谧。

西四北八条北侧有南兴胡同、北兴胡同、前车胡同和后车胡同，1997 年平安里西大街向西延伸过程中，这四条胡同拆除，仅留下前车胡同的部分院落。

南兴胡同和北兴胡同早年为低洼地带，清代形成胡同时分别叫作"洼子"，亦称"南下洼""北下洼"。1965 年定名"南兴胡同""北兴胡同"。

南兴胡同为南北走向，北起前车胡同，南至西四北八条，全长 101 米，均宽 4 米。1990 年门牌为 1—7 号。

北兴胡同为南北走向，北起育德胡同，南至前车胡同，全长 143 米，均宽 3 米。1990 年门牌为 1—13 号；2—12 号。

前车胡同与后车胡同形成于清代，因胡同一南一北，故名"前车胡同""后车胡同"。

前车胡同为东西走向，东起西四北大街，西至赵登禹路，中部与后车胡同、南兴胡同相交，全长 447 米，均宽 4 米。1990 年门牌为 1—79 号；2—32 号。

后车胡同为曲折走向，南起前车胡同，西折通向赵登禹路，全长 310 米，均宽 4 米。1990 年门牌为 1—33 号；2—50 号。

与这四条胡同同时拆除的还有位于西四北大街路西的原天一堂胡同。此胡同于 1965 年并入西四北大街。

九、育教胡同

新街口地区因寺庙得名的胡同有多条，像因永泰寺得名的永泰胡同、因黑塔寺得名的黑塔胡同、因地藏庵得名的地昌胡同、因玉佛寺得名的玉芙胡同……育教胡同也是因寺得名的胡同之一，旧称"翊教寺胡同"。

育教胡同为东西走向，东起赵登禹路，西至育幼胡同，全长 280

米，均宽 5 米。1990 年门牌为 1—33 号；2—78 号。

胡同形成于明代。在嘉靖年间的《京师五城坊巷胡同集》和万历年间的《宛署杂记》均有"翊教寺胡同"的记载。清代至民国期间，胡同名称继续沿用。在《乾隆京城全图》和《京师坊巷志稿》《光绪顺天府志》中均有"翊教寺"。1965 年以谐音定名"育教胡同"。

陈宗蕃的《燕都丛考》中做过这样的注解："翊教寺，古刹也，在西城河漕西，寺相传始于宋元时，明成化八年重修。嘉靖三十一年，司礼太监焦忠又修。万历五年，僧心宗募券修之，今为戒坛下院。"

根据陈先生的说法，翊教寺始建于宋元时期，明成化八年（1472）重修。嘉靖三十一年（1552），司礼监太监焦忠出资重修。万历五年（1577），僧人心宗法师修缮。该寺为戒坛下院。但陈先生提到的"戒坛下院"应该为"潭柘寺下院"。潭柘寺为北京城的大型寺院，它有三处下院，即门头沟栗园庄的奉福寺、阜成门内的翊教寺和阜成门外的海潮观音庵。

据有关史料记载，翊教寺位于育教胡同 1 号（旧门牌）。寺坐北朝南，中轴线上依次有山门、钟鼓楼、天王殿、大雄宝殿、大悲坛殿及东西配殿；东跨院为两进四合院，共计殿房 98 间。1928 年庙内有"铜像五尊、泥像十六尊、木像二十尊、瓷像一尊、铜钟三口、铁钟一口、铜磬两口、锡五供五堂、牌点一架、木鱼两个、大鼓一面、木梆一份"等。另有《观音经》《药师经》《楞严经》《金刚经》《本愿经》《门品经》《金刚般若经》等经书。1947 年时任住持为茂林。

"翊教"与"翼教"意思相同，有"维护圣教"之意。三国时阮籍的《通易论》中有"君子者何也？佐圣扶命，翼教明法"。清代孙鼎城的《与郭筠仙书》中有"然有志于扶世翼教者，当求之于崩离放失之余，不惮委曲反复，表而明之"。

茂林法师曾在房山琉璃河畔的重恩寺剃度出家。由于精通佛学，在京兆（京城加外八县）及华北地区颇有名望。在民国期间为潭柘寺方丈，并统领香山八大处各寺院，后担任华北佛教会会长。

良公祠，即祭祀良弼的祠堂，又称"良弼祠"。其位置在翊教寺的东跨院。中间为带廊子的垂花门，将东跨院隔成前后两个院落。

良弼，字赉臣，满洲镶黄旗人，爱新觉罗氏，大学士伊里布之孙，留学日本陆军学堂。历任陆军部军学司监督副使、司长，禁卫军第一协统领兼镶白旗都统，军咨府军咨使等职。曾参与改革军制、训练新军、建立军校等事宜，为清朝贵族少壮派领袖人物。武昌起义后企图"以立宪弥革命，图救大局"。1912 年 1 月 12 日，与溥伟、铁良等人组成"君主立宪维持会"（俗称"宗社党"），反对南北议和与清帝逊位。1 月 26 日，良弼在家门口（今西四大红罗厂胡同）被彭家珍投掷的炸弹袭击后身亡。

五四青年学生运动之后，在北京大学校长蔡元培先生倡导下，掀起了一股赴欧勤工俭学的热潮。翊教寺所设的法文专修馆是当时留法勤工俭学预科班中规模最大的一处。馆长为蔡元培先生，副馆长为李石曾先生。我党早期革命领导者刘伯坚、赵世炎、萧三、罗学瓒、鲁易等先后在此校学习并留法勤工俭学。

1926 年 9 月，翊教寺曾创办私立北平翊教女子中学，校长为陈仲益先生。开学之初仅有初中班，学生不足百人，但教学质量不比市立中学差。1927 年，得到广东籍吴淑媛女士捐款后增加了高中班，学生曾达 400 余人。1931 年迁西单北堂子胡同。七七事变后，由于经费不足，遂逐渐减少班次，最后被迫停办。作家林海音女士 1933 年从春明女中初中毕业后，在这里读高中，后转入成舍我先生创办的北平新闻专科学校。

近代，翊教寺和翊教胡同还与几位名人有关。

廉泉（1868—1931），字惠卿，号南湖，又号南湖居士、岫云山人，斋名小万柳堂、帆影楼，江苏无锡人，以书法、诗文闻名于世。清光绪年间在户部任郎中一职，力主革新，参言变法。"戊戌变法"失败后转入实业救国，在上海创办文明书局，还将所藏书画印制成册，用以流传。晚年皈依佛门。民国二十年冬（1931）在翊教寺去世。

陈垣先生在来京工作与生活的 58 年时间里，先后住在象来街、西安门大街、丰盛胡同、米粮库、南官房胡同、李广桥西街和兴华胡同。在创办私立北平平民中学期间，有 3 年时间住在翊教寺。

老舍先生在北京先后住过十余处地方，像小羊圈胡同（现为小杨家胡同）8 号、北京师范学校（今育教胡同）、第十七小学（今方家胡同小学）、西山卧佛寺、缸瓦市基督教堂、教育会（今北长街小学）、烟通胡同 6 号、丰富胡同 10 号（今丰富胡同 19 号）等。有一段时间住在翊教寺胡同的学校公寓。

中华人民共和国成立后，翊教寺旧址曾由北京医疗设备厂和某塑料玩具厂使用。目前改建为航天大厦。

育教胡同 27 号（旧门牌 10 号）为明代古刹普安寺旧址。

明嘉靖四十三年（1564）十一月所立的《普安寺重修碑》中记载："西城河漕西有梵宇曰普安，建自国初。万历二年（1574）四月十日，慈圣皇太后发币金重葺其旧，加造藏经殿五楹。工始于万历三年二月，讫于是年五月。"

据《日下旧闻考》中记载，"普安寺在西城河漕西，翊教寺之东，有李贤、董汾二碑"。

陈宗蕃的《燕都丛考》有这样的注解："普安寺，明初建，嘉靖甲子司礼太监黄锦重修，有徐阶撰碑。万历间，慈圣太后发币重葺也。又有万历三年葛守礼撰碑。"

通过上述文字说明，普安寺始建于明代初年，嘉靖四十三年（1564）由司礼监太监黄锦出资重修，寺内有徐阶撰写碑文的普安寺重修碑。万历二年（1574），慈圣皇太后从国库中拨款重修，于万历三年（1575）动工，万历四年（1576）修缮完工。

1996 年前后平安里西大街向西延伸时，育教胡同多数院落先后拆除，仅剩下不足 50 米的岔巷与普安寺旧址。

十、宝产胡同

宝产胡同位于新街口地区东北部，东西走向，东起新街口南大街，西至赵登禹路，全长385米，平均宽度7米。1990年门牌为1—29号；2—66号。

胡同形成于明代，最初叫"宝禅

宝产胡同　摄影：崔耀平

寺胡同"。在嘉靖年间的《京师五城坊巷胡同集》和万历年间的《宛署杂记》中均有记载。清代时胡同名称沿用。民国初年的《北京内外城详图》中曾一度改为"宝禅寺街"。陈宗蕃的《燕都丛考》还注有"《光绪顺天府志》禅或讹作善，昔有新丰市场，今已废"。1965年定名"宝产胡同"。

宝产胡同因宝禅寺得名，其旧址在宝产胡同15号（旧门牌9号）。

该寺在元至大元年（1308）建，寺名为大承华普庆寺。该寺占地广阔，规制宏伟，为元帝"皇祖妣徽仁裕圣太后报德作也"。后此寺逐渐荒废。明成化六年（1470），供应库太监麻俊购得此地建宅，掘土时发现赵孟頫题写的石碑，才知道这里是元代大承华普庆寺旧址。寺庙建成后，赐名为"宝禅寺"。

由于宝禅寺名声显赫，且规模较大，《宛署杂记》和《日下旧闻考》等古籍文献资料中对宝禅寺均有记载：

> 宝禅寺，元武宗时建，后废为民居。成化庚寅，太监麻俊

修宅，得元赵孟頫碑，知为普庆寺旧址，施为今寺。闻于上，敕赐今名。户部尚书万安记。——《宛署杂记》

宝禅寺在宝禅寺胡同，明尚书万安、学士彭华、尚书甘为霖三碑今并存寺中。本朝康熙年间大学士明珠，乾隆年间大学士公傅恒先后修葺，立碣以记其事。——《日下旧闻考》

清光绪三十一年（1905），原乐善堂、继园、广善寺、惠安寺等区域内，由清农工商部领衔筹建农事试验场。广善寺出资购得宝禅寺庙址后，宝禅寺迁到西四北八条的长寿庵旧址。原宝禅寺旧址则更名为广善寺。

中华人民共和国成立后，广善寺旧址曾一度为北京照明器材厂占用。目前为中国电信公司所属的国信苑居民住宅小区。

宝产胡同除了广善寺，还有正觉寺和苍圣祠。

宝产胡同23号、甲23号、25号、27号、29号，赵登禹路58号、60号，四根柏胡同18号，为清裕亲王后裔魁璋之府，坊间亦称"魁公府"。

魁公即魁璋，为裕亲王福全的九世孙，清光绪二十四年（1898）袭镇国公。裕亲王府原在台基厂二条，清末被划入使馆界内，王府拆除后兴建奥地利使馆，光绪二十八年（1902）迁居于此。此宅原是由先在海关任职、后在内务府任司员的庆宽（号小山）居住，后因庆宽坐事抄家，此宅遂归公。民国期间，魁璋已经成人，遂和一些清朝宗室多有来往，系当时社会上的活跃分子。后家道衰败，靠变卖房产为生。1957年病逝，享年63岁。

目前，魁公府旧址被分割成几个院落。其中宝产胡同23号由华维公司使用；25号院为北京电影制片厂职工宿舍；27号院为福绥境派出所驻所（为三进院子）；29号和赵登禹路60号为爱国将领何基沣先生旧居；另外在四根柏胡同还有一个院子，为魁公府东路的后院。

何基沣（1898—1980），曾任国民党第四十七军军长、第三绥靖区副司令官。1948年11月,同张克侠将军率部在贾汪、台儿庄驻地起义,为淮海战役的胜利做出了贡献。中华人民共和国成立后,历任中国人民解放军第三十四军军长、南京警备司令部副司令员、华北行政委员会委员兼水利局局长及水利部副部长、农业部副部长等职。

据何将军的后人介绍,抗战结束后国共代表在北平和谈时,叶剑英元帅曾来过此院。他向家父传达了党中央的精神,要求家父在适当的机会率部起义,以迎接新中国的到来。父亲起义之后,北平地下党组织担心家属遭受迫害,通过住在北长街前宅胡同的伯父何基鸿先生安排我们全家转移。为了安全起见,母亲和子女们乔装打扮,混在难民之中。走到石家庄后才知道北平已经和平解放,然后在军官会的帮助下,平安回到北平。此宅为魁公府西路的部分院落,先父在1946年时购得,为三进四合院建筑。前院为7间倒座房和7间正房,旁有通道与中院相连。中院为正房3间带东西各2间耳房,东西厢房各有3间。南侧没有房屋,仅有一道二门和院墙。后院为一长方形的庭院,内有一间取暖用的锅炉房。先父从1951年到1980年去世,除"文革"期间被迫迁居他处之外,都住在这所院子里。先父对工作兢兢业业,最大的心愿是让每一位农民得到一亩的水浇地。1963年华北地区发大水时,先父深入一线指挥抗洪救灾,三天三夜没有合眼。

院子北侧还有两层院子,为魁公府家祠,中华人民共和国成立前由一位姓孔的中医大夫购买。祠堂前有棵老枣树,还有一整块太湖石。后来这块太湖石运到了钓鱼台国宾馆内。

宝产胡同23号院为魁公府花园,朱家溍先生曾撰文做过介绍。中华人民共和国成立前曾居住过日伪时期禁烟局局长陈曦贤。中华人民共和国成立后由北京军区副司令员陈正湘将军居住。陈将军戎马一生,抗日战争中因打死"名将之花"日本指挥官阿部规秀而闻名天下。现在由北京华维公司使用。

25号为魁公府中路的院子,中华人民共和国成立后为北京电影制片厂职工宿舍。崔嵬、于兰等著名演员以及文化部的领导在此居住。

27 号院为三进四合院。中华人民共和国成立前曾由华北剿总中将总参议袁祝三居住。中华人民共和国成立初曾住着随傅作义将军起义的几位原国民党将领。后为福绥境派出所办公之地。

福绥境派出所东南侧为魁公府的马号。中华人民共和国成立后先为牛奶厂，后改建为居民院，产权单位为北京畜牧局。

四根柏胡同 18 号院，中华人民共和国成立后由北京军区的首长居住。

宝产胡同 7 号的北京按摩医院始建于 1958 年，最早叫北京盲人训练班实习诊所。以后更名为北京市西城区按摩诊所、护国寺中医院按摩科、北京盲人按摩医院。现在为中国残疾人联合协会直属单位。

当你走进这条古老的胡同，望着两边错落有序的房屋、灰白相间的院墙、长着艾艾茅草的屋顶、斑驳陆离的旧门、带有几何花纹的木窗……随时能感受到历史的悠久和岁月的沧桑。如果你再有一点人文历史知识，在胡同的某处角落，会找到那些代表着不同时代风格特点的文化遗存，这就是宝产胡同。

十一、安平巷

安平巷为东西走向，东起赵登禹路，西至福绥境，中部与庆丰胡同、东廊下胡同、西廊下胡同等相交，全长 471 米，均宽 4 米。1990 年门牌为 1—77 号；2—34 号。

胡同形成于明代。在《京师五城坊巷胡同集》中曾有"回回厂"的地名，即"回子营"的前身。清代的《乾隆京城全图》中出现了"葡萄园"的名称。后来在《京师坊巷志稿》和《光绪顺天府志》中同时出现了"回子营""火神庙""葡萄园"。从民国时期老地图来看，这三条胡同位置分别为，从赵登禹路至庆丰胡同南口为"回子营"；从庆丰胡同到宫门口西岔北口为"火神庙"；从宫门口西岔北口到福绥境为"葡萄园"。中华人民共和国成立之初，"回子营""火神庙""葡萄园"

三条胡同合并，统称为"和平巷"。1965 年定名"安平巷"。

由于"回子营"从"回回厂"转化而来，名称来源或许与加工生产穆斯林食品的作坊有关。从另外一个角度分析，"回回营"也可以理解为与驻军有关，或者是穆斯林民族聚集之地。

关于"葡萄园"的来历，周肇祥先生的《城西访古录记·朝天宫记》有过这样的解释："苦水井南口之葡萄园，亦必昔日种有葡萄，盖其地属跨院内故也。"

"火神庙"取自胡同中的那座与火神有关的庙宇。

该庙位于火神庙 15 号（旧门牌）。整座庙宇坐南朝北，依次有山门 3 间、火神庙 3 间、东配房 3 间、群房 3 间，占地面积约 1 亩。庙内法物有"泥（塑）火神一座，南有石碑一座"。

通过上述文字说明，当时的火神庙是座规模不大且破旧不堪的庙宇。1947 年北平市民政局进行第二次寺庙总登记时，火神庙没有登记在册，由此可见，火神庙在 1947 年前已经荒废。

白塔巷北口东侧为火神庙旧址。20 世纪 60 年代中期，在火神庙旧址上盖起了 3 栋简易楼。

为了避免回禄之灾，旧时在中廊下胡同南口还有一座用于镇火的土地庙。

安平巷西口南侧的福绥境大楼建于 1958 年，是中华人民共和国成立后新街口地区地标性的建筑之一。

当年，为了彰显社会主义风貌，构筑有时代气息的建筑，北京的东城、西城、崇文三个行政区分别盖起了北官厅大楼、福绥境大楼和安化楼。福绥境大楼设计合理、质量上乘，堪称北京城居民住宅楼经典之作。大楼内有电梯、公共食堂，最高层被规划为可以开会、跳舞的俱乐部。

"大楼上下 8 层，住着 300 多户人。地下还有公共食堂，居民一起吃大锅饭。楼顶有平台，每天晚上放舞曲，灯火辉煌，楼内的居民一同跳舞，生活很是惬意。"这就是福绥境大楼当初真实的写照。

20 世纪 60 年代，著名评剧表演艺术家赵丽蓉老师曾居住在 29 号院，后来搬到位于赵登禹路甲 28 号院的中国评剧团宿舍。

29 号只有北房 5 间的小院，与北京传统的四合院有很大区别，这个院子的产权人姓关。赵老师当年住在最西头的两间房子里。虽然赵老师搬走多年，但那两间小屋还保留有赵老师居住时的模样。玻璃窗和木门上方，有木条拼凑起来的或方形或菱形的格子。格子里面贴着一层微微泛黄的白纸。小风袭来，引得残破的纸片微微颤动。

赵丽蓉（1928—2000），天津市宝坻区人，中国评剧、小品演员。1937 年后定居北平，拜马金贵先生为师，工青衣和花旦。曾在包头、大同、哈尔滨、沈阳、张家口等地巡回演出，逐步成为主要角色。1953 年就职于中国评剧团，与新凤霞、小白玉霜等评剧表演艺术家多有合作。在《刘巧儿》《小二黑结婚》《花为媒》等剧作中担任主要演员。20 世纪 80 年代后进入影视界，1991 年凭着《过年》中的出色表演，获东京国际电影节最佳女主角奖及中国电影政府奖。1992 年又获得《大众电影》百花奖影后和第四届中国电影表演艺术学会大奖。

年过花甲的赵丽蓉老师最初登上春节晚会舞台表演小品是在 1989 年，《英雄母亲的一天》《爱谁谁》《如此包装》《打工奇遇》等小品成为脍炙人口的佳作。1995 年在央视春晚表演的小品《如此包装》，获得春节联欢晚会小品一等奖。

曾经在北平城担任国术馆总教习的宁五爷住在火神庙 10 号（老门牌）。中华人民共和国成立后曾多次率团参加全国比赛，获得较好的名次。

由于安平巷是从赵登禹路到达宫门口头条等胡同的主要干道之一，再加上紧挨着商贩聚集宫门口的东西两岔，胡同部分区域比较喧嚣。

十二、名家荟萃的新街口四条

新街口四条为东西走向，东起新街口北大街，西至西教场胡同，中部与时刻亮胡同、珠八宝胡同、红园胡同、东教场胡同、中教场胡同等相交，全长 530 米，均宽 4 米。1990 年门牌为 1—63 号；2—66 号。

胡同形成于明代，始称"四条胡同"，因是新街口北大街自南向北数第四条胡同，故名。清代时析出两条胡同，东段仍称"四条胡同"，西段称为"双栅栏"。1911 年后两条胡同合并，改称"大四条胡同"，亦称"大四条"。1965 年定名"新街口四条"。

据这里的居民介绍，早年为保证居民生命财产安全，西教场胡同南口和东教场胡同南口之间分别设有栅栏，故名"双栅栏"。

新街口四条由于胡同较长，又与时刻亮、红园、中教场、东教场、后章、西教场、东光等多条胡同相连，多少带有交通中心枢纽的性质，为新街口北大街通向西侧胡同的主要通道之一。

据孙福瑞先生介绍，近代，新街口四条及周边胡同住过说评书的品正三先生、剧作家吴幻荪先生、清末制造局副局长隆裕以及学者宁裕之先生、摔跤高手宝三和出演过《我爱我家》等剧的演员文兴宇先生等。

北京城曾出现过几位著名的评书大家，如有"评书大王"之称的双厚坪先生。双先生说的评书诙谐、细致、风趣，引人入胜，尤以讽刺统治者的昏庸荒谬和抨击时弊最为精彩。由于知识渊博、技艺精湛，他与"戏剧大王"谭鑫培先生、"鼓书大王"刘宝全先生并称为北京城里的"艺坛三绝"。除了双厚坪先生，在评书界还有王杰魁先生、品正三先生。

品正三（1896—1953），满族，北京人，出身于评书世家。父亲文殿成先生是北京城里著名的评书演员。品先生亦以说《隋唐》享名一时。因《隋唐》中包括"瓦岗寨""跨海征东""罗通扫北""秦英征西""薛刚反唐""粉妆楼""龙潭鲍骆"等八部，人称"品八套"。

品先生说书清晰干净、语言幽默，善丁描摹人物形态，神态宛然，备受听众欢迎。

新街口四条中部路北的一座两进院子，住过剧作家、戏曲评论家和画家吴幻荪先生。

吴幻荪（1905—1975），号朱萸，北京人，父亲吴紫岩先生为京城名票，以表演单弦连珠快板《蜈蚣岭》享誉京城。

吴先生性格平和，善于交往，尤其与京剧表演名家郝寿臣、马连良等先生交往甚密，是这两家的常客。吴先生根据郝寿臣先生唱腔特点改编的《荆轲传》为郝先生代表剧目之一。吴先生还将马连良先生的《封十王》《淮河营》《监酒令》等单本折子戏改成整本的《十老安刘》，至今此剧久演不衰。1929 年吴先生受聘于北平艺术专科学校，任国画老师一职。中华人民共和国成立后，又被徐悲鸿先生聘为国家画院教授。

吴先生除了在编写戏曲剧本和绘画事业上颇有成就外，令人最敬佩的是在"文革"期间，冒着极大风险与板桥二条的许林邨先生在老舍先生殉难周年之际，在太平湖畔为其立碑。

胡同西端路南的五进四合院是隆裕的宅子。清末宣统三年（1911）五月二十七日清廷批准的内阁属官名单中，隆裕为制诰局副局长。这所院子里的房子在胡同里属于规制较高的，前廊后厦，内有廊子相连。隆裕去世后丧事办得也极为隆重。

新街口四条路南的 34 号住着学者宁裕之先生。

宁裕之（1884—1961），原名穆六田，别号半亩老人，满族，北京人。日本早稻田大学政治经济系毕业。曾任北京《国华报》文艺编辑、沈阳法政专门学校讲师、北京市政府秘书、沈阳《盛京时报》文艺编辑等。著有多种小说、随笔、戏曲评论和岔曲作品。1953 年被聘为北京市文史研究馆馆员。代表作有《福昭创业记》《北京》等。

20 世纪四五十年代，朝阳庵、庆平轩茶馆等票房活动中，宁先生不但是积极参与者，还是单弦牌子曲的创作者。目前这些单弦牌子曲都成为藏家们的珍品。从这些作品来看，宁先生熟读经史典籍，善于编写故事传说，且结构讲究，流畅明快。

1 号院为关帝庙，曾住过享誉京城的近代摔跤高手宝三。

宝森（1900—1965），字善林，民间又称"宝三"或"宝三爷"，北京人，北京摔跤和中幡表演名家。曾在南城天桥开设跤场。中华人民共和国成立后，被聘请为国家中国式摔跤一级裁判、名誉总裁判长。

据孙先生讲，坊间还流传着这样一个故事。民国年间，河北吴桥中幡艺人王小辫来京，在天桥摆地摊表演中幡。他的中幡有三丈多长，旗子上写着"以武会友"几个大字。王小辫技艺高超，将中幡耍得令人眼花缭乱，观众无不叫好称赞。后来，王小辫将中幡技艺传给了徒弟宝善林（即宝三）。宝三年轻的时候就开始"走会"。当时"走会"讲究的是，练狮子的"见高就上"，练中幡的"见桥不倒"。北海与中海之间的金鳌玉蛛桥，东西各有一座牌坊。宝三将中幡高高抛起，然后走过牌楼再稳稳接住，从此名震天下。

胡同西南侧的西井胡同老门牌 2 号是总政文工团宿舍，著名作曲家时乐蒙先生在此居住。

时乐蒙（1915—2008），中国音乐家协会第三、第四届副主席，解放军艺术学院原副院长，中国音乐"金钟奖"和"终身成就奖"获得者，著名作曲家、指挥家。

代表作有组歌《千里跃进大别山》，大合唱《祖国万岁》《长征》《雷锋》《缚住苍龙》，合唱曲《红军想念毛泽东》《不朽的战士黄继光》《怀念周总理》，歌剧《两个女红军》《南湖颂》，歌曲《三套黄牛一套马》《歌唱二郎山》《社会主义放光芒》等。

西井胡同老门牌 5 号住过一位单弦八角鼓著名演员荣剑尘先生。

荣剑尘（1881—1958），荣派单弦创始人，北京人，满族，祖姓瓜尔佳氏。原名荣源，后改名荣勋，字健臣。艺名和顺，后改为剑尘，斋名"三乐庐"。

清光绪二十七年（1901），荣先生拜明永顺先生为师。1926 年前后在天津南市的燕乐丌平剧场演出，誉满津门，被称为"单弦大王"。20世纪三四十年代，他的单弦牌子曲演唱到达鼎盛期。除京津外，还曾在宁、汉、沈等地演出。中华人民共和国成立后，荣先生在中央广播说唱团担任艺术顾问一职。还先后在中央实验歌剧团、总政文工团、南京前线文工团、中国京剧院、艺术师范学院讲学授业。

荣先生所创造的荣派唱腔，悠扬圆润，韵味醇厚。他对于单弦曲牌有自己的理解，尤其是每句的尾音和拖腔上与其他派别有明显的区别。他的演唱不论是满宫满调，还是半说半唱，都是韵味十足，让人有绕梁三日的感觉。

有着"鬃人白"之称的白大成先生曾在新街口四条7号和9号居住。前院有倒座房3间，二进院东西两侧各有3间厢房，三进院有11间房子。三进院的正房后檐墙紧挨着"菊花刘"的院子，即刘文嘉先生的艺园。

"鬃人"是自清末以来老北京民间所独有的一种民间工艺品。鬃人高9—16厘米，用秫秸秆做身架，外绷彩纸（或色绸）外衣，并絮少许棉花，头和底座采用胶泥脱胎，底座粘一圈二三厘米长的猪鬃，所以叫"鬃人"。老北京人把鬃人叫作"铜盘人"或"盘中戏"。只要轻轻敲打铜盘的边，靠猪鬃的弹力，盘中的人物便会舞动起来。鬃人适合表演武打戏，像《八大锤》《三岔口》《大闹天宫》等。

白先生从小喜欢绘画和戏曲，尤其爱玩民间的老玩意儿。1961年，白先生拜北京"王氏鬃人"传人王汉卿先生为师。在继承"王氏鬃人"的基础上，又有了新的创造。白先生的鬃人，在人物造型、脸谱设计上都更接近京剧舞台的人物形象，做工和画工也更为精致。

除了鬃人，白先生还喜欢老北京的"兔儿爷"。所谓的"兔儿爷"即"市中以黄土抟成曰兔儿爷，着花袍，高二三尺"。后来，"兔儿爷"变成了戏中的人物，人形兔脸，三瓣嘴，长耳朵，顶盔束甲，足蹬厚底靴，戴着靠旗，骑着猛虎青狮，后背插着一把宝盖式的伞，就像一个八面威风的大将军。

2000年之后，白先生和河北蔚县任玉德先生合作，用3个月时间，完成了一米多高的"兔儿爷"，在社会上引起了很大的轰动。

2004年之后，白先生搬到了位于什刹海畔的东官房，从此鬃人和兔儿爷在什刹海扎了根。

11号（旧门牌7号）因建筑规模较大，房屋质量又好，被附近居民称作"小王府"。此院为四进四合院，房主姓赵，旗人，在京做买卖，和爱新觉罗氏有些关系。这个院子里外有上马石，院内有垂花门，房屋之间有廊子相连，在胡同里算得上最好的院子之一。

据有关史料记载，11号院为大学士额勒和布后人的宅第，又称"额宅"。

额勒和布，字筱山，觉尔察氏，满洲镶蓝旗人。曾在咸丰年间担任户部主事、理藩院侍郎等职。同治三年（1864）查办热河土默特贝勒旗事件后，由蒙古副都统调补满洲，授盛京户部侍郎兼奉天府府尹、察哈尔都统等职。光绪年间历任镶白旗汉军都统、热河都统、理藩院尚书、户部尚书、内务府大臣、协办大学士、体仁阁大学士、武英殿大学士等职。光绪二十二年（1896）告老还乡。四年之后病故于家，谥文恭。后人于1932年从锦什坊街武衣库3号迁至新街口大四条7号院（旧门牌）。额宅故宅（即大乘胡同）售予二十九军军长宋哲元将军。

孙先生说，新街口四条及附近的胡同，需要挖掘的历史人物还有很多。如大四条26号住有围棋高手，姓金。可惜的是，这些胡同大都已经拆除，老街坊们分散于四九城的各处，寻访起来无形之中增加了许多难度。

十三、新街口六条与红园胡同

新街口六条为东西走向，东起新街口北大街，西至红园胡同，中部与阳泉胡同相交，全长145米，均宽5米。1990年门牌为1—11号；2—22号。

胡同形成于明代，嘉靖午间的《京师五城坊巷胡同集》记有"官菜园"，即新街口六条的前身。清代时胡同名称发生了变化，在《乾隆京城全图》中记载为"菜园胡同"。到了光绪年间的《京师坊巷志稿》和《光绪顺天府志》中与后来的红园胡同记载为"菜园、六条胡同"。民国之后今红园胡同南部区域称"六条胡同"，剩余部分和现在的新街口六条称"大六条胡同"。在六条胡同与大六条胡同西侧为"菜园"。1965年将东西走向的胡同定名"新街口六条",南北走向的胡同定名"红园胡同",并将胡同东侧的骆驼胡同并入。

骆驼胡同为东西曲折走向,胡同较窄。胡同中部有一南北岔巷,犹如驼峰,故称"骆驼"。

据齐女士介绍,她住过的6号院是西城区政府职工宿舍,为三进带东西跨院的中型四合院。院门为蛮子门,门前有五层台阶,两侧还有两个箱形的门墩。进了门洞之后,迎面是一座影壁墙。前院有3间倒座房。在倒座房东西两侧各有一个跨院。东跨院有南房1间,早年当作值班室。西跨院有南房和西房各1间。一进和二进院之间为圆形屏门,两侧为"一"字形的影壁墙。二进院的3间正房东西两侧各有1间耳房,东西厢房各3间。庭院中央有个四方形的花池。二进院正房西侧有条通道,可通向二进院西厢房后的夹道和三进院。三进院没有住户,仅有2间厕所。

当年在5号院居住的都是西城区政府的干部,如西城区工业部副部长齐心,另外还有宣传部、科委、教委的领导干部及家属。

据宁老师介绍,印象最深的是新街口六条9号院,这个院子带一个小跨院,但是没有东房,院子里种了好多棵枣树。每当枣熟透了的时候,满胡同里都充盈着枣的香甜气味。

宁老师讲,别看红园胡同旁的寿屏胡同只有10个院子,但胡同里的有些院子可讲究啦。像南侧的最后一个院子,门洞里放着两排机凳,院子里青砖墁地,很是气派。

当年,在骆驼胡同里有北京低压电器厂的职工宿舍。另外在新街口六条里面有个总政宿舍,总政文化部的陈其通将军住在这里。当时总政宿舍有两个门,南门在新街口六条,北门在新街口七条。阳泉胡同住户不多,北侧有总政歌舞团仓库,显得格外僻静。"因此,当年是红园居委会社会治安防范的重点部位。"

宁老师说,红园胡同表面上看是南北走向,但它并不顺溜,而是西南向东北倾斜。胡同里还有两条岔巷和隙地。东侧的岔巷原来叫骆驼胡同，西侧的岔巷与东教场胡同相通。胡同东侧还有一条叫"烧饼"的岔巷后雅化为"寿屏胡同"，亦称"寿瓶胡同"。1911 年后从胡同中析出，成为一条独立的胡同。由于这里地形复杂，或者相对平直，或者蜿蜒曲折，在这几条胡同串来串去，还是挺有意思的。

新街口六条和红园胡同等区域也是文化名家会聚之地，并以电影界演职人员为主。像北影厂的导演谢添、杨雪明夫妇，电影演员奚美娟及著名演员章子怡。

谢添（1914—2003），原名谢洪坤，曾名谢俊。祖籍广东番禺，中国著名演员、导演。早年就读于天津英文商务专修中学。1932 年开始参加业余话剧演出活动，先后在《雷雨》《女店主》等剧中扮演角色。1936 年加入明星影片公司后开始进入影坛。参与拍摄了《马路天使》《生死同心》《压岁钱》《四千金》等影片；并在《母亲的秘密》《梦里乾坤》等影片担任角色。中华人民共和国成立后进入北京电影制片厂，在《民主青年进行曲》《新儿女英雄传》《六号门》《林家铺子》等多部电影中担任重要角色并导演了《水上春秋》《洪湖赤卫队》《花儿朵朵》《小铃铛》《甜蜜的事业》《七品芝麻官》《丹心谱》《茶馆》等影片。1980 年被评为第 3 届《大众电影》百花奖最佳导演奖；1981 年《甜蜜的事业》获文化部优秀影片奖。

作为演员，谢先生被称为"银幕上的千面人"，也被誉为影视界"四大名丑"之一；而作为导演，更是被誉为"中国的卓别林"。

奚美娟，毕业于上海戏剧学院表演系，中国影视女演员，国家一级演员，任中国文联副主席、中国电影家协会副主席等职。

1988 年出演的《中国梦》夺得中国戏剧梅花奖；1990 年参演《假女真情》获得第 11 届中国电影金鸡奖最佳女主角奖；2000 年在电视剧《红色康乃馨》中饰演反派人物蓝思红，被评为第 21 届中国电视剧飞天奖优秀女演员奖；2004 年因参演《坐庄》获得第五届金鹰节观众喜爱的电视剧女演员奖；2014 年 9 月 23 日，主演《爷们儿》，登陆东方、安徽、陕西和天津四大卫视黄金档；2015 年连任华鼎奖电视剧奖项的评审团主席。

红园胡同南口有个开设私人牙科的路根山大夫，为改革开放后北京最早的私人诊所之一。路大夫在北京同行中名气很大，许多患者慕名而来，点名让路大夫看病。

虽然新街口六条、红园胡同以及寿屏胡同、阳泉胡同处于人来人往的新街口北大街，但总体上说，胡同还是非常安静，尤其是那些大大小小的四合院，更带着一种特殊的清幽。只要一迈进院门，外面的嘈杂之声就会戛然而止。四合院还体现出了邻里间的和睦与亲情，谁家有点急事，街坊们都会伸手帮忙；谁家做点好吃的，首先想到的是院子里的老人孩子。四合院里简单而淳朴的风情延续了很长时间，也为居住在四合院的北京人留下了许多美好的记忆。

十四、永不消失的八道湾胡同

北京城有上百条因形状得名胡同，像"象鼻子""裤角""牛犄角""坛子""八步口"等。曲里拐弯的，就起了个"七道湾""九道湾""耳朵眼""藕芽"之类的名称。赵登禹路东边的八道湾胡同，在这类胡同中算得上有名的胡同之一。

八道湾胡同曲折走向，南至前公用胡同，东至后公用胡同，西北两口均通向赵登禹路，全长 190 米，均宽 4 米。1990 年门牌为 1—29 号；2—44 号。

胡同形成于清代，因胡同蜿蜒曲折，光绪年间的《京师坊巷志稿》和《光绪顺天府志》中均有"八条湾"的记载。民国时胡同名称有所改变，在《北京内外城详图》中记载为"八道湾胡同"，俗称"八道湾"。1965 年将沟沿胡同并入后，其名称沿用。

从民国时期的老地图上看，"八道湾"的地形极为复杂。从赵登禹路进入胡同之后先是向东，然后南折，中途与原沟沿胡同相连。之后胡同出现一个"丁"字形的路口。往南方向的胡同尽头处有一个向西拐的角。往东方向的胡同与两条岔巷相遇后，变成了南北走向，在通往前公用胡同的过程中，又与其中的一条岔巷相贯通。190米长的八道湾，转弯处达8处之多。

在八道湾胡同院落中，11号最为引人注目。因为鲁迅先生曾在此院居住，被称为鲁迅先生在北京的又一处故居。

11号为三进带西跨院的四合院建筑。鲁迅先生1912年来到北京后，临时在绍兴会馆里居住。1919年8月19日买下八道湾11号罗姓的房屋，经过简单粉刷，于11月21日迁入。12月29日鲁迅先生从绍兴老家接母亲和夫人朱安来到北京，与周作人、周建人先生居住在一起。

11号的前院有9间倒座儿南房，每3间为一套。鲁迅先生住在中间一套。中院由各3间北房、东西厢房组成。鲁迅母亲鲁瑞同夫人朱安分住正房东西两侧房子里，中间的堂屋当作客厅，为鲁迅先生和家人吃饭的地方。院子里还有一个长3尺、宽2尺的荷花池，种着两棵丁香、一棵杨树。正房东面有条夹道通到后院。后院有北房9间，每3间为一套。周作人先生一家住西边一套；周建人先生一家住中间一套；东边一套空着，当作客人临时居住的客房。

由于鲁迅及周作人先生在中国文坛上具有的影响，李大钊、蔡元培、胡适、许寿裳、钱玄同、俞平伯、沈尹默、刘半农等先生先后登门拜访。胡适先生对周氏兄弟一向佩服，1922年2月间曾两次到过八道湾。

近代著名学者俞平伯先生更是周家的常客，为此还作过一首《京师坊巷诗——八道湾》的短诗："转角龙头井，朱门半里长。南枝霜后减，西庙佛前荒。曲巷经过熟，微言引兴狂。流尘缁客袂，几日未登堂。"在这首小诗中俞先生描述了由东城老君堂坐洋车去八道湾的种种感受。"龙头井""西庙"（即护国寺）是必经之路，而"曲巷""几日"，说明他们之间来往之频繁。

八道湾11号还住过俄国诗人爱罗先珂先生。他应北京大学邀请来华讲课，因为是个盲人，又不通汉语，蔡元培先生托付周家给予照顾。

在八道湾 11 号"纸窗敞院，静谧帘栊"的环境中，鲁迅先生享受着家庭生活的温馨，同时也是鲁迅先生创作活动取得重大成果的时期。先后创作了《阿 Q 正传》《风波》《故乡》《社戏》等 9 部小说，出版了第一部小说集《呐喊》，翻译了《爱罗先珂童话集》，编写了《中国小说史略》（上集）。

1923 年 8 月，因周氏兄弟发生矛盾，鲁迅先生搬到砖塔胡同 61 号院临时居住，八道湾 11 号就剩下周作人先生一家。

在八道湾周作人先生的书房曾叫"苦雨斋"，后改名为"苦茶庵"。关于"苦雨斋"的来历，张凤举先生曾做过这样的推测，"……八道湾在西城，是名副其实的一条弯曲小巷。进门去，一个冷冷落落的院子，多半个院子积存着雨水，我想这就是'苦雨斋'命名的由来了。"

周作人先生是新文化运动干将、著名作家。1937 年北平沦陷后，他参加了日本军方举办的"更生中国文化建设"座谈会，并担任了伪北京大学教授兼文学院院长的职务。1941 年汪精卫政府委任他担任"华北政务委员会常委"兼"教育总署督办"。抗战胜利后，他被国民政府高等法院判处 10 年有期徒刑。

中华人民共和国成立后，周作人先生在人民文学出版社从事日本、希腊文学作品的翻译工作，并撰写有关回忆鲁迅先生的文章。

周作人先生在八道湾 11 号住了 48 年之久，直到 1967 年 5 月 16 日去世。

八道湾 11 号的西跨院住着江绍原先生一家。江先生早年就读于北京大学，后留学美国。在新文化运动中追随鲁迅先生，参与发起创办《语丝》杂志等活动，曾受鲁迅先生邀请赴广州中山大学执教。后在国内一些大学担任教师，并从事民俗研究工作。

随着新街口中学扩建并改成三十五中学之后，八道湾胡同连同鲁迅故居一并拆除。目前，校舍里设有鲁迅先生生平事迹展室，这座展室将成为西城区又一处青少年爱国主义教育的基地。

十五、青塔胡同

青塔胡同为南北走向，北起小弓匠胡同，南至宫门口二条，中部与宫门口四条、北玉带胡同、宏大胡同相交，全长 340 米，均宽 5 米。1990 年门牌为 1—71 号；2—14 号。

胡同形成于清代，因胡同中有青塔，故名青塔寺胡同，亦称"青塔寺"。清代变更为"青塔胡同"并沿用至今。

新街口地区除了妙应白塔寺里的白塔外，还有一座青塔和两座黑塔，并衍生出以"青塔""黑塔"命名的胡同。

《燕都游览志》有这样的记载："成化元年，于塔座周围砖造灯龛一百八座。相传西方属金，故建白塔镇之。然同时元并有五色塔，而今仅黑塔在其后，余湮没莫考矣。"说明元代大都城除了有白塔之外，还有青塔、黑塔等塔。

关于青塔的来历，《日下旧闻考》有这样的记载："青塔寺创自元延祐间，有万历三年《张一桂重修青塔寺碑略》云：青塔寺者，即胜国时敕建大永福寺也。寺在都城阜成门内，故有青浮屠。稍东有白塔禅寺，相距里许。俗称青塔寺云，寺创自延祐间，国朝天顺、成化中尝再新之，迄今又且百禩矣。殿宇仅存遗址，僧（沙门）佛宝以复为己任，太监王喜等捐资助之，工始于隆庆壬申，讫于万历乙亥。在阜成门四条胡同。"

通过上段文字说明，青塔寺始建于元延祐年间（1314—1320）。青塔寺的寺名为大永福寺，为皇家出资修缮的庙宇。因为寺中有青色的塔，俗称青塔寺。明大顺（1457—1464）、成化（1465—1487）年间曾经修缮。万历三年（1575）时，这座寺庙和早年的建筑布局发生了很大的变化。僧人佛宝和尚在修复该寺的过程中得到太监王喜的资助。修缮工程从隆庆壬申年（1572）开始，在万历乙亥（1575）竣工，历时 3 年。

但这里有个问题，《张一桂重修青塔寺碑略》中称青塔寺位于"四条胡同内"。所谓的"四条胡同"在民国期间称"横四条胡同"，亦称"宫门口横四条"，此胡同位于青塔胡同的南侧，后来并入了青塔胡同。但可惜的是，近年来出版的西城区地方志中没有注明这条胡同并入的时间。

青塔寺还有一座于明宣德八年（1433）六月立的石碑。其碑文为："青塔寺本名永福寺，有两通石碑，一通石碑碑文有，都城西北隅旧寺曰青塔，古刹也。创始无传。宣德间僧慧灯募修之。"关于青塔寺的荒废时间大概在清代中期，因此《日下旧闻考》称之为"无塔"，亦"无寺额，独有碑可考耳"。

据杨先生介绍，青塔寺旧址位于胡同北侧。中华人民共和国成立后，曾一度为北京市造纸十一厂所使用，现在改建成了四合院。

在胡同里还有一座古刹，即65号（原宫门口横四条25号）的三清观旧址。

三清观原名朝阳庵，始建年代不详，道光十二年（1832）重修后改名三清观。本庙占地面积2亩，房殿22间。整座庙宇坐西朝东，依次有山门、关帝殿、三清殿和南北配殿。

据住在胡同里的居民介绍，近代著名语言学家白涤洲先生在青塔胡同里住过。

白涤洲（1900—1934），名镇瀛，蒙古族，北京人。1930年毕业于北京大学国文系。1933年10月，应聘在北京大学研究院文史部语音乐律实验室任助教。白先生在学术上最大贡献在于以推广国语工作为己任。他曾任国语统一筹备委员会常务委员、《中国大辞典》编纂处理部主任、《国语周刊》主编等职。有《关中方言调查报告》《〈广韵〉入声今读表》《〈广韵〉通检》《〈广韵〉声纽韵类之统计》《〈集韵〉声类考》《北音入声演变考》等学术著作。

白涤洲先生旧居位于胡同北部，为一进四合院，其中北房3间带东西耳房各1间，西厢房2间，东厢房3间。白先生曾住在3间北房和东耳房里。

青塔胡同经过多次改造，大多门楼已经改换门庭，唯有35号院还保留着老门楼的模样。这是一座如意门楼，门楣上方镶嵌着带纹饰的砖雕。分别由万字纹、竹梅图、四季花卉组成。这些砖雕虽历经百年风雨侵蚀，但保存相对完好。

在青塔胡同还隐藏着几个大的院落，其中以19号和8号院最具代表性。

据19号的陈先生讲，这个院在北平沦陷时期曾是某位做过伪职官员的房产，抗战结束后为北京银行系统的员工宿舍。他刚搬来的时候，门楼是带着砖雕的如意门，门楼上方有一对圆形的装饰物。如意门上镶着铜活儿，在阳光下闪烁着耀眼的色泽。门洞南北两侧的墙体上绘有司马光砸缸、孔融让梨等图案。进院之后，迎面是一个凉亭，凉亭前有一池塘。院子南侧有用太湖石垒成的假山。院子东侧的房子为马厩，北侧和西侧的房屋住人。西侧的房子还有套院，也就是老北京人常讲的"院中院"。整座院子是青砖墁地，通向房屋之间有甬道相连。在凉亭北侧的甬道旁有一排青翠碧绿的松柏树。松柏树西侧为带有彩绘的月亮门。月亮门旁有四棵西府海棠和一棵黑枣树。清明前后，满院子都是海棠花。20世纪70年代末期，在原亭子后面加盖了一排砖房，再加上后来陆续加盖起来的房屋，院子的建筑布局已经发生了很大的变化。

宏大胡同28号院与青塔胡同8号院和甲8号同属一个产权人，为两进院带花园的四合院建筑。中华人民共和国成立后，28号院为自住外，其他院子的房产国家通过赎买政策购得。后来房管部门在青塔胡同8号院的基础上分成两个院子。甲8号有3间南房，8号院有3间北房和各3间东西厢房。8号院北侧还有一个没有门牌的旁门，是当时这所院子的花园。花园里栽着数株洋槐，正值五月槐花香的时节，淡淡的香气飘浮于胡同之中。

这里的居民们讲，在新街口地区，青塔胡同未必像西四北头条至西四北八条那样闻名，但胡同里特有的清静还是值得向别人夸耀一番。尤其是顺城街改造成的街心花园，已经成为青塔胡同乃至于周边胡同的居民们休闲纳凉的场所。望着这一片又一片的绿荫、一处又一处的花坛，大家心里充满了喜悦。等到走进胡同，跟老街坊们聊上几句，看着爬山虎装点的墙壁，听着半空中飘过来的鸽哨之声，心中又多了几分惬意。

十六、育德胡同

新街口地区曾有两条以"石碑"入名的胡同，一条是位于新街口南大街西侧的育德胡同，一条是位于德胜门西大街南侧的石碑大院。

育德胡同为东西走向，东起新街口南大街，西至赵登禹路，中部与北兴胡同相交，全长399米，均宽5米。1990年门牌为1—53号；2—78号。

胡同形成于明代，《京师五城坊巷胡同集》和《宛署杂记》中均有"石碑胡同"的记载，因胡同中立有石碑而得名。清代、民国和中华人民共和国成立之后其名称沿用。为避免与西长安街南侧的石碑胡同重名，1965年定名"育德胡同"。

育德胡同不但有着悠久的历史，还是宗教场所较为集中的区域。自明朝之后，西方寺、观音庵、罗公庵、恒乐寺等宗教场所落户于此，其中最有名的为西方寺。由于规模较大，且具有一定影响，为庆祝康熙皇帝60岁的生日，镶红旗满洲蒙古汉军都统以下的官员在西方寺设置庆贺的经坛。在寺的前面还搭建了彩色牌坊，牌坊上面写有"万年鸿祚"四个大字。因此，有些地名志中把此牌坊作为胡同名称的由来。

据有关史料记载，西方寺坐落于石碑胡同4号（旧门牌），始建于明代，清宣统二年（1910）重修，占地面积约3亩，内有殿房63间。整座庙宇坐北朝南，依次有山门殿3间，石门额上有"敕赐护国西方寺"。关帝殿3间，大悲殿3间及东西配殿，大雄宝殿3间，念佛堂3间。供奉阿弥勒佛、千手千眼观音、关帝、韦陀、罗汉等24尊神像。藏有《地藏经》1部。

中华人民共和国成立后，其旧址改为三进的居民院落。院里有一棵老桑树，每到初夏时节，淡红色的桑葚挂满枝头，煞是好看。

育德胡同 41 号（原石碑胡同 19 号）为观音庵旧址。

该庵始建于清咸丰年间。整座庙宇坐北朝南，依次有山门、大悲殿及东西配殿等共 11 间。山门石门额上有"内城教养院新建观音庵"，落款为"民国四年十月"。大悲殿屋檐下挂有"佑我无疆"匾额，落款为"岁次丙午吴炳湘书"。两侧楹联为"随处现身不生不灭；寻声救苦大慈大悲"。

中华人民共和国成立后，此寺变为居民院落。现在房屋均已翻建，但整体建筑布局还算完整。

育德胡同 6 号（原石碑胡同 59 号）为罗公庵旧址。

该庵始建于清咸丰六年（1856），为南横街圆通观下院，殿房 13 间。整座庙宇坐南朝北，依次有山门、前殿、大雄宝殿、祖师殿及东西配殿。山门石门额上刻有"兴隆罗公庵"文字。

坊间亦传罗公为江西人。康熙年间来京后住在白云观，雍正五年（1727）去世，雍正帝敕封为"恬淡守一真人"。坊间还传说，罗公创造了剃头工具和按摩术，传入宫后得到雍正皇帝的赏识。旧时，理发业尊崇罗公为祖师。

育德胡同 17 号、19 号（原石碑胡同 10 号）为恒乐寺旧址。中华人民共和国成立后曾一度为福绥境房管所仓库。20 世纪 80 年代初，在其旧址上兴建区建委办公楼。区规划局、节水办、物价局等单位在此合署办公。目前此楼改建为如家酒店。

除了上述寺庙外，在清光绪年间的《京师坊巷志稿》还记有"石碑胡同，神机营枪炮厂在焉"。后来神机营枪炮厂发生了爆炸，在《天咫偶闻》中记录了爆炸的过程。"光绪乙亥（1875）五月初七日，石碑胡同军器厂失慎，火药库被轰，时日才加巳，西城忽有大声如地震，屋宇皆摇阖，厂房均震飞，地陷巨坑，右邻尼庵、禅房、香积、尺椽不存，唯佛像殿仅存。四旁人家，毁屋无算，伤人亦无算。奉旨确察，金吾仅以六人塞明诏，实则不止也。是日人家有从空坠人首足者，亦有炮子飞落屋上者。正值护国寺庙市，琉璃器碎无一存。其日，厂总兵点卯甫毕，众往食肆早饭，故免者甚多。"

据居民介绍，育德胡同还有许多值得挖掘的素材。就拿胡同南侧的两条岔巷来说，其中一条老百姓管它叫"水憋子胡同"，又叫"尿泡儿胡同"。"水憋子"是夜壶的一种称谓。这里的"尿"发的音为 sui，老北京管猪的膀胱叫"猪尿泡"。这条岔巷北段较细，南段较宽，还略带有点椭圆形，与"水憋子""尿泡"相似，故名。但是，在各种版本的北京地名志中，没有这条岔巷的记载，说明这个名称是老百姓约定俗成的，而且只限于育德胡同一带流传。在"水憋子胡同"北口，即原西城建委办公楼处，在 20 世纪 60 年代设有公共自来水龙头，胡同里很多院子的百姓都要到这里打水。

育德胡同 38 号为四进的三合院，1955 年前后，京剧名家贯大元先生带着家人从朝阳门内的竹竿巷搬到育德胡同居住。

北京戏曲界有"贯门梨园世家"一说。从贯紫林先生算起，到现在已经有了第五代传人。

"贯门梨园世家"第一代传人为贯紫林（1872—1949），北京顺义高丽营人。幼年投到谭鑫培先生次子谭嘉瑞先生处练功，后经人推荐拜在王怀卿先生（王八十）门下学武旦。由于名师指点再加上自己的勤于苦练，贯紫林先生在清光绪年间已享名于京师。成名之后，曾在宫中唱过戏。拿手戏有《青石山》《摇钱树》《泗州城》等剧目。

第二代传人中有著名京剧表演艺术家、戏曲教育家贯大元和贯盛吉（名丑）、贯盛习（名老生）三兄弟，当年曾有"贯氏三杰"之美誉。

贯大元（1897—1969），7 岁拜贾立川先生学习文武老生（贯大元先生称贾立川先生为"二爷爷"），与许荫棠、刘春喜、李鑫甫、张荣奎、高庆奎、刘砚芳等先生为师兄弟。贾立川先生病故后向二姨夫贾洪林先生继续学谭（即谭鑫培）派京剧。后登台在玉成班唱《文昭关》。9 岁时在百代公司灌制《黄金台》《闹府》的唱片。11 岁时与梅兰芳先生在"喜连成"唱戏。1919年梅兰芳先生首次出国访日，邀请贯先生担任首席老生。1922年溥仪大婚期间，在紫禁城漱芳斋有三天的演出活动。贯先生受邀在与王瑶卿先生合演的《汾河湾》中扮演薛仁贵，在与谭小培先生合演的《搜孤救孤》中扮演程婴。此后又与杨小楼、金少山、郝寿臣、筱翠花、尚小云、程砚秋、荀慧生等名家合作演出。1928年由徐暮云先生编写的《梨园影事》中对贯大元先生曾做出"许荫棠之堂皇，李鑫甫之工力，贾洪林之做派兼而有之"的评论。1937年张古愚先生主编的《戏剧旬刊》中，将贯先生列为须生"四杰"之首，即贯大元、谭富英、马连良、杨宝森等先生。在《京剧文化辞典》中，评价贯先生为"文武皆精，唱做俱佳"。贯先生艺宗老谭派，得贾洪林、王瑶卿等名家教授，又常与余叔岩先生切磋艺事。其唱功质朴醇正，身段峭劲严谨，边式并有准谱。擅演剧目有《连营寨》《战长沙》《困曹府》《南阳关》等。

1944年之后，贯先生因嗓音失润演出渐少。中华人民共和国成立后经王瑶卿先生推荐，田汉先生邀请他到中国戏曲学校（现改为中国戏曲学院）任教。王荣增、孙岳、李鸣岩、李春城、杨韵清、金桐、陈增堃、耿其昌等均为其弟子。由于贯先生教学严谨，为中国戏曲学校早期的四大名师之一（即贯大元、芦福兰、雷喜福、华慧麟），为培养和造就青年一代京剧表演艺术家做出了贡献。

贯大元先生还是一个玩家，喜欢养鸽子、玩蟋蟀。"豆眼铁翅乌头"就是当年贯家培育出来的新品种。

第三代传人是贯大元先生的儿子贯涌先生。

贯涌出生于1935年，字净山，现代著名戏曲教育家、剧作家和戏曲研究学者。

幼年时受贯大元先生熏陶，由刘盛通先生开蒙学老生，后进入尚小云先生开设的"荣春社"科班学青衣。1950年入中国戏曲学校学专业表演，后转为编导。师从晏甬、刘木铎、李紫贵等先生。毕业后留校从事编导、理论研究与教学及行政管理。历任中国戏曲学院研究员、戏曲文学系主任、副院长等职。

自1958年开始编导创作，发表和演出的作品有40余部。出版有《戏曲剧作法教程》等专著。刊发《玩笑戏论说》《论王瑶卿》《论剧目数学》等学术论文50余篇。

第四代传人为尹培玺先生，1946年出生。幼年时跟随贯大元先生学戏。1958年考入中国戏曲学校学习京剧表演。1966年毕业后在中国人民解放军工程兵文工团京剧队任演员兼技导成员等职。1977年复员后到北京戏曲学校任老生教员。师从外公贯大元、李洪春、于世文、关盛明、刘曾复等先生，并拜孟小冬弟子钱培荣先生为师。曾演出的剧目有《空城计》《武家坡》《龙凤呈祥》《朱痕记》等。传授教学剧目有《击鼓骂曹》《定军山》《阳平关》《战太平》《打棍出箱》等。目前为该校优秀的京剧教授、一级演员。黄炳强、张浩洋、马力等中青年实力派演员曾拜尹先生为师。曾赴台教学指导学生获得"孟小冬奖学金"第一名。发表《形、气、意与戏曲表演之关系》等论文，著有《余派须生名剧脚本》一书。

第五代传人是尹培玺先生的儿子尹治（现名为尹释一）。幼年受父亲尹培玺先生开蒙教授《挡谅》等戏，1988年考入北京戏校预科班，1990年转为正式生（工老生），师从张庆良、白元鸣、李金声、王志廉等先生，曾演出剧目《文昭关》《黄金台》《四郎探母》《李陵碑》等。1998年保送进入中国戏曲学院导演系深造，毕业后分配到中国京剧院工作。16岁进入影视界，在陈凯歌执导的《霸王别姬》中扮演小豆子（少年程蝶衣），后来在电视剧《荀慧生》中扮演梅兰芳，在电视剧《百年虚云》中担任主演虚云，为当代"十大童星"之一。

尹培玺的二弟尹培恕先生是北京城里集玩蟋蟀与虫具收藏于一身的专家。从小在外公贯大元先生的熏陶影响下酷爱蟋蟀。曾得到住在福绥境25号的刘景春先生亲传，并将晚清时期玩虫大家陶九爷写的蟋蟀秘诀传给了他。刘先生在京城玩蟋蟀的群体中十分了得，曾有"南李（金针李）西刘（刘景春）"之称。冰洁胡同的蟋蟀玩家刘瑞泉先生也是尹先生的好友，常在一起切磋技艺。尹先生在京津沪赛事中屡创佳绩，尤其在1987年由"文博泰斗"王世襄先生率队参加的首届京津蟋蟀大赛中，尹先生在北京队濒临失败的情况下，以七胜四负的个人总成绩捧得桂冠。更值得一提的是，此次参赛尹先生把多年珍藏的款识为"古燕赵子玉造"一堂四只的官窑提罐带到赛场，当时只知道是京剧大师余叔岩先生曾用之物，被王世襄先生发现后当场鉴定为宫中御用蛐蛐罐。

尹先生曾担任北京市长寿会蟋蟀研究中心常委，并在1990年亚运会期间举办的"大江南北蟋蟀大赛"中被推荐为总裁判长。现任北京四九城鸣虫蟋蟀研究委员会副会长。与殷大川合著《虫趣杂谈》一书。

育德胡同南侧有条叫"北下洼子"的胡同，后来改成了北兴胡同，画家王森然先生居住在此。

王森然（1895—1984），中国现代教育家、画家，原名王樾，号哑公，字杏岩，河北定州人。曾任中国大学、河北大学、北京师范大学、中央美术学院等校教授。绘画作品有《松鹤朝阳》《群鹰图》《长寿图》等。1987年经中华人民共和国文化部批准，中央美术学院设立"王森然美术史论奖学金"。王先生还著有《中学国文教学概要》《文学新论》《近代二十家评传》《世界妇女运动大系》等。王先生也是蟋蟀的玩家，还以《蟋蟀》为名题诗一首："叶底篱旁远近声，向谁絮絮若含情。老夫是尔知音者，听到更深听到明。"

据居民们讲，育德胡同可供挖掘的题材还很多，如胡同北侧原二机部副部长住的院子，还曾住过中国戏剧学校的教师。1号院在解放初期曾是西城区交通支队驻所，后搬至西华门京华印刷零件总厂马路对过院子里办公。老门牌的3号院，据传祖上为修建皇家园林的总监工。这所院子的建筑材料都是修建圆明园、颐和园剩余的材料。老门牌5号，据传是东北军阀张作霖的外宅，现在由棉花胡同幼儿园使用。老门牌58号（现为8号院）中华人民共和国成立后为北大医院杨院长住的地方，夫人曾为邓子恢的秘书，后任北京市粮食局局长。另外，铁道部副部长刘建章也在此院居住。20世纪60年代，这个院子还开设过北京铁路局半工半读技校，为全国培养内燃式火车司机。在西城建委办公楼西侧还有所石碑胡同小学。

十七、几条带"盒（合）"字的胡同

广济寺西侧有五条胡同，分别是盒子胡同、六合胡同以及六合头条、六合二条、六合三条。如果再加上1965年并入阜成门内大街的东澡堂胡同，那就是六条胡同啦。

离广济寺最近的胡同叫东澡堂子胡同，胡同名称和胡同口设有的澡堂子有关，因妙应白塔寺马路对过也有一处澡堂子胡同，为加以区别，分别叫"东澡堂子胡同""西澡堂子胡同"，简称"东澡堂子""西澡堂子"。

东澡堂子胡同为南北走向，全长50余米，均宽2米，胡同里的院门不多。

盒子胡同为南北走向，南起阜成门内大街，北不通行。全长90米，均宽2米。1982年门牌为1—21号；2—14号。

胡同形成于民国初年，在《北京内外城详图》标有"盒子胡同"。与盒子胡同同时出现的还有"马家头条""马家二条""六合大院""罗圈胡同""东澡堂子"等。考虑到清代的《京师坊巷志稿》和《光绪顺天府志》记载的"六合大院""大、小罗圈胡同"，说明1911年之后这些胡同进一步得到细化。

据相关史料记载，京剧小生名家德珺如先生晚年曾在胡同里居住。

德珺如（1852—1925），北京人，满族，父亲曾在清廷任侍郎一职。受家庭影响，自幼酷爱京剧，初习青衣，后改为小生。曾经是西直门翠峰庵名票，曾以票友身份在戏院演出。为此遭到家庭反对，并注销宗谱，从而促使他正式下海步入梨园。

德先生嗓音宽亮，高低自如且有刚劲。他博采众长，吸收戏曲小生前辈名家徐小春、龙德云等先生的唱法，形成独特的演唱风格。在表演中注重刻画人物，善于结合剧情设计唱腔，不仅改变了以往小生直腔直调的唱法，并创造了小生二黄成套的唱腔。尤其是《辕门射戟》扮演吕布，射戟时百发百中，堪称一绝。擅演《罗成叫关》《辕门射戟》《白门楼》《监酒令》《飞虎山》等。曾与物可多、百代唱片公司灌有《监酒令》《忠孝全》《罗成叫关》《辕门射戟》等唱片传世。其女嫁与谭小培先生为妻，为谭富英先生生母。

六合胡同为曲折走向，西起姚家胡同，南至阜成门内大街，中部与六合头条、六合二条、六合三条相交，全长146米，均宽5米。1990年门牌为1—39号；2—20号。

胡同形成于清末时期，始称"六合大院"，亦称"大罗圈胡同"。1965年定名"六合胡同"。

六合胡同地形较为复杂，此胡同由6条小胡同会聚而成。它由2条东西走向和4条南北走向的胡同组合而成，故名"六合"。由于六合胡同曲折走向，在清《光绪顺天府志》中亦称"大罗圈胡同"。民间也有把六合胡同称作"马家大院"的习俗。

据居民们介绍，所谓的"马家大院"和"兴隆马家"是一回事。公元1403年，燕王朱棣发动"靖难之变"，夺了侄子建文帝的宝座后定都北京。当时营造北京城和紫禁城的工匠不计其数，但在史料中有名有姓的只有四人，即蒯祥、阮安、梁九和马天禄。紫禁城盖好了，明成祖朱棣挺高兴，要给这四人封赏。蒯祥他们三个当上了"造匠长班"，抵得上二品官员。唯有马天禄有官不做，他认为"当官一辈富，经商辈辈富"，于是在白塔寺东侧兴建了"兴隆木厂"，渐渐做出了名堂。兴隆木厂第12代掌柜马辉堂成就最为辉煌。他不但先后承揽了颐和园、慈安陵、慈禧陵、光绪陵的营造工程，还成为北京城里木厂的"领柜"。凡是涉及皇家的土木工程都由朝廷转给兴隆木厂总承包，然后由兴隆木厂发包给广丰、宾兴、德利、东天河、西天河、聚源、德祥等"大柜"。像翻建墙院、庭院之类的小活儿，则分给诸如艺和、祥和、东升、盛祥等"小柜"。

清末时期，北京城里有"仓韩家""梳刘家""钟杨家""盐业银行鲁家""五老胡同查家""西鹤年堂刘家""瑞蚨祥孟家""兴隆马家"，号称"最富的京城八大家"。

1911 年之后，马辉堂关闭了兴隆木厂，在东城区西扬威胡同开起了恒茂木厂，下属达 100 多个分号。

随着形势的变化，马家的恒茂木厂顺势改变经营策略，开始从事古建的维护和修缮工程及市政工程。20 世纪 30 年代，恒茂木厂先后维修了天坛祈年殿、阜成门、东便门角楼、雍和宫牌楼、国子监牌楼、北海公园、中山公园、中南海……

清末民初，兴隆马家在六合胡同及六合头条、二条、三条一带修建房屋。这些房屋多数出租给了同乡。由于马家的名望，因此街坊们把附近几条胡同，包括六合胡同泛称"马家大院"。

六合胡同 11 号的范纯老人讲："马家大院这几条胡同的房子，多数是在民国二十二年（1933）兴建的。在盖房子的时候，用的是统一的图纸，每个院子里都是 16 间房，即倒座房（包括门洞）5 间，东、西厢房各 3 间，正房 3 间及东西耳房各 1 间。这些院子均为两进院，中间有垂花门，垂花门两侧有影壁墙。垂花门后面东西两侧各有一道连廊。目前在六合胡同及六合头条、六合二条还保留着一些完整的院子。最为典型的是办成'六合祥'旅店的六合二条 2 号院。也因为这样，六合头条和六合二条里的院子都是坐北朝南的，胡同南侧没有院子。"

范纯接着讲道："小的时候，胡同口前还有木质的牌坊，上面写着胡同的名称，胡同特别好找。以后，门框上钉上了门牌，一直沿袭到现在。"

由于春节刚过不久，六合头条、二条还充盈着节日的气氛，好几个院门前张贴着福字、对联，胡同里还时时传来几声爆竹的声响。六合头条 3 号的随墙门上张贴着"新春如意迎富贵；佳节平安纳千祥"的对联，寄予着百姓们对幸福生活的向往。而二条 2 号院前悬挂着几对带有

"六合祥"字样的猩红色大灯笼，在胡同中尤为醒目。

值得一提的是，胡同里的老人们习惯把六合胡同叫作罗圈胡同，或者直呼其大名"罗圈"。为什么这么多年过去了，老人们的叫法不改呢？也许这么一叫，胡同里的老人们觉得更加亲切，也许在咂摸这个"罗圈"时，还能引发出一些美好的回忆吧。

六合头条为东西走向，东起六合胡同，西不通行，全长74米，均宽4米。1990年门牌为1—9号。

胡同形成于民国时期，始称"马家头条"。1965年定名"六合头条"。

六合二条为东西走向，西不通行，全长68米，均宽4米。1990年门牌为1—9号。

胡同形成于民国时期，始称"马家二条"，1965年定名"六合二条"。

六合三条为南北弧形走向，北起西四北头条，南至六合胡同，全长66米，均宽3米。1990年门牌为3—5号；2—8号。

胡同形成于清代，始称"罗圈胡同"，因形状得名。1965年定名"六合三条"。

六合胡同与历代帝王庙之间为大兴隆胡同和姚家胡同。

大兴隆胡同为南北走向，北起西四北头条，南至阜成门内大街，全长264米，均宽3米。1990年门牌为1—22号。

胡同形成于清末，因地处历代帝王庙东侧，故名"东夹道"。1911年后，南北走向的胡同为"东夹道"，东西走向的胡同为"兴隆里"。1965年两条胡同合并，定名"大兴隆胡同"。

关于兴隆里的形成，民间小有种说法，这里曾是兴隆马家承办的兴隆木厂所在地。

目前，原兴隆里的8个院门分别为大兴隆胡同9号至18号。不足百米的胡同约有2米见宽，胡同走向颇为曲折。

当与居民谈及兴隆木厂，他们只是说"这一带也是马家的房产"，对于兴隆木厂沿革却并不清楚。或许，在历史的烟云中，兴隆木厂早就被蒙上一层厚厚的历史尘埃，令后来者有些"不识庐山真面目"了。

姚家胡同为南北走向，南起阜成门内大街，北至西四北头条，中部与六合胡同相交，全长184米，均宽4米。1990年门牌为1—31号；2—12号。

胡同形成于明代，万历年间《宛署杂记》的"鸣玉坊二铺"中有"马市桥街、姚家小胡同"。清代变更为"姚家胡同"，并延续至今。

关于姚家胡同的名称来源，坊间流传着这样一个说法，明代初年时，国师姚广孝曾经住在附近。人们为了纪念姚广孝为大明帝国所做出的特殊贡献，就把胡同叫成了姚家胡同。

20世纪30年代，3号院住过诗人陈三立和历史学家陈寅恪先生。

陈三立（1853—1937），字伯严，晚清维新派名臣陈宝箴先生的长子，与谭嗣同、吴宝初、丁惠康并称"维新四公子"。在近代又是"同光体诗派"重要代表人物，被称为"中国最后一位古典诗人"。1924年4月，印度诗人泰戈尔先生访华期间，在西湖之畔特意与陈三立先生相聚。

1929年，中央研究院历史研究所由广州迁入北平，傅斯年先生聘请陈寅恪先生担任该所历史组研究员兼主任一职。由于陈先生在清华大学中文和历史系任教，住在清华园内，为工作方便，特意租赁此院居住。1934年又将年逾八旬的陈三立先生接到北京共同生活。

陈三立先生是在社会上具有一定影响力的学者，自称"字第一、文第二、诗第三"，慕名前来拜访陈先生的社会名流甚多。

七七卢沟桥事变后，北平日伪统治者出于政治目的，纷纷到陈三立先生家中恳求与他们合作，均遭到陈先生的严厉拒绝。面对着祖国大好江山在日寇铁蹄践踏下支离破碎，忧愤交加的陈先生最后竟绝食而亡。

汪东先生在《寄庵随笔》有过这样的记载："二十六年秋，倭陷北平，欲招致先生，游说百端皆不许。诇者（刺探者）日伺其门，先生怒，呼佣媪操扫帚逐之。因发愤不食五日而死。"

办理完父亲的丧事后，陈寅恪先生偕妻子儿女离开北平，随校南迁。

陈寅恪（1890—1969），著名的历史学家，长期致力于史学研究工作，有《诗存》等著作问世。1979年经过上海复旦大学中文系教授蒋天枢先生整理、校勘，《陈寅恪文集》由上海古籍出版社出版。

陈先生的夫人唐筼女士，是台湾巡抚唐景崧的孙女，是一位女教师。他们在清华园相识，1928年在上海结婚。

3号院坐西朝东，为两进四合院。前院由3间北房、各3间东西厢房（其中1间为过道）和2间南房组成。里院有2间北房，在门道南侧有一户厕。由于时间久远，居民们对陈氏父子在此院居住的具体情况不太了解。

9号院里面有株侧柏，青翠的叶片在春风的抚动中轻轻摇曳，似乎在向那些匆匆过客述说着过去的故事。

十八、西直门内大街

西直门内大街为东西走向，东起新街口北大街与新街口南大街接合部，西至西直门南大街、德胜门西大街接合部，中部与东新开胡同、北草厂胡同、马相胡同、南草厂街、西直门南小街等相交，全长1418米，车行道宽13米。1990年门牌为1—399号；2—270号。

此街因位于西直门之内，明代称"西直门街"，亦称"西直门大街"。1911年之后以赵登禹路为界，东段因在新街口西侧，故名"新街口西大街"；西段沿用西直门大街之名。1965年两街合并，定名"西直门内大街"。

西直门内大街为新街口地区较为繁华的街道之一，这里不仅曾经有新街口中学、北京市幻灯机厂、中国电子进出口公司北京分公司、北京电扇机厂、北京市同仁堂中药提炼厂、北京市照明器材厂、新街口小学、西直门第二小学、西城区少年科技实验站、北京市汽车公司印刷厂、总政招待所等单位，还曾有新华书店、中国书店、新街口邮局、工商银行新街口分理处、新街口电影院、新街口工人俱乐部、崇元观副食商店、桦皮厂副食商店、圣济堂药店、超音波音响花园、天巨龙饭馆、西直门百货商店等商业服务业网店。1990年之后，随着城市建设的需要和经济结构的调整，目前该街道的驻地单位和商业、服务业网店分布情况发生了很大的变化。

西直门内大街及周边地区是历史文化底蕴较为厚重的地方。这里曾经有西直门城楼、泰郡王府等府邸建筑，还有广济寺、崇寿寺等宗教场所。

西直门位于西直门立交桥东侧。原为元大都城西垣中门，名"和义门"。明正统四年（1439）建成门楼后，易名"西直门"，为明清北京城内城西垣北门，由城楼、箭楼、瓮城组成。瓮城为矩形。瓮城南垣设门，西垣正中设箭楼。城楼为三重歇山顶，通高32.75米，进深5间。1950年为解决北京城交通问题，瓮城拆除。1969年拆除西直门城楼及箭楼。

泰郡王府旧址位于原北扒儿胡同（即北大安胡同前身）东口路北的1号、2号。2号院外有上马石。胡同东口路南还有一处马圈。大门3间，正殿5间及左右耳房各3间。二门3间，左右北房各5间。二门内寝殿5间，东西配房各3间。泰郡王府东临庙宇妙清观，泰郡王分府后成为家庙。

弘春于清雍正元年（1723）正月封贝子，雍正九年（1731）晋封贝勒，雍正十一年（1733）二月晋封泰郡王。因其"秉性巧诈，愆过多端"，在雍正十二年（1734）降为贝子。乾隆帝即位后，以其"家庭之间不孝不友，其办理旗下事务，始则纷更多事，后则因循推诿，种种不妥之处，深负皇考天恩，着革贝子，不许出门"。弘春在乾隆四年正月二十四日卒，享年37岁。

清《乾隆京城全图》在泰郡王府址上标为贝勒弘明府，说明泰郡王弘春失势后这里已经成为弘春之侄、贝勒弘明长子、辅国将军永忠的府邸。之后，此府一直由永忠后人居住，此情况延续至民国时期。目前，其旧址为北京市消防中心。

恂郡王府旧址位于西直门内大街176号。恂郡王允禵系康熙帝第十四子，雍正元年（1723）晋郡王。乾隆帝即位后封辅国公贝勒，乾隆十三年（1748）正月封恂郡王。乾隆二十年（1755）去世，谥勤。道光年间（1821—1850），此府为道光帝第九女寿庄公主府，又称九公主府。光绪年间为贝子毓橚府。毓橚为清成亲王永瑆玄孙溥蓁长子，同治十一年（1872）四月过继给郡王衔贝勒溥庄为嗣，同年十一月袭贝子。

此府北临西直门内大街，西到后半壁街，东邻南草厂街。在《乾隆京城全图》中，标恂郡王府坐北朝南，分东、中、西三路。西路依次有宫门5间，正殿5间及左右顺山房各7间。东西配殿各5间。内门3间，左右北房各5间。寝殿5间，东西配房各5间，后罩房5间。中路居中为花园。东路为库房和用人住房。由于允禵为康熙帝第十四子，此府亦称"十四王府"。目前，其旧址为西直门宾馆（前身为总政招待所）。

惠郡王府旧址位于西直门内大街东口路北。

惠郡王博翁果诺（博翁果洛、博尔多洛）为清太宗皇太极之孙，承则亲王硕塞第二子。康熙四年（1665）正月封惠郡王。惠郡王之兄博果铎承袭父亲王爵并改号庄。时称博果铎称为"大王"，博翁果诺为"二王"。惠郡王府亦称"二庄王府"，俗称"新街口二王府"。

《乾隆京城全图》上，惠郡王府位置上标注为"贝勒球琳宅"。球琳为博翁果诺第五子福苍的长子。雍正元年（1723）二月封球琳为贝勒。雍正六年（1728）晋封惠郡王。乾隆十一年（1746）三月降贝勒。

惠郡工府坐北朝南，分为三路。东路为住宅，西路为花园，中路依次有仪门、银安殿、神殿、后殿等建筑物。王府大门对着西直门内大街，门外设有石狮子、拴马桩。府邸的东侧为新街口头条、二条、三条；西侧为东新开路和崇元观。辛亥革命后，惠郡王的后人因生活所迫，将王府变卖。中华人民共和国成立后，在惠郡王府旧址上兴建新街口电影院、新街口工人俱乐部、北京市幻灯机厂等单位。

贝勒永璂府旧址位于西直门内大街 195 号。

永璂系清乾隆帝第十二子，乾隆四十一年（1776）卒，嘉庆四年（1799）三月追封贝勒。永璂嗣子绵偲于嘉庆四年（1799）四月封一等镇国将军，嘉庆六年（1801）十月封镇国公。嘉庆二十四年（1819）正月封贝子。道光十八年（1838）正月晋封贝勒。

永璂府坐北朝南，分为东西两路。府门三开间，一间启门。府门内有屏门。屏门北的一进院，正房及东西配房各 3 间。二进院正房 5 间，东西配房各 3 间。三进院北房 7 间。再北为后花园。西路南部为两进四合院。后面和西面为不规整的四合院建筑。永璂府在光绪二十六年（1900）的"庚子事变"时遭到破坏。光绪二十七年（1901）部分房屋重建。

中华人民共和国成立后为中科院第二宿舍，著名生态学家侯学煜、马世骏，气象学家吕炯，地质学家谷德振，植物学家林镕，昆虫学家刘崇乐、朱弘复，民族史学家冯家升，鸟类学家寿振黄，真菌学家王云章，考古学家徐炳昶、苏秉琦，网络学家闵乃大以及地球物理所所长赵九章、心理所所长曹日昌和中科院副院长张稼夫等先生在此居住。

西直门内大街 225 号（老门牌 56 号）为崇寿寺旧址。

该寺建于清嘉庆三年（1798），坐北朝南，依次有山门、关帝殿、大雄宝殿、药师殿、东西配殿、后罩房等殿房 52 间。殿内供奉释迦牟尼佛、药师佛、观音、关帝、伽蓝等佛、神像。解放之前，崇圣寺旧址逐渐成为居民院落，现旧址已被拆除。

新街口丁字路西侧的新街口小学，为广济寺旧址。学校撤销之后，由西城区教委校办公司开办了"超音波音响世界"。

人们提起广济寺，一般都理解为是西四十字路口西侧的弘慈广济寺。新街口西侧的广济寺虽然与其同名，但寺庙规模和影响力却远远低于前者。由于两个广济寺一南一北，坊间亦有"南广济寺""北广济寺"一说。新街口的广济寺偏北，故称"北广济寺"。

据《日下旧闻考》记载："广济寺在西直门新街口，明正德九年为梅乐禅师敕建，有沙门大勋撰碑。又有梅乐禅师小传一碑，都穆撰，吴宽跋。今并存寺中。"

该寺始建于明正德年，整座庙宇坐南朝北。依次有山门、天王殿、大雄宝殿、三官殿、祖师殿、三大士殿及东西配殿，共有殿房58间。进入民国后，北广济寺逐渐荒废，寺中僧人将庙宇借予普济佛学会办理私立普仁小学。中华人民共和国成立后改名为新街口小学。

西直门内大街130号为天主教圣母圣衣教堂，因地处北京城的西部，亦有"西堂"之称。该堂始建于清雍正元年（1723），目前为西城区文物保护单位。

早年在新街口丁字路口东侧正中，还有一座1915年3月公建的"故右翼尉安君纪念塔"。塔身铭文为楷书撰写，呈八面形，塔顶为尖柱形。"右翼尉"为清步兵军统下属旗籍武官，为1928年之前地方治安官职之名。据纪念塔祭文，"安君"，字岚亭，满洲正黄旗人。因维护社会治安而殉职，故新街口各商号及民众共计460余户（人）共同立塔以示纪念。

十九、阜成门内大街

阜成门内大街为东西走向，东起西四南大街与西四北大街接合部，西至阜成门立交桥及阜成门北大街、阜成门南大街、阜成门外大街接合部；中部与赵登禹路、太平桥大街、白塔寺东巷、六合胡同等相交，全长1370米，车行道宽13米。1990年门牌为1—345号；2—412号。

该街形成于明代，因位于阜成门以里，始称"阜成门里大街"。清代改为"阜成门大街"。因东端有羊市，故马市桥以东至西四十字路口又称"羊市大街"。1965年两街合并，将东澡堂胡同、西澡堂胡同、撒袋胡同、庆元里并入，定名"阜成门内大街"。街内有国家自然资源部、北京自来水公司、白塔寺药店、人民医院第二住院部、新华书店等多家驻地单位及商业服务业网店，为北京市南北走向的重要通道之一。

撒袋胡同在现在的丰盛医院西侧，为南北曲折的小巷。从民国时期的老地图上看，当年的撒袋胡同为"L"形，与烟袋相似，有些居民认为撒袋胡同可能从烟袋转化而来。但也有些居民认为"撒袋"属于蒙语的音译词，因形状犹如箭壶，故名。

1965年撒袋并入阜成门内大街后，这里的院门变成了阜成门内大街的328号、326号、324号、330号。

从民国时期的老地图上看，箭杆胡同西侧还有条叫"槐树院"的短巷。

阜成门内大街处于"阜景一条街"，这里环境优美，人文景观众多。其中妙应白塔寺、广济寺、历代帝王庙为全国重点文物保护单位；阜成门内大街93号四合院为北京市文物保护单位；原中央医院旧址、西四街楼和元大都地下水道为西城区文物保护单位。

妙应白塔寺位于阜成门内大街171号。

该寺为辽时永安寺的旧址。元世祖忽必烈修建大都城时，敕令在辽塔遗址上修建白塔，由尼泊尔工艺家阿尼哥主持监造。建成后以白塔为中心，修建寺院，名"大圣寿万安寺"，为进行宗教活动和百官习仪的中心场所。后遭雷火焚毁，仅存白塔。明天顺元年（1457）重修。清康熙二十七年（1688）重修寺庙并敕御制碑。

妙应白塔寺由寺院和塔院组成。中轴线依次有山门、钟鼓楼、天王殿、三世佛殿、七世佛宝殿和塔院。东西有配殿、僧房。白塔通高51米，由塔座、塔身、相华盖和塔刹组成。旧时，寺内有庙会，为北京城五大庙会之一。

历代帝王庙位于阜成门内大街131号，为明清两代祭祀历代帝王的场所，是我国唯一现存的历代帝王庙。嘉靖九年（1530）在阜成门内保安寺旧址建庙，次年竣工。清雍正七年（1729）重修并立碑亭。乾隆二十九年（1764）修复后增建碑亭，景德崇圣殿在此次修复中被提高等级，绿色琉璃瓦改为黄色琉璃瓦。

历代帝王庙坐北朝南，依次有照壁墙、牌楼、庙门、景德门、景德崇圣殿、后寝殿等。进庙门后第二道大门为景德门，石阶上有云纹浮雕。门的东南街建有一座二层钟楼。门外东院依次有神库、神厨、宰牲亭、井亭等。西院为致斋所，设有关帝庙。景德门北侧为景德崇圣殿，黄琉璃瓦重檐庑殿顶，面阔9间，金丝楠木木柱，建筑等级与紫禁城太和殿相同。殿的东西两侧分别有清世宗、清高宗御制碑及碑亭。景德崇圣殿内供祀自伏羲、炎帝、黄帝、夏禹、商汤开始至明代帝王共188位，东西庑殿供祀历代名将贤臣79人。

广济寺位于阜成门内大街25号，原为金代西刘村寺旧址。明天顺年间（1457—1464）重建。明成化二年（1466）赐名"弘慈广济寺"。后历经多次修复。

寺院整体建筑坐北朝南，依次有山门3间，中间的大门石额上刻有"敕建弘慈广济寺"文字，为清康熙帝题写。钟鼓楼各1间，天王殿3间，大雄宝殿3间，前有月台。东配殿为伽蓝殿，西配殿为祖师殿。大悲坛3间，东配殿5间为五观堂，西配殿5间为般若堂。最后为藏经楼。与藏经楼并排为东西跨院。东跨院有延寿堂5间，药师殿5间。西跨院为两进，内有云水堂、戒台、净业堂等建筑。

目前，广济寺为中国佛教协会会址。

阜成门内大街93号为三进四合院建筑，建于民国时期。坐南朝北，由东西两个院落组成。西院的一进院为倒座房；二进院有北房与东西厢房；三进院有北房及东西厢房和耳房。东院房屋已经拆改，二进院有带有西洋建筑风格的建筑，屋顶铺有石板瓦。中华人民共和国成立后，此院曾一度由西城区粮食局管理使用。

中央医院旧址位于阜成门内大街133号，1915年在国际知名流行病及防控鼠疫专家伍连德博士倡议下修建，1918年1月正式投入使用，定名"中央医院"。

主楼坐北朝南，典型的维多利亚式建筑风格，钢筋混凝土结构，东西长80米，南北最宽度为27米。平面呈展翅的蝴蝶形，立面装饰有立柱，窗户为拱形。20 世纪 40 年代改组后由曹汝霖任院长，钟惠澜教授任医监及内科主任。原协和医院的司徒展、林巧稚、关颂韬、谢元甫等著名专家来院执教。1946 年更名为中和医院。1950 年更名为中央人民医院，1956 年变为北京人民医院。

西四街楼位于阜成门内大街 1 号和西四北大街 255 号，始建于清光绪二十年（1894）。为庆祝慈禧太后六十寿辰，清廷在西华门至颐和园东宫门一带建造了一批庆典式建筑，其中就有位于西四十字路口东北角和西北角的转角街楼。西四街楼为两层木结构建筑，为悬山合瓦顶屋面。因位于街角，视野开阔，为这一地区标志性的建筑。目前西北侧的街楼由新华书店使用。

元大都下水道位于西四十字路口地下。始建于元代，曾发现石壁上刻有"致和元年五月石匠刘三"的文字。1980 年发现的一段水道宽约 1 米，深约 1.65 米，上覆条石，为元大都排水设施的重要遗存。现存的下水道南北长约 10 米，至今仍作为市政排水通道使用。

除此之外，坊间还有"白塔寺挂红袍""绕葫芦""写大字""马市桥跳三跳"等掌故以及"景德夕照"等景致。

当人们徜徉于阜成门内大街上，广济寺、历代帝王庙、妙应白塔寺、西四街楼等古老建筑逐一排列，点缀其间的是那些蜿蜒曲折的长街短巷以及具有现代化气息的高大建筑，人们就像走进了时空隧道之中。传统与现代在这里得到张扬和体现，这就是现在的阜成门内大街。

二十、赵登禹路

赵登禹路为南北走向，北起西直门内大街，南至阜成门内大街，中部与西四北头条、育德胡同、宝产胡同、柳巷等胡同相交，全长 1866 米，车行道宽 13 米。1990 年门牌为 1—483 号；2—186 号。

此街早年为河道，明代称"大明濠"，亦称"大明壕""西沟""河漕"。《京师五城坊巷胡同集》和《宛署杂记》记载有多处与大明壕及桥梁有关的胡同。如《京师五城坊巷胡同集》有"马市桥西北""王贵桥西""大桥胡同""北大桥胡同""红桥儿西南"等5处地名。在《宛署杂记》中则出现了"河漕北头条""河漕中街""大桥胡同""河漕街""南大桥街""河漕南街""北大桥胡同""河漕半边街"等8处地名。

清代河边两侧道路称作"西沟沿",俗称"臭沟"。《京师坊巷志稿》和《光绪顺天府志》记载有"大桥胡同""西沟沿"等地名,"大桥胡同"即大觉胡同的前身。

1930年河道变为暗沟,辟建为路,俗称"沟沿",亦称"北沟沿""西沟沿"。抗战胜利后为纪念抗战爱国将领赵登禹将军,将辟才胡同西口至西直门内大街以南的区域定为"赵登禹路"。1965年将东门楼、燕代胡同并入,其名称沿用。"文革"时期,曾一度改为"中华路"。1971年将阜成门内大街以南的路段并入太平桥大街,阜成门内大街以北至西直门内大街的路段改称"白塔寺东街",因位于白塔寺东侧,故名。1984年此路恢复"赵登禹路"的街名。

东门楼位于富国街北侧,为东西走向,长度约40米,均宽2米。与育教胡同的西门楼在同一水平线上。这两条胡同在平安里西大街向东打通时拆除。

据居民们介绍,东门楼曾居住过以演老生见长的王琴生先生。

王琴生(1913—2006),自幼酷爱京剧,初学铜锤花脸,后改习老生。从师于德少如、刘砚亭、张连福、宋继亭等名家。1936年拜谭小培先生为师,悉心钻研谭派艺术。之后又拜丁永利先生学习武功。1937年后与梅兰芳、尚小云、荀慧生、金少山等先生联袂登台演出,深得各界好评。1952年加入梅兰芳剧团,在东北、华北、华南等地演出。后应江苏省京剧团之邀,担任该团主演,1960年任该团副团长。王先生被业内人士评价为"嗓音圆润,戏路宽广"。

燕代胡同旧称"烟袋胡同"或"烟袋锅胡同"。陈宗蕃的《燕都丛考》注释为,"烟袋锅胡同,今改为燕代胡同"。以此看来,燕代胡同是从烟袋锅胡同演化而来的。也就是说，胡同因烟袋锅形状得名。这条小胡同东侧窄，西侧宽，从高处向下俯视，就像静卧于胡同之间的一根烟袋锅儿。

赵登禹路　摄影：马月文

大明濠为明清时期城市水系组成部分，原为元代的金水河。明代因金水河上游断流，河道逐渐演变成排水沟，俗称"河漕"，后易名为"大明濠"。北起西直门内的横桥，向南流经今赵登禹路、太平桥大街、复兴门内大街、佟麟阁路等区域，然后从宣武门以西的象房桥下（今新华社西侧）流入内城南城墙外的护城河，全长10余千米。濠上曾建北大桥、马市桥、厂桥、甘石桥、太平桥、象房桥等35座桥（据《燕都丛考》附图统计）。还留下许多与水有关的地名，如八道湾、马市桥（今白塔寺路口）、太平桥、前泥洼、后泥洼、二龙坑（清郑亲王府在此，今名二龙路）、臭水河（今名受水河胡同）等。作为纵贯京城内城西部的排水干渠，大明濠一直沿用到民国初年。1930年辟建道路工程完成，沿暗沟之上建成的马路统称为"沟沿大街"，后演变为佟麟阁路、赵登禹路、太平桥大街。

陈宗蕃的《燕都丛考》书中对大明濠多有记载。"阜成门大街之中驾于大明濠上者曰马市桥，今已平。""大明濠以西，阜成门内大街路北，有白塔寺。""西直门横桥南，有枯渠曰河漕，直达宣武门西城根，入护城河，俗称曰臭沟。""自新街口西达于西直门，曰西直门大街，其中有桥曰横桥，明于此置河漕西坊，今桥已平，漕已久废。"

赵登禹（1898—1937），字舜臣，山东菏泽人。1914年入冯玉祥部，历任排长、连长、营长、副团长、旅长等职。1933 年第二十九军长城抗战中，奉命率所部一〇九旅增援喜峰口和潘家口一线，与日军激战四昼夜，重创日本侵略军。长城战役结束后升为第二十九军一三二师师长。

七七卢沟桥事变时，赵登禹任第二十九军北平南苑驻地临时指挥官，率部与佟麟阁将军等一起指挥作战。后在大红门黄亭子附近中弹牺牲，年仅 39 岁。1937 年 7 月 31 日，国民政府颁布褒奖令，追赠赵登禹为陆军上将。1946 年 7 月 28 日，在北平中山公园举办公祭佟麟阁、赵登禹追悼大会。中华人民共和国成立之后，中央人民政府追认赵登禹将军为革命烈士。2009 年 9 月 10 日，赵登禹被评为 "100 位为新中国成立做出突出贡献的英雄模范人物"。

旧时，赵登禹路驻地单位和商业服务业网店不多。改革开放后，赵登禹路发生了许多变化，从以居民院落为主的平房区，变成楼宇和平房院相互交错、商业服务网点相对密集的街区。尤其是街道南侧与妙应白塔寺相邻，在灰白相间的院墙与屋脊处露出银白色的塔影，被人们称为 "浓缩着老北京风情地方" 和 "旅居国外的游子们的怀旧之地"。

第四章　静夜随想

新街口南大街至西直门南大街，平安里西大街至西直门内大街之间是以居民平房院和居民楼混合在一起的区域。这里不仅有著名的"小八道湾""北新草厂""大、小陈线""东、西观音寺"；还有普通的"金丝钩""公用库""四根柏""半壁街""老虎庙"以及带"帽儿"的、带"安儿"的胡同。走进这些胡同，不仅能感受到北京胡同特有的魅力，还能从中学到许多全新的知识。

一、"金丝钩""椅子圈""大、小陈线"

前人在给胡同起名的时候，往往把地形地貌作为第一参考因素。这些带有地形地貌名称简单明了、通俗易懂，让人有过目不忘之感。像几何形图案的"盒子""火匣子""口袋""羊床子""羊圈""烧饼"；环状形的"椅子圈""罗圈""牛蹄"；形容纤细的"狗尾巴""北玉带""箭杆""轿杆""针线""绒线""钱筒子"；形容弯曲的"八道湾""金丝钩"；还有"象鼻子""吊子嘴""南、北裤角""前、后牛犄角""下坡子""后大坑""烟袋""鱼眼"……

新街口地区拐弯最多的胡同之一，是位于新街口南大街西侧的金丝胡同。

金丝胡同为曲折走向，东起新街口南大街，西至北帽胡同，南至金家大院，全长246米，均宽3米。1990年门牌为1—45号；2—18号。

胡同形成于民国时期，最初叫"金丝钩"，1965年将孟家胡同并入，定名"金丝胡同"。

孟家胡同位于金丝胡同的东南侧，为东西走向，长度约40米，均宽3米。因胡同内住有孟氏住户，故名。胡同东口与新街口南大街相通，西口与原金丝钩胡同相连。

这条246米的金丝胡同可用"盘根错节"来加以形容。它的走向极为复杂，或向北，或向南，或向东，或向西，让行人感到犹如"猪八戒钻进了盘丝洞"。它的玄妙之处位于和金家大院相衔接处的钩状小巷。这条不足1米宽的小巷弯弯曲曲，有"曲径通幽"的意境。

45号院为带东跨院的小三合院。院内有正房3间及东西耳房各1间，东西厢房各3间。东跨院有北房2间。院子南侧生长着一棵挂有"古树名木"保护标识的古槐。硕大的树荫遮挡着夏日强烈的阳光，小院里带着一丝凉意。

小椅子圈胡同位于前公用胡同中部南侧。胡同呈曲折走向，南口不通行，北口分为两岔，均与前公用胡同相通，全长130米，均宽3米。1990年门牌为1—10号。

胡同形成于1911年之后，始称"椅子圈胡同"，因形状而名。1965年定名"小椅子圈胡同"。

关于胡同名称，多田贞一的《北京地名志》中称该胡同形状像椅子的扶手。

据这里的居民介绍，"小椅子圈"在中华人民共和国成立初期由一条南北曲折走向的小胡同和一条半环状小胡同组合而成。20世纪60年代后期，房管部门在胡同东侧盖房，胡同走向也随之发生变化。

在小小的"小椅子圈"里曾居住过 名叫李翰祥的大导演。

李翰祥（1926—1996），出生于辽宁锦西一个官宦家庭。父亲在北平任职之后，随家人迁居在小椅子圈胡同2号院一座小型三合院。等到李先生十一二岁的时候，随家人搬到翊教寺胡同18号，后又搬到苏萝卜胡同1号院居住。李先生是北京胡同里长大的孩子，还有过在北魏胡同小学和北京第三中学上学的经历。他导演过的电影多与北京城有关，如《火烧圆明园》《垂帘听政》等。

大乘巷为东西走向，东起赵登禹路，西至南草厂街，北通小乘巷，全长355米，均宽5米。1990年门牌为3—47号；2—48号。

胡同形成于明代。《京师五城坊巷胡同集》中"河漕西五牌十三铺"有"陈信家胡同"的记载，即大、小乘巷的前身，胡同因姓氏得名。清代以后析出两条胡同，光绪年间的《京师坊巷志稿》和《光绪顺天府志》记载有"大、小陈线胡同"，坊间亦称"大、小陈巷""大、小臣巷"。因两条胡同地形颇为复杂，故以"陈线"得名。民国初期继续沿用其名称。1945年后按照谐音定名为"大乘巷""小乘巷"。

大乘巷胡同中部北侧建有西城区教委宿舍楼和胡同东侧的1号、2号楼，其他以居民平房院为主。

大乘巷5号为部队首长住宅，原南京军区副政委兼军区政治部主任王六生将军在此居住。

35号院曾住着著名钢琴家、作曲家、音乐教育家老志诚先生（1910—2006）。

1925年，老先生考入北京师范学校艺术系学习钢琴。毕业后历任北京师范大学、中国音乐学院和中央音乐学院教授，北京艺术学院副院长，中国民主同盟委员等职。代表作有《牧童之乐》《叙事曲》《钢琴小品集》；舞剧音乐剧《在森林中》《草原上的春天》等。

当年，北京师范学校毕业生中有三位有名望的音乐家，号称音乐"三杰"，即老志诚、曹试甘、王洛宾。

35号院子有一栋西式二层小楼，该楼为李露滋女士的私产。由于李女士常年居住国外，便把这栋小楼交与老先生居住。这栋小楼南侧有两处圆形的罗马柱，柱子上方和小楼二层南侧的墙壁上，刻有不同形状的花卉纹饰。

舒了先生在《漫话北京胡同老门联》中提到了37号院"世纪民国，四槐人家"的老门联。

舒先生解释为，"世纪民国"是对1912年由孙中山先生领导的辛亥革命，推翻了几千年的封建统治，开创性地建立以民主为主体的中华民国的一种拥护和赞颂。"门前种树，院内栽花"为老北京人的一种生活方式。据传，37号门前曾有四棵参天老槐树，故称"四槐人家"。

与大乘巷相比，小乘巷地形显然更为复杂了许多。除主胡同为东西曲折走向外，胡同里还有两条环形的岔巷。这两条环形岔巷东拐西拐，就像一团没有头绪的乱麻。

当代著名书法家启功先生住在86号院。

启功（1912—2005），中国书法家，书画鉴定家。字元伯，一作元白，满族，姓爱新觉罗，雍正帝九世孙。擅长古典文学、古文字学的研究，曾在辅仁大学任教。中华人民共和国成立后任北京师范大学教授、故宫博物院顾问、国家文物鉴定委员会主任委员、中国书法家协会主席、中国佛教协会常务理事等职。著有《古代字体论稿》《诗文声律论稿》《启功丛稿》《论书绝句百首》《启功书画留影集》等作品。

启功先生自幼喜爱书法，是当代负有盛名的书法家，被称为诗、书、画三绝。此外亦精于古代书画和碑帖的鉴定。

启功先生在北京的很多地方住过，包括棉花胡同、黑芝麻胡同、前马厂胡同、土儿胡同、方家胡同。小乘巷胡同是启功先生住过的最后一个地方，他在这个小院里居住了20多个春秋。

据《北京西城文物史记》记载，小乘巷2号（旧门牌）为关帝庙旧址。

鱼雁胡同呈南北曲折走向，北起安成胡同，南至平安里西大街，全长72米，均宽5米。1990年门牌为2—6号。

胡同形成于清代，始称"鱼眼胡同"，1911年之后，按谐音雅化为"鱼雁胡同"。

从民国时期的老地图看，当时的胡同呈东西走向，胡同东北侧有一小块有点像鱼眼睛的隙地，所以叫"鱼眼"。1911年之后雅化为鱼雁胡同。"鱼眼"显现着质朴与直白，"鱼雁"蕴含着文雅浪漫。一俗一雅，相得益彰。

北京的胡同极具性格，或内敛，或张扬，或放荡不羁，或沉静安稳，都毫无保留地展示在人的面前。如果是不相信的话，不妨放开脚步，到金丝胡同及大、小乘巷里走走，听老街坊给你讲讲胡同里曾经发生过的故事，你对北京胡同的理解肯定会发生质的飞跃。

二、几条带"帽儿"的胡同

新街口地区几条带"帽儿"的胡同形成于明代，《京师五城坊巷胡同集》中曾有"帽儿胡同"的记载。进入清代之后，《乾隆京城全图》中出现了"后帽胡同"。光绪年间的《京师坊巷志稿》和《光绪顺天府志》有了"大、小帽儿胡同"之分。民国初年胡同进一步细化，《北京内外城详图》中出现了"大帽儿胡同""北帽儿胡同""中帽儿胡同""前帽胡同""后帽儿胡同"的名称。后来，在大帽儿胡同与北帽儿胡同之间又析出一条叫"小帽儿"的胡同。1965 年对这几条带"帽"的胡同进行整合，定名为"大帽""北帽""中帽""前帽""后帽"胡同。

关于"帽儿"的来源，有些居民认为，从胡同形状来看，和旧时人们戴的帽巾有些相似，故名"帽儿"。

大帽胡同为东西倾斜走向，东起新街口南大街，西至四根柏胡同，中部与金家大院、北帽胡同相交，全长 317 米，均宽 5 米。1990 年门牌为 1—31 号；2—34 号。

由于受到新街口南大街商圈的影响，大帽胡同东侧已经被"新疆哈密餐厅""川湘家常菜""比邻小厨""老北京炙子烤肉""川嫂工房麻辣烫""和美天顺食品店"等商铺紧紧地包裹着，隐隐地带着一股商业气息。

1 号院残存着一副"天临华盖星辰近；地接蓬壶雨露深"的门联。院门下方葫芦形包铁完好无损，两个门钹在阳光的照耀下折射出幽暗的色泽。门簪处写有"平安"二字。

与简陋陈旧的 1 号院相比，3 号院则显得气派了许多。红色油漆刷过的院门、闪亮的门钹以及戗檐上簇新的博古纹饰，在胡同中自成一景。这个院子为"华夏文昌书院"，又被附近居民称之"咖啡书屋"。此院是一个小三合院，北房、东房、西房各 3 间。东屋硕大的书架上摆满了各种书籍，屋子中央摆有两张条桌，其中一张条桌的案面由实木构成。

9 号院在大帽东侧的胡同中显得有些突出，走进这个院子需要迈上 4 步台阶。院门前有一对箱形门墩，正面刻有花卉纹饰，侧面刻有灵芝、梅花鹿等纹饰。虽然门墩上的兽首已经残缺，但并不妨碍其观赏效果。

12 号、14 号现为一个院门。12 号院内有北房若干间。14 号为典型的四合院格局。北房 3 间带东西耳房各 1 间，东西厢房各 3 间，倒座儿南房 3 间。

26 号为北京市市政工程设计院，院子里有座 4 层的办公楼。由于大帽胡同以居民平房院为主，这栋楼显然有鹤立鸡群的态势。

27 号、29 号院门前的箱形门墩上刻有"暗八仙"的纹饰；门楣上方的横梁上残存着苏式山水彩绘；屋檐上的瓦当带有"寿"字。

北帽胡同南北走向，北起前公用胡同，南至大帽胡同，中部与金丝胡同、后帽胡同、前帽胡同相交，全长 224 米，均宽 4 米。1990 年门牌为 1—15 号；2—18 号。

16 号为二进四

北帽胡同　摄影：崔耀平

166

合院建筑布局。如意院门的门联处可依稀辨认出"贞""清"两字，两个门簪上镶嵌着荷花图，门墩为花卉纹饰。一进院由6间西房和1间东房组成。二门为蛮子门式，门簪处和箱形门墩均为花卉纹饰。二进院有北房3间及东西各1间的耳房，另有西房2间。

据关老师介绍，外院的几间房屋在中华人民共和国成立之初曾一度由绘画大师于非闇先生租住。《新儿女英雄传》作者之一的孔厥先生也曾在此院居住。于先生曾经居住的老屋由于长时间无人居住，木质窗棂上落着一层浮土，屋檐上几簇杂草微微地颤抖着，老屋愈加显得有些破旧。

于非闇（1889—1959），早年跟随王润暄先生学画，1912年入北京师范学校学习，后任教于北京师范学校、华北大学美术系、京华美术专科学校、国立艺术专科学校并兼任北平古物陈列所附设国画研究馆导师。中华人民共和国成立后，任中央民族美术研究所研究员。

据石继昌先生撰文介绍，近代工笔画大师深县徐燕孙先生的仕女画，北京于非闇先生的花鸟画，"各以其精湛功力，享名艺苑，如双峰竞秀，秋色平分"。于先生多才多艺，"诗文谜语，书法篆刻，无一不精"，还"爱好广泛，养花垂钓，俱有心得"。20世纪20年代的《北平晨报》曾刊发于先生的"都门三记"，即《都门钓鱼记》《都门艺兰记》《都门豢鸽记》，这些文章是于先生在生活实践中总结出来的经验之谈。

15号和甲15号（旧门牌9号）为关帝庙旧址，现为四进居民院落。

该庙始建于明嘉靖年间，清同治九年（1870）重修，属募建，房屋36间。整座庙宇坐北朝南，依次有山门、大士殿、前后关帝殿、垂花门及东西配殿。山门石门额上刻有"三界伏魔大帝庙"，落款为"同治九年八月重建"。山门前有一对石狮。前关帝殿屋檐下悬挂"臣道仪型"的匾额，落款为"醇郡王敬书"。抱柱上挂有"乃圣乃神乃文乃武天地之大也；自西自东自南自北容光必照焉"楹联。落款为"同治九年岁次庚午仲秋谷旦铁岭杨能格薰浴敬书"。垂花门后为后关帝殿，挂有"圣神文武"的匾额，落款为"孚郡王"。抱柱上挂有"义气寒乾坤；忠心贯日月"的楹联，落款为"应城弟子陈国瑞敬书"。

醇郡王为爱新觉罗·奕譞（1840—1891），字朴庵，号九思堂主人，又号退潜主人。道光帝第七子，咸丰帝异母弟。母为庄顺皇贵妃乌雅氏，其大福晋为慈禧太后胞妹。晚清政治家，光绪初年军机处的实际控制者。

道光三十年（1850）封为醇郡王。咸丰帝死后，奕譞配合慈禧太后发动辛酉政变，深得慈禧太后重用。同治三年（1864）加亲王衔。同治十一年（1872）晋封亲王。光绪登基，又被加封亲王世袭罔替。光绪十六年（1890）十一月薨，谥号贤。奕譞与侧福晋所生的五子载沣则继承醇亲王封号，载沣长子溥仪为清朝末代皇帝。

孚郡王为爱新觉罗·奕譓（1845—1877），道光帝第九子。咸丰即位后封孚郡王。同治即位，"命免宴见叩拜、奏事书名"。同治三年（1864）被赐予府邸，仍在内廷担任行走一职，负责清廷乐部。同治十一年（1872）授内阁大臣，加亲王衔。光绪即位，复命"免宴见叩拜、奏事书名"。光绪三年（1877）二月去世，谥敬。

由于关帝庙建筑规模较大，又具有一定影响。在康熙60岁寿辰时，东西旗前锋统领护军统领以上官员在庙内设台庆祝。"寺前彩坊一，曰同登仁寿。"

目前关帝庙原有建筑均已翻建，其建筑格局没有太多变化。在中院和后院尚存古树三棵，古槐带有红色标牌，为一级受保护的古树名木。

前帽胡同为东西走向，东起北帽胡同，西至赵登禹路，中部与四根柏胡同、中帽胡同相交，全长198米，均宽4米。1990年门牌为1—19号；2—18号。

5号院门上留有魏碑体"时华新世第；古道旧家风"的门联。两侧门墩上镌刻着喜鹊登梅纹饰。

5号为一进院子，北房、东西厢房和倒座儿南房均为3间。据住在这里的居民讲，这个院子曾是她家的私产房，有上百年的历史。这个院子已经翻建，唯一留下的旧物是那两扇老门。当年老北京城里四合院大多数院门上都有门联，或者抒情，或者励志，或求四邻和睦、家庭兴旺，有的门联还堪称经典之作。

17 号门前的箱形门墩正面镌刻着蝙蝠与铜钱的纹饰，蕴含"钱到福到"的寓意——这也是前人对美好生活最为直白的表现形式吧。

后帽胡同为东西走向，东起北帽胡同，西至赵登禹路，中部与中帽胡同相交，全长 189 米，均宽 4 米。1990 年门牌为 1—23 号；2—16 号。

21 号的如意楼门以及门楣上方精湛的砖雕艺术在胡同中最为显眼。这组砖雕由梅、兰、竹、菊等花卉组成，盘头上方刻有张开翅膀的蝙蝠。院门两侧为箱形门墩，暗八仙纹饰。

据坊间传说，这院子有好几进，一直连到前公用胡同，在 1949 年前曾一度是国民党第十一战区司令孙连仲的家。

现在 21 号分成东、西等院落，其中西侧的院子住着以制作"老北京砂板糖"而闻名京城的赵崇和先生。

老北京砂板糖旧时常见于天桥及护国寺、白塔寺、隆福寺、土地庙的庙会上。由于历史的原因，1955 年之后曾经销声匿迹了很长一段时间。改革开放之后，老北京砂板糖才名正言顺地回归于社会。由于它具有显著的食疗作用和独特的口味，备受老北京人的青睐，所以民间亦有"药糖"之称。其中最负盛名的当属北京和增田食品店的发起人和老北京砂板糖传人赵崇和先生。

中帽胡同为南北走向，北起前公用胡同，南至前帽胡同，中部与后帽胡同相交，全长 74 米，均宽 3 米。1990 年门牌为 1—17 号；2—10 号。

中帽胡同包裹在前帽胡同、后帽胡同、前公用胡同之间，胡同内极为幽静，走在这里大有远离闹市的感觉。

据这里的居民们讲，这几条带有"帽儿"的胡同各有特点，或相对平直，或相对曲折，看似普通的胡同却隐藏着像于非闇这样的名家，还有诸如关帝庙这样的老式建筑。走在这些胡同中，会有许多新的发现。博大精深的老北京胡同文化，不仅让那些曾经居住于此的老北京人感到难以忘怀，而且也会让年青的一代通过这些胡同的历史沿革，懂得传承老北京胡同文化的重要。

三、"公用库""南草厂""拣果厂" "大、小后仓""广平库"

前公用胡同为东西走向，东起新街口南大街，西至赵登禹路，中部与后公用胡同、八道湾胡同、小椅子圈胡同、北帽胡同、中帽胡同等相交，全长350米，均宽5米。1990年门牌为1—61号；2—52号。

后公用胡同为曲折走向，南起前公用胡同，西折至八道湾胡同，全长238米，均宽3米。1990年门牌为1—10号。

两条胡同形成于明代，为内廷供应库所在地。嘉靖年间的《京师五城坊巷胡同集》中有"供应库胡同"的记载，因皇家在此设有公用库而得名。清代析出两条胡同，在《乾隆京城全图》中有"前公用库胡同""后公用库胡同"。《京师坊巷志稿》和《光绪顺天府志》注释为"前、后宫衣库，亦称公用库"。1965年定名为"前公用胡同""后公用胡同"。

由丁前公用胡同为新街口南大街与赵登禹路之间最北侧的通道，因此胡同里显得较为热

前公用胡同　摄影：黄丹妮

170

闹，商业服务业网点也相对集中。

前公用胡同 15 号为北京市文物保护单位。该院坐北朝南，前后三进。占地面积 6000 余平方米，建筑面积 2700 余平方米。除了中路的三进院落外，东、西两侧各有跨院。原是清末内务府大臣崇子厚的宅第。辛亥革命后为张作霖部下傅双英的居所。中华人民共和国成立后曾一度为北京市人事局办公之地。1956 年后由北京市西城区少年宫使用。

与车水马龙的前公用胡同相比，后公用胡同显然清净了许多，这里大部分院落为部队首长住宅。像原北京军区副司令员兼内蒙古军区司令员、济南军区副司令员滕海清（1909—1997）将军，原北京空军政委、空军后勤部部长漆远渥（1915—2012）将军，原海军副司令员兼东海舰队司令员陶勇（1913—1967）将军和原铁道部部长滕代远（1904—1974）将军等曾在此居住。

根据民国初年的《北京内外城详图》，前公用胡同东口北侧原有建于明代的古刹——弥陀寺，目前，其旧址已经被数家商铺所代替。新街口丁字路口西南侧为建于明正德八年（1513）的祝寿寺，是新街口丁字路口一带规模较大的寺庙之一，曾有殿房 55 间半，又名"响铃寺"。中华人民共和国成立后，在其旧址上兴建新街口百货商场。

新街口百货商场西侧的西直门内大街 12 号为中影宿舍。20 世纪 50 年代由中央新闻电影制片厂摄影队使用，后来改为员工宿舍。厂长兼摄影师靳敬一先生、韩浩然先生、张少斌先生、韩德福先生等曾在此院居住。

金果胡同为东西曲折走向，东起

金果胡同　摄影：秦玲

171

赵登禹路，西至育幼胡同，全长 348 米，均宽 4 米。1990 年门牌为 1—41 号；2—48 号。

胡同形成于明代。嘉靖年间的《京师五城坊巷胡同集》记有"拣果厂"，因拣果厂设置于此，故名。万历年间的《宛署杂记》记载为"装果厂胡同"。清代的《乾隆京城全图》记载为"检果厂胡同"；光绪年间的《京师坊巷志稿》改为"拣果厂胡同"，并解释为"明置拣果厂于此，隶河漕西坊。今厂废而犹存其名。或讹碱厂。《八旗通志》作坚厂"。1965 年定名"金果胡同"。

据胡同里的居民推测，"装果厂""检果厂""拣果厂"等叫法，可能是水果分类的意思。它和东城的"晾果厂"有着某些联系。听老一辈人讲，拣果厂和晾果厂当年都是内务府设置的下属机构，其职责一个是负责果品分类，一个是负责果品晾晒。民国之后，改称为金果胡同。

据金先生介绍，胡同里曾住有金、何、许、谢等殷实人家，故有"金家大院""何家大院"等不同称谓。就拿 31 号来说，它是一处二进四合院建筑。前院为 9 间倒座房（内有门洞、户厕、门房等）。在前院与后院之间有道小方形门，门后有道影壁墙。后院 3 间正房，东西两侧为各 2 间耳房，东西厢房各 3 间。正房和东西厢房前有廊子相连。庭院中有"十"字形甬道，植有海棠、苹果、香椿各 1 棵。该房产由金应元先生在中华人民共和国成立初购买。金应元，字啸云，北京人，生前曾为西城区政协委员，曾编著《老北京三百六十行》一书。金家祖宅在西四北八条 5 号院，该院为四进院，现由天津市驻京办事处下属单位使用。

16 号院为中科院职工宿舍，为三进带东跨院的中型四合院建筑。房屋质量较好，各庭院之间有廊子相接。20 世纪 50 年代，中科院的一些领导曾在此院居住。当代著名语言大师吕叔湘先生也曾在此胡同住过。在金先生的印象中，这个院曾住着位陈姓的先生，夫人是俄国人，在电视机并不普及的年代，在金果胡同里只有他们家有台电视机。由于陈先生是老革命，曾在苏联工作过，去世时很多领导到他家表示慰问。

吕叔湘先生在担任中科院语言研究所副所长期间，《现代汉语词典》编辑部设在西单。1958年冬天，中科院语言研究所搬到端王府旧址办公后，吕先生搬到了拣果厂胡同（即金果胡同）居住。

金家大院　摄影：秦玲

29号院为西城区公安局官园派出所，附近居民亦称"拾物库"。所谓的"拾物库"为"文革"时期存放查抄物资的仓库。

17号院被称为"谢家大院"，院内有北房7间。由于谢先生喜欢摆弄花花草草，这院子在春、夏、秋三季都有鲜花绽放，为当年胡同中的一景。

金果胡同西口北侧有栋小楼，被街坊们戏称为"将军楼"，黄克诚、吴岱将军先后在此居住。

大后仓胡同为东西走向，东起赵登禹路，西至南草厂街，全长333米，均宽4米。1990年门牌为1—47号；2—56号。

胡同形成于明代，始称"北新草厂"，因屯草场所而得名。清代改称为"草厂胡同"。后析出两条胡同，此胡同较大，故称"大后仓"。1965年定名"大后仓胡同"。20世纪90年代危房改造中，大后仓胡同等拆除，建起冠英园住宅楼。目前仅为南草厂街与赵登禹路之间的一条通道。

在《北京寺庙历史资料》中，大后仓胡同15号（老门牌）曾有明代古刹崇兴寺。

据住在冠英园小区的齐大群先生介绍，现代著名作家张恨水先生住

173

在大后仓胡同东口。张先生在北京曾有多处住址，除大后仓胡同外，还有未英胡同、钟声胡同和砖塔胡同等。

小后仓胡同原为东西走向，东端南折至后广平胡同，西端北折至前半壁街，全长 417 米，均宽 4 米。1982 年门牌为 1—39 号；2—38 号。

胡同形成于明代，始称"北新草厂"，因屯草场所而得名。清代改称为"草厂胡同"。后析出两条胡同，此胡同较小，故称"小后仓"。1965 年定名"小后仓胡同"。

1988 年之后，将胡同里多处居民平房院拆除，建起九栋居民楼。现存有少量平房。

南草厂街南北走向，南起大觉胡同，北至西直门内大街，中部与大后仓胡同、柳巷、北魏胡同、东冠英胡同、小乘巷、大乘巷等相交。全长 625 米，均宽 6 米。1990 年门牌为 11—113 号；2—86 号。

此街形成于明代，为北新草厂所在地，清代形成街巷后因处于草厂南部，改为"南草厂"，1965 年定名"南草厂街"。1990 年至 2003 年，北段道路拓宽之后均宽 14 米。

原副总参谋长伍修权将军住在南草厂胡同 49 号院。

伍修权（1908—1997），曾用名吴寿泉，祖籍湖北大冶，出生于湖北武昌。著名中国人民解放军高级将领，无产阶级革命家、军事家、外交家。伍修权将军戎马一生，在土地革命、抗日战争、解放战争中屡立战功。中华人民共和国成立后，先后担任外交部苏欧司司长、副部长，中国驻南斯拉夫首任大使等职。1950 年 1 月，随周恩来总理赴莫斯科参加中苏会谈，并参与起草中苏友好条约等一系列工作。1950

南草厂胡同　摄影：满旭

174

年 11 月，联合国安理会审议中国提出的"美国武装侵略台湾案"，作为中国政府特派代表，在联合国讲台上严厉驳斥美国及其同伙对我国的种种诬蔑和诽谤，维护了我国主权和尊严。

目前，南草厂街变化较大，从原有的居民平房区改为驻地单位与居民楼融为一体的街区，街道内有西城区行政干部学校、西城区职工大学、西城区经济科学大学、西城区委党校等单位。而随着居住功能的逐步减弱，这条街道成为西直门内大街连接平安里西大街的通道之一。

前广平胡同为东西曲折走向，东起南草厂街，西至西直门南小街，全长 600 余米，均宽 4 米。东部有岔巷与后广平胡同相连。1982 年门牌为 3—13 号；2—14 号。

后广平胡同为东西走向，东起南草厂街，西至西直门南小街，中部与小后仓胡同相交，全长 561 米，均宽 5 米。1990 年门牌为 1—51 号；4—38 号。

两条胡同形成于明代，统称"广平库街"，亦称"西新仓"，因仓库得名。清代析为两条胡同，分别叫"前广平库胡同""后广平库胡同"。1965 年定名"前广平胡同""后广平胡同"。

目前，这两条胡同变化较大，由于城市建设的需要，前广平胡同已被拆除，仅存有南北走向的岔巷。后广平胡同居民平房院存量不多，内有官园公园、西城区第二图书馆、黄城根小学、曙光幼儿园等单位。

这几条胡同虽然早期都与仓储有关，但随着历史的变化与更迭，这些仓储之地逐步被街巷所替代。而随着城市的发展，这些街巷又无时无刻不发生着变化。而"公用库""拣果厂""北新草厂""广平库"成为老百姓们口口相传的故事，并一代又一代地传承下去。

四、几条带"安儿"的胡同

西直门东南侧有几条带"安儿"的胡同，即晓安胡同、大安胡同、中大安胡同、北大安胡同。在"安"与"安"的胡同之间，还夹杂着

"葱店""地昌"等胡同。

这些胡同形成于明代。明嘉靖年间的《京师五城坊巷胡同集》中有"唰唰胡同"的记载。据某些地方志的学者认为，"唰唰胡同"就是后来"扒儿胡同"的前身。"唰"音 ba，"唰唰"是鸟的鸣叫声，"唰唰鸟"是一种鸟的名称，俗称八哥。由于"唰唰"过于生僻，万历年间的《宛署杂记》按照谐音改成了"扒儿胡同"。这个名称一直延续到清代的乾隆年间。

光绪年间的《京师坊巷志稿》和《光绪顺天府志》出现了"南、中、北趴儿胡同"的记载，说明从单一的"扒儿胡同"细化为南、中、北3条胡同。但这时的"扒"变成了"趴"，《京师坊巷志稿》和《光绪顺天府志》有"趴亦作笆"的注释。这里的"笆"并不是篱笆的意思，而是取自"趴"的发音。

民国初年的《北京内外城详图》中，"趴儿"演变成了"安"，并有了晓安胡同、中大安胡同、大安胡同、北大安胡同的称谓。陈宗蕃的《燕都丛考》亦有"南扒儿胡同，今改晓安胡同；大扒儿胡同，今改为大安胡同；中扒儿胡同，今改为中大安胡同；北扒儿胡同，今改为北大安胡同"。

1965年，把"六个门"改称为晓安南巷，于是带"安儿"的胡同增至5条。

晓安南巷为南北走向，北起地昌胡同，南至永祥胡同，东与钥匙胡同相交，全长80米，均宽5米。1990年门牌为1—5号；2—10号。

中大安胡同　摄影：马月文

胡同形成于

176

民国时期，因胡同内有六个院门，故名"六个门"。因在晓安胡同东南，1965年定名"晓安南巷"。值得一提的是，从民国时期的老地图上看，南大安胡同旁还有一条叫"八个门"的短巷。因有8个院门，故名"八个门"。1965年并入南大安胡同。

晓安胡同为东西走向，东起永祥胡同，西至西直门南顺城街，北通南大安胡同，全长195米，均宽5米。1990年门牌为1—3号；4号。

晓安胡同在民国时期从南大安胡同析出，以居民平房院为主。

1号院为两进带西跨院的四合院。门楼两侧有一对鼓形门墩，院门前为三步台阶。一进院以门楼为界，东侧、西侧各有1间和5间倒座儿房。一进院西侧还有一处不大的西跨院。西跨院与前院之间有段隔墙，中间有带四扇屏风的圆形二门。二进院为正院，内有北房3间带各1间东西耳房，东西厢房各3间。种有海棠、榆树、枣树等树木。

南大安胡同为东西走向，东起西直门南小街，西至西直门南顺城街，中部与地昌胡同、晓安胡同相交，全长252米，均宽5米。1990年门牌为1—13号；2—10号。

南大安胡同从南扒儿胡同演变而来，1965年将"八个门"并入，其名称沿用。

北大安胡同为东西走向，东起西直门南小街，西至西直门南顺城街，中部与葱店胡同、翠峰胡同相交，全长230米，均宽4米。1990年门牌为3—19号；2—8号。

北大安胡同从北扒儿胡同演变而来，1911年后更名为"北大安胡同"。

胡同以居民平房院为主。6号院为原北京市纺织品公司西城分公司，原为明太监陈日新故宅。正统十年（1445）建庙，为五华观下院。景泰二年（1451）赐额"妙清观"。

20世纪60年代，妙清观南侧有一处公用自来水龙头，水龙头下面有一个用大理石雕刻的水槽。附近居民都要到这里打水。为了用水方便，各家各户都备有水缸。那时候，商业不太发达，为了打瓶酱油、醋什么的，需要跑到葱店胡同副食店；想买点生火做饭的煤球，需要跑到后大坑的煤厂；想扯点布料、买点文具之类的商品，只能跑到西直门东侧的百货店。

除了这几条带"安儿"的胡同外，与它们相邻的还有葱店胡同、翠峰胡同、地昌胡同、永祥胡同、钥匙胡同等。在民国时期的老地图上看，原西弓弦胡同西侧与西直门南顺城街之间还有一处叫"黄旗马圈"的地方。

这几条小胡同以居民平房院为主，除有少量商业服务网点外，还有翠峰寺、翠峰庵、华严寺、地藏庵等旧址。

贴着老墙根有三条顺城街，即南顺城街、北顺城街和西顺城街。其中北顺城街位于阜成门内大街至宫门口西四条的西口，西顺城街位于宫门口西四条西口至前秀才胡同西口，南顺城街位于前秀才胡同西口至西直门内大街路南。旧时，这三条顺城街西侧与城墙根之间有条通道，常有粪车或运输煤炭的车辆过往。20世纪八九十年代，随着城市建设的发展，三条顺城街先后拆除，辟为顺城公园和城市绿地，为附近百姓们健身、休闲的场所。

五、西直门南小街

西直门南小街为南北走向，北起西直门内大街，南至冰洁胡同，西通西直门南大街，中部与平安里西大街、福绥境、后广平胡同等相交，全长942米，均宽6米。1990年门牌为9—195号；12—210号。

形成于清代，北段称"南小街"，南部称"太平街"。因位于西直门内南侧，故又统称西直门南小街，简称"南小街"。1965年将东侧的图治大院并入，其名称沿用至今。

南小街为西直门内大街与福绥境、官园胡同、西廊下胡同一带的通道，因此，中华人民共和国成立之后，这条街上驻地单位和商业服务业网点相对集中，像国家环境保护部、中国少年儿童发展中心以及北京市第九十八中学、北京市外事职业高中、北京市青年宫、电信部招待所等。北侧以北京无线局大楼为中心发展起来

西直门南小街　摄影：王云鹤

"电子通信一条街"。目前，西直门南小街变成了商贸服务、办公大楼、居民小区、休闲娱乐为一体的新型街区。

西直门南小街也是条历史文化较为厚重的街道。据《北京寺庙历史资料》记载，这条街有弥勒院、德福庵、妙清观、法华寺等四座建于不同年代的寺庙旧址。

弥勒院位于西直门南小街 127 号（旧门牌）。始建年代不详，万历四十六年（1618）重修，内有殿房 85 间。整座庙宇坐北朝南，依次有山门、天王殿、弥陀殿、念佛殿、讲堂等建筑。山门朝东，石门额上刻有"敕建护国弥勒院十方禅林"，落款为"万历戊午年孟夏吉旦重修"。1928 年"自行管理供佛修行，自行设立僧人小学校，自行设立僧人念佛堂。僧房设半日学校"。庙内法物有"三圣佛三尊，西方三圣三尊，弥勒佛一尊，菩萨十四尊，四天王四尊，关公一尊，大铜钟一口，大鼓一面"。1936 年"供佛僧舍客堂禅房外，皆作增加疗养院使用，前房五间为市立第二十九简易小学分校借用"。庙内法物有"礼器三十件，法器七件，经典七部，佛菩萨像三十七尊，神像二十一尊"。1947 年时任住持为可观。

当年，弥勒院在京城有很大名气。过去北京的佛教寺院大体上分成三派，即以西四十字路口西侧的广济寺为代表的南派；以大石桥胡同的

179

拈花寺代表的北派；以西直门南小街的弥勒院为代表的山西五台山派。因此，在《燕都游览志》和《日下旧闻考》对该寺均有记载。如《燕都游览志》有"阜成门迤北三里许为正义坊，坊北数武有十方禅院，相传为北留庵。万历初，有大力者夺之。于是五台陆公捐资首唱归其直，堂其址。奋筑之余，得残碑尺许，有贞观年月及北留寺记等字，然后知其为唐寺也"。又如《日下旧闻考》有"十方禅院在西直门小街，土人亦呼为弥勒庵。唐残碑无考"。通过《燕都游览志》和《日下旧闻考》等文献资料，可知弥勒院亦有"弥勒庵""十方禅院"之称。

在《光绪顺天府志》记载了这样一件事，弥勒庵曾"毁于崇祯十一年安民厂火药局灾，今存殿三楹"。因为安民厂设在西直门东北侧，崇祯十一年（1638）发生火灾，并引燃火药。弥勒庵距安民厂较近，有所波及，故"今存殿三楹"。

另外，德福庵坐落于西直门南小街101号（旧门牌），妙清观坐落于西直门南小街3号（旧门牌），法华寺（尼僧庙）坐落于西直门南小街99号（旧门牌）。由于道路拓宽及旧城改造，这四座寺庙的旧址已无法找到。

据居民们介绍，南小街129号楼为中国京剧团宿舍，于魁智、迟小秋、迟重瑞、张火丁等京剧名家曾在此楼居住。

于魁智，著名京剧老生演员。1978年考入中国戏曲学院，1982年以各门功课全优成绩毕业后，加入中国京剧院一团任老生演员。现任中国京剧院艺术总监、中国剧协副主席等职。于先生对中国传统京剧艺术执着追求，形成了严谨规范、忠于传统、清新流畅和自然洒脱的表演风格。

迟小秋，1977年入辽宁阜新戏校学戏，1981年学习程派表演艺术，1983年拜程砚秋先生嫡传弟子王吟秋先生为师，被著名剧作家翁偶虹先生誉为"程派标准传人"，为当今京剧程派艺术的领军人物。其唱腔颇具程派寓刚于柔、幽咽委婉之特色，同时兼有雅丽清新、圆熟优美之个性。她多次参加全国和国际重大艺术活动，曾率团先后赴全国各地以及美国、加拿大等国家和地区演出，受到热烈欢迎和广泛赞誉，在海内外戏剧界颇有影响。

迟重瑞自幼酷爱戏曲表演。1981 年由上海戏曲学院表演系毕业后曾进入影视圈，在几部影片中担任主要角色，如《西游记》中的唐僧、《金色晚秋》中的杜明光、《笔中情》中的二公子桓述、《这不是误会》中的水产大组长孙水康……1989 年版的《西游记》播出后，赢得了观众高度评价。

张火丁为国家京剧院青衣演员，著名程派艺术家赵荣琛先生的关门弟子，为程派第三代传人。代表剧目有《荒山泪》《锁麟囊》《红鬃烈马》《春闺梦》《秋江》《绝路问苍天》《江姐》等剧目。她在京剧表演中音色纯正幽远，行腔低回婉转，表演节奏鲜明，身段丰富多彩。现为国家一级演员，中国戏曲学院教授。

另外，中国美术馆副馆长高玮先生、书法家杨开金先生也住在附近。

高玮先生长期坚持临帖，吸取其精华。其书法作品既有唐楷的法度，又有汉魏的风骨，给人以扎实沉厚、神情郁勃的美感。

杨开金先生，笔名开今，中国硬笔书法家协会副主席、中国文化报社副社长。

杨先生成功之处是把书法中的行书和硬笔中的行书有机地结合在一起，并形成自己的风格。杨先生的毛笔书法有硬笔的刚健劲朗，硬笔书法又有毛笔特有的弹性和质感，被行内称为"洒脱清丽，摇曳生姿，刚柔相济，自出新意"。

六、东、西观音寺胡同

在老北京城里，什么庙宇最多呢？

最多的当属关帝庙。据不完全统计，老北京城里有 100 多座关帝庙，其中包括白马关帝庙、倒座关帝庙、双关帝庙、关岳庙、铁老鹳关

东冠英胡同　摄影：王治夏

帝庙、姚彬关帝庙、鬼王庵关帝庙（东直门外），以及诸如三元庙、伏魔庙、三义庙、白庙、红庙、五义庙、高庙等等。

然后就属观音庙了。在北京城里有观音寺、观音庵、白衣庵、紫竹禅林、海潮观音堂、倒座观音堂、东观音寺、西观音寺、南观音寺、北观音寺、永寿观音寺、镇水观音庵、白衣观音庵、观音院、观音阁等不同称谓。而东、西观音寺，在东、西城各有2座。

东冠英胡同为东西走向，东起赵登禹路，西至南草厂街，中部与小乘巷相交，全长374米，均宽5米。1990年门牌为1—55号；2—40号。

国英胡同为东西走向，东起西直门南小街，西至西直门南顺城街，全长242米，均宽3米。1990年门牌为1—39号；2—22号。

这两条胡同形成于明代。嘉靖年间的《京师五城坊巷胡同集》和万历年间的《宛署杂记》统称为"观音寺胡同"或"观音寺街"。清代光绪年间的《京师坊巷志稿》和《光绪顺天府志》分别记载为"东观音胡同"和"观音寺胡同"。东观音寺胡同1965年定名"东冠英胡同"。观音寺胡同1911年后演变为"西观音寺胡同"，1965年定名"国英胡同"。

东观音寺坐落于东观音寺胡同15号（老门牌5号）。始建于明代，占地面积约3亩，内有殿房51间。整座庙宇坐北朝南，依次有山门、弥勒殿、天王殿、观音殿及东、西配殿。山门石门额上刻有"敕赐观音禅寺"。关帝殿前有月台，屋檐下挂有"乾坤正气"的匾额，落款为

"道光十四年六月二十四日谷旦"；殿的北侧挂有"汉天孤月"的匾额，落款为"道光十四年五月十三日"。观音殿屋檐下挂有"法云慈佑"的匾额，落款为"道光壬寅二月十九日"。1928年庙内有"佛像神像大小三十八尊，其中泥质二十二尊，木质十六尊，泥五供三堂，铜钟一口，小鼓一面，皮鼓一面，铁磬一口，铜磬一口，木八宝一份，木鱼一个，小磬一个，《大乘经》五十余本"。1936年庙内有"佛像三十位，神像八位，礼器二十件，法器六件，经典五十余本"。

通过上述文字说明，当年新街口地区除广济寺、历代帝王庙、妙应白塔寺、朝天宫等大型寺庙外，东观音寺属于中型的寺庙。而在观音寺（庵）中它又属于规模最大的一座，尤其是关帝殿前面还有月台，这种规制在其他观音寺（庵）是没有的。1947年北平市民政局进行第二次寺庙总登记时，该寺时任住持为湛恒。湛恒除在该寺担任住持外，还是前桃园1号观音寺的住持。

西观音寺位于国英胡同4号（原西观音寺17号）。始建年代不详，明嘉靖三十四年（1555）重修。占地面积约3亩。整座庙宇坐北朝南，依次有山门、二门、三世佛大殿及东西配殿，内有殿房17间。山门石门额上刻有"古刹观音寺"；三世佛大殿屋檐下挂有"大觉方明"的匾额，落款为"壬戌二月吉立"。在东、西配殿旁带有左右耳房各2间。1936年庙内有大小铁钟2口、大小铁磬3口、佛偶像而12尊、铁五供一堂、铁香炉1个、旧瓷炉3个、铜五供一堂、木鱼2个、钟鼓1个，有《金刚经》《药师经》《法华经》各1部，另有石碑两座。1947年时任住持为觉密。

这两座庙宇虽然都是观音寺，但与东观音寺相比，西观音寺建筑规模显然小了许多。

东冠英胡同40号院（旧门牌东观音寺甲22号）曾经是溥仪、李淑贤夫妇居住过的院子。1959年12月，溥仪特赦之后，先住在前井胡同的妹妹家。后经朋友介绍，与北京朝阳区关厢医院护士李淑贤女士相识并结成夫妻。1962年6月1日，他们搬到此院，溥仪在这个院子里度过了生命最后的几年时光。这个院子坐南朝北，东边挨着居民院落，西侧为南草厂幼儿园和副食商店。其建筑风格与南草厂幼儿园相近，房前有带拱形装饰的廊子。院内有北房五间及东、西厢房各一间。

胡同里还有"样式雷"旧宅。"样式雷"，是人们对雷姓世家200多年来主持皇家建筑设计的一种尊称。

"样式雷"祖籍江西永修，从康熙年间由江宁来到京城，到光绪年间的雷廷昌先生，雷家有7代人为清廷进行宫殿、园囿、陵寝以及衙署、庙宇等设计和修建工程。由于雷家几代都是清廷"样式房"的掌案引领人，被世人尊称为"样式雷"。雷氏家族进行建筑设计方案，都按1∶100或1∶200的比例先制作模型小样进呈内廷，以供审定。模型用草纸板热压制成，故名"烫样"。其台基、瓦顶、柱枋、门窗以及床榻桌椅、屏风纱橱等均按比例制成。原东冠英胡同1号、3号、5号、7号、9号和11号，为"样式雷"的房产。

目前，这两条胡同变化都很大。自20世纪80年代之后，国英胡同居民平房院逐步拆除，陆续建起楼房。其中的中国科学院两栋高层住宅楼为观音寺旧址。国英胡同仅为楼宇间的一条通道。东冠英胡同虽然还保留着胡同的性质，但胡同北侧已经被居民楼所代替，仅剩下胡同南侧的少量居民平房院。胡同内曾有福绥境街道办事处，2004年与新街口街道合并后，统称新街口街道办事处，目前在西直门内大街128号办公。

七、前、后半壁街与育幼胡同

前半壁街为东西走向，东起南草厂街，西至西直门南小街，北与后半壁街相交，全长426米，均宽6米。1990年门牌为17—37号；2—92号（其中4—46号已经拆除，为小后仓居民小区北侧的楼宇）。

胡同形成于清代，始称"半壁街"。在《京师坊巷志稿》注解为"半壁街，析津志有半边街，疑此沿其旧称"。1965年定名"前半壁街"。

184

后半壁街为东西曲折走向，东起前半壁街，西至西直门南小街，全长 404 米，均宽 5 米。1990 年门牌为 11—27 号；2—54 号。

胡同形成于清代，始称"老虎庙"，因寺得名。因位于前半壁街北侧，1965 年定名"后半壁街"。

据这里的居民们讲，老虎庙和胡同里的净修寺有关。净修寺坐落于后半壁街 64 号（旧门牌），始建于清嘉庆年间，内有殿房 10 间半。整座庙宇坐南朝北，依次有山门、前殿、后殿及东西配殿。庙宇虽然规模不大，在山门前却有一对体形硕大的石质老虎。因此住在西直门一带的居民把净修寺俗称为"老虎庙"，并引申到胡同名称之中。

中华人民共和国成立后，这个庙曾一度改成老虎庙幼儿园。后来与附近的翠峰庵成为绣花合作社的车间。20 世纪 80 年代后期，北京无线局在其旧址上兴建北京移动西直门营业厅。

老虎庙曾有座府邸建筑——恂郡王府。

恂郡王是康熙第十四子，雍正同母的弟弟允禵（1688—1755），也就是《雍正王朝》所提到的十四爷。之后，恂郡王府又成为九公主府和椿贝子府。《天咫偶闻》记载为，"椿贝子府在西直门内半壁街，贝子为成哲亲王（永瑆）后人。此府昔为九公主所居，宣宗第九女也"。清宣宗道光皇帝第九女为寿庄公主，同治二年（1863）下嫁额驸德徵，赐恂郡王府为公主府，民间亦称"九公主府"。同治四年（1865）德徵卒。同治十一年（1872）此府又赐予椿贝子，民间亦称"椿贝子府"。中华人民共和国成立后，恂郡王府改建为总政招待所，后改为西直门宾馆。

后半壁街 34 号是原伪满洲国国务总理郑孝胥的住宅。

郑孝胥（1860—1938），字苏堪，号海藏，福建闽侯人。清光绪八年（1882）举人。光绪十七年（1891）东渡日本，任使馆秘书，神户、大阪领事等职。光绪二十年（1894）回京，历任总理各国事务衙门章京、京汉铁路南端总办。宣统三年（1911）为湖南布政使。清灭亡后，以前清遗老自居。后追随溥仪，出任伪满洲国国务总理一职。1938 年，

185

郑去世后，日伪政府将他的住宅改为祠堂。1949年后，该院落由部队首长居住。

前半壁街也有座府邸建筑，其府主人命运与允禵极为相似，他就是直郡王允禔。

允禔系圣祖康熙帝之子，康熙三十七年（1698）封为直郡王。康熙四十七年（1708）十一月，因"魇咒"太子胤礽，谋夺储位，被削爵囚禁。康熙派遣贝勒延寿、贝子苏努等20余人并护军参领及护军近百人"更番监守"，将直郡王允禔囚禁府中。

据《北京西城文物史迹》记载，直郡王府有大门、正门各3间，正殿5间，后殿、后寝殿各5间，后罩房11间。

目前，由于前半壁街为南草厂街通向西直门南小街，直至西直门南大街的通道之一，胡同里除南侧的小后仓居民小区外，以商业服务业网点为多，胡同里也较为热闹。而后半壁街则显得清净了许多，除胡同东侧有少许居民住宅楼外，以居民平房院居多。

育幼胡同为南北走向，北起大觉胡同，南至翠花横街、富国街、育强胡同接合部，中部与金果胡同、育教胡同、平安里西大街相交，全长396米，均宽6米。1990年门牌为1—3号；2—22号。

胡同形成于清代，因位于端王府东侧，故名"王府夹道"，1911年改为"端王府夹道"。因胡同位于原北京幼儿师范学校北侧，1965年将西门楼并入，定名"育幼胡同"。

清代时，新街口地区为府邸建筑较为集中的区域，在《北京西城文物

育幼胡同　摄影：马月文

186

史迹》中记有惠郡王府、直郡王府、恂郡王府等府邸建筑多处。其中规模最大的为育幼胡同西侧的诚亲王旧府和果亲王府，即后来的质亲王府和端王府。

诚亲王允祉为清康熙帝第三子，康熙三十七年（1698）三月封为诚亲王。雍正八年（1730）"以罪除"。雍正十年（1732），允祉去世后并没有什么说法，直到乾隆二年才追谥为"隐"。允祉三子弘晟在康熙五十九年（1720）被立为世子，但仕途颇为坎坷。雍正二年（1724）被革职后又受到禁锢。允祉第七子弘璟，在雍正八年（1730）被封为贝子后，因府邸建筑与身份不符，在新街口东侧的蒋家房（即现在的新街口东街）建立新府，即贝子弘暻府。所以在《啸亭续录》中有"诚亲王新府在蒋家房"的记载。

质亲王永瑢为乾隆皇帝第六子。乾隆二十三年（1758），慎郡王允禧去世之后，乾隆二十四年（1759）十二月，永瑢奉旨为慎郡王允禧之嗣，袭贝勒爵。乾隆三十七年（1772）十月封为质郡王。乾隆五十四年（1789）十一月晋封质亲王。乾隆五十五年（1790）卒，谥号"庄"。

永瑢号九思主人，诗文绘画皆佳，著有《九思堂诗钞》。所画《长江帆影图卷》为描绘自然风光之珍品。

其第六子绵庆于乾隆五十五年（1790）袭质郡王爵。嘉庆九年（1804）卒，谥号"恪"。

绵庆精通音律，在《啸亭杂录》中有"王自辛酉夏始亲音律，其后九宫谱调无不谙习，较之深学者尤多别解"。其后人奕绮、载华、载刚、溥泰、溥龄、毓亨等人分别被封为贝勒、贝子、一等辅国将军、一等镇国将军、镇国公等爵。清末时，府里居住着溥龄，故民间亦有"龄公宅"一说。

1900年，八国联军攻入北京时质亲王府被烧毁。民国期间其旧址曾一度为北京大学工业学校的操场。

质亲王府东侧为果亲王府，即史书上记载的"东官园西口"。允礼为康熙皇帝第十七子，雍正元年（1723）十月封为果亲王。果亲王府坐北朝南，府为东西两院。西院由宫门、二宫门、银安殿、东西配殿、后殿、寝殿、后罩房等建筑组成。东院为花园，内有大土丘。

乾隆三年（1738）允礼去世后，因其膝下无子，庄亲王允禄等人请奏，以雍正帝第六子弘瞻为允礼之嗣。同年，弘瞻袭果亲王。乾隆二十八年（1763），弘瞻"缘事"降为贝勒。乾隆三十年（1765）复封果亲王。弘瞻去世后其子贝勒绵律在此府居住。嘉庆十一年（1806），绵律因故"革退"，迁至孟端胡同居住。此府由清嘉庆帝第四个儿子瑞亲王绵忻居住。

绵忻于嘉庆二十四年（1819）被封为瑞亲王。道光八年（1828）病故，谥号"怀"，其子奕志袭郡王爵。道光三十年（1850）去世后谥"敏"。因奕志无子，以淳亲王奕誴第二子载漪为嗣子，于咸丰十年（1860）袭贝勒。因在光绪二十年（1894）晋端郡王，该府始称端王府。光绪二十六年（1900）义和团运动中，端王府为主要坛口之一。八国联军侵占北京后，王府被毁。载漪革爵，发配新疆永远监禁。载漪第二个儿子溥儁，在光绪二十五年（1899）被立为"大阿哥"，即光绪皇帝的继承人。光绪二十七年（1901）因载漪获罪，撤销"大阿哥"封号。

端郡王府坐北朝南，南为官园，北为前广平胡同，东为端王府夹道，西为质亲王府。府内有宫门5间，银安殿7间，后殿7间，后寝殿7间，东为花园，马圈在官园南侧（后一度为北京第七十七中学）。

光绪三十年（1904），农工商部在端王府旧址上建立工业学堂，后改为高等工业学校。民国之后又改为北京工业专门学校、北京工业大学、北京大学工学院。1915年，北京师范学校迁到工府南部办学。王府西侧曾辟建操场。在《燕都丛考》中有"又北即师范学校、工业学院及操场地"的注释。中华人民共和国成立后，端王府旧址曾一度为中科院下属部分研究机构的办公之所。现由中央纪委及中国少年儿童活动中心使用。

八、与地标性物件有关的胡同

所谓的地标性物件内容较为广泛，或是衙署，或是建筑，或是树木，或是门楼，甚至还可能是百姓们约定俗成的东西。

北魏胡同东西走向，东起赵登禹路，西至南草场胡同，中部有两条岔巷（即北口袋胡同）与柳巷相通，全长 380 米，均宽 5 米。1990 年门牌为 1—39 号；2—48 号。

胡同形成于明代，因胡同内设有护卫京城的永清左卫署，故名"永清左卫胡同"。清代亦称"卫儿胡同""魏儿胡同"。后为区别于西四北侧的卫儿胡同，改名为"北卫儿胡同""北魏儿胡同"。1965 年定名"北魏胡同"。早年胡同里曾有北京印刷科学技术公司、新华书店西城区店及书刊销售部等单位。2000 年前后，随着城市建设的需要，北魏胡同居民平房院均被拆除，目前此胡同为楼宇间的通道。

据《北京寺庙历史资料》记载，胡同内曾有一座建于明成化年间的古刹——龙泉禅林。

另外，清光绪年间的《京师坊巷志稿》记有"北卫儿胡同，正黄旗觉罗学在北"。据这里的居民介绍，北魏胡同小学前身为清正黄旗觉罗学，觉罗学即为"教诲觉罗子弟"所设的学校。

柳巷为东西走向，东起赵登禹路，西至南草厂街，中部与北魏胡同相交，全长 380 米，均宽 4 米。1990 年门牌为 1—55 号；2—104 号。

胡同形成于清代，始称"柳巷儿"，因树得名。清代改为"柳巷"，并沿用至今。

据《北京寺庙历史资料》记载，胡同内曾有座叫"朝阳庵"的寺庙。由于这座庙宇规模较小，且荒废时间较长，知道这座寺庙的居民很少。

胡同以居民平房院为主。2000 年前后，随着城市建设的需要，胡同拆除，仅为楼宇间通道。

金家大院为南北曲折走向，北起金丝胡同，南至大帽胡同，中部与北帽胡同相通，全长 185 米，均宽 3 米。1990 年门牌为 1—23 号；2—22 号。

胡同形成于清代，因胡同中住有金姓大户，故名"金家大院"，并沿用至今。

所谓的"金家大院"，在坊间亦称"金家老宅"，其旧址为 17 号院。金家为满族人，在清廷为官，和"东北王"张作霖及张学良将军有一定关系。金家老宅坐南朝北，为三进带花园的四合院建筑。目前为北京金台饭店职工宿舍，其院内建筑均已改建。

10 号院的北京军区员工宿舍，为三进四合院建筑。二进院子为主院，由 3 间正房及各 1 间东西耳房和各 3 间东西厢房组成。正房屋檐前有一段遮风挡雨的走廊，走廊内和屋子内铺着老式釉面砖。屋前东侧有棵石榴树，稀稀落落的淡红色石榴挂在枝杈之间。走廊南侧有几株藤蔓植物，在阳光的直射下，娇嫩的茎叶顽强地缠绕在细细的绳索上。丛荫中数朵喇叭形的小花竞相开放，为寂静的小院增添了几分情趣。三进院的建筑与二进院建筑结构基本相同，院子中央有棵古槐。

院门外的院墙上书写着"军魂"和"军民鱼水情"等大字。南侧有块被绿色植被包裹的空地，被住户打造成茶屋的样式。矮桌、茶具、机凳，再加上点缀其中的盆景、山石，透出一丝文雅之气。

金家大院南侧有一条 30 余米长并与北帽胡同相通的小帽胡同，1965 年并入了金家大院。至此，原本"前、后、大、中、北、小" 6 条以"帽"得名的胡同变成了 5 条。

四根柏胡同曲折走向，北起北帽胡同，南至宝产胡同，西至赵登禹路，全长 334 米，均宽 3 米。1990 年门牌为 1—19 号；2—40 号。

胡同形成于清末时期，《京师坊巷志稿》和《光绪顺天府志》均有"四根柏胡同"的记载。同时注明"桥一，神机营所属骏字马队置厂于此"。据这里的居民们讲，因胡同里长着四棵柏树，故名"四根柏"。

四根柏胡同 10 号院为著名文学翻译家傅惟慈先生住过的院子。

傅惟慈（1923—2014），曾用名傅韦，北京人，1923 年生于哈尔滨。傅先生先后在辅仁大学、浙江大学、北京大学攻读西方语言和文学。1950 年从北京大学毕业后，在清华大学及北京大学从事外国留学生汉语教学工作。后从事俄语、德语翻译，翻译了许多匈牙利、波兰、德国等国的当代文学作品。"文革"后在北京语言学院教授英国语言。主要翻译作品有罗莎·卢森堡的《狱中书简》《席勒评传》，托马斯·曼的《布登勃洛克一家》等。傅先生还自称是"一个收集癖患者"，在钱币收藏方面独有心得；同时还是一位旅游和摄影爱好者，其摄影作品被业内人士称许。

傅惟慈先生居住过的 10 号院为小型四合院。院门外的南墙刚刚粉刷不久，灰白色的墙面在阳光下折射出柔柔的光泽。院墙上有两组花窗式的装饰物，里面绘有兰花的图案。透过院墙，院内两棵翠柏在春风的拂动中轻轻摇曳。葱郁的合欢树枝杈上挂满淡红色的伞状绒花。

大觉胡同为东西走向，东起赵登禹路，西至育幼胡同，全长 347 米，均宽 6 米。1990 年门牌为 3—43 号；2—50 号。

胡同形成于明代，因胡同东口的河漕（大明濠）上有过河桥梁，故称"北大桥胡同"。清代变为"大桥胡同""大角胡同""大脚胡同"等不同称谓。1911 年后按照谐音改为"大觉胡同"，并沿用至今。

大觉胡同内曾有北京市物资回收公司（现改为西城区平安医院住院部）等单位，余下以居民平房院为主。其中的 19 号和 39 号为典型的四合院建筑。

19 号院为两进带东西跨院的四合院。早年这个院子里有垂花门，院门外有照壁墙和上马石。这个院子的原房主姓马，在清廷中为官。

39 号院为三层院子组合在一起的四合院，横亘于大觉胡同与大乘巷之间。这里的居民介绍说，在大觉胡同，这是个数得着的老院子。产权人为在京经商李姓天津人。

据吴彦龙先生回忆，他从 1977 年到福绥境街道工作后，曾在大觉胡同 31 号上班，当时为街道劳动科和劳动服务公司所在地。这个院子不大，里面并排 6 间北房。劳动科主要承担着待业青年的安置及社会闲散劳动力的管理。劳动服务公司则通过商业网点的设置，以解决待业青年的就业安置问题。

目前，这几条胡同或多或少发生了变化，尤其是柳巷、北魏胡同，已在历史的烟云中消失得无影无踪。

第五章　精彩瞬间

广济寺：讲清廉、有担当的古典寺院

占地面积：2.3 公顷。

始建时间：宋朝末年。

曾用名：西刘村寺。

历史沿革：广济寺初创建于金代（1115—1234），初名西刘村寺。

元代改称报恩洪济寺，后毁于兵燹，殿宇无存。

明天顺元年（1457）开始在原址重建，成化二年（1466）完工，更名"弘慈广济寺"。

明万历十一年（1583）、清康熙三十八年（1699），又两次重建。

民国年间，寺两次遭火灾，又两次重建。解放初期，政府拨款将全部寺舍修复，1953 年为中国佛教协会会址。此后又两次进行全面修缮，使之得以保存古寺原貌。

1984 年，公布为北京市文物保护单位。

1972 年和 1976 年，广济寺进行了两次维修。

2006 年 5 月 25 日，广济寺作为清代古建筑，被国务院批准为第六批全国重点文物保护单位。

广济寺位于北京阜成门内大街路北，是闻名全国的佛教寺庙，它是在金代西刘村寺遗址上，于明代天顺年间重建。因明英宗赐匾"弘慈广济"四字，又称"弘慈广济寺"。

中国佛教学会坐落于此

北京广济寺全称弘慈广济寺，是北京著名佛教古寺之一，位于北京市西四阜成门内大街 25 号，为中国佛教协会所在地。2018 年 8 月 15 日，中国佛教协会第九届理事会第三次会议在北京召开。会议同意由广济寺方丈演觉作为佛教协会副会长，临时主持中国佛教协会工作。

这则新闻，让更多人再一次将目光投到了位于新街口地区的广济寺。

广济寺前身是西刘村寺，创建于金末，因寺址位于金中都北郊西刘村，故名。金元之际，名僧万松行秀曾驻锡西刘村寺，圆寂后建塔于寺前。元末，西刘村寺毁于兵燹。明景泰年间，有耕地者在其址发掘出陶制佛像、供器等物，时人方知为古刹遗址。明成化年间，山西潞州僧人普慧与其徒圆洪得太监廖屏资助，在西刘村寺故址重建寺院，明宪宗皇帝赐额"弘慈广济寺"。成化二十年寺成，共建有山门、钟鼓楼、天王殿、大雄宝殿、大士殿、伽蓝殿、祖师殿、斋堂、禅堂、方丈室、僧舍等，殿宇庄严，崇宏

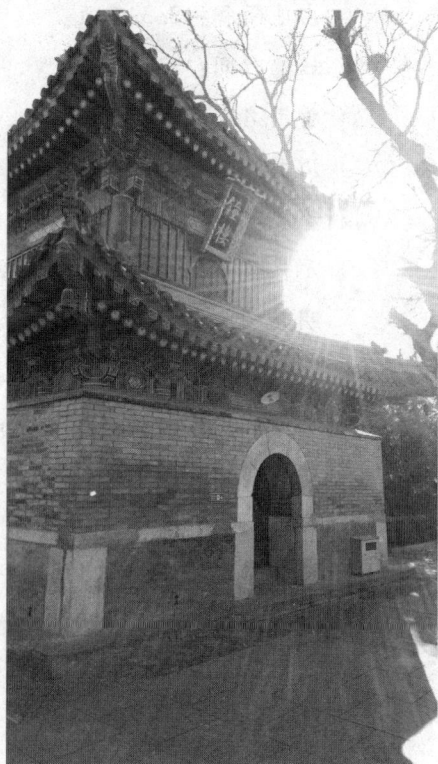

广济寺的钟楼　摄影：秒林

194

壮观。圆洪被授为僧录司右觉义和右阐教僧。广济寺自此成为皇家寺院，在京城地位显要。

清初广济寺由恒明律师倡举为律宗寺院，延请高僧玉光律师开坛传戒，一岁三期，凡十三载，后于顺治

大雄殿　作者：张涛

十六年奉旨说具足戒。广济寺成为京师主要律宗道场，在清代前中期律宗弘传中居重要地位。清帝顺治、康熙、乾隆先后驾临广济寺。清世祖顺治帝曾到广济寺礼佛敬香，并延请玉光大师入宫问法。康熙帝御赐广济寺寺额、碑文和"妙明圆通"匾额。乾隆帝御赐"广济寺铁树歌碑"勒石大殿前月台西侧，并御书"种诸善根"匾额悬于殿内。广济寺得到空前发展，在康熙年间达到鼎盛。天孚禅师及其后继者盛世修志，《京都弘慈广济志》（康熙二十三年）及《敕建弘慈广济寺新志》（康熙四十三年）先后问世，记录了广济寺自始建至康熙时期的历史沿革。

进入民国以后，广济寺以深厚的历史传承和优越的地理位置，始终处于京城佛教活动中心地位。民国五年（1916），现明法师出任广济寺住持。广济寺延续清代律宗寺院的传统，在京城开坛传戒10余次，举办各种法会道场20余座。民国十三年，创办弘慈佛学院，培养弘法人才，先后开办8期，成为北京地区僧伽创办佛教学院之始。民国十八年，开办平民工读学校，民国二十二年开办北平市私立广济小学，成为北京地区普及教育的重要力量。民国二十一年，广济寺遭遇火灾，造成空前惨重的损失。民国二十四年，在僧俗善信的赞助下，广济寺灾后重建，基本保持了寺院原有的格局。

195

中华人民共和国成立后，广济寺经过数次全面整修，较好地保留了古寺原貌。

1953 年，中国佛教协会在北京成立，会址设在广济寺。作为中国佛协驻地，广济寺协助佛协接待国内外来宾和举办重大佛事活动，成为全国佛教活动中心，对中国佛教事业在新时期的发展起着举足轻重的作用。

今日广济寺，山门临街，坐北朝南，山门正中上方有"敕建弘慈广济寺"匾额，为康熙御笔之宝。进入山门，中轴线上依次分布天王殿、大雄殿、圆通殿和多宝殿（大藏经阁）等主体建筑。

民国一场大火带走三件宝

"罪过，我没有保护好寺庙，以致寺庙在我手中焚毁！"亲眼看见寺庙燃起大火，广济寺住持现明大师心急如焚，大声痛哭。

时值民国二十一年隆冬，北风呼啸，广济寺举办华严息灾法会时，却突然爆发了灭顶之灾。当时，大众正在祈祷，院内电线被风刮落在炉火上，火苗沿着电线引燃席棚，随后延烧大殿。现明大师几次想冲进火里，均被众僧拦下。

此次火灾中，广济寺收藏的藏经、契据、账簿等均被焚，明朝建的67 间房屋也焚烧殆尽，还遗失了三件鲜为人知的宝贝——方缸、铁井和七叶槐。

方缸是明代的一件陶制品，其色黄中带绿，俗称"鳝鱼青"，造型美观，风格古朴，用来盛放被放生的鱼等水生动物。铁井是一种火成岩，石质坚硬，状如生铁铸件，故名铁井。僧人长年累月用绳索打水，而井口未留下绳痕。七叶槐乃七片叶子簇生，果实如念珠，今已被列入稀有树种保护。广济寺中，至今保存着方缸的残骸，而铁井和七叶槐却随着大火，永远消失在广济寺的记忆里。

火灾后，现明大师积极奔走，在社会各界名流的资助下，按照明朝格局于原址重建广济寺，其建筑规模更为壮观。真云大师讲述时，非常惋惜地说:"现在的庙宇都是后建的,古老的建筑已经不复存在。"

保持建筑整体性和寺院文物

"1995年,我刚来广济寺的时候,寺院地面还没有铺地砖。"真云大师来到广济寺后,广济寺开始修缮,发生了很大变化。院子地面整修时,寺院内的僧人觉得应该使用石头铺设,但是文物局专家细致讲述了建筑一体化的理论,砖与整个寺院的建筑是和谐的,石头会破坏整体美观,从而说服了众僧人,也让广济寺呈现今天的面貌。

进入广济寺,第一眼看见的就是大雄宝殿。"有一天,我们发现大殿屋檐处漏水,我们将情况立即反映给负责人,上级部门派来专业人士给我们检查。"据真云大师回忆,修葺完了后,他还亲自爬到脚手架上看过,确保砖瓦不会再漏雨。

居住在寺中的僧人能观察到寺院发生的细微变化,在广济寺日常维护中,扮演着举足轻重的角色,而他们对寺院的保护细致到每一个细节。"大殿内供奉的佛像,为了防止灰尘,我们专门安装了佛龛。为了防止香客和游人的损坏,我们为院子里的石碑修了栏杆。"真云大师介绍道:"我们出家为僧,寺庙就是我们的家。保护寺庙、保护佛像是我们本来就有的观念,这并不是文物局的硬性要求。"

如今广济寺每月农历初一、初八、十八、廿三固定开展四次活动,周围的居民在家中都能听见众僧人念经的声音。这延续了明旸大师留下来的模式,成为一代人的回忆。

展示文物精品 开展交流活动

中国信仰佛教的人士很多,却少有人知道中国佛教协会会址设在广济寺。广济寺因中国佛教协会的存在而增光添彩,成为中国佛教的窗口和举世瞩目的佛教重刹。

中国佛教协会自成立以来,不断开展与台、港、澳同胞,海外侨胞及华人佛教界的联谊工作。为加强相互交往,推进在寺院庄严、佛学研究、人才培养、资讯交换等方面的合作与交流，增进彼此之间的了解，促进发展了佛教事业。同时，中国佛教协会成立中国佛教文化研究所，开展佛教文化学术研究和中外佛教学术交流，出版佛教文化书刊，推动了佛学研究的深入开展。

"我们寺院经常接待外宾，多则四五十人，少则十几人，大家坐在一起谈论佛法。"真云大师介绍说，"他们有随身翻译陪同，交流起来并没有障碍。"广济寺僧人多次协助佛协接待外宾和举办重大的佛事活动，如中国佛牙数次出国巡游之前举行的恭送佛牙盛大法会、纪念鉴真大师圆寂 1200 周年大型纪念法会。斯里兰卡总理、柬埔寨国家元首、泰国僧王以及众多国家和地区的佛教代表团都曾前来参访。

广济寺作为历史悠久的佛家寺院，供奉着不少明清时期的佛像，寺内还收藏不少珍贵的佛教经卷、碑刻等文物。寺内保存着技艺精湛的铜佛像，两旁高大明亮的玻璃柜中陈列着尼泊尔、印度、孟加拉国、日本、斯里兰卡、缅甸、泰国、柬埔寨、老挝、印度尼西亚、越南、美国、新加坡及中国港、澳、台地区佛教界来访人士赠送的珍贵礼品，琳琅满目、美不胜收。

这些文物在佛教历史、雕刻史等学术领域，都有着重要的研究价值。

跟随僧人的脚步，可以看到山门后第一进院落，北面为天王殿，殿内供奉明代铜铸弥勒佛像，两侧是明代陶制四大天王像。弥勒佛像背后是佛教护法韦陀将军，与弥勒佛隔一层屏风面北而立。天王殿前，钟楼和鼓楼在东西两侧对称分布。天王殿后厦悬"三洲感应"匾额，为广济寺前方丈明旸法师所书。

从天王殿东侧往北，进入第二进院落。院中央一座八宝青铜宝鼎在汉白玉雕成的圆形石座上，铸于清乾隆五十八年（1793）。有 2 米多高，放置在刻花石座上，鼎身铸有佛教八供（轮、螺、伞、盖、花、瓶、鱼、结）等花纹，造型古朴大方，工艺精湛，是珍贵的艺术珍品。

主要建筑大雄宝殿，建在汉白玉石栏杆围成的台基上，台基南面矗立高大石碑四通：明修广济寺募缘碑、清康熙无字碑、明成化年间修建广济寺碑记和清康熙御制碑文。台基西侧有清乾隆御书诗碑一通。大雄殿内供奉的主尊为明塑三世佛。东西两侧为铜铸十八罗汉像。大雄殿内三世佛像背面影壁上，裱贴一幅高 6 米、宽 11.3 米的巨幅指画《胜果妙因图》，是清代著名画师傅雯奉乾隆帝谕旨为皇太后祝寿所绘，内容为释迦牟尼灵山说法的场景。画面上，释迦牟尼端坐在莲花座上，慈容可掬地向信徒讲经说法，周围 100 多位弟子洗耳恭听。有趣的是，听众中，还有中国的历史人物关羽、关平、周仓及布袋和尚等。

大雄殿后有月台通往圆通殿，殿内正中供奉大悲观音菩萨像，两侧为多罗菩萨和观自在菩萨。圆通殿内东西两侧设有"长生禄位"和"往生牌位"。

圆通殿后两侧各有垂花门，东为"登菩提路"，西为"入般若门"，由此进入最后一进院落。院中央汉白玉石座上的陶制方缸，为明代文物，在民国二十一年火灾中被毁，后用两道铁箍绑缚其外，是寺院兴衰变迁的历史见证。院中北面主体建筑为两层楼阁，下层为多宝殿，上层为舍利阁（藏经阁）。

多宝殿又称舍利阁，正中供奉三身佛，东西两墙嵌有木制经橱，不对游客开放，收藏着珍贵的佛教经典和文物，以及世界其他国家和地区赠送我国佛教界的珍贵礼品。这不啻是中外佛教界友好往来的见证，同时堪称一座小型的佛教艺术博物馆。真云大师介绍，目前，广济寺已经对多宝殿的墙面和地面进行防潮处理，更换殿内展柜，为珍贵的展品提供更好的保管和展示条件。

多宝阁东西两侧各有楼梯通向上层舍利阁，又名藏经阁，这里珍藏的佛教经典十分浩繁，仅图书室就有 23 种文字、10 多万册佛教经典、著作，仅收藏的《大藏经》就有 12 种版本，是研究中国佛教发生、发展和演变的重要史料，也是中国传统文化的重要组成部分。寺内还有 1721—1753 年甘肃临潭县卓尼寺能版印刷的一部藏文《大藏经》，共 231 包，是佛教中的珍贵文本。曾藏有明版《大藏经》和房山云居寺石经拓片 3 万余片。据寺志记载，康熙年间，有西域僧送一佛牙，曾供奉在大藏经阁。民国二十一年（1932）初，毁于火灾。1964 年，八大处灵光寺佛牙塔建成之前，释迦牟尼佛牙舍利曾于 1955—1964 年在此供奉。藏经阁两侧分别与东、西方丈相连，东方丈匾额"最上乘"，西方丈匾额"高着眼"。

藏经阁院落有西圆门通向西跨院。甬道往西靠北有一小院，原为清代广济寺大悲坛之所在，民国年间改为戒坛院，院门南向，木额"持梵律"。院内北殿原为清代大悲坛殿，民国十二年重修，名为"三学堂"，木额"戒日重光"。殿内为民国十五年所立"比丘戒坛"，坐落于殿堂正中，分为上下两层汉白玉石台。据《弘慈广济寺新志》记载，清代戒坛位置在"寺之东隅"。何时从东隅迁移至此，未见文献记载，但至迟在民国十五年，戒坛已坐落于此殿。

戒坛院往西有一座院落，院门东向，悬"弘慈佛学院"木额。院内有回廊连接的南北两个四合院，是民国时期"弘慈佛学院"所在地，后为中国佛教协会办公场所。

藏经阁院落有东圆门通向东跨院。东路亦有少量院落和房舍，为寺院办公场所和僧房。整座寺院布局严谨，庄严肃穆。广济寺的主体建筑在明代即已基本确定，后经历次扩建、重修、重建，遗存下来的主要单体建筑多为民国早期至民国中期所建，但仍保留了明代建筑的原有格局和清代官式建筑的形制。这座历经 800 余年兴衰更替的古刹，不仅是汉传佛教在北京地区传播与发展的历史见证，也是传承中国传统建筑艺术的重要载体。1983 年被国务院确定为全国重点佛教寺院。1984 年被确定为北京市文物保护单位。

白塔寺：融汇古与今的新街口地标

在北京阜成门内大街，无论是南侧新建的金融街的高楼大厦，还是北侧积淀着历史文化的胡同，都掩盖不了一座庙、一座塔的光芒，经历

800 多年的风雨沧桑，它以独有的魅力、神秘的气息屹立在现代与古老交织的都市，它便是元代建成的古刹——白塔寺。

单位名称：妙应寺。

俗称：白塔寺。

地址：西城区阜成门内大街 171 号。

概况：白塔寺是一座藏传佛教格鲁派寺院。该寺始建于元朝，初名"大圣寿万安寺"，寺内建于元朝的白塔是中国现存年代最早、规模最大的喇嘛塔。

白塔寺　摄影：崔耀平

1961 年，"妙应寺白塔"被中华人民共和国国务院公布为第一批全国重点文物保护单位之一。经过 2 年 7 个月的修缮，白塔寺于 2015 年 12 月 6 日重新开放。

始建于元代——避过天灾、战乱，屹立至今

白塔寺，位于北京市西城区阜成门内大街 171 号，是一座藏传佛教格鲁派寺院。

其实白塔寺只是俗称，是远近居民约定俗成的叫法。元世祖忽必烈统一中国后，开始营建元大都城，对于信奉藏传佛教的蒙古贵族来说，"一城一寺"的规划在营建之初便构想出来。一城便是指元大都城，一寺便是指白塔寺。

因此，白塔寺从构想、设计到建造，无论是规模还是政治地位，都远远高于当时其他寺庙。从规模上讲，它是现今白塔寺规模的 10 倍；从政治地位来讲，它是元朝的皇家寺院，是元朝历代帝王及皇室活动的重要政治场所，堪称元朝第一寺。而与

白塔寺　作者：张涛

它相距不远的北海白塔，只能算是小字辈。

元朝至今，已有 700 多年历史，700 多年风雨飘摇，元大都的遗迹已很难寻找，除了北土城的断壁残垣外，只有妙应寺白塔以倔强的姿态直插云霄，成为这个多民族统一王朝的象征。今天，它作为珍贵的文化遗存，承载着深厚的历史内涵。

如今，白塔寺院内水平线与山门外街面的水平落差，成了北京城市建设逐步"升级"的见证。白塔寺工作人员介绍，目前白塔寺外面的马路和寺院道路的高差，已经成了元代以来城市发展的见证。白塔寺内部结构并没有变化，而外面的马路随着道路修缮、扩建等施工，逐次升高，这才让这座敕建寺院出现了难得的寺低路高景观。

寺院存世——民族融合的典范

唐末开始，中国封建王朝重新进入分裂时代，经历五代十国，北宋、辽、金、西夏、南宋，历经几百年纷乱，直至元朝才建立了一个统一的多民族国家。元世祖忽必烈决心大治大卜，他采用以儒治国、以佛治心的治国方略，借以缓和民族矛盾，促进民族融合，安定繁荣社会。忽必烈以藏传佛教领袖八思巴为帝师，弘扬佛法，促进民族融合。妙应寺及白塔也是在这样的背景下建造起来的。元朝以前，包括强盛的唐王

朝，西藏地区一直与中原政权并立共存，元朝实现了大一统，西藏地区归附中央政府，这座藏式佛塔的建立，也是西藏归属中央政府的标志。

众所周知，蒙元帝国统一中国大部分领土后，统治者发现其自身的文化与汉文化差异甚大。在元朝做官的不少汉人将汉文化带到元朝，让统治者了解到，战争只是征服的手段，而治国需要的是教化。而在古代人看来，最好的教化方式是宗教手段。

据说，此塔为元世祖忽必烈亲自勘查选址后敕令建造。设计建造者为尼泊尔工艺家阿尼哥。史料记载，白塔竣工那年（1279），元世祖忽必烈下令以塔为中心向四方射箭圈地，建成一座寺院，名为万安寺，是一座藏传佛教寺院。也就是说，围绕白塔建成的寺院是一座皇家寺院，皇帝即位、郊庙建成等，文武百官都要在这里习仪演礼。据说这里还是蒙汉佛经等书籍的译印中心。明朝时将寺院名称改为"妙应寺"。

在元大都建一座藏传佛教寺院，皇帝亲自勘查选址，建造过程中密切关注，建造后还一直当作重要地方，这座寺庙与白塔的地位可见一斑。

2015年12月6日，妙应寺白塔在经历了长达2年7个月的修缮后重新开放。这一天是农历十月二十五日，也是妙应寺白塔的竣工纪念日。据悉，白塔寺上一次大修还是在1978年，唐山大地震之后。在那次修缮过程中，施工人员发现了白塔顶端塔刹里收藏的经书和舍利。此外，塔顶的砖石下，还藏有一封1937年修缮时工人留下的抗战家书。

民间传说——白塔无影，真相为何

关于这座白塔有个传得神乎其神的说法，据说无论是在白天阳光下或是夜晚月色下，白塔都没有影子，即"无影白塔塔无影"。还有人更加神秘地说："白塔寺是没有影子的，它的影子在西藏。"

事实上，"塔无影"是不可能的。但为什么会出现这种现象呢？有人给出了科学的解释。因为白塔塔身高大且又呈圆锥形，白塔寺周边都是狭窄的胡同，塔的影子往往隐没于胡同两侧墙壁的投影之中，所以无论在日光下还是月光下，无论从任何角度，都不可能看到白塔的完整影子。至于说影子在西藏，更应该是民间的讹传，大概跟它是一座藏式佛塔有关。

另外，还有一个传说更是神乎其神，那就是"平则门里镔大家伙"。所谓平则门，是阜成门在元代时的称呼，明代时改称阜成门。

相传，明朝时北京发生地震，将白塔寺的白塔震出了几道大裂缝，几乎倒塌。最后来了一位"专镔大家伙"（一般指鱼缸、花瓮等大的瓷制品）的老头儿，用七道铁箍将白塔的裂缝镔好了。

民间传说不靠谱，但白塔的颈部确有七道铁箍，如今塔体表面刷了白垩，但只要仔细观察，仍能看到铁箍。不过这些铁箍不是镔塔用的，而是为了防止塔砖外移而设，从建塔之初便有。白塔寺建成后，曾遭遇多次天灾。白塔寺建成仅20年，便毁于火灾，据当时人记载："雷雨中有火自空而下，其殿脊东鳌鱼口火焰出，佛身上亦火起。帝闻之泣下，急命百官救护。唯东西二影堂神主及宝玩器物得免，余皆焚毁。"后得到重修。

明洪武二十四年（1391），白塔寺再被焚毁，后又得到重修。清乾隆时，白塔寺再度发生火灾。虽然700年间，白塔寺屡次遭遇火灾、地震等，白塔却未受影响，可见其设计合理、工艺高超。

由于白塔坚挺，到清代被认为是北京城的镇物，但白塔造型在北方不多见，特别是塔上加铁箍，超出一般民众的理解能力，所以才产生了"平则门里镔大家伙"的传说。

而第三个传说，也体现出了华夏儿女对于白塔的尊崇。白塔修成后，便成为大都一处重要的地标。上至皇亲国戚，下至平民百姓，常凝立在白塔前祈求福祉、保佑平安。民间还有"八月八走白塔"的习俗。

据传有一年，天降雷火，烧毁了白塔的顶端，当时的皇帝、文武百官和百姓们都认为这是不吉之兆。为了稳定人心，尊崇佛法，皇帝下令广招能工巧匠修缮白塔，却始终无法将白塔复原。

这一事情被中国工匠的始祖鲁班得知。为了还凡间以祥和平安，一天夜里，鲁班悄然下凡，在白塔顶端忙碌一夜。第二天，朝霞升起来的时候，人们看见一袭白衣飘然入云端，而此时的白塔在朝霞万丈中熠熠生辉，重现往日的神姿，人们因此叩头而拜，感谢鲁班为人间重新带来了平安祥和。

外来的僧人——白塔设计师是外国人

自古以来，中国都是文化集大成之地。周边国家都以来中国学得手艺而感到自豪。然而很难想象，在当时的元朝都城建造佛塔，会让一位尼泊尔人来主持。

这位设计师名叫阿尼哥。早在元朝初年就应大元帝师八思巴之聘，带领 80 名工匠来到了元大都。据说，阿尼哥入仕元朝 40 年，参与了当时京城很多庙宇的建造。妙应寺白塔就是其中一座。可以说，这座白塔融合了中尼两国的建筑风格，是中尼两国友好往来的历史见证。

阿尼哥为尼泊尔王室后裔，自幼聪颖，热爱工艺美食，元世祖忽必烈时期，跟随帝师八思巴来到元大都，负责修建妙应寺。虔心佛法的阿尼哥也将独具特色的藏传佛教建筑风格带到中原，主持修建了这座现存年代最早、规模最大的喇嘛塔，因塔体通身为白色，遂称为白塔。

白塔高 50.9 米，砖造，塔基上建二重复合式方形折角须弥座，其上为覆莲承托之圆瓶形硕大塔身，塔颈作圆锥形相轮状，顶端华盖直径9.9 米，周边悬挂 36 个铜质透雕之流苏和风铃，精美绝伦，浑厚典雅，是中国建筑史上的非凡盛举。

阿尼哥除了修建妙应寺外，还先后修建了五台山佛塔、大护国仁王寺等诸多佛塔、佛寺。阿尼哥在元朝任职多年，他的到来也将尼泊尔丰富多彩的文化传入中国，促进中尼两国在文化上广泛交流。因此，他被称为中尼两国的文化使者。

时至今日，阿尼哥仍是中尼两国文化友好交流的象征。白塔寺管理处为了纪念阿尼哥的贡献，在塔院西南侧设置了阿尼哥的塑像。后来出版的《阿尼哥》画册，详细讲述了阿尼哥在元朝的事迹和成就。今天的白塔寺，承载着许多中尼两国的文化交流项目，见证着中尼文化的交流和传承。

白塔寺庙会——这里的庙会最实在

历经岁月沧桑的白塔寺，既承载了皇家宗教场所的尊贵，也汇聚了民间文化的趣味。清末民初，政局动荡，国力不济，供奉了几百年皇家香火的白塔寺也日渐冷清，却为民间文化的汇聚提供了一方天地。

清末民初，白塔寺庙会成为北京乃至全国最热闹、最盛大的庙会之一，那些流传至今和消逝已久的传统民俗文化、风味小吃，都曾在这方舞台展出。

白塔寺庙会每月约有 6 天开市，京城的三教九流皆云集于此。从摆小吃的、唱戏的、杂耍的、卖百货的、斗鸟的……乃至城郊种瓜果蔬菜的农人，皆可入内。

据记载，当时的白塔寺庙会，庙内前院东侧有卖山货的、卖针头线脑的，还有卖小百货、布匹成衣的，也有卖儿童玩具的。庙会西侧南半段以食品摊为主。北半段和塔院地方宽敞，是搭台唱戏的最佳场所，从 20 世纪 30 年代到 50 年代，先后有许多民间艺人在此说书唱戏。梨园舞台在白塔寺中演唱，叫好声不绝于耳。此外，还有些佚名艺人在此拉洋片、表演双簧、说相声，更为热闹的庙会增加了不少色彩。

塔院内的地方不大，虽然也有几个卖儿童玩具、百货和食品的小摊位，但主要是医卜星相之流活动的天下。这些人打扮得非僧非道，却招引了不少游客，一些善男信女来到这里，占卜未来，祈祷好运。

塔院的北墙外是鸟市。这里卖的主要有鸽子、鹌鹑、狗等动物。鸟笼子的品种很多，样式也讲究，好像摆放整齐的一件件工艺品。秋天，大量的蛐蛐、蝈蝈等秋虫纷纷上市，蛐蛐罐又成了抢手的商品。一般的蛐蛐罐不上釉，呈圆形，上品以澄泥制成，盖上有花纹，很是精致，备受收藏者的青睐。

如今，在白塔寺庙会被历史湮没数十载后，由新街口街道牵头，由地区居民广泛参与建成的白塔寺街区会客厅，再次成为地区居民的聚集之处。而先前举办的白塔寺微"妙"会，则还原了白塔寺庙会的火爆现场。

从过去威严耸立，只窥得塔身的神秘，到如今居民共商共治有序，白塔寺再不是皇权的象征，而是地区居民生活的吉祥之地，更是新街口街道当之无愧的地标。

历史寻踪——发现白塔寺住持舍利石函

在元朝的佛教和政治活动中享有显赫地位的白塔寺，历代住持是谁？圆寂后所葬何处？因缺乏文字记载，数百年来一直是个谜团。2001年，石景山区新出土一个石函，文物专家说："它对于白塔寺的历史研究是个重要发现，首次证实了白塔寺的开山住持名叫知拣，圆寂于1312年，葬在西黄村。"

据介绍，石函出土时，里面除了一个已碎的木匣和泥土外，别无发现。它不是很大，长70厘米，宽51厘米，高30厘米，分为主体和函盖两部分。函体像是红沙石质地，四周刻有图案，左侧为菊花，右侧为口中衔环的两只椒图，前后各有一个由四个宝塔拼成的图案。函盖为青石制成，表面刻有文字，仔细辨认尚能看清是："特赐光禄大夫大司徒领诸路释教都总统住持大圣寿万安寺都坛主拣公舍利灵塔大元皇庆元年七月日志。"函盖内，左右两侧有墨书题记，左为"舍利宝塔壹座高六十二尺记"；右为"广平僧录□吉祥黄村监盖"。其中"□"所代表的字辨认不清。

依据石函上的记载，文物部门认为，函上所提的"拣公"就是史料中所说的"知拣"，曾是宝集寺住持，至元二十二年时，元世祖忽必烈建圣寿万安寺（也就是白塔寺）于新都，"诏拣公开山主之"。而拣公圆寂的大元皇庆元年就是1312年，所葬地点黄村就是今天石景山的西黄村附近，范围包括了石函出土所在地。专家认为，石函之上或是旁边，还应有拣公的灵塔，但后来不知去向。在拣公灵塔附近，很可能还有白塔寺后任住持的灵塔，那么西黄村附近也就很可能是白塔寺历代住持的塔院。

历代帝王庙：封建王朝留下的珍贵宝藏

这里留存着中国上千年来的祭祀传统，这里流传着中华民族历史的歌谣，这里是喧嚣街市中安静的"别院"，这里的每一片砖瓦，都在讲述者中华五千年来的历史兴衰……这就是历代帝王庙，一座安静屹立于喧闹街市的神圣庙宇。

原址：保安寺。

占地面积：21500平方米。

历史沿革：明嘉靖十年（1531）始建，其原址为保安寺。

明嘉靖九年（1530）改建。

清雍正七年（1729）重修，是明清两代皇帝崇祀历代开业帝王和历代开国功臣的场所。

1979年被公布为北京市文物保护单位。

1996年被国务院公布为全国重点文物保护单位。

2004年对外开放，全国最大，并无僧众

历代帝王庙俗称帝王庙，位于北京西城区阜成门内大街路北。2004年之前，红墙琉璃瓦和"历代帝王庙"的招牌，是寻常人对于这里的全部认知。一般来说，对于"庙"这一名词，很多人会想当然地与佛教联系在一起，因此，也有人认为历代帝王庙里会有僧人。但事实并非如此。

关于庙，有很多解释。在《新华字典》上，第一个解释却并不与佛教有关，而是旧时供祖宗神位的地方。古人祭祀自然神要设立社坛，最著名的如北京的天坛，社坛通常设在室外。而古人祭祀祖先大多在室内进行，祭祖的场所则称之为庙或祠。随着佛教的传入和道教的传播，这些宗教建筑也使用了庙这个称呼。这样一来，"庙"字就有了两种含义，有的属宗教类建筑，有的仍是祭祀用的建筑。

历代帝王庙景德崇圣大殿　摄影：秦玲

　　历代帝王庙就是一个祭祀的场所，它供奉祭祀的对象是中国史前时期的祖先人物三皇五帝以及夏、商、周、汉、唐、宋、元、明等历代帝王和功臣名将。其政治地位与太庙和孔庙相齐，合称为明清北京三大皇家庙宇。鉴于历代帝王庙的祭祀者和被祭祀者都具有至高无上的历史地位，所以它的建筑也就具有极高的等级规格和庄严豪华的皇家气派。北京出现过许多与古代文物建筑有关的奇特景观，但是历代帝王庙的"阜成落照"却是京都奇观之首位。

明代始建，原貌原址已难寻觅

　　明嘉靖十年（1531），历代帝王庙始建。清雍正七年（1729）曾进行过重修。其原址为保安寺。然而这座保安寺与保安寺街那座遗址，似乎完全是两码事。一个在地安门，一个在新街口，相隔甚远。保安寺原本是什么样子，已经很难考证。从历代帝王庙的规模来说，应是规格宏伟的寺院。至于为何将历代帝王庙选在这里，恐怕只有嘉靖皇帝自己说得清。

　　本来历代帝王庙是有两座四柱七楼的大型牌坊，是北京原有的25座过街牌坊中最精美的一座。当年，每当夕阳西下的时候，灿烂的晚霞

帝王庙　作者：张涛

映照在阜成门城楼上，恰好把城楼的影子投射在帝王庙牌坊的中间。那巍峨的城楼、精美的牌坊，在西山落日的映照之下，云蒸霞蔚，光彩迷人，十分壮观。

但是因为要建设新城市，在那个年代视老北京的城墙、城门和牌楼为阻碍交通、封建腐朽的废物，毫不怜惜地将其拆除，尽管梁思成先生极力陈言，要求保护这难得的景观，可还是拆除了。梁先生说："50年以后，事实会证明我是对的。"先生难过至极，伤心落泪了好几天。

后来，文物专家将牌楼的所有构件按照古代图纸——复原，并进行了重修。这座牌楼现在在哪？首都博物馆进门迎面看见的就是。

时光倒影，每一段往事都值得探寻

历代帝王庙有这样一个歌谣："有桥没有水，有碑没有驮，有钟没有鼓，有庙没有佛。"

有桥没有水：帝王庙坐北向南，门前并列三座石桥，但桥下并无河流。

有碑没有驮：对帝王庙进行大修时，在大门前竖立了两座用满、汉、蒙、藏等6种文字刻写的"官员人等至此下马"石碑。此两碑不是由石雕的赑屃驮载，而是立在抱鼓石座上，所以说它是"有碑没有驮"。

有钟没有鼓：庭院内东有钟楼，西边相应位置却无鼓楼，因此叫"有钟没有鼓"。

有庙没有佛：最初供奉着自三皇五帝至元世祖忽必烈共16位大一

210

统的帝王牌位，两旁配殿设有 32 位贤臣的牌位。由于帝王庙虽名为庙，却非佛寺，所以说它是"有庙没有佛"。

历代帝王庙的主体大殿景德崇圣殿，是供奉三皇五帝、历代帝王牌位的神圣殿堂。帝王牌位依据中国传统的"左昭右穆"的方式排列。三皇居中，五帝居左，夏商居右，依此类推。三皇五帝神位居大殿中心显要位置，历代帝王神位分列左右，历代功臣名将神位分置在东、西配殿中。这种格局确立了三皇五帝的中心祭祀地位，营造了天下共尊三皇五帝的宏大场面和浓重氛围。

帝王庙的中轴线上依次排列着影壁、庙门、景德门、景德崇圣殿、祭器库等建筑，都是坐北朝南。中国几千年的建筑实践，认为坐北朝南是最理想的朝向。古代天文学把星象分为青龙、白虎、朱雀、玄武，分别代表东西南北。因为古人习惯于面南观察，所以天象图呈上南下北，历代统治者便取面南治天下。庙门的南面有一座长长的影壁墙，如今影壁和庙门被阜成门内大街的道路分割在道路的两侧，所以不是刻意地观察也许会将影壁遗漏。在庙门的两侧还列着两座下马碑，表示着对历代帝王的尊重。

历代帝王庙大门对面建有高大的红墙镶嵌琉璃雕花照壁，东西宽32.4 米，南北厚 1.35 米，高约 5.6 米，与两翼的两座牌楼形成的封闭空间称"景德街"。旧时居民不准穿行景德街，只能经大照壁后面的葫芦形门洞绕行。所以老北京一首歌谣说是"马市桥（在今白塔寺路口），跳三跳，过去就是帝王庙。帝王庙，绕葫

历代帝王庙影壁　摄影：秦玲

211

芦，过去就是四牌楼"。

全面修缮，恢复鼎盛时期面貌

历代帝王庙距今已有 480 多年的历史。最初，明太祖朱元璋在南京建历代帝王庙，后嘉靖皇帝再建于北京。清朝时，南京旧庙毁弃不存，北京历代帝王庙成为全国唯一的历代帝王庙。乾隆皇帝曾提出"中华统绪，不绝如线"的观点，将入庙享祀的帝王数量最终确定为 188 人、功臣名将 79 人。于是，它又成为一庙之中群体祭祀人物数量最多的庙宇。

于淼 2007 年就职于北京历代帝王庙博物馆，现为北京历代帝王庙博物馆社教部主任，负责博物馆对外宣传工作，组织策划文化讲座、历史展览以及爱国主义教育等相关活动。

"当我第一次走进历代帝王庙，站在景德崇圣殿前，我就被它的庄严和肃穆所震撼。"于淼回忆起 11 年前的初见，这样说道。他所说的景德崇圣殿是历代帝王庙的主体。该殿是重檐庑殿式建筑，和故宫的太和殿是一个级别。大殿高 21 米，面阔九间，进深五间，标志着"九五之尊"的帝王礼制。这里铺设的是专门为皇家烧制的地砖，也就是俗称的"金砖"。金砖给人光润如玉、踩上去不滑不涩的感觉，其颗粒细腻、质地密实。2000 年政府投巨资对帝王庙进行了修缮，修缮用的金砖是在当年苏州的御窑定制的，其选料、烧制、加工均有严格的工序，铺设前还要经过桐油浸泡、表面打磨等处理。大殿中共分七龛，供奉了 188 位中国历代帝王的牌位。位居正中一龛的是伏羲、黄帝、炎帝的牌位；左右分列的六龛中，供奉了五帝和夏商两周、强汉盛唐、五代十国、金宋元明等历朝历代的 185 位帝王牌位。

景德崇圣殿东西两侧各有一座配殿，配殿中还祭祀着伯夷、姜尚、萧何、诸葛亮、房玄龄、范仲淹、岳飞、文天祥等 79 位历代贤相名将的牌位。历代功臣名将的神位按照"文东武西"的原则进行布置。

在帝王庙的西跨院里设有一座单独的关帝庙，关帝庙旁边设有《关羽身首魂尊专题展》。千百年来，关羽的事迹被后世广为传颂，尊为

"关帝""关圣"，关羽身后有"身卧当阳，头枕洛阳、魂归故乡"的说法。历代帝王庙是明清两代祭祀三皇五帝、历代帝王和功臣名将的一座皇家庙宇，庙中为关羽单独建关帝庙崇祀，成为奇特的庙中庙，这也充分凸显了关羽的独特地位，故有"位尊帝王庙"之说。

民国时期，庙中祭祀活动停止，改由中华教育改进社使用。中华人民共和国成立后，历代帝王庙屋舍由北京市第三女子中学使用，后改组为北京市第一五九中学。其间，庙内一些建筑被拆除或挪作他用。在西城区委、区政府和北京市文物局的高度重视下，历代帝王庙在 2000 年底到 2004 年初进行了全面的恢复性修缮，同时完成了对一五九中学的异地安置工作。

历代帝王庙修缮过程中，专家组依据相关历史文献资料，秉承"修旧如旧、修旧如初、局部修复"的修缮理念，将历代帝王庙恢复了乾隆鼎盛时期的庙貌，并于 2004 年对外开放。于淼介绍说："如今的历代帝王庙不仅保留了明朝时期的建筑布局，更有清朝时期的建筑外观，它不仅具有丰富的历史价值，其建筑价值也不容忽视。"

南北相望，历代帝王庙有亲兄弟

北京的历代帝王庙从建筑学、历史学以及文化等各方面，都极具研究价值。历代帝王庙最初为何建立，还要上溯到明朝的老祖宗朱元璋。

据中国文物学会副会长、北京历代帝王庙保护利用促进会会长、西城文史学会会长许伟研究所得的结论：明朝时期，自朱元璋称帝之后，首先在南京建立了历代帝王庙。朱元璋崇祀的历代帝王，都是统一天下的开创之主。但是，没有入祀秦始皇、晋武帝和隋文帝，是因为他们的功德有亏。

许伟介绍，考察我国历史，帝王庙之设远早于明。唐天宝年间，玄宗就在京城长安为三皇、五帝、周武王、汉高祖分别建庙祭祀。但帝王庙冠以"历代"二字，则是朱元璋在明朝初年创建的，起因与当时的政治局势和民族关系有关。中国历史上，由北方民族建立的割据政权并不少见，而元朝更是一个由蒙古族人建立的大一统王朝。但它实行"人分四等"的民族歧视政策，汉人地位最低，汉蒙之间文化冲突不断，终成"胡元制主"不及百年的致命软肋。朱元璋以"驱除胡虏，恢复中华"为口号，推翻了元朝统治，建立明朝。如何稳定大局，缓解矛盾，形成共识，中华帝系与元朝的相互关系便成为一个不容回避的问题。朱元璋的睿智在于，他以文化祭祀为切入点，在南京创建历代帝王庙，集中入祀三皇五帝和夏禹王、商汤王、周武王、汉高祖刘邦、汉光武帝刘秀、唐太宗李世民、宋太祖赵匡胤和元世祖忽必烈，既体现了华夏汉民族大一统王朝开国帝王的主体地位，也认可元朝为中华正统，让忽必烈同享崇祀，对缓解汉蒙矛盾起到了至关重要的作用。

为了使帝王形象更为生动，朱元璋把他们都塑成衮冕坐像，要求"仿太庙同堂异室之制"，按照"先祖居中，左昭右穆"的顺序排列位次。即把正殿分为五室，正中一室为三皇，奉伏羲、炎帝、黄帝；左一室为五帝，奉少昊、颛顼、帝喾、唐尧、虞舜；右一室为夏禹王、商汤王、周武王；再左室为汉高祖、汉光武、唐太宗；再右室为宋太祖、元世祖。于是，历代帝王庙俨然成了另一座太庙。三皇居中，五帝与历代开国帝王分列左右，他们就像一个大家庭的列祖列宗一样，同享祭祀。朱元璋又选择了一批历代名臣，在东西配殿从祀，其中亦含元代名臣。至此，正殿崇祀三皇五帝和历代开国帝王 16 人，东西配殿从祀历代名臣 37 人。并规定每年春秋致祭，遂成国家祀典。

历代帝王庙于洪武七年（1374）八月落成，朱元璋亲临致祭。后遭遇火灾重建，洪武二十二年（1389）五月竣工。这次重建，立有"敕建历代帝王庙碑"，重点颂扬朱元璋的"重一统""崇德报功"和"大公至正"。大意是：朱元璋崇祀的历代帝王，都是统一天下的开创之主，即正统王朝的开国帝王，故入祀元世祖忽必烈是适宜的。但是，没有入祀秦始皇、晋武帝和隋文帝，是因为所谓的功德有亏，"故斥而不兴"。

朱元璋创建历代帝王庙，意义非同小可。他第一次用庙宇祭祀的形式，彰显了中华一统帝系的历史传承，也体现了对蒙元王朝的民族包容。

开发历史，保护与研究

北京历代帝王庙本身蕴含了丰富的历史文化价值，非常需要公共的保护和研究。据传，北京一五九中学的老师与学生们非常注重保护历代帝王庙的建筑构件。每届新生开学典礼上，校长刁家纯都会把学校和历代帝王庙的历史相结合，介绍给新同学，帮助学生们树立保护古建意识。有时，屋顶上的瓦片被风吹落，学生都会捡拾起来，主动交给老师，由学校保管，以便日后维修。

历代帝王庙的保护分为基础性保护和日常性维护。基础性保护是基于历代帝王庙全木质结构，全面修缮时建筑结构与现代消防结合，安设了高清摄像头监控，安排保安巡视，安置了避雷装置，围铁丝网防鸟筑巢；而日常性维护主要针对因天气状况突发的建筑瓦当刮落等事件，并安排工作人员定期对历代帝王庙进行保养和修复。不仅如此，庙内还专门设立安全维修部，及时修复损坏的建筑构件。

同时，北京历代帝王庙博物馆重视历史研究，每个工作人员都能对历代帝王庙的历史娓娓道来。北京市西城区政协原副主席、中国文物学会副会长许伟提议创建北京历代帝王庙保护利用促进会，加强了历代帝王庙研究的宽度和深度。据了解，专业研究组 2015 年年内已完成《历代帝王庙史脉》和《历代帝王从祀名臣》两部研究性学术文集。

融合时代，传承与利用

"21 世纪社会大背景下，怎么能够利用好历代帝王庙的价值，更好地发挥我馆的社会功能，是我们一直探索的方向。它是中国古建筑宝库中的精品，更是吸引海内外华人祭祖炎黄、颂扬先贤、增强历史自豪感和民族凝聚力的重要文化场所。"于森说。

历代帝王庙注重"德"文化，景德崇圣大殿中供奉的帝王无一不是施行德政的帝王，东西配殿中的名臣亦有着高尚人格和丰功伟绩。2015 年，北京历代帝王庙博物馆举办的"功在社稷　德协股肱——历代帝王庙从祀名臣展"，利用多媒体技术将入祀名臣的生平事迹、史料记载、传说逸事等信息最大化地传递给观众。

目前，北京历代帝王庙博物馆承担着对中小学生爱国主义教育的责任，同时还会定期举办文化讲座及传统文化展等活动，在祭祀文化和坛庙文化等传承方面发挥着不可或缺的作用。2015 年 9 月，由北京历代帝王庙博物馆举办的"最美中国节——中国传统节日"，从秋冬两个季节中挑选出最具代表性的六个节日，向观众介绍节日的由来、习俗和传说故事。

"'为天地立心，为生民立命，为往圣继绝学，为万世开太平。'守住文化传统，延续我们的文明。无论是活动还是展览，十个人中有一个人能从中汲取我们优秀的传统文化并将其传承下去，我们就觉得活动举办得有意义。"于森对文化传承有着自己的想法，"我来这里 11 年了，历代帝王庙就像我的家一样。为传播传统文化尽微薄之力是我的心愿，也是我的职责。"

复盘思考，历代帝王庙存在的意义

历代帝王庙始建时，明朝已经有了衰败之象。可以想象，嘉靖皇帝建历代帝王庙不知用了多少民脂民膏。历代帝王庙从古代和现代两个时间节点来说，有些话题值得研究。

在中国古代，当朝皇帝为什么要向前朝帝王祭拜行礼，还要建历代帝王庙？

按常理来说，推翻前朝皇帝之后建立起来的新王朝，再去祭祀包括前朝皇帝在内的历代帝王，似乎有点难以理解。到底是什么原因，当朝封建皇帝要去祭祀历代帝王呢？

第一，祭祀为了帝王神化。在封建时代，历代帝王都被视为"真命天子"，是一国之主、万民之君，位居九五至尊，凭借"神授大权"，替天行道。因此，历代帝王都成了安邦治国、捍灾御患、护佑黎民的神圣人物。于是，他们受到崇拜。

第二，祭祀为了感恩戴德。中国古代倡导以德治天下。古人认为，圣王治国的方法就是重在祭祀。即祭祀那些以法治民、忠于职守、死而后已、平乱安邦、抵御灾害的具有大德大功的人物。按时祭祀这些先贤，是对他们感恩戴德。

第三，祭祀为了维护礼制。中国封建社会是一个礼法并治的社会。西周初期已制定一整套维系社会等级秩序，用于治国治民的礼制。其中祭祀礼仪占有极为重要的地位，成为历朝历代封建统治者必须遵行的大政要典。所以，祭祀历代帝王，既是传统礼制的要求，也是维护传统礼制的行动。

第四，祭祀为了祈求保佑。历代帝王都是同路人，只是有先有后而已。对于后代帝王来说，先代帝王既是祖宗，又是效法的榜样。既然古代帝王都被尊为神，奉为圣，后代帝王崇祀他们的时候，无疑也怀着"祖宗保佑""神圣赐福"的心理。

当代人该如何看待历代帝王庙？

历代帝王庙是一座巨大的知识宝库，发挥着教育的功能。中华文明已有五千年未曾中断的历史，古代中国大体经历了以三皇五帝为传说的古国时代、以夏商周为代表的王国时代和从秦汉至明清的帝国时代，形成了从三皇五帝到历代帝王一脉相传的中华统序。了解历史，才能看清未来的脚步。中华统序的一脉相传，本来是历史的自我存在，但把它升华为文化的自觉尊崇，并体现在历代帝王庙之中，颇具中国特色、中国风格与中国气派。这样一座庙宇，表明了中华民族是一个极具历史意识的文化民族。

另外，历代帝王庙从尊重中华文化的一体多元，还原中国的祭祀礼仪，展示帝王、名臣的历史功德，见证中国历史的辉煌，为古代建筑研究提供佐证等方面，也发挥着积极的意义。

今天历代帝王庙，已是一座"绝版庙宇"，也是硕果仅存的唯一集以三皇五帝为代表的历代帝王于一体的历史纪念场所，1996年被国务院公布为全国重点文物保护单位。对它的保护工作，是在经历了百年沧桑、满目疮痍之后才实现的重大突破。如今，帝制早已湮灭，这是人心所向，大势所趋。作为当代人，理应对先哲先贤怀有敬意，更应该反思历史，才能让未来拥有更多经验。

奇闻逸事，忽必烈曾被"请出"历代帝王庙

历代帝王庙自修建以来，就流传着不少奇闻逸事。有些曾被载入史册，有些只是坊间传闻。而这里所说的，是明朝嘉靖皇帝采纳陈棐的建议，罢祀元世祖忽必烈的历史事件。

据考证，历代帝王庙元世祖之缺位，一直延续到明朝末年。

这究竟是怎么回事呢？原来，明永乐皇帝迁都北京后，南京历代帝王庙一直由太常寺负责祭祀。嘉靖皇帝在取得"大礼议之争"的胜利后，对礼制研究很是痴迷，厘定了不少祭典制度，改建或新建了一批皇家坛庙，新建北京历代帝王庙就是其中之一。他认为，历代帝王庙远在南京，不便前往亲祭，而在北京祭祀历代帝王，只附属于南郊之祀，也很不正规。于是决定在北京新建历代帝王庙。嘉靖十一年（1532）夏，历代帝王庙在阜成门内大街建成，当年八月，嘉靖皇帝亲临致祭。

与南京不同，北京历代帝王庙只设神位，不设塑像。"庙初，元世祖犹列。"但建庙时，就有翰林官姚涞上奏，请求罢祀元世祖忽必烈，结果被礼部驳回，理由是"胡元受命九世，世祖最贤"，且"太祖睿断有确"，祖制不得更改。庙成之后，嘉靖二十四年（1545），又有礼科给事中陈棐上奏说："元以夷乱华，不宜庙祀，宜撤忽必烈及其臣木华黎等五人神主。"嘉靖帝从之，于是罢祀元世祖忽必烈，南京亦撤其像祀。历代帝王庙元世祖之缺位，一直延续到明朝末年。

这样的"罢黜"事件，看似有几番道理，但平心而论，嘉靖皇帝再建北京历代帝王庙，是其功；罢祀元世祖，不得不说是其过。他的过并不仅仅体现在"不听祖宗的话"，更在于一个皇帝没有在时局上做更

多考虑。当时，他面对蒙古鞑靼部的北患之扰，没有采取化干戈为玉帛的良策，反而拿撤除元世祖君臣发泄怨气，激化矛盾，有弊无利，怪不得乾隆皇帝批评他"置一统帝系于不问矣"。

到了清代，顺治皇帝推崇明太祖朱元璋，亲祭历代帝王庙，并增加几位中原汉族皇帝入祀，撤出辽金元帝王。这时，由于满族也是少数民族，他的做法非但没有遭到汉人的反感，反而被认为是英明之举。

同为由少数民族行使最高统治权的统一王朝，清朝与元朝不同，它的统治者深知"以武功定天下，以文治佐太平"（皇太极语）的文武并重之道，即依靠武力得到统治地位之后，必须融入中华治统文化之中，才能固本强身，坐稳天下。因此，清朝前期的几位皇帝都极为关注历代帝王庙。

功不可没，乾隆皇帝做了三件事

在清代，顺治、康熙和雍正皇帝都非常重视历代帝王庙的祭祀。康熙认为，对前代帝王的评价远未做到公平合理，致使每朝入祀不过一两位。作为当今皇帝，他要为他们说句公道话，"凡曾在位，除无道被弑亡国之主外，应尽入庙崇祀"，即只要不是因无道失德而被杀或亡国的帝王，都应入庙享祀。这样来说，对于历代帝王庙祭祀的理解，已经非常理性而深刻了。

雍正帝即位后，追随大行皇帝的脚步，使历代帝王庙发生了空前变化，从过去只崇祀少量的开国君臣到大量入祀了治国守业的君臣。雍正在位13年，5次亲祭，大修庙宇，还亲书了《历代帝王庙碑》，反复论证了治国守业君臣的重要性。

作为康雍乾盛世的亲历者，乾隆皇帝自然更加重视历代帝王庙的祭祀。而他对历代帝王庙发展的建树也是最多的。

乾隆皇帝在位时，历代帝王庙已历经明洪武至清雍正，凡300多年，有了很大发展。他还能为历代帝王庙做些什么呢？事实证明，乾隆的建树与贡献更加卓越。他从25岁继位到75岁高龄，6次亲祭，5次赋诗，4次撰写碑文，10余次颁布谕旨，主要做了三件大事。

一是重修历代帝王庙，把正殿规格提高到了乾清宫、奉先殿级别。这项工程在乾隆二十七年至二十九年实施，离雍正上次大修尚不过30年。乾隆特地从皇宫府库中拿出银两重修，是为了在更加庄严壮观的历代帝王庙宣扬他的祭祀思想。

二是提出"法戒论"，并作为祭祀要义。乾隆二十九年，历代帝王庙重修告竣。乾隆皇帝第三次亲祭历代帝王庙，亲书《重修历代帝王庙碑》及《长律述事诗》，集中阐释他的"法戒论"。主要内容是：在历代帝王治国理政的传统中，值得效法和引以为戒的经历都有，历史是一面镜子；在历代帝王安邦治国的做法中，本身就包含着效法前人的功德与力戒前人的教训。效法与戒鉴密不可分。三皇五帝的崇高功德是历代君王效法的楷模，夏商周之间的相互戒鉴是最经典的事例；历经百世之后，比较历朝帝王，到头来都是一个亡国的结局。祭祀历代帝王，本意就是在无形之中得到告诫和警惕，或是学习圣主明君的成功之法。此时，乾隆帝五十有四，为政近三十年，他把"法戒论"作为历代帝王庙的祭祀要义，是乾隆主政、治学与庙祭紧密结合的真知灼见。

三是把"中华统绪，不绝如线"作为入祀帝王的最高准则。乾隆四十九年七月，乾隆帝在阅览《大清通礼》时，发现当年的儒臣们未能体仰康熙旨意，入祀帝王主要是正统王朝的创守之君，在偏安之国中却只有辽金帝王，这明显违背了康熙本意。为了纠正这种偏差，乾隆专门发出一道谕旨。他用"中华统绪，不绝如线"这八个字，概括了中华统序（绪）的最大特点，即中华的治统序列就像一条没有中断的线，传承有序，一以贯之。乾隆所说的中华统序，就是指中华帝系。他认为，在中华帝王谱系中，应该包括正统王朝和偏安之国的两种帝王；而在偏安之国中，也绝非只有辽金帝王。乾隆举例说，从汉昭烈帝刘备（乾隆以刘备为东汉正统，曹操属摈弃之列）到唐高祖李渊统一中国，时间相隔300余年，其间常有英明强悍的帝王和节省勤俭的君主出现。比如北魏雄踞黄河以北，地广势强，道武帝、太武帝经常思考为政的道理，尊儒重佛，兴学重教，养育人才，大修水利，怎能把他们放在一边不管不问？再比如，五代的 50 余年间，后周的世宗柴荣就是一位贤能的君主，这样的人不酌量入祀，怎能让千秋公论服气？此外，乾隆还仿效康熙帝做法，认为东汉的桓、灵二帝对汉献帝的亡国负有重责，应罢祀。唐宪宗的被害和金哀宗的亡国并不是由于他们无道失德造成的，应予正名，准予入祀。

乾隆五十年春，乾隆皇帝第六次亲祭历代帝王庙，正式增加了东晋、南北朝、唐、五代、金等 25 位帝王入祀，撤出了东汉的桓、灵二帝。至此，历代帝王庙入祀三皇五帝和历代帝王达 188 位（包括乾隆元年入祀的明建文帝），除那些昏君外，基本体现了"中华统绪，不绝如线"的帝系传承。亲祭当天，乾隆驻跸圆明园，又写了一篇《祭历代帝王庙礼成恭记》，重申他四十九谕旨中的思想，要求再建两座御碑，一座镌刻他的《礼成恭记》，另一座设为无字碑。无字碑的寓意可能是我已经为历代帝王庙画上了句号，无须后人再作评论。乾隆之后，国势渐衰，庙祀不振，只在西跨院修建了一座关帝庙，加上东西配殿从祀的 79 位名臣，刚好 80 位，为历代帝王庙增添了新的内涵。

附：入祀帝王一览

三皇时代：太昊伏羲氏、炎帝神农氏、黄帝轩辕氏

五帝时代：少昊、颛顼、帝喾、尧、舜

夏朝：禹、启、仲康、少康、杼、槐、芒、泄、不降、扃、廑、孔甲、皋、发

商朝：商烈祖成汤、太甲、沃丁、太庚、小甲、雍己、太戊、仲丁、外壬、河亶甲、祖乙、祖辛、沃甲、祖丁、南庚、阳甲、盘庚、小辛、小乙、武丁、祖庚、祖甲、廪辛、庚丁、太丁、帝乙

周朝：周武王、周成王、周康王、周昭王、周穆王、周共王、周懿王、周孝王、周夷王、周宣王、周平王、周桓王、周庄王、周僖王、周

惠王、周襄王、周顷王、周匡王、周定王、周简王、周灵王、周景王、周悼王、周敬王、周元王、周贞定王、周考王、周威烈王、周安王、周烈王、周显王、周慎靓王

西汉：汉高帝、汉惠帝、汉文帝、汉景帝、汉武帝、汉昭帝、汉宣帝、汉元帝、汉成帝、汉哀帝

东汉：汉光武帝、汉明帝、汉章帝、汉和帝、汉殇帝、汉安帝、汉顺帝、汉冲帝

三国：汉昭烈帝

东晋：晋元帝、晋明帝、晋成帝、晋康帝、晋穆帝、晋哀帝、晋简文帝

南北朝：宋文帝、宋孝武帝、宋明帝、齐武帝、北魏道武帝、北魏明元帝、北魏太武帝、北魏文成帝、北魏献文帝、北魏孝文帝、北魏宣武帝、北魏孝明帝、陈文帝、陈宣帝

唐朝：唐高祖、唐太宗、唐高宗、唐睿宗、唐玄宗、唐肃宗、唐代宗、唐德宗、唐顺宗、唐宪宗、唐穆宗、唐文宗、唐武宗、唐宣宗、唐懿宗、唐僖宗

后唐：后唐明宗

后周：后周世宗

辽朝：辽太祖、辽太宗、辽景宗、辽圣宗、辽兴宗、辽道宗

宋朝：宋太祖、宋太宗、宋真宗、宋仁宗、宋英宗、宋神宗、宋哲宗、宋高宗、宋孝宗、宋光宗、宋宁宗、宋理宗、宋度宗、宋端宗

金朝：金太祖、金太宗、金世宗、金章宗、金宣宗、金哀宗

元朝：元太祖、元太宗、元定宗、元宪宗、元世祖、元成宗、元武宗、元仁宗、元泰定帝、元文宗、元宁宗

明朝：明太祖、明惠帝、明成祖、明仁宗、明宣宗、明英宗、明景帝、明宪宗、明孝宗、明武宗、明世宗、明穆宗、明思宗

北京市西城区少年宫：美丽四合院　可爱少年宫

北京市西城区少年宫成立于 1956 年，是中华人民共和国成立的第一批少年宫。当年，由史学家、北京市副市长吴晗亲自选址，区政府将保存最完好、最具北京特色的四合院建筑群开辟成西城区校外活动场所。现西城区少年宫为市级文物保护单位。

名称：北京市西城区少年宫。

建筑面积：2906 平方米。

西城区少年宫建筑历史沿革

在前公用胡同西端悬挂的介绍牌上，有这样的记载：前公用胡同在元明两代属鸣玉坊，明代称供用库，因皇家外供用库在此而得名。清初音讹为宫衣库，民国时期改称前公用库。1965 年北京市整顿胡同名称，被正式定名为前公用胡同。

西城区少年宫位于前公用胡同 15 号，是一处非常规范的北京传统四合院，1984 年被列入北京市文物保护单位。这座僻静幽深的四合院建筑群是三路三进式的院落，由东向西由 3 个完整的院落组成，占地 6099 平方米，建筑面积 2906 平方米，共有

西城区少年宫　摄影：王晓慧

房屋 182 间。

据考证，元朝时候，这座四合院的东院已经建成。历经明清两代，清朝末期，被内务府大臣崇子厚辟作宅第，辛亥革命之后成为张作霖部属富双英的住处。中华人民共和国成立，富双英一家搬离，这里成为北京市人事局办公地。20 世纪 50 年代，北京市教学资源紧张，孩子们全部采用半天轮流上课的二部制。为了改善这种情况，将孩子们不上学的半天时间利用起来，北京市政府决定效仿苏联建立少年宫，时任北京市副市长、著名历史学家吴晗提出，要把最好的建筑给孩子们用。

1956 年，吴晗同志到这里视察工作，被这里错落的庭院、曲折的回廊、处处渗透古朴韵味的建筑吸引，于是前公用胡同 15 号在 1956 年正式被改造为西城区少年宫。从此每到周末，这里就成了孩子们的乐园和天堂。

2003 年，政府投资 310 万元按照修旧如旧的原则对整体建筑进行翻修，少年宫的管理者也为这座古建筑的保护做出了巨大努力，现在人们看到的廊凳和彩绘，是以朱宗英主任为代表的团队自筹资金 30 余万元，派出人员在广泛吸纳了故宫、颐和园古典建筑彩绘的基础上手工绘制出来的，古建再焕新颜。以王小慧主任、孟三丰书记为代表的现任领导班子更加注重四合院的文化传承，保证修缮资金进行日常维护的同时，制定相关制度实施软保护，并于 2015 年结合课程特点，适应信息化发展，对各个教室内部进行了装修、设备更新、信息化改造，使这座四合院的内核更具有了现代性、专业性，孩子们的"家"更舒适、更温馨了。

回顾历史变迁，不难想象有着这样身世的大型四合院有着怎样繁华的过去，又承载着多少故事等待人们探索。至今，除了崇子厚和富双英，已很难考证这座四合院经历了哪些主人，但是可以肯定的是，每一任主人都根据自己的喜好对其进行了改造，使如今的建筑细节既有民宅、官宅的建筑特点，也有王府的建筑特点。

前后三进的四合院，东路院落保存最为完好，现在是少年宫的国学养正书院以及民乐社团的活动场所。在这里你能看到传统四合院的典型建筑，一殿一卷式垂花门里设置屏门，替代影壁功能，抄手游廊连接整个院落，疲累时、悠闲时有坐凳栏杆可以坐倚，可以抬头看看倒挂楣子，也可以站起来走走，欣赏看面墙上镶嵌的灯窗。

少年宫大门建在中路上，走进去是一个长约 20 米的小广场，北端是一座三启一式的三开间房子，中间是屋宇式大门，这是四合院的二门。门前端端正正地摆放着一对大理石材质的刻花上马石，正面雕刻麒麟衔灵芝配祥云为底，尽显祥瑞，侧面雕刻有祥云、仙鹤和鹿，以谐音寓意六（鹿）合（鹤）同春。在北京胡同中，上马石已经不多见，能见到的也多是素面无雕饰，这样纹样繁缛的上马石也许在无言诉说着前世的繁华。

进入二门是一个生长着高大白皮松和核桃树的秀美院落，中路的堆石花坛向北便是正房，也是这个院落的主体建筑——一座前出抱厦的五开间花厅，以前是主人宴请宾客的地方，现在是少年厅。花厅的建造别具匠心，抱厦采用卷棚廊，大气而不笨重，与前面的花园融为一体，建筑四面开窗，当迈步走向后院的时候，会发现它的两侧山墙上有着精美的圆形花窗，镶嵌着当年进口的花纹磨砂玻璃，西方的玻璃配以中国的木构窗框和花卉雕砖，和谐灵动，中西合璧。细心的人还会发现，这座院子与西路间隔处还有一道西洋建筑风格的矮墙，这在胡同居所中非常少见。联想到主人是清末重臣、内务府长官，还是中国第一位专使法国的外交官，也就能理解这座传统四合院中出现的点滴西洋情调了。

进入花厅东侧的月亮门便可来到后院，后院是一个面积不大的规范四合院，有特色的是它的西厢房与西院的东厢房相连，并且采用勾连搭式屋顶。从小院西行可进入整座宅院的西侧院落。

这座传统四合院，没有亭台楼阁的点缀，只有大量的花草树木，但仍然可以在朴素而清新的庭院布景中体会出一种只有置身于其中才能感觉到的快乐和释怀。每逢周末，孩子们奔跑的身影、畅快的笑声充斥着每一寸空间，天、地、人与自然的和谐，穿越百年，亘古恒新。

西城区少年宫宫史演变

初创时期和西城区少年之家大发展时期（1956—1966）

西城区少年宫一开始是叫西四区少年之家，即今天的高井幼儿园。于学沂同志是第一任主任，当时教职工只有五六人，活动开展也比较简单。

1957年，西城区教育局将现今的高井幼儿园、前公用胡同15号院和当时的西单区少年之家三处合并为西城区少年之家。

郑行海同志担任书记兼主任，全面负责西城区少年之家的工作，同时还担负着西城区校外教育工作（相当于今天的校外办主任）。刘涛副主任负责前公用胡同15号院的工作；康占元副主任负责原西单区少年之家即南区的工作；左颖负责各个活动站的日常管理工作。这个时期的主要办学思想是"用最好的老师，拿最好的成绩"，并从国家体委和战友文工团引进了年富荣、王玉洲、杨庆兰、王世明、方乐年等一批非常优秀的人才，为之后西城区少年之家的发展打下坚实基础。

这个时期的办学特点主要体现在三方面：

1. 在本部形成了以声乐、舞蹈、航海、无线电工程为主的教学活动。

2. 在南区形成了以科技、生物为主的教学。

3. 以康乐棋、小人书、木偶、皮影、幻灯片为主要内容的活动站蓬勃发展。

重新组建西城区少年宫（1972—1979）

1966年至1971年受"文化大革命"的影响，西城区少年之家被迫取消，前公用胡同15号院一度被西城区图书馆和文化馆占用。1972年，全国各地的少年宫、少年之家开始全面恢复。左颖书记、刘涛主任、康占元副主任先后回到前公用胡同15号院，奉命正式组建西城区少年宫，因此西城区少年宫的叫法是从1972年开始的。此时的少年宫校址基本上只剩下 15 号院及华嘉胡同的华嘉礼堂，原来的高井幼儿园址和原西单少年之家都已改作他用，十几处活动站也只收回几家，后来也逐渐消失。

此间的办学主要有三大亮点：

1. 航模、海模、无线电工程等科技类传统强项稳步发展，在全市和全国的比赛中继续保持争金夺银的势头。

2. 从总政歌舞团等地引进了王华曼、冉虹、李伟、付歌楠等一批优秀的专业型人员，使得歌舞等文艺类项目有了长足进步。

3. 以卢家昆（中央音乐学院小提琴专业）和姚来顺（笛子专业）为代表的专业老师组建了规模庞大的西乐队和民乐队。

改革开放初期的西城区少年宫（1980—1989）

20 世纪 70 年代末，国家恢复了高考，改革开放的大潮已席卷全国，国家的工作重心发生了转移。少年宫传统的办学方式已不能很好地适应当时教育的发展。学习文化知识成了主流，为此当时的领导班子审时度势，及时开设了语文、数学等文化补修课，保住了少年宫的生员，提高了老师的教学积极性。

为了加强老师的业务素质，少年宫提倡和支持老师到对口院校去进修，使老师的整体素质得到了提高。

改革开放中的西城区少年宫（1989—1998）

20 世纪 80 年代末，少年宫的许多老师到了退休的年龄，为了补充新鲜血液，加强教师队伍力量，先后引进了姜智明、王燕红、马新媛、关瑞红、田浩、吴正圆等一批优秀的专业人才。正是这些人支撑起了少年宫后来的发展，成为今天少年宫的中坚力量。

当时提出用"经济杠杆"作用促进教学发展，这项改革所取得的成果在全国 200 多个校外单位进行了推广，西城区少年宫的名声远播四方。老师的待遇大幅提升，少年宫的学员人数也从 1000 多人上升到

4000 余人。

20 世纪 80 年代末，少年宫的活动场所非常有限，为了解决教室紧缺的现状，当时的少年宫领导先后向区人大和区政协提出了建立民族艺术厅的议案。议案获准后，1990 年，政府投资 80 余万元修建了建筑面积 300 多平方米的民族艺术厅，为之后少年宫的教学和活动提供了很好的场所。

20 世纪 90 年代，全国各地的少年宫互帮互学的经验交流活动非常普遍，在此基础上由西城区少年宫发起的"三北地区"少年宫（三北即东北、华北、西北）文艺会演成功举行，从而再次提升了西城区少年宫在全国各地的知名度。

跨越新世纪的西城区少年宫（1998—2006）

创新项目："一车""一棚""两基地"。

"一车"指的是投资 80 万元改装的文艺演出大篷车，也是北京市校外机构第一个大篷车。

"一棚"指的是投资 60 万元改造的录音棚。

"两基地"是在 20 世纪 90 年代初成立的，指的是西城区少年宫既是西城区民族教育基地，又是西城区台湾爱国主义教育基地。尤其值得称道的是在台湾教育基地活动中，海峡两岸举行的中小学火箭放飞活动成了当时的品牌项目，得到了区委、教委领导的首肯。

2004 年，以舞蹈为主的第一届全国"向阳花"艺术节在北京举行，从此"向阳花"艺术节成了西城区少年宫的特色项目之一。

科学发展中的西城区少年宫（2006 年至今）

2006 年初，以王小慧主任为代表的新一届领导班子，给少年宫带来了翻天覆地的变化。

1. 创新管理理念与模式

将学校内的正规化管理经验融入了校外管理工作中。经过不断努力，少年宫团队的精神面貌有了很大进步，从最初的稳定型团队逐步走向发展型团队，又逐步向创新型团队、内涵式团队迈进。办学特色、场所优势不断被挖掘。教师特色项目成果明显，形成活动品牌项目。以"实践育人、活动育人、服务育人"办人民满意校外教育为全宫共识和目标。

2. 增强三支队伍建设

干部队伍、教师队伍、党员队伍做到爱岗敬业、善思创新，做实事、能干事。三支队伍在管理能力、科研能力、教育水平、活动水平、思想素养上不断提升。加强教师队伍建设，以师德建设促整体发展。

夯实名师培养之道，培养名师，打造品牌，树立精品意识，不断增强教职工队伍的整体素质和核心竞争力，提出"出名师、育名生、塑名宫"的可持续发展品牌战略，不断增强核心竞争力。培养"四有"好教师，鼓励教师做好学生"四个引路人"。

形成一支特别能吃苦、善于打硬仗的团队，工作中始终坚持"困难面前有我们，我们面前无困难"的团队战斗精神。

3. 办学目标进一步提高

西城区少年宫成为场所标准、管理科学、活动多彩、辐射广泛，在北京市校外教育理论研究、实践探索上有一定示范作用，在全国具有突出特色的校外教育场所。

不断巩固艺术教育龙头地位、成立艺术团。以特色项目推动团队品牌、师资品牌、活动品牌、项目品牌等方面的建设，树立精品意识，追求内涵式发展。

4. 开展丰富多彩的学生活动

西城区少年宫建有"三地三院"，三地即西城区民族团结教育基地、青少年祖国宝岛台湾教育基地、爱国主义教育基地；三院即文苑、金帆书画院、金弈棋苑，开展丰富多彩的公益活动，使西城少年宫"天天有活动、日日都精彩"，是学生向往、家长满意、社会认可的优秀校外教育场所。

在王小慧主任的带领下，西城区少年宫把发展作为第一要务。以精细化管理为切入口，以青年教师培养为着力点，以场所建设为突破口，以社会实践创新为新亮点，以生态课堂构建为增长点，以和谐促发展，以质量铸品牌，办人民满意的校外教育。以"做有思想的领跑者，办有品质的少年宫"为创建目标，打造"大气、雅气、灵气"的少年宫为宗旨，深入开展少年宫的各项工作，成为全区青少年的活动中心，艺术、体育教育的培训中心，课外校外教育的研究指导中心，实施德育工作实践基地，全面推动少年宫朝着综合化、现代化、多功能的目标迈进。

西城区少年宫先后被评为全国示范性县（区）级青少年校外活动场所，全国青少年校外教育示范基地，全国民族团结进步教育基地，教育部"十一五""十二五"教育科研成果一等奖，北京市涉台教育基地，北京市校外教育先进集体，北京市教育品牌特色学校，西城区文明示范单位。

梅兰芳大剧院：这里有戏剧的现在与未来

要说最能代表北京文化的，非京剧莫属。作为中国的国粹，京剧于2010年11月16日被列入"人类非物质文化遗产代表作名录"。现在也有不少家长愿意带着孩子听戏，让孩子学戏。在新街口，这样的情况就更多，因为这里不仅有国家京剧院，还有梅兰芳大剧院。

坐落在西城区新街口街道官园桥东南角的梅兰芳大

梅兰芳大剧院夜景　摄影：崔耀平

230

剧院，通体由透明的玻璃幕墙包裹，透过明亮的玻璃，能看到一道彰显皇家气派的中国红墙，每当夜晚降临时，梅兰芳大剧院像是一块红色的水晶，在两幢摩天大楼的怀抱之中熠熠放光。

名称：梅兰芳大剧院。

建筑面积：1.3万平方米。

隶属：国家京剧院。

建筑层数：地上五层，地下两层。

同时容纳千余观众　南北文化兼容并蓄

梅兰芳大剧院工作人员说，梅兰芳大剧院隶属于中国国家京剧院，2007年11月28日正式成立，因国家京剧院的第一任院长是梅兰芳大师，故大剧院命名为"梅兰芳大剧院"。在大剧院成立那天，京剧名家梅葆玖先生与原国家京剧院院长吴江一同为大剧院揭牌，此举预示着国家京剧院实现了剧场与院团的分离。"大剧院建成后的第一场演出是庆典晚会《我们的家园》，一千多张票全部售罄。"

梅兰芳大剧院原是国家京剧院的老院址，重装后，成为北京戏曲名家表演以及众多票友会聚的地点。大剧院在建筑设计上，融入了中国传统形式的精髓，红色的立柱，红色的大墙，镶嵌着数十个金色的浮雕，每一个浮雕呈现的是一部经典京剧剧目，而主色调选取了"中国红"，为的是凸显中国特色。

在音响设计上，采用具有国际水准的美国温格尔反声罩系统；以建筑声学为主，电声设计为辅，将建声设计、扩声设计、噪音控制、隔声处理融为一体，追求建声与数字化音响系统的完美结合。观众欣赏到的是演员、乐队不失真的真声传播。

大剧院的面积是13000余平方米，地上五层，地下两层，分为大剧场和小剧场。大剧场可容纳1012位观众，位于四层的小剧场可容纳200

梅兰芳大剧院　作者：张涛

人左右。另外还设有贵宾会议厅，基本上可以满足大部分票友的观看要求。

梅兰芳大剧院工作人员说，现在几乎每天都有演出，除了京剧外，大剧院同时也会上演其他种类的戏剧，比如昆曲、吉剧、折子戏等，还有很多剧团也都希望能在这样一座戏剧殿堂内展现自我。"来大剧院演出需要预约，基本上是今年预约明年的时间，剧种还是京剧为主，但是也有一些比如情景秀、舞蹈史诗之类的现代题材。"

奉献精品　工作人员日夜兼工

为更好地满足不同人群对演出的需求，每年梅兰芳大剧院都会引进除传统戏剧之外的演出，很多新派戏曲和国外戏曲节目也受到欢迎。工作人员表示："从售票数量来说，还是比较受欢迎的。"

说起售票，梅兰芳大剧院工作人员介绍说，除了到柜台购买演出票之外，观众们还可以通过官网在网络上购票，"在网上购票成功后，会收到一条有12位密码的短信，保留好密码，到售票处左边的自动取票机前输入密码，就能拿到票了，非常便捷"。

在大剧院的官网上，能够看到近两个月的演出预告，方便观众们选定自己想看的剧目。一般演出都在晚上7点30分开场，因为离地铁很近，交通也比较便利，所以基本能够满足上班族的观看需求。

在采访当天，位于四层的小剧场正在上演一出京戏，不少家长都带着孩子们聚精会神地看着台上演员的表演，"这是我们'京剧互动体验游'的一个部分，主要是拉近演员与观众间的距离，让观众们能够更直观细致地看到演员的唱、念、做、打"。

梅兰芳大剧院四楼小剧场于 2015 年 3 月正式对外开放运营，建筑面积 270 余平方米，室内高度约为 7 米，宽为 11 米，长为 20 米；舞台台口宽约 7 米，台深 4.5 米。

秉承着"上演老百姓喜闻乐见的艺术形式、推动健康向上的内容制作、发展多种形式并存的业态、追求灵活互动的交流空间"的服务理念，自开放以来，小剧场已成功举办多次研讨会、新闻发布会、名家讲堂、戏剧教育培训、戏迷票友俱乐部活动、京剧互动体验演出等多种活动。

人性化设计满足各类居民需求

在新街口地区，坐落着不少古今建筑，但梅兰芳大剧院显得性格鲜明。

作为屹立于新时代的综合性剧院，梅兰芳大剧院在保留中国传统文化气息的同时，还在设计理念、使用性能上与传统的京剧戏楼有明显的区别。作为综合性剧院，既要配备先进的设备，又要满足群众的需求。据大剧院开门迎客伊始就常到此听戏的资深票友魏宏说，大剧院外表颇为现代化，但不乏京韵，在视听感受上，不亚于国内其他知名的剧院。魏宏特地夸赞说，京剧与普通的演唱节目不同，对演员要求高的同时，也注重剧院音效的硬件基础。在梅兰芳大剧院听戏，演员声音不失真，没回音，作为资深戏迷，魏宏觉得很不错。

作为设备设施先进的剧院，梅兰芳大剧院还特别为残疾人提供了无障碍服务。工作人员介绍，残疾人来这里听戏，从正门进入到听戏、去洗手间，能够基本上保障无障碍行进。大剧院还颇为贴心地在一层观众席最靠前的左右两端安排了可供轮椅停放的观众席，可以同时安排四个轮椅。

西城区第一图书馆：拥有70万藏书的文化长廊

在西直门南小街后广平胡同，坐落着一座拥有70万藏书的文化长廊，经过历史的变迁，它与地区居民一同成长，从一家普通的图书馆升级为网络自动化管理的新模式，为农民工提供免费办学，成为文化传承的一大载体。

名称：西城区第一图书馆。

地址：西直门南小街后广平胡同26号。

概况：是西城区政府兴办的综合性公共图书馆，承担文献信息资源收集、整理、存储、传播、研究和服务等功能的公益性公共文化与社会场所。

历史沿革：西城区第一图书馆成立于1956年。其前身为北京市立图书馆西单分馆，馆址在西华门大街4号。1957年改名为西单区图书馆。1958年，西单、西四两区合并为西城区，原西单区、西四区图书馆于1959年合并为西城区图书馆。1999年，区政府投资建立新馆，西城区图书馆搬迁到新址（后广平胡同26号）。2013年6月，在两区合并后正式更名为西城区第一图书馆。

人们精神文化生活的乐园

说到图书馆，常常有人将它比喻为"人们精神文化生活的乐园"，也有人称它为"生活中的第三空间"，而更多的人则是爱它的书香气息。西城区第一图书馆以"读者第一，服务至上"为宗旨，坚持"社会化，开放式"的办馆方针，为读者提供多层次、多形式的服务，最大程度地满足读者多元化的信息需求，全年365天开放，并按照相关规定实行免费服务。

馆内设旅游资料室、音乐资料室、古籍阅览室、地方文献室、参考资料室、中瑞可持续发展信息中心、德国信息与德语自学中心和视障人阅览室等特色厅室，以及报刊阅览室、

西城区第一图书馆　摄影：张燕

个人借阅部、自习室、集体视听室、多媒体网络中心等服务厅室，为读者提供自助借还、自助文印、无线上网等服务。每年举办多种形式的公益讲座、展览等活动，发挥社会教育职能。

西城区第一图书馆是全国首家获得国际图联会员资格的区县级图书馆，被文化部评为一级图书馆，多年来先后取得了"全国精神文明建设先进单位""全民阅读示范基地"等荣誉，在丰富西城区人民文化生活，提高人民科学文化素质，加强精神文明建设以及为西城区改革开放、经济建设、高新技术开发服务方面发挥着重要作用。

西城区第一图书馆，原来叫西城区图书馆，始建于 1956 年，旧址位于西华门大街 4 号。那时的图书馆类似于四合院的建筑结构，是一个1400 多平方米古香古色的平房院落，"幽静别致"是闫峥踏入馆内的第一感觉。

1998 年，计算机科学专业毕业的闫峥来到西城区图书馆，利用所学专业推动图书馆发展是他最初的梦想。闫峥介绍，当时图书馆藏书30 多万册，共分为 22 类，其中文学类所占比例偏高。馆内采取闭架阅览的服务方式，读者通过卡片目录搜寻自己想看的书籍，工作人员再根据读者需求去书库中提取，"卡片目录都是工作人员手写的"。

"那个年代网络只是被少数人了解，读书是丰富文化生活的方式之

一，图书馆自然而然地就成为大多数人的文化活动阵地。"闫峥笑着说。

1999 年初，区政府在后广平 26 号投资建立新馆。同年年底，西城区图书馆对外开放，并于 2013 年 6 月正式更名为西城区第一图书馆。如果说用一句话来形容闫峥和新馆的感情，那便是"父亲看着孩子成长"。"新馆建设初期，我就被调过来负责弱电建设，每隔三天就要加一次班，真的是倾注了很多精力。"闫峥就像一位父亲，图书馆就像他的孩子，十余年来，图书馆的每一点改变，他都是见证者，并为之欣喜。

乔迁新址，服务趋向网络自动化

闫峥现任西城区第一图书馆馆长、管理协会副会长，中国图书馆学会会员，西城区青年联合会委员，西城区科学技术协会会员。

作为图书馆界青年学术骨干，闫峥参与了中国图书馆学会、北京市文化局等市级以上 3 个课题研究，还承担了区科委的 4 个实验区项目，其中全市公共图书馆"一卡通"的研究课题，荣获 2007 年度创新工程优秀成果奖。

此外，闫峥本人先后被评为"四进社区"市级先进工作者、"四五普法"先进个人、"科普益民"市级优秀宣传员。关于西城区第一图书馆，闫峥有说不完的话。

"图书馆发展是要与社会需求紧密相连的，西城区文化氛围浓，人口密集，把图书馆建在这里能够被更多人利用。"闫峥介绍，目前图书馆藏书 70 万册，全年 365 天开馆，每周开放时间长达 66.5 小时。与老馆相比，新馆在服务及职能方面更趋向于网络自动化。读者来到图书馆，可以在书架上随便翻阅自己想看的书籍，打破了老馆闭架的服务方式。借还书也不再依赖于工作人员，只要凭借"北京市公共图书馆联合读者卡"均可自助办理，借书时间也从原来的 14 天延长至 40 天左右，如果未按时还书，每本书每天交纳 0.02 元的滞还费，"读者卡在北京市是联网的，任何一处公共图书馆都可使用"。

随着科技的发展，纸质文献已经不能够满足读者的需求，电子文献越来越受到大众的青睐。因此，新馆还建设了 260 平方米的电子阅览室，可以容纳 80 名读者同时在线阅读。

读者各异，外来务工人员免费学

5 天读 7 本书，而且都是纸质书，说出来实在是惊人。这个人就是西城区半壁街社区社工胡喜文，他可是西城区第一图书馆的"铁杆粉丝"。说起图书馆，胡喜文对它简直是赞不绝口，"馆内环境好，藏书量大，尤其是自助化的借还书可真是方便"。平日里，胡喜文喜欢看军事类、传记类的书籍，他每星期都去图书馆一次，借上 5—8 本书，就可以美美地看上一周。

西城区第一图书馆的"粉丝"可不仅仅是像胡喜文这样的本地居民，这里还穿梭着一批特殊的读者，那就是外来务工人员。闫峥说："2005 年图书馆成立'社区学习中心'，这是西城区为建立和谐社会，给外来务工青年提供免费服务的项目之一，已经坚持十多年了。通过举办讲座普及法律知识和计算机培训等，帮助外来务工人员提高素质，增强技能，改善工作、生活状况，目前已有 5000 多人从这里走出去。"

甘肃泾川县的万小兰和河北的李景红都是参加过培训的学员。万小兰说："刚来北京时心里紧张，不知道干什么好，学了计算机心里就有底了，这些资源都将成为我日后生活的铺垫。"李景红认为，在北京这个人生地不熟的地方，能享受到免费的"午餐"实属不易，这将是她人生的新起点，她希望自己可以在不断学习中，增长人生阅历和工作经验，更好地为首都服务。

除此之外，流动图书车和街道图书馆也成为西城区第一图书馆的亮点。自 1991 年起，流动图书车将一本本"文化宝藏"送进部队系统、监狱系统、学习型机关和官员社区，并不定期更新书籍，有时每周，有时半年，如今流动图书点已达 40 多个。

"从 2002 年开始，西城区第一图书馆逐步在各街道开设分馆，这样更方便居民随时随地看书阅读。"闫峥说，"街道图书馆平均100平方米，藏书大约10000册，每月定期更新书籍，每年1000册以上，到现在为止已开设29个分馆。"

从图书管理员到馆长，闫峥秉承"共筑知识殿堂"的理念，力求为每一本书找到合适的读者。他经常说，"教书育人"和"读书育人"是两个不同的概念，"教书育人"局限于学校，"读书育人"是即使在工作中，依然树立学习观念，而图书馆就是最好的"社会大课堂"，只有在学习中，才会不断地完善自我。

盲文书籍提供个性化服务

来到西城区第一图书馆的读者会惊喜地发现，这里为盲人居民提供了读书的空间。这是西城区第一图书馆为盲人居民打造的个性化服务，是图书馆结合工作理念，让更多人能够享受到阅读的乐趣的新举措。

放眼北京各大图书馆，不管是规模宏大、藏书甚多的公立图书馆，或者轻松惬意、安静优雅的私人图书馆，极少为盲人准备相关的书籍。"并不是没有这份心，而是专业知识的限制，无法提供有效的服务。"曾经在北京大望路一家书店任店长的王珊在来到西城区第一图书馆，看到盲人阅读区之后发表了自己的感受："在图书行业，盲文书籍的编订、发行都有自身独特的渠道，从受众来讲，它对应的群体很有限。但正因如此，在生产和销售两个渠道，盲人书籍过去都被划归特制书籍，作为图书行业的经营者来说，没有经过大量的研究，根本无法涉及盲文书籍这个领域，更别说为盲人居民服务。盲文书籍是易耗品，因为要反复触摸，只有大型的图书馆才会配备。而西城区第一图书馆在这方面走在了前面。"

据馆内工作人员介绍，虽然配备的盲文书籍观者寥寥，然而"有没有人来看是一回事，但是一定要配备。这是为居民服务的一种方式"。图书馆负责人表示，配备盲文图书之后，也曾经吸引了其他地区的盲人来此阅读。

北京鲁迅博物馆：见证历史沉浮的四合院

地址：西城区阜成门内大街宫门口二条19号。

隶属关系：隶属于国家文物局。是中央国家机关思想教育基地、北京市爱国主义教育基地，是首批国家一级博物馆。

历史沿革：鲁迅于1923年12月购买，1924年春天亲自设计改建。

鲁迅于1924年5月至1926年8月在此居住，是鲁迅在北京生活的最后一处住所。

1950年3月，许广平将鲁迅故居及故居内的文物全部捐献给人民政府；文化部文物局从北京市人民政府接管了鲁迅故居。

1950年6月，文化部文物局派人将故居内文物清点完毕并报文化部。

1950年11月6日，文物局从上海鲁迅故居将鲁迅藏书装41箱运往北京，在北京鲁迅故居存放。

1950年，文化部文物局接管鲁迅故居后，在保持故居原样的基础上，对故居进行了测绘和修缮，并于9月初竣工。

1950年10月19日鲁迅逝世14周年纪念日，首都文化界举行隆重纪念会，鲁迅故居开放供群众参观。此后每年10月开放一次，时间在1个月左右（1954年以后，每周开放2天至3天），这种情况一直延续到1956年博物馆建成。

1951年初，王冶秋同志打报告请毛泽东主席为鲁迅故居题名，毛主席在报告上批：请郭老写。后来，郭沫若同志亲笔题写了"鲁迅故居"4个字，镶嵌在鲁迅故居大门右侧墙上。

1954年初，文化部决定在鲁迅故居东侧筹建鲁迅博物馆。

1956年10月19日，博物馆正式开馆。

1978 年，在鲁迅100 周年诞辰前夕，鲁迅博物馆开始第二次扩建，1981 年 8 月竣工，鲁迅生平展 9 月开放。

1979 年 8 月 21 日，鲁迅故居被北京市公布为重点文物保护单位。

鲁迅博物馆　摄影：陈硕

1980 年 3 月 14 日，叶剑英同志为北京鲁迅博物馆题写馆名。

1993 年 5 月 24 日，鲁迅博物馆新展厅工程破土动工，至1994 年 9 月竣工。

"两棵枣树" 的典故就在此处

鲁迅博物馆是中国人民为了纪念和学习中华民族的思想文化巨人鲁迅先生而建立的社会科学类人物博物馆。现为司局级公益性事业单位，隶属于国家文物局，是中央国家机关思想教育基地、北京市爱国主义教育基地。

走进北京鲁迅博物馆西侧一座僻静的小院，已经退休 7 年的王惠敏又回到了自己熟悉的地方，在郭沫若提写的 "鲁迅故居" 4 个大字旁边，她凝视良久，才跨进这座历经近百年沧桑的四合院。

鲁迅博物馆如同一架时光照相机，将鲁迅在北京的生活、工作经历记录下来，成为珍贵的记忆。

鲁迅 1924 年至 1926 年在北京，和自己的母亲以及原配夫人朱安一起居住于此。当时先生在北洋政府的教育部任职，同时还在北大、师大等多所学校授课，其余时间则在这座四合院里与好友交谈，在狭小的书房里写作。

鲁迅先生的书房很简陋，只1张桌子、2把椅子以及1张单人床。在许许多多个夜晚，先生一手拿烟，一手写作，深思时，烟烫到了手才发觉。书房的窗户外面是故居的后院，有2棵枣树，也被写进先生的文章中。

在此生活的两年时间，先生在这里完成了《华盖集》《华盖集续编》《野草》三本文集和《彷徨》《朝花夕拾》《坟》中的一部分文章。

最难忘的展览

王惠敏退休前在鲁迅博物馆的展览部工作，主要负责策划、组织、设计与鲁迅相关的展览。在和别人介绍鲁迅博物馆时，王慧敏常常会打开一本书，里面有张照片是鲁迅先生当年设计这座四合院的手稿。王慧敏说，这片小天地凝聚了先生的心血，院中的2棵丁香树，也是先生当年亲手种下的。

王慧敏的工作，是将鲁迅的生活、工作以及他的情操还原出来。除了展示，还要通过研究，还原革命斗士的人生。几十年来，鲁迅博物馆组织的展览走遍大江南北，走遍海内外，令王惠敏印象最深的，是1981年鲁迅100周年诞辰时举办的鲁迅生平展览。

办一次展览，通常要2年到3年的筹备时间，需要前期的大量准备工作。曾经为了找鲁迅先生的一张照片，王惠敏花费很长时间，搜集了几百张有关鲁迅先生的照片，最终经过反复比较，挑选出最适合主题的一张。

那次展览获得

鲁迅博物馆　作者：张涛

241

了很大成功，并随后在全国各地巡回展出，走进少数民族地区、偏远山区，受到热烈欢迎。

在20世纪80年代，博物馆还未像现在这么多，鲁迅博物馆的工作人员将展览带进工厂、带进社区，从严寒的东北，到崎岖的西南，一代文学巨匠的宝贵财富在世代传承。

王惠敏工作期间，还策划了很多专题展览，如"鲁迅的读书生活"展览、"藏书票"展览等。当再次走进展厅时，王惠敏很是激动，看到其中一幅鲁迅的照片，她便滔滔不绝地讲了起来，好似有说不完的故事。

与鲁博相伴一生

提起鲁迅博物馆，已经86岁的叶淑穗有太多的故事，一生的大多数时光，她都在这里工作。从建馆前她便来到这里，到退休后，她仍然时常来馆里，继续研究工作。

叶淑穗从鲁迅博物馆建馆前便来到这里，当时的她还是个青春飞扬的小姑娘，对鲁迅先生仰慕已久。从建馆的筹备，到鲁迅遗物与文学财富的整理、研究，叶淑穗在这里默默工作了一生，鲁迅身上点点滴滴的往事、鲁迅著作背后的故事，她都再熟悉不过。

展品多由许广平捐赠

鲁迅博物馆的大量鲁迅文物及与鲁迅相关的文物，都与许广平分不开。

建馆之初，许广平便向鲁迅博物馆捐赠了大量鲁迅先生的书信、文稿、日记和其他遗物。在随后的漫长时光里，许广平在整理时，有时发现一件鲁迅先生的文稿或日记或照片，便给博物馆打来电话，有时从上海邮寄过来。

许广平会详细地做好批注，告诉工作人员每件文物背后的故事，有时还亲自来到博物馆进行指导。

鲁迅博物馆收藏着鲁迅一生的财富和经典，也收藏着鲁迅与许广平的点滴记忆。

博物馆里不仅收藏和展览了鲁迅先生的大量遗物和著作原稿，还收藏了鲁迅先生与诸多文化思想界名人的书信、文札、藏书、藏画等。这些文物，是民国时期文化思想界的宝贵财富，堪称民国文化的缩影。

在这些藏品中，既有鲁迅先生的大量手稿、生平史料、藏书、藏画、藏碑拓片、藏古代文物、藏友人信札等文物藏品，又有许广平、周作人、周建人、章太炎、钱玄同、许寿裳、江绍原、魏建功、瞿秋白、冯雪峰、萧军、萧红、叶紫、柔石、冯铿等人的遗物、书信、手稿等。鲁迅先生与这些当时的文化名人进行交流、探讨，其中不乏激烈的交锋，正是这些思想的交锋，碰撞出进步的火花，照亮在黑暗中摸索前进的中国。

永远的文学财富

在北京的岁月，鲁迅先生完成了《华盖集》《华盖集续编》《野草》三本文集和《彷徨》《坟》《朝花夕拾》中的部分文章，为时代呐喊，鲁迅一生的文学财富是不可估量的。

叶淑穗一辈子研究鲁迅，86岁高龄的她已是研究鲁迅的专家。退休后，她仍坚持研究鲁迅，还在几所大学里授课，对她来说，鲁迅先生留下的文学财富，一生也研究不完。

鲁迅的笔是充满战斗性的，从《狂人日记》到《呐喊》《彷徨》，鲁迅以他深刻的思想、敏锐的目光，时刻关注着中国的变迁，用自己的笔启发国民性。

谈起鲁迅的一生和文学财富，叶淑穗有着说不完的故事，在她看来，鲁迅博物馆不光是纪念鲁迅先生的一座博物馆，更是文学精神的传承，是国民性的反思，是对历史和未来的深刻思考。

新街口百货："新百"传承新老歌谣

地址：西城区新街口南大街7号，坐落在西城区新街口南大街，西单商脉的北端。

隶属关系：隶属西城区国资委系统，是北京天恒置业集团有限公司的权属企业。

历史沿革：1959年始建，原新街口百货商场属于公私合营的单体门店经营。

1986年，新街口百货平地建楼，成为如今的新街口百货建筑雏形。

2002年，新街口百货商场改制为如今的北京市新街口百货有限公司。

接地气，服务理念依"民需"做调

提起新街口百货，很多老北京人都会感慨良多，这座见证老北京经济发展历程的商场，如今正在以其新生的活力和蓬勃的生命力，为新街口地区的经济注入新的力量。

过去物资匮乏，为居民提供综合服务的百货商场非常少。"百货"二字，既是综合之意，又形容出规模来。商场与百货商场之间只差两字，却在档次上完全不同。

过去，提起北京的百货商场，规格最高的自然是百货大楼。此外，安定门、地安门、西单、新街口等地，也有自己的百货商场。可以说，在过去能够住在百货商场周边，是让居民百姓非常高兴的事儿。而说到自家辖区就有个百货商场，那就更让新街口人引以为傲。

新街口百货经历了从计划经济到市场经济的过渡，至今，走过了57年的发展历程。

从"欢迎您到新百来，这里温馨爱常在"到"您期待的目标是新百努力的方向"的经营理念，更加贴合百姓需求，为诚信经营注入了新的活力，也更加"接地气"，新街口百货成了老百姓贴心的朋友。

"以前的经营是'小而全'的路数。"新街口百货营销策划部部长马新利介绍，在20世纪六七十年代，东边的王府井百货大楼和西单商场是全国人民的购物天堂，而新街口百货却是"咱老百姓喜欢的购物场所"。三尺柜台里忙碌而有序，柜台外大家挤着，大声点着自己要的用品。一趟逛下来，穿的、用的基本采买停当，大人心满意足，孩子们则欢快地幻想着怎样穿着碎花布做的新衣服在小伙伴面前显摆。

新街口百货商场和当时其他几处百货商场比，经营面积没有太多优势。但对于居民购物需求的定位，商场拿捏得非常准确。

20世纪60年代，这里的商品一应俱全，都是居民生活需要的东西，吃穿用都有，算是平民价位的购物天堂。周边的居民买什么都在这里，根本不用去很远的地方，大到鞋帽、百货，小到针头线脑，都可以买到。而最让新街口百货商场名声大噪的，除了自身丰富的品种之外，还拥有极好的配套设施。在商场里买不到的东西，居民在周边也可以买到。那时，新街口百货商场周边有桂香村、文化用品店、体育用品店、茶庄、菜市场，包揽了居民的衣食住行，算得上是"一揽子式的服务"。而新街口百货商场所在的丁字路口周边还有布店、书店、电影院、工人俱乐部等。这样强悍的配套设施，让离此不远的西单商业区也黯然失色。

曾遇困局，未跟上市场变化

改革开放大潮吹遍华夏，这让居民的生活发生了翻天覆地的变化。随着时代的发展以及市场的变革，新街口百货商场逐渐失去了往日的辉煌。虽然进行了一些调整，引进了品牌商品，但人气不足的短板凸显了出来。价值随着周边的环境变化，新街口百货商场周边的用户群体正逐步消失。人口相对少了，既包括居住的居民少了，也包括来到百货商场的顾客少了。总之，新街口百货商场进入了"水土不服"的时期。一段时期以来，到新街口地区购物的主要是居住在新街口地区的普通居民和来自周边单位，最远可至学院路大学区的年轻人，购买力有限。

更加让百货商场感到雪上加霜的是，超市的兴起，让百货商场的经营战斗力被牵制，到了如今，网络购物的大行其道，更是给百货商场带来了经营上的困难。

全力破局，用自己的风格吸引顾客

怎样能够吸引更多的顾客？这是新街口百货商场一直在思考的问题。经过调研发现，越是广泛撒网，越是会失去竞争力。现在，专项经营、品牌化经营的套路更加吃香。

新街口百货商场有特色吗？当然有！

新街口百货紧紧围绕"老百货、新形象"的主旨，走特色百货、主题百货的经营方向，打造了"京城羽绒旗舰店"的经营规模、"京城毛衫第一家"的经营特色、"中老年花样年华"的经营名片。

"每年，羽绒服装节及毛衫节会先后拉开序幕。在这里老百姓不但可以买到心仪的商品，还可选择'白菜价'的特供、专供商品。"马新利介绍道。近年来，随着街区规划调整，地下一层纺织厅开辟了老物件系列商品专卖。白底蓝边的搪瓷碗、火红喜庆的铝制暖壶、红遍网络的"国民床单"……一件件怀旧的商品，吸引顾客的驻足，大家一边拿着老物件，一边向售货员讲起老物件和它以前的故事。

60年来，新街口百货从"小而全"的经营格局，调整为如今的以穿类商品为主的、形成规模的主题型商场。"新百人"紧紧围绕天恒集团"打造国内最具影响力的城镇运营商"的发展战略，参与市场竞争。

对于"60后""70后"来说，羽绒服、羊毛衫这样中高档的服装，他们很少选择网购，更多地会选择在实体店购买。而在北京中心城区的居民百姓脑海中，"买羊毛衫去'新百'很靠谱"的观念早已经根深蒂固。

"羽绒服和羊毛衫都比较贵，如果在网上买，抛开质量的因素，单说尺寸的话，一旦不合身，来回调换会非常麻烦。"住在旧鼓楼外大街的冯占萍是新街口百货商场的忠实粉丝。因为是裁缝出身，她常在这里买布料。后来发现这里的羊毛衫价格很合适，于是就把这里定为"定点"商场。冯占萍说，上一点年纪的人，更喜欢亲眼看、亲手摸，这样踏实。而新街口百货商场是目前中心城区里，经营羊毛衫和羽绒服最专业的地方，品牌多，款式也多，所以自然而然地会选择这里。

"商场还秉承原有的价值观，并不会在广告上投入过多费用，所以这一项宣传方面的支出，居民无须承担。因此，能够感受到价格上的实惠。"马新利表示，在广告宣传大行其道的今天，新街口百货商场仍然是靠口碑赢取顾客的信任。"过去，'60后'和'70后'是购物的主力。现在，'80后''90后'顾客也渐渐多了起来。"马新利说，现在"80后"和"90后"在职场上是主力军，经济已经独立，他们从父母口中听到了关于新街口百货商场的好评，自然就会依照父母的意愿前来。"有不少年轻人来了会跟售货员说，爸妈说了，就认这儿了！"

保本色，处处细节显贴心服务

新街口百货开辟了针织厅，售卖针棉织品，如今还经营着老年人喜欢的加肥加大型、加肥偏短型的针棉织品，保留了柜台式售卖，满足不同消费者的需求。签边处不仅签裤边，还增加了修改衣服，为顾客实现量体裁衣的精准。纺织厅各种棉被、结婚喜被、婴儿棉被现场手工絮棉缝制，只要顾客有要求都可以私人定制……新街口百货在创新调整中也不丢本色。

新街口百货商场至今还保留着成匹布料丈量着卖的传统，顾客丈量合适的长度，购买自己喜欢的布料，这种销售方式，将中国人几千年用尺丈量布料的传统进行保留和传承。要知道，这样的规矩，在北京城已经基本绝迹。很多年轻人只有来了这里，才能看到营业员非常麻利地唰唰唰丈量，然后拿起大剪刀唰的一声迅速从布料中裁切，刀口平齐，尺寸一分不差。

新街口百货的服务更是贴心，如今还有定制棉被、制作被套、改衣服、修表、配扣子等服务，这都是在京城几乎绝迹的便民服务。有的顾客是老年人，岁数大了，腿脚不利索，看到这样行动不便的顾客，服务标兵就会帮着扶上去。据悉，服务标兵的竞评距今已有10年的历史了，初衷是鼓励为老年人、残疾人等特殊群体服务的志愿者队伍。面对这样的贴心细节，商场内总是会听到居民"这个服务员怎么这么好"的感叹。残疾朋友特别是盲人顾客来买鞋，让盲人坐在休闲椅上，售货员蹲下帮其脱旧试新。吴启亮是皮鞋部的售货员，一米七几的大小伙子蹲在柜台前给买鞋的盲人试穿，一双不成换一双，满意为止，成为盲人"心中的菩萨"。赵丛芳、李爱华都是劳动模范，黄玉芳是市级服务明星，耿萍、耿翠红、贾桂梅、张成霞都是从厂方的导购晋升为五星级服务标兵的。商场店庆期间还经常收到顾客的表扬信，新街口百货文明待客也早已名声在外。

新街口百货还涌现出了很多感人的故事。据介绍，顾客喜爱的宝贝嫩肤霜、百雀羚等国产老品牌化妆品，老年人穿的加肥加大型秋衣、秋裤，上百种大小不一、五颜六色铺满柜台的纽扣，只因有老百姓的需求，新街口百货依旧保留一席之地。有的老顾客迁到了清河郊区，为了买老品牌护手油，便不嫌远地专门来到了新街口百货。最远的有从房山、昌平赶过来的。这些老年朋友们称新街口百货的服务好，自己也有时间，舍得出趟"远门"来过把购物瘾。

一位在商场工作20多年的老职工讲，在新街口百货众多的荣誉里，最重量级的是中华人民共和国商务部颁发的"达标百货店"和"北京市爱老、敬老、为老先讲单位"的荣誉称号，这让"新百人"在努力追寻发展梦想的征程中有了更大的干劲。坚持以服务百姓为宗旨，为百姓提供更多的实惠，不但是新百一贯的追求，也是它未来的发展方向。"新街口百货是老百姓一生不变的朋友。"工作人员说。

有爱心，开展救助活动成常态化

新街口百货帮扶形成机制，建立了"关于对残障消费者购物接待的应急预案""对特殊群体消费争议解决的应急方案"，不断完善无障碍电梯、低位服务台等服务设施，免费为顾客提供轮椅服务，层层落实责任制。

多年来，新街口百货热心公益，与新街口、什刹海等周边街道办事处联手共建，将企业文化理念融入社区活动中，联手扶贫、救灾、助残、慰老等，体现了"新百人"的社会责任意识。

新街口百货曾与新街口街道共同开展以"新百与消费者携手向灾区献爱心"为主题的旧羽绒服回收活动。顾客持旧羽绒服可换取一定价值的代金券，回收的旧羽绒服经过重新整理打包后全部捐往灾区，通过多种形式向灾区人民奉献爱心。除此之外，还开展了主题助残日活动，向地区的困难残疾人家庭捐赠了米、面等生活必需品，深受居民的好评。

新街口百货不仅处处为地区居民着想，对待自己的员工不是亲人却胜似亲人。有一次，新街口百货一名厂方信息员家乡安徽发生水灾，致使家中房屋倒塌，母亲受伤住进了医院，给信息员的家庭生活带来很大的困难。灾情发生后，领导层在第一时间向全体员工发出了捐款倡议，员工们纷纷伸出援手，仅一周的时间，就收到271名干部员工的6050元捐款。值得一提的是，在新街口百货工作的6名保洁员自己家中并不富裕，但得知这名信息员家中的困难，积极为其捐款，慷慨解囊，体现了新街口百货这个大家庭团结友爱、互助互帮的传统美德。

"新街口百货是个和谐的大家庭，这里不仅是我们成长的舞台，也给我们留下了更多的感动。"马新利骄傲地介绍着。新街口百货是一个有爱心、有责任的企业，"新百人"用真诚收获了顾客的赞许，收获了员工的忠诚，也实现了经济效益和社会效益的双丰收。

中国儿童中心：新时期的儿童成长乐园

地址：北京市西城区平安里西大街43号。

隶属关系：隶属于中华全国妇女联合会。

面积：占地面积8万平方米，建筑面积34960平方米。

历史沿革：前身是中国儿童少年活动中心和中国儿童发展中心，1982年8月5日，中国儿童少年活动中心正式开放。

成立之初得到国家领导人关注

中国儿童中心成立于1982年，是中华全国妇女联合会直属的公益性事业单位，是集应用科学研究、兴趣培养、教育活动和公共服务为一体的国家校外教育机构，是我国儿童工作对外交流与合作的窗口。

中国儿童中心大门　摄影：马月文

时光回到1982年。当时，中国大地处处洋溢着改革开放的浓浓气息。2月26日，一个春天的故事，一个令全国亿万少年儿童无比激动的日子，这一天，党中央、国务院决定，把官园作为礼物赠送给全国的少年儿童。时任国家体委主任荣高棠同志受命担任筹委会主任委员，具体负责筹建中国儿童少年活动中心。

在团中央、教育部、文化部、全国总工会等中央国家机关和北京市政府以及社会各界

250

的大力支持下，同年 8 月 5 日，中国儿童少年活动中心落成并正式对外开放。一年后，中国儿童发展中心也在这座院落里成立，担负起指导全国少年儿童健康发展的重任。

1993 年，我国改革开放进入新时期，为适应形势需要，中国儿童少年活动中心和中国儿童发展中心合并，组成了中国儿童中心。

中国儿童中心自成立以来，得到了老一辈革命家的高度重视和亲切关怀，许多领导多次来中心参加少年儿童活动。改革开放的总设计师邓小平同志还亲笔题写了园名。江泽民、李鹏、彭真等党和国家领导人先后为中心题词。全国妇联领导康克清、陈慕华、彭佩云、顾秀莲、陈至立等都非常关心中心的建设和发展，多次来中心指导工作。社会各界也给予了大力帮助，使这棵幼苗迅速茁壮成长。

和 "80 后" 一同成长的孩子乐园

儿童教育一直是家长们关心的焦点问题。1992 年，中国儿童活动中心和中国儿童发展中心合并，延续传统项目，为儿童提供身体健康和心理疏解等全方位服务，并配备优质硬件设施，成为地区一座帮助儿童快乐成长的乐园。

二者合并后，延续传统项目，设有儿童艺术团、实验幼儿园、期刊总社、国家儿童营养品质量监督检验中心、儿童营养和健康研究中心、对外交流中心等机构，系统全面地包含了儿童教育、兴趣培养、健康营养方面，以求为全国儿童教育提供专业化和科学性的范例。

例如，国家儿童营养品质量监督检验中心致力于儿童营养品质量检测工作，从事儿童营养、健康等方面的科研及项目开发，提供儿童食品营养与安全知识的教育、咨询服务，帮助少年儿童建立科学健康的生活方式。

中国儿童中心配备了优质的硬件设施，有科学宫、艺术宫、体育馆、教学楼、影剧厅和丰富的儿童游艺活动设施；同时，开设音乐艺术、体育、书画、文化科技四大类兴趣班，具体有各类乐器、舞蹈表

中国儿童中心　摄影：马月文

演、书法、美术、游泳、跆拳道、艺术体操、体育舞蹈、棋类、乒乓球、智能机器人、科学实验、科技制作、国学、外语、计算机等。

中国儿童中心在全国推出"心中有祖国，心中有他人""中国小公民道德建设计划""全国少年儿童生态道德教育计划""儿童六一论坛"等一系列品牌教育活动，在儿童生态道德教育、心理健康教育、法制教育、科学素养教育、媒体素养教育、传统文化教育等方面不断拓展内容，传承和挖掘优秀民族文化活动资源，以儿童喜闻乐见的形式打开了儿童的内心。中国儿童中心作为综合性和专业性的少年儿童校外教育活动场所，是全国校外教育工作者交流的平台和先进理念的实践基地，围绕儿童健康人格的发展，培养儿童的创新精神、实践能力和道德素养，形成个性化、多样化、系统化的实践培养模式，成为全国少年儿童的乐园。

文化是一个国家和民族生生不息的灵魂和根基，也是一个单位不断前进发展的动力源泉。几十年来，中心秉承"一切为了孩子，为了一切孩子"的宗旨，以及把社会效益放在第一位的信念始终没有动摇过。

儿童中心十分重视加强党的建设，积极推进人才队伍建设，坚持以人为本，凝聚一切智慧和力量谋发展、干事业，取得了许多荣誉和成绩。2011 年、2012 年，中心党委连续两年被全国妇联评为先进党组织。2012 年中心荣获"首都文明单位"称号。

252

有心有为，成为全国育人机构的领航者

中国儿童中心坚持公益方向，坚持儿童至上，坚持改革创新，为服务少年儿童、促进我国儿童事业发展，迈出新的步伐。

按照"力争将中心建设成为一个特色鲜明、理念先进、机制创新、队伍专业、环境适育、质量优良、信息化与国际化水平较高的国家级综合性校外教育示范中心"的发展目标，结合中心发展现状和未来发展趋势，中国儿童中心在发展中抓准定位，有了自己的特色。

第一，在校外教育的理念与实践创新方面保持领先优势。围绕儿童健康人格培养深化理论研究，提升理论应用价值，探索有效的实现途径，构建科学、多元、开放、融合、有效的校外教育理论指导与实践应用体系，形成一批具有研究和应用价值的理论成果，科研转化能力大幅提升。儿童健康人格培养的工作路径及实践模式更加完善，拥有一系列理念先进、形式创新的兴趣培养项目及社会实践活动品牌。实施"互联网＋"行动计划，教育与互联网技术融合发展程度显著提高，中心业务发展空间得到拓展，新业态不断成长。公益性服务体系建设成效明显。

第二，对全国校外教育的引领示范作用更加突出。面向全国校外教育的组织平台建设日益完善，科研、活动、兴趣培养、师资培训等服务内容更加丰富、服务形式更加多样。合作共享、协同发展的工作机制更加完善，中心的示范性和影响力更加明显，中心社会形象大幅度提高。

第三，科学高效的管理机制更加完善。建立与公益二类事业单位要求相适应的开放而多元的资源配置体系，实现社会效益与经济效益共赢。推进机构改革，完善绩效分配，建立科学高效、政令畅通、协调一致、公开透明、责权统一的管理体系。干部队伍德才兼备，敬业奉献，敢于担当；员工队伍结构更加合理，专业化水平大幅提高。学习型组织建设有实质性的成效。

第四，和谐中心建设取得显著成效。热爱儿童、服务儿童、奉献进取的中心文化深入人心。广大员工团结和谐，健康向上，风清气正。不断改善员工生活条件，关心员工生活和个人成长，营造有利于人才成长的环境，员工幸福指数普遍提升，使中心真正成为广大员工和谐进取的精神家园。

第五，育人环境全面改善。进一步完善教育设施建设，加大基础建设维修改造力度，科学规划和改造生态园林，突出育人功能，基本实现功能齐全、设施先进、园林优美的育人环境。

美式的公益性探索馆

2015年儿童节当天，中国儿童中心老牛儿童探索馆（简称探索馆）正式对外开放。它坐落在中国儿童中心园内，是中国儿童中心、老牛基金会、北京师范大学中国公益研究院三方合作，在中国儿童中心原科学宫基础上，改建而成的中国第一家融合国际先进儿童博物馆教育理念和运作模式的公益性儿童探索馆。

"探索馆采用了全美式风格，由美国公司设计、制作、安装，所有建筑构件都从美国空运过来，螺丝钉都不例外。"中国儿童中心工作人员汪耀天介绍说，"探索馆现有城市广场、开心市集、繁忙小镇、4D影院、阳光之谷、科学天地和主题空间七个展厅，包含'发现森林''建筑工地''宠物医院'等20多个展区以及50多种展项，其中展区设计贯穿了中国十二生肖的元素。"

目前，探索馆面向0—7岁儿童开放，在倡导亲子互动、孩子自主参与方面起了重要作用。探索馆为孩子们提供全感官学习的环境和机会，让他们能放开手脚去认知世界、感知世界，从而促进儿童身心全面和谐发展。

爱心关注贫困学生

如今，中国儿童中心拥有近300人的团队，员工工作很忙，周末不休息，甚至一些老员工20多年都没有跟家人度过一次周末。团队成员将爱心奉献给儿童教育事业，他们每年都会去贫困、边远地区，与当地儿童互动，团队也凭借敬业精神在学生和家长眼中独具人格魅力。中国儿童中心教师夏宁宁讲述了这样一件事情。

"2008 年 12 月，我参加了中心赴北京太阳村捐赠物品献爱心活动，我的内心受到了洗礼和升华。"北京太阳村全称是北京市太阳村特殊儿童救助研究中心，位于北京市顺义区，是非政府慈善组织。太阳村以无偿代养代教服刑人员未成年子女为己任，对服刑人员无人抚养的未成年子女开展特殊教育、心理辅导、权益保护及职业培训服务。

据太阳村负责人张淑琴介绍，太阳村里的孩子们过早饱尝了生活的艰辛，他们在爱心人士的帮助下，重新回到校园，每年的学费、书本费、学习用具、校服、保险等所有费用全靠社会各界资助。虽然孩子们通过自身的努力，学会了武术、唱歌、舞蹈等技能，但是由于父母的消极影响、社会的不公待遇让他们产生了仇恨、报复心、攻击性、过分敏感、害怕与人交流等心理疾病。对于这些孩子，社会应该给予更多的关心和爱护。

夏宁宁感慨地说："我能感觉到太阳村的孩子非常渴望爱。我不能时刻陪在他们身边，给予像妈妈一样的关爱，但是我可以将对孩子们的爱放到自己的本职工作中来，将爱心与师德建设紧密地结合在一起。"回到工作岗位的夏宁宁，倾注了更多的爱心在儿童教育事业上。

正源清真寺：胡同里的伊斯兰教"窗口"

地址：东冠英胡同 19 号。

面积：现有建筑面积 493.6 平方米，占地面积约 1000 平方米。

历史沿革：始建于清朝道光年间。

1986 年 6 月修缮，重新开放。

1997 年异地重建。

异地重建 服务宗旨不变

作为新街口地区唯一的清真寺，正源清真寺有着不可替代的地位。它是地区穆斯林心目中的家，他们可以在这里感受温暖，笃定信仰；它以包容的心态对外开放，是普通居民了解伊斯兰文化的窗口；它也是社会活动的积极参与者，以自身的宗教魅力成为地区一道亮丽的风景线。

正源清真寺有礼拜殿、阿訇室、沐浴室。大门两侧书写"亘古清真，报国佑民"8个大字。该寺建筑为阿拉伯风格，并将中国的传统建筑风格融入其中。

沿赵登禹路与东冠英胡同交叉口向西走200米，就能看到这座坐北朝南的正源清真寺。如今大家看到的正源清真寺，是1997年由原址在赵登禹路37号、39号的清真寺异地重建而来。与始建于道光年间的原寺相比，如今的正源清真寺规模扩大、服务人群增多，但是宗旨从未改变。

马二立阿訇原本任职于德外法源清真寺，2003年位于德胜门的法源清真寺重修，阿訇便来到了正源清真寺，除去借调到厦门清真寺的时间，马二立阿訇已经在这里度过了十余个年头。每日五次礼拜（即晨礼、晌礼、晡礼、昏礼、宵礼）、每周一次的聚礼拜（即主麻拜）、一年两次的会礼拜（即古尔邦节和开斋节的礼拜），作为地区穆斯林礼拜的地点，正源清真寺数年如一日地为穆斯林们提供着服务。

2003年，随着马二立阿訇到来

正源清真寺　摄影：马月文

256

的，还有大批穆斯林，这之中有一部分是来自于德胜街道的穆斯林，还有一部分则是海淀区各大学的大学生。对于这些相对而言是"远道而来"的客人，正源清真寺总是提供着最贴心的服务，提供充足热乎的沐浴用水，做好寺内卫生，为一些困难穆斯林提供衣物、资金方面的帮助。很多青海、甘肃等地的穆斯林来做礼拜，总是会跟马二立阿訇说："阿訇，我们来到这里就像回到家里一样。"每次做完礼拜后，大家总是争着去打扫卫生，寺内外的花草也是区绿化队的穆斯林们利用自己的空余时间过来修剪的。

包容开放　传播"正能量"

作为东冠英胡同的一个特色建筑，正源清真寺也吸引了众多居民和游客的到来。"作为清真寺，我们不能是封闭的，而是要以一种开放、包容的心态去欢迎并非穆斯林的人群到来，所以我们清真寺的大门永远是敞开的，对外开放免费参观。"

据马二立阿訇介绍说，他们几乎每天都会接待不同民族甚至不同国家的游客。

不管是附近居民还是游客，都是怀着一颗好奇心走进清真寺，每当这时，马二立阿訇就会主动与他们打招呼，跟他们讲解寺庙的建筑风格以及历史，还有伊斯兰教劝善戒恶的文化，也遇到了很多让阿訇感动的人和事。

"我们最希望的，是伊斯兰教的文化能够引人向上，劝人向善，也就是现在人常说的'正能量'。"阿訇说。其实在实际生活里，正源清真寺也在以自身的做法引导着人们。除了帮助穆斯林，正源清真寺也在积极帮助着社会上有需要的人，是社会公益活动的参加者。每年，清真寺都会不定期地组织募捐，帮助困难群体，包括受灾地区、贫困地区、孤寡老人以及贫困大学生等，有需要时，还会外援其他地区的清真寺。作为冠英园社区的一部分，清真寺也积极参与着社区的各项事务，为社区建设出谋划策，并在日常生活中尽可能为周边居民提供方便。政府有关部门也曾给正源清真寺这样的评价："服务至上，团结和谐，维护社会稳定。"可见正源清真寺在地区发挥的作用。

安全升级　新面貌新发展

时光荏苒，正源清真寺也在发生着改变。如今，寺内最大的改变要数拆除门洞上的圆包了。原来，当初清真寺异地迁建的时候，为了固定原有的建筑，门洞上方的大圆包被用水泥填实，随着时间推移，风吹日晒，圆包出现变形，门洞的水泥砖也出现脱落的现象，存在严重的安全隐患。时任西城区副区长的杜灵欣在考察正源清真寺时也注意到了这一点，并提出应及时消除门洞的安全隐患。于是，在经过一系列的实地考察、设计方案之后，由政府出资进行的门洞上方的穹顶复建便开始了，同时改建后窑殿的穹顶。

除此之外，院内礼拜殿和其他房间之间的夹道也修建了玻璃顶棚；东方宫中国兰州牛肉拉面西直门店及总店也出资 4.5 万元为寺内男女大殿购买了礼拜毯，为穆斯林们礼拜改善了设施。

"我们希望自己的文化能被更多的人了解。清真寺是一个载体，我们在这里生活、学习和工作，交流文化，希望能成为人们了解伊斯兰教文化的窗口。"马二立阿訇说。作为地区文化的一部分，他们也将会以更开放的心态迎接更多人的到来。

国家京剧院：京剧文化发展的最高殿堂

地址：西城区平安里西大街22号。

隶属关系：隶属于文化部。

历史沿革：前身是 1942 年在党中央的关怀下成立的延安平剧研究院。后与华北军区六纵队前锋平剧团和冀南军区民主剧团合并，改称华北平剧研究院。1955 年 1 月成立了国家京剧院。

梅兰芳为首任院长

在定名为国家京剧院之后，谁来担任院长一职曾颇受关注，不论是当时的党中央，还是民间票友，无不希望京剧艺术大师梅兰芳任首届院长。1955年1月，在京剧票友的关注下，梅兰芳被任命为国家京剧院院长。而事实证明，在梅兰芳担任院长之后，将其数十年的京剧造诣悉数相传，为我国京剧发展奠定了坚实的基础。

除了梅兰芳之外，不少京剧界的泰斗、专家都曾成为国家京剧院的"掌门人"。京剧票友群体曾盛赞国家京剧院拥有最宏大、最专业、水平最高、学术知识最渊博并且集京剧之大成的"掌门人"队伍。1955年1月，中国戏曲改革早期开创者马少波被任命为副院长兼党总支书记、党委书记。而当时的国家京剧院总导演，是1938年春赴延安，在戏曲方面颇有造诣的戏剧编剧兼戏剧理论家、导演阿甲，原名符律衡。除此之外，曾编写出版京剧《红娘子》和《九件衣》等剧本的张东川、中国著名京剧表演艺术大师袁世海、编有《恩仇恋》、合编《杨门女将》《初出茅庐》《满江红》等作品的吕瑞

国家京剧院畅和园　摄影：黄攀连

明等大师都曾为国家京剧院的发展贡献力量。

打造京剧文化集大成之地

作为中华人民共和国文化部直属的国家艺术院团，国家京剧院自建院以来，剧院会集了一大批杰出的表演艺术家和剧作家、导演、作曲

家、舞台美术家等，组成了精英荟萃实力雄厚的京剧艺术表演团体。其中著名表演艺术家李少春、袁世海、叶盛兰、杜近芳等，著名导演阿甲等，著名剧作家翁偶虹、范钧宏等，享誉海内外。

60年来，剧院继承、创编、上演了500多部不同题材、体裁的优秀传统剧、新编历史剧和现代京剧，基本形成了善于继承、精于借鉴、勇于创新、精于塑造人物形象的艺术精神，以及思想内容丰富、艺术严谨、舞台清新、流派纷呈、阵容齐整的艺术风格。常演代表剧目有《野猪林》《三打祝家庄》《吕布与貂蝉》《白蛇传》《柳荫记》《九江口》《谢瑶环》《三岔口》《穆桂英挂帅》《大闹天宫》《满江红》《杨门女将》《红灯记》《平原作战》《红色娘子军》《春草闯堂》《蝶恋花》《江姐》《文成公主》等，具有广泛影响，并赢得了观众的喜爱。

国家京剧院担负着重要的对外文化交流任务，不断派出艺术团到世界各地演出。曾先后出访50多个国家和地区，足迹遍及五大洲，赢得了良好的国际声誉。为促进中外文化交流，增进中国人民同世界各国人民的友谊，做出了积极的贡献。

据了解，目前广为人知的京剧剧目，很多都在国家京剧院经过提炼升华，最终登上全国乃至世界京剧舞台。其中有不少作品完成了对旧本的改变，另有不少新编作品问世。包括1952年获剧本奖的《将相和》、1956年获剧本一等奖的《猎虎记》、1961年获最佳戏曲影片奖的《杨门女将》、1979年获剧本创作一等奖的《红灯照》等。而近年来，不少戏剧曲目成为京剧票友追捧学习的对象，其中包括在2001年获"五个一工程奖"的《瘦马御史》和在2007年获"五个一工程奖"优秀剧目奖的《文成公主》等。

扎根辖区，让更多人了解京剧

国家京剧院坐落在新街口地区，作为京城南北文化枢纽，东起新街口南北大街、西四北大街，西至西直门南北大街、阜成门北大街，南接阜成门内大街，北到二环路西段的新街口街道，拥有浓郁的老北京文化资源，也会集了众多京剧票友。在平安大街西端，国家京剧院与梅兰芳大剧院对望，成为新街口地区、北京市乃至全国和全世界京剧的文化圣地。而作为全国京剧研究领域的最高机构，国家京剧院也承载了传播京剧文化、推动京剧发展的作用，是京剧文化的引领者和传播者。早在1955 年 7 月，国家京剧院就曾受第五届世界青年与学生和平与友谊联欢会的邀请，前往波兰首都华沙进行文化演出。当时表演的曲目包括《闹天宫》《京剧清唱》《水漫金山》《双射雁》《小放牛》等，王清乾、小盖叫天（张剑鸣）等名角儿都参加了演出。自国家京剧院成立以来，至今已经走访了波兰、日本、苏联、奥地利、缅甸、古巴、美国、匈牙利、西班牙、希腊、意大利等国家和多个地区。

除了将文化带到世界各地，国家京剧院还注重将京剧文化扎根在辖区。多年来，每逢寒暑假，国家京剧院都会开展京剧培训班，以 10 人以上、5 人以上或一对一等形式，向年轻的京剧爱好者讲解念白、唱腔、身段组合等基本知识，引导地区京剧爱好者学到更多专业知识，也借此激发地区居民对京剧的兴趣，带领青少年走进高雅的京剧艺术世界。

附：国家京剧院历任院长

梅兰芳：1955 年 1 月至 1961 年 8 月任院长

阿　甲：1982 年 5 月至 1984 年任名誉院长

吕瑞明：1987 年 7 月至 1993 年 10 月任院长

苏　移：1993 年 10 月至 2000 年 2 月任院长

吴　江：2000 年 4 月至 2010 年 2 月任院长

宋官林：2010 年 3 月至 2013 年 7 月任院长

张凯华：2014 年 1 月任院长至今

北京市民主党派与人民团体大楼：
团结合作　同心同行凝合力

地址：西城区后英房胡同9号。

面积：总建筑面积30261平方米，办公室占地面积5320平方米。

历史沿革：2007年9月投入使用。

8个民主党派在此办公

我国的政党制度是中国共产党领导的多党合作和政治协商制度。各民主党派是参政党，行使民主监督、参政议政的权力。各民主党派作为参与国家大政方针协商和决策的"智囊团"，政府特设民主党派人民团体大楼，打造各民主团体百花齐放的政治格局。

北京市民主党派与人民团体办公楼容纳了8个民主党派和3个人民团体市属机关人员，进行办公、集会、交流和对外接待等日常工作。作为功能主体的小进深办公区域，分别平行于两侧道路。两条办公区域之间的楔形空间作为共用部分，布置垂直交通、公共会议和入口大堂，一层至四层放置两层高的报告厅和多功能厅，五层以上设计整体通高的共享四季厅，作为各党派人士休息、交流的场所。

北京市民主党派与人民团体大楼　摄影：秦玲

20 世纪 90 年代，北京的 8 个民主党派分地而居。民建北京市委、民进北京市委、农工党北京市委、九三学社北京市委、台盟北京市委 5 个党派行政单位集中在北京市朝阳区朝阳门外吉祥里的一栋 5 层小楼，随着党派机构的不断扩大，办公地点老旧狭小的矛盾逐渐显现。

其他 3 个党派分布于北京各地。中国国民党革命委员会北京市委与民革中央同处一个大院，中国民主同盟北京市委独立在一处四合院办公，中国致公党位于魏家胡同。为解决 8 个党派办公地点分散的问题，加强首都统一战线和多党合作制度建设，改善北京市各民主党派、人民团体机关的办公环境和条件，1995 年，中共北京市委、市政府拨款修建位于北京市西城区后英房胡同 9 号的北京民主党派人民团体大楼。办公室占地面积 5320 平方米，总建筑面积 30261 平方米，于 2007 年 9 月投入使用。

大楼建成后，目前在楼内办公的有民革北京市委、民盟北京市委、民建北京市委、民进北京市委、农工党北京市委、致公党北京市委、九三学社北京市委、台盟北京市委、北京市侨联、北京市台联、北京市黄埔军校同学会共 11 家统战系统有关单位，共有工作人员 400 余人。由中共北京市委统战部领导下的北京市党派团体办公楼服务管理中心为楼内各单位提供各项后勤管理和服务工作。楼内统一办公，资源共享，充分体现了统一战线大团结、大联合的特点。

搭建平台，民主党派在此交流

北京民主党派人民团体大楼新址建成后，中共北京市委统战部给予了高度重视，无论从硬件设施、办公室环境以及氛围营造方面，都在不断地完善和创新，成为展示首都统一战线工作的重要窗口。

北京市党派团体办公楼服务管理中心办公室主任王绍臣 2008 年到此工作，协助统战部做好北京民主党派人民团体大楼的后勤保障工作，见证了北京民主党派人民团体大楼一点一滴的变化。

王绍臣参与大楼修建全过程，对大楼施工建造及各民主党派都有所了解，大楼建成一年后调任北京市党派团体办公楼服务管理中心办公室主任。"这次各民主党派与三个团体迁址是规模最大的一次，此前各民主党派分布于北京各地，每年互动不多，分别搞自己的课题，新址的搭建为党派间的沟通与活动组织提供了方便。"

"我如今与各党派打交道，起到沟通的桥梁作用，协助统战部做好各党派的后勤保障工作。"王绍臣告诉记者，大楼的建设方便统战工作的开展，同时也给自己的工作带来新的挑战，做好各党派的后勤保障工作极为重要。

资源共享，参与地区共驻共建

北京民主党派人民团体大楼的建成，体现了中共北京市委、市政府对首都多党合作和统一战线事业的高度重视。在做好统战工作的同时，大楼服务管理中心也始终与属地新街口街道办事处保持着密切合作，积极响应新街口街道办事处关于"资源共享"的号召。

几年来，北京民主党派人民团体大楼为维护属地各单位的团结合作、互帮互助贡献力量。中共北京市委《支部生活》杂志社员工人数有限，自开炉灶无法支付开支，由于杂志社与北京民主党派人民团体大楼比邻，距离较近，大楼利用资源优势伸出援助之手，杂志社员工可到大楼就餐，解决其就餐不便难题。

大楼空间较大，3万平方米的建筑满足办公集会交流和对外接待等日常工作。北京市民主党派人民团体大楼积极参与属地建设，多次为新街口街道办事处、社区居委会等属地单位召开会议、举办活动提供会场、场地。

天主教西堂：三百年风霜看遍秋月春风

地址：西城区西直门内大街130号。

历史沿革：清雍正元年，即1723年，由传教士德理格在西直门内购地修建。

嘉庆十六年（1811）教堂被毁。

同治六年（1867）重建。

光绪二十六年（1900）又被毁。

1912年又重建。

被毁三次，顽强立于历史长河中

在西直门内大街，坐落着一座天主教堂，每当教堂的钟声响起，仿佛能驱散这座城市的喧嚣。而这座饱经风霜与历史沉浮的教堂又有着哪些不为人知的故事？那深沉悠远的钟声是否还在向世人讲述它所经历的变迁？

天主教北京教区有四大教堂，俗称南、北、东、西堂，而天主教西堂作为最后建成的一座，因位于北京城区的西边，故俗称西堂。又因为坐落于西直门内大街，故又称西直门天主堂，正名为"圣母圣衣堂"。在中国的历史上，天主教的发展几经浮沉，而作为天主教象征之一的天主教堂，自然也无法避免历史浪潮的冲击。

自1723年始建，西堂至今已有近300年的历史。在这段时间内，西堂历经三次拆毁，前两次拆毁几乎片瓦不存。如今我们看到的西堂，是两次重建以及一次修复后的建筑。

说起西堂的建立，不得不提到的人物就是德理格神父。德理格，意大利人，1670年出生，1693年入遣使会，1701年由罗马信使部指派，随铎

天主教西堂 摄影：黄丹妮

265

罗特使来华，并于 1711 年到达北京。德理格在朝内教授皇子西学，其中有位皇子就是后来的雍正皇帝。当时尚未称帝的雍正对德理格神父尊敬有加，这也为神父建立西堂奠定了基础。

为了方便来华传教士以及教徒们的日常生活，1723年（雍正元年），德理格神父向朝廷提出在西直门地区建立一座教堂。之所以在西直门地区建立教堂，主要是因为西直门地区距离北京城较近，附近信奉天主教的居民较多。

天主教西堂始建人德理格神父

得到批准后，德理格神父就在西直门自置土地 60 余亩，建立了最早的西堂。当时的教堂规模宏大，气势恢宏，是具有典型的意大利风格建筑，奉七苦圣母为教堂之主保，时称七苦圣母堂。1746 年 12 月 10 日，德理格病逝于西堂，葬于天主教茔地。

然而，因礼仪之争，清政府采取了禁教政策。1811 年，清政府发出谕令：凡在朝供职的传教士准许在京居住，其他传教士必须遣居各原地，不得随意外出，违者驱逐出境。西堂四位神父因违令外出被逐回国，官府即将西堂拆毁。自德理格建堂至是年被毁，共历 89 年。

1860 年，依《北京条约》，西堂的房地获准归还。7 年后，经孟振生主教重建。1900 年 6 月 15 日，西堂在义和团运动中被焚毁，片瓦不存。1912 年，仁爱会修女博朗西耶氏捐资重建西堂，并改名为圣母圣衣堂，并兴办了一所小学与一所幼稚园。新建的圣堂入口处有一块"改

266

天主教西堂　作者：张涛

建圣母圣衣堂碑记"石碑，详细记录了西堂的盛衰。

20 世纪 60 年代初，西堂被关闭，先后被改用为北京市纽扣厂、电扇厂，后被更改为制药厂的仓库。钟楼也在此间被拆毁，钟楼内原有的铜钟亦被贩卖，不知踪迹。当初教堂入口的正门处也被盖上了一幢二层高的小楼，用作药厂职工宿舍。

重新修复后成年轻人眼中的都市景观

作为几代奉教的家庭，65 岁的马芳济从小就跟着大人们进堂参与弥撒。1961 年，10 岁的马芳济随着父母搬到了西直门大街附近，不久之后西堂被关闭。20 世纪 80 年代，南堂、东堂、北堂相继开放，马芳济和家人也在这几个堂参与弥撒。

1994 年，北京市政府将西堂归还给天主教会，随后至 1995 年圣诞节弥撒后，西堂正式对外开放，并每日为教友举行弥撒。

至此，马芳济也相对固定在了西堂参与弥撒。马芳济回忆说，重新开放的西堂虽然内部得到了简单的修复，并进行了一定的布置，但是不少建筑物已经遭到破坏，再加上当时钟楼的毁坏，昔日哥特式的建筑风格已然所存无几。

2007 年，教堂拆除了入口处的二层小楼，并且进行了一次大规模的修复，主要工作之一就是重建钟楼，修复 1923 年后的钟楼样式。这次修复工作的设计主要由一位香港的修女来负责。经过一年的时间后，西堂的修复工作完成。

修复后的西堂重建了钟楼，使得教堂正面看起来宏伟大气，钟楼内的 3 口钟是经修女设计后在意大利制作完成，运回安装。教堂的内部，窗户上哥特式的几何圆形彩绘玻璃也是在意大利烧制而成，运回国内。教堂两侧共有 23 块彩色玻璃，每一块玻璃上描绘的场景是天主教的发展史、《圣经》故事。除此之外，教堂的两侧还悬挂着 14 处苦路像，教堂内的 16 根圆柱、墙壁也被粉刷一新。修复后的教堂美轮美奂，庄重神圣。

担负责任，新时代要有新发展

虽然几经风雨，西堂却始终秉持着济世救难的理念。每天讲道，每周一次的慕道讲座，西堂除了为教友们提供的基本服务之外，也是社会活动的积极参与者。

除了每年都会向一些贫困地区进行捐款捐物的活动之外，西堂还与其他地区的残婴院、残疾人院保持着联系，定期去看望他们，并给他们提供一些急需的生活用品。每当遇到地震、火灾、洪灾等情况，教堂还会组织教友们募捐，大家都很积极地响应。

"有一次教友募捐的衣物堆满了整整一间屋子，就算是这样，还有人不停地送衣物来。"马芳济说。除此之外，教堂还成立了方济各基金会。基金会的资金主要做专项用，包括助学、助残等，对象主要是一些中小学生。

2012 年，马芳济成为教堂开设的慕道班的主讲老师，为想要参加受洗的人讲解基本教义。作为一个虔诚的天主教徒，马芳济也见证了这些年来教堂的改变："我们目前所看到的教堂的主体建筑已经有百年的历史了，经过修缮后教堂也重新归于完整，我们也欢迎更多人来到西堂。"

西城区第一文化馆：西城的文化核心就在这里

地址：西城区西直门内大街 147 号。

面积：首层小剧场，建筑面积 376.5 平方米。

首层展厅，建筑面积 141.6 平方米。

首层大厅兼室内文化广场，建筑面积 663.8 平方米。

多功能剧场，建筑面积 1300 平方米。

历史沿革：1958 年，西单区及西四区两个区合并为现在的西城区，原西单区文化馆与原西四区文化馆随之合二为一。

1984 年，西城区文化馆开始兴建新馆。

全面升级的文化馆，服务宗旨不变

大剧场、小剧场、展厅、排练厅、教室……在西城区第一文化馆，5800 余平方米的活动场所，为居民提供文化娱乐活动一条龙服务，配备齐全的演出设施设备，让这座凝练文化的大熔炉更富时代感。西城区第一文化馆也曾经历时代的变迁，并在变迁中不断创新升级。

西城区第一文化馆是集文化活动、文化休闲、文化培训等功能于一体的综合性建筑。多功能剧场兼容正规剧场、演播厅、数字影院等功能，其升降合唱台、活动台口、LED 显示屏、活动座椅等设备居同行业先进水平。

文化，是一个城市人文与历史的展现，它包含着过去人们一路走来的艰辛，也展现着如今这蓬勃发展的繁荣。文化，犹如一条透明的丝带，将那些拥有共同追求与梦想的人紧紧联系在一起。

在西城区西直门内大街 147 号，坐落着一座凝聚西城区人文精华的大楼——西城区文化中心。这里就像是一个文化的大熔炉，它将来自不同地区的文化吸引到这里，凝练着西城区特有的人文特色和文化精髓。

陈宁，现任文化馆副馆长兼党支部书记。2000 年 4 月，她来到了文化馆工作，那时的文化馆还在西单北大街西斜街 82 号，中国古典式的建筑风格、4 个楼层的办公活动场地，让这座历经风雨的老建筑焕发着文化的活力。据陈宁介绍，文化馆老楼是在 1992 年建成的，后来老文化馆升级，于 2007 年 5 月正式搬迁到如今的新址，从古典风格转换到现代化的大楼建筑，文化馆也被赋予了时代的特色。

迁入新馆后，文化馆硬件也得到了进一步的升级。原来只能容纳 100 多人的剧场，变成了如今能够容纳 450 多人的大剧场，演出内容不断提升，演出场次也随着空间的拓展而增加。

"我们西城区第一文化馆是文化部命名的地市级一级文化馆，在文化部的三次评估中均成绩优异，软硬件条件一流，文化服务项目齐全，文化品牌繁多。"陈宁介绍道。

最具本地范儿，西城特色在这里扎根

如今，西城区第一文化馆拥有自己众多的品牌活动，如五项公益、音乐汇、群星大舞台、彩虹剧场、看大戏到西城、文化广场、盲人数字影院等。在搞好品牌活动的同时，文化馆还注重自身基本职能建设，即做好培训和辅导，同时还创造性地推出了多部原创剧，如情景剧《什刹海情韵》、舞蹈诗《魅力金融街》、音乐剧《北京人家》、话剧《父亲李大钊》、情景剧《北京人家·心愿》、话剧《新北平市长》等。特别是 2015 年结合中国人民抗日战争暨世界反法西斯战争胜利 70 周年纪念活动，隆重推出的以聂荣臻将军为原型的话剧《新北平市长》，受到了社会各界的普遍好评。

据陈宁介绍，这些原创剧的创作以馆内业务干部为核心，吸收文化志愿者及群众业余文艺团队骨干参与，全馆总动员，全面地提升了文化馆员工的综合素质。无论你平时在何岗位，只要适合，在原创剧中您可能是演员，也可能是舞美，也可能是剧务。总之，一部原创话剧的成功，是背后无数人的心血与坚持。2010 年以来，这些精彩的演出面向

街道、社区居民以及社会百姓免费公演达 30 多场，观众近 3 万人次，收到良好的社会效益。

除开展各种演出活动外，西城区第一文化馆积极落实文化部免费开放政策，利用自身场馆优势为辖区内部分群众文艺团队免费提供活动场地，但由于区域内群众文艺团队数量庞大，需求激增，也让文化馆倍感压力。如何科学、合理、有效地利用场地，也成为目前文化馆较为困惑的难题和一直探索的课题。"现在，文化馆每天都会举办活动，这也使我们的人员和场地超负荷，我们的工作人员经常加班，但每当看到我们的努力换来大家的认可，我们心里都感到很欣慰。"陈宁介绍道。

传帮带，文化爱好者延绵不绝

西城区第一文化馆也在逐渐融入更多的新鲜血液，来自中央音乐学院、中国音乐学院、中央戏剧学院、中国戏曲学院、中央民族大学、北京舞蹈学院等国内一流艺术院校的毕业生来到文化馆，让文化馆重新焕发出新的魅力。"现在，我们开展'走出去、请进来、搭平台'的工作计划。"陈宁介绍。"走出去"就是让文化馆的业务骨干走到社区中，将辅导送到居民家门口；"请进来"则是将百姓请进文化馆开展各种讲座，以提升居民、百姓的文化素养；"搭平台"则是以各种活动为依托，为辖区内机关单位、街道社区搭建文化交流的平台，展示群众文化的多样风采。在这个过程中，老同志发挥"传帮带"作用，将他们丰富的经验传授给年轻人，年轻人则以自己精湛的专业知识让更多的百姓乐享文化的权益。同时，年轻人的创新优势帮助文化馆注入了新活力。而作为西城区第一文化馆副馆长的陈宁，对于文化馆未来发展的方向，也做出了深入的分析。"为了让更多的年轻人加入到我们群众文化的队伍中来，我们对各种品牌项目做了有效定位。比如，针对年轻人，我们举办了音乐汇，主要以西洋器乐等为主，很受青少年、年轻音乐爱好者的欢迎；对于老年人，则将传统的戏曲、曲艺等发扬光大，每周四下午的'票房'活动，爱好者络绎不绝。"据陈宁介绍，接下来，西城区第一文化馆将在巩固现有活动的基础上，继续丰富文化形式，同时进一步解决供需矛盾，为西城区居民百姓提供更加完善、更加广阔的文化交流平台。

西城区综合行政服务中心：
标准化服务让群众办事不求人

地址：西城区西直门内大街 275 号。

办公时间：星期一至星期五每日上午 9：00 至 12：00，下午 13：30 至 17：30。法定节假日按照国家规定执行。

面积：使用面积 1.5 万平方米。

服务情况：131 个服务窗口、55 个后台工位等设施，为居民提供现代化的办事环境，提供更加高效的服务。

日均接待 4000 人次，居民赞"办事顺利"

西城区综合行政服务中心（以下简称区行政服务中心）使用面积约 1.5 万平方米。设置了 131 个窗口，55 个后台工位。进驻部门 32 家，办理行政许可、公共服务、社会管理事项 486 项。全区 70% 以上的行政许可事项在中心办理，实现了"一站式"服务，形成了"集成易"服务模式，目前已成为政府优质服务供给的平台、政府信息公开的平台、政府为民办事咨询的平台、政府民智民意汇集的平台、政府行为接受监督的平台。2011 年 4 月 18 日中心开厅以来，日均接待 4000 多人次，得到了社会各界的广泛关注和办事群众的一致好评。

在政务服务推进和实施过程中，初步形成了区、街、居三级行政服务体系，建成了以区行政服务中心为龙头、中心及 9 个专业服务大厅为主体、15 个街道公共服务大厅为支撑、257 个社区服务站为基础的"1 + 9 + 15 + 257"三级行政服务体系。

同时以标准化为引领，不断推进行政服务体系创新发展，打造"上下联动、层级清晰、运行顺畅、覆盖全区"的服务网络，逐步实现各级各类服务大厅跨部门业务协同和区域联动办理，逐步将为民服务事项下沉与延伸，形成"横向到边、纵向到底"的长效服务机制，方便群众就近就便办事，促进行政服务的规范化、便民化、均等化。

而今，区行政服务中心已成为国家行政服务标准化示范单位，成为国家行政学院、北大、清华、市委党校的现场教学基地。2015年9月，在中国行政体制改革研究会《紫光阁》杂志、人民网、中国政府网共同举办的《点赞"政务大厅"——行政服务大厅典型案例展示》活动中，西城区案例"让权力在标准化轨道上运行"在全国291个案例中脱颖而出，获得"百佳十优"的荣誉称号。

从管理机制来看，区行政服务中心不仅实现了"物理集中"和"地理集中"，还培育建立了政府行政审批的良好行为。2011年10月，以西城区政府为承办单位，西城区申请成为国家级行政服务标准化单位。所谓行政服务标准化，其本质是通过制定和实施共同条款，对政府的行政审批行为加以规范。

西城区综合行政服务中心作为试点工作的牵头单位，跟区里各相关部门协同，投入近一年时间"盘家底"，经过规范整合、流程优化、标准转换，将区内所有对外服务事项划分为行政许可、非行政许可审批等7类，事项标准由过去的825项精简为699项，管理规范类标准由1225项规范为45项，同时将15个街道的796项公共服务事项整合为85项标准，逐一编码，向社会公开，把政府的"家底儿"毫无保留地摆到公众面前。

在规范服务事项的基础上，西城区整合政府资源，打造"一站式"服务大厅，推行部门行政许可和行政服务"两集中、两到位"。能交窗口办理的事项全部由窗口办理，严禁多头办理，杜绝"体外循环"，实行一个窗口对外服务，不给特殊利益留空间。对窗口首席代表充分授权，使政府窗口真正能够办实事、办成事、办好事。目前，区地税局、

西城区综合行政服务中心　摄影：张燕

工商局、质监局、卫生局、环保局等10余家部门已整建制入驻大厅，"两集中、两到位"取得实质性进展。

西城区行政服务标准体系最大的特点，是改变了以往行政审批以部门为中心的工作思路，转变为以行政审批事项为中心，实现了审批人和审批权的分离。过去盖一个章得跑好几家衙门，现在是相关部门针对一件审批事项协同开展服务，办事人只需在行政服务中心坐等甚至是上网提交申请即可。每件事项包括哪些内容、该怎么走流程、该提交哪些材料，都有明确的标准，没有游离于事项外的标准，也没有游离于标准外的事项。

推进行政服务标准化建设的实质，就是用标准化来规范政府的用权行为。实践证明，标准化是个好东西。行政服务标准体系实施以来，监测结果显示，公众满意率从87.6%提高到95%，现场考核顾客满意率达98.9%。

"一体化"服务全天候，让居民不跑、少跑

推进行政审批制度改革和标准化建设方面，围绕整体性政府、一体化政府建设理念，确实是以百姓的需求为出发点，以目前存在的问题为导向，以信息的互联互通为基础，搭建"一站、一网、一号"三位一体服务格局，实现行政服务的一体化。"一站式"大厅就是按照形象标识、服务标准、运行规则、网络平台、业务流程"五统一"的原则，推动各级各类的服务大厅的标准化和规范化建设。在区级大厅打造更加高效综合的服务平台；在各专业大厅和街道大厅，实行"前台统一受理、后台协同办理"的"一窗式"的工作模式；在社区服务站，延伸便民服务事项，在全区范围内推进公共服务事项同区通办。

"一网式"门户就是通过政务平台和政务外网，建设全区的网上行政服务大厅。目前，完善了网上的三维大厅、网上全程办事服务等在线服务功能，推进三级行政服务事项网上一体化办理，为社会公众提供办事查询、网上咨询、网上预约、网上预审，甚至网上申请等便利服务。

"12341"行政服务热线，整合了全区3个小型的呼叫中心、486部各类咨询电话，还有180部投诉热线，这样逐步将全区各职能部门对外咨询的事项统一，建成"12341政府服务热线"平台。同时，它也是全市统一的"12345平台"的区级承接平台，经过近两年的建设，目前热线服务的内容和服务时间也不断地拓展。工作时间由原来的5×8小时接线，延长到7×24小时无缝隙接听，日均接线量突破四五百人次。

服务更便捷，这里有攻略

拿起手机，对准办事攻略二维码，打开微信"扫一扫"，对应事项的办理流程便出现在屏幕上了。2015年6月12日，区行政服务中心《西城区行政服务事项办事攻略》（以下简称攻略）发布会现场，大家纷纷拿起手机，感受创新服务带来的便捷。鉴于企业法人和公众在办事过程中所遇到的办事流程不清楚、准备材料不齐备等问题，区行政服务中心从办事人角度出发，以通俗易懂的语言、简洁明了的流程图为表现形式，将烦琐的审批各个节点串联，编纂了《西城区行政服务事项办事攻略》。攻略依据各进驻部门业务，参考区、市级限制名录，筛选出具有典型代表的行政服务事项26个，通过对办事人、窗口人员调研，攻略分为"服务指南""企业服务""便民服务""通办证照"四大类，涵盖26个办理事项。

区行政服务中心还将办事攻略分别制成简易电子版，以手机端作为表现形式之一，使用手机扫描二维码即可随时查阅。与此同时，中心还牵头各专业大厅和街道公共服务大厅，分别梳理专业大厅办事攻略和街道公共服务大厅办事攻略，以更完善的服务方便办事人。

与此同时，区行政服务中心还积极落实登记制度改革，于2015年9月29日起正式实施工商登记"三证合一、一照一码"，将原来的企业登记时依次申请，分别由工商行政管理部门核发工商营业执照、质量技术监督部门核发组织机构代码证、税务部门核发税务登记证、统计部门核发统计登记证，改为一次申请，由工商行政管理部门核发一个加载统一社会信用代码的营业执照，实现"一照通用"。目前，工商、质监、税务、统计等职能部门实现企业档案材料实时共享、联动审查，企业往返从8次减少到2次，申请人办理时限由原来18—30个工作日减少到3—5个工作日，目前新设立登记企业和变更登记企业两项业务量上升了50%左右。当前，区行政服务中心继续推进行政审批制度改革和标准化建设，围绕整体性政府、一体化政府建设理念，确实以百姓的需求为出发点，以目前存在的问题为导向，以信息化，特别是部门之间数据的互联互通为基础，进一步加强统筹协调和深度的整合，为社会和公众提供更加优质、更加满意的行政服务，让百姓和驻区企业在西城区办事，实现方便快捷，阳光透明，不再求人。

新街口街道办事处：家园大事小情都汇集于此

地址：西城区西直门内大街128号

历史沿革：2004年，在西城区行政区划调整后，新街口、福绥境两街道合并，最终确定为新街口街道。

原福绥境街道办事处机关设在福绥境胡同44号（今37号），后迁入东冠英胡同26号。

原新街口街道办事处机关设在新街口二条7号，后迁入新街口三条2号。

两街道合并后，迁入西直门内大街128号。

新街口街道得名取街市繁荣之意

新街口街道位于西城区的中心，是西城区具有悠久历史的街道之一。经考证，新街口之名取于新街市繁荣之意。目前，新街口街道办在西直门内大街128号，离地铁4号线很近，交通便利。北面为西城区文化中心，东侧为赵登禹路，南侧穿过胡同就可到达平安大街，西面则紧邻西直门地区。新街口的街道雏形，在元代就已可见端倪。

元朝定都北京后，它位于元大都城西部，属宛平县，内有鸣玉坊、福田坊、西城坊、太平坊、由义坊，在元代中后期形成居住区。明代发展成日中坊、鸣玉坊、河漕西坊、朝天宫西坊。清代实行"旗民分城居住"政策，属正红旗及正黄旗西北部，清末属内右四警政区。民国初期，沿用旧制，1928年国都南迁后，属第四区。

1949年后经多次合并，于1958年正式成立新街口街道和福绥境街道。2004年10月，西城区行政区划调整，原新街口街道新街口北大街以西区域与原福绥境街道合并，命名为新街口街道。

新街口地区商业服务业有着悠久的历史。新街口南北大街商店众多，以日用百货、服装等综合商业为主，重点发展各类专业商店及多种服务。西内大街是近年来发展起来的电器、电信产品一条街，主要是以超音波音响花园为中心、西直门手机市场为辐射的一大批电讯电器音响商店的电子产品一条街。

新街口街道与北新桥、东四、西四、东单、西单都是有名的街道。在位置分布上，北新桥、东四、东单与新街口、西四、西单东西对称，排列整齐。

东四、西四、东单和西单，其街道在元代时就已形成，虽然当时不叫此地名。如果从城市发展地理位置分析，新街口所处的地位最重要，位于当年元大都城龙脉水路交通的咽喉处。

明代万历年间，即1593年刻本的《宛署杂记》"日中坊"界内出现了"新街口"地名。但那时的新街口区域很小，仅仅是如今新街口北大街和南大街这一段。新街口地区由于紧邻河道，属于积水潭（现在的西海），是大运河漕粮运输的终点。因为是物流中心，所以码头、仓库等一应俱全，也有很多人住在这里，是元大都最繁华的地区之一。但如今，道路平坦的街巷应很难寻到漕运的味道了。

关于新街口如何从水路变成陆路，据传因为明军攻下元大都，为了城防，就把北墙往南移动五里地。过去，北京城有八臂哪吒之说，这个说法就起源于明代。

由于积水潭被新城墙拦腰截断，加上郭守敬等人的白浮泉引水工程失效，留在城外的水域变成了后来的太平湖，城内的水域逐渐缩小，慢慢地就没有了漕运的光景，成了一条完全是道路的街巷。

新街口街道办：致力于改善民生的主阵地

2004 年原西城区区划调整中，由原新街口街道的一部分与原福绥境街道的全部合并而成。辖区总面积为 3.72 平方公里，有 21 个社区居委会，户籍总数为 40131 户，户籍人口为 108680 人，常住人口 105000 人。

新街口街道办事处是地区各项惠民措施的"始发站"，更是民生难题的"终点站"。在西城区委、区政府的领导下，新街口街道始终坚持以习近平同志新时代中国特色社会主义思想为指导，深入学习宣传贯彻十九大精神，牢固树立"四个意识"，践行"红墙意识"，认真落实首都城市战略定位，把握区域发展重心和主线，不断推进街道各项事业全面健康发展，提升地区和谐宜居水平。当前，新街口街道办事处狠抓民生福祉改善，全面推进街区整理和城市精细化管理，在社会治理工作上探索新模式。具体工作成果主要体现在：

2017 年起，新街口街道成立 18 个专项工作组，以"分项推进、分类汇总"模式统筹谋划、综合施治，疏解整治与品质提升同步推进。

通过疏解整治，2017 年全年拆除违法建设 22071.66 平方米，治理"开墙打洞"783 处。街道以城市治理需要、百姓需要为依据，合理利

278

用腾退空间，打造"城市森林"，建设足球场、百姓生活服务中心等补足便民设施。

2018年上半年共拆除违法建设212处6541.66平方米，完成"开墙打洞"治理155处。

环境治理成果获肯定，被评为"首都环境建设样板单位"，后广平等5条街巷被评为"首都文明街巷"。

自2017年4月以来，街道制订方案、建立机制、完善考评，按照"十有十无"标准，118名街巷长及社区工作者敢于担当、全力以赴，最终实现了治理合格达标胡同5条，纳入长期管控维护状态。

自治共建理事会、社区志愿服务团队、居民公约、责任公示牌、街区治理导则在146条街巷全覆盖，所有胡同实现准物业管理。

2018年，街道进一步完善街巷长制，对拟达标30条街巷的街巷长进行适当调整，调整后共有136名副主任科员及以上干部担任街巷长，进一步增强街巷长队伍力量。

突出亮点亮片，建设精品工程，先期启动柳巷、柳巷北支岔、大后仓胡同、党校东侧路4条胡同的整理提升工作，对东新开西里一区1—5号楼底商外立面避风阁进行拆除和整理提升，打造街巷整治样板工程。

将白塔寺街区"阜内北街—宫门口二条—青塔胡同"区域作为工作突破口，对胡同治理、居民停车、公共空间营造、居民自治管理等进行综合治理。

在开展环境整治过程中，街道取得成果的同时，归纳总结出多个亮点工作法。具体体现为：

1. 将"地下有照旅馆关停、电动自行车经营整治、建设百姓生活业、规范快递行业和白塔寺街区整理"五项重点问题列为试点任务，分别组建试点专班，坚持每月以工委（扩大）会形式，进行专题调度。

2. 优化形成"三分四定五步法"工作运行机制和"哨源形成—风险评估—会商研判—吹哨报到—统筹调度—综合治理—督查督办—考核

通报—评价反馈—分析总结"10个工作流程，实现"发现问题—研究问题—解决问题—总结分析"的闭环处置流程。

3. 党建引领解决居民停车难问题。结合街道实际，安排处级领导、机关科长、街巷长与社区配合摸清底数，全街道存在停车缺口为9109个。针对存在的缺口，落实一区一巷一策，制订具体实施方案。采取建、疏、堵、治相结合方法，对部分街巷胡同采取禁停、单停、停车收费方式进行管理改造，并积极挖掘区域单位停车资源。目前，街道已在北顺、宫门口两个社区进行试点先行，成立街巷停车自治委员会，通过居民自治形式，推进解决停车难问题。

4. 引导多主体共同参与推动共治共享。动员社区志愿者、在职党员、物业等力量，积极开展城市清洁日、周末大扫除等主题活动，带动居民管好自家的庭院。在阜内大街96家商户门前悬挂商户自治二维码，将商户信息记录其中，通过扫二维码可查看日常接受群众监督和执法部门检查记录，提高落实"门前三包"的自治水平。宣传推广垃圾分类，实现街道垃圾分类全覆盖。充分发挥准物业在维护和管理街巷环境秩序中的重要作用，完善街巷物业管理运行模式，打造6条街巷物业管理样板胡同，进一步规范环境秩序。

为了巩固环境整治成果，街道持续加强社会治理动员、支持力度，发挥社会组织服务优势，搭建平台建立社会组织服务基地。通过租用房屋、清理整合社区服务用房、利用腾退空间等形式，分批建立社会组织服务基地15处，以项目化开展楼宇党建、为老、助残、青少年、精神文明建设等社会组织服务，发挥专业社工优势参与地区社会治理。规范社会组织服务管理，制定《新街口街道社会组织管理规定》，完善社会组织管理工作体系，明确购买服务准入制度，规范购买服务流程，细化项目运行的监管环节。强化事前指导、事中监督、事后评估及审计程序，对购买服务类别、项目具体执行机构资质、采购程序、项目资金拨付情况、实施过程及完成情况等进行绩效跟踪和评价。截至2018年5月31日，共有40个政府购买社会组织服务项目正在运行中，为居民提供为老服务、青少年服务、心理健康服务、议事协商服务等专业服务。同时还有社区服务福利类、治安民调类、医疗计生类、文体科教类、环境物业类、共建发展类在内的社区社会组织128个，以不同角度组织居民参与社会建设。

同时，街道依托社区特点，继续探索多元参与引导居民自治。坚持民意导向，将街道各项工作与民生工作民意立项相结合，制定《新街口街道民生工作民意立项机制实施办法》，明确正向及反向两种民意征求机制。以专业手法征集民意，讨论居民关心的热点问题。通过制定居民公约、关注老旧小区管理、征集公共空间设计、充分利用拆违后的边角空地、创建百姓生活服务业等项目，增强居民归属感与文化认同感。成功组织东新开甲31号院小区业主议事决策、玉桃园三区9号楼小区业主协调等专业社工项目。

在居民自治的推动下，腾退房屋"华丽转身"，变成"白塔会客厅"，通过文化营造的方式凝聚地区居民，自发形成美食、手工劳作、书画、缝补等多个社区社会组织。同时"会客厅"承担社区居民议事的功能，以文化介入的方式为街区整理工作营造了软环境，让更多居民关注公共事务，提升街区品位。

街道还搭建平台，成立白塔寺街区理事会，由地区居民、驻区单位、专家及行政单位四个界别组成，围绕街区环境治理、规划建设、社区营造、商业环境提升等方面参与地区整治工作，加强社区民主自治，提升白塔寺街区建设水平。

在探索过程中，一系列打造特色文化品牌成为地区居民心中的好品牌，形成好口碑。2011年，新街口街道结合地区特色与居民实际需求，创设了以"白塔新辉"为主题的系列文化活动，包括新春笔会、清明诗会、冰雪运动嘉年华、白塔歌会等活动，目前已形成了一定的社会影响力。通过开展"白塔新辉"系列活动，不仅提高了居民的参与热情和文化生活品位，还推动了街道群众教育活动向更高、更广的范围发展，更为地区和谐稳定奠定坚实基础。"白塔新辉"系列文体活动也是新街口街道 2017 年和 2018 年的为民办实事项目。

2017 年，围绕"白塔新辉"开展了 6 场主题活动，受益居民约 4.5 万人次。

2018 年，新增白塔歌会，以全新的方式开展主旋律宣传。还结合"白塔新辉"系列文化活动增设足球、太极拳等公益课程，借助公益课程的影响，扩大品牌活动覆盖面，让地区更多居民受益，增强地区凝聚力。

新街口地区胡同新老名称对照表（表一）

序号	胡同名称	曾用名称
1	八道湾胡同	八调湾、八条湾、八道湾，1965年将沟沿胡同并入
2	前公用胡同	供用库胡同、宫衣库、宫用库、前宫衣库、前公用库
3	后公用胡同	供用库胡同、宫衣库、宫用库、北公衣库、后公用库
4	小椅子圈胡同	椅子圈
5	北帽胡同	帽儿胡同、北帽儿胡同
6	后帽胡同	帽儿胡同、后帽儿胡同
7	中帽胡同	帽儿胡同、中帽儿胡同
8	前帽胡同	帽儿胡同、前帽儿胡同
9	金丝胡同	金丝钩，1965年将孟家胡同并入
10	金家胡同	金家大院，1965年将小帽胡同并入
11	大帽胡同	帽儿胡同、大帽儿胡同
12	四根柏胡同	
13	宝产胡同	宝禅寺胡同、宝禅寺街
14	育德胡同	石碑胡同
15	北兴胡同	下洼胡同、北下洼
16	南兴胡同	下洼胡同、南下洼
17	后车胡同	
18	前车胡同	
19	西四北八条	武安侯胡同、武王侯胡同、五王侯胡同
20	西四北七条	泰安侯胡同、太安侯胡同
21	西四北六条	卫儿胡同、卫衣胡同、魏儿胡同、南魏儿胡同、南卫胡同
22	西四北五条	石老娘胡同
23	西四北四条	臭皮胡同、受壁胡同
24	西四北三条	箔子胡同、雹子胡同、报子胡同
25	西四北二条	西帅府胡同、帅府胡同
26	西四北头条	驴肉胡同、礼路胡同
27	小绒线胡同	初为大、小绒线胡同，后统称小绒线胡同

序号	胡同名称	曾用名称
28	新成胡同	帅府庵，民国期间南北走向小胡同为新开路。1965年合并
29	六合三巷	罗圈胡同
30	六合胡同	六合大院
31	六合头条	马家头条
32	六合二条	马家二条
33	姚家胡同	姚家小胡同
34	大兴隆胡同	东夹道，1911年后东西走向小胡同称兴隆里，1965年合并
35	赵登禹路	大明濠、西沟、河槽、西沟沿、沟沿、北沟沿、中华路、白塔寺东街。1965年将燕代胡同、东门楼并入
36	大后仓胡同	北新草厂、草厂胡同、大后仓
37	柳巷	柳巷儿
38	北魏胡同	永清左卫胡同、卫儿胡同、北卫儿胡同、北魏儿胡同
39	东冠英胡同	观音寺胡同、东观音寺胡同、东观音寺
40	小乘巷	陈信家胡同、小陈线胡同、小陈巷、小臣巷
41	大乘巷	陈信家胡同、大陈线胡同、大陈巷、大臣巷
42	大觉胡同	大桥胡同、北大桥胡同、大轿胡同、大角胡同、大脚胡同
43	金果胡同	拣果厂、拣果厂胡同
44	育教胡同	翊教寺胡同
45	富国街	大桥胡同、祖家街
46	后纱络胡同	栅栏胡同、沙喇胡同、沙拉胡同、沙蜡胡同
47	前纱络胡同	栅栏胡同、沙喇胡同、沙拉胡同、沙蜡胡同
48	义伯胡同	狗尾胡同
49	翠花街	王贵桥西、小翠花街
50	大茶叶胡同	茶叶胡同
51	小茶叶胡同	茶叶胡同
52	安平巷	早期胡同形成三段，分别为回回营、火神庙、葡萄园。1949年三条胡同合并后改称和平巷
53	苏萝卜胡同	苏家胡同、苏萝匐胡同

序号	胡同名称	曾用名称
54	前抄手胡同	杈手胡同，前、后抄手胡同，1965年合并
55	白塔寺东巷	白塔寺夹道
56	白塔巷	小塔院、塔院
57	南草厂街	南草厂
58	育幼胡同	王府夹道、端王府夹道，1965年将西门楼并入
59	翠华街	翠花横街、横街
60	庆丰胡同	观音庵
61	后半壁街	老虎庙
62	前半壁街	半壁街、小半壁街
63	小后仓胡同	后仓、小后仓
64	前广平胡同	广平库、前广平库
65	后广平胡同	广平库、后广平库
66	平安里西大街	平安里，1971年拆除月树胡同、官园胡同、观景胡同、育强胡同北端及鱼雁胡同南端后辟成。1998年向东延伸，与地安门西大街相接
67	育强胡同	官菜园、猪毛厂
68	官园胡同	官菜园
69	狮子胡同	狮子府
70	狮子西巷	玉皇阁东夹道
71	大玉胡同	玉皇阁，1965年将下坡胡同并入
72	小玉胡同	小玉皇阁
73	留题胡同	牛蹄胡同
74	东廊下胡同	东廊下
75	中廊下胡同	中廊下
76	西廊下胡同	西廊下
77	白塔寺西夹道	
78	宫门口东岔	东岔、宫门口，1965年将老虎洞并入
79	宫门口西岔	西岔、宫门口，1965年将针线胡同并入
80	阜成门内北街	
81	宫门口头条	头条，1965年将象鼻子胡同、箭杆胡同并入

序号	胡同名称	曾用名称
82	宫门口二条	二条胡同，1965年将南北裤角胡同并入
83	宫门口横三条	横三条
84	宫门口三条	三条胡同，1911年后分为东、西三条，1965年两条胡同合并
85	宫门口四条	四条胡同，1911年分为东、西四条胡同，1965年两条胡同合并，将西轿杆胡同并入
86	东教胡同	东轿杆胡同
87	七贤巷	
88	宫门口五条	五条胡同
89	北大安胡同	扒儿胡同、北扒儿胡同
90	西直门南小街	清代分为两段，南为太平街，北为西直门南小街，简称南小街。1965年将图治大院并入
91	葱店胡同	葱店
92	翠峰胡同	翠峰庵
93	南大安胡同	扒儿胡同、南扒儿胡同、大安胡同，1965年将八个门并入
94	地昌胡同	地藏庵
95	晓安南巷	六个门
96	晓安胡同	扒儿胡同、南扒儿胡同
97	钥匙胡同	
98	永祥东巷	永祥寺
99	永祥西巷	永祥寺
100	永祥胡同	永祥寺、西弓弦胡同
101	北弓背胡同	喇叭胡同
102	弓背胡同	
103	南弓背胡同	弓弦胡同
104	国英胡同	观音寺胡同、西观音寺
105	阴凉胡同	背阴胡同
106	安成胡同	安成家胡同
107	鱼雁胡同	鱼眼胡同
108	月树胡同	椿树胡同

序号	胡同名称	曾用名称
109	中秀才胡同	
110	后秀才胡同	
111	秀洁胡同	1965年将后秀才胡同、中秀才胡同、前秀才胡同、宏茂胡同、冰洁胡同部分区域合并而成
112	前秀才胡同	
113	宏茂胡同	棕帽胡同、宗帽胡同
114	冰洁胡同	冰窖胡同
115	福绥境	井儿胡同、苦水井
116	小太平胡同	小太平街
117	东弓匠胡同	弓匠营
118	小弓匠胡同	弓匠营
119	鞍匠胡同	鞍匠营
120	西弓匠胡同	弓匠营
121	宏大胡同	后大坑
122	青塔胡同	青塔寺胡同、青塔寺
123	北玉带胡同	玉带胡同
124	阜成门北顺城街	西城墙下大街、顺城街、北顺城街
125	新街口六条	六条胡同，1965年将骆驼胡同并入
126	新街口北大街	新街口、新开道街、新开路
127	新街口小三条	
128	新街口三条	三条胡同、大三条
129	新街口二条	二条胡同
130	新街口头条	一条胡同
131	珠八宝胡同	苏八宝胡同
132	后坑胡同	大坑、后坑
133	大铜井胡同	大铜井
134	新街口七条	七条胡同、大七条胡同
135	阳泉胡同	羊圈
136	红园胡同	菜园、菜园六条
137	寿屏胡同	烧饼胡同、寿瓶胡同

序号	胡同名称	曾用名称
138	新街口四条	四条胡同，清代分为四条胡同和双栅栏，1911 年合并改称大四条胡同
139	时刻亮胡同	屎壳郎胡同
140	有果胡同	油炸果胡同
141	东新开胡同	新开路，1965 年将小井胡同、崇元观并入
142	长青胡同	松树庵、松树湾
143	西教场小七条	小七条
144	西教场小六条	小六条
145	西教场小五条	小五条
146	西教场小四条	小四条
147	西教场小三条	砖瓦胡同
148	西教场小二条	宽街儿
149	槐树胡同	
150	东教场胡同	东教场
151	中教场胡同	教场中街、中街，1965 年将剃头棚胡同、图长治胡同、洋溢滋胡同并入
152	朋奖胡同	彭家楼、棚匠刘胡同
153	潜学胡同	钱桌子胡同
154	西教场胡同	西教场，1965 年将草料铺胡同、绵长胡同并入
155	东光胡同	轿子胡同
156	后章胡同	张公园、后张公园
157	西井胡同	井儿胡同
158	前章胡同	张公园、前张公园
159	西章胡同	三官庙
160	青柳巷	柳树大门
161	后英房胡同	营房、后营房、四眼井胡同
162	前英房胡同	营房、前营房
163	新如意胡同	火匣子、如意里
164	大丰胡同	观音寺
165	黑塔胡同	黑塔寺胡同

序号	胡同名称	曾用名称
166	后牛角胡同	后牛犄角胡同
167	前牛角胡同	前牛犄角胡同
168	永泰胡同	永泰寺
169	高井胡同	
170	石碑大院	
171	五根檩胡同	鹿檩房、五根檩
172	葡萄院	
173	后桃园胡同	桃园、后桃园
174	前桃园胡同	桃园、前桃园
175	东桃园胡同	
176	北草厂胡同	草厂、西草厂胡同、北草厂
177	马相东巷	钱筒子胡同、东党家胡同
178	马相胡同	御马监官房胡同、马香儿胡同、马香胡同
179	马相西巷	西党家胡同
180	穿堂门胡同	穿堂门、川堂门
181	桦皮厂胡同	
182	桦皮厂三巷	北王子胡同
183	桦皮厂二巷	中王子胡同
184	桦皮厂一巷	前王子胡同
185	铁狮子巷	1911 年北段称铁狮子庙，南段称火药局，1965 年合并
186	西直门北顺城街	炮局、新开路
187	阔带胡同	口袋胡同
188	玉芙胡同	玉佛寺，1911 年南北走向胡同为蔡家大门，1965 年合并
189	酱坊大院	酱房大院
190	西直门内大街	西直门街。1911 年以赵登禹路为界分为东西两段，东段称新街口西，亦称新街口西大街，西段称西直门大街。1965 年两街合并
191	蒲州巷	真武庙、葡萄馆
192	德胜门西大街	

序号	胡同名称	曾用名称
193	阜成门内大街	平则门街、阜成门里大街，清代分为阜成门大街、羊市大街。1965年两街合并，将东澡堂胡同、西澡堂胡同、撒袋胡同、庆元里并入
194	新街口南大街	大市街、红旗路，1965年将菊儿胡同、天一堂胡同、口袋胡同并入
195	盒子胡同	
196	西四北大街	大市街、西四牌楼大街、西大市街、红旗路，1965年将小旃檀寺并入

新街口地区文物保护单位一览表（表二）

序号	文物单位名称	级别	地 址	现 状
1	北京鲁迅旧居	国家	宫门口二条 19 号	对外开放
2	广济寺	国家	阜成门内大街 25 号	对外开放
3	历代帝王庙	国家	阜成门内大街 131 号	对外开放
4	妙应白塔寺	国家	阜成门内大街 171 号	对外开放
5	程砚秋故居	北京市	西四北三条 39 号	住宅
6	四合院	北京市	阜成门内大街 93 号	单位使用
7	四合院	北京市	富国街 3 号	单位使用
8	四合院	北京市	前公用胡同 15 号	单位使用
9	四合院	北京市	西四北三条 19 号	居民院
10	四合院	北京市	西四北六条 23 号	居民院
11	四合院	北京市	西四北三条 11 号	单位使用
12	四合院	西城区	翠花街 5 号	民居
13	魁公府	西城区	宝产胡同甲 23 号、23 号、25 号、27 号、29 号，赵登禹路 58 号、60 号，四根柏胡同 18 号	单位使用及民居
14	平民中学	西城区	西四北二条 58 号	单位使用
15	圣祚隆长寺	西城区	西四北三条 3 号	单位使用及民居
16	天主教圣母圣衣堂	西城区	西直门内大街 130 号	对外开放
17	西四街楼	西城区	西四北大街 255 号，阜成门内大街 1 号	单位使用
18	玉皇阁	西城区	育强胡同甲 22 号	单位使用
19	元大都下水道	西城区	阜成门内大街西四路口地下	
20	双关帝庙	西城区	西四北大街 167 号、甲 167 号	腾退修缮
21	育德胡同观音寺	普查项目	育德胡同 41 号	民居
22	普庆寺	普查项目	新街口南大街 163 号	民居
23	庆宁寺	普查项目	西四北八条 53 号	民居
24	宝禅寺	普查项目	西四北八条 37 号	民居

序号	文物单位名称	级别	地　　址	现　状
25	北帽关帝庙	普查项目	北帽胡同 15 号	民居
26	正觉寺	普查项目	宝产胡同 19 号	民居
27	鲁迅家族旧居	普查项目	现 35 中内（原小八道湾 11 号）	
28	苍圣祠	普查项目	宝产胡同 3 号	民居
29	藏经殿	普查项目	白塔寺东夹道 17 号	民居
30	四合院	普查项目	阜成门内大街 313 号	民居
31	慈因寺	普查项目	宫门口横胡同 11 号、宫门口头条 21 号	民居
32	广德吕祖观	普查项目	新成胡同 13 号、15 号、甲 15 号	民居
33	方丈庙	普查项目	前抄手胡同 29 号	民居
34	吕祖庙	普查项目	赵登禹路 337 号	民居
35	三清观	普查项目	青塔胡同 65 号	民居
36	基督教堂	普查项目	东廊下胡同 1 号	民居
37	普安寺	普查项目	育教胡同 27 号	民居
38	祝寿寺	普查项目	新街口南大街 13 号	单位使用
39	前公用胡同关帝庙	普查项目	前公用胡同 50 号	民居

新街口地区王公府邸建筑一览表（表三）

序号	府邸名称	地　　址	相关资料
1	诚亲王府旧府	平安里西大街西段路北	允祉为清康熙帝第三子，康熙三十七年（1698）三月封为诚亲王
2	果亲王府	东官园西口（今南草厂南）	允礼为康熙帝第十七子，雍正元年（1723）四月封果亲王
3	奈曼亲王府	西四北七条27号（原太安侯胡同12号）	末代奈曼郡王苏克图巴图尔，俗称苏王，光绪三十一年（1905）袭郡王。民国初年晋封亲王
4	质亲王府	平安里西大街（中国少年儿童活动中心）	永瑢系乾隆帝第六子。乾隆五十四年（1789）十月封质亲王
5	端王府遗址	平安里西大街西段路北（中国少年活动中心、中纪委办公楼等区域）	载漪为淳勤亲王奕誴第二子，咸丰十年（1860）正月奉旨过继与瑞敏郡王奕誌为嗣，同年六月承袭贝勒，光绪十五年（1889）四月赏加郡王衔，光绪二十年（1894）正月晋封端亲王
6	惠郡王府	西直门内大街东部路北（新街口丁字路口至新街口电影院一带）	博翁果诺系清太宗皇太极之孙，承泽亲王硕塞第二子。康熙四年（1665）正月封惠郡王
7	谦郡王府	西四北八条11号	瓦克达系清太祖努尔哈赤之孙，礼烈亲王代善第四子。顺治三年（1646）授三等镇国将军，顺治五年（1648）晋封谦郡王
8	慎郡王府	后广平胡同官园科普公园一带	允禧系清康熙第二十一子，雍正八年（1730）二月封贝子，五月封贝勒。乾隆即位后封郡王衔
9	泰郡王府	北大安胡同（原北扒儿胡同1号、2号，现为北京市消防中心及国务院第二招待所部分区域）	弘春于清雍正元年（1723）正月封贝子，雍正九年晋封贝勒，雍正十一年（1733）二月晋封泰郡王

293

序号	府邸名称	地　　址	相关资料
10	恂郡王府	西直门内大街 176 号至 170 号之间	允禵系清康熙帝第十四子，雍正元年（1723）晋郡王。乾隆即位后封辅国公贝勒，乾隆十三年（1748）正月封恂郡王
11	直郡王府	前半壁街西	允禔系清康熙帝长子，康熙三十七年（1698）封直郡王
12	贝勒永璂府	西直门内大街 195 号	永璂系清乾隆帝第十二子，乾隆四十一年（1776）卒，嘉庆四年（1799）三月追封贝勒
13	毓橚贝子府	西直门内大街 176 号至 170 号之间	原为恂郡王府。后为清道光第九女寿庄固伦公主在此居住，亦称"九公主府"。毓橚系清成亲王永瑆玄孙溥蓁长子，同治十一年（1872）四月过继给郡王衔贝勒溥庄为嗣，同年十一月袭贝子
14	辅国公九成宅	西四北五条东口路北（西城区教育教学研究中心）	九成系英王阿济格后裔。清乾隆十一年（1746）四月封辅国公
15	一等英诚公府	翠花街路北	（略）
16	礼多罗贝勒府	阜成门内大街路北	（略）
17	二等公宣义伯府	阜成门内大街	（略）
18	魁公府	宝产胡同甲 23 号、23 号、25 号、27 号、29 号，赵登禹路 58 号、60 号，四根柏胡同 18 号	魁璋系清康熙帝之兄，裕亲王福全的九世孙。清光绪二十四年（1898）袭镇国公。光绪二十六年（1900）年搬至宝产胡同

新街口地区部分宗教场所参考目录（表四）

序号	名　称	地　址	现　状
1	历代帝王庙	阜成门内大街	对外开放
2	广济寺	阜成门内大街	对外开放
3	妙应白塔寺	阜成门内大街	对外开放
4	圣祚隆长寺	西四北三条 3 号	单位使用及民居
5	天主教圣母圣衣堂	西直门内大街 130 号	对外开放
6	玉皇阁	育教胡同甲 22 号	单位使用
7	宝禅寺	宝产胡同 15 号	拆除
8	藏经殿	白塔寺东夹道 26 号	民居
9	苍圣庙	宝产胡同 3 号	民居
10	朝天宫	今东廊下、西廊下、宫门口一带	焚毁
11	长寿庵	西四北八条 37 号	民居
12	崇寿寺	西直门内大街 225 号	拆除
13	崇兴寺	大后仓胡同 15 号	拆除
14	崇元观	东新开胡同 69 号	拆除
15	慈因寺	宫门口头条 5 号，二条 9 号	民居
16	翠峰庵	北大安胡同（原翠峰庵 3 号）	拆除
17	德福庵	西直门内南小街 101 号	拆除
18	地藏庵	原南扒儿胡同 7 号	拆除
19	法华寺	西直门内南小街 99 号	拆除
20	法藏寺	赵登禹路（原北沟沿 76 号）	拆除
21	方丈庙	白塔寺东夹道 28 号	民居
22	方丈庙	前抄手胡同 27 号、29 号、31 号	民居
23	姑姑寺	北草厂胡同 27 号、29 号	拆除
24	关帝庙	大帽胡同 9 号	民居
25	关帝庙	福绥境 24 号	拆除
26	关帝庙	宫门口西岔 2 号	民居
27	关帝庙	后广平库 12 号	拆除

序号	名 称	地 址	现 状
28	关帝庙	马相胡同 7 号	改建为学校
29	关帝庙	小乘巷 2 号	民居
30	关帝庙	新街口大四条 1 号	拆除
31	关帝庙	赵登禹路 117 号	拆除
32	观音庵	北草厂 5 号	拆除
33	观音庵	育德胡同 41 号	民居
34	赫孤堂观音庵	前桃园胡同 1 号	拆除
35	观音寺	大帽胡同 24 号	民居
36	观音寺	东冠英胡同（东观音寺 5 号）	拆除
37	观音寺	国英胡同 4 号	拆除
38	观音寺	育德胡同 20 号、22 号、24 号、26 号	民居
39	永寿观音寺	大茶叶胡同 28 号	改建
40	广济寺	新街口内大街 19 号	改建为学校，后为超音波音响花园
41	恒乐寺	育德胡同 17 号、19 号	改建为办公楼
42	弘庆寺（黑塔寺）	冰洁胡同（冰窖胡同 7 号）	拆除
43	护国禅林	赵登禹路（北沟沿 43 号）	拆除
44	护国弥勒十方禅林	西直门内南小街 115 号	拆除
45	小护国寺	赵登禹路（北沟沿 43 号）	拆除
46	华严庵	永祥胡同（永祥寺 13 号）	拆除
47	净土寺	前抄手胡同 8 号	民居
48	净修寺	南草厂半壁街 64 号	拆除
49	龙王庙	大帽胡同观音寺北	拆除
50	龙王庙	大铜井胡同 7 号旁	拆除
51	龙王庙	西直门内大街 29 号	拆除
52	龙王庙	南草厂半壁街 29 号旁	拆除
53	龙王庙	新街口西大街 29 号	拆除
54	罗公庵	育德胡同 6 号	拆除
55	吕祖祠	阜成门内大街 131 号	拆除
56	广德吕祖观	新成胡同 15 号	民居

序号	名　称	地　址	现　状
57	延寿吕祖庙	北沟沿 208 号	拆除
58	弥勒庵	南大安胡同 11 号	拆除
59	弥勒院	西直门内南小街 127 号	拆除
60	弥勒寺	新街口南大街 153 号	改建
61	明珠寺	金果胡同 4 号	拆除
62	妙清观	西直门内南小街 3 号	拆除
63	娘娘庙	狮子府 5 号	拆除
64	普安寺	育教胡同 27 号	民居
65	普庆寺	新街口南大街 161 号、163 号	改建
66	千佛寺	黑塔寺胡同 9 号	拆除
67	庆宁寺	西四北八条 51 号、53 号、55 号	民居
68	三清观	青塔胡同 65 号	民居
69	三义庙	宫门口西弓匠营 1 号	拆除
70	天仙庵	宫门口西岔 7 号	改建为商业用房
71	铁狮子庙	铁狮子巷内	拆除
72	万福寺	北草厂胡同 9 号	拆除
73	王奶奶庙（白衣庵）	大帽胡同 6 号	民居
74	西方寺	育德胡同（石碑胡同 4 号）	拆除
75	翊教寺	翊教寺胡同 1 号（平安里西大街）	拆除
76	永泰寺	永泰胡同 5 号	拟拆除
77	永祥寺	永祥胡同 12 号	拆除
78	玉佛寺	玉芙胡同 11 号	改建后由单位使用
79	圆通寺	宫门口西岔 9 号	改建
80	真武庙	东廊下胡同 6 号	改建为居民楼
81	真武庙	蒲州馆 2 号	不详
82	真武庙	中廊下胡同 60 号	民居
83	祝寿寺（响铃寺）	新街口南大街 11 号、13 号、15 号、17 号	改建为商业用房
84	基督教神召会教堂	东廊下胡同 1 号、3 号	民居

新街口地区部分名人故居及
文化名人一览表（表五）

序号	名　　称	地　　址	简　　　介
1	北京鲁迅故居	宫门口二条 19 号	鲁迅（1881—1936），原名周樟寿，后改名周树人，字豫山，后改豫才，浙江绍兴会稽县人。近代著名文学家、思想家和教育家。 　　鲁迅的作品以小说、杂文为主，代表作有：小说集《呐喊》《彷徨》《故事新编》等；散文集《朝花夕拾》；散文诗集《野草》；杂文集《坟》《热风》《华盖集》等。 　　鲁迅在西城住过三处地方，即八道湾胡同 11 号、砖塔胡同 84 号和原宫门口西三条 21 号。原宫门口西三条 21 号为 1923 年鲁迅先生购得，1924 年入住。此宅为两进四合院建筑。前院有正房、南房各 3 间，东西厢房各 2 间。北房西侧有条夹道，可通向二进院。1954 年，国家在故居旁建有鲁迅博物馆，1956 年正式对外开放。
2	傅增湘故居	西四北五条 13 号	傅增湘（1872—1949），字沅叔，别署双鉴楼主人、藏园居士，近代著名藏书家，四川泸州江安人。 　　此宅又名"藏园"，为东西各四进四合院建筑，东为花园，西为住所。花园主要建筑有敞厅、石斋、池北书堂、龙龛精舍、莱娱室、抱素书屋、霜红亭等。
3	刘蓥园故居	新街口北大街 53 号及旁门	刘蓥园（1884　1962），湖北嘉鱼人。 　　蓥园坐西朝东，前为菊园，后为住宅。住宅名为"静修居"。菊园有 7 个展室和 1 间亭子，可陈列菊花 2000 余盆。

序号	名　　称	地　　址	简　　介
4	鲁迅家族旧居	八道湾 11 号	坐北朝南，三进四合院建筑，分为东西两院。建筑面积 753.95 平方米，共有房屋 44 间。此宅是鲁迅于 1919 年购置。由鲁迅、周作人、周建人及家人居住
5	彭蕴章故居	西四北五条 13 号	彭蕴章（1792—1862），清道光十五年（1835）进士，咸丰十一年（1861）任兵部尚书兼左都御史。 　　彭蕴章于咸丰九年（1859）迁入此宅。之后由傅增湘居住。
6	溥仪故居	东冠英胡同 50 号	溥仪（1906—1967），爱新觉罗氏，字曜之，北京人。于宣统元年（1909）登基。宣统三年（1911）退位。 　　故居坐南朝北，院内有北房 5 间及左右耳房各 1 间，建筑面积约 150 平方米。
7	唐绍仪故居	翠花街 5 号	唐绍仪（1862—1938），广东中山人，1912 年曾任国务总理等职。 　　旧居东为花园，西为住宅。花园内存有勾连搭敞厅一座。
8	王晋卿故居	北草厂胡同	王晋卿（1851—1936），名树枏，字晋卿，晚年号陶庐老人，河北新城人。清光绪十二年（1886）进士，曾任新疆布政使。辛亥革命后任清史馆总纂。
9	样式雷故居	东冠英胡同 9 号	"样式雷"是对清代负责主持皇家建筑设计的雷氏家族的誉称，因其长期管理样式房而得名。 　　故居坐北朝南，为二进四合院。前院大门 1 间，正房 3 间，东西厢房各 3 间，二进院北房 3 间及东西耳房各 1 间，共有房屋 15 间。

序号	名　称	地　址	简　介
10	詹天佑故居	冰洁胡同 10 号	詹天佑（1861—1919），字眷诚，号达朝，广东南海人，近代著名铁路工程专家。主持修建著名的"京张铁路"，有"中国铁路之父""中国近代工程之父"之称。 故居由东、西、中三路组成，每路为三进院落，共有房屋 64 间。
11	张宗昌故居	西四北五条 7 号、9 号、18 号	张宗昌（1881—1932），字效坤，山东掖县人，北洋时期奉系军阀。
12	陈寅恪故居	姚家胡同 3 号	陈寅恪（1890—1969），近代著名历史学家。
13	白涤洲故居	青塔胡同 17 号	白涤洲（1900—1934），近代著名语言学家。
14	娄师白故居	白塔寺东巷 30 号	娄师白（1918—2010），当代著名画家。
15	李子鸣故居（柿荫轩）	北草厂胡同 14 号	李子鸣（1902—1993），著名八卦掌宗师。
16	武步元故居（绥庐）	宫门口五条 1 号	武步元（1907—1988），山西太谷人。中华人民共和国成立后曾任西城区工商联副主任。
17	启功故居	小乘巷 86 号	启功（1912—2005），字元白，当代著名书法家、文物鉴定家。
18	老志诚故居	大乘巷 35 号	老志诚（1910—2006），著名钢琴表演艺术家、音乐教育家。
19	贯大元故居	育德胡同 38 号	贯大元（1897—1969），著名京剧老生演员，京剧艺术教育家。
20	于非闇故居	北帽胡同 16 号	于非闇（1889—1959），近代著名画家。
21	马福祥故居	西四北三条 11 号	马福祥（1876—1932），回族，民国时期曾任蒙藏委员会委员长等职。

曾经居住新街口地区的部分文化名人参考资料

文学艺术类：老舍、张恨水、孔厥（《新儿女英雄传》作者之一）、孙景瑞、王蒙、杨沫、鲁迅、周作人、从维熙、徐城北、邓云乡、陈三立（诗人）、顾工（诗人）、顾城（诗人）、岳重（诗人根子）、傅惟慈（翻译家）等。

新闻出版界：徐盈、彭子冈等。

戏剧界：程砚秋（名旦）、王琴生（老生）、李兰亭（武生）、贯大元（老生）、尹培玺（老生）、翁偶虹（剧作家）、于魁智（老生）、迟小秋（旦）、迟重瑞、张火丁（旦）、赵燕侠（旦）、厉彦芝（琴师）、吴幻荪（剧作家）、樊棣生（名票、鼓师）、德珺如（名票）、赵丽蓉（评剧演员）、陈其通（编剧）等。

影视界：赵尔康（演员）、王连仲（录音师）、萧云鹏（美工师）、汪洋（演员）、李准（编导）、管宗祥（演员）、管虎（导演）、高洪涛（摄影师）、岳野（剧作家）、莽一萍（演员）、何平（导演）、崔嵬（演员）、于蓝（演员）、谢添（演员、导演）、奚美娟（演员）、关凌（演员）、章子怡（演员）、吴月华（演员）等。

音乐界：老志诚、小柯（作曲家）、杨洪基、蔡国庆、时乐蒙（作曲家）等。

书法绘画界：于非闇、娄师白、胡絜青、王森然、方砚、卢沉、胡蛮、辛莽、陈半丁、启功、杨萱庭、李铎、刘淑度（篆刻）等。

文物鉴定收藏界：赵昉、傅增湘等。

著名学者：王晋卿、陈寅恪（历史学家）、吕叔湘（语言文字）、白涤洲（语言文字）、冯亦代、陈垣（历史学家）、张雪门、宁裕之、关振生等。

曲艺及民间文化界：刘景春（养菊、蟋蟀）、马季（相声）、王杰奎（评书）、品正三（评书）、荣剑尘（单弦）、白大成（鬃人）、尹培恕（蟋蟀）、郎绍安（面人）等。

新街口地区街巷对比表（表六）

序号	名称	1965 年门牌	1958 年门牌	备　注
1	八个门胡同	1—7 2—8	1—8	
2	八道湾	1—27 2—44	1—33	
3	七贤巷	1—7 2—6	1—7	
4	大茶叶胡同	1—37 2—34	1—35	
5	大帽胡同	1—31 2—34	1—25	
6	大后仓胡同	1—47 2—54	1—27	
7	大觉胡同	1—49 2—48	1—40	
8	大乘巷	1—39 2—50	1—33	
9	大兴隆胡同	1—21 2—22	兴隆里 1—7 帝王庙夹道 1—6	原名兴隆里。帝王庙夹道并入
10	大玉胡同	1—47 2—34	大玉皇阁 1—19 下坡胡同 1—14	原名大玉皇阁。下坡胡同并入
11	大丰胡同	1—17 2—4	1—11	原名观音庵
12	大铜井胡同	1—3 2—4	3—7	原名大铜井
13	小椅子圈胡同	1—9 2—8	1—6	原名椅子圈
14	小弓匠胡同	1—9 2—8	1—9	原名小弓匠营
15	小玉胡同	1—13 2—10	1—11	原名小玉皇阁
16	小太平胡同	1—13 2—8	1—9	原名太平街

序号	名称	1965 年门牌	1958 年门牌	备　注
17	小后仓胡同	1—39 2—38	1—25	
18	小乘巷	1—41 2—90	1—49	
19	小绒线胡同	1—21 2—44	1—33	
20	小茶叶胡同	1—43 2—16	1—28	
21	马相胡同	1—11 2—20	1—11	
22	马相东巷	1—21 2—12	1—9	原名东党家胡同
23	马相西巷	1—9 2—12	1—12	原名西党家胡同
24	义伯胡同	1—21 2—12	1—10	原名高义伯胡同
25	弓背胡同	1—15 2—6	1—11	
26	中廊下胡同	1—43 2—20	1—49	原名中廊下
27	中秀才胡同	1—23 2—14	1—13	
28	中大安胡同	1—17 2—12	甲 4—16	原名中大安
29	中帽胡同	1—11 2—10	1—10	
30	中教场胡同	1—11 2—60	中街 1—8 长图治胡同 1—6 洋溢滋胡同 1—9 剃头棚胡同 1—6	原名中街。洋溢滋胡同、长图治胡同、剃头棚胡同并入
31	六合胡同	1—39 2—22	1—26	原名六合大院
32	六合头条	1—7 2—8	1—5	原名马家头条
33	六合二条	1—9 2—8	1—8	原名马家二条
34	六合三条	1—5 2—8	1—5	原名罗圈胡同

序号	名称	1965 年门牌	1958 年门牌	备　注
35	五根檩胡同	1—17 2—18	1—19	
36	月树胡同	1—35 2—30	1—24	原名椿树胡同
37	长青胡同	1—23 2—18	2—甲 14	原名松树庵
38	东冠英胡同	1—55 2—40	1—38	原名东观音寺
39	东教胡同	1—7 2—6	1—5	原名东轿杆胡同
40	东弓匠胡同	1—19 2—16	1—13	原名东弓匠营
41	东廊下胡同	1—39 2—42	1—20	原名东廊下
42	东教场胡同	1—17 2—28	1—甲 23	原名东教场
43	东新开胡同	1—77 2—52	东新开路 1—39 崇元观胡同 1—9	原名东新开路。崇元观胡同并入
44	东光胡同	1—5 2—20	1—8	原名轿子胡同
45	东桃园胡同	1—11 2—10		原后桃园胡同东侧
46	北帽胡同	1—15 2—18	1—16	
47	北玉带胡同	1—19 2—8	1—8	
48	北魏胡同	1—39 2—48	1—38	
49	北大安胡同	1—17 2—8	1—15	原名北大安
50	北兴胡同	1—13 2—12	1—11	原名北下洼子胡同
51	北弓背胡同	1—11 2—14	1—11	原名喇叭胡同

序号	名称	1965 年门牌	1958 年门牌	备 注
52	北草厂胡同	1—51 2—18	北草厂胡同 1—27 钱筒子 1—4	钱筒子并入
53	永祥胡同	1—23 2—20	永祥寺 1—17	原名永祥寺
54	永祥东巷	1—19 2—8		原永祥寺东段
55	永祥西巷	1—9 2—10	永祥寺夹道 1—4 旁门 黄旗马圈 1—6	原名永祥寺夹道。黄旗马圈并入
56	永泰胡同	1—13 2—10	1—10	原名永泰寺
57	石碑大院	1—17 2—38	1—18	
58	白塔巷	1—21 2—20	1—17	原名塔院
59	白塔寺东夹道	1—23 2—76	1—28	原名白塔寺夹道
60	白塔寺西巷	1—13 2—12		1965 年新命名
61	四根柏胡同	1—21 2—42	1—16	
62	玉芙胡同	1—17 2—16	玉佛寺 1—13 蔡家大门 1—6	原名玉佛寺。蔡家大门并入
63	西四北头条	1—71 2—30	礼路胡同 1—44 南井儿胡同 2—5	原名礼路胡同。南井儿胡同并入
64	西四北二条	1—77 2—58	1—48	原名帅府胡同
65	西四北三条	1—45 2—56	甲 1—41	原名报子胡同
66	西四北四条	1—57 2—36	1—42	原名受壁胡同
67	西四北五条	1—31 2—58	1—37	原名石老娘胡同
68	西四北六条	1—41 2—34	1—28	原名南魏胡同

序号	名称	1965 年门牌	1958 年门牌	备　注
69	西四北七条	1—67 2—34	1—42	太安侯胡同
70	西四北八条	1—63 2—58	1—51	原名武王侯胡同
71	西弓匠胡同	1—39 2—30	1—24	原名西弓匠营
72	西教胡同	1—3 2—4	1—4	原名西轿杆。1966 年后并入宫门口四条
73	西廊下胡同	1—67 2—48	1—45	原名西廊下
74	西教场胡同	1—81 2—14	西教场 6—26 绵长胡同 1—6 草料铺 1—7	原名西教场。绵长胡同、草料铺并入
75	西教场小二条	1—25 2—26	1—21	原名宽街
76	西教场小三条	1—27 2—8	1—15	原名砖瓦胡同
77	西教场小四条	1—25 2—14	1—17	原名小四条胡同
78	西教场小五条	1—27 2—26	1—24	原名小五条胡同
79	西教场小六条	1—27 2—18	1—23	原名小六条胡同
80	西教场小七条	1—39 2—10	1—14	原名小七条胡同
81	西井胡同	1—15 2—16	1—13	
82	西直门内大街	1—399 2—270	西直门大街 1—40、 41—137、138—171 新 街 口 西 大 街 1—84	原名西直门大街。新街口西大街并入
83	西直门南顺城街	1—28	2—27	原名南顺城街
84	西直门南小街	1—201 2—212	南小街 1—156 图治大院 1—7	原名南小街。图治大院并入
85	后帽胡同	1—23 2—16	1—18	

序号	名称	1965 年门牌	1958 年门牌	备　　注
86	后纱络胡同	1—17 2—36	1—23	
87	后半壁街	1—29 2—56	1—20	原名老虎庙
88	后公用胡同	1—9 2—10	1—8	原名后公用库
89	后广平胡同	1—51 2—38	2—34	原名后广平库
90	后车胡同	1—33 2—50	1—33	
91	后秀才胡同	1—37 2—18	1—23	
92	后坑胡同	1—51 2—12	2—27	
93	后桃园胡同	1—25 2—28	1—36	
94	后牛角胡同	1—19 2—8	1—13	
95	后章胡同	1—21 2—10	1—22	原名后张公园胡同
96	后英房胡同	1—49 2—14	后英房胡同 1—21 四眼井 1—4	四眼井并入
97	地昌胡同	1—11 2—10	1—8	原名地藏庵
98	安成胡同	1—39 2—14	1—23	
99	安平巷	1—37 2—34	和平巷 2—9 火神庙 1—甲 15 葡萄园胡同 1—38	原名和平巷。火神庙、葡萄园胡同并入
100	阳泉胡同	1—15 2—14	1—15	
101	冰洁胡同	1—35 2—28	1—25	原名冰窖胡同
102	庆丰胡同	1—21 2—16	1—17	原名观音庵
103	观景胡同	1—25 2—14	1—16	原名井儿胡同
104	阴凉胡同	1—11 2—18	1—21	
105	有果胡同	1—33 2—28	1—4	

序号	名称	1965 年门牌	1958 年门牌	备 注
106	红园胡同	1—65 2—62	菜园六条甲 1—34 骆驼胡同 1—6	原名菜园六条。骆驼胡同并入
107	宏茂胡同	1—35 2—64	1—47	原名宗帽胡同
108	宏大胡同	1—33 2—30	1—21	原名后大坑胡同
109	寿屏胡同	1—7 2—12	1—甲 8	
110	苏萝卜胡同	1—17 2—18	1—24	
111	秀洁胡同	1—29 2—8		1965 年命名。由后秀才、中秀才、前秀才、棕帽、冰洁胡同部分组成
112	时刻亮胡同	1—7 2—8	1—甲 6	
113	阜成门内大街	1—365 2—442	阜成门大街 1—甲 199 羊市大街 1—127 东澡堂子 1—6 西澡堂子 1—5 撒袋胡同 1—4	原名阜成门大街。东澡堂子、西澡堂子、撒袋胡同、庆元里、羊市大街并入
114	阜成门北顺城街	1—49 2—94	北顺城街 1—47 西城根 1—甲 17	原名北顺城街。西城根并入
115	阜成门内北街	1—5 2—4		新命名
116	金果胡同	1—41 2—26	1—30	原名拣果厂
117	金丝胡同	1—45 2—18	金丝钩 1—20 孟家大院胡同 1—5	原名金丝钩。孟家大院胡同并入
118	金家大院	1—23 2—22	金家大院 2—甲 12 小帽胡同 1—3	小帽胡同并入
119	育教胡同	1—33 2—78	甲 1—45	原名翊教寺胡同
120	育德胡同	1—55 2—78	1—60	原名石碑胡同
121	育强胡同	1—71 2—30	1—37	原名猪毛厂
122	育幼胡同	1—9 2—24	端王府夹道 1—9 西门楼胡同 1—4	原名端王府夹道。西门楼胡同并入

序号	名称	1965 年门牌	1958 年门牌	备注
123	青塔胡同	1—71 2—14	青塔寺 1—8 横四条 2—28	原名青塔寺。横四条并入
124	青柳巷	1—11 2—10	1—11	原名柳家大门
125	官园胡同	1—15 2—34	1—19、甲 21、22	
126	鱼雁胡同	1—17 2—26	2—18	
127	国英胡同	1—49 2—24	1—29	原名西观音寺
128	宝产胡同	1—29 2—66	1—44（新街口南大街 209 号后门在胡同内。宝禅寺街 16 号后门在四根柏胡同内）	原名宝禅寺街
129	朋奖胡同	1—25 2—12	1—11	
130	前帽胡同	1—19 2—18	1—18	
131	前秀才胡同	1—5 2—6	1—11	
132	前纱络胡同	1—23 2—28	1—19	
133	前车胡同	1—79 2—32	1—49	
134	前抄手胡同	1—79 2—34	前抄手胡同 1—甲 13 后抄手胡同 1—甲 11	后抄手胡同并入
135	前半壁街	1—43 2—92	1—70	原名半壁街
136	前公用胡同	1—63 2—50	1—53	原名前公用库
137	前广平胡同	1—19 2—18	3—甲 18	原名前广平库
138	前牛角胡同	1—9 2—12	1—10	
139	前英房胡同	1—15 2—16	1—12	

序号	名称	1965 年门牌	1958 年门牌	备　注
140	前桃园胡同	1—69 2—14	1—36	
141	前章胡同	1—33 2—24	前张公园 1—9 中张公园 1—7	原名前张公园。中张公园并入
142	南大安胡同	1—21 2—8	1—13	
143	南草厂街	1—113 2—90	1—76	
144	南兴胡同	1—7 2—6	1—7	原名南下洼子
145	南弓背胡同	1—13 2—10	1—14	原名弓弦胡同
146	宫门口横胡同	1—19 2—10	1—14	原名横三条
147	宫门口头条	1—79 2—32	头条胡同 1—43 象鼻子胡同 1—4 箭杆胡同（无门牌）	原名头条胡同。象鼻子胡同、箭杆胡同并入
148	宫门口二条	1—47 2—40	二条胡同 1—35 南裤角胡同 1—3 北裤角胡同 1—6	原名二条胡同。南裤角胡同、北裤角胡同并入
149	宫门口三条	1—23 2—40	西三条胡同 2—41 东三条胡同 1—13	原名西三条胡同。东三条胡同并入
150	宫门口四条	1—51 2—62	西四条胡同 1—14 东四条胡同 2—37	原名西四条胡同。东四条胡同并入
151	宫门口五条	1—45 2—28	1—31	原名五条胡同
152	宫门口西岔	1—131 2—20	宫门口西岔 1—42 针线胡同 1—8	针线胡同并入
153	宫门口东岔	1—83 2—10	宫门口东岔 1—65 老虎洞 1—8	老虎洞并入
154	柳巷	1—57 2—106	1—58	原名柳巷胡同
155	狮子胡同	1—27 2—32	1—20	原名狮子府
156	狮子西巷	1—11 2—10	1—4	原名小玉皇阁夹道

序号	名称	1965 年门牌	1958 年门牌	备注
157	赵登禹路	1—517 2—194	北赵登禹路 1—32、35—59、 61—甲 175、176—丁 247 东门楼胡同 1—6 燕代胡同 1 旁门—4	原名北赵登禹路。东门楼胡同、燕代胡同并入
158	姚家胡同	1—31 2—12	1—13	
159	钥匙胡同	1—17 2—4	1—11 旁门	
160	穿堂门胡同	1—31 2—12	3—18	原名川堂门
161	高井胡同	1—51 2—34	1—38	
162	桦皮厂胡同	1—31 2—30	1—29	
163	桦皮厂一巷	1—13 2—10	1—13	原名前王子胡同
164	桦皮厂二巷	1—17 2—18	1—14	原名中王子胡同
165	桦皮厂三巷	1—17 2—14	1—14	原名后王子胡同
166	铁狮子巷	1—45 2—26	铁狮子巷 1—15 火药局 1—9	火药局并入
167	珠八宝胡同	1—31 2—14	1—12	
168	晓安胡同	1—17 2—12	1—10	
169	晓安南巷	1—5 2—4	1—7	原名六个门
170	留题胡同	1—17 2—16	1—12	
171	富国街	1—25 2—18	1—13	原名祖家街
172	葱店胡同	1—29 2—32	葱店胡同 1—27 妙清观 1—9	妙清观并入
173	黑塔胡同	1—17 2—24	1—33	原名黑塔寺

序号	名称	1965 年门牌	1958 年门牌	备　注
174	葡萄院	1—17 2—14	1—9	
175	阔带胡同	1—65 1—12	1—23	
176	新成胡同	1—27 2—10	新成路 1—5 帅府庵 1—10	原名新成路。帅府庵并入
177	新街口北大街	1—131 2—162	1—甲 139	
178	新街口南大街	1—295 2—264	新街口南大街 1—269 菊儿胡同 1—5 口袋胡同 1—9	菊儿胡同、口袋胡同并入
179	新街口头条	1—19 2—16	2—16	原名头条胡同
180	新街口二条	1—29 2—28	1—20	原名二条胡同
181	新街口三条	1—17 2—4	1—15	原名大三条胡同
182	新街口四条	1—63 2—66	2—55	原名大四条胡同
183	新街口六条	1—11 2—22	1—16	原名大六条胡同
184	新街口七条	1—13 2—40	1—21	原名大七条胡同
185	新街口小三条	1—3	1—15	1965 年胡同调整
186	新如意胡同	1—27 2—34	如意巷 1—8	原名如意巷。黑塔寺部分并入
187	酱房大院	1—7 2—12	1—11	
188	蒲州巷	1—15 2—14	1—9	原名蒲州馆
189	福绥境	1—55 2—60	1—56	原名福绥境胡同
190	槐树胡同	1—15 2—14	1—14	
191	翠峰胡同	1—2	1—5	原名翠峰庵

序号	名称	1965 年门牌	1958 年门牌	备　注
192	翠花横街	1—95 2—54	1—甲 57	
193	翠花街	1—25 2—20	1—22	
194	鞍匠胡同	1—21 2—22	1—22	原名鞍匠营
195	潜学胡同	1—17 2—10	1—12	
196	西直门北顺城街	1—11 2—34	北顺城街 1—10 新开路 1—16	原名北顺城街。新开路并入
197	盒子胡同	1—21 2—14	1—14	
198	瓦岔胡同		1—3	建福绥境大楼时拆除
199	白塔寺庙		阜成门大街 25 号内有 1—68 号	
200	西章胡同	1—23 2—18	1—18	原名三官庙
201	西四北大街	1—297 2—30	1—201	

图书在版编目（CIP）数据

闾巷塔影：新街口街道街巷胡同史话 / 政协北京市西城区委员会，《西城区街巷胡同文化丛书》编委会编. — 北京：中国文史出版社，2019.11

（西城区街巷胡同文化丛书）

ISBN 978 - 7 - 5205 - 1530 - 6

Ⅰ．①闾… Ⅱ．①政… ②西… Ⅲ．①胡同 - 介绍 - 西城区 Ⅳ．①K921.3

中国版本图书馆 CIP 数据核字（2019）第 246072 号

责任编辑：牟国煜　薛未未

出版发行：**中国文史出版社**

社　　址：北京市海淀区西八里庄路 69 号院　邮编：100142

电　　话：010 - 81136606　81136602　81136603（发行部）

传　　真：010 - 81136655

印　　装：廊坊市海涛印刷有限公司

经　　销：全国新华书店

开　　本：720 × 1020　1/16

印　　张：20.5　彩插：2

字　　数：279 千字

版　　次：2019 年 11 月第 1 版

印　　次：2022 年 1 月第 2 次印刷

定　　价：289.00 元（全 5 册）

京韵红墙

西长安街街道街巷胡同史话

西城区街巷胡同文化丛书（第一辑）

政协北京市西城区委员会
《西城区街巷胡同文化丛书》编委会 编

中国文史出版社

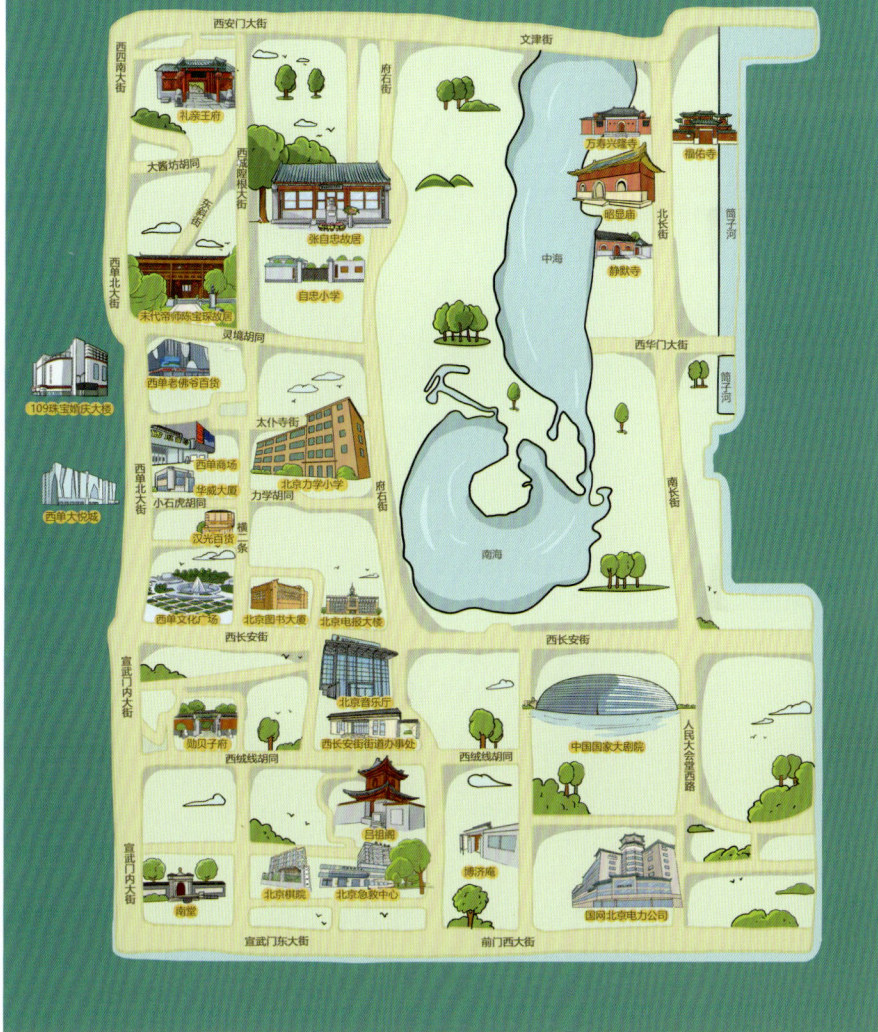

西长安街街道办事处辖区要览

西安门大街　府石街　文津街

西四南大街　礼亲王府　大酱坊胡同

西涨阶根大街　张自忠故居　万寿兴缘寺　福佑寺

自忠小学　昭显庙　北长街　静默寺

中海　西华门大街

西单北大街　末代帝师陈宝琛故园　灵境胡同　简子河

西单老佛爷百货

109珠宝馆庆大楼　太仆寺街　府石街　简子河

西单商场　北京力学小学　南长街

西单北大街　华威大厦　力学胡同

西单大悦城　小石虎胡同　同一家

汉光百货

西单文化广场　北京图书大厦　北京电报大楼　南海　西长街

西长街　北京音乐厅　西长安街道办事处　中国国家大剧院　人民大会堂西路

宣武门内大街　勋贝子府　西城线胡同　西绒线胡同

吕祖阁

宣武门内大街　北京剧院　北京急救中心　博济庵　国网北京电力公司

南堂

宣武门东大街　前门西大街

西长安街街道办事处辖区要览

《西城区街巷胡同文化丛书》
征编出版说明

  西城区作为北京三千多年的建城地和八百多年的建都地，拥有众多古老的街巷故同和丰富的历史文化资源，是皇城文化、士子文化、民俗文化、宗教文化等各种文化共存的区域。西四北一至八条至今基本保留了元大都建城时的规制，胡同中的四合院也大都具有明清的风格。随着城市建设的发展，为了满足市政道路改造及公用设施建设需要，一些胡同被拆除，建起了楼群，组成连片的居民区，形成了新的街巷。一些胡同被合并，原有的名称消失。街巷胡同不仅是城市脉络、交通道路，也是人们世代生息之所。为了满足各种需要，街巷胡同不会永远不变，所以记录街巷胡同、留存珍贵的历史成为一件十分重要和迫切的事情。我们既要保护好古都风貌，也要利用好古都资源，传播传统文化，传承历史文脉，讲述好西城自己的故事。

  2019 年既是中华人民共和国成立70 周年，也是人民政协成立70 周年，我们深感有责任也有义务对西城区的街巷胡同进行全面梳理，深刻挖掘每个街巷胡同的文化底蕴，呈现西城区街巷胡同的历史沿革、发展变迁的脉络及中华人民共和国成立以来展现的新面貌。

  西城区行政区划内共设 15 个街道办事处，办事处辖区街巷胡同各具特色、历史悠久、底蕴深厚，如璀璨的明珠闪耀西城。《西城区街巷

胡同文化丛书》以一街道一分册的形式呈现，记录辖区内街巷胡同中的院落格局、王公府第、单位机构、市井百业、今昔人物、今日呈现等，将街巷胡同历史脉络、当下风貌和文化特色进行梳理挖掘。这是2010年原西城区和宣武区合并后，首次从建筑、人文等方面全方位立体式地对街巷胡同进行详细调研，以丛书的形式编辑出版，既是对过去和现有街巷胡同文化资源的挖掘、研究，也期望能对未来街巷胡同资源的开发和利用提供借鉴。

　　本书的编写充分发挥了西城区政协委员的作用，由区政协学习指导和文史资料委员会牵头策划组织，各街道政协委员联组具体承办。区政协和各街道政协委员联组的同志以及聘请的专家学者进行了大量实地调研，跑遍了西城区的大街小巷，参阅了以往的街巷胡同史志记载，寻找和听取一些老居民或其他亲历、亲见、亲闻者的口述，与档案资料对比核实，详细整理，倾注了很多心血。丛书以图文并茂的形式，向读者展示了西城区街巷胡同的往昔神韵、现今风貌和深厚的历史文化内涵。希望发挥区政协文史工作"存史、资政、团结、育人"的功能，服务首都"四个中心"建设。

政协北京市西城区委员会

2019 年 10 月

目　录

1

4

前　言

　　西长安街位于北京市西城区东南部，东起天安门广场，西至复兴门内大街，为长安街的组成部分之一。长安，取长治久安之意。

　　今西长安街地区最早可追溯到元代。元大都的建设奠定了北京旧城的基础，而现西长安街的位置即为元大都南墙所在位置，大都南城墙内的顺城街即为长安街雏形。到明代，随着明朝迁都北京，因建造紫禁城的需要，特将原大都城南城墙向南移二里余。原城墙变成街道，即为最早的西长安街雏形。

　　中华人民共和国成立后，1958年正式成立西长安街街道。经过60余年的变迁，西长安街地区已经发展成为总面积达4.24平方千米、下设13个社区、共有户籍人口约7.3万人的地区。

　　西长安街地区街巷胡同横平竖直，总体布局呈棋盘状，大部分地区与皇城同时建造，是元、明、清三朝兴建北京城总体规划的重要组成部分之一。东西平行走向的长安街与纵横南北8公里长的御道中轴线，在天安门前垂直相交成"十"字形经纬坐标中心点，构成了北京城坐北朝南、街巷纵横的总体布局。

　　西长安街地区是党中央、全国人大常委会、国务院等办公所在地，凸显出地区政治中心的地位。这里是体现"四个服务"、塑造首都形象和展示北京魅力最为直接的地区。

西长安街地区有"文薮""文苑"之称，凝聚着诸多文化遗存，这些文化遗存不但得到了很好的保护，而且注入了时代的内涵，使其焕发青春。除了蕴含深厚的历史气息，这里还呈现出新时代的文化气象，中国国家大剧院、北京音乐厅、北京图书大厦等坐落于辖区，丰富着地区人民的文化生活。

西单商业区是北京市著名的繁华街区，商业区内既有西单商场这个具有七十多年历史的零售企业，又有如大悦城、老佛爷等充满现代时尚元素的购物中心。既复古又青春的气质交融，让这里别具韵味，备受消费者青睐。

在老城区焕发青春之时，留住一份历史和记忆尤为重要。2019年，我们在以往对街巷历史梳理的基础上进行提升，出版《京韵红墙——西长安街街道街巷胡同史话》图书。本书立足于街道的历史文化精髓，传承弘扬街道胡同传统文化，全方面展现街道特色。图书将从"历史建置：街道的变迁与沿革""红墙脚下：国家政治与活动中心""曲径通幽：探寻胡同的古典年轮""神工意匠：蕴含地域特色的古迹""深宅旧事：皇城边的宅邸旧居""重拾古都：回忆消失的胡同""和谐宜居：深厚的文化底蕴""城光璀璨：今日的繁华商街"等方面，梳理西长安街街道概况，深挖历史文化底蕴，体现古城政治、历史、文化等方面的深刻内涵。

红墙之侧，底蕴深厚，古树吐露芬芳，胡同星罗棋布，名胜古迹繁多，这里是北京，这里是西长安街。如果，您想一睹这条历史长街的风采，或许在此书中，您可以探寻一二。

第一章　历史建置：街道的变迁与沿革

长安街的名称始于明朝皇城南面的两座门——长安左门和长安右门，正是由于这两座门的位置，长安街也就以天安门为界形成了东西长安街之分。西长安街属于西城地界内。西长安街街道地处首都政治核心区和功能核心区，是党中央、全国人大常委会、国务院的办公所在地，也是体现"四个服务"、塑造首都形象和展示北京魅力最为直接的地区。这里是国家政治中心，集中体现了国家政治、外交和文化功能，被称为"京城第一街道"。

第一街道概况

西长安街街道地处首都城区中心，因位于"神州第一街"的长安街西而得名。

街道行政划分

西长安街辖区东以天安门广场西侧路、中山公园、故宫西墙为界与东城区毗邻，南以前门西大街、宣武门东大街中心线为界与大栅栏、椿树街两个街道交界，西以西四南大街、西单北大街、宣武门内大街西侧便道为界与金融街街道相接，北以西安门大街、文津街南路边缘、故宫北筒子河中心线为界与什刹海街道为邻。辖区面积 4.24 平方千米，下

天安门广场西侧路及西长安街（1959年摄）

辖义达里社区、和平门社区、未英社区、西单北社区、光明社区、西黄城根南社区、府右街南社区、太仆寺街社区、钟声社区、六部口社区、北新华街社区、西交民巷社区、南北长街社区13个社区，户籍人口72874人，常住人口51477人。辖区内有中央单位128家，市属单位132家，驻京办7家，区属单位92家。

街道办事处成立

长安街街道始建于1958年。1949年1月31日北平和平解放。1954年12月根据人大常委会颁布的《城市街道办事处组织条例》，西城区政府在西长安街地区建立了8个街道办事处。1958年，这8个办事处合并成西长安街街道办事处，随后建立了中共西城区西长安街街道党委。辖区范围为东至中山公园，西至西单北大街，南至和平门，北至西安门大街。面积182400平方米，195条街巷，20158户，人口80476人。下设45个居民委员会，两个家属委员会，552个居民小组。1958年10月，人民大会堂开始兴建，街道干部300多人参加了人民大会堂的基础建设工作。在经历了人民公社和"文革"之后，于1978年恢复街道办事处。到1990年，街道党委改为区委的派出机构，全称为"中共北京市西城区西长安街街道工作委员会"，街道党委改建街道工委，形成现行体制。

西长安街著名建筑

漫步在西长安街头，寻觅着几十年前的影像——红墙环绕的中南海

2

与灰墙围拢的四合院在绿树的遮掩下静静对视，未曾墁砖的便道上小草茵茵，雨后散发着芳香的泥土气息。古城的醇和与大自然的安详天衣无缝地融为一体，那时候，似乎除了西单路口的几个小小门脸，在西长安街上基本感受不到商业的浓重味道，就是打听个道儿，灌进耳朵的也都是带着儿化音的老北京言语。

人们常说，建筑是用无声的语言传达着一个时代的烙印，耸立在西长安街的人民大会堂和民族文化宫却是在时代的烙印上又盖上了中华民族传统文化的印章。西长安街头还有几座貌不惊人的楼宇建筑，比如电报大楼、长话大楼还有民航大厦。虽然它们的外观可以用"简单"形容，但内涵中，这些在坎坷年代耸立起来的质朴大楼，却记录着共和国在电信和航空领域发展的一段历史。想想当年打电报或长途电话、乘飞机都要在这里集中的岁月，就不能不为这十几年来中国经济与文化教育的飞速发展由衷地慨叹。这片古老土地上的每一座现代建筑都渗透着富丽华贵和温文尔雅，争先恐后地通过绚丽的形态和雍容的内饰表达着它们所理解的时尚符号。无论是行内还是行外，西单路口西北角的中国银行大厦都是人们公推的这群建筑的夺冠之作。

西长安街建筑特色

闲暇时行走于西长安街，细细欣赏那些烙刻着不同时代标记的建筑也是一种文化享受。这条历史韵味丰厚的老街有着浑然天成的宽容大度，让六百多年前的老式皇城与21世纪的另类建筑遥相对峙，形成了西长安街的独特风景。于是，在街东段的南北两端就出现了两种时空距离相当遥远的不同景观：一面是古朴雅致，一面是浪漫炫目；一面是肃穆庄重，一面是热烈奔放。天依旧湛蓝，阳光依旧澄澈，只是印在不同时代的不同建筑上，彰显出截然不同的两种视觉诱惑。

红墙、黄琉璃瓦、绝妙精美的中国式皇族建筑群，穿过浓重绿荫淡抹在石径上的斑斑阳光，这是西长安街极具历史感的一面。就连斑驳的残垣和墙缝中渗出的青苔，都从骨子里渗透出代表北京的皇城气息。然而，只需轻巧地转一个身，撞入眼帘的便是另一幅新时代图像。用金属、亚克力和许多叫不出名字的现代化建筑材料构筑成的中国国家大剧院在空旷的苍穹下炫目旖旎，它的动感新潮，它的无拘无束，都在这条原本只散发着东方韵味的古旧老街上毫无掩饰地表现出来。这样一种迅速扭转历史的建筑风情，这样一幅穿越时空隧道的多元画面，世界上还能在哪条古老的街道上找到？唯有在西长安街！

西长安街新貌

行走在这条号称"京城第一街道"的宽敞大道上，望着街心的车水马龙和便道上来来去去的人流，才能从心里真正体会到什么叫"兼容并蓄"。仅仅站在西长安街头一隅，就能聆听到北京古都从过去走向现在的城市节拍，就这，足以让一颗老北京的心焕发自豪。

西长安街上近年来外国设计师留下的西洋建筑不少，法国让玛丽·迪蒂耶尔设计的西单图书大厦与皇城西苑半里之遥，还有位于长安街复兴门东北角的超高双曲面玻璃幕天穹，以及据说也是出自国际大师手笔的中国人民银行大厦……这些建筑在西长安街与红墙环抱的中南海遥相辉映，造就了今天古朴与时尚并存的西长安街。

西长安街的发展是历史延续，西长安街的恢宏是古都永恒。我们有理由相信，在共和国成长的时代史诗中，荟萃着历史音符的时尚乐章《西长安街篇》永远都是她最完美的组成部分。

街道的历史建置

今西长安街地区，西周时属蓟国。

春秋战国时期，属燕国都城蓟。秦统一全国后，降蓟为县。从秦汉以至隋唐五代，皆为蓟县地。

至唐中期，今西长安街地区属蓟县。

唐建中二年（781），置幽都县，蓟城（幽州城）为蓟、幽都二县共辖。唐实行里坊制，城里有坊，城外有乡。今西长安街地区分属蓟县燕夏乡和幽都县礼贤乡。自此，西长安街地区始终沿袭唐以来的二县分辖制。

辽开泰元年（1012）改幽都县为宛平县后，历金、元、明、清，今西长安街地区一直属宛平县。

辽金时期，今区境分别为南京城和中都城北郊。

金扩建辽南京城，今西长安街地区西南角为金中都城嘉会坊。

元初，筑新城于中都城东北郊，并在大都新城增设警巡院，作为城市行政管理机构，"分领坊市民事"。今西长安街地区位于大都城中心西部，属宛平县，但城内事务由警巡院管理。元初大都城全城划分成五十个坊，今西长安街地区有万宝坊（今南长街和府右街之间的南海一带）、时雍坊（今灵境胡同和西长安街、府右街和西单北大街之间）、阜财坊（今西长安街以北、西单北大街以西一带）、安富坊（今西安门大街以南、西四南大街以东一带）。

明《宛署杂记》："前从棋盘街，后从北安门街以西，俱属宛平。"北京城除皇城外，划分为中东西南北五城三十三坊。今西长安街地区属皇城西部及中城西部。有大时雍坊、小时雍坊、安富坊。明代在京城专设五城兵马指挥司，对城市进行行政管理。今西长安街地区的行政事宜归中城兵马司管辖。

清沿明制，但在北京城实行"旗民分治"管理方式。北京内外城各划分东西南北中五城，内外城各有十坊。今西长安街地区属皇城西部，还属镶红旗和镶蓝旗驻地及管区，又属内城中城辖地。《京师坊巷志稿》："中东坊，隶中城。凡皇城自地安门以西；内城自西长安街以北，西大市街以东，护国寺街地安桥以南……皆属焉。"

5

清代，北京内城旗民民事由八旗都统管理。"提督九门巡捕五营步军统领衙门"掌管京城守卫、门禁、巡夜、缉捕、防火等要职。该衙门统领巡捕五营及八旗步兵营。内城由八旗步兵营负责。

光绪三十一年（1905）十二月，北京内外城工巡总局改设内外城巡警总厅，内城设五分厅（中、东、西、南、北分厅），分厅之下设区，内城二十六分区。这是北京城内出现"区"的建置之始，虽然只是"警巡区"，不是现在意义上的行政区。光绪三十二年（1906）十月，内城裁并为三分厅（中、左、右分厅），划分为中分厅六区，左右两分厅各十区。今西长安街地区属内城中分厅及右分厅管辖。

光绪三十四年（1908）三月，内城二十六区并为十三区，中分厅三区，左右两分厅各五区。

宣统元年（1909）正月，变更裁分厅。宣统二年（1910）九月，再并内城为十区，分别为中一区、中二区，内左一区至内左四区，内右一区至内右四区。

民国二年（1913），内外城巡警厅改为警察厅，统辖内外城二十区。其中，内城十区分别为中一区、中二区，内左一区至内左四区，内右一区至内右四区。今西长安街地区属中一区（北由北箭亭顺皇城至西压桥，西至三海东墙，东至皇城外南北河沿，南至天安门）、中二区（北由地安门西压桥迤西，至西皇城根，东至三海东墙，南沿皇城至新华门）、内右一区（北至太平桥，西由西四牌楼至西单牌楼，东由西安门城根迤南，顺皇城折而东至府右街，南至西长安街）管辖。

民国十七年（1928）十月，北京降为北平特别市，警察厅改为公安局，并重新厘定区界，城区归并十一区，"区设署长"。其中内城六区，分称内一区至内六区。1929年《北平指南》北平之行政区划："自前门、中华门分界，西为内二区。"今西长安街地区属内二区（中华门以西，顺皇城而北，至大酱坊胡同折而西，丰盛胡同、武定侯胡同以南）、内六区（皇城以内）管辖。

民国十八年（1929）七月，始定自治区坊，民国二十一年（1932）完成制定。今西长安街地区属第二自治区第一至第十九坊，第六自治区第十、第十一、第十四、第十五坊。

民国三十二年（1943）三月，增设内七区，将内一区所辖崇文门内大街以西、东长安街以南，内二区所辖宣武门内大街以东、西长安街以南地域划为内七区辖界。今西长安街地区属内二区、内六区、内七区管辖。

民国时期所设之区实为警政区。中华人民共和国成立后，北京所设之区为国家的一级行政建置。

解放后街道变迁

1949年1月31日，中国人民解放军从西直门入城接管防务，宣告北平和平解放。1949年2月，中共北平市委派员接管旧政权，建立各区人民政府。同时，基本沿用了旧行政区划及名称，现在的西长安街街道辖区范围隶属于第二区（内二区）、第六区（内六区）、第七区（内七区）。此时，区成为正式行政建置，北平市的政权体系暂定为"市以下分区，区以下分街，街以下分间"。

1949年4月7日，北平市政府宣布废除保甲制。5月，建立街政府。

今西长安街地区有第二区第一街政府（北安里后门5号）、第二街政府（黄城根23号）、第三街政府［宽街（今西单横二条）12号］、第四街政府；第六区惜薪司、横二条、西单北大街、南长街；第七区有东文昌阁、大四眼井、安福胡同、未英胡同。

1949年6月30日，撤销街政府，街政府与派出所合并，所谓"街派合并"。

1950 年 5 月 11 日，政务院批准，内城七个区合并为五个区，原第五区分别划归第三、第四区。第六区、第七区合并为新第五。8 月，变更各区番号，城区为第一至第九区。今西长安街地区属第二区、新第五区。

1952 年 9 月，经政务院华北行政委员会批准，城区九个区调整为七个区，取消按数字为区名的方式，改为以地名命名，其中，第二区改称西单区，撤销新第五区区级机构，辖区分别划归西单区、西四区、东单区、东四区。今西长安街地区属西单区。

1954 年 12 月，根据《城市街道办事处组织条例》，西单区下辖十七个街道办事处，其中，今西长安街地区有东文昌阁、大四眼井、安福胡同、未英胡同、惜薪司、横二条、西单北大街、南长街街道办事处。

1956 年 4 月，今西长安街地区有大四眼井、南长街、未英胡同、惜薪司、横二条街道办事处。

1958 年 5 月 16 日，经批准，西单、西四两区合并，改称西城区。

1958 年 7 月，西城区下辖十六个街道办事处，其中，今西长安街地区有南长街、北新华街、灵境胡同街道办事处。

1958 年 9 月，成立北京市西城区西长安街街道办事处。

1960 年，建立北京市西城区西长安街人民公社，办事处工作并入公社。

1962 年，恢复街道办事处，办事处与公社分开。

1968 年，成立北京市西城区西长安街街道革命委员会。

1978 年，撤销革命委员会，恢复街道办事处。

2010 年，国务院正式批复了北京市政府关于调整首都功能核心区行政区划的请示，同意撤销北京市西城区、宣武区，设立新的北京市西城区，以原西城区、宣武区的行政区域为西城区的行政区域，西长安街街道名称、区域不变。

辖区内党政机关

西长安街街道辖区内有党中央、全国人大常委会、国务院、中央组织部、中央宣传部、中央统战部、工业和信息化部等党政领导机构。集中体现了"四个服务"即：为中央党、政、军领导机关的工作服务，为国家的国际交往服务，为科技和教育发展服务，为改善人民群众生活服务。

全国人民代表大会常务委员会简称"全国人大常委会"，是中华人民共和国最高国家权力机关——全国人民代表大会的常设机构，行使国家立法权。

中华人民共和国国务院，即中央人民政府，是最高国家权力机关的执行机关，是最高国家行政机关。

中国共产党中央委员会组织部，简称中共中央组织部、中央组织部或中组部（以下简称中组部）。办公楼位于民航营业大厦对面，建筑面积4万多平方米。其建筑风格庄重、典雅、实用、协调，是一座现代化、智能化、人性化的建筑，于2001年破土动工，2003年竣工。呈板式布局，坐北朝南，由北侧主楼、东西配楼及南北门楼组成，是民族传统风格与现代风格的有机结合。

中国共产党中央委员会宣传部（以下简称中宣部）办公楼位于西长安街与府右街交会处的西北侧，东侧与中南海红墙隔街相邻，建筑面积1.1万多平方米，于1994年竣工。办公楼屋顶为大屋顶和坡檐式女儿墙、杏黄色琉璃瓦，得体地处理了从中南海到电报大楼的衔接过渡，在保持民族传统和地方特色建筑风格的基础上还进行了一定的创新。

中共中央统一战线工作部是党中央主管统一战线工作的职能部门，

是党中央在统战工作方面的参谋和助手。五十年代初，中共中央就为统战部门确定了"了解情况、掌握政策、调整关系、安排人事"的基本职能。进入以经济建设为中心的新的历史时期后，爱国统一战线得到了进一步巩固和发展，统战部门的基本职能内涵加深了，内容更加丰富。

中华人民共和国工业和信息化部，简称工业和信息化部或工信部，位于西长安街 13 号，是在原信息产业部、国防科工委的基础上，于 2008 年 3 月根据第十一届全国人民代表大会第一次会议的决议设立。

原信息产业部实际上有两个办公地点，除了在西单的主要办公地点外，还有一些电子口的司局在西边的万寿路办公。2008 年 6 月 29 日，工信部举行了挂牌仪式。

第二章 红墙脚下：国家政治与活动中心

责任决定意识，使命树立担当。西长安街街道始终以"红墙意识"为主导思想，以打造"京城第一街道"为工作目标，始终将政治意识和工作标准向党中央看齐，做党中央的钢铁卫士，做人民群众的贴心人。2010 年，西长安街街道被评为首都创建文明城市活动示范点。2013 年，西长安街街道荣获第三批 153 个全国社区教育示范街道之一。2016 年，街道荣获"全国先进基层党组织"和"北京市人民满意的公务员集体"称号。

国家政治中心

西长安街街道东起天安门广场西侧路、中山公园、故宫西墙，西至西四南大街、西单北大街、宣武门内大街西侧便道，南起前门西大街、宣武门东大街中心线，北至西安门大街、文津街南路边缘、故宫北筒子河中心线，辖区总面积为 4.24 平方千米。

今西长安街街道在西周时地属蓟国，春秋战国时地属燕国国都蓟城之北郊。历经秦、汉、隋、唐、辽、金数代，其位置未有太大变化。

元以金太宁宫为中心，营建新都城——元大都城。由此确定了今西长安街街道重要的政治中心位置。

元大都皇城位于城市南部正中，皇城西垣在今西黄城根大街之南北一线。元大都的宫苑由大内、兴圣宫和隆福宫三部分组成，其中，太液池（今中海和北海）西岸有隆福宫（位于今中南海集灵囿）和兴圣宫。隆福宫一组建筑四百余间，为皇太子和皇太后居住场所。皇帝"御前奏闻"经常在隆福宫进行，并时常来此处理政务。

明成祖定都北京后，开始营建新的皇宫，并辟南海。北海、中海、南海统称西苑。

明代承天门（清改天安门）前的"千步廊"两侧，部署着最重要的官署机构。承天门前西侧宫墙之外是五军都督府、通政使司、太常寺和锦衣卫。《明实录》记载："正统七年（1442）八月癸巳建中、左、右、前、后五军都督府，太常寺，通政司，锦衣卫各卫于大明门之西，行人司于长安右门之西，以是日兴工……"

此外，明代管理马政的中央衙署太仆寺、二十四衙门的御用监、尚宝监、尚膳监、惜薪司、宝钞司、兵仗局、银作局坐落在今西长安街辖内。

清定鼎北京，在政治上"沿明制"，但军制不在其内，废除五军都督府。大理寺、刑部、銮仪卫、太常寺、都察院中央衙署设置在"千步廊"西侧。清代，中南海曾多次扩建。戊戌变法失败后，慈禧太后曾将光绪帝囚禁于南海瀛台。光绪二十六年（1900），八国联军入侵北京，中南海成为八国联军驻军的营地，中南海遭到抢劫和破坏。

1912 年中华民国成立，总统府、国务院设在中南海，并开中南海宝月楼南门为新华门。大理院、司法部、教育部、交通部、财政部等政府办事机构也多分布于西长安街两侧。

1917 年设立京都市政公所，负责北京城的市政管理，地址在新华门对面。

1928 年成立北平市政府，至抗战爆发。抗战胜利后恢复。地址在中南海。

北平沦陷后，在中南海居仁堂成立伪"中华民国临时政府"。1940年成立汪伪"中华民国国民政府"，伪"临时政府"改为"华北政务委员会"，地址在中南海。

抗战结束后，成立国民政府北平行辕，办公地址设在中南海居仁堂，1948 年裁撤该机构。1948 年底，"华北剿总司令部"进驻中南海。

1949 年 1 月 31 日，北平宣布和平解放。确定了党中央、国务院办公地址在中南海，中南海成为中华人民共和国政治中心。1949 年 9 月21 日，中国人民政治协商会议第一届全体会议在北平中南海怀仁堂隆重开幕。毛泽东在会上庄严宣告："占人类总数四分之一的中国人从此站立起来了！"会议选出了由毛泽东任主席的政协全国委员会。选举毛泽东为中央人民政府主席。会议通过了北平为中华人民共和国首都，将北平改名为北京。会议决定采用公元纪年。大会还通过了《中国人民政治协商会议共同纲领》，明确规定了中华人民共和国的国体和政体及内外政策。中国的历史，从此进入了一个新的时代。

新 华 门

新华门，是党中央、国务院所在地——中南海的正门。它的前身原是乾隆皇帝建造的宝月楼。

新华门耸立于南海南岸，北与瀛台隔池遥对，东西与豫轩、茂对斋相望，南则面临西长安街。新华门原名宝月楼，始建于清乾隆二十三年（1758）。这年春天，乾隆皇帝登瀛台南眺，嫌太液池的南岸空旷无屏蔽，便下令建造这座楼。起初拟建三层，后又觉太侈费，改建为二层，

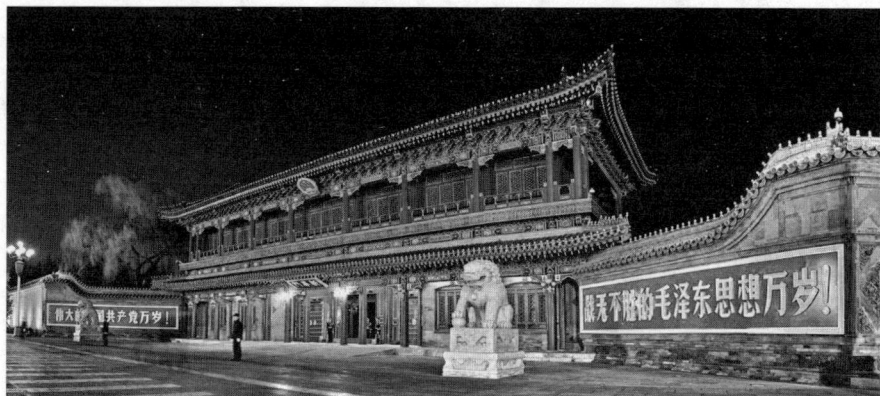
新华门

东西广七间，南北纵二丈，同年秋天落成。因月映池中，楼立池边，池与月共呈楼前，故名"宝月楼"。楼上悬有乾隆亲书"仰观俯察"匾额和"佳兴四时同，图呈苑里；清光千里共，鉴彻池心"等楹联。

与宝月楼一街之隔的是回子营，从西域迁来的回部移民便聚居于此，并新建有清真礼拜寺。因而人们又传说宝月楼是乾隆为他所宠爱的香妃而建的。因为香妃信奉伊斯兰教，她登上宝月楼，南望清真寺，便可聊慰乡愁，如同见到自己的亲人，所以宝月楼也叫"望乡楼"。

辛亥革命后，袁世凯在宣誓就任中华民国大总统后，清皇室让出中南海，袁世凯即由铁狮子胡同陆军部搬进了中南海，办公室设在中海西岸洋式楼房"海晏堂"里，并将其更名为"居仁堂"。

袁世凯将位于中南海南墙内仅几米处的宝月楼下层当中三间打通，改建为大门。又将挡在门前的皇城红墙扒开一段缺口，加砌了两道"八字墙"，使缺口与大门衔接。还在门内添建了一座黄瓦红墙的大影壁，以遮挡外人视线。改建后的宝月楼，命名为"新华门"。

1916 年 6 月 6 日，袁世凯死于居仁堂。此后，中南海又成为历届北洋政府的总统府。北平解放以后，成为中华人民共和国的政治中心。

讲述

当代著名哲学家、教育家冯友兰曾在其晚年的回忆录《三松堂自序》中提到"宝月楼"，原文如下：

> 1915年我到北京的时候，袁世凯已经住进中南海。当时新华门还正在改建。新华门原是南海西南角的一座楼，名为"宝月楼"。改建的人把楼的下层打通，作为一个门洞，楼的上层作为门楼，倒也富丽堂皇。就我所看见的，这座楼的改建用了几个月的时间。成为新华门以后，门外又围了一层铁栅栏，长安街的行人车马，只能绕道铁栅栏以外走，不准穿过铁栅栏。在新华门东边的土山上，立了一个大桅杆，桅杆的斗子上面，经常有一个人站在上面瞭望，看起来很是威严。

毛主席纪念堂

毛主席纪念堂位于天安门广场，是以毛泽东同志为核心的党的第一代革命领袖集体的纪念堂，也是人们举行纪念活动，瞻仰缅怀领袖，参观学习其思想，感悟他们人生魅力的重要场所，更是全国爱国主义教育示范基地。

1976年9月9日，中国人民的伟大领袖毛泽东主席溘然长逝，全国陷入巨大悲痛之中。10月8日，中共中央做出"关于建立伟大领袖毛泽东主席纪念堂的决定"，由北京、天津等8省市最优秀的建筑师组成选址设计工作组，通过召开座谈会等方式，最终决定毛主席纪念堂建在天安门广场人民英雄纪念碑南，在纪念碑与正阳门的正中，等距各200米，也就是原中华门的位置。11月9日，毛主席纪念堂工程现场指挥部成立，时任北京市建委副主任的李瑞环担任总指挥，国务院副总理谷牧负责纪念堂建设的领导工作。11月24日，毛主席纪念堂奠基典礼在天安门广场毛主席纪念堂工地隆重举行，参与仪式的工人、农民、解放军指战员和各界代表达8000多人。截至1977年5月4日，毛主席纪念堂正式竣工。1977年8月18日，水晶棺移入纪念堂。两日后，毛主席遗体进入纪念堂。9月9日举行落成典礼并对外开放。

毛主席纪念堂的建筑方案由南京工学院杨庭宝教授提出，采用柱廊型正方体建筑，雄伟挺拔，平面布局平整，给人以庄严肃穆的感觉。其建筑占地5.72公顷，总建筑面积33867平方米，高33.6米，坐南朝北，南北正面镶嵌着镌刻"毛主席纪念堂"六个金色大字的汉白玉匾额，44根方形花岗岩石柱环抱外廊，具有独特的民族风格。

纪念堂现有10个厅室对外开放。堂内一层有北大厅、瞻仰厅、南大厅。二层有毛泽东、周恩来、刘少奇、朱德、邓小平、陈云革命业绩纪念室和电影厅。

北大厅是瞻仰参观入口和举行纪念仪式的地方。大厅正中安放着汉白玉毛泽东坐像，展现领袖亲切慈祥的形象。背景是一幅气势磅礴的巨幅绒绣壁画《祖国大地》，展现伟大祖国锦绣壮美的河山。

瞻仰厅居中，是瞻仰毛泽东遗容的地方。毛泽东身着灰色中山装，覆盖中国共产党党旗，安卧在晶莹剔透的水晶棺里。水晶棺的泰山黑色花岗岩基座四周，分别镶嵌着党徽、国徽、军徽和毛泽东生卒年份。

南大厅为瞻仰参观出口大厅。北侧汉白玉墙面镌刻着镏金的毛泽东词《满江红·和郭沫若同志》手迹，抒发了中国人民进行社会主义革命和建设的坚强决心和豪迈气概。

毛泽东、周恩来、刘少奇、朱德、邓小平、陈云革命业绩纪念室，是展示这六位领袖伟大革命历程，学习缅怀他们建立丰功伟绩的场所。

在六个纪念室中，六位领袖的汉白玉雕像分别安放在正中位置。纪念室的陈列，通过大量翔实的照片、文献、实物，展现了中国共产党领导各族人民进行革命和建设的历史画卷，介绍了六位领袖在中国革命和建设各个时期的光辉业绩。

电影厅放映文献纪录片《怀念》，以生动珍贵的历史画面，展现了革命领袖们领导中国革命和建设的伟大历程，再现了六位领袖的音容笑貌和他们与人民群众在一起同呼吸、共命运的光辉形象。

自 1977 年 9 月 9 日对社会开放以来，至今已有 42 年。党中央曾在毛主席纪念堂落成典礼，毛泽东诞辰 90 周年、100 周年、110 周年之际，在这里举行隆重的纪念活动。前来瞻仰参观的国内外各界来宾达 2 亿多人次，其中外国国家元首、政府首脑、国际知名人士 120 多位。

人民大会堂

人民大会堂位于北京天安门广场西侧、西长安街南侧，是党、国家和各人民团体举行政治活动的重要场所，也是中国国家领导人和人民群众举行政治、外交、文化活动的场所。其建筑风格充分汲取中外建筑的艺术精华，又具有浓郁的民族特色，是全国各族人民向往的地方。

人民大会堂高大石柱上的装饰花纹和金灿灿的琉璃瓦与其架构还被国际建筑界称道为"中西建筑理念的完美结合"。每年，当两会在这里召开之时，代表们总会从人民大会堂雄伟的建筑气势中感受到中华民族在国际大舞台上的崛起。作为人民大会堂的同期建筑，民族文化宫的典雅与庄重则无视岁月的流逝，在近年群众评选中被确认为长安街头北京市民心中最具中国特色的建筑，令许多同列于长安街的 20 世纪八九十年代的建筑自惭形秽。

人民大会堂

人民大会堂坐西朝东，南北长 336 米，东西宽 206 米，高 46.5 米，占地面积 15 万平方米，建筑面积 17.18 万平方米。建筑平面呈"山"字形，两翼略低，中部稍高，四面开门。外表为浅黄色花岗岩，上有黄绿相间的琉璃瓦屋檐，下有 5 米高的花岗岩基座，周围环列有 134 根高大的圆形廊柱。人民大会堂正门面对天安门广场，正门门额上镶嵌着中华人民共和国国徽，正门迎面有 12 根浅灰色大理石门柱。门前开阔的广场是举行欢迎国宾仪式、检阅三军仪仗队的地方。人民大会堂建筑风格庄严雄伟，壮丽典雅，与四周层次分明的建筑和谐相处，构成了天安门广场的整体美景。

人民大会堂内部建筑主要由三部分组成：万人大礼堂南北宽 76 米，东西进深 60 米，高 33 米，位于大会堂中心区域。其为穿隆顶、大跨度、无立柱结构。三层座椅，层层梯升。礼堂平面呈扇面形，坐在任何一个位置上均可看到主席台，总计可容纳 10000 人。大会堂北端是宴会厅。东侧有国宾会谈厅，西侧有国宾宴会厅，分别是国家党政领导人与来宾举行会谈和欢迎宴会的地方。二层宴会厅东西长 102 米，南北宽 76 米，高 15 米，面积 7000 多平方米。可以举行 5000 人的宴会或 10000 人的酒会。宴会厅顶天花板中央镶嵌着由水晶玻璃组成的吸顶大花灯，周围是具有中国民族特色的点金石膏雕塑和棋盘式的彩色藻井。整个大厅金碧辉煌，是举行盛大国宴和国庆招待会的地方。人民大会堂南端主要部分是全国人大常委会机关办公楼。一层中央设有国家接待厅，是国家领导人接待贵宾和国家主席接受外国新任驻华使节呈递国书的地方，其设计富有民族传统风格。大会堂内还有以全国各省、自治区、直辖市和香港、澳门特区命名、富有地方特色的厅堂。人民大会堂内部设施齐全，有声、光、温控制和自动消防报警、灭火等现代化设施。

人民大会堂的建设源于1959年中华人民共和国成立十周年纪念。中国共产党、中央人民政府国务院决定在北京兴建十大建筑，展现中华人民共和国成立十年来的建设成就。人民大会堂为中华人民共和国成立十周年首都十大建筑之首，完全由中国工程技术人员自行设计、施工，1958年10月动工，1959年9月建成，仅用了十个多月的时间，成为中国建筑史上的一大创举。

人民大会堂从建成到今天，从外部环境到内部装饰又经过多次翻新和改建，充分吸纳了更先进的技术设备和更丰富的智慧和创造力，在保持其独到风格的基础上，不断增添更具时代特色的艺术魅力，更贴切地展现了共和国经济建设和文化建设的非凡成就。

1978年底召开的十一届三中全会做出了开放人民大会堂的决定，1979年人民大会堂正式对游人开放。此后，除了每年的两会和重大的国事外事活动，也经常举办诸多群众性娱乐活动。随着国家改革开放的深入，人民大会堂内举行的民间活动也越来越多。

人民大会堂在为党和国家领导人及应邀来华访问的世界各国国宾长期服务的实践中逐步形成了自己鲜明的特点。人民大会堂拥有一大批经验丰富、烹调技艺高超的特级厨师和高级技师，他们选调于全国各地，不仅带来了全国各地的名菜名点，也带来了各种地方风味。他们在学习和继承的基础上，根据时代的发展和服务对象的不同，不断研制、提炼，推陈出新，创造出了具有个人风味和特色的菜点。

雄伟壮丽的人民大会堂是中国统一团结、民主进步的象征，也是全国各族人民心中的神圣殿堂。

党和国家历任领导人在此投票选举

1953 年 1 月 13 日，中央人民政府委员会举行第二十次会议，会议通过了《关于召开全国人民代表大会及地方各级人民代表大会的决议》。决议提出，1953 年召开由人民用普选方法产生的全国人民代表大会和地方各级人民代表大会。3 月 1 日，公布了《中华人民共和国全国人民代表大会及地方各级人民代表大会选举法》（以下简称《选举法》）。这是我国政治生活中的一件具有历史意义的重大事件，标志着我国人民民主政权发展的新阶段。

1953 年 6 月 1 日，根据中央的精神和北京市委的部署，西单区作为北京市确定的基层选举实验区，在安福胡同派出所管界进行试点。在完成了成立机构、普选试点、发动群众、普查人口、选民登记、选民资格审查、酝酿讨论候选人名单等各项工作后，确定本年 12 月上旬在全区范围内，采取无记名投票的方式，选举产生区第一届人大代表。区人民政府在党中央和中央人民政府机关所在地中南海单设选区，在勤政殿和紫光阁分别设置了投票站。正式投票选举之前，中南海选区的选民，即党中央和中央人民政府机关工作人员，按照《选举法》规定，经过协商，联合提出共产党和无党派人士各一人为西单区人大代表候选人。

1953 年 12 月 8 日 20 时 30 分，毛泽东、刘少奇、朱德、周恩来、陈云等党和国家领导人来到勤政殿投票站，他们以一个普通选民的身份，参加了北京市西单区第一届人民代表大会代表的投票选举。毛泽东在验证发票处交验了选民证，领取和填写了选票。之后，历任党和国家领导人在此参加选举投票并亲切接见了中共西单区委员会书记、西单区人民政府区长以及西单区选举委员会主席等。

"红墙意识"

1999 年，街道正式归纳提炼出"红墙意识"这一概念，并赋予"必须始终具有良好的政治素质、必须始终具有昂扬的精神状态、必须始终具有高新的工作标准、必须始终具有务实的工作作风"的"四个必须始终具有"的思想内涵，"红墙意识"成为地区单位、居民共驻、共建、共享的精神象征和动力源泉。

2010 年行政区划调整后，面对新的形势、新的任务，街道在"四个必须始终具有"的基础上，为"红墙意识"赋予了新的内涵，提出了着眼"塑造一流的精神风貌、营造一流的和谐环境、打造一流的工作标准、创造一流的工作业绩、锻造一流的干部队伍"。提出了打造"三个品牌"的工作目标，即打造"红墙意识"政治品牌、打造"5S"精益服务品牌、打造"京城第一街道"发展品牌，是西长安街地区广大干部群众"一盘棋、一条心、一股劲"，做好"四个服务"的自觉行动。

2015 年，《京津冀协同发展规划纲要》出台后，西城区委在区第十一届九次全会上对"红墙意识"做出了新的定位，即作为首都功能核心区，必须旗帜鲜明地亮出"红墙意识"，把思想行动坚决统一到《规划纲要》和《贯彻意见》精神上来，不折不扣地将中央和市委的决策部署贯彻落实到最实处，以最高的政治意识、最重的责任担当、最大的落实力度，义不容辞地扛起推动京津冀协调发展的重大政治责任。"红墙意识"正式成为指导全区各项工作的政治意识。

"红墙"引领 打造"京城第一街道"

西长安街街道紧紧抓住构建企业社会责任这个牛鼻子，以制度高压约束市场主体行为，以协商研讨动员社会践行诚信，着力于引领辖区内著名的西单商业街主动担当成为行业"领头羊"和全国诚信典范。一是创立了"中国 西单论坛"，发布《西单宣言》，塑造西单商务街区诚信典范，号召全国商家修复中国的商业信用形象，以促进实体零售提质增效。二是连续七年举办北京西单时尚节，将诚信自律摆在更加重要的位置，引导商家以诚聚财、以德致富。三是制定最新的《西单商业街商业诚信服务公约》，与商户签订《自律承诺约定责任书》，统一悬挂"商户自律承诺牌"，引导商户自觉履行诚信承诺。四是通过 E 动红墙 APP，建立企业监管信息平台，架起约束地区企业自律的"高压线"，打造"诚信西单""文化西单""智慧西单""时尚西单"，为建设国际一流和谐宜居之都的示范区奠定坚实基础。同时西长安街街道坚持"民生工程、民意立项"，精准对接群众需求，以群众满意为唯一标准，做实、做好惠民利民工程。

"红墙"速度 疏解整治促提升

一是重拳出击整治，36 天实现和平门小区地下空间腾退清零。和平门地下空间是天安门旁最大的地下空间，共 21000 余平方米，多年来存在地下空间违规住人、堆放杂物等乱象，安全隐患十分突出。2017年 1 月始，街道牵头，联合房管、安监、公安、城管、防火等部门组成4 个工作组，再次重拳出击，打响了和平门小区地下空间整治决战"三大战役"。最终仅用 36 天时间，就将和平门小区剩余的 14000 平方米违规使用地下空间一举清零，让地区居民实实在在地看到了政府提高居民生活品质的决心和力度，赢得了居民的认可。

二是民意投票表决，8 天打造西黄城根南百姓生活服务中心。通过实事工程民意征集，西长安街街道了解到西黄城根南街居民存在买菜难的问题。为解决居民"菜篮子"问题，街道决定建设西黄城根南百姓生活服务中心，通过多方征集、居民自主投票等，最终确定了百姓生活服务中心的建设地点、服务范围，同时街道最大限度撬动社会资源服务民生，借用驻区部队位于西黄城根南街 36 号 12 间临街房，仅用 8 天超常规的红墙速度，就从无到有打造了西黄城根南百姓生活服务中心，全部用于完善地区生活性服务业态项目和街道公益性服务项目，切实让辖区居民享受到了便捷与实惠，极大地解决了中南海周边居民买菜难题。

"红墙"品质　创新社会服务管理体系

一是结合和平门小区的特点，对腾退后的地下空间再利用。街道通过广泛征求居民建议，设计了 5 个各具特色的红墙系列"氧吧"。便民服务"氧吧"主要用于居民存放自行车；生活空间文化"氧吧"方便居民存放杂物；安全文化"氧吧"用于培训居民掌握防灾减灾技能；社区文化"氧吧"为居民提供读书看报、锻炼身体的场所；红墙文化"氧吧"用于地区青年人之间文化交流及活动场所。确保每栋楼都有便民服务设施，提高小区居民的生活品质。

便民菜站

23

二是打造了一款缩短居民业务办理时效、丰富居民业余生活、减轻社区工作负担的数字化政务互动软件"E 动红墙 APP"。让地区的居民只需要动一动手指，就能使自己的生活变得更舒适、更美好。"E 动红墙 APP"分为 9 个板块，分别是"我要办事""菜价指数""生活圈""看新鲜事""文明指数""我有话说""参加活动""社工社区"和"个人中心"。

三是首创"大街准物业"管理模式，像打理自家庭院一样打理我们的街道。一方面利用执法、特勤和群众的力量建立联动机制，有效解决政策不衔接、执法有盲区、力量不足、监管乏力的问题，在整治街面秩序和环境整治方面上取得较大突破，得到周边居民的普遍关注和一致认可；另一方面，针对开放式街区的实际情况，运用政府购买服务的方式引进物业公司，把物业管理纳入街区的治理和服务中，以期有效地将政府城市管理、公共服务与物业公司的管理转型、服务转型结合起来，力求满足多方需求，保障居民利益。

"红墙"品牌　增强群众凝聚力

一是打造群众文化品牌。街道从 2013 年起全面整合"红墙杯"系列品牌活动，举办"红墙杯"文化体育季，至今已经连续举办 4 届。地区中央机关、市属单位、非公企业、驻地部队、中小学校和社区近百家单位都积极报名参加，从乒乓球比赛、摄影绘画赛到"非遗"讲座、趣味运动会等，活动形式丰富多彩，参与者达上万人次，受到地区单位和居民的广泛好评。而品牌活动"红墙杯"合唱节还走进了国家大剧院，让平时在社区舞台上表演的"草根艺术"登上了国家级的艺术殿堂。

二是打造交流文化品牌。由街道出资租用场地，西长安街地区工作的青年人自发成立了"红墙读书会"，面向全地区的青年，为他们提供了一所开放的读书交流平台。按照单周线上分享、双周线下互动的原则开展读书交流活动，重点围绕党的建设、社会建设、经济建设、文化建设、生态文明建设五大领域设计读书会主题，并定期邀请历史文化名城保护、社会治理、城市管理、法治建设、宏观经济、舆情应对、大数据等领域的名家开展讲座、研讨等活动，营造以书会友、以友辅仁的文化氛围。

三是打造商业文化品牌。建设北京市首家以诚信为主题的文化博物馆——西单商业文化博物馆。通过商业溯源、牌匾文化、诚信为本、历史传承等多个板块，全方位还原西单商业文化的发展历程，将百年西单文化底蕴的历史元素向公众呈现。同时，打造地区精品文化品牌，依靠西单地区当年远近闻名的启明茶社的历史背景作为依托，创办公益剧场"启明故事汇"，演出以专业曲艺演员为主，同时具有一定水平的辖区内曲艺爱好者也能上台与艺术家们同台献艺。"启明故事汇"落户在博物馆多功能厅，与展厅相邻，交相辉映。

四是打造传播文化品牌。创立红墙长安微信公众号，推出了一批百姓关心的报道，受到了干部和群众的好评。公众号还邀请地区摄影爱好者一起参与，成立了安安观察团，随手记录身边发生的故事，既能和公众号互动，又展示了自己的作品。同时，精心打造"安安听你说"栏目，居民有什么需求、建议，随时可以在平台上面提出，居民和街道干部有了更直接的接触与了解，拉近了百姓和政府间的距离。

红墙守护人："西城大妈"

西长安街街道，地处紧邻中南海红墙的西城区，是党中央、全国人大、国务院、全国政协等党和国家首脑机关的办公所在地。特殊的区位决定了特殊的使命和责任，让这里一代代人都有着独特的"红墙意识"，其核心要义是"绝对忠诚、首善标准、责任担当"。

"红帽子、红马甲、红袖标这'三红'是标配。"在北京市西城区

25

党员志愿者"西城大妈"

50.7平方千米的辖区中，有一支由平安志愿者组成的群防群治队伍，大家亲切地称其为"西城大妈"。西城治安良好得益于"西城大妈"对社会治安管理的参与。

"西城大妈"历史悠久，过去被京城百姓亲切地称为"小脚侦缉队"。几十年过去了，如今讲法治、爱红墙、热心肠，有着强烈的爱心与责任感，有着深沉的家国情怀，是"西城大妈"的集体性格和品牌定位。他们身上体现出的是思想上的绝对忠诚、行动上的责任担当、目标上的首善标准。他们用无私的付出和努力，护航西城区和谐稳定的社会环境。

改革开放以来，随着社会的不断发展，首都群防群治力量也在改变，早已不再是当年人们所认知的那种"小脚侦缉队"的形象。首都各行政区划里邻里守望、互帮互助的组织也不再是单纯地服务于辖区治安，当年靠热心的"小脚老太太"巡逻的安防组织一去不返。随着各区自身的发展，这些组织被赋予了新的时代特色，其进步不仅体现在技术与装备的提升上，也体现在社会服务理念的进步与提升上。

群防群治力量的发展和传承，被赋予了新的地区特色，成为每个区域里独有的一张社区安防和志愿服务的名片。处在政治核心区的"西城大妈"，在应对社会形势需求的变化中发展。

虽然这支队伍被称为"西城大妈"，其实当中有男有女，有老有少，甚至还有热心肠的外国人。他们平常分散在楼房小区、胡同院落，每逢重大活动，就齐刷刷地出现在街头巷尾，在治安防控、提供案件线索上屡屡建功。"大妈"团队不仅包含了热心参与平安志愿服务的个体志愿者，更是一个囊括了西城区各类平安志愿服务团队的联盟，但不变的是，他们都是红墙脚下的卫士。

第三章　曲径通幽：探寻胡同的古典年轮

据段柄仁于2007年主编的《北京胡同志》记载，西长安街地区共有大街五条，为西长安街、宣武门东大街、前门西大街、西四南大街和西单北大街；共有胡同一百三十八条。在这儿，人们随处都能碰到历史悠久的城阙、宫苑、寺庙乃至街市，本章节将梳理几条富有鲜明历史特色的胡同。

曾是旧京金融街的西交民巷

西交民巷位于西长安街地区东南部，与长安街平行，东起天安门广场,西至北新华街。该胡同在明代称"西江米巷"，清代因谐音改称"西交民巷"，1965年将半壁街东部并入。"文化大革命"期间，一度改称"反帝西路"，1979年

西交民巷（1928年）

改回"西交民巷"。

元代时，西交民巷和天安门广场东侧的东交民巷是连在一起的一条胡同，名叫江米巷，顾名思义，它曾是买卖江米的地方。当时这条胡同虽然属于城外，但有控制漕运米粮进京的税务所和海关，因而成为南粮北运的咽喉要地。明永乐十八年（1420），将该地区圈入城内，并在此建立中央衙署，明朝的前军都督府设在西江米巷东口，锦衣卫也在西江米巷中部北边，太常寺、通政司等中央机构也在此处。

最早与清朝联系的就是野心勃勃的帝俄，不仅遣使来京，还于康熙三十三年（1694）在东江米巷御河桥西建立俄罗斯使馆，首开东江米巷作为使馆区的先河。

第二次鸦片战争后，俄、英、美、法、葡、德、日、意等列强国家，相继在江米巷占地建立使馆，尤以俄、英使馆占地面积大，几乎占据江米巷以北、御河桥以西、翰林院以南的大片地方。此时江米巷的名称早已名不副实，于是，东、西江米巷就因其谐音改为东、西交民巷。

西交民巷其突出特点有两处：其一，这里多为民宅。与东交民巷不同，西交民巷更能体现市井文化。但此地多为大户人家，四合院也十分考究，多为中西合璧，体现出文化的交融。其二，银行众多。西交民巷靠近前门地区——商业聚集区（交通方便、经济发达、政策支持），众多的银行为发展商业提供了便利。

近代北京银行街发源地

早年间，在东交民巷和西交民巷进口处各有一座牌楼，西交民巷牌楼位于西交民巷东口，正对棋盘街，东西向，明代建造，当时叫"武功"，清初改为"振武"此牌楼四柱三间，冲天柱形式。匾额所书"振武"是帝王对武臣们自律和勤政的期望。民国时期为改善交通加大了牌楼的高度，改为水泥仿木结构，1955 年因妨碍交通被拆除。

清代时，在西交民巷内还有刑部、大理寺、都察院、太常寺、銮仪

29

卫等衙门。如今，人民大会堂南门外有条南北走向的路，即清代之刑部所在地，民国后改为司法部，其地名为司法部街，也是清都察院、大理寺所在地。

1999 年，天安门广场重修时，在毛主席纪念堂西侧出土一块石匾，上刻"四行储蓄会"五字，重约 1 千克，长约 1.5 米，宽约 1 米，厚约 0.3 米，这块石匾即是源于西交民巷。《北京晚报》于 1999 年 1 月 9 日发表文章，记述其事："专家称这块牌匾刻于二十年代，对北京早期商业银行的研究有重要意义。'四行储蓄会'中的'四行'是指盐业银行、金城银行、大陆银行和中南银行；'四行储蓄会'则是这四家银行协同办理银行业务的机构。"

其实自辛亥革命以来，西交民巷和东交民巷一带的银行就已形成相当规模。据陈宗蕃所著《燕都丛考》第三章"内二区"的相关内容记载："民国十年（1921）以前，各银行竞于是谋建筑，颇有作成银行街之想。"当时的西交民巷拥有二十家银行，从东数分别是：河北省银行、上海银行、中孚银行、国华银行、大陆银行、中央银行、中华懋业银行保管处、中国银行、实业银行、中国商业银行、北平市银行、福成银号、积生银行、中国农工银行、福顺德银号、大生银行、阜元银号、金城银行、联合银行、增丰银行等。

到了 1928 年 6 月，南京政府"二次北伐"赶走了盘踞在北京的奉系军阀张作霖，并取消了北京作为北洋军阀政府首都的地位，将北京降格为"北平特别市"，北洋政府各部纷纷迁往南京与南京政府合并，中国的金融中心转移到了上海。自此，西交民巷的银行街渐趋冷落。《燕都丛考》记载称："嗣以市面衰落，遂一蹶而不复振。"即便如此，至 1949 年北平解放前夕，西交民巷仍有银行十五家，钱庄两个。

从银行的变迁可以看出一部中国近代资本主义的发展史，从压制到接受，再到正式改良，这些都可以从西交民巷胡同里的建筑和名称中体现出来。

见证首家官办银行

据《建筑志》记载，中国第一家官办银行"大清银行"就创办于西交民巷，后来演变成为民国时期的"中国银行"。

时间回溯到 1840 年，鸦片战争后，外国银行入侵，他们为了操纵中国金融，控制中国经济，左右中国政局，掠夺中国财富，便无视中国法令，大量发行钞票。与此同时，各省为了增强财力，也都办起了官银钱局，用发行官钱票来敛财。民间钱庄、票号更是多如牛毛，有的准备金很少，而发出的钱票很多，便形成了钞少票多的"虚票"。各种钞票、钱票、庄票混合流通或各占一地，使得金融秩序十分混乱。

清廷有识之士见此状况，认为这将影响财政以致动摇政权，为了挽救危局，必须整顿金融币制，办起国家银行，统一发行中央银行纸币。

1903 年，清廷派员赴日本考察，筹设中央银行发行纸币事宜。1904 年 3 月，当时的财政部门——户部向皇上奏报创办银行计划，奏曰："现当整齐币制之际，亟赖设立中央银行为推行枢纽。臣等再三筹商，拟由户部设立，筹集股本，参阅各国银行章程，斟酌损益，迅即办起银行，以为财币流转总汇之所。"不久，户部拟定了银行章程，呈给皇帝，皇帝当即批准。

1905 年 9 月，清政府在北京设立"户部银行"，这是我国最早由官方开办的国家银行，在

大清户部银行外景

天津、上海等九处设有分行。1908 年 2 月，经度支部（即官制改革前的户部）奏准，于同年 7 月 1 日起，大清户部银行总、分行各机构一律改名为大清银行，厘定《大清银行则例》二十四条，进一步确定该行的国家银行性质。

位于西交民巷的大清户部银行旧址，先后是大清户部银行总行、大清银行总行、中国银行总行、中国银行北平分行、中国人民银行总行、中国农业合作银行总行、中国农业银行总行的所在地。该建筑是一座坐北朝南的二层楼，于 1882 年建成。

1949 年 2 月，北平和平解放之后，中国人民银行总行进驻这里。1951 年农业银行成立，也在此办公。"文化大革命"期间，大清银行旧址成为银行职工宿舍。1982 年，这座百年洋楼被拆除。现址遗存当年的大理石门楼，被列为第五批北京市文物保护单位。

灰墙青砖造就近代银行建筑群

随着京奉、京汉铁路的起点站设在前门东、西两侧，便利的交通运输使西交民巷成为中资银行的首选之地。

1912 年中华民国成立，孙中山宣布将大清银行改组为中国银行，同年 8 月 1 日，北京中国银行在西交民巷大清银行旧址开业。随后，中孚银行北京分行，大陆银行北京分行，中国实业银行北京分行，金城银行北京分行，大宛农工银行（后改名中国农工银行），盐业、金城、中南、大陆四银行设立的四行储蓄会北京支会和四行信托部北平支部，上海商业储蓄银行北京分行，河北省银行北平分行，中央银行北平办事处，国华银行北平分行，北平市银行，中央、中国、交通、农民四家银行分行及中央信托局、邮政储金汇业局组成的银行四联北平支处，大生银行，北洋保商银行，五族银行，中华懋业银行，通易信托公司，中华平民银行，殖边银行，新民商业储蓄银行，中华女子储蓄银行，北平商业银行，中华汇业银行，冀东银行，极生银行，以及抗战时期的伪"中国联合准备银行”，均设在西交民巷。

在西交民巷的银行建筑中，大清银行的建成时间最早。这是一座自南向北的长方形二层大楼，入口朝向西北方向，做半圆外廊，檐外做女儿墙，门楣上有鹰形标志。营业厅呈长方形，四面墙壁上镶嵌有大块的大理石，富丽堂皇。金库中间的过道上方设置有天窗，整体来说并没有后来银行布局那么严密。随后建成的银行建筑，外观更富丽些，形式也更像西方的建筑。

大陆银行办公楼建于1924年，大楼外观壮美，是西洋古典式风格，地下一层，地上四层，钟楼两层。大楼基座用大块花岗石砌造，四根高大的柱子直达三层，三、四层之间用挑檐相隔，入口大门做重点装饰，三层拱门内嵌券柱，两侧做科林斯壁柱。钟楼上是红色的穹顶，轮廓优美，四面嵌有圆形大钟，从很远处就能看见。楼内设备富丽堂皇，营业厅有大理石柜台，楼顶镶嵌彩色玻璃，室内设备、家具均是特定制作。

与大陆银行同属“四行储蓄会”的金城银行，其名采“金城汤池，永久坚固”之意。不同于其他银行的临街建造，金城银行是一座花园式建筑，银行主体设置于庭院之中，有花草绿地等，类似于一座城堡式邸宅别墅。金城银行创办人周作民，原在交通银行任职，是一位著名的银行家。

北洋保商银行成立于1910年，总行在天津，北京分行成立于1912年。银行是为清理天津商人积欠洋商款项，维持天津华洋商务而设立的，所以称为“保商”。1920年，改组为普通商业银行，在西交民巷重建新楼。这是一座三层高西式古典建筑，由六根白色大理石柱子组成了柱廊，檐口突出，使人感觉沉稳、庄重。如今老楼依然保存完好，现为中国钱币博物馆。

1948年11月，解放区的华北银行、北海银行、西北农民银行合并，以华北银行为总行，组建中国人民银行，于同年12月1日，在石家庄市成立。1949年1月31日，北平和平解放之后，中国人民银行总行由石家庄市迁入北平西交民巷，行长和综合处室在户部银行旧址办公，各专业部门在北洋保商银行旧址办公。

如今，大陆银行北京分行旧址、华资商业银行总办事处旧址、中央银行北平分行旧址、中国农工银行北平分行旧址、户部银行旧址等近代银行建筑群均是国家级文物保护单位。

将几世纪英雄人物联系在一起的京师看守所

京师看守所旧址原位于西交民巷东段路北。

早在明代，在西交民巷以北就设有许多衙署，如五军都督府、太常寺、通政使司、锦衣卫及监狱。从西交民巷通向锦衣卫的一条小街叫锦衣卫后街。清代这里设有太常寺、大理寺、都察院、刑部及刑部监狱，小街遂改称刑部后街。民国后，这里设有司法部、京师警察厅、京师看守所，以及后来的北平高等法院、北平地方法院等，街道改称司法部街、司法部后身。

李大钊同志英勇就义前的遗照

几百年来，这里关押过众多良臣名将、仁人志士、爱国人士和革命人士，他们在这里受尽酷刑，舍生取义。明嘉靖年间，一代名臣杨继盛，刚正不阿，因弹劾大奸臣严嵩，被关押进锦衣卫监狱，留下了"铁肩担道义，辣手著文章"的名对。清末，维新派领袖、戊戌六君子之一的谭嗣同被关押于此，在墙壁上留下"我自横刀向天笑，去留肝胆两昆仑"的诗句。

光绪三十二年（1906），载泽、

34

戴鸿慈等五大臣到欧洲考察宪政回国后，立即着手变革，改刑部为法部，设典狱司，并改"刑部监"为"管守所"，用来羁押未决犯。民国元年（1912）五月，永定门内南下洼的新式监狱建成。西交民巷的管守所改为京师分监，亦为新式监狱。1919年4月5日，刺杀宋教仁的洪述祖在京

与李大钊同志一同英勇就义的共产党人和进步人士

师分监执行绞刑，成为民国第一个被判处绞刑之人。

中国共产主义运动的先驱和最早的马克思主义者李大钊，因积极参加和领导了首都革命和"三一八"请愿，遭到北洋军阀政府的通缉，被迫于1926年3月底，把国共两党在北方的领导机构迁入东交民巷苏联大使馆旁边的旧兵营内，继续坚持斗争。1927年4月6日，奉系军阀张作霖派军警搜查了苏联大使馆，将李大钊等八十余人逮捕，并关押在京师看守所内。4月28日，李大钊、范鸿劼、路友于等二十名国共两党北方地区领导机关负责人被判处死刑。当日下午1时许，李大钊等二十人分乘六辆汽车被押解至京师看守所，李大钊第一个登上绞刑架，英勇就义。1949年北平和平解放后，该绞刑架作为0001号文物被文物部

门接收，现存放在国家博物馆内。

20世纪50年代末期，在修建人民大会堂时，这一带建筑被拆迁，只留下一条南北向的小胡同。后来，人民大会堂西路向南延伸，小胡同也被拆除。

充满传奇色彩的灵境胡同

灵境胡同位于西长安街地区中部，东西走向，东起府右街，西至西单北大街，自东向西分别和府右街、西黄城根大街、西单大街三条南北向的街道相交。其中，东端和府右街相交处为丁字路口，西端与辟才胡同相通，与西单大街相交叉，全长664米，均宽14米，是北京最宽的胡同。

最宽胡同历经明清两朝至今

历史上，灵境胡同的名称经历了一系列的改变。明朝时候，灵境胡同分为东西两段，东段有座灵济宫，所以被称为"灵济胡同"。西段南侧有宣城伯府，因此称为"宣城伯后墙街"。到了清朝，以西黄城根南墙为界，东段的"灵济宫"逐渐被读成了"灵清宫""林清宫"，因此被称为林清胡同；西段则被称为细米胡同。民国时期，东段改称为黄城根，西段称为灵境胡同。1949年以后，东西两段并称为灵境胡同。

1985年，北京市政府对灵境胡同进行改造，对西段的民宅进行了拆除，建起了六层高的居民楼，胡同也就逐渐被拓宽成了一条小马路。1992年前后，灵境胡同再次扩建，目前胡同最宽处可达32米。

现代的灵境胡同宽阔笔直，西边连接着繁华的西单北大街，东边与肃穆庄严的府右街相连，是一条东西向的大通道，可以说，将灵境胡同称为"灵境大街"也不为过。

不过，使灵境胡同得名的灵济宫早已不复存在，关于灵济宫的所有内容，也只能从历史记载中寻得。

名称源自灵济宫

明永乐十五年（1417）三月，为祭祀南唐人徐知证和徐知谔两兄弟，修建了一座叫作"洪恩灵济宫"的道观，灵境胡同的名称即来源于此。"二徐"在历史上确有其人，他们是五代时南唐的两位藩王。据载，"初，其父（徐）温事吴杨行密。及温殁，养子徐知诰代杨氏有国（建南唐），封知证为江王，知谔为饶王。尝帅兵入闽靖群盗，闽人德之，为立生祠于闽县之鳌峰，累著灵应。宋高宗敕赐额'灵济宫'"。徐温生六子，知证为第五子，封江王，卒年四十三。知谔为第六子，封饶王。知谔常语客曰："人生七十为大限，吾生长王家，穷极欢乐，一日可敌世人二日。年三十五其死乎！"后果如其言，三十五而卒。

然而，历史上的徐氏兄弟并无所谓"尝帅兵入闽靖群盗"之功德。前人对此已做过翔实考证。二徐非但未尝有功于闽，反而人品低劣，尤其徐知谔更是个"好珍异物，所蓄不可计"，穷极享乐一生的"狎昵小人"。且二徐亦无任何信奉道教之举，既无师承，又无弟子，与道教全不相干，正如明人刘侗所言"二王皆不至闽及燕，亦不闻雅言道术"，只是"其殁也，则为神明"。看来，二徐成为道教神明，全是人为的"制造"。

据《南唐书注》："（二徐）尝平闽，闽人慕戴，相率建生祠山北，

灵境胡同西口（1961 年）

图像奉入。一日谓众曰：'不忍汝违，来岁当别。'及期相继化去。未几，神降于人，言并奉上帝列职斗宫，以祐下土。于是闽人立灵济庙祀之。"并称其神号为九天金阙大仙真人和九天玉阙上仙真人。二徐成为神明之经历，颇似神话故事。二徐生前做梦也不曾想到，五百年后，二人会成为受人顶礼膜拜的"高级神仙"。

朱棣对二徐推崇备至，不仅加封徽号，还将二徐神像从万里之遥的福州闽县请至京城，并大造宫观，二徐一跃而为官方所祀神明。朱棣大力抬举、神化二徐，是有其深刻社会原因的。

朱棣迁都北京后，即将众多神魔仙佛亦"请"至北京，在京城大建寺观，著名者如灵济宫、真武庙（显佑宫）、灵官庙（显灵宫）、关帝庙、正觉寺（五塔寺）等，并重修了天宁寺、都城隍庙，甚至在皇宫中专门修建了钦安殿，以祀真武。朱棣在"圣谕"中，连篇累牍宣称自己"靖难"、继统，得到佛祖、道神等"神明协相"，"翊卫辅助"，为自己的称帝正名，大造"君权神授"舆论。朱棣宣称"常梦二神人言南处海滨，来辅家国。上（指成祖）异之。明日适有礼官言闽中灵济二真君事，正符所梦，遂专使函香迎请神像至北京，而于宫城之西南作洪恩灵济宫以奉祀事"。

朱棣崇尚二徐，还有一重要原因，即迷信灵济宫的"仙丹"。明代黄瑜《双槐岁钞》载："入国朝，灵应尤著。有道士曾辰孙者，扶鸾则二神降之。文皇帝（朱棣）遣人祷祠辄应。间有疾问神，神降鸾书药味，如其法服之，每奏奇效。辰孙大被宠赉。"

成祖宣扬二徐翊卫国家，保佑"朕躬"，即把自己打扮成是受神明辅佐的"真龙天子"。至于朱棣吹嘘的灵济宫"仙丹"之"奇效"，事实如何呢？成祖每生病，即遣使问神。"庙祝诡为仙方以进，药性多热，服之辄痰壅气逆，多暴怒，至失音。中外不敢谏。（袁）忠彻一日入侍，进谏曰：'此痰火虚逆之症，实灵济宫符药所致。'帝怒曰：'仙药不服，服凡药耶?'"朱棣迷信"仙丹"，已至顽固不化的程度。这与朱棣晚年身体的垮塌有相当关系。朱棣虽为英武帝王，但与历史上不少皇帝一样干出这类蠢事。

朱棣崇尚道教，推崇二徐，封其为真君（每人封号竟长达32字）。这也影响了后世帝王，明宪宗将二徐加封为金阙、玉阙上帝。至崇祯时，国家已不可收拾，内忧外患之际，崇祯还大搞"章醮之举"，对做道场的真人羽士礼遇优厚，赐宴于灵济宫。

在明代，灵济宫不仅是供奉"上帝"的皇家道观，还是百官活动的重要场所。每逢重大朝会之前，全体官员都要到这里，集中排演礼仪，直至宣德年间才被移到朝天宫。此外，灵济宫还是大学士、尚书讲学的地方，同时还招待进京的道教领袖。

到了明崇祯十五年（1642），有人给事中左懋上书说此二真人乃叛逆之臣，不宜受朝廷跪拜，请求将灵济宫用帐围住不再开放。

由此，灵济宫逐渐衰败。

起义军与灵济宫的传说

有清一代，老百姓又管灵境胡同叫作林清胡同，相传与当时的起义军领袖林清有关。

清朝嘉庆年间，京畿、直隶、河南、山东等地民间兴起了一个秘密宗教团体——天理教，又名八卦教，是白莲教的一个支派。在北京的林清是其主要首领之一。

林清生于清乾隆六十大寿那年，即1770年，宛平宋家庄（今北京市丰台区宋家庄）人。他从小很穷，盼望着穷人能有一个出路，便加入白莲教，后成为天理教的首领。

在林清等人的努力下，天理教教徒越来越多，势力越来越壮大。他们打算发动起义，推翻清朝统治，建立"大明天顺王朝"。林清派人到京畿附近，特别是宛平、大兴等县，传播"若要白面贱，除非林清坐了殿"的民谣，密谋嘉庆十八年（1813）秋冬三地同时起事，林清负责攻取北京，李文成负责占领河南，冯克善负责夺取山东。待"三军"在北京会师后，趁嘉庆皇帝巡幸回銮途中，"伏莽行在"，一举成功。

由于当时宫里的太监之间流行斗鹌鹑，林清就在西安门一带化装成卖鹌鹑的小贩，跟太监接近，同时布道，进而笼络了几个太监作为起义军的内应。

嘉庆十八年（1813）十月八日，林清按期起义，在大兴黄村组织二百人的队伍，装扮成商人小贩，混进京城，直奔西单灵济宫。林清在这里秘密开会，计议分东西两路，摸进宫去。

在入教太监的引导下，起义军兵分两路，东路人马奔东华门，西路人马奔西华门，预计在紫禁城会师。西路人马由于有太监的接应，顺利地进入西华门；东路人马与往宫中送煤的人发生了争执，其间露出了兵器，被送煤人大声呼喊引来了守卫的清军。起义军见势不妙，立刻抽出刀剑，冲向东华门。当时只有五六个人冲进了门里，大门随即关上。由于兵力悬殊，再加上计划不足，冲进紫禁城的起义军要么被杀、要么被捉。十月十六日，林清也在黄村被捕。

起义军打进紫禁城，这在历史上还是第一次，而其藏身之处的灵济宫，清政府觉得这个地方不安全、不吉祥，于是就把整个灵济宫全部拆毁，夷为平地，连门前茂盛的树林也被砍伐殆尽。

但也是从那时起，这地界儿就出了名。老百姓把林清住过的灵济宫叫林清宫，把其所在的胡同叫作林清胡同，叫着叫着就成了灵境胡同。

寻找灵济宫的遗址

今天所看到的有关北京历史文献，对灵济宫旧址皆未有明确记载。灵济宫应当在灵境胡同的什么位置呢？查《乾隆京城全图》索引，寺庙类中无"灵济宫"之名，胡同类中亦无"灵境（济或清）胡同"之称，再翻检《乾隆京城全图》第8排第9页该地段，确实亦未标名。但

"灵济宫"的街名早在明人张爵《京师五城坊巷胡同集》中即已著录。故此观与街名在明代已存在，毫无疑义。

细查《乾隆京城全图》灵境胡同北侧、东斜街迤东地段，平面图上都是一处处民居，未有寺观痕迹，但在民居稍北，则有一围墙圈起的偌大空地，里面未有任何建筑，在周围一大片鳞次栉比的建筑中十分醒目。这一片空地是否会是灵济宫的旧址？

查阅有关史料，在明蒋一葵《长安客话》中寻得一句："灵济宫与庆寿寺前后相望。"此句十分重要，明确指出了灵济宫的地理方位。庆寿寺即双塔寺，原在西长安街路北，解放后扩建路面时拆掉了。其旧址在今电报大楼西边钟声胡同（旧称双栅栏）南口以西不远处。再参阅《光绪顺天府志·京师图》和《宸垣识略·镶红旗西中南图》，上面标有"林清宫"字样的地段，正与双塔寺"前后相望"。因此可以推断，灵济宫即在今灵境胡同与西黄城根南街交接处以西路北的位置上，似应包括前边提到的那一片空场。

据《宛署杂记》记载，灵济宫有前后二大殿，后殿左右有无极、通灵二殿，前殿东西列威灵、明阐、显佑、高玄四殿，前殿之前为大阐威门，列碑亭四、钟鼓楼二，又前为天枢总门，又前为山门。观内神库、法堂、道房等共三百五十余间。山门外尚有蓬莱、阆苑二牌坊。宫观周围缭以坚垣，总计占地五万多平方米。真可谓"雄伟轩敞，不下宫掖"！明嘉靖年间，大学士徐阶等曾在灵济宫内讲学，听众竟至千人，灵济宫当初之宏大，可以想见。

41 号院曾是开国将军之居

灵境胡同41号院曾是陈赓将军的住所。"豫西伏牛，朝鲜打虎，宏谋韬略湛深，电掣风驰，战斗一生，钦尽瘁；领袖学生，人民儿子，赤胆忠心不朽，松青柏劲，河岳同寿，看长明。"这是哈军工（中国人民解放军军事工程学院）当年给陈赓大将敬献的挽联，表达了人们对他的无尽哀思。

陈赓（1903—1961），原名陈庶康，1903 年 2 月 27 日生于湖南湘乡。出身将门，其祖父为湘军将领。中国无产阶级革命家、军事家，中国人民解放军大将，国家和中国人民解放军的优秀领导者。新中国国防科技、教育事业的奠基者之一。

1922 年加入中国共产党。1924 年入黄埔军校第一期学习。毕业后，留校任副队长、连长。参加了平定商团叛乱和讨伐陈炯明的东征。后在抗日战争时期历任八路军 129 师 386 旅旅长，历经北伐、南昌起义、长征、抗日战争、解放战争、朝鲜战争，为人民的解放事业立下汗马功劳。

1952 年，毛泽东主席点将陈赓筹建哈军工，为中央特科重要领导人之一。1955 年被授予大将军衔。曾获一级八一勋章，一级独立自由勋章，一级解放勋章。

灵境胡同 41 号，在这个院子里，陈赓度过了进京后的十年时光。

陈赓的夫人傅涯离世时，外孙未未写道：

"我希望您能醒过来的时候，能回到灵境胡同的家，这个为您修葺过的家，也是您和我们大家永远的家。六十年来最大的一场雪，让从301 医院到西单的那段路，那条长安街显得特别的长。车行辘辘，窗外则已无喧嚣，沿途的建筑物肃然不语，像是在为您送别……我们替您走完这最后一段路……也是您走过无数遍，却最终难以走过最后一回的这段路……

"2008 年底的时候，在您久卧病榻近两年后曾经回家看过一次，让我们聊感欣慰。毕竟这是您生活了近六十载的家。您爱这里的一花一木，一砖一瓦，在您将近九十高龄的时候，还经常在书房里写字、读书、撰写回忆文章，两三点钟还不睡。我想起您在回忆录中写到，当年外公也是因为急于撰写作战经验总结而疲劳过甚，继而引发心脏病，才过早地离开了我们。同外公一样，您也太疲累了，外公百周年诞辰纪念，以及您的九十大寿，带给您无限思忆和欢乐的同时，也让您的身体暗中积下了劳疾。如今的灵境胡同41号院，物是人非，我们已经不忍心再去看您的卧室，您的书房……"

在灵境胡同老居民的记忆中，最骄傲的就是和陈赓将军做过邻居。有居民回忆说："以前陈赓将军家门就对着我们家，他在晚饭后经常穿着背心，背着手就出门，后面跟着老伴，到处遛遛弯。他和我们家老爷子是聊友，将军是逮谁跟谁聊，一点架子都没有。"

到现在，有些年老的常住居民还记得老将军的样子："将军长着大红脸，络腮胡子，满面红光。不过他人特别和善，有一次他来我家，我们正在吃窝窝头，他还关心地问味道怎么样。"

33号院曾为末代帝师之所

1935年4月15日，《北京晨报》刊发末代帝师陈宝琛"丧居北平灵境胡同7号院"的讣闻消息。据北京市档案馆所藏的1947年9月《北平市政府警察局内二分局户口调查表》记载，灵境胡同7号为"官房"，是交通部平津铁路局宿舍。

现在灵境胡同的东段，早先是皇城西墙所在地，皇城西墙的北段及中段于19世纪20年代拆除，拓建为道路。据民国二十四年（1935）北平市《内二区平面图》载，今灵境胡同东段即西黄城根南街以东部分标为"皇城根"，今灵境胡同西段则标为"灵境"。中华人民共和国成立后，灵境胡同与原东西走向的"皇城根"合并，统一为灵境胡同，并对该胡同的门牌号重新编号，路北为单号，自东向西递增。北京市公安局西长安街派出所出具的《新旧门牌号码对照表》第119页载，重新编号前的灵境胡同7号，成为今灵境胡同33号。33号院原是交通部铁路局的宿舍，并且与37号院打通，陈宝琛在此居住、逝世的信息渐渐被湮没。

今灵境胡同 33 号为该胡同以北最成规模的院落，保存完整，结构清晰。该院坐北朝南，两路三间院落。

33 号院，广亮大门一间，后改机瓦屋面，六角形门簪四枚，双扇红漆板门，圆形门墩一对。大门两侧门房各一间，后改机瓦屋面，房门位于门道内侧。一进院正房五间，过垄脊，合瓦屋面，前后出廊，前檐装修为现代门窗。二进院东、西厢房各三间，过垄脊，合瓦屋面，前檐装修为现代门窗。三进院前垂花门一座，一殿一卷形式，脊已残，后改机瓦屋面。檩件下方采用荷叶墩做法，垂柱头间饰雀替。前檐两柱间安装楹框和红漆板门，门框正中安装六角形门簪两枚，后檐柱间装有屏门。垂花门两侧连接看面墙和抄手游廊。院内正房三间，脊残坏，合瓦屋面，前檐装修为现代门窗。正房两侧耳房各二间，后改机瓦屋面，前檐装修为现代门窗。东、西厢房各三间，后改机瓦屋面，前檐装修为现代门窗。三进院正房五间，清水脊，合瓦屋面，脊饰花盘子，前出廊，前檐装修为现代门窗。正房东侧连接北房一座，五间，过垄脊，合瓦屋面，前檐装修为现代门窗。西耳房二间，过垄脊，合瓦屋面，前檐装修为现代门窗。西厢房二间，后改机瓦屋面。东厢房无存。经与 1750 年《乾隆京城全图》对比，其现存西路建筑之总体布局、单体建筑开间数等，均与清乾隆朝状态完全一致。

由抄手游廊连接，其南端贴近大门处为一进规整的院落，有南房及北房各三间，东西无配殿。此进院落以北栽种有古松树一棵，再北为一规模庞大的三间正房。东路建筑东侧有三座红砖独栋单层住宅，再东南是 33 号后门，为单间广亮大门，向东朝向西黄城根南街。据《乾隆京城全图》记载，东路原存有带水池的花园，有假山一座，位于古松树下，曾有戏台一座。1935 年 3 月 8 日《北平晨报》第 6 版《陈宝琛之丧接三算空前——送者数百尽为知名之士，且有古稀老门生》报道："灵停东院大厅，为公生前集吟唱之所，前有山石，现则芦棚高搭，联

44

幛满悬。已成肃穆之丧堂。"可见该花园一直沿用到 1935 年，是陈宝琛宴集朋友吟诗的地方，其死后亦先停灵于此。

今灵境胡同 37 号位于 33 号西侧，民国时期为灵境胡同 9 号。大门为单间广亮大门，过垄脊，合瓦屋面。尚存清末民国式样雀替及凤鸟纹抱鼓石，象眼部分有灰雕纹饰。大门正面原建垂带踏跺已经被抹灰砌筑为坡道，门内院落三进，其中正房三开间前带卷棚顶抱厦，左右尚存抄手游廊，后房正中三开间前檐屋面向外推出一廊步，左右开门通向东西两开间之前，形成正房及两耳房结构上同为一五开间房屋之状，殊为奇特。

37 号所在位置在乾隆图中表现为若干较杂乱的小型院落，说明现存建筑上限应不早于 1750 年，这也与其大门上的雀替等建筑构件表现出的清末民初时代特征相符。查北京市档案馆藏 1947 年 9 月《北平市政府警察局内二分局户口调查表》，此宅同 33 号院一样，被登记为"官房"，为交通部平津铁路局宿舍。今 37 号东夹道仍存有原向东开启的月亮门一道，查北京市档案馆藏 1946 年《北平市警察局侦缉大队关于查缉西城灵境胡同官房地毯被窃案的呈文》所附《参考人询问笔录》，在对王俊德（时年二十四岁，住灵境胡同 9 号）的询问中，警察问："（灵境胡同）7 号与 9 号两个住宅，何时通开的？"王答："在日本投降时，由日本人拆的。"可知今灵境胡同 37 号在 1945 年与 33 号打通，同归为交通部平津铁路局宿舍使用。

灵境胡同 33 号院是末代帝师陈宝琛的住所，陈宝琛是末代皇帝溥仪的老师，他早年入翰林，直言敢谏，同张之洞、张佩纶、宝廷合称"枢廷四谏官"。

陈宝琛（1848—1935），字伯潜，号弢庵、陶庵、听水老人。汉族，福建闽县（今福州市）螺洲人。刑部尚书陈若霖曾孙，晚清大臣、学者，官至正红旗汉军副都统、内阁弼德院顾问大臣，为毓庆宫宣统皇帝授读。

陈宝琛十三岁中县学秀才，十八岁中举，同治七年（1868）二十一岁登同治戊辰科进士，授翰林院庶吉士。同治十年（1871）授编修。同治十三年（1874），陈宝琛又被提拔为翰林院侍讲，充日讲起居注官、内阁学士兼礼部侍郎。中法战争后因参与褒举唐炯、徐延投统办军务失当事，遭部议连降九级，从此投闲家居达二十五年。赋闲期间，他热心家乡教育事业。宣统元年（1909），复调京充礼学馆总裁，辛亥革命后仍为溥仪之师。1935年卒于京寓，得逊清"文忠"谥号及"太师"觐赠。

建筑师、曲艺名家亦居于此处

灵境胡同28号是沈勃先生的故居。沈勃原名张豫苓，山东胶东人，在做地下工作时，改名为沈勃，此后一直沿用。他毕业于北京大学工学院，是新中国著名的建筑师，新中国十大建筑中有八个是他主持设计的，其中包括人民大会堂、革命历史博物馆、军事博物馆、钓鱼台国宾馆、民族宫、民族饭店、工人体育场和华侨大厦，后来还参与了毛主席纪念堂的设计。

沈勃1943年加入中国共产党，1945年毕业之后成立了北大工学院校友会，随后和师大校友会联合成立了北大师大联合校友会，在这一系列的校友会中都被公选为主席。1949年解放之后，沈勃就任北京市建筑设计院院长。

魏喜奎故居在灵境胡同与东斜街交叉口。魏喜奎是著名曲艺表演艺术家，是曲剧的头面人物，同时也精通京剧、评剧、歌曲，又擅丹青。她创成奉调大鼓，为曲坛增添了一个新曲种，代表剧目有《杨乃武与小白菜》《啼笑因缘》《箭杆河边》《方珍珠》《泪血樱花》等。

魏喜奎幼年随父兄学弹弦，十三岁随父兄到北京演唱。北京解放后历任北京市曲艺工作团副团长、北京市曲艺团副团长、中国文学艺术界联合会委员、中国戏剧学协会理事、中国戏剧家协会北京分会副主席。

府右街的"前世今生"

府右街位于中南海之西，南起西长安街，北至西安门大街。

明代时，这里称灰厂街或石厂街。清代改为灰厂，亦称灰厂夹道、皇城西城根。民国初年总统府设在中南海后，因在总统府右侧，故名府右街。

明代特务机关"西厂"设置于此

明代陆钘《病逸漫记》载："京师有妖尼，上遣内官汪直出主灰石，孰鞫之后，即以灰厂为西厂。"引文中的汪直，是明代有名的大太监，同主持东厂的大太监魏忠贤臭名相齐。东厂和西厂都是当时的特务机构，有秘密捕人、杀人之特权。引文中的"灰厂"即今之府右街。

相较于永乐十八年（1420）十二月成立的新官署"东缉事厂"，简称"东厂"，西厂在明朝历史上只短期存在过。

明宪宗成化十三年（1477），西厂以汪直为提督，厂址设在灵济宫前，以旧灰厂为厂署总部。这个新内廷机构的设立，其势力甚至超过了东厂。

西厂成立，本只是为了替皇帝刺探消息，但汪直为了升官发财，倚仗朝廷的信任，做了许多欺压百姓、陷害忠良的坏事。西厂在设立仅五个月后就被撤销，但相隔一个月后，宪宗又将其恢复。明武宗继位后，大太监刘瑾掌权，宦官势力再度兴起。直到刘瑾倒台，武宗才下令撤销西厂。

"壮学庐"里慈善家济济

在灵境胡同东口，民国时期曾有座叫"壮学庐"的建筑。

"壮学庐"寓意鼓励读书，实体是一座二层红砖小洋楼，1924 年落成时是唐锡晋的儿子唐宗郭的家。唐锡晋身后有七女二子，最小的即是唐宗郭。唐宗郭自幼读书，少年英俊，是北京大学的首届毕业生，同时继承赈灾家风。

唐宗郭之孙、新华社记者唐师曾曾经撰文道："1924 年夏，我爷爷唐宗郭买下府右街与灵境胡同之交会处的一片荒地，盖起一座红砖洋楼。院落幽静，位于中南海西门南侧，墙外古树环抱，内植杨柳椿枫。洋楼与四合院连搭成一体，红砖白缝，拱门朝天，上镶一块汉白玉，刻有'壮学庐'三个大字。1926 年，唐宗愈、唐宗郭在府右街成立'孝惠学社义赈委员会'，'孝惠'是'晚清民间赈灾第一善士唐锡晋'的谥号。委员长是朱庆澜，副委员长是娄裕熊（张作霖秘书长）。1928 年华北大旱，1929 年绥远地震、山洪、霜冻，为赈济旷世大灾荒，'孝惠学社'委员长朱庆澜联合华洋义赈会、中国济生会、万国道德会、五台山善济佛教会等北方慈善团体，号召'三元钱救一命'。时任全国防灾委员会总调查的唐宗郭目睹惨状寝食不安，除四方奔走筹集善款外，决定卖掉'壮学庐'以救苍生。"

"孝惠学社"实行唐孝惠学说，除规约、章程外，还设立了查放局、留养所和积谷仓，制定了标准格式的布告、赈票等。"查放员购用饭食茶水，雇用舟车，均随时自行给钱，不受供应，即随带队警差役，亦由查放员发给饭食，不准需索分文，如有滋扰，察出送县严惩。"甚至在"赈票"上醒目地印有："本会查放员等饭食舟车，随时自行给钱购雇，不受供应，不准董保人等借端敛钱，如韦，准该灾民指控。"

高派传人李宗义曾居 23 号

著名京剧表演艺术李宗义先生曾在 23 号居住。李先生住的院子为小四合院，他住在三间北房里。李先生和夫人崔秀珍女士待人友善热情，胡同里许多孩子都曾有在李先生家里看电视的经历。

李宗义（1913—1994），京剧老生。1936年拜"天津票界大王"王庾生先生为师，入梨园行后又拜鲍吉祥先生为师。李先生以演京剧"高派"戏为主，兼余、马诸派之长，具有独特的艺术风格。曾与姜妙香、傅德威、郑如冰、顾正秋等京剧名家联袂演出。代表剧目有《辕门斩子》《失·空·斩》《斩黄袍》《逍遥津》《碰碑》《四郎探母》等。李先生的子女多为京剧演员，长子李光先生为京剧武生、老生演员，次子李欣先生为京剧净角演员，三子李岩先生为京剧文武老生演员，儿媳沈健瑾、孙畹华、刁丽均从事戏曲工作，堪称梨园世家。

国家京剧院老旦演员吕昕曾经撰文回忆李宗义先生：

那时常去的一个票房是府右街票房，在府右街的一个胡同里，屋子不大，挤了好些人，有唱的、拉的、打的，一应俱全，好不热闹。我正看得入神，走进一位长者，头戴鸭舌帽，身穿棕色夹克，尤其一双眼睛炯炯有神，像是能射破人的心境。他面带笑容地和大家挥手。操琴的龚大爷把我叫到李先生身边给我引荐，龚大爷说："这小孩刚从戏校毕业不久，分在中国京剧院了，唱老旦的。"李先生点了点头说："好……小吕昕咱们每礼拜到我家里吊嗓子吧，家里安静，咱们可以边聊边唱。"就这样我和龚大爷每个星期都去他家吊嗓子，这一去有几年的时间，现在想起来太珍贵了。

那是在府右街大街的一个胡同里，胡同一拐弯就见一门楼，推开院门是一过道，有两间西房，大概是五间北房，记不大清了，还有两间东房是厨房。我们就在正房的三间北房里吊嗓子，地是花砖地，和现在的花砖不一样，奶奶进进出出总忙活。平房冬天要笼火，火上总是烧着开水，冒出的热气让屋子很温暖，李先生说："这是我姑娘从内蒙古插队带回的奶茶，很正宗，冬天喝很舒服。"记得只要是冬天我们每次去基本都喝，我也是在那时才知道蒙古奶茶的。

两次拓建变化大

府右街共经历过两次大规模的拓建，使得这条街发生了相当大的变化。一是将北侧的新开路、三眼井拆除，并将巧机营、妞妞房、东椅子、西盔头作等临街胡同适当缩小。二是将俗称"大秤砣"的小巷变成了道路中间的一个街心岛，并在 1978 年拓宽府右街过程中，拆除中段的街心岛及路西部分院门。

当谈及府右街印象时，对于久居府右街的居民来说，印象最深的莫过于被拆除的街心小岛。岛的南边、北边和东边都种有杨树，密密麻麻地连成一片。西侧的南面并排着坐北朝南的两个小院，这两个小院与中南海隔街相望。小岛北部还有一个制碱厂。一阵阵春风吹过，小岛上的杨树枝悄悄地钻出了碧绿的嫩芽；炎热的夏季三伏天，厚实深绿的杨树叶子经历着骄阳的炙烤，在偶尔的微风中沙沙作响，令人有些许凉爽的感觉；秋风起时，满岛的杨树叶哗哗作响，每当大风来临，在小岛上可以观看秋风扫落叶的壮观；冬天雪后，小岛铺满了一层白雪，在阳光的照射下熠熠生辉。

府右街北侧有条府右街西巷，明代为宫人织锦之所，清代曾一度称巧机营，俗称草鸡营。1911 年后改名为后胡同。1965 年因位于府右街西侧，定名府右街西巷。这条胡同为半环状走向，三个出口均通向府右街。胡同很窄，两侧为大小不一的平房院落。

五军都督府前街

明清两代，西长安街和东长安街间有皇城阻隔，不能通行。1912

年，自天安门向西，今西长安街所在地，分别称为西三座门大街、府前街、西长安街。府前街在今人民大会堂西门外南北向的司法部街至石碑胡同北口段，因在明代前、后、中、左、右五军都督府前，故名。

1919 年京都市政公所《市内道路等级幅员之标准及已定等级路幅各道路名称》载：自司法部街至石碑胡同北口，东部宽 20 米、西部宽 16 米。一等路乙类。1956 年后，并入西长安街。

明朝是高度专制的中央集权封建帝国，因此北京城严格遵守封建王朝都城的规制进行布局设计。自永乐皇帝迁都北京以来，中央诸署"皆仍旧官舍为之，散处无序"。正统七年（1442）以"行列方位"，次第改建五府六部等中央官署于广场东、西墙外。广场东墙外有宗人府，吏、户、礼、兵、工五部及鸿胪寺、詹事府、钦天监等官署。广场西墙外前一列是全国最高军事机关——前、后、中、左、右五军都督府。第二列官署有明特务机关锦衣卫，锦衣卫设南、北两个镇抚司，位于西江米巷（今西交民巷）北侧。向北依次为通政使司、太常寺、旗房。锦衣卫所属旗手卫在通政使司后，通政使司所属登闻鼓院在西长安门外。

府前街南有石碑胡同。石碑胡同始于明代，北起府前街，南至东绒线胡同。在石碑胡同北口，有一下马碑。石碑高约 4 米、宽约 1.5 米、厚约 0.35 米。为汉白玉石雕琢而成，上刻"官员人等，至此下马"八个大字。石碑胡同南口以东地带，为明代锦衣卫故址，清代改为銮仪卫，均是皇家的禁卫机构。《顺天府志》："刑部在皇城西，即明锦衣卫故址称建。大堂壁间明锦衣卫旧有锦衣卫题名碑，后毁于火。"所以官员到此下马也是理所应当的了。

府前街北有南府，南府位于南长街南口路西，其旧址包括今北京六中和二十八中校舍。南府是清代掌管宫廷戏曲演出活动的机构，隶属内务府，曾收罗民间艺人，教习年轻太监和艺人子弟以为宫廷应承演出。这一机构上承教坊司、掌仪司，下启升平署，自康熙中至道光七年

（1827），历时一百四十年。道光七年（1827），将外学撤销，艺人俱回原籍。又将十番学并入中和乐内，增设档案房，改南府为升平署，仍主持宫内演出事务。嗣后又兼管召选宫外艺人进宫当差演戏或充作教习的事务，直到宣统三年（1911）。现升平署旧址珍藏的剧本、档案、戏衣、道具、剧照等，保存在故宫博物院内。

南北长街胡同多

在故宫与中南海之间的狭长地带上，有一条南北走向的古老街道。这条街道以连接故宫西华门和中南海西苑门的西华门大街为界，北达文津街路段，称为北长街；南抵西长安街路段，称为南长街。这条街全长1500余米，地处首都"核心区"，全中国也找不出第二条这样的街道，能如此更近距离地见证政权的更迭，更真切地感受世间的荣辱。

北长街形成于清末时期，《京师坊巷志稿》中记载为西华门外北长街，因地处紫禁城西华门之北，故名，亦称北长街、北池子。1965年将关家胡同、庆丰胡同、兴隆胡同、福佑寺夹道并入，其名称沿用至今。该街为南北走向，北起景山前街，南至西华门大街，中部与后宅胡同、前宅胡同、教育夹道、道义巷、会计司胡同、北长街西小巷相交，全长808米，车行道宽10米。

南长街为南北走向，北起西华门大街与北长街相连，南至西长安街，中与织女桥东河沿、勤劳胡同、小桥北河沿、大宴乐胡同相交，全长767米，车行道宽10米。

不掌管财务的"会计司"

紫禁城是皇家之地，皇帝、妃嫔、宫女、太监等各色人等聚集于此，人数众多。围绕着这些皇室人员，就在紫禁城与西苑（中南海旧称西苑）之间的南北长街地区，应运而生了专为皇室生活、起居服务的各种管理机构、局、厂、司、库，如甜食房、银作局、慎刑司、营造司、会计司、宝钞司等，而总管这些机构的，就是鼎鼎大名的"内务府"。内务府是清代掌管"宫禁"事务的机

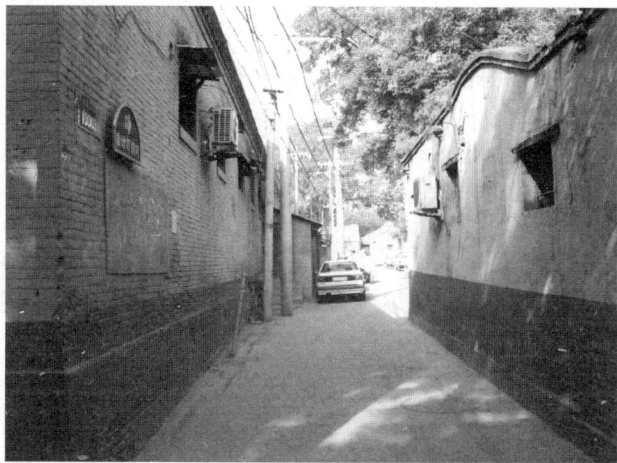

会计司胡同

关，凡是皇帝家的衣、食、住、行各种事务，都由内务府承办。由于内务府事务繁多，顺治十年（1653）六月时，设立了十三衙门，就是上述的各个司、局，这些衙门很多分布于南北长街及其分支胡同。

北长街中南段向西延伸有一条会计司胡同，就因清内务府会计司设在此而得名。会计司初名内官监，顺治十七年（1660）改称宣徽院，康熙十六年（1677）始称会计司。清代内务府有三院七司，会计司是七司之一。会计司的"会计"和今天一般所说的"会计"有很大的不同，会计司也不是掌管财务的职能部门，而是职掌内府户口、地亩、征收庄粮等事宜。会计司下属有"三旗庄头处"，一般称钱粮衙门，初名"管理三旗纳银庄"，后称"三旗庄头处"，主管庄地赋税，掌关防处，俗称关防衙门，也叫"掌关防管理内管领事务处"和"内管领处"。

此外，会计司还主管选用宫女和太监事务，选用太监会同掌仪司办理。选宫女每年一次，由内务府三旗，即满洲镶黄、正黄、正白旗，凡三旗佐领、管领下子女，及回子佐领、健锐营番子佐领下子女，年十三至十七岁者，造册送会计司汇总，奏交宫殿领侍等带领引阅，每六人为一班，依次阅看。凡入选者，留宫备役使。未入选者，令其父母择偶婚

配。留宫之女，至二十五岁，都遣返回家，听其与八旗及内务府三旗佐领、管领下人等结婚。

清朝末期，会计司胡同住有一个叫毕五的人，外号"刀毕家"，专门作"净身"营业。当年，皇帝为了保持三宫六院的"贞洁"，只容纳净身的男人在宫廷里做太监。毕五是清朝七品官，他每季给总管内务府进四十名太监。而后，对这四十名太监还有一道验收的工序，是由掌仪司的一个老太监专门把关。

从"宝钞司"到"大宴乐"

南北长街地区的成型始于元代，因地处皇宫之侧，在元、明、清三朝一直属于皇家禁地，以皇室服务机构居多，也曾经敕建过大大小小的皇家寺庙。时至民国，迁都南京，南北长街里也就住进了普通百姓人家。再后来，中华人民共和国最高权力机构入主中南海，这里又成了"核心区"，许多显赫人物曾居住于此。如今，这里是北京旧城的历史文化保护区，以传统四合院居住区的特点，承载和诉说着古都的历史。

西长安街路北的皇城南墙上，有一座红墙黄瓦的三洞拱门，这是1912年时任交通部总长朱启钤为打通南长街而开辟的。在此之前，南长街只是一条没有南口的"死胡同"。南长街里遍布小胡同，大宴乐胡同就是其中一条。

大宴乐胡同位于西长安街地区东部，南北曲折走向，形似"E"字，南北两端均东折至南长街，全长361米，均宽4米。西侧为北京市第一六一中学院墙，南段在清代称西街。1949年后将两段合并统称大宴乐胡同。1965年又将东侧的三条死胡同并入。

这条胡同，名字看起来似乎与皇家乐坊有关，但其实是给皇宫内院制造草纸的地方。在明代，曾设有"四司、八局、十二监"共二十四个为皇家服务的衙署。到了清代，这二十四个衙署又被改编为内务府"七司三院"。这些机构大多分布在南北长街及南北池子两侧。其中，明代专为宫廷制造草纸（卫生纸）的宝钞司就设在南长街南口东侧。据《京师坊巷志稿》卷上"皇城西"载：明于此置"宝钞司造草纸，备宫人使用"。"作房七十二间，各具一灶突"，因整日黑烟滚滚，故"名曰七十二凶"。

造纸需要水源，在这里恰有一段由西苑南海引水至承天门（今天安门）金水桥的曲尺状外金水河河道，又称织女河。用石灰浸泡造纸原料稻草的灰池就紧傍织女河边，时间久了，灰渣和草屑在池中积淀，形成一座小山，被称为"象山"。这里造出的草纸，宽约二尺，长约三尺，专供宫女、太监使用，而供皇帝使用的，则是杭州出产的"绵软细厚"的高档草纸。

清代以后，这里形成街巷，遂有"七十二烟洞"之名，又称大烟筒胡同。民国建立后，取谐音改称为大宴乐胡同。

取名自大玉海的玉钵胡同

南长街南口路西，在明代是御用监。御用监为明代宦官二十四衙门之一，主要职掌御用器物的造办及武英殿书籍画册等，是较为重要的宦官机构。出于此项职能，配套建有水神真武庙，以备发生火灾时紧急处理。

明万历七年（1579），北海琼华岛山顶上始建于元初的广寒殿，因年久失修而倒塌，在殿里陈设了三百余年的元代玉雕酒瓮"渎山大玉海"被移至御用监真武庙保存。后来的人们不知道"渎山大玉海"的来历，便称其为"玉钵"，真武庙又被俗称为"玉钵庵"，庵前的胡同也因此被称为"玉钵胡同"。

到了清乾隆时期，有个名叫三和的内务府官员发现，见诸史册的稀世珍宝"渎山大玉海"竟被不识货的道士当成腌咸菜的坛子使用，便赶紧向乾隆皇帝禀报。乾隆下旨在北海团城上建造了一座琉璃顶的石亭，来安放"渎山大玉海"。这件文物至今仍在团城上供游人观赏，但玉钵胡同已于2004年拆除。

皇家戏班升平署

玉钵胡同的南面，原有清代管理皇家戏班的机构，因位于皇城南部而称"南府"，始建于康熙年间。南府隶属内务府，曾收罗民间艺人，教习年轻太监和艺人子弟，以为宫廷应承演出。乾隆时，南府规模较前扩大。

那时候，习艺的太监命名为内学。内外学的人数都在一千人以上，所唱为昆、弋腔。但凡宫内有演戏，都是由南府缮写"安殿戏单"，进呈皇太后、皇帝阅览，上列演出地点、日期、开戏时间、剧目及主要演员。当时最有名的剧目有：《升平宝筏》（全部《西游记》故事）、《鼎峙春秋》（《三国志》故事）、《忠义璇图》（全部《水浒》故事）、《劝善金科》（《目连救母》故事）、《昭代箫韶》（《杨家将》故事）、《征西异传》（《薛丁山征西》故事）等，共计二三十种。

升平署的前身是明代的教坊司，是掌管宫廷礼乐的官署。《骨董琐记》称："本司胡同，本司者，教坊司也。顺治初，沿明制，设教坊司。凡东朝行礼筵宴，用领乐官妻四名，领女乐二十四名，女乐由各省乐户挑选入京充补，随钟鼓司引进，在宫内排列作乐。顺治八年（1651），停止教坊司妇女入宫承应，用太监四十八名。十二年（1655），仍用女乐，至十六年（1659），复改用太监，遂为定制。雍正七年（1729），改教坊司为和声署，教坊之称遂永从革除。"

道光七年（1827），将外学撤销，艺人俱回原籍；又将十番学并入中和乐内，增设档案房。道光皇帝认为，南府的"府"字是过于严肃的字眼，不适合管理戏班的机构，所以改名为"升平署"，取歌舞升平之意，仍主持宫内演出事务。嗣后又兼管召选宫外艺人进宫当差演戏或充作教习的事务。

有清宫词描写升平署："泼寒妙伎奏升平，南府新开散序成。不是曲终悲伴侣，似嫌激徵杂秦声。""南府昆弦杂凤鸣，忽歌变徵万人惊。词臣想像开元曲，一片承平雅颂声。"

升平署旧址珍藏的剧本、档案、戏衣、道具、剧照等文物，现保存在故宫博物院内。升平署旧址包括

升平署戏楼

今北京六中和二十八中校舍。升平署戏楼院建筑面积约 200 平方米，是一组四合院，内有北向戏楼一座，四合院北房前出轩，适合观赏演出，是保存较好的一组建筑物，为北京市重点保护文物。

掌管"祭祀之需"的庆丰司胡同

庆丰司胡同为北长街从北向南数第三条胡同，东西走向，全长约 80 米，均宽 4 米。其胡同名称源于清代庆丰司设置于此。

《燕都丛考》引自《日下旧闻考》记载："庆丰司所属各圈牛羊，皆大内所用，其牺牲所喂养牛只为祭祀之需，向隶太常寺。乾隆二十六年（1761）奉旨，简总管内务府大臣一员值年经理，每岁派内（务）府司员专司其事，以昭敬慎。"

说得通俗一些，庆丰司署就是内廷中"掌管牛羊畜牧之事，负责皇家的祭祀、筵宴和食用"的机构。民国时期的《燕都丛考》中记载有"改为三时学会，以讲佛学"。目前，北长街 27 号为三时学会旧址，现为中国佛教文化研究所和《佛教文化》期刊社所在地。

庆丰司胡同 2 号（现为北长街 31 号）是二进四合院建筑，曾任国务院参事的孙荪荃女士曾在此居住。

孙荪荃（1903—1965），是我党早期革命领袖谭平山先生的夫人。1927 年毕业于北京师范大学。曾任《朝报》《新晨报》副刊主编，北平市第一女子中学校长，河北大学、山西民族革命大学教授等职。中华人民共和国成立后，任政务院（国务院前身）参事、九三学社第二届中央理事等职。

庆丰司胡同 29 号曾为近代有"兵工之父"之称的陈修和先生寓所。

陈修和（1897—1998），原名陈世爵，曾用名陈统，四川乐至县人，为陈毅元帅的嫡亲堂兄。1925 年考入黄埔军校第五期炮兵科，毕业后曾任该校的教员。1927 年 7 月后任上海兵工厂技师、政治指导员兼代主任、蒋介石侍从室侍从副官兼国民革命军第三师政治指导员等职。1932 年在法国高等兵工学校留学，1936 年回国后任兵工署少将专员、兵工署兵工研究专门委员会委员兼兵工学校教官、军政部兵工署驻越南、香港、昆明办事处少将处长、中美联勤司令部军械处少将处长、军械保养干部训练班主任等职。

抗战结束后作为滇缅联军的全权代表，曾到越南接受日军受降仪式。解放战争中率部起义，后任中国人民解放军沈阳兵工总厂第一任厂长。

中华人民共和国成立后，主持修建成渝铁路，并为四川省兵工事业恢复与发展做出了许多贡献。曾任中央财经委员会技术管理局副局长、政务院（国务院前身）参事、全国政协文史资料委员会委员。著有《越南古史及其民族文化之研究》及大量回忆文章。

另有多位名人居住于南北长街胡同

前河北省主席楚溪春在南长街路东曾有一宅院。

楚溪春（1896—1966），原名河，字晴波，河北蠡县北高晃村人，保定军校第五期步兵科毕业。阎锡山部晋军将领，阎百川的"十三太保"之一。1949 年 2 月，随傅作义在北平起义。

抗战胜利后，任南京军训团副教育长、沈阳防守司令官、河北省政府主席、北平督察总监等职务。中华人民共和国成立后，历任政务院参事，民革第三、四届中央委员兼副秘书长，是第二至第四届全国政协委员。

吴晗故居位于北长街。

1951 年前后，吴晗因任副市长，从清华大学迁出，不久后迁到北长街，直到 1967 年初搬出北长街。

吴晗在北长街居住的具体门牌号有北长街 38 号、52 号、90 号等几种说法。

第一种是住在北长街 38 号的说法，源自全国政协文史委员会、北京市政协文史委员会《名人故居博览：北京卷》（中国文史出版社）记载的："吴晗故居位于西城区北长街 38 号。北长街 38 号院，是一座南北长、东西窄，坐北朝南的四合院，面积约 200 平方米。据说清代为一太监住宅。"

第二种是住在北长街 52 号的说法，源自网上的一篇文章《我家住在北长街》，其中有一段为："吴晗女儿吴晓燕和我院栾小霞是小学同学，关系尚好。吴晓燕邀请我们上她家做客。他们家住在北长街 52 号，这个院子又分成两个独立院落，吴晗市长住西院。"

第三种是住在北长街 90 号的说法。人民网引 2012 年 7 月 6 日青年参考《外甥女（吴翠）忆吴晗："一定要跟姚文元们斗到底"》摘录：

"母亲随行去照顾父亲，带走我的两个妹妹，把我一个人留在北京，委托住在北京北长街 90 号的舅舅照顾。"

儿童文学家严文井在兴隆胡同短暂居住过。

兴隆胡同是北长街上自北向南数的第二条胡同，因胡同北侧有万寿兴隆寺，故名。该胡同东西走向，长约 50 米，均宽 3 米。

兴隆胡同虽然只有五个院门，某个院子却和著名儿童文学家严文井先生有些关系。

严文井（1915—2005），原名严文锦，湖北武昌人。当代著名作家、散文家、儿童文学家。1934 年毕业于湖北省立高级中学，次年到北京图书馆工作，并开始以"严文井"的名字发表作品。1938 年 5 月到延安进入抗日军政大学学习，1939 年在延安鲁迅艺术学院文学系任教。1945 年任《东北日报》副总编辑兼副刊部主任。新中国成立后，历任中共中央宣传部文艺处副处长、中国作家协会党组副书记、作协书记处书记、《人民文学》主编、作家出版社和人民文学出版社社长等职。

严文井在《赵树理在北京胡同里》写道："我在北京一共住了将近四十年。先后住过三条胡同。第一度来北京，我先后在北长街兴隆胡同和王府井大鹌鹑市住过，共不到三年。"

现代诗人柳亚子曾住此。

柳亚子，初名慰高，后更名弃疾，字安如，改字亚庐、亚子，江苏吴江人。清末秀才，同盟会员，南社社长，曾任孙中山总统府秘书，中国国民党中央监察委员。"四一二"蒋介石叛变革命后被通缉，逃往日本。1928 年回国进行反蒋活动。抗战期间与宋庆龄、何香凝等从事民主革命活动，曾任中国国民党革命委员会委员，中国民主同盟会中央委员。

1945 年，毛泽东飞抵重庆和国民党谈判，他写诗赠毛主席："阔别羊城十九秋，重逢握手喜渝州。弥天大勇诚能格，遍地劳民战尚休。霖雨苍生新建国，云雷青史旧同舟。中山卡尔双源合，一笑昆仑顶上头。"称赞毛主席"弥天大勇"。1945 年 10 月，毛主席致信给他，其中说："先生诗慨当以慷，卑视陆游、陈亮，读之令人感发兴起。"对他的诗给予很高的评价。1949 年 2 月，柳亚子应毛主席的电邀，由香港启程进入解放区，出席中国人民政治协商会议第一届全体会议，并参加了中华人民共和国开国大典。建国后，曾任中央人民政府委员、全国人民代表大会常务委员会委员。

柳亚子来北京后，初居颐和园，后一家人于 1950 年 9 月移居北长街，毛泽东题其所居为"上天下地之庐"。这里环境幽美，柳亚子很满意，自云"精神变好，大非昔比了"。

"中华人民共和国"国名提议者张奚若也住在北长街。

张奚若（1889—1973），字熙若，自号耘，陕西大荔县朝邑镇人。早年加入中国同盟会，参加辛亥革命。后赴美国哥伦比亚大学学习，1917 年获得学士学位，1919 年获政治学硕士学位。回国历任北京国际出版品交换局局长，大学院（教育部）高等教育处处长，中央大学、清华大学和西南联大教授暨联大、清华政治学系主任；中华人民共和国成立后，张奚若历任清华大学校务委员会常委，华北人民政府高等教育委员会副主席，第一、二届全国人民代表大会代表，中央人民政府委员，中国人民政治协商会议第一、二、三届全国委员会常务委员，对外文化联络委员会主任，中国人民外交学会会长等职务。在第一届中国人民政治协商会议上，他是"中华人民共和国"国名提议者。

著名爱国人士、政治活动家、教育家、学者，九三学社创始人和杰出领导者许德珩的孙子许进有文章回忆记录道："1952 年全国高校院系调整后，经周总理动员，我祖父辞去了他钟爱的北京大学教职，从事政府工作。因此，我家从府学胡同北大宿舍搬到了地安门慈慧胡同的一处院子里面。张公公也离开了难舍的清华大学，专职政府工作。他的家从郊区的清华园搬到北长街的一处院子里面。我们两家相距两公里，工作之余，我祖父与张公公之间走动更加频繁。张公公的新家是一个两进的院子，房子不多，树也不多。东边的矮墙外就是故宫的筒子河。"

太仆寺街：曾设管理马政的衙署

太仆寺街位于西长安街地区中部，是元代就有的一条古老的街道，位于灵境胡同南边，东西走向，东起府右街，西至东槐里胡同，全长582 米，宽 5 米。元代时，兵部衙署就在这条街上，当时这条街叫作兵部夹道。明代于此置太仆寺，故名"太仆寺街"，名称沿用至今。

曾设有皇家重要衙署

"太仆寺"不是寺庙的名字，而是官署名。

明代时，皇家衙署太仆寺设置于此街，故街名也改为太仆寺街。当时，掌管宗庙礼仪的官署叫作太常寺，掌管皇家御宴的官署叫作光禄寺，同样的，掌管皇家御马及马政的官署叫作太仆寺。《天府广记》卷二十七，云：太仆寺"乃元兵部旧署，职专马政"。杨士聪《天堂荟记》："太仆寺，石刻画马二，一史道硕画，一赵孟頫画，皆王世贞官人仆时摹勒。道硕五代时人。"

可不要小看了马政，彼时是冷兵器时代和农耕时代，马匹是重要的战争和运输工具，因而太仆寺是极为重要的官署衙门。

我国从春秋时起，便设置有管理马政的机构，秦汉之后一直延续。北齐时，机构的负责人开始称太仆寺卿，为九卿之一，属于位高权重的官职。从明代直至清雍正三年（1725），太仆寺一直设在太仆寺街。雍正三年后，太仆寺迁至正阳门以东，但太仆寺街的名称一直沿用至今。

太仆寺卿米万钟在此造园

北宋时期，有一位书画巨匠叫米芾，书画俱佳，被称为"宋四大家"之一，连苏轼都称其书法超妙入神。他的山水画多以水墨点染，不求工细，在绘画史上被称为"米家山"。米芾的后代米万钟曾官至太仆寺卿，宅第就在这条街上。

米万钟虽然在朝为官，但也还承袭着先辈的艺术天赋，深得先祖遗风。他热爱书法绘画，并取得了相当高的成就，被称为"明末四大家"之一。

米万钟的另一个爱好就是造园。他对山水园林爱之入迷，并不惜耗费大量财力，投入精力，亲自设计、建造园林。米万钟在北京一共建造了三座园林，分别是位于太仆寺街路北的湛园、位于积水潭畔的漫园，以及位于海淀的芍园。

湛园就建在米万钟在太仆寺街的居所——古云山房的左侧，面积并不大，但米万钟因地制宜，借景造园，在不大的空间里，疏密有致地安排了茂林修竹、小桥流水，以及亭台楼阁等景致，充满了诗情画意，展现出了极高的造园造诣，是当时文人雅集的名园。

令人遗憾的是，湛园与漫园都毁于明末清初的动乱中，而芍园在清初改建为弘雅园，嘉庆年间被改名为集贤院。芍园故址位于现北京大学校园内，1860 年与圆明园一起被英法联军焚毁。

文化名家聚集之地

太仆寺街还住过陈文述、尤炳圻、刘砚芳、周作人、林白水、刘开渠等文化名家。

陈文述（1771—1843），初名文杰，字谱香，又字隽甫、云伯、英白，后改名文述，别号元龙、退庵，又号碧城外史、颐道居士、莲可居士等、室名颐道堂、碧城仙馆、三十六芙蓉读书楼、题襟馆，浙江省钱塘（今浙江杭州）人，嘉庆年间举人。其诗文崇尚吴梅村、钱牧斋风格，博雅绮丽，在京城与杨芳灿齐名，时称"杨陈"，著有《碧城仙馆诗钞》《颐道堂诗集》等。陈先生有首《重至太仆寺街旧寓》诗：

> 飞鸿踪迹又重来，
>
> 疲马冲泥太仆街。
>
> 淡墨尚留曾画壁，
>
> 苦吟犹认旧书斋。

太仆寺街72号（旧门牌）曾是林白水先生的寓所。

林白水（1874—1926），原名林獬，字万里，号少泉，晚年号白水，笔名宣樊、宣樊子、退室学者、白话道人等。福建闽侯（今福州）清圃村人。光绪二十七年（1901）曾任杭州求是书院总教习和《杭州白话报》主笔。二十八年（1902）在上海与蔡元培等先生筹建中国教育会。

林白水是辛亥革命时期中国资产阶级的著名报人之一。早年在林琴南主办的《杭州白话报》当编辑，从此走上了新闻工作的道路。一生主要是在北京、上海等地从事新闻工作，是中国旧民主主义革命时期报刊界的一个代表人物。查阅中国报刊史料，有一条记载着《中国白话报》创刊于清代光绪二十九年，即1903年，在上海出版，销行国内外，主持人便是林白水。还有其他几种报纸。如在光绪三十年，即1904年，他继续在上海和蔡元培等人合办了一个《警钟日报》，宣传爱国主义思想，后来因为刊登了德国在山东等地侵犯中国主权的消息和评论，受到德国总领事的无理干涉，要求清朝政府加以禁止。此外，他还曾参加过《苏报》的编辑工作。

刘砚芳（1893—1962），京剧文武老生，京剧名家杨小楼先生女婿，为"杨派"武生嫡传弟子。刘先生是著名京剧演员，除经常登台演出外。还在传承中国传统京剧和培养梨园新人方面做了许多事情。1923年组办小荣华班，在同乐茶馆演出。后来又组织荣春社科班在同乐园演出。

清末，太仆寺街还有一处地方叫张晓山票房，创办人为有"盔头张"之称的张晓山。张晓山喜欢京剧表演，《广泰庄》《八义图》《战太平》《镇潭州》均为他的拿手戏。参加此票房活动的还有金仲仁、韩俊峰、满子善等先生。

刘开渠住的太仆寺街31号，为一个小型的四合院建筑。内有北房四间，东、西厢房各三间，南房为锅炉房。

刘开渠（1904—1993），毕业于北平艺术专门学校，1928年任国立艺术院图书馆主任兼西画助教，同年入法国巴黎高等艺术学校学习雕塑。1933年回国后任杭州艺术专科学校教授兼雕塑系主任。前期作品主要有《一·二八淞沪抗战阵亡将士纪念碑》《王铭章骑马像》《抗日阵亡将士无名英雄纪念碑》《农工之家》等。中华人民共和国成立后，历任中央美术学院副院长、中国美术馆馆长、中国美术家协会副主席、全国城市雕塑建设指导委员会主任等职。1953年组织领导了人民英雄纪念碑的建造工作，创作《胜利渡长江解放全中国》《支援前线》《欢迎解放军》等浮雕作品。

太仆寺街与新建胡同12号院之间的10号院（旧门牌）。早年为恒善社社长陈梁先生私宅。20世纪40年代改为私立亲民小学，中华人民共和国成立后，改为太仆寺第二小学。该小学为四合院建筑，坐北朝南。校门北侧为通道，通道两侧为教室和办公用房。院子东北侧为操场，操场西侧有乒乓球台。

书卷气浓郁的力学胡同

力学胡同位于西长安街地区中部，东西走向，东起府右街，西至横二条，全长458米，均宽4米。这条胡同在明代时称"李阁老胡同"，因两位李姓内阁首辅曾居住于此，他们被尊为一代阁老，所以胡同便因此得名。1965年改为力学胡同，取"努力学习"之意。

胡同名称源于二位内阁首辅

既然李阁老胡同居住过两位阁老——李贤和李东阳，那胡同的名称是源于哪一位呢？

记述了北京明代地方历史和地理沿革的《长安客话》中写道："李文正东阳赐第，在灰厂小巷李阁老胡同。"其中的灰厂小巷，即今天的府右街。显然，李东阳被赐居于此的时候，这条胡同已经叫李阁老胡同了，而此前在此居住的李姓阁老，就是李贤。

李贤（1409—1467），字原德，今河南省邓州市人。历经明宣德、正统、景泰、天顺、成化五朝。

宣德八年（1433），李贤登进士第，授吏部验封主事，历考功、文选郎中。"土木之变"时，李贤脱难回京。景泰二年（1451），上正本十策，受代宗赏识，升任兵部右侍郎，转户部侍郎，次年又迁吏部右侍郎。英宗复辟后，迁翰林学士，入内阁，升吏部尚书。天顺五年（1461），加太子太保。天顺八年（1464），英宗病重，召李贤委以托孤重任。宪宗即位，晋升少保、吏部尚书兼华盖殿大学士、知经筵事。

李贤在任期间，经历了土木堡之变、明英宗复辟等重大历史事件，

66

朝野一片动荡，他却毫发未损，可见其为官之老辣。入阁后，他举贤任能，以"惜人才、开言路"为己务，名臣多为其所识拔。

《明史》称："自三杨（杨士奇、杨荣、杨溥）以来，得君无如（李）贤者。"

李东阳（1447—1516），字宾之，号西涯，祖籍湖广长沙府茶陵，因家族世代为行伍出身，入京师戍守，属金吾左卫籍。

李东阳四岁时被举荐为神童，父亲带他觐见景泰帝，李东阳因人小脚短，跨不过门槛。景泰帝见此情景，便脱口而出了上联："神童脚短。"东阳应声对出："天子门高"。景泰帝高兴地将他抱坐在膝盖上，见其父亲还站立在一旁，又出上联："子坐父立，礼乎？"李东阳答道："嫂溺叔援，权也。"

李东阳经历了明英宗、宪宗、孝宗和武宗四朝，官至吏部尚书、华盖殿大学士。他的为官行政，主要集中在明孝宗弘治朝与武宗正德朝中。弘治时期是治世，李东阳可谓是治世贤臣。当时是明朝中兴的好时期，李东阳作为内阁次辅，与首辅刘健、三辅谢迁合作，三人被称作"贤相"。

其实李东阳在历史上，并不仅仅是为官而得名，更多的是为文。他主持文坛数十年，其诗文典雅工丽，独树一帜，为"茶陵诗派"的核心人物，著有《怀麓堂稿》《怀麓堂诗话》《燕对录》等作品。同时，他也是篆书、隶书等方面的书法大家。

李东阳曾长期居住在什刹海畔西岸，明孝宗时被赐居李阁老胡同。

中国第一所铁路管理人才高等学校创建于此

1909 年，当时的邮传部在李阁老胡同李东阳故居及祠堂的遗址上创建了铁道管理传习所，以培养铁道管理人才。

铁路管理传习所诞生前夕，中华大地上除由外国列强直接修建和管理的东省、胶济、滇越等铁路外，尚有向外国贷款修建、由清政府邮传部管辖的道清、卞洛、正太、沪宁和关内外等几条铁路。由于当时中国铁路大多由外国列强所控制，所以铁路管理人员多由外国人担任。1904年，中国爆发了收回路权的运动，京汉、粤汉铁路路权被收回。其后，由中国人自己设计、修建的京张铁路也随即通车。为培养中国自己的铁路管理人才，国家急需开办培养铁路管理人才的学校。

1907年，清政府邮传部司员曾鲲化向邮传部呈上了《上邮传部创办铁路管理学堂书》，其中一部分内容为："窃维铁路为专门学问，而管理又为铁路之专科，其业务内容，绝非寻常办事人员所能识其崖略。故英以铁路立国，而人皆归功于勋独烈；美以铁路强国，而人皆归功于顾裕德；日以铁路兴国，而人皆归功于岩仓公，何也？三子者，均以办铁路管理学堂有名，而其国之路界人员胥由其学堂之所自出者也。"

铁路管理传习所的创立，正值中国高等教育开始建立之时，从诞生伊始，就和国家与民族的命运紧密相连。

1910年，铁道管理传习所改名为交通传习所，1923年更名为北京交通大学。1913年在校内设立交通博物馆，这是北京近代最早的博物馆。

抗日战争时期，学校迁往湖南、四川等地，1946年迁回北平。

中华人民共和国成立后，学校迅速发展，李阁老胡同内的用地不够，便于20世纪50年代初，在北京西郊红果园另建新校舍。李东阳故居旧址现为北京力学小学。

进士馆"送走"清廷最后两届进士

清光绪二十九年（1903）一月，京师大学堂增设"进士馆"，目的是向新进士传授科学知识和政法知识，培养新进士成为"果、达、艺"的优秀从政人才，其校址就设在李阁老胡同。

清光绪三十年，也就是1904年5月26日，进士馆正式开馆。分为内外两班，翰林中书为内班，住馆肄业；部曹为外班，到馆听讲。《进士馆章程》规定，进士在这里"以明彻中外大局，并于法律、交涉、学校、理财、农、工、商、兵八项政事皆能知其大要为成效。每日讲堂功课四点钟，三年毕业"。凡年龄在三十五岁以下的新进士必须入馆学习，由所在省籍发放补贴。其间共招癸卯进士八十余名，甲辰进士三十余名。"仕学馆"后并入进士馆，也由马神庙迁至李阁老胡同。

清光绪二十九年（1903）、三十年（1904），清廷举行最后两次科举考试。进士馆设立才一年多，科举制便废止了，也就没有了后续学员。

1905年废除科举制度后，癸卯进士临近毕业仍留馆学习，送甲辰内班学员入日本东京法政大学补修科（一年）、外班学员入速成科（一年半）继续学习。前后学满三年毕业，按考试等级分别录用。1906年，进士馆改为"京师政法学堂"，脱离京师大学堂而独立存在。京师政法学堂就是北平大学法学院的前身。

安福胡同

安福胡同地处西长安街西段南侧、北新华街北口内西侧，呈东西走向。东起石碑胡同，西到北新华街。成巷于明代，那时称"安富胡同"或"安福胡同"。清代与中南海宝月楼（今新华门）南北为邻。

1914年，开辟北新华街，并以该街为界，将安福胡同分为东、西两段。1965年定名为"东安福胡同"和"西安福胡同"。

容妃及族人安居于此

乾隆二十四年（1759）时，在皇城南墙外，即东安福胡同北侧，有回部族人居住。

相传，乾隆帝时，从新疆叛乱的回部中"掠"得一位女子，倾国倾城，遍体生香，乾隆对她宠爱有加，故封"香妃"，并在中南海南侧为她盖了宝月楼居住，还将她的娘家人安排在宝月楼南侧，即今东安福胡同这一片居住，以解她的思乡之愁。但历史的记载并不完全是这样。

据《清史稿·后妃传》记载，乾隆皇帝确实有一位来自新疆回部的妃子，称为和卓氏。乾隆年间，新疆发生回部叛乱，和卓氏的家族是当地回部的首领，反对割据，协同清军平息了叛乱。乾隆皇帝将其族人召入京城，封官赐爵。和卓氏随家人进京后，于乾隆二十五年（1760）被选入宫，封为和贵人，后册封为容妃。后于乾隆五十三年（1788）病逝。

乾隆二十四年（1759）时，在皇城南墙外，即东安福胡同北侧建回营，供回部族人居住。据《日下旧闻考》记载："共房百四十有七楹。回营内设办事房，以内府官董其事。回营之西建礼拜寺，北向。"因容妃的五叔与堂兄等配合清军平定新疆回部有功，故乾隆二十五年（1760）降旨授和卓为佐领，以投诚回众编为一佐领，并让容妃的五叔和堂兄等与其族人在东安福胡同居住。

这里都是在平定大小和卓战争中有功的维吾尔族人，生活方式和信仰与被汉族同化了许多年的本地回族不同。

这也是距离皇宫大内最近的一个回族聚居区。乾隆这么做似乎不只是宠爱香妃，同时还含有通过与维吾尔贵族之间的通婚以及信任，达到长久稳固边陲、促进民族团结的意味。在这里建立清真寺就像承德外八庙、北京的黄寺等建筑的作用是一样的。

清真寺：仅存有石券门的古寺

在东安福胡同里，有一扇石券门，据考证，这是清真寺的南门遗存。

回营清真寺是北京地区的清真古寺之一，始建于清乾隆二十七年

（1762）春，至乾隆二十九年（1764）夏始竣工。清真寺坐南朝北，占地面积16000多平方米，整体建筑风格是中国民族建筑风格融合的产物。

有记载称："因（容妃）思乡念切，高宗为建楼慰之，俾妃观。其族人聚居情形，与回城故里无殊。"据传，容妃父母思想女儿，来京探望时不能入宫，就登上望月楼，向北可望向宝月楼，与容妃相望。清真寺的大殿建筑也是颇费匠心。

这里的清真寺比较特殊，坐南朝北，不同于普通清真寺的坐西朝东。笔者引用一些民国的资料：

该寺始建自乾隆二十七年（西历1762）春，至二十九年夏始竣工。占地面积约二十五亩有余。其地址即昔紫禁城西苑门南墙外，寺正门直对宝月楼。就正门上建望月楼，北望中南海，可一览无遗。而此楼又作"唤拜楼"，深夜"邦塔"时登楼高声诵念"班克"，声借海音，远播数里。附近教外人俗呼此楼为"望儿楼"，谓香妃父母思女来京，不能入宫，藉登此楼，北望宝月楼，可与香妃晤面。总之，事属民间所传，究否无从考证也。而大殿建筑，亦颇费匠心。明九暗七，四面皆走廊，周配角亭四座。殿中央起作为亭式，金顶火檐，高起云涌，有如天坛之钦年殿然，碧色之琉璃瓦与朱色盲柱相映壮丽，极尽辉煌之能事。此外浴室及讲堂等建筑布置，无特殊异，故从简记述。寺外周遍植柏柳百余株，每至夏季绿色苍荫，幽静庄严，昔日之景色，可想概见。闻此寺建筑时，建期约四年之久，费用官银至一帑之巨，亦可云伟观也。

其大门，建筑奇古，下为巨石垒成，俨如城门。雉堞环拱，倍极庄严。其上为小屋，朱壁辉煌，如庙宇。再上为有窗之屋。顶端仍为小室，四壁轩敞，无户无牖。统计上下共四层，高逾二丈以上，人过其下，仿佛身到西域也。香妃晏居，每忆家则登楼南望，以慰幽思。故民俗呼为"望家楼"云。办事处之南部，为礼拜寺。系同时建，有碑记事。

可见其规模和规制都非比寻常，不是一般小寺可比的。寺门是两种民族建筑风格融合的产物，应该是孤品。大殿方形重檐，攒顶环廊，周配角亭四座，形制类似于晚些时候建

清真寺（1906 年）

成的北海"小西天"方殿，且规模达到了"明九暗七"，四面皆有走廊。其中，以碧瓦方檐代替了灰瓦覆顶、绵延勾连的清真寺惯用形制，巍峨气派。中亚拱券大门之上高耸卷棚重檐歇山楼阁，玲珑欲飞。此外，浴室及讲堂等建筑布置，与其他清真寺无异。寺外周遍植柏柳百余株，每至夏季，绿色苍荫，幽静庄严，昔日之景色，可想概见。

清真寺大殿于 18 世纪末破损，在袁世凯当政时毁于一旦。袁世凯改中南海为总统府后，改宝月楼为总统府独立的南门，因高大的清真寺门楼能直视中南海，且每日的诵经声音干扰他办公，又信清真寺坏其风水，在协商迁寺未果的情况下，他便调动军队强行拆除了清真寺的门

楼，还在新华门对面建起一溜灰色花墙，以遮挡路南外国兵营及破旧民舍，将清真寺正门彻底封死。当地回族人士无奈，只能捐款，重修了三间小殿使用，并在东安富胡同的原始南墙上重新开门，修建了一个民国风格水泥结构的南门使用。值得一提的是这新式南门使用了原北门拆下的石砌券拱石。

安福俱乐部：皖系军阀政客聚会之地

安福胡同是个不起眼的小胡同，但在辛亥革命后军阀混战的年代里，这里曾是盛极一时的段祺瑞（皖系）军阀政治集团的大本营。

1917年，段祺瑞利用"张勋复辟"的契机，设下一个政治圈套。他先是暗中支持复辟，利用张勋驱逐了总统黎元洪，解散了国会，然后又反复辟而出兵，赶走张勋，控制了北京政权。1918年3月，中华民国国务总理段祺瑞为操纵国会选举，进一步巩固他的政治地位，便指示亲信在安福胡同布置了一个庞大的房舍，作为皖系军阀、政客聚会之地，拉拢、收买国会议员，起名叫"安福俱乐部"，参加这个俱乐部的政客就叫"安福系"。8月，新国会召开，"安福系"会员占据三百八十多个席位，控制了国会，时称"安福国会"。这个派系控制北洋政府，从民国六年（1917）到民国九年（1920），直至1920年直皖战争爆发，皖系失败，段祺瑞内阁垮台。这一年8月3日，民国政府大总统发布命令，解散安福俱乐部。

饱含军旅色彩的未英胡同

未英胡同形成于明代，在《京师五城坊巷胡同集》中记载为"卫营老府军"。《天府广记》解释为"永乐中署，为京卫一主要番直以卫京城"。清代的《京师坊巷志稿》中改为"纬缨胡同"，并注解为"俗讹未英"。也就是说，未英胡同由纬缨胡同转化而来。

未英胡同为南北走向，北起西旧帘子胡同，南至宣武门东大街，中部与枣树胡同、什家户胡同、西松树胡同、惜水胡同、惜阴胡同、刚家大院相交，全长329米，均宽5米。1990年门牌为3—67号，2—54号。未英胡同还有三条岔巷，其中胡同西侧两条，胡同东侧一条。

胡同名称源自"喂鹰"

其实，未英胡同的名称来源还有另外一种说法。明代时，皇帝喜欢养虎、养鹰。虎坊桥是养虎的地方，而未英胡同则是养鹰、驯鹰的地方。清朝入关后，带来了北方游牧民族的生活习惯，王公贵族更是以骑马狩猎、架鹰搏兔为喜好，喂鹰、驯鹰之事也就更加兴盛了。久而久之，这里就被叫作"喂鹰胡同"，民国后按谐音改称"未英胡同"。

民国时期，张恨水在此居住时，有一邻居是一旗籍旧家，尝自夸为黄带子，意为皇亲国戚。他曾在张恨水面前吹牛，说："少年富贵无所事，弹歌走马，栽花养鱼，架鹰逐犬，无所不能。不料今沦居陋巷，寒酸增人谈笑也。"不过，张恨水的确看到过这家人处理所养老鹰时的情景："其家有老仆，以衰病谋去未能。一日于院中树下缚老鹰，将割之。予曰：噫！其肉可食乎？仆曰：当吾主人坐高车、住华屋时，是曾捕杀多禽，深得主人欢者。吾不彼若也。今主人贫，当谋自立。不复以杀生为乐，是物留之无用，嘱吾释郊外。然吾殊不耐，有斗酒，将烹之以谋一醉也。言时，鹰目灼灼视予，若欲为之乞命。予怜之，以二角钱向老仆购取，纵之去。鹰受伤不能高飞，纵翼复落予院中。小儿辈喜其驯，以厨中腊肉喂之。三日，为狸奴所创，死焉。"

不知这个插曲能否成为此地曾经"喂鹰"的佐证。但关于这所宅院，张恨水之前，谁曾在此住过？房产的所有权属于谁？几乎一无所知。查清代王府地址简表，以及列入文保单位的四合院名单和未列入文

74

保单位的名人故居及王府名单，不仅没有这所院子，甚至没有未英胡同。可知这所院子虽大，却未必是王府或名居，不然他的右邻也不会说"沦居陋巷"。

穿梭三百余年的胡同故事

1924 年，作家张恨水来到北京，在这里租赁了第一处住房：未英胡同 36 号。这所住宅不是他购买的，而是以每月 30 银圆租赁的（相当于人民币 1200 元）。

未英胡同 36 号是一所不折不扣的大宅院，前后一共五进大院子，院里有一棵老槐树，绿树成荫，闲暇没事的时候，张恨水便和家人在树下一起喝茶聊天。张恨水对这座房子很满意，他在《影树月成图》一文中，曾经描述了未英胡同 36 号令人神往的概貌："未英胡同三十六号，以旷达胜。前后五个大院子，最大的后院可以踢足球。中院是我的书房，三间小小的北屋子，像一只大船。面对着一个长五丈、宽三丈的院落。院里并无其他庭树，只有二百岁高龄的老槐。绿树成荫时，把我的邻居都罩在下面……我实在爱北平。"看来，对在这里居住，对这段生活，张恨水是很有感情、很满足的。

在过去的三百余年岁月里，除了作家张恨水之外，明朝末年的乱世红颜陈圆圆、当代著名诗人白桦，也都曾居住在未英胡同。

未英胡同 50 号是一所很大的宅院，据胡同里的几位老住户说，这里曾是"江南八艳"之一陈圆圆的住宅。解放初期，这所宅院还保存较好，不但有住房，还有花园，花园里有养鱼池、假山、月亮门、亭子，绿树成荫，花木扶疏。

明末，吴三桂率兵镇守山海关，他的红颜知己陈圆圆被李自成掠走，他"冲冠一怒为红颜"，竟不顾民族大义，率山海关守军投降清军，引清军入关。到京后，他为陈圆圆买了这处住宅。

曾有古建专家来未英胡同 50 号调研，经考察认为这里民国时期是商学院校址，已经过改建，局部建筑为西洋风格。如要确认为陈圆圆故宅，还要找到更多的相关资料。

4 号院的悲喜回忆

未英胡同 4 号是一所三进的四合院。新中国成立初期，常常可以见到军人在这里出入，原来这里是当时中国人民解放军总政治部电影处和创作室所在地。大院的第二进院落中，有一间不大的放映厅，军事题材的电影就是在这里审查的，许多内部电影也是在这里放映。贺龙、罗荣桓、肖华等将帅们常常来到这里审查和观看电影。

当时未英胡同还住了很多军旅作家，像宋之的、马寒冰、杜鹏程等。杜鹏程就是在在这里居住的那段时间完成了被誉为"英雄史诗"的《保卫延安》——我国第一部大规模正面描写解放战争的优秀长篇小说。当时与他为邻居的，是作家白桦。

当时的白桦还十分年轻，他在未英胡同 4 号留下了悲喜交加的记忆。20 世纪 50 年代后期，白桦在这里进行创作时，度过了一段非常美好的时光。白桦回忆，当时住在未英胡同里的人互相都很熟悉，大家总是喜眉笑脸地打招呼，他在这里也经历了欢乐和痛苦，而他把离开胡同之前的小故事写进文章里——《告别未英胡同》：

> 逝去的岁月和逝去岁月中的故事，像焚毁了的花朵，很难再拾起来，那些变成黑色或灰色的碎片都散落在哪儿了呢？
>
> 上个世纪 50 年代，我在北京断断续续住了三年多，大部分时间住在西单未英胡同四号，那是一条很僻静的胡同。
>
> 四号是个三进大院，当时是总政治部电影处和文学创作室。第二进的北房改建为一个小型放映间，来看电影的都是赫

赫有名的元帅和将军，经常可以在那个简陋的放映间里看到罗荣桓、贺龙、肖华等高级将领……

至于军内外的作家，在未英胡同出入的更是数不胜数，有些已经作古，如宋之的、马寒冰、杜鹏程等。杜鹏程的《保卫延安》就是与我为邻的时候完成的。

未英胡同虽然僻静，却很方便，右一拐是西单，左一拐是和平门。去湖南馆子"曲园"吃汤粉，经常可以遇见齐白石；去山东馆子"丰泽园"吃烤馒头，遇到过裘盛戎；去"全聚德"吃烤鸭，遇到过程砚秋。去"长安大戏院"听杨宝森压根就不需要坐车，遛个弯儿就到了。

……

我离开未英胡同的时候，没有小麻雀的仓皇，像具活尸那样木然。未英胡同的每一扇宅门都变得陌生而冷酷，对我视而不见。

从此我再也没敢回顾过那条胡同，因为我的过于短暂的青春和那只亡命的小麻雀，同时从那里惊飞而夭折了。

前细瓦厂胡同：街小名人多

前细瓦厂胡同位于西长安街地区南部，东西走向，西部曲折，东起兵部洼胡同，西至西交民巷，全长 216 米，均宽 3 米。明代时称细瓦厂南门，因在细瓦厂门前而得名。清代改称前细瓦厂。1965 年与谈志胡同合并，定名前细瓦厂胡同。谈志胡同位于胡同西部北侧，原名坛子胡同，因形得名，1911 年后谐音雅化为谈志胡同。

在这条仅 200 余米的胡同中，既有道家宫观，又居住过多位名人。

17 号院曾是明代道观

前细瓦厂胡同17 号的门楣上，悬挂一白底红字匾额，上书"莲花山下院"。所谓"下院"，其实就是下属的"分号"。莲花山下院又叫博济

博济庵

庵，是道姑修行的场所。据记载，这里始建于明代，是一所道观长生观，于清道光年间重建，改成博济庵。1900 年，这里曾是义和团坛口，受到了八国联军的破坏，民国十五年（1926）再次重修。

庵内有殿房二十六间，原来还有木释迦牟尼佛一尊，泥关圣像一尊，泥童两尊，供桌两张，香炉两个，以及铜钟、铁磬和大鼓等物。此外，还有石碑两座。不过这些现在早已无存，这里成了居民大杂院，仅存有山门、大殿及侧殿。

11 号院是"算房高"的宅院

前细瓦厂胡同 11 号院是一个很别致、有韵味的宅院。院中垂花门雕工精细，层次丰富，垂花门后面

博济庵碑碣拓本

是一个极为宽敞的院落，院中北房高大。穿过院西侧的小拱门，里面是一进更深的院落。从东西两院的北面由游廊进入后院，有一幢二层小楼。曾经居住在这里的，是清末掌管清廷内务府销算房的高芸（字兰亭）。

高兰亭祖籍浙江绍兴，其父中年去世，留下了四儿两女，母亲负担沉重。高兰亭是长子，自然要替母亲分忧，于是发奋读书，希望有朝一日能改变现状。虽然家境贫困，但高兰亭依然认为"读书当以明理为先，不应以读书为出仕进身之阶"，于是立志学习实业，终身不仕。当时，建筑销算是很有前景的职业，高兰亭便选择了此行当，并终其一生致力研究大建筑之术。

清代皇家工程的兴建由内务府负责，分样式房和销算房两个部门，样式房负责设计，销算房负责工程预算，高兰亭就在销算房工作。从事销算行业，不仅要懂计算，还要懂建筑设计、工程管理等。高兰亭不仅擅长计算，而且工作严谨。"执经受业以来，虽百而一鸣，亦必兢兢业业，细心研究。务必，求其所以然，故略得营造之要奥。一砖一瓦一栋一梁均求准绳。"据传，高兰亭得出的销算结果，往往与实际工程只相差一两块砖，因此很受上司的信任、同行的钦佩，"算房高"的名气也因此名扬天下。

高兰亭年老后，由其长子高鹤延继承父业。但最终，高家还是退出了销算行，这完全是高家气节使然。"国体变更后，袁世凯做皇帝，曾遣人找我们为彼营梵地。我

前细瓦厂胡同中的高兰亭宅

79

们以彼是一卖国贼，曾婉言以年老谢绝。"

高家留存的档案记录了皇家建筑工程的销算流程，是研究中古代建筑预算的极为珍贵的资料，但由于历史原因大部分被毁弃。后来著名建筑学家梁思成的遗孀林洙女士得知了这一情况，她辗转与高家后人取得联系，并取得文物部门同意，由清华大学出资收购了留存的档案，抢救了这份难得的文化遗产。

两位现代著名画家曾居住于此

前细瓦厂胡同还居住过两位现代画家。一位是胡爽庵，他是近现代画虎大师，其水墨写意虎，笔墨酣畅，神采自如，堪称一绝。胡爽庵业余自学绘画，尤爱画虎，1935 年拜张善孖为师学习画动物，后与张大千结识，又拜张大千为师学画人物、山水。

另一位是女画家俞致贞，她 1934 年师从于非闇，学小写意花鸟及工笔草虫，兼习瘦金体、篆书，后专攻工笔。1946 年遵于先生之命，转拜国画大师张大千为师，同年秋入"大风堂"，随张大千研习工笔写意花鸟画。曾进当时的故宫"国画研究馆"学习，并留馆任教，被李可染誉为"中国工笔花鸟女状元"。

艺术名家青睐的"帘子胡同"

在《京师五城坊巷胡同集》中，西新帘子胡同与旧帘子胡同统称为"簾子胡同"，后在簾子胡同南侧辟出新的胡同，为加以辨别，在《宛署杂记》中记载为"旧簾子胡同"和"新簾子胡同"。清代两条胡同名称沿用，在《京帅坊巷志槁》的"旧簾子胡同"目注中有"簾或作莲"，因此，又有新、旧莲子胡同之称。

西新帘子胡同为东西曲折走向，东起北新华街，西至南翠花街，中部与明光胡同、南所胡同相交，全长 374 米，均宽 4 米。在西长安街地区的胡同中，西新帘子胡同为岔巷较多的胡同。

西旧帘子胡同为东西走向，东起北新华街，西至油坊胡同，向北通向西绒线胡同，中部与西新帘子胡同、未英胡同、西栓胡同相交，全长684米，均宽5米。与西新帘子胡同相比，西旧帘子胡同走向相对平直。其中胡同北侧两条岔巷通向西绒线胡同，胡同南侧一条岔巷与西新帘子胡同相连。

与京剧结缘的西旧帘子胡同29号

西旧帘子胡同路北的29号院，是一座坐北朝南的大四合院，有北房五间，东西厢房各三间，还有个东跨院。这里是梅兰芳家唯一有产权证的房产。

这所院落原是天津《大公报》驻北平办事处，1954年，梅兰芳买下这所宅院，但当时并未居住在此，而是住在了护国寺街9号，这里用来存放多年积累的大量文物。1961年8月，梅兰芳在京病逝，梅夫人福芝芳悲痛欲绝，为了避免触景伤情，便带着梅葆玖、梅葆玥等子女搬到此院居住。

1966年12月，京剧名家马连良惨死，当时无法按照回族传统安葬。梅夫人行侠仗义，将马连良火化后，葬于香山脚下的梅家墓地。后来她听说马夫人陈慧琏境遇凄惨，生活无着，遂又将马夫人接到西旧帘子胡同的梅宅，与自己一起居住。梅夫人住北房西间，马夫人住北房东间，梅夫人将马夫人待若上宾，一住就是六年。这段故事也

西旧帘子胡同29号梅兰芳故居

成为梨园佳话。

京剧著名旦角演员章遏云和著名京剧史论家、梅派艺术研究家许姬传也在西旧帘子胡同居住过。

章遏云是 20 世纪 30 年代"四大坤伶"之一，是当时京剧女演员中的佼佼者，代表了较高的表演水平。她原名凤屏，字珠尘，别号珠尘馆主，1912 年生人，当选"四大坤伶"时年仅十八岁，是四人中年龄最小的。她住在西旧帘子胡同时，一边在"城南游艺园"演出，一边拜在王瑶卿先生门下深造。章遏云谦逊好学，博采众长，青衣、花旦、刀马旦皆精，后来又向梅兰芳学《霸王别姬》等梅派剧目，被誉为"女伶中的梅兰芳"，先后与杨小楼、金少山、袁世海等合作。20 世纪 40 年代，她迁居香港，1954 年赴台演出《六月雪》等程派名戏，轰动台湾，后定居台湾。

许姬传，字闻武，号思潜，原籍浙江省海宁县长安镇人。八岁时随外祖父徐致靖读书，1919 年到天津直隶省银行当文书时对京剧发生浓厚兴趣，经常向京胡圣手陈彦衡先生学习谭（鑫培）派声腔，并结交了王瑶卿、杨宝忠、言菊朋等京剧名家。1931 年起，担任梅兰芳先生的秘书，直到梅兰芳先生去世。梅兰芳逝世后，许先生受到了梅家后代无微不至的关怀和照顾。1976 年唐山地震时，许先生的住房发生危险，梅夫人闻讯后派家人将他接到西旧帘子胡同居住。

此外，作家徐城北在小的时候也曾在这个院子里居住过。他在《我住过的北京胡同》文章中写道："我三岁到北平，最初住在西城西旧帘子胡同路北的一个四合院，这里是天津《大公报》的驻北平办事处，我父亲是办事处的主任。时隔四十年之后，我又来到西旧帘子胡同的梅宅（以梅夫人的名义买下，专门用来招待江苏泰州老家来人和外地弟子进京而准备的），访问梅兰芳的秘书许姬传，总觉得这个院子似乎来过。仔细向许老问了这所房子的来历，才知道就是 40 年代中期我住过的驻北平办事处。我随即找出自己五六岁时的照片，发现正是这个院子，我独自站在东屋廊子底下，身上穿着一件棉长袍，北风吹起棉袍一角，挺有动感的。我把旧照拿给许先生看，他说了句'天下真小'，就默默叹息了。这间东屋后来成为梅家的饭厅。当我向梅家子女说明时，他们也颇惊奇。"

西旧帘子胡同 69 号的国医馆

西旧帘子胡同 69 号环境古朴而幽雅，富有浓郁的民族气息和文化色彩，这里曾是关幼波开办的国医馆。

关幼波是我国著名的老中医、中华全国中医学会的常务理事。他医术精湛，医德高尚，以辨证施诊的精湛医术治愈了很多疑难杂症，挽救了很多患者的宝贵生命，被誉为术、德、经、述兼备的中医大师。他十六岁起与哥哥一起，师从其父关月波学习中医。父亲关月波擅长内、妇、儿及针灸等科，对时令病及妇女病更是擅长，深受群众的敬重。其父一再告诫兄弟俩：医不在"名"而在"明"，医者理也，认清医理才能治好病。学习经典时要明其理，知其要，结合实际，灵活运用。不能泥古不化。还教育他们：治病救人要重义轻财，不能"为富不仁"。

兄弟俩除学习中医理论外，还时常在父亲左右侍诊，帮助抄方。其父是严父又是严师，不准他们在中医业务上有一点懈怠。一次，哥哥在抄方时将"橘红"误写为"菊红"，父亲勃然大怒，当着病人狠狠地打了他哥哥一记耳光，从此不准其再学医。

关幼波随父习诊多年，但父亲从不让他独诊，而是要求他进行扎实的基本功训练。父亲临终前，抱病抽查了他的三个脉案，确认自己后继有人了，满意地对他说："你可以治病救人了。"

谷景生将军曾住在西新帘子胡同 17 号

谷景生是山西省猗氏（今临猗）县罗村人，1929 年参加革命活动；

1931 年到北平，先后参加左联、社联和反帝大同盟；1932 年加入中国共产主义青年团，同年加入中国共产党。"一二·九"运动主要领导人之一。

土地革命战争时期，任河北反帝大同盟机关报《反帝新闻》主编、抗日同盟军第五师宣传科科长、团政治委员、北平左翼文化总同盟书记兼"左联"书记、"泡沫"社社长、共青团北平市委书记，是北平"学联"党团成员。

抗日战争时期，任中共山西公开工作委员会委员、山西青年抗敌决死第一纵队民运部部长、中共太行第三地委城工部部长、第七地委书记、太行军区第七军分区政治委员。

解放战争时期，任中原野战军第九纵队政治部主任、中共郑州市委书记兼警备司令部政治委员、第二野战军十五军政治委员。参加了淮海、渡江、广东等战役。

中华人民共和国成立后，谷景生出任云南军区政治委员兼中共昆明市委书记。1951 年 3 月，谷景生任志愿军第十五军政委，与军长秦基伟率部开赴朝鲜战场，参加了第五次战役，在上甘岭战役中开展群众立功运动，取得大捷。归国后，谷景生任防空军党委第二书记、副政委。在任国防部五院政委、党委书记期间，正值我国导弹事业初创时期，他和钱学森院长一道，充分调动广大科研人员的积极性、创造性，使研制工作取得重要进展。1955 年被授予少将军衔。1981 年 2 月，谷景生任新疆维吾尔自治区党委第二书记兼乌鲁木齐军区政委，新疆生产建设兵团第一政委、第一书记，为新疆地区的社会稳定、民族团结、经济发展做出了贡献。

西旧帘子胡同 9 号是优秀棋手诞生地

西旧帘子胡同 9 号曾经是北京棋院所在地。其主体建筑是一座旧式两层楼房，楼内有办公室、练棋室、会客室，还有宿舍、饭堂等，虽然规模不大，倒也功能齐全。这里当时是北京棋类运动的指导中心，培养出一批又一批的优秀棋手：围棋泰斗过惕生、亚洲棋后谢思明，还有人们更为熟知的聂卫平、谢军、张文东、孔杰等。

谢军在她的回忆文章中写道："从北京天安门广场往西走大约五六百米的样子，有一条名不见经传的胡同——西旧帘子胡同。胡同中一栋坐北朝南的二层小楼，在周围平房中显得鹤立鸡群。走近前来，一座古色古香具有北方特色的青砖四合院便映入眼帘，它便是从80年代初成为首都棋类事业大本营的北京棋院。十岁那年，我睁着一双好奇的眼睛，兴高采烈一蹦一跳地走进这个颇有神秘色彩的四合院，谁能想到自己跨入大门的那一刻，无意中选择了未来人生的道路，我的棋艺生涯也从此开始了。"

陈半丁曾居新帘子胡同 16 号

陈半丁，名年，字静山，因是双生故戏号"半丁"。其祖上自明末起世代以行医务农为业。陈半丁六岁丧母，九岁丧父，十四岁起往兰溪自谋生活，十九岁由表叔吴隐带往上海虹口，在严信厚家以拓印刻碑及楹联为生。

陈半丁在严家识吴昌硕，得其教诲。在上海十一年的时间，半丁先后得多位前辈指点。1906年，他与金城相识并一同来到北京，被金城推荐到肃亲王府为吴柳堂侍御画像，肃亲王对他大为赏识。

今东新帘子胡同陈半丁旧居

85

1910 年，陈半丁邀请吴昌硕来北京，吴昌硕来京后，盘桓数月，将陈半丁推介与当时的北平艺术圈，并亲自为陈半丁订立画润。吴昌硕的大力推介使陈半丁声名鹊起。

齐白石与陈半丁同在北京，二人惺惺相惜。齐白石还将自己的三子齐子如送到半丁门下，成为陈半丁的得意门生。

1937 年，陈半丁购得米粮库 4 号的一所洋楼，遂由东城观音寺迁此。因园子占地五亩，故以"五亩之园"名之。1951 年，陈半丁卖掉米粮库的院子，买进了和平门内新帘子胡同 16 号和南魏胡同 7 号（今西四北六条）两处宅子，二室分开居住。

原是河道现为街巷的东斜街

老北京人有句谚语，说"出门奔斜街——不走正路"。但北京的"斜门弯道"胡同还真不少，为何道是斜的，缘由不可得知，但斜有斜的"名堂"。

东斜街原是条河道，干淤后形成胡同。因胡同由东北向西南倾斜，又位于甘石桥东部，在清代的《京师坊巷志稿》中记载为"甘石桥东斜街"，民国期间简称为东斜街，并延续至今。该街东北起于西黄城根南街，西南至灵境胡同，中部与大酱房胡同、小酱房胡同、西单北大街相连，全长 659 米，均宽 4 米。

现被埋于地下的"干石桥"

甘石桥义名乾石桥、十石桥，位于灵境胡同西口和西斜街东口之间，为南北向的单孔石桥。桥长约 33 米，桥宽 12 米，桥洞高 2 米、宽 3.5 米。民国时期从灵境胡同以北至羊皮市胡同西口之间曾一度叫甘石桥大街。

1986 年 5 月，西单北大街修下水道，从东斜街西口地下一米多的深处，发现一座拱形白石桥，此桥就是甘石桥，本叫"干石桥"。

明张爵的《京师五城坊巷胡同集》、清朱一新的《京师坊巷志稿》中均有记载，清吴长元《宸垣识略》的附近图《镶红旗西中南图》详细记载了干石桥的位置。此地现在"甘石桥"的名称是由"干石桥"演变过来的。

20世纪二三十年代，西单牌楼至西四牌楼铺设有电车轨道时，将干石桥埋于地下。50年代拆除有轨电车轨道时，干石桥曾"重见天日"，后修路时，加高了路，则此桥又被埋于地下。据一位市政老工人讲，在他进行下水道清淤时，曾钻进这条暗沟，他发现位于地下的石拱依然完好。

斜街不长名人多

45号院（老门牌22号）被称为陈璧花园。《文化古城旧事》中曾有记载，陈璧尚书第六子陈伯早先生毕业于北京大学，后留学于法国巴黎大学艺术学院，回国后在中法大学任教，翻译过《茶花女》《天罗地网》等法国名剧。

20世纪30年代前期，唐槐秋先生创办中国旅行剧团时，由陈先生担任导演。为了解决剧团资金问题，陈先生卖掉了东斜街的两所房子。陈先生卖掉的房子"在后花园北面，由东斜街开门，是半西式的砖木结构平房。至于前面尚书住的正院，那是十分宽敞考究的。不过也是西式的，大门里有二门，然后才是正院前厅，有林荫大道，有花园，这就是有名的西黄城根二十二号——陈家大院"。由于邓先生与陈家关系极好，"从'七七事变'之前，就租陈家大院的房子住。直到解放后房子卖掉，我家搬迁，在这漫长的风雨如磐的岁月里，伯早先生一直是我的房东、邻居和老师"。

东斜街9号院为两进院落。一进院有东房三间，二进院有若干间平房和一座二层小楼。据了解，从 1955 年开始，王克俊和夫人李润琳及其子女一直生活在这座小楼里。

王克俊（1908—1985），字明德，山西临猗王显庄人。1930 年毕业于太原师范学校后留校任教。1932 年日军入侵我国之际，毅然投笔从戎，报考傅作义将军举办的绥远省区长训练所，结业后被任命区长一职。此后，历任傅作义将军部下的机要室主任、人事室主任、十二战区长官部秘书长、华北"剿总"秘书长、政工处处长等职。1936 年冬，参加傅将军发动的绥远抗战，历经中外驰名的百灵庙大捷，以及 1937 年"七七卢沟桥事变"后察、晋、绥的历次战役，并与八路军建立了良好的关系。为解决抗战烈士遗孤及干部子弟的教育问题，协助傅将军创办奋斗小学，并任代理校长一职，为培养有为青年付出了很大的心血。1950 年冬，王克俊随中国人民志愿军奔赴朝鲜抗美援朝，任志愿军第二十三兵团秘书长。1955 年在他患病住院期间，傅将军将此宅院过户到王夫人李润琳女士名下，以示慰藉感念。

东斜街 60 号还住过著名京剧演员王琴生。

王琴生（1913—2006），京剧老生演员，曾师从德少如、刘砚亭、张连福、丁永利等京剧名家。曾拜谭小培先生为师，谭先生亲自传授其十余部谭派剧目。20 世纪 30 年代与梅兰芳、尚小云、荀慧生、筱翠花、金少山、李多奎、马富禄等先生多有合作。1946 年应梅兰芳先生邀请在上海演出，自此合作十二年之久。中华人民共和国成立后，加入梅兰芳剧团，随梅先生赴东北、华北、华南等地演出。后应江苏省京剧团之邀担任该团主演，1960 年任该团副团长。1980 年后从事戏曲教学工作。代表作有《失空斩》《打严嵩》《王佐断臂》《群英会》《桑园会》《大·探·二》《八大锤》《四郎探母》《打棍出箱》《打渔杀家》《定军山》《阳平关》《战太平》《捉放曹》《五台山》等。

在此之前，这里还居住过梁士诒、张百熙、曹毓瑛等活跃于政坛上的风云人物。

在《燕都丛考》中曾记载："今乾石桥作甘石桥，梁士诒燕孙宅在焉。光绪之末，长沙张文达公百熙之旧寓，亭台花木备极幽胜，或即恒亲王府之遗址。"在《咸道以来朝野杂记》中记载："甘石桥西侧同治间，曹大军机（毓瑛）赁居之。不久，曹即故此宅。"

惜薪胡同：皇室供暖部门所在地

惜薪胡同位于西城区西安门内大街路南，在西什库教堂对面，南北走向，北到西安门大街，南到西红门胡同，全长 602 米，平均宽 5 米，历史上曾有过惜薪司、惜薪司胡同的名称。元宫被毁后，明北京二十四衙门之一的惜薪司衙署驻此，称惜薪司。《京师坊巷志稿》卷上引《芜史》：惜薪司"管宫中所用柴炭，及二十四衙门山陵等处内官柴炭"。清朝"悉除明制，惟内廷柴炭于此关支"。胡同因此而得名。

在明代，皇宫、衙门冬季取暖的燃料大多是木炭。北京的冬季较长，而且气温较低，为了御寒，凡是皇帝、皇太后、皇后起居之所，以及宫中、衙门等地方都用木炭燃烧取暖。这里所选的优质木炭，是专用上等木柴烧制而成的，外观乌黑发亮，点燃后火力很旺，燃烧耐久，气味小，烟也少，不致污染宫殿内的空气，如今紫禁城内还保留有当年皇宫用于取暖的炭炉。别看这薪炭事小，但在昔日却是宫中必不可少的物资。当时，上等木炭产于涿州、通州、蓟州、河北易县等地。木炭到京后，在红罗厂按尺寸截短，用小圆荆筐装好，外刷红土，名"红罗炭"。如今在西黄城根北街，尚有大红罗厂胡同，即因此处曾有供应红罗炭的衙门而得名。红罗厂是外厂，惜薪司是内厂，"红罗炭"由内厂惜薪司负责分发。惜薪司下设三个机构：一为热火处，一为薪炭处，一为烧炕处。职掌薪柴木炭供应，以及火盆保养与分发等。皇宫里有许多大型的防火缸，冬季为了防止水缸里的水冻冰，水缸底下还要设置炭火盆加热保温。还有守夜打更之事，惜薪司也要负一定的责任。

明武宗正德三年（1508），"立内厂，刘瑾领之"，改内、外厂为内、外办事厂。内厂，又称大内行厂，职责为监视官民和厂卫，由司礼监太监刘瑾亲自统领，设于北京荣府旧仓地，即四司之一的惜薪司。大内行厂权力极大，就连当时已横行于世的特务机构东、西二厂都在侦缉之列。有人写匿名信告发刘瑾，他就以皇帝名义下诏让百官于烈日之下，在朝门之外罚跪一天，致使年迈者暴晒而死。这一行为令官吏军民谈虎色变，视宦官如虎狼。明正德五年（1510），刘瑾以谋反罪被杀，西厂、内行厂被撤销，胡同也改称惜薪司胡同，简称惜薪司。

到了清代，裁减明宫二十四衙门，设内务府，但薪炭之事还需要有专门机关管理，所以就延续了惜薪司的事务，但取消了惜薪司这个衙门名称。

1965年北京市整顿地名时，将惜薪司定名为惜薪胡同。在胡同的中部西侧，有先东西后拐向南北的西岔胡同，曾名惜薪司西岔；再向南的西侧有双吉胡同。惜薪胡同南部分为两岔：向东拐是西红门胡同，向西为图样山胡同。

象牙胡同：皇家训象之所

象牙胡同，位于西长安街地区西南部，东西走向，东起油坊胡同，西至宣武门内大街，全长129米，均宽4米。清代，因这里曾出土过一对象牙，始称象牙胡同。

明弘治八年（1495），皇家建象坊于宣武门内西城根，称驯象所。

北方无象，象是南方邻邦进贡而来，专供朝廷庆典用，以烘托庄严威武之气氛。据《日下旧闻考》记载："盖象至京，先于射所演习，故谓之演象所。而锦衣卫自有驯象所，专管象奴及象只，特命锦衣指挥一员提督之。"所谓"象奴"即驯象和管象的把式，这些人地位极低，收入微薄，生活十分清苦。大象经过一定时期的驯养后，基本达到"奴知象意，象晓奴语"，即交驯象所开始服役。

顺治二年（1645），锦衣卫改为銮仪卫，其中设驯象司。每遇皇帝出巡或到郊圃"大祀"，庞大的仪仗队（当时称为"卤簿"）中即有大象，用以驾车、驮宝、开道、随王伴驾，以示壮观。

除此之外，这些象还要参加"朝仪"。据《广信府志》载："每日早朝，午门外用象六只，夹阶而立，候左、右掖门启钥，象始下朝，见者乃肃仪而拜，此常仪也。"当时这些仪象一如宫廷武弁，接受封爵，有的封为"大将军"，食"一品禄"。每日朝仪，所用的大象称为"立仗"，所站的位置也要视其爵禄的高低，先后有序。当听到上朝的钟声响后，这些象就自动懔然肃立，如同侍卫一般；等百官进入午门，便左右交鼻，意即戒严，其他人不准再行入内。直到常朝会毕，象方可离开。这些象如果一旦违犯"纪律"，入朝迟误或无故伤人，则要如同犯了宫廷法规的人一样，轻则降低"立仗"的次序，重则要俯首受仗，仗毕还要屈膝感恩。

安儿胡同：仅有十三个门牌的历史聚集地

安儿胡同为东西走向，东起油坊胡同，西至宣武门内大街，与头发胡同连接。明朝始称"安儿胡同"，一直沿用下来。安儿胡同与其北嘎哩胡同东西走向的路段之间，有一南北走向的短巷连接。胡同南面是著名的天主教堂，北面离长安街步行仅需十分钟。

教育家黄炎培曾经的住所

1949 年，毛泽东进入北京以后，约见的第一位客人就是黄炎培。在电视剧《解放》和电影《建国大业》中，都有 1949 年 3 月 26 日毛泽东在香山双清别墅接待黄炎培、姚维钧夫妇的情节。

黄炎培，号楚南，字任之，笔名抱一。江苏川沙县（今属上海市）人。光绪三十一年（1905），他举家从故乡川沙迁往南市黄家阙路 36 号居住。1937 年"八一三"事变后，离沪赴汉。1939 年后又离汉赴渝，内迁重庆，住在菁园 5 号。1946 年由渝返沪。1949 年 2 月，因被列为国民党黑名单之首，黄炎培秘密离沪赴香港。是年 3 月，黄炎培离港北上，从此定居在北京安儿胡同。中华人民共和国成立后，黄炎培先生任第一任政务院副总理和我国首任轻工业部部长。

黄炎培居住的 1 号院是典型的多进四合院，坐北朝南，石条台阶，朱红大门，两侧有石狮子。黄炎培、姚维钧夫妇携其子女在这里居住了很多年，直到黄炎培去世之后，安儿胡同 1 号又换了几位主人，先后住过陆定一和周扬等。

胡同里曾住有民间艺人

评书艺人陈荣启也曾居住在安儿胡同，他以《说岳全传》誉满京城。

陈荣启（1904—1972），原名陈贵鑫，评书艺人陈福庆之子。他九岁学京剧，因嗓音不宽，后改说相声。又因厌恶旧相声中的荤口和"伦理哏"（相声演员拿自己的父母亲属抓哏笑骂），毅然弃相声而改学评书。陈荣启拜说《施公案》的名家群福庆为帅，先说《施公案》，后说《精忠传》。他说的《精忠传》最为精彩，其中《岳母刺字》《虎帐谈兵》两段书文而不温，深刻感人，脍炙人口。

在安儿胡同 4 号还住着一位演员侯伯照，他在西城区宣教科工作，主要宣传交通安全，风行一时的著名相声段子《夜行记》就是由侯伯照和郎德沣、陈文海、蒋清奎、贾鸿彬、李培基于 1955 年创作的，相声大师侯宝林整理。

第四章　神工意匠：蕴含地域特色的古迹

历史上的北京是一座以寺庙繁盛著称的城市，北京地区寺庙的建造，可上溯至北魏时期，隋唐年间建寺之风日盛。辽代建都以后，下至金元，"靡岁不建佛寺"，明代宦官尤其热衷于修建寺庙，"大珰无人不建佛寺，梵宫之盛倍于建章万户千门"。清代又新建了不少寺庙，乾隆十五年（1750），《乾隆京城全图》上所标识的内外城寺庙，能够坐实的已有 1320 座。在明清时期，寺庙除了行使其宗教职能外，也是重要的都市生活公共场所。

西长安街地区紧挨皇城，也建造有许多蕴含地域特色的古迹。它们有的至今保存完好，有的已经荡然无存。

庆寿寺：元明盛极一时的宏大古寺

"上命役军民万人重修，费至巨万。即成，壮丽甲于京都诸寺。"这是《日下旧闻考》对于庆寿寺的记载。虽然是只言片语，但也描述出了这古寺的宏大。元代著名书画大师赵孟頫也曾为其留诗："白雨映青松，萧飒洒朱阁。稍觉暑气消，微凉度疏箔。"

庆寿寺原址位于西长安街上，东起今府右街，西至横二条，北自力学胡同，南到西长安街，占地面积颇大。据《元一统志》记载，该寺

94

为金世宗大定二十六年（1186）所建，原称庆寿宫，元代改称大庆寿寺。

元代的统治者对庆寿寺极为重视，高僧海云入住庆寿寺。海云（1202—1257），今山西岚县人，法名印简，道号海云。他自幼出家，精通佛法，二十岁修成大庆寿寺住持、禅宗临济宗第16代祖师，一生备受金、元诸位皇帝的推崇。元世祖忽必烈称帝前，曾两次召见他，问他治国之道。正是海云禅师将其嗣法弟子子聪（刘秉忠）推荐给了忽必烈，最终促成了刘秉忠还俗，成为奠定大元国体、国都的一代名臣。

蒙古宪宗七年（1257），海云禅师圆寂，朝廷下旨在庆寿寺为其修筑一座九级密檐塔，名为"海云禅师塔"，为八角九级密檐式，塔铭为"特赠光天普照佛日圆明海云佑圣国师之塔"，塔前有《大蒙古国燕京大庆寿寺西堂海云大禅师碑记》一座。海云的弟子、继任住持可庵禅师圆寂后，又修了一座七级密檐塔，称"可庵禅师塔"，塔铭为"佛日圆照大禅师可庵之灵塔"，位于海云塔的东南侧十余米外。双塔一座九层，一座七层，有如师徒比肩而立。

元世祖至元四年（1267），忽必烈定都北京，废弃金中都旧城，在旧城东北开始兴建新的都城——大都城，主要负责修建的是可庵的弟子刘秉忠。庆寿寺海云禅师塔恰在规划中大都南城墙位置，忽必烈出于对海云的崇敬，诏令避让，"远三十步环而筑之"，将城墙南退，修成弧形，绕过双塔和庆寿寺，以至大都城墙建成后的南垣西段形成一段弧形墙。

庆寿寺山门（1954年）

忽必烈的皇太子真金是海云禅师的弟子，出生时由禅师摩顶立名，太子长大后为报师恩，将禅师所居大庆寿寺重饰一新，并将这里作为皇太子的功德院。至元十二年至十九年（1275—1282），历时七年，修葺之后的庆寿寺"完整雄壮，又为京师之冠"。

明洪武十五年（1382），僧人道衍得到僧录司左善世宗泐的举荐，在南京与燕王朱棣会面，相谈甚欢，便要求随朱棣前往北平。道衍到北平后，任庆寿寺住持。道衍深知朱棣的野心，不断地给予其暗示和激励，因此得到了朱棣的赏识。同时，道衍又确实有远见，卓识不凡，他在朱棣夺取皇位的斗争中为其出谋划策，功不可没。明永乐六年（1408），道衍协助朱棣发动"靖难之役"。

朱棣登上皇位后，给了道衍极高的礼遇，拜其为资善大夫、太子少师，并赐以华丽的府第，恢复其俗姓"姚"，御赐名"广孝"。姚广孝固辞不受，仍然居住在庆寿寺，直到永乐十六年（1418）病逝于寺中。朱棣悲痛不已，辍朝两日。为纪念他，庆寿寺中设立了少师影堂，供奉其画像和遗物，并把管理全国佛教事物的僧录司也设置于此。

明正统十三年（1448），太监王振以"寺已糟朽"为借口，动用军民役工两万余人大修双塔庆寿寺，所用银两数十万两，耗时八个月完工。寺前搭建牌楼，匾额上书第一丛林，改名叫大兴隆寺，亦叫大慈恩寺。修完后的大兴隆寺金碧辉煌，明英宗朱祁镇亲自前往祭拜，盛况空前。

令人惋惜的是，明嘉靖十四年（1535），大兴隆寺遭遇火灾，重重殿堂化为灰烬，只留下

西长安街上的双塔（1954 年）

孤零零的两座砖塔。适逢嘉靖皇帝好道轻佛，于是命令不再重建。嘉靖十五年（1536），改大兴隆寺旧址为讲武堂，后来又被锦衣卫改为训练兵士骑射的演射所。因此地在西苑（中南海）西墙之外，嘉靖皇帝认为演射所内训练声音嘈杂，影响皇宫大内的安宁，想把这里改成"元明宫"。后来听从了锦衣卫都督陆柄建议，将演射所迁至今宣武门外的校场内，大兴隆寺改为训练参加皇家礼仪大象的演象所。这期间，寺内园林荒废，唯有寺西双塔残存。

清乾隆年间，在双塔旁修建了一所寺庙，叫双塔寺，但只是两进院落，不能与元朝时的庆寿寺相比。清末，这所小寺庙也荒废了，只有双塔完好地保存下来。

1955 年，在扩展长安街时，涉及双塔的留存问题。当时梁思成建议，保留双塔，并配套设置街心绿地，既保护了文物，又可丰富街道景观。但此建议最终没有被采纳，双塔还是被拆除了。

大光明殿：光明胡同曾经的皇家祭坛

大光明殿原址位于光明胡同（原光明殿胡同）以西，是一个道教宫观，始建于明嘉靖年间，据今四百五十余年。后来在清雍正和乾隆年间经过重建和修缮，成为皇家专用的道观。

据《明世宗实录》记载："大光明殿始建于明嘉靖三十六年（1557）十一月。"大光明殿的基址为明朝初年的万寿宫所在地。

据《日下旧闻考》记载："大光明殿，门向东，曰登丰，曰广福，曰广和，曰广宁，二重门曰玉宫，曰昭祥，曰凝瑞。前殿则大光明殿也，左太始殿，右太初殿。又有宣恩亭、飨祉亭、一阳亭、万仙亭。后门曰永吉、左安、右安。中为太极殿，东统宗殿，西总道殿。其帝师堂、积德殿、寿圣居、福真憩、禄仙室五所，毁于万历三十年。后有天

97

元阁，下有阐元保祚。"清雍正十一年（1733）重修。乾隆三十八年（1773）重修。

大光明殿位于玉宫门以北，为整个建筑群中的主体建筑，其形制犹如缩小的天坛祈年殿。大光明殿有汉白玉圆形底座三层，每层均有护柱、望柱，望柱下均设排水嘴。大光明殿为圆形，高数丈，黄琉璃瓦圆攒尖顶，两重顶子，上下两檐间悬一方"大光明殿"匾额。殿内设七宝云龙牌位，祀玉皇大帝。清朝重修后，殿内正中匾额曰"鸿钧广运"，对联为"覆育普为私，穆然垂象；监临昭有赫，俨若升阶"。对联和匾额均为乾隆帝御笔。

大光明殿在明清时期是皇家祭坛。日本冈田玉山所著《唐土名胜图会》载："明世宗（嘉靖）时，陶真人在这里炼金丹叶。"《日下旧闻考》卷四十二称："崇祯十七年正月二日，帝于禁内大光明殿行祈谷礼。"清朝，朝廷还派内监道士守卫大光明殿。《日下旧闻考》卷四十二刊登了乾隆帝所作《御制光明殿诗》曰："今日三清境，前朝万寿基。彤间卫虎豹，青殿罩罘罳。鹤立千年柏，云凝五色芝。瑶阶裁玉砌，宝像范金为。讵慕神仙术，唯祈旸雨时。来斋心惕若，顾谒奉无私。"

光绪二十六年（1900）春，义和团于弘仁寺（旃檀寺）及大光明殿设坛练拳，这两个坛遂成为义和团火攻西什库教堂的后援据点。与此同时，被义和团抓住的"二毛子"（洋教徒）嫌疑者均被集中在这两个坛"焚表明心"，若焚烧疏表的时候火焰未能借空气喷出，或是烧香时其中无不倒不化的香烬，烧不出"主香"，即确认此人是"二毛子"，立斩无赦。

旃檀寺和大光明殿这两个坛是义和团"老团"的核心，同年8月，八国联军攻入北京之后，便当即占领了这两个坛。为了进行报复，八国联军纵火烧毁了旃檀寺与大光明殿及其附属殿宇。

大光明殿（1866年初春摄）

　　作为皇家专用祭坛，大光明殿的规模虽比不得皇城的故宫和颐和园，但作为皇室家庙，其金顶橼嵴的气势和恢宏气度也非一般山野寺院可比拟，并且具有巨大的观赏价值和考古价值。殿内珍存的明朝《正统道藏》《万历续道藏》经版超过12.15万块，这些都于一场大火中灰飞烟灭了。

　　如今，在大光明殿的原址上坐落着国家机关事务管理局大院，该大院西北角尚存一段院墙，疑为大光明殿院墙。

南堂：见证近四百年的岁月变迁

　　南堂是一座历史悠久的天主教堂，也是北京最古老的天主教堂。因为建在城南，俗称南堂。

　　明万历三十三年（1605），意大利传教士利玛窦在宣武门内建起第一座经堂。由于利玛窦强调耶稣会传教士尊重中国社会制度和礼教文化，采取"传道必先获华人之尊敬，以为最善之法，莫若渐以学术收揽人心"的手段，所以他建造的经堂规模较小，且是中式建筑，只在室内安放了十字架，以明示其教堂身份。

到了清顺治七年（1650），德国传教士汤若望在原址扩建，开始建设北京城内第一座大教堂——南堂，两年后建成。这是一座20米高的巴洛克式大教堂，圣堂长26.67米，宽14.67米，奉无染原罪圣母为主保。同时还在西侧建神父住宅、天文台、藏书楼和仪器馆，4米高的铁十字架矗立在教堂的顶端，其风格仍"按中国式样而造"，但"堂牖器饰，如其国制"。"内建亭池台榭，式仿西洋，极其工巧。""堂前有大理古牌楼一座，……署有上赐'钦宗天道'四金字。"教堂竣工后，汤若望立碑记事，此碑现今仍留在圣堂两侧。

顺治帝亲政后，汤若望为孝庄皇太后治好了病，皇太后尊他为义父。因汤若望的博学和友善，在顺治十三年（1656）、十四年（1657）两年之间，顺治帝曾二十四次到南堂微服私访，并与汤若望促膝谈心，游览花园，共进便餐，还亲切地尊称五十九岁的汤若望为"玛法"（即满语"爷爷"的意思）。顺治帝御笔亲书"钦崇天道"匾额、"通玄佳境"门额和御制天主堂碑铭，对汤若望做了高度的评价。后人为避康熙皇帝玄烨之讳，将"玄"改为"微"，而成"通微佳境"。由于顺治帝的宠信，汤若望历任两朝官吏，官至二品钦天监监正，南堂也迎来了第一次辉煌。顺治帝死后，汤若望受到诬告而下狱，随后病逝。康熙帝亲政后为其平反。

清康熙五年（1666），汤若望去世，接替他的是比利时耶稣会士南怀仁。康熙十四年（1675），康熙帝两次亲临南堂看望南怀仁，为南堂御笔"万有真原"匾额和"敬天"匾额，命悬挂于南堂内。康熙二十九年（1690），成立北京教区，任命意大利籍伊大仁（又名康和之）为主教，南堂作为主教府。此后，南堂遭地震破坏。康熙皇帝御赐银十万两，重新修建。雍正年间，北京地震，死伤约十万人，南堂也遭受损失。雍正赐银一千两从事修理。

乾隆四十年（1775），南堂不幸毁于火灾，原顺治帝和康熙帝为南堂御书的匾额及对联全部被烧毁。乾隆帝赐银一万两，敕令照先帝所赐之原貌加高加大重建天主堂，并恢复所有皇帝亲笔御题之匾额和对联等。所有匾额和对联都由乾隆帝亲笔御题，完全恢复旧观。

道光十八年（1838），道光皇帝颁布了对天主教的禁令，南堂被关闭。直到道光二十四年（1844），才废除禁令。道光二十六年（1846），南堂被归还。道光四十年（1860）重修南堂，并由北京孟主教重开南堂。

1900年6月14日，南堂又遭火焚。1904年重新修造大堂及其附属房屋，即现在的南堂。现仅存两块石碑记载着1650年的建堂历史。1999年10月，为庆祝中华人民共和国成立50周年，北京市政府拨款一百三十万元，将南堂修葺一新。

重修后的南堂（1904年摄）

北堂：康熙帝赐名的"救世堂"

西什库教堂在西城区西什库大街 33 号，又称北堂。最初在中南海紫光阁以西，羊房夹道（即养蜂夹道）以南名叫蚕池口的地方，因此也叫蚕池口教堂。康熙四十二年（1703）建成。光绪十二年（1886）蚕池口天主教堂迁移到西什库内重建。

康熙三十二年（1693），康熙皇帝因身患疟疾，经传教士张诚、洪若翰、白晋等呈进奎宁（又名金鸡纳霜）而痊愈。康熙帝十分高兴，对传教士大加赏赐，并将西安门内蚕池口前辅政大臣苏克萨哈旧府赐给他们，同时拨款，让他们修建住宅和教堂。他们先是修建了一座小礼拜堂，于是年 12 月 20 日举行开堂典礼。康熙三十八年（1699），他们又得到康熙皇帝的允许，扩建新的教堂。该堂由传教士哥拉路乔尼负责设计、装饰，历经四年，于康熙四十二年（1703）建成，赐名"救世堂"。在该堂陈列了康熙皇帝与法国路易十四赠送的许多金银礼品和大量精美工艺品，并悬挂康熙皇帝、路易十四国王以及其他欧洲国家国王的画像。该堂还收藏了不少传教士从西方带来的书籍。因地理位置，这里被俗称为蚕池口教堂。

康熙末年，清政府开始加强对传教士在内地传教的限制。雍正即位后，规定除少数传教士留京在内廷和钦天监效力外，禁止传教活动，关闭各省教堂，各省传教士全部迁往澳门，令其搭船回国。乾隆五十年（1785）和嘉庆十六年（1811），清政府又先后制定了西洋人传教治罪条例。道光十七年（1837），传教士中担任钦天监监正的高守谦回国，北京教堂被籍没。咸丰十年（1860），英法联军侵入北京，迫使清廷签订《北京条约》。条约规定退赔以前没收教堂的财产。于是，清廷发还蚕池口教堂。同治四年（1865），法国传教士孟振生负责扩建的新蚕池口教堂落成。新教堂邻近西苑，地基比中南海高 1.67 米，且钟楼高达 28 米，可以俯瞰禁苑。

光绪十一年（1885），慈禧准备归政，计划扩建西苑为太后住址。由于蚕池口天主堂"密迩宫廷"，加之"所造钟楼过高，其地附近禁城"，"登瞰寝园，了望

蚕池口教堂（1871 年摄）

指掌。闻其绝顶，竟可窥瞻大内，狂悖莫甚于此……宫禁之外，理宜严肃"。于是以地势狭隘为由，在老醇王奕譞的主持下，派李鸿章出面，以西安门内西什库地方易地建堂。在经过清廷与罗马教廷和法国政府的交涉后，教会同意将教堂迁往西什库，由清政府出资修建新的教堂建筑，不久，新建西什库教堂正式落成。法国传教士于光绪十三年（1887）十月三十日将蚕池口教堂交出。蚕池口教堂收回后，并没有马上拆解，直到 1903 年在清政府修缮于庚子事变中被破坏的园林过程中才逐步拆除蚕池口教堂。1909 年将此地拨给摄政王载沣，修建摄政王府。

福佑寺：康熙爷的避痘所

福佑寺位于北长街 20 号，清雍正元年（1723）建为寺院，供奉"圣祖仁皇帝大成功德"佛牌，庙祀"雨神"，是"故宫外八庙"中保

存较为完好的一座庙宇。

康熙帝与福佑寺之渊源

顺治皇帝第三子，即康熙皇帝，出生于顺治十一年三月十八日（1654年5月4日）。当时，清朝统治全国的根基还不稳，顺治在朝政上与满族保守势力分歧巨大，在皇后之位等问题上，又与太后不和。三皇子的生母佟氏，性格上不太讨顺治喜欢，因此，顺治对于这个皇子的出生并没有太多关注，甚至连汉文名字都一直没有给取。

孩子出生后不久，根据当时的惯例，被送出宫交给一个官员家去抚养，其官邸就是后来的福佑寺。三皇子出宫抚养期间曾出过天花。六年后，顺治诏皇子们入宫，并问诸皇子长大了想干什么，三阿哥回答说"愿效法父皇"。小小年纪却有大志，给顺治留下了深刻印象。

过了两年，顺治染上天花。关于皇位继承人的问题，二阿哥是个独眼，自然不妥。三阿哥母亲又是汉人，这也欠佳，其余阿哥又太小。正在为难之际，孝庄太后去请教传教士汤若望，汤若望说三阿哥已出过痘，可免后患。于是，选定了三阿哥为皇位继承人，顺治这时才给三阿

福佑寺山门

哥起了汉文名字，叫"玄烨"（原先的满文名字现已不详），定年号康熙，意思是安定祥和。

古寺现仍保存完好

该寺在清雍正元年（1723）拟分给宝亲王（清高宗乾隆皇帝弘历为皇子时的封号）作为邸第，弘历并未迁入，登基后改为喇嘛庙，名福佑寺。后代曾数次重修。

福佑寺坐北朝南，外垣门西向。中轴线上有照壁，长18.5米，黄琉璃瓦绿剪边顶。在山门和影壁之间有南北间牌楼二座，东牌楼上书"佛光普照""圣德永垂"，西牌楼上书"泽流九有""慈育群生"，为雍正皇帝所书。山门三间，黄琉璃瓦顶，前后有雕龙御路，左右为八字影壁。山门前有狮子一对，山门后有钟鼓楼各一间，黄琉璃瓦绿剪边顶。钟楼内至今仍保存有当年雍正年间铸造的铜钟。天王殿三间，黄琉璃绿剪边顶，额曰"慧灯朗照"，前后有雕云纹御路，东西配殿各三间。大雄宝殿五间，歇山调大脊，大脊中央有须弥座，上有莲花座铜塔。大雄宝殿前有月台，大雄殿五间，面阔21.90米，进深13.80米；月台东西长13.90米，南北宽7.80米，月台前有雕云纹御路。大雄宝殿额曰"慈容严在"，恭奉"圣祖仁皇帝大成功德佛牌"牌位，雍正、乾隆二位皇帝都认为康熙皇帝在位时功绩甚大，死后自然成佛，所以将康熙的牌位供奉在此。此牌位至今仍完好地保存在故宫博物院。东案陈设御制文章，西设宝座。东西配殿各三间。后殿五间，其耳房与后院配房联成"矩尺"形。后罩房三间。寺后院有东西向平房五排，每排房七间。

民国十六年（1927），福佑寺改为西藏班禅驻北平办事处。1919年12月，毛泽东率湖南驱逐军阀张敬尧的代表团来北平时曾在此暂住过。12月22日成立平民通讯社，毛泽东任社长，黎锦熙于1920年1月4日在此拜访毛泽东。中华人民共和国成立后，福佑寺曾做过西藏班禅驻京办事处。1979 年 8 月 21 日，北京市人民政府公布福佑寺为北京市文物保护单位。

吕祖阁：供奉八仙之一吕洞宾

吕祖阁位于新壁街 41 号，在街中部的路北。新壁街是从绒线胡同往南的第三条东西向胡同，明代称厂墙街，1965 年后定名新壁街。

吕祖阁建于清初，确切的年代不可考，是供奉以吕岩为主的道教宫观。吕岩，就是"八仙过海"里的吕洞宾。

吕岩，字洞宾。蒲州永乐人。唐德宗贞元十四年（798）四月十四日生。传说他出生时，异香满室，有白鹤飞入帐中不见。他自幼聪颖，十岁便能文，十五岁就能武，精通百家经籍。曾在唐宝历元年（825）中了进士，当过地方官吏。后因厌倦兵起民变的混乱时世，抛弃人间功名富贵，与妻子一起来到中条山上的九峰山修行。和妻子各居一洞，相对可望，遂改名为吕洞宾；"吕"，指他们夫妇两口，两口为吕；"洞"，是居住的山洞；"宾"，即告诉人们自己是山洞里的宾客。

吕岩道号纯阳子，在弃官出走之前广施恩惠，将万贯家产散发给贫民，为百姓办了许多好事。中国民间传说他在修炼过程中，巧遇仙人钟离权，拜之为师。修仙成功之后，下山云游四方，为百姓解除疾病，从不要任何报酬。他一生乐善好施，扶危济困，深得百姓敬仰。在飞升之后，家乡百姓为他修建了"吕公祠"，以示纪念。到了金代，因吕洞宾信奉道教，于是将"祠"改成了"观"。民间称他为"孚佑帝君""吕纯阳""纯阳夫子""恩主公""仙公""吕祖"等，道家则称他为"妙道天尊"，为民间传说的八仙之一。

吕祖阁是北京供奉"吕祖"的最大道观，规模颇大。在南北轴线上主体建筑依次为山门、钟鼓楼、前殿三间、中殿三间、后殿五间、东西配殿各五间。现在除山门不存外，其他都保存较为完整。在各殿的脊部都有精美的砖雕，有很高的艺术价值。

昭显庙：供奉雷神的庙宇

昭显庙在北长街 71 号，与万寿兴隆寺和静默寺全部位于北长街路西，同属紫禁城外八庙，是市级文物保护单位。

昭显庙建于清雍正十年（1732），山门坐西朝东开，里面仍然是坐北朝南的顺序，是一座皇家道教庙宇。因祭祀雷神，俗称雷神庙。现在仅存影壁及后殿，影壁长约 22 米，高约 3.5 米，厚约 2 米，绿琉璃瓦硬山调大脊，建筑面积约 154 平方米。

明代以及清顺治、康熙年间，每年祭祀云雨风雷四神都在天坛祈年殿一并举行。据史书记载，明代所建紫禁城，永乐、正统、景泰、弘治、正德、嘉靖、万历、崇祯八位皇帝在位期间共遭十四次雷击，奉天殿、华盖殿、谨身殿、奉先殿、建极殿、奉天门、西华门、承天门（天安门）以及太庙（今北京市劳动人民文化宫）均曾因雷击起火而被毁。面对风雨雷电灾害的频发，为了表示更大的诚心、举行更隆重的祭祀，雍正皇帝颁旨，在皇城之内分别建设风雨雷神之庙。雍正皇帝下诏在皇城附近择地修建雷神庙，工部与礼部司其事者经缜密分析并勘察，认为京城雷电多发自西北方向，而位于宫廷西北方的北长街又系京城之龙脉，龙生水而水克火，故启奏皇帝拟在北长街修建雷神庙。雍正皇帝以为有理遂准奏，命拨帑银限期落成，届期接引雷神，开光焚香膜拜，四季鲜花供养。最终建有宣仁庙、昭显庙、凝和庙、福佑寺分别用来专门祭祀风、雷、云、雨四神。这其中最有地位的，当属昭显庙的雷神了。

据记载：雷神庙坐北朝南，外垣门东向。主要建筑有山门、钟鼓楼、前殿、中殿、后殿。垣门外砌绿琉璃筒瓦硬山调大脊影壁；山门三间，绿琉璃筒瓦歇山调大脊，石券门，其额刻"敕建昭显庙"楷书字；钟鼓二楼，歇山重檐黄琉璃瓦绿剪边，旋子彩画，上檐交麻叶头，下檐单昂斗拱；前殿三间，绿琉璃瓦歇山调大脊顶，三踩单昂斗拱；中殿三间，歇山调大脊，黄琉璃瓦绿剪边，五彩重昂斗拱，和玺彩画，前有五级踏步带御路，上雕二龙戏珠；后殿五间，歇山调大脊，黄琉璃瓦绿剪边，三踩单昂斗拱，和玺彩画；另有配殿若干。原建筑仅存影壁和后殿。

早年在雷神庙北边有条小胡同，叫雷神庙夹道，1911 年后为北京教育会所占用，胡同也改名为教育夹道。1925 年，中国共产党和国民党左派曾在此主持召开了"国民会议促成会全国代表大会"。中华人民共和国成立后，昭显庙由北长街小学所用。

万寿兴隆寺：康熙重修寺庙纪念生母

万寿兴隆寺位于西长安街街道北长街 37 号、39 号、41 号、43 号，后宅胡同 9 号。寺庙因在路西，为朝故宫方向，故坐西朝东。西至中南海，北至庆丰司，南邻后宅胡同，是一座清代古刹，为紫禁城外八庙之一。原为明代兵仗局佛堂，里边供放有很多兵器，有皇宫里的武器样式库房之意。现寺门上的石额题写着"万寿兴隆寺"，为清康熙皇帝手书。1989 年被公布为第一批（原）西城区文物保护单位。

曾是康熙帝之吉祥寺

万寿兴隆寺始建于明朝，原为兵仗局佛堂。明代的皇帝和皇子们还在这里使枪练棒习武。到清代，这里和斜对面的福佑寺都为清宫后宫的一部分。

万寿兴隆寺有房二百余间，建筑面积 1944.7 平方米。内有东向殿二进，南向殿四进，各殿均有配殿。山门三间，东向，雕龙石额书"万寿兴隆寺"。前殿三间，外额书"显灵尘世"，殿中额书"摩利支天"。后殿三间，额书"兴隆寺"，皆为康熙御书，现已不存。南向一层殿三间，二层殿三间，

万寿兴隆寺

三层殿五间，四层殿五间，各殿均为硬山筒瓦顶。寺内原有米汉雯题写的重修碑记、康熙三十三年兴隆寺碑、清乾隆二十六年万寿兴隆寺养老义会碑、乾隆三十二年献花会题名碑、乾隆四十八年养老义会题名碑及清同治、光绪、宣统年间碑多方，现多已被毁。

清康熙皇帝玄烨生母孝惠章皇后佟佳氏就出生于兵仗局佛堂，康熙帝读书和出天花时"避痘"又住在福佑寺，故而康熙继位后，对兴隆寺和福佑寺十分关注，认为此二寺对他来说是吉祥之寺，分别于康熙二十年（1681）及康熙二十八年（1689）两次重修兴隆寺。康熙三十九年（1700）整修该寺后，康熙为纪念生母，特改寺名为"万寿兴隆寺"，并亲题匾额。

现在该寺虽为民居，但其殿宇房屋大多保存完好。寺内古树名木很多，主要有古银杏、古柏、古槐等。尤其是后院北殿前东西高耸着两棵巨大的雌雄古银杏，都高达20多米，东边的一棵雄株胸围达3米，西边的一棵雌株胸围达2.5米，是清代康熙年间遗物，距今已三百多年，为一级保护古树。现两棵古树仍是生机盎然，雌株每年金秋都是硕果累累。这两棵树是西城区的"古银杏之最"。中路后院落的两棵高大古柏绿冠如荫，苍翠青葱。万寿兴隆寺现为西城区文物保护单位。

成为太监养老的居所

明代时，皇宫里有大量的太监，他们到老年后，要按律出宫。太监们晚年生活大多是在京城的寺庙中度过。

到了清代，太监以河北的大城、天津的静海等地居多，这些太监们老年出宫，如回原籍，就会备受村民歧视。因为他们无后，本家的亲戚又不愿赡养，便只好又倒流回京，回京后也少有安身之处。所以少数有权势、有钱财的宫中亲信太监就出资修庙，在里面设置太监们养老用的房间。这样太监们出宫后到寺庙中养老就成为不成文的规则。

北京的很多寺庙都是太监出资所修，如东城区的智化寺是明英宗时的太监王振所修，报房胡同的法华寺是明景泰年间太监刘通所修，石景山区模式口的法海寺为明英宗时太监李童所修，西山碧云寺为明天启年间太监魏忠贤所修，西郊万寿寺为明万历年间太监谷大用所修，西山凤凰岭妙觉禅寺（明照洞瑞云庵）为明英宗时的太监尹奉所修，等等。

到清末，大多数寺庙因各种原因不再接收养老太监，最后只剩北长街的万寿兴隆寺、鼓楼附近的宏恩寺、西郊蓝靛厂的立马关帝庙和西山大觉寺北的福顺寺等处还可居住太监。其中，因万寿兴隆寺距故宫最近，顺福寺位于西山，环境优美，这两处居住的老太监最多。

1924年，冯玉祥为了彻底铲除封建制，把在故宫后宫居住的清末代皇帝溥仪驱逐出宫。在他看来，如不彻底铲除封建帝制，就会有死灰复燃的危险。宣统皇帝被逐出紫禁城，太监也被逐出宫，其中，穷苦太监们就集中住到万寿兴隆寺。由于清代万寿兴隆寺一直由皇宫管理，也就是由太监们实际管理，不像别的寺庙由高僧们住持，所以兴隆寺还接纳太监。1949年前后，就只剩万寿兴隆寺收养老年太监了。后来，万寿兴隆寺又有"太监寺"的俗称。

那时候，太监们进住万寿兴隆寺是有条件的，要在出宫前加入"养老义会"，定期交纳银两，进庙后才能给予食宿和养老送终，因此，万寿兴隆寺实际上就是太监们的养老院。宫中的太监们的这种养老义会方式，是清乾隆年间皇宫里乾清宫总管大太监刘钰和副总管太监肖云鹏创办的。因这种方法确实解决了太监们到老年养老的问题，所以很受太监们的欢迎，特别是下层太监们大多加入。另外，义会还在京南大兴购置了大量的土地为太监养老资产。

接纳老年太监们的寺庙还为太监们的后事服务，如办丧事、停放寿材等，其收入也为庙产。因在寺庙中度晚年的大多是穷苦太监，所以太监们的生活是十分清苦和悲惨的。如万寿兴隆寺的老年太监，他们整天吃的是宫内送来的残羹剩饭，屋里是老鼠横行，在夏天蚊蝇滋生，冬天则无法取暖只好受冻。很多老年太监不是老死，就是病死或冻饿而死。他们白天很少出庙门，夜晚以青灯为伴。直到 1949 年后由人民政府接管，他们的生活才得到改善。

静默寺：清代规格较高的寺庙

静默寺在北长街 81 号（原北长街甲 30 号），紫禁城外八庙之一，昭显庙南。

有记载称，静默寺于明崇祯元年（1628）募建，名关帝庙。清康熙五十二年（1713）在原址重建为寺，赐名"静默寺"。雍正十一年（1733），雍正皇帝敕令雕印《大藏经》，又称《龙藏》或《清藏》，完成于乾隆三年（1738），称为《乾隆版大藏经》。负责主持雕印的是庄亲王允禄、和亲王弘昼，参加者有静默寺住持"贤首宗"的持海宽，还有贤良寺住持"临济宗"的超盛、万寿寺住持"临济宗"的超广、大慈观音寺住持"贤首宗兼慈恩宗"的自垲。

静默寺在清代规格较高，民国时仍为寺庙，可惜后来损毁严重，失去了原有的格局和规制。据《1928 年北平特别市寺庙登记》载："本庙

111

面积约四亩，房屋七十八间。管理及使用状况为本寺和尚管理，以便信仰烧香。庙内法物有泥像两尊，木像七尊，铜钟两口，皮鼓两面，木五供四堂，木鱼一个，铁磬一个，藏经残部七百余套，另有石碑两座，梧桐树两株。"今该寺山门为北长街居民委员会，后皆成为民居。

静默寺山门东向，面对北长街，全寺坐西朝东。山门三间，硬山调大脊灰筒瓦顶，有额为"敕建静默禅林"，山门北有一小门。前殿三间，前出抱厦一间，抱厦为悬山顶箍头脊，殿为硬山调大脊灰筒瓦顶，南北有配房。中殿三间，硬山调大脊灰筒瓦顶，额为"静默寺"，该殿有等级最高的和玺彩画，也由此可见该寺的地位。南北配殿三间，硬山调大脊筒瓦顶，南北寮房各五间，硬山合瓦顶。后殿三间，硬山调大脊灰筒瓦顶，额为"璿枢转福"，皆为康熙皇帝所书。南北配房各三间，硬山合瓦顶。传大殿内曾供有关公的青龙偃月刀，门前的石狮现埋在地下。

桐城试馆：吴樾在京住处

前门西大街 15 号、17 号桐城试馆建于康熙四十年（1701）。《北京会馆档案史料》记载，1954 年，安徽省会馆财产管理委员会房地产移交清册中，记载桐城试馆移交的产业有顺城街 14 号、15 号，小财神庙 8 号，辇儿胡同 38 号。另据 1947 年北平市政府社会局调查会馆登记时，关于桐城试馆的记载是"内二区，桐城试馆，前内顺城街 14 号"。

吴樾（1878—1905），字孟侠，安徽桐城人，光复会会员，中国近代民主革命家，辛亥革命元勋。他家境清贫，八岁丧母，其父外出谋生，靠兄长抚养。自幼读书，喜诵古文，尤好读史，颇具游侠之气。1901 年，清政府与帝国主义签订丧权辱国的《辛丑条约》，民族正面临生死存亡的危急关头，吴樾悲愤交加，毅然北上，寻求救国救民之道。

1902 年，入保定高等学堂。1903 年，阅读邹容所写的《革命军》一书，受到启发。1904 年，经蔡元培介绍加入光复会，会见革命党人赵声，共商反清革命活动。由赵声介绍结识杨毓麟，成立北方暗杀团，吴樾任北方暗杀团支部长，主张以"五步流血"的暗杀手段对抗清政府。吴樾所著《暗杀时代》一书，阐明自己的革命主张，书中包括《暗杀主义》《复仇主义》《革命起义》《揭铁良之罪状》《敬告我同胞》《复妻书》《与章太炎书》等十三篇，字字血泪，言明暗杀的意义和决心，愿以身殉道，敢为天下先。

1905 年，清廷宣布立宪新政，派载泽、端方、绍英、戴鸿慈、徐世昌五大臣出国考察宪政。吴樾认为清廷行此事是欺骗民意，随后写下一个绝命书——《意见书》，潜往北京，住在桐城试馆。同年八月二十六日（1905 年 9 月 24 日），在正阳门车站，吴樾刺杀出洋五大臣失败，壮烈牺牲。

吴樾向清政府投出的第一枚炸弹，唤醒了昏睡的国人。孙中山先生亲撰祭文，有"爰有吴君，奋力一掷"之句。1912 年 5 月 26 日，在北京桐城试馆的礼堂里隆重举行了追悼吴樾的大会，著名革命活动家徐谦、章太炎、蔡元培等参加追悼会。

和平门开通第一天

民国十六年（1927）二月十三日，《晨报·星期画报》里面有关于"和平门开通之第一日"照片及文字，其中照片注释："当十年前辟新华街时，即有开门洞之计划，后以当轴迷信风水之说，由步军统领出面反对拆城，遂罢议。"

此段之语，是指袁世凯篡夺了中华民国大权，改朝换代，将"大清门"改为"中华门"，同时议开辟新华街（即现在的南、北新华街），将正阳门与宣武门之间城墙，与新华街交叉之城墙，开个门洞，议名新华门。袁世凯在位时，迷信风水，拆城墙开门洞，便冲了元气和福气，因此开洞计划暂未实行。北新华街填沟修路未竣工，袁世凯就归西而走，开洞也就作罢。"迨数岁国民军入京，毅然兴工，定名为和平门。"

《文史资料选编》第七辑（政协北京文史资料委员会编，1980 年 7 月第 1 版第 1 次印刷），书内第 188 页有左笑鸿撰文《从"兴华门"到"和平门"》，文中写道："大约是 1924 年，冯玉祥班师（即国民军）回到北京，鹿钟麟当了卫戍总司令。有人建议开个城门，冯玉祥顾然答应说：'他们不干咱们干。'就指派鹿钟麟专办，一切由他指挥。至于工人呢，冯玉祥说：'由咱们的队伍包了。'于是先派人测量，找到合适的地点，然后做老百姓的工作，因为由南到北要拆几百间房子。由于房主要略给一点房价（据说是冯玉祥同财政部吵了一架才弄到点钱），房客得安排迁移，这样耽误了不少时日。等一切都搞好了，才开始动工。""等到城里的房子拆好了，一条马路已具雏形，但城外还是不通，因为还有一道护城河隔着呢。护城河既不能填，又不能堵，只能搭桥，这工程可不小。石头栏杆石头桥筑起来了，城门也建好了，政局变了。"这段文中的"城门"，是冯玉祥 1924 年至 1926 年初在京期间，由鹿钟麟亲自参与施工和指挥完成的。老百姓们称赞说："冯玉祥的兵就是好！"城门建好了，路开通了，不等于正式启用了。政局变了，即"去夏国民军败退，又辍工数月，至客腹始完工，已于本月（二月）一日行落成典礼，南北新华街从此统一矣"。

冯玉祥的国民军退出京城去南口，张作霖、吴佩孚的直奉部队进京，是中华民国十五年（1926 年，阴历丙寅年），"本月一日行落成典礼"，即是民国十六年（1927 年 2 月 1 日，阴历丙寅年十二月二十九日，本月小，无三十日），就是大年除夕行落成典礼，"和平门"开通，南北新华街开始行人，车辆通行。这是京城百姓盼望和值得庆贺的日子，去丁卯平厂甸庙会，内城百姓不用再绕前门或宣武门了。和平门"门高四丈，宽三丈，分东西二洞，洞设两铁扉，高丈有五尺，居中石刻'和平门'三字，为华

和平门落成典礼

世奎所书，闻润笔三百金云"。

　　这幅"和平门"照片和文字说明告诉我们，冯玉祥时起名为"和平门"，张作霖时初名仍为"和平门"，城门洞上中间三字"和平门"，是天津华世奎写的颜体字。"和平门开通之第一日"，即是中华民国十六年（1927）2月1日，阴历是丙寅年十二月二十九日。

　　和平门在修建北京地铁时被拆除，"和平门"成了周围地域的地片名。

第五章　深宅旧事：皇城边的宅邸旧居

如果北京城被称作"伟大的东方古代文化艺术博物馆"的话，那西长安街地区可谓贡献颇大，这里有漫长的过去可以追寻。在这里，"历史感"携带着丰富的意义融汇今昔，帝制时期遗留下来的建筑、古迹和空间格局，足以让我们将过去和现在有机地联系，从历史中获得当下的生活和行动指南。

绵德贝子府：见证明朝至今的变迁

小石虎胡同是西单北大街路东，从南数起的第二条胡同，西起西单北大街，东至横二条，全长不足 200 米。

对于这条胡同，很多人知道西单民族大世界商场，却不知这里还是一处历史悠久、人文底蕴深厚的文化宝地，2013 年这里开始腾退。该地 2001 年被列为北京市文物保护单位，2006 年被列为全国重点文物保护单位。

北京现存最完整的贝子府

在这条短短的胡同里，有一处历经数百年的老宅，见证了明清两朝的兴衰。这座老宅是乾隆年间的一座贝子府。

绵德府国家重点文物保护单位，为清代现存规模较完整的一座贝子府，曾作为吴应熊的驸马府。清乾隆四十二年（1777），镇国公绵德成为宅子的主人，绵德府的名称也因此而来。这座府邸历经了清王朝由鼎盛而至衰亡的历史进程，承载了极其丰富的历史文化信息。

绵德是乾隆皇帝的皇长孙。乾隆十五年（1750），绵德的父亲永璜逝世，绵德恩袭定亲王爵号；二十二年后的乾隆三十七年（1772），被降为定郡王；乾隆四十一年（1776），绵德"以结交礼部司员削爵"，他的弟弟爱新觉罗·绵恩袭爵；一年后绵德被封为镇国公；乾隆四十九年（1784）复封为贝子；乾隆五十一年（1786），命途多舛的绵德病逝，终年四十岁。

据清昭梿编写的笔记《啸亭续录》记载："贝子绵德宅，在石虎胡同。"据红学家杨乃济先生考证，绵德宅第在石虎胡同路北，乾隆四十四年（1779）建成，按照公爵等级建造，"共有房三十二座，计一百四十八间，垂花门一座，月台一座，甬路三通，外围墙长八十丈八尺，院墙长八十七丈七尺；随墙门十九座、影壁一座"。院内还有一棵迄今树龄达六百余年的老枣树，被誉为京都"第一古枣"。

从乾隆四十四年（1779）起，石虎胡同 7 号院（老门牌，今小石虎胡同 33 号）就被赐给绵德居住，直到绵德的五世孙毓祥 1913 年迁出，绵德及其后人一直居住于此。这座大宅院，同治年间为绵德曾孙溥咸府第。同治五年（1866），《奉恩镇国公溥咸府第地盘画样》图题上贴的黄签写道："西单牌楼石虎胡同，不入八分镇国公溥咸府第地盘画样，共房 153 间。"

古老的贝子府虽然被湮没在现代商业的繁华中，但好在府门完好无损地保留了下来，而其他大多数贝子府的府门都已经损坏。经古建筑专家鉴定，认为这座贝子府是北京现存最完整的贝子府。

见证明清兴衰的老宅

绵德贝子府所在的这座老宅子，从可考证的文字记述来看，可以追溯到明代。明初，这里是延凌会馆（又称常州会馆或武进会馆），是京城最早的会馆之一。到了明末，有个武进人，名叫董心葵，是个标准的市井无赖小混混儿，他在京城巴结上了东厂、锦衣卫的特务，狐假虎威，招摇过市。有回他路过石虎胡同，看到延凌会馆的门斜墙塌，就出钱把会馆整修一新，企图借此谋利。恰好当时万历四十一年（1613）状元、崇祯朝东阁大学士周延儒"将介枚卜"，就是要入阁做宰臣了。董心葵看到周延儒要当宰相，就把这所宅院送给了周延儒，这里成了"周府"。

周延儒在崇祯朝曾两度为相。崇祯皇帝即大位后，召周延儒任礼部右侍郎。崇祯二年（1629），三十六岁的周延儒当上了礼部尚书兼东阁大学士，第二年成为首辅。崇祯六年（1633），因为周延儒为官贪婪、任用亲信，被另一个大学士温体仁排挤，托病还乡。崇祯十四年（1641），周延儒复为首辅，崇祯帝更加器重他。崇祯十五年（1642）正月初一，崇祯帝接受群臣朝贺，却叫周延儒面向西站好，崇祯本人东向揖拜他说："朕以天下听先生。"清兵打来后，缺乏雄才大略、不谙军事的周延儒，请僧道百人在石虎胡同口设大法场，诵《法华经》第七卷，热闹一时。崇祯十六年（1643），清兵逼近京畿，周延儒自请督师，然而他"驻通州不敢战，整日与幕僚饮酒作乐"，却假传捷报蒙骗皇帝。崇祯帝不知内情，对他褒奖有加，特晋"太师"。后来锦衣卫指挥骆养性上密折揭发真相，其他的官员也相继弹劾，周延儒被押入京师，关在正阳门外一座破庙里，后获罪流放戍边。不久，崇祯帝下诏勒令他自尽，籍没其家，终年五十一岁。

清初，这里是和硕恪纯长公主府。和硕恪纯长公主是清太宗皇太极的第十四个女儿，是康熙帝的姑姑。顺治十年（1653），下嫁给平西王吴三桂之子吴应熊。起初的吴额驸府不在石虎胡同7号院，而是在南长街南口以西的南府花园。后来吴三桂叛乱，其子吴应熊及孙子吴世霖被诛，和硕恪纯长公主便失去了丈夫与儿子，随后搬到石虎胡同这里，度过余生，于康熙四十二年（1703）去世，时年六十三岁。

清雍正时期，朝廷订立了宗学制度，规定凡王、贝勒、贝子、公、将军及闲散宗室子弟，年十八岁以下者都可入宗学读书，学习满汉文字、经史文艺等。雍正二年（1724），八旗分设左右两翼宗学，左翼是镶黄、正白、镶白、正蓝四旗，居京城的东半边；右翼是正黄、正红、镶红、镶蓝四旗，居京城的西半边，右翼宗学就设在公主府。

在右翼宗学中，有一位才华横溢而又狂傲不羁的"邻曲"，就是《红楼梦》的作者曹雪芹。当时的曹雪芹家道中落，为生计所迫，到右翼宗学供职。

乾隆年间，右翼宗学搬到绒线胡同新址，名臣裘日修被赐居住在此宅。后来，学者毕沅也曾居住于此，直至乾隆四十四年（1779）改为绵德贝子府。

曹雪芹构思《红楼梦》的33号

雍正二年（1724），清政府分设左、右两翼宗学，培养宗室弟子。乾隆十年至十九年（1745—1754），曹雪芹在右翼宗学当差，与宗学学生敦敏、敦诚兄弟结识，并成为好友。也就是在这里，他开始构思《红楼梦》。

为了糊口，他先在内务府做过短时期的堂主事，即整理文书档案的工作。乾隆十年（1745）前后又到西单石虎胡同（后迁至宣武门里绒线胡同东口）专为皇室子弟开设的官学——右翼宗学当了两年管理日常事务的差事。

当曹雪芹过着"寒冬噎酸齑，雪夜围破毡"的生活时，敦诚写了

"劝君莫弹食客铗，劝君莫叩富儿门。残羹冷炙有德色，不如著书黄叶村"的诗句，鼓励他一定要把《红楼梦》写出来。

敦诚《寄怀曹雪芹》诗中有句"爱君诗笔有奇气，直追昌谷破篱樊。当时虎门数晨夕，西窗剪烛风雨昏"。诗中"虎门"一词，吴恩裕教授据《八旗文经》载果亲王允礼的《宗学记》一书考出即是右翼宗学。1964 年，周汝昌先生又考据出"虎门"的地点是西单北石虎胡同。

乾隆二年（1737），曹氏一家曾经出现过短暂的回光返照。那是雪芹之父在经过数年的监禁之后，终于被赦免还家，曹雪芹也得授从六品州同的官职。曹氏一家眼看兴旺在即，然而晴天霹雳，另一桩大案使得这一家人再次惨遭抄没，曹雪芹的祖母也终于在连番打击后撒手人寰。

关于这一桩大案的来由，历来学者争论不已，始终没有一个统一的答案。屡逢剧变的曹雪芹也离开了蒜市口，迁居到小石虎胡同 33 号居住。

曹雪芹正是在这里创作了他的毕生之作《红楼梦》，按周汝昌所说："院里的一株三百年的枣树，应该'见过'曹雪芹的。"

第一所招收蒙古族学生的国力学校成立

1912 年，蒙古贵族贡桑诺尔布（俗称贡王）出任参议院议员、蒙藏事务局（两年后改称蒙藏院）总裁，总管边疆和民族事务。贡王性情恬静，通晓蒙、满、汉、藏文字，是个力图变革图强的新派王公。他呈报大总统，请求设立民国后第一所专门招收蒙古族学生的国立官费学校——蒙藏学校。

1913 年 3 月，蒙藏学校在西黄城根西南转马台内的孙家花园成立，聘请达斡甫为校长，学生来自前清理藩部所属咸安宫、唐古忒学、托特学和光绪年间设立的蒙古学等校的学生。课程开始只设政法（补习班性质），后来增设蒙古文，其余课程与普通中学相同。由于孙家花园教室少，离学生宿舍又远，经费困难，蒙藏学校停办了数月。

国立蒙藏学校旧址大殿

1916 年 8 月，北洋政府财政部把西单石虎胡同 8 号院毓公府租给蒙藏学校办学。"本校租到财政部官产处官房所，坐落于石虎胡同，共计大小房屋 103 间。约定租期以十年为限，每月付给岁修费洋 70 元。"11 月复课时，蒙藏学校就迁到了西单石虎胡同。1932 年，蒙藏学校又购置了石虎胡同 7 号院（即松坡图书馆），将中间的院墙拆除，两院打通。

蒙藏学校章程规定，先办预科，教授中学课程，再升格大专。1918 年 4 月，第一批预科学生毕业，进入法律专科，学校改名为"蒙藏专门学校"，简称"蒙专"，这是我国历史上第一所少数民族高校。

1919 年五四运动中，"蒙专"学生积极参加游行示威，并在《晨报》上以《蒙藏学界之愤激》为题，刊登了蒙专学生的罢课宣言。学生代表荣耀先与瞿秋白、许德珩、张国焘等共同发起成立北京学生联合会，以"蒙专一百三十人"的名义参与签署《致巴黎专使电》《致巴黎和会电》等爱国文电。

蒙古族学生的革命热情被激发

在李大钊的鼓励下，荣耀先回到家乡土默特旗，动员蒙古族学生到北京"蒙专"求学。土默特本来是蒙古族历史上一个部族的名称，后来这个部族中大部分人定居在大青山南北，即现如今的呼和浩特周围，于是也把这个地方称为土默特。1923 年秋，三十九名蒙古族学生来到"蒙专"就读。进入"蒙专"后不久，就遇上为反对丈量土地进京请愿的土默特旗农民代表。于是，他们主动加入了请愿行列，为家乡农民代表出谋划策、鼓劲助威。这场斗争持续了一个多月，虽然没有取得实际的效果，但初步显露出这批蒙古族学生的革命精神。

中共中央驻北方代表李大钊及中共北京区委（1925 年 10 月后改称中共北方区委）的邓中夏、赵世炎、张国焘等人，为这些蒙古族青年创办马克思主义研究小组，提高他们的理论觉悟，为在蒙专建立党、团组织做准备。研究小组活动地点不固定，时间也是临时通知，荣耀先每次都积极参加，从不缺席。1923 年夏，荣耀先加入了中国共产党，成为蒙专第一个中国共产党党员。1924 年春，奎璧、吉雅泰、多松年、乌兰夫、赵诚、佛鼎、李裕智、孟纯、王祥、傅汝梅、崇善、云霖、荣继璋、福祥、赵璧成、荣继珍、李春荣、朱世富、云盛、任殿邦等三十八人经蔡和森、韩麟符、朱务善等人介绍加入了中国社会主义青年团。3 月 30 日，蒙专团支部成立。

1924 年秋，中共蒙藏学校党支部成立，这是中国共产党历史上第一个由蒙古族党员组成的党支部，也是中国共产党历史上第一个由少数民族党员组成的党支部。

在李大钊的启发下，多松年和乌兰夫、奎璧三人办起了内蒙古的第一个革命刊物《蒙古农民》。第一期开篇是只有十六个字的短文："蒙古农民的仇敌是——军阀、帝国主义、王公。"其中一篇文章一针见血地指出内蒙古农民有三个坏命运：一是军阀压迫剥削，二是王公专制压迫，三是帝国主义侵略掠夺。

《蒙古农民》设有"政论""诉苦""醒人录""好主意""蒙古族和外蒙古人民的生活"等栏目，以鲜明的态度、通俗的语言、活泼的形式，宣传打倒军阀王公和帝国主义，被确定为蒙专党组织的刊物，并发行到呼和浩特、锡林郭勒和乌兰察布等地区的农牧民手中。《蒙古农民》虽然只出过四期，但在宣传党的主张、推动内蒙古革命运动上产生了深远的影响。

到 1925 年 1 月，蒙专全校一百二十名学生中已有九十名中共党员和青年团员。1925 年 10 月，多松年、乌兰夫等同学一起赴莫斯科学习。一些党员被分送到广州农民运动讲习所、黄埔军校学习，还有一部分到蒙古人民共和国学习，李大钊称赞他们是"新生力量，革命的财富"。

1951 年，国立蒙藏专门学校改为"中央民族学院附中"。1968 年至 1978 年十年间，校名改为"北京一六〇中"，直到改革开放后才恢复为"民院（后叫'民大'）附中"。

2012 年国家民委、北京市西城区政府专门成立了"西单 33 号文物保护修缮项目联合工作小组"，启动了对"国立蒙藏学校旧址"的保护修缮工作。

朗贝勒府：从定亲王府到幸福小巷

定亲王府位于西城区颁赏胡同、羊皮市胡同之间（中间含义达里胡同），西到今西四南大街（以前南段称缸瓦市大街）砂锅居饭店，东与礼亲王府相邻。由于定亲王绵恩和贝子绵德的兄弟关系，缸瓦市的定亲王府称为北府，石虎胡同的贝子府称为南府。

朗贝勒府：从占地2.7万平方米到变卖搬离

清乾隆十五年（1750），乾隆帝的第一子永璜去世，被追封为定亲王，乾隆帝之孙爱新觉罗·绵德受封和硕定安亲王，建立定亲王府，即北府。府之范围约略为：南起今羊皮市胡同，北至今颁赏胡同，西起砂锅居饭庄一带，东至今九三学社，占地面积约2.7万平方米，有房四百余间。

王府南侧为三间宫门，门外有一对体形硕大的石狮（后被人买走，安置在南京中山陵前）。20余米长的照壁及一排座房，内分成三路。中路为五开间绿色琉璃瓦的银安殿，甬道两旁为五开间的东西翼楼及厢房。银安殿后为三间殿房，俗称小殿，两侧各有配房若干。小殿之后为五开间的神殿，两旁各有三间耳殿。神殿后面为上下各五间的后罩楼。后罩楼的东、西、北三面有各自独立的院子。西路有北房五间，房后为五开间小方甊形的建筑，前有游廊相连。府内设有管事处、买办处、庄园处、随侍处、回事处等，负责管理财政、征收地租、跟班等事务，此外还有马圈（今阜成门）。此建筑北侧还有一个院落，曾为府中护卫、杂役等人居住。

光绪三十三年（1907），爱新觉罗·毓朗袭贝勒，定亲王府传到他这里时人称"朗贝勒府"。毓朗在晚清是显赫的人物，当过步军统领和军机大臣。他的女儿名恒馨，嫁给了荣源，他们的女儿即婉容。婉容是宣统皇帝溥仪的皇后，也是中国的"末代皇后"。

中华民国以后，毓朗坐吃山空，便将贝勒府南部变卖（即今天的二炮招待所一带），北部的房产于1928年卖给华比银行，后于1930年被天津巨商韩某购买，盖起十二座小楼，逐渐形成居民区，并有了义达里、乐群巷、孝贤巷、慈祥巷、福德巷、忠信巷、勤俭巷等七条小巷。1965年这些小巷合并，统称义达里。毓朗的后人陆续搬离此地。

义达里：小巷名称蕴藏追求与向往

义达里胡同位于西长安街地区西北部，东西走向，东不通行，西至西四南大街，全长 340 米，均宽 3 米。

"义达里"的名字由来，是由"一打"谐音雅化而成，因巷子内有十二栋小楼，故称"一打"。在这些老胡同名称中聚集着"孝贤""慈祥""福德""忠信""勤俭""乐群""义达"的称谓，这些名称背后蕴藏着百姓们对伦理道德和幸福生活的追求和向往。

老北京城内被称作"里"的地名并不多见，义达里虽然也被广义地称为"胡同"，但"里"的居住形态与胡同有所不同。位于西四南大街东侧的镶嵌"义达里"匾额的门楼，是"里"与外联系的唯一通道。

"里"在城市与住家之间构建了半私密的空间区域，而胡同则在城市与住家之间构建了半公共的空间区域，"里"在城市与住家之间增加了一个由公共到私密过渡的空间层级。

镶嵌"义达里"匾额的门楼

义达里内除了宽 3 米到 4 米的镜向"F"形的主巷，其余均为宽约 2 米的支巷，支巷大致由五条相互平行的东西向尽端支巷和一条东西向连接支巷、一条南北向连接支巷组成。这样的格局决定了"里"的封闭性和私密性，给予"里"内的居民很强的领域感、归属感与安全感。

义达里有一块匾额，这是出自书法家张济新之手，此人曾是张作霖的幕僚，担任张作霖沈阳大帅府总务处长，后又是"少帅"张学良的老师。他是辽宁铁岭人氏，光绪年间得中拔贡，历任县令、道台。抗战时期以病为由，坚拒日伪之邀。"九一八"事变之后，张济新在北平德胜门内开办东北难民营，遇有难民求助，就赠送书法一幅，让难民拿去换钱用。张济新曾为北平和平解放做过贡献，解放战争时，他拒绝国民政府要他赴东北共商大计之请，解放军包围北平时又主动劝说傅作义将军，为北平和平解放奔走，故有"和平老人"之称。中华人民共和国成立后，受聘为中央文史馆馆员。

1952 年冬，张先生辞世，享年八十四岁，周恩来委托章士钊为他料理了后事。"义达里"这块匾额写于 1936 年。从这里可以证明，义达里是 1936 年之后才出现的。据说门楼两侧墙壁上曾刻有"义达里宝地福田境由心造，缸瓦市忠言笃行道在人为"的对联。

衍圣公府："圣人"孔子后人的在京居所

"衍圣公"是宋仁宗在位期间赐予孔子后裔第 45 代孙孔宗愿的封号，一直到 1920 年，孔子 76 代嫡孙孔德成（1920—2008）继承"衍圣公"的封号，总共延续将近 900 年。

衍圣公府位于太仆寺街，因孔子在中国被尊为"圣人"，因此亦有称衍圣公府为"圣人府"。《京师坊巷志稿》记载有"西有衍圣公第"，注解为"衍圣公第，旧在东安门外，今第在太仆寺街者，即明英宗所赐"。所谓"衍圣公第"，就是孔夫子后人"衍圣公"在京城临时居住之地。

明英宗赐衍圣公府于太仆寺街

西汉时期，董仲舒提出"罢黜百家，独尊儒术"，得到汉武帝的认可并推行，此后历代帝王均尊孔子为"圣人"，孔子的嫡系世家也成为世代相袭的天下第一贵族之家，至明代升为一品官，居于文官之首。

衍圣公平日居于山东曲阜，每岁需入京朝觐。历代多在京都为其建立府邸，以拉近朝廷与孔府的距离。北京的衍圣公府就是其朝觐时的居所。

明成祖迁都北京后，在东安门外为孔府赐宅，据《明史·儒林三》记载：仁宗践阼，彦绳来朝。仁宗语侍臣曰："外藩贡使皆有公馆。衍圣公假馆民间，非崇儒重道意。"遂赐宅东安门外。

明英宗时，在太仆寺街修建新的衍圣公府。《明史·衍圣公传》有记载："明英宗复辟，孔宏绪入贺，朝见便殿。帝握其手置膝上，语良久。宏绪才十岁，进止有礼，帝甚悦。每岁入贺圣寿，帝闻其第湫隘，以大第易之。"说的就是孔子第60世孙孔宏绪在觐见明英宗时，其举止得当甚得英宗喜爱。英宗听闻他的府邸（东安门外）较小，便为他更换了较大的府邸，也就是位于太仆寺街的衍圣公府。

据《北京西城文物史迹》记载：所谓"大第"，具体而言是一座"坐北朝南"的"四进院落"，"府门内前院有北房三间，二进院有北房三间，东、西厢房各三间，三进院有北房五间，东、西厢房各三间，后院有后罩房十二间"。

清人樊彬在《燕都杂咏》中这样写道："赐第西华近，崇儒礼更加。墙高瞻数仞，知是鲁东家。"

"借寓"衍圣公府的阮元

阮元（1764—1849），字伯元，号芸台、雷塘庵主，晚号怡性老

127

人，江苏仪征人。乾隆五十四年（1789）进士，历任礼部、兵部、户部、工部侍郎，山东、浙江学政，浙江、江西、河南巡抚及漕运总督、湖广总督、两广总督、云贵总督，体仁阁大学士，太傅等职。在经史、数学、天算、舆地、编纂、金石、校勘等方面有着非常高的造诣。被尊称为"三朝阁老""九省疆臣""一代文宗"。编纂与刊刻《皇清经解》《十三经注疏》等，另著有《畴人传》等。去世后谥号文达。

清嘉庆四年（1799）及十五年（1810），阮元曾两度"借寓"衍圣公府。能"寓居"于此，是因为阮元与衍圣公家族有姻亲关系。阮元之原配江氏于乾隆五十七年（1792）病故，阮元一直未续弦。阮元时任山东学政期间，其父阮承信回扬州老家时路过曲阜，先是做媒将著名学者毕沅之女许配给衍圣公孔庆镕，后毕沅复又做媒，为阮元聘"衍圣公昭焕孙女，诰封衍圣公宪增长女为继室"，阮元之继室孔夫人名璐华。

阮元两次在衍圣公府居住期间，栽种了大量植物。第一次"曾栽竹三丛，藤花两本"，第二次则"添栽槐、柳、桃、海棠、栾枝、丁香"，这样"并旧有古槐、榆、椿、枣"，府内植物"共三十余株"。

杨钟羲（1865—1940）于《雪桥诗话》卷十中记载："阮文达在山左，莲有一蒂四花者；在浙江学署，兰有并蒂及一蒂四花者。嘉庆己未为司农，借居衍圣公赐第。偶于小院种蕉数本，不阅月，发一花，绿苞倒垂，甘露盈萼，招同人相与赋诗。时湘圃老人方就养在京，属刘蒙谷为作三花图，自为文记之。张皋文诗曰：'草木有殊理，能为君子容。紫芝怀商皓，带草依郑公。吾师专钧和，毓物如春风。搴荑既盈亩，树杜小千丛。众芳发其英，三花动昭融。清心与莲静，馨德比兰崇。甘露名最佳，泽物彰元功。娜嬛有老仙，佩莲纫蕙蒡。持以引曼寿，为乐无终穷。'又作蕉花赋，见著柯文三编。"

病逝于衍圣公府的孔令贻

衍圣公每次由山东曲阜来京朝贺都要住在衍圣公府。孔子的75世孙孔令贻 1877 年袭衍圣公；1898 年奉谕为翰林院侍讲，并正式主持府务；1892 年署理四氏学学务；1907 年奉旨稽查山东学务。曾四次进京，都是住在太仆寺街的衍圣公府里。

辛亥革命爆发不久，康有为主张保留清帝名位，提倡"虚君共和"，构想是由衍圣公孔令贻担任监国摄政。步入民国，由于孔家的特殊地位，一些持尊孔立场的保皇党与清遗民，与衍圣公家族往来密切，孔令贻的政治立场因此也深受影响。1912 年清廷"让国"以后，正值中年的孔令贻仍奉祀祖庙如故，往来于曲阜、北京之间。

民国初年，孔令贻被地方推举为国会议员，但他为了表示自己忠于清室的立场，辞而不就。1915 年，在袁世凯复辟"帝制"、组织"筹安会"时，曾推选孔令贻为"名誉理事"，并任教育界请愿团理事长，代表教育界劝袁称帝。1915 年袁称帝后授予他"一级大绶宝光嘉禾章"。洪宪帝制失败后，复辟活动仍在继续。清室遗老们组织了"孔教会"，康有为任会长，提出"孔教为中国之基础"。此后，康有为多次到曲阜，与孔令贻合谋并以衍圣公的名义发出"请定孔教为国教"的通电，提出："孔教以人情为道，难须臾离，中国数千年政化风信，以孔教为命，国体虽更，人道不异，若弃其教，是自绝其命。"

孔令贻是在 1919 年进京吊唁岳父，并准备第四次谒见废帝溥仪的时候，突发背疽，医治后仍不见好转，发病仅二十余天，便在衍圣公府中病逝。

由于病逝时孔令贻年近五十岁，尚无子嗣，在给大总统徐世昌的遗呈以及溥仪的奏折中，他对自己的继承者做出了安排："令贻年近五旬，尚无子嗣。幸今年侧室王氏怀孕，现已五月有余。倘可生男，自当嗣为衍圣公，以符定例。如或生女，再当由族众共同酌议相当承继之人，以重宗祀。"1920 年 2 月 23 日（农历正月初四），王氏诞下一子，也就是末代衍圣公孔德成。

衍圣公府现已无存，大约在中华人民共和国成立后其建筑即被陆续拆除。

与衍圣公府为邻的柯劭忞宅

清朝遗老柯劭忞（1848—1933）的宅院也在太仆寺街，与衍圣公府为邻。

柯劭忞，字凤荪，晚号蓼园。光绪十二年（1886）中进士，曾任湖南学政、贵州提学使等职。1911年调任典礼院学士，赐紫禁城骑马，陪伴宣统皇帝溥仪读书。清亡后以遗老自居，曾参与《清史稿》的编撰，曾任清史馆代馆长、总纂，除撰写部分志、传外，还负责总纂纪稿。另撰有《新元史》，被大总统徐世昌列为"正史"，成为"二十五史"或"二十六史"之一。

孔、柯两家往来甚密。孔令贻生前曾托柯劭忞为他撰写墓志铭。孔令贻之次女孔德懋嫁与柯劭忞的小儿子柯昌汾。柯劭忞的长子柯昌泗与次子柯昌济均为甲骨文字学家，小儿子柯昌汾最受宠爱，却也最不成器。故而孔德懋与他的婚姻并不幸福如意。孔德懋曾回忆道："我的丈夫日夜不在家，偶回家来，多是向我要钱，要珠宝首饰，而且态度极粗暴。我在孔府从来没看见过像他这样发脾气的，在这种情况下真是毫无抵抗能力，只有我的王妈妈敢为我争辩，但她终于也回曲阜了。后来到底是我所有的陪嫁珠宝钱财、碑帖、字画全到了我丈夫手里。"1947年，这段持续了十四年的婚姻最终走到了尽头。

孔德懋曾撰写《孔府内宅逸事》，回忆她在北京太仆寺街柯宅的生活，她写道：

太仆寺街柯家是一片很大的宅院，其中东大院及其楼房被

130

日本宪兵司令部的一名高级军官强占；后面有一部分租给当时的警察局长居住；我们自己只余下四五十间，大哥柯昌泗、二哥柯昌济都已分出另过，两个姐姐也都结了婚，柯劢忞去世，人口很清静。

……我独自在北京带着一对小儿女，卧室后面有个花园叫"蓼园"，因那园中有许多野生的蓼花而得名。……卧室有个小门通向蓼园。我每天总要长时间在园中散步或闲坐，我在北京生活很寂寞，非常思念家乡，思念手足。"每逢佳节倍思亲"，每到中秋节，我常常想起孔府内宅前上房的院里两棵大石榴树。我在孔府时，常和小弟在中秋节采摘那树上的石榴，我便在蓼园，我的房门两侧各种了一棵石榴；想到我们姐弟每天去书房必经过一棵大蜡梅树，常在蜡梅花前玩耍一阵，便也在蓼园栽了棵蜡梅花。还有在蓼园种了两大盆荷花，也是因为想到孔府后花园里的荷花。总之借物托情，蓼园里许多处都流露着我对家乡、对亲人的情思。我也常常在蓼园的花前树下，向我的女儿讲述那一个又一个有关孔府的故事，和我童年的生活。

……

至于与柯宅为邻的衍圣公府的情况，孔德懋记述道："随着孔府的衰败，太仆寺街上的圣公府也破落下来。油漆斑驳，屋顶长着枯草，逐渐住进了一些外姓人，但他们大多是住在前面两进院子里，因为和孔家是亲友关系，被允许住在那里。里面的几进院子和正房，仍是住着孔家的本家。"原本住在曲阜的一些孔氏后人，因为生活原因，也迁到北京的衍圣公府。孔德懋嫁至北京柯家后，与这些"孔姓本家"时常来往，她说："我在北京时，因为有了这个圣公府，解脱了不少乡思。"

131

背阴胡同的傅喇塔宅

贝子傅喇塔宅在背阴胡同，一条东西均为南北走向的小胡同。东边的小胡同北口，隔着灵境胡同与南皇城根相接。西边的小胡同与公巴尔堪宅为邻。北墙外是灵境胡同。光绪末年，贝子傅喇塔宅改为某部职能部门的所在地，民国初年成为审计院址。在《旧都文物略》"坊巷略"内二区平面图相应位置上，注有"宏达学院""民治中学"和"张文襄公（张之洞）家祠"。

从《乾隆京城全图》上看，傅喇塔宅分东西两部分，其主要建筑集中在西院，包括有面阔五间的临街门，正殿五间，并有东西配殿各大三间，后殿三间，后寝分为两排，各有五间，并有东西配房及耳房。东院分为若干小院，北面有花园。

另据《燕都丛考·第三章内二区各街市》引《顺天府志》称：傅喇塔府"今为奎公宅"。1919年的《新测北京内外城全图》在背阴胡同也有"奎公宅"标注。"奎公"即奎瑛，为傅喇塔后裔，光绪年间袭爵为辅国公。

傅喇塔是和硕庄亲王舒尔哈齐之孙、追封简靖定亲王费扬武第四子。

顺治二年（1645），傅喇塔初封为辅国公，跟从勒克德浑巡行湖广有功，朝廷赐金五十两、银千两。顺治五年（1648），再征战湖广，追逐故军至广西，赐银六百两。顺治六年（1649），进封为贝子。顺治十六年（1659），因朝参时失仪，降爵位为辅国公。顺治十八年（1661），恢复其固山贝子爵位。康熙十三年（1674），靖南王耿精忠谋反，授傅喇塔宁海将军之职，辅佐康亲王杰书讨伐耿精忠。大军行至浙江，温州、处州各处皆被攻陷。傅喇塔部队进逼台州，大战敌军于黄瑞山，攻击斩杀耿精忠部将陈鹏等，复破敌于天台紫云山。康熙十四年（1675），耿精忠部将曾养性再次侵犯台州，大军自仙居偷袭敌后，大破敌军，乘胜进围黄岩，曾养性逃遁，城中士兵投降。傅喇塔先后收复太平、乐清、青田诸县，进攻温州，破敌于南江。康熙十五年（1676），耿精忠率四万士兵水陆两路来犯，大军分路迎击，斩杀其将三百、士兵两万余人。同年9月，耿精忠投降，浙江诸贼寇亦悉数平定。同年11月，傅喇塔卒于军中。当傅喇塔的遗体运回京城时，朝廷赐祭奠，予以谥号为"惠献"。

乾隆十五年（1750），因其孙德沛承袭简亲王爵位，复追封傅喇塔为简亲王。

礼亲王府：清王府高规格代表

北京胡同里的"豪宅"，礼亲王府可以排在第三位。

礼王府所在的颁赏胡同，现在多多少少带有夹道的性质。胡同南侧大多被高耸的院墙包裹着，其中2号和甲19号为礼王府。

曾是堆放木料之地的颁赏胡同

颁赏胡同形成于明代，在《京师五城坊巷胡同集》中记载为"板场胡同"。清代的《京师坊巷志稿》中改为"板厂胡同"，并有"北小胡同曰小草厂"的注释。民国时期的《燕都丛考》记载有"颁赏胡同""良乡胡同"。1965年将良乡胡同并入后其名称沿用至今。

颁赏胡同东西曲折走向，东起西黄城根南街，西至西四南大街，东侧岔巷（即原良乡胡同）北口与西安门大街相连，全长400米，均宽3米。

关于胡同名称的起因，1990年的《北京市西城区地名志》有这样的解释："明代为堆放木料场所，清代演称板肠胡同，亦称板厂胡同。

良乡胡同位于东部北侧，明代为廊房胡同，清代称良乡胡同。"由此可以推论，颁赏胡同早年为木料存放之地，故名板厂胡同。

"板肠胡同"名称的由来，也可能与胡同地形地貌有关。由于受胡同南侧礼王府和朗贝子府影响，东西走向的主胡同宽窄不一。胡同东部区域较为纤细，胡同西部区域较为宽敞。主胡同不太平直，中部有一个向南又向西的折弯。胡同内有两条岔巷。东侧的岔巷（良乡胡同）相对平直。西侧的岔巷（小草厂）为不规则口袋形状。有个院门还有道与西安门大街相通的"穿堂门"。

良乡胡同为南北走向，北部与西安门大街相通，南部与原板厂胡同接壤，全长约50米，均宽4米。从明代的示意地图来看，廊房胡同为南北走向，长约400米。胡同南部为清初兴建的礼王府，北部即良乡胡同。

京城十大王府之一的礼亲王府

据《北京西城文物史迹》记载："礼王府分为中东西三路，主体建筑在中路。正门五间，大殿七间，前出丹陛，东、西配楼各七间，后殿三间，后寝楼九间，后罩楼七间。花园在西路，内有假山，后院门上悬康亲王杰书于康熙三十三年（1694）书的'为善最乐'，内有北房九间，又名缘漪园，正堂名蕙荪堂，书斋名兰亭书屋和清音阁三间。"

明代时，礼王府是崇祯皇帝的外戚周奎的私宅。清朝入关进驻北京之后，此地后为礼亲王、清太祖努尔哈赤次子、清初"八大铁帽子王"之一的代善所有。

代善丁后金天命元年（1616）封和硕贝勒，清崇德元年（1636）封和硕礼亲王。为清开国元勋，不仅从太祖征战多有战功，在支持其弟太宗皇太极、佐世祖福临即位及安定政局等大事上均发挥了重大作用。代善死后，由七子满达海袭亲王爵，次年满达海卒，其长子常阿岱袭爵。清顺治十六年（1659）追论满达海之罪，常阿岱降为贝勒。代善

134

所遗亲王爵由祜塞第三子康郡王杰书继袭，仍沿用原封号康亲王。杰书于清康熙十三年（1674）任奉命大将军，率八旗兵平定"三藩"，征讨福建靖南王耿精忠有战功。

代善之后，此府由代善后人满达海、常阿岱、杰书、椿泰、崇安、巴尔图、永恩、昭槤、麟趾、全龄、世铎等人居住。

据有关史料记载，府邸名称及建筑面积是有所变化的。康熙年间，礼亲王府西部居住的满达海一支改为巽亲王府；而居住在东部院落的康郡亲王杰书则承袭亲王，改号康。礼亲王府从此一分为二，为巽亲王府和康亲王府。由于上述原因，在杰书至巴尔图期间，礼王府一度被称为康亲王府。

乾隆四十三年（1778），当时的康亲王永恩被恢复为礼亲王的封号，并一直沿袭到最后一任礼亲王世铎。乾隆年间，巽亲王府改为定亲王府，因此，原礼王府又与定亲王府并存在一起。嘉庆十二年（1807）府邸毁于火灾，由当时的礼亲王昭槤集资于原址重建，即现存之邸。

王府规模宏大，占地广阔，重门叠户，院落深邃。北京有句老话说的是，"礼王府房，豫王府墙"，就是说礼王府的房子多，豫王府的院墙高。由此不难看出礼王府的规格，在北京诸多王府里面的等级之高。礼王府南起大酱房胡同，北至颁赏胡同，占地约30万平方米。在清代所建的诸多王府中，最大的就要数礼亲王府和豫亲王府。

抗战期间，礼亲王后人将王府前半部租给华北学院，作为宿舍。中华人民共和国成立后，改为民政部办公场所，现为国务院事务管理局使用。中路主体建筑大多保存，东路北部有几个院落尚存，西路大部分建筑已拆除，总体保存尚好。

颁赏胡同亦是孕育京剧名家之地

颁赏胡同住有高博陵、高元升、高荣奎等京剧名家。

高博陵曾在北平京华美术专科学校学习，毕业后留校担任教师。擅长山水画，曾在琉璃厂古玩书画铺挂单出售，还曾在北海公园画舫斋举办个人画展。当年北平京华艺术专科学校曾有话剧、京剧等活动小组，聘请多位名家前来辅导，使高博陵受益匪浅。后来以票友身份登台演出，并拜谭仲春先生为师正式进入梨园行，在李万春先生创办的"永春社"演出多年，以演老生戏见长。

高元升从五岁起，父亲就向他传授京剧表演艺术，在《汾河湾》《宝莲灯》《四郎探母》中扮演角色。八岁时聘请京剧老生演员许蔼臣先生为授课老师，其中《天水关》《断密涧》两出戏均为许先生亲授。十一岁时经义父李盛泉先生介绍，加入"富连成社"习艺，易名"高元升"。先后师从于郝喜伦、冯富昆、段富环、雷喜福、王喜秀、张连福、刘盛通、王连平、阎岚秋、孙盛文、魏莲芳等诸位老师学习老生戏。20 世纪 30 年代末，曾与高元阜、曹元弟、姚元秀等人在丽歌唱片公司灌制昆曲《仙园》唱片。

高荣奎从九岁开始登台表演，为京剧净角演员。后经李盛藻先生指点改唱老生，曾向安舒元先生学习《问樵闹府》《打棍出箱》《击鼓骂曹》等剧目，还向杨少谱先生学《定军山》《战太平》《珠帘寨》《南阳关》等戏。1960 年随团调入新疆京剧团担任演员。1980 年回京后从事京剧脸谱创作与研究工作。夫人杜丽珠女士也是京剧演员，在 1960 年共同调入新疆京剧团。

清镇国公宅院见证历史变迁

北京的有些胡同，名字听起来很俗，但若是仔细探究一下，便能感受积淀的厚重。比如，在西单北大街的路东，有两个酱坊胡同：大酱坊和小酱坊。

胡同以酱坊为名，说明与酱类是有关联的。小酱坊胡同位于西长安街地区西北部，南北曲折走向，南端西折起自西单北大街，北至大酱坊胡同。全长960米，均宽7米。明代时称"酱黄胡同"，当以酱菜作坊而得名。清代析为南、中、北三条胡同，南部称南酱房胡同，中部称中酱房胡同，后两段合并改称小酱坊胡同，与大酱坊胡同相对。

镇国公屯齐曾世代居于此

据《北京西城文物史迹》记载："镇国公屯齐宅，位于小酱坊胡同13号（旧门牌），'公屯齐宅在乾石桥……屯齐，显祖曾孙贝勒图伦次子，顺治六年以功封贝勒，后削，十二年复封镇国公'。"

爱新觉罗·屯齐（1614—1663），清朝宗室，舒尔哈齐之孙，追封多罗恪僖贝勒图伦第二子。他和住在西单大木仓胡同的郑亲王济尔哈朗是兄弟，不过他只是个三等镇国将军，后来才追封贝勒。舒尔哈齐是努尔哈赤的同母弟弟，在他死后四十年的顺治十年（1653），被追封为和硕庄亲王。

屯齐曾跟随郑亲王济尔哈朗攻克锦州、松山、杏山，九战九胜，受伤后被封为辅国公。顺治元年（1644），晋封贝子，又随从豫亲王多铎平陕西、河南；后与贝勒尼堪下江宁，俘获南明弘光皇帝朱由崧，授镶蓝旗满洲固山额真。可谓战功卓著。

顺治五年（1648），陕西发生回民起义，屯齐被任命为平西大将军，率师镇压。顺治六年（1649），晋贝勒封爵。顺治九年（1652），跟随定远大将军尼堪南征，不料尼堪战殁，屯齐代为定远大将军，镇压孙定国农民起义军。顺治十一年（1654），在衡州惨遭败绩，被削贝勒封爵，第二年授予镇国公品级。这就是小酱坊胡同镇国公屯齐宅邸名号的由来。

《京师坊巷志稿》转引《啸亭续录》记载：公屯齐宅在甘石桥。镇国公屯齐宅在甘石桥东侧，东面、南面都是小酱坊胡同，北面与贝勒尚善的府邸为邻。

在《乾隆京城全图》中显示，该府邸建筑规模比起其他王府并不大。宅第分为两路，正门三间，东院落有寝殿五间，东西配殿各三间。西院有后罩楼九间。

若将屯齐视为居于此府的第一代府主的话，其子温齐（固山贝子，参赞军务大臣，镶蓝旗满洲都统，宗人府右宗人。1649 年封固山贝子，1678 年降镇国公，1680 年又以贻误军机削爵）、温齐次子额尔图（1954—1718，1668 年封镇国公）、额尔图长子爱音图（1673—1741，1687 年封三等辅国将军，1707 年革退，1719 年袭辅国公）、爱音图第七子吉存（1708—1747，1728 年封三等辅国将军，1741 年袭辅国公）、吉存长子特通鄂（生年不详，卒于 1769 年，1747 年袭辅国公）、特通鄂长子英盛额（生年不详，卒于 1792 年，1770 年袭辅国公，1783 年降不入八分辅国公）先后居住于此。

到 1924 年，屯齐后裔平如将这所宅子卖掉，搬到白塔寺西廊下 3 号居住。中华人民共和国成立后，小酱坊胡同 27 号镇国公屯齐宅邸部分是傅作义先生的住所，31 号部分是中组部机关服务中心幼儿园。

民主人士傅作义宅邸

小酱坊胡同中的一座二层小楼曾是傅作义的宅邸。作为民主人士，傅作义同中国共产党的合作可谓典范。

据傅作义的夫人刘芸生回忆说，他是以戴罪之心投入人民怀抱的，受到党的信任和重用，他常常怀着感激的心情说起这一点。中共中央对他的工作给予充分肯定，对他十分尊重，曾规定，水利电力部的领导要定期去傅作义的住处汇报工作，征求他的意见。共产党相信他，他也相信共产党。有人攻击民主人士都是招牌，有职无权时，他反驳说："我这个部长就是有职有权，水利部党组李葆华同志非常尊重我，我也尊重李葆华同志，我们互相商量，肝胆相照，没有感到有什么隔阂。"

清奉恩辅国公宅坐落大酱坊

大酱坊胡同形成于清代，在《京师坊巷志稿》中记有"南、中、北酱坊胡同"。酱坊一名源于胡同内设有酱菜作坊。因这条胡同在北，故称北酱坊胡同。民国时此胡同改为大酱坊胡同，并延续至今。大酱坊胡同东西走向，东起东斜街，西至西四南大街，中部与羊皮市胡同、小酱坊胡同相交，全长277米，均宽4米。

清代至民国期间，这里有一座奉恩辅国公嵩椿宅第。查看《乾隆京城全图》，其中绘制的嵩椿宅在大酱房胡同（今大酱坊胡同）以南，小酱房胡同（今小酱坊胡同）以西，南接辅国公特通鄂宅（屯齐宅），西为甘石桥（今西单北大街）。但由于《乾隆京城全图》中该部分确实较多，无法看出府邸的全貌及格局。

据有关史料记载，嵩椿在乾隆六年（1741）承袭高祖多罗贝勒芬古（又称费扬武）所遗奉恩辅国公爵，历任散佚大臣兼管前锋统领、镶黄旗汉军都统兼左翼统领、镶黄旗蒙古都统并管理圆明园八旗官兵事务、宗人府右宗人、侍卫内大臣、荆州将军、西安将军、察哈尔首任都统等职。嵩椿去世后其子景熠、之孙禄义分别在乾隆五十七年（1792）、嘉庆六年（1801）袭封奉恩辅国公。

清朝贵族爵位分为宗室与普通世爵两类，宗室又分为入八分公与不入八分公及系紫带子与红带子。奉恩辅国公是清朝宗室、觉罗、外藩爵位，为六等爵，次于奉恩镇国公，高于不入八分镇国公和不入八分辅国公。为入八分公当中最低等级的爵位（见表1）。

表 1　清朝宗室贵族爵位

宗室	入八分公	和硕亲王、多罗郡王、多罗贝勒、固山贝子、奉恩镇国公、奉恩辅国公
	不入八分	不入八分镇国公、不入八分辅国公、镇国将军（三等）、辅国将军（三等）、奉国将军（三等）、奉恩将军
	十二家铁帽子王	礼亲王、睿亲王、豫亲王、肃亲王、郑亲王、庄亲王、克勤郡王、顺承郡王、怡亲王、恭亲王、醇亲王、庆亲王
	其他	闲散宗室
世职		公（三等）、侯（三等）、伯（三等）、子（三等）、男（三等）、轻车都尉（三等）、骑都尉、云骑尉、恩骑尉

注：三等则为有三个等级。入八分公在后期开始世袭罔替。清朝远支皇族"觉罗"不能使用宗室爵位，其所用世爵与异姓贵族相同。

嵩椿宅原为辅国公裕绥宅，与尚善宅、门度宅相邻，但并不是同一处。

据《啸亭续录》记载："贝勒尚善宅在酱房胡同，今废为木厂。公门度宅在细米胡同。"尚善的宅邸在大酱房胡同，至道光年间已沦为木厂，后由于尚善第四子门度和门度之侄裕绥先后承袭世爵，宅邸发生变更。

20 世纪 30 年代，奉恩辅国公嵩椿宅第为秀贞女医院所在地。秀贞为北洋政府交通总长兼交通银行经理叶恭绰先生儿媳的名字，全名叫叶姚秀贞。现在的地址为西单北大街 16 号。

张自忠与北京市自忠小学

抗日爱国将领张自忠于 1923 年将家室迁入北京旃檀寺一带，1934 年购买西椅子胡同 15 号，也就是今府右街丙 27 号的宅院居住。该院为民国时期建筑，坐北朝南，原为东、中、西三进院落，府右街扩展马路时，将东院拆除，中院东厢房也被改建为中院东院墙，现中院、西院基本保持原貌。

全家迁居北京

1923 年，张自忠升任冯玉祥部卫队营营长，将全家迁至北京。1934 年，已升任第二十九军第三十八师师长的张自忠，购买府右街西椅子胡同 15 号宅院后，全家迁入。据悉，该宅院曾为北洋政府总统府侍卫长徐邦杰的房产。

当时，该宅院有着北京四合院鲜明的特点，占地八千多平方米，东、中、西并排三个院落，共有百余间房。西椅子胡同呈"⊥"形，往东是东椅子胡同，再往东为府右街。1978 年扩展府右街时，拆除街中段的街心岛，并将街调直拓宽，东椅子胡同被占用，张自忠宅院东部院落也被占用。

宅院的中院有正房三间，前出廊，铃铛排山脊，合瓦屋面，明间隔扇风门，夹杆条玻璃屉及六角井榠心，裙板装饰香草夔龙捧寿图，次间槛墙、支摘窗，十字方格嵌玻璃榠心，明间前出垂带踏跺四级，此处原为张自忠及夫人李敏慧各自的卧室。正房东侧有耳房二间，前出廊，披水排山脊，合瓦屋面，东间门连窗，西间槛墙、支摘窗，十字方格榠心，原为张自忠盥洗室。西耳房二间，前出廊，与西院正房相连，披水排山脊，合瓦屋面，前檐装修为现代门窗，前搭机瓦平顶房一间。东院墙曾有"张自忠将军爱国主义精神永放光芒"的红字标语，2006 年改为讲述张自忠将军抗战大事记的一

抗日爱国将领张自忠

141

组浮雕。西厢房三间为过厅，进深五檩，前后出廊，铃铛排山脊，合瓦屋面，明间东西开穿堂门，与西院相连，采用夹门窗形式，次间槛墙、支摘窗，十字方格嵌玻璃棂心，明间出踏跺两级。南接耳房二间，过垄脊，合瓦屋面，明间夹门窗，次间槛墙、支摘窗，十字方格嵌玻璃棂心。南房三间，前后廊，披水排山脊，合瓦屋面，前檐明间夹门窗，次间槛墙、支摘窗，十字方格嵌玻璃棂心，明间出如意踏跺三级。西接耳房二间，前后廊，过垄脊，合瓦屋面，檐柱装修，东间门连窗，西间槛墙、支摘窗，十字方格嵌玻璃棂心。院内正房东侧及西厢南三房前各有二级古树一株，树种为国槐。

西院大门位于院落西侧中部，如意门一间，西向，清水脊，合瓦屋面，脊饰花盘子，进深五檩，门楣栏板砖雕流云等各式图案，梅花形门簪两枚，双扇红漆板门，饰铺首一对，方形门墩一对，前出踏跺两级。大门南连接西房三间，北侧一间，进深三檩，鞍子脊，合瓦屋面，前檐为夹门窗，槛墙、支摘窗，十字方格嵌玻璃棂心，明间出踏跺两级。院内正房三间，前出廊，铃铛排山脊，合瓦屋面，前檐明间夹门窗，次间槛墙、支摘窗，十字方格嵌玻璃棂心，明间出垂带踏跺四级。此处原为张自忠书房，现改为其生平展室，由杨成武将军题额。南房五间为过厅，披水排山脊，合瓦屋面，明间南北向开穿堂门与院外相连，各间拱券门窗装修，上饰西洋式浮雕图案，明间出踏跺两级。西厢房三间，进深五檩。前后廊，铃铛排山脊，合瓦屋面，檐柱装修，明间夹门窗，次间槛墙、支摘窗，十字方格嵌玻璃棂心，明间出踏跺两级。南接厢耳房一间，进深二檩，过垄脊，合瓦屋面，夹门窗装修，来杆条玻璃屉棂心。院内有二级古树一株，树种为国槐。

1937年，"七七事变"时，张自忠将其家人迁至天津。

宅院现为自忠小学

1948年，张自忠的后人遵照其"我的遗产不给子孙，拿出来办社会福利事业"的遗言，开办了"北平市私立自忠学校"。创始人是自幼跟随张自忠长大的侄女张廉瑜，首任校长为齐淑容。

学校开设小学一至六年级课程，

自忠小学

另设两个初中班。1949 年初，曾在北京与张自忠一同居住的七弟张自明接任校长。当年暑假过后取消初中班，招收了一批干部子弟的住宿生，张自忠的女儿张廉云继任校长。中华人民共和国成立后，张廉云曾多次请求，提出愿将学校交给党和政府。1950 年 1 月，自忠小学并入北京市委干部子弟学校——北京小学。此后，又曾变更过椅子胡同小学、北京丰盛学校第三部（小学部）、光明小学等名称。1988 年，市政府根据人大代表所提恢复自忠小学的议案，批准定名为"北京市自忠小学"。至今，张廉云仍任名誉校长。

1989 年，张自忠故居被公布为西城区文物保护单位及爱国主义教育基地。

2008 年 5 月，在其故居院内立起了一座张自忠将军的雕像。

报业先驱邵飘萍曾住羊皮市胡同

羊皮市胡同 9 号，曾经住过中国报业的先驱邵飘萍。

邵飘萍，原名镜清，后改为振清，字飘萍，笔名萍、阿平、素昧平生。民国时期著名报人、《京报》创办者、新闻摄影家。

邵飘萍 1886 年 10 月 11 日出生于浙江省金华市东阳市。十三岁考中秀才，十六岁入浙江高等学堂（浙江大学前身）。1912 年任《汉民日报》主编，袁世凯称帝后，为《时事新报》《申报》《时报》撰稿，抨击袁的罪恶阴谋。此后又在两年里写了二百五十多篇、二十多万字的文章，揭露批判军阀政府。1916 年 7 月，在北京创办了"北京新闻编译社"。1918 年 10 月在北京创办《京报》，任社长，开始独立办报生涯。后又与蔡元培一起，创办了"北京大学新闻学研究会"，并举办讲习会。邵飘萍为了培养学员的办报经验，在《京报》又创办了《新闻周刊》，专供新闻学会的学员练笔之用，汤修慧带领学员们外出采访练生，使学员们很快掌握了新闻要领。

1920 年后，邵飘萍致力于新闻教育事业，并赞颂十月革命，介绍马克思主义思想。1922 年在《北京厂甸春节会调查与研究》序言中提出"欲改造现实之社会，宜先明现实社会中事物之真相"等进步主张。1925 年，在李大钊和罗章龙介绍下，他秘密地加入了中国共产党，对共产主义运动做了大量的报道。1926 年 4 月 26 日，以"宣传赤化"的罪名在北京天桥被奉系军阀政府杀害。1949 年 4 月，毛泽东亲自批文追认其为革命烈士。

邵飘萍被人称为"新闻全才"。北京大官本讨厌见记者，邵飘萍却能使之不得不见，见且不得不谈，旁敲侧击，数语已得要领。如他夜探总理府、虚访美使馆，独家新闻总是被他抢到。邵飘萍风流倜傥，慷慨豪爽，善于言辞，广泛交游，上至总统、总理，下至仆役百姓，他都靠得拢，谈得来。他重交情，讲排场，经常在酒楼饭馆宴请宾客，以期从客人的谈话中捕捉信息。

近代银行奇才居于清公爵宅邸

西绒线胡同 51 号是一座大宅门。如今，这门口挂着"北京中国会"的牌子。早先，这里是勋贝子府，是北京现存较完整的一座贝子级府第。

勋贝子府：现存较完整的贝子级府第

贝子绵勋是清康熙帝的第二十四子、诚亲王允祕的曾孙。贝子府原在安定门内宽街，同治八年（1869），原府被赐给咸丰帝女儿荣安固伦公主，后又转赐给荣寿固伦公主，贝子绵勋迁到了西绒线胡同的新府。

整座府第坐北朝南，有建筑面积近 2000 平方米，分中路和东、西两路，由五进院落组成，在中路南北轴线上有府门。中路上，前后有两座垂花门，作为内宅的宅门既显示主人的社会经济地位，又象征吉祥平安。垂花门是五檩单卷垂花门，在住宅建筑中是分隔内外宅的标志。在垂花门的前后两排柱上分别装有槛框，安装有攒边门和屏门。屏门一般为四扇。前檐伸出，左右下垂木雕倒垂莲柱等花饰。在正面额枋下，饰以雕镂的花罩，枋檩之间安有花板、折柱、荷叶墩等装饰构件。垂花门两侧有抄手游廊，有坐凳栏杆和倒挂横楣子，墙上开什锦灯窗。

绵勋的曾孙溥霱，在光绪二十八年（1902）袭爵，封为镇国公，此府即被称为"霱公府"。民国后，溥霱家道中落，无力支撑，故将府第卖给周作民作周宅。

周作民将宅邸捐赠

周作民，原名维新，江苏淮安人。早年留学日本，致力于发展民族经济，坚强不懈地经营金城银行，被誉为长袖善舞的银行奇才。他热爱祖国，追求进步。他花费 5000 大洋购买了"霱公府"这座清代公爵宅邸，居住了三十余年。

中华人民共和国成立后，他率先要求五家银行联营和全行业公私合营，被选任公私合营银行副董事长。1955 年 3 月 8 日患心脏病逝世。

周作民生前已将位于西绒线胡同的北京寓所交给国家使用。去世后，他的家属又遵照其遗嘱，将他一生所收藏的名贵文物、书画，在中国人民银行的协助下，从香港运回北京，捐献给国家。这批捐献物计有美国30余万美元证券，人民币100万元金城银行股票，5300册图书，1405件名人书画、碑帖及瓷器、铜器等文物。

1959年，这座庭院里开办了四川饭店。1989年8月，周作民故居以"霱公府"名义被西城区人民政府公布为文物保护单位。

考究的少帅府

新建胡同南北曲折走向，北起灵境胡同，南至太仆寺街，全长300米，均宽4米。清代称新监胡同、心尖胡同，为镶红旗地界。清末改称新建胡同，并沿用至今。据《北京市西城区地名志》记载，12号为张学良宅第。1949年后，曾先后为波兰和加纳驻华大使馆，今仍保存完好。

2003年9月16日新华网《张学良的"九一八"之夜》摘录：

> 1931年春，张学良将军自南京来平视事，因嫌北平官邸顺承王府庭院深邃，建筑陈旧，不甚舒适，故而下榻于西单太仆寺街新建胡同。这所很考究的西式房子是财政部印铸局局长沈能毅代找的。5月底，张学良因患重伤寒症入协和医院诊治。该院特为张腾出一所隔离病房专用，装有外线专用电话，并由内科医生霍尔负责专门治疗。9月初，张学良病始痊愈。由于长时间发烧，张的头发脱落大半，身体十分羸弱，故仍在协和医院休养。

146

2012 年 2 月 21 日北京日报《翠花街五号院钩沉》摘录：

跟随张学良在北平行营等当了多年参谋的惠德安先生也曾写过一本回忆录《张学良将军逸事》，曾提到张学良在北平寻过宅院，却并非在翠花街。张学良嫌老王府庭院深邃，建筑陈旧，住下去不舒适。所以当时的财政部印铸局局长沈能毅，在西单太仆寺街新建胡同，给他找到一所房子，建筑和内部设施均为西式，考究且舒适。但未曾住进，即得伤寒之症。惠先生因未亲见，只是注明"人们传说"。但传说之人身份并不低，如张学良儿女亲家万福麟说张住新建胡同之宅，大门正对一条胡同，按风水说讲是中白虎箭，所以才患伤寒。这虽是无稽之谈，但也可佐证张学良在新建胡同购宅不是空穴来风。

2016 年 2 月 4 日北京日报《顺承郡王府的沧桑》摘录：

张学良其实很少在此（注：顺承郡王府）居住，1930 年后与夫人于凤至来北京住进顺承郡王府，赵一荻也随张、于入住，朝夕相处。但张学良嫌王府建筑陈旧，遂于西单太仆寺街新建胡同觅宅，设施均为西式，考究且舒适。

民族实业家的奢华院落

西交民巷 87 号和北新华街 112 号，原是北京双合盛五星啤酒厂创办人郝升堂的住宅，1915 年建成。院坐北朝南，这两处原是一座大宅院，87 号为东院，是住宅；112 号为西院，是花园，总面积达 3000 余平方米。1984 年，这里被公布为北京市市级文物保护单位。

东院大门敞亮，迎门是影壁，左拐的月亮门非比寻常，是由太湖石堆叠而成的"门"，构成一道屏障，替代了传统四合院中垂花门及看面墙，这种设计别具匠心，别有一番风味。从这个"门"进入内院，有北房三间，东西耳房各两间，屋面瓦石同北房。东耳房东侧有庑房三间。南与东厢房接，东厢房五间，没有西厢房。西侧是与112 号花园相通的游廊，再往后为三进院落。北房为两卷勾连搭面阔三间，耳房两间，东、西厢房各三间。正房、耳房、厢房间有灰筒瓦卷棚四檩游廊相连，四进院为后罩房七间。

西院花园前半部东侧是太湖石假山，山上镶嵌有汉白玉题字刻石，其中有乾隆皇帝御笔的"普香界"（原为长春园法慧寺西城关刻石）、"屏岩"（原为圆明园杏花春馆东北城关刻石），嘉庆皇帝御笔的"护松扉"（原为绮春园含辉楼南城关之南北石匾）、"翠潋"（原为绮春园湛清轩北部水关石刻）等，这些都是圆明园的遗物。从这里也能看出，宅院主人的显赫身份。假山旁边有一座石台基的六角攒尖亭，花砌墁地。花园与建筑物之间用汉白玉石雕栏板分割，花园北侧为卷棚歇山顶花厅三间。东厢房与87 号院三进院西厢房为两卷勾连搭，面宽三间。西厢房有一组中西合璧式建筑平面布局呈半框型，灰合瓦屋面，前出平顶廊，前有异型月台。后院是一座小型四合院正房及倒座各五间，东、西厢房各三间。

这座大宅子的结构和奢华程度远超过了某些清末的王府，据传，这里曾是慈禧太后亲信大太监李莲英的姐姐的住宅。民国初年，被双合盛五星啤酒厂的创办人郝升堂购买。经过改造，这里成为民国初年资本家住宅的代表。

什家户七号：北平地下学委机关处

什家户七号

——追忆解放战争时期在这里经历的惊心动魄的斗争

陆元灼

在宣武门内有一条小胡同——什家户，确实只有十个门牌，是一处僻静的地方。1946 年，中共中央华北局城工部北平地下学委经过认真调查研究，租下了什家户七号（今 27 号），成为地下学委的机关。为了掩护学委的工作，党组织安排我们家搬来居住。

学委书记佘涤清同志（新中国成立后任北京市委常委、组织部长）和学委委员、后任代理书记杨伯箴同志（新中国成立后，先后任市委教育部副部长、西城区委第一书记、北京师范学院党委书记、北京外国语学院党委书记、我国驻瑞典大使和教育部顾问）几乎每天都在这里碰头，分析形势、研究工作。学委委员陆禹同志（新中国成立后，先后任市委工作部副部长、北京市副市长）和夫人潘基，更是隐蔽在我家，户口也上在我家。当时，我家在这里住的有我爹、娘、三哥陆元炽（1944 年入党，生前曾任北京出版社社长，正编审，享受国务院特殊津贴）和我。三哥的任务是掩护地下学委负责同志在我家的活动。每天夜晚收听并记录解放区播放的记录新闻，提供给学委负责同志阅读。那时，三哥的公开身份是北平铁道学院的学生。

149

我是 1946 年初由陆禹同志发展入党的。随后，我的组织关系转到我在读的师大女附中。在家里，老杨（杨伯箴同志）有时让我做点具体工作。1946 年中学毕业，我多次向组织要求去解放区，到白求恩医学院学习。因怕暴露家庭，均未批准。老杨让我报考中法大学医学院（仅录取两至三人），我被录取到生物系。学习期间，曾担任中法大学地下党外围组织（民联、民青）总支书记，中法大学地下党总支委员。我三哥陆元炽也于同年考入中法大学经济系。

解放战争中北平的学生运动，在党中央正确路线指引下，在华北局城工部的坚强领导下，搞得轰轰烈烈，又扎扎实实，对当时蒋管区的人民解放运动发挥了积极的影响。1947 年 5 月 30 日，毛泽东在《蒋介石政府已处在全民的包围中》一文中指出："中国境内已有了两条战线。蒋介石进犯军和人民解放军的战争，这是第一条战线。现在又出现了第二条战线，这就是伟大的正义的学生运动和蒋介石反动政府之间的尖锐矛盾。"解放战争时期的北平学生运动，是密切配合着人民解放军的军事斗争形势进行的，是随着人民解放战争形势的发展而发展的。它在第二条战线上起了先锋作用，并且和工人斗争以及各界人民的反美反蒋斗争汇成了一股洪流，有力地促进了爱国民主运动的高涨。党中央对北平的学生运动做出了高度的评价。但是国民党反动派不甘心失败，他们疯狂地压迫白区人民，迫害进步学生。"天快亮，更黑暗，路难行，跌倒是常事情，常事情……"这是当年广大进步青年最爱唱的一首歌，无数事实证实了这些真理。

就是在这里，我三哥曾被国民党抓走。当时家里事发突然，情况紧急。那时的一情一景至今仍然历历在目，令我终生难忘。

1947年2月17日深夜，一阵猛烈的砸门声，伴随着狗吠和"查户口！""开门！"的吼叫声，一群狗特务持枪闯入，狂叫"起来！""都起来！"他们开始到各屋搜翻，最后用手铐铐走了三哥，并带走了一台地下党送来的柜式短波收音机和《解放日报》等"禁品"。

把三哥带走以后，留下了三个特务，特务用手枪顶着我娘的脑门追问："老白毛，你儿子是干什么的？"娘哭得死去活来，但始终没有答话。我怕娘晕倒，跪在娘身后倚着她，给她捶背。当夜，特务在南屋住下，特务把家人都集中在三间北屋。陆禹、潘基夫妇住在西侧屋，爹娘和我住东侧屋。他们继续搜查，并宣布了"许进不许出"的软禁令。深夜我和陆禹又分头在各自屋内的取暖炉中烧掉了一些特务没有搜到的东西。

第二天（18日）上午，潘基同志（已怀孕，即将临产）提着一个空水壶，悄声对我说："他们问你什么，都说不知道。"她佯装到后院打水，实际上她和陆禹都先后从后院倒塌的院墙逃出了虎口。他们走后，我心里少了不少担忧，他们留下确实太危险了，而且也必须有人出去给地下党送个信，不然后果真的不堪设想。我默默祈盼他们离开家后一切顺利平安。

下午两三点钟，特务来找陆禹，发现屋中已无人。特务们暴跳了，他们拍桌子、举着手枪逼问爹："人哪儿去了？"爹说："不知道。"他们强迫并恐吓爹："必须把人找回来。"爹默然以对。特务们随后到了东屋。东屋住的是保姆，是位善良、仁慈的贫农老太太，为了找口饭吃，到我家来帮忙。特务们逼问这位老大妈："你家老三是干什么的？是不是八路军？"大妈说："他老实巴交的，又不关（饷）小米，怎么会是八路军呢？"特务们疯狂了，下毒手了。他们取来碗口粗的木门闩，给大妈上刑了，听着一声声惨叫，我满腔怒火，心如刀绞，泪如泉涌。我想冲出去，但有特务看守。惨叫声渐弱了、停止了，我向窗外一看惊呆了！特务们正从厨房里提了水壶进去，大妈被打昏了，他们要灌凉水……直到门闩打断了，特务们才住手。光天化日之下，在民宅对平民百姓施以如此暴行，这就是法西斯！

当时我还不满二十周岁，入党刚一年多，一时又和党组织联系不上，不知道三哥的死活，不知道陆禹夫妇的安危，更提心吊胆的是，不知道老佘、老杨等领导同志是否得到了信息？我心中充满了仇恨与惆怅！

第三天（19日）上午，为首的那个特务又来到我家，同时带来了一个我在师大女附中上学时的同学张××。这个同学告诉我，那个特务是她舅舅。特务从陆禹屋里拿走了毛毯等值点钱的东西。

当晚，特务们撤走了。

第四天（20日）一大早，我到北大，找到了老同学张仪玉和张群玉（中学即同学，同在一个党小组），我请他们无论如何帮我找到党组织。从学校回家后，爹娘恳切要求我通过张××给三哥送行李。爹娘都不是党员（爹在新中国成立后入党），我心里有话不好对他们讲，我思绪万千，心急如焚，张××和我已经四五年没有联系了，她来干什么？她现在的身份是什么？我都不知道，我能不能去找她？该不该去找她？我究竟该怎么办？离开了党组织，谁能告诉我？我孤立无援，我困惑我迷茫，我彻夜失眠了。经过反复思考，我咬紧牙关决心去闯，我要给三哥送个信息，告诉他"家里"平安。虽是入虎穴，但我有信心把握自己。

第五天（21日），爹娘帮我收拾好送给三哥的行李，捆在自行车后。我还给三哥写了个条子："三哥，家中一切都好，勿念！相信不久我们就会见面。"到了张××家，那个特务果然在屋。看见我，他把手枪别在腰前，我把东西放下，说明来意。特务横眉冷目，厉声问我："你们家来过什么人？"我说："没有。"他说："有人来必须向我报告。"说完，托了一下枪出屋了。他走后我也借机告辞。

深夜，又有四五个宪兵以"查户口"为名，闯到我家来搜查一番，没查到什么，就退去了。

第六天（22日），我开始回校上课，一边等候组织的回音。

不久，张群玉通知我，杨伯箴同志约我某日在景山公园后山见面。我如期赴约，把家里的情况以及我的悬念一一向老杨做了汇报。老杨告诉我，陆禹夫妇已平安到达解放区，地下党组织都安全，并告诉我组织上正在设法营救三哥。找到了党组织，听到了地下党组织平安的消息，我心中释然了，无限欣慰。

事后得知，2月17日这天，被国民党逮捕的地下党员、民主人士、教授、学生和无辜群众，共有一千六百余人。地下党组织成立了"北平市人权保障委员会"，发布宣言要求释放被捕人士。此时反对美蒋的爱国学生运动正如火如荼。铁道学院首先提出了"释放陆元炽"的口号。2月22日，朱自清等十三名教授发表宣言，要求国民党当局保障人权，从速释放被捕者；3月1日，许德珩等192名教授联名发表声明，支持十三名教授的宣言。3月27日，北大、清华、燕大、中法等校学生举行联合罢考。"五·二〇"一万五千多名大中学生举行了"反饥饿、反内战"大游行。游行途中，"反饥饿、反内战联合会"主席团和学生代表向行辕请愿，提出五条要求，其中第四条就是"释放铁道学院学生陆元炽"（摘自《解放战争时期北平学生运动史》）。在北平地下党的坚强领导下，学生运动蓬勃发展，在强大的学生运动及社会各界人士的压力下，不久，三哥被释放出狱。

三哥出狱以后，继续收听、记录解放区的新闻广播，并编辑《新闻资料》《城市政策》等小册子，给地下党员提供学习文件。

北平解放后，我和三哥都分别在各自的工作岗位上忙碌，以后又各自成家，离开了爹娘这个老家。20世纪80年代，年迈的老爹老娘先后故去，什家户这个老家就成了历史。至今我常常怀念西城的这个有重大历史意义的故居——什家户七号。

陆禹夫妇曾经居住的房屋

四大名医之一施今墨曾住东绒线胡同

施今墨旧居位于东绒线胡同 74 号，这是个占地约有 670 平方米的大四合院，前后三进。施今墨自打十几岁就住在东绒线胡同，一直住到"文化大革命"，才搬出这条胡同。

"不为良相，则为良医"的施今墨

施今墨（1881—1969），原名毓黔，字奖生，祖籍浙江省杭州市萧山区，中国近代中医临床家、教育家、改革家，"北京四大名医"之一。他是近代中国中医界唯一一位为孙中山、毛泽东、蒋介石都看过病的名医。他毕生致力于中医事业的发展，提倡中西医结合，培养了许多中医人才，长期从事中医临床，治愈了许多疑难重症，在国内外享有很高的声望。

年幼时，因母多病，施今墨立志学医。他的舅父河南安阳名医李可亭见其聪颖，便在施今墨十三岁时即教他学习中医。施今墨学医刻苦，二十岁左右已经通晓中医理论，可以独立行医了。又因政治不定，进入京师法政学堂，接受革命理论。他后来追随黄兴先生，并参加了辛亥革命。后来渐感时世虽异，许多官员仍不改争权夺利、尔虞我诈的封建官僚作风，便对革命大为失望，慨叹不已。既然"不为良相，则为良医"，他便从此弃政从医。

施今墨给不少名人看过病，留下了不少医坛佳话。1925 年，孙中山先生病重住进协和医院，施先生被孙先生请去看过病。1930 年他应邀赴陕西为杨虎城将军治病，药到病除，当时报纸传为佳话。何香凝、溥仪、载涛、李宗仁、郭德洁等在中华人民共和国成立后曾多次延请施老看病。被他治好病的普通百姓更是不计其数。

155

故居为保存较好的民国建筑

施今墨故居是民国时期建筑，坐北朝南，为二进院落。

原大门一间，已封堵，方形门墩一对，雕刻暗八仙图案，清水脊，合瓦屋面，脊饰花盘子，大门西侧倒座房四间，东侧一间，后改机瓦屋面。

一进院落正房三间，东、西厢房各三间。其东跨院已属于东绒线胡同74号，有北房三间，后改水泥机瓦屋面。院内东房五间，鞍子脊，合瓦屋面，前出平廊，檐下有木挂檐板，原支摘窗装修部分保存。

施今墨所居东绒线胡同74号为其二进院。院内正房三间，过龙脊，合瓦屋面，前后廊，前檐明间隔扇风门，次间支摘窗，门前垂带踏跺四级。正房两侧耳房各两间，过龙脊，合瓦屋面，前出廊，前檐装修为现代门窗。东、西厢房各三件，过龙脊，合瓦屋面，前出廊，前檐装修为

东绒线胡同74号施今墨旧居

156

现代门窗，次间支摘窗，明间前出垂带踏跺三级，东厢房后檐开有百叶窗，现仍保存完好。此院内各房间均有平顶游廊相连，东厢房后檐原有游廊，现已无存。

赵炳南闹中取静的老宅

赵炳南（1899—1984），原名赵德明，回族，祖籍山东德州。生于北京，著名中医皮外科大夫。自1920年起，从医六十余年，具有丰富的临床经验。赵炳南曾先后任北京中医医院皮外科主任、副院长、名誉院长，曾当选为第二、三、四、五、七届北京市人大代表，第四、五届全国人大代表。作为中医外科、皮科专家，曾为许多党和国家领导人及国际友人诊治皮肤疾患。在长期的临床实践中，形成了皮外科治疗的独特风格。行医期间，救死扶伤，以高超的医术诊治过无数病人和垂危患者。晚年则专门致力于皮肤病的治疗与研究，并将数十年的临床经验编入《赵炳南临床经验集》，为祖国医学事业特别是中医皮外学科的发扬光大，做出了突出贡献。

赵炳南原住复兴门外三里河地区，1937年举家迁居西交民巷51号，即赵炳南医馆。1940年全家搬入井楼胡同3号，赵炳南在这里生活了四十余年，直到1984年7月病逝。

赵炳南故居——井楼胡同3号

157

夏衍最后的住所：大六部口街 14 号

大六部口街为南北走向，南起西绒线胡同，北至西长安街，全长303 米，均宽 9 米。清代初期时，这里称六部口，后析为大、小六部口。大六部口街因规模较大，故而占了一个"大"字。

夏衍 1953 年迁居北京，在北京，他有过两个住处：一处在东城区南竹竿胡同，如今已拆毁；另一处就在大六部口街 14 号。

夏衍的孙女沈芸撰写的《爷爷的四合院》，其中关于大六部口街 14号这样写道：

> 离开居住了几十年的东城，我们举家迁往西城区长安街旁一条叫大六部口街的又一四合院。六部口，顾名思义是明清两代吏、户、礼、兵、刑、工六个大部所在，而 14 号刚好处这条街的居中位置，所以依我爸爸的猜测，这座宅院在旧时不是住家而是用来办公的，发挥一下想象，或许是大臣们上下朝时歇脚议事的地方。因而它的设计格局确实不是很适合家居，但很有气派，尤其是后院的宽走廊，大门柱，颇有些进深。虽然这也是个一进的院子，但它的里外院之隔是一排前后都通的北房，朱红色的大门开在临街西面的院墙，紧挨着是一扇灰色车库大门。从外面看，墙头上拉着一圈铁丝网的院子的确是一身官气，但院内，原来在这儿住了几十年的政协委员邓初民先生一家在里院南北角种了两丛翠竹，东西角种了两棵丁香，一紫一白，则很是雅气。后来我家住进去后又种了一棵枣树，两墙爬山虎，爷爷窗外的那一枝已经覆满了一面墙，像一层厚厚的

绿色地毯。从他的卧室向外看，真是很美。这样，这个四合院，夏日落雨，冬天下雪，自成一番景色，特别是春天丁香花盛开的时候，开放时，一片烂漫，凋谢时，一地缤纷。

　搬进大六部口街 14 号时，正值初秋时节，院内风景独好。爷爷仍然住在里院正北房的西屋，除了换了张新床和多了一个老式香樟木画柜、两个小书架外，一切照旧，日常起居也规律依旧。这时候的爷爷，已经到了真正的风烛残年，生理上的年老体衰和内心的倔强、执拗常常会打起架来，凡是在为生活中的小事和社会上的大事"较起真儿"时，他总是用一句话来概括自己："我就是顽固分子！"爷爷喜欢和我们"握手"，握住手不放使劲地捏，看到对方哇哇大叫着讨饶，他会开心得意地大笑，他是在用手劲显示他的力量。的确，爷爷的一生都活得非常的有力量，而这种结合了智慧的力量在他的身上一直持续到了生命的最后。

　尽管爷爷从进监狱起就写下了不止一份遗嘱，但是最终使他考虑、着手身后之事，却是从"捐献"开始。爷爷从 1988 年起分四次将纳兰性德手卷、94 件藏画、全部的邮品及 2800 册书籍分别捐给上海博物馆、浙江博物馆和现代文学馆。尤其在 1991 年，爷爷请方行同志代表"上博"取走所藏邮票时，有人问他：还要不要再看看？他一如平常地摇了摇头，摆了摆手。当时懵懵懂懂的我，今天一经想起，却对爷爷那刻了却后顾之忧的释然神情有着一份深刻的记忆。

　从 1985 年到 1995 年这十年间，各方面为爷爷组织的各种纪念性活动不下十次，最后还获得了国家级称号，身后又极尽哀荣，而他自己对这一生的是非功过又怎么看呢？这又使我想起了一位朋友告诉我的，爷爷在一次电影会议上的开场白，他说："昨天电视上说，我把毕生的精力都贡献给了中国电影事业，我还没死呢，怎么能说是毕生呢?!……"细细品味，想来他对无论是生前、盖棺，抑或溢美、切实的种种说法早已有了自己的评价。

爷爷在六部口这个家住了整整九年，1995年的早春，他辞世于北京医院。我想，远行在即的一刻，他可能还会想到这座漂亮的院子和想养的猫。这院落也由于浓缩了爷爷最后的全部生活印迹而格外的有名。

现在我已搬出爷爷留下的院子十年了，位于今天高楼林立的"水泥森林"中，记录下二十年来久居爷爷三座四合院里的种种经历，作为回忆，以示纪念。

光明胡同45号的刘绍棠故居

光明胡同位于西长安街地区北部，南北走向，南起东红门胡同，北至西安门大街，全长471米，均宽5米。清代称光明殿胡同，简称光明殿，因大光明殿在此而得名。1965年改称光明胡同。

光明胡同45号，是著名乡土文学作家刘绍棠的故居，现已开辟为刘绍棠乡土文学研究会。

刘绍棠1936年2月出生于河北省通县（今北京市通州区）大运河岸边儒林村的一个普通农家。1948年参加革命。1949年，他在中学读书时就开始发表作品，1951年曾经在河北省文联工作，1953年加入了中国共产党。1954年进入北京大学中文系学习，其间他研读苏联作家肖洛霍夫的作品，并把肖洛霍夫树为自己的榜样，写出了后来被称为"新中国田园牧歌"式的作品。在北大学习不久，因发现中文系的许多课程设置对他的小说写作帮助不大，一年后正式退学。之后，专心写作，并于 1955 年出版了第一部长篇小说《运河的桨声》。

上高中时，刘绍棠就与同学曾彩美一见钟情，很快发展为恋人关系。从北京大学退学后，在家人的催促

光明胡同 45 号刘绍棠旧居

下，刘绍棠与曾彩美于 1955 年 8 月结婚。当时刘绍棠的父亲在前门鲜鱼口玄帝庙胡同租了三间小房，全家九口人都住在那里，再加上新婚的刘绍棠夫妇，实在是挤不下。刘绍棠便在朋友们的介绍下，于 1957 年夏天在光明胡同 45 号买了房。

这是一座小三合院，没有北房，南房三间算是正房，中间明间是客厅，东间是卧室，西间是书房。书房很小，只有十多平方米，刘绍棠称其"蝈笼斋"。院中还有东西厢房、厨房、堆房等，还有五棵枣树和五棵槐树。"蝈笼斋"东墙挂着竖幅"大难不死，必有后福"，署名"炳森"；西墙镶嵌匾额"人民作家，光耀乡土"，落款"通县人民政府"。

刘绍棠买下房子后，并没有在这里住多久，半年后他就被下放劳改，在这里居住的是他的父母和妻儿。直到 1979 年，得以平反的他才重新回到光明胡同。在这里他又一次焕发"青春"，进入新的创作高潮，几年时间完成了数十部长篇与中篇小说，成为新时期最高产的作家之一。

第六章　重拾古都：回忆消失的胡同

1958 年 9 月，北京市都市规划委员会发布《北京市总体规划说明》，其中提出："……天安门广场是首都中心广场，将改建扩大为 44 公顷，两侧修建全国人民代表大会的大厦和革命历史博物馆。中南海及其附近地区，作为中央首脑机关所在地。中央其他部门和有全国意义的重大建筑如博物馆、国家大剧院等，将沿长安街等重要干道布置。"

从中华人民共和国成立的 1949 年至 2003 年，西长安街地区的四十二条胡同消失在人们的视野，仅存在于记忆之中。

长安街上走过的改革变迁之路

长安街，取长治久安之意。作为神州第一街，早在明永乐十八年（1420），永乐皇帝朱棣建都北京的时候，就被精心安排在皇城的正前方。这条神州第一街与北京城同龄，同时也见证着北京城的变迁与发展。

清朝至中华人民共和国成立以前，大街几经修整

说到长安街路面的变化，要追溯到清末。那时的天安门还叫"承天门"，前有"T"形广场，两侧分别有长安左门和长安右门，门外为东长安街和西长安街。清光绪三十一年（1905）和三十三年（1907）先

后把御河桥至东单、府右街至西单修成碎石路面。

1911 年辛亥革命以后，当时的大总统府曾设在中南海，中国现代市政建设的创始人之一朱启钤把中南海南侧的宝月楼下层改建为"新华门"，拆除内侧的皇城墙，使大门直通长安街。此外，他还主持打通了府右街、南长街与北长街、南池子与北池子等，使之与长安街相连，开通了京城南北方向的交通要道。

1924 年，西长安街修成沥青路面，铺上了铁轨，开通有轨电车道，由此开始了向现代城市街巷的演变，现代城市的信息不断增加。

1939 年，日本帝国主义入侵时，在东城墙打开一豁口，叫启明门（今建国门），西城墙打开长安门（今复兴门），两门之间的道路长达13.4 华里（6700 米），这就是通常所说的十里长街，路面主要是沥青铺就。

道路几经展宽，初现"天街"端倪

中华人民共和国成立后，对长安街路面进行过多次大规模改造。随着首都建设的展开，北京逐步确立了"为生产服务，为中央服务，归根到底是为劳动人民服务"的城市建设方针，决定首先适应首都的交通需要，进行路面的改造性建设。

1950 年 6 月至 9 月，在东、西长安街东单至南长街之间修林荫大道，即南河沿以东在原 15 米道路的北侧，南河沿以西在原 15 米道路的南侧，各修一条 15 米宽的沥青路与旧路相平行。新旧路之间设 15 ~ 20 米宽的林荫带，可供有轨电车行驶。王府井大街以东，因地势原因，在北侧修 1 米多高的挡土墙，再北侧有小路及绿化带。1952 年拆除东、西三座门的门洞。1954 年，拆除了东单牌楼和西单牌楼（迁至陶然亭公园内重建）。至此，纵贯东西的街道上，没有了旧时遗留的建筑物。

建设初期，专家们就如何制定有关长安街的建设规划、"如何针对长安街进行改造和建设才能体现首都特点"等议题，意见并不一致。

163

1953 年，中共北京市委制定的《改建与扩建北京市规划草案的要点》中，将长安街规划为路宽 50 米，红线间 100 米。这被当时有些人批判为"大马路主义"。而一同参与讨论的苏联专家也认为如此规划太宽，是浪费，坚持宽度应控制在 80～90 米。当时，抗美援朝的硝烟尚未熄灭，城市规划也要听取军方意见，军方认为路宽在战时可以成为飞机跑道，有利于备战，这才平息了这场争论。

1955 年，计划展宽西长安街西段，即府右街至西单段。最初的设计为拆除西单头条以南的房屋，保留庆寿寺双塔，在其北修建 13 米宽的沥青路。但最终还是决定拆除双塔寺，修成 35～50 米宽的一幅式沥青路。随后是展宽西单至复兴门之间的道路。早年间，出城是走旧刑部街、卧佛寺街，入城走邱祖胡同、报子胡同。展宽道路后，将两条胡同道路之间的房屋全部拆除，修成 35 米宽的一幅式沥青路。至此，宽阔的西长安街初露端倪。

六十载规划变迁，形成今日格局

1958 年，为迎接翌年的中华人民共和国成立十周年庆典，长安街开始了大规模的建设活动。当时提出的建设要求有几点：一是在天安门广场及东西长安街实现无轨无线，看起来规整统一；二是路面可以承受 60 吨重的、可接受检阅的坦克行驶；三是道路及广场要"一块板"，以便于游行集会。

动工后，首先展宽的是东单至建国门之间的道路，将裱褙胡同与观音寺胡同之间的房屋全部拆除，修成 35 米宽一幅式沥青路。这条道路上的有轨电车道也随之拆除。随着天安门广场的人民大会堂、历史博物馆等国庆工程的建设，1959 年 3 月至 9 月，配合天安门广场扩建，东单至府右街之间的道路进一步展宽，达到 45～80 米，全部为混凝土路面，人行道铺设水泥方砖，以花岗岩为立缘石。至此，长安街真正发生了巨大的变化，基本形成了现在的格局。

进入 21 世纪以后，比较大的改造是西单至复兴门和东单到建国门的道路扩建。西单到复兴门原路宽 35 米，南侧有一条非机动车道，2000 年在北边道路牙子不动的情况下，向南扩延了 15 米，使路宽达到了 50 米，路面调整为三幅式，两侧形成 7 米的非机动车道，两侧的非机动车道与机动车道之间设各 3 米宽的分隔带。这次大修还拓宽了东单、西单的十字路口，在四周建筑物之外修建了环状辅路匝道，这两处交叉路口将左转弯的车辆分流到匝道，右转绕行后直行通过路口。经过这次改造车流更加通畅，长安街更显得宽阔。

为迎接共和国六十华诞，长安街于 2009 年 3 月 20 日夜间开始大修。伴随着道路的大修，交通工程、绿化整治和公交优化等方面的工程也同步进行，最终实现了复兴门至建国门路段五上五下双向十车道的规划，并拓宽察院胡同到国家大剧院段的南侧主路。

万余户居民为修建人民大会堂而迁

1958 年，在确定了天安门广场和大会堂的选址之后的一个月内，50 多万平方米的房子被推平了，一万余户居民搬离此地，中轴线迎来了自 1405 年明永乐帝朱棣营建紫禁城以来，最大规模的一次建筑活动。

许多年以后，曾住在这里的老百姓仍然记得，1958 年以前，他们的家曾经在现在的人民大会堂的哪个位置。

最早被整体拆除的司法部街

司法部街呈南北走向，南起西交民巷，北接长安大街，长约 2000 米。东侧是居民胡同区，从北到南依次是桃竹胡同、垂露胡同、小中府、大中府、左府胡同、大四眼井、小四眼井、宋家胡同、前府胡同。

司法部街在明代是前、后、左、右、中五军督门所在地，清代掌管礼乐的太常寺在这里办公，自民国以来，这条街为历届政府的最高司法机关所驻扎，故名司法部街。

彼时的司法部大街上有一条有轨电车线，这条线是连接前门与西单的唯一交通。电车有两种：一种是带拖车的老式电车，另一种是中华人民共和国成立后生产的单体瘦型电车。老式电车一般是黄颜色的，新式单体车一般是深紫色的。电车司机站在车头左边，一根磨得发亮的活动铁管儿把司机与乘客隔开来。司机手握一只车速摇把，脚踩着车铃开车，"铛铛"作响，所以这种有轨电车也叫"铛铛车"。电车顶上安着一长方形弹簧铜杆与一单根电线相接，电工称之为接火线，铁轨充当地线。夜里，当电车行驶在高低不平的路段上，会放出耀眼的电弧。

司法部街拆迁之前，有一座杨公祠，以纪念明代大忠臣杨继盛。杨公祠面积约有10平方米，里面摆有一张方桌，青布铺其上，两边下垂带尖儿的黑带。旁边还有一株枯槐，此树是杨公在押时手植之物，早已枯死，树围很粗，两个小孩都搂不过来。枯木内嵌一方方石，镌刻着"浩气还太虚，丹心照千古。生平未报国，留作忠魂补"。

雄伟而精致的高法、高检大楼

司法部街西侧主要是最高人民检察院、最高人民法院两院机关和司法部机关大院，司法部南面是司法部街小学。

高法、高检大楼是清政府专管审判的大理院所在地，这座清末建筑雄伟而精致，是一幢西洋式大楼。大楼楼高四层，从南到北有百十余米，东西近六十余米。大楼朝东，共有八个门，正面三个，南北各一个，楼背后正中是地下室出口。

大楼中央镶嵌有一块大钟表，南、北两端各有一座圆顶塔楼。北面塔楼离西长安街不到百米。鸟瞰大楼，呈标准的"日"字形。楼内有两个开阔的天井，每个足能容下两个篮球场大。大楼中厅，宽阔精致的红木楼梯环周而上，环抱着一个大约二十平方米的天井，小天井四周悬挂着铁网，以防止人员坠落。阳光穿过这三个天井洒向大楼的每个

166

角落。

大楼的中厅门前之上有座巨型华盖，一楼中厅宽阔明亮，一条紫红地毯沿楼梯一直铺上二楼。中厅门前有一个喷水池，四周种着鲜花。内院中央是个巨大的养鱼池，中间有座假山。以鱼池为中心，向东南西北延伸出四条青砖铺成的小路，分别通向大厦地下室出口、小南楼、小西楼和大北楼。这四条砖路将内院分成四块场地，东南为灯光球场，西北为网球场兼电影放映场地。在鱼池边还围着四个同心圆花池，相间于砖路之间。

旗手卫胡同和銮舆卫夹道

旗手卫，既是衙署，也是与明、清老北京城并存近六百年的古老地名。据《明史·职官志》载，旗手卫建置于洪武十八年（1385），下辖五个所，执掌大架金鼓、旗纛、率力士随皇帝护架宿卫，初设在南京。

永乐十九年（1421），明成祖迁都北京。正统七年（1442），明英宗在北京皇城大明门两侧，为五府、六部、九卿各衙署建造衙址，旗手卫设在西侧衙址中锦衣卫的后身，作用是"金民间壮丁为力士随皇帝出入并守卫四门"。明嘉靖年间，张爵所撰《京师五城坊巷胡同集》记述，旗手卫地处正阳门内以西的"大时雍坊"。

清初顺治二年（1645），锦衣卫和旗手卫合并，改称"銮仪卫"。光绪年《顺天府志》载："銮仪卫署在长安右门外，即明锦衣卫旧署，顺治二年改为銮仪卫。"原旗手卫衙址，"今废，其地犹仍旧名"，逐渐变为民居，胡同仍称"旗手卫"。《顺天府志》又载："旗手卫掌金钲、鼓角、铙歌大乐。"清代，归属銮仪卫内的旗手卫，职能类似军乐队。清末避宣统皇帝溥仪名讳，"銮仪卫"改称"銮舆卫"。

1919 年 5 月 22 日，北洋政府京都市政公所公布的《市内道路等级幅员之标准及已定等级路幅各道路名称》中，将旗手卫胡同列为"二等路，自南口至北口（宽度）十五公尺"。在《1947 年北平市地图》

上可见在法院北侧，有"銮舆卫夹道"，而旗手卫胡同，就在法院西侧。

銮舆卫夹道位于司法部大楼的北侧，是一条普通的胡同，东西走向二三百米长，南北两侧居住着二十来户人家，以小四合院居多。

胡同西端路北墙根下正对着旗手卫有一块长方形的石碑"泰山石敢当"，守卫在这块宝地上聚居的百姓平安一方，宁静度日。在旧俗中，凡家住屋门对桥梁、巷口或道路要冲，就在墙外立一小石碑，上刻"泰山石敢当"五字，用以避邪。这种做法在民间非常流行，并于 2006 年 6 月被列入第一批国家级非物质文化遗产名录。

在旗手卫 10 号的大门旁有个闪亮的铜牌"梅宅"，大门上有"忠厚传家久，诗书继世长"的对联。1926 年，天津梅氏中，梅曾臣这一支迁居北京，卜居和平门内。后于 1931 年定居于旗手卫 10 号院。

梅曾臣一支，以教育世家闻名，连任十八年清华大学校长的梅贻琦，是梅曾臣长子；抗战期间在成都复建燕京大学并任代校长的梅贻宝，是梅曾臣五子。

四子梅贻瑶之后梅祖成曾撰文回忆梅氏五兄弟：

> 我们的父辈梅氏五兄弟先后出生于清朝末年，受教育于民国之初，他们学成就业，正值 20 世纪二三十年代国家振兴经济、发展教育之时机，他们作为当时新一代的人才，在国家建设中做出了贡献。
>
> 1926 年五兄弟大都供职北平，祖父遂决定由天津迁居北平。几经搬迁，最后租住于旗手卫 10 号。旗手卫 10 号的大门旁有个闪亮的铜牌"梅宅"，大门上有"忠厚传家久，诗书继世长"的对联。

大伯父梅贻琦（1889—1962）

五兄弟中的老大梅贻琦，字月涵，大排行五，故我们称他五伯伯。贻琦伯父出生于19世纪的80年代末，他成长于清王朝的丧权辱国使中国沦为半殖民地的时代。贻琦伯父属于醒悟到救国图存，必须放开眼界追索西方先进科学文化的一代人。他青年时期上过天津的南开学堂，受业于张伯苓先生，得到新思想的启发。1909年考取以庚子赔款派送的第一批留学生，到美国吴斯特理工学院去留学，1914年毕业于电机工程系。归国后即在清华学校工作，后来利用教师休年假在芝加哥大学进修物理，获硕士学位。1925年清华改制增办大学部，他任教授兼教务长，同时帮助学校发展了清华国学研究院。1931年他任国立清华大学校长后，坚持民主办学、学术自由的方针，以他一贯廉洁奉公、公正严明的作风，受到全体师生的欢迎和敬重。他在学校工作近五十年（其间包括抗战时期在极端艰难的情况下，主持西南联大校务的八年），直至1962年在台北逝世，将毕生精力献给了清华的创建与发展，成为清华唯一的终身校长。

二伯父梅贻瑞（1893—1971）

五兄弟中的老二梅贻瑞，字仲符，大排行六，我们一直称他六伯伯。北京师范大学（前身为京师高等师范学校）国文系毕业，终生从事中学教育事业。贻瑞伯伯中文功底深厚，在高师毕业时，以优异成绩名列国文系毕业班第一。毕业后曾留校任讲师，后连续二十余年任北师大附中的国文教师。五四运动时，他积极拥护新文化运动，身体力行从事白话文写作，是白话文的先驱。

日寇侵华时期，二伯父留居北平，侍奉我们的老祖母，续任教于北师大附中。太平洋战争爆发后，敌伪教育当局强令教师们撰文歌颂"大东亚共荣圈"，贻瑞伯父以民族气节为重，拒不从命，为此被学校当权者解聘。此后数年一直靠在私立学校兼课的微薄收入勉强糊口。直到日寇投降，才得以受聘于艺文中学（现北京二十八中）。新中国成立后，他继续在二十八中任教，直至年老退休。

三伯父梅贻琳（1896—1955）

三伯父梅贻琳，大排行第八，我们称他为八伯伯。1935年，性格开朗率直的贻琳伯父任南京市卫生局局长，父亲也在南京供职邮政总局。两兄弟同在一个城市工作和生活，甚为难得。

贻琳伯伯在国外求学多年，带着许多先进的医学知识和公共卫生观念回国服务于国人；但对过去的清贫生活，他从不忘怀。可惜1937年抗日战争开始，我们各奔东西，很少见面了。抗战期间，我在成都华美女中读书，记得曾问过父亲："八伯伯是名人吗？"父亲沉思许久说："应该是。他一贯学习刻苦勤奋，在国外以特优成绩获得美国芝加哥大学医学院等两所著名大学的博士学位，回国工作也非常出色啊！"贻琳伯父早在1925年就荣获美国名校芝加哥大学的医学博士学位（M. D. ），如果当时就回国不愁谋不到高薪好职业。可是他想到，医生只能为一个一个病人治病，而祖国人口众多，公共卫生落后，便毅然克服重重困难，继续留在美国求学。1926年又获得世界驰名的霍普金斯大学医学院公共卫生学博士学位（D. P. H. ），并在伦敦、巴黎热带病研究所见习，于1927年回国。曾任清华大学校医。听家人说梁启超先生生病，指名梅贻琳大夫治疗。

抗日战争期间，贻琳伯伯任重庆市卫生局局长。重庆气候炎热潮湿，系我国三大火炉之一。敌机轰炸，缺医少药，老鼠猖獗，难民蜂拥而至，卫生情况可想而知。然而抗战数年，重庆未曾瘟疫流行，虽属幸运，但不能不归功于负责公共卫生之当局。抗战八年，贻琳伯伯为拥挤不堪的重庆环境卫生做出贡献。他厌倦官场，抗战胜利后到上海，自己行医布道。

父亲梅贻瑶（1898—1967）

父亲梅贻瑶，字东华，五兄弟中的老四，大排行十。早年就读北洋河海工程学院时，一个偶然的机会考入邮政局任高级邮务员，从此直至 1967 年去世，数十年来一直服务于邮政事业。当时邮政局凡事有规可循，有法可依。父亲对待工作、生活都是一板一眼，井然有序，用现在的说法是非常到位，工作性质与个人性格修养十分契合。我们从进入初中就住校读书，与父亲接触不算太多，而他老人家循规蹈矩、认真负责、清正廉洁的一贯作风，对我们的影响至深。

1945 年抗日胜利，父亲奉调重庆。1949 年初，大江南北通邮谈判，父亲任国民党通邮谈判代表团团长，由上海来到北平，我们父子（女）得以团圆，欣喜万分。遵照共产党组织意见，我们请父亲回上海后，尽力保护邮政局，迎接上海解放。父亲果然没有随国民党邮局去台湾，新中国成立后一直任山东省邮电管理局副局长，并曾任山东省人民代表，省政协委员、副秘书长，省民革常委、秘书长等职。1953 年曾任赴朝慰问团山东省分团副团长，到朝鲜慰问志愿军。

叔父梅贻宝（1900—1997）

叔父梅贻宝是五兄弟中的老五，大排行第十一，故我们称十一叔。他聪颖敏锐、开朗活跃。大伯父贻琦比他大十一岁。

他们兄弟姐妹众多，祖母为子女多所累，贻琦伯父经常照料年幼的贻宝叔。1914 年贻琦伯父自国外学成回国，他鼓励十四岁的小弟弟投考天津南开中学，成为张伯苓先生的学生。1915年，贻宝叔考入清华学校中等科，同期入学的有梁实秋、徐宗涑、顾毓诱等。1919 年五四运动，清华学生徒步进城，沿街向市民演讲宣传，贻宝叔是其中之一，并被当局逮捕。与此同时，美国哲学家杜威先生、英国哲学家罗素先生先后来华做学术讲演，由胡适、赵元任先生分别担任翻译。这几位先生的声望学识都是学生们所景仰的，一系列的学术活动轰动一时，在当时学术界堪称盛举。贻宝叔聆听演讲若干次，深受启发，对他日后留学进修，影响巨大。贻宝叔二十三岁至二十八岁在国外进修深造。获得美国芝加哥大学哲学博士学位，并兼修政治、社会等学科。后来又到德国进修一年，于1928 年回到北京。回国后受聘于燕京大学，历任注册课主任、教务处主任、讲师、教授、文学院院长、成都燕京大学代校长等职。1941年底太平洋战争爆发，燕京大学遭日寇封闭，燕大校友群情激愤，一致要求在后方复校。次年初，燕大临时校董会决议，成立复校筹备处，并推举梅贻宝为筹备处主任，于 1942 年 10 月1 日正式开学上课。那时有三千学子投考燕大，但限于种种条件仅录取一百余人，以后逐年都有增加。能使一所中外驰名的综合大学在这么短的时间复校开学上课，并坚持到 1946 年师生复员回平，一直保持教学高质量、工作高效率，善始善终，可谓中国教育史上的一项重要成就。贻宝叔中英文极好，在伦敦曾蒙学人称赞他英文流利典雅，1942 年 10 月美国威尔基先生代表罗斯福总统来华访问，并向重庆、成都两市大学师生发表演讲，均由贻宝叔现场翻译。威氏在成都演讲这天正是燕大复校开学第一天，全校师生参加大会，听取威氏演讲及梅代校长翻译，代替开学典礼。梅代校长声音浑厚洪亮，思维敏捷，翻译贴切传神，与会师生印象深刻，深感骄傲。当年我高中毕业时，十分倾慕燕大，又担心考分不够，而报考了金女大（金陵女子文理学院）。抗战胜利后，1946年成都华西坝五大学互转学

梅氏五兄弟在旗手卫梅宅合影

生，我按规定手续转入燕京大学。贻宝叔自1928年受聘燕京大学，先后五十年服务于大学教育，前二十年在燕京大学，后三十年在国外大学执教，留下不少著作。贻宝叔自1949年侨居美国近五十年，深知加入美国国籍之种种便利，但他直至1997年98岁高寿去世时，始终不愿加入美国籍，可见他对祖国眷恋之深。

与周围胡同形成鲜明对比的中国国家大剧院

2007年，中国国家大剧院建成。为了修建这一艺术殿堂，草帽胡同、育抚胡同、法宪胡同、花园大院、绒线胡同、高碑胡同、石碑胡同等胡同的居民为此迁居。这些胡同有的整体消失，有的部分被拆除。

育抚胡同位于西长安街地区南部。南北走向，南段两岔道均起高碑胡同，北至东绒线胡同。全长232米，均宽4米。清代时称为高碑大院，因康熙年间巡抚于成龙曾居于此地，故又称于抚院。1911年后称为于抚院胡同。1965年根据谐音更名为育抚胡同。

花园大院位于西长安街地区东南部。走向曲折，南起东绒线胡同，西至石碑胡同。全长190米，均宽3米。清代时被称为花园胡同，亦称为大院。1911年后改称花园大院。1965年将四眼井和花枝胡同并入。胡同原为南北走向，北抵西长安街，20世纪80年代中叶，北段拆除待建，所余段落基本是原四眼井和花枝胡同。

绒线胡同位于西城区东南部。明清时，绒线胡同东起旧司法部街，西至宣武门内大街。民国二年（1913）开辟和平门和北新华街，将绒线胡同分成东、西两段。与绒线胡同平行的安福胡同、帘子胡同、松树胡同等也被分为东、西绒线胡同。1965年，以北新华街为界，绒线胡同东段称东绒线胡同，西段称西绒线胡同。

高碑胡同位于西长安街地区东南部。东西走向，东起人大会堂西路，西至兵部洼胡同。全长319米，均宽3米。明代称高坡胡同，因地势较高而得名。清代称坡儿胡同，后讹称高碑胡同。

石碑胡同位于西城区东南部。北起西长安街，南至东绒线胡同。始于明代，以石碑得名。关于石碑有两种说法。一说是胡同南口为明锦衣卫故址，此处曾有题名碑。据《顺天府志》记载："刑部在皇城西，即明锦衣卫故址称建。大堂壁间明锦衣卫旧有锦衣卫题名碑，后毁于火。"另一种说法是，在石碑胡同北口，有一通下马碑。这通石碑高约4米、宽约1.5米、厚约0.35米，为汉白玉石雕琢而成，上刻八个大字"官员人等，至此下马"，竖立于西长安门之外。明代的锦衣卫，清代改为銮仪卫，是皇家的禁卫机构。今石碑胡同以东的地带，皆为明代锦衣卫故址。

多条合同合力"变身"神州第一街

2009 年 4 月，随着西长安街道路拓宽工程的持续进展，东起石碑胡同，西至中组部办公楼，北起长安街南沿线，南至西安福胡同、东安福胡同西段、东安福胡同东段南延五十米，工程拆迁以东、西安福胡同为主，也包括与这两条胡同垂直相交的大六部口街、双栅栏胡同、北小栓胡同、西文昌胡同、铜井大院、石碑胡同等胡同的部分房间。

"沉睡"在西长安街道路下的胡同

今东、西安福胡同原为一条胡同，明代时称为安富胡同，也称为安福胡同。1913 年辟建北新华街时，分为东、西两段。东安福胡同全长 427 米，均宽 1 米，东起石碑胡同，西至北新华街，东端最窄处仅有 1 米。西安福胡同为东西走向，东起北新华街，西至宣武门内大街，全长 734 米，均宽 4 米。西安福胡同内旧时有安福寺，今 59 号院、61 号院、63 号院为寺旧址，四进院落，现今主体建筑保存完好。

安福胡同附近有许多名字带"栓"字的胡同，如北小栓、南小栓、东小栓等。这与明代宫廷制度有关。明代时候，官员上朝、办事，有的会骑马来，但是宫廷中大臣不得骑马，因而绝大多数的官员都要在长安右门外下马、拴马。直到今天，在胡同里走走，偶尔在民居的墙上还能看到拴马环。

双栅栏胡同为南北走向，南起北新华街，北至西长安街，全长 204 米，均宽 7 米。这里原为沟渠旁边的土路，因路口设置有维护治安的栅栏，故而明代时称其为栅栏胡同。清代时改称大栅栏，又称双栅栏。1913 年，填没了沟渠，将此地辟为路，沿用了双栅栏的名称。1965 年定名为双栅栏胡同。

西文昌胡同为南北走向，南起南文昌阁，北至东安福胡同，全长

118 米，均宽 5 米。清代时，因这里有文昌阁庙，祀文昌帝君，故而称文昌阁。今 2 号院为文昌阁庙旧址，庙已不复存在。又因胡同在文昌阁西侧，1911 年改称西文昌阁。1965 年定名为西文昌胡同。

铜井大院为南北走向，东侧有岔道，整体街巷呈"h"形，南起南文昌胡同，北至东安福胡同，东通西文昌胡同，全长 208 米，均宽 4 米。旧时，因 7 号院旁门内有一口水井，为铜制井口而得名。进井口已被房屋覆盖。

"坚守"百余年的西长安街邮局

据《北京志·市政卷·邮政志》记载：光绪二十三年（1897），清朝光绪帝批准开办大清邮政，北京海关邮局改称"北京邮政总局"，随后先后设立十多个邮政支局。其中，"本部支局"于光绪三十二年（1906）建立，是大清邮政设立的第六个邮政网点。

1920 年，本部支局更名为"西长安街支局"，门牌号为西长安街 14号。邮局编号为 6 支局。

1947 年，北平邮政管理局开展了"营业窗口加强服务周"活动，分别在西长安街支局、东四牌楼支局设立两处"示范局"。

中华人民共和国成立后，1957 年，西长安街邮局成立中心报刊门市部，三年困难时期中心报刊门市部暂停业务，1963 年 1 月 1 日恢复。1958 年 9 月，北京电报大楼建成之后，西长安街邮局暂时迁入北京电报大楼一层营业，原址则接受改建。1969 年，原址改建完成后，西长安街邮局迁回。

1980 年 8 月 30 日，西长安街邮局新增过期报刊业务，这是唯一一家出售过期报刊的邮政门市部。1981 年 1 月 1 日起，中华人民共和国推行邮政编码，北京邮局将邮政编码与支局序号统一，西长安街邮局变更为 31 支局，此代号沿用至今。

到了 2009 年 4 月 1 日，为配合道路拓宽工程，西长安街邮局被拆除。同时遭到拆除的还有旁边的"摄贸金广角"摄影器材中心、柳泉居分店等单位。2009 年 6 月 6 日，西长安街邮局在西单路口南的宣武门内大街 6 号重新开业。

"阻隔"居民和西长安街的花墙

在西长安街道路南侧，新华门对面，有一段长 200 米的灰色花墙，这段墙大有来头。

辛亥革命后，袁世凯政府接管了清室的西苑三海，并将中海和南海作为总统府，从那时起，中海和南海被合称为"中南海"。

中南海是清代皇宫的"西苑"，只有与紫禁城西华门相对的西苑门，没有面南的正门。而按照中国建筑的传统，府邸的正门要冲南开，坐北朝南，这就必须要在西长安街的皇城墙上开辟一个坐北朝南的正门。袁世凯命人将位于中南海南墙内仅几米处的宝月楼下层当中三间打通，改建为大门，又将挡在门前的皇城红墙扒开一段缺口，加砌了两道"八字墙"，使缺口与大门衔接，这则有了"新华门"。

这项改建工程是由当时的内务总理朱启钤主持的，他还在新华门对面的"府前街"南侧砌筑了一道花墙。当时，新华门对面是一片杂乱破旧的老房，为改善总统府前的观瞻，便砌筑了这道西洋式花墙。

辖区可查的消失胡同

依据段柄仁主编的《北京胡同志》查找，1949 年至 2003 年，西长安街地区共有四十二条胡同消失，分别是：西苑门夹道、百代胡同、石板房头条、西二条胡同、西旧帘子胡同、翠花湾、石缸胡同、垂露胡同、大四眼井、律例馆、官马司、养廉胡同、小桥北河沿、西黄城根南街、花园大院、安儿胡同、南所胡同、司法胡同、小中府、小四眼井、草帽胡同、司法部街、勤劳胡同、水井胡同、松竹胡同、育抚胡同、大方胡同、明光胡同、前府胡同、大中府、旗手卫、法宪胡同、玉钵胡同、后铁门胡同、头条胡同、高碑胡同、南翠花街、和内横街、桃竹胡同、左府胡同、灯草店、銮舆兴卫夹道。

现将可查到的胡同信息列出。

养廉胡同位于西长安街地区东部，南北曲折走向，南起勤劳胡同，北至西华门大街，西通西苑门夹道。全长170米，均宽4米。清代形成街巷，因是养羊之地所，故称羊圈。1911年改为养廉胡同，1965年将南部死胡同老爷庙后巷并入。1990—2003年拆除。

西苑门夹道位于西长安街地区东部，南北曲折走向，南起百代胡同，北至养廉胡同。全长74米，均宽2米，最窄处不足1米。西苑（今中南海）正门在东面，称为西苑门，与紫禁城西华门遥遥相对。因地处中南海东墙外，故1911年后被称为夹道。1949年后，又因地处西苑门之东，故更名为西苑门夹道。1965年将黄羊子胡同并入。黄羊子胡同即今西苑门夹道北段南北走向部分，因原为羊圈，故名。1990—2003年拆除。

玉钵胡同位于西长安街地区东部，南北曲折走向，南端东折起百代胡同，北至西苑门夹道。全长102米，均宽2米。原呈"L"形，1970年因扩建中南海，形成今地界。初称玉钵庙，因内有玉钵庵寺庙而得名。1965年将槐树院并入，更名为玉钵胡同。如今庙已不复存在，槐树院位于玉钵胡同南部，以树得名。1990—2003年拆除。

勤劳胡同位于西长安街地区东部。走向曲折，东起南长街，西通养廉胡同，南至百代胡同。全长153米，均宽5米。中部清代称油漆作胡同，因明代油漆作在此而得名，又称关帝庙，亦称老爷庙。北部称灵官庙，南部称铁香炉，均以寺庙得名。1965年将三段合并改称勤劳胡同。1990—2003年拆除。

百代胡同位于西长安街地区东部。南北曲折走向，南端西折起西苑门夹道，北至勤劳胡同。全长 220 米，均宽 4 米。据传此处原有姚碑庙，门额书"百子门"三字，故 1911 年后胡同得名百子门。1965 年将东大坑、九道弯、梁家胡同并入，更名为百代胡同。东大坑为今胡同北部东侧；九道弯为今胡同中段曲折走向部分；梁家胡同亦称良家胡同，为今胡同中部东侧的死胡同。1990—2003 年拆除。

小桥北河沿位于西长安街地区东部。为东西走向，东起南长街，西端北折至玉体胡同。全长 118 米，均宽 5 米。因地处金水河（玉河）与织女桥北，故清代泛称织女桥。1911 年后，改称北河沿，亦称小桥北河沿。1965 年将甜水井并入。甜水井位于小桥北河沿西部，因有甜水井故名。1990—2003 年拆除。

水井胡同位于西长安街地区东部。西南曲折走向，南起小桥北河沿，西至百代胡同。全长 170 米，均宽 3 米。因内有一苦水井，故 1911 年后得名苦水井。1965 年改名水井胡同。苦水井在今 20 号门前，已不存。1990—2003 年拆除。

石缸胡同位于西长安街地区西部。东西走向，形似"T"形，东起西单北大街，西南均不通行。全长 110 米，均宽 2 米。明代称史刚家胡同，以姓氏为名。清代谐音转为石缸胡同。1965 年将南北走向的文华里并入。1990 年代拆除，原址已成为拓宽改造的辟才胡同的一部分。

安儿胡同位于西长安街地区西南部。东西走向，东起油坊胡同，西至宣武门内大街。全长 144 米，均宽 3 米。始称于明。2000 年后，安儿胡同被拆除，原址兴建了百骏明光百货。

大方胡同位于西长安街地区西南部。东西曲折走向，东起油坊胡同，西至宣武门内大街。全长 156 米，均宽 3 米。清代称糖坊胡同，以制糖作坊得名。1911 年后称糖房胡同。1965 年更名为大方胡同。

南翠花街位于西长安街地区西南部。南北走向，南起西松树胡同，北至西旧帘子胡同。全长 312 米，均宽 3 米。清代称翠花街，1965 年，为避免与福绥境地区的翠花街重名而更名为南翠花街。因危旧小区改造，1990—2003 年拆除。

翠花湾位于西长安街地区西南部。曲折走向，南起新壁街，西至南翠花街。全长 237 米，均宽 3 米。清代称臭水坑，以地势低洼积水得名。后形成街巷，因靠近翠花街，且走向不规则，故 1911 年后改称翠花湾，亦称小翠花街。因危旧小区改造，1990—2003 年拆除。

和内横街位于西长安街地区西南部。南北走向，南起西松树胡同，北至新壁街。全长 125 米，均宽 3 米。明代称横街，因南北横穿新壁街、中街和松树胡同之间，故名。因其位于和平门内，1965 年更名为和内横街。原街南至宣武门东大街，因北京文联建设使用而成今状。因危旧小区改造，1990—2003 年拆除。

南所胡同位于西长安街地区西南部。南北曲折走向，南起新壁街，北至西新帘子胡同。全长 214 米，均宽 3 米。清代称南所，因刑部所设南所在此而得名。1911 年后改称南所胡同。因危旧小区改造，1990—2003 年拆除。

西旧帘子胡同位于西长安街地区西南部。东西走向，东起北新华街，西至油坊胡同。全长 684 米，均宽 5 米。因左近有莲池，故明代称莲子胡同，亦称帘子胡同。后南侧形成新街巷，遂称旧帘子胡同，新街巷称新帘子胡同。1965 年以北新华街为界，分为东西两段，此为西段，故命名为西旧帘子胡同。因危旧小区改造，1990—2003 年拆除。

明光胡同位于西长安街地区西南部。南北曲折走向，南起新壁街，北至西新帘了胡同。全长 240 米，均宽 3 米。因位于吕祖阁西侧，故 1911 年后称吕祖阁西夹道，亦称西夹道。1965 年更名明光胡同。吕祖阁建于清初，是北京现存大型道观之一，为北京市文物保护单位。因危旧小区改造，1990—2003 年拆除。

第七章　和谐宜居：深厚的文化底蕴

　　西长安街地区名胜古迹繁多，文化底蕴深厚，传统风貌与现代气息相辅相成。中南海、天主教南堂、国立蒙藏学校、礼亲王府、升平署戏楼、福佑寺、仪亲王府、洵贝勒府、永佑庙等都坐落在这里。国家大剧院、北京音乐厅、北京图书大厦等文化圣殿位于西长安街两侧，这里有着浓郁的文化氛围。辖区内的建筑传统与现代辉映并存，既有北京内城典型的古都平房区（现有的 1.7 万余间四合院平房，依然保留胡同传统风貌），又有高楼林立、人流如织的西单商业区。西单自明清以来就是商贾繁华之地，与王府井、大栅栏比肩，是首都最为著名的三大传统商业区之一，如今已成为北京现代商业的"金名片"。

文物古迹：中南海的文化遗产

　　西长安街现存的文物古迹主要集中在中南海内，其中较为著名的有瀛台、丰泽园、怀仁堂、紫光阁、勤政殿等。

瀛台

瀛台是南海中一座美丽的小岛，始建于明代，时称"南台"。清朝顺治、康熙年间在岛上修筑了大量殿宇，并改为现名，是明、清两代帝王后妃的游玩之所，置身瀛台宛如置身于蓬莱仙境。

瀛台岛北有石桥与岸上相连，桥南为仁曜门，门南为翔鸾阁，正殿七间，左右延楼十九间。再南为涵元门，内为瀛台主体建筑涵元殿。涵元殿南为香扆殿，由于岛上存在坡度，该殿北立面为单层建筑，南立面则为两层楼阁，称"蓬莱阁"。涵元殿北有配殿两座，东为庆云殿，西为景星殿；殿南两侧建筑，东为藻韵楼，西为绮思楼。藻韵楼之东有补桐书屋和随安室，乾隆时为书房，东北为待月轩和镜光亭。绮思楼向西为长春书屋和漱芳润，周围有长廊，名为"八音克谐"及"怀抱爽"亭。

戊戌变法失败后，光绪帝曾被慈禧太后囚禁于瀛台涵元殿。涵元殿为瀛台正殿，坐北面南。北有涵元门与翔鸾阁相对，南有香宸殿与迎熏亭相望，隔海便为新华门。光绪帝除了每天清晨陪慈禧上早朝外，其余时间便被囚禁在此。侍奉的太监均为慈禧的心腹李莲英亲自挑选，实为监视光绪。光绪皇帝在瀛台度过了他生命的最后岁月，死于涵元殿东室。

袁世凯称帝后亦曾将副总统黎元洪软禁于此。瀛台现为举办宴会及招待活动的场所。

丰泽园

瀛台之北是丰泽园，康熙年间建造。康熙修建丰泽园，其意在于劝课农桑。"丰泽"之名，本就寓意与民同耕，共庆丰收，因而园内一切不求奢华，反以朴实为特色。不仅建筑采用青砖灰瓦，还在园南面辟出稻田十余亩。园后植上桑树几十株。另在园东南角建小屋数间，作为养蚕之所。康熙每年都会在丰泽园亲自扶犁耕作，采桑养蚕。这种园外耕种，园内读书、处理政务的生活方式，正是中国古代"诗书传家，农耕为本"的治国治世思想的体现。

丰泽园建成后，除了耕种养蚕，还被作为演耕之所。演耕多在孟春进行，翁同龢日记中记载了演礼的具体步骤："戊子二月二十七日，上诣丰泽园演耕。巳正一刻驾至黄幄少坐，脱褂摄桩。户部郎中篙申进犁，顺天府尹高万鹏进鞭，龢及孙贻经播种，孙贻经执筐，臣龢实播之，府丞阿桂执青箱（播种用），汉戈什爱班从御前侍卫扶犁，老农二人牵牛，凡四推四返，毕，至幄次进茶，还宫。"

从清初至乾隆前期，每年宴请蒙古王公、外藩、宗室的活动以及凯旋庆功筵宴都安排在丰泽园举行。丰泽园内主体建筑为惇叙殿，乾隆十一年（1746）八月二十七日，乾隆赐王公、宗室 103 人宴于丰泽园，八月二十八日又赐满汉大臣、翰林 176 人宴于丰泽园。当时设御宴宝座于丰泽园内惇叙殿，赴宴的王公、宗室分列殿内及左右两厢，在园门摆设恩赏诸物。宴会后，王公、宗室大臣还到瀛台、淑清院、流杯亭等处游览，并在流杯亭赋诗联句。

光绪年间，惇叙殿改名为颐年殿，民国时改名颐年堂，袁世凯、段祺瑞等曾在此办公。1949 年后改为会议场所。颐年堂东为菊香书屋，曾为毛泽东居住地。

丰泽园西侧有荷风蕙露亭、崇雅殿、静憩轩、怀远斋和纯一斋，荷风蕙露亭北为静谷，为一座幽静的小园林。静谷门上的对联为"圣赏寄云岩，万象总输奇秀；青阴留竹柏，四时不改葱茏"，为乾隆皇帝御笔。静谷内环境清雅、静谧，精致旖旎，因此静谷也有"园中之园"的美誉。

静谷往北为春耦斋，民国时为总统办公处，袁世凯和段祺瑞曾在此召开过财政会议。中华人民共和国成立后，中央领导和中央办公厅、中央军委曾在这里举行过会议。

怀仁堂

怀仁堂原址位于丰泽园东北，清光绪时修建，取名仪鸾殿，为慈禧太后居住和处理政务之所。慈禧太后将光绪因禁于瀛台后，此处取代紫禁城成为实际意义上的政治中心。八国联军统帅瓦德西曾在此居住，其间不慎失火，将殿烧毁。慈禧太后后来另在中海西岸修建了新的仪鸾殿，后改名为佛照楼。袁世凯称帝前改名怀仁堂，并在此接见外宾、接受元旦朝贺。

1949 年，拆除了原建筑，修建了中式屋顶的二层楼房。9 月 21 日，中国人民政治协商会议第一届全体会议在怀仁堂举行。

中华人民共和国成立后，怀仁堂成为中央政府的礼堂，经常举行各种政治会议、举办仪式庆典和进行文艺演出。这里见证了共和国的无数重大事件。

1952 年 10 月，亚洲及太平洋地区和平会议在怀仁堂举行，这是中华人民共和国成立后第一次在中国召开的大型国际会议。为了这次会议，怀仁堂进行了大规模的翻修，改建成为一座足够九百人开会的大礼堂。舞台部分加高扩大，新安装了通风设备和同声传译设备，来自 37 个国家的 414 名代表出席了会议。

1955 年 9 月 27 日，在这里举行了朱德、彭德怀、贺龙、陈毅、罗荣桓、徐向前、聂荣臻、叶剑英被授予元帅军衔的典礼。

1988 年 9 月 14 日上午，中央军委授予洪学智、刘华清、秦基伟等 17 人上将军衔的仪式在怀仁堂举行。

紫光阁

紫光阁是中海西岸最重要的建筑之一。紫光阁阁高两层，面阔七间，单檐庑殿顶，黄剪边绿琉璃瓦，前有五间卷棚歇山顶抱厦。明武宗时为平台，台上有黄瓦顶小殿。明世宗时废台，修建紫光阁；清康熙时重修，成为皇帝检阅侍卫比武的地方。每年仲秋之际，康熙帝常集十三旗（即镶黄旗、正黄旗、正白旗）侍卫大臣，在阁前的广场上演兵习武，骑马射箭；隆冬季节，则于阁前殿试武进士，选拔军事人才。

乾隆年间，由于西北地区少数民族上层分子叛乱，乾隆皇帝为了嘉奖平叛有功之臣，于乾隆二十五年（1760）重新修葺紫光阁，并在阁后新建武成殿一座。乾隆帝以擅长书法著称，欣然御书匾额，并题联一副，左联曰：干羽两阶崇礼乐；右联曰：车书万里集冠裳。殿内悬挂乾隆帝写的嘉奖武功的文章，还悬挂着一百名功臣的画像，画像下写有赞语，其中五十人的赞语是乾隆皇帝亲自撰写的。殿阁左右庑壁上，镌刻了224首诗词，赞誉功臣们的武功成就。阁内还收藏了平叛中缴获的旗帜、武器等战利品。

乾隆二十六年（1761），紫光阁再次改建，改建后的紫光阁分上下两层，后殿称为武成殿，面阔五间，单檐卷棚歇山顶。乾隆题额"绥邦怀远"，左右有配联，上联"两阶干羽钦虞典"，下联"六律宫商奏采薇"。有东西庑各十五间，内中陈列石刻的乾隆题诗。以抄手廊与紫光阁相连接，形成了一个典雅、肃穆的封闭院落。

乾隆朝以后，紫光阁成为宴请国内少数民族王公和接见外国使节的场所。清朝后期，由于西方资本主义势力打开了中国的大门，清廷与国外交往日益增多，皇帝常在此接见外国的使节。

中华人民共和国成立后，党和国家十分重视文物古迹的保护工作，1953年紫光阁的大规模修复工作曾得到周恩来总理的亲切关怀。1953年至1966年，北京市西城区曾五次在这里选举区人民代表大会的代表，毛泽东、刘少奇、朱德、周恩来等党和国家领导人都在此与中南海的工作人员一起参加了选举投票。周总理和陈毅副总理等经常在紫光阁接见国家重要外宾。

勤政殿

勤政殿位于中海与南海之间的堤岸上，正门德昌门即南海的北门。

勤政殿是清代康熙年间在明代西苑的基础上修建起来的，是皇帝在西苑居住时的办公地点。清朝历代统治者都曾在此做出过很多重要的决策，例如戊戌变法时期，光绪皇帝和康有为就曾在这里商量过变法的事。辛亥革命以后，勤政殿成为北洋政府重要的会议厅之一。

1949年中华人民共和国成立前夕，两次新政治协商会议筹备会在此召开，作为起草中国人民政治协商会议共同纲领的第三小组组长周恩来总理，为了提高效率，方便同与会人士交换意见、统一认识、提出议案，曾住在勤政殿办公。

1950年至1952年，勤政殿原址进行了修缮。修缮后的勤政殿兼具中西风格，在长达十余年的时间里，是毛泽东主席接见和宴请外国首脑、著名人士的重要场所。它的三开间红色烫金大门建在七层台阶高的平台之上，配以琉璃瓦的大屋顶，结构严谨、气势宏伟。穿过正门是一个很大的天井式院落，青砖地面，严丝合缝。东西两边各有一尊铜制圆鼎香炉，在松柏中肃然而立。

勤政殿共有大小厅室三十余间，由前厅、长廊通道、中门客厅、接见大厅、西客厅、主席办公室以及东餐厅等组成，处处相依相连，通畅便捷。各种各样用于照明、装饰的灯具多达1200余盏；多宝槅内陈列的文物珍品上至战国，下及明清，多达100余件。这些贵重国宝均是根据国家典礼需要，由专家选定，经党中央批准从北京故宫博物院借调来的，包括铜器、瓷器、玉器、石器、珐琅、漆器、紫檀等。

1956年秋，在印度尼西亚总统苏加诺来华进行友好访问时，毛泽东主席特别安排他下榻勤政殿，双方就两国友好条约的签订、文化合作协定以及经济技术合作达成了重要共识。

1958年人民大会堂建成以后，虽然以国家名义的接待事宜转到人民大会堂，但毛主席的外事接见活动仍在勤政殿进行。"文化大革命"初期，陈列在勤政殿的全部文物经专人清查核实后移交故宫博物院。20世纪70年代，勤政殿因多处建筑结构破损，影响使用而被拆除。

西长安街的那些著名牌楼

老北京的主要街巷早年间都建有牌楼，牌楼亦称牌坊，或简称为坊。元大都居民区曾划分为五十坊，坊各有门，门上署有坊名。到了明代，牌楼更是遍及京城各主要街巷。古时的牌坊主要是地名牌坊、衙署牌坊，作用为标识引导。后来，牌坊的作用又扩展为褒奖教育、炫耀标榜、纪念追思、宣扬道德等，便有了功德牌坊、功名牌坊、官宦名门牌坊、孝子牌坊、贞节牌坊、仁义慈善牌坊、历史纪念牌坊、学宫书院牌坊、文庙武庙牌坊、府第牌坊、会馆商肆牌坊、戏楼牌坊、陵墓祠庙牌坊、寺庙牌坊、园林牌坊等。

西长安街始建于明永乐十八年（1420），当初东起点有门，称长安右门，俗称西三座门，门外有牌楼，额称"长安街"。西端也有牌楼，额称"庆云"，俗称西单牌楼。

东单牌楼和西单牌楼即是明代永乐年间修建的。东单和西单的地名就来自它们所在的位置的牌楼，这个"单"字真正的含义其实就是"单个"的意思。那是因为在这两个地方的路口北面各只有一个三间四柱三楼冲天式木牌楼。东单的牌楼叫"就日"，西单的牌楼叫"瞻云"。

西单牌楼（1919 年）

据考，这两座牌楼上的文字典出《史记五帝记》"就之如日，望之如云"。意为东边看日出，西边望彩云。1916 年，袁世凯当政，将"就日"和"瞻云"分别改为"景星"和"庆云"。因为这里的牌楼就是单独一个，所以，老北京人就"东单牌楼""西单牌楼"地叫开了。相应地，在它们以北不到 2000 米的十字路口分别有四个牌楼，于是老北京人也就称之为"东四牌楼"和"西四牌楼"。20 世纪 50 年代扩路时，牌楼被拆除，于是只剩下"东单""西单""东四""西四"的地名了。2007 年西单文化广场改造，复建了西单牌楼。

西长安街牌坊，建于清初，位于西长安街，府右街南口东侧中南海东南角位置。东西向，西向路北就是庆寿寺双塔，东向路南就是回营清真寺。中有匾额"西长安街"。和其位置对应的东长安街牌坊也有一座东长安街牌坊。四柱三间，冲天柱形式。明间次间宽度大于北京其他的街道牌坊，因为明清长安街比普通街道宽阔。西长安坊是皇城门户的前

西交民巷东口"振武"牌楼

置建筑，其东侧还有长安三座门，长安右门。清代东西长安坊都是满汉文的"长安街"；民国后按位置不同将匾额改为东长安街和西长安街。

西交民巷牌楼位于西交民巷东口，正对棋盘街，东西向，明代建造，当时叫"武功"，清初后改为"振武"。此牌楼四柱三间，冲天柱形式。匾额"振武"是帝王对武臣们的自律和勤政的期望。民国时期为改善交通加大了高度，改为水泥仿木结构。1955年因妨碍交通被拆除。

明正统元年（1436）于长安左右门外路南，设有通向部府衙门的总门，名东、西公生门，为一座门。清初尚存，乾隆十九年扩展天街后封堵。1912年拆去此墙，在其位置新建了两座牌楼，在公安街北、司法部街北，各修洋灰牌一座。东曰"履中"，西曰"蹈和"。匾额"履中""蹈和"，大意是走路脚不要偏，做事要和为贵，做人要平和点。"履中""蹈和"出自汉焦赣《易林·蛊之兑》："含和履中，国无灾殃。"汉刘向《说苑修文》："彼舜以匹夫，积正合仁，履中行善，而卒

司法部街牌楼（1917 年）

以兴。"单字释义：履是实行，蹈是遵循，合之就是《中庸》所主张的"致中和"。这里所说的"中"，就是儒家所主张的"中庸"，即无过无不及，恰如其分；"和"，就是和谐。1950 年 9 月初，在天安门道路展宽工程中，拆除了东公安街和司法部街牌楼，这是中华人民共和国成立后北京第一次拆牌楼。

另外值得一提的是，在东西长安街扩建之时，东西长安街上的两座牌楼因影响交通需要拆除。周恩来总理知道这件事后，为了保护这两座牌楼，特意指示北京市有关部门，于 1955 年 2 月 17 日将具有较高历史价值和艺术价值的东长安街牌楼、西长安街牌楼迁建于陶然亭公园内。这两座牌楼为陶然亭公园增添了不少秀色。牌楼开始准备建于窑台和公园东门内，后来改建在榭湖桥畔，是年春迁建竣工。两座金碧辉煌的牌楼，背衬浓荫覆盖的小山，倒影映在碧波荡漾的湖面，景色异常瑰丽，给游人留下了深刻印象。可惜的是，1971 年 9 月，这两座牌楼成了"为封建帝王将相树碑立传"，被一个工兵班在深夜里炸毁了。2011 年 9 月底，陶然亭公园按原有规制复建了这两座牌楼，游人可以近距离地领略老北京牌楼的神韵。

在中山公园里还有一座保卫和平坊，它原来在东单北边的西总布胡同口，是中国人民近百年来反对帝国主义侵略压迫的见证。1900 年 6 月 14 日，德国驻华公使克林德下令枪杀义和团团民约二十人。20 日，克林德途经东单牌楼时又开枪寻衅，被清军士兵击毙。事后，腐败无能的清政府屈辱求和，不仅向德国赔礼道歉，还在克林德被打死的地方建了一个三间四柱三楼、蓝色琉璃瓦顶、汉白玉石结构的牌楼，称为"克林德坊"，立于西总布胡同。1918 年，第一次世界大战结束后，德国战败，老百姓把这座代表中国人民耻辱的牌楼拆了，把原来的材料移至中山公园再建，改名为公理战胜坊。1952 年，在北京召开了亚洲太平洋地区和平友好会议，决定将此坊改名为保卫和平坊。"保卫和平"四个字为郭沫若所题。

首都电影院：新新大戏院的演化

说到电影，西单地区也是开风气之先。光绪二十二年（1896）八月，在西单市场内的文明茶园放映进口无声黑白短片，每场 15 分钟，当时叫西洋影戏，这是北京最早放映的电影。

新新大戏院：首都电影院的前身

1937 年 3 月 7 日，著名京剧表演艺术家马连良、戏曲经纪人肖震川、剧场业名人万子和等合股，在西长安街 100 号（后为 46 号）兴办新式剧场新新大戏院。戏院由设计师刘世铭设计、陆根记建筑公司兴建。门前留有车位，够几十辆车同时停放。前厅有大型衣帽间，舞台采用宫殿式，后方设有多间独立化妆间。观众席呈扇面展开，前低后高，使每一排观众的视野都可以不受遮挡。楼上有两层包厢，包厢后面是散座。这样的剧场，比起现代的剧院也是毫不逊色的。

首都电影院的名称由来

1940 年，新新大戏院更名为新新电影院，日场兼放电影。1946 年，先改名为北京大戏院，年底更名为国民大戏院。1949 年 3 月，北平市军事管制委员会文化接收委员会接管国民大戏院。1950 年，由周总理亲自定名为首都电影院。同年 6 月 14 日，首都电影院正式开幕，由郭沫若先生为影院题名，成为北京市第一家国家级电影院，由著名电影导演史东山的夫人华旦妮出任第一任经理。

中国电影放映业的首创品牌

首都电影院历经风雨，见证了中华人民共和国的成长与繁荣，是中国电影放映业打响的第一品牌。1957 年，改建为全国第一座宽银幕立体声（磁还音）电影院。1983 年，改建为全市第一家光学立体声电影院。1987 年，放映收入第一个突破一百万元，获得市电影放映系统迎春优质服务百强赛第一名。1996 年，成为本市第一家票款超千万的影院。

1997 年，首都电影院面对不断变化的电影市场及中国将要"入世"的社会大背景，提出了"名牌"发展战略的总体工作思路，使影院在管理、设施、环境、服务、卫生、放映声光质量上始终保持高标准、高质量，得到了观众的一致赞誉。2001 年，在全国首次安装了进口红光 LED 还音系统，使电影放映更逼真。

影院曾多次接待过毛主席、周总理等党和国家领导人，举办过苏联、意大利、埃及、朝鲜、日本、法国、蒙古、瑞典、捷克等国家电影周开幕式活动。举办过数百次国际、国内电影首映式、见面会及与电影相关的各种大型活动。

2003 年 6 月 17 日，首都电影院举行了隆重的迁建告别仪式，引起了社会各界的广泛关注，许多老影迷们在迁建纪念簿上写下满怀感慨的寄语，期盼首都电影院续写辉煌新篇。

重建后的电影院

在政府支持下，由北京华融文化投资有限公司对首都电影院进行了投资重建，首都电影院（西单店）终于落户西单大悦城十层，完成了由传统经典到现代时尚的华美转身。

首都电影院（西单店）总建筑面积 10369 平方米，共有十三个厅 1722 个座位。遵循"定位于高端、服务于大众"的发展思路，VIP 厅可以提供最舒适的贵宾级观影服务，三个商务厅可以举办各种电影招待会，在九个时尚影厅中有两个可同时容纳近三百人的大影厅，可以承办电影首映式和其他宣传活动。另外，影院还设有富丽堂皇的贵宾会议厅和温馨浪漫的电影酒吧，前者专门为高端会议提供场所，后者可成为影迷休闲和电影人交流创意的聚集地。

长安大戏院：京城戏剧的诞生地

长安大戏院在西长安街西口路南 13 米处，这地界原来是京城著名的日升杠房的仓库，占地面积 1044.5 平方米，建筑面积 3150 余平方米，三层砖木结构，主体建筑坐西朝东，西端北侧有 6 米宽、13 米长的楼房通向长安街。

为"赌气"而建长安大戏院

家住旧刑部街的杨主生是四川新津人，来京后因为和帮会组织道德社社长段正言是老乡加亲戚，很快成了道德社大学长，也就是二号人物。儿子杨守一，号蕉语楼主，1933 年辅仁大学毕业后，协助父亲经商。1934 年底的一天，四大名旦之一的荀慧生在哈尔飞大戏院主演《钗头凤》，老杨家没定上最好的包厢，嗜戏成瘾的杨主生一气之下决定自己家建一个戏院。

1937 年 2 月 1 日，是长安大戏院正式开幕的日子。开幕的头一天，按照习俗要举行一个传统的仪式——破台。夜深人静之时，煞神一喊，灯光大亮，女鬼从后台跑出，煞神、死灵官追女鬼。煞神手撒五色粮、五色钱，把鸡脖子拧出血来，各处涂抹。女鬼、煞神跑到后台后，两个童子来扫台，仪式就算结束了。

开幕这天，梨园界和亲友送来不少花篮、喜幛等贺礼，同仁堂送了一块落地镜。戏院不售票，戏票送出 1000 多张。晚上，开场戏照例上演《跳灵官》《跳财神》《连升三级》等吉祥戏，还特意从上海请来了金少山。这场开幕戏也是年底的封台戏，歇业两天后的 2 月 4 日正好是大年初一，戏院开始上演剧目。

设施豪华的戏院格局

老杨家投资三万多大洋，请天津卫华营造社社长亲自设计，卫华营造社和北平一家营造社一起建了两年多才竣工。长安大戏院舞台东向，

193

顶高 16 米，深 18 米。南附台 18 平方米，设有配电室；北附台 22 平方米，有一间前面敞开式小屋，专门为乐队所设。台口宽 13 米、高 8 米。半圆形台口台唇突出，台口以后的空间较小，还没有跳出改良式舞台的格局。舞台有大幕、二幕、天幕、边幕、帘幕和灯光等现代剧场的设备。舞台中部有一个直径约 5 米的旋转舞台，舞台后大墙左右各有一个门通往台后楼化妆室，面积 39 平方米。二楼还有五个单间化妆室，专为名角准备。

观众厅东西长 21 米，宽 23.4 米，占地面积 491.4 平方米，加上楼上观众席，使用面积 807 平方米。两层共有观众席 1206 个，其中一层有座位 998 个；二层包厢后设散座，共有座位 208 个。观众席是单座折叠座椅，椅子背上装有平木板，供后排观众放置茶具。座板下面有个木盒子，供观众放手包、帽子。观众席最后是一排长条桌凳，是供警察、宪兵用的"弹压席"。

楼上十个包厢有 30 个座位号，其中正楼 15 号包厢从不外卖，东家专用。包厢围以隔板，内设茶座、方凳。地面是水泥坡地，"井"字形通道。因为楼下观众席坡度较小，所以舞台建得较高，观众得仰首而观，时候久了脖子不太舒适。观众席有暖气及风扇设备，在当时算是比较先进的了。

自办剧社，开辟新的经营方式

长安大戏院位置好，设备也算先进，所以金少山、尚小云、程砚秋、荀慧生、谭富英、李万春、郝寿臣等名角都到这儿演出。所以，当时北平四九城流行着一句话："吃烤鸭、爬长城，看戏还得来长安。"

"七七事变"后，营业戏也是一蹶不振。长安大戏院主办营业性合作戏，就是把名角拢到一起，荟萃一堂合作演出。1941 年 7 月 23 日晚场，中华戏校毕业生举办校友消夏大会，很有吸引力。1943 年 8 月 30 日晚场合作戏，就有李多奎的《钓金龟》，萧长华、叶盛兰的《连升三级》，孙毓堃、侯喜瑞等的《连环套》，尚小云、奚啸伯、姜妙香等的

《御碑亭》中的折子戏，大轴是谭富英、金少山、张君秋合演的《二进宫》，深受戏迷的欢迎。

长安大戏院为了生存发展，还搞起了多种经营。开业不久，就买了台进口的冰棍儿机，日产冰棍儿8000支，每根卖3分钱，这在当时的北平绝对是件新鲜事，也为戏院增加了一笔不小的收入。1938年春，戏院又把二楼的观众休息厅、三楼大厅开辟为长安大餐厅，完全按照西餐厅的标准装修布置，供应西式大餐、套餐，各种酒类。餐厅卖套餐不挣钱，主要为了招徕顾客和观众。那年月也有不少追求洋派生活的有钱人，来这儿听戏吃西餐，这才是赚钱的买卖。

1949年1月31日，北平和平解放后，随着解放大军进城的脚步，解放区的秧歌剧也"扭"进了古城北平。由华北联合大学文工团李键庆和李翎编剧、张鲁作曲、孙维世导演的小秧歌剧《一场虚惊》在长安大戏院上演，让人感到耳目一新。1950年夏季，毛主席、周总理等中央首长在这里欣赏李少春、叶盛章演的《三岔口》，梅兰芳、刘连荣的《霸王别姬》。

大戏院几经沉浮

1949年3月，以市政府副秘书长李公侠为主任委员的剧场管理委员会成立，负责接管全市各家剧场。接管长安大戏院的是毕业于延安"鲁艺"的徐行白率领的工作组。经过近两个月的协商决定：正、副经理去职，荣慰之等十余人留任，其余一律解散。获解散的正式职工每人由政府和资方各支付三个月的工资为解散费，另谋出路。政府以每年三万斤小米的租金租赁长安大戏院三年。1953年合同期满后又续订了合同，月租金980万元（旧币），预付八个月，租期五年。1955年，杨主生因历史问题被捕，长安大戏院被没收，合同遂告终止。5月1日，长安大戏院被政府接管。

几度风雨，几度沉浮。1958年起，长安大戏院归北京京剧团领导；1960年，划归北京越剧团，重点演出越剧；1961年起，划归北京昆曲剧院；1966 年至 1976 年，极少演出；1976 年唐山大地震后停业，1979 年修复后加入中华人民共和国成立 30 年大庆演出活动；1989 年 4 月 6 日，因防火安全等隐患不得不停业；1990 年 10 月 12 日，北京市人民政府第 24 次常务会议决定：批准市地铁公司《关于地铁西单车站西南出入口及风亭建设需拆迁"长安大戏院"的请示报告》，1991 年长安大戏院被拆；1996 年 9 月 27 日，新建的长安大戏院在长安街建国门内 7 号新址开幕。

新建的长安大戏院正面采用时尚宝石蓝玻璃外观，顶层仿金色琉璃瓦，保留了中国宫廷建筑的传统风格。大厦外面正前方矗立一座京剧脸谱艺术雕像，简约生动。长安大戏院始终坚持"长安不能没有京剧，但长安不能只有京剧"的宗旨，在很大程度上保留了民间经典剧目，定时上演，满足老戏迷的观赏要求和品位。同时兼容多种艺术形式，以达到吸引青年和儿童观众的目的。

国家大剧院：高雅艺术的殿堂

中国国家大剧院位于北京市中心天安门广场西侧，与人民大会堂和天安门广场相邻，占地面积 11.89 万平方米，总建筑面积 21.75 万平方米（包括地下车库近 4.66 万平方米）。

国家大剧院

国家大剧院从 1958 年第一次立项，历经五十年风雨，终于在 2007 年 12 月 22 日建成开业。

建设历史

1958 年，为迎接建国 10 周年大庆，决定在首都北京兴建一批大型公共建筑，国家大剧院也在安排之内。周恩来总理亲自确定了建设地点、审定了设计方案，批示地址"在天安门以西为好"。然而因当时国内经济条件限制，项目就被搁置下来。

1996 年 10 月，中共第十四届中央委员会第六次全体会议通过的《中共中央关于加强社会主义精神文明建设若干重要问题的决议》中，明确指出要有计划地建成国家博物馆、国家大剧院等具有重要影响的国家重点文化工程。次年 10 月，中央政治局委托北京市筹建国家大剧院。

1998 年 1 月，国家大剧院建设领导小组成立。由北京市牵头，文化部、建设部参加，组建了国家大剧院工程业主委员会，并决定对国家大剧院的建筑设计方案进行国际招标。

1998 年 7 月，国家大剧院建筑设计方案招标吸引了十个国家的三十六个设计单位参加，共六十九个方案参与评选。经过两轮竞赛、三项修改，并广泛征求建筑设计专家、剧场技术专家、艺术家和部分人大代表、政协委员的意见后，最终确定了推荐方案。

1999 年 7 月 22 日，中共中央政治局常委会讨论同意了国家大剧院建筑设计方案，决定采用法国巴黎机场公司设计师保罗·安德鲁设计、清华大学配合的圆形方案。

2000 年 2 月，通过全国招标确定北京城建、香港建设、上海建工联合体为国家大剧院工程施工总承包单位，北京市双圆监理公司中标为工程监理单位。

2001 年 12 月 13 日，国家大剧院工程正式开工建设。

2003 年 4 月 17 日，国家大剧院工程主体结构封顶。同年 12 月 2

日，国家大剧院壳体钢结构安装完成。整个壳体钢结构的吊装仅用了七十六个工作日，创造了巨型壳体钢结构安装的"中国速度"。

2007 年 9 月，国家大剧院宣布工程基本完工。同年 12 月 22 日，国家大剧院建成正式开业。

剧院设计

除了特立独行的建筑外观，国家大剧院在室内剧院设计上也别出心裁。

歌剧院：主要上演歌剧、舞台剧、芭蕾舞等大型文艺演出。

歌剧院主舞台、左右侧台和后舞台构成"品"字形，具有推、拉、升、降、转五种功能，可倾斜的芭蕾舞台板、可容纳三管乐队的升降乐池，一系列的设计足以让舞台迅速转换布景。歌剧院乐池共 120 平方米，可容纳九十人的三管编制乐队，也可升至观众席水平位置变成观众席。

为使所有观众可以充分地欣赏歌剧盛宴，设计人员在墙面上安装了弧形的金属网，而金属网后面多边形的墙使混响时间达到 1.6 秒。而舞台栅顶高 32 米，拥有 61 道电动吊杆，78 台轨道单点吊机，24 台自由单点吊机，1588 盏演出灯具，可以为池座一层、楼层三层，共 2207（含站席）位观众奉上最华丽辉煌的演出。

音乐厅：主要适用于大型交响乐、民族乐及各种音乐会。

为了使声音在到达观众耳中时更加均匀、柔和，设计人员特制了极具现代美感的抽象浮雕天花板。天花板使用纤维石膏成型板制成，材质厚重，能够有效地防止低频吸收，增强厅内的低频混响时间，使低音效果更加具有震撼力和感染力。而为了音乐声效达到完美，在顶棚的下面还设计悬挂了一面龟背形状的集中式反声板，俗称"龟背反声板"，将声音向四面八方散射。

此外，包围音乐厅的数码墙、GRC 墙面等设计能保障演出者良好的自我听闻和相互听闻，并将声音均匀地扩散反射至音乐厅空间内的每个角落，使得音乐厅的混响时间可以达到 2.2 秒。

1859 个（含站席）观众席采用改良鞋盒式设计，即座席以围坐式环绕在舞台四周。演奏台设在池座一侧，宽 24 米，深 15 米，能满足 120 人的四管乐队演出使用。演奏台由固定台面和三块演奏升降台构成。通过控制演奏升降台高度的变化，可以形成阶梯式的演奏台面，将不同乐器的演奏清晰地展现在观众面前。为满足大型合唱演出需要，演奏台后方观众席二层的座椅可供 180 人合唱队使用。

戏剧场：主要上演话剧、歌剧、地方戏曲等演出。

戏剧场观众厅设有池座一层和楼座三层，共有 1036 个席位（含站席）。

戏剧场舞台具有"伸出式"和"镜框式"两种样式，可配合剧目需要选择使用。"伸出式"舞台即观众厅前部的台板升起成为舞台的一部分，形成伸出式台唇，这样的舞台效果可以使观众更近距离地观看台上的表演。而当台板不升起时，这部分区域可作为乐池使用，这时舞台看上去就像一个镜框，因此被称为"镜框式"舞台。

戏剧场舞台区域分为主舞台和左右辅台。主舞台安装的"鼓筒式"转台，由十三个升降块和两个升降台组成，既可整体升降，又可分别单独升降，还可以制造边升降边旋转的舞台效果。整套舞台机械在世界上处于先进地位

为保证室内声场的均匀性，墙面大量不规则排列的凹凸槽整体上形成声音的扩散反射，并使用特制的丝绸布加以包裹，达到吸音效果。灯光打下，整个墙面就形成了以红色为主，与黄色、紫色等相间排列的图案，烘托出亲切、热烈的气氛。

小剧场：可以适应室内乐、小型独奏独唱、小剧场话剧、小剧场歌剧、现代舞等多种艺术门类的演出。

小剧场于 2009 年 9 月落成，2009 年 10 月正式启用，进一步扩充了

国家大剧院表演艺术功能。小剧场的天花板与音乐厅类似，声扩散墙面与戏剧场墙面相似，加上有保温及隔音效果的隔断墙，可使声音均匀、柔和地扩散反射。

小剧场采用尽端式舞台，由两块升降平台组成，可根据需要整体升降或分别单独升降。舞台背后的隔音墙和落地钢化玻璃墙，可以向左右两端折叠收缩。待两面墙完全打开后，面积超过 500 平方米的室外下沉广场犹如后花园般呈现眼前，既可作为演出的背景，也可直接作为舞台纳入演出。

第五空间：除却三大专业剧场和一个多功能小剧场，还有大量的公共空间。

从国家大剧院北门进入，入目便是长约 80 米，宽约 24 米，顶部由玻璃天棚搭建而成的水下长廊，头顶波光潋滟，美不胜收。

再往里走就来到国家大剧院的交通枢纽——橄榄厅，三大专业剧场在眼前依次排开：正中是歌剧院，左侧为音乐厅，右侧为戏剧场。花瓣厅位于歌剧院五层屋顶平台，因独特的形状、位置和视角，成为大剧院里最具特色的开放空间。从这里可以俯瞰公共大厅，并透过渐开的玻璃幕墙放眼远望，剧院内外的美景尽收眼底。

进入公共大厅，就可以看见国内跨度最大的穹顶。穹顶距地面 46 米，由无数根巴西红木拼装而成，其间以金属条分割为若干个区域。每条红木的色彩深浅有别，每个区域的拼贴走向各不相同，充满变化和层次，仿佛在苍穹之上画出了一道道韵律感十足的弧线。

艺术精品长廊位于国家大剧院一层公共大厅东侧，南北贯穿音乐厅一层外侧，包括国家大剧院纪念品店、国家大剧院音像视听中心、国家大剧院戏剧商店、天天艺术书店及法蓝瓷艺术瓷器店。

艺术展览：由北水下廊道两侧的东西展厅、歌剧院五层的现代艺术馆、歌剧院一层南侧的艺术沙龙展厅和各个剧场环廊组成。

自 2007 年 12 月正式开幕运营以来，国家大剧院已经举办了二百多场艺术展览，主要为表演艺术类展览、视觉艺术类展览和文化遗产类展览（其中包含文物历史、非物质文化遗产等）。

艺术展览以"以表演艺术为核心，符合国家大剧院的品牌形象与艺术品位，形成差异化展览特色，为艺术普及、观众培育提供优质服务"为核心定位，严把质量关，坚持"高品位、高水准、高雅艺术"标准，是国家大剧院艺术殿堂的主要体现，也成为剧院对外展示的重要窗口。

中国的音乐圣殿：北京音乐厅

北京音乐厅坐落在西长安街南侧，北与中南海相对，东眺天安门广场，曾一度享有"中国的音乐圣殿"之称。

北京音乐厅前身

北京音乐厅地处长安街核心区，是政治、文化及商业汇集的中心地段。作为拥有国家品牌的标志性建筑，北京音乐厅有着近半个世纪的历史。北京音乐厅隶属中国交响乐团，其前身是始建于 1927 年的中央电影院，1960 年经改建作为音乐厅启用。1983 年，在我国老一辈著名指挥大师李德伦、严良堃亲自主持下，北京音乐厅在原址破土重建，成为我国

北京音乐厅

第一座专为演奏音乐而设计建造的现代风格的专业音乐厅。2004 年，经再一次重新整修，于当年 12 月 31 日正式复业。

恢宏大气的音乐厅

重张后的北京音乐厅外观通透时尚，内部设计尽显庄重大气；舞台音效通透圆润，音质饱满；剧场服务日臻完善，已日渐成为国际古典音乐领域极具代表性的专业演出场所。

改建后的北京音乐厅建设用地面积 2750 平方米。音乐厅共有观众座席 1024 个，每个软椅都进行了消音处理，观众可在宽松、舒适的环境欣赏演出。舞台面积约为 270 平方米，台口宽 21 米，主舞台深度 13 米，可同时容纳百人交响乐团及合唱团。舞台吊顶采用美国引进的新型反音板，共 16 块，可最大限度保证观众区每个角度还原声音本色。音乐厅内还采用了一系列现代化建筑声学措施，良好的频率特性和适度的混响时间以及均匀的声场分布，使北京音乐厅不仅具备国际一流专业演出场所的场地条件，更为艺术家们提供了绝佳的同期录音场地。舞台后区大型管风琴，是我国引进的第一部大型管风琴，有 4859 个音管，迄今已有二十余年，仍保留着良好的音质音效，也仍是目前北京最大的管风琴之一。同时，北京音乐厅拥有国际最先进的同期录音设备和专业录音技术，众多唱片公司在这里录制专辑并在全球发行。

国际交流平台

多年来，北京音乐厅本着"多元化艺术经营，综合性艺术开发，联手国际国内优秀音乐家，打造有特色的一流音乐厅"的经营理念，在丰富首都群众文化生活和提供国际艺术交流平台等职能上发挥着重要作用。

近半个世纪以来，北京音乐厅作为国际专业音乐厅之一，梅纽因、斯特恩、小泽征尔、马友友、斯科达、多明戈、卡巴耶、刘诗昆、殷承宗、傅聪、林昭亮、吕思清、王健等国内外著名音乐家都曾在此一展才华。北京音乐厅作为美化生活、陶冶情操的一方净土，为丰富首都人民的文化生活、普及高雅艺术营造了良好的环境，也为促进中国和世界各国的文化交流、增进与各国人民的友谊做出了重要贡献。

西单文化广场：大型绿地广场

西长安街西单路口东北角，在中华人民共和国成立前是小商小贩聚集的地方；中华人民共和国成立后，北京市政府把商户整合进了西单商场大棚，在这里建起的西单体育场，与东长安街的东单体育场遥相呼应，成为长安街上的两颗市民活动的"明珠"。改革开放后建起了西单劝业场，为迎接中华人民共和国成立 50 周年大庆，拆除了西单劝业场，建起了西单文化广场。西单文化广场在 1998 年 3 月开工建设，1999 年 8 月建成，工程总投资 5.4 亿元。

变身而去的西单劝业场

劝业场就是大城市中的综合商业大楼，像天津劝业场、北京劝业场、成都劝业场、武汉劝业场，等等。但 20 世纪 80 年代的西单劝业场和他们不同，既不是老资格的商业名店，又没有什么大楼，倒像个集贸市场。

现如今西单路口东北角的西单文化广场就是当年的西单劝业场的地界，之前这里是 1959 年建的西单体育场，是西城老百姓锻炼、娱乐的场所。改革开放之初，人们对商品经济、市场经济不太理解，流行全民做买卖。西单体育场里的旱冰场改成了游乐场，经营了两年多就关张了。于是，西单路口东北角成了小百货市场，灯光篮球场圈起几十间房子，成了卖港式服装的市场。

1985 年为建华威大厦、华南大厦和修建地下煤气设备，西城区政府将西单北大街路东的商业、服务业网点拆除，把西单体育场改建为西单劝业场，1986 年正式营业，面积约 1200 平方米，大门西向朝着西单北大街，两侧是当时有名的两家餐厅——阿兰餐厅和西单快餐店。节假日，来这儿逛的市民起码有十万人以上。

现如今西单横二条 59 号的北京西单劝业场百货有限公司是 1998 年 8 月 13 日注册成立的，是北京城市之光商业有限公司的一个分公司，主要经营购销百货、针纺织品、五金交电、金属材料、建筑材料、装饰材料、化工材料、化工产品、工艺美术品、机械电气设备、煤炭、计算机及外部设备、塑料制品，从事技术开发、技术咨询、技术转让、技术服务，承办展览展销等，和当年的西单劝业场不是一个概念。

西单文化广场的建成与改造

1999 年中华人民共和国成立 50 周年大庆前，西城区政府拆除西单劝业场，建设西单文化广场，把商户集中到广场地下商城经营；2007 年为迎接北京奥运会，西城区政府再次对西单文化广场进行改造，重新美化平面布局，复建了消失几十年的西单牌楼。随着华威大厦、西单明珠的兴建，不少昔日西单劝业场的摊主"登堂入室"，进入大厦经营。

西单文化广场闹中取静，分为地上、地下两部分。地上为文化广场，中心为下沉式广场，生机勃勃的草坡、"筝筝日上"的雕塑，通过透明的锥形玻璃顶将自然光线引入地下商业空间。地下包括地铁换乘通道、地下过街通道、下沉广场和汽车库，地下一层沿通路两侧设有餐厅、商铺、电影院。

随着时间的推移，老广场的诸多问题在使用中凸显了出来。比如下沉广场的俯视视角所想要得到的全景视野实际上并不美观，玻璃锥也没有特殊的功能和象征意义，下沉广场的出现使整个西单文化广场的尺度错乱，巨大的广场被划分成无数羊肠小道，经常有行人穿越草坪。久而久之，广场中央的下沉区域成为整个广场的一个障碍，已无更大的用处。

历史的脚步不停向前。2008 年奥运会前夕，西单文化广场进行了彻底的改造，原来的代表性构筑物玻璃尖塔被移除，取而代之的是开放式喷泉。广场中央的下沉元素被取消，取而代之的是平坦宽阔的毛石铺地，大大增加了广场的尺度感。南部的草坪被取消，设置了阵列的树木和照明灯具，使整个广场显得比原来宽广了许多。最南侧的牌坊在拆除多年之后被重新竖立起来，凸显了中国元素。

2018 年 8 月 28 日上午，西城区对外公布了广场改造的具体规划。广场现状的地下四层将减量为地下三层，广场绿化面积将增至 1 万平方米，同时增加地下停车位，改善周边的交通状况。

西单文化广场现在总规模为 42599 平方米。这次改造将从减量、提质、增绿三方面进行。改造后的西单文化广场将改变以往小商品集散地的项目定位，以文化创意为主题调整商业业态，同时改善地上地下交通组织，打造成集城市广场、绿化空间、交通枢纽、文化传播和商业服务于一体的多功能城市公共客厅。

按照项目规划，西单文化广场改造后的总建筑规模将减少约 7000 平方米，商业面积减少约 1 万平方米。与此同时，地面景观进行全面改造，采用异龄复层的搭配手法，增加植物景观，使广场绿化面积增加到 1 万平方米以上。

优化地上地下交通组织，也是这次改造的重点内容。广场的地下第三层设置为停车场，缓解周边停车难问题。地下将打通与周边商业及地铁的联通，扩大公共空间，减少地面的交通拥堵。改造工程将于 2019 年 10 月呈现地面广场部分。

详细来看，拆除前，该建筑地下四层、地上局部一层，总建筑面积为 4.3 万平方米；新建后，建筑地下三层、地上局部一层，总建筑面积为 3.6 万平方米。

更重要的是，这地下空间的功能也将彻底变身。按照计划，未来西单文化广场地下三层将变为停车场，提供 146 个车位，弥补西单停车缺口；地下二层虽然还保留商业，但将对原有业态进行提升；地下一层将变为下沉广场，其中一部分供地铁换乘使用。目前北京地铁在西单站主要有 1 号线和 4 号线两条地铁线。此前修建时，1 号线车站曾接入西单文化广场地下，4 号线虽然连接，但未开通。西单文化广场改造后，1 号线和 4 号线车站均将连通广场的地下空间，方便两条线路的换乘。

西单文化广场改造后将成为长安街最大的绿地文化广场。

地下空间华丽变身社区文化"氧吧"

西长安街街道毗邻紫禁城，中央单位云集，这样的客观环境，使在属地工作生活者产生了一种特殊的精神素养——"红墙意识"。天安门旁最大的地下空间——和平门地下空间华丽转身，变为服务居民文化生活的"红墙氧吧"。

和平门地区交通便利，商业配套设施齐全，是炙手可热的出租房源集中之地。曾经英嘉公寓仅仅 2600 平方米的地下室，被再三拆改后隔出房间共 133 间，其中最大面积为 4 平方米，最小面积仅为 2 平方米。为改善地区居民居住环境、保障居民人身及消防安全，2016 年 3 月，西长安街街道专门制定了地下空间清退整治专项部署预案。

根据人民网报道，2016 年 1 月 24 日，西长安街街道第一次将和平门地下空间清理整治付诸行动，共清理地下空间出租房屋 214 间，面积约 1100 平方米，清理流动人口 425 人。整治前期，街道向产权方及集体租住单位致函，向租户人员发放"疏解整治促提升"宣传册，并发动和平门小区居民积极参与，整治现场由街道牵头组织，房管、安监、公安、城管、防火等部门大力支持，组成四个工作组，同时推进清理。春节之后，西长安街街道多方协调，进一步对和平门地下空间进行清退。街道主动约谈租赁方，于2月15日、16日两天，成功劝退经营人，关停违规出租的地下空间3000余平方米。2月17日，街道组织地区相关职能单位130余人对和平门地下空间进行清理。工作人员对两家集体单位宿舍断水断电，对门窗墙体进行破拆。一上午拆除房屋300余间、1700余平方米，疏解流动人口613人；下午查封近200间、2000余平方米，疏解212人。2月28日，西长安街街道对和平门地下空间进行最后清理腾退，目的是将和平门小区8栋居民楼地下空间剩余的9200平方米违规使用房屋彻底腾退，将地下空间出租现象一举清零。短短的36天，和平门小区地下群租房清理整治三次战役，累计清理拆除13862平方米、1157间地下室，疏解人口2010人，彻底结束了和平门小区地下空间群租房的历史。

经过八个月的清退整治，天安门旁最大的地下空间——和平门地下空间变身为服务居民文体生活的红墙系列"氧吧"。2016年11月16日，西长安街街道为红墙系列"氧吧"举行了揭牌仪式，"氧吧"内还开辟了40平方米空间建设了社区小微博物馆，为居民讲述和平门地区的前世。"氧吧"占地面积约7700平方米，结合地区的特点和居民的实际需求，设计了五个系列各具特色的活动空间：用于居民存放自行车的便民服务"氧吧"，方便居民存放杂物的生活空间文化"氧吧"，用于培训居民掌握防灾减灾技能的安全文化"氧吧"，为居民提供读书看报、锻炼身体的社区文化"氧吧"等。除了阅读、健身场所，文化"氧吧"内部还专门辟出一块区域，建立了社区内首家小微博物馆，通过老照片和老物件展览、专家讲社区历史、居民讲身边故事等方式，深入挖掘社区人文、历史、文化内涵，为居民讲述和平门地区的前世今生。馆内墙壁上，挂有梅兰芳先生家族故居照片、和平门小区各年代门牌号、居民生活老物件，给"氧吧"平添了几分文化韵味。这些老照片、老物件，是居民回忆历史的真实凭证，也是北京文化的独有象征。

北京图书大厦：精神文化的聚集地

1998 年 5 月 18 日，北京图书大厦正式亮相于西单商业街东侧，营业面积 1.6 万余平方米。

早在 1956 年，北京市新华书店前身——新华书店北京分店在规划网点时，提出了要在北京建设图书大厦的初步设想。这一设想引起了北京市领导的高度重视，并将建设图书大厦列入北京市规划建设项目上报了中央。

1958 年 8 月，正在北戴河参加中共中央政治局扩大会议的周恩来总理审阅了项目方案，并亲自主持批准了这个项目。北京图书大厦项目最终被选定在了长安街上的西单路口，即现在的北京图书大厦所在地。因种种原因，北京图书大厦直到 1993 年才破

北京图书大厦

土动工，历时五年建成开业。

得天独厚的地理位置和四通八达的便利交通使得北京图书大厦尽享发展先机。2007 年以来图书销售总额始终居全国书店之首，在架品种约有几十万种，居全国第一。

把图书销售和文化活动结合起来，是北京图书大厦在强化为读者服务方面的一大特色。每逢节假日，名人签售、专家讲座、主题展览，等等，各类活动一场接一场，大厦的文化功能不断扩展，影响力日渐增大，也吸引了越来越多的读者。为了满足广大读者多元化的购书需求，全方位提供"方便、快捷、精准"的一条龙式购书服务，北京图书大厦还于 2010 年初对已有的购书模式进行重新整合，形成了集网络零售、电话购书、手机短信购书、手机网购于一体的电子购书平台，全方位地满足了读者不同层次、不同方式的购书需求。

2015 年 5 月以来，北京图书大厦在京东、亚马逊、当当、天猫、苏宁五大平台上开设了品牌店。2014 年 9 月，北京图书大厦完成了一期的初步改造，此次调整图书品种规模并没有缩减，仍保持主业品种 35 万种，大厦结合读者阅读选购需求以及出版物的产品特质，对原有布局进行了科学的优化和调整，例如，扩大少儿区至 1200 平方米，重点打造"童趣园"；引入品牌文具、数码产品、体育用品、益智玩具等多元产品；开设"和"阅读体验馆等。2015 年，北京图书大厦整体客流实现了 20% 的增长态势。

在硬件升级的基础上，北京图书大厦继续深化营销活动。据统计，2015 年 1—10 月，北京图书大厦共举办各类营销活动近千场。

文化讲座、名家进校园兼顾不同群体

实体书店不能仅仅局限于"卖书"这个单一的环节，应该走多元化、精品化、品牌化的道路，同时还要注重创新与特色，多在读者体验互动与情感交流上下功夫。北京图书大厦专门在三层开辟了一个讲座与交流的活动场地：多功能报告厅。截至目前，大厦已经推出了不同主题的文化讲座，如"快乐教育直通车——家庭教育系列主题活动""北京图书大厦星光自护系列主题活动""北京图书大厦春节文化庙会"等。

同时，北京图书大厦特别推出了"名家进校园"系列活动，该项活动已经陆续开展了近百场。

满足亲子互动体验。北京图书大厦专为孩子们开辟了一块寓教于乐的互动场所，联合接力出版社、北京少年儿童出版社、暖房子绘本馆等多家出版机构举办了三百余场互动活动。活动内容多样，如"布克故事会""亲子阅读会""我绘画我涂鸦""创意纸黏土""人偶走秀表演""智慧片拼插比赛"等。

校外教育基地开启中小学生"3D阅读之旅"

2015年10月10日，北京图书大厦"3D阅读之旅"迎来首批小读者。"3D阅读之旅"的含义是：参与一次围绕书的参观体验，听一场围绕书的讲座，带一本书回家。从三个维度让同学们全方位感受图书所带来的乐趣和知识。在为期一天的旅行中，同学们不仅参观了北京图书大厦，而且还与著名科普专家进行面对面的交流，亲自体验了汉字听写，此外还参观了位于北京通州台湖的图书物流配送基地。

书店卖场升级早已不是什么新鲜事，"互联网+"时代已经到来，线上线下融合发展将成为北京图书大厦下一步发展的主题。大厦将发挥实体资源优势，逐步将服务读者读书的行为转化为服务读书人的模式，打造"以图书主业为主，融合多种文化业态的复合型商业模式"。此外，大厦还继续创新互联网环境下的营销模式。一要将线上线下工作全面引向营销工作中来，充分利用各自的特点和优势，发挥合力，创造营销新亮点；二要深入营销，打造企业可持续发展营销策略，通过策划各种互动活动，创新营销思路，扩大与读者交流的影响，最大限度放大书店文化传播、交流平台的作用，达到增强读者参与度、吸引客流到店的作用，使书店真正成为各界读者熟悉图书、了解图书、吸取知识的文化交流场所。

城市雕塑：道路亮丽的标志

1999 年，为了迎接中华人民共和国成立 50 周年，西长安街上安放了《蒸蒸日上》《书》《树》《南极石》等城市雕塑，与原来的《和平》《海豚与人》《马踏飞燕》等雕塑一起为宽敞、端庄、亮丽的长安街增添了新的文化亮点，可谓锦上添花。新、老雕塑与整治后的长安街及其延长线的风貌融为一体，焕发出新的活力。

由中央美术学院工程部雕塑家郝重海设计的《蒸蒸日上》建在西单文化广场，高度为 18 米。雕塑取材于老北京传统的"沙燕"风筝造型，高高耸立，象征着祖国文化艺术事业蒸蒸日上。

由卓纳艺术科技有限公司雕塑家佐娜设计的《书》建在西单图书大厦前广场，高度为 4 米。寓意"书籍是人类进步的阶梯"，造型为由书籍组成的螺旋上升状台阶，立意与造型完美地结合在了一起。

由鲁迅美术学院雕塑系霍波洋、屈东群、张沈、洪涛等雕塑家设计的《树》，建在中央教育电视台前的绿地中。由四根稳定的树干支撑着 248 只鸽子组成的树冠，高达 6 米。每只鸽子都是用不锈钢精工细作而成，象征着和平和教育事业的枝繁叶茂，祖国繁荣昌盛。

国家海洋局楼前的广场上安放了我国第三次南极考察队 1987 年采自中国长城南极站的南极石，象征着我国科技工作者的奋斗成果、任重道远的征程和开拓前进的恒心。

现在，当人们路过长安街时，看到矗立在长安街沿线的一座座城市雕塑，总会停下来观赏一番，这些各具特色的城市雕塑，为美丽的长安街增添了无尽的风采。

百年名校：北京市第一六一中学

"一校三址"的北京市第一六一中学是唯一一所坐落在故宫附近的百年名校，是中国历史的见证者。

北京第一六一中学是由北京市西城区教委主管的全日制公立完全中学。学校创建于民国二年（1913），前身是"京师公立第一女子中学"，1972年更名为"北京市第一六一中学"。1985年，在"一二·九"学生运动50周年之际，担任党中央领导工作的陈云同志为学校题写了校名。2000年，学校与原北京市第三十中学合并。2004年，与原北京市长安中学合并，形成如今"一校三址"的办学格局。

原北京市第三十中学前身是山东籍人士为赴京赶考的山东举人提供食宿之地而创办的"山东会馆"。1905年6月4日更名为"齐鲁学堂"，正式成为学校。1912年，民国政府将"齐鲁学堂"改为"京师私立山东中学校"，简称"山东中学"。1952年，北京市政府全面接管学校，将"京师私立山东中学校"更名为"北京市第三十中学"。2000年，经西城区教育局决定，北京三十中初中部并入北京市重点中学北京市第一六一中学。

北京市第一六一中学中校区是原北京市长安中学与北京市第一六一中学合并后形成的。原北京市长安中学属于清朝升平署旧址，现存最完整的升平署戏楼曾是北京市长安中学校内图书馆。2003年，西城区教委对校舍翻修改建，一年后建成，被评为"北京市花园式单位"。2004年，长安中学与北京市第一六一中学合并。

目前，北京市第一六一中学中校区已搬离原址，落户回龙观新校址。

"桃李满天下"的中国大学

北京市第二十九中学，原位于西单北大街路西大木仓胡同郑亲王府，现前门西大街 13 号，其前身是孙中山先生为培养民主革命人才，于 1912 年仿日本早稻田大学在北京创办的中国大学的附属中学，这是迄今所知孙中山先生在祖国大陆亲手创建的唯一一所中学。

中国大学的创建

中国大学的创建始于辛亥革命。辛亥革命推翻了清王朝的反动统治，结束了中国两千多年的封建君主专制制度，建立了中华民国临时政府。革命成功之后，孙中山不忘革命精神、革命火种之延续，为培养民主革命人才，巩固革命成果，建设新兴的共和国，于 1912 年，仿日本早稻田大学的模式，在北京创办中国大学。自此，中国大学作为辛亥革命后一枚崭新的果实，出现于近代历史舞台。

中国大学初创之时，名为国民大学。1912 年，由北京政府拨款 84500

1917 年改为中国大学

213

两白银作为开办费，在北京正阳门西顺城街创办国民大学和附属中学。1913 年 4 月，中国大学正式开学。1914 年 1 月，中国大学与上海吴淞的中国公学合并，

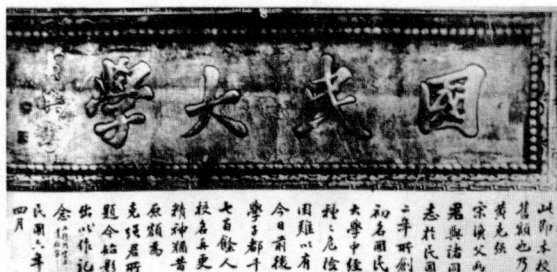

国民大学

改称中国公学大学部。直至 1917 年 3 月 5 日，中国公学大学部迁入西单二龙坑郑王府。1925 年，中国大学与中国公学会合并，附属中学继续留在原址。直到 1949 年 3 月停办，学校前后共历三十六年。

中国大学的组织架构更迭

中国大学的创办倾注了孙中山很多的心血。1912 年中国大学创办伊始，学校的主要领导由当时的国民党高层要员担任。学校初建即将开学之时，第一任校长宋教仁先生，不幸于 1913 年 3 月在上海遇刺去世。于是，改由校董黄兴出任第二任校长，彭允彝代行校长职务，由彭家普担任教务理事，殷汝骊担任总务理事，吴瑞担任教务主任，李垣担任庶务主任，陆定担任会计主任，聂权担任大学预科学长，姚憾担任专门部学长，欧阳振声担任法政别科学长，戴修瓒担任中学主任。

1913 年 6 月，二次革命爆发，中国大学陷入危险之境地。其后即与上海吴淞的中国公学签订协议合并，推举汤化龙担任学校董事长，黄云鹏担任第三任校长，黄兆祥担任总务理事兼会计主任，廖希贤担任教务主任。此后不久，学校领导又发生较大变动。校长黄云鹏、教务主任廖希贤离职，于是学校董事会推选林长民为第四任校长，全校事务由黄兆祥、聂权、姚憾、戴修瓒等共同领导。

1915 年，校长林长民辞职，学校董事会推举王印川为第五任校长。次年，王印川校长辞职，学校董事会又推举姚憾为第六任校长，骆继汉

214

担任教务主任，华惠康担任庶务主任，洪逵担任大学本科学长，光昇担任大学预科主任，戴修瓒担任专门部主任，李德骏担任学监主任及中学主任。

1917 年，学校正式更名为中国大学，校董事会改组，推举王宠惠担任学校董事长，吴景濂、汤化龙为副董事长。1921 年，姚憾校长任期届满，学校董事会又推举王正廷担任第七任校长。王正廷入职后，聘请陈容担任校务主任，余同甲担任教务主任，并依照各学科添设学科主任，分掌各科教授事宜，主任制度自此开始。

1928 年北伐胜利后，国民政府统一全国。此年，学校董事会推举周龙光担任第八任校长。1931 年，学校董事会又推举常务董事会主席何其巩担任代理校长，是为第九任校长，其任职直至 1946 年。

1947 年，学校新董事会在上海成立，由学校董事孙科担任董事长，校董王正廷出任校长，直至 1949 年北平解放后学校停办。

中国大学在机构设置方面，设有教务、总务、庶务、会计等。学校初设四大部：大学部，下设文、法、商三科；专门部，下设法、商两科；法政别科部；附属中学部。

1917 年，中国大学在校学生已达千余人。原校舍狭小，很难适应学校发展需要，经校长与校董事多方努力，于 1925 年 6 月买下二龙路口袋胡同郑王府房产（今国家教育部所在地）。同年 9 月，除附属中学部外，均迁至新校址开学，附属中学依旧在原址上课。1949 年北平解放，中国大学附中改名新生中学，后又更名新英中学，1952 年定名为北京市第二十九中学至今。

中国大学的革命传统

中国大学及附属中学是所具有光荣革命传统的学校，李大钊、鲁迅等曾在此讲学，在北京历史上反帝反封建的斗争中，中大及附中学生都走在前列。在斗争中，中国大学及附属中学培养和锻炼了一大批先进青年和革命志士。在掀开中国新民主主义革命历史序幕的五四运动中，中国大学及其师生扮演了重要角色，在特殊的历史时刻表现出顺应革命潮流的爱国之举。

五四运动促进了马克思主义在中国的传播。1919 年 5 月 15 日，中国大学学生会成立，"本互助精神，谋求学术的发展和社会的改造"，领导广大学生参加轰轰烈烈的爱国运动。五四运动、"三一八"斗争、"九一八"之后的学生救国运动，都是由学生会组织领导的。自 1921 年年底中国共产党在中国大学建立地下党组织起，学生会都是在地下党组织领导下工作的，冯雪峰、齐燕铭、吴承仕、曹靖华、段君毅、任仲夷、崔月犁、宋汝棼、黎光等老一辈革命家曾在此开展过地下斗争。中国共产党创始人之一的李大钊，自 1922 年至 1927 年被害前，一直兼任中国大学经济系教授，对中国大学党团组织的建立和教育培养进步学生，做了许多积极有效的工作。

1931 年"九一八"事变后，中国大学的革命事业有了新的目标和方向。辽籍学生曾组织抗战救国团，9 月 21 日中国大学召开反日救国大会。中国大学学生李兆麟奔赴抗日前线，与杨靖宇、周保中成为东北抗日联军三位著名将领。

"九一八"事变后，马克思主义在中大及附属中学的传播更加迅猛。20 世纪 30 年代，共产党在中国大学拥有雄厚的力量，李达、黄松龄、吴承仕、杨秀峰、齐燕铭、张友渔、吕振羽等一大批党员教授都在中大执教。他们不仅在课堂上宣讲革命理论，传播马克思主义学说，而且亲身参加和指导学生们的各种社会活动，播撒革命火种。中国大学在学生中建立了党支部，有五十多名共产党员和一百多名党的外围组织成员。1936 年 9 月，中国大学爆发革命学潮，中大学生会、党支部报经中共北平市委同意，组织了"驱祁迎何"运动。由于全校爱国师生的支持和董事会的信任，何其巩出任中国大学代理校长，后转为校长。

216

2013 年 4 月 13 日，中国大学北京校友会在京举办建校 100 周年纪念活动，五十一名八十岁以上的老校友从全国各地赶来参加。4 月 9 日，北京中山堂和中大校友会联合举办的"中国大学百年纪念展览"开幕。

中国钱币博物馆

中国钱币博物馆位于西交民巷 17 号，是中国钱币学会、中国钱币与银行博物馆委员会的挂靠单位，同时也是国际钱币学委员会的主要成员、国际钱币与银行博物馆委员会（ICOMON）的理事单位。其主要从事古代、近现代货币及银行史相关实物的收藏、陈列和研究，弘扬货币文化。

中国钱币博物馆是直属于中国人民银行总行的国家级专题博物馆，下设办公室、陈列宣教部、征集保管部、研究信息部、《中国钱币》编辑部、安全保卫部和开发服务部，代管中国钱币学会秘书处。馆内具有丰富的藏品，先后成功举办"中国古代铸钱工艺展""反假货币展""红色政权货币展"等具有较大影响力的展览，其开展的"中国古代银锭铸造工艺""中国古代铸钱工艺研究"等课题取得了丰硕的成果，荣获全国银行科技发展一、二等奖。

馆内陈列有"中国历代货币陈列""中国古代铸钱工艺展"和"中国人民银行行史展"等。"中国历代货币陈列"设在中国钱币博物馆现展馆（原北洋保商银行）的二层和三层，由"中国古代货币陈列"和"中国近代货币陈列"构成，常年对公众展出；"中国古代铸钱工艺展"设在中国钱币博物馆现展馆的一楼大厅，是中国钱币博物馆开发的独具特色的专题展览；"中国人民银行行史展"设在中国钱币博物馆院内的一座大厅式建筑内。

在中国钱币博物馆的藏品中，有不少珍贵文物，如出土于山西保德林遮峪的商代铜仿贝，出土于河北中山国遗址的金贝、银贝，出土于河南扶沟东周时期的银布，出土于陕西的战国"半圜"，以及完整的楚金版、铜钱牌、宋代九叠篆"皇宋通宝"、辽金时期的金箔、明代中书省发行的"大明通行宝钞"、洪武五十两金锭等；也有历代少数民族地区发行的货币，如突骑施钱、回鹘钱、察合台金币、黑龙江出土的金代银锭"承安宝货"、西夏"元德重宝"等；还有各个革命时期人民政权发行的货币，如第一次国内革命战争时期农民协会发行的货币，第二次国内革命战争时期、抗日战争时期和第三次国内革命战争时期发行的货币，以及一些游击区发行的货币。其中馆内还收藏有中国人民银行成立后发行的各套人民币票样、金银等各类纪念币。此外，中国钱币博物馆还珍藏有世界100多个国家的钱币。

中国钱币博物馆除了收藏钱币，还收藏了如铜贝范、空首布范、五铢钱范，近现代机制银币的模具、机具和纸币的钞版，以及与钱币文化有关的钱树、钱剑、扑满等与钱币相关的文物。

钱币文献资料也是中国钱币博物馆的收藏项目，为开展钱币学与货币史研究提供了必要的条件。而创刊于1983年的《中国钱币》由中国钱币博物馆和中国钱币学会共同主办，在业界有广泛的影响力，是目前国内唯一的全国性钱币学、货币史专业学术刊物。其内容以中国钱币为主，涉及古今中外钱币学货币史等方面。《中国钱币》注重学术性、资料性、知识性，其主旨在于推进我国钱币学、货币史的研究，为海内外钱币研究者、爱好者提供交流学术成果和信息、传播钱币知识的园地，在继承发扬钱币学传统的基础上，努力开拓新的领域，加强钱币研究的科学性，并在内容安排上考虑钱币知识的普及、宣传工作，提高一般读者的品味和水平。

北京电报大楼：大型综合通信枢纽

西长安街西单路口北侧有一座宏伟的苏式建筑，那就是北京电报大楼，建筑面积 20100 平方米，占地面积 3800 平方米，连同中央塔钟部分总高度 73.37 米，主楼东西长 101.3 米，南北宽 18.1 米；大楼主体七层，整个建筑呈"山"字形。

1958 年 9 月 21 日，电报大楼竣工。其主要的通信设备是从当时苏联和东欧社会主义国家引进的，塔钟及其相关部分的设计、制造和安装得到了当时德意志民主共和国专家的帮助。大楼主要由报房、机房、营业厅和办公室等组成。营业大厅宽 18 米，深 36 米，凸出伸向北面，分成前、后厅。前厅主要为用户服务台、公用电话间、长途电话候话室及休息室等；后厅为大理石营业柜台、写稿台及长途电话隔音间。

自从电报大楼投入使用的那一天起，这座建筑就始终是彻夜通明。20 世纪 90 年代以前，电报大楼是北京人通过电报、长途电话等通信手段与外界沟通的主要场所。

作为国家第一个五年计划中邮电建设的大型综合通信枢纽工程，北京电报大楼与全国所有省会、直辖市、自治区首府、工商业大城市和重要海港、边防要塞及休养胜地等均设有直达报路；与全世界各主要国家和地区建有国际报路。

筹建于 1952 年的北京电报大楼，曾经先后是邮电部、北京市长途电信局、北京市电信管理局、北京网通综合信息中心的机关办公地点，也是我国重要的通信枢纽。如今，电报大楼作为新中国通信事业发展的基础设施代表，已经走过了六十多个春秋。北京乃至中国的通信事业虽然已经发生了翻天覆地的变化，但是，以历史的观点看，北京电报大楼正在焕发它新的青春，是北京人留在记忆中抹不去的印记。

北京电力公司发展追忆

光绪三十一年（1905），经清政府批准，履晋、蒋式瑆、冯恕创办京师华商电灯股份有限公司，在前门西顺城街26号（今前门西大街41号）建电厂，一期工程为三台蒸汽发电机组及两台锅炉，机组总容300千瓦，于清光绪三十二年（1906）十一月二十五日发电。清宣统二年（1910），扩建两台锅炉和两台330千瓦发电机组，同年又安装一台75千瓦发电机组，全厂总容量为1035千瓦，是当时中国民族资本开办的最大电厂。

民国元年（1912），京师华商电灯股份有限公司在前门西城根又扩建两台1000千瓦汽轮发电机，使该厂七台机组容量达到3075千瓦。

1911年辛亥革命的胜利，为中国民族工业发展创造了条件。民国三年（1914），以英、德为首的两大帝国主义为重新瓜分世界，发动了第一次世界大战，主要帝国主义国家忙于战争，也为中国民族电力工业发展提供了机会，官僚和民族资本家兴办的电力事业有了一定发展，华北开始出现中温中压汽轮发电机组。

民国八年（1919）八月，该公司在京西广宁坟村开始兴建石景山发电分厂，首期工程于民国十年（1921）十月发电。民国十一年（1922）二月以33千伏电压向北京城区和南郊送电，这是华北地区首次出现33千伏输电线路和电网。该厂后又四次增装机组，到民国二十五年（1936）七月，石景山发电分厂装机容量

北京电力公司新办公楼（前门西大街）

220

达到 3.2330 万千瓦，成为当时华北最大的发电厂。民国三十五年（1946）二月一日，国民政府资源委员会在北平成立冀北电力公司总公司（设在府右街 26 号），下设北平分公司、石景山发电所、天津分公司、唐山分公司（下辖唐山电厂及秦皇岛办事处）。其后不久，石景山电厂划归北平分公司领导。

1949 年 2 月，北平军管会接管冀北电力公司，后与察哈尔省察中电业局合并，成立华北电业公司，管辖北平、天津、唐山、察中等分公司，不久改称华北电业总局。

1958 年成立北京供电局，2004 年 5 月 17 日正式更名为北京电力公司。

长途电信中心：北京长途电话大楼

北京长途电话大楼位于复兴门内大街西端北侧，是我国长途电信中心。按原计划，长话大楼于 1959 年年底开工，紧随电报大楼之后，但当时正赶上国家三年经济困难时期，因压缩基建投资，1960 年仅完成主楼基础就停工了。1964 年经济好转后进行续建，1966 年再度搁浅。在长话大楼建成之前，北京长途电话业务在电报大楼及东单营业厅办理，机务及维护人员在原宣武区的厂甸，即现在的三区厂甸局。

通信基础设施的筹建

20 世纪 70 年代，国家开始大规模进行通信基础设施建设。北京要建设长途通信综合服务枢纽，因此筹建长话大楼。按照周恩来总理有关指示，1972 年 6 月，长话大楼正式复工建设，1974 年 9 月建成，1976 年 7 月投入使用，建筑面积约 2.5 万平方米。大楼平面呈方形，地下一层，地上两翼六层至七层，中部八层，上有五层塔楼，微波天线塔尖高 87.29 米。1976 年 7 月 1 日，北京长话大楼竣工投产，成为北京长途电话发展的重要里程碑。

北京长话大楼外墙为米黄色釉面砖饰面，双层密闭钢窗，檐口及窗间线条为水刷石面，上部微波天线塔采用蜂窝玻璃钢板围墙。主楼中部为现浇钢筋混凝框架楼板，其余为现制框架预制楼板结构。

当时，最让广大通信职工自豪的是，长话大楼从建筑设计到施工，以及全部通信设备的生产、安装、调测都由中国人自己完成，可以说是一座百分之百国产化的通信枢纽。长话大楼工程也是中华人民共和国成立后，北京长途通信基础建设中最大的工程项目，可以说这是中华人民共和国通信科技的骄傲！

我国通信技术的发展

北京长途电话大楼是全国电缆、微波和明线干线网的重要通信枢纽，建设时采用了许多新设备、新技术和新的施工方法。楼内设有北京微波站、微波载波室、国际传输室、北京长途机务站，装有微波载波、电缆载波、明线载波、国内人工交换机、国内国际自动和半自动交换机等通信设备，构成全国长途电信网络中心和我国国际电信的主要出入口局。在北京长途电话大楼内可以提供国内人工长途电话、国际国内自动长途电话、国际及港澳地区电话、会议电话、出租电路、广播电视节目传真等，并为公众电报、用户电报、传真电报、数据通信等提供可靠的电路。

1986 年 3 月，北京第一套 2000 路程控长途电话交换机在长话大楼开通，同年 7 月长话大楼开通 200 路国际直拨程控电话交换机，从此长途电话直拨迅速发展起来。

1998 年，北京至各省市的长途干线全部实现光缆传输，原有的电缆传输方式全部淘汰，标志着自 20 世纪 70 年代以来长途电缆通信阶段的终结，一张更大容量的光缆"神经网"已经建成。北京长途电话大楼的建成对于改变当时我国通信落后的面貌起到了重要作用，标志着我国通信技术已开始跨进现代化通信领域。

见证通信变迁的"博物馆"

随着现代科技的发展、住宅电话与手机的普及，长话大楼虽依然屹立在长安街畔，但已"光鲜"不再。四十年过去了，北京已经不再是我国唯一的国际长途出口城市，长话大楼也不再是北京唯一的国内长途出口局。

在多次电信业改革中，北京长话大楼先后从属于中国电信、中国网通和中国联通。虽然许多老人还是喜欢称呼"北京长途电话局"，但长话大楼里的机构正式对外的名称是"北京联通网络设备维护中心"。长途电话业务在这个大楼里已经不存在，但长话大楼仍有一颗强劲的年轻的心。

现在长话大楼主要开展语音、图像、数据和信息等业务，作为最大的枢纽局和转接局所在，近年来还开展了视频会议等新业务。长话大楼拥有世界最前沿的组网方式，对外开展数字专线、租用线路等业务。除了联通、电信，市面上的其他所有宽带运营商，都是租用长话大楼里的网络线路，其实也可以说长话大楼在建设维护信息高速公路。

从人声鼎沸到门可罗雀，长话大楼依然像一座巍峨矗立的丰碑，静静地看着我国通信技术进步。这座大楼其实就像一座博物馆，保留着中国通信技术发展进步的历史。

第八章　城光璀璨：今日的繁华商街

西单商业街是北京最为著名的三大商业区之一。西单商业区曾荣获全国"百城万店无假货"和"中国著名商业街"称号。

西单：西长安街最大的商圈

西单的全名原来叫西单牌楼，算起来这名字已经叫响了近六百年。明朝重建北京的时候，曾经在城内设了三十二坊，为了有明确的地标，就在每坊的入口处都建座牌坊，上面用大字书写着坊名，原来立在西单街面的那座牌楼叫"瞻云"，因为只有一座牌楼，又因为地处皇城之西，西单的名字就在老百姓的口口相传中叫开了。

早期西单初具雏形

过去老北京有九经九纬，西单是非常有名气的一条街道。西单的名气第一来自它的长度。从明朝起，西单大街就南通宣武门，继而延伸到菜市口；北接西四，一路拓展到积水潭的城墙。从明到清再到民国，这条以西单为中心点的大街一直是老北京城最长的两条道路之一。然而，西单之所以比它的姊妹街东单叫得更响，除了长度的优势，它还是老北京最热闹的三条商业街之一。多少年来，北京人都知道想逛街一定要去"西单东四鼓楼前"。

20 世纪 50 年代，牌楼拆了，西单留下的是牌楼的些许神秘。再说起这块古老的土地，人们口中也只剩下了"西单"两字——简洁顺口，听着还有老北京的浓浓韵味。

以西单为中心点，向北、向南都各有一处老北京谈虎色变的地方。它们分别是明、清北京的行刑之地。北边的西四牌楼在明朝的时候叫西市，在二百多年的时间里，这里一直是明统治者的行刑之地。据史料记载，曾经奋勇保卫过北京城的于谦和抗金统帅袁崇焕都是在这里人头落地的。清朝时，刑场迁到了西单南边宣武门外的菜市口，年年二月，这里刀起刀落，留下不少冤魂，其中最让后人钦佩的是戊戌六君子。

现在从西单游走，会发现这条街依然在北京城里属最长之列。它向南穿过老北京外城，一直通到南三环西路的开阳桥，向北过二环，穿三环连四环，一直延伸到四环外的清华北路。老街的韵味正随着西单大街的辐射，幽幽飘向无尽的远方。

作为京城内一条老街，西单这一片自古以来就是走街串巷的小贩们的聚集之地。但在明清时期，因为紧邻皇城之西，在这里从商多少有些禁忌，因此街面上真正的店铺并无许多，倒是那些"包袱皮儿"式的零货摊贩摩肩接踵。

西单真正形成大规模商业氛围是在 20 世纪 20 年代初。西单商场这块地，原来是一个马厩。当时，居住在灵境胡同东口洵贝勒府中一位叫福麟的人颇有商业头脑，觉得洵贝勒府马厩及马场可以利用，于是发动一批京城商绅联手，在这片地上一气儿修建了五座一并排的商场，分别取名为福寿、惠德、厚德、玉德、福德。1930 年，有个华侨黄树滉投资十万元，创办了西单商场，原在西四、护国寺等地的一些商贩、衣铺，全都向西单集中，于是形成了西单的商业中心。当时西单商场容纳三十一个行业，六百余间店铺，从业人员有千余人。

在 20 世纪 30 年代中期，西单商场按经营品种划分，有食品、新旧书籍、大小百货、五金、儿童玩具、旧货估衣，曲艺场所、杂技等。当时经营简陋，商业萧条，这里的商品基本上不是旧货就是劣品，如"过街烂"和"礼拜鞋"（过街烂：一过街就坏；礼拜鞋：穿一星期即坏的鞋）处处皆是。旧书摊的新旧书籍不少，也很实用，如《范氏大代数题解》《小学算术四则题解》以及《英汉词典》等。食品有旧京城著名的九龙斋冰糖葫芦、"果子干"（即用柿饼发开掺以藕片、杏干等）。商场还有个别的腊味南味店。儿童玩具也简单粗糙，如陀螺、马鞭和木制刀、枪、剑、戟、花脸面具等。另外还有老北京特产的工艺品如绒鸟、绒花等等。同时还有曲艺表演，主要是评书、相声等。那会儿的西单商场给人简单、萧条、零乱、陋俗的感觉，但有一种不同的韵味儿，让人回忆、品味。

不幸的是，1938年冬天，一场大火烧了三天三夜，西单五大商场全都无存。后来，这片旧址上另建起一排新商场。因为北平沦陷人们不愿起名，就叫临时商场。根据门面顺序从北向南从第一叫到第六商场。第一临时商场，位于北边半亩园食品店和卫幅无线电之间的"门市部"；第二、三、四临时商场位于"高岛屋"后边的大片场地上，即槐里胡同东一带；第五、六临时商场往南到堂子胡同仙宫电影院（后改为红光电影院）。从第二临时商场到第六商场都是相通的，而第二、三、四是商场的中心部分。这一排临时商场造就了后来西单商场的雏形，同时也成为西单一带商业聚集地的核心。20世纪40年代，灵境胡同西口以南一带相继有书摊、饭庄、茶社、戏院落脚，西单的商业繁荣由此拉开序幕。

以相声闻名全市的启明茶社，处在商场中部东边。启明茶庄是著名相声演员常连安于1938年创建的，是以专演相声著称的曲艺茶社。其面积60平方米，长条木板座位有15排，可坐150余人。舞台设备简陋，后台狭窄，但演员阵容甚强，有众多的著名相声艺人在这里轮流演出，如张寿臣、于俊波、赵蔼如、常连安、刘宝瑞、郭全宝、王世臣、孙玉奎等。少年演员苏文茂、常宝华等人也在这里受业。当时在北京纸铺学徒的高英培，经常在晚上爬墙头出来，跑到启明茶社偷听相声。启明茶社的相声中还有创新的化装相声，如《大出丧》，还有赵蔼如、孙宝才的双簧《开电车》等针砭时弊的段子。每天下午2点到晚上11点循环演出。下午两三点或晚饭时，有著名评书演员陈荣启的评书《大宋八文》《施公案》等书目。陈荣启表演生动、诙谐，颇受听众欢迎。西单商场的启明茶社，在相声艺术发展史上占有重要地位。

中华人民共和国成立之后，北京的城区主要向西发展，伴着长安街的开发建设，西单商业区开始一步步扩充发展，街心的地标性建筑木牌坊也被拆掉了。20世纪50年代末兴起公私合营，由于历史条件引发的商品供应短缺，造成北京商业网点严重不足。相比之下，集零售业、餐饮业、服务业和修理业于一体的西单商业区街面上，由于经营种类相对齐全，很快就成为京城三大市级商业中心之一。

流逝的岁月不知目睹了西单的几度变化。从马路两旁挂满牌匾的平房店铺，到摩肩接踵的新式橱窗；从叫卖不绝的集散市场，到建筑华贵的时尚商城……从1978年改革开放以后，西单的变化速度之快，连最爱逛街的老北京人也觉得赶不上趟儿。且不说过去跑惯了腿的长安剧场、首都电影院、西单菜市场，还有亨得利、桂香村、万里鞋店统统没了踪影，吃惯了嘴儿的曲园、又一顺、鸿宾楼、玉华台、天源酱园等一家家老字号迁了店址，就连固守在西单路东几十年的大商场也一次一次地变脸。当然，它是越变越时尚、越变越摩登了。

西单浓浓的商情

如今来到西单，感觉就像到了欧洲的某个繁华城市，泛着银色冷光的豪华大厦早已肃杀掉皇城脚下六百年的东方古韵，街面上四处弥漫的都是"炫"的格调。在这里，五光十色的霓虹灯和大厦外壁上的超大型电视挥洒着新世纪的商街风情。穿着吊带背心与暴走鞋的酷一族把头发染成金黄、猩红、莹绿或者翠蓝，以挑剔的眼光审视着刚刚上架的最新货品；街头的几家大商厦囊括了从国内到国际的各式名牌，赶上节假日大促销的时候，临时搭起的展台上挤满了扭腰摆臀狂跳辣舞的少男少女；几家有名的商场上演 PK，笑逐颜开的永远是从四面八方赶来血拼的购物人。走到十字路口，四下看看文化广场、时代广场和两座隔街相望的银行大厦，很难再想象五十年前的街中间有一座牌坊会是怎样的场景。如果那牌坊能留到现在，恐怕也只会感到一种惊诧，时代的落差就是这样令人不可思议。

时代在变化，西单也在变化，变化中的西单一次次蜕去自己旧日的风貌。如今，除了那个带有历史印痕的古老地名，在西单已经找不到一丝显露旧日北京风情的老街踪影。像一阵风，像一个梦，西单留给北京人的只是过去的故事和今天的雍容。

无论怎样变脸，西单有一种风味却一直未变，那就是浓浓的商情。和其他商业街不同的是，西单的商情具有一种让人无法屏弃的亲和力，因此它既不是靠着古老地名成为吸纳外来游客为主的观光商街，也不是以批发著称任小贩喊哑喉咙的喧哗集市。西单的魅力，在于它的品质、它的气度、它的舒适与它物有所值的性价比，所以无论是北京人还是外来客，无论是精明的主妇还是大方的情侣，想购物时总忘不了转转西单。

懂行的人把买东西称作淘货，因为去时并没有一定目标，只是在那些令人眼花缭乱的商厦展柜中不歇脚地逛，最后一眼看中某件其实并不缺少或者可有可无的物品，然后就是欢快的讨价还价，最后掏了腰包还会客气地和卖货人说声谢谢。

西单就是这样一个让人感到舒心的地方，无论是在气派的时代广场、君太百货、中友大厦、西单商场，还是在图书大厦中，任何人都可以毫无隔阂地翻着、看着、试穿着喜欢的货品。走累了，可以在大厦里找个水吧、星巴克，或者索性坐到街心的凉棚下，一边补充着给养，一边欣赏着街景和脸上挂满喜悦的人群，那感觉，远远赛过在巴黎的"老佛爷"。

想淘货，马路东边的明珠、新一代、民族大世界和文化广场下面是最适宜有闲族的地方，走进去，密密麻麻的小摊一个挨着一个，稍不小心步子迈大了些，就有可能让一个挺有特色的小摊从眼皮下溜走。这里的小摊以衣服、饰品和玩具居多。但风格的多样性可能会让购物时最有信心的 MM 也拿不定主意。最让人醉心的是，这些小店的东西不错，价格却便宜得让人懒得再去砍价，碰上精明的少男少女东挑西淘，不过花上百十元就可从头到脚让自己焕然一新。

在西单淘货无形中会滋长出一些对老北京风情的回味，虽然是在一幢幢转着电梯的宽敞大厦中，但伴着琳琅满目与熙熙攘攘，这种感觉却悄悄地长驱直入，任你无论觉得怎样不可思议也挥之不去。

西单商业街：繁华的商业中心

位于长安街西侧的西单，是北京经济最繁荣、历史最悠久的三大商业购物区之一。其规模、设施配套程度、业态分布结构、社会认知程度、发展前景等都已具备现代商业区的特征。西单商业区的历史可追溯到明代。

据有关史料记载，当时，这里是通往京城西南广安门的主要路口，从西南各省陆路而来的商旅和货物，都要由卢沟桥至东到外城广安门，

今日西单商业街

经菜市口向北进入内城宣武门，再经过西单进入内城各处。由此，西单一带兴建起了各种店铺、酒铺、饭馆、文化场所等。

明清之际，西长安街附近的大理寺、太仆寺、太常寺、刑部、都察院、銮仪卫等衙署多到西单周围采办购物，推动了这里的商业发展，促使西单成为长安街上的一处热闹的商业中心。

商业街格局的规划发展

清末和民国时期，西单地区出现了众多新式学校和戏院，政府部门也设置在西长安街和西单一带，由此推动了西单的商业发展。特别是1930年厚德商场的开业，到后来陆续建起福德、益德、惠德、福寿和临时商场，统称西单商场，极大带动了西单的商业繁荣。至中华人民共和国成立前夕，西单商业区共有网点330个。

中华人民共和国成立后，随着国务院及所属办公区、生活区落户西城，大量城市人口西移，西单商业区占尽"天时、地利、人和"，迅速发展为北京市民特别是城区市民基本生活需要的供应中心。为更好地"服务于人民大众，服务于生产，服务于中央人民政府"，不但已有的老字号重获新生，从外区乃至外地迁至西单地区的商业也站稳脚跟，并发扬光大。同时，国营和合作社商业服务业网点也逐渐建立起来，形成北京三大商业中心之一。截至1993年，西单商业区有国营、集体和个体商业服务网点473个。

1983 年 7 月 14 日，中共中央、国务院关于《北京城市建设总体规划方案》的批复中提到："商业和服务业应在短期内有较大的发展。这是贯彻中央书记处对首都建设方针的指示和繁荣首都经济、解决就业问题的大事，必须认真抓好。"

1983 年 10 月 8 日，西城区政府召开西单一条街规划建设会议，对建设西单一条街的工作提出规划和改造意见。

1985 年 3 月 1 日至 5 日，西城区正式召开了"经济社会发展战略讨论会"，确定西城区的主体功能——"为中央领导全国工作和开展国际交往服务，为生活和工作在西城区的广大人民群众服务，为首都和外地来京的全国广大人民群众服务"。研讨会形成了对西城区最初的认识，其中之一是"西城区也是商业比较发达的地区"，因此，在产业方向和战略重点上必须大力发展商业服务业。

1990 年，《西城区近中期经济社会发展研究》中的"西城区商业服务业近中期调整与发展对策"和"西单一条街产业布局规划研究"提出：西单是西城区发展商业、繁荣经济的重要区域，建设目标是以商业、服务业为基础，具有综合服务功能的商业街。有大型综合商场，有特色的中性专业商店，有高级功能的服务设施，并形成市级商业中心。

1992 年，西城区委、区政府确定"繁荣西单，发展西城"的总体战略，重点改造西单北大街东西两侧，建成多功能的市级综合性商业中心。

1999 年，西城区委、区政府提出"大力发展五业，重点建设五街"的经济发展战略，即大力发展商业、金融业、房地产业、文化旅游业和科技信息咨询业，重点建设西单商业街、金融街、阜成门至景山文化旅游街、西长安街和平安大街。2000 年 9 月 18 日《经济日报》徐文营以"'五业''五街'兴西城"为题报道：西城因西单而扬名，西单是西城的"名片"。因此，建设五街，排在第一位的是西单。只不过对西单的

231

功能、定位赋予了新的内容。西城区委、区政府在经济发展规划中，将西单商业街"升格"为西单中央商业区。

2001 年，西城区提出加快六个功能街区建设（西单商业区、北京金融街、西外休闲区、德外科技园区、阜景文化旅游街和什刹海风景区）。2001 年 2 月 21 日，《北京日报》高辉以"北京西城建六大功能街区"为题报道：西单现代商业中心区是北京的传统商业地区，已先后建成了华南大厦、图书大厦、中银大厦、太运大厦、西单国际大厦、西西商厦、文化广场等一批大型建筑，建设总投资已逾二百亿元人民币。目前，这里正在建设地下交通、停车及商业设施，一个服务功能完善、业态分布合理、辐射作用强烈、生态环境良好的国际一流现代化商业中心即将在"十五"期间全新呈现。

2004 年，西城区第九次党代会确定了实现未来五年奋斗目标的"三区"战略，即"经济强区、文化兴区、环境优区"战略。大力推进功能街区组团式发展，把西单和金融街地区打造为现代流通和金融业高度聚集的平台，成为西城经济的核心地带。

2005 年 12 月，西城区商务局《西城区"十一五"时期商业发展规划》提出：西单建成市级商业中心，提升完善西单市级商业中心功能。按照时尚文化、轻松购物、休闲娱乐、观光旅游、商务交际为一体的要求，借助西单商业人流集聚、市场活力强劲、人文内容丰富、地铁交通贯通等资源优势继续提高商业集聚程度，推进行业布局战略调整，提升商业设施品位，提高新型业态比重，完善细化服务功能，增强现代时尚气息，形成各区域大型单体商业各具区位特色，又能发挥连动互促效应的商业格局，使西单逐步成为现代服务业的集聚地，形成高度繁华的现代大都市商业中心。

2010 年 7 月 22 日，西城区党代表大会召开，明确提出"服务立区、金融强区、文化兴区"三大战略，并规划了"一核、一带、多园

232

区"的空间发展布局。"多园区"的九个园区，包括西单商业区，重点提升商业品质、优化购物环境、完善服务配套，建成融购物、休闲、娱乐为一体的时尚商业区。

西单大悦城：年轻人的购物天堂

2007 年底，中粮集团精心打造的国际化青年城——西单大悦城隆重开业。"大悦城"之名出自《论语·子路》："近者悦，远者来。"释义为"创造喜悦和欢乐，使周围的人感到愉快，并吸引远道而来的客人"。西单大悦城创新经营模式和经营内容，倡导新的购物文化与品位消费，以"源于西单、高于西单、引领西单"为造城理念，以"年轻消费者的生活方式特征"为服务核心，倾力打造一站式购物的国际化时尚风向标。

开业伊始，大悦城采取"源于西单，又高于西单进而引领西单"的市场策略。在西单这个寸土寸金之地，它特意挑高举架，营造一种宽

西单大悦城

233

敞、大气的空间感，彰显一种低调的奢华。大悦城每一层主打一个概念，这些概念有趣味、炫目、优雅、性感、潮流、动感、冲撞、快乐、约会、童真、兴奋、梦想等，围绕这些概念为年轻消费群体构筑一个全方位的体验空间。

秉悦众之原则，大悦城为顾客精心挑选了近三百个优秀品牌。这里有西班牙国宝级品牌ZARA，有瑞典服饰零售巨头H&M，有融合美国西部风味和法国浪漫设计的GUESS，有源自希腊的时尚配饰Folli Follie，有简约自然、充满现代生活哲学的MUJI。

大悦城还拥有若干"之最"：世界跨度最长的飞天梯，让顾客叹为观止；长江以北最大的数码影院——首都电影院，13个影厅可同时容纳1800位观众；北京最大的化妆品超市SEPHORA（丝芙兰）。各色水吧、甜品店常常让消费者驻足，成为情侣约会、闺密谈心的舒适选择。"一站式"购物理念正在京城口口相传，并得到越来越多消费者的认同。

西单老佛爷百货：来自法国的零售巨头

位于巴黎第九区奥斯曼大道40号的法国老佛爷百货集团诞生于1893年，是欧洲最大的零售集团，在全球首倡"让购物成为享受"的经营理念。1997年，"老佛爷"进军北京，在金街王府井开了家门店，但不到一年时间，就因经营惨淡被迫关闭。

2010年，西单"老佛爷"项目在京港会上签约；2011年，首届西单国际时尚年会开幕式上，巴黎老佛爷百货集团亚洲第一店"拉法耶特（北京）有限公司"正式揭牌。为降低进军中国市场的风险，老佛爷百货选择与国内时尚零售企业香港I.T公司合作，成立了一家合资公司，各占50%股权，并计划五年内在中国开设十五家连锁百货商店。

老佛爷百货重新入驻北京，地点为什么从王府井变成了西单呢？

老佛爷百货不仅拥有世界上几乎所有的时尚品牌，而且具有全球眼光和文化视野。2008

老佛爷百货

年奥运会后，北京迅速成长为亚太地区最活跃的奢侈品消费之都，LV、GUCCI、LOEWE 等世界顶级奢侈品牌对于中国人来说不再陌生。在延续法国老佛爷特色的同时，西单老佛爷旗舰店还将按照中国人的审美标准，从欧洲、美国以及亚洲其他国家进口一些新的品牌。

2013 年 9 月 18 日，西单老佛爷百货试营业，10 月 18 日正式营业。虽名为"百货"，但走的却是"时尚店"的新路。作为中国首家旗舰店，西单老佛爷百货的开张具有战略性地位，西单的活力和时尚让它充满自信。

君太百货：来自台湾的百货巨头

说起君太百货，就不得不提西单菜市场。1956 年，西单菜市场在皮库胡同南侧的西单北大街 195 号落成。随着西单地区的改造，1997 年 8 月 19 日，西单菜市场开始拆迁。2003 年 12 月，当时北京最大面积的百货公司——君太百货在西单菜市场的地界上建成开业。

消失的西单菜市场

西单、东单、朝内、崇文门四家菜市场，想当年在北京那可是赫赫

235

有名的。西单菜市场位列四大菜市场之首。还是全国十大菜市场之一。民国初年，西单北大街路西、舍饭寺（今民丰胡同）东口路北是一片空场儿，常有小贩在这儿卖菜，于是乎渐渐成了菜市场。最初的菜市场是个大铁棚子，四周用木板围着。东面开两个大门。进门是两排明摊，一般都有字号，南北两侧是木板房，一间屋子就是一个字号。这些字号要么是"夫妻摊"，要么有两三个伙计，人手都不多。场内最大的商店"聚兴成"海味店，也不过十五六个人。20世纪二三十年代，西单菜市场有摊铺一百七八十家，算是比较红火的时候。俗话说"不怕不卖钱，就怕货不全"。这里不仅地理位置优越，而且货全鲜活，大小饭庄、大宅门等都来这儿采买，一趟就齐活儿了，不过当年这儿环境卫生可够差的，没有下水道，脏水满地，一到夏天，真可谓"五味俱全"。

到了20世纪40年代，日本人占领下的北平，物价飞涨，市面萧条，老百姓连正儿八经的粮食都吃不着，买菜的就更少了。抗战胜利了，国民党来了，时间不长，货币贬值得更厉害，成捆的法币、金圆券都买不了几斤粮食。到北平解放前夕，菜市场摊铺只剩下不到一百家，后边的摊铺都空着。

1956年，西单菜市场在皮库胡同南侧的西单北大街195号落成，"西单菜市场"五个大字加一个红五星高耸在门楣之上。这回真是名副其实的大菜场，营业厅像个足球场，鱼、肉、禽、蛋和蔬菜一应俱全，还兼卖酱油、醋、咸菜、豆制品和其他调味品等副食。尽西头的蔬菜区面积最大，一到冬天，白菜、萝卜和土豆堆得像一座座小山似的，青绿菜则高贵地躺在货架上，青椒、黄瓜的价格贵得几乎无人问津。无论春秋与冬夏，西单菜市场整日人来人往，熙熙攘攘，日接待顾客高达五万人次。

改革开放后，西单菜市场把"园林设计"搬进了菜市场。水产品专柜改造成"踏浪归来"的别致小岛，把过去的鱼池子变成十几个大鱼缸叠起的漂亮的水族墙，水从高处层层流下宛如瀑布，栩栩如生的椰树、帆船，一派南国椰岛旖旎风光。过去的鸡鸭柜台改建为"禽岛风光"，大玻璃房子内有假山、假树，鸡、鸭、兔子等各种活物悠然自得。以前的蔬菜变身为打理精细的自选商品，贴上价签，顾客看中哪个拿哪个。当然，现如今大超市都这样购物，不过在二十多年前，开架售货可是新事物，顾客的感觉好极了。

随着西单地区的改造，1997 年 8 月 19 日，西单菜市场开始拆迁，这个曾经充满光荣与梦想的菜市场，从北京消失了。2003 年 12 月，当时北京最大的百货公司——君太百货在西单菜市场的地界上建成开业。

百货巨头——君太百货

西单菜市场走了，君太百货来了。2003 年 12 月，北京君太太平洋百货有限公司开业，以新环境、新购物为消费者提供最优质的生活空间。

太平洋建设集团是台湾商业巨头，商业事业涵盖建筑工程、百货零售、金融投资等诸多领域。1993 年，太平洋建设集团在香港设立太平洋中国控股公司，进一步投资中国内地百货业，在成都、上海、重庆等地相继设立太平洋百货分店。2001 年，太平洋建设集团在内地的九家店营业额达到 150 亿元。由于多业经营、投资失败，2002 年，太平洋建设集团资金陷入困境。2003 年 12 月，太平洋建设集团透过香港子公司与友谊集团合资，建立西单君太百货，再次进军百货市场。

西单君太是这样解释它的名号的："君"字代表"尊贵"，"太"字的意思是"高、大、极、最"，内涵是"追求至尊极致"，还取古文"太"通"泰"，表示"平安、安宁"的意思。而且，《说文解字》释文"太、滑也，从水大声"，又寓意企业蓬勃发展，永续经营，川流不息。英文"Grand Pacific"，代表伟大、浩大。公司宗旨是"有心、用心、求创新"。

君太百货从地下一层到地上七层共 6300 平方米的营业卖场，地理位置极佳，硬件设施优良，卖场宽敞舒适，为顾客提供了优秀的购物环境。国际级品牌商品、流行性时尚元素、体贴入微的贴心式服务，让购物成为有品位的享受。

君太百货引进了必胜客、肯德基、星巴克等国际餐饮品牌，七层进驻了麻辣诱惑、哈根达斯、水果捞、面包新语、一茶一坐、多乐之日、乐杰士、嘉景轩、面爱面等休闲餐饮，完全满足了不同阶层顾客的差异化需求。北京君太百货，成为名副其实的购物天堂。

华威大厦：西城区第一个大型商业合资项目

西单北大街 130 号的华威大厦，毗邻汉光百货、西单商场，是集商业、餐饮、康乐、高级酒店公寓为一体的综合型现代化大厦，地上、地下十四层，总建筑面积为七万平方米。

华威大厦是西城区第一个大型商业合资项目，也是旧城传统商业街区改造的第一个大型合资项目。1990 年 5 月，由于国际贷款银团及合资外方的双重纠纷，华威大厦项目面临搁浅。王汉光临危受命，审时度势，谈判果断决策，既维护了中方主权，又保证了该项目的顺利进展，使项目步入正轨。

王汉光，1951 年出生于广东潮阳，是一名泰国归侨。1969 年从清华附中毕业，正赶上轰轰烈烈的上山下乡运动，他来到陕西延川县插队，成了一名"下乡知青"。1974 年，就读于西安公路学院；1979 年，在铁道部建厂局工作；1986 年，"下海"任北京华远经济技术开发总公司投资部经理；1987 年，加入中国共产党；1990 年，任华威大厦有限公司董事兼总经理。

华威大厦的三至八层是商业经营区域，装修风格简洁明快，购物环境格调高雅、祥和温馨。大厦地下一层是和合谷、麦当劳等不同口味的中西快餐，八层是大型美食娱乐广场，既有各地风味小吃如成都小吃、云贵风味、老北京风味、兰州拉面、铁板烧等，也有菜品精美、环境雅致的特色店如吉野家等。在二十多年的经营管理中，华威大厦形成了重视商品品质、突出多样化经营的特色，为顾客提供了一处满意的购物场所。

旧京的"银行街"：金融街发源地

西交民巷东起天安门广场，西至北新华街，中与羊毛胡同、前细瓦厂胡同、辇儿胡同、平安胡同、人民大会堂西路、兵部洼等胡同相交。全长近千米。

西交民巷与东交民巷，明时统称江米巷。两巷东西进口处有牌楼相向，东曰"敷文"，西曰"振武"，清光储二十六年（1900）八国联军入侵北京时被毁。

"银行街"由来

清末民初，各中资银行竞相在西交民巷选址建楼，因有"银行街"之说。

明代，由于积水潭停止漕运，南方的货物经运河至大通桥，前门外逐渐成为集散地，形成繁华街市。繁华必然带来银钱交易，交易市场大多集中在前门外。清代，出现了银号、炉房等银钱交易机构，大多集中在前门大栅栏的施家胡同、珠宝市一带。

西交民巷里，以大清银行最为著名。大清银行是中国历史上最早的中央银行。原名户部银行，设在西交民巷的"巡视中城御史"街署原址。后来更名为大清银行。1912年1月，中华民国成立，将大清银行改组为中国银行。此后，中国银行北平分行就在大清银行旧址办公。

国民政府 1928 年在南京成立了中央银行，北平分行也设立在西交民巷（即现在中国金融出版社所在）。北京中国银行改变为特许的国际汇兑银行。

户部银行旧址——西交民巷 27 号

1949 年 2 月，北京和平解放，中国人民银行总行由石家庄迁入西交民巷，进驻大清银行旧址。1969 年，中国人民银行总行迁往西城区三里河财政部大楼，大清银行旧址成为银行职工宿舍。后宿舍扩建，原老式洋楼建筑被拆除。

除大清银行外，西交民巷还曾有大陆、金城、保商及中国实业等银行机构。

今天的西交民巷中，位于西交民巷 17 号的原中央银行、大陆银行、保商银行以及位于西交民巷 50 号的中国农工银行旧址，均为第五批北京市文物保护单位。

金融街兴起

金融街的兴起让它除了拥有国家金融行政管理中心的桂冠外还记录了一连串令世人吃惊的数字：散住于六十多条胡同中约七千户居民和一百多个单位的动迁，十年间传奇般地崛起建筑面积多达 300 万平方米的现代化高科技建筑群，包括中国四大金融监管机构（中国人民银行、银监会、证监会、保监会）和三大国有商业银行（中国工商银行、中国银行、中国建设银行）在内的一千二百多家金融、电信等各类知名企业的进驻，全国金融资金总汇 60% 的集中地，十亿元用于加快区域内道路、市政配套设施和大型绿地等建设资金的投入……

从金融街身上，人们阅读的是从元代金城坊向现代国家级金融管理中心演变的一段人类进化历史，聆听到的是一部东方古老都城迅速跻身于国际化大都市的快节拍鸣奏曲。

北京中银大厦：现代艺术与科技的完美结合

位于西单西北角的北京中国银行总行大厦（以下简称中银大厦），建筑面积 17 万平方米，为国际知名建筑大师贝聿铭和他的建筑师事务所所设计。大厦地上十五层，地下四层，1996 年 10 月破土动工，到 2001 年 5 月最后落成。

中银大厦工程在 1996 年举行了开工奠基典礼时，贝聿铭先生亲自出席奠基典礼，并对中国建研院进行了工作访问。访问期间，双方对设计中的技术问题进行了深入交流，贝老还参观了中国建研院设计所，观看了结构所 CAD 工程部设计软件的演示，对中国建研院的综合实力和工作成绩留下了深刻印象，并给予肯定和高度评价。

在贝老和中国建研院设计所的共同努力下，北京中银大厦圆满完成设计任务，获得"第三届詹天佑土木工程大奖""影响中国地标建筑""优秀建筑结构设计一等奖"等荣誉。在中华人民共和国成立 50 周年之际，中国政府正式选出五幢建筑物以代表当代中国所取得的进步，中国银行总行大厦就是其中之一。

中国银行的发展变迁

中国银行是中国老资格的银行。1912 年 1 月 24 日，由孙中山下令批准成立，2 月 5 日正式开业。其前身是 1905 年清政府成立的户部银行（1908 年起改称大清银行）。中国银行成立后一直担负中央银行职责。1928 年，国民政府设立中央银行，并修订了中国银行条例和章程，"经国民政府之特许为国际汇兑银行"，总行也从北平迁往上海办公。1935年，国民政府再次修订中国银行条例，导致中国银行的实际控制权事实落入四大家族手中。

1949年，中国人民解放军军事管制委员会接管中国银行，12月，中国银行总管理处由上海迁至北京。1950年，中国银行总管理处划归中国人民银行总行领导。1953年，中央人民政府政务院颁布《中国银行条例》，明确中国银行为中华人民共和国中央人民政府政务院特许的外汇专业银行。

改革开放后，1979年，中国银行从中国人民银行中分设出来，同时行使国家外汇管理总局职能，直属国务院领导。中国银行与国家外汇管理局对外两块牌子，内部一套机构，由中国人民银行代管。中国银行总管理处改为中国银行总行，负责统一经营和集中管理全国外汇业务。

1983年，中国人民银行专门行使中央银行职能，随后中国银行与国家外汇管理总局分设，各行其职，中国银行统一经营国家外汇的职责不变。至此，中国银行成为中国人民银行监管之下的国家外汇外贸专业银行。

1994年国家外汇管理体制改革，国家外汇由外汇管理局经营，各外汇业务银行在外汇业务经营方面享有平等地位，中国银行正式结束了国家外汇专业管理，不再在外汇业务享有垄断地位，由外汇外贸专业银行开始向国有商业银行转化，与其他三家国有独资商业银行即中国工商银行、中国农业银行和中国建设银行一道成为国家金融业的支柱。

2003年，中国银行被国务院确定为国有独资商业银行股份制改造试点银行之一；2004年，中国银行股份有限公司挂牌成立，标志着中国银行的历史翻开了崭新的篇章，启动了新的航程。

除了中国银行，西长安街还汇聚了中国人民银行、国家开发银行、中国工商银行、中国民生银行、中国光大银行等众多银行。

中银大厦建筑特色

中银大厦平面由两个"L"形合抱，中部形成一个 55 米高、42 米宽的中庭，盖以玻璃顶，使内侧的房间也有天然采光。一般建筑只有四个立面，而中银大厦则形成了八个立面。中庭内布置了水池、假山、竹丛，具有江南园林的韵味，又有北方四合院的设计理念，但它又是开放的。东西南北均有出入口通向中庭，尤其是沿城市主干道，两侧各有 55 米宽，两层高的公众入口，群众可以随意出入，通过大入口的玻璃门，中庭空间若隐若现，透过月洞门看竹丛更有苏州园林的框景效果。

以银行办公、营业为主。首层、二层为银行营业大厅及公共活动空间。三层、四层设交易大厅、网控中心与集中的计算机房。五层以上为大空间的办公用房，银行主管层设于十层、十一层，地下室有能容纳 1000 人开会的会议厅，在此能召开国际性会议。全楼共有五个职工餐厅，地下一层、二层设四处，地上十一层主管层餐厅。地下三层、四层有能容纳 478 辆车的汽车库及各专业机房。

大厦装修精细规整，在结构设计方面大胆探索。为实现东、南、西侧 55 米宽的公众入口（上托八层混凝土建筑）采用了巨型钢桁架，并将施工和使用按两阶段考虑。施工阶段桁架的铰接可以自由滑动和转动，以消除温度变化对结构内部产生的次应力。使用阶段将巨型桁架与主体结构连成整体，形成团接，共同承担竖向和地震等水平荷载。

长安街建筑的限高，标准层层高选用 3.45 米，这个高度对全空调建筑来说是很低的，为给机电专业争取尽可能多的管网布置空间，结构提出了无悬挑梁的板柱结构体系的新设计，并采用了无转换梁柱网转换。

北京中银大厦被认为是"现代艺术与科学技术的完美结合"。古香古韵的中式园林设计与西式现代建筑风格相互交映，截然不同的中西方文化理念融为一体。而这，也正代表着中资银行中国际化程度最高的中国银行，根植中国、面向世界，将架起一座沟通中国与世界的金融之桥。

舌尖美味：西单饮食业进化论

西单商业历史悠久，元代就有"羊角市""穷汉市""柴炭市""果子市"等集市。明清两代，小商贩经营的百货、饮食、旧书、估衣、杂品等在西单经营。烤肉宛、天福号、砂锅居、天源酱园等老字号纷纷创立。

饮食业发展历程

清代之前饮食业不能自立成行，多为旅店、会馆、妓院附设。清康熙后，饮食业逐渐从中分离出来，形成独立行业。

清时，西长安街地区发展为名字号的最著名的饭馆有两家：满族风味馆砂锅居和教门清真馆烤肉宛。烤肉宛创建于清康熙二十五年（1686），发迹于宣武门内大街安儿胡同西口。砂锅居开业于清乾隆六年（1741），发迹于西四缸瓦市，以经营砂锅白肉起家。

到了民国期间，淮扬风味的八大春（也有称十二春），贵州风味的西黔阳，福建风味的忠信堂，清真餐馆西来顺、又一顺等落户西长安街；西式风味的大美番菜馆以及聚贤饭庄等在西单经营。

邓云乡《燕京乡土记》记述西长安街的饭馆："西长安街那么许多家饭馆子，也各有各的主顾，好多都是地区性的。因为北京是政治中心，全国各地的知名人士，都云集长安。各省的知名人士，一面思念乡味，一面又以乡味自夸。如清末民初，福建人在北京政治文化上有影响的人物很多，这时北京开了好多家闽菜馆子。西长安街忠信堂，就是有名的福建馆子，专做福建名流的生意。看长汀江庸老先生笔记，就有不少地方提到忠信堂。再如西黔阳是贵州馆子，民初北京有不少贵州议员，国务院总理有个时期也是贵州人，也可能照顾西黔阳，以领略家乡风味。不过这些馆子的菜，还是以江苏菜、山东菜，实际也就是京帮菜为大宗。以菜论之，在 30 年代中，八大春以庆林春为个中白眉。不算清真馆子西来顺，他家的菜在当时是西长安街上首屈一指的。地址在西长安街西头路北，里面一个大四合院子，隔成大小雅座，院子里有铁罩棚。厨房在外院左首，一般都卖整桌的多，小酌较少。记得他家的葱油海参、虾子蹄筋、核桃酪等菜，真是醇厚无比，后来再也没吃到这么好的名菜，如今真是广陵散，绝响矣。那时的菜，味真好，不讲花架子，盘子中一弄出花样来，实际就没有办法吃了，只是看看而已。庆林春后来因一次风浪，据说掌柜自尽了，掌灶和伙计们到一个单位包伙食去了。早已经没有了。大饭庄本来是只办酒席为主的，而八大春生意做得活，既办喜庆宴会，也卖单桌酒席，也卖三五小酌。八家一般都是两个大四合院子，有很干净的雅座。夏天院子里都是大天棚、大冰桶。还都是老式派头，同现在的大楼房情调完全是另一番天地。"

著名饭馆的兴衰

中华人民共和国成立后，根据需求，从外区、外省市迁入有特色的餐馆。1949 年，曲园酒楼迁至西单北大街。在西单路口东北角原有天福号、天福春、紫房子等数十家商铺。1954 年 7 月，长安街开始扩建，这些商铺及住户搬迁。1955 年扩建工程竣工，西长安街宽达 35 米。

1955 年底，北京市机关房屋管理局计划在西单路口东北角征地 2 万多平方米，兴建办公大楼。刚搬迁至西长安街北侧的天福号以及原在西单北大街东侧的曲园酒楼、刚从上海引进技师的西单第一理发馆等四十二家商户全部搬迁。后办公大楼未建，但房屋已经铲平。

1958 年底，北京市商业局计划利用这块空地建造地上八层、地下一层的西单百货大楼。后因故停工。场地被圈起来闲置。

1959 年 10 月 1 日，四川饭店在绒线胡同开业。1960 年，玉华台饭庄迁至西单北大街。1963年7月鸿宾楼迁至西长安街。

1955年，西单的恩成居饭馆、又一顺饭馆、玉华台饭庄、曲园酒楼、烤肉宛、全聚德西号等"先期"公私合营。截至1958年，西长安街街道有饮食网点五十余家。普通饭馆有辽阳春饭馆、德信公饭馆、万兴居饭馆、长安街食堂、西单北大街食堂、西单北夜宵店、西单风味小吃店、晋元饭馆、大地餐厅、同泉涌饭馆、二合兴、义合斋、群贤饭馆、新华街饭馆、和内饭馆、棋盘街食堂、东顺食堂、康乐饭馆、顺城饭馆、志成公、新华街小吃店、新华街食堂、西绒线饭馆、东顺二部、万春馆、西交民巷饭馆、南长街饭馆、利群饭馆、红日饭馆、延吉一分号等。

"文革"期间，老字号纷纷更名改号，又一顺改为"工农兵食堂"，曲园酒楼改为"韶山食堂"等。而西单东北角的闲置空地在1968年才真正被利用起来，建起了1.73万平方米的西单体育场。

党的十一届三中全会以后，1983年4月，北京市政府向外省市自治区发出了"欢迎来京开办名特食品商店，风味餐馆"的邀请。至20世纪80年代中期，西长安街地区各种经济类型的餐馆如雨后春笋，有三峡酒楼、西单洞天西餐厅、西单烤鸭店、逍遥酒家、天府豆花庄、西单香妃烤鸡店、泰国皇后海鲜酒楼、万国名都（万国饺子馆）、泽园酒家、北京婚庆玫瑰园酒楼、万珍楼、美佳餐厅、龙华药膳餐厅、新阿静酒楼等。

20世纪80年代初，首都规划委员会的专家在首都规划建设总体方案中确定在西单路口东北角预留一块绿地。1985年，西单北大街路东商业网点拆除，体育场改建为劝业场，1986年开业。拆除的网点全部迁入劝业场。

老字号迁离西长安街地区，遭遇最大的危机莫过于"撤、并网点"和"拆迁"。

20 世纪 90 年代中期，新风饭庄（长安大酒楼）停业；

1994 年，西城区对西单北大街统一规划，曲园酒楼拆迁；

1995 年，首都规划委员会确定在西单路口东北角劝业场处兴建文化广场；

1996 年 4 月，将原属华天旗下的庆丰包子铺、真素斋等餐馆划出，之后，除庆丰包子外，其他网点没有恢复营业；

1996 年，真素斋饭庄被划归复兴商业城；

1997 年，玉华台饭庄迁至马甸裕中西里，并拆除劝业场；

1998 年 6 月 25 日，鸿宾楼因拆迁停业；

1999 年 1 月，又一顺、同春园饭庄同时拆迁停业，西单文化广场建成；

2000 年 6 月 10 日，辽阳春饭馆拆迁停业；

2002 年底，北新华街的逍遥酒家拆迁；

2002 年 4 月，烤肉宛饭庄拆除；

2007 年，为迎接北京奥运会，重新改造西单文化广场，并复建了消失 84 年的瞻云坊牌楼。

八珍玉食：西长安街上的老字号

说起西单商业街的老字号，那可是有着几十年的历史和说不完的故事。从创始人到继承者，再谈谈老字号的拿手好菜，字里行间，仿佛可以闻到老字号菜品经过岁月洗礼的诱人香味。

西单牌楼"栗子王"

七十年前，在西单北大街饭寺口外路西有一家食品店，正是被誉为"栗子王"的公义号，这家的糖炒栗子在老北京享有盛名。

1946 年的秋季，公义号门前摆出了用汽油桶改的行灶，灶上各有一口大锅，锅中有螺旋铁叶片搅拌，叶片中有一根铁轴，上连横轴塔齿轮，由电动机带动，叫作电动机炒栗子，轰动京城，尤其是西城一带的人都知道。当时有不少干果店出售糖炒栗子，可都是用一个平板锹式的大铲人工炒栗子，电动炒栗子在当时确实很新鲜。

公义号的糖炒栗子有三大特色——饴糖量大、栗子个大均匀、火候到家。每到中秋节前后，公义号门前总有十来位顾客站队，等候现出锅的热栗子。剥出一个个金黄的栗果，糖香四溢，入口松软利爽不糊嘴。四九城都知道西单牌楼有家"栗子王"，电台也报过广告，至于这家食品店的正式字号，反而少有人知道了。

恒瑞祥羊肉庄

宣内大街北侧第一家是恒瑞祥羊肉庄，老板是马姓回民，兄弟俩经营。当买主说出怎么吃时，他们会选择牛羊的不同部位称重后，用荷叶包好交给顾客。特别是下午四五点烧羊肉出锅，香味扑鼻。称上两三角钱的烧羊肉，要一瓶老汤，吃顿烧羊肉浇面，真是一顿美味的晚餐。20世纪50年代中期改扩建道路时，这家羊肉铺被拆迁，在其址竖立起一块高5米、长10余米的标语牌。

又一顺

东来顺饭庄自1914年重新开张之后，生意一帆风顺，资金积累连年增多。从1930年到1948年，先后独资开设了多家店铺。其中天义顺酱园、水昌顺酱园、又一顺饭庄和东来顺饭庄，一时间成为京城极负盛名的"四大顺"。和同春园一墙之隔的是清真饭庄又一顺，此饭庄开业于1948年8月8日。据史记载，该饭庄由东来顺掌柜丁子青之子丁永辉创办。因自古商家有"东四、西单、鼓楼前"的说法，所以丁永辉看重了这里。

又一顺饭庄位于宣武门内大街3号这个繁华地段，开业之时，许多社会知名人士前来祝贺，法学界著名人士杨英甫特题诗"东来西去又一顺，南行北往只一家"。又一顺的厨师是从东来顺选派的精良骨干，以及刚停业的原西来顺的名厨，集中了两"顺"之所长。东来顺以表郁风味的涮、炒、爆、烤为特色，西来顺以华费、典雅、精致的菜肴为特色。又一顺在此基础上逐渐形成了自己的风格，选料精、加工细、工艺考究、造型美观，爆、烤、熘、炸、炒、扒、煨都软烂鲜嫩，质纯味厚。传统名菜有海鲜鱼翅、干贝肚块、生扒羊肉、红煨牛肉、垂鸡生肚、油爆肚仁、涮羊肉、烤牛羊肉、它似蜜、炮糊等百余种。

又一顺的门脸是两大间，进门右侧是放置酒水的柜台，左侧较为宽绰。为此，夏秋季支上一米直径的烤肉炙子卖烤肉。食客用餐时，左脚蹬在长条板凳上，右脚踩地，手持 60 厘米的长筷，翻动着各种佐料腌过的肉片。就着牛舌饼，或冰镇啤酒，边烤边吃。冬春两季，这里摆上两个大众火锅，供应涮羊肉。所谓的大众火锅，其构造与炭火锅不同的是，直径和现在餐桌转盘相似，由上口分成十个空当，下面是连通的，所以吃者在就餐时，羊肉必须夹好，涮时筷子稍一松动，肉片就"串门"去了。这种大众火锅很实惠，花上几角钱，就能吃上一顿涮羊肉。往里走左侧是厨房，右侧摆放二十多张桌子，供客人用餐。西山墙处有三间雅间，中间设有收款的柜台。

当时，又一顺的主厨是著名的清真烹饪大师褚连祥的得意弟子杨永和。杨永和不仅学到一手的好厨艺，而且还在同义番菜馆（西餐馆）掌过灶。杨永和集东派菜和西派菜的优点于一体，菜品炸、煨、烤、炒、涮、熘、扒、爆、烩，汁浓味香。不久，又一顺声名鹊起，各界食客纷至沓来。又一顺的"全羊席"十分有名，在京城首屈一指。源自蒙古族的"全羊席"历史悠久，在清代它的名声堪与闻名中外的"满汉全席"相匹，以豪华的席面、精美的制作、盛大的排场，跻身中华名席。此后的"全龙席""全凤席""全麟席"等名席的筵式、名称无不受到"全羊席"的影响。"全羊席"的所有菜肴皆用羊肉，根据席面等级不同，每席 10 余道菜至 108 道菜，用肥羊一只到几十只不等。全席菜名不露一个"羊"字，如"采闻灵芝"主料为羊鼻，"凤眼珍珠"主料为羊睛，"千层梯田"主料为羊舌，"水晶肚明"主料是羊肚，"八仙过海"主料是羊肝、肚、心、肺、腰等，别有情趣。席间上菜也有一套程式，先上羊头菜，再上羊身菜，最后上羊尾菜。1968 年，周恩来总理曾在又一顺用"全羊席"招待巴基斯坦贵宾。

20 世纪 50 年代末 60 年代初，为扩展经营，增加北京传统小吃，又一顺遂与宣内大街 9 号的西单食品店置换，迁至手帕胡同南侧，分为专门经营炒菜的正餐部和经营切糕、面茶、艾窝窝、粽子、元宵等北京特色食品的小吃部。

1986 年又一顺重新装修后扩大了规模，有三层营业楼，增加了烤涮自助餐，供烤涮的品种达到了 108 种之多。1999 年，迁址到德胜门外黄寺大街，营业面积达 1100 平方米，可供 300 人同时用餐。末代皇帝溥仪的弟弟溥杰为饭庄书写的"又一顺"三字牌匾，至今仍高悬于店内。

西单报子胡同东口的恒瑞老号

恒瑞老号于清光绪十六年（1890）开业，创办人姓马，原址在西单牌楼二道街，字号为"恒顺公"，后迁至报子胡同口，易名为"恒瑞老号"，是名扬京城的肉食老店。

恒瑞老号出售的酱牛肉是北京特味食品之一。他们选用鲜嫩牛肉，辅以砂仁、豆蔻、丁香、肉桂、大料、小茴香酱制而成，只要从门前一过，香气袭人，不少顾客云："只要从这里走，就得进店购买，不然就走不过去……"这儿的酱牛肉随煮随卖，烂而不碎，肉质鲜嫩可口，呈红色，酱味浓郁，味美色佳，只要吃上一次，不久就会再买，都是回头客。

元长厚茶庄

元长厚茶庄创始于 1919 年，1930 年由察哈尔迁至京城。老板孙焕文希望自己店铺"一元复始，源远流长，庄底雄厚"，特起名"元长厚"。走进店堂，后半部中间是柜台，两侧各有一个双扇门，供上货使用。前半部左侧摆放着茶叶样品，右侧是一张方桌，桌上有一套洁净的茶具。桌子两边各放一把木椅，为了让买者知道茶叶的味道，茶庄特意准备了仅够一茶盅量的茶叶，亦称门包，供买者选择。可当场饮用，也可回家品尝。不管您买多买少，店员都是笑脸相迎。

砂锅居

老北京有各地风味的菜馆多家，满族风味的只有砂锅居一家。

同治年间，汉族人刘某与礼王府谙达松七有旧。王府有各项祭祀，每三五日就有一祭，每祭杀猪二至三头。虽然祭肉不许出大门，但主家并不严控，肉太多了，松七就将余肉以及下水、猪血等廉价卖给刘某。刘某就在缸瓦市搭了一间棚，煮肉出售。因为王府并非天天祭祀，一次所得的肉必须匀着卖，所以砂锅居自开业就是半日营业，只卖一上午，下午关门。

同治年间砂锅居尚无字号，时人称之为"下水棚子"。后于光绪年间请正红旗佐领柏三爷写了匾，才像个字号了。砂锅居由此进入饭馆之列。但那时正是山东馆子入京后蓬勃发展的时期，各地风味菜肴皆尚未进京，士大夫只能吃山东菜。后来北京旗人也渐嗜山东味儿。山东馆子一打入旗人这一特殊阶层，可谓如虎添翼，日后百年不衰。这家"下水棚子"本难登大雅之堂，只可供卖力气的哥儿们午饭吃一顿廉价肉，难图发展之计。

事有偶然。有一天礼王府祭肉厨师恩禧偶过"下水棚子"，见店内很热闹，出于好奇心，进去一看，见所做的肉菜甚为可笑，就跟掌柜的闲谈起来。掌柜的是有心人，花费很大心机托人说情，求恩禧传授手艺。最后终于打动了恩禧，选出一名年轻聪明的伙计方顺子收为徒弟，传授祭肉肴馔的烹调法。恩禧本是祭肉厨师老内行，清代皇家和王府均有祭肉厨师，负责萨玛跳神时"省牲"（杀猪的忌讳说法）、"摆件子"（切取猪体各部的肉和内脏，摆在桦木大槽中呈整猪形）、整理祭肉和灌制血肠等。原来"下水棚子"只知用水煮肉，后来恩禧传授了满族传统煮肉法——烧燎白煮。就是将猪肘、臀肉、腿肉先用微火略烧（用木炭火，绝不可用煤火），不可烧糊，然后白煮。此法是满族先世所传，是女真人自古的烹调法。恩禧又传授了血肠的灌制法。直到20世纪30年代，砂锅居除那口古董大锅外，还保存着一个古老的铜漏斗，店中视此为神物，早已不用，用红布包着，放在供财神的神板上。该店老人谈，这是学习灌血肠用的第一个漏斗，是恩师爷爷亲赐，确是礼王府旧物。

砂锅居的名肴"烧碟"是怎么来的呢？这又是一段趣闻。旗人自皇家至于民间，祭肉的烹调法只有白肉血肠，下水类也用水煮。这家"下水棚子"却是将下水切碎，放在油锅里炸，说不出这叫什么菜名，反正卖力气的哥儿们能少花钱大碗吃肉就心满意足了，这却启发了恩禧师傅。他多年来一直是谨承师训，严守辽东烹调旧法，从无油炸下水的想法。这回看见"下水棚子"不入食谱的做法，竟引起他发展创新的念头。他依自己的高超技术和丰富的经验，参照辽东"煸肉"的旧法，改进提高了"下水棚子"的油炸下水，创出了日后名传海内外的名肴——烧碟。烧碟是恩禧所创，也可说是"下水棚子"的外行们胡做乱造所创出来的。

满族故乡东北三省（特别是辽宁省）久以烹调白肉血肠闻名。辽宁的饭馆有"汆锅"一菜，与砂锅居的汆白肉无异。说明二者同出一源，皆来自满族的传统烹调法。但砂锅居有"烧碟"，东北三省皆无此物，这说明烧碟的出现是另有缘由的。恩禧改进"下水棚子"的炸下水而创出烧碟，因为它不是满族的传统菜，所以满族故乡和北京以及各地的满族人家不会做它。谈北京风味菜的人知道砂锅居是满洲风味，多认为烧燎白煮和烧碟都是满族菜肴，这话又对又不对。说烧燎白煮是满族菜，这是正确的，但"烧碟"则非满洲传统菜，它是恩禧在砂锅居创出来的。当然，恩禧是王府祭肉厨师，他出身于辽东旧家，其所创的"烧碟"自然是依辽东传统做法。

恩禧在烧碟中创出两样名馔，一是炸鹿尾，一是炸卷肝。满族先民即以渔猎为业，惯食鹿肉，以鹿肉为美食。恩师傅将肉末加调料灌于肠中，切成片用猪油炸，做成炸鹿尾。有人说烧碟的炸鹿尾原来是炸真鹿尾，后改为炸肉末肠了。此说是错误的，是与北京小吃炸灌肠的演变史混淆了。炸灌肠原来是炸真的鹿尾，后改为炸血肠，再改为炸淀粉灌肠。烧碟的炸鹿尾自一创出来就是炸肉末肠，取名为炸鹿尾。炸卷肝是用猪网油将肝包裹，用猪油炸。此法之妙，在于锅内的油先炸肝外的网油，网油受热再炸肝。这样就与直接用油炸肝味道不同。炸鹿尾和炸卷肝在烧碟中居领先地位，砂锅居全盛时期，烧碟品种多达一百三十个，后来减至七十二个，至 20 世纪 50 年代初，尚存三十几个。恩禧创烧碟完全参照了辽东"煸菜"的做法。清代内务府旗人中有大量陈汉军人，他们原为明代辽东地区的汉人，编入八旗后，对满族人产生很大影响，辽东烹调法多为满族所接受。因此烧碟与煸菜色、香、味俱似。

根据恩师傅的传授，砂锅居将煮肉分为两类。一类是不经烧烤，直接将肉用白水煮，称为白肉。一类是先将肉用炭火微烤，然后入水煮，煮成的肉称为胡肉，肘子称为胡肘。将白肉或胡肉切成薄片，不加任何调料，凉着吃。也可做成白肉锅子、汆白肉、煸白肉等。烧燎白煮是满族祭肉的正经吃法，是正宗，烧碟是后来在砂锅居发展形成出来的。

砂锅居自得名师真传，技术提高，肴馔有了一定规模，成了正经的白肉馆子，而且是北京唯一的满族风味馆子。但是要成为风味名家，要想招徕富贵之客，还需另有高明手段；如无特殊手段，就靠走好运吧。想不到这一日福自天降，好运气自己找上门来。光绪初年某日，有位旗员中堂家庆寿办事，这位中堂当时已居人臣之极，门生下属争相趋奉。庆寿之日，六部高官、封疆大吏、八旗都统、翰林学士多来祝贺，寿堂中明烛高烧，悬灯结彩，大棚中高朋满座，盛友如云。有几个太监也来拜寿，高踞上座，指手画脚，高谈阔论。到了开席之际，茶师照例走到太监面前，请双安（请一个安，再请一个安，称为请双安），说请"里扇儿"的老爷们要菜（老北京话称太监为"里扇儿的"）。原来太监有个恶习，凡到人家坐席，主人家准备多么丰盛多么精细的菜肴，太监也摇头摆手，说不堪下咽，必须自己点菜，点名要某饭庄的某菜，其实所点者并不比主家备办者强，但太监非如此不可，这叫"摆谱儿"。当时几个太监立即七嘴八舌地要了几家饭庄的几个菜。其中一个太监信口开河地说"我要砂锅居的烧碟儿炸肫贴"。主人家立即请砂锅居的厨师来备办伺候。太监一句胡说八道使主人家花钱费事倒不要紧，这下子可把数十年难登大雅之堂的"下水棚子"捧上了天。当朝宰相家老爷子庆寿使用了砂锅居的席，此话不胫而走，立即传遍京华。自那以后，京旗官宦人家至于家资较裕的旗人家办喜事、丧事、寿事、弥月等，无不以砂锅居的烧燎白煮为主要席面，谁家搭棚办事若不摆七十二个烧碟，就比什么都丢脸。那时京旗人家无不讲脸面，好排场，"耗财买脸"是当时旗人的普遍心理。砂锅居自此地位大为提高，进入大饭庄之列，声名大噪，不但全国皆知，而且名扬海外。

万兴居

庆丰包子铺可是京城最有名的包子铺了，1948年在西长安街开业，当时的字号叫"万兴居"，经营包子、小吃、米饭、炒菜等。

1956年，国家掀起工商业公私合营热潮，"万兴居"铺顺应号召，也加入公司合营队伍。因所营包子口味地道，公私合营后，"万兴居"

专门经营包子。1976 年"万兴居"正式更名为"庆丰包子铺",从此一直以经营包子和有北京特色的炒肝为主。1999 年因西单大街市政建设,庆丰包子铺拆迁。

其实说起来西长安街上的老字号还不止于此,还有声名远播的"十二春""天福号"酱肘子,后面将有专文介绍。

长安街"十二春"的辉煌岁月

淮扬菜开始在北京流行

辛亥革命后,清政府被推翻,建立了中华民国。民国北洋政府的议员、总长等一干"大员",有不少来自江浙地区,江浙风味饭店开始多起来,尤其以淮扬菜最为流行。有资料记载,民国初年,在西长安街上曾先后出现了十二家淮扬菜馆,餐厅名字带有一个春字,人们把它们称为"十二春":庆林春、方壶春、玉壶春、东亚春、大陆春、新陆春、鹿鸣春、四如春、宣南春、万家春、淮扬春、同春园。也有"八大春"之说,即上林春、淮扬春、庆林春、大陆春、新陆春、春园、同春园、鹿鸣春。

"十二春"为什么扎堆西长安街?民国初期,当时的国会(今新华社院内)离西长安街很近,因此西长安街附近聚集了一些办事机构,而且这些机构中江浙籍的人士颇多,因此,淮扬菜饭庄云集于此就很自然了。

淮扬菜又称江苏菜,与鲁菜、川菜、粤菜并称为中国四大菜系,它有着非常悠久的历史。淮扬菜主要指淮安、扬州、镇江三处的菜肴,尤以扬州菜著称。淮扬菜的发展得益于隋炀帝下江都,他为江南地区带去了北方烹饪手法,再融合江南本土鲜美的食材,淮扬菜一时备受欢迎。

唐朝时期，扬州富甲天下，淮扬菜得到极大发展。淮扬菜刀法细腻；菜品还讲求原汁原味，清香爽口，回味悠长；选料讲究时令新鲜，原料以河鲜为主，有"醉蟹不看灯，风鸡不过灯，刀鱼不过清明，鲥鱼不过端午"之说；烹饪讲究火候，擅长炖、焖、煨、焐、蒸、烧、炒。其代表菜品有红烧狮子头、软兜长鱼、文思豆腐、虾籽蒲菜和文楼汤包。

据说当年乾隆皇帝"六下江南"时，还特意将江苏的一些名厨带到京师，为他烹制淮扬菜肴。《红楼梦》中描述的菜肴就多为淮扬菜，不过那年月的淮扬菜"躲在御膳房人不识"，普通百姓难以问津。

民国初期，"十二春"不仅为活跃在政坛上的江浙人士解决了"思乡之苦"，还吸引了一大批文化名流，他们流连于此，留下了诸多美谈，这成为西长安街一道独特的风景。

经营淮扬菜馆的多为镇江、扬州、苏州人士，他们把家乡文化也带到了北京。"十二春"的伙计们吆喝声不像京城小饭庄那样大声"来了您呐，里边请"，而是细声细语，温馨之至。"十二春"在店堂装潢、布置上也突出文化色彩，名人字画必不可少，颇为引人注目。

"十二春"还促进了西单一带的繁荣。人们在"十二春"用餐之后，就到新新大剧院（后来的首都电影院）、中央电影院（今北京音乐厅）和长安大戏院娱乐消遣。除了戏院外，这儿还出现了"理发一条街"，一些"新派"人物对老北京人的剃头挑子不感兴趣，于是有人在这儿开设了"中国理发馆"，光技师就有四十余人。

1928 年，国民政府完成北伐后便将首都迁往南京，此时，很多官员离开北京，市井开始萧条，再加上军阀混战、南北交通不畅，菜肴原料供应不上，"十二春"大多相继歇业，销声匿迹。到 20 世纪 40 年代末，仅剩同春园一家还在经营。

同春园："十二春"中唯一的幸存者

长安街"十二春"中最早开业的是淮扬春。它于民国初年开业，由江苏淮安人夏万荣在西长安街路南（后新风饭馆所在地）开办，1947 年倒闭。1987 年，在西城区政府的支持下，淮扬春饭店在三里河东路 10 号恢复营业。1994 年，淮扬春饭店被北京市旅游局、北京市饮食总公司命名为"北京市

同春园饭庄，1954 年从西长安街迁至西单路口（1962 年）

淮扬菜风味龙头企业"。淮扬春饭庄现有一百六十余种菜肴，特色菜有三丝鱼翅、一品官燕、扒熊掌、扒三白、锣锤鲜贝、贵妃鸡翅、清蒸蟹等传统淮扬名菜。如今，淮扬春饭庄成为品味地道淮扬美味的去处之一。

同春园 1930 年开业，餐厅的几位合股人是从生意不佳的四如春饭庄出来的。"同春园"名号寓意"同心协力春满园，花开茂盛，生意兴隆"。开业当天，餐厅邀请著名书法家、时任北平电灯公司经理的冯恕捧场。冯恕当即挥毫贺之，写下了对联："杏花村内酒泉香，长安街上八大春。"

但是，同春园开业之初，生意并不是太好，还有几位厨子相继跳槽。主灶的郭干臣四下求贤，高薪请来了在虎坊桥春华楼扛起江苏菜大旗的王世忱。王世忱祖上两辈都在王府当厨，得家传后赴南京镇江学艺。那年月馆业竞争激烈，既有"横匾"即字号之争，也有"竖匾"即主厨之争。王世忱一来，同春园横、竖匾都硬了，饭庄生意也红火了。而后同春园的烹饪技师有高国禄、王家栋、杨伦、张万增、刁文

257

波等。

同春园主要以苏帮菜为特长，烹制河鱼湖蟹菜肴十分出众。河鲜类菜以烧、煎、烹、熘、炸、焖手法为主，菜品鲜嫩清淡，保留食材的原汁原味。鱼的做法尤为丰富，有干烧青鱼、红烧中段、干烧头尾、砂锅头尾、糖醋瓦块鱼等经典菜肴。另外一道菜品水晶肴肉（也叫水晶肴蹄）三百多年前就在名肴之列。

在历史变迁中，作为民国时期"长安街十二春"之一的同春园，历经多次搬迁。中华人民共和国成立后，同春园从西长安街搬至西单路口，后又从西单路口搬至新街口外大街。同春园成为长安街众多"春"字号淮扬菜馆中唯一存下的一家。

1936 年，同春园招股扩建，成为有东西两个四合院，带几个小套院，共计二十五间房的大饭庄，面积扩大到 800 平方米。但是，连年的战乱，使北京的饮食业日渐衰落，同春园也是惨淡经营。1954 年，长安街拓宽马路，同春园迁到了西单十字路口西南角把口儿。1999 年，为迎接中华人民共和国成立 50 年大庆，西单路口大面积改造，同春园再次迁址到新街口外大街甲 14 号的十月大厦，2006 年被国家商务部认定为"中华老字号"。

文人与"十二春"

"长安街十二春"中，关于大陆春的记载比较少，但是通过一些记载，仍然能够一睹它当年的风采。大陆春的红烧羊肚菌等"当家菜"很受食客欢迎，在北洋政府教育部任金事的鲁迅，就多次在大陆春聚朋会友。他在 1926 年 5 月 10 日日记写道："晴。上午往北大讲。访小峰。访季野。得谭在宽信。午后得语堂信招饮于大陆春，晚赴之，同席为幼渔、季市。董秋芳来，赠以《故乡》一本。"文中的语堂就是著名作家林语堂先生，他是福建人。淮扬风味适合林语堂、鲁迅的口味，他们在这里饮宴自然顺理成章。

1929 年，清华大学教授朱自清结发妻子武仲谦因病去世。1931 年4 月，经朋友劝说，朱自清在叶公超等人陪同下来到大陆春饭庄相亲。那天朱自清的衣服搭配出了点问题，米黄色的绸大褂下却穿了一对双梁洒鞋（布鞋的一种，旧时多为蹬三轮车的人穿），陪陈竹隐前去"参谋"的女同学不同意她嫁给这个"土包子"，但陈竹隐看上了才华横溢的朱自清，由此开始一段美好姻缘。1932 年 8 月 4 日，三十四岁的朱自清与二十九岁的陈竹隐正式举行婚礼。

另外一家餐厅庆林春只存在了短短的二十几年，不过，1941 年在这儿举行的一场不同寻常的"婚礼"，时至今日还常被人提及。1919 年春天，五十七岁的齐白石老人第三次到北京，此后就在北京定居。来北京时，齐白石的发妻陈春君留在湘潭没有随他进京，但又担心他的生活。于是，当年 7 月，陈春君将胡宝珠送到北平与齐白石完婚，从此胡宝珠就一直陪伴着齐白石。1940 年初，陈春君在湘潭老家去世，许多亲友劝慰齐白石把胡宝珠"扶正"，作为继室。1941 年 5 月 4 日，齐白石在庆林春饭庄订下了三间一套的包房，邀请胡佩衡、陈半丁、王雪涛等人为证，举行胡宝珠立继扶正仪式。在场的二十多位亲友都签名盖章以资证明，白石老人当着亲友的面，在族谱上批明"日后齐氏续谱，照称继室"。

天福号酱肘子：状元赐书"四远驰名"

乾隆三年（1738），山东掖县人刘凤翔带着孙子刘抵明来到天子脚下的北京谋生，在西单牌楼拐角处开了一家酱肉铺。没承想，店堂小再加上秃名无号，生意一直不景气。山西客商见无利可图，于是撤股，由刘凤翔独自经营。

乾隆五年（1740）的一天，刘凤翔到市场进货，看见旧货摊上有一块旧匾，上书"天福号"三个大字。他懂得点儿书法，知道这三个字是颜体楷书，笔锋遒劲、入木三分。他当即买下牌匾，回家后装饰一番，挂在小店门楣之上，果然不同一般。文人墨客一见天福号匾额，免不了驻足品评书法，精明的刘凤翔瞅准机会，介绍自家的酱肉，招揽客人。光顾天福号的文人开始多了，小店一天比一天兴盛。

"失误"变佳肴

据说天福号酱肘子的出名有点儿偶然。天福号的酱肘子是夜间煮白天卖。一天夜里，少掌柜煮肘子看锅时，不知不觉睡着了。等他醒来一看，大事不好，肘子已经塌烂在锅里。这可如何是好，少掌柜无奈只好把那些烂如泥的肘子小心翼翼地铲出锅，再万分小心地酱上颜色，码放晾晒，等到天明后出售。终于熬到开门的时候了，一位刑部衙门的小老爷买了两只肘子，包走了。忐忑不安的少掌柜还不知后边等着他的是什么结果。快晌午时，衙门又打发人来买。傍晚时分，衙门第三次来人传话，说老爷觉得今天的肘子又酥又嫩，不腻口，不塞牙，味道香，以后每天送一个肘子到府里。

少掌柜贪睡不仅没误事，还立了功。老板大喜，以后就按过火的时间煮肘子，并在加工上精益求精。天福号酱肘子瘦而不柴，肥而不腻，浓香醇厚，凉透的肘子皮仍然绵软如初。再用海流六郎庄荷叶一包，荷叶清香伴着肘子浓香，沁人心脾，成为北京四九城的名牌佳肴。

"天福号"传入宫中

《道咸以来朝野杂记》记载："西单有酱肘铺名天福斋（即天福号）者，至精。其肉既烂而味醇，其他肉食类毕备，与其他诸肆不同，历年盖百余年矣。"清代三朝重臣、两代帝师翁同龢对天福号酱肘子赞赏有加，并为之题写牌匾；同治十三年（1874）的状元陆润庠甚好天福号酱肘子，并赠书"四远驰名"。

光绪十七年（1891），慈禧太后品尝了天福号酱肘子后，赐天福号一块进宫的腰牌，送肘子时可直入深宫。老佛爷六十大寿的时候，筵席上各种菜肴丰盛齐备，只因缺了天福号酱肘子，御膳房专门派人快马来取。天福号酱肘子也备受后妃们喜爱。瑾妃平素以素食为膳，但禁不住酱肘子"色、香、味"的诱惑，命御膳房厨师随时为她准备好一盘酱肘子，随时可以上桌。辛亥革命后，深居紫禁城里的逊位皇帝溥仪受庄士敦等西洋师傅的影响，一时喜欢穿西装、吃西餐，俄式的、法式的、意大利的，西餐不重样，但天福号酱肘子却是溥仪西餐桌上必备的一道菜。

深受群众喜爱

老北京人讲究立春吃烙饼卷肉，最受大家青睐的就是烙饼卷天福号酱肘子肉。用刚出锅的热烙饼，卷住几片肥瘦相间的肘子肉，再加点儿白菜，停一会儿等烙饼的热气焐化肘子肉的肥膘，咬一口回味无穷。

喜欢吃天福号酱肘子的人数不胜数，关键是天福号讲诚信、重品味。天福号做酱肘子只认京东八县的黑毛猪，生长期 9～12 个月，天然饲养，毛重 120 斤左右，肉瓷实，皮薄肉嫩，匀溜个儿。辅料如花椒、大料、桂皮、生姜等新鲜整齐、产地固定。制作工艺上绝不偷工，买来的肘子要经过水泡、去毛、剔骨、焯坯、码锅、酱制、出锅、掸汁等数道工序，仅酱制一个环节就要经历旺火煮、文火炖、微火焖三个阶段，历时六个多小时。每道工序的火候不能有半点儿差池。焖烂的肘子出锅时，要用一把特制的铲子和钩子，一个个铲出。稍不小心，缸就会碰碎。这也是天福号的一手绝活儿。

"天福号"门店变迁

1947 年，天福号生产车间迁到西单头条 24 号，惨淡经营；1953 年，门市迁至西单头条 24 号，生产车间迁至西单头条 22 号，拥有员工 11 人，每天生产 150 斤左右的各种熟肉制品，"文化大革命"期间，仅能保持最基本生产，牌匾及其他历代珍贵文物被破坏殆尽。1978 年，恢复正常生产；1985 年，北京天福号食品厂成立；1994 年，在西单复兴路 22 号建立一个拥有 150 平方米的门市，员工 23 人，日生产 500 斤酱肉制品；1995 年，北京市天福号食品厂在西单安福胡同、西直门内马相西巷 6 号拥有两个加工车间；1996 年，按照"天福号"的特定标准，将四川内江、广元地区和北京顺义区选定为原料供应地；1999 年，在顺义空港工业区购地 19 亩，兴建了一座现代化的综合型肉类加工厂，产品品种增至 70 余种；2000 年，成立北京天福号食品有限公司；2006 年，天福号的生产规模已经无法适应每年上亿元的销售，公司对现有生产车间进行改扩建，投入巨资购置了大量先进生产设备，拥有日产 20 吨的生产能力，年销售额突破 2.5 亿元人民币。

天福号目前在北京拥有多家直营店，西直门内大街 213 号老店、西直门内大街 132 号新店、前门大街 19 号前门店、丰台区大成路 25 号大成路店、西城区榆树馆 15 号榆树馆店、西城区裕中东地 2 号楼裕中店、新街口南大街 154 号护国寺店、东城区朝内南小街 18 号朝内南小街店、二龙路甲 41 号三老皓店、海淀区苏州街 49 号 7 号楼苏州街店等十家，并在许多超市设有销售专柜。

改革开放后屡获殊荣

1982 年，天福号酱肘子和酱肉先后被评为北京市优质食品；1993 年，被评为"中华老字号"；1998 年、2001 年、2005 年，被北京市工商行政管理局评为"北京市著名商标"；2002 年、2004 年、2006 年，天福号生产的中西式熟肉制品连续三届被北京市质量技术监督局和北京市经济委员会评为"北京名牌产品"，成为北京市熟食行业中唯一获此殊荣的企业；2003 年、2004 年、2005 年，连续三年被北京市工商局评为"守信企业"；2004 年，被中国食品工业协会评为"中国食品工业质量效益先进企业"；2008 年，天福号酱肘子制作技艺纳入国家级非物质文化遗产保护名录。

天福号酱肘子的手艺从第一代刘姓人手中传下，几易其手。第七代传人叫王守祥，如今天福号食品有限公司总工程师冯君堂是第八代传人。天福号传承人的姓氏在变，但"魂"不会变，那就是"诚信为本，品质是天"。

天源酱园：京城特色酱菜

提起天源酱园，老北京人一准知道，现如今就连外地的朋友及华侨、外国友人也有不少人知道并喜欢天源的酱菜。

清朝同治八年（1869），京城"四大当铺"之一的刘湛轩花二百两白银，买下西单十字路口东一家即将倒闭的油盐店，开办了天源酱园。为了打入上层社会，他让酱菜师傅引进紫禁城御膳房的技术，前店后厂，自产自销，生产甜面酱和各种甜酱菜。民国时期的北京《晨报》曾经刊载《谈北京之酱园》一文，文中介绍"天源"之股东为刘姓，俗称当刘（刘湛轩），为清时北京著名"当业"四巨商：常、刘、高、董之一，乃四大总管也。私宅在东四六条，豪富气概俨如王公府邸。

1910 年前后，天源酱园的股东传到"当刘"的曾孙刘瑞臣名下，之后刘瑞臣又传给长子刘祖武。天源酱园的出名和许多北京老字号一样，都和朝廷、皇上或者慈禧老佛爷有点儿牵连。据说有次慈禧老佛爷吃到天源的桂花糖熟芥，大加赞赏。消息传到天源酱园，机灵的店老板立马把堂内盛糖熟芥的瓷坛子放在红漆木架上，标明"上用糖熟芥"字样。广告推介大获成功，一时间天源酱园名声大振，不少豪门官贵成了客户。店老板借着这股东风，又请当朝翰林陆润庠题写了"天源号京酱园"的金字牌匾，请清末书法家王垿题写了藏头诗："天高地厚千年业，源远流长万载基。酱佐盐梅调鼎鼐，园临长安胜蓬莱。"天源酱园更加声名远播。1939 年出版的《日下旧闻考》曾刊载"北京酱菜，颇为著名，甜酱菜以天源为最佳"。

天源酱菜是典型的京城酱菜，做工精细。以"桂花糖熟芥"为例，将个头儿均匀、皮薄肉嫩的腌芥头去皮，入清水撤咸，每天换水一次。三天后入锅，加入白糖和少量酱油，以老汤焖煮，开锅后改用微火，三小时后出锅。出锅后加入桂花，在原汤内浸泡两昼夜即成。成品呈红褐色而有光泽，有桂花香味，甜咸适宜，表皮有核桃乳质软而不碎，"甜、鲜、脆、嫩"，甜咸适中，味道鲜美。

"天源酱园"的几次更名

1956 年，天源酱园公私合营后，扩建厂房，更新设备，整修门面，并请赵朴初、周建人、董寿平等知名人士为酱园重写了牌匾，天源酱园旧貌换新颜。1958 年，市政府决定进一步恢复、发展特味食品的生产，拨专款 30 万元，在南苑团河路征地 24000 平方米，为天源酱园建设了 2000 平方米的厂房，添置了 3000 多口酱菜大缸。三年困难时期，由于原料短缺，天源酱园与西城酱菜厂合并改为生产大路品种。"文化大革命"时期，天源酱园改名"立新酱菜厂"。1972 年，日本首相田中角荣访华前，西城区革委会财贸组发文恢复天源酱园独立经营的资格，不再归属西城酱菜厂，启用新的店名"田园酱园"。1978 年党的十一届三中全会前，恢复"天源酱园"的称谓。2000 年 12 月 15 日，天源酱园由二级法人企业变成了非法人企业，名称变更为"北京六必居食品有限公司天源酱园"，办公地址设在今西城区手帕口西街广外广轩 4 号楼，下设西绒线胡同 20 号楼西单门市部、丰台区团河路 18 号南苑门市部、东城区鲜鱼口 80 号前门门市部，在各大超市设有销售专柜。

深受喜爱的京城酱菜

天源酱菜深受北京人喜爱，也颇得外宾青睐。周总理曾派人到"天源"购买过甜酱姜芽、辣椒糊，并对天源酱菜给予赞誉。中南海宴会厅的餐桌上曾多次摆放天源酱菜。

264

天源酱园是北京唯一承担国家特供任务的酱菜企业，除了传统的酱菜八宝菜、甜酱黑菜、甜酱包瓜、虾油黄瓜等高级酱菜，也有大众化的五香芥皮、糖辣干、虾油小菜等风味小菜。近年先后推出适合现代人口味的西餐泡菜、蜜汁杏仁、多味榨菜、油辣红萝、油辣乳瓜等三十多种低盐、淡色、多风味新型酱菜。从 1990 年开始，天源酱园成为一年一度的全国人大、政协"两会"的特供单位。北京第十一届亚运会、第二十一届世界大学生夏季运动会、北京第四次世界妇女大会、50 年大庆、60 年大庆、北京奥运会等重大活动的酱菜，都是由天源特供的。天源酱园，小小酱菜做出了厚重的历史大文章。

北京的酱菜园大致有三种类型，按其生产方法不同，分为老酱园、京酱园、南酱园等。

老酱园：多为陕西人所开。源于保定酱菜制法，以黄酱为主要酱料，味道较重，酱香浓郁。以六必居为代表，还有中鼎和、西鼎和、北鼎和、长顺公等。

京酱园：多用北京地区技师，以甜面酱为主要酱料，味道比较甜。著名的京酱园有：天义顺的前身天义成酱园、天源酱园等。天义顺京酱园是京城著名的清真酱园，创建于清代咸丰年间的老字号，以经营清真酱菜为主，严格选材，操作精细，品种繁多，物美价廉。酱色瓜、酱桃仁、糖熟芥、酱黑菜等都驰名京城，很有特色。开业于清同治八年的天源酱园的酱菜，口味清淡，甜咸适度，味道鲜美，很受南方人的喜爱，因而又有"南菜"之称。

南酱园：有苏浙风味特色，口味更甜。清末南北交通畅通，往来比较便利，南方酱菜便直销北京，原有的苏式风味南酱园也越来越少，终被六必居为代表的老酱园和天源酱园为代表的京酱园所代替。

此外，还有由山东人所开的山东酱园，也叫山东屋子。有桂馨斋、兰馨斋等。

清末北京城的著名酱园,有前门外的六必居酱园、天章酱园,地安门大街上俗称"大葫芦"的宝瑞酱园,王府井的天义成酱园,东四天源酱园,西四天义酱园,西单天源酱园等七家,如今只有六必居酱园、天源酱园、天义顺、桂馨斋等几家老字号。

第九章 古都新貌：新时代展现
基层治理新气象

西长安街地区聚集"中央政务区""国际著名旅游区""古都风貌区""老旧平房区"等多种标签于一身，除了历史底蕴深厚，在现代化发展、街巷治理等方面也是一颗闪亮的"明珠"，散发着自身特色与光芒。

西长安街地区共有街巷105条，其中主要大街13条，背街小巷92条。为实现地区在新时期的新气象、新面貌，在疏解整治促提升的相关工作中，共设街巷长105位，成立街巷理事会93个，引入4家准物业公司，成立13个社区环境志愿者服务队，形成了"一巷一长一会一队一物业"的整体构架。

近年来，随着工作的不断开展，西长安街街道的基层管理工作愈发扎实，开展得有声有色，先后获得"全国先进基层党组织"、全国"人民满意的公务员集体""全国创先争优先进基层党组织""全国社会治安综合治理先进集体"、第五届"全国文明单位"、"北京市创先争优先进基层党组织""北京市人民满意的公务员集体""首都文明街道"等多项荣誉。

"吹哨报到" 促进基层治理新成效

面对当前深化改革的新形势和群众工作的新要求，街道不折不扣落实市区关于坚持党建引领"街道吹哨、部门报到"改革的决策部署，立足地区特点，坚持以人民为中心的思想，坚持问题导向、目标导向、效果导向，主动探索党建引领基层治理的有效路径，实现政治领导、组织引领、能力引领、机制引领，着力增强街道党工委、社区党组织的统筹协调能力，解决城市管理"条块分割"的问题，建立服务群众的全面响应机制，打通抓落实的"最后一公里"难题，努力让地区安全更有保障、社区环境更加宜居、群众生活更加便利。

在实际工作中，街道明确了"五个逻辑关系"，即以党建引领重导向走好群众路线、以街道吹哨重协调强化党委核心、以部门报到重实效聚合各类力量、以数据思维重能力提供技术支撑、以群众获得感检验效果，坚持问题导向、目标导向、效果导向，精心制订方案，逐项细化任务，倒排时间表，以抓组织、抓治理、抓队伍为重点，深入探索协同作战、攻坚克难的好机制、好做法。

一是坚持党建引领，吹响集结哨。街道不折不扣落实区委关于构建"纵向同力、横向同心"城市基层党建工作格局的要求，统筹整合力量，突出互联互动，切实健全责任体系，推动响应机制落地。

首先，是强化思想引领，重视传承和弘扬红墙意识。在具体内容上，提出了"四个必须始终具有"（必须始终具有良好的政治素质、必须始终具有昂扬的精神状态、必须始终具有高新的工作标准、必须始终具有务实的工作作风）；在发展思路上，提出了着眼"五个一流"（塑造一流的精神风貌、营造一流的和谐环境、打造一流的工作标准、创造一流的工作业绩、锻造一流的干部队伍）；在工作理念上，提出了"三个敢不敢"（敢不敢旗帜鲜明、敢不敢动真碰硬、敢不敢示范引领）；在建设目标上，提出了"打造三个品牌"（"红墙意识"政治品牌、"5S"精益服务品牌、"京城第一街道"发展品牌）。通过

和平门地下红墙氧吧

多年来的努力和坚持，"红墙意识"逐步成为辖区干部群众做好"四个服务"的精神支柱与动力支撑，成为街道建设发展的"红色基因"。

其次，是强化组织引领。针对驻区单位多、机构规格高等特点，建立街道、社区两级党建工作协调委员会，作为街道统筹区域化党建工作的议事协调平台。成立西单商圈党建联盟，打造跨组织、跨领域、跨行业的党建联合体。持续深化党建项目化运作、组团式服务、开放式活动的工作机制，多种举措整合党建资源，积极引导参与区域化党建。

第三，是强化目标引领。为贯彻落实好市委《加强新时代街道工作的意见》，街道立足区位特点提出"五强五提升"的工作目标，组织班子成员将26项工作要点细化为118项具体任务，确保任务落实到人、落实到岗。"五强五提升"即：强防范，创新发

西单便民停车场

269

西单便民停车场

展"枫桥经验"，落实"长安计划"2.0版，切实提升安全稳定维护水平；强品质，构建"城市大脑"，高质量完成"两攻坚、两达标、两亮点、三清零"任务，切实提升城市精细化管理水平；强服务，更加主动为中央单位做好日常保障，创建良好营商环境，更加用心改善民生，切实提升服务单位和群众的工作水平；强改革，深化大部制改革后的工作流程再造，构建好简约高效的运行机制，切实提升街道扁平化、智能化管理水平；强作风，全面从严管理干部队伍，持续推进"双报到"、"进千门走万户"、向居民通报工作、12345热线的接诉即办工作，做实工作手册管理，加强城市部件管控，做好群众工作。

二是综合执法挥重拳，吹响联动哨。特殊的区位赋予特殊的使命，街道始终树牢"长安街无小事，事事关政治"的理念，将维护地区安全稳定视作首要政治任务。按照"街道吹哨、部门报到"改革要求，街道组建综合执法中心，有效整治了一批影响城市运行秩序的重难点问题，有力推动平安街道建设。

西单口袋公园

首先，是整合工作力量，以求"拳头"更有力。2018 年 5 月，街道正式成立综合执法指挥中心，组建了一支由街道干部、地区公安、城管、交通等部门组成的综合执法队伍，实现统一执法管理、统一调度指挥，提高综合执法效能。

其次，是创新工作方法，以求运行更高效。综合执法指挥中心通过企业联合监管平台探索出综合执法五"xian"工作法（线上、现场、限时、上限、贡献），最大限度激活盘活了执法效能。"线上"即通过线上联合执法平台，各执法部门迅速反应；"现场"即第一时间赶赴现场处置；"限时"即限 8 小时内处理完毕；"上限"即对各类违法行为进行上限处罚；"贡献"即为类似问题处置提供可复制经验。

第三，是坚持问题导向，以求执法更精准。街道联合公安、交通、城管、消防、房管、工商、食药、准物业等部门开展专项整治活动，为重大活动服务保障奠定坚实的基础。

三是着力提升解决率，吹响连心哨。为高质量落实 12345 热线接诉即办工作，街道坚持群众的呼声就是哨声，创立了"3 + 1 + N"联动与快速处办响应机制，对居民诉求实现"7 × 24"小时响应，主抓三个环节。首先，是将"三派发"（派业务部门、派社区、派街巷长）优化为"两派""终派"机制。涉及多部门的疑难案件首次派发后如存在争议，主管领导介入，全响应中心进行二次派件；仍存在异议的，由主要领导进行"终派"，确保第一时间响应群众诉求。其次，是充分发挥"吹哨报到"机制作用。根据热线牵头部门反馈的区域范围内普遍性、趋势性、可预判问题，吹哨调度相关站队所联合处置，推动重点、难点问题的解决。要求属地房管所和四支准物业队伍为居民提供 24 小时惠民服务，承接好与居民群众生活起居息息相关的水、电、房屋相关等方面诉求。第三，是强化督办考核。街道主要领导牵头召开专题调度会，就疑难案件会商处理。成立处置回访组，现场和电话回访居民对来电处置的满意程度，对满意度不高的来电进行再次处置，增强办理实效。在大厅电子显示屏发布"市民热线周分析"，为持续改善办理成效提供参考。

四是锁定重点项目，吹响攻坚哨。针对街区整理更新、疏解整治促提升、背街小巷治理等重点工作，街道建立了以会代训的例会机制、跟踪问效机制，对老旧小区、平房区、重点大街进行分类管理，取得显著成效。

五是用情解民难，吹响暖心哨。街道始终把"老百姓关心什么、期盼什么，工作就要抓住什么、推进什么"作为民生工作的出发点和落脚点，努力破解停车难、买菜难、养老难等民生难题。

在落实"吹哨报道"工作中，街道始终强化担当意识，坚持把方向、管大局、做决策、保落实，统筹推动地区各项工作开展，使地区发展取得新成效。

"大数据"助力基层治理不断深化

街道党建引领"大数据"思维助力基层社会治理理念不断深化，用具体举措助力街道大部制改革、接诉即办等重点工作推进中问题的解决。

首先，找准一个定位。深化街道大部制改革，从增进融合、提高效能、促进社区减负等角度发挥街道数据中心作用。运用数字红墙 E 表格，一是促进部门融合，汇聚"全员一张表"，涵盖所有部门个人及其所属支部、联系方式、办公地址、工作职责等项目，即时维护，即刻共享到街居两级，提高街道新部门平行间及街居两级沟通效能；二是促进工作协同，加强街居两级基础数据流转、共享与复用，为报表填报协同自动化提供支撑，在提高数据表格填写效率的同时，促进同部门、跨部门业务协作效率。

其次，完成一项助力。大数据中心助力地区12345"接诉即办"工作的流转督办。用12345诉求案件"一张表"串起街道领导、牵头部门、处办部门、街巷长及社区。便利把控诉求派发数量、进度，追踪问题处办情况，开展问题倒查分析，以处级划片社区、处办部门处办排名落实诉求督办。街道领导以此作为挂办助手，促进接诉即办工作各项制度的落实和监督，以"日"为单位推动与督办辖区重点难点诉求的解决，最终提高对属地居民诉求的反应力和解决率。

第三，做好一场保障。创新"3+1+N"模式街道数据中心为助力，保障属地重大活动综合指挥工作。以平安建设办为中心，实现属地相关数据自动汇聚，通过稽核分析呈现，逐步形成政治核心区重点地域平安建设数据"大脑"，实现街道重大活动保障工作界面化、智慧化。一是整合"3"类数据资源，直观化呈现助力指挥。做到数字化指挥图呈现重点风险点位、保障资源和力量分布与任务布控范围。二是坚持"1"个服务导向。以属地维稳工作目标为核心，开展突发事件—处置效能分析与日常重点风险—控制力分析。通过分析将风险点与管控力量分布相结合，订制巡查方案，根据街巷路网与布控点位空间与密度分析，查找弥补布控盲点或薄弱点。三是实现"N"类数据资源基于街道大数据3.0阶段E表格系统的自动汇聚更新。通过梳理70年保障活动相关台账数据资源，建立街道—社区间数据共享互用基础平台。将分散在街道、社区两级的本地化、孤岛化台账数据便利化地统合为统一、可联通、可共享的数据资源库，缩短从台账到指挥平台"大脑"的传导时间，保证数据传导及时性，保障决策的实效性。

此外，注重依托全响应街区治理中心召开培训会，改善值班环境；结合12345市民热线，全年对街道干部、社区、准物业进行应急值班值守培训等工作，成效显著。

关于基层工作的角色定位，习近平总书记曾明确指出："治国安邦重在基层，党的工作最坚实的力量支撑在基层，最突出的矛盾和问题也在基层，必须把抓基层、打基础作为长远之计和固本之举。"可以说，街道的工作成效直接关系着党的执政根基。西长安街街道也将更好地履行职责使命，不仅"治城"，且重视"治心"，引领广大干部群众众人一心、众志成城，共同打造美好家园。

后　记

今天，在庆祝中华人民共和国成立70周年之际，我们梳理地区历史文化的图书终于与大家见面了！这本书里收录的都是西长安街地区的古今特色建筑，讲述了本地区的历史遗存与文化底蕴，展示的也都是老城区所焕发出的新风采。

在图书的编写过程中，我们先后到首都图书馆地情馆、北京市方志馆、西城区第一图书馆等地查阅文献资料，以求厘清西长安街地区发展的脉络，尽可能全面地展现地区风貌。同时，西城区档案局出版的《西长安街记忆》一书为我们提供了翔实的档案资料，使得本书的内容更加贴近史实。

这里的百余条街巷，宽窄不一，星罗棋布，每一条都有说不完的故事；街巷里的建筑，年代不一，古迹繁多，每一幢都存有厚重的历史记忆。

这里文化底蕴深厚，是元、明、清三朝兴建北京城总体规划的重要组成部分；这里现代化气息浓厚，随着中华人民共和国的发展日新月异，不断焕发出新时代光彩。

本书在编撰过程中，街道各社区均不遗余力地给予支持，在此表示真诚的感谢。由于编辑人员水平有限，本书难免会出现纰漏，敬请读者批评指正。

编　者

2019 年 11 月

图书在版编目(CIP)数据

京韵红墙：西长安街街道街巷胡同史话／政协北京
市西城区委员会,《西城区街巷胡同文化丛书》编委会编
. — 北京：中国文史出版社, 2019.11
（西城区街巷胡同文化丛书）
ISBN 978 - 7 - 5205 - 1530 - 6

Ⅰ. ①京… Ⅱ. ①政… ②西… Ⅲ. ①胡同 - 介绍 -
西城区 Ⅳ. ①K921.3

中国版本图书馆 CIP 数据核字（2019）第 246073 号

责任编辑：牟国煜　薛未未

出版发行：中国文史出版社

社　　址：北京市海淀区西八里庄路 69 号院　邮编：100142
电　　话：010 - 81136606　81136602　81136603（发行部）
传　　真：010 - 81136655
印　　装：廊坊市海涛印刷有限公司
经　　销：全国新华书店
开　　本：720×1020　1/16
印　　张：18.25　　彩插：2
字　　数：232 千字
版　　次：2019 年 11 月第 1 版
印　　次：2022 年 1 月第 2 次印刷
定　　价：289.00 元（全 5 册）

西城区街巷胡同文化丛书（第一辑）

南城陶然

陶然亭街道街巷胡同史话

政协北京市西城区委员会
《西城区街巷胡同文化丛书》编委会 编

中国文史出版社

陶然亭街道办事处辖区要览

骡马市大街 骡马市大街

湖广会馆
福州馆街

虎坊路

北京市工人俱乐部
北京职工服务中心

菜市口大街

和平巷

高家寨胡同

粉房琉璃街

梁启超故居

中山会馆

南横东街

南横东街

菜市口大街

南半壁街

黑窑厂街

三圣庵

太平街

中央芭蕾舞团

健宫医院

鹞儿胡同

黑窑厂街

四平园胡同

中国戏曲学院
附属中等戏曲学校

宣武少年宫

陶然亭路

陶然亭路

太平街

龙泉东巷

菜市口大街

北方昆曲剧院

陶然亭小学

龙爪槐胡同

龙泉胡同

北京市第十五中学

里仁东街

陶然亭公园

榆湖桥

龙爪槐胡同

清音阁

东湖

陶然亭慈悲庵

右安门东街

陶然亭街道办事处辖区要览

《西城区街巷胡同文化丛书》
征编出版说明

西城区作为北京三千多年的建城地和八百多年的建都地，拥有众多古老的街巷故同和丰富的历史文化资源，是皇城文化、士子文化、民俗文化、宗教文化等各种文化共存的区域。西四北一至八条至今基本保留了元大都建城时的规制，胡同中的四合院也大都具有明清的风格。随着城市建设的发展，为了满足市政道路改造及公用设施建设需要，一些胡同被拆除，建起了楼群，组成连片的居民区，形成了新的街巷。一些胡同被合并，原有的名称消失。街巷胡同不仅是城市脉络、交通道路，也是人们世代生息之所。为了满足各种需要，街巷胡同不会永远不变，所以记录街巷胡同、留存珍贵的历史成为一件十分重要和迫切的事情。我们既要保护好古都风貌，也要利用好古都资源，传播传统文化，传承历史文脉，讲述好西城自己的故事。

2019 年既是中华人民共和国成立 70 周年，也是人民政协成立 70 周年，我们深感有责任也有义务对西城区的街巷胡同进行全面梳理，深刻挖掘每个街巷胡同的文化底蕴，呈现西城区街巷胡同的历史沿革、发展变迁的脉络及中华人民共和国成立以来展现的新面貌。

西城区行政区划内共设 15 个街道办事处，办事处辖区街巷胡同各具特色、历史悠久、底蕴深厚，如璀璨的明珠闪耀西城。《西城区街巷

胡同文化丛书》以一街道一分册的形式呈现，记录辖区内街巷胡同中的院落格局、王公府第、单位机构、市井百业、今昔人物、今日呈现等，将街巷胡同历史脉络、当下风貌和文化特色进行梳理挖掘。这是 2010 年原西城区和宣武区合并后，首次从建筑、人文等方面全方位立体式地对街巷胡同进行详细调研，以丛书的形式编辑出版，既是对过去和现有街巷胡同文化资源的挖掘、研究，也期望能对未来街巷胡同资源的开发和利用提供借鉴。

本书的编写充分发挥了西城区政协委员的作用，由区政协学习指导和文史资料委员会牵头策划组织，各街道政协委员联组具体承办。区政协和各街道政协委员联组的同志以及聘请的专家学者进行了大量实地调研，跑遍了西城区的大街小巷，参阅了以往的街巷胡同史志记载，寻找和听取一些老居民或其他亲历、亲见、亲闻者的口述，与档案资料对比核实，详细整理，倾注了很多心血。丛书以图文并茂的形式，向读者展示了西城区街巷胡同的往昔神韵、现今风貌和深厚的历史文化内涵。希望发挥区政协文史工作"存史、资政、团结、育人"的功能，服务首都"四个中心"建设。

政协北京市西城区委员会

2019 年 10 月

目　录

前　言

陶然亭自清康熙年间由当时工部郎中江藻构建以来，便成为文人登高望远、吟诗作赋之地，不仅在京城名噪一时，更随着北京城的发展和变迁而闻名遐迩。今天的陶然亭已经成为中国四大历史名亭之一，陶然亭街道及陶然亭地区皆得名于此。

从历史沿革来看，北京的胡同就发源于今天陶然亭周边的宣南一带。据文物考古证明，今陶然亭地区的果子巷、米市胡同、丞相胡同（后称菜市口胡同）等均是金中都城遗留下来的坊巷（胡同）。聚居在胡同中的普通老百姓若能关系融洽，友善相处，那将是多么幸福的生活图景！

陶然亭地区还有一大特点是会馆多。会馆是旧时代科举制度和工商业活动的产物，是一种独特的文化现象。据《北京会馆资料集成》记载，陶然亭地区有会馆118座。进京赶考的举子、士人大多聚集在会馆，带来了全国各地的文化和风土人情，再把异地的文化和风土人情带回家乡。因此，会馆在历史上无形中扮演了文化交流传播中心的角色。

1949年新中国成立后，陶然亭地区隶属北京市宣武区。2010年，北京市调整部分行政区划，撤销西城区、宣武区，设立新的北京市西城区，陶然亭地区隶属西城区。现在的陶然亭地区总面积2.14平方千米，辖十个社区。几十年来，陶然亭地区各项事业蓬勃发展：改善旧楼房居住环境，新增高档住宅小区，扩建南横东街、虎坊路等要道，整治背街小巷和胡同，提升环境质量，让城市有里有面；整理街区功能，合理配置生活服务业，满足居民日益精细的生活需求，等等。陶然亭地区文化资源丰厚，不仅坐落有中央芭蕾舞团、中国戏曲学院附中等文艺新秀，大和恒粮店、致美楼饭店、清华池等老字号也在这里散发着新的活力。

当鳞次栉比的高楼大厦越来越挤压城市生活空间、人们忙碌的脚步越来越匆忙时，曾经充满人情味的老胡同，还有那熟悉而又陌生的街巷，便成为无数陶然人难以释怀的乡愁和记忆。在西城区区委的高度重视和安排下，陶然亭街道统筹地区人大代表、政协委员资源，充分调动地区文化达人，共同对陶然亭范围内的街巷胡同进行历史挖掘、整理和编撰工作，揭示陶然亭地区深厚的历史底蕴和文化脉络，以及改革开放四十年来陶然亭地区大街小巷的变化、发展，展现陶然人积极向上、崇德向善的精神风貌。

这本《南城陶然——陶然亭街道街巷胡同史话》通过收集大量的史料，以图文并茂的方式，梳理陶然亭地区的发展历程，讲述人文掌故，呈现地区风貌和胡同人文故事。按照从南到北、由西到东的顺序，我们依次选取了二十六条街巷，包括龙泉胡同、蔡家楼胡同、粉房琉璃街、南横东街、陶然亭路、骡马市大街等，这些街巷通过自身的变迁诉说着北京古城的历史和新生。在对街巷的形成和演变进行梳理的同时，还介绍了区域内坐落的北方昆曲剧院、中央芭蕾舞团、中国戏曲学院附中、湖广会馆等单位，以及陶然亭公园、中山会馆等地标性建筑，它们都是陶然亭地区发展变化的见证。

龙泉胡同

千年古刹淡出历史　百年小学育人不息

　　陶然亭地区有一条承载了百年记忆的胡同，蕴藏着许多英雄人物的故事和老北京胡同人家的生活记忆。它传承着历史，承载着风土人情，而随着时代的变迁，也散发出新的面貌和味道。它，就是龙泉胡同。

【胡同名片】

　　龙泉胡同位于西城区东南部，北起陶然亭路，南至陶然亭公园，其名称来自胡同内的千年古刹龙泉寺。宋代始建龙泉寺时，这里还是一片荒野，无人居住。经过明清两代的修建，寺庙规模不断扩大，成为京城著名的八大寺之一，其周边民居渐多，最终形成了胡同。

　　龙泉寺是京城达官贵人、文人墨客游赏、唱赋之地。清代爱国诗人龚自珍，小说《孽海花》的作者曾朴，著名国画家齐白石、张大千，文学巨匠鲁迅等都曾在此留下了足迹。资产阶级民主革命家章太炎曾被袁世凯软禁在此长达半年之久；戊戌变法六君子之一康广仁、《社会日报》主笔林白水被害后在此停灵；抗日英雄赵登禹将军牺牲后被该寺住持盛殓，灵柩在寺内停放达八年。

【胡同历史】

龙泉寺：京城著名的八大寺之一

　　龙泉寺位于龙爪槐胡同 2 号，明正统八年（1443）秋，大兴隆寺僧万松，法号智林，在此处重新建寺，建有山门殿、钟楼、鼓楼、迦蓝殿、祖师殿、正殿、方丈院、僧舍、廊庑等。明成化九年（1473）五月，立碑石以记。清康熙二十四年（1685）重修竣工后，立重修碑，邀请顺治时进士、康熙时保和殿大学士兼礼部尚书王熙撰写重修碑文。寺院占地1万平方米，成为京城八大寺庙之一。

寺院坐北朝南，分三路建筑：中路从南往北依次是山门、大殿、后殿。大殿建在高大的青石台基上，面阔5间，七檩硬山顶，正脊雕有花饰。大殿两侧为东西配殿，西配殿面阔3间，七檩进深；东配殿已拆。后殿位于寺院的最北边，面阔5间，七檩硬山顶，雕花正脊。主殿的东西两侧建有配殿，面阔3间，七檩硬山顶，正脊为灰瓦排列而成的镂空花脊，山墙廊步开有券门，连接游廊。主殿的西边建有耳房8间，五檩硬山顶，灰筒瓦屋面，镂空花脊。中路西部廊庑位于大殿和后殿两座西配殿之间，面阔7间，硬山顶，当心间为门道，通往西跨院。西路现仅存一进庭院，由正房、南房及西配房组成。正房面阔3间，七檩硬山顶，前出廊，镂空花脊，排山勾滴。南房为小式结构，面阔3间，五檩硬山顶。西配房面阔3间，小式结构，五檩进深，灰梗瓦屋面。东路建筑已拆改。全寺共有殿宇、僧舍等245间，罗汉、神像78尊。

规制完整宏大的龙泉寺为京城著名的八大寺之一。寺内有龙泉井一口，水味甘甜，寺僧以龙泉水泡茶待客，颇受欢迎。在清代中叶以后，龙泉寺是文人、政客游赏唱赋之地。

龙爪槐下龙泉寺

龙泉寺始建于宋代，创建人为谷静端禅师，号龙泉老人，这也是龙泉寺寺名的由来。

龙泉寺是宣南的名寺，有房五百余间，为京城著名的寺院。

清末该寺住持设立慈善处所，向各方筹集款项，在龙泉寺的中部和

2

西部创办"孤儿院"。新中国成立后孤儿们得到了新生，亲身感受到党和毛主席对他们的关心。

旧时，一般寺庙都要停灵。老一辈革命者康广仁、

龙泉寺

林白水、赵登禹等曾经在此停灵。戊戌变法的烈士康广仁是康有为的胞弟，在菜市口英勇牺牲后其灵柩在此暂厝，后安葬于陶然亭。资产阶级革命家、《社会日报》主笔林白水被潘复一伙人杀害于天桥，1926年8月停灵于此。此外，在开国大典上奏响国歌的军队长期驻扎在寺庙练习演奏。

【人文故事】

章太炎"大闹龙泉寺"

章炳麟（1869—1936），字枚叔，号太炎，浙江余杭人。章太炎是中国近代民主革命家、思想家、著名学者。1913年由于反对军阀袁世凯的独裁，遭到袁世凯的软禁，被软禁在陶然亭地区的龙泉寺长达半年。

1895年，中日甲午战争后签订《马关条约》，民族危机日益严重。面对帝国主义的入侵和清政府的腐败无能，强烈的民族自尊心促使章太炎毅然走出书斋，参加到当时康有为、梁启超领导的维新变法运动

中去。

百日维新夭折后，他避地台湾东渡日本，在日本结识了孙中山、秦力山、陈犹龙等革命志士，并和孙中山多次讨论资产阶级民主革命的土地、赋税、典章制度等问题。他广泛接触并阅读研究欧洲资产阶级革命的哲学和政治文献，眼界大开，认识到推翻清朝的统治是刻不容缓的事情。

1911 年辛亥革命后，章太炎担任孙中山总统府的枢密顾问。袁世凯窃取革命政权后，章太炎极力反对袁世凯称帝。1913 年 8 月 1 日，章太炎所属的共和党本部在北京推举黎元洪为理事长。袁世凯为了收买共和党，骗章太炎入京主持党务。章太炎一到北京就被袁世凯软禁起来。章太炎先生手持羽扇，以大勋章作扇坠来到总统府找袁世凯理论。袁世凯避而不见。于是，章太炎大闹总统府，被陆建章等人先囚于军事教练处，后囚于龙泉寺。

被囚期间，章太炎与袁世凯进行了针锋相对的斗争。他亲笔写下"章太炎墓"四字以示牺牲决心，对袁世凯的小人行径高声痛骂，用拐杖扫击寺中陈列物品，甚至想自焚屋宇，以示反抗。只因陆建章严加防范，未能如愿。

章太炎关押在龙泉寺的第二天，袁世凯派其长子袁克定亲自送来锦缎被褥给章太炎。章太炎在屋内见是袁家少爷，便立即点燃香烟，等到陆建章送进被褥后，用燃烟把被褥烧成许多洞穴，从窗户掷出。后章太炎又绝食七日。袁世凯的秘书王揖唐前往龙泉寺劝导先生吃饭，章太炎的朋友马叙伦、钱玄同也一起规劝他，终于使他恢复了进食。袁世凯恐出事端，请医生给他医治并转押至东城钱粮胡同。

刘禹生《洪宪纪事诗本事笺注》记载了这段故事："先生移居龙泉寺之翌日，袁抱存亲送锦缎被褥，未面先生。先生觉窗隙有人窥探，牵帷视之，抱存也。入室燃香烟，尽洞其被褥，遥掷户外，曰：'将去!'"

章太炎的思想受多方影响，先习朴学、诸子学以及西方进化论和社会学，后改习法相宗，而后思想便以唯识学为尚，认为先秦诸子之学皆不足比拟，固可谓"转俗成真"。后章太炎不再仅以唯识论为唯一标准，转而认为凡"外能利物，内以遣忧"之学皆有价值，即进入"回真向俗"境界。

链接：章太炎首次软禁在龙泉寺的时间考证

杰出的资产阶级民主主义革命家、教育家、鲁迅的老师章太炎先生为反抗卖国贼袁世凯被捕，于1914年年初被关押在宣南著名的龙泉寺里，具体是哪月哪日，众说纷纭。据人民出版社出版的《人物》1983年1期第125页说："'疯人'章太炎1914年1月3日足蹬破靴，手执团扇，扇下系的勋章，来到总统府，当天晚上，他被骗到龙泉寺，幽禁在那里。"文章作者为王咏赋。

查《京师警察厅训令（稿）》，有如下记载：1914年2月3日"当经查明章炳麟精神瞀乱，拟暂交京师警察厅另择相当住室，妥为安，呈奉大总统批，应即令交该厅遵照办理"。这份文件告诉人们章太炎由京卫军司令部，又转押到京师警察厅，遵照袁世凯的批示，要拟妥办理。再查档案《内右一区警察署为章太炎移住龙泉寺的呈》，其中记载事件发生的时间是1914年2月21日。

"1月7日移住于石虎胡同京卫军司令部，据悉本月21日午前10时余，章太炎乘坐陆建章总长马车外出，又移居于宣武门外南下洼龙泉孤儿院。该处有本厅派巡长两名，巡警八名在被照料，内右一区警察署署长郑际平，中华民国三年二月二十一日。"这份档案清晰地告诉人们，章太炎不是1月7日被软禁龙泉寺，而是2月21日。据众多史记考证，确定章太炎被囚禁的时间是1914年2月21日。

龙泉寺小学原为僧人所建

龙泉寺小学校址在西城区龙泉胡同 7 号。1906 年龙泉寺僧人道兴创建龙泉寺孤儿院，占地面积 7000 平方米。孤儿院几经发展，形成了教育和生活设施齐备可接纳 200 多孤儿的规模。这是京城佛寺第一家慈善机构，享誉京城。1949 年改为私立龙泉寺小学，百川和尚任董事长，刁明章任行政负责人。学校六个年级各一个教学班，学生近 100 人，教职工 6 人，复式教学。

1950 年冬天，毛泽东在罗瑞卿陪同下来到陶然亭，路过孤儿院时，一个姓于的学生见到首长敬了个礼就离开了。有人告诉他，你敬礼的那位首长正是毛主席，这个学生非常后悔没有仔细看看毛主席。后来，孤儿们见到周恩来时把他团团围住。周总理指挥孩子们唱《三大纪律，八项注意》，边唱边打拍子。孩子们高兴地把自己的校徽赠给总理，总理愉快地接受了孩子们的礼物。

1950 年，龙泉寺小学为第九区唯一的一所试点学校，率先成立中国少年先锋队。1956 年政府接办改为公立，设教学班 26 个，学生 1000 余人，教职工 30 人。1963 年教学班为 54 个，学校分为龙泉寺小学和陶然亭小学两校，校址分别在龙泉胡同 7 号和 5 号。

1958 年，龙泉寺小学教学成绩名列全区第 9 名；二年级（教学成绩）名列全区第 2 名；60 至 70 年代有过二部制。学校的校训为"文明、诚实、勤奋、健美"。课程设置按市教育局统一规定。1976 年龙泉寺小学和陶然亭小学合并，定名为陶然亭小学，原龙泉寺小学校址（龙泉胡同 7 号）改建为教师宿舍。

陶然亭小学的百年历史

陶然亭小学是一所历史悠久的百年老校。坐落在美丽的陶然亭湖畔、龙泉寺的遗址上。龙泉寺是学校的发源地。

陶然亭小学校址位于西城区龙泉胡同5号，陶然亭小学的前身是创办于清光绪三十二年（1906）的龙泉寺孤儿院，随后，在宣统元年1909年、1915年、1928年、1946年、1949年分别更名为僧立第一初等小学堂、私立龙泉孤儿院国民学校、私立龙泉寺孤儿院、私立龙泉孤儿院小学、私立龙泉寺小学。

1956年人民政府接管，改为市立（公立）小学，仍由百川和尚任校长。1963年9月，在龙泉胡同5号建立陶然亭小学，缓解龙泉寺小学学生超员的压力。

1963年龙泉寺小学教学班为54个，学校分为龙泉寺小学和陶然亭小学两校，校址分别在龙泉胡同7号和5号。两校仅一墙之隔。1976年，陶然亭小学和龙泉寺小学两校合并，定现名。

1974年至1979年办过戴帽初中班，在80年代接待过黑龙江、吉林、四川、山西等省市教师听课，在中央教科所和市教科所指导下进行了"小学语文能力整体改革"和"数学智力技能培养"的试验。该校曾有一名学生在奥林匹克数学竞赛中获市三等奖，有四名学生在全国第四届作文竞赛中分别获第一、第三名。学校的"快乐中队"曾获全国、团中央少工委奖励。

陶然亭小学

1984年创办北京市第一所家长学校，孙敬修任顾问，吴运铎任名誉校长。1985年陶然亭小学被评为市级先进，并出席了市和国家教委召开的交流会。

如今，走进陶然亭小学就会感受到它蕴含的百年历史的底蕴：校园内三季有花，四季常青，给人以清爽怡人之感。学校现有25个教学班，11个专业教室。校园内有60米塑胶跑道、小篮球场，规范、标准的办学条件和优美典雅的校园环境为师生的发展创造了条件。

学校把教师的职业道德建设放在教师队伍建设的突出位置。做到继承百年龙泉传统，努力向广大教师宣传慈爱、仁爱、博爱的龙泉精神，并在新的形势下总结归纳出"陶小人"要在教育工作中践行的"五心"价值观（忠心待事业、潜心待学校、爱心待学生、热心待家长、诚心待同事）。通过开展参观考察、学习事迹、思想交流等形式多样的师德教育活动，提高老师们爱岗敬业、热爱学生、无私奉献的意识。

学校的德育工作是促进学生全面发展的重要一环。学校坚持"以学生发展为本"的理念，要求每位教师树立"四育人"的意识，即教书育人、管理育人、服务育人、环境育人。

峥嵘岁月，风雨兼程，但信念不改。办学实践中，学校以"以人为本、师德为魂、科研引领、家校合力、全面育人"为办学思路，努力争创"五个一流"，即干部队伍一流、教师队伍一流、学校管理一流、育人环境一流、教育质量一流。

追溯陶然亭小学一个多世纪的发展进程，学校在各级领导的关怀下，在兢兢业业的"陶小人"齐心协力的努力下，奏响了一首首丰收之歌：学校被命名为"北京市绿色学校""北京市校园环境示范校""北京市文明礼仪示范校""北京市依法治校示范校""北京市'校本培训'先进学校""北京市爱国卫生工作先进学校""北京市少先队工作星星火炬奖""全国中华古诗文诵读工程优秀集体""区课程改革优秀校""区'创先争优'先进党支部""区创建学习型学校先进校""建设节约型学校先进集体"，连续十七年被评为"首都文明单位"。

举子们的必经地

清朝时期，陶然亭附近还没有这么多的民居、建筑，有道路从龙泉胡同直接到右安门，交通既便利又快捷。此外，胡同中的龙泉寺也方便那些希冀一举得中的举子们就近入寺祈福。这样一来，龙泉胡同便成了进京赶考的举子们的必经之地，而龙泉寺也留下了众多赶考举子们的诗词墨宝。

龙泉寺作为京城著名的八大寺之一，历史上吸引了很多文人、政客到此游赏唱赋，明代董其昌，清代林则徐、程恩泽、龚自珍、李慈铭，近代曾朴、齐白石、鲁迅等都曾在龙泉寺留下足迹。文人骚客常来聚会，赶考举子常来祈拜，让龙泉胡同的文化涵养、气韵愈加浓厚。

院旁有个防空洞口

1969 年 8 月，中共中央正式决定成立全国性的人民防空领导小组，各省、市、自治区也纷纷成立各级人防领导小组，在全国广泛地开展了群众性的挖防空洞和防空壕的活动。

陶然亭街道也积极响应党和国家的号召，开展了挖防空洞的工作。

曾经的龙泉胡同 16 号院　　　　　　　今天的龙泉胡同 16 号院

龙泉胡同当然也在其中。看到陶然亭公园的假山了吗？曾有人说，这座假山就是用当年挖防空洞时挖出来的土堆砌而成的，曾经在16号院口的左侧就有一个防空洞口，从这个防空洞口下去就可以直接到陶然亭公园的假山上去。目前，龙泉胡同内各个防空洞口皆已封堵。

老居委会就在简易楼里

一个小蜂窝煤炉子，两张对在一起的办公桌，两三位刚刚退休的大爷大妈就在龙泉胡同6号（或者8号）简易楼一层建起了一个龙泉社区居委会。居民们想要办点事，那个小屋子都转不开身。后来原本在简易楼里的居委会搬了家，还新增了警务室，办公区域宽敞多了。龙泉居委会现址原本是废弃车间，后来，请来设计师，改建成了现在的龙泉社区居委会，占地600多平方米。

年初一时胡同巷里拜大年

拜年是中国民间的传统习俗，是人们辞旧迎新、相互表达美好祝愿的一种方式。古时"拜年"一词原有的含义是为长者拜贺新年，包括向长者叩头施礼、祝贺新年如意、问候生活安好等内容。遇同辈亲友，也要施礼道贺。

而拜年的时间则一般为初一至初五，过了腊月初八就走亲访友多被视为拜早年，而正月初五以后、十五之前走亲访友为拜晚年。早年和晚年都属避免遗憾的应急或补救性质，民间有谚语：有心拜年十五不晚。

那时候，孩子们大年初一就要跟着父母长辈们一起走家串户去拜年。一个个小孩子跟在长辈们身边，刚从一家出来就能在胡同里看到另一队去拜年的人马，有时候也不认识，但是知道是自己胡同里的，就举起手说："过年好！过年好！"

龙泉胡同里多是当年工人

4、6、8、10号简易楼，5号居民楼，原龙泉寺菜地……对于龙泉胡同里的居民来说，这都是些再熟悉不过的地方。在20世纪50年代之后，渐渐有前进棉织厂、服装厂等工厂入驻，并带来了源源不断的人流。

4、5、6、8、10号简易楼原本都是工人宿舍，而其中的5号居民楼就是当年前进棉织厂的车间所在地，后翻盖为家属宿舍楼。至今还在的灰色墙砖似乎在诉说着它的历史。现因楼体年久失修，住户皆已搬走，简易楼也即将拆迁。

【陶然新貌】

胡同里还坐落着一个集社区办公和居民活动为一体的场所——龙泉社区居委会。这里不仅有办公室、会议室、活动室，还有一个大礼堂，是陶然亭地区多功能设施完备的社区活动场所。

几十年来，随着时间推移，居委会的工作内容也从分发报纸、收取管理费用等转变为涵盖便民服务、人口管理、社区建设等多项任务，所使用的工具也从纸笔演变成了电脑……其实，居委会的变化不单单表现为外在的建筑面积、办公环境等方面，其内部也发生了根本性的变革。龙泉社区居委会来了很多年轻人，在这些人里面，有不少还是研究生毕业。居委会工作人员的整体素质有了很大的提升，进而带动了整个社区的全方位发展。

龙泉社区居委会经过四次搬迁，从简易楼搬到姚家井二巷，又搬到龙泉图书馆，最终在现在的地点安定下来。居委会的时代变革就是龙泉胡同的一个缩影，龙泉胡同里的居民们每天都有忙不完的"活计"，天天微笑"赶场儿"，上午还在为社区安全值班站岗，下午就来到居委会练起了小合唱，晚上就在胡同里的一棵树下聊起了陶然文化、说起了龙泉胡同里的那些事儿。

如今，龙泉胡同被陶然亭街道列为重点整治街巷，粉刷了墙壁，设置了路边座椅，两座现代楼房均已加固整修一新，四座简易楼即将被拆除。龙泉胡同将以崭新的面貌展现在居民面前。

【社区新风】

李常璞：学生的守护神，路人的保护伞

整治前的龙泉胡同破旧脏乱，周围居民环境保护意识欠缺。背街小巷环境整治工作开展后，修整破损墙面、道路，清除杂物垃圾，邻近学校设立了文化墙、宣传文明语。现在的龙泉胡同干净整洁，面貌焕然一新，文化气息越来越浓厚。

李常璞是龙泉胡同斑马线党群志愿者服务队队长，2018年八十一岁，一直热心公益事业，李常璞尽己所能为居民办实事。

龙泉胡同比较窄，胡同里有一所中学和一所小学，每天学生上学、放学的时候，人流量大，经常造成交通拥堵，争吵、打架事件也时有发生。尤其是学生放学的时候，各种来往车辆、人群，跟学生放学队伍交织在一起，给学生们带来极大的安全隐患。

早在2005年的时候，李常璞从新闻里看到外地发生了一起歹徒冲入学校砍伤学生的事，这让他非常震惊，那时李常璞就暗自下定决心：这样的事一定不能发生在我们陶然亭。从那天起，他便养成在学校门口站岗的习惯，每周一到周五的早晨七点，准时到陶然亭小学校门口报到，这一站就是十三年，风雨无阻。

后来，因为多次施工，陶然亭小学门前的路面变得坑洼不平，严重影响了学生们上下学和附近居民出行。李常璞看在眼里急在心里，立刻向龙泉社区两委反映情况，并找有关部门请求解决。施工时人手不够，他就亲自"上阵"，刨土、和水泥、砌砖，附近的居民看到李常璞这么大岁数还在忙活后也纷纷加入进来，仅用几天时间就铺成了一条崭新平坦的小路。孩子上下学的路平坦了，李常璞的心里也舒畅了。

2017 年 6 月，在街道和社区的支持下，社区党支部成立了"社校共建，平安相伴"胡同斑马线党群志愿者服务队，在胡同两侧、胡同口引导车辆避让，叮嘱家长和学生注意安全，李常璞被选任队长。龙泉胡同斑马线党群志愿者服务队以党员为主，组织了四十一个人，每天志愿者们身穿蓝上衣，头戴小红帽，袖别红袖标，手持小红旗，在学生上学、放学时疏导交通，为学生留出一条安全通道，成为龙泉胡同又一道亮丽的风景。

有时候，早晨家长送孩子上学，看着孩子安全进了学校就放心离开了。但是家长刚离开不久，有些孩子就从学校出来。李常璞见状，就上去问他们干吗去，有的说是出去买东西，有的说是去找爸妈。有的学生真的去买东西了，有的则在路口一拐弯就去别的地儿。李常璞便跟着过去，直到确定孩子安全回到学校。

2018 年 6 月，李常璞在校门口引导交通时，看到了一个三岁的孩子一个人在胡同里跑。李常璞立刻警惕起来，一把拉住孩子，问他住几号楼，家里的大人在哪儿？小孩这才意识到周围没有认识的人，哇哇大哭起来，说不出有用的信息。李常璞赶紧把孩子送到旁边的小卖部，让店主帮忙照看孩子，他自己跑到居委会说明情况后又返回校门口盯着找孩子的人，并让服务队的队员们留意。不一会儿看到一个老太太满头大汗急匆匆找人的样子，李常璞叫住她，问她发生了什么。老太太声音颤抖说孙子从家出来，找不到了。李常璞赶紧劝她，别着急，又仔细问了问孩子的情况，核实之后，把老太太领到小卖部，祖孙终于相认了。后来老太太还给李常璞送来了锦旗，以表感谢。

现在不仅是学生，连家长也跟李常璞熟起来。不少家长送孩子到学校门口都会跟孩子说："快，叫李爷爷!"每当听到孩子们稚嫩的声音呼唤，李常璞说他就有一种自豪感和幸福感。

　　志愿整治胡同，促进环境提升

　　2017年，龙泉胡同借着"精品胡同"项目及背街小巷整治提升的春风，有了华丽变身。整治工作包括改造胡同墙体，更换临街店门，整修破损道路，封堵"开墙打洞"，拆除违建等。基于背街小巷环境整治提升，各社区成立了背街小巷志愿者服务队，志愿者都是来自胡同的党员和退休居民，同时各社区也引入了街巷管家和平房物业，对胡同进行管理。背街小巷整治工作以及后续的服务、管理，需要靠街道、社区、单位和志愿者团队的共同努力，巩固整治成果。

　　据龙泉社区服务站工作人员范传明介绍，工作的顺利进行离不开志愿者的通力协助，离不开各商户的理解配合，街道城管科、城管执法队也下了很大力气，充分调动不同群体在整治提升过程中的积极性，有效保障了和谐整治及各项进程。

龙泉胡同绿树成荫

　　平时空闲的时候，李常璞负责楼底下的共享单车义务码放。共享单车经常被横七竖八地摆在路边，影响了行人出行。他值班前就把车都搬到马路边码好。

　　如今，经过整治的龙泉胡同干净整洁，路面平整，学校前秩序井然，设置的文化墙让胡同里的文化气息越来越浓厚。同时，社区居民环境保护的意识也明显提升。

龙爪槐胡同
旧时人烟稀少　如今邻里情深

关注是最真实的守护，守望是最忠实的爱护。一条胡同诉说着无尽往事，饱经沧桑；又承载着无数家庭的历史，诉说着陪伴与护念。志愿者们用实际行动将龙爪槐守护到底，而龙爪槐则用它斑驳的身影，繁茂的枝叶和一片绿荫回报这份守护。

【胡同名片】

龙树寺内曾有棵龙爪槐

龙爪槐胡同位于陶然亭街道办事处辖区西南部，陶然亭路南侧，南北走向。长551米，宽3.8—14.3米，沥青路面。胡同因龙树寺内的龙爪槐而得名，而龙爪槐树则因状似龙爪而取其名。

《骨董琐记》称："龙树寺本唐兴诚寺。龙爪槐，嘉庆中补植，其废亦久。南皮张文襄之洞尝补种二株，招名流畅咏其下，今即其地为祠，以祀文襄。"龙树寺早已圮废，而龙爪槐尚存，并被用来泛指这片周边邻近地域。现在的张之洞祠堂即坐落于原龙树寺故址之上。

新中国成立前龙爪槐一带临近城根，其东、南均为苇塘，居民仅几十户。新中国成立后建陶然亭公园时，大部分地域划入陶然亭公园内，仅有小巷尚存。1965年将太清观部分并入，并改称今名。

【胡同历史】

龙爪槐扎根于此

龙爪槐胡同位于龙泉胡同西侧，从北口进去可通里仁东街、姚家井等处。胡同里的寺庙内有株龙爪槐种于 16 世纪，"幡屈侧垂，枝干阿互"，引无数文人、游客来此观光。由于此树名声越来越大，寺庙原名"兴诚寺"便逐渐被"龙树寺"代替。清嘉庆二十年（1815），大风把有三百多年树龄的龙爪槐刮倒。道光二年（1822），松筠庵的月亭和尚在修复龙树寺其他建筑时，为了与寺名相符，重新种植了一株龙爪槐于蒹葭簃南边的临水处，并购买下龙树寺作为松筠庵的下院。道光三年（1823），他在寺南兴建壮丽的凌云阁，三面有窗，有重九登高之美，又是冬季观雪景的最佳胜地。接着在凌云阁南面临近野凫潭边兴建三间有歇山顶的蒹葭簃，其西南兴建看山楼，让朱为弼题匾。看山楼又称西楼，户部郎中文悌被光绪帝罢官后闲居在此。天倪阁则有另外一个满洲人高士炳长期居住。另外还有大士殿、僧房等建筑。这里绿树成荫，翠竹成片，藤萝攀墙，春天有芍药，秋天有菊花，景色清幽，正是士大夫"展禊"（古人在春秋时节临水边祭祀的活动）的好场所。无数位名流在此赏景、赋诗、填词、议事。著名大书法家何绍基的"每当春秋禊，胜地集轮鞅"，道出了龙树寺春秋佳日车水马龙的热闹场面。另外还有曹经沅的"从知眺赏胜江亭"，鲍桂星的"槛外陶然景，那能及此间"，张维屏的"此地压倒陶然亭"，等等。从这些赞美之词可以想象龙树寺为什么能够吸引包括林则徐、龚自珍、黄爵滋在内的这么多名人佳士经常到这里雅集了。

光绪时期的湖广总督张之洞（1837—1909）也经常到此。他还在古老的龙爪槐附近兴建了别墅——抱冰堂、水榭小亭，并补种龙爪槐。所谓抱冰，即张之洞发誓抱冰握火挽救大清国，这体现了他的爱国情

16

怀。张之洞对此地名胜的喜爱，从他的诗句"此地曾来百回"中可窥探一二。

清朝末年祖国危亡，帝国主义入侵，强迫清政府签订了一系列不平等条约。龙树寺也渐渐荒芜。寺僧贫穷将寺卖掉，古寺只剩下残墙断壁。民国初年，许多曾在寺里留下诗词的官员、文人几乎不认识寺址了。道光初年，月亭和尚新植的龙爪槐只剩下枯树根，尚残留下一株树。到了五四时期，连残留的龙爪槐也"数折为薪"了，荒凉得"蔓草被径，阒不途人"了。龙爪槐只剩下空名，而抱冰堂还在，新中国成立后一度为河北省会馆财产管理委员会管理，又曾做过房管所的仓库。1955年划为公园，曾做过公园管理处办公用房。20世纪60年代，抱冰堂被拆改建。直至今天，抱冰堂附近的龙爪槐已不见了，但它的美名却将久远流传。

【寺僧情怀】

兴诚寺：谢澍发起组织宣南诗社

兴诚寺在陶然亭西北，原属龙泉寺，后脱离龙泉寺独立。因寺内一古槐状似卧龙，因此该寺俗称龙树寺、龙树院、龙槐院、龙爪槐等。

兴诚寺南面高台上有一排东西走向的高大厅房，即原建于龙树寺内的"蒹葭簃""抱冰堂"所在处，该处因多次改建，已非旧观。

清代邓之诚《骨董琐记》记载："龙树寺本唐兴诚寺，龙爪槐嘉庆中补植，其废亦久。"顾莼《龙爪槐记》记载："兴诚寺在黑窑厂之南，建于宋时，修于明万历年间。故有龙爪槐一本，历三百年，人遂以名其寺，而兴诚之名转隐。"关于龙树寺建寺年代，除了有唐、宋的说法外，还有说是明代的，到底哪种说法正确，还需进一步考证。

清道光年间是龙树寺的鼎盛时期，月亭上人为来此游玩的士人们提供了如此优雅的环境，士人们不仅聚会于此，还为该寺留下了美妙的诗句和珍贵的墨宝。龙树寺山门是顾皋题写的"龙树寺"匾额；凌云阁有宣南诗社后期重要成员鲍桂星题写的"蒹葭""远烟高树"匾额；楹间有张祥河、查正华的楹贴；蒹葭簃内有鲍桂星的榜书，柱上有楹帖"鳞作之而本无树，身原清净不看山"，以及边袖石的楹帖："何处菩提莫错认庭前槐树，无边法藏且笑拈阁处芦花"；墙壁上有游人的题诗。整个龙树寺的文化气息是其他寺院所无法比拟的。兴诚寺靠近南城墙，周围只有疏疏落落的几个村子，堪称"地僻"。诗人方文在清顺治十五年（1658）携友在兴诚寺宴集赋诗，称兴诚寺为野寺，此时寺内已有龙爪槐。其诗云："萧条旅况惜芳辰，折柬欣逢吴舍人。野寺双槐龙爪旧，晴沙一簇马蹄新。坐依佛阁何妨久，酒取邻家不厌频。借问长安冠盖者，春来几个是闲身。"

清乾隆二十八年（1763），都察院给事中、太仆寺卿戴璐在《藤阴杂记》中记述了清康熙十一年（1672）夏与诗人龚鼎孳和孙在丰等人在寺内龙爪槐下宴集赋诗。戴璐书中提到兴诚寺为"名流屦齿所必经"，可见兴诚寺早在清初就为京城名流熟知。与之毗邻的陶然亭，其修建则是二十三年之后的事了。

清代名人龚鼎孳是兴诚寺常客，其重阳登高诗《九日龙爪槐登高》曰："城阙斜阳下古槐，当风残叶乱深杯。依稀建业闲砧杵，又逐他乡白雁来。十年三醉兴诚寺，蓬鬓秋阴老更多。四海弟兄还浊酒，九衢车马此清歌。寒水陂塘净晚秋，疏林苍翠落仍浮。正怜戏马风萧瑟，恰骤龙山玉踠骝。改席重看锦烛红，难将白袷抵西风。戍楼箛吹清宵月，才过寒花细雨中。"诗中描写秋季兴诚寺及周边风物"古槐""城阙""寒水""陂塘""疏林""残叶"，加上诗人惆怅的心情"蓬鬓""浊酒""清歌""萧瑟"，也许这正是诗人留恋佳境，"十年三醉兴诚寺"的原因。

诗人张维屏在《龙树寺蒹葭簃》中称"主人好客善选胜，此地压倒陶然亭"。

清道光二十六年（1846），画家吴隽曾画过一张《龙树寺宴集图》，这是保存下来该寺最早的景观记录。

兴诚寺不仅是文人士官聚会、赋诗、宴饮之处，也是宣南诗社重要的活动场地。清嘉庆九年（1804），由谢澍发起组织宣南诗社，参加者多为清嘉庆七年（1802）同榜进士。清道光十一年（1831）诗社已发展到三十四人，多为江苏、浙江、安徽、福建、江西籍在京的士大夫。诗社成员在一起，聚会、赋诗，不是抒发幽情，而是心怀热血、纵论朝政，抒忧国忧民之情，言救国救民之志。他们之中多数为"禁烟派"，清道光十八年（1838）十一月，林则徐被任命为钦差大臣前后，也参与了宣南诗社的活动。在赴广州禁烟时，龚自珍为其写了一篇《送钦差大臣侯官林公序》，勉励林则徐为国为民，要坚决查禁鸦片。

晚清大员中张之洞尤爱赏兴诚寺景观，他在京任职期间经常到兴诚寺游憩。调任外地以后，每次进京也总要来兴诚寺，在"十里芦花荡"中静憩，观赏田园野景，约上三五同僚行酒欢宴。此地既是静憩的别墅，又是他的诗社社址。他和诗社的成员在此赋诗宴集，抒发救国报国之志，教育弟子们为中华的强大竭尽全力。其后因年久失修，蒹葭簃、抱冰堂都已荒废成残垣断壁。

1956年该地由陶然亭公园接管，院内仅一株数百年的枣树和两株百年以上的丁香尚存。1957年重修抱冰堂，将大厅改为说唱茶馆，老舍题门额"抱冰堂说唱茶馆"。后经多次改建，现抱冰堂旧迹无存。

【市井百业】

龙爪槐胡同的半世变迁

今年80岁的赵振国，于1965年搬到龙爪槐胡同2号院，至今仍和老伴儿住在这座古老的四合院内。院子面积不大，有很多个小巷弄，需要拐好几个弯儿才能来到赵老的家里。

赵振国是河北人，于1957年入伍，到1999年退伍，在部队一直从事通信工作。据赵老介绍，这座小院是当年他跟随部队来北京后分到的家属院，前身是旁边龙泉寺的一个侧庙。当年部队在此驻扎，由于人口众多，发展成现在的龙爪槐胡同2号院。"院里原有二十来户人家，现在由于各种原因，也有搬离的，也有后入的，总的来说变化不大，还是那些老街坊。"

当年赵振国和老伴儿都要上班，孩子们只能依托给父母照料，后来父母年纪大了，他就把自家妹妹从老家接到北京帮忙料理家事。回忆胡同的过去时，赵老说道："当年这里是部队家属院，戒备还是很森严的，陌生人出来进去都要登记。但也会有很多让人暖心的事情。"

赵振国回忆，在胡同转弯处曾经有一家卖日常果蔬的杂货店，已经经营了十几年，店主是一对年过四十岁的河南夫妻。由于杂货店菜式齐全，价格低廉，附近的居民都喜欢在此买菜。这对河南夫妇为人很厚道，来买菜的大都是老年人，他们经常帮老人们把要买的菜主动包装好，放在他们的购物小车内。遇到一些忘带钱的老客户，店家就会热情地招呼他们先拿回家吃，下次再给就是了。"前几年改造胡同，这家店就被拆除了，店主也携老幼回老家了。"赵振国说。如今，为了解决社区居民买菜难题，由龙泉社区"吹哨"，街道协调各方资源，最终促成了龙泉社区百姓生活服务中心开业，服务中心占地千余平方米，不仅有生鲜超市，还有维修、美发等便民服务，极大地方便了周边居民的生活。

龙爪槐胡同的旁边曾经有一家玻璃厂和制药厂，玻璃厂是当年公私合营把周边的小作坊归拢在一起形成的，当年风靡一时的压盖"玻璃罐头"就是这家玻璃厂制作的。当时各企业之间的关系都很融洽，有事情都会相互帮忙，一次赵振国和队友们正在训练，得知玻璃厂的仓库房梁有些倾斜，领导赶紧过去组织救援，事后，玻璃厂的领导很感谢驻扎在此的官兵。

【人文故事】

张之洞曾重修龙树寺"蒹葭簃"

清末重臣张之洞（1837—1909），字孝达，号香涛、抱冰、无竞居士，河北南皮人。1884年中法战争时升任两广总督。1889年任湖广总督。在英、德支持下大办洋务，开办汉阳枪炮厂、制铁局、马鞍山煤矿、湖北织布局、湖北缫丝局、制麻局等。筹办芦汉铁路南段，督办粤汉铁路。1907年调任军机大臣，掌管学部，主持创办了北京高等师范学校（京师大学堂的师范馆），著有《张文襄公全集》。1909年病逝。毛主席曾称赞他："讲近代重工业不能忘记张之洞。"

龙树寺是清代名流的休憩之地，民国初年已废，其遗址在今陶然亭公园影剧院南面的高台上。此地曾建有"蒹葭簃""抱冰堂"，其后多次改建，今日建筑已非旧观。

清同治、光绪年间，龙树寺是清流党人活动的大本营，也是张之洞与清流党人结交纵论天下事的地方。张之洞在京任职期间经常到此游览，调到外地任职后每次进京也总要来此小憩。清光绪三十三年（1907），年近七旬的张之洞出掌军机，他重修龙树寺的蒹葭簃，在此修养身心。光绪三十三年（1907）张之洞改任协办大学士，由武昌回京，他的旧部在龙树寺建"抱冰堂"。甲午战后，张之洞认识到建立新学制的重要性，他在湖北大规模兴办新式教育——实业教育、师范教育和国民教育。这些新式教育使其教育强国的构想在推动中国教育近代化过程中起到了重要作用。

张之洞首倡"中学为体、西学为用"文化理念，认为中国几千年历史传承留下的传统文化，永远是中国发展强盛之本；而西方外来被证明有用的东西，应大力吸收并为我所用，实现"卫我邦本，固我国体"，并将自己数十年来苦心思考所得著成《劝学篇》一书，在清廷内外引起广泛关注。"中体西用"是调和中西文化的一种理性文化抉择，是动态发展的文化观，是洋务运动的理论框架。

张之洞的"中体西用"对于"中学为体"的内涵诠释更精密。对于"中学"，张之洞尤其强调孔儒之学的正宗地位和"经世致用"传统。他的"中学为体"，既指以儒学维系专制政治秩序，更指以儒学强化纲常名教统率下的人际关系。他归纳、总结"西学"的丰富内涵，同时严格限制它"为用"的界限。他概括了"西学"的内容："西政、西艺、西史为新学。"不过，张之洞坚决反对设立议院、推行民权，将民主政治排斥于"西学为用"之外，其目的是守住"中体"的最后防线。他以清晰的形式凸现"中学为体，西学为用"的两面锋刃及其中心主旨。

张之洞从理论上为"中体西用""正名"，替这一时代"流行语"核定一个价值基准。他明言"今日时局，唯以激发忠爱、讲求富强、尊朝廷、卫社稷为第一义"。这一段话申明了"中体西用"理论的主要政治意义和文化意义。张之洞还竭力实现这一主张，使其物化为晚清社会、经济、军事、教育的现实。

【陶然新貌】

胡同有"管家" 邻里情更浓

要问谁是这个胡同里最忙的人，居民肯定都会想起徐文明，他是一名普通的社区工作人员，但每天都忙碌在胡同的各个角落。徐文明转胡同时，很熟络地跟居民打招呼，一会儿叮嘱李大妈家的闲置物品不能放在胡同里，一会儿问问张大爷家关于搬迁情况的进程，他总是心系胡同里居民的日常生活。

以前胡同里的公共厕所很脏乱，居民根本没办法下脚，徐文明就每天带头打扫卫生，尽可能地保持公厕干净整洁。后来政府有美化公厕的政策，徐文明又忙前忙后地帮忙申请，最后终于建成了现在外形美观、环境舒适的公厕，为附近的居民带来了很多便利，大家都非常感激他，并称他为“胡同里最忙碌的人”。

【社区新风】

成立文明劝导队　守护老胡同

2015 年，社区居委会换届选举，龙泉社区第四党支部书记张箴被选举为社区居委会委员，工作岗位搬到了社区，为社区做一些力所能及的事儿。时隔两年，2017 年背街小巷环境整治正式开始，街道办事处协调产权单位关闭了花卉市场，清理了胡同里的无照游商，解决了胡同里的交通拥堵及环境杂乱的问题，龙爪槐胡同焕然新生。4 月，第四党支部的四十多位党员及群众成立了龙爪槐胡同文明劝导队，他们决定用自己的行动守护老胡同的“今生”。

龙爪槐胡同处于陶然亭公园与陶然亭路之间，每逢旅游旺季，有众多游客从胡同中穿行，他们的使命是维护胡同里的环境卫生，营造一个良好的生活环境，也给行人一个舒适的旅行空间。

另外，陶然亭公园的花卉市场当时还尚未关闭，买花的、卖花的，还有游人、车辆等涌入，使胡同显得非常拥挤，司机们经常因为错车不当发生口角。再加上旁边还有个学校，

龙爪槐胡同内安置花坛

龙爪槐胡同秩序井然

如果赶上孩子们放学，那可真是车鸣不绝于耳，车流拥挤不前。这时，他们的使命是维护龙爪槐胡同的交通安全。他们安排专人在这里做引导，如果错车发生矛盾了，他们就及时疏导。就这样，一天又一天，在平凡的琐事里，他们文明劝导队的雏形就这样诞生了。当时，他们的初衷很简单，不过是管管家门口的事儿，为街坊四邻做一点小事儿，尽一点义务。

2017 年 4 月，经过街道办事处与居民的共同努力，背街小巷环境整治之后，龙爪槐胡同真的是迎来了春天，车也没有那么多了，胡同里的小商小贩也没有了，环境好了，胡同里还增加了新的胡同文化展示墙，街坊邻居们皆赞赏有加。而现在，劝导队的使命在于保护背街小巷环境整治的成果，将干净整洁的龙爪槐胡同维持好、保护好。为此，劝导队四十个人，两人为一个小组，每天两次巡逻，上午一次，下午一次，重点检查胡同卫生、车辆码放是否整齐、文化墙墙面是否整洁。

所做的都是一些小事儿，可真要把这一件件小事儿坚持做下去，不管刮风下雨、不顾严寒酷暑也不容易。别看都是小事儿，却天天上演着让大家感动的故事。

其实，劝导队里的队员们大多都是退休的人，七八十岁的老党员都有好几个，按说他们也是老年人了，可他们每天巡逻都特别认真，不计任何回报，为的就是让胡同的环境越来越好，并用自己的实际行动将龙爪槐胡同守护到底。

姚家井二巷
出土百余件文物　蕴藏厚重的历史

斑驳水泥墙"变身"文化墙，"新二十四孝"图文并茂传递正能量，曾经游离的目光如今无不被聚焦于这新气象。泥泞路铺上了透水砖，私人菜园成了公共绿地，如今的姚家井二巷里的文化味儿更浓了，景致更美了。试问：谁不爱这样的家园？

【胡同名片】

姚家井二巷，长 225 米，宽约 6 米。东西走向，东起龙爪槐胡同，西至菜市口大街。因位于姚家井胡同旁，是顺位第二条街巷而得名，姚家井胡同已经不在了，改成了居民小区，但姚家井二巷街名尚留存。

【胡同历史】

姚家井曾出土生肖石雕

在首都博物馆二层"古都北京·历史文化篇"展厅陈列着四件兽首人身的生肖石雕，它们高约一尺，面目严肃，双手相搭于腹前，宽袍大袖，袍袖悬垂于膝，均呈站立姿势。这几件栩栩如生的生肖石雕就出土于陶然亭地区的姚家井。

姚家井位于里仁东街以南，右安门东街以北，西邻菜市口大街，东至龙爪槐胡同，面积约 12 万平方米。就是这小小的一块地方在新中国成立之后却接连发现了汉代、唐代等三处不同时期的墓葬。

1952 年 11 月，在姚家井挖下水管道时，工人们意外地发现一座墓葬。后经考古学家考证为唐代夫妻合葬墓。此墓为双室墓，南北向。墓长 17.1 米，由墓道、甬道、前室、后室组成。尸体被完整地搬到墓道中，专家推断墓葬在建成后不久即被盗或破坏。墓壁壁画已残破不清。随葬品大部被盗，出土文物仅有五件汉白玉兽首人身石雕，分别是十二生肖中的龙、蛇、羊、鸡、猪像。墓志铭已不见，只保存有斗形志盖，周边琢宝相花纹，上面篆刻"大唐故信州刺史薛府君墓志之铭"。

1952 年 11 月 26 日，《北京日报》以"图片新闻"进行了报道："市卫生局上月底在陶然亭西姚家井挖下水道时，发现一座唐朝古墓，离现在有 1000 多年。这是经市人民政府文物组挖掘出来的石俑的一部分。"1954 年 4 月 4 日《光明日报》以《谈最近北京出土的古代文物》为题报道："北京郊区汉墓中出土的文物，其中陶器居多，都是殉葬品。高碑店汉墓、北京城南陶然亭和西郊海淀的墓葬中，都发现了汉代彩画陶壶，涂红、白、绿色，图案比较简单……1952 年 11 月在北京城南（陶然亭西）姚家井发现唐代信州刺史薛氏墓……墓内发现志盖一块（志石已不存）、十二辰石俑五个……十二辰俑现只存龙、蛇、鸡、羊、猪五个。……五具石俑，兽首人身，其中蛇、鸡两俑，甚得首都美术工作者的赞赏，认为是唐代雕刻的佳作。"

郭沫若等一些历史、考古学家曾考证过墓主人的身份，但并未得出明确的答案。近年来有人推测该墓主人可能是中唐时期的薛凝。他曾担任"朝议大夫，使持节，泉州诸军事守泉州刺史，上柱国"。唐代武官勋级分十二等，上柱国为最高级，官职正二品。薛凝后来又担任过信州刺史。唐代的信州位于今天江西上饶地区。笔者经过查阅史料基本认同这种观点。在道光年间出版的《晋江县志》卷之二十八《职官志文秩》

26

中曾记载："薛凝，大中七年（853）任泉州刺史。改信州刺史。"这与墓志铭盖上的文字比较吻合。但是为什么薛氏在江西任职，死后却葬在了北京呢？由于相关史料证据不足，因此这种观点还无法充分证实。

不过这座薛府君墓对研究唐幽州城的位置提供了非常有价值的参考。北京在唐代称为幽州，此处墓葬距幽州大都督府故址仅有数公里。史书记载幽州城的南城垣在姚家井以北的东西一线。因此薛府君墓的位置应在城南门附近。该墓也是北京地区出土的、继"史思明墓"之后的第二大唐代墓葬。

1980年在姚家井又出土了唐墓一座，出土随葬品有石人像、石蛇、石龙、石猪、石鸡等十二生肖头像及铜钱、碗等。兽首人身十二生肖俑是隋唐墓中较为常见的随葬品，先后出土的这两组石雕形象都十分生动，惟妙惟肖。

除了唐代墓，1980年3月在姚家井二巷19号还发掘出汉代古墓一座。经考证为西汉土坑墓，墓葬距地表3.5米。出土陶仓五件、陶壶一件、陶罐一件，做工非常精细。

20世纪60年代以来在北京城市建设过程中，在姚家井还曾发现了几处战国时期燕国蓟城、西汉时期广阳国蓟城的陶井遗址，表明那时这个地区的居民比较稠密。这些陶井的发现为确定战国蓟城的方位、研究西汉广阳国百姓的生活提供了重要参考。

今天人们在改建后的姚家井小区幸福、安静地生活，恐怕很少有人知道就在自己的脚下曾出土过几个朝代的百余件各式文物。别看地方不大，

姚家井内的井然亭

27

这里却蕴藏着丰富的信息，几十年来随着考古发现不断散发出浓郁的历史韵味。这不仅是陶然亭地区宝贵的文化财富，更是北京这座古城三千多年沧桑变迁的见证。

【陶然新貌】

新绘文化墙会"说话"

坑洼的路面、墙上遍布的涂鸦、角落的堆物堆料都悄然消失，小区的绿化重新设计补种，私搭乱建被拆除……随着陶然亭街道启动背街小巷整治工作，姚家井二巷发生了巨大变化。

2018年上半年，姚家井二巷南侧围墙变身成为一面200米长的文化墙，吸引过往行人驻足观看。这是陶然亭街道推行背街小巷整治的一项重要内容。

姚家井二巷文化墙的前身是一片斑驳的水泥墙，有些地方连水泥都没有，裸露着红砖，上面偶尔还会有小广告出现。陶然亭街道办事处在充分调研和征询意见的基础上，对其施工改造，美化创作，以体现中国传统特色的灰色砖墙为背景，绘制成为以"新二十四孝"为主题的传统文化墙。

与传统的二十四孝相比，"新二十四孝"的内容更富有时代特点，如"教父母学会上网""为父母购买合适的保险""支持单身父母再婚""仔细聆听父母的往事"等，这些内容与现代生活

姚家井内道路　摄影：张凤芹

紧密结合，在观念上有所突破，强调了对老年人的心理关怀。

墙面将"新二十四孝"以图画文字相结合的方式表达出来，生动形象，简单易懂。这不仅让墙面变得色彩缤纷，还传播了正能量，带给人们一股文明新风。经常可以看到有老人和孩子一同在文化墙前阅读墙上的内容，感受新时代下的孝道文化。如今墙面变得美观还能"说话"，上面的小广告也少了，居民出行经过胡同心情也更舒畅了。

【社区新风】

坑洼路面变身停车位　居民配合拆除藤架

姚家井二巷不是笔直的街巷，在道路中段有一处突出部分，行人都要绕着走，经过与产权单位协商，单位同意将突出来的部分让出来，与两侧围墙齐平。

但拆除房屋后的路段变成了土路，遇到阴雨天，泥泞的道路直接影响居民出行。姚家井二巷周围都是老旧小区，绝大多数居民都是老年人，这条巷子是周围居民骑车出入小区必走的一条路。路面不平，还有一段是土路，每逢下雨天都会有积水，泥泞不堪，这对老年人来说存在很大的安全隐患。

街道办事处及社区工作人员看在眼里，急在心里，背街小巷整治期间与单位积极协调，最终为这段难走的土路铺设了渗水砖。道路修好后，还重新规划停车位，增加了居民的停车空间，居民一说起这事儿无不伸拇指点赞。

回想起来，背街小巷整治尤其要感谢地区居民的理解、支持和配合。姚家井二巷北侧小区有两户居民在楼前搭设了藤架，每年都会种上一些蔬菜，收获不会太多，居民多是为图个乐。

背街小巷整治过程中，街道对姚家井二巷进行绿化设计，发现部分居民这样在公共绿地上圈地种菜给其他居民带来了很多困扰。不仅影响美观，夏季还容易滋生蚊虫。有的居民为了让植物生长得好，还要施肥，从而影响了周围空气的质量。

杨建平是姚家井二巷街巷理事会成员，帮着做了不少工作。街道相关科室工作人员也深入居民家中宣传政策。通过沟通，大家都同意公共环境要共同维护，集体商议决定如何使用。

如今，藤架已被拆除，街道对整改区域及时补绿。现在，走在姚家井二巷，看着整洁的路面、茁壮成长的绿植、规整的路边停车，大伙心情都跟着敞亮了。

里仁东街

因宝塔寺得名　今日玉兰飘香

从生活垃圾随处堆到现在墙面上的"孔融让梨"、花间小道，里仁东街发生了翻天覆地的变化，孩子更懂事了，老人生活更丰富了，年轻人也更加有活力了……唯一不变的大概就是变化。街巷整治带给了居民太多的惊喜，居民在体会地区变化给自己生活带来的改变时，一定也感受到了那浓浓的幸福感。

【街巷名片】

"里仁"，名源于《论语·里仁》篇。其原文是："子曰：'里仁为美，择不处仁，焉得知?'"里者，居也，指住处的意思；仁，居此之人有道德之意。用白话说，就是与有仁德的人住在一起，才是最美好的。

里仁东街东起龙爪槐胡同，西到菜市口大街，因在里仁街东得名。1999年辟建菜市口大街，此街被占去部分地段。菜市口

刻有"里仁东街"字样的石头

大街开通后，里仁街被分成了东西两半，便有了里仁东街。里仁东街位于陶然亭街道办事处辖域西南部，陶然亭公园以西，为东西走向。

【街巷历史】

菜市口大街建成后"得名"

里仁东街原名太清观，明万历年间修观，清嘉庆时重修，直至1949年仍然保存完好。光绪四年（1878）大旱，此观大修房舍收容灾民，开办百公善堂养济院收容孤老贫民。民国后，办私营正雅布厂。新中国成立后建卫生材料厂。1952年，西南侧由北京市建筑公司建起家属宿舍，逐步形成街巷。

里仁东街之东端南、北两侧曾为北京市卫生材料厂、北京玻璃五厂。3号为原宣武区教工宿舍楼，后又修建了5号教工宿舍楼。胡同西端南侧为姚家井居民区。现在，里仁东街交通很方便，向北出龙爪槐胡同，有40路、59路公共汽车通过，街西口有特14路、381路、133路，还有地铁4号线。

【市井百业】

脏乱窄巷今变玉兰街

今天的里仁东街干净、整洁、宽敞。街道一侧是停车位，中间是汽车道，另一侧是自行车道。

很难想象多年前的这里是一条窄小的巷子，甚至容不下一辆小轿车通过。老一辈人介绍，以前街道一侧是一排破旧的平房区，住在那里的人形形色色，有北京市卫生材料厂的员工，还有外来打工的人员。那时候，早晨会有早市。楼下是各种油盐店铺，每天早晨什么声音都有，喧嚣一片。后来街巷改造，里仁东街被列为重点改造区域，拆除了四周的平房区，道路绿化，种上了玉兰树，春天开花摇身就变成了一条玉兰街道。

2017 年背街小巷改造，胡同北边的绿地经过精心设计，在不减少绿地面积的情况下开出了一条花间小道，除了冬天，都能见到五颜六色的花朵，行人走在这里真是惬意。当鲜花盛开的时候，不少人会在花间留影。街头还有一个供大家休息的场所，木椅、小亭，夏天在这里休憩甚好。如今，又增添了文化气息，街的北面宣传传统文化，南面是红色文化，走过街巷的人们经常驻足观看。

这里再也看不到老旧巷子的影子。东街两旁都有保安人员站岗值守。

此街形成于清末。街内原有一座宝塔寺，为旧时祭祀神灵的场所，故这里曾称"里神街"。后改为里仁街，大概也是因为"仁"与"神"谐音且《论语·里仁》篇中释有"里仁"之意。

原里仁街旧时多坟地和菜地。清末民初有北城新义地、四明义地、扬州义地，还有赵家坟、西汉墓和唐薛府君墓等。相传，菜农郭家掘出一口甜水井，远近闻名称郭家井；还有一口姚家井，是京城四大甜水井之一。

该街建有一座四明会馆，是浙江宁波人在京开设的药行会馆，常有宁波人在会馆停灵。今辟为民居，居住着邮政局职工家属，借鸿雁传书之意，宿舍称宏建里；居住电信职工家属院的，其宿舍称信建里。此外还有公安系统宿舍、戏校宿舍等。

宠物之家显得格外温馨

33

如今里仁东街隶属龙泉社区。街南是姚家井小区，街北是教师宿舍楼。龙泉社区在里仁东街打造一面文化墙，展示居民创作的书法、绘画、摄影、手工制品等作品，路旁的墙下建有花池。整洁优美的里仁东街正谱写着新的篇章。

【陶然新貌】

濮存慧：将爱从"小家"传递到"大家"

走进龙泉社区里仁之家，我们经常会看见一位满头华发的老人。她面带微笑，和蔼可亲。从她胸前佩戴的党徽可以得知，她是一位光荣的共产党员。她就是濮存慧。

一枚印着"清白吏子孙"的印章、一首叔叔苏民赠送的自律诗，时刻告诫着濮存慧秉持濮家人清白为人的家风。

"不计秋夏不争春，枝干疏密根自深。何期岁暮催花放，愿随白雪共芳芬。"从身为清代官吏的爷爷传下来的印章，到身为人民导演艺术家的叔叔苏民，再到"零绯闻"的堂弟濮存昕，在濮存慧心里，濮家人始终在亘古不变地传承着正直、清白的处世家风。

濮存慧所在的里仁东街校园建于 20 世纪 70 年代，有两栋楼，共 168 户居民，老人居多，更有很多空巢、独居老人。就拿濮存慧所在的第一党支部来说，党员 62 名，平均年龄便高达 73.6 岁。

2012 年，濮存慧当选龙泉社区第一党支部书记后，她心里便再也没放下过小院里的老人们。在她的提议下，里仁东街 3 号楼、5 号楼成立了楼宇汇，自此，她带领着十二位楼门长和党员、志愿者，踏上了一起为小区居民服务的道路。

"老人们老有所为了，才能老有所乐。"濮存慧总是想尽办法，动员老人们走出家门。一位老人因为老伴的去世深受打击，她便一次次劝说老人出门忙活起来。去地铁口值班、参加清扫绿地行动……与外界

"接轨"多了，老人也渐渐从阴影中走了出来。

2017年4月，小院成立了"里仁之家"。小小活动室不足十平方米，却五脏俱全，满足着大家学习、娱乐、交流等多样需求。濮存慧作为"一家之长"，一次一位八旬老人找到她说想到"里仁之家"值班时，濮存慧立刻意识到老人是怕寂寞的，便不仅答应老人需求，还安排了其他老人也到这里值班。慢慢地，邻里在这里愈加熟悉，这里不仅成为聊天解闷的场地，也成为大家解决小院难题的重要阵地。

面对这些"老小孩们"，濮存慧当然也有"碰壁"的时候。濮存慧说："有的老人偶尔可能会闹脾气，这时就不要去争辩，就耐心听着，等到老人说够了，你再和他沟通。"都说老人是"老小孩"，濮存慧说："面对老人，你就得学会和他'商量'，学会用征求的口吻和他沟通。"

正因如此，无论是家庭矛盾、邻里纠纷，还是个人问题，大事小情大家都愿意找濮存慧交谈，濮存慧也总能真诚地与老人交换意见、解决问题。也因这样，党支部、楼宇汇才愈加有了凝聚力与号召力。

"里仁为美"，这里文明又温馨

里仁东街有个"里仁之家"，房间面积不大，但设备齐全，电视、电脑、空调、桌椅板凳等一应俱全。据老人讲，以前这间房是传达室工作人员的休息室，成立楼宇汇后，这间房子简单修整之后就成了小会议室。2017年在背街小巷整治提升过程中，在陶然亭街道和社区的关怀与帮助下建成了现在的"里仁之家"，作为小院的党员学习阵地、社区共建会议场所、居民休闲娱乐之地。

康秀岩说："以前没有这间屋子的时候，我们夏天傍晚就会坐在传达室旁边，几个人聚在一起拿着小板凳打打牌、聊聊天，很不方便。自从有了这间房子，我们聚在一起就方便多了，周一至周五是值班日，只要是我值班，就有人过来陪我'斗地主'，热闹又开心。时间长了，来娱乐的人多了，这里就成了'老年之家'，老年人聚在一起，聊天、喝茶、娱乐，邻里关系可融洽了。"

35

东街巷里居住的居民多数是教师，由于有文化、素质高、邻里之间相处融洽，久而久之形成了一个非常好的"民风"。1952年，第十五中学建校，在十五中南侧教育局为教职员工建立起教职工宿舍。在这里居住的大都是原宣武区重点学校的教师。邻里之间相处得非常和谐，互帮互助，人们说这里是楼房四合院。

一走进里仁东街3号楼和5号楼的院子，就能感受到与其他老小区的不同。虽然两栋楼都是三十年左右的老楼了，但是院里干净、整洁、有序，两个小黑板上满满的都是文字，宣传橱窗里也整齐地摆放着居民的书画作品，充满着浓浓的文化气息。

小院里最显眼的就是门口的两块黑板和宣传橱窗，小黑板和橱窗在宣传小院好人好事、扩大正能量、加深邻里感情、传播"里仁为美"的价值观上起到了非常重要的作用。就拿志愿者参与街面执勤来说，3号楼和5号楼的执勤老人们都已年过六十、年近八十，却依然毫无怨言地接受任务，认真执勤，这种奉献光和热的精神就是小院倡导的。"街道给我们发了羽绒服和椅子，这是物质奖励；我们楼宇汇在小黑板上对志愿者点赞、致敬，提出表扬，这是精神奖励。"里仁东街楼宇汇负责人濮存慧说道。

濮存慧介绍，楼宇汇有自己的宣传组，有负责黑板报的，有负责宣传橱窗的。他们都各有自己的计划。黑板上主要写各方面的通知、介绍健康知识、表扬好人好事、进行温馨提示、汇报楼宇汇会议情况，还叙说"里仁"含义、讲解文明礼仪等；宣传橱窗内展示居民们自己的作品——书法、绘画、摄影、诗歌等。

楼宇汇不仅注重院内的文化建设，还重视每个楼门的文化建设。每个楼门内都有小白板，白板上的内容由各楼门长决定，现在有的粘贴了健康小常识，有的给住户提出了要求或建议，5号楼3单元和5单元每一层都挂着书画、摄影作品，多数是居民们自己创作的。

之前因为楼房年代已久，许多地方需要更新，但上级给的资金有限，楼宇汇便召开了楼门长会，大家讨论哪些是最急需更新的项目。在汇集大家意见后，为5号楼5个单元更换了楼道窗户、在院内新建了储藏隔断、购置了公共轮椅、修复了被破坏的墙面、定制了快件储物架、购买了统一的花盆、更换了破损的垃圾桶等，同时确定了废旧物品的放置地点。

这样，既方便了居民生活，让大家感到了温馨，又净化、美化了院内的环境。楼宇汇负责人濮存慧说："楼宇汇成立以后，居民们的主人翁意识和自治意识增强了，有了新的情况主动进行反映，遇到困难和问题主动找楼宇汇商量解决。"

龙泉社区书记张学燕表示："街道和社区及时为楼宇汇提供物质上的支持，积极地对居民自治提供热情的指导。楼宇汇作为居民自我管理的一种形式，激发了社区居民参与社区服务和管理的热情，使居民可以更多地关心他人、关心环境、关心社区，并积极参与社区的各项事务。"

【社区新风】

说说家门口变化　绿色发展惠民生

20世纪末，里仁东街车辆无序停放，到处是违建、小商贩……晴天路旁总是堆满"白色垃圾"，只要一刮起风来，这些"白色垃圾"就会飞得到处都是；到了雨天，更是污水横流、垃圾满地，行人根本无法通过。

"碧玉妆成一树高，万条垂下绿丝绦。"2018年春天来得特别早，家住里仁东街的刘玉琴最喜欢

里仁东街路面干净整洁

的季节也正是这万物复苏的春天。刘玉琴从外地回来，发现里仁东街真的变了，这里出现了平整的马路，车辆有序地停在路边长方形停车线内，还用雪白美丽的栅栏隔出了非机动车道，两旁还修建了人行步道和街景，道路两旁的墙壁粉饰一新，增添了花坛和绿植。墙壁为北京灰砖面，独具匠心地设计了许多宣传橱窗。在这百花盛开的季节，有粉得如霞的月季花、白得如玉的玉兰花竞相开放。它们有的花蕾满枝，有的含苞初绽，有的昂首怒放。一阵沁人心脾的花香引来了许许多多的小蜜蜂，嗡嗡地边歌边舞。在人们环保意识日益增强的今天，绿色发展的理念已深入人心。然而知易行难，里仁东街的环境之所以能得到如此巨大的改善，关键在于市、区、街道、社区各级部门认识到位、措施得力，久久为功。

陶然亭街道集中财力人力，对里仁东街进行大力度、全方位整治，完成路基临街墙立面改造，清理生产生活垃圾死角，施划停车位，街区实现了洁净水清、绿荫覆盖，让群众共享绿色发展的益处，居民得到了实实在在的好处，无不拍手叫好！

以前里仁东街这条胡同只有南边有人行道，北面是绿化地，而胡同里来来回回路过的车很多，大家出门非常不安全。

起初居民提出将绿地改成人行道，但那会大大减少绿地的面积，后来经过多方商议，在居委会的帮助下，找专业人士对绿地进行立体设计，分成三层，然后在绿地上开辟出一条人行

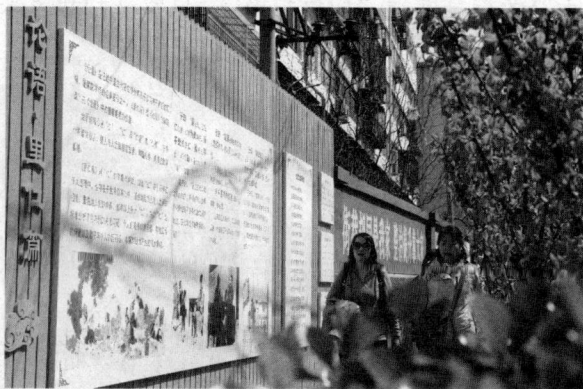

里仁东街文化墙

38

道——花间小道。这样一来就解决了居民出行的问题。

现在的里仁东街，居民们走在花间小道上显得非常有情调，花花草草也很怡情，夏天有不少居民在这里驻足拍照。而且，相关部门也安排了交通指挥的保安，负责这一带的交通指挥，确保车辆正常出行，提示居民安全过路。

在背街小巷治理过程中，在大家的集思广益下，经过多次会议讨论，决定将里仁东街5号楼下的活动室建立成为"里仁之家"。

最早"里仁之家"的房子是传达室的师傅休息的地方，师傅退休后，就变成了居民活动室，重新装修一番后可谓是"麻雀虽小，五脏俱全"，桌椅、电脑、空调、血压计、放大镜还有各类图书报纸等应有尽有，而且很多设备都是多功能的，例如座位下面是抽屉，椅子可以折叠不占用太大空间。渐渐地这里既可以作为自治共建理事会的会议室，也可以作为居民值班室。负责"里仁之家"值班的一共有六个人，有四个人是八十岁以上的老人，大家在一起聊聊天，还能帮助居委会处理一些力所能及的事。周一到周五，一天四个小时，大家尽职尽责，每天都有值班记录。屋子里放的一些手工花也都是居民自己制作的，大家把这里装扮得像自己的家一样。

背街小巷整治最明显的变化就是空白的墙上竖起了文化墙，让地区变得更有文化了，传统文化墙到处可见。

2017年结合党的十九大，街道以红色文化为主题，把先辈们的照片和他们的事迹通过文化墙的方式展现给大家；还有医院宣传的疾病预防与健康小知识；另外还有一些典故，例如孔融让梨等经典故事，让大家非常受益。走在这条街上不仅看到花红柳绿，还能感受到浓厚的文化氛围。有一次笔者走在路上，就看到一个还不识字的孩子问妈妈墙上画的是什么，妈妈就把这些故事讲给他听，这就很好地传承了中华文化。还有居民参与小区垃圾的清理工作，大家真的把小区当成了家，每个人都是由衷地想要参与家园治理。有的居民来清扫垃圾时还带着小孙女，让孩子参与其中，用实际行动培养孩子从小爱护环境的良好品德；还有的居民搬到了其他地方住，但还是按时回来清扫院里的卫生，真的是人离开心一直在。

双柳树胡同

因两棵大柳树得名　民国后始有人定居

　　从空旷菜地、坟地，变身成如今的双柳树胡同，除了其巷内原有的两棵大柳树保存完好，还少不了新中国成立后，陶然亭街道办事处对胡同整体环境的优化提升，为其增添了便民设施，提升了人文气息。

双柳树胡同文化墙

【胡同名片】

双柳树头条、二条、四条位于陶然亭街道辖域东部，黑窑厂街东侧，北起双柳树胡同，南至窑台胡同，为南北走向的三条并列小巷。双柳树头条长133.4米，宽3.8米至8.9米。双柳树二条长153.9米，宽5.6米至7.5米，以上两巷原称双柳树。双柳树四条长149.9米，宽2.5至4.7米。原有双柳树三条，因建简易楼将三巷占去，与二条合并，故已不存。双柳树三条与双柳树四条原均称毗卢庵。《燕都丛考》有劈炉庵之称，庵址无查，仅存地名。

【胡同历史】

双柳树明清时属黑窑厂地区，1949年前，此地住户很少，且条件极差；1949年后才成片建房，遂成街，地名沿用至1965年。1965年定街巷名称时，将东西主巷定名为双柳树胡同，将南侧小巷定名为双柳树头条至双柳树四条。胡同东端南侧有北京市标准件三厂，其余均为民居。

双柳树四条在民国之前多为菜地、坟地，民国以后始有人居，住户甚少。《北平庙宇通检》称："毗卢庵在先农坛西，已废。"庙已不存，仅有巷名，街巷称毗卢庵。1949年后改建排房，仍称毗卢庵。此地区亦属黑窑厂范围，地名沿用至1965年。1965年时巷名更为双柳树四条。

【口述追忆】

做大馒头"备荒"

据居民介绍，1970年前后，为了预防苏联的原子弹攻击，党中央对全国发出"深挖洞，广积粮，不称霸"的号召，动员家家户户、大小单位挖地道，搞演习。印象里在双柳树四条就挖过防空洞，挖得很深。

打洞下去，有人在地下挖，再一筐筐地把土传出来。为了挖防空洞，每家还都需要脱坯。

1967年4月，"备战、备荒、为人民"在《人民日报》公开发表，很快广为流传，成为人人皆知的一句话。为了响应号召，当时家家户户都做大馒头，用来备荒。

坑洼小路换新颜

居民王文英说，胡同变化比较明显，原先的路都坑坑洼洼的，现在已经修成了公路，整洁干净了。曾经取暖烧的炉子，现在都不用了，改成了暖气，更安全了。

20世纪70年代，那时候放学后，女孩子经常在胡同里玩跳皮筋、砍包、跳房子，男孩子就喜欢砍劈柴、弹球。最有意思的是"骑驴"，就是一个人负责驮，大家往这个人身上摞，比谁有劲。没劲的能驮一个人，劲儿大的能驮三四个。

黑窑厂街

曾经众多寺庙聚此地　如今街巷整治换新颜

黑窑厂街历史悠久，其内曾建有众多寺庙，供奉"西方三圣"的三圣庵，京城四大城隍庙之一的江南城隍庙，还有清慈庵、关帝庙等，而经历史洗礼，黑窑厂街重换新颜，兴建学校，整治街巷，人们愈加安居乐业。

【街巷名片】

黑窑厂街位于陶然亭街道辖域中部，陶然亭路北侧，南北走向，北起南横东街，南至陶然亭路，长460.9米，宽7.3米至14.3米。三圣庵、江南城隍庙、清慈庵等都曾坐落于此。

黑窑厂街明称黑窑厂，属正南坊。黑窑厂乃明初所设五大厂之一，归工部管辖。黑窑厂负责烧制砖瓦，此地即黑窑厂所在地。清初窑厂尚存，还烧制白瓷器，后窑厂逐渐废弛，窑厂附近演化为街巷，仍称黑窑厂。

民国时街巷门牌编列仍称黑窑厂，窑厂遗址约在今陶然亭公园范围之内。公园内有窑台，窑疙瘩之遗迹尚存。新中国成立后，窑厂遗址均划入陶然亭公园范围之内。黑窑厂街在新中国成立前叫南下洼子，后改名南华西里，此后分成黑窑厂街和南华里。1965年后定名为黑窑厂街。

【寺僧情怀】

三圣庵

供奉"西方三圣"的三圣庵

三圣庵位于黑窑厂14号，据《北京庙宇通鉴》载：宋仁宗时清法和尚建，为尼姑庵。三进院落，分前后院，前院有前殿和正殿，均为琉璃构筑。前殿拱券石雕龙，后院有罩楼。光绪时两次重修扩建，共有房屋154间。

三圣庵

三圣庵山门坐东朝西，山门三间，五檩后金柱，正面当心间为雕花石券门，次间封以磨砖实墙，大式硬山顶，绿琉璃瓦黄博风；两侧角门各一间硬山顶，黄琉璃瓦绿剪边。第一进院大殿三间，七檩前出廊，大式硬山筒瓦顶；南耳房三间，北耳房两间，五檩前出廊。二进院主殿为三间楼房，七檩前出廊，大式硬山顶，黄琉璃瓦绿剪边，绿琉璃博风；东西耳房各两间，东西配殿各三间，均七檩前出廊。正殿二层供奉着释迦牟尼、阿弥陀佛和药师佛三佛祖，一层供奉西方三圣——阿弥陀佛、大势至菩萨和观世音菩萨。故名三圣庵。

三圣庵规模虽小，但在宗礼和历史上足以和白云观、牛街礼拜寺并论。第三进院为后照房，现存七间，中部有门道通黑窑厂东街。院内有一棵四百三十余岁的老槐。南跨院另开门有南房十四间。北跨院也另开门，有东房五大间，房前庭院宽敞，系停灵祭奠之所。此庵规格不高，

45

但大量使用琉璃瓦，而且手法驳杂，现保存尚好。

三圣庵为全木榫结构，墙面上都不钉钉子，楼顶元宝形状的琉璃瓦，还有飞檐上的"五脊六兽"，都是民国初年笃信佛教的黎元洪所捐。如今，经过岁月洗礼的三圣庵仍保留着民国大修时的基本风貌。

社会名流在此办理丧仪

在三圣庵深处陶然亭北，周围热闹的氛围和安静的三圣庵有着明显的对比，这里有着南城特有的风格。新中国成立后，三圣庵一侧是皮毛厂二车间，再往东边有十几个做皮毛生意的小作坊。

京城寺庙均可提供停灵、祭奠服务。三圣庵地处南城，来此办理丧仪的多为中等人家。只要在此办理白事，寺院均可提供一条龙服务。不少社会名流都选择在此办理丧仪。名妓赛金花 1936 年病故于天桥寓所，由于生活极为贫困，家中又无子女，死后丧事无以为计。当时北平市总商会孙晋卿等人出面周旋，在三圣庵成立"灵飞治丧处"，接受各界捐款，在庵内停灵办理丧事。住持图印免收寄柩之费，最后赛金花被葬于陶然亭公园锦秋墩山上。

著名京剧表演艺术家谭富英的父亲谭小培 1954 年病故，也在此办理丧事。三圣庵住持尼僧图印亲自至山门前迎灵，并当场对记者发表谈话。当时的路线是一出堂后北行，出黑窑厂，进粉房琉璃街，出北口，经骡马市大街往东，至虎坊桥往北，进五道庙街，经李铁拐斜街、观音寺、大栅栏、前门大街，直接由西珠市口往西，经万明路直达陶然亭。

京剧大家程砚秋先生 1958 年去世，当时就是在三圣庵出殡，马连良、梅兰芳等四大须生、著名戏剧演员来了好多，花圈一直排到黑窑厂、南横街。

被列入北京市文物保护单位

三圣庵和传统的寺院在格式上有很大区别，坐东朝西，前院曾被改造成了一个素食餐厅和茶座，名为"菩提缘"，主要提供一些素食，当然也有一些荤型素菜。"菩提缘"所提供菜品，色香味俱佳，厨艺优良，是京城素菜中的精品，但价格偏高，一般百姓接受不了。

三圣庵后院里有一棵姻缘树，据史记载是三圣庵一位德高望重的师太种的。明万历年间，咸阳公主由于不能和自己心爱的人成婚，因此在三圣庵出家，后种下此树以寄相思。高大的槐树上挂满了红红的丝线，可见来此求姻缘的人还真不少。从此，三圣庵成为"燕京八景外一景"。

20世纪50年代，三圣庵归属市民政局管辖，寺庙作用全失，成为市民政局的救济站。办理丧仪的场地也变成了街道工厂的车间。最后一代住持图善曾当选为宣武区第一届人民代表大会代表。

2001年，三圣庵修复后被列为北京市文物保护单位，曾被菩提缘素菜食府占用；2009年入选《北京市非物质文化遗产名录》的"北韵禅乐"在此寺复出，每周一、三在三圣庵演练；这里还是革命党活动场地，革命党人在这里秘密策划推翻清政府；鲁迅先生曾到这里悼念寿洙邻先生。

江南城隍庙

曾是京城四大城隍庙之一的江南城隍庙

在我国各类寺庙中，城隍庙在百姓心中一直是占据首位的，因为城隍作为城市的保护神深得百姓拥戴。明清时期，北京的都城隍庙、宛平城隍庙、大兴城隍庙和江南城隍庙并称京城四大城隍庙。

江南城隍庙正名为"京都都城隍威灵公庙"，原位于南横东街东口，是一座正一派宫观。江南城隍庙建于元朝初年，明万历二年（1574）加封大都城隍为护国保宁王庙，明永乐为大威灵祠，清朝改为江南城隍庙。江南城隍庙庙门坐北朝南，山门阔三间，歇山顶，拱券门窗，券门脸面上雕卷草花纹，板门上有石额题"京都都城隍威灵公庙"。卷窗雕菱花格。现存大殿为前殿，门阔三间，五檩硬山顶，灰筒瓦顶，门窗为步步紧棂格。门殿之间有一座三间四檩穿堂，前后殿之间为道院，正房三间七檩前出廊。西房三座共九间，东房两座共六间，倒座三间，勾连搭又与东西配房相连，东次间为大门，均为无檩硬山顶。庙内大殿内有城隍塑像，供人们祭拜。庙内还有一座城隍喜楼，作为城隍的行宫。楼前有喜轿和仪仗。楼内有喜床及新婚饰品。

进入民国香火日渐衰落

江南城隍庙在每年的清明、中元节（七月十五日）、寒衣节（又称冥阴节，十月初一），都要举办盛大的庙会，届时，东邻的东岳庙（天启庙）与该庙同时举办庙会。庙会吸引了成千上万的游客前来烧香许愿，庙会上还举办各种商品展卖，成为京城庙会的一大盛景。庙会的重头戏是城隍巡游，出巡时前有威武的仪仗队，后有民间走会杂耍，如中幡、扛箱、五虎棍、高跷、秧歌、耍坛子、耍狮子、跑旱船等游艺活动。一路上人山人海，倾城观看，各种香会各显神通，使出浑身解数，博得游人喝彩。城隍巡游是京城城隍庙的特色活动，清康熙末年，盛大的北城都城隍庙城隍巡游终止了，取而代之的江南城隍庙城隍巡游誉满京城，一直延续到民国以后。这是陶然亭地区在京城最有名的盛大民俗活动。

进入民国以后，江南城隍庙的香火日渐衰落，庙会也停办了。城隍巡游中杂耍艺人流落到天桥撂地卖艺为生。江南城隍庙的衰落，促进了天桥演艺事业的兴起。该庙七月十五日盛大的盂兰盆会也因僧人的离去而无人诵经，只得由天桥一带的帮会出资糊一座法船进行焚烧祭奠。届时，京城五行八作耍手艺卖艺的人，特别是返原籍祭祀亲人的穷人，会将装有冥银的包裹丢入法船一同焚烧祭奠。

江南城隍庙东北部是当时妓院密集的八大胡同，东南部是下等妓女集中的天桥地区。这些饱受欺凌的妓女常常来江南城隍庙，向城隍老爷哭诉她们的不幸遭遇，祈求神灵的保佑。妓女死后就葬在这里。江南城隍庙以南，旧称"南下洼子"，由于当时黑窑厂烧制砖瓦取土，导致这里地势低洼，形成无数大小水潭、水坑。这里荒草、芦苇丛生，野坟座座，四周散落着几处破败的棚户平房。如今这里建起一幢幢楼房，修筑了宽敞的街道，南下洼子的街巷名称也改为南华西街、南华东街、南华北街（"南华"即"南下洼子"的谐音），一个新兴的居民区取代了昔日的破庙荒野。南横街东口修缮时，将江南城隍庙拆除。作为古迹，江南城隍庙的庙门移建在黑窑厂三圣庵的南墙外。

清慈庵

被拆除改建机关办公楼

清慈庵坐落在黑窑厂（街）旧门牌 35 号，建于同治二年（1863），有房屋近五十间。据《北京庙宇通鉴》载：清慈庵，明正德十六年（1521）创建。嘉靖三十六年（1557）修，万历三十年（1602）重修。

1958 年改为街道工厂，一度为市缝纫机零件六厂使用，目前为某单位附属的旅店。另一部分为区环卫局所属干路保洁队使用。区环卫局使用的部分，已经彻底拆除，改建为区环卫局机关办公楼址。

关帝庙

为劳苦大众提供栖身之所

关帝庙坐落在黑窑厂街南段路西，即黑窑厂（街）旧门牌 75 号，在今中国戏曲学院附属中等戏曲学校的对门。

资料称，同治七年（1868）建，庙址很小，仅有大殿三间，其余均为群房。新中国成立前庙宇已无香火。周围群房，多为劳苦大众所居。黑窑厂（街）周围尚有著名的"八十八间房"，居住者多系劳苦大众。新中国成立后彻底改观。

20 世纪 30 年代后期，每年冬至节（阳历 12 月 22 日前后），家住在福州馆前街荫德里的蒋介眉老先生都要在关帝庙内为贫寒的劳苦大众施舍小米，以帮助劳苦大众渡过难关。这项善事一直坚持了若干年，直至北京解放前夕才停止。关帝庙已于 20 世纪 80 年代后期拆除，其地修建了黑窑厂西里居民小区。

【区域风情】

中国戏曲学院附属中等戏曲学校——"艺术人才的输送地"

中国戏曲学院附属中等戏曲学校是中国戏曲学院（原中国戏曲学校）的重要组成部分。中国戏曲学校成立于 1950 年 1 月 28 日，是中华人民共和国成立后创建的第一所国家级培养戏曲艺术人才的专业学校。1978 年，为适应国家教育事业和戏曲事业发展的需要，学校升格为中国戏曲学院，同时作为戏曲艺术人才培养基石的中等教育继续保留。经文化部批准，1985 年设立附属中等戏曲学校，简称中国戏曲学院附中。

自 1950 年建校以来，刘秀荣、张春孝、钱浩梁、杨秋玲、王晶华、

中国戏曲学院附属中等戏曲学校

冯志孝、王梦云、刘长瑜、叶少兰、李长春、李光、李维康、耿其昌、郑子茹、刁丽、于魁智、孟广禄等众多京剧名家在这一方沃土中先后孕育而生，学校培养的人才遍及祖国各地，为繁荣兴盛民族国粹艺术做出了重要贡献。

学校位于陶然亭路 39 号，现有教职工一百七十人，在校学生一千五百人，设有京剧表演、京剧器乐伴奏、戏曲作曲基础理论、舞台美术、民族器乐演奏及舞蹈表演等专业方向。

近年来，学校秉承"出人出戏，继承创新"的办学宗旨，坚持"以人为本、特色立足、质量立校"的办学理念，以继承弘扬优秀民族文化为己任，在总结六十多年中等戏曲教育经验的基础上，注重研究探索新时期戏曲人才培养规律，凝练办学特色，形成了"娃娃品牌"建设发展理念，实现了学校发展的新跨越。

在专业建设中，学校坚持课堂教学与舞台实践相结合的育人原则，几年来，排演《大·探·二》《法门寺》《红鬃烈马》《四郎探母》《凤还巢》《失·空·斩》《霸王别姬》《碰碑》《英雄义》《盗御马》《打瓜园》等优秀传统经典剧目大戏十三出，折子戏近百出，在北京、上海、山东、广东、安徽、福建、香港、澳门、台湾及美国等地演出三百余场，在文化部主办的全国青少年戏曲比赛，中央电视台举办的学京赛、少京赛及中国剧协举办的"小梅花"等全国专业赛事中，获得奖项共五十余项。2011 年 11 月，附中与北京长安大戏院签署战略合作协议，在北京长安大戏院推出了"携手为了孩子"中国戏曲学院附中一年两度的"娃娃戏"专场档期演出，为深化校企合作、助力学生专业成长，搭建了新的平台。

为推进民族艺术在少年儿童中的普及与传播，学校自 2008 年以来，先后举办了主题为"娃娃唱戏娃娃看，民族文化代代传"的京剧进课堂专场演出活动；创排了大型艺术德育作品京剧《新三字经》；成立了中国少年京剧团，与北京长安大戏院合作开展"打开娃娃京剧之门"系列演出活动；联袂推出了大型儿童神话剧《九尾玄狐》、少儿版《红色经典演唱会》及音乐舞蹈剧《白雪公主》等儿童舞台作品，为深化"娃娃品牌"建设，提升学校办学品质，起到了积极的推动作用。

2013 年学校被评为北京市重点中等职业学校，京剧表演专业被北京市教育委员会授予特色示范专业，被国家教育部、文化部、民族事务委员会确定为首批全国职业院校民族文化传承与创新示范专业，标志着学校办学水平迈上了新的台阶。

【人文故事】

邓颖超母亲曾在黑窑厂行医

明代有五大窑厂，黑窑厂居其中之一。清康熙年间，黑窑厂渐成街巷。清中后期，窑台一带沦为荒野，苇塘、坟冢遍布，处处污水横流。黑窑厂属窑台范围，居住的人多数是城市贫民，人们生活在低矮潮湿的土坯房中，男人卖苦力挣钱，妇女从事繁重而低效的劳动。这里有八十八间简陋的小平房，俗称"八十八间房"，远近闻名。1934 年《北平报》记者做社会调查，发现黑窑厂窑台一带羊毛作坊很多，纺羊毛、缝羊皮、给工厂浆洗、做针线活的有四十多户。人们天天吃窝头咸菜，想吃上一顿像白菜豆腐一样极平常的菜肴是不可能的。每天要累死累活工作十几个小时。记者写出《窑台附近的妇女》，里面的内容都是客观的报道。在窑台一带工作的妇女，如果因劳累病上一场，无钱医治，那就只好耗时间了，等待死神的光临。就在人们挣扎在死亡线上，求医无门之际，人们发现黑窑厂一带常常有一位近四十岁的妇女，老师打扮，走街串户，免费为人们看病。花钱不多，治好了一些人的病痛。此事一传十，十传百，找她看病的人越来越多，人们非常感谢这位救命恩人。这位中年人就是杰出的无产阶级革命家、忠诚的共产主义战士邓颖超

（1904—1992）的母亲杨振德同志。

杨振德又名杨家峰，1875 年生于湖南省长沙市。杨振德是父母的独生女，很小随父母到了广西，十四岁时父母相继去世，祖父也很早去世了。几个亲人的离开激发了她努力学习中医的决心。二十九岁，杨振德嫁到邓家，条件优越了，她更深入地研究医术，曾在天津育婴堂当中医大夫，又四处当家庭教师以维持生活。杨振德的丈夫是清代高级武官，在邓颖超三四岁时，因受迫害充军新疆而亡，杨振德便与女儿相依为命。1912 年 11 月 25 日，中国社会党北京支部主任干事陈翼龙（1886—1913）在南横东街兴办北京平民义务学校，杨振德闻讯来校任教。在陈翼龙的影响下，她参加了社会党，反对袁世凯的专政。这所学校实际是秘密反袁的据点。杨振德与邓颖超吃住在学校，过着并不富裕的生活。这里也是邓颖超童年时期所上的第一所学校。这里男女合校，教师大部分有进步思想。杨振德在校阅读了很多进步书籍，发奋努力工作，并在教学空隙和休息时间，发挥自己的一技之长，走出校门，在黑窑厂、窑台一带为贫民行医，不收一文，得到南下洼子人的尊敬。

约一年后，陈翼龙校长被袁世凯的爪牙拘捕并牺牲。杨振德闻讯前往下斜街刑场收尸，表现了不畏艰险、敢作敢为的革命精神。在错综复杂的革命历程中，杨振德辗转来到了红色都城瑞金，为红军治病。

1940 年 11 月 18 日早 9 点，在重庆市，杨大夫走完了六十五年的崎岖道路。当年杨振德义务为人们看病的黑窑厂、窑台一带如今发生了翻天覆地的变化！北京平民义务学校旧址被陶然亭医院所取代，后医院被拆除，一条宽敞、平坦、绿树成荫的东西向大道展现在陶然人的面前！

链接：主张妇女解放　反对封建陋习

《人物》作者武革非、余世诚曾在一篇文章中，讲述杨振德的故事。

杨振德"主张妇女解放，对各种压迫、束缚妇女的封建陋习疾恶如仇。""清末，进步人士提倡妇女放足，她积极响应。"她丈夫提出给邓颖超缠足，杨振德却坚决不同意。她说："我就是不要我的女儿嫁给那种守旧的人物。"邓母反对封建包办婚姻，让女儿有全部的婚姻自由。这对后来邓颖超从事革命活动，为推翻三座大山奋斗一生，无疑播下了可贵的种子。"她不信鬼神，谁说哪间屋子里有鬼，她偏要搬进去住一住，用行动来击破迷信的邪说。"杨振德的丈夫被害，邓颖超又小，坚强的邓母没有被击倒，而是迎着困难上，发挥中医的一技之长，以养活唯一的女儿。近六十岁的邓母在红军司令部当医生，挽救红军战士的生命，为革命做出贡献。

黑窑厂街留下了杨振德高大的身影。

【口述追忆】

小人书一分钱可看两本

居民芦广荣回忆，黑窑厂街离陶然亭公园近，孩子们都常去陶然亭公园玩儿。小学的时候，公园还是乱葬岗，叫作窑台。当时孩子们经常去公园里捉蜻蜓、捞鱼。找个瓶子扎几个小孔，里面放进去点窝头，寻食的小鱼就钻进去了。每次能逮几十条小鱼，长一指大小，大的不过一掌。捉回来的鱼挨着炉子烤烤、晒晒，就可以拿来喂猫了。

当时每周都播放露天电影。原先叫清洁队，现在是城管中心，就在他们那个院子里看。在那段时间之后出现的《南征北战》《三毛流浪记》《渡江侦察记》《暴风骤雨》《天仙配》等都是比较普及的影片，《鸡毛信》之类的战争戏播放得比较多。电影院票价比较贵，大伙儿基本没有钱去电影院。

小时候主要的文化活动就是看小人书。在黑窑厂街北的空场上，搭块板子放上布，小人书就摆在上面。一分钱可以看两本，借回去就一分钱一本，孩子们都喜欢扎堆看。总共几百本的小人书，只把封面撕下来

54

全部摆好，编上码，有想看的小人书，老板按照书名的编码再去翻找，从牛皮纸包裹里取出来对应的小人书。《三国演义》《董存瑞》《三毛流浪记》《黄继光》这些书，芦广荣都看过。

家门口的庙会名噪京华

芦广荣的家住在黑窑厂街东，城隍庙街南的南华里（南下洼子），后搬到四平园，一直没离开黑窑厂街，因此对黑窑厂一带的历史比较了解。

黑窑厂街内有三圣庵。2002 年南横街东段南北进行危改，将江南城隍庙迁建，重建在三圣庵南边，坐北朝南，庙门上题有"京都都城隍威灵公庙"。

江南城隍庙原来的地址是宣武门外南横街东口路北，该庙原来由三座并列的小庙组成，东为天齐庙，中为江南城隍庙，西为三官庙。庙前街称为城隍庙街，1965 年两街合并，改名南横东街。

江南城隍庙新中国成立前后已改成"城隍庙小学"，1960 年虎坊路扩建，将城隍庙后半部分拆除，小学迁到"永安路小学"，城隍庙小学原址变成民宅。

据史书记载，江南城隍庙原建于元初的佑圣王灵应祠。明永乐年间名大威灵祠。成化年间重建，后改为城隍庙。

昔日"江南城隍庙"的庙会也是名噪京华，这座庙宇"开庙"的日期，恰好就是民间最为重要的三个"鬼节"，即清明节、七月十五中元节和每年十月初一寒衣节（民间亦俗称为送寒衣）。由于该庙宇的东侧为东岳天齐庙，西侧为三官庙，三座庙宇连成一片颇成规模，因此江南城隍庙开庙设市之日，这里自然是人山人海。

坐人力"小驴车"看戏

后来的人把春节作为江南城隍庙开庙设市之日，从腊月二十三到正月十五。庙会设民俗小吃一条街，京味小吃应有尽有，民间表演五花八门，南城的居民、南郊的农民全集于此处，每一天都热闹非凡。

每逢春节城隍庙庙会，几十辆大马车聚集在城隍庙小广场上，赶车的马车主人招呼着逛庙会的人。

"去天桥啊！二分一位"，这就是南城独有的"小驴车"。这些马车大部分来自南郊南苑一带的农民，春节正是京郊农民农闲时节，一大早拉出马套上车，车上铺一条棉被或铺两张狗皮，车帮上挂上几块红绿花布，马头上戴上最新的带有红流苏的笼头，喜气洋洋，全家老少三代坐上车来到城隍庙逛庙会。那时候的农民马车夫很有经济头脑，趁看车等人的时候，开始拉活儿。

此时正是逛完城隍庙庙会的人们想去天桥看杂技戏曲的好时机。双方共赢，价格低廉，"二分一位"，大人带小孩，小孩不收钱。从城隍庙到天桥二里路十几分钟到站，一车拉老少十几个人，一去收入二毛，回来收入二毛，一趟就是四毛。

"小驴车"是时代的产物，20世纪60年代前一直是春节庙会不可缺少的交通工具。

【社区新风】

难题解决了　居民更舒心

背街小巷的整治效果，居民说话最有说服力。作为黑窑厂东街8号楼的居民代表，薛素华几乎参与了整条街巷的整治，亲眼见证了这条街逐渐从杂乱变整洁。她认为街巷风气也是北京文化的一部分，街巷越文明，北京越美好。

"现在的黑窑厂东街变化真的是太大了，因为停车问题的解决，道路一下子变宽很多。道路一宽，感觉整条街都敞亮不少。"薛素华说，以前对居委会工作颇有微词的居民看到实实在在的环境改观效果，也承认自己想问题不周全。现在，居民们自家车有地方停了，环境还变好了，这谁能不高兴？所以说，与居民沟通是很重要的，信任这件事就是一点点累积下来的，这件事给居民办好了，下件事的基础也就有了。

黑窑厂街

经过集中整治，黑窑厂东街外来车辆减少之后，社区也安全了，居民住着也觉得很安心。架空电线、网线的问题因为涉及的部门比较多，这项工作还在稳步推进中，不过地面破损等问题已经解决了。整体来说这条街已经没什么大问题了，特别是原来堆杂物的地方，现在变成了一个大花坛，每次经过这里，人们都会看看花草，不像以前，这里堆积着大量废物，乱七八糟的。

薛素华认为，黑窑厂东街应该在这个基础上"锦上添花"，把文明宣传这块也做起来，比如把周围的墙壁当作宣传中华民族优秀文化的阵地，让社区的文化氛围更浓厚。

迎新街

历史名人聚集区 邻里守望齐相帮

曾国藩、秋瑾还有长寿老人孙墨佛都曾居住在迎新街。这里不仅人文底蕴深厚，还是百姓安居乐业、畅聊国家大事的场所。在这里，邻里情、街坊情在日常生活的一点一滴中体现得淋漓尽致。

【街巷名片】

迎新街是由张相公庙街和延旺庙街连成的街巷。2014 年，这条南北长 440 米、宽 6.2 米的街巷进行拆迁。

【街巷历史】

名人曾齐聚于此

张相公庙在迎新街 84 号。早在宋代有位叫张夏的水利专家，为保卫浙江钱塘江萧山大堤做出了突出贡献，并以身殉职。人们敬重他，封他为河神，并为他建庙。这位当地官员的封号全称是：宋浙江湖神靖江王张公，敬称静安公。他的敬业和献身保住了萧山大堤不决口，使人们在雨季也能安居乐业。康熙二十二年（1683），浙江萧山县绅士重建张相公庙，祭文、武二帝，供奉张相公。这条街遂称张相公庙街。

张相公庙内南屋住着一位姓王的和尚，他是山东黄县人，民国七年

58

（1918）出家，民国二十六年（1937）担任该庙住持，法号常密。在地下党的教育下，常密和尚秘密加入中国共产党，化名李常密，以出家人的身份为掩护从事地下工作，为迎接北平的和平解放做出贡献。后来，他不幸被捕，敌人将他打得遍体鳞伤，但他始终没有暴露党的机密。

当张相公庙的住持李常密被折磨得奄奄一息时，北平解放了。地藏禅林的住持将常密和尚接到庵内精心调治，终于让他恢复了健康。新中国成立初期，李常密担任保安寺街居委会主任，1958年转入社会福利厂工作，后调入原宣武区政府上班。1960年，李常密突发脑出血去世，终年六十一岁。

迎新街57号有座古刹地藏禅林。寺庙不大，只有一进四合院，内供有地藏菩萨、阎王爷、观音菩萨、文昌帝君等塑像，庙内有法器若干，石碑一座，槐树两棵。庙内供奉有十殿阎君像，因阎王的谐音延旺，故街名称延旺庙街。

迎新街南口路东有座明代建筑千佛庵，又称千佛寺。道光二十年（1840）正月，曾国藩来京就居住在这里。道光二十七年（1847），曾国藩再次居住在这里。

宋代大将岳飞的后人岳钟琪相传居于此街。辛亥革命老人、孙中山先生卫队长、中央文史馆馆员孙墨佛先生（1884—1987）也长期居住在这里。

【人文故事】

孙中山卫队队长孙墨佛曾长住于此

长时间生活在迎新街路西云南会馆69号的百岁老人孙墨佛（1884—1987）是中国资产阶级革命家孙中山（1866—1925）的卫队长，辛亥革命老人。经周总理推荐任中央文史馆馆员，致力于文史、书法的研究。老人生于山东省莱阳县富山西村"孙善人"家里。从四五岁就读书练字，他活到一百零三岁，学书法一百年，在中国书法史上可称一绝了。他说："写字全身都在用劲，悬腕提笔是手、腕、臂都用劲；脚踏实地，是脚掌心也在用劲。与气功一样，是对形体锻炼的过程。"让老人这么一说，写大字成了"重"体力劳动了。这话是书法艺术的经验之谈，又是老人长寿的重要原因。老人写了一辈子书法，几乎天天锻炼形体，故身体健壮。

有一次，外出住客店，常人往往考虑的是客店的舒适程度和质量，而他却寻找笔墨去临帖。他深有体会地说："用自己的心情、意志来写字，达到动中有静，静中有动，血脉豁然贯通。有时写字于动，能写出汗；有时写字于静，竟然连天上打雷也听不见。"老人的意志是坚强的。他能动静结合，内静外动，内动外静，不受环境干扰，血脉畅通，增强抵抗力，少生病，这是许多健康专家体会到的。

孙老平时的生活很有规律，食素，爱吃大蒜。他还有"三立三大"的座右铭，即"立德立功立言，大仁大智大勇"。他讲要做个好人，无愧于心，才能心平气和。

【口述追忆】

以"情"汇聚的小胡同

李长葵自幼生长在陶然亭地区的迎新街，小胡同、大杂院、黄土地是这里的三大特色。在李长葵的记忆中，街道除了充满了煤烟的气味，更多的是充满了一个"情"字。街坊情、邻里情、国家情汇聚在小胡同里，李长葵至今都记忆犹新。

街坊喜怒哀乐同分担

那时候，孩童们总是欢天喜地。每逢下学后，大院就是孩子们的天地了。大点儿的孩子带着小的玩，男孩们打弹球、扇烟盒、滚铁环。女孩们跳皮筋、跳房子、玩拐，那游戏可太多了。不一会儿天黑了，大人们叫孩子们回家做作业，可孩子们为了一个烟盒折的三角争得脸红脖子粗的，大人们再三催促，孩子们才不情愿地回了家。等到第二天下学，大伙又是外甥打灯笼——照旧。

夜幕降临，各家都响起了锅碗瓢盆的声音，从各家飘出来的炊烟透着那窝头咸菜的香味，劳作一天的人们回到家里大口大口地吃。玉米糊糊就着咸菜，虽然饭菜很一般，但当时是能够果腹的最好饭菜，人们吃饱了也会露出满足的微笑。

大人们和睦相处，气氛融洽，有时院内哪家"改善生活"，说起来也就是粗粮细作，比如包个菜团子，做个糊饼，也会招来邻居的大妈大婶过来尝尝，一个大院显得格外温馨和谐。如果谁家里人病了，不由分说，院里的年轻人会主动蹬着排子车帮着把病人送到医院。哪家的小媳妇生了孩子，各家的奶奶大妈都会不约而同地来到她家，站在院里等候婴儿的第一声啼哭，不论生男还是生女，都有着真挚的祝福言语，第二天各家都会送到几个鸡蛋、一包红糖和一小袋小米。邻里情、街坊情体现得淋漓尽致。

胡同歌谣紧跟大事件

除此之外，北京人最可贵的是国家情。要说北京是国家的政治经济文化中心，老宣武的胡同里，这一点体现得特别明显。

大家关心国家大事，抗美援朝时期，为了支援志愿军，大家捐钱捐物，为了造枪弹，把家里的铜盆铜壶都交给了国家。孩子们在胡同里唱起歌谣："小汽车嘀嘀嘀，里面坐着毛主席，毛主席挂红旗，气得美帝干着急。"

到"三反""五反"运动，儿歌唱响了大街小巷："猴皮筋我会跳，三反运动我知道，反贪污反浪费，官僚主义要反对。"

国家的命运也紧连着胡同的文化，这份国家的情感是割不断的。更别说，平常纳凉或者遛弯，三五个人聚到一起侃大山，很多话题都是国家大事。李长葵因为工作的关系，在外地生活过很长时间，在北京别的区县也待过，李长葵说，在咱们这胡同里生活的人对国家大事的关心程度最高，谈论的频率也最高，可能是因为过去陶然聚集了很多文人和戏曲创作者。

现在，党中央号召我们践行社会主义核心价值观，包括爱国、富强、民主、和谐、文明等等，这些其实都在陶然亭地区的胡同里有所体现。作为陶然亭人应该继承和发扬胡同文化，更应该唱响核心价值观，做践行者、模范人，使陶然的胡同文化发扬光大，为实现中国梦做出陶然人的贡献。

儒福里胡同
老旧胡同大变身　小区生活更宜居

陶然亭地区的儒福里小区，前身乃是一条历经百年光阴之久的胡同。清道光十年（1830），这里曾建标志性建筑过街楼，这座过街楼也成了旧时北京唯一残存的过街楼实物。这条胡同得名于通县电话局长王席儒，革命老人董必武曾受王席儒掩护，遂书写胡同名相赠。

这里建了一家迄今为止仍在营业的医院，附近住满了医院的职工及家属；也曾建过北京市供销合作总社，不少居民在这里购买计划经济时期所需的物品。斗转星移间，曾经经历过地震，人员拥挤、条件差、环境脏乱的破旧小胡同，已经变身为和谐宜居的小院，这个承载着一代人诸多回忆的胡同就是儒福里胡同。

【胡同名片】

儒福里胡同位于原宣武区南部，因通县电话局长王席儒曾住在这儿而得名。明清时，这里是贩猪、养猪的场所，俗称大猪营，后改为东珠营。民国时，通县电话局长王席儒在此建东西走向的小胡同，称儒福里，并在胡同选址建寓所称"如福里"。革命老人董必武曾受王席儒掩护，遂书"儒福里"为赠，王席儒便将"儒福里"三字刻于巷西门洞之上。1965 年北京整顿胡同名称，正式将胡同命名为儒福里。胡同东口的南北街也统称儒福里。如今，儒福里故地在北京城市改造中建成了儒福里小区。

【胡同历史】

建成标志物过街楼　五条胡同曾汇于此

过街楼是儒福里胡同的标志性建筑，始建于清道光十年（1830），已有百余年历史。楼门洞北刻有"金绳"二字，楼门洞南刻有"觉岸"二字，似有回头是岸之意，系道光十年（1830）四月所刻。这是当时北京城里唯一的过街楼，具体位置在菜市口以南今健宫医院西门北隅。

儒福里过街楼也叫观音院过街楼，因为这座过街楼的下面就是一所寺院，即观音院。过街楼下形成一个砖拱门洞，向南穿过门洞就是儒福里。观音院是外地进京僧众投宿之所，这座庙是下院，上院在涿县。新中国成立后，观音院改建为自新路小学。

与儒福里过街楼比邻的是一处松柏"姑子庵"，此处有五条胡同汇合于此：向东是珠巢街西口；向北是官菜园上街；向西北是小川淀东口；向西南是自新路；往南即是儒福里，也就是过街楼所在的位置。过街楼横跨"姑子庵"东西两个跨院，东观音院有房五间，西观音院坐南朝北，四层殿，两院之间有过街楼相接，楼下形成一个门洞，是旧时北京唯一残存的过街楼实物。由北向南穿过过街楼，向南是一个坡

过街楼

64

度很大的下坡，大概过 30 米路东是北京知名的"建工医院"（现已改名健宫医院），路西是北京自新路小学。儒福里 3 号原来是北京市原宣武区官菜园上街小学，后与自新路小学合并。现在健宫医院还在，而自新路小学早已荡然无存了。

过街楼的南来北往

原在官菜园上街向南与儒福里、自新路交界处，现健宫医院南边，有一座前清道光年间修建的过街楼，在陶然亭地区长大的老居民对这里都有深刻的记忆。

街道原民防办主任周书金介绍，过街楼坐北朝南，上部是一大二小三开间亭廊式建筑，灰色单檐筒瓦，四檩进深，过陇脊，柱间为方格窗。下层是灰砖砌筑的拱券，高约 3.5 米，宽约 3 米，深约 5 米。券顶上砌一圈花檐，檐上有匾额，南面镌刻有"觉岸"二字，北面有"金绳"二字，均为清道光十年（1830）所刻。从侧面观，廊柱与下面的券洞边墙均在一条垂直线上。据介绍，它是宣南的佛教建筑。镌刻的四个字"觉岸""金绳"均为佛教语言。后来，人们理解成"金绳"迎面而来，意味法律的准绳不可动摇；而犯人刑满释放回来的时候，看到的则是"觉岸"，意思为重新觉悟、回头是岸。1912 年北京第一监狱建成，许多老一辈革命家被关押受刑，押运时必经此地。

过街楼西侧有一个西观音院，坐南朝北，四层殿；东观音院在路东侧，有房五间。两院之间由过街楼相接，楼下形成一个门洞，供车马通行。过街楼是北京寺庙建筑的一种特殊形式。观音院始建于清嘉庆年间，观音院的西院规模较大，是寺院的主体建筑，为祭拜祈福之所；而东院较小，仅一组院落，为僧舍及停灵之用，走过过街楼就是走过"阴阳界"。

据闻，新中国成立前，过街楼并不太起眼儿，敌伪时期过街楼突然传出狐仙显灵，闹得满城风雨，很是热闹了一阵，之后便慢慢冷清下来。如今过街楼成了很多明清史题材影视作品的拍摄场地，陈凯歌的《霸王别姬》里就曾出现过它的身影。

街道退休干部陈丽媛说，官菜园上街经过街楼到儒福里胡同、育新街，然后是滨河路。这条路径算是当时的主街。小时候从米市胡同往南走，到珠朝街买煤或者到陶然亭公园游玩，过街楼都是必经之地。她回忆，因为年久失修，当时过街楼就已经十分破旧，楼顶的瓦片上长了草，楼上没窗户，用几根柱子支撑着，南北通透，一副"风雨飘摇"的模样。过街楼北边地势高，南边地势低。由北向南是一个大下坡。过街楼宽四五米，可过一辆卡车。陈丽媛记得，小时候东观音院住了三四十户人家。

1997年开始宣武门外大街南延项目，菜市口胡同、官菜园上街、育新街一带被拆除，建成菜市口南大街。拆除时观音院西院门上有一额匾，额匾上书"古刹观音院"。现在过街楼只存在于老照片和老陶然人的记忆中。

儒福里40号原来是北京市供销合作社。1949年2月22日，在中国人民解放军北平军事管制委员会接管国民党政府办的旧合作社的同时，建立了人民政府领导下的北平市供销合作总社。伴随着新中国的成立，1949年10月，北平市供销合作总社更名为北京市供销合作总社。不少居民在这里购买计划经济时期所需的物品，这里成为一代人的美好回忆。

【口述追忆】

破旧胡同"变身"和谐宜居小院

在儒福里46号楼居住的六十五岁的王建京，九岁时搬到这里。在他的记忆里，五六十年代这里曾是一片坟地，那时大人们都嘱咐小孩"别去那儿玩儿"。但儒福里周边还有一片桑树林，孩子们喜欢到这里摘桑叶，回家养蚕。王建京说，当时住在这里的都是穷人，做小生意的、拉板车的……也有不少戏曲名家住在周边。

居民谭道林从河北小学毕业后，来到了北京 161 中学读书，后来定居北京。因单位宿舍在儒福里，所以她从别处搬了过来。据她回忆，这里原来只有一辆 5 路公共汽车，从右安门始发到德胜门，乘车的人很多，高峰期人都挤不上去，家里人只能早上不到 6 点就出门，晚上错过高峰期再挤公交回来。周边的儒福酒家在当时很有名气，不少居民在这里摆酒席，办红白喜事。儒福酒家由劳保所的食堂改建而成，后来由于事业单位改革而关停。自新路西边的副食品商店也成为不少人的回忆。

王建京和谭道林还记得，1976 年 7 月 28 日唐山大地震发生时，远在北京的他们也感受到了强烈的震感，"大概是凌晨三四点的时候，楼上下蹦了几下，然后是来回晃。大家这才意识到地震了，于是所有人才匆忙跑了出来"。

地震结束后，就连着下了大雨。为了避难，空地上建起了不少地震棚，大家躲到地震棚里住了两三个月，警报解除后，才放心地返回家中。

居民吴淑兰在 1985 年搬到了儒福里 42 号楼，"这片地方最早盖了儒福里 50 号楼，后来周边又建起了其他几栋楼，目前儒福里共六栋楼，分别是 41 号、42 号、46 号、48 号、50 号、63 号"。在她的回忆里，那时儒福里 42 号楼是简易的筒子楼，楼房破旧，居民生活多有不便，筒子楼里大家共用一个公厕，人多就总是排队。儒福里 42 号楼的住户多是健宫医院、外贸公司的职工及家属。

"这几年变化真的挺大的。"吴淑兰感慨地说，"以前胡同里脏乱，有养鸡的，有养鸽子和猫的，垃圾很多。胡同里的路面坑洼不平，老人走路容易崴脚，下雨天也容易积水。现在政府帮我们粉刷了楼道，还协助我们打造了楼院文化，不仅居住的环境变得舒心了，道路修好了，还增添了文化墙。胡同和楼门院里的环境变了，人也受影响跟着变了，素质有了很大的提高。尤其是实现网格化管理后，人人参与，小院更加和谐宜居了。"

珠朝街

昔日繁华会馆　变身平凡人家

在陶然亭地区，珠朝街深厚的文化底蕴是陶然亭地区人文历史中浓墨重彩的一笔。这里曾是众多繁华会馆的聚集之地，其建筑精美独特。同时，许多近现代文人志士、革命烈士也在此留下了独属于他们的时代印记，更有著名诗人龚自珍在此写下多篇经典诗篇，他们的爱国情怀和革命精神仍深深影响着后人。

【胡同名片】

珠朝街位于原宣武区东南部，陶然亭街道办事处辖域西部，南横东街西端南侧，北起南横东街，东侧与红土店胡同相交，向西与菜市口大街相通，长258.9米，宽4.3米至9.8米。清称珠巢街，街名沿用至新中国成立后，1965年改称珠朝街。街中原有

中山会馆

扬州会馆、东莞会馆、中山会馆、成都会馆、云南新馆等。其中，清代诗人、戏曲作家蒋士铨，"一代报人"邵飘萍，现代著名音乐家聂耳等曾居住在中山会馆。会馆还一度成为辛亥革命时期，有志青年的聚集场所。而当时居住在云南新馆的滇籍先进人士也在康有为、梁启超等人的影响下，在此发起成立滇学会。多会馆的齐聚、多位名人先后到访的足迹、几代人的美好记忆，均使得珠朝街成为永不褪色的文化古迹。

【会馆风云】

中山会馆——多位名人曾居住于此

中山会馆原名香山会馆，在街内西侧，原规模较小。清光绪二十一年（1895），由在朝鲜任职的广东香山籍官员唐绍仪回京筹资扩建。馆内有假山、亭榭、石桥等，疏落有致。1912年孙中山先生来到北京，曾到过香山会馆，孙中山逝世后，香山县改为中山县，会馆也改为中山会馆。

清代诗人、戏曲作家蒋士铨曾寓居于此；邵飘萍烈士生前创办的我国民众自办的通讯社——北京新闻编译社即诞生在此街；聂耳原名聂守信，我国现代著名音乐家，中华人民共和国国歌《义勇军进行曲》的曲作者，他也曾居住于此。20世纪30年代初，聂耳创作的作品《义勇军进行曲》在中华民族存亡的紧要关头，唱出抗日救亡和民族解放的时代最强音。

中山会馆曾为红色基地。中山会馆位于原宣武区珠朝街5号（旧为珠巢街路西?号），占地4000平方米，有房180多间。原是康熙年间进士、身为太子老师的刘云汉购买明代严嵩家的废园兴建的祠堂，以供集会、祭拜之用。清嘉庆年间，广东香山县乡友在左安门弘善寺、龙潭湖一带出资购置土地，设立广东义地，同时改建祠堂为"香山会馆"。

光绪二十一年（1895），唐绍仪回到北京，住在香山会馆，筹资对

70

会馆加以扩建，三年后建成有前、中、后三个大院，左右还有跨院的大型会馆。院内东半部为住房，西半部是花园，建有假山、戏台和回廊。会馆大门西向，后改为坐西朝东，大门位于会馆中部，五檩硬山顶，檐柱间有雀替，门鼓石上雕刻石狮，院门迎面有木影壁一座。前院正对大门有一幢古色古香的花厅，绘有苏式彩画，东面回廊柱间设有花罩。

花厅东面出前廊与主厅翼角连为一体，正楼游廊三间，通至大门。中院有南北房，南房后有游廊与南部四间西房连为一体。其窗格是广东近代雕花，嵌西洋五彩玻璃式样，富丽堂皇。西院原为花园一部分，水榭、假山、凉亭、牡丹、芍药遍布廊下，凌霄、爬山虎缠绕在太湖石边，桃、榆、柳、梅等树木四季有景。花园与主体建筑结合凸显岭南风格，在当时会馆中独树一帜。最后边有罩房，其东有南北房各一座，两房之间有四方亭戏台，四角攒尖，方宝顶，灰筒瓦。因这里居住的是清一色的广东人，且读书人喜静不喜噪，多钟情于昆曲，故小戏台经常上演昆曲。会馆内还建有魁星楼，专供进京赶考的举子们供奉祭拜。

辛亥革命后，广东中山县慈善乡绅、乡贤何子梁先生（1862—1943）出资维修保护香山会馆的建筑并支持广东同乡会的爱国良益活动。于是，中山会馆成为辛亥革命后有志青年进行革命活动的场所。"广东青年会"即以此为会址办公，后来成立的"中山少年学会"也在这里进行活动。1912 年夏，孙中山先生偕夫人、秘书来京时曾在会馆小住并在花厅会客。临别时，在集益堂前的台阶处摄影留念。

中山会馆。1912 年夏，孙中山先生第二次来京时曾到此

1925 年 3 月，孙中山先生逝世后，由

唐绍仪先生倡导将香山县改为中山县。北平香山会馆后改为中山会馆，"中山会馆"的牌匾由孙中山先生的同乡何源盛先生题写。

何源盛先生（1903—1983），字茂然，号炎生，广东中山人士，1948年前曾任国民政府北平行辕大法官，兼任广东同乡会主委（会长）、广东财产管委会主委，中山会馆会长（馆长）。

抗日战争期间，何源盛先生号召广东、中山同乡同仇敌忾，抗日救国。在他的影响号召下，从中山会馆走出了多名爱国志士，奔赴前线英勇奋战，抗日救国。解放战争时期，何源盛先生以民族大义为重，不计较个人得失，曾经保护帮助北京前市委副书记刘仁（时任中共中央华北局城工部书记）和陆禹等同志，在中山会馆前院五间过厅的最西一间开展地下工作。何源盛先生也因此与刘仁同志结识并成为挚友，为和平解放北平做出很大贡献。

1954年，何源盛先生签署捐赠协议，将中山会馆产权移交北京市人民政府。花厅曾作为展室，陈列孙中山先生在花厅外的留影以及《总理遗嘱》等纪念物。1984年8月，中山会馆定为北京市重点文物保护单位。

云南新馆——京城第四会馆设立公立滇学堂

云南会馆南馆（钱沣故居）建于清中前期，位于迎新街67号（旧延旺庙街路西35号），有房二十八间。钱沣中进士后一直住在此处。建于清代的云南会馆，位于米市胡同61号（旧为米市胡同路西27号），有房二十五间。云南会馆在上斜街、南横东街、南大吉巷曾有附产（房屋）出租。

建于清同治年间的云南新馆，位于珠朝街4号（旧为珠巢街路东24号），是原宣武区文物暂保单位。该馆坐东朝西，建筑呈"丁"字形分布，其他会馆少见。以院墙为界，南北最长处50米，东西最长处66米，面积约1000平方米，是几处云南"省馆"中占地最大、知名度最高的，在京城现存会馆中名列第四，排在安徽会馆、湖广会馆、四川老馆（与中山会馆并列）之后。

会馆分为三进四个独立院子，1895年"公车上书"运动中，后来的会馆管理人张铠（光绪十七年辛卯科举人，光绪二十一年乙未科三甲第六十一名进士，后任吏部郎中）等云南举人，积极参加了康有为组织的公车上书，名留青史。变法维新期间，滇籍进步人士在康有为、梁启超等人影响下，在此发起成立滇学会，并于1898年在粤东新馆参加了各省维新派的统一组织——"保国会"。自此，会馆成为宣传维新变法的又一处据点。1906年5月，云南同乡京官在会馆的中、后院设公立滇学堂，为推动"新学"的发展做出了贡献。科举制废除后，这里为云南旅京同乡会会址。还在宽裕的新馆成立"滇籍学堂"，使旅京同乡子女有了就读场所。学堂同时扩招贵州籍子女，在多元民族融合中丰富了教育内容。

1932年8月11日，聂耳从上海来北平（今北京）曾住此地，此馆被原宣武区列为文物暂保单位。

【人文故事】

在陶然亭留下足迹最多的爱国诗人——龚自珍

龚自珍（1792—1841），原名自暹，又名巩祚，字璱人，号定盦，浙江仁和（今杭州）人。龚自珍出身书香门第，祖辈、父辈都是进士或贡士，在朝廷或地方为官，而且在学术上有著作。他外祖父是为《说文解字》作注的段玉裁，其母段驯是诗人，著有《绿华吟榭诗草》。龚自珍自幼资质聪慧，兴趣广泛，又认真读书，刻苦钻研，二十岁时已经成为一名才华出众的诗人和学识渊博的学者。这位进步思想家、爱国诗人、清代维新变法的先驱踏遍了陶然亭这片热土，留下许多珍贵的身影。

龚自珍先生最早到京城是嘉庆二年（1797），他五六岁的时候，他家与叔父龚守正在珠朝街居住。一年后移居绳匠胡同休县会馆对过，即今天菜市口大街路东、原菜市口胡同小学旁边，属陶然亭管界。转一年即1798年，他们"移寓潘家河沿南头路西"，即今天的潘家胡同南口，靠近南横东街的位置。没有几年，他的祖父去世，长辈要办丧葬。龚自珍随着母亲、诗人段驯和他妹妹龚自璋回到杭州，服丧期期满后，十二岁的龚自珍随长辈第二次来到京城，同考取进士的叔父同住在南横街全浙会馆，即今天南横东街95号，在原陶然亭街道办事处只隔几门的西侧。这个院子有一棵高大的槐树，给龚自珍留下很深的印象。他在诗中说："因忆横街宅，槐花五丈青。文章酸辣早，知觉鬼神灵。"诗名《知觉辨》。

龚自珍的诗文受到外祖父段玉裁（1735—1815）很大影响。段玉裁为清代著名文字学家、经学家。至今，全国各大书店均售他的大作。他也很喜欢龚自珍这个外孙子。嘉庆二十五年（1820），二十八岁的龚自珍参加会试，落第了，回到南方。转年又到了京城，他居住在南横街的圆通观。圆通观，经查《北京宣南寺庙文化通考》第817页"相当于今南横东街101号"，建筑年代不详。

庙宇曾于民国年间重修，庙主为孙晋卿，故又称孙氏家庙。庙宇占地颇广，有房产近80间。已废。从光绪时期出版的《光绪顺天府志》查到，清光绪年间就有圆通观。再查1930年的《北平政府第一次总登记》载："它是家庙，属私建，庙内有佛偶像10尊，神偶像9尊，礼器96件，法器5件，其他17件，另有槐树6株，洋槐树6棵，柏树5棵。"

从《龚自珍生平与诗文新探》查到，龚自珍在道光初年就住在这里，证明圆通观至少在嘉庆年间就有了，最少有一百多年的历史。可惜爱国诗人、禁售鸦片的英雄居住过的圆通观于 1986 年 6 月 12 日开始拆除，今已荡然无存。当时陶然亭医院需要扩建，把古庙圆通观"吞并了"，该院的东侧部分即当年部分圆通观旧址。笔者又查阅龚自珍给他的好友魏源的诗中题词，自注"时寓城西之珠巢街"。这就是说，在道光二年（1822）中秋节（9 月 29 日）之前，龚自珍又移居以前长辈住过的珠巢街（今珠朝街），还没有离开陶然亭地区。

除了居住就是游历了。查龚自珍的年谱，1818 年，二十六岁的龚自珍在夏天游历了陶然亭，他身处黄昏时候的江亭，又想到清政府的腐败、国家的软弱，于是愤然挥笔在陶然亭壁上题诗："楼阁参差未上灯，菰芦深处有人行。凭君且莫登高望，忽忽中原暮霭生！"年谱中说，先生触景生情，从眼前暮色悲凉的景象中看到清王朝已进入危机四伏的"衰世"，抒发了先生为祖国担忧的心情。

龚自珍信佛，多次与朋友讲说佛学，年谱中说："又曾借佛经于北京宣武门西南龙泉寺之僧唯一。"他还为龙泉寺募捐，兴建藏经楼，撰写过《为龙泉寺募造藏经楼启》。这里提到的"唯一"是和尚的法号，湖北省恩施县人，龚自珍的朋友。龚自珍是经他的手借到了佛经。从龚自珍的《己亥杂诗》中查到了关于龙泉寺的诗歌，十分珍贵："朝借一经覆以簦，幕还一经龛已灯。龙华相见再相谢，借经功德龙泉僧。"

1832 年，先生又到龙泉寺借得佛经《三千有门颂》，"思之七昼夜，乃豁然破，移之念佛……撰《最录'三千有门'颂》"。龚自珍学佛念佛，"主要是在黑暗现实下不得志于社会，转而追述的一种精神解脱"。三十九岁时，他与朋友张维屏、魏源等在龙泉寺集会，置酒叙谈。张维屏在文章中曾提到在龙树寺的兼葭簃内畅谈，时间是 1830 年 7 月 21 日。龙树寺在今陶然亭公园的西北角处，著名古迹兼葭簃已不复存在了。

链接：龚自珍的爱国主义与政治主张

龚自珍的进步思想具有反对殖民主义侵略的强烈爱国主义精神。道光十年（1830）龚自珍与林则徐、黄爵滋、魏源等主张改革时弊、严禁鸦片的好友们结成"宣南诗社"，经常在龙树寺等地聚会，纵说天下事，酝酿禁烟办法，上疏道光皇帝禁烟强国。当林则徐奉命赴广州查禁鸦片时，龚自珍曾想随行，未成。他在写给林则徐的《送钦差大臣侯官林公序》中表示自己坚决站在禁烟的立场上，并论述了有关禁烟和抵御侵略的十大建议。鸦片战争爆发后，龚自珍义愤填膺，坚决主张抗战。

道光十九年（1839），龚自珍不断地抨击时弊，并主张革新，更不避"时忌"地坚决主张严禁鸦片，以致更加激怒了封建统治集团。他们对龚自珍诋毁、打击、排挤、压制，并进而进行迫害。四十八岁时，龚自珍被迫辞官，怀着无比眷恋、万分悲凉、愤慨无奈的心情匆匆南归。

道光二十一年（1841），龚自珍辞世，时年不到五十岁。但他的诗作"九州生气恃风雷，万马齐暗究可哀。我劝天公重抖擞，不拘一格降人才"永远在华夏大地传诵，鼓舞着人们为中华民族的伟大复兴而不懈地奋斗。诚如梁启超所言："晚清思想之解放，自珍确与有功焉；光绪年间所谓新学家者，大率人人皆经过崇拜龚氏之一时期。"

龚自珍主要生活在嘉庆、道光年间。当时阶级矛盾、民族矛盾交替上升。清王朝统治日益衰败，殖民主义侵略带来的灾难日趋严重。而对朝廷的衰败、民族的危机，龚自珍坚持"经世致用"的精神，发出"衰世"已至的目的是要"变法""改图"，改造现实的腐朽统治，建设美好的理想社会的声音。他运用历史事实进行分析后，提出了两个独到的观点：其一，任何一个祖宗传下来的法令没有不败坏的，群众的议论是不可阻挡的；其二，与其让后来人做一番猛烈的改革，不如自己进行改革更好。二十四五岁的龚自珍用诗文作为斗争武器，呼吁改革，比康有为等人早了八九十年。

邵飘萍的"新闻梦"从这里诞生

珠朝街曾集聚过许多名人，如民国时期著名的《京报》创刊人邵飘萍（1886—1926），原名镜清，后改为振青，字飘萍。他是我国最早的通讯社"北京新闻编译社"的创办人，中国近代新闻史上著名的报人、《京报》创办者、新闻摄影家，是中国新闻理论的开拓者、奠基人，被后人誉为"新闻全才""一代报人""铁肩棘手，快笔如刀"等，也是我国最早新闻学研究团体"北京新闻学研究会"的创办人，著名的《京报》主笔。

1916年邵飘萍被聘请为上海《申报》驻京特派记者，随后在珠朝街自办了新闻编译社。他终身恪守"铁肩担道义，辣手著文章"的新闻信条，撰写了大量时评和报道，其精神一直激励着几代新闻人。

清末，我国通讯社较少，外国通讯社操纵着中国的新闻稿。1916年7月，邵飘萍从上海回到北京，担任《申报》驻北京特派记者。工作中他发现段祺瑞政府受日本帝国主义操纵，中国人无法客观报道事实真相。于是他萌发了自办新闻编译社，既编中文稿又翻译外文稿件，客观地报道国内外新闻，打破国外势力对华新闻通信控制的想法。

1918年10月5日，邵飘萍在延寿寺街创办了《京报》社。"五四运动"时《京报》因揭发曹汝霖、陆宗舆、章宗祥等的卖国罪行，被反动政府查封。1920年，《京报》在邵飘萍的主持下复刊。1921年"三一八"惨案发生后，他立即和新闻记者、摄影记者进行现场采访和拍摄。深夜返回后奋笔疾书《世界空前惨案》一文。其后不到半个月连续刊发二百多篇檄文，犀利的笔锋直刺反动军阀可恶的嘴脸，大长了革命者的志气。1923年5月5日，为纪念马克思诞辰105周年，他出版了纪念马克思专号，免费赠送给读者。1924年列宁逝世，他又出版列宁特刊，免费赠送订户。他与文学巨匠鲁迅、《社会日报》主笔林白水、《京话日报》主笔彭翼仲和回族办报人丁宝臣等人用辛勤汗水和鲜血谱写了一曲曲反帝、反封建、反官僚的革命乐章。

1925年邵飘萍在李大钊、罗章龙的引领下成为中共秘密党员。

1926年4月24日，在严重的白色恐怖下，邵飘萍不顾反动派的通缉，回魏染胡同《京报》社料理事情，不幸在魏染胡同南口被事先埋伏的特务逮捕。两天后，4月26日凌晨，敌人未经公开审讯，即以"宣传赤化"的罪名将其押往天桥刑场处死。当敌人举枪准备向他射击的一瞬间，他仰天大笑，表现了一个爱国者、忠诚的共产主义战士视死如归的英雄气概和对反动派的极端蔑视。

邵飘萍牺牲后，他的夫人汤修慧女士将《京报》复刊，直至1936年停刊。《京报》为中华民国初年有影响力的民办报纸之一，由报人邵飘萍与潘公弼创办，无党无派，不依靠特殊权力集团撑腰，主张言论自由，自我定位为民众发表意见的媒介。很快得到广大读者喜爱，百姓为之倾动。

邵飘萍以一介书生，心怀壮志，以"新闻救国"为铭，成为中国著名的报人。为了新闻的真实与公正，他秉笔直书，抨击丑恶，最后不惜牺牲自己的生命，他用鲜血写下了中国新闻史上荡气回肠的一章。

中共早期女党员——缪伯英

缪伯英（1899—1929）是湖南省长沙县人。曾长时间在宣南从事革命活动，在宣南的热土上曾留下过她深深的足迹。她在创刊于菜市口胡同路西的《晨报》上，曾发表过许多革命志士的文章。其中有她与战友共同书写的《吾亲爱的姐妹们曷兴乎来!》《第三组工读互助团简章》，并且公布了北京女子工读互助团的宣言和简章。号召姐妹们"本互助精神实行半工半读""造就社会的新生活"。在当年珠巢街（今为珠朝街）某个印刷厂，她秘密商讨印制二七大罢工材料。后来它成为揭露反动军阀罪行的檄文。令人惋惜的是，她因过度劳累积劳成疾而早逝，年仅三十岁。

缪伯英 1899 年 10 月 21 日诞生在湖南长沙县泰乡枫树湾。父亲缪云可是秀才，曾赴日受过新思想的熏陶。母亲汤尚桓有文化，温婉贤淑。缪伯英兄弟姐妹三人，她排行最大。父亲缪云可经常对子女进行岳飞、文天祥、秋瑾英雄事迹的教育。他的座右铭是顾炎武的"国家兴亡，匹夫有责"。在良好家庭教育下，她刻苦学习，赴长沙考入省立第一女子师范学校。又以优秀成绩进入北京女子高等师范学校。阅读了陈独秀、李大钊等人的文章，受到邓中夏、高君宇、何孟雄这些早期党、团员的影响，逐渐成为一位坚强的革命者。她与爱人何孟雄在宣南一带从事革命活动，由于过度劳累，于 1929 年 10 月病逝。她被李大钊同志誉为"宣传赤化的红党"。

【口述追忆】

沧海明珠：小院承载五代人记忆

今年六十七岁的简尔强在珠朝街 4 号院生活了六十六年，是个地地道道的"老北京"。从出生到临近古稀之年，他的身上早已留下了珠朝街的印记。他生活的小院，旧时正是云南新馆。

简尔强介绍称自己祖上是云南人，后来先祖在此定居。由此，任凭时光流转，五代人的记忆都留在了这里，历久弥新。

据简尔强介绍，云南新馆原有四座院落，被住户习惯称为大院（前院）、北院、中院和后院。其居住的后院三面有房，称东房和南北房，

东房地势较高，为正房，当时小院的南
北房只住着简尔强一家人，东房为一个
供上香朝拜的香堂，后来才改为住房。
小院之前从大门到院内有一个长40米
左右的廊檐，很是宏伟美观。后来，由
于住房紧张才被推倒扩建了多户房屋。
鼎盛时期，小院曾容纳七八十户居民。

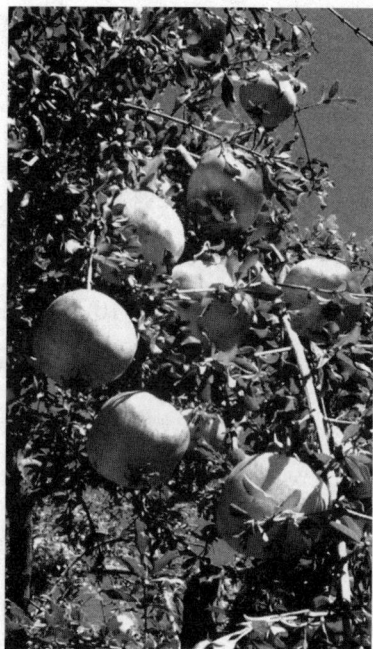

简尔强家的石榴树

后院的面积不大，院子里原有槐树
两株，这是老宅院的"标配"。20世纪
70年代初，突如其来地下了一场大冰
雹，把树的枝叶都砸坏了，树干也严重
受损，之后老树便枯萎了。据说当天的
冰雹下得很急，不一会儿天就黑了，那
场冰雹下了有半个小时，好多商场和住
户家的玻璃都被砸碎了。

小院里至今还保留着一棵石榴树，这棵石榴树是简尔强母亲的陪
嫁，当时共有四棵，都种在花盆里，其中两棵在1959年"十年国庆"
时被搬到街口用作美化环境；剩下两棵被简尔强移栽在院子里，后来只
成活了一棵。时间一久，石榴树根茎繁茂，长出好几个枝杈，但都因为
妨碍住房，被简尔强修剪得只剩下一个枝杈。"现在这棵石榴树别看有
七八十年的树龄，但每年秋天还可以结几百颗果实呢！"

丹晨墨影：邻里情印在心里难忘记

小院聚邻里，小家汇聚成大家。在北京的大杂院中，有时邻里情比
亲情还暖。

简尔强说，当时小院里的居民关系都特别好，谁家有困难大家都会
相互帮忙。夏天由于天气炎热，大家在闲余时，都会拿着蒲扇聚集在院

内、胡同口乘凉，穿堂风一吹别提多惬意了。

最有趣的要数吃饭了，当时一到饭点，只要不刮风下雨，大家都喜欢摆张小饭桌在院子里吃饭，聊聊家长里短和工作琐事。"其实那时候大家吃的饭都差不多，夏天吃黄瓜、西红柿，冬天吃萝卜、白菜，只是每户的做法不一样罢了。但彼此还是会乐此不疲地'推销'自家做的拿手菜，请大家一起品尝！"

每个院子里同龄的孩子特别多，跟简尔强上同一年级的就有七个孩子，那时候每家每户都差不多有三四个孩子，家长又都忙着上班，根本顾不上接送。当时都是就近入学，大家就从离学校最远的院落里选一名"小队长"，每天上学举着小牌，路过一个院儿门口时就停留一会儿，等着同伴一起上学，就这样慢慢形成了各自的小队伍，组团去上学。放学后，院里同班同学组成学习小组，大伙儿一起做作业，写完作业再一起玩耍。

说起过去的生活，简尔强娓娓道来，用如今的眼光回忆过往的岁月，他感慨道："现在的生活是很方便快捷，微信也可以随时联系，但人与人之间心的距离却变远了。过去大家经济条件都差不多，现在大家都在盲目攀比，生怕自己生活质量不如别家。总的来说，人们从过去的朴实无华变得追求名利，也可以理解，都是生活所迫，但还真是挺遗憾看到现在的这种场景。"

如今，珠朝街西侧院落早已于十多年前进行了拆迁，中山会馆也修缮一新，其南部新建了国家电网电力科技馆，东侧部分临街住户因道路扩建搬离。2017年底云南新馆住户已按西城区政府和文物部门要求整体腾退。现在珠朝街早已没有了往日的喧闹，但却多了份宁静。

蔡家楼胡同

解放军曾暂住于此　蔡家人展爱国情怀

在陶然亭地区曾存在过始建于咸丰年间的蔡家楼，此楼得名于清朝时政绩卓越、清正廉洁的蔡氏官员。其后人也一直秉承着"忠厚传家久，诗书继世长"的家风家训，拥有着为民族大义做贡献的家国情怀。革命战争时期，蔡家后人更以实际行动支援着革命事业。尽管在时间的推移中，蔡家楼已不复存在，但却衍生出了蔡家楼胡同文化，传承着历史，也承接着蔡家人的良好品德，在这里，街坊四邻亲如一家。在时代发展中，蔡家楼胡同也改换了新面貌。

老街坊们会发现，那个古朴的北平回来了，瓦蓝的天，葱郁的树，热情的人，春有百花秋有月，便是人间好风景。

【胡同名片】

据资料记载，蔡家楼胡同呈曲线形，全长 86.9 米，清朝之前是空地，清末浙江湖州人蔡氏官员政绩卓越，清正廉洁，官至中堂。咸丰年间皇帝在红土店附近建府邸，赐予蔡中堂，并赠其一块石碑，上面刻有文字，或"廉洁奉公"，或"忠孝节义"，已不可考，其意为彰其德行，并在石碑上方建筑一座小楼，因此周边人称这里为蔡家楼。1965 年命名为蔡家楼胡同。

中西结合的蔡氏大院落

蔡中堂的后代们传承"忠厚传家久，诗书继世长"的家训，都受到良好的教育，为国效力。他们中的大多数不舍故土，中堂的长孙女何蔡氏（蔡淑芳）、长女婿何源盛在周边购置了房产，均在 1956 年拆除，改建为北京健宫医院（原建工医院）。

蔡氏官员因政绩颇丰受皇帝赏识，特赏此地宅院与蔡氏官员（下文简称蔡中堂），现蔡家楼胡同 25 号还存留着当年的一些痕迹。蔡家楼胡同 25 号院院门为当年蔡宅侧门，约 1 米宽、1.8 米高的铁门上方有约 0.3 米的半圆形铁艺装饰，于铁艺装饰之上，至今还可看到以青砖为材料雕刻的装饰图形。

当年蔡宅大院坐西朝东，大门面向东方，由一扇大门和两扇侧门组成，平时大门紧紧关闭，众人皆从侧门出入。现在蔡家楼胡同 25 号院内，右前方尚有一间西洋风格、青砖材质的房间，房间从上至下看，形状类似西洋窗户，三面为直线，一面是弧形，依稀可以看出曾经的蔡宅是多么精致。现在的 25 号院内大约住着三户人家。

据蔡氏后人叙述，当时的蔡宅为三进院落，建筑风格为西洋与中式相结合，中间院子宽敞，整个院落大气别致。

【口述追忆】

穿堂门是每个孩子的"时光机"

什么是穿堂门？其实就是一个院子前后有两座门，分别开在相邻的两条街上，这就是穿堂门。在北京有前后两个门的院子很多，但是它们不能被随便称为穿堂门。穿堂门必须是白天将大门敞开，供南来北往的路人穿堂而过，这才叫穿堂门。

进入民国以后，失去俸禄的满人迅速破产，往往把大宅院分开卖给几家人，于是北京内城的穿堂门就多了起来，有的还发展成为北京有名的小胡同。蔡家楼胡同二巷（从左至右数第二个入口）就是一个穿堂门，这是长约500米的小巷，可从蔡家楼胡同通往南横街。

以前这一片区域是一个小山包，山上有庙一座，名为晋太高庙，曾经香火鼎盛，香客络绎不绝。这个四通八达的穿堂门，成为生活在这里的孩子们的天然娱乐场所，捉迷藏是他们最喜欢的小游戏，这儿俨然成了他们的小天堂。有时候孩子淘气惹怒了家长，家长追到穿堂门，高声问："我家孩子跑这里来了吗？"众小伙伴便拿出为朋友两肋插刀的态势，回应道："他没在这，去别的地方找找吧！"

"解放军曾在我家住了一周"

"我外公外婆不停地夸赞解放军就是和国民党军队不一样，纪律严明得很，爱护百姓。"蔡氏后人何美廉感叹道，而她口中的外婆，便是蔡中堂的儿媳妇。那一年是1948年，和平解放北平前夕，七八月正值雨季，蔡宅的庭院宽阔，一些解放军便在此借宿。

"解放军们就坚持在院子里休息、睡觉，不打扰我们的正常生活。但是我外婆不同意，认为他们是好人，既然来到我家不住在屋子里就是我们待客不周，而且北京八月的天气正是爱下雨的季节，把解放军们淋病了怎么办。尽管外婆一直坚持，但一个星期过去了，也没拗过解放军。解放军每天帮忙打扫庭院，临走时还把钱币悄悄放在了客厅的茶盘底下。家里人送走解放军后，才发现了钱币。

"外婆活到九十八岁，给我们讲了无数次这个故事，还鼓励后代一定要加入共产党，跟着党走。"何美廉回忆道。

其实，在国民党执政时期，蔡宅就一直在为革命做着贡献。除此之外，在解放战争时期，何美廉的父亲何源盛先生以民族大义为重，也参与了保护帮助北京前市委副书记刘仁和陆禹等同志的工作。

家国情怀一代代传递，深深扎根在蔡氏家族每一个人的骨血之中。

胡同里的第一辆"四轮车"

"胡同口停了一辆四轮车！""走走走！一块去看看四轮车长啥样去！""那么长，这么高，外壳锃光瓦亮的！"某一天，在蔡家楼胡同口（与红土店胡同交界处）停了一辆四个轮子的轮车，从上面翩翩然下来一个小伙子，这不是别人，正是蔡家的女婿何源盛。

看见邻居们好奇地扒着自己的车子仔细地瞧着，何源盛也不拦，大大方方地停在那里供人们观看。这辆四轮车也成了胡同里孩子们的"玩具"，那时候的汽车是手摇式的，很多小孩子都以体验手摇车为乐，有时候还会排队来玩，何先生从来都不阻拦，任孩子们玩儿。久而久之，这辆经常停在胡同口的汽车也失去了最初的神秘，大家的好奇心也淡了。但随着时间的推移，人们对何源盛以及这辆车的好感度却更加上升了。

"谁都有个急事的时候，不管是什么时间，只要和我父亲说了，父亲就会让司机开着车把他们送去目的地，或是看病，或是办事。真是怀念那个时候，邻里邻居的互帮互助，感情都很好。"回忆起那一段时光，何美廉的脸上始终洋溢着微笑。

【陶然新貌】

百米小胡同整治变化大——蔡家楼胡同一巷

蔡家楼胡同一巷是蔡家楼胡同中的一个小型胡同。整治工作从2018年4月16日开始，到8月初，蔡家楼胡同一巷整治工作基本完成。街巷环境有了质的提升，干净整洁之余更多了一份老胡同的庄严、肃穆感。

胡同虽小　整治并不含糊

蔡家楼胡同一巷是一条L形的胡同，胡同内的居民也没有几家。初期整治更多涉及的是卫生清理方面的工作。胡同虽小，但也存在着物料垃圾堆积、清理不及时的现象，严重影响着胡同的整洁度和居民的日常生活。

针对这样的情况，工作人员在初步的整治过程中，先是对胡同内的堆积物料进行了彻底的清理和整治。前期在与居民们大致说明情况后，居民们也都很理解和配合，很少会出现拒绝或者反感的情况。所以，物料堆积的处理工作开展得很顺利。

初步整治工作后，街道还对蔡家楼胡同一巷的墙面进行改造，包括墙面翻新、破损窗户的重新安装等。街巷焕然一新，家园变得更加美丽。

自新路
京师第一监狱修建的"改过自新"路

说起自新路，很容易让人联想起一个成语叫"改过自新"，这个词一般用于犯过重大错误的人身上。犯了错误就要受到惩罚，到监狱服刑就是个"改过自新"的过程，难道说自新路与犯过错误的人有关吗？没错，还真是这么回事！自新路是民国时期，由京师第一监狱的犯人修的。

【胡同名片】

自新路位于原宣武区东南部，修建于民国八年（1919），是一条不宽的街巷，南起原北京市第一监狱，北口分岔，东北向与官菜园上街衔接，西北向与盆儿胡同相连。这里地势北高南低，南侧遇水成泽，交通经常中断。

民国八年（1919），监狱驱使犯人辟出一条道路直达官菜园上街，这条道路长408.67米，宽10米，其中占用义地长60多米，迁移坟墓五座，埋葬死尸百余具，收买百隆田地8000多平方米，拆房屋两间、观音院庙房三间，历时半年多。民国九年（1920），犯人又移种槐树二百多棵，因旱死大半，1921年又换新土加肥料补栽。

此路因是一条由监狱犯人修的道路，故名自新路，取悔过自新之意。1999 年 8 月，并入菜市口大街。

【胡同历史】

北京市第一监狱见证百年历史

百年来，北京城的监狱一边承载着关押罪犯的本职，一边也在起起伏伏之中见证着社会的变迁、历史的风云。清政府于 1911 年在陶然亭西侧的荒野中建造了一座监狱，称"京师第一模范监狱"。民国以后称京师第一监狱，新中国成立后改称"北京市第一监狱"。

1921 年，在自新路北口路东的高墙上镶嵌着一块石碑"自新路记"。碑文写道："本监狱门首大道旧分为二。东北达官菜园上街，西北达盆儿胡同，唯地势洼下，夏秋之交，积水成泽，交通几为阻断。民国八年，以作业余利自辟一路，直达官菜园上街，南北计长二百二十六丈六尺，宽三丈，名之曰自新路。占有义地二十丈有零，迁移坟墓五座，埋葬尸首百余具；收买民地十二亩六分有零，拆卸民房二间，观音院庙房三间，共用南钞九百五十二元有奇，现洋一百五十一元有奇。春门开工，入冬造成，行者便之，皆因人之力也。九年春，以自种槐柳二百数十株移植道旁，遇岁旱，枯者大半，次年植树节易以新土，便培壅而补栽之。千年树木，余有望焉。爰记有始末如右。京师第一监狱与××增记并书中华民国十年四月××日。"

北京市第一监狱内关押过许多革命者，其中很多人在这里受到了非人的对待。周恩来、邓颖超及马骏烈士的亲密战友郭隆真（1984—1931）烈士就曾在此关押。郭隆真原籍河北省大名县，是李大钊的得力助手，创办过缦云女校，主办《妇女之友》。经韩幽桐（1908—1985）（张友渔市长的夫人）、张秀岩（1901—1968）营救出狱。后在山东济南牺牲。与她同时遇难的还有毛泽东的亲家刘谦初（毛岸英的岳父）等同志。

第一监狱位于南二环内，十分碍眼，也不安全，难以适应北京城发展的需要，因此难逃拆迁的命运。从 1993 年 9 月 10 日开始，历时六天，监狱的 1391 名罪犯被分别押遣到其他监狱服刑。带有西洋建筑风格的监狱大门门楼第一次寂静无声。不久，随着破拆机械车辆的轰鸣，这座见证着历史、记载着故事的老监狱灰飞烟灭了，取而代之的是一片欧陆风格的住宅小区。

逝去的南城地标——儒福里过街楼

自新路有座过街楼，是北京南城地标式建筑，那就是儒福里过街楼。多部影视剧都曾以此楼为背景拍摄，描述北京历史风貌的文学作品中也常见到它的身影。

儒福里过街楼，位于原宣武区（今属西城区）东南部宣南文化带上，菜市口以南今健宫医院西门北隅。儒福里过街楼也叫观音院过街楼，实际上称观音院过街楼更准确，因为这座过街楼下面就是一所寺院，名观音院。

观音院分东西两院，西院规模较大，是进香祭拜的地方，东院是休息的地方，过街楼横跨于上，将观音东院与观音西院连接起来。观音院南侧是义地和野坟，所以观音院又是停灵之处。相传过街楼就是"阴阳界"。

过街楼上层为悬山式建筑，面阔三间，四檩进深，灰筒瓦屋面，过陇脊，柱间为方格窗。下层砖拱门洞，向南穿过门洞就是儒福里，下肩为条石。拱券上方正中有石额，北侧为"金绳"，南侧为"觉岸"，均为清道光十年（1830）所刻。

1950 年《北京市街道详图》里显示，观音院周边，曾有五条胡同在这里汇合。东边偏北是珠巢街（今珠朝街）西口，正北是官菜园上街，西边偏北是小川淀胡同东口，南面偏西是自新路，正南就是儒福里。

1999 年，由于修建菜市口大街，自新路和过街楼都被拆除。但在菜市口大街和陶然亭路、白纸坊东街交会的十字路口仍然保留自新路的站牌。

高家寨胡同

古有高姓煤铺而得名　今有楼门文化而"知名"

这里没那么出名，却隐藏着承载明清历史的会馆文化；这里没有太多英雄足迹，却容纳着一代又一代局气的老北京人的生活记忆；这里的小区以往老旧而脏乱，如今却因楼门里的文化打造而愈发散发着邻里间的温情，这里就是高家寨胡同。

【胡同名片】

高家寨胡同位于原宣武区南部，长 144.939 米，宽 6.12 米至 10.83 米，南北走向，北起福州馆街，南至响鼓胡同。民国时称高家寨，因有高姓所开煤铺得名。1985 年北帐垂胡同并入其中，建起五幢居民楼。现高家寨二号楼为高姓所开煤铺旧址。

【会馆风云】

林则徐旅居蒲阳会馆

蒲阳会馆即福建蒲阳老馆，建于明末清初，位于福州馆前街 3 号（旧福州馆前街路西 1 号至 4 号）。清代又在高家寨胡同建了蒲阳会馆、蒲阳义地。光绪十六年（1890），京官江春霖等合力募捐创置此馆，称为新馆，以与旧馆区别。

蒲阳会馆坐西向东，只有一进院落，大门位于庭院的东北角，面阔一间，旁与三间东房相连，均五檩进深。西房四间，进深五檩加前廊，中间有隔墙分为各二间，装修仍保留旧时的步步紧形制。南北房各三间五檩，均为一明二暗形式，门窗装修与西房相同。此院大门在东北隅，应是以西房为正房，但东西房均为四间，不合规制，仍是三间北房为正。

林则徐 1811 年春进京会试，中进士后选入翰林院庶吉士。1813 年他偕妻郑淑卿到京师就任，曾居住于此。曾国藩于道光三十年（1850）居住于此；清著名经济学家洪亮吉于乾隆四十六年（1781）移此居住，他在《治平篇》中提出的人口理论比马尔萨斯的《人口论》还要早好几年；而清末著名小说家吴趼人，即《二十年目睹之怪现状》的作者，就诞生于此。

【口述追忆】

一台黑白电视邻里扎堆儿瞧

1958 年，中国有了第一台国产黑白电视机，但普通百姓接触到电视机已经是 20 世纪 70 年代以后的事情了。那时候，电视机大多都是黑白的，荧光屏都是外凸的，不像现在大多都是纯平、智能高清的。电视机的尺寸也不大，形状是长方形或正方形。没有遥控器，需要走到电视机前手动换台。按键也不多，开关多是伸缩式，调节音量也要在屏幕旁边的面板上操作。

"过去生活特别困难，电视机对普通家庭来说简直是奢侈品。"家住高家寨 10 号楼的贾福增回忆，在 20 世纪七八十年代，家里能有一台电视机是一件十分自豪且"洋气"的事情。买电视可是家里的大喜事。街坊四邻的孩子、老人都会跑来看新奇。

"当时住在旁边的居民，每天晚上都搬着小马扎上这里看电视。可看电视也并不是免费的，一次两毛钱，但依然有很多人挤在这里观看。"五十九岁的居民铁德萍回忆，一间十几平方米的小屋，小板凳错落着摆了一地，屋内一侧靠墙放着一台 12 寸黑白电视机，就是这样简单的布置，将位于高家寨胡同的这间不起眼的小屋变成了一所"电视房"，大家通过这台电视看到了世界。

【社区新风】

楼门文化　居民撰文写诗送称赞

"老旧小区老大难，社区党委抓改观。刷墙修门安扶手，宣武文化品牌见。楼门标识似宫灯，广告分类有专栏。环境维护人人责，居民公约家家签。藏龙卧虎福州馆，泼墨敷彩集群贤。书法遒劲楼层靓，丹青妙笔步梯艳。可敬耄耋抒豪情，倾心伴侣铺画展。庆功领赏表彰会，旧区新颜讲奉献。百姓心中有杆秤，居委身负千斤担。事无巨细繁似毛，官职不大责如天。党群贴心在基层，造福一方民点赞。"

撰文点赞气象新、话说小区变化多、创作诗歌夸贴心、三句半形式来送赞……看着老旧小区由以往的脏乱差到如今的焕然一新，居民党员们主动用精彩纷呈的方式为社区点赞。其实从 2018 年开始，"高家寨小区楼门文化"就成了福州馆社区朋友圈的一个火爆话题。

原来，社区党委利用 2018 年党组织服务群众项目经费，针对高家寨老旧小区的 4、6、8、10 号楼的二十个楼门，实施了

胡同内车辆停放有序

"党群携手打造楼门文化彰显社区特色"项目工程。该工程共修复了二十个楼门的楼梯扶手，为楼梯扶手下方立柱粉刷油漆，并对楼道靠墙一侧安装扶杆；对楼梯台阶破损处进行修补；更

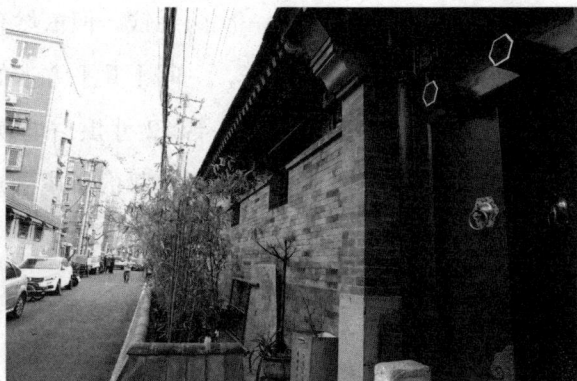

朱门灰墙是老北京的记忆

换了二十个楼门的电线及一百五十个声控灯；对二十个楼门口进行了粉刷修复；为二十个楼门设计、安装了楼门公示栏、楼门牌。

看着系列"变装"，大家普遍赞叹，以前的楼门牌掉字掉漆，分辨不出楼门号，一不注意就会走错楼门，现在门牌清晰准确，样式还古香古色，让人看着心情格外舒畅；以往楼门口吊脚破损严重，墙面脏乱不说，还悬挂着废旧报纸和订奶箱，张贴各种广告、通知，如今修复和粉刷后，外观整洁不说，整体还很富有层次感。

自家风味 一百二十幅作品打造楼门文化

七十八位居民，年龄从七岁至八十八岁，提交作品一百七十幅，精心选用一百二十幅，内容包括剪纸、书法、国画、油画、漫画、摄影等多种艺术形式……如今，高家寨小区每层楼道悬挂的作品均是由居民创作，是真正出自居民之手的特色文化。党员迟雪琴就是其中一位，她表示："看到自己和老伴的剪纸作品和绘画作品悬挂在楼道内，很开心。"

社区党委书记杨莲臻介绍，高家寨小区是老旧小区，老旧问题降低了居民生活品质。因此社区党委年初确定"党群携手打造楼门文化彰显社区特色"项目，不仅着力改善小区环境，也想让居民自己的文化艺术上墙，提升居民的归属感与幸福感。

在征集作品阶段，社区通过利用网格力量、一封信、活动倡议等多种方式，广泛动员，调动居民参与的积极性。"本小区居民积极参与，社区'能人''大拿'协助创作，最终成功收集一百七十幅作品。"杨莲臻介绍，从楼道粉刷、修整，到居民创作，再到邀请专业设计公司装框、悬挂，历时不足半年。如今，高家寨小区形成了一楼门一公约、一楼门一特色，从而把党建引领延伸到楼门，把高雅文化引进到楼门，把社区服务深入到楼门，彰显了社区党建引领、居民参与、共建美好家园的美好愿景。

党员贾福增表示："从社区2018年党组织服务群众项目的意见征集、项目施工，到楼门文化作品与楼门公约征集，再到亲眼看着一幅幅居民作品上墙，我既是见证者，更是参与者，如今看着焕然一新的楼道环境，心情都跟着好起来了。"

公约上墙　二十个楼门公约各有特色

"楼门公约是在各楼门长的主持下，从实际出发，楼门内所有居民共议后制定的，因此各楼门的公约条目各不相同。"在福州馆社区居民于英俊的撰文中，有这样一句称赞。

原来，除了楼门文化的设计、安装，二十个楼门各不相同的楼门公约也成了此次党组织服务群众项目的一大亮点。"每个楼门公约都是在充分征集居民的意见建议基础上，由各楼门长负责拟定，最终由专业第三方进行设计，并悬挂于楼门醒目位置，从而时刻提醒居民守护家园环境。"杨莲臻介绍，在意见征集阶段，各楼门长挨家挨户记录居民意见，大家对此非常认可，有的一户居民便有十余条建议。在征集完毕后，社区和楼门长对各意见建议进行整理、总结、归纳，形成公约初稿，再由楼门长将初稿与楼门居民一一对接，经修改后形成终稿。

"这个过程既复杂又辛苦，但正是因为狠下了功夫，所以才形成了二十个契合各自特点的楼门公约。"杨莲臻介绍，二十个公约，有共性

95

也有个性。共性如禁止在楼道内堆物堆料、高空抛物，提倡爱护楼门文化、尊老爱幼、邻里互助等，个性如针对养宠物居民提倡文明养犬等。

对此，党员郭玉萍表示："高家寨小区是有着三十年历史的老小区，党和政府一直在替我们着想，从做楼层保温、更换上下水管道，到安装防盗门、封堵垃圾道，再到如今粉刷楼道、更换电线和楼道声控灯、安装便民扶手、打造楼门文化等一件件实事，大家都记着，非常感谢党和政府，今后大家也会互相监督，保持楼道和小区环境整洁。"

福州馆街

因会馆得名 历史悠久 影响深远

　　位于虎坊路附近的福州馆街，是因街巷内有福州会馆和福清会馆而得名的。林则徐的许多社交活动都在这条街的福州会馆进行，在这里留下了很多故事。随着岁月的流逝，这里也改换了新的面貌。

【胡同名片】

　　福州馆街位于原宣武区东南部，东起虎坊路，西至粉房琉璃街，因有福州会馆而得名。街全长 256.556 米，宽 2.95 米至 6.96 米。此街明时称崇兴寺，清时称崇兴寺胡同，民国时分两部分，东为福州馆街，西为崇兴寺，1965 年合并为如今的福州馆街。

　　崇兴寺，明代天顺四年（1460）敕建，早废，遗址约在原福州馆小学（现北京市第八中学附属小学）。福州会馆，原为明万历庶吉士叶向高故宅。

福州馆街南口

97

其宅捐作福州会馆和其相邻的福清会馆，馆址今为虎坊路 7 号院（旧为福州馆街路北 2 号），院内有房六十七间。这里留下许多福建人的匾额、诗词、对联。

福州会馆在福建会馆建立之前（光绪三年，即 1877 年），一直负有省馆职能，因此成为在京福建籍人士聚集、交往、活动中心。馆舍的规模从房间数看，较福清会馆要大近三倍，所以名气越来越大，逐渐成为地标参照物，后来新地名代替旧地名，又衍生出了"福州馆街"。

虽然此处两座大会馆占地于 1954 年被征用，建起了北京市工人俱乐部，1965 年整顿地名时仍把此街正式定名为福州馆街，可见福州会馆历史久远，影响力深入人心，人们认可福州馆街这个地名。此街至今走向格局变化不大，基本保持了原貌。

【会馆风云】

私宅捐助促新馆建立　代写润笔促新馆装修

福州会馆，原在福州馆街，为明万历年间叶向高以私宅捐建。1813 年，林则徐初入京，官卑俸低，寄住在高家寨 1 号福州老馆。当他得知福建籍刑部尚书陈望坡辞官告归，捐出私宅建立福州新馆时，毅然将代人书折写文的润笔全部捐出，用于新馆装修。得到闽籍旅京人士的称赞和响应。大家踊跃效仿捐助，促成新馆的建立。

林则徐在嘉庆十六年（1811）到二十一年（1816），以及嘉庆二十五年（1820），在北京前后共生活了七个年头。这一时期，他主要任翰林院庶吉士，嘉庆二十年（1815）后曾任江西乡试考官等职务。从已经发现的不完整的《林则徐日记》来看，嘉庆十八年（1813）这一年，他偕妻子住进了蒲阳会馆。日记记载："五月初六申刻到蒲阳会馆卸车，与郑象峰同住。"另外，嘉庆二十一年（1816）这一年他也住蒲阳会馆。他辗转天南海北而心系家乡，眷念故土。在北京的日子里，他常到位于现福州馆街的福州会馆看望朋友，并于春节期间参加会馆的同乡团拜。

嘉庆二十一年（1816）正月十五日记："上午剃头留须，夜赴福州会馆观烟火。"福州会馆的烟火是很有名的，林则徐兴致勃勃地前往观看。五月十三日还"赴福州会馆拜祝关帝神诞，即回"。在北京，林则徐把福州会馆当作自己的第二个家。他的许多社交活动都在福州会馆进行，积极参加会馆的各项公益活动，会馆遇到困难时，他竭尽全力，贡献自己的力量。林则徐在北京多次参加宣南诗社活动，他在诗社的时间只有半年，但他的朋友龚自珍、魏源等仍参加诗社的活动，到花之寺观看海棠，到陶然亭吟诗作文。

1850 年，林则徐逝世的消息传至北京，闽籍旅京同乡闻之十分悲伤。为纪念林则徐爱国、爱民、爱乡之举，乡亲们特在福州新馆内设"桂斋"（源于林则徐福州故居），并塑像祀之，香火长盛不衰。

【人文故事】

林则徐曾在此倾吐怀抱

1785 年，林则徐出生在福建侯官（今福州市）。他自幼勤奋好学，十二岁参加府试，十三岁中秀才，十九岁中举人。1805 年，二十岁的林则徐首次进京，又于 1808 年、1811 年再次进京参加会试。林则徐二十六岁中进士，后于 1813 年偕夫人入京，任翰林院庶吉士、编修。由于公务不多，便博览群书，撰写文章。他在《北直水利书》中提出要解决北京地区水源，扩大郊区水稻种植，发展粮食生产，缓解南粮北运的困难。他参加"宣南诗社"，与诗友在龙树寺和陶然亭沽酒赋诗、倾吐怀抱，与黄爵滋、龚自珍、魏源等名流，交流禁烟等救国救民之策。

1839 年 1 月 8 日，寒风凛冽，林则徐从北京正阳门出发，经广安门，赴广东查禁鸦片。临行前，林则徐与友人告别表示："生死命也，成败天也，苟利社稷，敢不竭股肱以为门墙辱。"决心为国为民肝脑涂地，死而后已。鸦片战争失败后清廷向外国列强妥协，1842年，林则徐被撤职发配新疆。临行与家人告别时，林则徐表示："苟利国家生死以，岂因祸福避趋之。"如果对国家有利，不论生死都应该做，哪能避祸趋福？这正是他人生的写照。1850年，六十五岁的林则徐在赴任途中因病去世。

除了禁烟被人熟知之外，林则徐还被誉为中国近代"开眼看世界的第一人"。他打破以"天朝"自居的妄自尊大和闭关锁国的保守思想，肯于了解外国情况，敢于吸收新事物。他一面积极备战，增设西洋大炮，一面积极了解西方资本主义国家的政治、军事、经济情况，设立译馆，翻译外文书报、律例、军事技术等著作，先后辑有《四洲志》《华事夷言》《滑达尔各国律例》等，成为中国近代最早介绍外国文献的人。他还是第一个了解国际法、运用国际法与英国人做斗争的中国人。

梅兰芳御用琴师曾居于福州馆街

梅兰芳的御用琴师茹莱卿曾居住于福州馆街，他原系无锡大河上人氏，当年清军镇压太平天国时，一路抢劫财物北返，其先辈茹阿四被抓，随清军来到京城，后得无锡会馆相助，于前门外鲜鱼口一家茶店当学徒。因该茶店地处戏园集中之地，顾客多为喜欢品茶的梨园界人氏，久之成为好友。

茹莱卿幼年常随其父出入戏园，对京剧产生浓厚兴趣。后经人介绍，拜在"荣春堂"杨隆寿门下，易名茹莱卿，从此踏上了艺术生涯的道路。

据梅兰芳在《舞台生活四十年》书中讲，梅兰芳的武功和把子功即茹莱卿所授。《木兰从军》就是茹莱卿根据《乾元山》哪吒的演技，为花木兰设计了优美的身段。《穆柯寨》亦得自茹莱卿的指点。马连良幼入富连成，初习武小生，从茹莱卿学《探庄》（石秀）、《淮安府》（贺仁杰）、《小天宫》（造化仙）等，从而打下了坚实的武功基础。

茹莱卿四十岁后，拜梅雨田为师，改习胡琴，后专为梅兰芳操琴。1919 年梅兰芳首次赴日演出琴师即为茹莱卿，时年五十五岁。直至 1922 年梅兰芳赴港演出时，茹莱卿因病未能同行，琴师才易他人。茹氏虽弃武生改琴师，但因其功底深厚，曾在梅兰芳祖母寿辰的堂会戏上，于织云公所演出了《蜈蚣岭》。时年已近花甲，身手依然矫健，在场之人无不称赞。如今茹家的院子还在，旧时的风光却早已不在了。

【区域风情】

在寺庙旧址建起的福州馆小学

明代建成的崇兴寺因维护不善已被废弃。1949 年 4 月于现址（福州馆街 3 号）由群众自动成立人民小学，负责人为王志元。小学设立四个年级四个班教学，学生共 235 人。两年后，即 1951 年，人民小学改称福州馆小学，次年 9 月改为公立小学。

家住福州馆街 15 号的张卫东说道："原先这里都是平房、空地，小时候我们经常约上三五个小伙伴一起爬高上梯地玩闹，把这里当作了'根据地'，到了下午天气凉快的时候，孩子们都钻到空地上玩。后来这里盖起了楼房，原先的空院也成了学校的一部分。"

资料记载，福州馆小学校舍在 1981 年改建为楼房，占地面

八中附小

积 2987 平方米,建筑面积 2425 平方米,教室 15 个,有音乐、常识专用教室,图书 2038 册,教学仪器 611 件,电化设备 24 件。2009 年粉房琉璃街小学并入福州馆小学,学校的教师及学生有所增加。

福州馆小学位于陶然亭街道办事处福州馆社区,学校北面紧邻"湖广会馆",学校占地面积 1565.68 平方米,学校历经多次资源调整,现学校为十校合一。2015 年 5 月 29 日,学校正式更名为北京市第八中学附属小学。

助力学生幸福成长的八中附小

北京市第八中学附属小学是西城区首批"城市学校少年宫"、北京市高校支持小学科技体育发展项目——"中国戏曲学院基地学校"、"外籍教师参与中小学英语教学改革项目"学校。多年来,学校始终本着"以人为本,质量为根,家长满意,服务育人"的办学宗旨,努力形成尊师爱生、勤学敬业、教学相长、和谐共进的校风和博学善思、基础扎实、各有所长、全面发展的学风。

为了弘扬和传承中国传统文化,学校为全校学生开设了京剧和武术两门特色校本课程,聘请中国戏曲学院和武术专业教练为学生授课,让每一个学生都能在课堂上学习和感受中国传统文化的魅力。

为了不断提升学生综合素养,发展学生兴趣爱好,丰富学生校园生活,学校不仅挖掘自身教师资源,还聘请高校、少年宫、科技馆、棋院等校外专业老师进校,为学生设立了人人都可参与的"科技活动日""体育活动日""艺术活动日",开设了舞蹈、合唱、行进打击乐、书法、美术、京剧、剪纸、武术、手球、跳绳、中国象棋、国际跳棋、围棋、手工、种植、模型制作等四十多个课外小组和专业社团,使学生在学校少年宫里也能学到专业的知识,得到专业的熏陶、专业的培养,让学生在学校的少年宫里也能学有所长、学有所得。

学校拥有一支七色光五星级鼓乐队,多次在市、区鼓乐队大赛中获奖。不仅如此，学校还新成立了一支"行进打击乐队"，在军乐团专业老师的具体指导和本校师生的共同努力下，2015年首次参加北京市艺术节大赛就获得了金奖，并因为西洋乐器和民族乐器及京剧元素的巧妙结合而受到现场评委的高度评价。

学校地处宣南，北面紧邻湖广会馆，浓郁的宣南文化浸润着这所绿树环绕、果树繁多、精致小巧的学校。学校校园文化建设以"民族文化，润泽童心"为主题，努力通过在校园内及各楼层不同内容的文化信息，让学生在中华传统文化的浸润和熏陶中，感受、热爱、传承中华传统文化，启迪智慧，润泽心灵。校园里"社会主义核心价值观宣传墙""弟子规文化墙""京剧文化、节日文化、龙文化、玉文化和茶文化介绍墙"，一个又一个随处可见的读书角，处处都散发着浓郁的传统文化气息，潜移默化地感染影响着学生，为学生的全面发展和幸福成长创造了条件。

【口述追忆】

大杂院里的借煤生活

现在的年轻人很少有知道蜂窝煤的了，这黑黢黢像藕一样的圆柱体是专属20世纪50年代至90年代人的记忆。一块块摞起来的蜂窝煤，在那个物质生活匮乏的年代，既是人们生活中的必需品，同样也是"奢侈品"。

那个年代，燃气尚未普及，平时烧饭煮水都需要用到煤。尤其是到了寒冬腊月，家中没有暖气，烧煤的炉子是主要热量来源，没有煤的生活，简直无法想象。"小时候，生火做饭、烧炕头，很多时候都离不开煤。"居民贾福增说道。

因此，20世纪五六十年代，煤铺遍布全市。煤铺的伙计也会挨家挨户询问用煤情况，居民可预订，煤铺可以送煤上门，但需单独收费。

家住福州馆街 13 号的铁德萍回忆道："那时煤铺多，而且家里也没地方，因此人们并没有大量储煤的习惯，往往拎着篮子到煤铺买够一天的用量，并不多买。"

因为家家户户都没有储煤的习惯，所以也就经常遇上"不趁手"的情况，当自己的煤灭了之后，都是和邻居们去借的，"谁家的煤要是灭了，一时生不起来，便从邻居家的炉子里借一块烧得正旺的蜂窝煤当作引子，灭掉的煤很快就能重新燃起来。"

那个时候大家都是住在大杂院里，虽然环境不是很好，地方也很狭窄，但那种人与人之间的亲情、友情却格外真诚，真正地诠释了"远亲不如近邻"这句话的真谛。

大杂院里的苦与乐

东屋王老太太、柱子他爸，西屋刘叔、建国他妈……这些称呼对于曾经住过大杂院的老北京人来讲并不陌生。"大家住在一个院里，虽说也会有拌嘴的时候，但大多数的时间是和睦的，这种邻里情是现在的孩子不能体会到的。"谭春祥回忆道。

"那个时候，自来水还没有引入家庭，整条街就一个水龙头，就在前院的大树下，胡同里的人家都要挑着小扁担来这里打水。力气小的孩子，就拿一根竹竿，穿过水桶的把手，一人抬一边，摇摇晃晃地将水抬回家。那时每家都有一口大水缸，挑满一缸的水，够全家人吃个几天时间。有时也帮着门口的邻居打水，反正都是顺路的事。"谭春祥说道，"尤其是一到做饭的点儿，这里变成了最热闹的地方，洗菜的、淘米的、洗衣服的、接水的，邻居们就在大树下水龙头旁聊开了。"

大杂院里虽然充满着邻里情，充满着欢声笑语，但也有很多不方便的地方。居民贾福增就说起了当时的困境。原来贾福增住的大杂院地势很低，处于两条胡同的交汇处，一到了下雨天，院子里可就遭了殃，"两条街上的水都往院子里灌，院子里的水量能是下雨量的几倍"。为了解决这个问题，整个院子里的人一起想了个办法——在门口安了个可上下移动的门槛。"像是现在的水闸一样，到了下雨的日子，院里人就把门槛放下来，防止街道上的水流进院子。"

【陶然新貌】

迟雪琴："家园的变化，我看在眼里"

迟雪琴是福州馆社区的居民。福州馆社区在提出街巷整治之前，就非常重视社区环境秩序了，此后更是做了一系列的工作。就拿清华池前面那条街来说，在 2014 年的时候，街道和社区就做了文化墙，上面还有居民的照片，这让大家心里感觉暖暖的，对地区的文明建设也有很大推动。

邻里更和谐了

从 2015 年开始，街道、社区便对居民居住的公共空间开始进行绿化，不仅种下多种绿植，还有了可供居民休息的长廊。在绿化期间，街道和社区特别邀请本地区的小学生参与进来。居民带着孩子们一起参与种植，不仅美化了环境，也通过身体力行美化了孩子的心灵。

"背街小巷整治的成果我是看在眼里的，看着身边的变化，这里也有自己参与的成果，心里非常欣慰。"迟雪琴介绍，以前《经济日报》社宿舍院内堆放了很多杂物，如今这一百多平方米的地面，变成了一片绿地。居民在此种花、种草、种菜，长成的蔬菜，邻居们还相互送着吃，非常和谐。没想到背街小巷的整治还起到了拉近邻里关系的作用。

福州馆街安静了

以前福州馆街的胡同口有无照经营的小门店烧烤，尤其到了夏天，大排档吃喝尖叫声、汽车喇叭声，加上烧烤的油烟，严重影响了附近居民的正常生活。烧烤弄得马路上环境卫生十分恶劣。不仅如此，还存在私拉乱接电线的问题，隐患重重。背街小巷整治开始后，胡同里的违建被拆除，"开墙打洞"被封堵，如今福州馆街又恢复了往日的宁静。

在整治之前，甚至有的人晚上就露宿在福州馆街。高家寨胡同8号楼前的小亭子成了这些人的休闲聚集地，许多人经常聚集在亭子里打牌，也有的干脆睡在那里。整治之后，居民的安全感增加了，环境越来越好了，真正感受到生活在这里非常舒适安心，福州馆小学的孩子们放学走路回家，家长们也不用再担心了。

街巷顽疾改造了

整治工作将福州馆前街上的二十多个违建和高家寨胡同的几处违建都清理了。拆的时候居民还是不太容易接受的，毕竟已生活了十几二十年，于是街道和社区反复地做居民工作，耐心解释，不少党员也积极带头。现在这里清亮多了。

福州馆属于老旧小区，高家寨胡同8号楼原来有个垃圾通道，大家扔垃圾都堆到了一层，后来封堵了垃圾道，街道给居民换上了垃圾桶，改善了院内的环境卫生。不仅如此，街道和社区还多次组织召开居民代表会，反复征求大家的意见后，在高家寨胡同4号楼前还安装了休息木凳，设置了晾衣杆，完成速度非常快。

此外，4号、6号和8号楼在2018年还粉刷了楼道。清理楼道的时候也是困难重重，街道和社区多次上门做工作。清理完后，还找了社区代表到其他社区参观，着力建设楼道文化。

粉房琉璃街

几代人的共同记忆

粉房琉璃街道路两旁的大树郁郁葱葱，树枝延伸开来形成凉棚状，成为南城一景。这里曾是居民聚集区，邻里之间交往密切，感情深厚，以至于由于拆迁，很多居民搬离这里之后，依然对这里恋恋不舍。林荫道、邮局、门牌号、粉房琉璃街小学……这些都构成了几代人共同的回忆。

【街巷名片】

粉房琉璃街位于陶然亭地区东北部，南北走向。北起骡马市大街，南至南横东街，长 644.979 米，宽 3.75 米至 5.13 米。街内原有汶水、河南、怀宁、晋江、龙棉、廉州、方载、萍乡、解梁、阳江、延平、汾水、天津、新会等二十多处会馆。

街巷北侧为明建福庆寺，20 世纪 80 年代拆除。33 号处为永

粉房琉璃街资料图

107

乐寺，现已拆除，改建居民楼。78号院有一井窝。现街内多为民居。另外尚有粮店、副食店、旅馆等。

此前，北口为农贸市场（早市），每日清晨人声鼎沸，甚为热闹，为原宣武区重要的农贸市场之一。街之两侧国槐成行，夏天遮天蔽日，凉爽宜人，是陶然亭地区较有特色的街巷。

【街巷历史】

明代称粉房刘家街，属正南坊。粉房为制作粉条的作坊，刘姓所开，且有名声，街遂以名。清初曾称粉房街，至清末改称粉房琉璃街，系由"粉房刘家街"转音而来。街名一直沿用至今。

【会馆风云】

梁启超曾在此居住

广东新会会馆位于原宣武区粉房琉璃街115号（旧粉房琉璃街路西53号），始建于清咸丰三年（1853）。据住在这里的居民讲述，会馆门口有一对石狮，门额匾上书"广东新会会馆"几个大字。院内共有七个月亮门，每个门对应一个庭院，院内种有十余株枣树。戊戌政变主要人物梁启超曾居住在广东新会会馆，并在会馆内中院北屋结婚，居室犹存。

粉房琉璃街120号为福建延平会馆馆址，后为原宣武区粉房琉璃街小学，馆内建筑已全部拆除，改建教学楼。

两处新会会馆

宣南有两处新会会馆，一座位于粉房琉璃街115号，曾用名新会邑馆；另一座位于永光西街1号。两会馆均属广东同乡试馆，专供接待广东籍进京应试的士人。位于粉房琉璃街的新会会馆建于清咸丰三年（1853），由广东同乡集资兴修（有咸丰三年（1853）孟夏李星辉撰写

108

的《新会邑馆记》碑
文为证)。

会馆坐西朝东,
《北京的会馆》写道:
新会会馆东西长 53
米,南北长 40
米。由
东院、中院和西院三
个小院组成,有五十
间房子,其中瓦房四

如今的梁启超故居

十七间,灰房三间。院内共有七座月亮门,分别对应七个小院落。中院
北房三间曾为梁启超寓居的住房,取名"饮冰室"。梁启超之弟梁启勋
著《晏殊室戊辰笔记》记载:"二十二岁甲午春,复偕伯嫂入京,寓粉
房琉璃街新会邑馆。"书中还提及 1895 年"公车上书",再到 1898 年百
日维新,梁启超几次入京奔走于宣南,与谭嗣同、夏穗卿等人宣传维新
变法,直到变法失败东渡日本。

辛亥革命后,梁启超再次来京,仍住在新会会馆。1929 年,梁启
超病逝于北京,葬于北京植物园内的梁氏墓地,终年五十六岁。

新会会馆作为梁启超故居,被定为文物保护单位。

【区域风情】

百年老店大和恒粮店

在众多的北京老字号当中,有一个鲜为人知的、早在 20 世纪三四
十年代就红遍京城粮食行业的龙头企业,它就是"大和恒粮店"。

据考证,"大和恒粮店"始建于 1915 年,是由北京人齐竺山、齐如
山、齐寿山三兄弟共同创办的。这家店的名字是由"大同号""和益
局""恒聚隆"三家粮店名字中各取一字,故称"大和恒"。店址在当

时的前门外西柳树井 26 号，也就是现在的珠市口西大街路北，丰泽园饭庄往西约 200 米处。

大和恒粮店从一开始就确立了质量好、斤两足、货真价实、童叟无欺的店规，确立了品质优良、产地进货、精工细作、薄利多销的经营之道。其经销的粮食不但质量上乘，而且价格合理，绝无掺糠使水之事，再加上服务态度好，赢得了顾客的称赞，争取了大批稳定的老主顾，几年的时间，在北平四九城已是有口皆碑。不少人舍近求远，跑到大和恒来买粮食。经常是一大早，大和恒门前就是一字长蛇阵。据北京档案馆有关资料记载，排队买粮的人最多时曾达到一千多人。

民俗专家胡金兆的《见闻北京七十年琐记》中谈到大和恒时，有这样一段描述："西珠市口给孤寺原被烧的第一舞台东隔壁，有个大和恒粮店，是清末同文馆出身留学德国，后来全力扶植梅兰芳的齐如山先生开的。它卖的小米面、棒子面要比一般商家的好，价钱稍高一点，好吃。这时，大和恒门前天天排起长龙没个头。后来他们的货供应不上了，人们就又到别处去排，我常是排队的买粮者，人多但秩序不乱，用粉笔在衣服上写号，按着号买。"

"狮子"牌面粉堪称国内一流

日伪时期物价飞涨，民不聊生，老百姓只能以混合面（一种麸子、糠、草根、树皮和少量玉米面混合成的食物）充饥，当时老百姓买混合面也要买大和恒的，它卖的混合面掺的粮食多。由此可见，当时老百姓对大和恒的信任绝非一般。

当年大和恒经营的面粉，是从河南安阳大和恒面粉厂直接调入的"狮子"牌面粉。河南安阳盛产优质小麦，再加上德国进口的加工设备，生产的面粉堪称国内一流。"狮子"牌面粉分三个等级，三等面粉在当地销售，一、二等面粉运往北京，在大和恒粮店销售。"狮子"牌面粉不仅色白，而且面筋质高，蒸馒头有咬劲，吃面条不断条，包饺子

110

不破皮。每当大和恒一进货，店前就会排起长龙，面粉很快被抢购一空。

大和恒经营的各种杂粮，集中了当时全国名、特、优产品，如山西"沁州黄"的小米、河北张家口的莜面、云南的大白芸豆、西北的大白豌豆、东北的明绿豆、天津大红袍（红小豆）等。其中云南的大白芸豆、西北的大白豌豆，是仿膳宫廷小吃芸豆卷、豌豆黄不可缺少的主要原料。

大和恒加工的各种面粮，江米面、黄米面、绿豆面、黄豆面、莜麦面、荞麦面等也深受老百姓和饮食行业的欢迎。原因是：第一，选料精纯，不符合质量要求的原粮绝不使用；第二，前店后厂现制现售，保证新鲜；第三，用石碾石磨，磨出来的粮食不变味。所以不少经营小吃的饮食行业宁愿跨区也要到大和恒进货。

在大和恒经营的各类粮食中，最值得一提的是大和恒自产自销的"三条腿玉米面"。到 1949 年解放初期，"三条腿玉米面"已成了大和恒的代名词。"三条腿玉米面"其实就是用玉米、糜子米、黄豆按一定比例配合加工而成的窝头面。加工中用料严格讲究，其中玉米要选用当年产的伏地白玉米，糜子是张家口的，再加上精选的黄豆，用石碾石磨现制现磨，配制好了让人一看色泽鲜黄，气味香醇。用这样的玉米面蒸出来的窝头，黄澄澄、金灿灿，香味扑鼻，口感细腻，深受老百姓欢迎。

贴心粮店百年发展力做公益

1953 年北京实行粮食计划供应以后，北京粮店都成了清一色的国营粮店，大和恒粮店就此歇业，旧址改作他用。2008 年，这所百年老店重张开业，店址选在粉房琉璃街 160－10 号，门前的一对石碾、石磨，似乎散发着五谷杂粮的清香，给人以返璞归真、回归大自然的感觉。宽敞的售粮大厅，摆放着五光十色、琳琅满目的各类包装、散装粮油食品。大厅正面悬挂着"百年老店，诚信为本"的匾额。大厅四周展放的各种类型的木斗和各个不同历史时期的粮票，在诉说着粮食发展的历史和大和恒的百年沧桑。

重新开张的老字号，第一件事就是原汁原味地供应"小米面"和"三条腿玉米面"。大和恒严格遵循三位老掌柜定下的传统，即"人无我有，人有我全，人全我精"，在原粮采购和加工制作方面绝不弄虚作假，坚持产地进货、品质优良、加工精细、货真价实的经营理念。诚实经商，守信为民，不仅保住了大和恒的名牌，也迎来了众多的回头客。

近年来，为了更好地推广窝头面，大和恒推出了主食厨房。在窝头的制作上不断创新，用不同种类的面推出了独特的五色窝头，色泽鲜艳，营养丰富，口味不同。大和恒遵从粗粮细作的方法，开发研制了大和恒精制大米，精品杂粮，精美礼盒以及香油、麻酱等几十个新产品。2011年，大和恒与中国中医科学院共同开发研制十种营养配比粥，深受百姓青睐。大和恒的招牌产品"小米面""三条腿玉米面"于2001年入选西城区级非物质文化遗产名录。2010年大和恒获"北京市放心粮油销售示范店"称号，2011年获"全国放心粮油销售示范店"称号，2012年4月获北京市粮食局、人力社保局"先进集体"称号。

如今，为了回报社会，"大和恒"粮店认领了陶然亭街道工委的公益服务项目——"办贴心店，做贴心人"，发放帮困卡，开办百姓健康大讲坛，为社区居民奉献一片爱心。

【人文故事】

关于"少年中国说"

梁启超故居"饮冰室"位于陶然亭粉房社区。梁启超（1873—1929），字卓如，一字任甫，号任公，又号饮冰室主人、中国之新民、自由斋主人，广东新会人。中国近代思想家、政治家、教育家、史学家、文学家。提出"少年中国说"。1873年，梁启超生于一个地主阶级家庭，少年时代受的是传统封建思想教育。1891年就读于万木草堂，拜在康有为门下，开始接触"西学"，并接受了康有为的改良主张，成为其得力助手。

1895年，梁启超在京参加了康有为发起的"公车上书"运动，在政治舞台上崭露头角。为了配合康有为宣传改良主张，1896年，他到上海创办《时务报》，扩大了维新派的舆论宣传阵地，他利用新闻媒介，大声呼吁"变法图存"，并指出"中国唯一的自救方法就是自强"。梁启超的文章通俗流畅，在当时很有影响，曾使《时务报》销售量达万余份，一时风靡海内外，对资产阶级改良主义思想的传播起到了重要的推动作用，被改良派公认为"宣传家"。

1897年冬，梁启超应谭嗣同之邀，担任湖南"时务学堂"总教习，并参加创办《湘学报》，对湖南维新运动的开展起到了推动作用。1898年，梁启超回到北京，为辅佐康有为筹划"新政"做理论准备，提出"今胜于古，后胜于今"的进化论史观。清光绪皇帝颁行新政，嘉赏梁启超。戊戌变法失败后，梁启超远赴日本，主办《清议报》《新民丛报》，主张君主立宪，坚持改良主义立场，受到资产阶级民主派的严厉批评。

梁启超晚年在清华大学任教，1929年病逝，终年五十六岁。梁启超一生著述颇多，涉及政治、经济、历史、哲学、语言、文字音韵、文化艺术等诸多方面，汇编成《饮冰室全集》传于后世。谈到梁启超，就必须提到他的散文《少年中国说》。在这篇文章中，他驳斥了西方人口中的"老大帝国"这一对近代中国具有诋毁性质的说法，并与之相对，提出了他的"少年中国说"，热切盼望少年为中国注入新的生机活力。他提出"少年强则国强"的论断，在当时可谓眼光独到。他在文中热情地赞颂："美哉我中国少年，与天不老；壮哉我中国少年，与国无疆！"

梁启超最大的成就在于开启民智，令民主共和观念深入人心。另外，其学生遍布天下，如蔡锷、徐志摩、蒋百里等。其子女思成、思永、思忠、思达、思懿、思宁、思礼等俱为杰出人才。

在新道德建设上，梁启超提出"新民说"。主旨是要建设新道德——公德，倡导进取精神。中国数千年不进步之原因在于一切障碍未铲除，所以要破坏，并且人要有自尊心、合群的思想及毅力。

梁启超最早提出"四大文明古国"这一说法，并首次提出"中华民族"的概念。把顾炎武首次提出的"保天下者，匹夫之贱，与有责焉耳矣"，引申为"斯其乃顾亭林先生之天下兴亡，匹夫有责也"，后简化为八个字："天下兴亡，匹夫有责"。"物质文明"和"精神文明"这两词，最初也是由梁启超所提出来的。

他是第一个写出宪法学文献（《异哉所谓国体问题者》）的人，因而才有"一篇文章闹垮了一个洪宪王朝"这个说法。

【口述追忆】

胡同童年趣事

王文增说，胡同给他印象最深的就是行道树，整条粉房琉璃街有上

老物件

百棵槐树，栽种最早的树距今有五六十年了。一到夏天绿树成荫，两边的树就像搭起来的棚子，夏天胡同里的温度能比其他的地方明显凉快两度。冬天下雪，树上好多

114

树挂，也很漂亮。王文增说这样的胡同在整个西城区都很少见。

要回忆胡同生活，王福来最难忘的是在胡同里玩游戏。那时候玩具有滚铁环、攒冰棒棍，还有得劈柴、拍烟盒（软烟盒叠成三角）、拍洋画、弹球、抽尜尜，还有崩弓子、链子枪、气门枪等。

最早消失的是打尜，两头是尖的，一边悬着，直接打出去量谁的远，基本上能打出去三五十米。因为在胡同里玩太危险，所以最早消失。

那时，小孩从小就盼着过年，家里能给做身衣服、做双鞋。样式就和老内联升的样式差不多，那会儿就一个字——"省"。一双白边懒汉鞋才三块四，可三块四也够一个四口之家半个月的生活。

王福来打小在粉房琉璃街小学上学，北京市原宣武区粉房琉璃街小学位于西城区（原宣武区）粉房琉璃街 120 号，原名私立北平正宇小学，1942 年在福长街群州会馆建校，校长徐晓英，1952 年初由区人民政府接办，改粉房琉璃街小学。

建校初期，校舍面积 300 平方米。1964 年政府拨款盖教学楼，占地面积 1909 平方米，建筑面积 2603.36 平方米，教室 18 个，图书 6000 册，经费由区财政拨款。因校区在危改范围之内，2009 年，该校与福州馆小学合并，2010 年拆除。

过去热闹不已

当时胡同里做小买卖的人多，胡同里充斥着各种吆喝声。过去的小买卖都是流动形式，也叫游商。剃头的没有固定摊，一天串好多胡同。还有卖冰棍的，盖一个棉被子，三分一根五分一根。"红果的、小豆的、奶油的"，奶油的是五分，红果的小豆的是三分。后来再有就是巧克力的，提前找家里要好了钱，等着他们来卖才买得到。

那时买菜得去菜站，也就是副食店，每家都有副食本。一斤花生半斤瓜子，一年就能吃这一次。平日里也就点心铺不关门，买点心也需要粮票。那时口粮是定量的，绝不会多，每个月还得饿几天。家里要是过不去，就得多喝几顿汤，或者菜糊糊。买茶叶得用工业券，买衣服用布票。菜市口有一个官办的信托，只有急着用钱才去信托，就和现在的当铺一样。

王福来说，那时候就盼着下雨天，下雨天西红柿怕烂能便宜不少，竹条编的一筐西红柿才卖三分，买回来能做点西红柿酱。当时卖菜有补贴，一斤能补贴几厘，可是如果坏了卖不出去了，连几厘都拿不到。

一到冬天，居民都储存大白菜，堆在门口，几分一斤。很少听说谁家白菜被人抱走，也不会有孩子去破坏，那时民风真好，路不拾遗，夜不闭户。白菜按好坏分为一二三级，三级的一分一斤，家里一买就是三百斤五百斤，够吃整整一个冬天。大家会在自己家墙根底下挖菜窖。

冬天取暖，用的是煤球，后来演变成了蜂窝煤。买煤得用买煤本，计划经济离开票证就没法生存，工作都得持证上岗。

她是快递生命种子的"热血大妈"

这一天，常向明早早来到西单献血屋，开始她一天的志愿服务。

指导献血者填好登记表后，常向明不忘问一句："愿不愿意留血样，加入中华骨髓库？"每成功劝说一位加入中华骨髓库，她都很兴奋，因为"白血病患者多了一份生的希望"。

【陶然新貌】

奥运"为媒" 和志愿沾边的都参与

治安志愿者、学雷锋志愿者、环保志愿者、平安地铁志愿者、社区志愿者、科普志愿者、巾帼志愿者、禁毒志愿者……

常向明已记不清自己到底有多少"身份"，但说起为啥结缘公益，她却清楚地记得北京奥运这位"媒人"。

2007年，北京奥运准备工作如火如荼，陶然亭街道也火热地招募奥运治安志愿者，就这么着，常向明报了名。刚开始戴上红袖箍，她有点不习惯："都是一群老太太，就自己岁数小，挺没意思。"但随着接触志愿服务时间长了，常向明越来越爱上了这份工作。

"嘿，越接触，就越觉得做志愿者挺有意思的，不仅认识了一群热心肠的人，还能为北京、为国家做点事，这事值得做！"

常向明不仅在街头巷尾治安执勤，还发挥特长成了社区串珠班的授课老师，领着老人们编奥运福娃、穿十二生肖。看着老人们高兴，常向明也美滋滋的。

"血拼"爱心　在西单献血小屋安家

说起到西单献血小屋做志愿者，还要从一张招募启事说起。

2010年，西城区红十字会为挽救白血病患者招募志愿者。在招募启事上，常向明了解到全国每年新增白血病患者四万人左右，其中一半是儿童，许多患者因为不能及时找到相匹配的造血干细胞而耽误治疗，还有人在等待中失去了生命……

"太不落忍了，一想起来，心里就难受。"常向明和数百名志愿者一同参加选拔、培训。起初，人多到一个大报告厅都坐不下，但因为时间紧、任务多，不少人离开了，常向明却留下了。"当时没啥想法，就想着既然来了，就不能半途而废。"

在牵手希望志愿服务队，常向明从一名普通队员做到了团队的领头人，这期间，不断遇见的感动与美好，成了她越干越有劲儿的"加油站"。在会议休息空当儿赶来献血和进行造血干细胞留样登记的青岛警察，将无偿献血和加入中华骨髓库作为自己成年礼的小姑娘，带着女儿、侄子、外甥一起无偿献血和进行造血干细胞留样登记的西城大姐，下了火车就登上献血车的外地游客……

看着有这么一群人"撸起袖子献爱心"，常向明觉得自己这份事业特有人情味儿："献出一袋热乎乎的鲜血，比捐出一百万还让人佩服！"

续航生命　做希望的"快递员"

虽然没有物质上的报酬，但在志愿服务中，常向明收获特别多，就拿那一次做"快递员"来说，常向明就收获了无限动力。

以往，造血干细胞捐献、移植，只是宣传册上的文字，但在2015年的10月，一切都不一样了！

那次，常向明全程参与、见证了造血干细胞的捐献、运送工作。捐赠者是个二十一岁的阳光小伙，在采集时，捐献人需要平躺几个小时，这过程可不轻松，但小伙子脸上一直挂着笑："太幸运了，这么多人中，我和他配型成功了，这就和买彩票中奖一样，多么大的缘分啊，我一定得救他。"

当天中午，常向明作为运送员之一坐上了飞往广州的飞机。抱着装着干细胞的保温箱，常向明不敢有丝毫大意，保温箱一刻都不撒手。

按要求，常向明要定时均匀摇动保温箱，一次次的摇动引起了旁边乘客的好奇："你这里边装的是什么宝贝啊？"

"我怀里的还真是宝贝，有人等着它救命呢，这就是生命的种子……"

当天晚上，在当地志愿者的陪同下，常向明和同伴成功抵达患者所在的医院。"当时患者已经进无菌舱等待了，见到我们这些来自北京的志愿者，患者的妻子嘴唇颤抖，眼泪一串一串往下掉，激动得'语无伦次'：'救命的宝贝到了，太好了，有希望了，怎么谢谢你们啊……'"

时间紧迫　希望你也"益"起来

如果说2015年这次造血干细胞的护送，让常向明直观地感受到自己志愿服务的价值，那最近这次在"彩虹计划"参与志愿服务，让她感受到的就是时间紧迫。

2019年5月，由京津冀三地红十字会主办、中华骨髓库三地分库造血干细胞志愿者协同策划和同步宣传的公益项目"彩虹计划"向患

118

血液病的小朋友们征集儿童节心愿。"彩虹计划"专属网站将孩子们的心愿公示后，爱心人士认领心愿并将礼物寄送至指定接收点。那一天，常向明和志愿者们走进医院，将这些爱心礼物送到小朋友们手中。

当时，孩子们陆续来领礼物，有家长领着来的，有用轮椅推着来的。有的孩子出不了病房，志愿者们就把礼物送到孩子们病床上，看着这些原本应该享受童年的孩子们因为疾病而剃光了头发、瘦弱了身子……志愿者们心里酸酸的。

但礼物发放到最后，大家发现，有的礼物一直没被领走……

当志愿者接通了家长的电话时，家长在电话那头哽咽："谢谢你们，这礼物我们家用不上了，孩子走了……"从征集心愿到送出礼物，只有短短一个月，但还是有孩子没等到礼物就去了……

"我们的眼泪一下就止不住了，既心酸又无奈，如果配型成功，那这个孩子就不会走。我想着，今后做志愿，一定要卖力再卖力一点，因为多一个造血干细胞捐赠者，这些孩子就多一分希望！"

行程满满　家人戏称"志愿专业户"

来献血小屋值班、到社区串珠班教课、去街面执勤、进地铁引导服务……

常向明每周的时间被安排得明明白白、满满当当，老伴儿笑称她"比国家领导人还忙"。但常向明乐在其中，要是哪周闲下来了，心里还空落落的。

做了这么多志愿服务，各种志愿者服装都快被常向明集齐了，连儿媳妇也打趣婆婆是"志愿者专业户"。但常向明不嫌多，每一种志愿者服装都代表着一个服务领域，代表着一种公益责任，她还想趁着年轻，再多干一点。

常向明在外忙碌，一辆电动车是她离不开的"坐骑"。几年间四处跑，光是车就换了两辆，连这辆新车也刚换了电池。"总觉得电不够使，还想跑更多地方。"在路上，常向明只想着"再快一点"，这样，就能有更多时间，做更多好事。

　　截至目前，常向明获得了"最美西城大妈 2018 年年度十大人物""中华骨髓库五星志愿者""北京市五星级志愿者"、学雷锋"五个100"最美志愿者等荣誉称号。

潘家胡同
名人辈出的胡同

粉房琉璃街与贾家胡同之间有条南北走向的潘家胡同，胡同两侧排列着整齐的院落，路面不宽但很规整，是条敞亮整洁的小胡同。

【胡同名片】

潘家胡同，原称潘家河沿，成巷于明初，位于原宣武区中部偏东，陶然亭街道办事处辖域东北部，呈南北走向。北起北堂子胡同，南至南横东街，西邻果子巷及贾家胡同，东邻粉房琉璃街。潘家胡同全长570.05米，宽4.21米至7.72米，沥青路面。数百米的小胡同中曾有十八个会馆。

【胡同历史】

因水利专家得名

据说，在胡同东侧有条小河沟。那是一千多年前，金中都东城墙外的护城河。古代凉水河支系自北向南流经虎坊桥分流，主流向南，支流向西南注入金中都东护城河，而潘家胡同在护城河西岸，故称"河沿"。

之所以称"潘家"，是因为明代水利专家潘季驯曾居住在这里。潘季驯（1521—1595），明代水利专家，字时良，号印川，浙江省吴兴人。嘉靖时进士。从嘉靖末到万历间总理河道，著有《两河管见》等多部书籍。新中国成立后，潘家河沿改名为潘家胡同。

潘家胡同资料图

潘家胡同历史悠久，37号为晋阳寺址，又称晋阳庵。内有古铜观世音像，为尉迟敬德监造。45号为弥陀庵，76号为药王庙。

潘家胡同明朝时称潘家河沿，清朝时称潘家河沿街，清宣统时恢复旧称，1965年改今名。

【会馆风云】

学者人才辈出

潘家胡同会馆多达十八座，除了潘季驯，历代文人墨客也有很多曾在这里居住。如清代著名学者钱大昕（1728—1804），乾隆进士，治学极广，精于史学、经学，兼通历算、金石诸学，尤长于校勘，诗词亦出名，被推为"关中七子"之一。经学家、天文历算学家褚寅亮（1715—1790），乾隆举人，刑部员外郎，有多部著作留世。著名学者、文学家俞樾（1821—1907），道光进士，翰林院编修。俞樾在《春在堂随笔》中写道："余丙戌入都寓潘家河沿，庭中有花盛开，浅红淡白，色颇娇艳。余初不识，问花农曰，此鸾枝花也，子原则云，鸾枝花深红今色浅非是，乃榆叶梅耳。"丙戌即1886年，俞樾当年住潘家河沿。俞樾的曾

122

孙，即著名的作家、《红楼梦》研究专家俞平伯（1900—1990），是五四运动期间"新文化"运动重要诗人，新中国成立后为全国人大代表、政协委员。

潘家胡同还有多家会馆、庙宇：晋阳庵、弥陀庵、药王庙等。药王庙即药王庵。在五四运动影响下，京城纷纷举办各类学校。借助药王庵于1920年初夏，由《北京晓报》创办人万梦超办起招收经济贫困儿童的，《北京晓报》附设的工读学校，三十多个孩子在此半工半读，上午卖报，下午免费学习。

短短的一条小胡同有这么多会馆、庙宇坐落于此。举人们、进士们、官员们出出进进该胡同，他们研究学问，探讨知识，争论疑义，使胡同的文化氛围十分浓厚！

【人文故事】

劳苦功高的沈玉斌

新中国成立后京城第一座培养京剧人才的私立学校是哪一个？它就是陶然亭地区偏西的松柏庵。

早年以沈玉斌（1909—1986）为代表的京剧名家就拟在黑窑厂一带兴办戏校。解放前松柏庵被土匪军霸占，把它毁得不像样子。松柏庵原是清代王爷的家庙，王爷一家喜爱京剧，临终把庙产赠予梨园界。经过京剧前辈的修缮，该庵逐渐成为梨园界的活动场所。

著名的京剧名家沈玉斌也是典型的陶然人，他长时间居住在潘家胡同27号，工作在陶然亭。新中国成立后京城第一座私立培养京剧人才的学校就在陶然亭地区偏西的松柏庵。当时还是梨园会会长的沈玉斌看好这间有树木的破庙，征求王瑶卿、萧长华等人的意见将之辟为戏校。

1951年2月成立了以王瑶卿、萧长华为顾问，沈玉斌为主任的艺培戏校筹备委员会。不拿国家一分钱要办起一所学校困难重重。学校的领导班子怎么组建？教师的工资怎么解决？各大殿均有神像怎么处理？怎么开辟学生练功的教室？早、午饭怎么解决？怎样解决住宿问题？练功道具怎么办？庙外几十亩坟地……个个像个拦路虎出现在沈玉斌的面前。经费是个关键要素。

在京剧界热心人士的支持下组织义演，使沈玉斌得到一部分经费，但还不够。热心于公益事业的沈玉斌不怕困难，坚定信心一定要办好戏校，他忍痛将自己前府胡同 13 号私宅卖掉，又典卖了电话、贵重首饰和家中其他值钱的东西用作办校经费，这样，就影响了一大批京剧界人士参加公益活动。

大家协力把众神像请下来埋在西路院，然后粉刷房屋，兴建六间瓦房。同行捐出练功用具，有人寄来戏衣物，同时发动学生自带练功棉垫。建校所请的木工、油漆工是沈玉斌的亲属，干活不给工钱，就这样逐步解决了食堂问题。尤其是请了德高望重的郝寿臣老先生（1886—1961）担任学校校长职务，学校的许多问题便可迎刃而解。包括沈玉斌——教务主任在内，开始时大家都是义务教学，郝校长甚至将家里的设施都搬到了校长办公室使用。

一百多人的学校建立起来了，经费还是不够。不怕挫折的沈玉斌厚着脸皮找各位名家伸手要经费。梅兰芳、马连良、张君秋等人多次义演，支持私立艺培戏曲学校办学。经费总算断断续续地将学校维持下来了。后来经费又不足了，无法开设午餐，沈玉斌只好向师生表示歉意。

就在沈玉斌带领师生解决一个又一个困难之际，1952 年 5 月 27 日 16 点钟，彭真市长亲临松柏庵视察，观看了师生认真而精彩的演出，并给予了很好的评价。接着吴晗副市长等领导也陆续来到孩子们中间了解情况。在党的关怀下，艺培焕发了青春。孩子们的精彩表演，体现了教师高水平的教学、学校领导班子的团结和出色的领导能力。1953 年 2 月，也就是艺培建校一周年之际，艺培由政府接管，校名改为北京市戏曲学校。

为了扩大学校的练功场所，梨园公会将庙门13000多平方米的墓地腾了出来。学校还建起宿舍，孩子们再也不用走读了，早起练嗓子方便多了。

从筹备到政府接管两年来，一个改变不了的评价是，沈玉斌是建校功臣。没有他就没有艺培，没有北京市戏曲学校，没有一大批京剧的精英。郝校长的评价是："戏校能有今天，多亏了沈玉斌啊！"作家邓友梅书写《校庆之时不要忘记沈玉斌》。学校尖子生、荣获国际奖的张学津（1941—2012）感慨地说："沈先生可真不容易呀！"这位劳苦功高的人一直在学校辛勤地工作着。

沈先生曾习生旦净丑表演艺术，后来潜心于吹打弹拉的音乐伴奏。踏实、博学、多能，六场通透（吹打弹拉唱武六个方面门门精到），昆乱皆精。著有《京剧群曲汇编》，是业务尖子。这里有个小故事。他的二儿子叫沈宝桢，勤奋好学，不知怎么惹怒了诸连顺先生。先生拿起藤子棍责打他，孩子撒腿就跑，先生一见，火上浇油，从后大殿追到前大殿院子，别人劝他劝不住。孩子跑出校门，又跑到南横街，一直跑到潘家河沿自己家中。宝桢之母忙出来劝解，诸先生气呼呼地说："今天不打他对不起沈先生，我这个老师也不当了！"为使先生消气，沈母赶紧让先生坐下，又拿出酒菜劝先生吃喝，沈玉斌回家再为先生消气，然后让宝桢给先生赔礼道歉。这件小事，一方面可看出当年艺培学校教学的严格；另一方面也看出沈玉斌的宽厚、干群关系的融洽，沈玉斌是诸先生的上级，却并不因先生管孩子而摆出官架子来。

沈玉斌长时间居住在潘家胡同27号，又工作在陶然亭，是典型的陶然人。从他的优秀事迹中，人们不难看出沈先生热爱公益事业，坚毅而不怕困难，热爱自己的事业，敬业而多能，严于律己，宽以待人，大爱他人，严管子女。这正是我们陶然人的好品德，也是周恩来亲切接见沈先生，道他一句"辛苦了"的原因之一。

人才辈出，有着深厚文化底蕴的潘家胡同正在拆迁，但历史遗迹、名人逸事将永远在一代代人的心里流传。

"毛主席的好战士"曾住胡同里

在众多大学问家、官员居住过的地方，还涌现出一位英雄人物——被称誉为"毛主席的好战士"的年四旺。年四旺是 1966 年初入伍的安徽籍战士，驻防山西大同市。那年 12 月 31 日 18 时，在急急忙忙归营途中，他忽然发现铁路中央横卧着一块百斤重的大石头，一列旅客列车呼啸飞驰而来，就在列车与大石相撞的千钧一发之际，年四旺奋不顾身搬开大石头。翻车的大祸避免了，但他被列车强大的气流冲倒，头部受了重伤。这位舍身救车的英雄被人们誉为"毛主席的好战士"，全国各大报纸、电台、电视台纷纷报道他的英勇壮举。

1981 年，年四旺转业到了东城区图书馆任副馆长，不久因公开会，被电车撞倒，头部再次受伤！在他人生危难之刻，陶然亭地区福州馆小学的教师马高明向他投去爱的目光和温柔的恋情。马高明对年四旺的不幸深表同情，并鼓励他振作起来。书来信往，年四旺与马高明建立了恋爱关系。两人于 1983 年 5 月 1 日结婚。婚后不久，他们一家就生活在潘家胡同里。改革开放之后，他们获准去美国创业，并领到了"绿卡"，成了一名华侨。

贾家胡同

旧貌新颜　难忘旧时光景

北京南城是最具有老北京市井风貌、史迹文物遍布最多的地区。寻访老北京文化和历史痕迹最直接的手段就是走访胡同。一座门楼、一段残垣，也许就是一段历史的写照。那些经历了尘沙磨砺的古屋，那些承担了百年风吹雨打的砖瓦，以及那些积满尘埃的破窗，仿佛向人们述说着胡同的兴旺和衰败。摇曳的树枝告诉人们：这条胡同不日之后也许就会消失，那时任何想法和怀念都无法消除人们的失落，任何文字和影像都不能治疗留在心里的伤痛。

【胡同名片】

贾家胡同位于原宣武区东南部，陶然亭街道办事处辖域北部，南北走向。北起果子巷，南至南横东街，西与迎新街、东与潘家胡同相平行。西侧与和平巷、方盛园胡同相交。长 480.695 米，宽 3.25 米至5.39 米，沥青路面。

【胡同历史】

贾姓宫中御厨住巷内

贾家胡同成巷于明时，称贾哥胡同，属宣南坊，清时称贾家胡同，

清乾隆时礼部侍郎齐召南曾住在这里

为民国时外四区之东界。贾哥之名已不可考证，但清末确有贾姓兄弟为宫中御厨，在巷内居住。清末时改称贾家胡同，当与此有关，巷名沿用至今。洪亮吉、张鹏翀、骆秉章、曾国藩等均曾寓居于此。贾家胡同主要特点是会馆多且集中，现存会馆址十处，此外尚有会馆产业多处。

【会馆风云】

居民祖辈与曾国藩为邻

胡同近南口路东的 66 号，是一个风格迥异的院子，与众不同的西洋风格门楼，在胡同中显得十分另类。相传这里便是曾国藩曾经生活过的地方。

进到院里却是一个并不大的院子，显得狭小而局促，有人因此怀疑此处是否真为曾国藩故居。以他当时的身份与地位，实在不该蜗居于如此狭小的空间。有人言之凿凿，有人将信将疑，对这个小院的身份，对它主人的身份，始终争论不休。

贾家胡同 66 号曾国藩宅邸

　　然而，在很多人看来，此院若真为曾国藩曾经的故居，那也没什么稀奇，因为这位晚清"中兴第一名臣"低调谨慎的生活作风早已被人熟知。观清朝一朝，谥号文正的，只有八个人，曾国藩是其中一人。他深知"左列钟铭右谤书，人间随处有乘除"，又何必在意居所的大小，庭院的深浅呢？

　　曾国藩最小的女儿曾纪芬，于 1852 年出生在贾家胡同的曾家寓所，湖南人称为"满女"。

　　曾国藩虽身居高位，但一直要求家人生活俭朴，远离奢华。除了"俭"，曾国藩对子女家人的另一条要求是"勤"。他敦促家人每日坚持学习，并多次为全家拟定严格的学习计划："吾家男子于看、读、写、作四字缺一不可，女子于衣、食、粗、细四字缺一不可。"而且规定，每个女儿出嫁，嫁妆不得超过二百两银子。

胡同不大　生活和谐

由于近些年胡同改造，贾家胡同的旧貌已经不再，原先居住的居民也都陆续搬走。想要追溯贾家胡同原来的面貌已经很难。曾经的老住户边阿姨，在谈起过去岁月的时候，也只能重理部分街貌。

据她回忆，当时的胡同虽没有很多的标志性建筑，只是普普通通的民居，但很干净整洁，胡同里的街坊四邻也都相处得很愉快。这样的描述，倒是极其符合老北京胡同的"标准"，胡同不大但生活和谐，居民众多但有规矩。

从地理位置来看，贾家胡同是南北走向，20世纪80年代开始，胡同北口的拐弯处就有一个日用百货店，里面的东西物美价廉，周围的居民都喜欢在里面买日常所需的东西。边阿姨有四个孩子，每天下班后要做一家六口人的饭菜，"当时的物价没有现在这么贵，肉是6毛钱一斤，好的带鱼才3毛钱一斤，西红柿5分钱一斤，有时买上一毛钱的肉就够我们一家六口吃了"。勤俭持家的边阿姨为了改善孩子们的伙食，经常一次性买一筐的西红柿才5毛钱。西红柿鲜嫩多汁，日常做饭用后还能给孩子们当餐后水果。

当时，胡同里每天上午10点左右会有卖鲜牛奶的工人，送奶人的吆喝声是当时的一景，如今很难寻觅了。牛奶用白色陶瓷桶装着，居民们需要自带工具去买。和如今一袋一袋地买牛奶不一样，当时最有意思的，就是大家拿的工具都各具特色，几乎没有重样的。有拿碗的，有拿杯子的，还有把自家做饭的锅拿来的。根据不同的量来付钱，送奶人心里有数，算出的价格公平，大家都认同。浓稠香甜的牛奶很是受孩子们的欢迎，每天边阿姨都会买些回家给孩子们喝。"想想以前的生活，虽然物资匮乏但充实有趣，一转眼都过去这么多年了，还真挺怀念当时的光景啊！"边阿姨感慨地说道。

【人文故事】

情系贾家胡同

贾家胡同历史悠久，会馆很多。其中比较著名的有河南会馆、开郑会馆、福建蒲阳会馆等。这里曾住过不少著名的文人墨客。如林则徐住过福建蒲阳会馆，曾国藩于道光三十年（1850）居住于此，清著名经济学家洪亮吉乾隆四十六年（1781）移此居住，而清末著名小说家吴趼人（即《二十年目睹之怪现状》的作者）就诞生在此胡同。

从 1952 年起，王庆绪就住在贾家胡同了。王庆绪家最早住贾家胡同中间路东老门牌 48 号（新门牌 42 号）院，也就是原河南会馆旧址。此大院共有三套院子，二十多间房屋。新中国成立初住的大多是贫苦百姓，有铁路工人、小工厂的工人、售货员、做小买卖的（如卖鸡蛋的、卖菜的、炒花生的、炸蚕豆的）、修自行车的、理发的，以及机关工作人员等，是一个典型的大杂院。虽然住客五行八作，但邻里之间关系都很融洽，大家和睦共处，无论谁家有事，街坊们都相互关照。

河南会馆路西斜对门是福建蒲阳会馆，后者南临一小胡同——方盛园胡同（说它小是因为最窄处只能容一人推自行车勉强通过）。而方盛园胡同东口南把角则是一个几进院子的大四合院，据说新中国成立前是大陆银行行长家的房子，现在是陶然亭派出所的办公地。再往南老门牌 26 号（新门牌 43 号）水电部家属宿舍院，又是一个有几进院子的大四合院。贾家胡同南口路西有一个米黄色的大楼，是中国医学科学院病毒研究所办公楼，建此楼时拆除了开郑会馆的大部分房屋，只留下一个大门洞和几间小房，即贾家胡同老门牌 29 号（新门牌 47 号）。后大门洞改成了住房，靠北有两间门房共 14 平方米多。后王庆绪家搬进 8.4 平方米的一间，而另一间 6 平方米的由北京文史馆馆员李膺玺老人居住。

王庆绪和李膺玺老人为邻虽然大约是三十多年前的事了，可今天想来当时的情景仍历历在目。王庆绪回忆道，记得他们两家之间仅有一个纸隔断，这屋说话那屋就听得很清。老人膝下无儿无女，加上小时候得过腿病，行动不便，所以生活十分不便。他家就主动承担起了照顾她的责任，生火、接水、倒垃圾、买菜等等，只要老人有需要他们就帮忙。直到老人最后生活完全不能自理时，王庆绪的岳母、爱人和女儿们就轮流帮她倒屎倒尿。有时老人便在床上，他岳母就帮她拆洗，从无怨言。李膺玺老人脾气特好，从不生气，即使孩子不小心打碎了她的细瓷碗她也不恼。有时王庆绪的孩子们到她屋去她也帮着照顾，处得就像一家人一样。

老人很有学问，早年毕业于天津南开女中，曾和邓颖超、许广平是同学，她们之间还有书信往来。尽管年事已高，腿不灵便，但每天还在小炕桌上坚持写毛笔字，主要写甲骨文和钟鼎文。王庆绪的书法就是跟她学的，并从那时坚持至今没有间断过。

王庆绪全家帮助李膺玺老人的事迹街道办事处都知道，他家还受到过当时的贾南居委会和办事处的表扬。特别是 1981 年 7 月，《北京晚报》的摄影记者司马小萌还专门采访了王庆绪家，同年 8 月 1 日《北京晚报》即登出了他家的事迹和照片。同年 9 月 29 日，新闻研究所的章明义也采访了他家，并将他们的事迹登在了《中国日报》海外版上。2008 年 2 月 26 日，原宣武区老干部局的编辑徐芳采访王庆绪时，看到了当时的报纸后，又在老干部刊物《晚霞》上做了介绍。

自 1969 年王庆绪从部队离休后，全家老少三代六口人就住在一间仅有 8.4 平方米的小屋里。因房子实在太小，多次找房管局才调到贾家胡同 54 号一间 12 平方米的南房里。1976 年因地震致使这间房子出现危险，房管局又把王庆绪家调到贾家胡同 66 号一间 12 平方米的东房里，直到 1987 年王庆绪搬出这条胡同。

王庆绪家在贾家胡同住了三十五年，先后住过四个院。所以对此胡同有一份割舍不断的感情。

米市胡同

消失的米市胡同

  米市胡同始建于明永乐初年，今析为民居。2005 年开始，米市胡同逐步完成拆迁工作。米市胡同已经从大家的视线中消失了，取而代之的是高楼林立的商品住宅区——中信城。胡同虽然消失了，但那段与之有关的历史故事依旧存在，存于档案中，也存于老百姓的记忆中。

俯瞰米市社区

【胡同名片】

米市胡同北起骡马市大街,南至南横东街,西侧与菜市口胡同平行,东侧与北大吉巷、保安寺街、后兵马街、平坦胡同相交,全长 625 米,均宽 7 米。

米市胡同形成于明朝,当时这里有米粮集市,形成街道,故而得名,延续至今。清以来在此居住过许多官僚、文人,如王崇简、王熙、潘世恩、潘祖荫、曹秀先、任兰枝、徐宝善等。胡同 43 号是以前的南海会馆,即康有为故居。

【胡同历史】

因米粮集市得名　曾是"会馆一条街"

米市胡同明称米市口,属宣南坊,因米粮集市于此而得名,后渐成巷,清改名为米市胡同。据 1958 年版的《北京市街巷名称录》中记载:"米市胡同,门牌起止号是 1 至 116 号,所属分局:宣武,所属派出所:保安寺街,靠近处所:骡马市大街。"

1987 年版的《实用北京街巷指南》一书中是这样记录的:"米市胡同,北起骡马市大街,南至南横东街,门牌 5 号至 115 号,28 号至 132 号。米市胡同第二小学,68 号米市胡同副食店,米市胡同幼儿园,94 号北京市宣武区计量管理所,北京尼龙配件厂,北京尼龙配件厂劳动服务公司,知青旅馆,米市胡同第一小学,北京市宣武区米南商店。"

根据史料记载,米市胡同曾是有名的"会馆一条街"。《京师坊巷志稿》记载,中州、江阴、光州、六安、重庆、南海六个会馆设在米市胡同。而 1994 年出版的《北京的会馆》中,米市胡同则有江苏江阴、徐州、句容、四川重庆、湖南宁乡、广东南海、三水、安徽休宁、泾县、六安、河南中州以及河南潢光十二个会馆。以十二座来计算的话,也就是说，米市胡同平均每50米就建有一座会馆。

在这些会馆当中，最有名的要数南海会馆，戊戌变法的康有为就住在会馆里的七树堂，《上皇帝书》的撰写，兴办强学会以

七树堂

及鼓吹维新变法思想都是他在这里完成的。

米市胡同79号还是李大钊创办《每周评论》的地方，它是五四时期宣传马克思主义和苏联十月革命先进思想的刊物，社会影响很大。

【会馆风云】

南海会馆

南海会馆位于米市胡同43号，原为董邦达（谥文恪）老宅。清道光四年（1824）由在京的南海籍官员吴荣光等三人发起，筹集白银13000余两购得，修葺后开始接纳南海进京的举子。

后来，进京的举子越来越多，会馆无法接纳，光绪六年（1880），会馆又购得南边一处宅院，使会馆扩大到十三个小院。每个院落自成一体，由木质走廊连接贯通，显得整齐而壮观。

会馆北端有一个小院，院内假山堆砌，围廊环抱，廊壁间嵌着十五块苏轼观海棠的石刻。山上有凉亭，丁香、青藤和各种花卉围绕其间，环境十分优雅。光绪八年（1882），康有为进京参加会试时就住在此院，直到1898年，在此陆续居住达十六年。院内种有七棵老槐树，故名"七树堂"。院内西房三间为卧室，北房四间为书房，其中有一间房

的外观酷似船形，窗棂上嵌有西洋五彩玻璃，此屋被命名为"汗漫舫"。

光绪十四年（1888），康有为第二次来到北京应试，在南海会馆的北跨院中写作诗文，编纂书籍。他的床上、桌上堆满了从琉璃厂书店里搜集来的碑帖，他日夜进行观摩比较，终于写成了一部论述碑帖书法的著名书籍《广艺舟双楫》。康有为在南海会馆里草拟了一封《上皇帝书》呈给光绪帝。

但是这封万言书却没有人肯递给皇帝，他已被录取为第三名的名次，也因此被主考官给撤掉了。

光绪二十年（1894）和二十一年（1895），康有为两次和他的学生梁启超来到北京，发动各省来京考试的举人，联名写信给光绪皇帝要求变法维新，史称"公车上书"。

1895年7月，康有为等维新派在会馆内创办《万国公报》（后改为《中外纪闻》）。同时，还创办了"强学会"，鼓吹变法维新。终于促成光绪帝颁诏："明定国事，变法维新。"不幸的是，这个变法只是个短命的"百日维新"。康广仁、谭嗣同、林旭、刘光第、杨锐、杨深秀六君子在菜市口慷慨就义，轰轰烈烈的戊戌变法以失败告终。

康有为故居（南海会馆）

民国十五年（1926）8月，康有为再次来到北京，旧友重逢，极为欢洽。但他想起六君子遇难之事，黯然神伤，由子女陪着来到西鹤年堂药店，问左右说："这就是当年的刑场吗？"话声未落，潸然泪下。他又

137

来到南海会馆旧居，并重访松筠庵公车上书的旧址。翌年，康有为在山东青岛病逝。

现南海会馆为北京市重点文物保护单位。目前，已启动腾退，政府将此作为戊戌变法遗址进行保护修缮，以备开放。

泾县新馆

安徽泾县历史悠久，文风颇盛，赴京举子较多，为此建有多处会馆。泾县会馆位于崇文门外长巷头条，建于乾隆年间，为清末十大会馆之一。道光年间在米市胡同79号（旧门牌）建泾县新馆，泾县新馆鼎盛时期在咸丰年间。捐助新馆最有名的要数嘉庆十年（1805）乙丑科二甲进士、曾任广东乡试副考官的胡承珙，他的捐赠使得会馆得以修缮。

泾县新馆还是《每周评论》编辑部所在地。《每周评论》由李大钊等人创办，是五四时期的著名刊物，可以称是新文化运动的领军报刊。1918年12月22日，《每周评论》在泾县新馆创刊，创刊宗旨是"反帝、反军阀、反封建思想，支持群众革命运动"。《每周评论》曾登载《共产党宣言》的部分内容，刊登李大钊与胡适关于"问题"与"主义"的争论。李大钊热情地宣传马列主义观点，在此发表政论五十四篇，积极宣传马克思主义理论。由此，泾县新馆成为新文化运动的喉舌之地。那时，李大钊在会馆北屋一间房子里经常工作到深夜。1919年8月31日，《每周评论》被北洋政府封闭，共出版37期，从26期始由胡适任主编，陈独秀等撰稿。

《每周评论》编辑部旧址米市胡同63号

这里还是李大钊创建的"少年中国学会"聚会的场所。1918 年秋末，"少年中国学会"在此集会研究工作，会后在米市胡同老便宜坊饭庄为即将出国的王光祈钱行。泾县新馆曾住过一位书法家包世臣，他反对对外投降，力主禁烟。他在泾县新馆写出《艺舟双楫》一书，为后人称颂。

【寺僧情怀】

历史古迹——关帝庙

米市胡同 115 号的关帝庙创始于明天启五年（1625），为内官建。清道光十九年（1839）重修。关帝庙坐西朝东，平面呈不规则矩形，主要建筑集中建在一条东西中轴线上。大门为五檩如意门，门两侧建倒座房，大殿三间，进深七檩，硬山顶。前带四檩悬山抱厦，后有暖阁一间，均为筒瓦顶，台基高大，前有月台。后殿面阔五间，七檩前出廊。

主体建筑两侧建有南北配殿，均为五檩硬山式。主院的北侧另有跨院两座，第一跨院由东西房及北房组成，东西房各三间，均为五檩前出廊，北配房两间第二跨院亦由东西两房组成，各三间。正（西）房五檩前出廊。整组建筑保存相当完整，新中国成立后变为民居。

关帝庙是为供奉三国时期蜀国的大将关羽而兴建的，关羽因见义勇为、除暴安良、忠贞不贰的忠、孝、节、义品格成为千万民众的道德楷模和精神寄托。

清末，关帝庙成为潘祖荫大学士的家庙。潘祖荫，字伯寅，清咸丰进士，官至工部尚书、军机大臣，是研究金石器物的学者，晚清著名人物。

【市井百业】

百年焖炉烤鸭——便宜坊

便（biàn）宜坊烤鸭店是北京著名的"中华老字号"饭庄，至今已有六百年的历史，是中国商务部首批认定并授予牌匾的"中华老字号"。

"便宜坊"，其本意"方便人民，宜室宜家"，于明永乐十四年（1416）从南京迁来，开业于菜市口米市胡同口，由姓王的南方人创办。当时只是一个小作坊，并无字号，只是门口匾额上冠有"金陵"二字，标志着它是从南京迁入北京的"正宗"烤鸭。如今，在菜市口地铁旁仍能看到小门脸儿。

明永乐帝迁都北京后，许多有名的菜品随之来到北京，烤鸭就在其中。烤鸭起初叫"金陵片皮鸭"，后称"北京烤填鸭"。后期的挂炉烤鸭出现在清末，初称"烧鸭"，后渐有"烤鸭"之名。

当时，小作坊买来活鸡活鸭，宰杀洗净，给其他饭馆、饭庄或有钱人家送去，做些服务性的初加工，也做焖炉烤鸭和童子鸡等食品。

由于作坊把生鸡鸭收拾得干干净净，烤鸭、童子鸡做得香酥可口，售价亲民，很受顾客欢迎。天长日久，这些饭庄、饭馆和有钱大户，就称该作坊为"便宜坊"，这家作坊索性打出"便宜坊"的招牌。

其实，关于便宜坊的店名还有一个故事。明嘉靖三十年（1551），时任兵部员外郎、家住宣武门外达智桥的杨继盛（字仲芳，号椒山）在朝堂之上严词弹劾奸相严嵩，反被严嵩诬陷。下得朝来，内心苦闷，饥肠辘辘，来至菜市口米市胡同时忽闻香气四溢，见一小店，推门而入，店堂不大，却干净幽雅，宾客满堂。遂拣席而坐，点了烤鸭与些许酒菜，大快朵颐，把烦闷与不快抛至九霄云外。也有认出他的，知是爱国名臣良将，便报与店主。店主亲为之端鸭斟酒，颇露钦佩之色，遂攀谈起来。得知此店名为便宜坊，又见待客周到，叹道"此店真乃方便宜人"，大呼"拿笔来，快拿笔来"。笔、墨、纸、砚早到，杨继盛伏案一挥而就三个大字"便宜坊"，众皆呼好。此后，杨继盛与众位大臣频频光顾。

时光流逝，后来便宜坊的掌柜请来山东小伙子孙子久帮工，此人聪明伶俐，为人老实，干活勤快，深得掌柜赏识。清道光七年（1827）孙子久满徒，掌柜在孙子久帮助下，生意越来越好。后来掌柜因独生子得了"老鼠疮"，以为是杀生太多所致，于是将店铺让给孙子久经营。

当时，便宜坊经营生猪肉、生鸡鸭坯、炉肉、香肠、丸子、鸡块、鸭块、桶子鸡、清酱肉、焖炉烤鸭等十几种菜肴，其中的焖炉烤鸭、桶子鸡、清酱肉等，独具风味，多年来深受人们的欢迎。孙子久把作坊接过来后，积极扩大作坊的营业。

他家生产的生鸡鸭坯和桶子鸡等，货色比别家好，总卖低价钱，南北城的大饭庄、大饭铺，大都愿用孙子久的货，因此生意做得很火。到咸丰初年，有些人看其生意红火，也挂起"便宜坊"的招牌，当时北京挂"便宜坊"牌匾的鸡鸭店就有七八个。为了加以区别，孙掌柜在自家"便宜坊"前加了一个"老"字。当时八旗子弟宴请成风，店前经常停满达官显贵们乘坐的大轿，西太后也曾差人把便宜坊的烤鸭送进宫内。据《都门琐记》载："席之必以全鸭（指烤鸭）为主菜，著名为便宜坊。"

老便宜坊在店堂里卖座，是从民国初年开始。他们擅长烹制山东风味的菜肴，对炒、爆、烧、焖、糟、蒸等技法颇有造诣，菜品多达百种以上。1918 年秋末，北京最大的进步团体"少年中国学会"在老便宜坊聚会欢送王光祈出国学习，到会的有李大钊、王光祈、陈愚生、邓中夏、李璜、毛泽东、赵世炎等人。居住在绍兴会馆的鲁迅是老便宜坊的常客，音乐家聂耳与诗人朋友也曾几次在此欢聚。后来，由于军阀混战，日寇入侵，各家店铺纷纷倒闭，"老便宜坊"也于 1937 年倒闭。最后京城只剩一家创办于清咸丰五年（1855）位于鲜鱼口内的"便宜坊"。这家便宜坊从老便宜坊请来刘姓技师专做焖炉烤鸭。

鲜鱼口便宜坊不论是在焖炉烤鸭上，还是在盒子菜、桶子鸡和清酱肉的制作上，都有很大程度的发展，一百多年来独树一帜，延续至今，成就了今天的便宜坊烤鸭店。

官府名肴——谭家菜

谭家菜是中国最著名的官府菜之一，为清末官僚谭宗浚的家传筵席。因其是同治年间的榜眼，又称"榜眼菜"。谭家菜的烹制方法以烧、炖、煨、靠、蒸为主，"长于干货发制""精于高汤老火烹饪海八珍"。谭家菜是唯一保存下来由北京饭店独家经营的著名官府菜。

谭家菜创始人谭宗浚，广东南海县人，同治年间殿试中一甲二名进士（榜眼），入京师翰林院为官，居西四羊肉胡同，后督学四川，又充任江南副考官。谭宗浚一生酷爱珍馐美味，亦好客酬友，常于家中作西园雅集，亲自督点，炮龙蒸凤，中国历史上唯一由翰林创造的"菜"自此发祥。他与儿子谭瑑青刻意饮食，并以重金礼聘京师名厨，得其烹饪技艺，将广东菜与北京菜相结合，而自成一派"谭家菜"。

"谭家菜"在形成的初期，只是作为一种家庭菜肴。1909年，谭宗浚之子谭瑑青来京，自西四羊肉胡同搬至米市胡同继续经营，与三姨太赵荔凤依谭府"谭家菜"的味极醇美和谭府的翰林地位，聚京师官僚饮馔，京师官僚借谭府宴客成为时尚。

谭家虽没有挂出餐馆的招牌，但生意却日益兴隆。有许多素不相识的人慕名而来，以重金求其备宴。中国餐饮界的私家会馆由此发端。"谭家菜"通过这样的家庭小宴而流传到社会上来，开始对外营业。烹饪时谭家人参与其中，并掌握从原料采购到涨发、加工、烹调的技法。客人订桌用餐时必须多设一个座位，多摆一双筷子，谭瑑青总要在空位上坐一会儿，品尝几口，以此区别于其他餐馆。

当时掌勺的是谭瑑青的三姨太赵荔凤，赵荔凤悟性极高，广泛吸取京都各家名厨之长，亲自购料、治馔，还请来河北省曲阳县一位青年彭长海帮厨。"谭家菜"坚持"选料精、下料狠、做功细、火候足、口味纯"的门规数十年如一日，获得"食界无口不夸谭"的美誉。到了 20 世纪 30 年代更是名声大震，当时的政界、军界、商界、文化界的名流要人，以用"谭家菜"宴客为光宠，即使提前半月预订也不嫌迟。

京师外的人也以品尝"谭家菜"为快，渐渐地"谭家菜"成为历久不衰的时尚招牌菜，故此社会上曾一直流传有"戏界无腔不学谭（即谭鑫培）、食界无口不夸谭（指谭家菜）"。

1943 年、1946 年，谭瑑青、赵荔凤相继辞世，谭家二小姐谭令柔主持，家厨彭长海掌灶，继续经营，每天只做两桌，顾客盈门，生意十分红火，京城名士纷至沓来。

新中国成立后，谭令柔参加工作，家厨彭长海（红案）、崔鸣鹤（冷荤）、吴秀全（白案）搬出谭宅，在果子巷租房继续经营"谭家菜"。

1954 年，彭长海、崔鸣鹤、吴秀全参加公私合营，"谭家菜"自果子巷迁往西单"恩承居"。1957 年，西单商场扩建，"曲园酒楼"并入"恩承居"，自此一居两菜。1958 年，周恩来同志亲自安排"谭家菜"入驻北京饭店西七楼，从此谭家菜落户北京饭店，成为北京饭店的主要菜系，享誉中外。

小小理发店"装下"百年胡同变迁

"29 平方米的理发馆里外两间屋子，中间用布帘子隔开。一进门两把沉甸甸的铁质理发椅占了外屋的大半儿，椅子上的白漆已经脱落。尽管椅背上的黑皮面完好，但底部的黑皮全都掉光了，露着海绵，田师傅在上面盖了一个椅垫。"

这说的是米市胡同北口路西一家很不起眼的小铺——云风理发馆。云风理发馆 1933 年开业，经历八十余载春秋后，与胡同一起永远留在了大家的记忆里。

小店的主人田师傅就在米市胡同里长大，1989 年接下了父亲的老手艺，经营云风理发馆。田师傅说，他的祖父用自家门脸房开办了这个小买卖，曾有很多摄制组到这个小店来取景，小店还上过北京电视台《特别关注》。

云风理发馆里的理发工具个个都称得上是"古董"，"这里有一把20世纪50年代天津生产的'泰山牌'理发椅。1989年理发馆重新开张时，田师傅的父亲花300多元从国营理发馆买来当时淘汰的椅子，这椅子是万年牢，顾客坐在上面都说舒服"。

民国时期，田师傅家的门牌号并不是米市胡同30号，而是米市胡同102号。原来，1956年公私合营，他家的理发店被"合进去了"。1980年，北京落实私房政策，小店"又还回自己手里"，可以说，云风理发馆见证了北京城近百年的风云变幻。如今云风理发馆早已关门歇业，成了居民心里一抹温暖的回忆。

【人文故事】

康有为故居位于米市胡同43号

康有为（1858—1927），原名祖诒，字广厦，号长素，又号更甡，南海人，光绪进士，近代资产阶级改良运动首领。

光绪二十年（1894）和二十一年（1895），康有为两次和他的学生梁启超来到北京，均住在南海会馆，这时正是中日签订《马关条约》的时候，康有为和梁启超趁此机会发动各省来京考试的举人，联名写信给光绪皇帝要求变法维新。1895年7月，康有为等维新派在会馆内创办了《万国公报》（后改为《中外纪闻》）。1898年1月5日，又在南海会馆成立了"粤学会"。后来，适逢清廷会试，全国士子齐聚北京，在康有为、梁启超的领导下，他们于宣武门外南横街的粤东新馆戏台召开有二百多人参加的全国性政治团体"保国会"会议。

1888年，康有为第一次上书光绪帝，提出变法图存三项建议（变成法、通下情、慎左右），因受阻未上达。1891 年后，在广州设万木草堂，聚徒讲学，培养变法骨干。其弟子有梁启超、陈千秋、徐勤等。1898 年 1 月，呈递《应诏统筹全局折》，主张大誓群臣以定国是，设对策所以征贤才，开制度局而定宪法；6 月，光绪帝颁布《定国是诏》后，康有为被任命为总理衙门章京，策划变法事宜。变法失败后，逃亡海外。

在给皇帝的上书中，康有为系统地阐述了自己的变法思想，从政治、经济、文化教育等几个方面系统地提出了自己的见解。政治方面，康有为提出了变君主专制为君主立宪的要求。他指出："东西国之强，皆以立宪法、开国会之故。国会者，君与国民共议一国之政法也。"经济方面，康有为提出了发展工业，振兴商业，保护民族资产阶级利益的主张。文化教育方面，康有为提出了"开民智""兴学校""废八股"的主张。这几个方面构成了康有为变法维新的基本纲领。

陈独秀：五四新文化运动的领袖

陈独秀（1879—1942），中共早期领导人，原名庆同，官名乾生，字仲甫，号实庵，安徽怀宁（今安庆）人，中国近现代史上伟大的爱国者，伟大的革命家与改革家，伟大的民主主义者，伟大的启蒙思想家。他是新文化运动的发起者，是 20 世纪中国第一次思想解放运动的倡导者，是"五四运动"的总司令，是"五四运动"的思想指导者。

1916 年，陈独秀任北京大学学长。1918 年，陈独秀和李大钊在米市胡同 79 号安徽泾县新馆北屋内创办了五四时期的进步政治刊物《每周评论》，提倡新文化，宣传马克思主义。《每周评论》的创刊宗旨是："反帝、反军阀、反封建思想，支持群众革命运动。"这一举动使泾县新馆成为新文化运动的宣传阵地。

1920 年 4 月前后，共产国际代表维金斯基到中国来"联络中国共产主义运动领袖人物"。他带了俄籍华人杨明斋作为助手和翻译，以新闻记者为公开身份，开办"华俄通讯社"和《俄文生活》报。维金斯基等通过北京大学俄文系的俄籍教授柏列伟等人的关系，首先认识了李大钊，还会见了其他人。他们了解到一些"五四运动"的情况，知道陈独秀实际上是这个运动的精神领袖，于是就请李大钊写了一封介绍信，到上海会见陈独秀。维金斯基和陈独秀一见如故，两人多次交谈，对中国革命的前途基本上达成共识。通过陈独秀的介绍，维金斯基也认识了李汉俊、戴季陶、张东荪等人。维金斯基和这些人座谈过几次后，提出建议，把《新青年》《星期评论》《时事新报》等进步刊物的人团结起来，建立一个革命同盟，并由这几个刊物的主持人联合发起，成立中国共产党（或称中国社会党）。

同年 6 月，陈独秀会同《星期评论》的李汉俊、戴季陶、沈定一（《星期评论》主持人，曾在浙江组织过中国的第一个农民协会）、俞秀松（原浙江第一师范学生）、施存统（原浙江第一师范学生，正准备赴日本留学）、陈公培（原北京大学学生，正准备赴法国勤工俭学）等人在陈家聚集，商讨建党一事。几天后，陈独秀、李汉俊、俞秀松、施存统、陈公培五人，开会成立中国共产党（发起组织），选举陈独秀为书记，并通过了由李汉俊起草的党纲。

纵观陈独秀的一生，他高举"民主与科学"的旗帜，成为"五四运动"伟大的旗手，此后又举起马克思主义和社会主义的旗帜，成为中国共产党的创始人和早期的主要领袖。在他担任中国共产党的领袖期间，党的"二大"提出反帝反封建的民主革命纲领；领导工人运动并在 1922 年形成高潮；创办农民协会，进行减租减息斗争；与国民党建立统一战线，发动了轰轰烈烈的第一次大革命。他晚年宣传抗日，精心研究音韵学，在四川江津逝世。

李大钊：马克思主义最早的传播者

李大钊（1889—1927），原名李守常，河北乐亭人。1913 年赴日本留学，积极参加反袁斗争。1916 年回国后历任北京《晨钟报》总编辑、北京大学经济学教授兼图书馆主任。泾县新馆、鄞县西馆、慈悲庵是李大钊开展革命工作的场所。

1916 年李大钊从日本回国，7 月主编《晨钟报》（后改称《晨报》），编辑部设在菜市口胡同路西总理各国事务衙门大臣、礼部尚书李鸿藻故居内。不久，他在此协助《晨报》办副刊。

1917 年李大钊被陈独秀聘为《新青年》编辑。1918 年在《新青年》第五卷第五号发表《庶民的胜利》《布尔什维克的胜利》，宣传社会主义思想。1918 年 12 月李大钊率先在北京大学组织马克思学说研究会，12 月 22 日李大钊与陈独秀在原米市胡同 79 号安徽泾县新馆北屋创办了五四时期的进步政治刊物《每周评论》。初办时集稿校印等具体工作完全由李大钊负责。创刊第一期出版的前夜，他和张申府亲自到印刷所去校对，等校对定了，看了大样，改好印成，已经是凌晨 4 点。《每周评论》的发行使泾县新馆成了新文化运动和宣传马克思主义的阵地。周恩来曾回忆："《每周评论》对我的思想有很大影响。"尤其第十六期的《名著》栏中，摘录了《共产党宣言》第二章《无产者与共产党人》的结束部分，详细地论述了关于无产阶级专政的思想，这在当时起到了极为重要的作用。

《每周评论》创刊九个月后，于 1919 年 8 月 31 日被北洋政府查封，共出版 37 期。

"五四运动"时期北京最大的进步社团——"少年中国学会"在盆儿胡同 55 号浙江鄞县西馆内筹备。自 1918 年 6 月 30 日起，李大钊与邓中夏、张申府、黄日葵、陈愚生等人经常在这里秘密商讨成立学会事宜。

1919 年 7 月"少年中国学会"正式成立。其宗旨是："振奋少年精神、研究真实学术、发展社会事业、转移末世风气，以创造适合于 20

世纪思潮的少年中国。"李大钊几次到西垣活动，为"少年中国学会"更好地发挥社会作用而努力工作。

1920年8月16日，天津"觉悟社"邀北京"少年中国学会""曙光社""人道社""北京青年工读互助团"等团体在陶然亭开会。李大钊、周恩来、邓颖超等出席会议，李大钊发表各团体联合的重要讲话。

1921年7月20日上午，李大钊在慈悲庵参加陈愚生夫人金绮的葬礼。陈愚生以为亡妻守灵为名租下了慈悲庵西南角两间平房。李大钊借住在这里，并将这里辟为"少年中国学会"的秘密活动地点。1921年至1923年李大钊在此秘密接待了高君宇、恽代英、邓中夏、秦德君等人，为创建中国共产党、领导北方工人开展大罢工斗争耗费了许多心血。现在此处辟为李大钊纪念室对外开放展出。

邓中夏：倡导工人运动

邓中夏（1894—1933），湖南宜章县人。自1917年秋考入北京大学中国文学系之后，他的足迹开始遍及宣南。

1918年，在李大钊等人倡导下，"少年中国学会"筹备会在南横街盆儿胡同岳云别墅召开，邓中夏参加了该会的筹备和成立工作。1918年秋末，"少年中国学会"负责人王光祈赴法，邓中夏出席饯行宴并商议了"少年中国学会"的宗旨。

1919年，邓中夏参与领导了五四爱国运动。6月3日，学生纷纷走上街头，抗议卖国的二十一条的签订，邓中夏的演讲深深打动了群众。

今天，当人们漫步在陶然亭公园的慈悲庵里，就会看到邓中夏与毛泽东、罗章龙等人在大槐树下拍摄的大型照片，这是1920年邓中夏与毛泽东等商讨驱逐湖南反动军阀张敬尧的情形，他支持毛泽东的驱张运动，并积极策划游行示威的方案。

1920年的8月16日，邓中夏还出席了有李大钊、周恩来、邓颖超、刘清扬参加的"觉悟社"等五个革命团体在慈悲庵的联席会议。

1922 年，为争取工人阶级和全国人民的民主权利，废除北京政府制定的《治安警察法》，邓中夏与李大钊、李石曾诸人共同发起建立"民权运动大同盟"。1922 年 8 月 24 日在烂缦胡同的湖南会馆召开成立会，邓中夏被选为大同盟的执行委员。会后，他又到丞相胡同（今菜市口大街）《晨报》编辑部研究宣传民权、掀起民权运动事宜，为争得工人阶级民主权利勇敢地奋斗在第一线。

邓中夏还在果子巷、湖南会馆等许多地方留下了足迹。

【口述追忆】

说说好老师王少楼

我国著名京剧演员张君秋（1920—1997）的双胞胎儿子之一张学津（1941—2012），是从陶然亭松柏庵走出来的杰出演员。他是全国政协委员，第二届全国戏剧梅花奖、首届文华大奖获得者，还荣获美国纽约林肯艺术中心颁发的"亚洲最佳艺术表演奖"。这么多荣誉人们不禁要问：是谁在严寒酷暑中谆谆教导张学津？是谁一遍又一遍地纠正张学津不到位的动作？是谁一桩又一桩地鼓励他争取更好的成绩？是谁一次又一次地和孩子共享演出成功的欢乐？这就是陪伴张学津七年的教务主任、任课教师王少楼（1911—1967）。王老师名兆霆，1911 年 12 月 27 日出生。自幼读私塾，八岁学老生，后拜余叔岩为师，常与李万春、俞步三同台演出。他共灌制了三十六张唱盘流传于世。1933 年，与名家徐兰沅之女徐咏芬结婚。1943 年在上海跟金少山演出《法门寺》，他唱到"小傅朋他本是杀人凶犯"时，"犯"字的拖腔一出立即获得热烈的掌声，这时从舞台顶上突然砸下一个人来，少楼正在跪地转身翻水袖，欠势猛一闪身，人没砸到头，但一时惊吓，嗓音嘶哑。这是地痞流氓在捣乱，想把有前途的演员毁掉。1952 年他来到陶然亭授课，为张学津开小灶，苦心教授。比如，他教张学津《空城计》，张学津总把握不住诸葛亮连得探子"三报"时的心理状态，王少楼就给他分析当时情况，讲解人物感情的变化。将诸葛亮得到第一报、第二报、第三报时不同场合的情境，细致入微地进行分析，使得张学津等学生豁然开朗。张学津学出来后，一直怀念老师并孝敬他。1967年先生病逝后，他坚持每年向师母拜年，问长问短。师母病重时，他不怕脏累伺候着。师母病逝后他为丧事奔走。

王少楼的同事回忆他，"一个精致的茶壶嘴对嘴地喝，十分文雅。他爱穿黑礼服呢，小圆口的中式布鞋，说话挑眉毛，走路迈方步，潇洒自如"，他"安贫乐道，无私奉献；作风朴实，为人真诚，从不摆谱、端架子，而是诚以结友，宽以待人"，"王主任的弟子们各有所成，应该说有他们自身的努力和后来的修养，而少楼同志为他们夯实了坚固的基础，才好盖高楼大厦"，他"为人做事概括八个字，就是尚礼、修诚、笃艺、尽责"。王少楼同志是名门之后，北京人，父亲王毓楼是有名的武生，姑姑王明华是梅兰芳的夫人。十二岁那年，他与李万青在吉祥戏楼演出时就挂头牌，那时他就大红大紫了。没想到新中国成立前黑社会迫害演员，使王少楼无法演唱而贫穷。新中国成立后在党的领导下，他焕发了艺术上的青春，长年带病坚持教学，不幸于1967年1月22日在阜外医院离世，终年五十六岁！1982年王少楼安葬在京西万华公墓。从他的遗物中人们发现数十张病假条，写着"高血压冠心病""全休两周""全休一月"的字样。为培养像张学津这样的尖子生，他奉献了自己的一切！

王少楼曾居住在陶然亭地区米市胡同，工作在陶然亭地区西侧的松柏庵。这位梨园界精英的优秀品德，正体现出陶然人所具有的精神品质。

保安寺街
黄色琉璃瓦承载的历史记忆

民国时期，保安寺内僧人烧香引发火灾，第二进殿、第三进殿全部烧毁，只残留下山门。1958 年，该寺改为原宣武区制鞋厂。2008 年，由于拆迁，保安寺街全巷房屋已基本拆除。旧时保安寺街多有文人雅事流传。清初大诗人施愚山就常到此访友，留下"踏月夜敲门，贻诗朝满扇"的诗句。

这条街巷承载了哪些历史记忆？让我们一起沿着历史的脚步，一步步去探寻。

【街巷名片】

保安寺街位于原宣武区东南部。东起果子巷，西至米市胡同。因有保安寺而得名。

街成于明代，称保安寺。清时称保安寺街至今。今只存一殿。街东端有玉皇庙，明崇祯二年（1629）建，清顺治十八年（1661）重修。保安寺街，现存五处会馆。街东端湘潭会馆最为著名。

【街巷历史】

保安寺为何被特许使用黄色琉璃瓦

保安寺街因街巷内有座京城闻名的保安寺而得名。据《北京宣南寺庙文化通考》介绍，保安寺是明朝正统年间敕建。清乾隆三十五年（1770）重修。前后共有三进大殿，两侧设有僧舍，另外还有方丈院。院内有一棵古老的国槐，高达数十丈，主干三人不能合抱，传说唐朝将军尉迟恭曾经在此树上拴过战马，所以称"唐槐"。

保安寺山门顶曾覆盖黄琉璃瓦。在封建社会使用琉璃瓦有严格的等级限制，只有皇家才有权使用黄色的琉璃瓦。而使用黄色琉璃瓦的原因在《日下旧闻考》中有如下记载："保安禅寺在都城南三里许，创自正统年间，岁久浸废。嘉靖时修复，鸠工聚材，撤颓拓隘，梵宇佛像，金碧辉煌，以至僧舍、斋堂、门庑、庖库之属，靡不整饬，规模壮丽，视昔加倍。"寺名保安，是因寺内僧众弘扬慈化，利我国家，年丰物阜，外安内宁，巩固国家亿万年之久，承担保国家平安的愿景，这就是特许保安寺使用黄色琉璃瓦的原因之一。

作家肖复兴先生曾写道："当年保安寺街有古井，有梧桐，院子里有紫藤，有木芙蓉，风光不同寻常。"查慎行有诗：古井再经愁雨塌，旧交重聚得天怜；明灯照壁何愁蝎，绿树当门定有蝉。这样的雨巷闪烁明灯、绿树掩映古门的画面，不是得油画才好绘得出的吗？施愚山诗：踏月夜敲门，贻诗朝满扇。那种月光也好，朝霞也罢，洒满保安寺街的光线与光斑，跳跃着，明灭着，扑朔迷离，我们的水墨怎么好渲染？

"想起曾在《孽海花》中写道当年李慈铭住在保安寺街时，在自己家门口撰写的一副门联：保安寺街藏书十万卷，户部员外补阙一千年。李慈铭是光绪六年的进士，他住在这里的时候，当然可以有藏书万卷，现在无法和那时相比，但是胡同的房子一下子就落到论堆儿撮似的说拆就一片片拆的地步，也实在让人伤感。当年朱自清先生路过保安寺街时，想起这副门联时曾说：'现在走过北平保安寺街的人，谁知道哪一所房子是他住过的，更不用提屋里怎么个情形，他住着时是怎么个情形了。要凭吊，要流连，只好在街上站一会儿出出神而已。'"

士子曾集中居住于此

清朝初年，保安寺周边是士子集中居住之地。邵长蘅、王士禛、施闰章、查慎行、翁方纲、李慈铭等文人都曾在保安寺街居住。刘嗣绾《尚絅堂萧寺集》有小序称："辛酉，移寓保安寺，砌花数种，缀以小兰，雨铃风磬，间出韵语，为软红中辟一清凉界也。"清朝康熙己未年（1679），王士禛（号阮亭）在保安寺住，和邻居浙江海宁人陆嘉淑（号冰修），江苏武进人邵长蘅，安徽宣城人施闰章（号愚山）、梅庚等人结成好友。邵长蘅《青门旅稿小序》记载："己未，客都门，寓保安寺街，与阮亭衡宇相对，愚山相距数十武，冰修仅隔一墙，其年寓稍远，隔日辄相见，常月夜偕诸君叩阮亭门，坐梧桐下，茗碗清谈达曙。"日后，邵长蘅又曾写信给王士禛，回忆当年的情景："奉别十年，回忆寓保安寺街，踏月敲门，诸君箕坐桐阴下清谈竟夕，恍然如隔世事。"《直庐集》《藤阴杂记》等书也都描述过寓居保安寺街的情形。

【会馆风云】

保安寺街多会馆

明清以来，保安寺街建有江西丰城会馆、江西靖江会馆、湖南湘潭会馆、陕西关中会馆、江西丰城新馆、江西奉新会馆、广东三水会馆。京剧"四大须生"的高派创始人高庆奎寓居于旧门牌 8 号院。旧门牌 9 号院为吴佩孚之弟吴子孚及其子吴道时的寓所。

此外，胡同内 1 号为广丰会馆，5 号为湘潭会馆，7 号为关中会馆，23 号为丰城会馆，26 号为奉新会馆，29 号为三水会馆。

7 号关中会馆是个金柱大门。院子里面积很大，中院和后院各有一座二层小楼。关中会馆建于乾隆二十六年（1761）。当年陕西韩城县的王杰中了状元后，提出集资筹建关中会馆。会馆于第二年建成。

今 15 号院是高庆奎故居。高庆奎是当年的四大须生之一（另三位是余叔岩、言菊朋、马连良）。17 号院是吴佩孚的宅子。肖复兴先生文章里说："不明白他老先生（高庆奎）为什么选择挨着吴佩孚住？危石下之卵，透着悬乎。或者是他老先生早就在这里住下，吴佩孚后到这里，相中了这块地方，盖起了大宅院，他老先生已经没有了办法，只有忍气吞声的份儿了。这两处院落的年份待考，只由得我站在那里胡思乱想了，总觉得一个唱戏的和一个大军阀住成邻居，有些漫画的感觉。"

兵马街
曾是报业印刷大罢工指挥所

陶然亭有一条因"兵马司"而得名的街巷——兵马街。这里曾设五城兵马司，是负责京城缉盗、防火、道路的机关。

在这条街上，也流传着许多老一辈无产阶级革命者的英雄故事，虽然他们已经长眠地下，但他们的故事却流传至今，永垂不朽。

【街巷名片】

兵马街位于原宣武区东南部。东起迎新街，南至南横东街，呈曲尺形。因兵马司而得名。

元代大都设兵马司都指挥使，即警备京城之官。明沿称。设五城兵马司，每城各设正副指挥。清制同。并不掌兵。品秩极低，只负责京城缉盗、防火、道路的机关。

南城兵马司设此街，街以司名。明代此称南城兵马司。清时分前、中、后街。民国时沿用。1965 年改今名。

【街巷历史】

清代是兵马司所在地

兵马司是古代维护社会治安的官署。自元代北京设置兵马司警巡

155

院，下设兵马司都指挥使，这是警备京城的官职。兵马司在全城南北共设两处。明代的警巡院改置中、东、西、南、北城兵马指挥司，南兵马指挥司就设置在今南横东街上路北，分为前、中、后兵马街。清代因沿袭哨制，仍设兵马司正副指挥。该司负责街道治安、疏通沟渠、防火诸事。每到初一、十五百姓还要参加听课，宣传"孝父母，敬长上，睦邻里，教子孙，各安生理，毋作非为"。我国著名的京剧演员张君秋就住在后兵马街 6 号。中兵马街的观音庵有三层大殿，十分受欢迎。目前兵马司已不复存在。

【人文故事】

无产阶级革命者留下珍贵足迹

在现代史上，南城兵马司一带有许多老一辈无产阶级革命者为创建新中国留下的珍贵足迹。

1926 年震惊世界的"三一八惨案"发生后，革命者多次冒着生命危险为烈士召开追悼会。杨德群烈士追悼仪式曾在前兵马街湘阴会馆举行，1926 年 3 月 28 日 10 点，陈毅同志出席追悼会。如今路北 7 号是追悼会会场旧址。新中国成立后受到毛主席接见的仇鳌先生也出席并讲话，抨击反动军阀政府。

数百名印刷工人相聚前兵马街

平静有序的陶然亭南横东街车来车往。尽管道路不很宽敞，每天却是有众多行人奔走在这条街巷上。可就在六十多年前的大街北侧兵马司前街上（今称前兵马街）人山人海，道路堵塞。各报社一队队印刷工人有数百人聚集在北平市报业印刷职工工会办事处（兵马司前街 22 号），院里院外站满情绪激昂的工人们，他们打着旗帜，呼着口号，要求增加工资。这是 1948 年 3 月 12 日上午全市印刷工人大罢工的场景。当时物价飞涨，印刷工人干一月活儿，仅能买几十斤玉米面。为了养家糊口，白天在报社里，晚上加夜班，躺在地上或铅子架子上稍眯会儿，醒来又到处找活。这样没日没命地干活儿也难吃一顿饱饭，工人们挣扎在死亡线上。为了活命、为了自由、为了增加工资，在地下党组织领导下，工人们团结在以马培济为首的地下党员周围，采取统一行动，与国民党反动当局进行面对面的斗争。他们打着要"讨窝窝头""要饭吃，要活命"的旗号，表面上是经济斗争，实际上是一场反对国民党反动派的政治斗争。斗争中，尽管反动当局采取各种花招——威逼利诱、攻其一点打开缺口、虚假哭泣、军警围困、"领导"光临等等，终没有骗过罢工的工人们。

工人们在地下党员张学培、曹政的领导下，在工人骨干的带动下，团结得像一个人一样，终于使中国国民党党报《华北日报》等一系列报纸停刊一天，即1948年3月13日无报纸发行。这样迫使反动当局答应提高印刷工人工资，并由社会局廉价配售各报社从业人员三袋面粉，斗争取得胜利。但是，敌人不放过罢工领导者，将马培济拘捕。团结一心的工人们又将他营救出狱！接着，北平的电车、电信工人前来报业工会取经，也举行罢工，风雨飘摇的国民党反动政权在轰轰烈烈的罢工运动中，在强大的解放军炮声中渐渐瘫痪，人民迎来了新中国！

时间飞度，如今走进南横东街进入北侧标有"前兵马街小区"六个大字的拱形胡同口，右前方有座不起眼的小楼，门牌36号，据参加罢工的张学培老人回忆，这就是印刷工人大罢工指挥部所在地。如今，随着陶然亭地区房屋大规模改造，一座座楼房取代窄小闷热、没有热气燃气管道的小庭院。而曾经在这里为了新中国的成立而日夜奋战，舍生忘死的英雄们，也将被人们永远铭记！

傅世钧：新中国第一位北京剧场总经理

新中国成立后，北京最早被任命为剧场经理的傅世钧就住在后兵马街路南22号。在北平解放前夕，因叛徒出卖，傅世钧不幸被捕，在菜

157

市口临时监狱里，他的左腿被反动派打折，生命危在旦夕。在这样的情况下，他仍然紧咬牙关，没有透露一点党的机密。

新中国成立前，他的公开职业是大栅栏庆乐剧场里的服务员，专门管理查票。实际上他是在刘仁同志领导下的城工部一位优秀的地下党员。1948 年冬天，解放军正义的炮声隆隆，党中央领导的辽沈战役、淮海战役取得辉煌胜利，平津战役正在如火如荼地进行着。在从事地下斗争中，一个姓张的叛徒出卖了傅老。一帮军警闯进傅老的住处，翻箱倒柜，乱打乱闹，把傅老带到宣外大街南口路西"天聚"当铺改装的华北剿匪司令部。逮捕傅老的是第 16 特务突击大队。典当铺通常是贵重物品的存放处和经营处。旧社会为防盗，当铺的窗户狭小，柜台高高的。小孩子随大人去典当，根本够不着高高的柜台，家人勉强能跟营业员讲价钱，也看不见柜台的台面。把典当铺改装为关押政治犯的临时监狱，犯人不易逃脱，这或许是国民党反动派的一大"发明"吧。傅老被带到南屋军法处，先是一顿狠打，接着审问，如果不"老实"，就扒光衣服到院子里用皮带乱打乱抽。天寒地冻受得了吗？坚强勇敢的壮汉子傅老始终没有吐露一点党的机密。接着，敌人把他捆绑起来，又把他左腿牢牢捆住，特务队长命令打手在他左脚根垫砖，边垫边审问，不说就再垫砖，这时只听见咔嚓一声，傅老的左大腿折了！傅老当场昏死过去。

傅老有个叫郭老七（大名叫郭玉斌）的同事，也在庆乐剧场工作，时间长达几十年，是专管座位的头头。戏剧开场常常乱哄哄的，甚至有人捣乱，必有宪警维持秩序。郭老七跟宪警打交道那是常事。一天，郭老七到傅老家办事，他不知道傅老已经被捕。一推门，只见端着明晃晃刺刀的特务喊："进来，进来！"蹲坑的特务问："你找谁？干什么来了？"郭老七战战兢兢地回答："我找傅世钧去戏院。"说着被特务打了一巴掌。特务狠狠地说："符号！符号！"郭老七不解地说："什么符号?"又是一个嘴巴,敌人让他坐下,他一看,傅家被翻腾得乱七八糟。天黑了,敌人把他五花大绑带出傅家,直奔天聚当铺。路上见到街坊,郭一努嘴,让其转告家属。郭老七进了司令部,上了二楼,忽然见到躺在地上的傅世钧,左腿已经折了不能动弹。郭在这里被审问、毒打了十几天。再见到傅老时,傅老小声告诉他:"来这儿,别想活着出去!"

北平终于和平解放了!奄奄一息的傅老被党组织救了出来。新中国成立后,"天聚"当铺改为宣外大街231号,如今成为菜市口地铁站出入口了。

关于傅世钧在宣南一带从事革命活动的地点,还有一处:骡马市大街路北37号——雨华馨酱菜厂。傅世钧在这里召开支委会,研究党务,领导员工开展有理有力的斗争。

"四小名旦"之一张君秋

张君秋(1920—1997),著名京剧表演艺术家,四小名旦之一,旦角张派创始人,原名滕家鸣,字玉隐,祖籍江苏丹徒。报界评价其"扮相,如窈窕淑女,似梅;唱工,有一条好喉咙,似尚;腔调,婉转多音,似程;做工,稳重大方,似荀"。张君秋曾居住在陶然亭地区。

张君秋早期演出剧目主要是《祭江》《雷峰塔》《玉堂春》《春秋配》等青衣唱功戏。张君秋歌喉之佳,名列"四小名旦"之冠。他在演唱技法上不仅灵活多变,而且创制新腔。无论在唱法上、创新腔上,张君秋都遵循着从人物出发,为抒发角色感情的需要这一原则。因此,张君秋的演唱又具有以声传情、声情并茂的特点,是"四小名旦"中艺术生涯最长、成就最显著的一位。

张君秋于20世纪40年代初购得潘某家房产,从椿树地区棉花上四条13号(旧7号)迁到陶然亭地区后兵马街路北6号。此院有三进,前院南房五间,西房两间,东房两间;中院北房五间,东房三间,西房两间;里院有东房三间,西房两间。北房五间带前廊为他的卧室和客厅。张君秋在此处用功钻研京剧艺术，为演出《赵氏孤儿》等一系列戏剧废寝忘食。此处离陶然亭公园不远，他经常到公园山上练功，与游客畅谈京剧艺术，结交京剧爱好者，切磋戏剧技艺，丝毫没有一点名人的架子，受到广大游客的尊敬和爱戴。

张君秋历任北京京剧三团团长、北京京剧团（现北京京剧院）总副团长，获评国家一级演员。代表作《望江亭》和《秦香莲》被拍成彩色京剧电影。1986 年，张君秋担任《中国京剧音配像精粹》的艺术总顾问，到他逝世为止，共完成京剧音配像一百二十部，为京剧艺术的流传做出了巨大贡献。

太平街西巷

四户人家住短巷　万千学子享学堂

　　一条老巷一折为二，驻足于短短 200 米的胡同之中，抬眼望去，便可透过不高的房瓦，见到巷子深处静静矗立的两所学府。胡同两旁错落分布的四户人家，在几十年间，见证了国家日新月异的变化，也见证着万千新中国新学子从这里走向更广阔的新天地。

【街巷名片】

　　太平街西巷位于西城区东南部，北起太平街小学大门口，南至新兴里路。太平街西巷坐落于太平街的西侧，与其平行而居。不到三百米的巷子两旁，居住着四户人家，砖木结构的传统房屋古朴宜人，过往学子络绎不绝。

太平街西巷

161

北京师范大学附属中学分校：文体教育培养综合人才

北京师范大学附属中学分校（原北京市第六十二中学）始建于1956年，现在是一所完全中学，位于北京市西城区太平街西巷4号，学校占地面积9753.2平方米。

多年来学校秉承继承优良传统、改革创新、依法治校、立德树人、和谐发展、全面育人、办有特色学校的办学理念，加强"两支队伍"建设，深化课堂教学改革，积极探索学生全面、和谐、健康发展的有效途径，在广大干部、教职工的共同努力下，学校教育教学和其他各项工作在原有基础上取得了新的发展和进步。

北师大附中分校始终把立德树人，全面发展，办有特色、人民满意的教育作为工作的出发点和落脚点，以构建社会主义核心价值观，继承和发扬中华优秀文化和传统美德，培育具有健全人格、求真求实、诚实守信、文明守纪、热爱学习、学业扎实、身心健康的合格中学生作为育人目标。

学校坚持全过程育人，不断创新育德模式。认真落实学科德育要求，充分挖掘教材中的德育要素，将德育渗透在学科教学中。加强学

北师大附中分校

生综合素质评价研究，注重多角度、多层次、客观公正评价每一个学生，不求人人成功，但求人人成才，积极倡导、宣传生活中的真善美，引导学生追求真理、求知求学、健康向上。为每个学生一生健康成长，追求美好人生奠定身心、能力、知识基础。

北师大附中分校十分重视学生的文体教育与综合素质培养。

多年来，学校认真贯彻《学校体育工作条例》和市、区教委体育工作要求，积极开展了丰富多彩的课外体育活动。每年5月份，学校定期举办以年级、班级为单位的小型体育竞赛活动；每年10月份定期举办全校性的秋季运动会，大力提高学生身体素质、运动技能和竞技水平。

此外，学校也在认真贯彻落实艺术教育规程，不断提高艺术课堂教学质量，提高学生审美情趣和艺术素养。并通过每年举办艺术节，开设名著改编欣赏、历史课本剧、诗经诵读等研究性学习课程，组织学生参加美术展览、竞赛等活动，激发学生兴趣，为学生多元发展搭建平台。

北师大附中分校深化课程改革，努力建构国家、地方、校本三级课程体系，做到认真完成国家课程标准要求，整合校内外课程资源，丰富地方课程教育内容，努力打造适合本校学生发展与成长需要、具有本校特色的校本课程体系。

学校秉承继承传统、建设书香校园、探索生命教育新历程特色办学理念，严谨治学、夯实基础、文明礼仪、作风优良的校风得到了发扬光大；学生思想品质、学业成绩稳步提升；学校文化建设、精神文明建设取得了显著成绩。

北京育才学校太平街校区：丰富活动打造最美校园

平坦如茵、清新整洁的操场，自然质朴、精心设计的古诗墙，古韵悠长的读书角……置身于此，感觉轻松又舒适，这就是原太平街小学，2014年5月与北京育才学校合并，现称为北京育才学校太平街校区，位于西城区太平街西巷 6 号。

原太平街小学始建于 1962 年。学校在"点亮教师幸福人生，陪伴学生健康成长，促进学校内涵发展"的办学目标指引下，确立了"把自己最好的挖掘出来"的办学理念，并逐渐开发"美德育心灵、美艺启心智、美文伴成长、美范在身边"等多元美育校本课程、德育实践活动。

原太平街小学除了漂亮的操场、具有古韵的文化墙，整体蓝色基调的教学楼也非常抓人眼球。教学楼整体设计为海洋元素，一楼门厅建有航船造型，寓意着每个学生在师生共同努力下，满载着学校的期望扬帆远航。

在"做最美的教师，成就最美的学生"教师队伍建设理念的指导下，原太平街小学开展了系列培训，帮助老师们掌握任教年级学生心理健康教育内容。通过有计划、有目的的培训，老师们不断掌握教育方法，积累经验，并在工作中应用，做到"学习—实践—总结—反思—再学习—再实践—再总结—再反思"。

原太平街小学在"以美育人"的办学特色的指导之下，开展丰富多彩的活动，在活动中树立集体观念，完善学生的人格，培养良好的行为习惯，提升学生"发现美、欣赏美、创造美"的能力。

为了达到教育的最佳效果，学校构建起了学校、社会、家庭教育"三位一体"教育网络，展开"三结合"课题研究，促进学生全面发展。开设家长开放日，让家长走进学校，了解学生在校学习与生活情况；聘请专家进行"家校协同共育幼苗"讲座，帮助家长掌握教育方法，使学校教育与家庭教育达成共识。与街道社区、少年宫等合作，整合挖掘社会资源，给学生提供锻炼的平台。

曾经的太平街小学已经成为历史中的一页，全体师生在新的校园中会更加努力工作、学习与生活，为教育事业贡献力量！

【陶然新貌】

医疗商贸教育　周边配套齐全

太平街西巷地理环境优越，周边地区公共设施配备十分完善。医疗方面，首都医科大学附属北京友谊医院、首都医科大学附属北京天坛医院、首都医科大学宣武医院、首都医科大学附属北京口腔医院、北京市健宫医院、北京市西城区妇幼保健院、北京友谊医院门诊、北京天坛医院门诊、清华池脚病治疗中心等医疗场所各有其擅长的医学科目，可供街巷内的居民依据自身的需求自行选择前往就医诊疗。

文化教育方面，中国盲文图书馆、北京育才学校太平街校区、北京师大附中分校、中国医学科学院药物研究所、北京市第十五中学、"威廉和玛丽"幼儿园、北京市劳动保护科学研究所等机构也让街巷内小到牙牙学语的幼儿，大到步履蹒跚的老人，都可享受到书香的浸润。

与此同时，短小的太平街西巷还是个商贸便捷之地。悦秀城购物中心、天桥百货商场、虎坊路百货、西城区太平天和菜市场、盛购文体礼品中心、世纪华联超市、永安路百货商场、聚星天华书店等场所，满足了附近居民饮食、服饰、文创等多方面的日常所需。

太平街
市井店前门庭若市　剧院舞台艺术熔炉

　　漫步于太平街上，抬头向西侧看去，沿路可见陶然亭公园内的绿意盎然，青草之香、鸟鸣之声随时充盈在身旁……除了自然美景的相伴，古典艺术、各色门店、花样小吃，无不让居住于此的居民充满了幸福之感。

　　【街巷名片】

　　太平街，位于原宣武区东南部，北起北纬路，南至右安门西街，因太平桥而得名。

　　太平街是1952年修建陶然亭公园的同时修建的一条大道。街北段民国时原有土路，称太平街，西侧称太平桥。因地处先农坛西墙外，故街中段称先农坛后身，街南段称为黑龙潭。1952年加宽土路的时候，将各段并成一条宽街，定名太平街。清时这一带地洼，多湖水河源。河故道设太平桥，街以桥而命名。太平街全长1240米，宽14米。

　　据《燕都丛考》记载："黑龙潭，康熙中为宴游之地。"清著名学者张大受等游黑龙潭。《顺天时报丛谈》中则记载："黑龙潭在先农坛西，原为旧时祈雨之所。潭边有龙王亭，极形清寂，现已蔓草荒烟，斜阳流水，潭之云何，只一片蒹葭耳。"如今的黑龙潭旧址已经成为陶然

166

亭公园东门的范围了。

据《北京地名志》记载："在潭的西北丘上还有哪吒庙，这是因为黑龙作祟，建庙以镇之。"如今此庙已拆除。

【区域风情】

"芭蕾者的圣地"：中央芭蕾舞团

中央芭蕾舞团（中国国家芭蕾舞团），坐落于太平街3号，成立于1959年12月。演职员均是由专业院校培养的一流艺术人才。

在党和政府以及社会各界的关心支持下，剧团在俄罗斯学派的坚实基础之上，不断汲取各不同流派、不同风格之特长，在引进排演了《天鹅湖》《堂吉诃德》《吉赛尔》《卡门》《奥涅金》《小美人鱼》等大量的世界经典名作外，自创了《红色娘子军》《祝福》《黄河》《大红灯笼高高挂》《牡丹亭》《过年》《鹤魂》等一大批极具鲜明民族特色的精品佳作，成功探索出一条古典与现代、民族与世界完美融合的中国芭蕾艺术发展创作之路。

五十多年来，剧团在人才培养、剧目积累以及芭蕾普及教育等方面也取得了骄人成绩。其中，不乏芭蕾、音乐、舞美等艺术家现身于各类国际专业比赛领奖台和世界明星行列之中。剧团拥有中外保留剧目二百余部，有些剧目已被列为中国艺术经典和国际文化品牌。

中央芭蕾舞团

167

作为具有广泛国际影响力的知名剧团，中央芭蕾舞团一方面作为对外文化交流的使者和彰显中华人文情怀的窗口发挥着重要作用；另一方面，为国内展示更高的芭蕾舞演绎水准和更好的艺术普及，落实芭蕾舞"走进校园""走进社区""走进少年儿童"并重的目标积极努力。

剧团以昂扬的姿态，秉承"团结、务实、自强、拼搏"的精神，为实现心中的百年梦想，沿着前辈执着奉献的足迹，不断阔步前行。

陶然亭街道联合中央芭蕾舞团举办"走进芭蕾，传递艺术之美"社区舞蹈骨干培训班，剧团的老艺术家还经常走进社区普及舞蹈和音乐知识，邀请社区居民和学生到剧团参观，把高雅艺术送进社区，送到居民的身边。

"经典歌舞剧摇篮"：中国歌剧舞剧院

中国歌剧舞剧院是隶属中华人民共和国文化部和旅游部，规模最大、艺术门类最多、历史最悠久的国家级艺术剧院。作为艺术门类最多的国家级综合艺术表演院团，设立有歌剧团、舞剧团、交响乐团、民族乐团、舞美工作部及创作部、演出中心等。剧院前身是延安鲁迅艺术学院，第一任院长为著名艺术家周巍峙，现任院长为音乐学博士陶诚。

剧院拥有郭兰英、马可、乔羽、王昆、赵青、刘文金、陈爱莲、吴雁泽、徐沛东、关峡等著名艺术家及一大批深受广大观众欢迎的优秀中青年艺术家。1964 年，剧院集体参与了大型音乐舞蹈史诗《东方红》的创作演出，其中，郭兰英的《南泥湾》成为几代人的记忆。半个多世纪以来，剧院创作演出了百余部歌剧舞剧作品，其中，《白毛女》《小二黑结婚》《宝莲灯》《红楼梦》《原野》《篱笆墙的影子》等剧目已成为中国歌剧舞剧史上划时代的作品和舞台艺术的象征。党和国家领导人以及诸多外国首脑多次观看剧院演出并给予高度评价。

中国歌剧舞剧院秉承着继承与创新的理念，近年来创排了歌剧《红河谷》《号角》《星海》，舞剧《孔子》《恰同学少年》，情景歌舞《四季情韵》，民族管弦音乐会《国之瑰宝》等一批舞台艺术精品力作。剧院多次应邀赴欧、美、亚、非、大洋洲的许多国家出访演出，促进了国际文化的交流，增进了中国与世界各国人民之间的友谊与交流。

中国歌剧舞剧院以其经典的舞台作品、精湛的表演艺术和一流的人才队伍，获得了国内外观众的广泛好评及社会各界的高度赞誉。

【人文故事】

戴爱莲：中央芭蕾舞团第一任团长

戴爱莲（1916—2006），祖籍广东省新会县，生于西印度群岛的特立尼达，侨居海外多年。中国共产党党员，中国当代舞蹈艺术先驱和奠基人之一，著名舞蹈艺术家、舞蹈教育家，中国舞蹈家协会名誉主席，被誉为"中国舞蹈之母"。

在新中国成立之初，中国没有一家专业的舞蹈团体。戴爱莲在华北大学文艺学院舞蹈队工作时，为新中国培养了第一批舞蹈演员。而新中国的第一支芭蕾舞团——中央芭蕾舞团，也是在她的领导之下成立的。

在中央戏剧学院，她主持组建了新中国第一个舞蹈团，该团后来成为中国中央歌舞团。作为第一任校长，戴爱莲于1954年主持了新中国的第一个舞蹈学校——北京舞蹈学校的教学工作。在她的领导下，一批又一批舞蹈人才，源源不断地成为中国舞坛上的生力军。

女子群舞《荷花舞》是戴爱莲一生最重要的代表作。《荷花舞》取材于流传在陇东、陕北的民间舞"荷花灯"，曾由刘炽等艺术家对其进行过加工。1953年，戴爱莲以高超的编舞技法进行了再创造，以比兴的手法，表现了荷花"出淤泥而不染"的秉性，以"盛开的荷花"象征欣欣向荣的祖国。

除了《荷花舞》之外，创作于1954年的女子双人舞《飞天》是戴爱莲的另一部传世之作，它是中国当代第一部取材于敦煌壁画的舞蹈。

戴爱莲成功地运用了戏曲中的艺术，以绸带飞扬瞬间的舞姿造型和流畅、滑翔、腾跃的步伐，表现出翱翔天宇的一种意境——寄予人类的希冀与向往。

《荷花舞》与《飞天》先后于 1953 年和 1955 年参加在柏林与华沙举行的"世界青年与学生和平友谊联欢节国际舞蹈比赛"并获奖，1994 年被确认为"二十世纪中国舞蹈经典作品"。

白淑湘：《红色娘子军》第一位琼花

白淑湘，女，汉族，1939 年生，辽宁新宾人。中国舞蹈家协会主席，中国文联副主席，芭蕾舞演员，国家一级演员。在中国芭蕾舞剧《红色娘子军》中，她成功地塑造了女主角琼花的形象。

白淑湘曾任中央芭蕾舞团副团长、中国文学艺术界联合会委员、中国舞蹈家协会理事等。现任中国文联副主席、中国舞协主席、全国政协委员。

白淑湘将一生的心血和精力都贡献给了中国的芭蕾事业。这位芭蕾舞艺术家即便在国内外都已享有很高的声誉，却依然保持着平和、谦逊的心态。她很少谈及自己在事业上取得的成就，而是站在宏观的高度来看待中国芭蕾事业的历程和前景。她曾说过："当前活跃在中国芭蕾舞台上的新人很出色，他们在业务上独当一面。几十年过去了，许多剧目久演不衰，依然深受观众的欢迎。"她对年轻演员们寄予厚望，并相信中国的芭蕾事业会不断走向新的辉煌。

【陶然新貌】

太平街亮起来了

20 世纪 70 年代，太平街街上只有一个粮店、一个副食店、一个菜站，陶然亭公园东门旁边有一个食品店，商业网点极少，一个饭馆也没有，仅有的一家陶然亭饭馆还不在太平街上，而是位于陶然亭公园北门方向的拐弯处，而这就算是离太平街最近的一家饭馆了。居住在太平街的人们要想吃早点只能上这一家来，每天排着长龙一样的队伍等着。晚上商业网点关门了，整个太平街一片漆黑，只有马路旁的路灯还在发出微弱的光亮，马路旁的墙根下，时常会看到一些谈情说爱的年轻人的身影。

随着改革开放的步伐进一步加大，临街的单位纷纷推倒了院墙，盖起一排排崭新的商业用房，办起了三产（不属于开墙打洞），商业网点逐渐多了起来。进入新世纪以后，特别是党的十八大以来，随着拓宽马路、道路改造、房地产开发，先后拆除了街边的老旧破败的平房，一些现代化的住宅、办公楼拔地而起，如富力摩根中心、朱雀门、一瓶，现在太平街的街容街貌有了很大的改变。马路中间隔离带上种上了不少树木和各种花草，做到了三季有花、四季常青。路宽了，道平了，灯亮了，环境美了，居民的居住条件改善了。因为这些楼房的一层都是商业网点，基本上已连成一片，到晚上形成了灯的世界、光的海洋。晚间营业时，各商家门面上设置的灯箱和霓虹灯招牌、门面建筑物上的彩灯、店前的大红灯笼交相辉映，相互比美，各显特色。马路拓宽后，在公交车站附近安装了有灯光的广告宣传栏，给太平街添上了新的一景。与此同时，大街上还安装了又亮又美观的新型路灯。到了晚间，路灯、广告宣传

太平街路旁大厦

171

灯与路边门面上的霓虹灯、彩灯、大红灯笼相映成趣，十分好看，路人不禁赞叹，太平街亮起来了。

太平街上各种商业网点从四家发展到了三十四家，给居住在这条街上的人们在生活上带来了极大的方便。太平街的变迁，从一个侧面反映出了改革开放，特别是党的十八大以来，我国经济增长，市场繁荣，人民生活水平不断提高，人民有了更多、更好的获得感与幸福感。

【社区新风】

亲历改革开放　见证家园新风采

一谈起 3401 小区和它的历史变迁，居住在这里的居民就来了兴致。

大概在公元 1000 年左右，原 "3401" 工厂的地界一直属于蓟之幽州，辽兴之后，为南京析津（相当于县）；1200 年左右，金国立朝改称中都大兴。明永乐十八年（1420），明成祖朱棣开建 "天坛" 和 "山川坛"，这片地域即为 "山川坛" 的西墙外。嘉靖三十二年（1553），京师外城筑就，这里属于正南坊（相当于区级），当时这里是一片沼泽。进入清朝后，"山川坛" 改称为 "先农坛"。民国之初，"先农坛" 内的中北部建成了 "城南公园"，然而不久后，西北部分被划归为 "联勤总部汽车修配厂" 使用。

原中国人民解放军 3401 工厂，组建于 1950 年 2 月；1952 年 10 月迁至太平街 8 号院，隶属总后勤部车船部。工厂占地面积 42 万平方米，建筑面积 12.6 万平方米。工厂建成之初主管汽车修理，经营发展壮大后，开始生产旅行车、救护车、越野车等。1981 年，总后勤部授予 "3401 工厂" 为 "北京燕京汽车厂"。当时，工厂配有设备 1733 台，职工 2000 余人，年产值 8000 万以上。90 年代末，工厂开始改革，2001年 9 月并入 "中国诚通控股集团公司"。2005 年初，工厂实施企业改革，职工分流。

工厂职工居住的小区建于 1954 年，2003 年 8 月，经宣武区政府批准，称"太平街社区"；由陶然亭街道划归于天桥街道管辖。

太平街社区在它的发展变化过程中，取得过可喜的成绩，也获得了不少的殊荣。2005 年，太平街社区获得首都精神文明建设委员会颁发的"首都文明社区"，及北京市公安局颁发的"首都无发案社区"，2008 年获北京市总工会颁发的"首都工人先锋号"称号；2009 年获首都精神文明建设委员会颁发的"首都绿色社区"称号。居住于此的居民分外珍惜过去的荣誉，大家共同关心、爱护生活的家园。在街道和社区党委的领导之下，为创建文明和谐、平安健康、绿色清洁、美丽幸福的小区，人人从我做起，大家携手共同努力，不断创造新荣光，增强小区居民的幸福感和自豪感。

改革是进步，是发展，是一场革命，工厂如此，社区也是如此。社区的工作在不断改进、提升。烟花爆竹禁放，让居民扬眉吐气了；环境卫生的改观，丰富多彩的文艺活动，贴近居民的各个兴趣班，各种理论、政策、卫生等知识讲座，形式上推陈出新，更贴近于百姓，大大改变了居民的精神面貌，为居民带来了愉悦感、幸福感、安全感。

太平街绿化带

173

居住于太平街的居民相处、相知、相敬、相助，身体力行，向人们传递着"尊重他人，真诚待人，乐于助人，平易近人"的理念，赢得了良好的口碑。

新居民来到这里很快便能入乡随俗，而老住户则在乡愁的记忆里、街巷历史的熟悉中，亲历着身边的变化，怀着感恩之心，将街巷的光荣传统发扬传承。

南横东街

千年风雨付尘土　古今名士竞风流

　　一条古街，繁华热闹，名扬天下。在这里，三教九流、五行八作，无所不包。古寺静静驻守，"非遗"文化传承，会同馆礼待四方贡使，而"小肠陈""羊头马"则用香醇美味吸引着海内外宾客。这里不仅有我国第一座话剧学校，还留下了张寒晖等烈士的足迹……这便是有着千年历史的南横东街，它见证了数不尽的历史，讲述着说不完的故事。

【街巷名片】

　　一条南横街　半部南城史

　　南横东街位于西城区东南部，东起北纬路，西至菜市口大街。历史上，南横东街曾称横街，为古老街道。辽代它是迎春门的郊外，清时称横街，清末称南横街，民国时称南横街和城

南横街。清顺治时进士王熙、清康熙时翰林院检讨毛奇龄曾寓居于此

隍庙街，1965 年合并称今名。

南横街街东头北有城隍庙，称京都都城隍威灵公庙，俗称江南城隍庙，明刹，乾隆时重修，每年清明节、中元节、十月初一开放，异常热闹。街以庙命名，庙东为东岳天齐庙，明刹，庙有七十二司。一路往西，有三官庙、七十二司、如今为陶然亭街道办事处的河南开郑会馆、清著名诗人龚自珍居住的 95 号全浙会馆、曾为陶然亭医院的圆通观。跨院而过的湘阴会馆曾是一批名流之士的聚集之地，民国初，中国社会党人、反袁先驱陈翼龙曾在此兴办平民义务学校并兼任校长，邓颖超也随母杨振德在此居住并就读于初级班中。会馆对面是光绪二十六年（1900）前后秋瑾曾居住的小院。而路北向西 109 号为清官僚曾国藩住处，再西为我国地质教授袁复礼、体育教授袁敦礼、图书馆学教授袁同礼故居。

【街巷历史】

曾商铺云集 历千年风雨

最早的南横街，西起牛街，东至虎坊路，是辽金时期重要的大街。街面上随处可见古色古香、青砖灰瓦的老宅子。在南城老街中，数它最长。

一千多年前，南横街曾为辽南京宣和门通向迎春的一条东西向的重要街道，金代是金中都宣华门通向宣曜门的通衢。那时这里已是商铺云集，人口稠密。据考证，如同今天的王府井一样热闹。是京城少有的 6 米至 8 米宽的胡同，可以想象当时的繁荣景况。

一百多年前，在南横街两边的胡同里，曾经出现过近百个会馆。会馆类似于现在的各省驻京办，当时那些影响了中国历史的有志之士经常出没于这条街道，康有为、梁启超、谭嗣同、鲁迅、李大钊等人都在中国历史上留下了浓墨重彩的一笔。

20 世纪 70 年代初的南横街，街道很狭窄，尤其是通往南北的胡同，连马车都很难进出。当年，街里只有两家国营副食品商店，卖油盐酱醋和日杂用品，这里的人

南横东街

把它们分成一店和二店。此外，街里还有几家国营的小饭馆，也有几家小铺子卖早点。

1999 年，菜市口大街建成后，将南横街从中间断开，分别称为南横东街和南横西街，南横东街的路北构成了大吉片的南缘。

【会馆风云】

会同馆：曾接待四方贡使

中国古代都城皆设有朝廷接待宾客的机构，汉以后设立的鸿胪寺，即为专司其职的衙署，至元代改为隶属礼部的会同馆，它便是皇都机制的重要组成部分。南横街 131 号原为明朝南城兵马司，清乾隆八年（1743）改为会同馆，又称国宾馆，专为清朝接待朝鲜、琉球（日本冲绳）、安南（越南）、回部（缅甸）四处贡使的地方，至今有二百七十余年历史。所以亦称会同四译馆。

会同馆是北京南城唯一的一座单檐庑殿顶的建筑，故宫太和殿就是这样的屋顶。

会同馆建筑范围南北 81 米，东西 11.25 米至 17.5 米，坐北朝南，两进院落，设前殿、后殿及跨院，主要殿宇依南北轴布置。这组建筑的一些制度和手法均与传统方式不同，如后殿为庑殿顶，檐下斗拱纤细，

177

比例不当，可断定是在民国期间经过重修。随着北京危房改造的步伐，如今南横街 131 号原址的会同馆已被拆掉，按照原风貌在中信城小区复建了会同馆。

【寺僧情怀】

千年古寺见证交通大变身

公元 938 年，辽太宗将唐代幽州（今北京西南的广安门一带）定为"南京幽都府"。1012 年改号"燕京析津府"，名称来自于"以燕分野旅寅，为析木之津"。

南横街当年是辽南京宣和门通向迎春门的一条东西向的重要街道，金代是金中都宣华门通向宣曜门的通衢，自古就是寺庙云集的闹市，现在分为南横东街和南横西街。

南横街上有建于唐代的法源寺，又名"悯忠寺""大悯忠寺"，明代称"崇福禅寺"，清雍正年间称"法源寺"。南横街西口的"圣安寺"，建于金时期，明代改为"普济寺"，清代恢复"圣安寺"之名。

南横街往北至辽南京东北拱辰门之间有一条胡同，就是现在南北走向的珠朝街（原珠巢街）。明建起外城后，珠市口至广宁门路段逐渐形成街巷，成为居住区。

清王朝初时，汉人被赶到了外城，促进了外城商业的繁荣。南横街以北在清代住满了汉族高官，还有二百多家会所，自然是繁华地段。而南横街以南却是外城低洼地区，以池塘、水洼子、坟地为主，有地名龙须沟、韩家潭、大川淀、小川淀等，再加上黑窑厂烧砖烧瓦形成的窑坑，实在荒凉。

明清时期，南横街处于外城，商业繁荣程度远比不上菜市口、珠市口和前门大栅栏地区。因此，菜市口往南也就没有可能出现人流车马所需的宽阔通道，菜市口始终是封闭的丁字路口，南横街、珠巢街以南地区，住户都很少。

现在的南横街、菜市口胡同扩建成菜市口大街，将南横街分为东西街，不仅有了公共汽车，还有地铁4号线从这里经过，大大改善了这一地区的交通环境。

叶派鼻烟壶成"非遗"项目

自1696年起，极好鼻烟的康熙帝设立了我国第一个玻璃工厂，专门制作鼻烟壶。目前，国内的内画鼻烟壶有京、鲁、冀、粤四个派别，但历史最长的就是以周乐元、马少宣、叶仲三为代表的京派。由于周、马二人没有传人，因此叶派成了目前京派唯一的代表。叶仲三在1945年离世后，他的长子蓁祯、次子蓁禧、三子蓁祺以及叶蓁祺之女叶淑英，继承并发展了叶派内画艺术。叶淑英是当今叶派内画唯一一位嫡传人。

叶派内画鼻烟壶到姚桂新这里算是第三代，也是目前为止的最后一代。她所居住的地方位于南横街。

鼻烟壶讲究的是内画技艺。所谓内画，就是把画笔从鼻烟壶的壶口处探进去，在内膛上作画。过去的鼻烟壶讲究"一把攥"，要小巧精致。在极小空间内用笔在壶内反着画出山水、人物、花鸟。竹笔和柳木笔是叶派内画的基本工具，后来在竹笔基础上又衍生出一种自制的毛笔。叶派的作品色彩典雅古朴，比较适合表现传统题材的作品。鼻烟壶都是两面作画题诗，画正面的时候，要先塞进一张纸垫在背面上，防止颜料染上。

作为内画叶派传人的姚桂新参加了"中国文化遗产日"和第一届、第二届"中国北京国际文化创意产业博览会"的展示活动，现场制作的寿桃、葫芦、吊蛋、仕女等不同画工的鼻烟壶作品，深受中外观众喜爱。

2009年，叶派内画鼻烟壶申报为北京市级非物质文化遗产项目。

【市井百业】

"京城卤煮"小肠陈：馋死人的美食

南横街的吃食数小肠陈最有名。那时小肠陈开在南横街东头，开始在路北边，后来搬到路南边。店面很小，而且地处小胡同，看似有种不入流的感觉，但是，半条街终日都充满卤煮火烧的香味，足以证明它在百姓心中的重要地位。

北京有无数家饭馆卖卤煮，但其中最有名的，当属百年老字号"小肠陈"。"小肠陈"祖传四代制作卤煮小肠，距今已有一百多年的历史了。

据记载，"卤煮火烧"又称"卤煮小肠"，起源于清宫廷御肴"苏造肉"，距今已有二百多年历史，最早见于清乾隆四十五年（1780）高宗下江南期间。据爱新觉罗·溥杰先生的夫人嵯峨浩介绍，扬州陈元龙府家厨张东官用五花肉加药料烹制出一道荤菜供膳，乾隆帝十分喜爱。

陈府家厨（后升为御厨）系苏州人氏，故此菜称为"苏造肉"，此菜流入民间几经演变成为"卤煮小肠"。清光绪十二年（1886），京东三河县陈兆恩沿街摆摊出售"苏造肉"，并用价格低廉的猪头肉代替五花肉，同时加入价格更加低廉的下水煮制，其风味更加独特。经过陈世荣及子承父业的陈玉田历经百余年的继承和创新，终于创出了闻名京城的"卤煮小肠"。卤煮小肠口味浓厚，且价位低廉，既解馋又解饱，颇受老百姓的喜爱。

第三代传人陈玉田自幼随父学艺，二十多岁就能撑起家里的生意了。他用料讲究，卤煮小肠做得精益求精，更加地道。陈师傅制作的卤煮肠——肠肥而不腻、肉烂而不糟、火烧透而不黏。当年，京剧表演大师梅兰芳、谭富英、张君秋等名角在唱完戏后，都喜欢点陈师傅做的卤煮火烧当消夜。陈师傅在经营上待人和气，童叟无欺，有钱没钱的到摊前都能吃上一口，落下个好人缘。久而久之，陈师傅的卤煮摊被越来越多的食客认可，并誉送雅号——"小肠陈"。当年的陈玉田老爷子，在锅里捞东西完全不借助任何工具，直接下手在滚开的锅里捞，双手连蒸带烫，永远是惨白色的。

新中国成立前，"小肠陈"卤煮作坊形同于现在的连锁店。加工作坊设在虎坊桥老宅内，每天要加工上百斤下水及豆腐、火烧，在下午领出半成品。当时，珠市口、前门、天桥及东安市场、西单牌楼都有陈家的卤煮摊位，最著名的还属陈玉田设在珠市口现丰泽园饭庄旁的摊位。从在京城各繁华街道设摊，到后来固定在一些戏院门口出售。

1956年公私合营，"小肠陈"并入宣武饮食公司，陈玉田在南横街的燕新饭馆专门制作卤煮火烧，好这一口儿的人们，慕名前往，络绎不绝。当时只是晚上饭口才营业，可下午三四点钟就有人拿着锅、盆到店门口排队，其中有远道而来的食客，也有附近的邻居百姓，那情景成为当时南城一景儿。

陈玉田在"小肠陈"一干就是三十年，当时他已近古稀之年，尚未有人接班。《北京晚报》在报道了"小肠陈"的事迹后，为他公开寻找接班人。虽然来了几个徒弟，可终因此活儿脏、累、热、苦，都相继离去，陈玉田不得不在国营餐馆干到七十五岁才退休。陈老爷子退休后，陈家的卤煮小肠也面临失传，陈玉田老爷子一直心有不甘，家人也不甘心家传的卤煮小肠销声匿迹。

改革开放后，陈玉田的女儿陈秀芳（现"小肠陈"饭庄总经理）在陈老爷子的支持与帮助下，在南横街重新亮出"小肠陈"的招牌。年近八旬的陈老爷子依然精神抖擞，言传身教，每天坚持上灶两小时，手把手教女儿陈秀芳，一时间南横街卤煮店甚是红火。百姓闻声而至，不少人大老远跑来吃这一口儿，其中，慕名而来的港、澳、台同胞和出国归来的游子也都在门外等候。其实来客中有的不单单是为了吃，还想看看陈老爷子和他的绝活手艺。

80 年代末，重新亮出招牌后，第四代传人陈秀芳在保持原汁原味的传统制作技艺的同时，大胆创新，满足食客的需求，由后厨加工研发出了现场火锅佐以蔬菜配成什锦火锅、卤煮什锦火锅、卤煮砂锅和百余种下水风味菜肴……陈秀芳形成了自己独树一帜的菜品系列和经营特色，同时不断扩大规模，"小肠陈"饭庄在草桥、方庄、旧宫等地开设了分店，菜品既有火锅又有炒菜，一些社会名人和老北京人纷至沓来。"小肠陈"第四代传人陈秀芳表示："要让祖上留下的这份遗产发扬光大，为更多的顾客服务。"

1997 年 12 月，"卤煮小肠"被中国烹饪协会评为"中华名小吃"；1998 年，"小肠陈"被原国家内贸部认定为"中华老字号"；2000 年，卤煮什锦火锅被评为"中国名菜"。之后"小肠陈"又相继被认定为"北京市著名商标""北京老字号""中国特色风味餐厅""最受市民喜爱的餐馆"等，"'小肠陈'卤煮火烧制作技艺"被录入区级、市级非物质文化遗产名录。

2010 年，因市政扩建道路，"小肠陈"在南横东街的老店被拆迁。2014 年 12 月 28 日，一个崭新的"小肠陈"门店又在南横东街开业，迎接着八方宾客。历经四年再次归来，店址较老店稍微有些挪动，新店位于老店的西侧。新店门上挂着金灿灿的"小肠陈"牌匾，两边写着"享卤煮童叟无欺，老字号诚信仁和"的对联。走进店门，靠东墙是满满一幅长卷。长卷上，老北京前门楼子依稀可见，戏楼门前的卤煮摊位赫然醒目。陈老爷子的彩照端端正正，第四代传人、现任总经理陈秀芳及其简介亦十分打眼。这画卷记录了"小肠陈"的历史传承，展现了"小肠陈"餐饮企业的文化。

新开张的"小肠陈"也从饮食环境上注重营造老北京味儿。走进店内仿佛置身于老北京胡同庭院之中，墙角有一棵大树，枝繁叶茂，墙边还有一根老电线杆子，杆上有白瓷珠儿，搭配老式的桌椅板凳，顾客可以边吃卤煮边观赏，捡拾过往的记忆。

"小肠陈"新店

老店重新开业后，场面十分火爆，无数食客闻讯而来，有时候甚至排不上队。一位大爷边抹着嘴边称赞："您还别说，还真是那个味儿！""原来

"小肠陈"老店

听人家说，北京的卤煮南横街最有名，还真是的，又干净，还没脏腥味，火候足。"第四代传人陈秀芳说："这样的场景让我不禁想起20世纪80年代初，父亲在燕新饭店操刀经营时，每到下午饭口，客人们拿碗持盆排长队等候的那道风景。"经理张英也表示："老店原本在陶然亭，因市政扩建道路拆迁搬走了，后历经四年才又迁回来，四九城的老顾客，特别是邻里老街坊们对'小肠陈'一定都不陌生。"

"小肠陈"南横东街新店刚开业就如此红火与南城的地域文化有

关，而更重要的是如今的"小肠陈"不仅传承了陈老爷子留下的经营遗风，坚持传统制作，无任何添加剂、防腐剂，明案操作，分量足实，而且所用原料，也因季节不同而不同，保持住了品牌的老味正宗。虽然只是一碗小小的"卤煮小肠"，但它不仅包含着北京浓浓的风土人情，也寄托着北京百姓的缕缕情思，还蕴含着"小肠陈"特色文化的历史渊源。

说起"小肠陈"，居民回忆道："这个'小肠陈'饭店，我的孩子在小时候每隔几天就得来一次，这个味道是孩子的最爱。这里的店员都认识我家孩子了，每次来都不用我们点餐，不一会儿餐就送上来了。而且，这里的店员都很热情，经常跟我们家孩子聊天，现在我们还经常去他家吃饭呢。"多年以来，"小肠陈"一直以诚信为本，温暖着每一位顾客。

羊头马：一声叫卖秋意浓

老北京有句歇后语"卖羊头肉的回家——没有戏言（细盐）"，据说就是从"羊头马"这儿来的。"羊头马"始创于清道光年间，由马氏家族世代经营，马纪元为家庭经营的"第一人"，后人马启承、马熙、马重义、马元凤及马玉昆继续经营。从道光年间创业起，历经咸丰、同治、光绪、宣统、民国，前后一百七十余年，共六代人的传承，在京城小有名气。

白水羊头是源于北京的一道回族菜肴，其制作精细，刀工讲究，成品色白洁净，肉片又大又薄，蘸着特制的椒盐吃，软嫩清脆，醇香不腻，风味独特。

白水羊头最开始由马纪元挑筐沿街叫卖，传到第五代马元凤和第六代马玉昆时，改为用独轮车每天定时从南横街的住家一直推到廊坊二条叫卖。

《燕京小食品杂咏》中称马家六代的白水羊头"十月燕京冷朔风，羊头上市味无穷，盐花撒得如雪飞，清脆不腻爽口香"。其制作工艺、佐料配制都有独特之处，更以其选料精、涮洗干净、刀工细腻、大刀薄片、味道醇厚、口感奇佳而名满京华，口碑甚佳。

制作白水羊头肉的选料极为严格，必须选用两三岁大的内蒙古产的山羊头。羊头要用清水泡上两个小时才能把羊脸刷白，再把羊嘴掰开，用小毛刷探进嘴内刷洗口腔，并在水内来回移动刷洗，将口、鼻、耳内的脏物刷出，然后换新水再洗两次，沥净水，用刀从头皮正中至鼻骨划一长口，以便于煮熟后拆骨。反复漂洗下锅后，先用热水焯一下，再用清水煮，煮时不放盐和酱油，故称"白水羊头"。

马玉昆出售白水羊头，习惯用二尺多长的大刀片切削羊头肉，轻快下刀，动作敏捷，顺丝片，薄如纸，撒上特制的椒盐，色白如玉的羊头肉，清脆利口，吃在嘴里口舌生津，不仅百姓喜爱，就连梨园名角马连良、谭富英等也极为推崇。马家的羊头肉由此被人尊称为"羊头马"。

当年，"羊头马"卖羊头，每年"立秋"那天上市。如果赶上"立秋"天热，只卖一天，等到天凉再继续售卖。北京的老住户，每到立秋这天都会听到"啊，羊头肉呀！"的叫卖之声，这就意味着秋深已在眼前，"羊头马"也给人们送上了一份亲切的季节预告。

此外，"羊头马"有个不成文的"行规"，每天只卖二十个，多了不卖。"羊头马"还有一手片刀的绝活，顾客指哪儿切哪儿，切出的肉薄如纸片，拿到灯下一照都能透亮。

中华人民共和国成立后，第六代"羊头马"传人马玉昆收摊不干改了行，一位工商局干部找马玉昆谈心，请他出山，马玉昆来到南来顺，重新操刀，一直干到退休。

如今，"羊头马"的第七代马国义、马国启继承了马玉昆的手艺，将白水羊头重新呈现在百姓面前，白水羊头被评为"中华名小吃"。现在，"羊头马"白水羊头制作技艺已收入西城区区级非物质文化遗产名录。白水羊头也在南横东街再次开设经营网点供市民购买品尝，生意更加红火了。

【人文故事】

曾国藩之"八本论"

清末重臣、直隶总督、大学士曾国藩（1811—1872），初名子城，字伯涵，号涤生，湖南湘乡人。他在京城居住和活动最多的地方就是陶然亭地区。

道光二十年（1840）正月，曾国藩到京，住在南横街千佛庵，任翰林院检讨。来京不久，他就病倒在果子巷万顺客店之中，病情严重，多亏了欧阳兆熊的精心护理，他的身体才逐渐恢复。道光二十一年（1841）八月，他从椿树棉花六条路北迁到绳匠胡同（今菜市口大街）居住。道光二十九年（1849），曾国藩主持重修湖广会馆，增建风雨怀人馆和假山，使会馆增添了庭园风趣。道光三十年（1850）四月，他居住于今和平巷（旧称鞑子营）和贾家胡同交界的大宅子里。曾国藩在京城广交好友，经常到陶然亭与朋友相聚，在同治九年（1870）十月，旅京的湖南、湖北同乡以及湖广官绅在湖广会馆还为曾国藩举办了盛宴祝贺六十岁寿辰。

曾国藩一生为官清廉，治家勤俭，堪称楷模，对此他曾说过："当官的不爱钱为本，廉洁自律，方能上对得起天、皇上、国家，下对得起百姓、亲友、子侄。只要坚守一个'廉'字，就算做事偶尔有失公允，天也能谅。"他总结的为人处事"八本论"中，"立身以不妄语为本""做官以不要钱为本""行军以不扰民为本"等论句被人们广为传颂。曾国藩还用祖父的话训示子女："予自三十岁以来，即以做官发财为可耻，以官囊积金遗子孙为可羞。盖子孙若贤，则不靠父辈亦能自觅衣食；子孙若不贤，则多积一钱必将多造一孽，后来淫佚作恶，大玷家声。故立此志，决不肯做官发财，决不肯以银钱予后人。"做官几十年，他一直过着清贫的生活，勉强凑了一千两银子寄回家中，还吩咐家人拿出四百两分赠给戚族中的贫困者。临终前他更是叮嘱儿子："慎独则心安。"

因为曾国藩的做官廉洁、治家勤俭，毛泽东曾赞扬他："予于近人，独服曾文正（"文正"为曾国藩的谥号）。"梁启超也对他推崇至极："曾文正者，岂唯近代，盖有史以来不一二睹之大人也已；岂唯我国，抑全世界不一二睹之大人也已。"

"不为圣贤，便为禽兽；莫问收获，但问耕耘。"这是曾国藩一生谨遵的座右铭。他用这句话提醒自己要懂得"行由不得，反求诸己"，而这足以看出他豁达的人生态度。

曾国藩可谓是中国近代化建设的开拓者。在他的指导下，中国建造了第一艘轮船，开启了近代制造业的先河；第一所兵工学堂建成，肇始中国近代高等教育；翻译印刷出第一批西方书籍，不仅奠定了近代中国的科技基础，而且极大地开阔了中国人的眼界；安排第一批赴美留学生，为国家培养了大批栋梁之材，民国第一任总理唐绍仪、中国"铁路之父"詹天佑、清末外交部尚书（部长）梁敦彦、清华大学第一任校长唐国安等就是此中的佼佼者。

袁氏三杰：中国学者的骄傲

南横街 115 号即南横东街西口路北，曾住过袁复礼、袁同礼、袁敦礼三兄弟。他们都曾在我国近现代科学史上留下过光辉的一页，被人们尊称为"袁氏三杰"。

大哥袁复礼（1893—1987）是我国现代著名的地质学家。他从小聪明好学，1915 年赴美留学，1922 年回国后受命起草《中国地质学会章程》，在中国地质学发展中起到重要作用。

二弟袁同礼（1895—1965）是我国现代图书馆事业的先驱。1916年于北大毕业后在清华大学图书馆工作。五四期间参加北京最大的进步社团之一"少年中国学会"筹备工作，成为第一届会员及《少年中国》月刊编辑，曾与李大钊共同积极营救被捕入狱的陈独秀。荣获过名誉博士学位的袁同礼还设立图书奖学金，资助献身于图书馆事业的有志青年。1965年2月6日，他因患癌症病逝于华盛顿。

三弟袁敦礼（1895—1968）是袁复礼的堂弟。袁敦礼是我国现代体育理论的主要创始人，是我国体育卫生和健康教育的奠基人，社会活动家，担任北师大、浙大体育科主任。他请国际奥运会中国委员董守义来校传授篮球技艺，培养出北师大篮球"五虎将"——王玉增、陈盛魁、刘冠军、赵伯荣、赵文选，接着又培养出青年"小五虎"，是我国体育组织的最早创始人之一。1936年在德国柏林举办的第十一届奥运会上，袁敦礼曾率中国体育考察团与中国体育代表团一同赴会。

邓颖超：在南横街度过童年时光

邓颖超（1904—1992），周恩来夫人，伟大的无产阶级革命家、政治家，著名社会活动家，坚定的马克思主义者，党和国家的卓越领导人，中国妇女运动的先驱。她在七十多年的革命生涯中，为中国革命建设和改革事业毫无保留地奉献了自己的一切。她是20世纪中国妇女的杰出代表，也是中国妇女的骄傲，在国内外都享有崇高的声誉，深受全党和全国人民的尊敬与爱戴。

邓颖超三四岁时父亲遭迫害去世，她的母亲杨振德从小立志学习中医，为大众解除病痛。1912年，母女俩来京住在南横街北京平民义务学校，靠母亲教书维持生活。大革命失败后，杨振德辗转来到红色首都瑞金，在中央工农红军医院为红军治病疗伤，成为红军医院第一位中医大夫。红军长征后，她不幸被捕，在法庭上据理斥责敌人。1940年11月18日，杨振德在重庆市郊逝世，终年六十五岁。北京平民义务学校初级班是邓颖超的启蒙学校，学校位于南横东街的湘阴会馆，正是在这里，邓颖超开始学习文化知识和进步思想。

十五岁的邓颖超跟周恩来、马骏、刘清扬等人积极投入到"五四运动"之中。演讲队中，她担任队长；游行示威中，她冲在最前列，即使负伤也坚持斗争。为聆听李大钊等无产阶级革命家的教诲，团结进步团体，她还秘密出席了 1920 年 8 月 16 日在慈悲庵举办的"五团体会议"。大会上，她向李大钊等人介绍了天津"觉悟社"的组织经过和一年来的活动情况。此外，她还结识了高君宇、石评梅，对他们纯真的爱情和崇高的革命精神由衷钦佩。1925 年 3 月 4 日，她与刘清扬等六十人出席在珠市口西街阅微草堂召开的国民会议促成会筹备会，团结广大民众为反帝、反封建、反军阀做出贡献。

邓颖超一生追求真理，少年时就立志救国，在天津读书期间曾发出"振起精神，谋国家之进步"的誓言。1919 年，她同周恩来等人共同发起组织进步青年团体——"觉悟社"，表现出强烈的爱国热忱和坚定的革命精神。1925 年 3 月，邓颖超加入中国共产党，成为一名忠诚的共产主义战士。此后，无论是在革命战争年代还是在社会主义建设和改革时期，她都勇于探索、不懈奋斗，经受住各种艰难困苦的考验，始终保持坚定的共产主义信念和共产党人坚韧不拔的奋斗精神。

新中国成立后，邓颖超日理万机，工作繁忙。她去西琉璃厂八角琉璃井传达中央精神，到育才学校视察，在大栅栏妇女服装店驻足……在宣南的热土上，处处都有邓颖超的足迹。

地下党、侦缉队斗智斗勇

南横东街向北拐了个弯，通向虎坊路。就在拐弯向北路西 13 号，便是天津侦缉队队长李振生的家，院子不大，两间北房两间南房，三间东房三间西房。东房曾经居住过 1937 年入党的地下交通员杨子健。机智勇敢的杨子健从李振生口里获得国民党许多内部情报，为北平的解放做出贡献。这里应该是进行革命传统教育的好场所，可惜，随着城市建筑的改造，已无法找到这块地方了。

【区域风情】

我国第一所话剧学校创设于此

要问中国国家话剧院为什么坐落在宣南？为什么在广安门外大街路北建有宏伟的建筑？原因其实很简单——北京的话剧最早演出在宣南。话剧艺术是宣南文化的奇葩，是宣南文化重要的组成部分。中国话剧诞辰一百周年纪念活动和学术研讨会就是在大观园酒店等处召开的。1907年，话剧表演艺术首次登陆中国的上海，1908年便进入北京宣南地区，并在这片有着深厚文化历史积淀的热土上生根开花。中国话剧创始人王钟声（1881—1911）应邀率领中国话剧最早的演剧团"春阳社"来到天乐园，与当时京剧名伶杨小楼、梅兰芳同台演出，推出时事新剧《官场现形记》等，这是北京戏剧史上第一次话剧演出，当时还称作新剧、文明戏。从此以后，话剧在天桥等许多剧场相继上演。除了剧场，王钟声也走入下斜街全浙会馆戏楼演出话剧。

话剧是以说白（包括对白、独白等）和动作为主要表现手段的一种戏剧称谓。在西方戏剧的影响下，日本留学生组织的春柳社在东京演出《热泪》"给革命青年很大的鼓舞"。演完后几天，有四十多人参加同盟会，可见话剧对社会的影响力和鼓动作用。1919年"五四运动"以后，中国现代话剧兴起，当时称爱美剧、真新剧、白话剧，1928年洪深提议定名为话剧。

特别值得一提的是，中国话剧史上第一所话剧学校、我国最早运用西方戏剧理论来培养话剧专门人才的学校——北京人艺戏剧专门学校于1922年冬天创设于宣南大地！具体位置就在陶然亭地区今菜市口大街中段南横东街的一所旧民宅里。学校以提高戏剧艺术辅助社会教育为宗旨，采用男女合校制度。校长蒲伯英（1875—1934），教务长陈大悲（1887—1944），教授有陈大悲、黎锦熙（1890—1978），董事有鲁迅

190

（1881—1936）、周作人（1885—1967）、梁启超（1873—1929）、徐半梅、孙伏园（1894—1966）等，布景师张尔美。培养出的著名艺术家有邵惟、万籁天、李朴同、向培良、徐公美、孙师毅、吴瑞燕（唯一女性）、廖心（左明）、张寒晖（1902—1946）等。学制2—3年，课程有导演术、编剧术、表演术、化妆术、音乐原理等，以培养"能编剧、能演戏、又能播种"的通才为教学目标。他们经常使用的有外国剧本《不如归》《少奶奶的扇子》，中国剧本有胡适的《终身大事》，陈大悲的《卖国贼》《英雄与美人》。1923年5月19日，人艺戏专在新明剧场举行了第一场实习演出，剧目是陈大悲的《英雄与美人》，演出时坚持男女合演，台下男女观众合坐，这在当时是件十分了不起的举措！长期的封建社会历程中，不允许男女同台、同坐，否则是大逆不道的事情，该校打破了这一清规戒律，开启了中国戏剧的一代新风。

这座实习的戏院就设在了香厂路，即1964年新建的香厂路小学旧址。这是由一座旧戏院改造成的新型剧场，蒲伯英校长是原戏院的股东，故可以方便地使用。后来经改造成为电影院，1928年一场大火，它消失了。新中国成立后这里成为银行宿舍。

湖广会馆也是陶然亭地区的戏剧文化聚集地。在这里，王钟声的演出打动了北京的艺人。1911年的冬天，夏金声组织了一个新剧社，在湖广会馆大戏楼演出话剧，名伶高庆奎是其中的中坚分子。需要说明一点的是，最初话剧是与京剧先后演出的，同一个台子，京剧、话剧交叉演出。

从枣树街向东经过南横东街，也就是当年北京人艺戏剧专门学校的遗址。人们在这里驻足，不禁回想到陈大悲、蒲伯英等一批中国话剧的先驱们；想到学校董事鲁迅、梁启超、黎锦熙、孙伏园等精英们；想到该校的学生、著名作曲家张寒晖烈士。张寒晖作词作曲的《松花江上》一出现，在社会上产生极大的震动，为唤醒广大东北军官兵的亡国之恨

191

和救国热情，推动"西安事变"的爆发起到很大的作用！"我的家在东北松花江上，那里有森林煤矿，还有那满山遍野的大豆高粱……还有那衰老的爹娘，九一八，九一八，从那悲惨的时候脱离了我的家乡，抛弃那无尽的宝藏，流浪，流浪！"那悲怆动人的旋律打动许多人的心灵！2015年时抗日战争胜利70周年，许多单位和媒体又重放这首抗日歌曲。

【陶然新貌】

期盼二十年南横东街终通车

地处京城南城的老宣武南横东街，原是一片老旧平房区，南横东街马路宽大约只有5米。据陶然亭街道工作人员张军民回忆，1993年时，周边居民普遍反映出行不方便，希望能开通公交车线路，居民向当时的南横街居委会主任提意见，主任将大伙儿的意见反映给上级，但由于当时的道路不具备通车条件，居民的希望没有达成。

2000年以后，市、区政府实施了老旧平房改造工程，让居民从老旧平房住进了新楼房。2007年，宣武区南横东街市政道路拓宽改造工程正式启动，改造工程不仅拓宽了南横东街的路面，还在路边增加了绿化带，种植了海棠花等。通过各部门和大家的努力，南横东街终于在二十年后迎来了专13路公交车。这趟线路从天桥一直到鸭子桥，从早8点运行到晚6点，周六、日停运。2010年前后开通的53路替代了专13路。53路从北京西站南广场站始发，终点是四方桥西站，途经广外、白纸坊、天桥等地，极大地方便了居民出行。

杨玉华：码单车劝违规　守护美丽家园

杨玉华是一名社区志愿活动的积极参与者，2019年，六十八岁的她参与南横东街福州馆段义务码放单车工作已满两年时间。从前，居民随处可见乱停放的共享单车，严重影响了行人走路和车辆出行。杨玉华和老伴以及小区里的其他几位退休居民组成了义务码放单车志愿者队，每天利用空闲时间去街道上码放单车。

　　在码放单车的过程中，志愿者队也获得了很多商户的支持。南横东街店面比较多，在一些店面前，电动车、共享单车随意停放，很不利于行人出行。那时候，还没有车辆停放的画线区域，志愿者队发现后，自己将共享单车搬到不碍事的地方码放起来。当遇到一些乱停放的电动车时，志愿者队便找到店内工作人员，工作人员都会很积极地配合志愿者一起码放好车辆。有时候，遇到电动车找不到车主的情况，志愿者们会和社区工作者一起将车搬到规定区域；发现有车主乱停放汽车，他们还会上前耐心对其进行劝导，直到对方有了依规停车的意识和行动。

　　南横东街有一家商户，工作人员经常将电动车停放在路口，占用了人行道和盲道，杨玉华和社区工作者对乱停放电动车的员工进行了多次劝阻引导，店长也积极配合工作，时常叮嘱员工将车停放在规定停车位。在他们的反复劝阻下，员工乱停放电动车现象有所改善。

孝道文化墙

193

除了共享单车的随意停放外，部分员工为在室外给电动车充电，私拉电线，将插线板挂到树枝上，不仅影响了市容，也存在极大的安全隐患。经过沟通，店长亲自爬树，收起了插线板，他的行动也给员工起了良好的带头作用，让志愿者们有一种被支持和认可的感觉。

多方齐心协力　共建美丽街道

在街道整治过程中，环境志愿者们辛苦看守，即使带病仍然值守，每次都坚持参加网格议事会，并积极提出各种意见和建议。

环境志愿者铁德萍每次参加网格议事会议时，都会积极提出自己的意见和建议，为整治工作奉献力量。在规划自行车位画线时，志愿者还主动做好居民的思想工作，组织入户宣传，得到了居民的认可。

现在，经过辖区单位的支持，共享单车停放区域构建完成，并安排有负责码放单车的保安。单车乱停放现象有了很大改善，店面前也恢复了干净整洁的面貌。

经过整治，南横东街建筑外立面得到修缮，破损路面得到修复，沿街进行了补植，增强绿化，人行道得到改造，也统一设置了店牌。如今的南横东街道路路面平整，设施配套完善，环境整洁，居民的生活更加舒适，大家的素质也有所提高，居民们都有了很强的环境保护意识。

陶然亭路

陶然亭公园与老牌工厂相邻

陶然亭路因陶然亭得名，明为黑窑厂，清初废窑场称窑台。民国时称窑台和黑窑厂。1952年修路，渐成居民区，1965年称今名。

【街巷名片】

陶然亭路位于西城区东南部。东起太平街，西至菜市口大街。清初废窑场称窑台，清康熙三十四年（1695），工部郎中江藻在慈悲庵内西侧建亭，其遗墨"陶然"至今仍在亭内，陶然亭因此声名远播。

陶然亭公园1952年建园，全园总面积56.56万平方米，其中水域面积16.15万平方米，是北京市历史文化名园，国家AAAA级景区。园内有胜春山房景区、华夏名亭景区、陶然佳境景区、潭影流金景区等各具

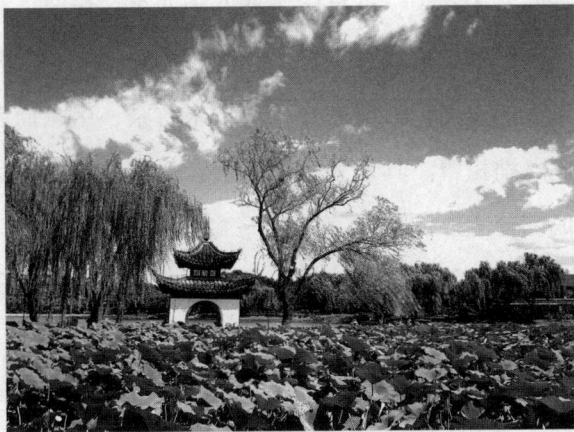

陶然亭公园美景

195

特色的景区。其中著名的陶然亭位于湖中央岛的陶然佳境景区，陶然亭周围有许多著名的历史胜迹。西北有龙树寺，寺内有蒹葭簃、天倪阁、看山楼、抱冰堂等建筑，堪与陶然亭相匹。东南有黑龙潭、龙王亭、哪吒庙、刺梅园、祖园；西南有风氏园；正北有窑台；东北有香冢、鹦鹉冢，以及近代的醉郭墓、赛金花墓等。这些历史胜迹产生年代多早于陶然亭，有的甚至早于慈悲庵。它们都有文人墨客觞咏的历史，曾出现过各领风骚的辉煌时期。

【街巷历史】

遗址历史可追溯至唐代

据记载，明永乐年间，明成祖朱棣将都城由南京迁至北京。为修新都城墙、宫殿等，于明永乐十八年（1420）在此设黑窑厂。此窑规模宏大，北起南横街，南至城墙根，十几座砖窑坐落其间。每座中型窑直径约 1.7 米，需 88 人操作，每炉生产 2000 多块砖。黑窑厂是京城五大窑厂之一。

《日下旧闻考》记载："黑窑，每中窑一座，砖瓦之属二千二百，计匠八十八工，五尺围芦柴八十八束。黑窑厂为明代制造砖瓦之地。曰黑窑，别于琉璃、亮瓦二窑也。"如今的窑台指陶然亭公园北门内的一座天然土岗，孤岗突兀，高十米有余，由东而西绵亘百余米，南与慈悲庵隔湖相望。其地为唐窑遗址，烧窑的历史久远，亦为当年黑窑厂的组成部分。

窑台院内现展放的一块窑炼是唐代物品，有一定的史学价值。"窑炼"，就是烧窑时未掌握好火候而炼成的砖块。这进一步证明窑台作为窑址的历史可追溯到唐代。晚明时期，窑台上建高大的窑神庙，供祀窑神。清康熙初期，窑神庙坍塌，但因其地势高，视界开阔，登上窑台，既可以欣赏到"陂陇高下，蒲渚参差"，芦苇青葱，一望无际的野景，又可领略附近许多名园的风光。

清乾隆五十三年（1788）编写的《宸垣识略》记载："今废窑上建真武殿三楹，翼以小屋，道人居之。路口有灵官阁，坡径迂回，盘折而上，名曰窑台。夏间搭凉棚，设茶具，重阳后，苇花摇白，一望弥漫，可称秋雪，亦城南一胜地也。"

窑台茶馆是北京最早的老字号

明清科举制盛行，宣南会馆云集，进京赶考的学子多喜于此登眺赏景，作重阳之会，吟风咏月。据《藤阴杂记》谓"黑窑厂登高诗充栋"，可见当时的盛况。窑台房屋正殿挂"窑台"黑底金字匾，但现在的人已经很少知道这里还是北京最早的老字号茶馆。

窑台茶馆建于清乾隆年间，坐落在窑台之上。清乾隆中期，窑台南侧的慈悲庵僧人在窑台上建真武殿。管理真武殿的"火工道"在殿旁设茶馆，春秋季节特别是夏日搭凉棚设茶具，卖茶供应过往游客，生意十分兴旺，"窑台登眺"便成了城南的一处胜地。不少梨园子弟多于此练声习艺，老一辈京剧艺术大师们，几乎人人都有在窑台苦练的经历。直到晚清，清朝宗室贵爵还在窑台举办宴饮。他们中有些人宴饮的方式还很特别，来时蓬首垢面，衣衫褴褛，形同乞丐；回去时梳洗打扮，穿戴一新，恢复贵族本来装束。夏桐逊《乙丑江亭修禊诗》中写道："北晒黑窑台，中枢峙岩峣。贵人乞丐装，高居啜新醪。""临散乃盥沐冠带，鲜衣怒马而去，时人怪愕，以为亡国之微。"

民国初年，真武殿颓废，窑台荒芜，茶馆停业，游人稀少，只有梨园子弟每日清晨到这里喊嗓子、练功。"九一八事变"后，真武殿重修窑台，茶馆重新营业，后住持僧德坤将茶馆易名为"德昆茶馆"，高揭杏旗，茶社复兴。每天清晨富连成班生徒会集于此，品茗喊嗓，票友来此址亦多。和尚为繁荣窑台计，就南台下隙地百亩，筑地栽莲。台基下有屋二椽，院列鱼盆数十，主人姓董。盆中小鱼繁殖甚夥，为城南小金鱼贩之大本营云。旋因"七七事变"发生，德坤之茶馆赖有富连成科班为长主顾，且为梨园界所偏好，仍能于"国难期间"维持不衰。20世纪40年代后期又因时局影响，市面萧条，梨园界不振，茶馆营业亦趋式微。

1961年，公园曾在这里设置窑台食堂，后食堂迁至慈悲庵，恢复窑台茶馆。窑台茶馆曾在"文革"中期一度闲置作为商店办公用房。1979年曾开设书社，不久即停办。1982年，经过维修，茶馆恢复营业。1983年动工大修，1984年年底竣工。此次重修，修复了真武殿及殿两侧的小屋，保留了乾隆后期的格局。殿内的神像早已没有了，所以没有进行恢复。窑台茶馆重新开业，新增的游廊成了京剧爱好者活动的场所。每日清晨琴声悠悠，清唱之声不绝于耳，这种景象不禁让人联想起当年京剧界前辈名家在此活动的情况，大师们的流风余韵犹存在这窑台之上。

新时代窑台成民众欢游地

清中期窑厂外迁，窑台成了贫民居住区。据1934年北京某报报道，居住在这里的都是近郊的穷人。男人在外打工做小买卖，女人在家靠纺毛线、缝皮子、洗衣服、做针线活贴补家用。以纺毛线为例，从清晨干到深夜只能挣到24枚钱（当时合1角5分左右）。他们每天只吃两顿棒子面，为了省煤钱，每天只生半天火，下午只能吃凉食。一年365天窝头咸菜，连豆腐白菜都不易上口。穿的衣服，大人穿旧改给小孩穿，人人身上补丁摞补丁。

新中国成立后，此处居民生活逐渐改善。20世纪80年代，重新修葺窑台，院内陈设着唐代绳纹砖烧结的窑炼。院西侧修筑了一座绘有苏式彩画的圆形小亭——映雪亭。游人到此休憩、品茗、观赏如雪的芦花。

慈悲庵

慈悲庵,又称"观音庵",坐落于陶然亭公园湖心岛西南端的一处高台之上。慈悲庵是创建于元代的古刹。康熙年间重修慈悲庵时也叫观音庵。光绪年间重修后始成现在格局,总建筑面积800余平方米。

慈悲庵山门向东,门额题写"古刹慈悲禅林",门前有棵硕壮的古槐。慈悲庵内有前后两个院落,并设两个跨院,由各色院门相通,形成环状,布局严谨,建筑恢宏,雕梁画栋,气度非凡。特别是清康熙年间,工部郎中江藻负责监理黑窑厂,在慈悲庵院内西侧营建了三间敞轩,取名"陶然亭"。这里便成为文人墨客、达官贵人赏游、聚会、宴集的场所,并留有近现代名人的遗作。

走进大门影壁后有一座金代塔形石幢。院内北侧为观音殿。殿基较高,设有四级台阶。殿廊高大宏伟,楹柱、门窗为朱红色,梁檩、枋椽外露部分均饰蓝白两色为主的图案,屋顶脊兽有狮、麒麟、海马等。整个大殿显得庄严肃穆,古色古香。殿内供奉的是"西方三大士":观音菩萨、文殊菩萨和普贤菩萨的藤胎泥像。殿内香案上备有各种祭器。殿前东侧原有田种玉于康熙二年(1663)撰书的《重修黑窑厂观音庵碑记》石碑。廊下西侧现有步青云于清光绪二十三年(1897)撰书的《重修黑窑厂慈

陶然亭

悲院记》石碑。南侧有准提殿，面阔三间，准提殿原供奉准提等三位菩萨。殿内有许多佛像和神像、祭器、供具。殿额题"准提宝殿"，殿联题"法雨慈云，众生受福；金轮宝盖，两戒长明"。这些旧有之物，现均已无存。现在此殿是"红色梦——慈悲庵革命史迹展"的第一展室。

进入后院，西侧是三间敞轩"陶然亭"，系全国四大名亭之一。南面有五间厅房为"李大钊纪念室"。其中，东侧两间为李大钊在此居住生活时的历史场景还原，西侧三间为李大钊事迹展。北侧三间以及北厅六间，均为"红色梦"展室。穿过东侧小门进入东北跨院，院内北侧有文昌阁。

文昌阁是一座砖木结构的二层小楼，是慈悲庵内唯一的高层建筑。阁坐北朝南，面阔三间（8.1 米），进深一间（4.4 米），高约 10 米，总建筑面积为 83.28 平方米。阁前有一小方亭。楼上朝南一面有廊，可凭栏眺望。文昌阁木质的梁檩栋枋外露部分，以及亭、廊的天花板，都饰有彩绘，颇为华美。文昌阁内祀奉的文昌帝君（又称梓潼帝君）和魁星是主宰文运兴衰和功名禄位之神，最受读书人的崇敬。在封建时代，它一直是进京参加会考的考生们顶礼膜拜的圣殿。文昌阁旧有为人预卜命运的"文昌阁签诗"百首，皆系集古诗而成的七言绝句，传为纪晓岚所作。僧人把这些诗写成"文昌灵签"，供来此问卜者抽签，揣测吉凶祸福。文昌阁内东侧立有一块碑刻，上面刻有由"正心修身，克己复礼"八个字组成的魁星图，是慈悲庵的珍贵历史文物。

文昌阁前有一座辽代石经幢，幢高 2.52 米，基座高 0.69 米，幢身高 1.33 米，幢顶高 0.5 米。幢身为八角柱体，八面均刻有汉文和音译梵文的经文。幢名：故慈智大德佛顶尊胜大悲陀罗尼幢。此经幢是辽代高僧慈智坟上的纪念物，建于辽寿昌五年（1099）。石幢记载了慈智墓地处于京城东郊，为研究北京城址变迁提供了珍贵的实物资料。1964年郭沫若来陶然亭公园时曾指出：辽幢很有历史价值，是测定金中都城位置的重要坐标，同时还是北京历史上的一处重要水准点。辽幢原来的位置不在文昌阁前，而在慈悲庵台基下北面的菜园里。民国十九年（1930）四月二十八日国立北平研究院测绘的《陶然亭全部平面图》，辽幢就在庙台基下北面菜圃中。《光绪顺天府志》称辽幢在慈悲庵之"后圃"，这是因为当时慈悲庵的庙门南向，今准提殿在当时是庙之山门，故称庵北的菜园为"后圃"。《日下旧闻考》称幢位于"庵北院内"，与1930年北平研究院之测绘图契合。1942年张次溪《陶然亭小志》中亦称辽幢在庵之菜圃内，据此可知，直至1942年辽幢尚保留在其原来的位置上，移到文昌阁前应是1942年以后的事。

慈悲庵内还有一金代石幢，建于金太宗天会九年（1131），幢高约2米，基座0.65米，幢身0.5米，顶高0.74米。幢身上为伞盖，顶为宝珠。石幢为八角柱体，八面间错刻有四尊佛像和四段梵汉两种文字的经文。四尊佛像都是螺髻袒胸，盘膝而坐，脑后衬有火焰纹光环，神态安详，栩栩如生，各自按照佛家特定的含义摆出不同的手势。由于"文革"期间石幢被砸，佛像已伤痕累累，有的面部不全，有的断指伤臂。历史上，金代石幢曾几次重修。

金幢上的四段经文分别为：《观音菩萨甘露陀罗尼》《净法界陀罗尼》《智炬如来心破地狱陀罗尼》，其余一面除了经文之外还应有此幢的题记，已辨认不清，只可见"天会九年四月十九日"的款识。辽幢和金幢均提到的"陀罗尼"意：对所闻法不忘记。在中国历史上，只有北汉主刘钧和金代太宗完颜晟用过"天会"这个年号，但是北汉政权仅存在二十八年，而且地域没有涉及北京的范围。所以学术界认为这尊经幢是金代遗物，距离现在已经有近九百年的历史了。1978年至1979年重修陶然亭、慈悲庵时，金幢和辽幢又经重修。重修前金幢顶部的圆形顶尖不知下落何处，经一位中学生向施工工人报告才找到。

慈悲庵作为北京市重点文物保护单位，经多次修缮，现对游人开放。因李大钊、毛泽东、周恩来等老一辈无产阶级革命家都在此留有革命足迹，而被列为北京市青少年爱国主义教育基地。目前陶然亭公园在此举办"红色梦——慈悲庵革命史迹展"，对外开放展出。

哪吒庙

陶然亭东南有一处山丘，哪吒庙就曾坐落在这座山丘上。据《北京地名志》载："在黑龙潭西北丘上有哪吒庙，因黑龙作祟，建庙以镇之。"哪吒原是佛教密宗中的一个人物，是四大天王之一的毗沙门天王的三太子，神通广大，尤其有降伏天龙的能力。随着宋、元朝代的更替，由于佛教故事本身的演变、道教传说的掺杂和各种小说笔记的渲染，哪吒的形象发生了显著的变化。到了明代，经过《封神演义》《西游记》的演绎，哪吒的形象最终确定下来，成为中国民间最为人们所熟知的孩童天神之一。

清乾隆三年（1738），北平绦带行会在此创建了绦行公所。绦行为什么在此建立公所呢？因为绦行称哪吒为祖师，加以供奉。相传，在哪吒闹海故事中，托塔天王李靖之子哪吒曾打死龙王三太子，并抽去龙筋为父亲做束甲绦。后来，李靖得知后勃然大怒，挥剑将哪吒劈为两截。此事被织女得知，对哪吒的遭遇深表同情，特织绦带系在哪吒腰间，使其复生并将其收为养子，教他编织术。哪吒从此学得一手绝技。所以绦行尊称哪吒为祖师，供奉其在大殿的正中，并设神案供同行们前来祭拜。庙内有五通石碑，包括乾隆四十年（1775）建的"绦行圣会碑"、嘉庆二十二年（1817）建的"绦行公议条规碑"、光绪十九年（1893）建的"绦行圣会碑"、民国十七年（1928）建的"绦带行圣会碑"等，记叙着哪吒庙不平凡的历史。

乾隆年间中国处于资本主义萌芽时期，各行业为维护同行利益成立具有行会性质的会馆、公所、公会，绦行公所便应运而生。清乾隆四十年（1775），绦行组织了一次规模宏大的展销会，人们争相购买，绦行

202

大发其财。到清嘉庆年间，绦行日益萧条。据《绦行公所碑》记载，由于绦行的萧条，工人生活无以维系，"贫不能扶梓回籍，无处安厝"，绦行"置得义地一块，坐落黑龙潭庙前，凡吾行客死京邸，棺木无力回里者，扛抬入地安葬"。新中国成立后，哪吒庙成了一家绦丝厂的作坊，陶然亭公园建园前工厂迁出。陶然亭公园建成后，一度作为公园游船班工作用房。现为陶然亭公园海棠山景区的一部分。

松柏庵

"松柏庵"是一座庙宇。这名字乍听起来像是尼姑庵似的，其实庵里从来没有住过尼姑，这里原是一位王爷的家庙。王爷死后在这里停灵，因王爷的福晋在这里出了家，所以庙名叫了"松柏庵"。民国初年庙已残废，庙外有一大块空地。当时京剧艺人地位低下，晚景凄惨，有的流落街头，死后无处埋葬。由荀慧生发起，梅兰芳、程砚秋、尚小云、余叔岩、杨小楼等人呼应，每人交300元大洋，买下了庙前8000平方米荒地，辟为墓地，专供艺人们死后葬身，被称为"梨园公墓"。还修建了"梨园先贤祠"，祠内还设"先人注"，凡对戏曲事业有贡献的梨园界先人，都在祠内立有牌位。一代名优杨小楼、金少山等都先后安葬在这里，后经余叔岩、李洪春等京剧名家慷慨捐助，庙宇曾经扩建。后大殿的山墙上，曾经还有余叔岩出资修的一块建基石。

【区域风情】

"都门胜地"陶然亭公园

陶然亭公园，位于北京市南二环陶然桥西北侧，是一座融古代与现代造园艺术于一体的、以突出中华民族"亭文化"为主要内容的现代新型城市园林。它是中华人民共和国成立后，首都北京最早兴建的一座现代园林，有"都门胜地"之誉。

陶然亭公园内的陶然亭是清代的名亭，也是中国四大名亭之一。清

陶然亭公园

康熙三十四年（1695），时任窑厂监督的工部郎中江藻在慈悲庵内创建此亭，并取唐代诗人白居易"更待菊黄家酿熟，共君一醉一陶然"之诗意，为亭题额曰"陶然"。这便是公园名称的由来。

1952 年，北京市政府贯彻毛泽东主席"陶然亭是燕京名胜，要妥为修缮保留"的重要指示，依托陶然亭和元代庙宇慈悲庵挖湖堆山、疏浚苇塘建设陶然亭公园。六千多民工，以工代赈，将此前挖窑形成的四十余个积水湖泊进行处理，小的湖泊用土填埋，最终形成一个大湖，由中央岛分成东西两部分。历时半年建成陶然亭公园。1955 年陶然亭公园售票开放。

园内的慈悲庵始创于元代，距今已有七百余年历史。它山门向东，院内有四个小院：前院迎着山门有影壁，影壁后有一座金代塔形石幢。南面为准提殿（又称南大殿），北面为观音殿（又称北大殿）。穿过月亮门进入后院，西侧是三间敞轩"陶然亭"。1920 年 1 月 18 日，毛泽东与邓中夏和"辅社"友人一起在慈悲庵山门外的古槐树下合影留念。李大钊、周恩来、邓颖超、高君宇等先后在此进行革命活动。中央岛上有我党早期著名活动家高君宇和他生前女友石评梅的墓碑。

1985 年在园内西南部辟建了"华夏名亭园"，是公园的"园中之园"，占地十公顷，历选全国各地名亭十余座，纵跨两千多年历史和全国六省九市，造型多样，各具特色，具有较高的建筑艺术价值。其中云绘楼、清音阁系皇家园林建筑，始建于清乾隆年间。

公园内名胜景点叠翠，其中窑台是北京南城的历史名胜之一，现位于陶然亭公园西湖北岸。乾隆年间窑台山上建起"真武殿"，又称"火神殿"，三楹，翼以小屋道人居之。后在殿旁开设茶馆。

晚清宗室贵爵也有涉足窑台宴饮的。民国初年真武殿颓废，窑台荒芜，游人稀少，只有梨园子弟每日清晨在此喊嗓子、练功。1952年窑台划入陶然亭公园范畴，1961年恢复窑台茶馆。1983年大修后又在窑台西面山上建圆亭，额题"窑台映雪"。现在这里已成为京剧爱好者的活动场所，每日琴声悠扬，清唱不绝于耳。

陶然亭

陶然亭建于清康熙三十四年（1695），系工部郎中江藻始创，是中国四大历史名亭（陶然亭、醉翁亭、湖心亭、爱晚亭）之一。

清康熙三十四年（1695），江藻奉命监理黑窑厂。他在慈悲庵西部构筑了一座小亭，人称江亭，并取白居易诗"更待菊黄家酿熟，共君一醉一陶然"句中的"陶然"二字为亭命名。这座小亭颇受文人墨客的青睐，被誉为"周侯藉卉之所，右军修禊之地"，更被全国各地来京的文人视为必游之地。据江皋《陶然亭记》记载，陶然亭在清康熙三十四年（1695）至四十三年（1704）间经历了一个初建为亭改建为轩的过程，亭主人仍沿用旧名称之为陶然亭。后陶然亭名闻遐迩，陶然亭公园即因之而得名。

陶然亭位于元代所建的慈悲庵内，实为敞轩，南北走向，面阔三间。长10米，进深5米，前后皆有廊，宽约2米，纵深约9米。所占总面积约90平方米。敞轩东西两面完全敞开，无隔扇、门窗遮拦；南北两面有山墙。敞轩的木结构房屋与中式平房四梁八柱的梁架并无太大区别，不同的是两边山墙内各增加一根柱子，两边的廊子又各增加四根柱子，使立柱增加到十八根。

1978年重修陶然亭及与之相连接的南厅、西厅、回廊等建筑，均保持原有的格局，所用的立柱、梁、栋基本是原有旧物。在油漆彩绘方面，有些是保留了原来寺庙中常用的"卡箍头"做法，即以蓝黑色为主的图案，但考虑到创造园林的气氛，敞轩与游廊采用了原来所没有的苏式彩绘。屋内的梁栋饰有山水花鸟彩画，两根大梁上绘《彩菊》《八仙过海》《太白醉酒》《刘海戏金蟾》四幅彩画。

亭上有三大匾，亭内迎门额上悬"陶然"匾额，署"康熙乙亥仲夏汉阳江藻题并书"；西向匾额"陶然亭"是取齐白石《西江月·重上陶然亭望西山》词中字；东向匾额"陶然亭"是郭沫若题"陶然亭公园"门额中字。亭间悬挂名联四副：东向柱联"烟藏古寺无人到，榻倚深堂有月来"，系翁方纲撰写，光绪年间慈悲庵的住持僧静明请光绪皇帝的老师翁同龢重写；"慧眼光中，开半亩红莲碧沼；烟花象外，坐一堂白月清风"，是清康熙年间沈朝初题写的楹联，现在的楹联是现代书法家康雍书写；西向柱联"烟笼古寺无人到，树倚深堂有月来"；西内柱联"似闻陶令开三径，来与弥陀共一龛"是林则徐书写，旧联无存，现在的楹联是由当代书法家黄苗子重书。

在亭的南北墙上有四方石刻。一是江藻撰写的《陶然吟并引》和其族兄江蘩所写的跋，二是江皋撰写的《陶然亭记》，三是谭嗣同撰《城南思旧铭》并序，四是王昶写的《邀同竹君编修陶然亭小集》。据史料记载，陶然亭大型宴集有多起，如清乾隆后期起每届会试场毕，浙籍应试举子与在京浙籍京官都要到陶然亭宴集。中华人民共和国成立后在此辟建公园，仍以陶然亭为名。

云绘楼·清音阁

云绘楼·清音阁系皇家园林建筑，原在中南海内南海东岸。关于这两座皇家园林建筑，《日下旧闻考》有如下记载："蕉雨轩南曰云绘楼。楼西有室，曰韵磬。又西南为清音阁。""云绘楼三层北向。联曰：'道堪因契真佳矣，画岂能工有是夫。'又曰：'众皱峰如能变化，太空云

与作沉浮。'清音阁联
曰：'宫商之外有神
解，律吕以来无是
过。'阁上下与云绘楼
通，有曰：'印月，门
外东南则船坞也。'"

清乾隆二十六年
（1761）御制韵磬居
诗："风水相吞吐，磬
声出碧粼。自称宫与

云绘楼

角，底辨主和宾。似矣彭蠡几，居然泗水滨。东坡笑李渤，盖是特
欺人。"

从中可以看出，云绘楼·清音阁是供皇帝太液池观景赏月、习书、
绘画、弹琴、娱乐消遣之用的近水楼阁。联语中的"真佳矣""无是
过"等赞语及"御制诗"中的描述，说明乾隆皇帝对它还真是有些
偏爱。

云绘楼·清音阁因年久失修已经破旧，1954年因施工需要，拟拆
除。建筑学家梁思成等考虑到这组古建筑物的结构和风格独具特色，建
议保留。周恩来总理表示赞同，决定将其异地重建。为此还偕梁思成等
到陶然亭公园勘踏择址，亲自决定将其迁建到陶然亭西面的武家窑遗
址上。

云绘楼·清音阁为一组曲尺形楼阁建筑。迁建后，云绘楼位于西湖
西岸，坐西朝东，面阔三间，进深七檩，前出廊，重檐歇山顶。上檐正
中又出一间歇山式阁楼。清音阁坐南朝北，与西湖北岸抱冰堂遥遥相
望。面阔两间，前出廊，进深六檩，悬山卷棚顶。两楼阁之间，分别在
北、东山面连接二层游廊，相交于二层连体方亭。两座连体方亭呈"方

207

胜形"相连，在东北两面与两座楼阁各自组成一个完整的立面，而在透视上又呈现出犬牙交错的丰富画面，构思极为精巧，是乾隆时期皇家园林的杰作。楼阁亭廊有机地结合在一起，成为和谐统一的整体，它们既各自独立、彼此面向不同，又浑然一体，形成这组古建筑的特殊风格。

云绘楼·清音阁巍峨壮观，金碧辉煌，为陶然亭公园增色不少，成为公园一处重要景观。由于它临近陶然亭，与陶然亭、慈悲庵共同组成了公园的重心。

清音阁西墙上嵌有考古学家、国家文物局局长郑振铎撰书的《迁建竣工题记》："云绘楼·清音阁，建于清乾隆年间（公元 18 世纪），原在南海东岸，今移建于此。"

从迁建到 20 世纪 60 年代中期，云绘楼·清音阁曾受到许多作家、诗人、画家和书法家的青睐，他们常常登上陶然亭畔的这座皇家园林建筑，在清静幽雅、景色如画的环境中进行创作活动。根据 1985 年公园规划，云绘楼·清音阁被划入"八个景区"之一的历史名亭景区（即华夏名亭园）内，与仿建的全国各地名亭共居一园。它气宇轩昂、雍容华贵的皇家气派与园内各个名亭的那种古朴雅致、飘逸俊秀的名士风度相得益彰，意趣盎然。它们各自的强烈而鲜明的个性融于中国古老的园林艺术的共性之中，看起来颇为自然协调，显现了中国园林艺术之魅力。

2015 年，云绘楼·清音阁结合文物古建修缮，参照清代宫廷陈设收藏卷档案，复制树根宝座、案几桌台、炉瓶器盏，复制宫廷收藏的古代书画作品，并书写乾隆帝有关吟咏此组建筑的御制诗，还原皇家园林建筑室内环境场景，再现历史建筑的格局与风貌，展示公园文化底蕴，提升历史名园地位。

陶然亭公园里的两座牌楼

北京地区的牌楼始建于元代，多用于街道路口及纪念性建筑。牌楼在道路上本无大用，只是起装饰的作用，或是作为标记，是具有中国特色、民族风格的一种建筑物。过去在北京的主要大街、重要寺庙、衙门两侧、园林景观里都有不同规格、不同样式的牌楼牌坊。牌楼的间数大多为奇数。北京原有古代牌楼三百余座，现存有七十余座。它与京城地名有着密切联系。比如我们常说的西四、东四、西单、东单均指牌楼。西四即西单北侧十字路口安放的四座牌楼。西单指西四南侧单一的牌楼，简称西单。

北京刚解放时牌楼留下的也不多了，剩下的也因妨碍交通被拆除了，如在东西长安街扩建之时，在东西长安街上的两座牌楼也因影响交通需要拆除。周恩来总理知道这件事后，为了保护这两座牌楼，特意指示有关部门，把这两座牌楼移建到陶然亭公园。

1955 年 2 月 17 日，移建东西长安街牌楼两座于陶然亭公园内。牌楼建于东、西湖界土甬道的两头，即榭湖桥畔。两座金碧辉煌的牌楼，背衬浓郁覆盖的小山，倒影映在碧波荡漾的湖面，景色异常瑰丽，给游人留下深刻印象。

2013 年，两座崭新的仿古牌楼重新展现在原址上，为公园的美景补上了古色古香的浓艳一笔。牌楼的规制大体与原有的牌楼相当，牌楼高 13.6 米，长 23.7 米。彩画采用旋子大点金传统工艺手法，画工精美，色彩艳丽。名称不宜再叫东、西长安街牌楼，所以被命名为"佳境"牌楼和"陶然"牌楼。

华夏名亭园

华夏名亭园系陶然亭公园改建规划中的八大景区之一，位于公园西部，是公园的园中之园。其范围东起云绘楼，西至公园西界墙。包括半圆岛及周围的水域、荷花区、西山、西南山、树木标本园等广大地区，占地总面积 10 万平方米。该园自 1985 年动工修建，至 1989 年基本建成，历时四年多，耗资 500 万元，是当时费时最久、投资最大的新建项目。园内竹木花草、池泉山石甚盛，颇有观赏价值。但最引人注目的还是那些精心选择、精心仿建的全国各地名亭。华夏名亭园之名即因此而来。园内名亭荟萃，有仿建古亭十余座，此外还有从中南海迁于此地的古建筑云绘楼·清音阁。该园的辟建不仅进一步突出了公园以亭取胜的特色，而且在首都北京开集中旅游资源之先河。

华夏名亭园是根据 1985 年 9 月 17 日北京市长办公会议讨论通过的《关于陶然亭改建规划方案》进行设计和建造的。按照这一规划方案，公园被建成一个由历史名亭（华夏名亭园）、胜春山房、瀛岛飞云、九州方圆、水月松涛、奇境童心、望春浴德、陶然佳境八个景区组成的以亭取胜的多亭之园。这项规划是以公园的历史和现实特点为基础的，是陶然亭公园得名之由，也是一园盛景所在，这是历史的特点。自建园以来，公园一直比较重视构筑亭景，这是建设过程中形成的特点，"以亭取胜"的构想正是由此而来，由此而发，是陶然亭公园历史的继续和发展，对公园建设有承前启后的作用。

1989 年，华夏名亭园荣获全国设计金奖，这既是对华夏名亭园的充分肯定，也是对"以亭取胜"构想的充分肯定。华夏名亭园对于弘扬祖国优秀文化，弘扬中华源远流长的园林建筑艺术，展现改革开放时代园林战线的丰硕成果，都起到积极作用。

华夏名亭园有园门二，南门在公园南门口，门口设有售票亭，亭顶亭体为圆形，小巧玲珑。一为北门，靠近公园西门门口，亦设有售票亭，亭为四角方亭，北门右前方有高丈余的假山石，上刻白居易的名诗"更待菊黄家酿熟，与君一醉一陶然"，点出这个园中之园的陶然新意，落款为启功。门口有小廊，檐下有篆书额"华夏名亭园"，落款为羊达之。廊壁嵌有《建华夏名亭园记》石刻一方，云："华夏名亭园景区自1985 年始建，根据北京市政府关于陶然亭公园建设'以亭取胜'之精神，在北京市园林局主持下，由北京市园林设计研究院设计，北京市园林古建工程公司施工。经有关专家、同行协同努力历时三年，献此园于盛世。华夏名亭园之营建本着'名亭求其真，环境写其神，重在陶然之意，妙在荟萃人文'设计原则，仿建历史名亭，弘扬祖国文化，创新园林事业。正是'寻仙揽胜何求远，华夏名亭最风流。未饮白翁家酿酒，陶然山水醉悠悠'。"落款署"陶然亭公园管理处于1989年春"。

封氏园

封氏园又称"风氏园"，是陶然亭地区一座历史名园，清初为文人墨客觞咏之地，今已无存。其遗址位于今陶然亭公园内云绘楼·清音阁以西，大体上在华夏名亭园之二泉亭、兰亭、醉翁亭一带。

风氏园据传是金元时期古园，康熙年间犹以古松闻名于世，吟咏者多以松为主题。清雍正二年（1724）秋七月，因酷热，园内之松全部凋枯而死，此园遂废，渐行消失。今风氏园遗址上，尚存一株巨大的古酸枣树，树龄在八百年以上，据推算，此树应为风氏园中旧有之物，是这座历史名园唯一的遗物了。这棵树现位于华夏名亭园中的二泉亭之后，距二泉亭10米左右，周围有铁围栏，长势良好，每年结果，甜酸且大。

方苞，清朝著名文学家，桐城派创始人。生于清康熙七年（1668），卒于清乾隆十四年（1749），享年八十一岁。清康熙四十五年（1706）中试贡士，官至翰林院侍讲，武英殿修书总裁。方苞多次游历封氏园，并有《封氏园观古松记》，记载其康熙六十一年（1722）和雍正二年（1724）游封氏园，并触景生情、怀古叹今。

参考邓之诚《骨董琐记》与康雍年间的缪湘芷《余园诗钞》所记，风氏园的毁灭无疑应在雍正年间。从缪湘芷所描述的"今黑龙潭左右，一望黄沙，夏秋荻芦丛薄，谁复知有风氏园者"这种景象来看，此时凋零的名园恐怕不止风氏园一园，刺梅园、祖园大概也在所难免。雍乾之后，城南园林由盛转衰。对此清代震钧的《天咫偶闻》曾经有所记载：

"城南隙地，最多古园，国初尚存风氏园、剌梅园，王氏怡园、徐氏碧山堂、赵氏寄园、某氏春园，皆昔日名流燕赏，骚客盘桓之地。今不过二百年，已如阿房、金谷不可复问。而宣南士夫亦无复经营之力矣！"这段话，比较真实地道出了城南诸园逐渐消失的原因。一时的自然灾害，固然可以使这里遭受很大的损失，但却难以使之彻底毁灭，问题在于城南士夫亦无复经营之力，这才是主要的。而所以"无复经营之力"，这就不得不和康熙之后，中国从封建社会的鼎盛时期逐渐走下坡路的整个形势联系起来，也不禁使人想起宋代《洛阳名园记》的作者李格非的名言："园圃之废兴，洛阳盛衰之候矣也。且天下之乱治，候于洛阳之盛衰而知；洛阳之盛衰，候于园圃之废兴而得。"从城南诸园兴废的历史来看，这段话在今天仍然是有一定警示意义的。

窑台

旧时，陶然亭一带俗称为窑台，明朝修建黑窑厂对陶然文化的影响由此可见一斑。如今，人们口中的窑台，指的是陶然亭公园北门内的一座天然土岗，位于西湖北岸，得名于其历史上曾为窑厂。古时的窑厂遗址，今日民众欢游之地，窑台以其沧桑和青春，见证历史的变迁。

剌梅园

剌梅园又作"刺蘼园"，是明代古园。在今陶然亭宾馆以北至东湖沿岸地区。这一带建有"悦宾轩""倚新亭""东湖游船码头""东湖商店"等建筑。东湖商店前有圆形广场，其东北角有一棵硕大的古槐，据树龄推断，此槐当为剌梅园遗物。

剌梅园在清初也是名流游息之地。清乾隆年间戴璐《藤阴杂记》载："城南剌梅园，士大夫休沐余暇，往往携壶榼班坐古松下，觞咏其间。"《宸垣识略》记载："剌梅园在南城，近黑龙潭，今无考。"《宸垣识略》是清乾隆五十三年（1788）编写的，已无法说清剌梅园的情况。《光绪顺天府志》指出了剌梅园的大致位置："园当在黑龙潭北，今悉为苇荡。”名噪一时的京华园林，在史料记载中却只有寥寥数语，令人遗憾。但从清初的文人诗咏中，却可以看出它当时的盛况。

清康熙九年（1670）重九日，朱彝尊与几位朋友在刺梅园送别出任延安府同知的谭吉璁时作联句，题为《九日，刺梅园松下，送谭七舍人之官延安四十韵》。参加作此联句的八位诗人中，朱彝尊是清初诗人，与王士禛齐名，时称“南朱北王”。程可则是清顺治九年（1652）进士中的第一名。高层云是清康熙十五年（1676）进士，荐举博学鸿儒，官太常寺卿，诗拟少陵，颇能超俗，尤工书画，时称“太常三绝”，这次聚会，即由高层云作画留念。李良年等俱入《中国文学家大辞典》。谭吉璁“以诸生试国子监第一授宏文院撰文，中书舍人。康熙九年（1670）初为陕西延安府同知，有守城功”。据此，知这次在刺梅园饯别谭吉璁的集会当于是年。

朱彝尊常到刺梅园游览。仅《藤阴杂记》就记载过他四次来刺梅园的情况。送谭吉璁去延安是一次。还有一次是陪何元英侍御游刺梅园。另外孙致弥的诗中有“好觅南邻朱检讨，典衣还醉刺梅园”句，可见，朱、孙二人经常做伴到此。朱彝尊还曾于刺梅园为诗友陆进饯别。朱彝尊的《腾笑集》中有《刺梅园饯别陆进游汝阳》，诗中有“刺梅园里青松树，笑我频来竟白头”等句，“频来”一语，可知这位诗人确实是常来此园。朱彝尊于清康熙二十九年（1690）告退南归，离开北京。“白头”一语，说明诗人送别陆进时已接近告退之期，时间当在清康熙二十九年的前几年。

专业昆曲人才培养地：北方昆曲剧院

北方昆曲剧院是新中国成立后，在毛泽东主席、周恩来总理的直接关怀下，于1957年6月22日正式建院的。周恩来总理亲笔签名，任命著名昆剧表演艺术家韩世昌为院长。文化部部长沈雁冰主持成立大会，陈毅副总理到会并致贺词。周恩来总理到场观看祝贺建院演出并在接见演职人员后合影留念。
北方昆曲剧院是我国
北方唯一的专业昆剧
艺术表演团体，现为
北京市文化局直属差
额拨款事业单位。现
任院长由国家一级演
员、昆剧表演艺术家
杨凤一担任。剧院现
有演职人员一百九十

北方昆曲剧院

余人。院址地处北京市西城区陶然亭路 14 号。

　　北方昆曲剧院建院至今，秉承"保护、继承、革新、发展"的艺术方针，继承、整理了《牡丹亭》《西厢记》《长生殿》《桃花扇》《琵琶记》《玉簪记》《续琵琶》等传统剧目，创作、改编、移植了《文成公主》《千里送京娘》《飞夺泸定桥》《南唐遗事》《夕鹤》《水淹七军》《贵妃东渡》《宦门子弟错立身》《百花公主》《关汉卿》《红楼梦（上下本）》《陶然情》《旧京绝唱》《爱无疆》《影梅庵忆语——董小宛》等历史题材和现代题材剧目。涌现出了韩世昌、白云生、侯永奎、马祥麟、侯玉山大师，以及李淑君、丛兆桓、洪雪飞、蔡瑶铣、侯少奎、张毓文等老一代昆曲名家和中国戏剧梅花奖获得者杨凤一、刘静、王振义、史红梅、魏春荣、刘巍等新一代昆剧表演艺术家。近年来，青年演员邵天帅、朱冰贞、于雪娇、张媛媛、周好璐等新秀已在昆曲舞台上崭露头角。剧院现有高级职称在职人员近四十人。

　　1995 年，《琵琶记》荣获文化部颁发的文华新剧目奖。2004 年，《宦门子弟错立身》在第七届中国艺术节上获文华新剧目奖和 2004 年至 2005 年度国家舞台艺术精品工程入围奖，并获第四届北京市文学艺术奖、第三届全国少数民族文艺汇演戏剧大奖。2009 年，大都版《西厢记》获得第四届中国昆剧艺术节优秀剧目奖。2012 年，《续琵琶》获第五届中国昆剧节优秀剧目奖。昆曲《红楼梦（上下本）》2011 年搬上舞台后，先后荣获第十二届中国戏剧艺术节优秀剧目奖、优秀表演奖、优秀导演奖、优秀舞美设计奖，第五届中国昆剧节优秀剧目奖、优秀表演奖、优秀作曲奖、优秀鼓师奖、优秀笛师奖；2012 年 11 月获得中国戏曲学会奖；2012 年 12 月荣获国家文化部 2010—2011 年度国家舞台艺术精品工程重点资助剧目奖；2013 年 4 月，与《续琵琶》双获第七届北京市文学艺术奖；2013 年 10 月参演第十届中国艺术节，获第十四届文华大奖及文华导演奖、文华舞美设计奖、中国艺术节表演奖。根据同名舞台剧改编拍摄的昆曲艺术片《红楼梦》荣获第二十九届中国电影金鸡奖——最佳戏曲片。昆曲《红楼梦》CD 唱腔精选获第九届中国金唱片奖。2014 年 12 月第十届摩纳哥国际电影节上，北方昆曲剧院拍摄的昆曲电影《红楼梦》荣获电影节大奖——天使奖，王大元、董为杰作曲音乐获最佳原创音乐奖；彭丁煌设计的服装荣获最佳设计奖。2013 年 11 月，昆曲《续琵琶》获第十三届中国戏剧节优秀剧目奖。

作为优秀传统文化的传播者，剧院先后出访过美国、英国、日本、芬兰、俄罗斯、瑞典、意大利、法国、德国、丹麦、西班牙、韩国、瑞士、罗马尼亚、匈牙利、土耳其、巴西等国家，受到海外各界人士的高度称赞，为祖国赢得了荣誉。

居民解馋便去南来顺

南来顺创建于 1937 年，掌柜石昆生本是卖爆肚的，人称"爆肚石"。他最初在天桥公平市场开了家小饭店，起名"南来顺"。开始只有三间门脸、十来个人，出售十几样小吃和家常菜肴。紧挨着它的还有"豆腐脑白"。这些小吃大多祖辈相传，制作手艺不传外人，口味独特，很难仿造，渐渐创出了牌子。

南来顺的菜肴以"爆、烤、涮"闻名京城。1961 年迁至菜市口，成为荟萃北京清真风味小吃的场所，深受社会名流和平民百姓的青睐。后在大观园附近开设南来顺饭庄，举办宴会，经营小吃。在陶然亭公园北门对面又开设了南来顺餐厅，经营清真炒菜和清真小吃。同时也成为为地区老年人服务的服务网点。

一些附近的居民一提到南来顺，就感觉口水都要流出来了。"出差回来就直接上那儿'进补'了，尤其是爆肚，现在想想都想流口水。"南来顺的爆肚"各种部位"都有，具体哪种最好吃还要看喜好。"想图个实惠的就吃最普通的毛肚羊肚，火候掌握得也非常好，而且还有特色服务。"居民说。

南来顺虽然是老字号，但是经营理念却一点也不"老"，露天餐位、刷卡结账、包厢就餐、快递送餐、线上菜单、免费 Wi-Fi 等服务项目应有尽有。当然服务紧跟形势，老的传统也依旧在坚守。附近的老人是这么回忆南来顺的："偏清真的装修，进去后就像个绿色大食堂。出品几乎涵盖了所有的北京小吃，点餐台背后那堵墙上，五六十个餐牌看得人眼花缭乱。很多东西都已经做好了摆在架子上，需要拿着小票自己取。"进入南来顺里面，很有一种过去大食堂的既视感。

"挺喜欢羊肉串的，虽说贵了一点，但是肉好量足啊；牛肉包子赶上热乎的真是香极了。"对于吃了几十年的老居民来说，南来顺的口味儿有着说不完的话题。

"南菜园店虽然换了地儿，可里面的一事一物还是几十年前的模样儿，适合爱怀旧的老主顾们。以前我就经常和老伴来，现在有了孙子，我也经常带他们来，真的很爱这种老味道。"对于居住在陶然亭附近的居民来说，南来顺是绕不开的话题，也是大家几十年来割舍不断的"馋"。

壹瓶小区原址曾是革制品厂

陶然亭路现在壹瓶小区的位置曾经是革制品厂厂部，这里生产的排球、足球、皮鞋等销往各地，据说那些年女排比赛和训练时用的排球都是这里生产的。这里的鹿牌皮鞋当年也十分有名。革制品厂关张后，曾建成商业大厦，后开发为高档小区。

北京市工会干部学院

在陶然亭地区有一所成人大学——北京市工会干部学院。北京市工会干部学院是由北京市总工会主办，经北京市人民政府批准的专门培养工会干部的全额拨款事业单位，同时也是教育部备案，面向全市职工开展高等学历教育和非学历教育培训的综合性高等院校。

北京市工会干部学院的前身是北平市职工总会筹备委员职工训练班，它是1949年1月北平和平解放后由北平市职工总会筹备委员会为培养工会干部而创办的。学校校址位于国子监和孔庙。1955年9月，北京市总工会决定将职工学校改建为北京市总工会干部学校，并对教学设施及人员进一步充实和加强。1956年9月，市总干校由孔庙和国子监旧址迁至陶然亭路53号新校址。

1980年10月17日，经北京市委、教育部等单位审批，北京市总工会主办的北京市职工业余大学成立。校址暂设在北京市劳动人民文化宫内。1983年2月18日，北京市职工业余大学在中华人民共和国教育部备案，成为国家正式承认的独立设置的成人高校。1984年9月1日，北京市职工业余大学正式更名为北京市总工会职工大学。

1986年11月，北京市总工会干部学校与北京市总工会职工大学合并。合并后的学院进一步扩大了办学功能，提高了办学水平，充实了教育资源，成为全国工会系统一流的职工高校。2005年7月，学院正式更名为北京市工会干部学院（北京市总工会职工大学）。

多年来，学院发挥工会"大学校"的阵地作用、首都工会事业理论创新思想库作用和首都职工素质建设工程平台枢纽作用，成为北京市工会组织建设和工运活动的应用性研究和政策研究的基地，在北京市非学历教育和学历教育上形成具有工会办学和成人教育特色的核心品牌，被中华全国总工会确定为全国工会干部培训示范基地。学院的办学宗旨是"为首都各级工会建设服务、为首都职工学习需要服务、为首都经济建设服务"。

学院位于陶然亭公园北侧，校园内拥有校舍 2.2 万平方米，有藏书 15 万册的图书馆，有容纳 800 人的礼堂，供 1000 人用餐的食堂及部分学生宿舍。在成人学历教育方面，学院拥有优秀的师资队伍，教学管理规范，教学形式多样，传统课堂面授与现代远程教育相结合，能够满足不同类型学员的学习需求。

学院在社会教育培训上秉承"服务职工学习需求，助推职工职业发展"的理念，依托工会组织网络和首都职工素质建设工程两大平台，整合政府、工会及各种社会资源，面向全市职工及企事业单位管理者提供学习体验及各种培训服务。

学院以学习型城市建设为重要内容，推动首都职工素质建设工程，工会干部教育各种类型培训项目日趋成熟，成人学历教育在规模与效益、质量与数量等方面取得稳步发展，非学历社会教育拓展企业和社区街道定制式培训等项目。

学院先后被教育部、中华全国总工会、北京市政府授予"《全民科学素质行动计划纲要》实施工作先进集体""全国成人高等教育先进学校""全国工会系统示范性高等学校""北京市干部教育培训先进单位""北京市开展转岗再就业培训先进单位"等称号，连续十五年被评为"首都文明单位"。

北京市宣武少年宫

在融古典建筑和现代造园艺术为一体的历史文化名园陶然亭公园北

侧，有一座培养孩子们兴趣特长的乐园。它是全国第一个区县级校外教育单位，隶属于西城区教育委员会，它就是距今已走过五十余年的北京市宣武少年宫。

宣武少年宫于 1956 年建成。在市、区各级领导的关心帮助下，几次修建改造，目前，建筑面积 6000 余平方米。宣武少年宫常年开设的文艺、美术、体育等项目有三十余个，培训班学员多次获得国际、全国、北京市比赛金奖，陆续培养出活跃在祖国艺术、体育及各条战线的英才。国际象棋世界冠军谢军、乒乓球女单世界冠军张怡宁、世界影星章子怡都曾在这里接受启蒙教育；吴刚、马捷、马文忠等一批演艺界的明星从这里迈入艺术殿堂；还有的孩子从这里走进清华大学美术学院、北京舞蹈学院继续深造；还有更多的孩子通过在少年宫的学习，发展了爱好，培养了兴趣。2011 年"宣武少年宫民乐团"成为北京市阳光艺术团九个分团之一。2013 年"宣武少年宫合唱团"被命名为"北京市阳光艺术团"。少年宫集体也先后获得北京市校外教育先进集体、宣武区文明单位等荣誉称号。青少年棋院、中国儿童歌舞基地、青少年集邮俱乐部的挂牌及活动，促进着活动的不断丰富，加速着少年宫培训质量的提升。

作为联合国教科文俱乐部的成员单位之一，在接待来自世界各地友人的同时，宣武少年宫的学员们也带着异彩纷呈的节目和热情洋溢的书画作品出访多个国家。坚持多年的"留学生走进少年宫"的民乐普及活动，受到首都医科大学留学生们的热烈欢迎。

少年宫秉承着"以热爱感动热爱，以情感温润情感，以艺术培育艺术"的艺术教育理念，以"星梦飞扬、星星火炬、星空展翅、星耀宣南、星花灿烂"五色星柱支撑的"童星大舞台"为载体，用学生展示演出，棋类竞技，朗诵、卡拉 ok 比赛，红色电影周观摩等参与体验和实践活动，充实学生的业余文化生活，为西城区中小学生"在全面发展基础上的爱好一项艺术项目，参与一项科技活动，熟悉喜爱一项体育运动"的素质发展提供了较好的服务。

【市井百业】

"鲁味经典"致美楼

北京致美楼饭庄素享盛名，曾是号称北京饭庄的"八大楼"之一。关于该饭庄的创始，有两种不大相同的说法：一说它原来有一块清道光丁未年（道光二十七年，即 1847 年）的招牌，上书"姑苏致美楼"，由此得知它开业于 1847 年，本是江苏风味，后来才改为今天的专营山东风味菜肴。另一说法是该饭庄创建于 1842 年（清道光二十二年），距今已有一百四十余年的历史，擅长鲁菜技艺，烹制菜肴保持了山东菜的清、鲜、脆、嫩的特点，因而一举成名。

到了清末民初之时，山东人王东甫看准了时机，买下了致美楼。经过一段时间经营之后，山东风味逐渐被顾客认可。为了扩大经营，店主将煤市街路西一处"U 字形"的二层楼买了下来，开辟了单间雅座。据新中国成立前曾经常去致美楼的老者回忆，当时的店铺已经有了相当的规模，分为两个院子，四合院式的两层楼，青砖为底，朱门两扇，致美楼的牌匾高悬于门庭上端。院内一进门是一个很大的鱼盆，活鲤鱼在里边游来游去，青青的绿草漂浮在水面上，既可观赏，又可以指鱼为菜肴。另一个院子在西边，是个坐北朝南的红楼，大红的雕漆门，门里曲径通幽，一个个单间里全贴着名人字画，青砖铺地，红漆桌椅，清静舒适。有的房间用木隔扇相隔，遇有宴席便将隔扇拉开。碗、盘、碟等都印有"万寿无疆"的字样，象牙的筷子点缀其中，显示出其精美和高雅的品位。

到民国初年，致美楼已是京中著名的大饭庄了。1926 年 11 月，"虎公"先生在报上撰文（《都门饮食琐记》）这样提到它："……大饭庄，而专供饮宴者，则有致美楼、福与居、泰丰楼等……致美楼几经改良，楼房轩爽，并有屋顶，夏季亦可设座。肴馔除普通之山东菜外，近传广和居之厨子在致美楼，故亦有'潘鱼''江豆腐'等菜……"

民国时，致美楼达到鼎盛时期。当时鲁迅先生、梅兰芳先生、梁实秋先生及爱新觉罗·溥杰先生等民国政要、艺苑名流、皇亲国戚，都是这里的常客。致美楼饭庄成为当时的"八大楼"之首，素有"八楼唯致美"之美誉。著名书法家肖劳先生为致美楼泼墨挥毫："皓首京华客，猖狂忆昔年，庖厨此间好，樱笋一时鲜。"著名书法家启功先生题诗："致美早扬名，烹调善四方，老号非过誉，有暇请来尝。"

1980年，致美楼聘请当年在该饭庄掌灶的厨师、现为特级厨师的张守锡领衔，继承和发扬了老致美楼的风味特色，赢得了国内宾客的普遍赞誉。致美楼重登北京餐饮坛也被国外原致美楼老顾客所瞩目，慕名而至的中外宾客络绎不绝。但是，1987年却因种种原因，原本生意兴隆的饭庄经营不甚景气，服务质量也有所下降，中外顾客颇有怨言。为恢复致美楼饭庄的信誉，上级公司委派原公司副经理李朝仪担任饭庄经理，并对内部设备进行了装修和改造，1988年6月复业。供应品种主要有致美楼传统风味菜肴"红扒熊掌""通天鱼翅""扒驼峰""锅贴三鲜"等；还有由该店特级厨师张志广烹制的、在第五届卢森堡国际烹饪美食杯大赛中荣获金牌的冷拼菜肴，以及张志广在第二届全国烹饪技术比赛中荣获金牌的冷菜"秋蟹映月"、热菜"芙蓉管廷""翡翠虾球"；此外，还供应特级厨师张惠泽在北京首届烹饪大赛中荣获大赛最高奖——京龙杯的"酱汁活鱼""芫爆里脊"等有特色的鲁味菜肴。饭庄对高标准宴请，坚持高质量标准，对亲朋团聚和零散客座也都按精心烹制的要求，一视同仁。该店坚持高、中、低档具备，薄利多销，灵活经营，方便群众的服务方向，热忱地为各界宾客服务。

装修复业后的致美楼，二楼有接待百人宴会的大餐厅，可接待较大型的喜庆宴会、旅游团体宴会，还有名为"呈祥阁""观澜轩""怡心斋""春暄亭"的可容纳二十人左右聚会的小餐厅，可作为小型宴请、家庭宴会、茶话会的场所，对意欲品尝高、中档风味的个人就餐，也热情接待。楼下餐厅主要接待零散客座，经营中、低档菜肴。餐厅备有空调、立体音响和卫生间等服务设施，环境优雅宜人。

该饭庄实行服务到桌，食客用餐方便舒适。该店还有来料加工、要求特殊菜肴（菜单以外的菜肴）制作和为宾客定出租汽车等服务项目。若您需要厨师上门服务，也可以与该店联系，使您的需求得到满足。

2004 年王继东买断"致美楼"注册商标，成为"致美楼"的传人，并成立北京致美楼饭庄有限责任公司，在陶然亭路 39 号和前门西大街正阳市场 2 号楼的门店先后隆重开业。

2014 年，致美楼被列入"北京百家重点保护老字号"企业。如今的致美楼饭庄，以"服务大众"为宗旨，以"菜必求精""诚实守信"为经营之道，续写着百年老店新的篇章。

【人文故事】

高君宇：情归陶然的杰出革命家

高君宇（1896—1925）烈士墓坐落在陶然亭公园中心岛北侧。每年清明都有许多军人、学生、群众到墓前祭奠这位先烈。

高君宇，原名高尚德，字锡三，山西静乐人。1896 年 10 月 22 日出生在一个教师之家。父亲高佩天教书兼行中医，早年参加同盟会。由于受到父亲的影响，高君宇从小就萌生了反封建、爱国爱民的思想。他刻苦学习，博览群书，具有极高的组织能力，是孩子们中的"领袖"人物。1912 年考入省立一中。

1916 年，时年二十岁的高君宇考入北京大学，自此开始接触李大钊等人的新思想、新文化，思想上进步很快，先后参加了"进德会"

"新闻研究会"等青年进步团体，成为"国民杂志社""新潮社"干事。他是北大学生会的主要负责人之一。从二十岁走上革命道路到二十九岁离世，在短短的九年中，他做了大量的革命工作。

1919 年爆发"五四运动"，他带领北大学生赴天安门游行、演讲，带头冲进赵家楼，痛打卖国贼章宗祥，火烧卖国贼曹汝霖的老巢。高君宇在李大钊的引领下参加"马克思学说研究会""少年中国学会"，成为李大钊的得力助手。他经常到慈悲庵与李大钊共同研究革命工作，并接受派遣到山西太原、河北唐山等地开展工人运动。他还和邓中夏等人举办平民教育团，创办平民夜校，帮助贫苦大众学文化，宣传新思想，几次在果子巷讲课。

1920 年，李大钊领导组建"北京共产党小组"，高君宇是第一批成员，也是中国共产党的第一批党员。1922 年作为中国共产党代表，参加了在苏联召开的远东各国共产党及人民革命团体第一次代表大会，荣幸地见到了伟大导师列宁。在中国共产党的"二大""三大"会议上均当选为中央委员。在 1923 年著名的"二七大罢工"中，他是组织者、领导者之一。当时他坐镇前门西火车站，了解罢工情况，组织罢工斗争并写出《京汉工人流血记》，认真总结罢工斗争的经验教训。

1924 年第一次国共合作期间，他与李大钊赴广州参加国民党"一大"，以共产党员身份加入国民党，成为孙中山的政治秘书。在平定广州商团叛乱中所乘的指挥车不幸被炸，高君宇负伤后将车内的碎玻璃片和在这里买的两枚象牙戒指带回北京，一份留给自己，一份送给了石评梅。既表达了对石评梅的爱意，又体现出他大无畏的革命乐观主义精神。1924 年高君宇再次赴广州参加共产党的会议，回京时路过天津，带回了周恩来给邓颖超的书信和信物，促成了周、邓的结合。邓颖超十分感激，称高君宇是周、邓联姻的"红娘"。

1924 年 10 月高君宇随孙中山北上到京，1925 年 1 月又赶赴上海参加中共"四大"，回北京后担任国民党党部总务部主任，积极支持孙中山的反帝、反封建、反军阀的斗争。他积极参与"全国国民议会促成会"的筹备工作。由于常年奔波日夜操劳，他的肺结核旧病复发了，但他无暇住院治疗，继续带病工作。1925年3月，国民会议第一次代表大会召开，他当选为大会主席团成员。3月4日，高君宇突然感到腹部剧痛，被送至协和医院诊断为急性阑尾炎并发腹膜脓肿。他亲自为自己的手术签字，却不幸于3月6日凌晨零点25分溘然长逝，终年二十九岁。他用短暂而辉煌的一生诠释了自己的誓言。

陶然亭公园湖畔，两块并排而立的汉白玉石墓碑，让一对青年男女的灵魂永远相伴相随。这里便是中共早期的革命家高君宇和20世纪20年代著名才女石评梅死后并葬的坟冢。高君宇的墓碑上镌刻的是石评梅手书的碑文：我是宝剑，我是火花。我愿生如闪电之耀亮，我愿死如彗星之迅忽。"这是君宇生前自题相片的几句话，死后我替他刊在碑上。""君宇！我无力挽住你迅忽如彗星之生命，我只有把剩下的泪流到你坟头，直到我不能来看你的时候。"

高君宇与女友石评梅有着一段感人的爱情故事。石评梅是北京师范大学附属中学的女教师，是五四时期的革命青年作家和诗人。作为高君宇山西老乡的她，于1920年在一次太原同乡会活动中与高君宇相识，共同的革命志向促使两人相恋了。在陶然亭荒野小路上经常会看到他们漫步的身影。他们在一起畅谈革命理想，抒发革命情怀，成了志同道合的一对。

由于高君宇常年奔波在外，两人聚少离多，更可惜的是高君宇英年早逝，先她而去。新中国成立后毛泽东主席、彭真市长等老一辈党和国家领导人都曾到陶然亭公园瞻仰凭吊高君宇烈士。周总理、邓颖超七次带家人来此凭吊。正是：陶然湖畔埋忠骨，烈士英灵传万代。君宇、评梅常相伴，革命爱情永忠贞。

"武生泰斗"杨小楼

艺培戏曲学校所在地是松柏庵，在松柏庵门口有一片坟地。这片坟地名叫安苏义地，原为安徽、苏州一带在京京剧和昆曲人士身后的墓地，后来发展成许多艺人和艺人家属的坟地了。在这里长眠的有不少名家。他们是"老夫子"陈德霖、丑角王长林、老旦文亮臣、"毛旦旦"宋永珍、名老生高庆奎、名丑高四保、"四小名旦"之一李世芳、名净金少山、武生丁永利，以及姚玉英、孟小冬、谭富英等人的亲属。这里，尤其值得一提的是1938年病故的"武生泰斗"杨小楼。

杨小楼（1878—1938）乳名三元，祖籍安徽省怀宁县石碑镇杨家墩。1938年2月14日，杨小楼在东琉璃厂延寿寺街笤帚胡同路北39号小楼里，因患癌症病故，享年60岁。据京剧界专家刘嵩崑先生介绍，"接三"时，纸糊的车、马、轿、箱等从笤帚胡同西口向东延伸摆列，观者人山人海，其场面可想而知。大殡为全套的崭新执事，"回避"和"肃穆"的虎头牌以及金瓜玉钺，乃至幡、伞、旗、雪柳均皆讲究，六十四人大杠高抬笼着用金线绣满《百寿图》的棺罩的灵柩，满街缟素，鼓乐喧天……乃京城少见之丧事大景观。二月中旬出殡那天更是热闹，长长的队伍行到松柏庵安葬。

杨小楼生前与大师梅兰芳、尚小云、余叔岩等人多次演出，均受到观众的热烈欢迎。1906年12月30日，他还被选入升平署，能进皇宫为皇家表演。这位不为汉奸表演的爱国艺人多次为唱片公司灌制唱片，并拍摄有无声黑白影片的片段，为后人留下了珍贵的非物质文化遗产，被誉为"国剧宗师"，在京剧界是位响当当的大人物。

京剧武生孙毓堃

新中国成立后北京最早的私立培养京剧人才的地方是陶然亭西侧松柏庵艺培学校，它最重要的创办人是沈玉斌。他的二儿子沈玉桢学武生，与多次荣获国际国内奖励的老生张学津一起，是一武一文出类拔萃的尖子演员。说到沈玉桢的成功就不能不提到一位重量级人物，他叫孙毓堃。

　　孙毓堃（1905—1970），艺名小振庭。祖籍河北省河间县。孙毓堃从小跟胡筱舟读书，十二岁带艺到他舅父俞振庭创办的斌庆社，学习俞派武生戏。入科不久就登台首演《飞波岛》，饰济小唐，深受观众赞誉。此后经常在大栅栏广德楼等处演出，表演风格颇似其舅父，很快小有名气。一次演出，观众席上有人大喊："小振庭也！"自此"小振庭"成为他的艺名。"武生泰斗"杨小楼是闻名全国的大演员，孙毓堃拜他为师，经常往返于果子巷内鞯子营的家和东琉璃厂东口笤帚胡同杨宅之间。由于孙毓堃刻苦钻研杨派艺术，有了真功夫，每场演出均得到观众的认可，人们认为孙毓堃是杨派武生的最佳传人。他曾多次与梅兰芳、程砚秋、马连良等著名演员同台演出。新中国成立后，他在中国戏曲学校、北京市戏曲学校任教，受益最多的是前面提到的沈玉斌的儿子沈宝桢。一次孙毓堃表演《艳阳楼》，其中有"趟马"，这是非常难的动作，"只见孙先生手拿马鞭在上场门一勒马，侧身抬左腿，落脚后趋步接搓步到台口，右腿抬起大跨腿转身，扬鞭，右腿再跨过来不落地，抬起约120度角，上身往后躺斜度约40度，然后左手勒马定身亮相。就这么一个亮相，在场观摩的同行和学生都情不自禁地鼓起掌来"。他这个高难度动作把剧中高登（太尉之子）骄横跋扈、不可一世的心理表现得淋漓尽致。孙毓堃高超的技艺引起同行的羡慕和重视。他多次参加京剧电影的拍摄，为后代留下了珍贵的遗产。由于过度劳累，长时间精神衰弱，他经常带着喘病指导孩子，看到后辈的成长，他由衷感到欣喜。1970年11月中旬，孙毓堃因肺气肿引发了高血压心脏病，在阜外医院病逝，享年六十五岁。沈宝桢等人将其连夜安葬在朝阳红领巾公园内。

　　如今，和平巷东口路北侧下台阶的两重深宅大院是老人的故居。

四大名旦之一程砚秋

程砚秋（1904—1958），我国著名京剧表演艺术家，"四大名旦"之一，程派艺术的创始人。在他的推动下，一座崭新的戏曲学校在陶然亭地区建成，这就是中国戏曲学院附属中学的前身，他曾在此授课。

程砚秋天资聪颖、勤奋好学，十三岁时便在天桥东大市浙慈馆票房和丹桂茶园边学戏边"借台演出"。1922年，十八岁的程砚秋首次到上海演出，引起轰动。从1925年到1938年，程砚秋步入风华正茂的黄金时期和"程派"艺术的成熟期，集创作、演出、导演三者于一身，成为较具实力的艺术家。他受进步思想的影响，面对广大劳动人民生活于水深火热之中的社会现实，满腔义愤，编创了许多具有爱国主义和民主主义思想的剧目，如《文姬归汉》《荒山泪》《春闺梦》《亡蜀鉴》等。在这之后他着力于悲剧的表演，继《青霜剑》《窦娥冤》之后又有《碧玉簪》《梅妃》等一系列悲剧作品上演，成功地塑造了一批悲剧人物形象，他从此也以擅演悲剧著称。程砚秋创作的角色，典雅娴静，恰如霜天白菊，有一种清峻之美，后成为"四大名旦"之一。

"昆曲大王"韩世昌

韩世昌（1897—1976），原名君清，河北高阳县西河村人，著名昆曲表演艺术家，有"昆曲大王"之美誉。1957年起，出任位于陶然亭路的北方昆曲剧院院长。韩世昌十二岁时，被父亲送入本村戏班庆长班，从而开始了他的昆曲艺术生涯。大约一年后，他和原班人马转入荣庆社。进入荣庆社后，韩世昌开始了他的舞台生涯。十五岁韩世昌开始随戏班到北京、天津等地，跑大棚、赶庙会、唱堂会，很受观众欢迎。1917年开始唱硬功（压轴）戏，渐成昆曲名角，曾受到北京大学校长蔡元培、教授吴梅等赞赏。1918年春，韩世昌以主演《闹学》而名噪艺坛。

抗战胜利后，成立"北京昆曲社"，韩世昌以教戏为生，勉强度日，生活极为困难。

1956 年，"北方昆曲代表团"到南方演出，韩世昌任副团长。

1957 年起，韩世昌出任北方昆曲剧院院长。是年，与相识了四十年的梅兰芳大师等合作演出了《牡丹亭》中的《闹学》与《惊梦》。

1976 年 12 月 7 日，一代昆曲大师与世长辞，享年七十九岁。他一生演出的剧目很多，主要代表作有《闹学》《精忠谱》《游园惊梦》《西厢记》《出塞》等。

昆曲乾旦马祥麟

马祥麟（1913—1994），戏曲编导。直隶（今河北）高阳人。幼年随父学昆剧，工旦。马祥麟是继韩世昌之后最优秀的昆曲乾旦。北方昆曲剧院 1979 年恢复后，马祥麟到陶然亭路 14 号的松柏庵上班。已经年逾古稀的马祥麟先生任北方昆曲剧院的副院长，乐此不疲地为中青年演员说戏。每天从他家的大翔凤胡同走到鼓楼乘 5 路公共汽车，一般要奔波将近一小时后才能来到位于陶然亭地区的北方昆曲剧院辅导演员们。

1979 年，国家一级演员、昆曲表演艺术家蔡瑶铣从上海刚刚调进北昆，马祥麟就为其导演《牡丹亭》，几乎所有表演动作都亲自设计安排。

1983 年，中国艺术研究院要为昆曲艺术名家们录制资料，就在北方昆曲剧院的排练大厅里简单地支起了两架电视录像机，现场同期为马祥麟录制几出戏的片段。当时，马祥麟患有严重的心脏病，吊眉毛贴片子时双手都微微颤抖，况且已经好几十年没有演出过了，大家都为老人捏着一把汗。马祥麟的亲传弟子张毓雯为老师化妆，他的老搭档王鹏云为他穿上了戏装，白发苍苍、七十多岁的马祥麟又扮起女儿身。在录制《孽海记·思凡》时，学员班的老师招呼所有女生们围着马爷爷留影。

后来，马祥麟先生还陆续在北昆剧院的排练大厅里录制了《南柯记·瑶台》《渔家乐·藏舟》以及时剧耍笑戏《探亲家·顶嘴》等。如今学员们大多离开昆曲舞台，即便在北昆剧院工作的演员也都人过中年。马祥麟的亲传弟子张毓雯不仅教授中国戏曲学院的青年学生们学习昆曲，还数十年如一日地在"陶然曲社"辅导业余曲友们，并传授技艺给众多外籍昆曲研究者。2013年，年逾古稀的旦角名家张毓雯还在马祥麟曾经演出的地方，为他举行百年诞辰纪念演出，排练马祥麟先生录制过的《南柯记·瑶台》《渔家乐·藏舟》等剧目。

"活钟馗" 侯玉山

侯玉山（1893—1996），北方昆曲演员，以演毛净戏著称，享有"活钟馗"的美名。侯玉山十一岁学武丑，十七岁改学花脸。先后在京东一带演出花脸、武丑戏，深受观众欢迎。1919年至北京参加荣庆社，先后与韩世昌、王益友、魏庆林等合作。时值"五四运动"兴起，侯玉山等演出反映明末市民运动的《五人义》，剧场内外挤满观众，大家交口称赞。

1936年，侯玉山随韩世昌等辗转演出于河南、湖北、湖南、苏州、杭州、南京、上海、济南、烟台等地。新中国成立后，重返北京，先后在北京人民艺术剧院、中国人民解放军总政治部文艺工作团任教。1956年与韩世昌、白云生等组成北方昆曲代表团参加在上海举行的南北昆曲会演，以六十四岁高龄演出。后任北方昆曲剧院顾问。

侯玉山很擅长表演"毛净"（"毛净"，作为京剧行当中颇有特色的一个分支，单指净行当中之钟馗、判官、周仓、巨灵神之类的人物。此种人物一个共同点就是垫肩、垫屁股，把整个身体装扮成略显畸形的"鬼态"，为净行中独特的一种扮相），而在陶然亭畔也流传着侯老关于传授"毛净"的一段鲜为人知的故事。

1939年，天津闹大水后，韩世昌、白云生组织的昆曲戏班连续去世了老少二十九位艺人，不得不再次回北京演出，结果没有演过几场戏就已经入不敷出，基本处于散班无力经营的境地。正在搭班的侯玉山迫于生计，与同班的老友魏庆林等来到天桥的京戏班跑龙套，生活苦不堪言。此时，近代著名古文训诂学者陆宗达收留了侯玉山，管吃管住，借此还学了不少"毛净"剧目。

当时正处于沦陷期的北京城民不聊生，陆宗达原在西绒线胡同的韩公馆排练活动，那里是齐如山先生组织的国剧学会，因齐如山与韩复榘沾亲的缘故借用。韩复榘在汉口罹难后，国剧学会被迫解散。没有了学戏活动的聚会场所，侯玉山、陆宗达这一时期便常来位于陶然亭畔的一座古窑旧址——窑台练功，经常早上天不亮就到。先后复习掌握了《草庐记·花荡》《九莲灯·火判》《天下乐·嫁妹》《通天犀·座山》等戏。陆宗达还因此养成了天亮就起床的生活习惯。

白派京韵大鼓创始人白云鹏

白云鹏，1874 年 9 月出生在河北省霸县，京韵大鼓演员，白派京韵大鼓的创始人，曾在北京陶然亭地区暂住，与刘（宝全）派、张（小轩）派齐名。青年时期的白云鹏曾在家乡一带演唱竹板书，数年后二次来京，在各市场庙会作艺，拜木板大鼓名家史振林为师，艺业大进。

白云鹏大部分时间都在天津演唱，只是到了歇暑的季节才回到北京暂住。就是这样一个短暂的夏季，他也不肯休息。每天清晨他都是 5 点起床，步行到陶然亭窑台吊嗓子，几乎天天如此，风雨无阻。除去隔三岔五在午睡之后，请来琴师韩德全为他伴奏遛一遛活儿之外，其余时间他不是看书就是和同行老友探讨技艺，同时也在当时北京的"凤凰厅""明星"等剧场为北京的观众演出。

新中国成立后，党和国家给了白云鹏无微不至的关怀，鉴于他年事已高，特意请他到中央戏曲研究院担任顾问和艺术指导，从此他结束了奔波的生活。党的关怀更激发了白云鹏为曲艺事业贡献力量的决心，当时他已七十六岁高龄，但每天早晨仍然 5 点起床去陶然亭窑台遛早、吊嗓子。他还兴致勃勃地对家人说："现在我要教更多的学生啦，曲艺事业有发展啦！"然而可怕的食道癌已经开始威胁着他的生命，不久白云鹏就卧床不起。但他并不知道这是他的最后时刻了，还充满信心地对家人说："我的鼓、我的板你们要收好，病好了我一定要多教几个徒弟，人民需要曲艺啊！"1952 年 4 月，白云鹏永远地离开了他最喜爱的京韵大鼓舞台。白云鹏演唱的曲目号称"文明书词"，以文段居多，传统题材的计有四十余段，代表曲目有《黛玉焚稿》《宝玉娶亲》《孟姜女》《花木兰》等。

【口述追忆】

见证"北灯"的艰苦拼搏

在夜幕笼罩下，陶然亭路没有了白天的喧嚣，恢复了宁静，虽然偶尔有汽车驶过，也如流星一样迅速远去。从东向西一眼望去，各种商铺鳞次栉比，十分繁华。

曾几何时，工业在陶然亭路上占了主要位置，尤其是马路南侧，工业企业几乎是一家接一家。随着时间的推移，很多企业渐渐退出了陶然亭路，有的卖掉，有的搞了房地产开发，工人大都下岗再就业各找门路了。很多企业在北京市企业名录上再也找不到了，唯独北京市北灯汽车灯具有限公司依然在陶然亭路上矗立着、坚守着，它那红色的企业名牌霓虹灯般在夜间格外显眼，彩色的边界装饰灯活力四射。

今天的北灯公司，前身是北京市汽车灯厂。企业初始阶段是始建于1958 年的陶然亭公社军烈属煤渣厂，1960 年改为石粉厂和轧钢厂，1961 年改为金属结构厂，1966 年开始研制汽车灯具，成为国内首家汽车灯具专业化生产厂家。1978 年 10 月，企业更名为北京市汽车灯厂。1999 年 12 月，经过企业改制，成为北京市北灯汽车灯具有限公司。

北灯汽车灯具有限公司，这家经历了起家、改革、转型的"老"

公司如今依旧矗立在陶然亭路上。周边的高楼大厦不断拔地而起，它就那样静静地矗立在这里，诠释着自己艰苦拼搏的历程。

"现在有些建筑都还存在，但大街以前的平房都有所改变，都已变成高楼大厦。可以说出了家门什么都有，吃、穿、住、行、玩、工作一条龙服务。"居住在陶然亭的一位居民说道。

在老人的回忆中，他们是北京市北灯汽车灯具有限公司的员工，他们经历了公司的低谷，也经历了改革，他们的思想也很超前，他们为自己的公司写了一本回忆录。这本回忆录有艰辛，有汗水，但更多的是坚持，现在这条大街上只有这么一个古老的公司了，在他们讲到这个公司时，他们的脸上还露着自豪的微笑，因为他们奋斗过，而且到现在还在坚守着。对于奋斗了一辈子的公司，这些居民也有着一辈子的感情。

菜市口大街

昔日六君子就义处　今日繁华新街区

菜市口大街是位于西城区南部的一条大街，1998 年前后，有八百年历史的菜市口丁字街变为了十字路口。1999 年 8 月，菜市口大街正式建成。

【街巷名片】

清朝刑场后成繁华商业街

清朝时，清政府将杀人的刑场从明朝时的西四牌楼（当时叫西市）移至宣武门外的菜市口。此后有人在此卖菜，菜市生意兴隆，故菜市口由此而得名。此名一直沿用到今日。1911 年随着清王朝的灭亡，刑场被转移。以后这一带逐渐成为宣外大街最繁华的商业街和交通枢纽。

菜市口大街是位于西城区南部的一条大街，北起菜市口，与宣武门

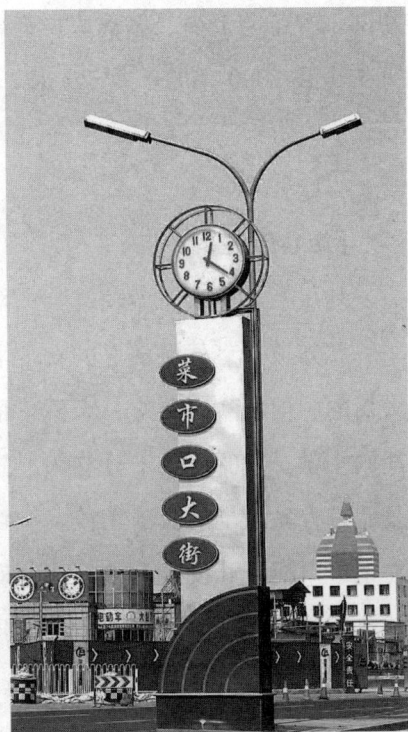

菜市口大街

外大街、广安门内大街、骡马市大街连接，南到南二环开阳桥。1998年前后，将菜市口丁字街向南打通，成为菜市口大街。1999年8月，菜市口大街正式建成。由此，菜市口胡同、北半截

菜市口大街车辆川流不息

胡同、官菜园上街、儒福里、育新街等胡同和道路消失。新建的菜市口大街全长2000多米，宽70米。向南跨北京外城南护城河与南二环路相通。

【街巷历史】

外城最早的女子学校

您知道北京外城最早的女子学校设在哪里吗？在宽阔平坦的菜市口大街的中信城大厦北边，天桥下稍南，路东有所著名的小学，叫菜市口胡同小学。它的历史十分悠久，曾经是陶然亭地区重点小学。其前身就是北京外城最早的女子学校。一百多年前京城出现了女学堂，1903年，在菜市口胡同开设了女校，请秋瑾任教习，即教师。1904年《大公报》登："杜若洲农部拟在城南创女学堂一区，学生往来备车接送……北京女学，此为权舆，不禁拭目望之。"这里的"权舆"即萌芽、事物的开端，就是说，杜若洲在菜市口胡同创办女学堂是女学的萌芽。女孩子车接车送，可见，不是一般老百姓家的女孩子，得有点身份。中国近代史上第一位女英雄、女诗人秋瑾提倡妇女解放和自由，又担任北京最早的女学堂教师，她为培养女界人才发挥了作用。1910年该校经学务局改

为外城官立第一两等女子小学堂。1911 年改为公立第一女子初高等小学校。

六君子血洒菜市口

戊戌六君子在菜市口被害标志着戊戌变法的失败，这是中国近代史上的一大悲剧。六君子被害前大多居住在骡马市大街，今菜市口大街一带。1898 年 9 月 28 日，维新派志士谭嗣同、林旭、刘光第、杨锐、杨深秀、康广仁被押上刑场，成千上万的人目睹了维新派志士们悲壮的一幕。谭嗣同首先叫监斩官过来："我有一言要对你说！"虽然监斩官不理睬，但谭嗣同仍以洪钟般的声音大声说道："有心杀贼，无力回天，死得其所，快哉快哉！"

随后他面对在场的群众发表演讲："为了救国，我愿洒了我的血，但是今天每个人的牺牲，将有千百人站起来继续进行维新的工作。"谭嗣同是湖南浏阳人，是维新派中最积极勇敢的志士。政变发生后，别人劝他赶快远逃时，他表示"各国变法，无不从流血而成，今日中国未闻有因变法而流血者，此国之所以不昌也。有之，请自嗣同始。"这是志士向祖国和人民立下的悲壮誓言。

据目击者说，他是第五刀被斩的。谭嗣同牺牲后，他的门人刘凤池为他收尸，缝上头颅，转年运往家乡湖南。谭嗣同从此长眠于浏阳城外石山下，终年三十三岁。

【会馆风云】

休宁会馆最具徽派风格

休宁会馆位于清代绳匠胡同（旧为丞相胡同路 43 号，今菜市口大街偏中段），是所有安徽驻京会馆中最具特色、最有规模、所出状元最多（休宁县涌现出十九位状元，成为"中国第一状元县"）的会馆，被誉作"明清时代京师的'会馆之最'"。

建于清乾隆十七年（1752）的休宁会馆（徐乾学故宅），是一座徽派风格比较明显的砖木结构建筑。因为其原是许维祯的宅第，因而成为明清时代京师会馆中较为著名的一座。休宁西馆馆址于清光绪三十二年（1906），由汪绍铨创办外城私立女子传习所，即菜市口胡同小学前身，几经更名，1973年定名为菜市口胡同小学。

【区域风情】

北京市第十五中学的发展之路

北京市第十五中学，位于北京市西城区育新街2号。十五中创建于1952年，是北京市重点中学，首批示范高中校。学校历经六十余年发展，2002年被评为"北京市首批高中示范校"，2004年被评为"北京市金帆基地校"，2005年被评为"北京市金鹏科技校"。

十五中的办学目标是"做有品质、饱满的人"。学校不仅看重学习成果，更关注每个孩子的全面素质教育。学校以"得诸社会，还诸社会"为服务宗旨，致力营造书香校园，用学术引领教师专业成长，教学效果显著。以"守直筑真"为校训，培养学生做有品质、饱满的人，努力建设有文学气质，有生命意义的文化生活，被评为对学生学业最具培养能力的学校，拥有良好的社会声誉。

十五中的理想是协助孩子发展个性，达到智慧的生成，使其能面对生活的挑战和自己的成长，从而寻觅自我的生命道路。由此学校确定了德育工作思路为："以人为中心，充分尊重学生的情感需求、人格独立与个性自由。追求每一位学生的成长、成才、成人，追求每一位学生人文素养的提高和个性发展，追求每一位学生终身发展的素质和能力。在师生积极互动中激发学生的道德愿望，营造良好、和谐、积极、向上的德育氛围。"

教育是要让学生感受快乐、趣味的同时体悟生命的意义。如何尊重学生的自主性，创设有利于实现学生主体地位的育人环境，让学生真正参与到整个教育教学过程中，使他们获得积极、自主的发展，就成为学校设计德育活动的出发点。

经过几年的探索，十五中把学术周与德育活动有机结合，将活动与学科分散的研究力量整合在一起，形成合力，逐渐形成"3月心理节""4月诗歌节""5月合唱节""9月体育节""10月英语节""11月科技节""12月艺术节"等七大节日文化品牌。

节日文化的形成，不仅为那些对不同学科有深刻认识的学生提供了充分展示的空间，从而也激发着每一个学生的兴趣，调动着每一个学生的动力，满足着每一个学生自主选择、自主发展的需求，进而让更多的学生在享受快乐的同时，获得心灵上的碰撞、行为上的规范、精神上的满足，真正达到了德育无痕，润物细无声的效果。

学校拥有京昆艺术团、民乐团、男子合唱团、舞蹈团、田径队等多个团体。许多同学抱着对艺术、体育的热爱，投身到艺术、体育团体中，在这一方天地中，他们不仅提高了技艺，而且进一步提高了个人修养。

学校依托综合实践课程，丰富学生的生活阅历。学生自己组织策划活动，锻炼能力，增强责任感，培养合作意识、全局意识、主人翁意识、契约意识。

"教师与学生共时、和谐成长，立足差异，努力寻找成就感和幸福体验，守护人性的尊严"是北京十五中的办学理念，"惜时、笃学、修诚、尽责"是其弘扬的十五中精神。

宣武区文化馆致力开展多彩群众文化

成立于1951年的原宣武区文化馆于2003年创建新馆，即为现在的宣武区文化馆，位于菜市口大街临80号，建筑面积9000余平方米，设有舞蹈排练厅、综合排练厅、小剧场、美术教室、琴房、展厅等设施。

有员工三十九人，属于全额拨款的公益性事业单位。文化馆内设五部两室一中心：非遗保护部、音乐舞蹈部、文化活动部、戏剧曲艺部、美术摄影部、办公室、财务室、志愿者分中心，具有指导、组织、实施地区群众文化活动的重要功能，是原宣武区群众文化娱乐中心、文化艺术培训中心、群众文化指导中心，对外文化交流的窗口，是文化部评定的一级馆。宣武区文化馆全年实行无假日开放，开办舞蹈、主持人、中老年美术辅导培训等，成立原宣武区图书馆文化馆分馆。文化馆还无偿为宣南书馆、"鸣乐汇"相声吧提供场地设施，进行了百余场演出，累计观众二千一百余人次。

【市井百业】

菜市口上"破碗居"

清《京师坊巷志稿》中提到："宣武门街，有市曰菜市口，刑人之所。"犯人从刑部大狱中西部门槛被拉出来之后，会坐囚车经过宣武门，当时叫鬼门。门外箭楼下西侧立着一座石碣，上面篆刻"后悔迟"三个字。犯人见此石便知自己必死无疑。囚车向南行至宣外大街，路东必经一个字号叫"破碗居"的饭馆，犯人会照例在此喝酒。酒铺专为死囚准备一种黄酒和白酒混合在一起的酒，人们管它叫"迷魂汤"。因喝完此酒后犯人就神魂颠倒、昏昏欲醉了。

每年冬至前，有秋斩的日子，"破碗居"门前便放有一条长凳，凳上放一大木盆，盆内有酒，盆上横放一条长木板，板上有数只破碗。囚车到，清兵用酒灌犯人。喝完就把碗往盆里一扔，碗破，此店就此得名。

清政府统治中国二百余年，不知菜市口刑场上有多少革命志士、清白正直的官员、起义领袖、农民英雄、无辜群众在此引颈就斩。他们的鲜血染红了菜市口，他们正义的呼声一次次教育着群众，唤起人们的觉醒。

谭嗣同英勇就义

谭嗣同（1865—1898），字复生，号壮飞，湖南长沙浏阳人，与陈三立、谭延闿并称"湖湘三公子"，清末百日维新著名人物。他在北京时，多数时间居住在北半截胡同41号。

谭嗣同1898年参加戊戌变法。变法失败后，于1898年9月28日在北京宣武门外的菜市口刑场英勇就义。

谭嗣同十岁时，拜浏阳著名学者欧阳中鹄为师。1884年，他离家游历多省市，观察风土，结交名士。劳动人民反封建斗争精神的濡染，开阔了他的视野，使他的思想富于斗争性。

1888年，他在著名学者刘人熙的指导下开始认真研究王夫之等人的著作，汲取其中的民主性精华和唯物色彩的思想。

1894年，中日甲午战争爆发，中国战败，1895年签订了丧权辱国的《马关条约》。同年5月2日，康有为联合在京参加会试的一千多名举人上书清政府，要求拒和、迁都、变法。谭嗣同对帝国主义的侵略义愤填膺，坚决反对签订和约。他在变法思潮的影响下，开始"详考数十年之世变，而切究其事理"，苦思精研挽救民族危亡的根本大计。

1898年3月，谭嗣同又与唐才常等人创建了维新团体南学会；1898年6月11日，光绪皇帝诏告天下，宣布变法；8月21日，谭嗣同应召抵京，"擢四品卿衔军机章京"，参议新政；9月21日慈禧发动政变，囚禁光绪皇帝，大肆抓捕维新领袖，历时103天的戊戌变法宣告失败。

"嗣同闻变，竟日不出门，以待捕者"，并力劝梁启超出亡日本："不有行者无以图将来，不有死者无有招后起。"

日本使馆愿提供"保护"，却被谭嗣同慨然回绝。"有心杀贼，无力回天"的谭嗣同，与林旭等其他五位维新志士慷慨赴义。

谭嗣同牺牲后，同乡在浏阳会馆"莽苍苍斋"内设置了悼念谭嗣同的灵堂，供后人拜祭。1898 年后的每年正月初一，湖南各县举子及各界人士都会到浏阳会馆悼念谭嗣同。祭祀谭嗣同的活动一直维持到1940 年，因北京成为日伪统治区，南人尽去而终止。

谭嗣同著有《仁学》一书，它是维新派的第一部哲学著作，宣扬自由平等和人格独立。他认为，物质性的"以太"是世界万物存在的基础，世界万物处于不断运动变化之中，而变化的根源在于事物的"好恶攻取""异同生克"。他把"以太"的精神表现规定为"仁"，而"仁"的内容是"通"，"通之象为平等""仁—通—平等"是万物的发展法则，是不可抗拒的规律。他在这部著作中，愤怒地抨击了封建君主专制所造成的"惨祸烈毒"和三纲五常对人性的摧残压抑。指出，封建纲常礼义完全是那些独夫民贼用作统治的工具，特别是君臣一伦，更是"黑暗否塞、无复人理"。

秋瑾倡导女权

秋瑾是我国近代第一位女革命家，是为推翻数千年封建统治而牺牲的革命先驱，为辛亥革命做出了巨大贡献。她是中国女权和女学思想的最早倡导者，对妇女解放运动的发展起到了推动作用。

她曾先后在陶然亭、南横街、南半截胡同、绳匠胡同等地留下足迹。菜市口胡同（今菜市口大街）设有北京最早的女学堂，秋瑾曾在此任教习。而她主编的全国第一份女性报纸——《中国女报》也在女学堂代售。秋瑾曾多次在陶然亭地区参加集会，在东渡日本前，友人还在陶然亭与她饯别。秋瑾有一张穿着西服男装的照片，这是在北京时期拍的。改穿男装是秋瑾对传统男尊女卑社会风习的挑战和抗争，这也成了秋瑾开始倡导女权，为女性维护权益的一个标志。

到北京后，秋瑾结识了许多新派人物，吴芝瑛就是其中之一。在京城中，吴芝瑛是个很有名的女性，她的书法写得非常好，据说连慈禧太后都很欣赏。秋瑾与吴芝瑛是近邻，朝暮相处，遂成挚友，唱和频繁，共斥清廷腐败，同抒报国情怀。吴芝瑛曾写过一副对联给秋瑾："今日何年，共诸君几许头颅，来此一堂同饮；万方多难，与四海同胞手足，竞雄世纪多元。"

秋瑾在北京时也看到过梁启超的著作和杂志。秋瑾给她妹妹的信中说，她读了梁启超办的《新民丛报》，觉得大快人心。从梁启超办的杂志中，秋瑾感受到了一些新思潮，特别是正在上海和海外流传的男女平权思想。

秋瑾的惊世骇俗之举是"上戏园子"。当时的宅门女性都是在家中听"堂会"，不可能抛头露面去戏园子，戏园子也不卖"坤客"的票。而秋瑾坐着西式的四轮马车去听戏，开创了上层社会女性进戏院的先河。

1904 年春，她典质簪珥，东渡日本留学，决心脱离封建家庭，寻求新的出路。

秋瑾敢于冲破自身思想牢笼，打碎封建精神枷锁，主张共和，坚持男女平等，为求得社会正义而奔走呼号，直至从容就义。她一生倡导革命，争取女权，可谓中国"女权斗士第一人"。

瞿秋白：传递革命正能量

果子巷附近有条小巷，旧称羊肉胡同，路南有座三进小院。中国共产党早期领导人，杰出的无产阶级革命家、理论家、宣传家，革命文学奠基人瞿秋白（1899—1935）就曾生活在这里。

贫困、债务夺走了瞿秋白母亲的生命，父亲将其兄弟六人寄养各处。1917 年春天，瞿秋白满怀探求真理、读书糊口的心理，来到北京，投奔堂兄瞿纯白，居住在果子巷羊肉胡同（后来改称南大吉巷）一座三进院子的前院。在那里，他专心补习功课，决心报考俄文学校。当年他居住的房子现在在南大吉巷东口的南侧。

不久，年轻有为的瞿秋白经常出入菜市口胡同的《晨报》编辑部，与编辑讨论文稿。他发表的第一篇政论文章《不签字后的办法》就刊登在《晨报》上。他的许多政论文章抨击了当时的北京政府。此时，他与《晨报》副刊的李大钊建立了密切联系。

1920年8月16日在陶然亭慈悲庵召开了有李大钊、周恩来、邓颖超、刘清扬等参加的秘密会议，商讨大联合等事宜，瞿秋白出席并讲话。不久，他作为《晨报》记者前往十月革命的故乡俄国，并决心在回国后把亲身体会的世界上第一个社会主义国家苏联介绍给在苦难中不断探索道路的中国人民。

1923年，在纪念李卜克内西和卢森堡殉难大会上，面对厂甸北高师礼堂数百名听众，他以高昂的声音唱起了《国际歌》，他是中国人翻译、演唱《国际歌》的第一人。

1935年，瞿秋白不幸被捕。当蒋介石下令枪决瞿秋白时，他毫无畏惧地说："人生有小休息，今后我要大休息了。"他走向刑场，沿途高唱《国际歌》《红军歌》，高呼"中国革命胜利万岁"等口号。

陈毅：抨击当局盛赞英烈

十大元帅中，在陶然亭地区留下足迹最多的当属陈毅元帅（1901—1972）了。1921年11月23日，陈毅等104人因在法国勤工俭学时从事革命活动被法帝国主义者押回上海。他与蔡和森等人于1923年来到京城，在香山碧云寺进入中法大学文科班读书，后加入中国共产党。这期间李大钊正秘密生活在陶然亭慈悲庵，陈毅暂住在位于菜市口的四川会馆。菜市口离陶然亭很近，他很快与李大钊取得了联系，在李大钊的领导下在城里从事革命活动。

当时他在《晨报》副刊编辑部，与《文学旬刊》编辑王统照商量稿件，经王统照介绍，他还加入了文学研究会。他以"曲秋"为笔名在《晨报》副刊发表诗作《春光》，翻译发表拉马丁的诗。还曾与《晨报》副刊主编徐志摩就其错误观点进行争论。另一方面，他在会馆里团结家乡人，发展党员，建立党的组织。

震惊世界的"三一八"惨案发生后，陈毅一方面组织大家营救受伤的同志，一方面安慰遇难者的家属。北京各界千余人在北大三院举行"'三一八'死难烈士追悼大会"，陈毅被推选为大会主席。他出席了在烂缦胡同湖南会馆同乡会举办的追悼会。3月28日这天，他以国民党北京特别市党部名义来到陶然亭地区，参加悼念湖南烈士、女师大爱国学生杨德群的追悼大会。追悼大会在兵马司前街湘阴会馆举行。陈毅在追悼会上发表演讲，强烈抨击反动的段祺瑞政府，高度赞颂烈士们的壮举。

晚清大臣李鸿藻

跟李鸿章只差一个字的李鸿藻也是大清重臣，其政治地位与李鸿章不分上下，两个人均是孔继勋的门生，孔继勋任顺天府乡试副考官时同时录取了这两个举人。由于名字差不多，人们容易记混，以为二人是兄弟，其实他们不同籍贯，李鸿章是安徽人，李鸿藻是河北人。不过，他俩却是死对头。

李鸿藻（1820—1897），直隶高阳人，原名洪藻，咸丰时进士。咸丰帝特让他当皇太子载淳（即同治帝）的老师。历任军机大臣、工部尚书多职，是晚清爱国、清廉的大臣。

作为清末重要官员，李鸿藻看到祖国危机四伏，提倡一切节俭，反对铺张、大兴土木，尤其反对西太后重修圆明园耗费钱财，"不应虚糜帑糈，为此不急之务"。

同治九年（1870）6月，发生天津教案。法国天主教传教士在天津胡作非为，杀害民众，强占土地，引起众愤，百姓打死法国驻天津领事丰大业，焚烧教堂，打死教士多人。七国向清政府抗议，集结军舰威胁。清政府分别派曾国藩、李鸿章、崇厚处理此事，均妥协办事。对于此事，李鸿藻的态度很明确，应该采取坚决措施，以强硬态度对待七国的威胁。

1871年5月，沙俄借阿古柏侵扰新疆，悍然出兵占领了伊犁地区，进而向四周扩充，1877年左宗棠击败了阿古柏。接着，清政府派崇厚出使俄国，要求归还伊犁跟俄方谈判。1879年10月2日，卖国贼崇厚擅自与沙俄代理外交大臣吉尔斯签订了《里瓦几亚条约》，使得我国丧失大片领土。李鸿藻知道后在朝廷坚决反对这个卖国条约，慷慨陈词，据理力争，发动大臣们弹劾李鸿章用人不当（李支持崇厚），奏请光绪皇帝治崇厚大罪，要求改派使节修改卖国条约。清政府决定，拒绝这个条约，革职崇厚。在李鸿藻、张之洞（在陶然亭龙树寺里有别墅）共同努力下，1880年让曾国藩的儿子曾纪泽作为驻俄公使去沙俄重新谈判。著名外交人员曾纪泽经过半年多的交涉，中俄于1881年2月24日签订了《中俄伊犁条约》，挽回了上万平方公里的祖国领土，也失去一部分领土。这次捍卫祖国领土的大事不能忽略李鸿藻发挥的重要作用！

接着，发生的中法战争、中日甲午战争，李鸿藻极力主战，反对求和和签订不平等条约。对于北洋军队的惨败，他主张杀掉李鸿章以谢天下，他对光绪皇帝说：李鸿章的专横跋扈不亚于年羹尧。

他先后保荐胡燏芬、袁世凯编练新军，加强国防。胡燏芬在天津小站练兵，号定武军，他上书主张变法革新。袁世凯在天津小站督练新军。

李鸿藻任山西副考官，一门生做了高官看望李鸿藻，带了三十万两银子孝顺老师。他斥责门生："你给我的银两是对我人格最大的侮辱，我是坚决不能收的。"一个大工程结束后，建筑工头要送一百万两银子做"回扣"，他拒收。

以上点滴事迹，人们不难看出李鸿藻是怎样一个人。他死后朝廷颁发上谕"宁正不阿，忠清亮直"，谥号文正，晋赠太子太傅。这位爱国廉洁的大臣就生活在现菜市口大街"中信城"北侧，原菜市口胡同7、9、11、甲11号范围。

蔡元培后人蔡无忌

蔡无忌是浙江绍兴府人，早年赴德国留学，进入农业学校、兽医学校。回国后，曾任中央大学农学院院长兼畜牧门副教授、上海兽医专科学校校长、上海商品检验局局长。新中国成立后，他任中国商品检验局副局长、顾问等职务。这位农业、兽医专家，商品检验里手，于1898年4月20日诞生在宣南绳匠胡同里路东的小死胡同里，也就是菜市口胡同北口东边的口膡（音腾）胡同。该胡同像个小口袋，不通行。"膡"字，即口袋之意。

蔡无忌先生的父亲是中外闻名的教育家蔡元培！他在中国近代史上有着突出的贡献。当年蔡元培、蔡无忌生活过的地方如今是菜市口地铁出入口。

蔡元培在香港病逝后，毛泽东发出唁电，称他为"学界泰斗，人世楷模"。周恩来的挽联："从排满到抗日战争，先生立志在民族革命；从五四到人权同盟，先生之行在民主自由。"国民政府也发布了褒扬令。

蔡元培（1868—1940）生于浙江省绍兴府山阴县，排三，其母周氏生七人，早逝四人，蔡元培十一岁时父逝。世人拟募捐赠养遗孤，其母坚决辞谢，克勤节俭抚养孩子，并常以"自立""不依赖"勉励孩子，父母之言行对蔡元培等人教育颇深。蔡元培小名阿培，进私塾后取名元培，原字鹤卿，号民友，因从"周余黎民，靡有孑遗"两句各取一字，改号为孑民，社会上，人们经常读到的是蔡孑民这个名字。蔡元培青少年时期刻苦学习，科举连捷，二十一岁中了举人，二十二岁参加会试中了贡生，后参加殿试中了进士，不久成为翰林院的编修。他中举那年（1889）与王昭女士结婚，生下长子蔡阿根。1897年在翰林院供职时迁进了宣南坊菜市口胡同口膳胡同内，他与夫人和两个儿子蔡阿根、蔡无忌在此生活。蔡无忌等七子唯有无忌诞生在口膳胡同里。

李鸿藻的三子李石曾为青年赴法勤工俭学做出很大贡献，倡导留法勤工俭学的蔡元培在其中也发挥了相当大的作用。正如吴玉章所说："应归于孑民先生倡导勤工俭学之力。"蔡元培和吴玉章在法国遇到许多困难，与李石曾共商留学之事，使国内一大批有志青年如邓小平、周恩来赴法，培养了一批无产阶级革命家，在中国革命中发挥了中流砥柱的作用！袁世凯死后，许多革命党人纷纷回国。教育部部长范源廉取得总统首肯，电请德高望重的蔡元培担任北京大学校长。1917年1月4日蔡元培到校就职。他对北大进行整顿和改革，使北大以崭新的面目出现在京城。他提出著名的"思想自由""兼容并包"的办学方针，广泛吸收人才。他的整顿先从文科入手，让陈独秀任文科学长。这里有个故事：1916年11月28日，陈独秀与汪孟邹为书局招股东从上海来到北京，下榻西河沿64号中西旅馆。主编《新青年》等杂志名声很高的陈独秀到琉璃厂购书，偶见老朋友沈尹默。沈将陈独秀到京的消息告诉求贤若渴的蔡元培，蔡先生很快找到了西河沿的旅馆。陈独秀看戏、逛书店睡得很晚，起得也迟。蔡先生在旅馆等着他，累了找个凳子在门口坐着。终于等到陈独秀起床，见面一提到北大工作之事，陈独秀当面拒绝，表示回上海还要办《新青年》。没有说通，蔡先生再次来到旅馆耐心说服，一连几次终于说服了陈独秀，陈独秀也为此而感动。跟陈独秀同来的汪孟邹在日记中记载："12月26日早九时，蔡孑民先生来访仲甫，道貌温言，令人起敬，吾国唯一人物也。"这么高的评价，证明蔡元培识才、爱才，诚心诚意请仲甫（陈独秀）来校工作。蔡先生到京第四日就请了陈独秀，可见他办事认真和速度。商谈中，蔡元培带陈独秀来到煤市街北口路西有两百年历史的老店致美斋，把酒共叙友情。陈独秀上任后，经常与李大钊、张申府等人学习马列主义理论、共商国是，学习苏联建党经验，为中国共产党的诞生积极筹划。

大武生李万春

李万春（1911—1985），著名京剧武生演员，20 世纪 30 年代末北京舞台上猴戏的佼佼者、清末著名武花脸李永利的长子。

李万春自幼随父练功，习武生，七八岁即登台演出。1923 年随著名京剧武生俞振庭由上海进京，初演《战马超》，以嗓音佳、扮相好、武功娴熟而轰动京城，被誉为"童伶奇才"。此后李万春边演边学，先后得到俞振庭、杨小楼、余叔岩、马连良、林树森、李洪春等人的传授，学习了《长坂坡》《冀州城》《安天会》《封金挑袍》《走范阳》等戏。他塑造的武松、关羽、林冲、孙悟空等形象各具风采。他与余叔岩合演《八大锤》，成一时佳话。还曾与梅兰芳、徐碧云、朱琴心等名家合作演出。1932 年组建永春社，1939 年创建鸣春社科班。

位于菜市口东南角的北大吉巷被拆迁前，靠近胡同东头的 22 号就是当时李万春的住所。这座院子原是京剧名家余叔岩的老宅，当初余叔岩看中李万春，收其为义子，亲授《八大锤》，并让李氏全家搬进这座老宅来住。相传后来李万春的父亲花了 4500 大洋买下这座院子，供李万春四个兄弟同住，给大院起名叫"四维堂李"。因为曾有两代梨园名宿住过，因此这座老宅全部雕梁画栋，画的都是戏牌。

李万春的戏路宽广，勇于革新，武生戏的长靠、短打、箭衣，无不出色。唱念吞吐有力，身段边式利落。黄派戏《独木关》《百凉楼》《剑峰山》《莲花湖》《麒麟山》等受教于李古瑞，并得其岳父李桂春指点。关羽戏曾受教于程永龙、林树森与李洪春，演来别具一格。猴戏亦颇擅长，《安天会》为清贝勒载涛所授。通过多年舞台实践，他总结出"要猴学人、不可人学猴"的艺术经验，刻画美猴王的神态，灵捷机智，不俗不野。李万春的代表剧目有《武松》《武松打店》《武松打虎》

《火并王伦》《九江口》《闹天宫》《野猪林》《将相和》《战马超》《走麦城》等数百出，并排演新剧目《岳飞》 《戚继光斩子》 《廉官风》等。

长征女红军邓六金

在菜市口胡同（当时称丞相胡同）住着这样一位传奇的老红军，她的名字叫作邓六金。1934 年初邓六金入瑞金中央党校学习，同年 10 月跟随中央红军开始长征。

刚出发时，邓六金和王泉援、钟月林、危秀英、陈慧清、李桂英、刘彩香等几名女同志分在卫生部。卫生部带的物品较多，有药箱、担架，连 X 光机也带出来了，行动非常迟缓。由于红军转移属隐蔽行动，白天不能走，只能夜间行进。当时天公也不作美，连日阴雨，道路非常泥泞，常常有人摔倒，邓六金等以女同志特有的细心和耐心，精心地护理伤员，帮他们擦洗伤口、换药、喂饭。

一个多月后，部队来到湘桂边境。由于战事频繁，伤员越来越多，邓六金被调到总卫生部干部休养连担任政治战士，负责抬运和照顾伤员。这样，她就和贺子珍等人生活战斗在了一起。

一天，休养连在翻越一座大山时遇到敌人飞机的轰炸，一个抬担架的民夫看到这样下去太危险，等不及拿到剩余的工钱，便一溜烟似的下山跑掉了。担架孤零零地放在路边，另一个民夫站在担架旁边急得抓耳挠腮，却不知如何是好。担架上是一位胸部负伤的团级干部，因为刚包扎完伤口，人仍然处于昏迷状态，而血正一点点从绷带里面渗出来。

"绝不能丢下伤员！"邓六金把这一切看在眼里，急在心上。情急之下，她忘记了自己体弱有病，上前一把抓起担架把手。民夫马上明白了她的意思，也赶忙把担架后面的把手握在手里。就这样，他们一前一后，把担架抬了起来。山很陡，后面的民夫要把担架抬过头顶才能保证伤员不滑下来，走在前面的邓六金必须半跪着爬行。不一会儿，邓六金的膝盖就磕破了，草鞋磨坏了，肩膀也蹭出了血。每前进一步，邓六金都感到火辣辣地疼。但她却不能停下，她知道一旦掉队，无论是伤员还是自己都会十分危险。

终于到达了山顶，他们又开始马不停蹄地下山。民夫被眼前这个弱女子的所作所为感动了。为了照顾邓六金，他主动要求换到担架前面，继续举着担架走，邓六金则把担架抱在怀里，半蹲着前进。这时，伤员苏醒了过来，看到邓六金黄豆大的汗珠往下掉、弯着瘦弱的身躯负重前行的样子，不由自主流下两行热泪。

经过三个多小时的艰苦努力，邓六金和民夫终于把伤员抬到了山下。这时，邓六金却再也支持不住了，只感觉胸腔发闷，口味带腥，一张嘴哇的一声吐出一大口鲜血来。随后，又连续吐了几口。血洒在路边橘黄的杂草上，把草都染红了。邓六金用袖子把嘴角的血擦干净了，把乱蓬蓬的头发往后一甩，喘着粗气说："嗯，这下好了，吐了就舒服了。快上路吧，天黑前要追不上部队可就真的糟糕了。"说完，又把担架紧紧地抓到了手里。

京剧大家马连良

艺术大师、民国时期京剧三大家之一、有"须生泰斗"之誉的马连良（1901—1966）先生曾在陶然亭地区工作。1961年11月26日，位于十五中学的松柏庵内的北京市戏曲学校郝寿臣校长病逝，终年七十五岁。接替他的是曾来学校吊唁郝校长的第二任校长马连良。他比郝校长小十五岁，对郝老特别尊敬。他曾回忆："我出科不久，天不亮就到先农坛喊嗓子练功，可是每当我打着灯笼走到天桥的桥上时，总遇到郝老打着灯笼往回走。当时我就非常惭愧，促使我更早起来。后来我们约好一起用功。遇到下雪天，他仍然比我早到，带着一把笤帚，扫出一块地方来，作为我们的练功场地。"这般回忆不仅表现艺人们练功的刻苦，也看出马连良对郝老的敬佩。

马连良接替郝老后,在校长室办的第一件事,就是将与郝老在1928年同台演出《李七长亭》后的合影挂在校长室墙上,以示怀念。杰出艺术家马连良非常重视舞台作风,他要求水袖、护袖、厚底心须"三白",为使龙套和上下手在台上整洁干净,还专门给演员剃头洗澡费。他在学校一直认真地抓教学、演出,与孩子们座谈,到自家里教戏,高标准要求学生,严格训练功法,尊敬其他师长。他精心培养了以张学津为代表的一批著名艺术家。在演出实践中,多次与弟子为毛主席、周总理、朱德演出。他表演的《海瑞罢官》毛泽东大为赞赏,将马先生请到中南海就餐,马连良受到极大鼓舞。

马连良到松柏庵受到师生的热烈欢迎,师生能够聆听艺术大师的指导感到非常荣幸。他的光辉成就来自小时候的刻苦学习和训练。马连良从小就爱看戏剧,逃学也要看戏。八岁时他被送到广德楼喜连成科班里,从师叶春善先生。

马连良天资较差,学起来比别人慢,理解动作不到家,口齿又不清,所以经常挨打。正如人们常说的"大舌头",咬字不清楚,这可是表演的大忌,别人就讥笑他,他险些被老师轰出喜连成。旧时学戏老师是打人的,演员学戏很少是没挨过打骂的。名丑郭春山来喜连成教戏,看到马连良哭得可怜就帮助说情,才勉强留住马连良。马连良知恩图报,总是憋着一股劲苦练功法。为治"大舌头",他整天拿着粗瓷坛子,冲着坛口大段大段地练习念白。

正式开演了,无论自己是什么角色,马连良总是抽时间把要演的剧目从头到尾地"默演"一遍。他说:"别人唱过五十遍的戏,我已经唱过一百遍了。"五四期间,马连良凭借京剧《借东风》一炮打响,终于走向受到众人尊敬的艺术家的殿堂。"勤奋、刻苦"四个字,在马连良人生起步的道路上显现出耀眼的光芒。

马连良把磨难变成即将成功的动力,把磨难当成攀登、进取的阶梯，迎着磨难奋进，终于冲破俗人认为没出息的绳网，一举成功，成为对社会有极大贡献的人，成为世人敬仰的人。

【口述追忆】

当年"菜百"藏着童年记忆

20世纪七八十年代的菜市口可以说是当年的CBD了，菜市口菜市场、菜市口百货商场、上海餐厅、人民照相馆、菜市口电影院、南来顺……衣食住行样样都有。其中菜市口百货商场停留在每一个七八十年代的孩子心里。

"菜百那个时候是一个百货公司，里面针头线脑、布匹、玩具应有尽有。比如铁皮的绿色青蛙、拉着走的木头制的小鸭子，现在还记得小时候牵着它，一走它那拨片就嗒嗒嗒地响。在90年代，菜百转型做黄金，旧时的玩具想再买给孩子玩，结果走了大半个北京城都没找到那绿青蛙和木头鸭。"从孩提到中年不断见证菜市口大街变迁的五十四岁的李永春回忆道，"菜市口百货商场是宣武区最大最全的商场，经营服装鞋帽、日用百货、家用电器、手表首饰等等，基本解决了周边老百姓的日常需求。我有许多的东西都是在那里买的，挺怀念的，满满的回忆。2000年菜百搬家，许多人去新址参加重张开业活动，很热闹。"

除此之外，街上的人民照相馆也记录着周围居民从小到大的重要时刻，满月了、毕业了、结婚了、生子了……"去人民照相馆照张相！"一有大事要事，家长们便带着孩子来到人民照相馆，居民手里相册中的一张张照片都烙印着"人民照相馆"的印记。

骡马市大街
繁华大街今昔大不同

　　骡马市大街，位于北京原宣武区菜市口东面，形成于辽金代，明清时期北京在此地交易骡马，市场兴盛，此街因此得名。

骡马市大街

【街巷名片】

　　骡马市大街东起南新华街，西至宣武门外大街。1979 年大街得以

252

拓宽，宽度是原来的三倍。1986年10月在西口兴建过街天桥。此外，骡马市大街原有明代元帝庙，又称"马神庙"，祀马神。又因其临近菜市口刑场，因此大街多有棺材铺、冥纸店、杠房、寿衣店等。骡马市大街原大街1号为日伪时期地下交通员杨子健活动处。37号民国时为雨华馨酱菜园。往西51号为福州新馆，林则徐为建馆花费心血、出资，并居住。61号为吉升堂，系林则徐居住过的旅店。往西122号为直隶新馆，著名作曲家、《松花江上》作者张寒晖烈士曾居住于此。

现五金家电联营公司原址为长发客栈，现代著名的文学家鲁迅民国元年（1912）首次到京在此下榻。不仅如此，骡马市大街原大街上还有鸿泰永铁匠铺，辛亥革命期间，喻培伦等烈士在此订做炸弹。后铁匠铺被打开"缺口"，进而一批革命者在此被捕。大街南侧还有邮政局。19世纪末，北京邮政总局成立，设四个分局，骡马市邮局为四个分局之一。20世纪20年代，地下党员田维强领导邮差和低级职员在此成立"窝窝头会"，并秘密活动。

【区域风情】

百年邮局　缘何眷恋

"以前的骡马市大街邮局早已被挖空。找不到一丁点儿老店老景观的痕迹，南城百年邮局彻底消失。百年邮局，缘何眷恋？因为它曾经是北京南城飞翔的鸿雁，与我们几代人春秋与共。因为它还曾经是菜市口至虎坊桥重要的地标性建筑，正是这道地理风貌才能在我心中永驻。"杨连崇记忆中的骡马市大街邮局如此美丽多情。

骡马市邮局是北京近代邮政史最早的邮政支局之一。1949年2月，当时的北平军事管制委员会邮政接管处接管邮政支局时，骡马市邮局编号是15支局，局号一直沿用到1980年。1981年重新编号，改为52支局。

自打年轻时就在骡马市邮局当投递员的杨连崇对此感触最深："四十年前的骡马市大街特窄，上下也就两股道儿，将将容得下两辆车擦肩而过。地面铺的是方块石板，

1960 年的骡马市大街

磨损得坑坑洼洼，车子走在上面，发出咯噔咯噔的声音。两旁高台阶上都是一溜儿商店，卖菜、卖肉、卖酒、卖山货，还有饭馆、小吃店和杂货铺，相当热闹。"

骡马市邮局旧址在路南的高台阶上，也就是今天粉房琉璃街路口西边，一座青砖砌成的两层小楼特显眼。1968 年，杨连崇退伍后就进了骡马市邮局，骑上"二八"自行车，开始穿胡同送信。在他的记忆中，骡马市邮局原来是家挺大的客栈，邮局前面是西洋式门楼，后面营业厅上下两层都铺着木地板。靠南墙是一排有年头儿的实木柜台，颜色倍儿黑倍儿亮。屋里三个柜台不光能寄信、汇钱、邮包裹，还能拍电报。邮局本身没有报房，收的电报都要转给附近永安路邮局。穿过营业厅，后面还有个大院，院里那五六间屋子，分别是投递室、进口、发行室、办公室等。

《北京志·市政卷·邮政志》也有记载，1897 年，清代邮政正式开办，光绪二十七年（1901），隶属清政府管辖的北京邮政总局分别在内城和外城设立了西四牌楼支局和骡马市支局。

【口述追忆】

因做买卖而再次繁华

以前在骡马市大街上有一个河南会馆，在这个会馆中有一个乐于助

254

人的老人。在康广云老师回忆中，这个会馆是三进院子，最里面的院子里有位姓李的老太太。老人比其他人富裕些，经常给孩子们一些衣服和吃的，待他们就像亲人一样。

以前进门旁边有一对夫妻是做买卖的，看见康老师家有难处，就让出一半的房间给康老师家，让他们在这里编藤椅为生，慢慢地康老师家的生活有了好转。

在康老师的回忆里，他每天都会带儿子去商场玩，只要走进商场，每家店员都主动跟他们打招呼，有时还陪孩子玩，给孩子尝新出的零食。"每次我家来商场都能跟店员聊上好久，真的很热闹。真的像一家人一样。"康广云老师说。

新中国成立之后，康老师家也有了一定资金，康老师的父亲开了同义木器行，爷爷也开了振新木器行。

"除了我们家开了店，骡马市大街两侧都是做买卖的，有早点铺、商店、自行车店等等。"20 世纪五六十年代，这里开始繁华。20 世纪80 年代骡马市大街非常繁华，在康老师的回忆里，河南会馆其中两进院落改造成了超市。

对骡马市大街邮局的眷恋

"离我咫尺的骡马市大街邮局伴随我度过了一个甲子的岁月。20 世纪五六十年代骡马市大街邮局的样子在我心中至今留下了微弱的身影。"它独体的晚清建筑特色十分明显，醇黄若琥珀，复古出檐。主体结构装饰严肃，从石柱、台阶、到木质柜台，从宽敞的玻璃窗、大门到隔音的电话间，从室内空间的扩展、分布到簇拥邮寄信件包裹的人流，无不显示出这座接地气邮局的春去春来。"

臧秀青认识绿色是从骡马市大街邮局开始的，尚在懵懂时的她最感兴趣的是矗立在邮局门前的绿色邮筒。"什么时候才能够长得跟它一般高呢？"她想。多少年过去了，在漫长的岁月中，她知道了邮筒内有其特别之处，里面的每一封家书信件尽管内容不同，但都洋溢着浓烈的亲情、生涩的初恋、铁血的精神和人生的大起大落。臧秀青猜想不同年代的写信留言者都会倾其心血精心打磨真实的悲欢离合和心灵对话。骡马市大街邮局的标识绿，养眼，能使她心境平和，沉稳从容。那种绿象征着生机、活力与希望，象征着关爱、呵护与帮助，象征着真实、纯净、无污染……她想，没有任何一种颜色比邮局的绿更适合作为"通道"。

摆放在骡马市大街邮局外的绿色邮筒，投送外埠和本市信件的窗口永远公正和谐，每天三次准时开锁。邮局里面，堆积如山的信件、包裹、书刊等等，经过分拣、打包、装车，会传送到祖国的边陲、山川乃至世界。那一封封信件如橄榄叶蔓吐出蕊的释放，那一个个包裹是驾驭幸福愉悦的企盼，那一本本书刊杂志能使贫瘠的心灵熠熠生辉。

20世纪六七十年代的骡马市大街邮局，服务面积8.9平方千米，服务人口18.3万人。那时候邮递员的风姿着实让人羡慕，他们骑着男、女"二八"绿色邮车穿梭在大街小巷，匆匆的车轮和那地道圆润的京腔点燃了街院门口男男女女、老老少少们期待的目光，许多许多的街坊四邻在伸手触摸信件后，夏天，会为他们端出一杯白开水，冬日，会叮嘱他们小心别摔着。

从1966年初到1973年底，二十九万北京知识青年奔赴黑龙江、宁夏、山西、陕西、内蒙古、延安、吉林、云南、甘肃、河南、湖北等地上山下乡，支援三线。这是京城第一次历史上的大迁徙，尽管路途不一，但基本涉及每个家庭。那个时候通讯渠道闭塞，唯一的交流手段就是电报、电话和满满的书信。那时的骡马市大街邮局同京城其他邮局一样扮演着极其重要、不可或缺的角色：驿站繁喧，背负重担，龙女传书，劳苦信使，奋斗不息，缔造羡世。

那个时候夜空伴月，经常有邮递员骑着摩托车驶进街心，他们急切的喊叫声会把四邻惊醒，一道微弱的手电光亮照在电报的地址和电文上，然后接收者会在电文的底联上签收。听着远去的摩托车声似鸿雁传递殷殷真情。次日早晨，邻里准都会询问："谁来的电报啊？什么事呀？"于是一封电文全院传看，大家共享内容，共担需求。每每想起那时，温暖都会弥漫臧秀青的内心。

1979年1月，因广安门至广渠门（简称"两广"）道路拓宽，骡马市大街邮局大部分房屋被拆除。1988年6月，骡马市大街邮局再次为拓宽马路而让路，将原有邮局房屋拆除，向后推移建临时局房。2013年11月，骡马市大街邮局迁址更名为菜市口大街邮政所，位于菜市口大街6号院底商。

虎坊路

街巷历史悠久　文化底蕴深厚

虎坊路的历史可追溯到元朝时期，悠久的历史赋予了这条胡同深厚的文化底蕴，它也成为陶然亭地区一个重要的文化缩影。

【街巷名片】

虎坊路地处西城区陶然亭街道的东北角，北起南新华街南口，南到南横东街，全长约600米，是一条南北走向的市区主干路。

虎坊路

258

明朝时这里曾圈养老虎

在明朝，虎坊路与骡马市大街和珠市口西大街交汇处，有一虎坊桥，据传，明朝时此地圈养过老虎，"虎坊"即由"虎房"演化而来。现在菜市口的东北方位有条铁门胡同，应该是当年虎房铁门的所在地。

到了明清时期，有条由北向南的排水沟渠，水流到先农坛西北的芦苇塘里，虎坊桥就是在这条沟渠上修建的东西走向的石桥，位置大概在如今虎坊桥十字路口的西侧。近代，几经填沟筑路，石桥逐渐埋没无踪，直到2000年前后，拓宽修建两广大街时，古老的石桥才短暂地重见天日。如今无论是虎房还是石桥，都已经消失在历史的尘埃中，唯有虎坊路这个地名还依然鲜活，在繁华而全新的大都市中，承载着古老的记忆。

20世纪50年代中期，政府出资对虎坊路和永安路一带进行了大规模的城市现代化建设，填埋了窑坑，清运了垃圾，拆除了棚户，拓宽了道路，修筑了许多现代化的公共建筑和居民住宅。改造后的虎坊路已经具有现代都市的风范了，马路宽阔笔直，分为南北上下六车道和双向自行车道；道路两侧的人行步道平坦开阔，国槐和白杨高大茁壮，绿树成荫。

而到了20世纪70年代，两广大街比较狭窄，虎坊路口西接骡马市大街，东衔珠市口大街，十字路口中间有一个指挥交通的圆台子，上下班高

虎坊路

259

峰时有交警站在台子上边疏导交通。到了 21 世纪初，虎坊路进行了危旧房改造，南段路西建起了几十栋崭新的住宅楼房，破旧的南横街也进行了彻底的现代化改造。

几十年来，随着社会经济的发展，历尽沧桑的虎坊路也在不断变化。1983 年，虎坊路地下铺设了煤气天然气管道；1996 年，采用深埋顶管技术，地下铺设了大直径污水管道；2002 年，虎坊路路口东西方向扩建了两广路；2000 年到 2004 年，虎坊路进行了危旧房改造；2005 年，地下铺设了 100 千伏高压电缆，拆除了路面上的架空电线；2011 年，实施了道路绿化改造，在国槐和白杨的周边，又种植了许多银杏树；2014 年 12 月，施工了 5 年的地铁 7 号线完工通车，画着湖广会馆壁画的虎坊路地铁站宽敞明亮，金碧辉煌，像玉宇琼楼一般。古老的虎坊路变得越来越现代化，越来越方便，越来越美了。

【会馆风云】

湖广会馆时光沉淀

北京湖广会馆坐落在西城区骡马市大街东口南侧（虎坊桥西南）。嘉庆年间在虎坊桥畔建湖广会馆。该地原为私宅，历史上住过许多名人。如张之洞的爷爷，曾任监察御史的张惟寅乾隆年间住在这里。会馆原来规模较小，道光十年（1830）集资重修，扩充其殿宇，建筑戏楼，添设穿廊。道光二十九年（1849）又置亭榭等，总面积

湖广会馆

约 4700 平方米。

北京湖广会馆的"湖广"二字始于元代的湖广省，而"湖广"自 1376 年后专指两湖之地。

湖广会馆建立之初主要是用来招待湖南、湖北进京参加会试的举人。中试的举子等待朝廷分配官职，落榜举子滞留京师等待三年后的会试，都需要住所。由于举人们在故乡多小有声望且有望"跃龙门"，因此家乡在京任职和经商的人士就在名流召集下集资修建招待举人的会馆。

湖广会馆因"旗汉分治"政策只能建在外城。清朝的两湖举人需经涿州，北过卢沟桥，进广安门，才能入住这里。

湖广会馆内设有乡贤祠、文昌阁、宝善堂、楚畹堂等。会馆前院有戏台一座，后台十间，前台北、东、西三面均有看楼，上下共四十间，中有广场，可容千人。戏台天幕为黄色金丝缎绣制的五彩龙凤戏珠、牡丹、蝙蝠、如意吉祥图案。戏楼前抱柱悬有一联，长约 3.6 米，上联是"魏阙共朝宗气象万千宛在洞庭云梦"，下联为"康衢偕舞蹈宫商一片依然白雪阳春"。戏台上方为"霓裳同咏"匾额，黑地金字，满堂生辉。二层由包厢式看楼环拱，共设十二个包厢，看池及包厢中均设置仿古硬木家具。

会馆后院为乡贤祠，乡贤祠原在该馆中院，北屋三间房，南向；文昌阁在乡贤祠楼上，南向，阁中奉"文昌帝君神位"；宝善堂在后院中院，五间房，南向，东西翼以长廊，堂高宏敞；楚畹堂在该馆西院，前后各三间；风雨怀人馆在乡贤祠和文昌阁的后室，三间，建筑在高台上，从两侧斜廊而下，前后均可通达，传为曾文正公所布置。会馆门嵌精美砖雕，花园不大，堆以假山，设置亭榭，搭配走廊。

乡贤祠前有一口子午井，每日逢子、午时，清泉上涌，清甜异于平时，故叫"子午井"。井台周以护栏，刻有铭文，傅岳棻撰序。序作于

261

民国三十二年（1943）淘井竣工之时，记述了子午井的名称来源和开凿始末，其中一段如下："湖广馆文昌阁之下有井曰子午，纪文达《阅微草堂笔记》云：'子午二时汲则甘，余时则否，其理莫明，或曰阴起午中，阳生子半，与地气应也。'然二时何以水味独甘，其理究不可知，或说亦未足据。其地为徐司寇乾学憺园，岳襄勤钟琪、刘文恪权之、张运使惟寅、纪文达昀、王文端杰相继居此，最后归汉阳叶氏平安馆。自云素给谏传孙昆臣、润臣，两广事覆，乃捐为两湖会馆。"

湖广会馆内的文昌阁现有北京戏曲博物馆于其内，基本陈列为"北京戏曲史略"，以戏曲文献、文物、图片和音像资料，向参观者展示了以京剧艺术为主的北京戏曲发展史，其中有京剧名家王瑶卿、梅兰芳的拜师图、武生泰斗杨小楼演出用的戏装等珍贵藏品。

湖广会馆里成立国民党

湖广会馆位于虎坊路路口西南隅，虎坊路 3 号。始建于明万历年间，是张居正捐私宅修建的全楚会馆。后来会馆成为私人住宅，数易其主，清朝名士徐乾学、张惟寅（乾隆年间浙江盐运使）、刘权之（乾隆年间太子少保）、王杰（乾隆年间东阁大学士、礼部事务、太子太师）、叶继雯（乾隆年间进士刑科给事中）等都在此居住过。

嘉庆十二年（1807）由大学士、长沙人刘云房和少宰、黄冈人李秉和提议重修并定名为湖广会馆，主要用于同乡寄寓或届时聚会。道光十年（1830），蒋丹林与

湖广会馆里的老树

262

何仙槎等人捐银重修时增建了大戏楼。此戏楼被誉为世界十大木结构剧场建筑之一。同年叶云素将私宅捐给湖广会馆，使其面积大增。道光二十九年（1849），湖南人曾国藩捐巨资修缮会馆，始成今日格局。

湖广会馆内留有许多匾额，仅状元、榜眼、探花匾就有三十一块。这是家乡的荣耀，同时也给会馆增光添彩。

两百多年的沧桑岁月，赋予了湖广会馆浓厚的文化内涵。历史上朝廷重臣纪晓岚、曾国藩曾在此居住过；革命先辈孙中山也曾在此留下足迹。

1912 年 8 月 25 日至 9 月 15 日，孙中山先生先后五次莅临湖广会馆，发表了激动人心的演说，受到与会者的热烈欢迎，也为湖广会馆留下了光彩夺目的一页。

其中，第二次来到湖广会馆，孙中山先生出席了由同盟会与统一共和党、国民共进会、国民公党、共和实进会合并组成的国民党成立大会，这是孙中山此次北上的一次重要的政治活动。湖广会馆见证了国民党的成立，成为国民党的诞生之地，这是湖广会馆具有历史纪念意义的一页。

新中国成立后，湖广会馆年久失修，残破衰败，20 世纪 50 年代后成为北京市制本厂的纸张仓库。20 世纪七八十年代时，更是淹没在一大片杂乱的违章建筑群中，像一颗沾满灰尘的珍珠，掩身在垃圾之中。

直到 20 世纪 90 年代中期，政府出资拆除了周边的违章建筑和商贩棚户，翻建了湖广会馆和前边的戏剧广场，这座承载了厚重历史的古建筑才得以重见天日。

1984 年 5 月，北京市人民政府确定湖广会馆为北京市文物保护单位。1996 年 5 月 8 日，修复后的湖广会馆对外开放。戏楼上下两层能容纳二百六十人，二层由包厢式看楼环拱，共设十二个包厢。看池及包厢中均设置仿古硬木家具，供贵宾品茗赏戏，平添高贵之感，来此宾客可原汁原味品味老北京戏楼独特文化氛围。

1997 年 9 月 6 日，北京湖广会馆作为北京市第一百座博物馆即"北京戏曲博物馆"宣布成立。戏曲博物馆的镇馆之宝是"四大名琴"，它们是"京胡制作大王"史善朋老先生根据梅兰芳、程砚秋、荀慧生、尚小云四大名旦的嗓音条件和演唱风格而精心制作的。操琴伴奏时琴音清脆响亮、悦耳动听，有力地烘托出四大流派的艺术特色，故而被誉为"四大名琴"。展厅墙上挂着一幅立体感极强的《瘦云轩受贺图》，这幅图形象逼真、栩栩如生地展现出梅兰芳、王琴侬、王瑶卿、陈德霖、王蕙芳、姜妙香、姚玉芙七位京剧表演艺术家的倩影身姿。这幅图是1921 年陈德霖六十岁整寿时在梅宅与王瑶卿、梅兰芳等六位弟子及再传弟子合影后，梅兰芳依这张照片在上海特制的。图中人的头部为画像，衣着用灰青二色绸缎剪裁缝制而成，既有绘画之韵，又有工艺品之精，具有极高的戏曲文物价值。

目前，湖广会馆已形成戏楼、茶楼、酒楼、博物馆"三楼一馆"的经营模式，成为宣传民族文化、教育青少年、提供国际化服务，集观光、旅游、餐饮、购物于一体的展现古都风貌的旅游胜地。整个院落楼阁高敞，亭榭相依，偏院曲折，游廊环接，井井有条。庭院之中，竹木繁茂，花木扶疏，假山奇石，别有洞天。构成一组富有我国民族建筑艺术特色的建筑群。

2000 年，湖广会馆被命名为"北京市青少年爱国主义教育基地"。

2006 年 10 月 27 日，湖广会馆隆重举办了建馆二百年暨重张十周年纪念庆祝活动。

湖广会馆不仅是"宣南"胜迹之一、北京仅存的建有戏楼的著名会馆之一，也是按原有格局修复并对外开放的第一所会馆，更是北京现存民间古戏楼建筑的宝贵文化遗存。

中段路口有三个标志性高大建筑

虎坊路中段有一个丁字路口，矗立着三座呈品字形相倚而建的20世纪50年代的标志性高大建筑，它们是前门建国饭店、中国档案报社和北京市职工服务中心。

北京市职工服务中心大楼坐西朝东，大楼正面高高的花岗岩石阶上，六根六角菱形的高大石柱隔出五座宽厚的铜质大门，成排的立柱后边建有高大宽敞的回廊，回廊上方有五幅反映产业工人劳动场面的浮雕。主楼台阶两侧分别矗立着一组劳动者的高大石雕，所雕塑的是钢铁工人、纺织工人、煤炭工人和科技工作者，人物神态自若，栩栩如生，与周边环境浑然一体。整个建筑雄伟庄重，造型优雅，做工考究，具有建国初期的苏式建筑的特色，虽然经历了六十余年的风吹日晒，还经受了1976年唐山大地震的考验，依然坚固巍峨，风采依旧。1992年，北京市人民政府把这座大楼列为"100座北京市优秀历史文化保护建筑"之一。北京市职工服务中心大楼始建于1956年，建筑面积约1.6万平方米，新中国成立前这里是一片低洼的乱坟岗子和垃圾场，夏季雨水汇集，芦苇杂草丛生。2004年，该建筑的中心花园扩建，工地里挖出了十多个棺木和许多白骨，还有大面积的一层层的炉灰、垃圾渣土和陶瓷片，验证了当时这里就是坟场和垃圾场的历史

北京市职工服务中心

265

事实。

20世纪50年代时，这座气派的大楼是全国总工会下属的劳动保护展览馆，到了70年代更名为北京市技术交流中心。当时这里成了全市能工巧匠的摇篮和技术革新的园地。在新中国成立初期的艰苦创业年代中，北京市成千上万的工程技术人员和工人师傅们，胸怀翻身解放、感恩爱国的赤诚之心，在国外技术封锁和国内技术落后的极端困难的环境下，革命加拼命，苦干加巧干，在工作岗位上苦心钻研技术，下班后又经常来到这座建筑里学习技能，交流技术，互相启发，创造了无数技术革新成果，开创了新中国工人群众性技术革新的伟大创举，为国家的经济建设写下了浓墨重彩的一笔。在这座技术交流的园地里，同时也孕育了我国工人阶级的国家至上、感恩报国的爱国精神，无私奉献、吃苦耐劳的敬业精神，实事求是、精益求精的科学精神和开拓进取、不断探索的创新精神，体现了中国工人阶级的优秀品质，也与厚德互助、睦邻友善、感恩诚信、勤俭节约的陶然文化水乳交融。

在那激情燃烧的火红的岁月里，从工人技术革新的洪流中，涌现出了像全国劳动模范、木工革新能手李瑞环，全国劳动模范、金属切削专家倪志福，全国劳动模范、钢筋工突击队长张百发等一大批时代的风云人物。他们之中有些人成为党和国家的领导人，更多的人则一生坚守在生产第一线，他们是中国工人阶级的骄傲。如今这座建筑成了职工综合活动的中心，成为职工技术培训、科技交流、读书学习、文化娱乐的场所，是全市广大职工喜爱的温馨家园。

西北方向矗立一座欧式建筑

虎坊路路口的西北方向矗立着一座建于1920年的三层欧式建筑。楼房高大醒目，朴实敦厚，主体建筑的走向是倾斜的，西南方向呈70度锐角形状，像似劈风斩浪的船头，整个建筑仿佛是一艘从东北驶向西南的轮船，俗称"船楼"。楼房的底层是花岗岩石阶，有着圆弧形拱檐的六扇大门显得气派奢华，楼房正面建有五根圆形刻槽的罗马立柱，分隔出六扇内凹式的、衬有雕花石托的窗户，十足的早期欧洲建筑风格。这座洋楼在新中国成立前是京华印书局，后边建有高大的厂房，是印刷车间。新中国成立后由中国书店经营，是北京市重点保护文物。

【市井百业】

虎坊路百货里的怀旧记忆

虎坊路的南端与南横东街衔接，是个丁字路口，东北方向是 1958 年建的虎坊路百货商场，如今在京城独具特色。

这家商店经营面积有 150 平方米，改制前是国营的。在超市风行、商业竞争激烈的当今，商店另辟蹊径，特意保留着 20 世纪五六十年代时的人工售货方式和传统百货商品，厅堂明亮宽敞，环境朴素，装潢简单，售货员站在原始的玻璃柜台里边，顾客隔着柜台选择商品，招呼售货员拿货挑选，然后一手交钱，一手拿货，模式十分老旧传统。

店里经营的百货产品有超市买不到的老式蒸锅、内胆式热水瓶、缝衣针、搪瓷缸子、手电筒、擦手油、自行车气门芯、老式棉鞋、中老年服装等日常的老式百货商品。商场里逛上一圈，仿佛回到了 20 世纪 60 年代，满足了许多老年人的需要和怀旧者的心理需求，在整个京城独为一景。

个体饺子馆讲诚信曾登上《北京日报》

三十多年前的南横东街很狭窄，道路只有 6 米宽，不通公共汽车，市政设施落后，排水不畅，年久失修的柏油路面坑洼不平，晴天一身土，雨雪两脚泥，街道两边都是简陋的小店铺和上百年的老旧平房。20 世纪 80 年代时，正对着虎坊路南口有一家个体饺子馆，店面面积不大，是几间低矮破旧的平房改造而成的，店主是东北返城自主谋业的知识青年。店里的饺子分量足，制作讲究，味道鲜美，每斤六十个，一元

267

九角。

小店物美价廉，讲究诚信，有一次肉馅有点不新鲜，为了保证顾客的健康和店里的名声，店主毫不犹豫地把肉馅倒掉。当时的北京市政协主席曾经到小店视察过，

人们排队买京天红炸糕。现已搬至新址

《北京日报》还登载过这家知青饺子馆的创业事迹。后来这家饺子馆顾客盈门，每天中午都要排队等餐。

90年代时，饺子馆拆迁了，那个位置现在是一坐十几层的能够俯览虎坊路全貌的现代化办公大楼，而每天需要排队品尝的美食，也不再仅仅是知青的饺子，工人俱乐部旁边的天津炸糕，福州馆路口的北京卤煮火烧，马路对过的庆丰包子、羊蝎子火锅店，虎坊路口东北角的晋阳饭庄，在全市都很有名气，每天招揽着八方食客。

"修脚一绝"清华池

北京现存最老的浴池——清华池，位于虎坊桥大街17号，建筑面积近1万平方米。今天的清华池是一家以"脚病治疗"为特色的浴池，集脚病治疗、洗浴休闲、足疗保健以及美容养生等项目为一体，驰名京城乃至全国。

清华池始建于1905年，前身是个小澡堂，名叫"小仓浪澡堂"。后由军阀马福祥收购，重新整修扩大，建成两层楼房，使清华池成为规模大、式样阔绰、设备讲究的清真浴池。如今的清华池是在原来的清华池浴池的基础上，与汇泉浴池和虎坊桥浴池合并而成。

清华池能有这么大的名声，靠的是"一招鲜"的绝活——修脚。

清代修脚业比较兴盛，南城尤其发达。原因是这里多是达官贵人的休闲娱乐场所，穿官靴的多，得脚病的也就比较多。当时修脚主要是为贵族服务，后来流传民间，慢慢地也就兴盛起来。

1957 年至 1966 年，京城修脚业曾有短暂发展，清华池由此成立京城乃至全国第一家脚病治疗室，积极与中西医医疗技术相结合，由单纯的修脚逐渐变为脚病治疗，为患有脚垫、灰指甲、鸡眼、瘊子、脚胆等各种脚病的患者解除病痛，把西医清毒、注射、切除、止血、包扎等现代医疗技术与传统的修治手法相结合，取得了修治脚病的显著效果。这不但解决了京城修脚、治脚病的难题，而且使修脚这个传统行业再次焕发生机与活力。

当时的北京城经过严格、正规培训的修脚师不足五十人，而清华池就汇集了二十多位，享有"修到病除""妙手回春"的美誉。这里有专门的手术室、无菌室、贵宾室，均按严格的卫生消毒标准工作，这期间，老修脚师傅们还聚在一块儿出了一本《修脚术》。

"文化大革命"时，一纸文件取消浴池里的搓澡工、修脚工，幸亏清华池有个"修治脚病治疗室"才得以将人保留下来。

20 世纪七八十年代，由于设施陈旧，经营手段缺乏创新，清华池的效益几乎跌到了谷底。进入 21 世纪，清华池重新定位，在保持传统技艺的同时进行卫生改造，培训技师队伍，设置单人的泡脚盆、严格消毒的修脚刀和毛巾，有效杜绝交叉感染。通过采取一系列措施，使百年清华池重放光彩。

如今清华池有修脚技师近百人，服务水平不断提高，在开放式治疗室基础上增加封闭式、单间雅座等各种档次的治疗室，满足不同消费者的需要。对患者泡脚使用的一次性塑料袋实行一客一换，修治刀具实行一客一消毒，让患者用着放心，治着安心，赢得了"脚病专家清华池"的社会美誉。2009 年入选"北京市非物质文化遗产名录"。2014 年被列入"国家级非物质文化遗产保护名录"。为落实北京市政府"九养"政策，清华池还开办了"老年餐桌"，极大地方便了地区老年人的就餐。

【人文故事】

孙中山与三民主义

孙中山（1866—1925），广东香山（今中山市）人。幼名帝象，学名文，普名德明，字载之，号日新，后改号逸仙，1897 年在日本化名中山樵，遂以中山名世。孙中山先生是中国伟大的民主革命先行者，曾五次来到陶然亭地区，发表了激动人心的演说，并在此成立了国民党。

1894 年，中国即将面临日本侵占的危险。在国外生活学习多年的孙中山和好友陆浩东决定北上来见李鸿章，写了《上李鸿章书》，满腔热情地提出"人能尽其才，地能尽其利，物能尽其用，货能畅其流……"的改革主张，却无果而返。

1912 年，为巩固共和，孙中山第二次来北京，应袁世凯之邀，共商国是。中国当时政局复杂动荡，南北冲突刀光剑影。大阴谋家袁世凯为了麻痹革命党人，巩固和扩大自己的权力，再三邀请孙中山北上。

1912 年 8 月 24 日，孙中山经天津到达北京，袁世凯以国家元首的待遇隆重地接待孙中山，孙中山也受到了革命党人真诚的欢迎。同时，孙中山也参加了由同盟会、统一共和党、国民共进会、国民公党、共和实进会五个党团合并促成的国民党成立大会。大会以 1130 票选举孙中山等九人为理事（几天后推举孙中山为理事长），又选出三十名参议。

1912 年 8 月 30 日下午，孙中山参加北京学界欢迎大会，并在演说中指出："革命成功，靠学界力量不少。现在要搞建设，更要靠有学问的人。目前处在政体过渡时代，学者的工作方针也要改一改。专制时代以学生为将来人民的主人翁，共和时代学生是候补公仆。我希望我国的学生能够涤除以前的旧思想，早日将公仆义务担在肩上。将来中华民国一定会成为地球上最优美最文明的国家。"到会的人听了孙中山的讲话，精神振奋。1912年9月4日下午，统一共和党在湖广会馆召开欢迎会。那天下雨，孙中山准时莅会并发表了演说。他在演说中解释了国民党的"三民主义"。他认为目前民族、民权已经达到，民生主义当待研究。

1912年9月15日，孙中山来到湖广会馆参加国民党为刚到京的黄兴举行的欢迎会。讲话中，再次强调作为政党要巩固国家、代表人民心理，以社会安宁为己任。在建国方略中他重点讲到了要修二十万公里铁路。从此他将国民党理事长一职委任给宋教仁代理。

孙中山在北京的经历，让他倡导的三民主义得到了更多人的认可与支持。他的三民主义反映了当时中国人民要求民族独立和民主权利的愿望。

链接：孙中山的三民主义

孙中山，早年先后求学于檀香山、广州、香港，行医于澳门、广州。1894年5月，上书李鸿章，主张变法自强，后来在檀香山创建中国第一个资产阶级革命团体——兴中会。次年，在香港成立兴中会总部，策划广州起义，失败，流亡海外，宣传革命。1897年在旅日华侨中宣传革命，发展兴中会组织。1900年发动惠州起义，因粮饷不济而遭失败，奔走海外。同保皇派做斗争，并在旅欧学界中发展革命组织。1905年8月在日本东京领导成立中国同盟会，被推为总理，制定"驱除鞑虏，恢复中华，建立民国，平均地权"的资产阶级革命纲领；创办《民报》，提出"民族、民权、民生"三民主义。同时积极在国内外发展同盟会组织，联络华侨、会党和新军，在两广、云南等地发动一系列武装反清起义。

1912年1月1日在南京宣誓就职，建立中华民国临时政府，组成临时参议院，颁布《中华民国临时约法》。由于立宪派与其他势力对袁世凯的支持及革命党人的妥协，孙中山被迫于 4 月 1 日辞去临时大总统职务。同年 8 月，同盟会改组为国民党，孙中山被推为理事长。1913 年，因"宋教仁案"，发动"二次革命"讨伐袁世凯，宣告失败。1914 年，在日本创建中华革命党，重举革命旗帜。1915 年发表《讨袁宣言》，进行反对袁世凯称帝的斗争，后又发表《二次讨袁宣言》。1917 年，为反对段祺瑞拒绝恢复临时约法和国会，南下广州召开国会非常会议，组成护法军政府，史称"护法运动"。孙中山被推为海陆军大元帅，誓师北伐。1924 年 1 月，在广州召开中国国民党第一次全国代表大会，提出"联俄、联共、扶助农工"三大政策，把旧三民主义发展成为新三民主义（新三民主义与旧三民主义最大的不同是明确地提出了反帝纲领），促成实现第一次国共合作。后创办黄埔军校，指挥平定广州商团叛乱。

【口述追忆】

一角二分吃碗馄饨　虎坊路饭馆生意好

20 世纪 70 年代，虎坊路路口东南角把口是一家国营的虎坊路饭馆，全天供应快餐。"一碗馄饨一角二分，一个芝麻烧饼五分，二三角钱我就能吃饱。"北京市职工服务中心退休职工郭玉萍回忆道。

在郭玉萍的记忆里，每次到饭馆吃饭，自动刀削面机架在热气腾腾的大铁锅旁边，上下翻飞的雪白的面条像鱼儿似的，一条条地跃进翻滚的面汤锅里，旁边还有一大盆炖肉卤汤，蚕豆大小的猪肉块浸泡在浓浓的、油汪汪的肉汤里。

饭馆每天吃饭的人很多，座无虚席。一碗刀削面是二两粮票加上一角二分钱，食客们要在收费处排队交钱和粮票，再到发餐窗口排队等候。吃碗面条要排两回队，取餐后还要自己找座就餐，全程自助。

80 年代，虎坊路饭馆改造成以炒菜为主的"实习餐厅"。2000 年，马路拓宽，"实习餐厅"也不复存在，这也就成了郭玉萍那一代人的回忆。

两角六分泡个澡　虎坊路浴池最亲民

在虎坊路东南角是一家国营公共浴池——虎坊路浴池，2005 年并入建于清末年间的百年老店清华池浴池。虎坊路浴池洗澡很便宜，普通的浴池两角六分，女部盆堂五角五分。

男部里边，针对不同人群的需求有大、中、小三种池型。大池子水温三四十度，可供几十人同时泡澡。中池子水温五十多度，适合洗热水澡的人群；小池子水温六十多度，适合泡脚。池子周边还设有淋浴喷头，泡完澡可以去冲一下。

"好多上了年纪的老人，早早就来到浴池，为的是用干净的清水泡脚。泡舒服了就躺在简易床（俗称'铺位'）上，盖上毯子，焖壶八毛钱一两的茶，再眯上一觉，或者修修脚，唱几嗓子。休息好了，再接着去泡。我们单位每月会发两张洗澡票，算是职工福利。我那时上班忙，没时间享受。"居住在虎坊路的居民贾福增说。

20 世纪七八十年代，单位和个人家里都没有洗浴条件，附近的居民和单位职工都到虎坊路浴池洗澡，到了节假日特别是春节前，大人都带着孩子一起来洗澡。

浴池里人山人海，一位难求不说，排队两三个小时等候也是常有的事。更衣柜更是不够用，来排队洗澡的人就把衣服脱到店方预备的竹筐里边，当时流行话叫"脱筐"。要是穿着质量好的皮袄，就用大钩挂在架子上。

"浴池里面还能理发，光是理发就要三角五分，要是洗理吹就得四角了。"贾福增说道。

陶然亭地区消失的胡同

北京的胡同多如牛毛，状如蛛网，遍布京城。这些胡同形成于中国历史上的辽、金、元、明、清几个朝代，其中的大多数形成于13世纪的元朝。胡同的走向多为正东正西，宽度一般不超过9米。胡同两旁的建筑大多是四合院。

从历史沿革来看，北京胡同的发源地在宣南。北京城的肇始之地蓟城，位于今广安门内外一带。其后历经秦汉、隋唐的幽州，辽的南京城，金的中都城，其城址相沿未变。据文物考古证明，今宣武门外大街以东的北柳巷、南柳巷、魏染胡同、果子巷、米市胡同、丞相胡同（后称菜市口胡同）等均是金中都城遗留下来的坊巷（胡同）。这些胡同是北京城市格局的重要组成部分，一直影响着几百年来北京城的社区生活和文化形态。

陶然亭地区自古以来是城市平民居住区，几十条胡同穿梭于平房院落间。胡同是陶然人祖祖辈辈生息繁衍的家园热土，胡同传承着历史，承载着乡愁，胡同里渗透着邻里的友善，饱含着老北京的风土人情。胡同里丰厚的历史信息，埋藏着一个个生动感人的故事。

据了解，1995年前，陶然亭地区有91条胡同。后来随着城中村改造，一批胡同动迁，加之街道重新划分等原因，至2000年，陶然亭地区共有81条胡同。随着城市建设加快，至2010年陶然亭地区存留52

条胡同。2013 年以后，2.14 平方千米的陶然亭土地上，胡同仅存 40 条。

目前消失的胡同包括：北大吉巷（打劫巷）、南大吉巷、果子巷、育新街、菜市口胡同（绳匠胡同）、响鼓胡同、羊头胡同、包头章、潘家河沿、北堂子胡同、平坦胡同、大坦胡同（大坛子胡同）、方盛园胡同、管菜园上街、南华北街、南华南街、南华东街、南华西街、寿长街、永安路南巷、北账垂胡同、南账垂胡同、虎坊西里一巷、虎坊西里二巷、椅子圈胡同、窑台胡同、新安里、三合里等。

后　记

习近平总书记在十九大报告中指出："文化是一个国家、一个民族的灵魂。文化兴国运兴，文化强民族强。没有高度的文化自信，没有文化的繁荣兴盛，就没有中华民族伟大复兴。要坚持中国特色社会主义文化发展道路，激发全民族文化创新创造力，建设社会主义文化强国。"

陶然亭地区历史悠久，人文荟萃。三千年建城史，八百年建都史，孕育了源远流长、丰富多彩而又独具特色的地域文化——陶然文化。守望陶然亭，不是一种怀旧的情怀，而是对陶然文脉的守护，对文化现实的关切。

此次编撰这本《南城陶然——陶然亭街道街巷胡同史话》，挖掘胡同历史，记录胡同变化。正是以资料收集和居民口述相结合的方式，以宏观和微观相结合的角度，尽可能详实地记录街巷胡同历史、变迁和胡同人、胡同故事。工作量巨大，时间紧迫，能够顺利完成此项任务，要感谢北京市政协、西城区政协和西城区陶然亭街道工委、办事处各位领导的大力支持和帮助。其中中国致公党北京市西城区委员会委员、机械工业信息研究院技术管理研究所研究员、《中国科学技术奖励年鉴》编辑部主任徐国兴等专家在图书编辑出版方面给予了指导帮助。

还要感谢所有参与本书调研、编写和协助搜集提供文献资料的陶然文化爱好者和编辑记者们，为本书付出了巨大的努力。通过查阅历史资料、文献检索，走访地区居民，网络搜寻等，将每条街巷的人、事、物一一记录，丰富了本书内容，使本书能够多方面、全方位地展现街巷的发展沿革。书中的每一篇街巷故事都写得有内涵、有深度、有情怀、有思想，同时确保内容真实准确，兼顾可读性、故事性，为世人留下了胡同的光阴故事和居民记忆这一宝贵财富。

　　本书以编为主，以著述为辅，征引了一部分著作中的精彩段落，丰富了本书的内容，我们尽量标注详尽，如有疏漏，还请见谅。限于时间和水平，本书难免有遗漏和疏忽之处，请批评指正，在此特别致谢！

编　者

2019 年 7 月 15 日

图书在版编目(CIP)数据

南城陶然：陶然亭街道街巷胡同史话 / 政协北京市
西城区委员会，《西城区街巷胡同文化丛书》编委会编.
— 北京：中国文史出版社，2019.11
（西城区街巷胡同文化丛书）
ISBN 978 - 7 - 5205 - 1530 - 6

Ⅰ．①南… Ⅱ．①政… ②西… Ⅲ．①胡同 - 介绍 -
西城区 Ⅳ．①K921.3

中国版本图书馆 CIP 数据核字（2019）第 246075 号

责任编辑：牟国煜　薛未未

出版发行：**中国文史出版社**

社　　址：北京市海淀区西八里庄路 69 号院　邮编：100142
电　　话：010 - 81136606　81136602　81136603（发行部）
传　　真：010 - 81136655
印　　装：廊坊市海涛印刷有限公司
经　　销：全国新华书店
开　　本：720 × 1020　1/16
印　　张：18.25　　彩插：2
字　　数：244 千字
版　　次：2019 年 11 月第 1 版
印　　次：2022 年 1 月第 2 次印刷
定　　价：289.00 元（全 5 册）